谨以《现代非洲人文地理》献给母校

南京大学非洲研究所成立五十周年。

姜 忠 尽

南京大学地理系经济地理专业

一九六四届毕业生敬献

"十二五"国家重点图书出版规划项目

国　家　出　版　基　金　资　助　项　目

南京大学非洲研究所江苏高校国际问题研究中心建设项目成果

江 苏 省 优 势 学 科 建 设 工 程 资 助 项 目

非洲资源开发与中非能源合作安全研究丛书　黄贤金　甄　峰 主编

现代非洲人文地理（上册）

姜忠尽 主　编

刘立涛　周秀慧　姜　磊 副主编

南京大学出版社

图书在版编目(CIP)数据

现代非洲人文地理:全2册 / 姜忠尽主编. —南京:
南京大学出版社,2014.11

(非洲资源开发与中非能源合作安全研究丛书 / 黄
贤金,甄峰主编)

ISBN 978 - 7 - 305 - 14215 - 4

Ⅰ.①现… Ⅱ.①姜… Ⅲ.①人文地理学－非洲
Ⅳ.①K94

中国版本图书馆 CIP 数据核字(2014)第 263650 号

出版发行　南京大学出版社
社　　　址　南京市汉口路 22 号　　邮　编　210093
出 版 人　金鑫荣

丛 书 名　非洲资源开发与中非能源合作安全研究丛书
主　　编　黄贤金　甄峰
书　　名　现代非洲人文地理(上册)
主　　编　姜忠尽
责任编辑　陈露　田甜　吴华　　　　编辑热线　025 - 83596997
照　　排　南京紫藤制版印务中心
印　　刷　扬中市印刷有限公司
开　　本　718×1000　1/16　总印张 75.25　总字数 1474 千
版　　次　2014 年 11 月第 1 版　2014 年 11 月第 1 次印刷
ISBN　978 - 7 - 305 - 14215 - 4
定　　价　230.00 元(上、下两册)

网址:http://www.njupco.com
官方微博:http://weibo.com/njupco
官方微信号:njupress
销售咨询热线:(025)83594756

庆祝南京大学非洲研究所成立五十周年
——非洲农业、农村发展与中非合作国际研讨会

The Celebration of the Fiftieth Anniversary of the Establishment of the Institute of African Studies of Nanjing University
--International Conference on African Agriculture, Rural Development and Sino-African Cooperation 2014 Nanjing China

非洲农业、农村发展与中非合作国际研讨会(2014年)

与国务委员戴秉国在中非合作论坛北京峰会上(2006年)

在首届"走非洲,求发展"论坛开幕式上致欢迎辞

坦桑尼亚西部高原
热带稀树草原猴面包树
（1984年）

肯尼亚历史名镇马
林迪（1998年）

访问乌干达默克雷
雷大学（1999年）

南非开普角自然保
护区(2011年)

埃塞俄比亚高原民
居(1999年)

刚果(金)贝达村的
孩子们

考察马里尼日尔河内三角洲(2011年)

马里巴马科郊区私家菜园佣工家庭(2011年)

刚果河畔(刚果 2011年)

总　序

　　国家主席习近平曾说过："中非是命运共同体。"但对于中国人而言,非洲,既远又近。远,是她的距离、她的神秘;近,是中非关系的密切、中非交流的日盛。可是,往往似乎越来越了解非洲,却实际上也越来越不了解非洲。我们更多地看到的是对非洲的介绍,但却缺乏对非洲更多的深入了解、更多的研究与探究。

　　非洲,富饶而又多难。富饶,非洲拥有丰富的矿产资源以及其他自然资源;多难,非洲长期难以摆脱"资源诅咒",即便是在95％的土地被殖民的19世纪末至20世纪,由于矿产开发与当地经济发展的"两张皮",其资源开发也未能带来非洲的繁荣。

　　进入21世纪,非洲的发展引人注目,2000年英国《经济学家》(*The Economist*)周刊声称非洲是"绝望大陆",2011年它认为非洲是"希望之洲"。而中国对非洲经济增长的贡献率达20％以上。可见,非洲的经济改革以及其不断融入全球化经济体系,尤其是中非新型战略合作伙伴关系的深入发展,给非洲带来了更多的希望和不断的繁荣。

　　无论非洲是"远"还是"近",是"停滞"还是"发展",南京大学非洲研究团队50年来一直重视对非洲问题的研究。

　　50年前的1964年4月,为了响应毛泽东主席于1961年4月27日提出的"我们对于非洲的情况,就我来说,不算清楚,应该搞个非洲研究所,研究非洲的历史、地理、社会经济情况"的要求,原国务院外事办公室批准成立南京大学非洲经济地理研究室(1993年12月改建为南京大学非洲研究所)。这为南京大学组织多学科、多领域专家开展非洲研究搭建了重要平台。

　　50年来,南京大学非洲研究,从20世纪六七十年代的非洲地理资料建设、文献翻译以及资料挖掘研究,发展到八九十年代的非洲经济社会发展战略、非洲农业地理、非洲石油地理等全面和深入的非洲研究,进入21世纪后对非洲经济发展、非洲农业、非洲土地制度、非洲能源利用、非洲粮食安全等问题的合作与开放研究,使得南京大学对非洲问题的认知也不断拓展、深入和发展。尤其是与外交部、农业部、国家开发银行等合作,使得南京大学非洲研究团队对中非合作的议题有了更为深刻的认知。

如何通过更加积极的中非资源合作，使非洲逐渐摆脱"资源诅咒"？非洲土地、渔业、水资源如何得到持续利用？如何通过更加积极的土地制度改革，促进非洲粮食安全？非洲港口资源如何更加有效地服务于城市发展与区域贸易？长期以来，南京大学非洲研究所十分重视非洲资源开发及中非能源合作的研究，并组织了地理科学、海洋科学、城市规划、政治学、管理学等多领域的专家开展合作研究，所完成的《非洲资源开发与中非能源合作安全研究丛书》正是这一研究成果的结晶。

国家主席习近平曾说过："中非情比黄金贵。"本丛书研究的立足点是希望对非洲资源的开发利用突破"殖民者的路径依赖"，突破"资源诅咒"的陷阱，服务于更加积极的中非合作，真正为推进非洲的发展提供参考，让非洲更多地得益、更快地繁荣；本丛书的研究成果也突破了对非洲矿产资源的单一关注，侧重于对非洲矿产、土地、渔业、水资源、港口、城市等自然资源和人文资源与经济社会发展问题的综合研究，为有利于非洲区域自然资源一体化和可持续利用管理的决策提供参考。

黄贤金

2014 年 4 月

序

我有幸在《现代非洲人文地理》出版前能有机会阅读该书稿,看了一些章节,看后颇有感触。

首先感触的是"人文地理"这门学科。西方的科学地理学是清末传入我国的。在大学中,开始教授地理课。1921年才开始在大学里设立地理系,比西方要晚半个世纪。那时,区域地理课占有一定地位,有中国地理、世界地理与欧美地理。虽然在基础课中已分自然与人文,但区域方面却是综合自然与人文。到1949年后,地理也与其他学科一样学习苏联。在地理学中,自然地理仍然存在,但人文地理中只保留经济地理,却取消了人文地理。保留下的经济地理也只讲计划经济的经济地理。人文地理被列入资产阶级的学科,遂无教师教此课,也无学生学此课。

20世纪80年代初,随着国家的改革开放,李旭旦先生提出复兴人文地理学,到80年代末开始逐步建立人文地理或文化地理。在区域地理方面,从20世纪50年代起,由于强调基本理论的教学,加上上述原因,区域地理中大多保留中国自然地理与中国经济地理,世界地理已开始少见,更谈不上世界与各洲的人文地理。在这种情况下,南京大学从张同铸教授开始就坚持对非洲地理进行研究、教学,并取得重要成就,是十分难得的。姜忠尽教授继承南大研究非洲的传统,将一生精力放在非洲人文地理研究上,而且多次亲身到非洲去进行研究与考察,写出多本著作,成为国际上研究非洲的著名学者。

目前,我国大学地理系中,专门研究世界各洲、各国的人文地理的教授太少,开设这方面的课也太少。这与我国当前在这方面的地位与需要很不相称。我于1983年在加拿大温哥华不列颠哥伦比亚大学地理系进修时,发现该系所开的"中国地理"在大学很吸引人,选课的外系学生超过地理本系学生。我当时很不理解为什么这些学生去选学该课。经询问始知,他们认为加拿大是一个外向性国家,中国是一个大国,又实行改革开放,中、加双方各方面的就业机会越来越多,多学一门与中国相关的课程就等于增加这方面的就业条件。

从上述情况看,姜忠尽教授的《现代非洲人文地理》一书不仅有其学术上的价值,也应看到其在中非交往上的政治、经济、文化方面的价值。希望地理学界,特别是大学各地理系(院)看到我国已是经济上仅次于美国的大国,也是与世界各国贸易往来频繁的经济大国。地理系应当开设世界人文地理课,开展这方面的教学与科研,填补这方面的空白。

其次感触的是此著作的特点。

第一是抓住地理环境的基本特点。该书没有先按传统的地貌、气候、水系……来分别介绍，而先抓住非洲是高原大陆、热带大陆、荒漠面积广大、自然景观呈带状对称分布的四大特点。这四大特点的组合，在温度上是各地差异小，而降雨差别大。高温多雨及地貌等因素的多种组合为多种多样的热带经济作物的生长提供了条件，而高温与极端少雨的整合却形成了荒无人烟的荒漠。对称的景观组合使小麦出现于南北两端的地中海气候带。中、西非热带草原偏干旱地区的粮食作物和萨赫勒带的高粱、薯类组合与东非、东南非热带草原的玉米形成对称分布，为人口分布对称创造了条件。这充分反映了人地关系的空间多样化。

第二是剖析了非洲为高原大陆，河流多在山地中穿行，在接近入海河口处，多瀑布、急流；加上非洲多热带丛林，由海边进入内地交通很不方便。欧洲殖民者多在沿海徘徊，这就使殖民者很晚才进入非洲内部，到19世纪后期才进行争夺、瓜分非洲为各自殖民地的殖民活动。因此，非洲的部落组织、语言等文化得以保留下来。可以说是高原的交通不便推迟了非洲的殖民进程。

第三是时空等因素的影响下的非洲贫困。该书中，对非洲贫困的内部根源的归纳有地理位置、自然环境、社会文化因素（人口多、局势乱、灾害重、人才少）；其对外部因素的总结有殖民主义历史遗留、国际经济环境中的不平等以及冷战时的影响。正是上述这些因素的影响，非洲不少国家人口的增长速度高于其人均国民生产总值的增长速度，人均所得在下降。

第四是中非两地的互利与合作。非洲是发展中大陆，中国是发展中大国。两地虽然同处在发展中的阶段，但是却有彼此的差异。从该书中的介绍可以看出，非洲人口增长过快，贸易进口超过出口，处于赤字状态；农村人口剩余过多，转向城市，使城市负担过重；人才缺乏、技术不足，产业转型升级乏力，结果是国家缺乏资金，导致基础设施不足、交通通信落后。而中国由于计划生育，人口增长处于低速；由于技术与人才条件好，资金充足，企业转型升级较为顺利，基础设施改善加快。在经济上，非洲多资源，缺技术与资金，而中国是需资源与市场。可见，中非两地的互补性强。更重要的是因中非两地有共同的落后历史的感受，所以中国除了在经济上与非洲互通有无以外，还自愿对非洲实行减债、降低进口税与加强投资，开展技术合作，以促进非洲的经济发展与工业化进程。也可以说两地通过互利合作，都能顺利进入新的发展阶段。

根据以上所述，姜忠尽教授所著的《现代非洲人文地理》可以说是一本结构严整、思路清晰、数据充足、图文并茂的学术著作，值得一读。

北京大学环境学院教授
中国地理学会前副理事长　王恩涌
2014年8月24日于北大嘉园

前　言

　　人文地理学研究人类活动与地理环境相互影响所形成的人文事象的空间分布特点和变化规律。在世界各国地理学研究中,人文地理学占有重要地位。人类社会文化的产生是多元的,绝不是哪一个国家或哪一个民族所单独创造出来的。从人类几千年的历史来看,世界上所有国家和民族,不论大小、强弱、先进与落后,都或多或少对人类文化宝库做出了自己的贡献。总体上说,世界各民族文化无优劣之分,但就某一方面说,每种文化各有自己的优劣,客观上也存在着发展水平上的高低之别。纵观世界文化发展的历史进程,无不呈现出各种文化在不同历史时期、不同领域各领风骚,又相互竞争与排斥、相互渗透与融合的局面,这在非洲表现得尤为突出。在非洲各地的矛盾和冲突中,无论是历史上的还是现代的,无不表现出不同民族文化之间对抗性的反应。这是因为,非洲各种文化之间的分歧和冲突,无不涉及历史、语言、宗教、民俗诸多方面的分歧。西方国家把西方的民主和自由价值作为一种模式长期向非洲推行,但黑人文化是长期的历史积淀,在不同文化的冲突中,难以妥协和解决。因此,我们在探讨非洲人文地理相关问题时,不能局限于现代,也不能仅限于非洲,必须放眼上下数千年、纵横全球,尤其是目及非洲与西欧、非洲与美洲在历史上形成的千丝万缕的联系,只有这样,才能清晰地看到非洲社会、经济、文化的全貌,不至于坐井观天,陷入井蛙之见。简言之,我们要从非洲人类历史及其生存空间上,扩大视野,探骊得珠。

　　当我提笔撰写这本书时,仿佛又回到了20世纪80年代,我先后四次在非洲九国[坦桑尼亚、肯尼亚、乌干达、埃塞俄比亚、南非、刚果(金)、刚果、加蓬、马里]生活和野外实地考察过的地方。职业的本能驱使我每到一地,便利用一切"可乘之机"去广交不同肤色、不同民族、不同阶层群体的朋友,去认识他们、熟悉他们、理解他们。非洲黑人憨厚、淳朴、诚恳待人、乐于助人的粗犷性格,都深深地烙印在我的内心深处,难以忘怀。至今,我一直怀念着远隔重洋的黑人朋友们。每当非洲某个角落发生重大事件时,一种职业的使命感驱动着我,为我国渴望了解和认识非洲各地民族之魂的人们多开一个"窗口",从民族社会文化根源上进一步深入认识和理解这种矛盾与冲突。《现代非洲人文地理》就是在这一愿望驱使下,笔者编写的一部人文地理专著,同时它也是笔者从事非洲地理研究工作50年的认识和总结。谨以这部专著献给我的母校南京大学,以庆祝非洲研究所成立50周年。

《现代非洲人文地理》共分7编32章,成文140余万字。第一编非洲地理空间重点阐述非洲的自然地理环境基础和政治地理的演变。第二编非洲人口与聚落着重研究和探索非洲人口分布与人口迁移、乡村聚落、城市化、贫困与脱贫、疾病与防治、营养安全等。第三编非洲民族与文化主要阐述非洲的原始文化、人种、民族、语言、文字、宗教、民俗、绘画、雕刻、现代化等。第四编非洲资源开发与产业布局,重点研究非洲的种植业、畜牧业、能源、采矿业等。第五编非洲交通运输与通信,主要简述非洲的铁路、公路、水运、航空、电信等。第六编非洲对外经济关系主要阐述非洲的对外贸易、中非贸易、经济开发区、旅游等。第七编中非关系的历史演进重点阐述古代、近代、当代的中非关系。本书具有如下特点:

1. 国内第一部现代非洲人文地理著作。

2. 重点研究非洲人文事象的特点和空间分布规律,以揭示非洲地理环境中人与环境的互动关系,探索非洲人的社会经济、文化活动,与地理环境之间建立起和谐、协调的良性关系。

3. 强化非洲黑人社会文化现象的典型性分析,以揭示非洲国家人文事象形成的内在机理及其空间表现形式,而不是千篇一律地提供繁琐的百科全书式的资料。

4. 内容十分庞杂,大量编制地图和选用大量图片,以强化人文事象的空间透视,达到良好的直观效果。

各编章作者分工负责:姜忠尽(第二、四、五编),姜忠尽、姜磊(第三编),刘立涛(第一编第二章、第七编),周秀慧(第一编第一章、第四编第四章),姜磊(第三编第三章),史云亘(第二编第三章),杨小民(第三编第六章),张昌兵、王丽萍(第六编第一章),武芳(第六编第二章),崔峰(第六编第四章),霍禹同(第五编第五章)。

参加部分章节编写初稿的人员:齐相贞(土壤),张露(人口),王晶(难民),郑泽爽、杨益晖(乡村聚落),李晓雨(城市化、经济开发区),席广亮、徐姗姗(疾病),何炜、王玉(营养安全、宗教),鲁丽(语言),谭红(民俗),谢中霞(木雕),刘宏燕(水力),朱寿佳(采矿业),王婵婵(采矿业、水运),李学芹(交通),张伊玲(中非关系),以及黄紫红、陈雅、唐云利、朱安娜、燕鸿鹏、仇春璐、戚艾云、黄晓燕、蔡甜甜、曹小月、赵文远、丁玉梅、沈丹杰等。全书由姜忠尽编写大纲、统稿、修改和定稿。周静敏协助主编做了大量辅助性工作,徐姗姗协助主编审定英文目录和摘要。

本书在研究和编写过程中,参考了大量国内外文献资料,充分利用统计数据编制了大量相关专题性经济图表和地理分布图,并大量选用图片(除注明图片来源外,其余均选自百度图片），以求图文并茂。书中论述客观地反映了笔者对非洲人文地理问题的独立见解。由于 20 世纪 90 年代以后，非洲人文地理方面的国内外研究成果有限，加之作者学识水平的限制，书中难免有不少缺陷，敬望广大读者和专家们提出宝贵意见。

承蒙我国著名的地理学家、北京大学环境学院教授、中国地理学会前副理事长王恩涌教授赐序。

本书幸得南京大学出版社杨金荣、吴华的鼎力相助和支持，陈露和田甜承担了全书编辑加工工作，为此付出大量辛勤劳动，谨此致以诚挚的感谢！

姜忠尽

2014 年 6 月于南京大学非洲研究所

摘　　要

第一编　非洲地理空间

非洲大陆高原面积广大,地表起伏变化不大;拥有尼罗河、刚果河等著名大河,地表水资源丰富但分布不均衡,河川径流季节变化明显;拥有辽阔的沙漠和广大的热带气候区,热带、亚热带植被占优势,呈南北带状对称分布且区域差异明显;非洲的生态环境在土壤侵蚀与沙漠化、土地退化、森林草原生态环境恶化等方面的问题愈来愈严重。

非洲大陆是一个拥有灿烂文明的地区。北非地区与地中海世界的文化交流一直极为频繁。撒哈拉以南的非洲地区拥有自己独特的黑人文化,并先后出现了一系列古代王国。为了打通前往东方的海上贸易路线,欧洲殖民者逐步侵占了非洲大陆沿海的部分区域并建立了一系列殖民据点。奴隶贸易使非洲丧失了大量宝贵的人力资源,失去了主宰自己命运的能力。非洲绝大多数地区沦为欧洲列强的殖民地。第二次世界大战后,非洲民族独立运动广泛兴起,先后走上独立自主发展的道路。

第二编　非洲人口与聚落

非洲人口高速增长,现已超过了11.1亿,占世界人口总数的15.5%。人口过度增长导致生活水平低下、缺粮问题严重、生态环境退化、失业率高等问题。非洲人口密集区域主要分布在尼罗河谷地和三角洲、几内亚湾、维多利亚湖区、埃塞俄比亚高原和南非的"维特瓦兰斯兰德区"。非洲的人口迁移贯穿非洲整个历史发展过程,对人口的分布、人口密度和经济发展产生了重要影响。迁移人口主要向城市、矿山、种植园迁移。非洲难民迁移是世界上最为严重的一种人口迁移形式,给迁入地的资源、环境、发展造成很大的压力。

非洲乡村聚落主要研究聚落的形成、发展及其与生存环境之间的关系,聚落的形态与分布规律及特点,聚落的内部结构与布局,聚落类型与土地资源环境的关系。尤其是广大的撒哈拉以南非洲地区,乡村聚落依然保持着传统的文化形态,既是人们居住、生活、休息和进行政治、社会、文化活动的场所,又是从事生产劳动的场所。至今,非洲绝大多数的乡村聚落的分布、形态和内部结构依然深刻地反映了人类活动与周围自然环境之间的依存关系。

非洲城市地理主要阐述不同时期非洲城市的形成、发展、空间结构、分布特点以及典型城市的状况,探讨本土城镇和伊斯兰城市、殖民城市和"欧洲"城市、二元城市和混合城市六种城市类型;总结非洲城市化的特点与存在的问题;分析非洲国家城市体系的层次结构以及空间联系,探讨非洲城市发展所面临的挑战以及应对措施,展望了 21 世纪非洲城市发展趋势。

贫困问题是全球性的重大问题之一,非洲至今仍是世界上最贫困的地区之一。新世纪以来,非洲国家经济获得较快的发展,势头良好,但长期积贫积弱的现状仍然是当前非洲国家实现复兴梦所面临的现实挑战。非洲国家迫切要求改变非洲的落后面孔,在国际社会的持续关注与援助下,非洲国家在脱贫的道路上仍需不懈努力。

非洲热带草原和热带雨林气候容易滋生各种传播疾病的媒介,导致非洲热带疾病种类较多,感染的人群范围较大。同时,非洲原始的耕作生活方式或游牧生活往往人畜混住,更容易导致疾病的传播。第五章主要分析非洲主要疾病的类型及其空间分布特征,研究非洲疾病与生态环境的关系,提出疾病预防与控制策略。

非洲人的食物结构受到地理因素、经济因素等因素限制,饮食多为当地食物,但以淀粉类根茎作物及豆类为主,并且仍不能满足自给需求。畜禽和水产品消费均低于世界平均水平,食物不足仍困扰着非洲。食物短缺导致营养不良人口的比例在发展中国家最高,非洲人仍然由于食物不足、营养不良而患病,健康状况令人担忧。

第三编 非洲民族与文化

非洲原始文化是指古代人类所创造的低级状态的文化,包括无文字记载的史前文化和有史以来原始部落或氏族的文化,以及现代民族文化中保留的"原始成分"。在旧石器时代晚期(距今几万年),非洲居民在种族类型上的差异已基本形成。近几千年来,随着人口的迁移和政治的变迁,非洲居民经历了大规模的混血和融合,增加了新的种族成分,出现了一系列不同性质的混血人种,致使非洲居民的种族构成非常复杂,兼有世界三大人种的成分。总体来说,非洲人种分属欧罗巴人种、尼格罗人种和过渡型人种,其中大多数属于尼格罗人种(黑色人种),为世界黑种人的故乡。现代的非洲各民族是在漫长的历史进程中,由不同的人种和不同的部落、民族长期相互交流、迁移、同化和融合的结果。尽管民族的形成与种族有一定的关系,但两者有着本质的区别,民族差异主要表现在民族传统文化的差异上。

非洲语言种类繁多,几乎每个民族都有自己的语言,分别属于闪含语系、苏丹语系、科伊桑语系。苏丹语系是非洲第一大语系,分布在中部非洲和南部非洲,人口占非洲人口的 50% 以上。闪含语系大多分布于北非和部分东北非地区。霍屯督人和布须曼人以及非洲南部其他非班图人使用的一组语言统称为科伊桑语系。此外,南岛语系主要是马达加斯加岛上的居民使用,属于马来—波利尼西亚语系中的印度尼西亚语族。印欧语系主要分布在北非和南非某些地区,使用者中欧洲人比重偏大。

非洲文字历史久远,古埃及出现了象形文字。象形文字和通俗书写体衰亡之后,代之而起的是科普特语的字母文字,它以希腊字母为基础。古埃塞俄比亚文字在努比亚文字的基础上衍生出了阿姆哈拉语文字。阿拉伯文字始终是非洲的首要使用文字。斯瓦希里语文字借用阿拉伯字母书写,后来改用现今所看到的拉丁文字母,规定了其字母和字母顺序表,统一了单词发音、重音和拼写。

　　基督教早在 1 世纪在巴勒斯坦地区兴起初期首先传入埃及等地,到 4 世纪,其势力扩张到埃塞俄比亚北部的阿克苏姆王国。基督教向撒哈拉以南非洲的传播较之晚很多。15 世纪西欧的基督教随着欧洲的非洲大陆探险向撒哈拉以南非洲传播。伊斯兰教于 7 世纪在阿拉伯半岛兴起,不久随着阿拉伯人对北非的征服,伊斯兰教不断穿越撒哈拉沙漠向广大西非地区传播,以及随阿拉伯人、波斯人移居东非沿海地带而传入撒哈拉以南非洲,至今伊斯兰教成为非洲信奉人数最多的世界性宗教。

　　非洲的阿拉伯文化和黑人文化是阿拉伯人和黑人各族人民在长期的发展斗争中所创造的文化积淀与结晶。非洲民俗是非洲社会流行的所有风俗习惯,是民间传统文化的主要内容。民俗事象主要可归纳为三个方面:物质民俗——居住、服饰、饮食、生产、交通、工艺等;社会民俗——家庭、村落、社会结构、民间职业集团(行会)、岁时、成丁礼、婚礼、丧葬等;精神民俗——宗教信仰、各种禁忌、道德礼仪、民间口承文学(神话、传说、故事、歌谣、叙事诗、谚语、谜语、民间曲艺)等。

　　在人类社会的早期,非洲先民创造了绘画文字和象形文字,这些文字以绘画的形式具象地、符号化地描绘了对象的真实形态,具有独立的审美价值。总体上看,非洲绘画在表现内容、绘制手法、呈现载体以及工具材料的使用上具有共同的特征,但不同地域、国家、种族和部落之间又保持了相对独立的艺术风格和样式,这与他们不同的地理环境、农业生产、民俗生活、宗教祭祀、贸易经济、建筑形制以及西方殖民统治有关,这种差异性使得非洲绘画彰显出多样多姿的艺术面貌。

　　非洲木雕已有几千年的历史,木雕从某种意义上起着不断地对后代进行传统教育,以保护自己文化遗产的作用。这种代代相传的土著艺术,以其原始、朴素的手法给人们以无限的遐想的同时,也形成了一种独特的审美风格,甚至对现代的绘画风格产生影响。

　　非洲的铜雕艺术源远流长,铜雕艺术品也是世界艺术宝库中的明珠,虽不如木雕曾对世界现代美术发展产生重大影响,但其制作工艺仍流传至今,丰富多彩的铜雕仍令世人瞩目。

　　非洲牙雕历史久远,古代象牙雕刻是供宫廷御用的高级工艺品。在贝宁发现过巨大的牙雕,象牙表面镂刻着复杂的花纹和故事场面,牙雕被置于某些青铜头像的上部。在刚果,牙雕也作为祭祀品或乐器使用。

　　从非洲传统文化的重要性方面来论证保存、继承其优良文化传统在现代化进程中的地位,意欲从文化特性、历史衍变、发展进程等几个方面全面阐述非洲文化的特殊性,同时对非洲几个主要国家做进一步的个案分析。最后着重分析非洲在全球化过程中所遭遇的新问题,试图通过对全貌的勾勒以及个案的挖掘,建构一个更加全面、完整的非洲文化面貌。

第四编　非洲资源开发与产业布局

非洲农业主要是生存型农业,粮食作物在农业尤其是种植业中占有突出地位,主要有玉米、小麦、高粱、粟类、稻谷等谷类作物和以木薯为主的薯类作物。此外,非洲还有用作口粮的大蕉、苔麸和椰枣。在粮食作物构成上,以粗粮作物种植为主,约占粮食作物种植面积的80%以上。非洲的粮食作物分布与地区组成因各国所处的地理位置不同而有所差异,且作物的分布与当地的气候条件、农业技术的发达程度密切相关。因此,粮食作物在各国的种植构成不尽相同,有些国家主要生产玉米、高粱、小麦,有些国家则以块根作物为主。

优越的自然条件和长期的殖民经济使非洲成为世界热带经济作物的重要产地和出口地。非洲的农业出口收入中约2/3来自可可、咖啡、棉花、糖、烟草和茶叶。

非洲具有饲养多种牲畜的有利草场条件。现有放牧草场主要分布在热带草原、沙漠和半沙漠、高原山区等,其中热带草原是非洲最重要的传统饲养基地。非洲牲畜主要有牛、绵羊、山羊、骆驼、驴、马、骡、猪等,有些牲畜在世界上占有重要地位。非洲牲畜的放牧活动受多种因素的制约,牧民的游牧方向、距离和范围取决于水草资源自然变化规律。游牧民遵循着长距离的水平式游牧或短程的垂直式游牧,后者指利用高原山区与平原或谷地之间水草资源的季节性垂直变化规律进行上山下山的放牧。实际上,非洲农牧民在长期的牲畜饲养和放牧过程中,形成了各具特色的放牧形式,如游牧、半游牧、山牧、定居放牧、舍饲等。

非洲是世界重要的石油和天然气开发与出口地区,在世界能源格局中的战略地位不断上升。世界能源消费大国对非洲的能源争夺愈加激烈。非洲油气资源空间分布具有分布集中、品种优良、勘探成本低、交通运输方便等特点。非洲原油和天然气的开采主要集中在北非产油区和西非产油区,利比亚和阿尔及利亚为北非产油区两大产油国,尼日利亚和安哥拉为西非产油区两大产油国。事实上,石油和天然气工业已成为非洲最重要的经济增长点之一。

非洲水电资源相当丰富,但分布极不平衡,水电开发目前仍然处于初级阶段。特点是:①水电开发较早而发展缓慢;②水能开发利用率低,发展潜力大;③电力生产结构中水电比重各国差别大;④小型水电站居多,电网系统不发达;⑤在电力消费中,工矿业用电比重较高;⑥水电开发的地区性合作趋于广泛。

非洲矿产资源不仅在种类和储量上在世界占有突出优势,而且具有矿体规模大、分布集中、矿层厚、埋藏浅、品位高等优点,有利于矿山大规模开发和建立综合性工业基地。非洲单一矿业经济的畸形发展是西方殖民主义长期掠夺开发的结果。非洲很多国家的采矿业,就是在殖民主义掠夺性开采的基础上迅速发展起来的,至今矿业部门仍然具有明显的外向性。初级矿产品仍然是主要的出口商品,远没有建立起完整的冶金工业体系。非洲现在仍然是世界工业发达国家冶金工业和尖端工业所赖以生存的重要战略矿产供应地之一。独立后,非洲国家着手改造单一矿业经济的殖民地性经济结构,经济多样化的战略对策已显成效,但采矿部门仍然结构单一、加工能力低下、外向性突出。建立合理的采矿、冶金、制造工业体系任重而道远。

第五编　非洲交通运输与通信

非洲国家独立后,开始致力于改变交通运输的落后状况,将铁路、公路、内河航运和海上运输的权益收归国有,在内地和自然条件复杂的地区开始修建公路或铁路,使交通运输有了较快的发展,但远不能满足区域资源开发和区域经济发展的需要。现代综合交通道路网络还在形成之中,任重而道远。总体而言,非洲交通运输仍表现出以下基本特征:

① 交通运输业整体上发展缓慢,各种运输方式运输能力不足。交通运输以公路为主,但公路系统网络还不健全,总里程偏短,密度较低。非洲是世界上铁路最少的大洲之一,不仅发展缓慢,技术标准和营运水平也十分低下,每千米线路承担的货运周转量不及世界平均水平的1/3。港口吞吐能力也很有限,货物积压严重,出现周期性阻滞,加重了滞港费和整个海上运费,致使不少港口经营亏损。

② 非洲交通运输方式结构和线路分布不合理,自成体系,未形成综合的交通运输体系。非洲国家各种运输方式、线路和港站之间互相分割,自成体系,难以形成各种运输方式的有机配合联运,未能发挥其综合运输功能。国家之间、地区之间相互隔绝的现象相当普遍,远未形成完整有效的全洲性交通运输体系,严重影响国家和地区资源的开发利用。

③ 交通线路质量低下,运输设施技术装备落后,影响运输能力的提高。非洲铁路互不连贯,轨距多达11种。轨距不一构成国家或地区间铁路联系的严重障碍。路基质量较差,极不稳定,严重影响线路的运输能力和速度,造成交通事故多发。公路路况差,全天候公路只占1/3左右,加之运输车辆严重不足、使用过度、超载、维修保养不善,造成故障率高,运力差。远洋船舶、飞机等设备老化陈旧,零配件缺乏,多为外国公司经营,加之人员素质差、经营管理水平低、维修保养技术落后,直接影响运输效率的提高。

非洲现代交通运输有了较大的发展,但仍然存在着传统的交通运输方式和区域交通运输的不平衡性。沿海地带交通发达,广大的农村地区和深处内陆的国家交通运输很不发达,有些地区至今不通公路,仍然以牲畜和人力作为交通工具。构建与时俱进的现代综合交通运输网络仍是非洲国家面临的一项长期的战略任务,任重而道远。

非洲庞大的人口基数以及非洲人对数据业务正在快速激增的兴趣与电信业务在当地的低普及率、相对落后的设备及技术之间存在矛盾,但非洲电信市场的发展潜力巨大。

第六编　非洲对外经济关系

非洲对外贸易主要集中在少数国家,非洲区域贸易一体化发展蓬勃,一些沿海国家的转口贸易十分活跃。非洲出口产品以矿产品和农畜等初级产品为主,而进口商品总体上是以工业制成品为主,但也有很多国家严重依赖粮食等初级产品的进口。欧盟国家是非洲国家出口商品的主要销售市场,也是非洲国家进口商品的主要来源地;美国和日本在非洲国家进出口商品市场中的地位在上升;发展中国家在非洲进出口商品市场中的地位日益提升。北非石油主要流向欧洲市场,西非石油基本流向北美、欧洲和亚太。

进入新世纪,在中非合作论坛的框架下,中非关系快速发展,为中非贸易的进一步发展打开了新局面。中国从非洲进口的产品以原油和矿产为主,出口非洲的产品以机电产品、高新技术产品、纺织、服装等为主。

第二次世界大战以后,广大的发展中国家涌现了大批不同类型的经济自由区,主要有工业自由区、出口加工区、自由贸易区、自由港、自由过境区、金融自由区、自由保险区、自由关税区、仓库、企业区、工业科学园区等。非洲国家经济自由区是世界各国中起步最晚的,已有20多个国家创办了130多个不同类型的经济自由区,其中以出口加工区居多。

非洲旅游地理评价并揭示了非洲旅游资源的基本特征及旅游开发的区位、区域经济发展背景、环境、客源市场等条件;分析了非洲旅游业对区域经济发展的作用,包括增加外汇收入、促进地区经济发展、带动相关产业发展、提供就业机会、改善投资环境、扩大国际合作等;对非洲进行了旅游区划,并对各区旅游资源的特点进行了梳理与总结;最后,探索了非洲国家公园的类型、分布及其旅游发展的问题和对策。

第七编　相知无远近　万里尚为邻——中非关系的历史演进

中非之间有着悠久的交往历史。郑和下西洋曾有力地促进了中非之间的直接交往。由于殖民主义的入侵,中非之间的联系受到严重影响。新中国成立后,中非关系有了很大的发展。从1949年到20世纪70年代末,中非之间政治交往比较多,中国支持非洲国家的独立斗争,给予了非洲政治、经济和军事等多方面的援助。越来越多的非洲国家在政治上承认新中国并支持新中国获得联合国安全理事会席位。进入20世纪80年代后,大多数非洲国家实现独立,自立发展成为中非双方共同关注的议题,南南合作促进了中国与非洲之间的经济交往。美苏冷战结束后,在政治全球化和经济全球化浪潮的背景下,中非之间的合作得到进一步加强。中非合作论坛使中非合作实现了机制化,中非双方正努力打造新型全天候、全方位的合作关系。

Abstract

Part One   Geographical Space of Africa

Chapter 1 describes the basic of natural geographical environment of Africa, including the following five parts, namely, the basic characteristics of African natural environment, African terrain and water, African climate, African soil and vegetation, African ecological environment.

Influenced by geographical location, geological structure, topography, climate and other factors, natural geography becomes diversified with torrid zones, plateaus, and desert areas widely distributed; African continental plateau is vast, tilting from southeast to northwest, surface fluctuating gently; the Nile, Congo River and other famous rivers lie in Africa, surface water resources being rich but unevenly distributed, seasonal changes in rivers being apparent; Africa is mainly located in the tropical area, and high temperature is the main feature of its climate owing to vast desert and the vast majority of tropical climate zone, therefore climate types is symmetric to the equator zonal distributed according to latitude zonality; African soil can be classified into 26 basic types of units, roughly symmetrical to zonal distribution in equatorial region; the desert soil and ferralsols accounted for absolute advantages; Africa forest, grassland, biological species resources are rich, with a dominant of tropical, subtropical vegetation, and north-south banded symmetric distribution and the regional differences are obvious; the deterioration of the ecological environment of Africa such as soil erosion and desertification, land degradation, forest deterioration are becoming increasingly serious.

Chapter 2 interprets a continent with splendid civilizations. There always have been frequent cultural exchanges between North Africa and the Mediterranean world. Sub-Saharan Africa region also has its own unique culture, and a number of kingdoms had emerged from the region. In order to establish sea-trade routes to the East, European explorers gradually invaded some coastal areas of Africa and built a series of settlements. During the colonial era, the African continent became a victim of Western colonialism. The slave trade not only caused considerable loss of valuable human resources, but also resulted in cultural weakness and degradation. And local kingdoms could no longer master their own destiny. When European powers scrambled for Africa, almost the whole African continent became a European colony except only few areas. However, the African never stopped struggling for independence. After World War II, when the national independence movement gained momentum, the weakened European powers could no longer suppress the trend. What they could do was implementing decolonization policy, and gradually a lot of nations emerged and embarked on the road to self-reliance.

Part Two   Population and Settlements of Africa

Part Two is composed of 6 chapters, Chapter 1—3 comprehensively probes the population growth, rural settlements and urban geography of Africa, and Chapter 4—6 interprets the poverty, disease and nutritional conditions of Africa.

Chapter 1 is Population Distribution and Migration of Africa.

This chapter describes and interprets several important features of African population: growth rate, population pressure, the distribution and density pattern, migration patterns and refugees.

Since the 1950s, African population has been increasing at a high speed. Almost 450 million people lived in Africa in 1970s, representing one-tenth of the world's total population. Over 40 years, African population had doubled to 1110 million, representing 15.5% of the world's total population. What is more, it continued to grow. The undue high population increase rate has brought about many negative social and economical aftermaths, such as lower living standard, food shortage, ecological environment disturbance, and unemployment. The uneven distribution and population densities across Africa reflect an unequal geographic distribution of resources and opportunities, differences in the ability to adapt to environment, and various historical events. The main concentrations are situated in the Nile Valley and Delta, the Gulf of Guinea, the Lake Victoria region, the Ethiopian Highlands and the Witwatersrand region. Migration can be both cause and consequence of population growth. The importance is the development of contemporary Africa; migrations have occurred throughout history and have contributed to the contemporary patterns of distribution, densities and economy. They can be voluntary or involuntary, permanent or temporary, within or between states, rural-urban, rural-rural, urban-urban, involving individuals or groups. They are the responses to changes in natural environment, and social, political and economical systems in a migrant's place of origin or place of destination, or both. Thousands of people migrated to new cities, plantations and mines.

Chapter 2 is Rural Settlements in Africa.

This chapter mainly describes and interprets several important aspects of rural settlements in Africa: the origin of villages, the type of rural settlements pattern, the foundation structure of rural settlements, the fractional homestead form and styles of house construction.

Few rural areas of Africa are occupied exclusively by one traditional society or devoted to a single-economy. One homestead makes a settlement; but the individual units may be dispersed (scattered) or nucleated (compact, grouped), the interaction among different ethnics and cultures co-existing within an area are well illustrated in the tropical rain forest. The Savanna woodland and grassland, arid and semiarid vegetation, and oases, or environmental contrasts in relief and rainfall are usually sharp and the history of different regions have been punctuated by episodes of culture spread and political conquest, such as the coming of Islam, the English and French colonists, and the contemporary influx of great power diplomats, and technologist, oil men and tourists. Contrasts of environment and culture are clearly recognized by the indigenous peoples.

The sign of the simplest settlement is a single dwelling or group dwellings. The ordinary dwellings such as cultivators and pastoralists, and other constructions of rural people are still the most evident expressions of material culture, the real essence of rural architecture and technology. There are obviously many significant variations, for example, in roof design, in the adoption of daub and clay for walls, in the use of thatched, wicker-work granaries by a few people.

The choice of settlement sites matters much more to cultivators than pastoralists because the intended usage of land is more intensive and selective and the expected occupation of it is much longer. Because it is an extensive form of economy of relatively low productivity, pastoralism has almost everywhere been pushed towards the margins by more intensive forms of land occupancy. Therefore, traditionally it has often implied a lifestyle of movement, pivoting upon source of water and salt supply, sweeping over seasonal grasslands in the quest of sufficient forage for domestic animals. The general zonal and altitudinal disposition of these resources is well understood by the pastoralists. In response to these circumstances, the homesteads of pastoralists are typically in part temporary, in part transportable. Settlements are at least as much concepts of kinship as transient material emplacements reflected to a seasonal flush of pasturage on a group of full water-holes.

Chapter 3 is Urban Geography of Africa.

In Africa, urban origins and growth are closely related to the colonial history of Africa. This article takes the time axis as main line, and the city development in Africa is divided into three periods including the pre-colonial period by 16th century, the colonial period since the 16th century to the 1960s and the post-colonial modern Africa period in the late 1960s. This article describes the urban origins, growth, spatial structure, distribution and typical cities in Africa. Here we shall discuss the truly indigenous city and the Islamic city, the colonial city and the "European" city, the dual city and the hybrid city. This article also studies on and summarizes spatial characteristics which reflect the urbanization in Africa. An analysis of the hierarchical structure and the spatial relations of national urban systems of Africa has been carried out. This article discusses the challenges African cities are being faced with and the countermeasures, and the tendency of African urban development in the 21st century is prospected.

Chapter 4—5 is composed of poverty and disease in Africa.

Poverty rate is one of the fundamental challenges faced by African countries. Owing to the model of economic growth, the low agricultural growth rate and high population growth, there is a serious weakening on the link between economy growth and poverty alleviation. African countries need to practice and search for the way toward massive poverty alleviation.

It is tropical savannah and rainforest climate in Sub-Saharan Africa. Borne diseases are likely to breed a variety of media, leading to more types of diseases in Africa, and infected people as well. Meanwhile, socio-economic backwardness exists in most countries in Africa, in the primitive way of life or nomadic farming, living mixed with livestock leads to the spread of diseases more easily. The chapter analyzes the type of major diseases in Africa and its spatial distribution, and ecological environment of Africa, the relationship among disease, disease prevention and control strategies proposed.

Chapter 6 is an analysis of African food structure with its nutritional level and safety. It indicates that to some extent there is an increase on different kinds of food expenditure. However, we still have some concerns about it. A wide range of comparison research shows that the African food structure is limited by the geographical factor, economical factor and other relating issues. Although in recent years the food structure is more balanced, starchy root crops and beans mainly takes the majority part of food, and still cannot meet the self-sufficiency in grain consumption demand. The consumption of livestock and seafood is less than the average standard in worldwide, which differs in various areas in Africa. Although the total amount of consumption in this situation levels off, the deficit of food still annoys Africa. This kind of shortage leads to a malnutrition rate that takes an overwhelming majority part in those developing countries and it makes us worry that the African would keep suffering from diseases just because of deficit of food and malnutrition.

Part Three   Nation and Traditional Culture in Africa

Part Three will examine African prehistory and early history from the view of culture geographic perspectives. Topics include the rise and dispersion of mankind, the development and diffusion of African races, nations and languages, religious, folk custom and art. This diversity is a rich cultural heritage.

Chapter 1—2 interpret the primitive culture, races and nations in Africa. Negros constitute the largest racial group in Africa. They occupy most of the continent south of the Sahara. A few thousand years ago, they may have been the dominant race in the Ethiopian and Saharan regions as well, both of which have been invaded by paler skinned people from the north and east. Bushmen and Pygmies, who preceded the Negroes in much of African, are often regarded as the aboriginal inhabitants.

Chapter 3 mainly introduces the hierarchical classification of African languages and text. There are many kinds of languages in Africa. Almost every nation has its own language. African languages cover Semitic, Sudan languages, and Khoisan language system. Sudan language is the largest language among African languages, distributed in equatorial Africa and southern Africa, accounting for more than 50% of the population of Africa's population. Sudan language is divided into the West African language family, Mandy language family, and seven Bantu language families. Semitic language is mostly distributed in North Africa and parts of the MENA region. Hottentots, the Bushmen of southern Africa, and a set of languages which other non-Bantu used are collectively known as Khoisan languages. In addition to these basic African languages, there are Austronesian and Indo-European group, primarily residents of Austronesian use of the island of Madagascar, which belongs to the Malay-Polynesian language of the Indonesian family. Aryan are mainly located in certain areas of North Africa and South Africa, where the proportion of Europeans is too large.

Chapter 3 mainly introduces the history and current situation of African writing. Hieroglyphics appeared in the ancient Egyptian after the ancient Egyptian, demotic character decline. It replaced the Coptic alphabet text, which is based on the Greek alphabet. Coptic text, which is generated based on Gunubiya text, is currently used only in certain Christian church prayer ceremony. Ancient Nubia, Ethiopia text is based on the text produced from Amharic text. Currently, Arabic script in use is always the most important word in Africa. From the 7th century Arab's occupation of Egypt, Arabic alphabet based text has also been widely used. Swahili borrowed Arabic alphabet writing and later switched to the Latin alphabet. They provided an alphabetical list of its letters and unified the word pronunciation, accent and spelling.

Chapter 4—8 interpret the religions, folk custom, painting arts, carving arts, and modernization of Africa. Details of religious observance vary from one tribe to another in Africa. Religious forms an integral part of the life of the individual person and the community. Christianity and Islam brought into Africa ideas about God that were in some ways new. Christianity had been widely adopted in Egypt. The influence of the Christian church in Africa crumbled when the Arabs brought Islam to the northern Africa in the 17th century AD. From the 16th century, Christian missionaries were active, first the Catholics in the western and eastern Africa and later Catholic and protestant missionaries from various European countries.

Now, a large proportion of the population in north of latitude 10°N is Muslim. Converts are being made towards the West African coast, and also down the east coast into Tanzania and Mozambique.

Africa is of the rich folk custom including the material folk custom and social folk custom, which constitute a rich cultural heritage created by African people. Each kind of folk custom emerges with all their own special national styles, such as diet, clothes and ornaments, hair-styles, tattoo, song and dance, painting and carving, and so on.

The most notable feature of Africa is manifested by many ethnic groups, rich culture, religious and ethnic conflicts. Traditional culture is an important part of African civilization, especially reflected in the rural social structure, religions and folk custom, as a rich cultural heritage has penetrated every aspect of daily life of the black people. In the process of Africa modernization, we should pay more attention to the inheritance and protection of the traditional culture by taking the essence and wiping off its dregs.

Part Four   Resources Development and Industrial Allocations in Africa

Chapter 1—2 give readers the general review on agricultural production and its distribution in Africa. Systematic description and brief interpretation spread from the grain production, the cash crops production and animal husbandry. As for the grain production and cash crops together with its distribution, the emphasis is put on the introduction of grain, root crops, structures, and regional differential. For many of the crops of Africa, a discernible geographic pattern exists. The pattern may be caused by relief, climate, soil, or culture. Maize is produced by no less than 50 African countries, with the top-producing South Africa, Egypt, and Nigeria. Africa produced almost half of the world millet crop. The major producer of millet in Africa is Nigeria. The important millet producers are also important sorghum producers. Both crops are domesticated in the Saharan area. Compared with cereals, cassava yields are very high in regions of Africa where tubers are the principal food consumed. Cassava is cultivated widely in tropical Africa, from the equatorial region to the dry lands. Africa produces cassava mainly in Nigeria, the D.R. of the Congo and Ghana. In the sphere of cash crops, with the retrospection of development and its dominant position in the export trade, the section introduces the productions and distribution for each cash crop. The content of livestock raising introduces the basic situation, staple animals and the geographic distribution.

The vast majority of Africans who raise livestock are by no means nomadic pastoralists. Africans raise a wide variety of animals, large ruminants like cattle, camels, donkeys and horses and small stock like goats and sheep are mainly raised in many parts of Africa. In short, pastoralists mainly practice pastoral movement across space to enable the sparse and seasonal vegetation to nourish their animals. Many pastoralists have a home area where they spend part of the season and where a permanent water source is usually found. Pastoralists migrate out of the home area for part of the year with their live stocks to exploit seasonal pastures.

Chapter 3—4 describe and interpret the energy resources and its exploration of Africa, the types of stratigraphic and basin of African continent, two major oil and gas producing areas: North Africa and West Africa, the characteristics of oil and gas resources of the continent as well as outline of 10 major oil and gas producing countries. The spatial distribution characteristics of African oil and gas resources include centralized distribution, excellent product phase, low-cost exploration, convenient transportation, and so on. In the view of exploitation expectancy, it is not optimistic for oil, while the average expectancy of gas exploitation is much higher than the world average.

The production of oil and gas in Africa are mainly exploited from two producing regions of North Africa and West Africa. African major sub-Saharan producers of crude oil are Nigeria and Angola, with the output of 117.4 million tons and 85.2 million tons, 28.1% and 20.4% of Africa's total output in 2011, respectively. Algeria and Egypt are the most important natural gas producers in Africa, with the output of 78.0 billion m^3 and 61.3 billion m^3, 38.5% and 30.2% of the total output in 2011, respectively. Indeed the emergence of petroleum and natural gas industry has been the important economic development in Africa.

The hydropower resources in Africa are abundant, but their distribution is extremely uneven. Hydropower development in Africa is still in the primary stage. Hydropower development in Africa is divided into two levels and three types. The general characteristics are developed earlier hydropower but little progress; low utilization rate of water but huge development potential making big differences in the hydropower proportion and in electric power production system among countries; the domination of small hydropower stations with developing power grid system; high electric proportion of industrial and mining sector in power consumption; insufficient funds and technology and overdependence on foreign; more extensive regional cooperation of hydropower development. Africa hydropower industry has very promising prospects. Once African economic conditions mature, the hydropower industry will develop rapidly. At the same time, Africa hydropower industry type may also change, so as to bring great changes to the geographical distribution and its utilization of Africa hydropower industry.

Chapter 5 concerns mining in Africa, mainly illustrating Africa mining economy, the resource advantage of Africa mining economy, formation of African mining industry, feature and distribution of Africa mining, and the strategic adjustment and development trend of Africa mining. Africa possesses many mineral resources that have been exported to earn foreign exchange. Some Africa minerals are of world strategic importance, particularly non-ferrous and nonmetallic minerals. Africa ranks first or second in the world in its reserves of bauxite, chromite, cobalt, diamonds, gold, manganese, phosphate rock, and so on, being mostly exported to develop industrial countries of the world.

Part Five   Transport and Telecommunication in Africa

Transport is an essential pre-condition for economic advance. Indeed, a lack of transport facilities in Africa has been a main deterrent to rapid economic growth and difficulties of transport have served to retard the exploitation of natural resources, industrialization, expansion of trade and in some cases, the achievement of national unit. It is clear that the best results will be achieved when developments in transport are part of overall in integrated development plans. The part describes and interprets several important aspects of Africa's transports: rail transport, road transport, water transport and air transport.

The railways provided the main means of penetration into Africa's interior during the colonial period. The railways were built primarily for political reasons and for the export of bulk products. The first active demand was the export trade. Yet even now, export traffic accounts for over 60% of the traffic of most African railways, and in the case of specially constructed mineral lines. The exports made up almost 100% of the total. The total route length of African railways is 83210 km, but in African continent as a whole can't there be said to contract a true rail network with a route density comparable with more developed countries. The uneven spatial distribution and densities of the rail network across Africa reflect an unequal geographic distribution of natural resources and differences in the ability to adapt to the environment, and various historical events and situations. About 80% of the rail network has been constructed in the coastal belt of African continent. The largest concentration of the rail network in Africa is found along the Mediterranean coast and the coastal belt in southern Africa. In the section of the rail transport, it further points out the main issues, potentials and development direction of the rail network construction in Africa.

Road transport is of particular importance in Africa because of the limited opportunities for river transport and the rudimentary character of railway development. The total route length of African road is over 2 million km. This is impressive, but it is still poor as compared the position of Africa with other world regions and relative to population. The pattern of tarred roads in Africa is extremely patchy and roads, like the railways, are restricted to national territories. In African continent as a whole, a few road routes such as the Mombasa-Uganda road and the Tanzam highway are the tarred international arteries. The project "Trans-African Highway network" (9 international road arteries) has put into effect with the possibilities for linking up existing roads across Africa, and the potential for further development is vast. Road transport is the main means of hauling goods to markets and acts as a feeder system to railway and river transport.

Water transport consists of inland water transport and ocean shipping transport. Over 90% of the trade of African countries is with overseas countries. Increased overseas trade is a vital factor stimulating the emergence of the money economy and creating conditions favorable for development of energy industry and modern agriculture. The main impulse for seaport development in recent years has been the desire on the coastal countries to improve their harbour infrastructure, diversify their economic base and embark upon modern economy and industrialization. There are the continent's existing ports with deep-water facilities that have undergone some extension or elaboration. The most impressive of the developments are undoubtedly the new ports which have been built to handle Africa's new export, particularly oil and minerals. On the North African coast a number of new terminals have created to handle crude oil and natural gas from the Saharan fields. It has been suggested that the necessary integration could be provided by the linking routes, possibly railways, inland water transports and highways from interior lands.

With the rapid development of global Telecom Industry, African telecommunications industry also exudes vitality. Africa has vast land and huge population base. Africans are interested in data service more and more. But the telecommunication business in the local prevalence is low and equipment and technology is relatively backward. Thus you can look forward to a huge potential for development of telecom market in Africa.

Part Six　Foreign Economic Relation in Africa

Chapter 1—3 is consisted of the foreign trade of Africa, Sino-Africa trade development and economic free zones of Africa.

After independence of Africa, its foreign trade has got great progress. Trade in both goods and service has stepped into the channel of rapid development, especially when it enters into the new century. But its marginalization status doesn't change in the pattern of international trade at all. African trade mainly concentrates in a handful of countries. African regional trade integration is booming now. Some coastal states' export trade goes actively. African exported commodities give priority to the raw products such as minerals and livestock, while imported commodities are usually manufactured goods. At the same time, many countries greatly rely on the importing of such primary products as food. In terms of trade geography, Europe, especially European Union countries, is not only the main sales market of African exported commodities, but also the source place of imported commodities. As the latecomers to the African continent, America and Japan are reinforcing their power in the African import and export commodity market in which the status of developing countries are being enhanced too. The oil exports of North Africa mainly flow to European market, while Western Africa to North America, Europe and Asia-Pacific Region respectively. The gas exports of North Africa mainly flow to Europe and Asia-Pacific Region.

Sino-Africa trade covers the development of four periods of Sino-Africa trade, new characteristics of Sino-Africa trade, problems and challenges for Sino-Africa trade, trade relations of major partners between China and Africa, and development potential of Sino-Africa trade.

Economic Free Zones of Africa describes set-up and development of economic free zones of Africa countries and foreign trade economic and co-operative zones of China in Africa

Chapter 4, the tourism geography of Africa was mainly analyzed. Firstly, from two aspects such as tourism resources and their development conditions, we evaluated tourism resources in Africa, indicated its basic characteristics of tourism resources and conditions for development including location, development backgrounds of regional economy, environments, tourist market etc.. Secondly, from six aspects, the chapter analyzed the functions of tourism on regional economy development in Africa which mainly reflected as follows: increasing the incomes of foreign currencies, equilibrizing international receipts and payments, raising the destination's economy incomes, promoting the development of regional economy, adjusting the industrial structure, arousing the development of related industries, providing employment opportunities, absorbing surplus labors, changing the backwardness, promoting poverty alleviation and reduction,

improving investment environment and extending international cooperation etc..
Thirdly, Africa was divided into three tourism parts: northwest Africa tourism
area, southeast Africa tourism area and island tourism area, and each area's charac-
teristics of tourism resources were teased and summarized, the principal tourism
countries and their tourism resources were introduced briefly. On the basis of this,
we analyzed the present conditions of inbound tourism market in Africa, predicted
its scale according to the GM(1, 1) model, and from the tourist's motive, travel
mode, transportation and destination choices etc., the behaviors of inbound tourists
in Africa were studied. Lastly, this book discussed the national park's types, distri-
butions, tourism development's problems and countermeasures etc. in Africa.

Part Seven   Distance Can't Separate True Friends: Evolution of Contemporary Sino-Africa Relations

There has been a long friendly relations history between China and Africa. In
Ming dynasty, the navigation of Zheng He to western countries had greatly promo-
ted the direct interaction between China and Africa. Due to the colonial invasion,
links between China and Africa were severely affected. In the struggle for indepen-
dence, the people of both sides sympathized and supported each other. After the
founding of the People's Republic of China, China-Africa relations have experienced
a great progress. From 1949 to the late 1970s, there have been more political ex-
changes between China and Africa. China supported the struggle of African people
for independence, and provided much political, economic and military assistance.
There were more and more new independent African countries recognizing PRC and
supporting restoration of China's seat in the UN Security Council. After 1980s, the
majority of African countries had achieved independence, self-reliance and economic
development, which were issues of mutual concern. South-South cooperation and
promoting economic exchanges became the main mutual issue. After the Cold War,
in the context of political and economic globalization, cooperation between China
and Africa has been further strengthened. The founding of China-Africa
Cooperation Forum greatly institutionalized mutual relations, and now they all a-
greed to build a new kind of all-weather partnership.

上册目录

第三编　非洲民族与文化

CONTENTS

Part One Geographic Space of Africa

Part Two Population and Settlements of Africa

第一编　非洲地理空间

第一章

非洲自然地理环境基础

第一节　非洲自然环境基本特征

非洲地域辽阔,基于地理位置、地质构造、地形、气候等因素的影响,形成了复杂多样的自然地理特征。

一、高原大陆

"高原大陆"是非洲基本地形特征的一个总轮廓。地表的平均海拔高度为750米,但绝对最大高度为5895米(乞力马扎罗山),全大洲地表起伏相对较小,除了南北两端和东非局部地区外,整个大陆基本上是一个波状起伏的大高原。海拔200～2000米的台地、高原占总面积的86.6%,远高于其他各洲而居首位。①

非洲的地势大致东高西低,南高北低,从东南向西北倾斜。从刚果河口向东北方向到红海西岸的卡萨尔角划一弧线,把非洲大陆大致分为西北和东南两大部分。西北部分地势较低,多为平均海拔500米左右的低高原和台地,故称低非洲,分布有一系列的盆地、洼地和较低的高原山地,仅局部地区有较高的山峰。东南部分地势较高,多为平均海拔1000米以上的高原,故称高非洲,自北向南分布着有"非洲屋脊"之称的埃塞俄比亚高原、谷深崖陡的东非高原和面积广大的南非高原。著名的"东非大裂谷"纵贯南北,沿裂谷地带湖泊众多、火山成群。②

二、热带大陆

非洲大陆大部分处于低纬度,整个非洲洲域75%左右的土地都处于南北回归线之间,低纬度地理位置的特点决定了非洲热带、亚热带气候占绝对优势。非洲拥有

① 苏世荣等:《非洲自然地理》,北京:商务印书馆,1983年。
② 张同铸等:《非洲经济社会发展问题研究》,北京:人民出版社,1991年。

世界上最大的热带荒漠和热带稀树草原带,以及仅次于南美洲的热带雨林带,这是非洲自然地理的一个突出特点。[①] 在非洲,最冷月绝大部分地区的月平均温度在10℃以上,其中撒哈拉沙漠以南和卡拉哈里沙漠以北更在15℃~20℃以上。最热月绝大部分地区的月平均温度在20℃~25℃以上,撒哈拉沙漠以北地区更高达30℃~35℃。迄今为止已知的世界极端高温的最高纪录,是在利比亚的阿齐齐耶(首都的黎波里南40千米)测得的58℃高温。非洲大陆最热的地区主要分布在以撒哈拉沙漠为中心的北部非洲地区,形成一个最高气温超过50℃的面积辽阔的"火炉区"。

分布在赤道两侧的为热带雨林带。在热带雨林的外围分布着一种过渡类型的热带季雨林。热带稀树草原带分布在热带雨林带的南北两侧,通过东非高原连接呈马蹄形。热带荒漠带分布于南北两个副热带高压带,该地区属于热带干旱和半干旱地区,全年干燥少雨,植被覆盖率很小,有大面积的无植物沙漠区域。非洲大陆东西两岸分布有亚热带森林带,形成突出的常绿硬叶林群落。

三、荒漠面积广大

在非洲大约有一半面积的地域是干旱、半干旱的气候环境,荒漠景观面积十分广大。由于非洲大陆处于南北两个副热带高压带的控制下,所以非洲的干燥气候覆盖面积比较大。其中撒哈拉沙漠占据非洲地表面积的30%,成为世界上面积最大的沙漠。无论从非洲荒漠面积的绝对数值来看,还是从它所占的全洲面积比例来看,非洲荒漠面积之大,在世界各大洲中都是居于首位的,见表1-1-1。[②]

表1-1-1　世界各洲干旱区和半干旱区面积[③]　　　　单位:百万平方千米

地区	干旱区	半干旱区	总计
亚洲	8.960	7.516	16.476
欧洲	0.171	0.844	1.015
非洲	11.862	6.081	17.943
大洋洲	3.864	2.517	6.381
北美洲	1.310	2.657	3.967
南美洲	1.388	1.626	3.014
合计	27.555	21.241	48.796

---

① 苏世荣等:《非洲自然地理》,北京:商务印书馆,1983年。

② 同①。

③ 资料来源:http://www.chinabaike.com/article/316/327/2007/2007022054369.html。

四、自然景观呈带状对称分布

自然景观呈带状分布并大致对称于赤道,这是非洲大陆独有的自然地理特点。非洲的这种自然景观的独特分布主要是由非洲的地理位置和地形等因素决定的。非洲是世界各大洲中唯一一个有赤道横贯中部的大洲,并且非洲南北两端所占的纬度大致相等,这是非洲自然景观带南北对称分布的决定性因素。非洲特殊的纬度位置,加上地形和洋流等因素的干扰影响相对较小,这样就使得非洲的气候随纬度的变化而呈地带性分布的规律充分地表现出来,进而形成了非洲土壤类型和植被类型的条带状分布,并且南北对称于赤道。[①] 人们形象地称非洲的这种独特的自然景观带为"斑马带"。北宽南窄的大陆轮廓和南高北低的地势,使得北部非洲的地带性规律比南部非洲表现得更为突出。受洋流和山地等非地带性因素的影响,景观的地带性规律在非洲西半部表现得比东半部明显,形成了全世界唯一的低纬度大陆东岸荒漠带。

综上所述,高原面积广,对于非洲自然环境和经济发展起着十分重要的作用。非洲大部分地区的气候、植被、土壤类型以及动植物种属的分布规律与同纬度的其他大洲有显著的差异,这在很大程度上与高原大陆特点有着密切的关系。[②] 平坦的高原,使光、热、水的分布具有一致性、渐变性和水平地带性,而相应的农业分布也具有与其他大洲区别更为明显的地带性特征,从而对农业结构以及经营方式都产生重大的影响。[③] 非洲自然景观类型多样,分布广泛。非洲热带雨林带占非洲面积的18.7%,终年高温多雨,水热充沛,有利于林木的生长,植物种类异常丰富;河网水系发达,湖泊众多,水资源丰富,土壤肥力自然更新状况良好。[④] 但是该地带森林一旦被毁坏,很容易造成水土流失和土壤退化。非洲有大面积的热带荒漠带,终年干燥少雨,植被稀少,土壤贫瘠沙化,农业生态环境相当恶劣。热带荒漠带的居民常以游牧为生,耕作仅限于少量有灌溉条件的绿洲,因此绿洲是居民的生产活动中心[⑤],具有较为丰富的发展农业多样化生产的水热土资源基础。

山地和高原由于水热条件的垂直分异明显,生态环境的多样性有利于农业的综合发展,但往往产生许多限制影响。山地高原区土地土壤贫瘠、质地差,土地资源缺乏,可耕地资源有限;热量不足,作物生长期短,有些热带经济作物种植受到限制;山地高原因地形障碍,影响水分分布,往往成为农业界线;坡度的不同,对农业土地利用的影响也很关键,阴坡阳坡农业特点截然不同;更为重要的是山地高原区农业活

---

① 文云朝等:《非洲农业资源开发利用》,北京:中国财经经济出版社,2006年。

② 苏世荣等:《非洲自然地理》,北京:商务印书馆,1983年。

③ 张同铸等:《非洲经济社会发展问题研究》,北京:人民出版社,1991年。

④ W. M. Adams, A. S. Goudie and A. R. Orme, *The Physical Geography of Africa*, Oxford: Oxford University Press, 1999.

⑤ 文云朝等:《非洲农业资源开发利用》,北京:中国财经经济出版社,2006年。

动极容易发生水土流失,非洲常见的顺坡种植现象就造成山地高原区很强的水土流失,农业生产受到影响,生态环境破坏严重。非洲的山地高原区是非洲许多河流的发源地和绿洲水源地,从很多方面对非洲农业产生十分重要的影响;同时,山地高原因为地形因素,对非洲经济活动也构成了很多交通障碍。

第二节 非洲地形与水系

一、非洲地形

1. 非洲地形总轮廓

非洲地表起伏变化不大,海拔高度不太悬殊,地表平均高度为 750 米,居世界第二,仅次于亚洲。非洲大陆地势东南高、西北低,从东南向西北倾斜,其西北大多数地区海拔在 1000 米以下,称为"低非洲";东南大多数地区海拔在 1000 米以上,称为"高非洲"。两者的分界线大概在安哥拉的本格拉向东北延伸至埃塞俄比亚的马萨瓦德的连线上。"低非洲"中间多分布盆地、洼地以及较低的高原山地。非洲中部偏西处分布着世界上最大的盆地——刚果盆地,其北部分布有朱夫盆地、乍得盆地、尼罗河上游盆地、费赞盆地等。盆地的低洼处分布着尼日尔河中游平原、乍得湖平原、白尼罗河中游平原等。[①]

非洲高原面积广大,除极西北部和南部地区外,整个非洲大陆可以看作一个高原,所以非洲有"高原大陆"之称。非洲主要高原有埃塞俄比亚高原、东非高原、南非高原,其中埃塞俄比亚高原是非洲最高的高原,平均海拔为 2500~3000 米,位于非洲东部;东非高原位于非洲东部,平均海拔在 1200 米左右,有"湖泊高原"之称;南非高原位于非洲南部,最高海拔为 3657 米,是非洲最大的高原。

从非洲各种地形所占比重来看,86.6% 为海拔 200~2000 米的台地和高原,3.7% 为海拔 2000 米以上的高原和山地,仅 9.7% 为 200 米以下的平原和低地,更加突出了非洲以高原为主的地形特点,见图 1-1-1。[②]

2. 非洲地形分类

根据非洲大地构造与地质发展基础,以及独特的气候外营力条件,非洲地形地貌类型大致可分为阿特拉斯褶皱山地区、撒哈拉沙漠台地区、上几内亚—刚果台地区、东非裂谷高原地区、南非高原区、沿海岛屿六个地形区。[③]

---

① 曾尊固:《非洲农业地理》,北京:商务印书馆,1984 年。

② W. M. Adams, A. S. Goudie and A. R. Orme, *The Physical Geography of Africa*, Oxford: Oxford University Press, 1999.

③ 同上。

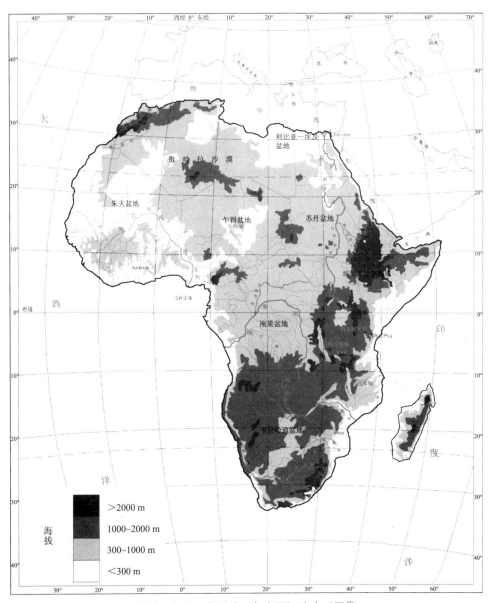

图 1-1-1 非洲地形与主要河流水系图①

阿特拉斯褶皱山地区由非洲大陆西北部的阿特拉斯山系所组成。西、北、东三面临海,南面是撒哈拉沙漠,面积 68 万平方千米。阿特拉斯山系是由一组东北东—西南西走向的平行山系组成的,整个山系基本上是一个起伏剧烈的大高原,山脉之间又夹着高原、深谷与盆地。最大的山脉叫大阿特拉斯山,大部分山峰的海

---

① 姜忠尽等:《非洲农业地图志》,南京:南京大学出版社,2012 年。

拔在 3000 米以上,最高的图卜加勒山海拔 4165 米。除此之外,还有外阿特拉斯山脉位于大阿特拉斯山之南,范围和高度较小;中阿特拉斯山脉在大阿特拉斯山脉之北与之平行,两者之间夹着自然条件优越的穆鲁耶河谷地;小阿特拉斯山脉位于地中海沿岸,是阿特拉斯山系最北的一列山脉。大、中阿特拉斯山脉与大西洋沿海平原之间的地区是一个较为宽阔的高原,称为摩洛哥高原,又称"梯状高原"。在阿特拉斯山脉与大西洋海岸之间分布着一系列沿海平原和河谷盆地,地势低平,水源较好,土壤肥沃,是重要的农业地带。

撒哈拉沙漠台地区由阿特拉斯山地以南,大致年降雨量 250 毫米等雨量线以北,从大西洋岸到红海岸之间的广大干燥沙漠区组成,东西最长 5000 千米,南北宽约 2000 千米,面积 900 余平方千米,约占非洲总面积的 30%。撒哈拉沙漠台地在地质构造上是非洲大地台的一部分,为一广大的台地地形,中部分布着西北—东南向的平缓山地,有的地方形成高达 3000 米以上的山峰。除山地高原外,撒哈拉地区还错综分布着闭塞盆地,同时纵横交织分布着间歇性的沙漠河谷,并呈辐射状消失在盆地中。撒哈拉沙漠台地地表由石漠、砾漠和沙漠组成,沙漠的面积最为广阔。

上几内亚—刚果台地区由撒哈拉沙漠以南、东非裂谷带以西、刚果河与赞比西河分水岭以北、至大西洋岸的广大地区组成。该地区最为显著的地形特征是台地与盆地相间分布,加之气候湿润多雨、河流众多、流水地貌发育等影响,形成了一些辐合状、放射状、树状水系。该地形区较为著名的盆地有刚果盆地、乍得盆地、尼罗河上游盆地等。另外,上几内亚地区还自西向东分布着一系列低高原和山地丘陵。沿海狭窄低平的带状平原上分布有沙洲和潟湖。

东非裂谷高原地区由赞比西河以北、红海西岸的卡萨尔角以南、刚果盆地和尼罗河上游盆地以东的大陆部分组成,是非洲地势最高、高差悬殊、地貌类型最复杂多样的地区,其中乞力马扎罗山是非洲最高的山脉,见图 1-1-2。该地形区深受东非大裂谷的影响,最明显的特点是断层构造地貌、火山地貌、熔岩地貌广布。东非大裂谷(East African Great Rift Valley)是世界大陆上最长

图 1-1-2　乞力马扎罗山①

的断裂带,长达 7000 千米,纵贯非洲东部,被称为"地球表面最大的伤疤",见图 1-1-3。它是遍布全球陆面和洋底的巨大断裂系统的一部分,对非洲特别是东部非

---

　①　图片来源:http://www.wenku.baidu.com。

洲的自然环境产生了巨大的影响。伴随着大规模的火山活动、岩溶作用以及地壳的错动和升降,形成了面积广大的熔岩高原、断陷谷地、断层湖、火山锥等,构成了非洲独特的自然景观环境,见图 1-1-4。①

图 1-1-3　东非大裂谷②

图 1-1-4　非洲古老的火山口③

南非高原区由刚果河与赞比西河分水岭以南的南非高原组成,地表平均海拔大于 1000 米。宽浅盆地与桌状台地相间分布是其重要特征。南非高地地表一般比较平缓,只在中部有低矮、陡峭的山脊。

除此之外,非洲的沿海岛屿由马达加斯加岛屿群组成。马达加斯加岛是非洲最大的岛屿,海拔 1200 米以上,地势东高西低。起伏不平的高原上分布着一系列盆地。④

二、非洲地表水系

1. 非洲河网分布

非洲地表水主要受气候和地形因素的控制,其河网的分布充分反映了各地区的降雨量。从总量上看,非洲拥有尼罗河、刚果河、尼日尔河、赞比西河等大河,全洲每年的河流径流总量为 4657 立方千米,约占世界河流径流总量的 12%,仅次于亚洲和南美洲,居世界第三位。非洲还拥有维多利亚湖、坦噶尼喀湖、马拉维湖等巨大天然湖泊和沃尔特水库、纳赛尔水库、卡里巴水库等大型人工湖。仅据 20 个最大天然湖和人工湖的不完全统计,湖泊水面面积达 21 万平方千米。除此以外,在热带非洲有几百处经常性沼泽,总面积超过 26 万平方千米,另外还有许多季节性沼泽。但是,非洲地表水资源分布极不均衡。非洲雨量最丰富的地区在南、北纬 10°之间,这里河网

① W.M.Adams,A.S.Goudie,A.R.Orme,*The Physical Geography of Africa*,Oxford:Oxford University Press,1999.

② 图片来源:http://www.wenku.baidu.com.

③ 同上。

④ 苏世荣等:《非洲自然地理》,北京:商务印书馆,1983 年。

的密度也最大;其次是在南纬10°与南回归线之间,相比赤道两侧地区雨量略少,河网仍然相当密集;而与此对应的北半球同纬度地区则由于气候干燥,河网非常稀疏,有些地区没有常流河,甚至成为无流区。与之相联系,非洲形成有外流区、内流区和无流区,其中,外流区以大西洋流域为主,分布了非洲许多大河,其次是印度洋流域;内流区与无流区面积广大,约占全洲总面积的29.6%。[①]

非洲径流系数最高、径流量最大的地区位于赤道、几内亚湾和马达加斯加岛东部地区。阿特拉斯山脉和德拉肯斯山脉的迎风坡也是多径流区。[②] 由于非洲高地、盆地较多,因此出现了很多河流的辐散中心和辐聚中心。其中,埃塞俄比亚高原范围广、雨量多,是非洲最大的水系发源地,尼罗河水系、刚果河水系、赞比西河的两条重要支流以及高原东侧的许多独立小水系都从这里发源;而富塔贾隆高原是尼日尔河、塞内加尔河、冈比亚河及其他许多小河的水源地。这两个高原是非洲两个突出的高径流区,被分别称为"东非水塔"和"西非水塔"。[③]

从降水和径流变化的关系看,非洲径流的季节变化明显且类型多变,主要有赤道型、几内亚湾型、热带型、沙漠型、地中海型等类型,河川径流随气候和降水而同步变化。

2. 非洲河川径流的季节变化

从降水与径流变化之间的关系来看,非洲河流径流的季节变化可归纳为以下类型。

(1) 刚果(赤道)型

它是赤道多雨区河流的代表类型,主要在赤道地带的刚果河下游和加蓬等地,这些地区降水丰富、河网密集。它的突出特点是:(1) 水量丰富,由庞大的水系和流域内降水丰沛两个条件造成;(2) 流量稳定,因为该河流域内降水的时间分配相当均匀,各月虽不完全相等,但没有过于偏多或偏枯的现象;(3) 流量曲线有两个峰值,这和雨量的两个高点有密切的关系。5月及11—12月是降水最多的时节,相应地非洲流量最大的刚果河的最大流量也出现在这两个时期,且最大与最小流量相差一般不超过一倍。

刚果型是针对该河的干流而言的。至于它两侧的支流,大体上都只有一个汛期,流量的季节变化也因而比较大。

(2) 沃尔特(几内亚湾)型

这是几内亚湾沿岸河流的代表。这一带雨量丰富,河网稠密,年降雨量一般在2000毫米以上,局部超过3000毫米,但流量的季节变化较为显著。受几内亚季风气候的影响,该地带夏季多雨,冬季少雨,降水呈现明显的季节性。在夏秋季7—9月

---

① 曾尊固:《非洲农业地理》,北京:商务印书馆,1984年。

② 文云朝:《非洲农业资源开发利用》,北京:中国财政经济出版社,2000年。

③ 苏世荣等:《非洲自然地理》,北京:商务印书馆,1983年。

三个月西南季风盛行、降水丰沛的时期,河流流量也最大,汛期水量一般占全年水量的1/2至3/4;冬季时为枯水季节,这是由于哈马丹风到来,该地区雨量锐减,河流也出现最小的流量。

（3）塞内加尔（热带）型

它代表热带干、湿季气候区各河的情况。在南北纬10°至20°之间以及东非高原赤道两侧的热带草原地区,这里的年雨量一般为500～1000毫米,雨水多集中于夏季,冬季偏枯,干湿季节分明。河湖水水量变化很大,流量曲线呈现一高一低的情况,这是由季风气候决定的。汛期在多雨的夏季或夏秋季出现,即北半球在8—10月、南半球在2—4月,大、中河流的汛期流量约占年总量的50%,小河可达80%以上。它与沃尔特型的差异是流量较少,汛期较晚,汛期流量占总流量的比值更高。该类型以塞内加尔河和冈比亚河为代表。

（4）沙漠型

它的特点是河流流量小而变化大,洪水期持续的时间很短,一般为几小时或几天;径流出现的次数不定,数次、数十次不等,取决于降水情况;时间也不定,有时数小时,有时甚至数日。北半球的撒哈拉沙漠、南半球的卡拉哈里沙漠和纳米比亚等沙漠地带,因降雨量小,故河流水量也小,且多为间歇河,而湖泊多为潜水咸湖,有的甚至为盐沼。该类型河流以撒哈拉沙漠中的伊阿阿尔河和卡拉哈里盆地的莫洛波河为代表。

（5）地中海型

非洲的南北两端属于地中海型气候区。该地区夏季炎热干燥、冬季温和多雨,年降雨量一般不足1000毫米,河流的流量季节变化明显,流量曲线显示明显的一高一低起伏状,但在时间上与塞内加尔型不同。洪水期出现在冬季,水量占全年的1/2以上;枯水期出现于夏季。如地中海沿岸的谢利夫河、木卢亚河、塞布河等,它们的汛期一般在1—3月或12月到次年2月,枯水期在8—9月。

但像尼罗河这类较长的河流会流经几个气候区,各河段的径流都带有所在气候区的特点,全河往往出现一些独特的情况。如尼罗河上游段处于赤道地带,支流多而水量丰富,径流随季节变化较小;其中游位于热带草原地区,水量变化大,洪水期明显;下游流经热带沙漠地区,水量趋于减少且随季节变化较大。[1][2]

3. 主要河流及其水文特征

（1）尼罗河

尼罗河全长6650千米,是世界最长的河流。它源于东非高原布隆迪境内,流经

① 苏世荣等:《非洲自然地理》,北京:商务印书馆,1983年。
② 资料来源:http://www.dljs.net/showart.asp? art_id=7742。

卢旺达、布隆迪、坦桑尼亚、肯尼亚、乌干达、刚果(金)、苏丹、埃塞俄比亚和埃及9国,注入地中海。尼罗河是非洲流经国家最多的一条国际性河流,流域面积约 2.8×10^6 平方千米,在非洲各河中居第二位。河口的平均流量约2200立方米/秒,位于非洲第四位。尼罗河全部水量有60%来自青尼罗河,32%来自白尼罗河,8%来自阿特巴拉河。在不同时期内各河水量的比例也不同:在洪水期,青尼罗河占68%,阿特巴拉河占22%,白尼罗河只占10%;在枯水期,白尼罗河占83%,青尼罗河占17%,阿特巴拉河断流,不对干流供水。[1]

尼罗河上游位于赤道地带,支流众多,水量丰富,径流季节变化不大;中游处于热带草原区,水量变化较大,洪水期与枯水期变化明显;下游经热带沙漠地区成为"客河",水量逐渐减少且季节变化明显,水文情况复杂。

尼罗河的河流体系现在均由坐落在尼罗河本身或其支流上的一系列堤坝控制,最大的是在干流上的亚斯文高坝。

(2) 尼日尔河

尼日尔河全长4160千米,流域面积为 2.09×10^6 平方千米,河口年平均流量为6300立方米/秒,是西非流域面积最大的河流。它发源于几内亚与塞拉利昂交界处的落马山东麓,流经几内亚、马里、科特迪瓦、尼日尔、布基纳法索、贝宁和尼日利亚等国,流入几内亚湾。尼日尔河的上、下游都在热带多雨区,水量丰沛,支流密布,而中游穿过沙漠地带,支流稀少,水量减少,造成尼日尔河复杂的水文特点:下游有两次洪峰,而上、中游只有一次。尼日尔河上游水量极为丰富,在马里境内的库利科罗的平均流量为2300立方米/秒;中游流量只有1000立方米/秒;下游再度进入热带多雨区后,因为接受了贝努埃河等支流,水量增加。因此,尼日尔河除了有灌溉之利外,中、下游河段还有航运之便。[2]

(3) 刚果河

刚果河全长4370千米,仅次于尼罗河,居非洲第二。流域面积为 3.69×10^6 平方千米,河口年平均流量为39000立方米/秒(最大流量达80000立方米/秒),都远远超过非洲其他河流,居于非洲首位。它发源于刚果(金)南部的加丹加高原,流经安哥拉、喀麦隆、中非、刚果(布)、赞比亚和刚果(金)六国,流域面积的60%在刚果(金)境内。

刚果河虽然长度不及尼罗河,但其流量却达尼罗河的16倍。在距河口75千米的范围内,海水也是淡水。刚果河的支流极多,河网稠密,其常年流量大而稳定,最小流量与最大流量的比例是1:3,远低于尼罗河的1:48,是世界各大河中流量变化

① 刘德生:《世界自然地理》,北京:人民教育出版社,1999年。
② 苏世荣等:《非洲自然地理》,北京:商务印书馆,1983年。

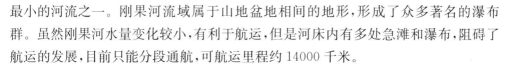

最小的河流之一。刚果河流域属于山地盆地相间的地形,形成了众多著名的瀑布群。虽然刚果河水量变化较小,有利于航运,但是河床内有多处急滩和瀑布,阻碍了航运的发展,目前只能分段通航,可航运里程约 14000 千米。

（4）赞比西河

赞比西河长约 2660 千米,是南部非洲和非洲大陆流入印度洋的第一大河。流域面积达 $1.33×10^6$ 平方千米,河口年平均流量为 16000 立方米/秒,仅次于刚果河而居第二位。赞比西河发源于安哥拉东北边界的隆达-加丹加高原,流经赞比亚、纳米比亚、马拉维、津巴布韦和莫桑比克等国,注入莫桑比克海峡。

赞比西河流经热带干、湿气候区,流域内降雨量少于热带多雨区。东部接近海洋,比较湿润,西部则较干燥;流域南部靠近干旱气候区,有些支流是时令河。由于流域内气候有明显的干湿季,该河流流量也随季节而变化。夏半年雨季是丰水期,冬半年干季是枯水期。河流流域内的降雨量从北部的 1500 毫米向南递减至 650 毫米,故西南部雨量较小但变率大,支流大多是间歇性河流;而西北部雨量较多,支流流量较稳定。

赞比西河和刚果河情况类似,因为大部分河段流经海拔 500～1500 米的南非高原,形成的急流和瀑布多达 72 处,只能分段通航。另一方面,众多的瀑布蕴藏着极为可观的水能资源。[①]

除上述著名大河流外,非洲大陆还拥有塞内加尔河、奥兰治河、朱巴河与谢贝利河、林波波河等众多世界著名河流。

4. 主要湖泊与水库

湖泊水是地表水不可或缺的重要组成部分,对于工农业生产贡献匪浅。非洲的湖泊较多,面积大小不同,深浅各异,地区分布也很不均衡。绝大多数湖泊分布在有丰富雨水和凹地的东非大裂谷内,其他地方因气候较干燥而分布较少,多散布在内陆盆地。

非洲的湖泊主要有两类:断层湖和凹陷湖。

非洲大多数较大湖泊属于断层湖,它们集中分布于东非高原的大裂谷内,一般湖形狭长,湖底深陷,湖岸多陡崖峭壁,呈串珠状分布于东非大裂谷带上。由于湖区雨水多,大多数湖均有河流相通,湖泊出口处一般形成急流和瀑布。从南向北分布在东非高原大裂谷带东支上的断层湖有马拉维湖、鲁夸湖、埃亚西湖、纳特龙湖、奈瓦沙湖、巴林戈湖、图尔卡纳湖、乔乌湖、查莫湖、阿巴亚湖、沙拉湖、阿比亚塔湖、齐瓦伊湖、阿贝湖等,沿大裂谷带西支分布有坦噶尼喀湖、基伍湖、爱德华湖、阿尔伯特湖（蒙博托湖）等。

非洲的凹陷湖分布在内陆盆地和高原洼地,多数是由地表升降或挠曲作用而形

---

① 苏世荣等:《非洲自然地理》,北京:商务印书馆,1983 年。

成的洼地积水后而成,多为圆形,深度一般不大。非洲的凹陷湖有湿润型湖和干燥型湖之分。湿润型湖以维多利亚湖最大、最著名,湖泊面积、水深变化不大;干燥型湖以乍得湖最典型,面积和水深有明显的季节变化,由于水源不足,还会出现断水等现象,从而形成盐湖和碱湖。[①]

(1)维多利亚湖

维多利亚湖面积为 6.9×10^4 平方千米,是非洲第一、世界第二大淡水湖,仅次于北美洲苏必利尔湖。它位于东非高原盆地中部的肯尼亚、乌干达和坦桑尼亚三国交界处,南北长约 400 千米,宽约 240 千米。湖水最大深度为 80 米,平均约 40 米;湖面海拔为 1173 米,年内变幅只有 0.3 米。维多利亚湖处于赤道多雨区,雨量的季节分配均匀,所以湖水水位变化极小。湖面广、湖水深,对湖盆内的气候有显著影响。湖水自北岸流出,流量稳定,约为 600 立方米/秒,是白尼罗河的主要水源。

(2)坦噶尼喀湖

坦噶尼喀湖面积约为 3.29×10^4 平方千米,是非洲第二大淡水湖。它位于刚果(金)、坦桑尼亚、布隆迪、赞比亚等国交界处,属于标准的裂谷型湖泊。其形状狭长,自西北向东南延伸约 720 千米,最宽处约 70 千米,窄处仅 40 千米,湖面海拔 773 米,比维多利亚湖低约 341 米。其湖水很深,平均约 700 米,最深处为 1435 米,比海面还低 662 米,成为仅次于亚洲贝加尔湖的世界第二深湖。它西面与刚果河连通,成为后者的一个稳定的水源。

(3)马拉维湖

马拉维湖面积为 30800 平方千米,是非洲第三大淡水湖。其位于马拉维、坦桑尼亚、莫桑比克等国交界处,也属于标准的裂谷型。马拉维湖的轮廓和延展方向都与坦噶尼喀湖相似,长约 560 千米,最宽处 80 千米,窄处 32 千米,湖面海拔 472 米,平均深度约 273 米,北端最深处达 706 米,比海面低 234 米,为非洲第二深湖。湖区在热带干、湿气候区内,雨量的季节分配不均匀,湖水的涨落幅度约在 1 米。马拉维湖的南端出口与希雷河相连,因而成为赞比西水系的一部分。

(4)乍得湖

乍得湖为非洲四大湖之一,也是世界著名的内陆湖泊之一。其位于乍得盆地中央,在乍得、尼日尔、尼日利亚、喀麦隆等国交界处,属凹陷洼地型湖泊。湖面面积随季节变化,雨季时可达到 2.2 万平方千米,旱季时可缩小一半以上。湖面海拔为 281 米。东部深,西部浅,平均深度为 1.5 米,最大深度达 12 米。水源主要补给者为沙里河,占总补给量的 2/3;还有科马杜古约贝河、恩加达河、姆布利河等补给源。乍得湖是非洲重要的淡水鱼产区之一。

---

① 苏世荣等:《非洲自然地理》,北京:商务印书馆,1983 年。

（5）主要水库

水库是人工湖泊,它既是人们利用河水的主要工程,又是影响河流水文特征,使之发生变化的重要因素,它对河流的季节变化、河系的发展以及流水地貌的发育均有一定影响。非洲已建有大中型水库 600 余座,现有水库总库容约为 7980 亿立方米。非洲的水库分布不均,南部占 39％,几内亚湾地区占 29％,北部地区占 24％。中部地区和印度洋群岛是降雨量最大的地区,水库数量最少。非洲的 5 大水库总库容达 5650 亿立方米,占非洲总库容的 71％。近几十年来非洲建成了不少大水库,如尼罗河上的纳赛尔水库、赞比西河上的卡里巴水库及卡布拉巴萨水库、沃尔特河上的沃尔特水库、尼日尔河上的凯因吉水库等。[1]

这些水库规模大小不同,但都发挥着重要作用。它们不仅有效地控制了径流变化,而且在调节流域水量、防洪、灌溉、发电、渔业及航运等方面也做出了重大贡献。

5. 沼泽湿地

非洲大陆广泛分布着沼泽湿地,这种特殊的水资源类型提供了大量环境商品和服务,如洪水和侵蚀控制、水短缺和过滤以及大量食物和其他物质商品。这些都让其成为水系中不可缺少的一部分。面积较大的如尼日尔河内陆三角洲、乍得湖周围、苏丹境内尼罗河上游盆地、刚果河中游、赞比西河流域、基奥加湖周围、赞比亚东部的班韦乌卢湖等低地沼泽。另外在刚果（金）南部、安哥拉、莫桑比克、马拉维、赞比亚、津巴布韦以及东非一些国家境内还有很多雨季积水、旱季干涸的季节性沼泽。此外还有内陆湖滨及沿海的盐化沼泽等。[2]

第三节　非洲气候

非洲既是一块暖热的大陆,又是一块具有典型赤道湿润气候和副热带干旱气候的大陆。非洲拥有辽阔的沙漠和广大的热带草原气候区。“热带大陆”或“无冬大陆”是对非洲气候的基本概括。非洲最主要的气候特征便是高温,全洲大部分地处热带地区,素有热带大陆之称,非洲（Africa）一词在拉丁文中更有“阳光灼热”的意思。非洲气候干燥,干燥气候区约占全洲面积的 1/3。沙漠面积广大,其中撒哈拉沙漠总面积超过了 9.07×10^6 平方千米,是世界上最广大的沙漠。这些地区的年降雨量大多在 100 毫米以下。同时降雨分布极不均匀,赤道多雨带有些地区的年降雨量在 10000 毫米以上;许多沙漠地区空气湿度低,云量小,晴朗酷热的天气相当普遍,年

① 苏世荣等:《非洲自然地理》,北京:商务印书馆,1983 年。
② 文云朝:《非洲农业资源开发利用》,北京:中国财政经济出版社,2000 年。

降雨量少到 10 毫米以下,有些地区甚至连续几年不下雨。非洲气候还有非常特殊的一点,那就是受地理位置和地形结构的影响,气候类型按纬度地带性规律呈带状分布并对称于赤道。非洲是全球唯一几乎对称分布于赤道两侧的大陆。[1]

一、气温与日照

非洲大陆处于热带和副热带纬度,除最南部和最北部的冬季可见霜雪外,其他非高山地区最冷月平均气温仍在 10℃以上。非洲的年均温大概呈由赤道向高纬度渐减的趋势。但在海陆分布的影响下,各地区情况并不都和这种总的趋势一致,撒哈拉沙漠和卡拉哈里沙漠等干旱地区表现得较为明显。差值的大小也随时间各异,冬季各月差异较小,夏季各月差异较大。

1. 1 月平均气温

1 月份非洲平均气温最低,气温南北差异较大,等温线值大致随纬度的增高而逐渐降低,但不与纬线保持严格的平行。北非最暖热的部分主要分布在赤道至北纬 10°之间,这些地区月平均气温一般在 25℃以上,其中几内亚湾北岸中段沿海低地在 27℃以上,最高温处(大致在索马里的最南部)更超过 31℃。山脉的影响使部分地区气温比周围同纬度地区低,如下几内亚高地及埃塞俄比亚—索马里高原等处,平均气温略低,大致为 20℃～25℃。[2]

北纬 10°以北,气温逐渐降低,在富塔贾隆及提贝斯提等高原山地区,气温较周围低地明显下降,形成局部的低温区域。撒哈拉北部开始气温降到 12.5℃以下。在最北部的地中海沿岸,平均气温大约在 10℃～13℃。北非西北部的撒哈拉低地沙漠,平均气温降低到 10℃以下。非洲 1 月最低气温出现在阿特拉斯山地区,该地区由于地处北部,地势又高,平均气温低至 5℃以下。

南非 1 月是暖季,1 月平均气温较北半球高,南部沿海地区的平均气温高达 22.5℃。由于洋流的存在,南非的气温带状分布没有北非明显。世界著名寒流本格拉寒流在 1 月份一直由非洲南部西岸向北流。该寒流对南纬 15°以南地区影响较大。纳米比亚及南非的沿大西洋岸一带受该寒流的影响,平均气温降到 20℃以下,比同纬度的东岸地区低约 8℃～10℃。南纬 5°至赤道地区以及卡拉哈里盆地地区月平均气温均在 25℃以上。1 月份最热地区出现在大陆的赤道附近、西岸自加蓬至安哥拉的沿海低地、东岸自赤道至南回归线之间的沿海平原、内陆的卡拉哈里盆地,以及马达加斯加岛四周,尤其是沿海地带等处平均气温都在 25℃以上。东非高原、赞比亚高原、比耶高原、维拉高原、达马腊兰高原、马塔贝莱高原,以及莱索托和南非境内的

---

① 盛承禹:《世界气候》,北京:气象出版社,1988 年。
② 苏世荣等:《非洲自然地理》,北京:商务印书馆,1983 年。

高原地区与马达加斯加岛的中央高地等处,平均气温因地势高而降低,一般在
20℃～25℃之间。①（见图 1-1-5）

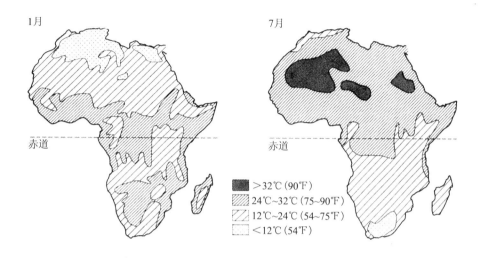

图 1-1-5　非洲 1 月与 7 月海平面平均气温分布图②

2.7 月平均气温

　　7 月非洲平均气温大都在 25℃以上,最高平均气温中心地区平均温度一般都在
30℃以上。在撒哈拉沙漠地区,其西部北回归线两侧有广大的区域月平均气温在
35℃以上。"非洲之角"也是非洲 7 月份最炎热的地区之一,其中最热的地方可超过
38℃。撒哈拉沙漠往北,气温有所降低。和 1 月份一样,7 月份气温也受寒流影响,
影响区域为西北非的沿岸地区,该地区温度比同纬度地区要低十几度。如北纬 21°
至 28°之间的大陆西岸,沿海地带 7 月平均气温在 22.5℃,而内陆可超过 37.5℃。③

　　高原对非洲等温线的水平分布造成影响,西起富塔贾隆,东到埃塞俄比亚等高
原地区,虽处 30℃等温线的闭合区,由于地势较高,平均气温都在 25℃以下,埃塞俄
比亚高原的更高处可低至 20℃以下。焚风效应也造成局部气温分布异常,例如埃塞
俄比亚高原以东、索马里高原以北的沿海及内陆低洼地区处于西南风的背风位置,7
月均温都在 35℃以上,形成了一个小范围的酷热区。

　　南半球 7 月正值隆冬,气温大致由赤道的 20℃～25℃向南随纬度的升高而降
低。在南回归线以南的高地气温多在 5℃～10℃之间,最低处在 5℃以下。马达加
斯加岛的平均气温也随着地势的升高而降低,可到 15℃以下。

①　刘德生:《世界自然地理》,北京:人民教育出版社,1999 年。
②　A.T.Grove, *The Changing Geography Africa*, Oxford: Oxford University Press,1989.
③　苏世荣等:《非洲自然地理》,北京:商务印书馆,1983 年。

3. 其他温度情况

(1) 极端高温

非洲极端高温均出现在平均高气温区内,其分布情况与高温区分布近似。极端高温区分布在北纬 15°左右,气温达到 50℃以上。撒哈拉西部低地区内出现极端高温的范围最广,撒哈拉沙漠、红海及亚丁湾沿岸均有 50℃以上的记录。利比亚的阿济济亚创出世界最高的气温纪录 57.8℃。

(2) 极端最低气温

极端最低气温的分布主要受纬度、海拔、寒流等因素的影响。非洲极端最低气温均出现在高原高山地区,可低至－10℃以下。由于影响最低气温的很多因素不稳定,所以最低气温随时空变化相差很大。

(3) 气温年较差和日较差

非洲赤道地区气温年较差较小,往两极方向年较差逐渐加大。赤道地区年较差一般在 1.5℃～3.0℃,南北纬 15°之间地区年较差一般小于 6℃,南纬 30°左右的内陆可达 15℃～16℃。沙漠地区温差较大,撒哈拉沙漠中部气温年较差高达 15℃以上,西部可达 25℃以上。

非洲气温日较差的分布与气温年较差的分布情况基本类似,而且分布更加有规律。但大部分地区气温日较差大于年较差,特别是赤道地区年较差在 1.5℃～3℃之间,日较差在 6℃～10℃。沙漠地区以及盆地地区日较差较大。[①]

4. 日照

非洲沙漠地区一般年日照时数最多。撒哈拉沙漠、卡拉哈里沙漠、索马里半岛及马达加斯加岛沿岸等干旱少雨区,年日照时数都超过 3600 小时。撒哈拉沙漠是世界日照时数最多的地区之一,中部年日照时数更可多达 4300 多小时。日照时数从沙漠地区向多雨地带逐渐减少,北非从撒哈拉沙漠向两侧递减,南非从卡拉哈里沙漠向四周递减。几内亚海湾沿岸和赤道多雨地带是非洲年日照时数最少的地带,年日照时数一般少于 1600 小时,有的地区甚至仅有 1000 小时左右,见图 1-1-6。

12 月和 7 月是月日照时数最为典型的两个月份,它们分别可以代表非洲冬季和夏季的日照情况。

12 月的北半球正值冬季,是日照时数最短的季节,最北的地中海西部沿岸地区和热带辐合多雨带是日照时数最短的地区,月日照时数不到 120 小时。日照时数由北向南增加,在北非东部北纬 15°附近月日照时数达到 300 小时以上,是北非月日照时数最大的地区。继续向南延伸,月日照时数又逐渐减少,直到南纬 5°至 15°地区月

① W. M. Adams, A. S. Goudie and A. R. Orme, *The Physical Geography of Africa*, Oxford: Oxford University Press, 1999.

日照时数在 120 小时左右。再向南延伸,由于开始远离赤道多雨带,月日照时数又开始递增,到纳米比亚等地区达到非洲 12 月的月日照时数最大值,高达 360 小时。

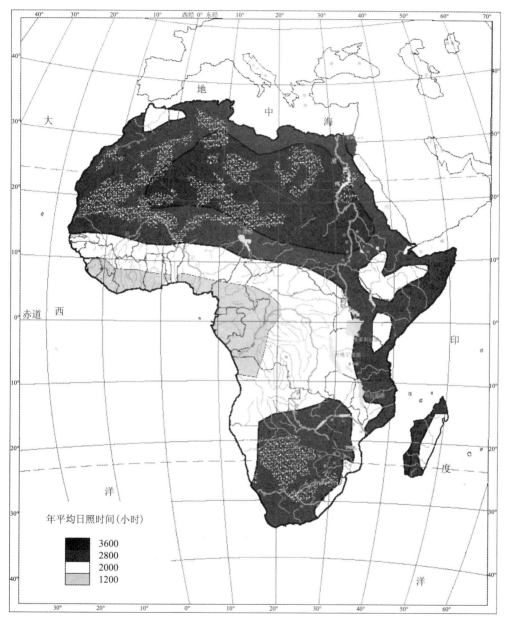

图 1-1-6 非洲年平均日照时间分布图①

7 月热带辐合带北移,日照最少的地区往北移到赤道至北纬 10°左右地区,这些

---

① 姜忠尽等:《非洲农业地图志》,南京:南京大学出版社,2012 年。

地区月日照时数大多在 150 小时以下,个别地区甚至不到 30 小时。再往北延伸至北纬 25°,月平均日照时数迅速增加到 360 小时。其他地区 7 月平均月日照时数大致在 200~300 小时之间。[①]

二、湿度与降水

1. 湿度

非洲有一空气湿度较大区,南北非各有一个较小空气湿度区,其他广大地区的空气湿度介于两者之间,但由于自然环境的差异,湿度的分布差异较大。非洲空气湿度较大的地区是赤道多雨带和几内亚湾沿岸,这些地区年降雨量较大,空气湿度通常在 85% 以上,个别地区甚至超过 90%。向两极方向延伸,空气湿度开始减小,北非和南非分别出现两个空气湿度较小的干燥地区。北非的撒哈拉沙漠地区空气干燥,年平均相对湿度一般小于 30%,个别地区在 20% 以下;南非湿度最小的地区分布在卡拉哈里沙漠,该地区空气湿度较小,空气比较干燥,年平均相对湿度在 50% 左右。寒流和信风等一些气候因素对湿度影响也较大。[②]

非洲境内降水的地区差异、季节差异很大。降水的地区差异由多年不下雨至年降雨量多达几千毫米,最多的可达 10000 毫米以上。降水的季节差异表现在非洲各地区降雨量的季节分配不均匀,不均匀的状况也因地而异。有的地区降水季节差异不大,降水较为均匀;有的地区有明显的干湿季;有的地区雨量很少,季节降水甚至无规律可寻。

影响北非地中海沿岸和南非南部降雨的主要天气系统是温带气旋,影响非洲东南部沿海地带降雨的主要天气系统是温带气旋。其他广大地区大面积降水的主要成因是热带辐合带。降水的一般形式是降雨,此外,非洲降水也依靠一些特殊的降水形式,包括雪、雹和水平降水等。

2. 降雨量

非洲年降雨量最多的地区主要在赤道及其两侧的热带地区。由此向南、向北,雨量逐渐随纬度的增加而急剧减少,直至半干燥及干燥的沙漠地区,甚至出现无雨区。再向两极方向,在接近大陆的边缘地区,已进入每年有一定时间的西风活动的范围(地中海气候区),雨量又逐渐增多,最终到达相当湿润的地区。

由赤道至南北纬 5°附近,即赤道多雨带,其年降雨量一般在 2000 毫米左右,个别地区多达 10000 毫米,是非洲雨量最大的地区。南纬 5°至 10°地区,年降雨量一般在

---

① 苏世荣等:《非洲自然地理》,北京:商务印书馆,1983 年,第 10 - 14 页。

② W. M. Adams, A. S. Goudie and A. R. Orme, *The Physical Geography of Africa*, Oxford: Oxford University Press, 1999.

500～1500毫米之间。再往南降雨量急剧下降,降雨量不足20毫米。赤道多雨带以北的撒哈拉沙漠年降雨量在100毫米以下,雨量少的地区在5～10毫米以下,甚至出现无雨区。再往北的地中海沿岸由于受温带气旋的影响,年降雨量在100～300毫米左右。非洲年平均降水量分布见图1-1-7。

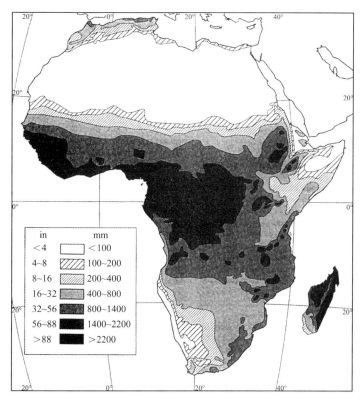

in	mm
<4	<100
4～8	100～200
8～16	200～400
16～32	400～800
32～56	800～1400
56～88	1400～2200
>88	>2200

图1-1-7 非洲年平均降水量分布图[①]

1月和7月是两个比较典型的降雨季节。1月降雨量的分布,基本反映了非洲北半部冬季和南半部夏季降水的分布规律;7月刚好相反,反映的是非洲南半部冬季和北半部夏季的降水分布规律。1月撒哈拉高压发达,受哈马丹风的影响,北纬5°至10°以北的地区降雨量较少,月降雨量一般在10毫米以下。北纬10°至30°以北的地区降雨量更少,大部分地区几乎无雨。受温带气旋的影响,北非地中海沿岸降雨量相对较大,月降雨量可达50～100毫米以上。南非受热带辐合带影响的范围较大,南纬5°向南至南纬15°地区月降雨量迅速增加,南纬10°至15°地区月降雨量一般在200～300毫米之间,是多雨地带。再往南,降雨量逐渐减少,由几百毫米降至几十毫

---

① W.M.Adams,A.S.Goudie and A.R.Orme,*The Physical Geography of Africa*,Oxford:Oxford University Press,1999:37.

米,有的地区甚至降至 2 毫米以下。7 月撒哈拉热低压发达,赤道至北纬 15°之间地区是雨量最多的地带,月降雨量在 100～200 毫米以上,局部地区降雨量甚至超过 1000 毫米。再往北,降雨量迅速下降,至北纬 20°地区,降雨量已减至 10 毫米以下。南非主要受南印度洋高压影响。南纬 5°以南地区受盛行反气旋环流影响,降雨量较小,绝大部分地区在 10 毫米以下。最南端的沿海地区受温带气旋和东南信风的影响,雨量有所增加,可超过 50 毫米。[①] 非洲 1 月与 7 月降水量分布见图 1-1-8。

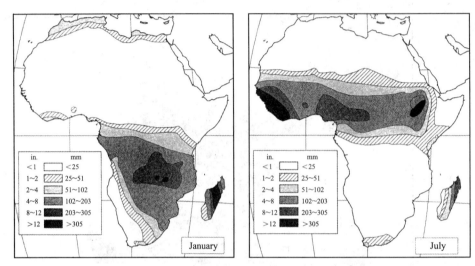

图 1-1-8 非洲 1 月与 7 月降水量分布图[②]

3. 降水日数和降水强度

(1) 降水日数

年降水日数指的是一年中日雨量大于或等于 1 毫米的降水日数。非洲降水日数的地区分布与降雨量的分布大体一致,年降雨量的大小和年降水日数的多少呈一定的正相关关系。赤道多雨带也是降水日数最多的地区,一般在 120 天以上,多的地区达到 160 天以上,如刚果盆地和几内亚湾沿岸。由赤道多雨带向两极方向延伸,随着降雨量的减少,降水日数也逐渐减少。在干燥地区每年雨日只有几天,有些地区在某些年份可能完全没有雨日。及至进入地中海气候区,雨日又有所增加,少的约 20 天(如东部埃及与沿海一带),多的约 80 天(如西部摩洛哥、突尼斯沿海一带)。马达加斯加岛的东侧迎风区全年面临来自印度洋洋面的湿风,是全非洲雨日最多的地区,降水日数一般在 160 天以上,有的地区可以超过 200 天。

---

① 苏世荣等:《非洲自然地理》,北京:商务印书馆,1983 年,第 10-14 页。

② Roy Cole, Harm J. De Blij, *Survey of Subsaharan:A Regional Geography*,Oxford:Oxford University Press,2007:20.

（2）降水强度

反映降水强度的主要指标是 24 小时最大降雨量。它的分布受地形和其他条件影响较大。非洲 24 小时最大降雨量的地区分布有一定的规律性,但跳跃性比较显著。降水强度大的地区一般也是年降雨量多的地区。

非洲北纬 18°至南纬 9°之间的大西洋沿岸、南纬 2°至 6°和南纬 14°至 30°之间的印度洋沿岸与马达加斯加岛沿岸地区是非洲 24 小时最大降雨量最大的地区,一般都超过 200 毫米。马达加斯加岛的北端和几内亚湾的湾头,其日雨量都曾超过 500 毫米,留尼汪岛上有高达 1210 毫米的记录。

非洲 24 小时最大降雨量以沙漠干旱地区为最小。撒哈拉沙漠地区北纬 20°至 30°之间除大西洋沿岸以外,24 小时最大降雨量均在 50 毫米以下,其中一些地区甚至在 3～5 毫米以下,是非洲 24 小时最大降雨量最小的地区。[①]

4. 降水变率

非洲降水年变率的地区差异与年降雨量呈相反的趋势:雨量多的地区变率小,雨量少的地区变率大,见图 1-1-9。

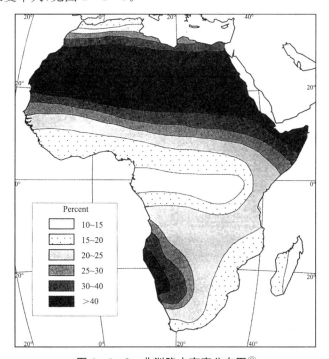

图 1-1-9　非洲降水变率分布图[②]

①　盛承禹:《世界气候》,北京:气象出版社,1988 年。

②　Roy Cole，Harm J. De Blij，*Survey of Subsaharan：A Regional Geography*，Oxford：Oxford University Press，2007：19.

赤道多雨带的年变率在非洲各地区中是最小的,最少年雨量都在平均年雨量的一半以上,两者的差数在某些地区小到不足平均量的1/5。撒哈拉沙漠地区、卡拉哈里盆地、纳米布沙漠地区和索马里半岛等干燥地区的降水年变率最大,有些地区降暴雨的时候,降雨量可达几十毫米,有时则是全年无雨,甚或连续多年无雨。半干燥草原地区介于这两类地区之间,降水年变率也处于两者之间。年雨量最小的时候,不足平均量的一半,有时甚至在平均量的1/3以下。这些地区经常出现旱灾。降雨量持续几年低于平均值时,将造成极为严重的旱灾。非洲降水的季节变化因地而异,时空分布差异较为显著,有些地区有明显的干湿季变化,而有的地区则不明显。非洲降水的地区分布和季节变化主要有以下几个类型:双雨季型、夏雨冬干型、冬雨夏干型、全年少雨型、全年多雨型。[1]

赤道多雨带(即最邻近赤道的低纬度地区至南北纬5°之间的地区)雨量较大,即使在少雨季节也不显干燥。随着热带辐合带南北移动,每年春季和秋季这些地区降雨量较大,出现两个相对的多雨期和两个相对的少雨期,形成双雨季降雨类型。

随着与赤道距离的加大,两个多雨期的时间间隔越来越短。赤道多雨带往两极方向延伸,北半球至北纬5°至20°之间的苏丹草原地带,南半球至南纬5°至30°之间以及西岸全年干旱少雨区形成夏雨冬干的降水类型。这些地区夏季主要受热带辐合带大雨带的影响,雨水丰富;冬季主要受哈马丹风的影响,雨量较少,甚至出现无雨区,形成夏雨冬干降雨类型。

北非地中海沿岸地区以及摩洛哥大西洋沿岸地区冬季气旋活动较为频繁,主要受低气压控制,降雨量较为丰富;夏季地中海被低压控制的地区转变为被高压所控制,降雨量较少,形成冬雨夏干降雨类型,也称地中海气候降雨类型。此外,南非西南部的开普敦地区也有部分地区是该降雨类型。非洲雨季类型分布见图1-1-10。

在北纬20°到北纬31°至34°之间的撒哈拉沙漠,南纬12°至30°左右的纳米布沙漠及卡拉哈里沙漠地区雨水极少,极其干燥,有些年份有偶然性的阵雨,有些年份则全年无雨,是全年少雨的一种特殊类型。

在非洲南岸的东部地区、南端的克尼斯纳地区的极小地域,没有明显的干湿季节变化,冬季受地中海气候影响,夏季受夏雨型的气候影响,月降水较为平均,年降雨量也相差不大,是典型的全年多雨类型。[2]

---

① Roy Cole,Harm J.De Blij,*Survey of Subsaharan:A Regional Geography*,Oxford:Oxford University Press,2007.

② 盛承禹:《世界气候》,北京:气象出版社,1988年。

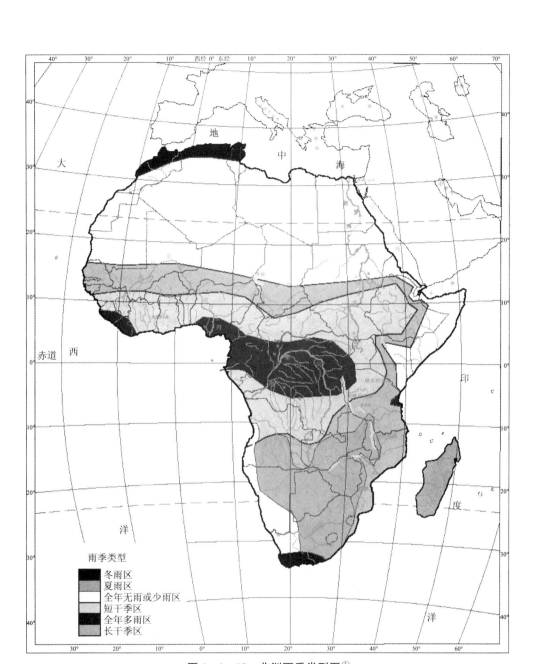

图 1-1-10　非洲雨季类型图[①]

────────────

①　W.M.Adams，A.S.Goudie and A.R.Orme，*The Physical Geography of Africa*，Oxford：Oxford University Press，1999：37.

三、气候类型与气候区

非洲大陆纵向范围大致是东经 51°至西经 17°,横向范围大致是南纬 34°至北纬 37°,地处 7 个气候带中的 4 个气候带,它们分别是赤道气候带、赤道季风气候带、热带气候带和副热带气候带。4 个气候带分别对应 7 个气候区,它们分别是热带雨林气候区、热带稀树草原气候区、热带干燥气候区、地中海气候区、中纬高地草原气候区、亚热带湿润气候区、热带山地气候区。[1] 这 7 个气候区在非洲都有所分布。

1. 热带雨林气候区

本区主要分布在南北纬 10°之间,包括刚果盆地中部和北部,加蓬、赤道几内亚、喀麦隆的沿海区和尼日利亚的尼日尔河三角洲及其以东的部分,以及利比里亚、塞拉利昂、几内亚,东非沿海的局部地区和马达加斯加岛的东部。该气候区全年受赤道气团控制,终年高温,年降雨量大,空气潮湿。该气候区年平均气温在 26℃以上,月平均气温在 25℃~28℃之间,但 32℃以上高温很少出现。气温年较差很小,一般在 5℃~6℃,赤道附近气温年较差最小,在 2℃左右。气温日较差变化也不大,大多在 8℃~16℃之间。年降雨量普遍在 1500~2000 毫米,有些地区多达 3000~4000 毫米,甚至有超过 10000 毫米的地区。该气候区有一个或两个多雨季,非雨季也有相当的降雨量,并不显得干燥。刚果盆地主要受大陆气团影响,是典型的热带雨林气候,雨量曲线有两个明显的高点。几内亚湾的西部沿岸地区受几内亚季风影响,年降雨量达 3000~4000 毫米,是降雨量最大的地区。马达加斯加岛的东部纬度较高,处于东南信风带,降雨频率较大,年降雨量大多在 2500 毫米以上,没有明显的干季。该地区信风影响较大,气温的年较差、日较差都比较小。

2. 热带稀树草原气候区

本区主要分布在热带雨林气候区的两侧,它的范围大致包括北非的苏丹草原、南非高原的东部和东北部、东非高原的赤道两侧地区、马达加斯加岛的西部地区。该气候区的气候雨季时与热带雨林气候区类似;干季时与干燥区类似,所以,该气候区被看作"过渡气候区"。热带稀树草原气候的主要特征是夏季多雨,冬季干燥,有明显的干湿季变化。

该气候区云雨量较少,气温高于热带雨林气候区,少有酷热的天气。各月平均气温为 24℃~30℃左右,由于纬度较高、空气湿度较小,气温的年较差为 5℃~10℃,比热带雨林气候区要大。年降雨量在 500~1000 毫米,在热带雨林气候区的邻接区域可多达 2000 毫米,而在干燥区的邻接区域则可少到 400 毫米。该区植物可全年生长,但年降雨量小于热带雨林气候区,故形成热带稀树草原景观。本区气候可以分

---

① W.M.Adams, A.S.Goudie and A.R.Orme, *The Physical Geography of Africa*, Oxford: Oxford University Press,1999.

为冷干季、热干季和雨季三个季节。南北半球的干湿季节恰好相反。北半球的冷干季为11月至次年2月,受干燥的东北风的影响,降雨较少;热干季为3至4月,雨季到来之前出现最热月(一般在4月或5月);5至10月热带辐合带位于北半球,非洲热带稀树草原气候区为雨季。南半球的冷干季、热干季和雨季则刚好相反,分别为5至8月、9至10月和11月至次年4月。由于受印度洋的东南信风影响,南北半球的雨量分布刚好相反。北半球雨季时雨量自西向东减少,南半球雨季雨量自东向西减少。

3. 热带干燥气候区

热带干燥气候分热带沙漠气候和干草原气候两类,分界线大致与400毫米等雨量线重合。热带干燥气候区分布在热带稀树草原气候区的外缘,包括北非的撒哈拉沙漠及相邻的萨赫尔地区,与南非的卡拉哈里沙漠、纳米布沙漠以及它们边缘的稀树干草原地带。马达加斯加岛西南部的沿海低地也属于该气候类型区。本区气候的主要特征是全年干燥、少雨,气温变化大。该气候区以荒漠和半荒漠景观为主。撒哈拉沙漠的极端最高温度曾高达57℃,沙漠气温日较差在28℃～33℃左右,气温年较差在35℃左右。7月平均气温在35℃以上,冬季平均温度只在16℃上下,西撒哈拉北部最冷月平均气温为10℃,偏北地区有结霜现象;气温年较差较大,一般在17℃～22℃左右。撒哈拉沙漠地区降雨量极少,一般在100毫米以下,少的只有几毫米,甚至无雨。撒哈拉南北边缘地区雨季有所不同,南面接近夏雨区,所以雨期在夏季;北面接近地中海气候区,雨期在冬季。南非干燥区的干燥程度比北非略低。卡拉哈里沙漠区的雨量稍多于撒哈拉沙漠,稀树干草原比较常见。纳米布沙漠直达海边,受本格拉寒流的影响,雨日极为罕见,雾日相对较多。马达加斯加岛西南部沿海低地区处于东南风的背风坡,干燥少雨。但该岛南部山地高原地区年降雨量可达300～500毫米以上,平均气温约为20℃～27℃,植被景观为干草原景观。

4. 地中海气候区

非洲有两个地中海气候区,分别位于非洲大陆最北和最南端的地区。一个在阿特拉斯山地以北、以西,直到地中海、大西洋的岸边,被称为"橄榄气候区";一个在南非的开普敦附近的较小地区,被称为"石楠气候区"。

地中海气候区夏季受副热带高气压带的控制,冬季受温带气旋影响,主要特征是夏季干热,冬季暖湿。橄榄气候区最冷月均温也在10℃以上,夏季最热月均温在25℃以上,高温在40℃以上。该气候区主要植被类型为硬叶常绿灌丛,橄榄是代表植物。开普敦地区的气温略低于大陆北端的同类气候区,植被以石楠科植物为主。

5. 其他小范围气候区

(1)中纬高地草原气候区

中纬高地草原气候区在非洲所占面积较小,分布在南非高原南部。该气候区地势较高,纬度偏南,气温较低,年平均气温在 18℃ 以下;气温年、日较差比较大;年降雨量在 200~750 毫米之间。

(2)亚热带湿润气候区

亚热带湿润气候区在非洲所占面积较小,分布在南部非洲东南沿岸的纳塔尔地区。该区终年温暖湿润,年平均气温在 20℃ 以上,最冷月均温在 16℃ 以上,气温年较差较小。年降雨量分布比较均匀,一般在 1000 毫米左右。该区植物繁茂,以山毛榉为主,因此该气候区也称"山毛榉气候区"。

(3)热带山地气候

埃塞俄比亚高原和米通巴山脉是典型的热带山地气候。该类气候类型垂直地带性分布规律比较明显,气温和降雨量都随海拔的变化有相当大的差异。海拔高的地区年平均气温低于 15℃,海拔高的地区年平均气温在 20℃~25℃ 之间;降雨量少的地区只有 200 毫米,多的高达 1500 毫米。[1]

第四节　非洲的土壤与植被

一、非洲土壤

1. 非洲土壤分布特征

非洲面积广大,地域辽阔,自然条件复杂,土壤类型繁多。在地带性和非地带性因素的综合作用下,形成了现代非洲土壤的分布规律,见图 1-1-11。非洲土壤的分布具有以下几个突出的特点。

(1)呈带状并大致对称分布于赤道两侧

由于赤道横贯非洲中部,土壤由中部低纬度地区向南北两侧呈纬度地带性对称分布,但在东非高原因受地形的影响而稍有改变。从赤道向大陆的南北两端延伸,依次呈带状分布着砖红壤、砖红壤化红壤、红壤、热带弱富铝土、热带半干旱红棕色土、热带半漠境土、热带及亚热带漠土、亚热带半漠境旱土、地中海半干旱红棕色土、地中海型红棕壤,以及种类繁多的隐域性土壤。热带土壤和亚热带干燥土壤为主要土类,其分布面积约占非洲总面积的 2/3,其中荒漠土面积在 1000 万平方千米以上,在世界各大洲中位居第一。[2]

①　A.T.Grove, *The Changing Geography Africa*, Oxford: Oxford University Press, 1989.
②　苏世荣等:《非洲自然地理》,北京:商务印书馆,1983 年,第 10-14 页。

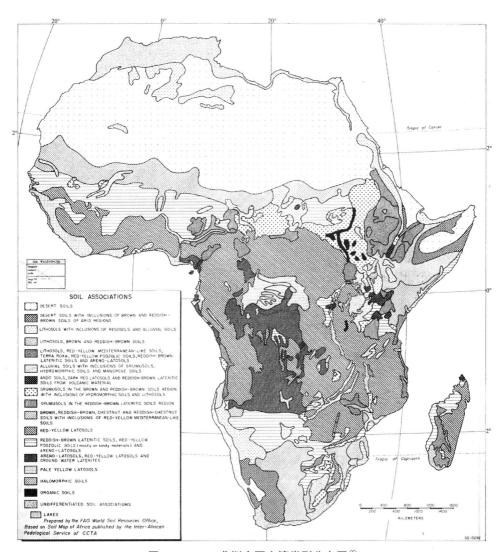

图 1-1-11　非洲主要土壤类型分布图[①]

（2）非洲土壤以漠境土与铁铝土占绝对优势

据估计，仅砖红壤、红壤与漠境土的分布面积就占非洲总面积的 2/3 左右，前者占 29%，后两者占 37%。其中热带和亚热带漠境土的面积为 1000 万平方千米以上，在世界各大洲中居第一位。漠境土广泛分布在热带及亚热带荒漠和半荒漠地区，包括浅土、流动沙丘、盐渍土、石灰土和石膏土在内，共占非洲大陆面积的 1/3，是非洲分布最广的土类。它主要分布在撒哈拉沙漠、卡拉哈里沙漠、纳米布沙漠、索马里半

---

①　资料来源：http://eusoils.jrc.ec.europa.eu/esdb_archive/EuDASM/africa/indexes/idx_k10.htm。

岛等荒漠、半荒漠地区,形成于年降雨量少于 250mm、蒸发极其强烈的干燥气候条件下,植物稀少且以旱生植物为主。此类土壤发育程度差,有机质含量低,且积聚较多盐类。这类土壤质地也较粗,含数量不等的砾石和沙砾等,多为粗骨土。受有机养分缺乏、质地粗、土体干旱及有害盐分等多种不利因素的限制和影响,漠境土几无农业利用价值。以砖红壤、红壤和砖红壤化红壤为代表的铁铝土是非洲赤道地区广泛分布的主要土类,大多分布在南纬 8°至 15°之间的刚果河流域、大湖流域、尼罗河上游盆地、几内亚湾沿岸、尼日利亚南部以及马达加斯加岛等地。土壤呈酸性或强酸性反应,矿质养分少,但土地较为深厚,并显红色。土壤中有机质积累量不多,土壤一般较贫瘠。

(3)非地带性土壤复杂多样

东部非洲由于地形高峻,气候条件随高度与位置的变化有所不同,土壤的非地带性分布规律明显,主要发育了以火山灰土为主的多种土壤类型。此外,隐域性土壤种类繁多。由于非洲各地区的中、小地形和水文地质条件、成土母质以及人为改造地形等条件的不同,非洲发育着多种隐域性土壤,例如干旱地区的盐碱土,热带非洲地势低洼地区的沼泽土和湿土,农耕地区的耕作土以及广泛分布的沙土、冲积土等。

2.非洲主要土壤类型及分布

(1)主要土壤类型

非洲大陆的土壤可分为 26 个基本土壤单元,它们分别是砖红壤、砖红壤化红壤、红壤、热带及亚热带弱富铝土、热带及亚热带棕色土、热带及亚热带半干旱红棕色土、热带山地贫盐基腐殖质薄层土、地中海型红棕壤、亚热带及地中海型山地棕壤、地中海型山地栗钙土、地中海半干旱红棕色土、热带及亚热带半漠境干旱土、热带及亚热带漠土、石灰岩土、盐土、碱土、黏磐土、热带低地腐殖质灰化土、湿土、有机土、变性土、火山灰土、沙土、石质土、幼年土、冲积土。

(2)主要土类分布

铁铝土和漠境土是非洲大陆数量最大的土类。铁铝土以砖红壤、砖红壤化红壤、红壤为代表,发育在热带雨林气候区内。

砖红壤主要分布在刚果盆地的中部和北部、几内亚到冈比亚的大洋沿岸、马达加斯加东部,形成于高温高湿、无真正干季,年平均气温在 25℃以上,年降雨量为 1400～2500 毫米的气候条件下,植被为热带雨林或热带稀树草原。土体颜色基本是砖红色,有时是黄色、暗红色或红色。黏粒含量大于 15％,但无可塑性。开垦后土壤有机质、氮素及矿物质营养元素含量低,适宜种植芋类、木薯、玉米、高粱、谷子、花生、豆类、棉花、香蕉、可可、咖啡、橡胶树、茶等。

砖红壤化红壤主要分布在西非的塞内加尔、几内亚、马里、象牙海岸、加纳、多哥、尼日利亚、喀麦隆、中非、苏丹、埃塞俄比亚、肯尼亚、乌干达、卢旺达、布隆迪、坦桑尼亚、安哥拉、刚果(金)、刚果(布)、加蓬、马达加斯加。分布区炎热多雨,高温高湿,但有较短的干季。该土壤类型的物理特性较好,肥力较高,可种植各种热带植物。

红壤主要分布在几内亚、象牙海岸、加纳、马里、尼日利亚、坦桑尼亚、安哥拉等炎热、雨量较少,又有明显的较长干季的地区。这些地区年平均气温为 24℃～30℃,年降雨量为 800～1200 毫米。土壤被淋洗的程度低于砖红壤,pH 值为 5～5.6,仍呈酸性至强酸性反应。矿物质养分保留较多,腐殖质含量稍多,但不超过 2%。铁、铝也有大量的富集,土体呈红色。红壤肥力高于砖红壤。

热带及亚热带漠境土分布面积占全非洲面积的 1/3,广泛分布于热带及亚热带荒漠和半荒漠地区,包括撒哈拉沙漠、卡拉哈里沙漠、纳米布沙漠、索马里半岛等荒漠、半荒漠地区。该土壤类型形成于年降雨量低于 250 毫米、蒸发作用强烈、相对湿度很低的干燥气候条件下,其分布区植物稀少且以旱生植物为主。土壤有机质缺乏,灌溉条件下方能种植作物。

非洲还有一些非地带性土壤,如盐碱土(分布于干燥及半干燥气候条件下的排水不良地区)、草甸土(分布在河流的泛滥阶地上)、沼泽土(在各大河的河谷及三角洲均有大面积的沼泽土)、火山灰土(分布在受火山活动影响的地区)、石质土(在非洲大陆分布很广)、冲积土(在大、小河流两侧及海滨均有分布)。[①]

二、非洲植被

1. 非洲植被基本特点

生物资源包括动植物资源和微生物资源等。非洲生物资源丰富,森林、草原广阔,动物种类繁多。非洲盛产红木、黑檀木、花梨木、柯巴树、乌木、樟树、栲树、胡桃木、黄漆木、栓皮栎等经济林木。咖啡、枣椰、油棕和香蕉都起源于非洲。

(1)种类繁多,区域差异明显

非洲植物有 4 万多种,仅热带非洲就有 13000～15000 种,好望角虽然面积较小,却分布着约 14000 种植物。非洲特有植物也较多,仅好望角就达到了 3000 多种。非洲气候类型多样,植物的分布也具有较大的差异性。从植物区系来看,非洲占有世界六大植物区中的三个植物区、五个植物亚区。同时,非洲拥有世界最大的热带稀树草原、热带荒漠和亚热带常绿硬叶林,以及仅次于南美洲的世界第二大热带雨林。

(2)特有种较多

由于非洲气候、地形的复杂性以及植物区系、历史因素等,非洲植物出现大量特有种。如好望角超过 20% 的植物是非洲特有种,马达加斯加岛有大约 6021 种特有

---

① 曾尊固:《非洲农业地理》,北京:商务印书馆,1984 年。

种植物,地中海亚区的植物中有 60% 是特有种。纳米布沙漠中的贝氏百岁叶被称为"活化石",是一种古老的,具有重要的研究价值、经济价值的特有种。还有仅见于马达加斯加岛和南美洲亚马孙平原的旅人蕉,也是世界稀有植物。除此以外,北非的阿拉伯树胶、热带稀树草原上的波巴布树(猴面包树)、加那利群岛的龙血树、珠巴枣椰子和金雀花等,都是非洲特有物种。

(3) 热带、亚热带植被占优势

非洲洲域超过 95% 位于热带、亚热带地区,受该地区气候的影响,形成了很多热带、亚热带植被。非洲主要植被类型有热带雨林、热带稀树草原、热带荒漠和半荒漠、亚热带常绿硬叶林、热带山地植被等。

(4) 呈带状南北对称分布

受气候特点的影响,非洲植被也呈带状南北对称分布。这在非洲大陆西半部分最为明显。在赤道地区的刚果盆地和几内亚湾沿岸生长着茂密的热带雨林,向南北两侧延伸,依次分布着热带稀树草原、热带草原、热带荒漠、亚热带草原和亚热带常绿硬叶林。

在东部非洲和部分受地形、信风因素影响的地区,该特征会受到干扰和破坏。如在东非和北非的山地,植被呈垂直带状分布。北非阿特拉斯山地的植被垂直带自下而上为亚热带地中海稀树草原、地中海油橄榄矮林或灌丛、亚热带山地针叶林。[①]

2. 主要植被类型与分布

非洲植物种类总数超过 4 万种,森林面积占非洲总面积的 21%,大致以赤道为中轴南北对称分布。它们在不同的自然环境条件下,形成了不同的植被类型。从植被的形成历史及植物区系成分来看,非洲一般分为三个植物区,即泛北植物区、古热带植物区和好望角植物区。非洲占有全球六大植物区中的三个区,是世界占有植物区最多的一个洲。[②]

非洲热带雨林主要生长在位于赤道的刚果盆地和几内亚湾沿岸,该地区受几内亚湾暖流的温热气流影响,全年高热高湿。在刚果盆地以东的东非地区,由于受到亚洲大陆东北信风的影响,地势较高,降雨量较少,因而没有热带雨林。赤道沼泽林分布在刚果盆地中心的低洼积水地区。季雨林以露兜树和榕树为主,分布在刚果盆地周围和几内亚湾沿岸以北地区,以半圆形包围赤道雨林。在东非高原和中部非洲的南部,即由热带露兜树、榕树季雨林向东和向南地区,分布着各种热带干旱落叶阔叶林和疏林。在气候相对干旱的地区,即北纬 10° 以北和南纬 15° 以南地区,连续生长着热带狼尾草、羊蹄甲稀树草原。在东非,它与热带干旱落叶林和旱生疏林交错

---

① A.T.Grove, *The Changing Geography Africa*, Oxford:Oxford University Press,1989.
② 苏世荣等:《非洲自然地理》,北京:商务印书馆,1983 年。

分布,向外分布着热带须芒草、猴面包稀树草原,再向外是热带荒漠化稀树草原。各种热带、亚热带荒漠植被发育在最为干旱的撒哈拉地区和南部非洲的卡拉哈迪地区,荒漠植被一直分布到大西洋沿岸。而由于沿海地区湿度较大,在撒哈拉大西洋沿岸出现了亚热带常绿硬叶林向南延伸、热带型森林和草原向北延伸的趋势。亚热带常绿硬叶林和亚热带常绿针阔混交林分布在北非阿特拉斯山地和南非的好望角地区。[①] 非洲植被类型见图 1-1-12。

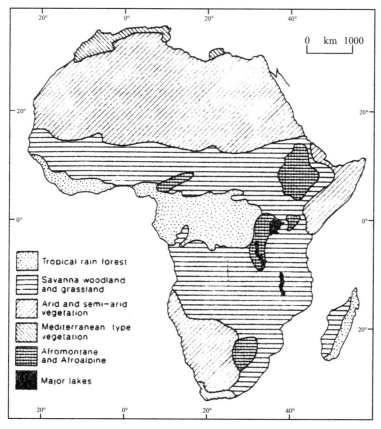

图 1-1-12　非洲植被类型图[②]

（1）热带雨林（热带湿润常绿阔叶林）

热带雨林即热带湿润常绿阔叶林,其分布范围与热带雨林气候区一致,主要分

<hr>

[①] W.M.Adams,A.S.Goudie and A.R.Orme,*The Physical Geography of Africa*,Oxford:Oxford University Press,1999.

[②] W.M.Adams,A.S.Goudie and A.R.Orme,*The Physical Geography of Africa*,Oxford:Oxford University Press,1999:165.

布在赤道南北纬 5°至 10°之间的地带,局部地区可以伸展到 15°至 25°纬度地带,从刚果盆地、几内亚湾沿岸直至塞拉利昂,在加蓬沿海被"阿克拉-多哥热带草原"所间隔。热带雨林向东可至尼罗河上游及大湖区。东非由于降雨量偏少,雨林仅见于一些山地迎风坡。向南主要以沿河谷分布的走廊林形式为主,可达津巴布韦。雨林还出现在马达加斯加岛东部沿海东南信风的迎风坡。非洲热带雨林总面积达 2 亿公顷,占世界热带雨林总面积的 1/4,是仅次于南美洲亚马孙热带雨林区的世界第二大热带雨林分布区,见图 1-1-13。

图 1-1-13　非洲热带雨林[①]

非洲热带雨林的植物种类异常丰富,有 1 万多种,其中 3000 多种是非洲独有品种。热带雨林构成复杂多样,高大的乔木占绝对优势,一般每公顷有 50～90 个树种,但有经济价值的树种不多。木材总蓄积量大,原始林每公顷为 300～800 立方米,次生林每公顷为 200～400 立方米,但适合工业采伐的蓄积量并不大,每公顷仅 3～6 立方米。由于交通不便,运输困难,加上树种复杂,林内蔓藤缠绕,施工困难,且大多数非洲国家缺乏资金和工程技术人员,因而森林资源不能被充分利用,非洲西部和中部的大片森林资源中,目前能利用的约占 10%。

雨林的主要用材树种有奥堪美榄、非洲楝、安哥拉楝、非洲桃花心木、大绿柄桑、非洲紫檀、非洲乌木、非洲猴子果、非洲梧桐、乌森绿心木和玫瑰木等几十种。其中,奥堪美榄、桃花心木、大绿柄桑、非洲紫檀、非洲乌木等是著名的珍贵树种。奥堪美榄是非洲最重要的工业用材树种,被称为"树中之王",生长快,8～9 年可达 20 米高,树干挺拔笔直,干径 1 米左右,成材率高。奥堪美榄材质轻、软硬适中、强度及韧性较大、耐腐性能好、不干裂和挠曲,纹理细而美观,且有浓郁的芳香气味,特别适合制作胶合板与薄板,被称作"胶合板之王"。桃花心木树干通直、材质优良,具有美观的纹理和色泽,被广泛用来制作高级家具、大型细木工、装饰板、雕刻艺术品和车厢等。此外,非洲热带雨林中还生长有多种名贵的经济树种和果树,如咖啡树、可可树、橡胶树、丁香、油棕、柠檬等。[②]

（2）热带稀树草原

热带稀树草原又称干旱林,在非
洲分布极为广泛,约占非洲总面积的
40%,是世界最大的热带稀树草原分布
区,也是世界此类植被发育最为典型的
地区,被称为"萨王纳(Savanna)",又分
为"多树萨王纳"、"稀树萨王纳"和"荆
棘萨王纳",森林资源价值较高的是前
两类。热带稀树草原主要分布在北纬
5°至 17°和南纬 5°至 25°之间,北以撒
哈拉沙漠南缘和苏丹北部为界,向南

图 1 - 1 - 14　非洲的猴面包树①

延伸到卡普高原和南非东部山地以北,中部被热带雨林所间隔。干旱林分布的海拔
高度在 1500 米以下,有明显的旱生特征,生长稀疏,树木低矮,干型不良,以致木材蓄
积量和生产率都较低,商品价值亦低。随着降雨量由低纬向高纬,向南、北半球中纬
度地区的递减,干旱林逐渐变得稀疏与矮曲,其木材蓄积量和经济价值也越来越低。
干旱林一般以生产杆材和薪材为主,主要树种有猴面包树、金合欢树、齐墩果、红铁树、
风车子、榄仁树等,还有经济价值较高的卡利特油果树、乳香、没药树和阿拉伯胶树等。
代表性的树种猴面包树被称为"热带稀树草原的哨兵"(见图 1 - 1 - 14),树高 20～25
米,树干直径可达 10 米,寿命可长达 4000～5000 年,有植物界的"长命树"之称,且耐干
耐火,广泛分布于热带稀树草原中。在撒哈拉、纳米布、卡拉哈里沙漠及半沙漠地区,分
布有各种灌木林,树种有合欢、柽柳、海枣、洋槐等。在沙漠中的绿洲还分布有椰枣以及
无花果、橄榄、核桃和杏等果树。这些树种的经济利用价值较低。②

（3）热带旱季落叶林

热带旱季落叶林又叫雨绿林,广泛分布于热带非洲有长达 5～6 个月旱季的东非
和中南非的许多地区,是仅次于热带雨林的第二木材产区。旱季落叶林一般由 8～
20 米高的落叶乔木组成单优疏林或混交林。主要用材树种有安哥拉紫檀、短盖豆、
舒曼风车子,在较湿润地区有榄仁树、大绿柄桑、车轴子等。其中安哥拉紫檀干燥性
能好,不变形,不易出现辐裂和劈裂,耐久性及抗磨力好,是制造高级家具、细木工制
品和嵌木地板的上等木材。③

（4）热带、亚热带荒漠和半荒漠

这些地区由于气候干旱,植被种类比较少,最为普遍的是禾草和灌木。在荒漠

---

①　图片来源:http://jimmyshipping.blog.sohu.com。

②　文云朝:《非洲农业资源开发利用》,北京:中国财政经济出版社,2000 年,第 95 - 99 页。

③　周秀慧、张重阳:《非洲森林资源与林业持续经营》,载《世界地理研究》,2007 年第 3 期,第 93 - 95 页。

中发育着一些特殊生活型的植物,它们特殊的旱生结构可以减少蒸腾面积,保持水分。还有一种荒漠生活型的短生植物,其一年生的植物构造简单,单茎短小,植株矮小,一般高 30～40 厘米,有的在极端干旱环境下仅有 1～2 厘米。多年生植物较少,其生长期很短,一般为 2 个月左右,有些甚至以 20 天为一个生命周期。

荒漠和半荒漠中的植物数量和种类也有较大差异。一般生长在沙质荒漠中的植物多于砾质荒漠或石质荒漠中的植物,固定、半固定沙丘地区的植被多于流动沙丘地区。沙质荒漠以白刺、柽柳属为主。砾质荒漠的典型植物有沙蓬、沙拐枣。石质荒漠中主要是多刺的垫状灌木。盐质荒漠地区的典型植物是猪毛菜属、碱蓬属、合头草、盐爪爪、假木贼、盐穗木、盐节木以及菊科的一些属。

(5)亚热带常绿硬叶林和灌丛(地中海植物)

该区的气候特点是夏季非常干燥、冬季温和多雨,其植被亦主要取决于这种气候特征。分布范围为非洲大陆南北两端的地中海气候区。

北非地中海气候区的典型植被为栎林、油橄榄矮林、灌丛,主要分布在阿特拉斯山地的低山丘陵区。

非洲大陆南端地中海气候区的面积比较小,特有种丰富。植被主要类型有山龙眼、欧石楠矮林、灌丛。灌丛的结构和群落外貌与北非地中海的硬叶常绿灌丛十分相似。该地区是很多著名花卉的原产地,如百合科、天竺葵属、罂粟属等。

(6)山地植被

非洲高山型植被高大山系不多,分布范围小且分散。热带山地森林主要分布在埃塞俄比亚高原、喀麦隆山、鲁文佐里山、乞力马扎罗山等海拔 700～2400 米的丘陵山地。亚热带山地林主要分布在阿特拉斯山脉、德拉肯斯山脉等,主要是山地针阔混交林、针叶林和竹林。热带山地的树种较多,主要的用材树种有东非罗汉松、高塔圆柏、非洲松、非洲樟、非洲桧、非洲楝及东非绿心木等。其中东非罗汉松是经济价值较高的用材树种,每公顷木材积蓄量可达 100 立方米。此外,在北非亚热带山地及大西洋沿岸和地中海沿岸,除产大西洋雪松、阿勒坡松、冷杉等工业用材外,还有大片栓皮栎、油橄榄的经济林。

(7)草本沼泽

草本沼泽分布在非洲内陆盆地积水的洼地和沿河地区,这些地区通常排水不良,且很潮湿。主要植物有纸莎草,还有一定数量的大叶莎草、芦苇、羊草、伞房花序薹草、水烛、稗属、香蒲属等。田皂角属的 Aeschynoene elaphroxylon 是该植被类型唯一常见的乔木植物。[1][2]

---

① W.M.Adams,A.S.Goudie and A.R.Orme:*The Physical Geography of Africa*,Oxford:Oxford University Press,1999.

② 苏世荣等:《非洲自然地理》,北京:商务印书馆,1983 年。

第五节 非洲生态环境

一、非洲土壤问题

1. 土壤肥力问题

根据 FAO 世界土壤资源报告给出的相关数据(见表 1-1-2),分析了土壤限制性在北部非洲、中部非洲、西部非洲、东部非洲和南部非洲的现状(见图 1-1-15)。从图 1-1-11 中可以看出北部非洲主要限制因子表现为土壤贫瘠,其次是土壤侵蚀问题,分别占北部非洲面积的 38% 和 16%。本区一般属于农业开发的"自然障碍区",气候干旱是构成"障碍"的最主要因素,每年长达 6~7 个月以上的旱季构成对农业季节的限制。居第二位的"障碍"因素是土地的贫瘠与荒漠化,沙漠、缺水、水热分配不协调,严重制约着本区的农业发展。虽然存在一定的问题,但本区内未受限制的土壤所占比重也较大(16%),地中海沿海平原、山间平原、河流谷地、尼罗河三角洲及冲积平原、沙漠中的绿洲等都是富庶的农用地。北部非洲非常重视农田基础设施建设,发展集约农业,是非洲农业生产力水平最高的地区。

表 1-1-2 土壤肥力承载力分类土壤潜在限制因子与世界土壤图土壤分类间的相关性[①]

FCC soil constraints	Major soil groups	Soil units
Hydromorphy	Fluvisols, Gleysols, Histosols	Gleyic
Low cation exchange capacity	Arenosols, Ferralsols provided sandy and not humic	
Aluminium toxicity	Ferralsols and Acrisols they are not humic	Dystric Cambisols, Dystric Planosols, Dystric Gleysols
High phosphorus fixation	Clayey Ferralsols and clayey Acrisols	
Vertic properties	Vertisols	Vertic Cambisols, Vertic Luvisols
Salinity	Salt Flats, Solonchaks	Saline phases
Sodicity	Solonetz	Sodic phases
Shallowness	Lithosols, Rendzonas, Rankers	
Erosion risk		Steep slopes; moderate slopes with contrasting top-and subsoil texture

[①] 资料来源:联合国粮食及农业组织世界土壤资源报告,http://www.fao.org/corp/statistics/zh/。

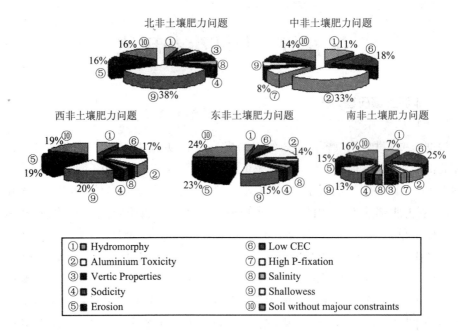

图 1 - 1 - 15　非洲土壤肥力问题①

中部非洲主要限制因子表现为铝毒、阳离子交换能力低、排水差及铁氧化物含量高,受限制土地面积分别占中部非洲面积的 33%、18%、11% 和 8%。本区北部属撒哈拉沙漠,中部属苏丹草原,南部属刚果盆地,西南部属下几内亚高原。本区内未受限制的土壤所占比重仅占 14% 左右。

西部非洲主要限制因子表现为土壤贫瘠、土壤侵蚀问题和阳离子交换能力低,受限制土地面积分别占西部非洲面积的 20%、19% 和 17%。本区内未受限制的土壤所占比重也较大(19%)。

东部非洲主要限制因子表现为土壤侵蚀、土壤贫瘠和铝毒,分别占东部非洲面积的 23%、15% 和 14%。本区北部是非洲屋脊——埃塞俄比亚高原,南部是东非高原,印度洋沿岸有狭窄的平原,东非大裂谷纵贯东非高原中部和西部。本区内未受限制的土壤所占比重最大(24%)。

南部非洲主要限制因子表现为阳离子交换能力低、土壤侵蚀和土壤贫瘠,分别占南部非洲面积的 25%、15% 和 13%。南非高原为本区地形的主体,高原中部为地势低洼的卡拉哈迪盆地,四周隆起为高原和山地。本区内未受限制的土壤所占比重较大(16%)。

2. 土壤侵蚀与退化

非洲加速侵蚀的土壤分布广泛,最易受侵蚀的地区是西北部的 Maghreb 地区、

_____

① 资料来源:根据 FAO 世界土壤资源报告数据整理。

埃塞俄比亚和非洲高原的东部与南部草原、尼日利亚东南部。据估算,1989年土壤侵蚀造成非洲粮食总产减少为:谷类820万吨,根茎类作物930万吨,豆类60万吨。撒哈拉沙漠地区过去因侵蚀造成的减产为:谷类370万吨,根茎类640万吨,豆类30万吨。

在非洲,土壤侵蚀已经严重威胁到土壤生产力。在北部非洲,突尼斯南部的风蚀和北部的水蚀都在很大范围内有较严重的永久性危害。在梅德宁附近的干草原上,风蚀是最严重的危害。在那里,很多地区都有风蚀槽在灌丛之间不断形成,围绕灌丛又形成沙堆。土地生产力很可能已降低了至少50%,主要是由暴露在风蚀槽中的底土硬化引起的。在突尼斯半干旱和半湿润的西半部,水蚀已经使很多土壤严重退化。在过去的一些耕地上的片状侵蚀已使土壤基岩出露。侵蚀的痕迹在泰尔山南部分布尤为广泛。在摩洛哥,侵蚀所引起的土壤生产力损失主要限于该国北部的丘陵与不平缓的地区。在西部非洲,几乎整个尼日利亚都在遭受着轮垦所带来的暂时减产,人口压力已引起农业用地的过度开发。加纳东北部的一个地区,由于过大的土地压力和随之发生的土壤侵蚀,已遭到永久性的土壤生产力损失。亨特(Hunter)曾提及楠戈迪州的一个地区,那里的大片土地已被剥蚀掉了表层土壤,他认为那里的人口已超过其土地承载力的3~4倍。风蚀普遍发生在沿撒哈拉南缘的半干旱地区,马里西部有一个地区已遭到永久性危害。流动沙丘是发生在西部非洲最干旱地区的一种自然现象。在较湿润的固定沙丘上进行耕作会引起流动沙丘的重新流动,许多国家(毛里塔尼亚、马里、布基纳法索、尼日尔和尼日利亚)都存在这种现象。在位于东部非洲的肯尼亚、乌干达和埃塞俄比亚,侵蚀所造成的严重危害特别突出。肯尼亚的低地和高地广泛分布着沟蚀、片状侵蚀和细流侵蚀,西部遭到毁林的高地上土壤侵蚀也很严重。严重的水蚀给沿肯尼亚-乌干达边界的卡拉莫贾(Karamojong)、图尔卡纳(Turkana)和萨马布鲁(Samburu)人口居住区的很多牧场造成了永久性的破坏。在埃塞俄比亚,片状侵蚀和细流侵蚀是最重要的侵蚀方式。米拉斯(Milas)和阿斯拉提(Aslat)曾明确指出,埃塞俄比亚北部大约有3998万公顷土地已经退化成了不可逆转的石质荒漠。幸运的是,土壤侵蚀在中非并不是很严重。但在南部非洲,斯威士兰和津巴布韦的部分地区存在从中度到严重的侵蚀危害,莱索托的情况更坏一些。

总之,北部非洲的阿尔及利亚、摩洛哥和突尼斯,东部非洲的埃塞俄比亚、肯尼亚和乌干达,西部非洲的尼日利亚和加纳的东北部,南部非洲的莱索托、斯威士兰和津巴布韦,都在全国范围内存在由水蚀导致的不可逆转的土壤生产力损失。受到侵蚀的国家有:西北非洲的布基纳法索和尼日尔,东部非洲的布隆迪和卢旺达,南部非洲的马达加斯加、马拉维、莫桑比克和南非。人类活动是引起土壤侵蚀的重要原因之一,根据FAO世界土壤资源报告数据,人类活动导致的土壤退化最严重的五个非洲国家分别为卢旺达(75%)、布隆迪(65%)、布基纳法索(43%)、喀麦隆(31%)和突尼斯(31%)。[1]

3. 土壤干旱与沙漠化

干旱加速了沙漠化的进程,破坏土地的生产力,造成易于沙漠化的环境,见图1-1-16。在中南部和东部非洲国家普遍存在的干旱、人口压力和贫穷问题都与沙漠化有密切关系。卡拉哈里沙漠周围的一些国家,如博茨瓦纳、津巴布韦、纳米比亚,农业耕作正不断蚕食着干旱和半干旱的牧场,造成边缘农田严重沙漠化,缩小了放牧区域,导致严重过度放牧和土地沙漠化。在莱索托同样存在着向山区延伸耕作和过度放牧的问题,结果造成了严重的土壤流失。对于牧场来说,干旱加剧了过度放牧的影响,加速了沙漠化的进程。滥伐森林是造成该地区沙漠化的一个重要原因。1970—1980年,加纳木材林地和森林覆盖面积减少8.3%,马拉维30%,赞比亚20%,坦桑尼亚10%。大量滥伐森林的情况,特别是薪柴生产,往往集中在相对有限的区域内,导致该地区水资源损失和土壤流失加剧,这引起或加速了土地的沙漠化。

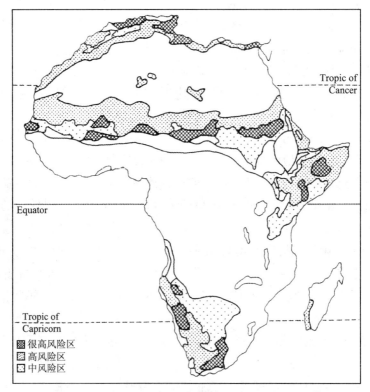

图1-1-16 非洲干旱与半干旱区域的沙漠化风险[2]

---

① 括号内百分比为人类活动导致的土地退化占全国土地总面积比例。

② A.T.Grove, *The changing geography Africa*, Oxford:Oxford University Press,1989:216.

新的农作系统打破了原有的土壤生产力平衡系统,但没有建立起新的适合更高的土地产出水平的肥力补偿机制,使得土壤肥力日益下降,成千上万公顷原本适宜耕作的土壤处于日益严重的土地退化状态。据统计,目前整个非洲已有20%以上的耕地被沙漠覆盖,另有60%的耕地面临沙漠化的威胁,如果不对荒漠化采取防范措施,到2025年,非洲人均占有耕地将下降到原来的1/3。

沙漠化进程在非洲萨赫勒带(指撒哈拉沙漠边缘的大草原地区)最为严重,在那儿,大多数土著大型哺乳动物种类受到灭绝威胁。

4. 萨赫勒(Sahel)带沙漠化严重

位于中西非的萨赫勒带介于撒哈拉沙漠与苏丹草原之间,宽度300.48千米。西起佛得角群岛,向东一直延伸到苏丹的尼罗河谷地,东西长约6500千米,包括佛得角全境、塞内加尔北部、毛里塔尼亚南部、马里中部、上沃尔特北部的一小部分、尼日尔南部、乍得和苏丹中部,见图1-1-17。

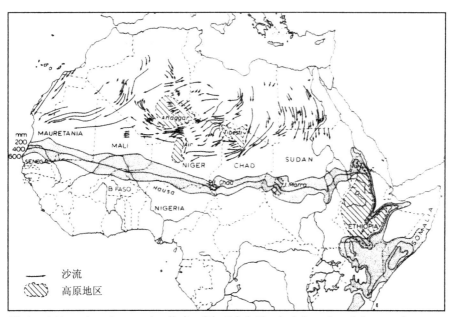

Various isohyets have been used as limits of the Sahel. The shaded area here is between the mean annual rainfall values of 200 and 600 mm.

图1-1-17 根据等雨量线确定的非洲萨赫勒地带①

萨赫勒带属于半荒漠或者荒漠化热带草原气候,气候条件不佳。虽然终年高温,日照充足,有利于农业生产,但是降水稀少且变率大,植被稀少,限制了农业发展。在北萨赫勒带,年平均降水量不足350毫米,不能满足最耐旱农作物的最低限

---

① A.T.Grove, *The changing geography Africa*, Oxford:Oxford University Press,1989:43.

值,因此种植业全部依赖灌溉;南萨赫勒带年平均降水量在350毫米以上,基本能满足御谷、高粱等作物的生长需要,但是降水年内分布不均、年际变率大,很不利于农业生产。北萨赫勒带降水集中在7—9月,南萨赫勒带降水集中在6—9月,此期间的降水量约占年降水量的87%~94%,而雨季的迟早会给生产带来很大影响。在雨季提前的情况下,往往初雨之后紧接着是十天半个月的干旱,农业生产不是错过播种期就是播种后幼苗刚出土便被旱死,不得不重播,在塞内加尔北部有的年份甚至重播三次;雨季推迟时,则意味着在漫长的旱季中本已筋疲力尽的居民和牲畜,又要延长一段艰苦的青黄不接时期;而即使在雨季内,降水分配不均的现象也很突出,降水方式多为暴雨,而暴雨过后接着是长期的干旱,因此雨季内更是旱涝频发,较之年降水稀少对农牧业的影响更大。降水年变率更是不容忽视的农业影响因素,萨赫勒带各年之间的降水量往往相差一倍以上,最大的年降水量与最小的年降水量则相差2~6倍。若考虑蒸发因素,问题更加严重。萨赫勒带的年蒸发量多在1800~2000毫米之间,大大超过了年降水量,而且年际变化小,所以少雨的年份即使在雨季同样能形成旱灾。长期以来,干旱一直是萨赫勒带农业的突出问题。20世纪70年代出现的一次干旱,使得本地区的罗索、博尔、达加纳、蒂瓦万、扬扬五个测站的降水量仅及年平均降水量的18%~30%,连续5~6年的旱灾使几百万人陷入困境,如乍得和毛里塔尼亚的牲畜各损失70%,尼日利亚损失80%。

由于降水少、蒸发大,故地表河川湖泊很少,大多数地区只有一些间歇性河或干河谷。常年性水源只限于尼日尔河、塞内加尔河、沙里河和乍得湖等"客河"及其支流,他们具有发展灌溉的潜力。但是各河流年内径流变化很大,这对于传统的退洪耕作和发展灌溉均不利。

由于气候水分条件不佳,萨赫勒带土壤发育为沙土、微红棕色土。沙土分布在北部,土层很薄,肥力极低,风蚀严重;微红棕色土分布在南部,矿物质较丰富,但土层薄,肥力也较差。这两类土易导致土壤侵蚀和沙漠化。近年来由于利用不当,使得萨赫勒带沙漠化加速向南扩展,面积不断扩大。

由于气候干旱,萨赫勒带植被稀疏,一般总覆盖率不足30%,大多是草本和刺灌木,只有在河流谷地才能见到稀疏的乔木。而萨赫勒带的草场条件也远不及南面的苏丹草原,多生长牲畜不能吃的或者不喜欢吃的植物,限制了牧业发展。

长期以来,撒哈拉沙漠不断南移,萨赫勒带沙漠化日趋严重,农业生产环境日趋恶化。延巴克图附近的尼日尔河道为流沙所迫,在8个世纪中向南推移了11千米。塞内加尔境内捷斯到圣路易一带在殖民入侵以前植被覆盖良好,如今却是沙漠成片。有人估计,在过去的半个世纪里已有65万平方千米的土地被沙漠所吞噬。这一灾难性的后果固然与当地气候等自然条件有关,但更主要的是脆弱的生态环境不断受到不当的人类活动的破坏造成的。其中,首先是不合理的垦耕,尤其是盲目扩大迁徙种植和草地轮种,耕作规模日益扩大,植被和土壤遭受大面积破坏,是生态平衡不可逆转的变化;其次就是过度放牧,主要是牲畜过度集中在少数地方,德·德皮埃尔专门研究过该地带的沙漠化问题,并生动描述了这一过程。在居民点和水源附近,集中的畜群的数量大大超过了草场载畜能力,尤其是在干旱年份,牲畜饲料紧张,牧草被连根拔掉,草啃完了就啃树叶,树叶吃完了,牧民就折绿枝条喂牲口,这样使得大量树木草被被严重破坏。据专家研究,萨赫勒带植被覆盖演化进程的趋势是趋于退化或完全消失,无论从质量上还是从数量上看,植物群落都在退化,而干燥度却在严酷地加剧。[1] 这是导致沙漠化的经常性的、生态学方面的原因。

旱灾频繁而严重是萨赫勒带自然环境的极不利因素,因此,合理开发利用当地农业自然条件,充分利用当地水源,合理保护利用土壤和植被,发展畜牧业,限制种植业,是战胜旱灾、发展农牧业的关键所在,同时也是控制沙漠化的有效途径。[2]

二、非洲土地生态环境问题

深入分析非洲生态环境特征,不难看出非洲生态环境相当脆弱,倘若农业开发利用不当,极易使生态环境恶化。非洲大陆的气候、水文和地貌特征决定着土地开发利用的方向在土地利用过程中产生和加剧的不同特征与程度的生态环境问题,见图 1-1-18。

热带雨林带光、热、水和生物资源配合有序,土地资源丰富,非常有利于农业发展。但是,热带土壤的脆弱性和热带病虫害的蔓延成为了该地带土地资源利用的重要障碍。该地带暴雨强烈,降雨前后气温变化大,容易引发病害。在本地区,一方面,土地粗放开发,水土流失较严重;另一方面,交通不便,土地、生物等资源没有得到合理充分的利用,在非洲热带森林区,现有耕地约 6689 万公顷,在已耕地中撂荒闲地约占 40%。[3] 更严重的是,热带森林区大面积地清除森林、乱砍滥伐,不合理的农业垦殖致使自然肥力本来不低但结构性差、更新快速的富铝土失去森林的庇护,发生严重的水土流失、土壤退化现象,丧失森林更新与农业利用的可能性。热带雨林以木材生产为目的的土地经营管理方式,不仅致使经济、社会和环境效益不能统一有效,而且加剧了森林被毁程度,生态环境脆弱性加大。热带雨林带没有严冬,流行的病虫害,如萃萃蝇、疟蚊、蝇虫等,可以终年繁衍,这也是热带雨林带不容忽视的一个重要生态环境问题。

非洲热带草原带约占非洲总面积的 40%,土地利用方式具有其独特性。该带年

---

① Depierre D. et al., Le rÔle du forêstier dans l'aménagement du Sahel, *Notes techniques du MAB*, UNESCO,1974:41-53.

② 曾尊固:《非洲农业地理》,北京:商务印书馆,1984 年,第 267-285 页。

③ 张同铸:《非洲经济社会发展战略问题研究》,北京:人民出版社,1991 年。

内降水季节分配不均,旱季漫长,降水年内年际变率大,土地资源数量丰富而质量差。该区域的土壤类型中红棕色土分布最广,结构松散、土层薄、肥力低、保水保肥抗侵蚀力差,容易受风蚀和流水侵蚀,农牧业利用存在一定困难。

图 1-1-18　非洲土地荒漠化区域分布①

非洲热带草原的旱季焚荒是农牧民世世代代沿袭的习俗。虽然是一种落后的生产方式,但对于非洲草原目前的土地利用模式来说,却是当地牧民清理外来林木、恢复地力、保护牧场的社会、经济、环境的综合平衡方式。然而,它降低了地表植物种类和覆盖率,易引起土地侵蚀、沙化等生态环境恶化趋向。随着非洲农牧业生产技术的进步,这种平衡总有一天会被打破,对于热带草原生态环境发展演变又会带来重大影响。

非洲热带荒漠带降水稀少,广大地区缺乏地表径流,部分地区居民利用地下水、高山冰雪融水、常流河水等发展灌溉农业、畜牧业等粗放的农业活动。撒哈拉地域的大部分地区因受干旱气候和荒漠土地的限制,而难以成为人们定居并从事农耕的环境,地表水源和植被条件也不利于发展大规模集约化畜牧业,只有部分地表和地下水条件较好、土地又适于农耕的地方有较多的农作物种植而成为绿洲。因此,整治和改造荒漠生态环境对非洲荒漠地区来说是一项有效而艰巨的任务。埃及、利比亚、阿尔及利亚等荒漠

---

①　图片来源:http://www.wenku.baidu.com。

面积较大的非洲国家在开发利用荒漠土地资源方面取得了一定的成效,同时也取得了可喜的生态和社会效益。开发利用荒漠土地资源的主要途径和措施有广开水源,扩大灌溉面积;改善草场,发展畜牧业,使牧民趋向定居;增建和完善水利设施,提高农业生产水平;营造防护林网,改善区域农业生态环境;有效地发挥土地资源潜力,建立农业生产基地,提高土地利用率,适当发展集约化农业生产。

非洲的西北和东部以及南部高原山地区是地势较高、地形崎岖的山地和高原。山地和高原由于水热条件的垂直分异明显,生态环境的多样性有利于农业的综合发展。但山地高原区土地土壤贫瘠、质地差,土地资源缺乏,可耕地资源有限,热量不足,作物生长期短,有些热带经济作物种植受到限制;山地高原因地形障碍,影响水分分布,往往成为农业界线;坡度的不同,对农业土地利用的影响也很关键,阴坡、阳坡的农业特点截然不同;更为重要的是,山地高原区农业活动极容易造成水土流失,尤其是非洲常见的顺坡种植现象,造成山地高原区很强的水土流失,严重破坏生态环境;非洲的山地高原区是非洲许多河流的发源地和绿洲水源地,对非洲农业的很多方面有十分重要的意义。

埃塞俄比亚高原是非洲大陆地势最高、高差最大的自然地理单元。东非大裂谷的东支斜穿埃塞俄比亚高原中部,把高原分割为西北和东南两部分。西北部分被众多河流切割成顶平边陡、土层深厚的桌状地,农业开发利用率较高,而有些墚谷相间分布地区,表土较粗糙、地表切割强烈,可耕地很少;东南部分地势向西南方向倾斜,河流较浅,谷底分布许多内陆湖泊,有一定宜耕宜牧地可为农业利用。但是,该地带地势高峻,农业布局具有明显的垂直分异特点。加之该地区气候较干燥,土地切割强,因而容易发生水土流失,土地资源利用限制因素多。鉴于埃塞俄比亚高原一带土地开发历史悠久,土地垦殖程度高,高原上盛行坡耕,又缺乏必要的防护措施,因此,农业土地开发需慎之又慎,生态保护任务迫切。东非高原的南部大部分地区较为平坦,土地资源丰富,可耕地和宜牧地广阔,土壤较肥沃。东非高原的维多利亚湖区及其附近山地的土地垦殖率较高,但由于过度放牧和垦耕,水土流失成为农业土地利用的严重障碍;而高原上河流谷地、盆地地底等分布较广,雨季积水成沼泽湿地,旱季得不到灌溉,土地开发垦殖程度不高,有待于兴修水利设施,挖掘其土地生产潜力,促进土地资源的合理利用。

非洲大陆南部是由断崖三面环绕的内陆高原,土地类型相对较复杂,既有成片的草地和雨后积水浅洼地,也有大面积的盐沼低地。虽然这些低山坡和丘陵坡地可以宜耕宜牧开发,但是该地带地表较为破碎,又加上该地降水少、时空分布差异大,气候干旱,所以荒漠面积较大,土地质量较差,主要以牧业为主,粗放经营。因而该区域内土地开发利用的生态环境问题较大。

位于非洲大陆西北部的阿拉斯加山地区,影响农业的因素主要是宜耕土地较少且降水偏少,限制了农业对光热资源的有效利用。该地域属于地中海气候的沿海地带,降水集中于冬季且年内年际变率大。因此兴修水利不仅是该地域发展农业生产的重要保障,也是今后进一步开发利用各类土地、充分发挥当地土地资源潜力的前提条件。虽然自然环境不利于农耕,但却有特殊的生态环境意义。首先,山地有相对较为丰富的降水、地表水和地下水,是发展灌溉的主要水源;其次,山地森林植被具有显著的涵养水源、保持水土的作用,同时山地牧草资源丰富,为畜牧业的发展提供了有利条件;再次,横亘于该地南部的山脉在减弱沙漠热风沙尘对沿海农业的侵袭方面起了重要的屏障作用。①

三、森林生态环境问题

非洲大陆的森林资源退化严重,仍以较快的速度消减着。根据 FAO 发表的《2000 年世界森林资源评估报告》,1990—2000 年全球年均毁林面积为 939.1 万公顷,年均毁林率为 0.22%,而非洲每年毁林 526.2 万公顷,年均毁林率高达 0.78%,远高于世界平均水平。森林资源的消减,引发了众多的环境和生态危机,虽然已经引起重视,但是随着非洲人口的增长和经济的发展,合理开发利用及保护森林资源也是一项相当艰巨的任务。② 图 1-1-19 显示了刚果(金)砍伐森林的状况。

图 1-1-19 刚果(金)砍伐森林的状况③

非洲森林资源退化的原因是多方面的。一是随着人口的增长,对粮食的需求增加,使森林面积逐渐缩小。二是游耕制、轮种制等滥垦,造成土地荒漠化生态危机。

---

① 张同铸:《非洲经济社会发展战略问题研究》,北京:人民出版社,1991 年。
② 文云朝:《非洲农业资源开发利用》,北京:中国财政经济出版社,2000 年。
③ 图片来源:http://jimmyshipping.blog.sohu.com。

三是过度采伐,导致森林生态系统退化,同时造成某些珍贵树种的消失。四是森林火灾。此外,军事冲突、政治动乱、开矿毁林和欧洲人的掠夺性采伐方式等使森林无法得到安全、持续经营。①

采取有效措施保护非洲森林资源是一项紧迫的任务,根据非洲的经济社会背景,从社会技术、经济政策、人才信息等方面来寻求解决方法。

(1) 开发新能源,减少薪材使用

非洲至今有很多国家仍然以薪材作为主要生活能源,不仅浪费资源,还会对环境造成有害影响。抑制薪材的消耗是非洲绝大部分国家面临的普遍任务,这不仅要求改变其能源消费结构,更重要的是根据各国的能源资源潜力,积极开发新能源,如大力发展太阳能、风能等。

(2) 合理开采,开发新林区,保护天然林

关键是改善基础设施条件,特别是交通运输,防止部分交通便捷地区森林资源的过度开采,同时开发新林区,种植人工林。对保护生态环境作用大的高价值的森林采取保护的措施,如实施天然林保护工程、建立森林自然保护区和森林公园等,禁止开采非洲濒临灭绝的珍贵树种。

(3) 发展替代产业,平衡发展农林牧业

非洲所产木材大部分是以原木的形式出口,不但不利于非洲森林资源的可持续利用,而且妨碍了当地木材加工业的发展。寻求替代产业,如森林旅游业、果树栽培业、养殖业、茶业、蜂业、草药种植业等特色产业,不仅能带来可观的经济效益,对非洲森林的资源保护也十分重要。

(4) 政府加强管理,制定并实施森林可持续经营标准与指标和生态认证

非洲的许多珍贵树种,由于缺乏管理与保护,乱伐、偷伐现象严重,有的已濒临灭绝。制定森林可持续经营标准指标,如国际热带木材组织(ITTO)的《热带天然林可持续经营标准与指标》,值得非洲国家参考、采用。

生态认证是另一项可借鉴的制度,是由欧美国家发起并执行的有关进口和在市场上销售热带木材及其制品的标签制度,标签上确认这些木材何时产于何国何处的已实现可持续经营的森林。

(5) 改进林业加工技术,发展树木的集约化栽培业

有规划地发展桉树等速生树种的工业人工林,并在其周围建立造纸厂及其他木材加工厂,构成一个现代化的林业产业带。该产业是依靠现代林学技术和密集资本投入建立专业化生产体系的林业生产方式——木材培育产业,不仅有经济优势,更具有生态效益。

① 侯元兆等:《热带林学》,北京:中国林业出版社,2002 年。

四、非洲草地开发与草场建设

草地资源是一种可更新资源,是农业资源的重要组成部分。非洲的草地资源具有面积大、类型多、总体质量不高等特点。1994 年非洲草场资源总面积约 88248.9 万公顷,约占世界草场总面积的 1/4,草地类型多样,以平原为主,热带草原为其主要类型。非洲有大面积的热带稀树草原,约占全洲总面积的 40%。它的分布范围包括北纬 10°至 17°之间、南纬 15°至 25°之间以及东非高原的广大地区,大致呈马蹄形包围着热带雨林。

非洲热带草原植被以稀疏林地为主,典型的稀树草原发育在年降雨量 750~1000 毫米、有 5 个月旱季的地区。散布在草原上的主要树种是金合欢和波巴布树,地面植物以 1~1.5 米的禾本科草类为主,有芒草、管属、苞茅等。另外高原草地主要以豆科的伊苏豆属、短盖豆属、单翅龙脑和玖尔百木属等树种为主。[①]

非洲丰富的草场资源使畜牧业成为仅次于种植业的第二农业部门,非洲畜牧业产值约为农业总产值的 1/5。在毛里塔尼亚、索马里、博茨瓦纳等国,超过 70%的人口是牧民;苏丹、尼日利亚的牧民也占其总人口的 20%~36%。乍得、布基纳法索、尼日尔等国的畜产品出口值占其农产品出口总值的 30%~50%。因此,非洲畜牧业的地位非常重要。

非洲长期依赖天然草地经营放牧畜牧业,20 世纪以来,草地荒漠化现象十分严重,载畜量水平更是低下。据 FAO 的调查,非洲现有的畜群已超过草原牧场载畜能力的 50%~100%。在有些草原牧场地区,条件优良的牧场甚至被开垦为耕地。长期超载放牧以及随意开垦破坏,致使草原严重退化。据统计,非洲草地以每年 2590 万公顷左右的速度递减。自 1968 年以来,非洲草地损失已达 7 亿多公顷,占原草地面积的 25%。热带草原是非洲用于放牧的主要场所,其特点是水草资源随季节变化较大,雨季水草丰美,但旱季干旱情况严重,由于缺水,植物干枯,牧草数量、质量均明显下降。另外,水源的不均匀分布也影响草场的均衡使用,旱季时地表河流减少,大面积的草场无法利用;同时,在水量充沛的河流湖泊和水井附近集中了大批牲畜,造成过度放牧和部分草场退化。图 1-1-20 是塞内加尔过度放牧形成的情景。

非洲历年放牧草场面积的变化很小,约在 9 亿公顷左右,约占非洲土地总面积的 30%。在地中海和北非干旱地区、萨赫勒带、稀树草原地区以及南部非洲半湿润和半干旱地区变化较为明显。[②]

非洲需要提高草场利用率,人工栽培植被以提高其生产力,发展集约型的草地农业,并吸收借鉴成功国家的有用经验,如美国的普列利草原,该草原大部分已开垦

① 曾尊固:《非洲农业地理》,北京:商务印书馆,1984 年。
② 文云朝:《非洲农业资源开发利用》,北京:中国财政经济出版社,2000 年。

为作物种植区,发展肉牛业,形成了著名的玉米肉牛带;新西兰60%以上的天然草地已改良为优质的人工草地,围栏放牧发展畜牧业,成为世界著名的羔羊肉和羊毛的出口国。但是改良草场的前提是充分的资金、技术支持,对于非洲来说,综合治理、改良草场建设是一个逐步实现的过程。

图1-1-20　塞内加尔过度放牧形成的荒漠草原①

---

① 图片来源:http://www.wenku.baidu.com。

第二章

非洲政治地理的演变

非洲是人类文明的发祥地之一。考古学研究表明,很早就有人类在这里繁衍生活。在漫长的历史演进中,各个区域的非洲人民不仅创建了各具特色的地域文化,而且与亚欧各地有着长期的政治、经济与文化的互动交流。随着非洲各国不断地兴亡更替,非洲的政治地理也由此发生了巨大的变化。

第一节　古代非洲文明与非洲国家的演进

非洲是人类的发源地之一,目前已知最早的人类遗存就发现于东非。1975 年,在东非大裂谷地区人们发现了距今已经有 350 万年的"能人"遗骨,并在硬化的火山灰烬层中发现了一段"能人"足印,表明此时东非大裂谷地区已经出现能够直立行走的人。1959 年在奥杜韦(Oldowan)峡谷发现的石器工具是迄今发现的最早的石器工具。在东非大裂谷西部卡普萨文化(Capsian Culture)遗址中发现了非洲最古老的陶器——陶罐,距今至少 8000 年。非洲的岩画不仅分布广泛,而且与欧洲史前岩画时间相差无几。

在经历了漫长的历史发展之后,非洲东北部尼罗河流域首先摆脱野蛮,迈进了文明时代。大约公元前 5000 年埃及历史进入前王朝时期。公元前 4000 左右,在上、下埃及地区各出现了一个政权,相互之间有着频繁的交往。公元前 3100 年左右来自上埃及的法老纳尔迈(Narmer)统一了上、下埃及,建立了埃及历史上第一个王朝,埃及进入古王国时代。在中央政府强有力的治理下,埃及修建了堤坝、灌溉水道系统等需要大量人力资源的工程。灌溉农业的发展为商业贸易提供了有利条件,并且为修建金字塔及其他大型建筑提供了雄厚的经济基础。中王国时期,埃及法老的势力向西扩展到了利比亚,向南达上尼罗河,靠近努比亚(Nubia)。新王国时期,埃及法老将首都从下埃及的孟菲斯(Memphis)迁到了上埃及的底比斯(Thebes),帝国疆域进一步扩大,北到巴勒斯坦、叙利亚,南到努比亚的第四瀑布库赖迈。公元前 11 世纪以后埃及国家逐步衰落并且屡遭外族入侵和统治。公元前 525 年被波斯占领和统治。希波战争爆发后，埃及乘机独立。公元前332年被马其顿帝国征服，亚历山大大帝死后又成为托勒密王朝的一部分。公元前30年，托勒密王朝被崛起的罗马帝国所灭，埃及成为罗马帝国的一个行省。395年罗马帝国分裂后，埃及被并入东罗马帝国。641年阿拉伯帝国崛起，取代了东罗马帝国成为埃及的新主人。

在北非的中西部地区，公元前9世纪腓尼基商人与冒险家曾沿着马格里布海岸，在从苏尔特湾到摩洛哥的大西洋地区建立了一些城邦国家，其中最大也是最重要的城邦是迦太基（Carthage）。由于人口急剧增加，迦太基人曾经在地中海南岸进行过广泛的殖民活动，并与希腊人展开了争霸地中海的战争。伯罗奔尼撒战争后，希腊人力量衰落并停止了向外殖民活动，双方争霸才结束。公元前4世纪罗马帝国兴起后，开始不断侵夺迦太基人在地中海的利益，并通过三次布匿战争（Punic War），最终于公元前146年消灭了迦太基。接着罗马又消灭了曾与自己结盟反对迦太基的柏柏尔人（Berber）的努米底亚王国，使之成了罗马帝国的一部分。罗马人大力开发那里的土地，通过强制性劳动在柏柏尔人的土地上建立许多庄园，并传播基督教。5世纪罗马帝国走向衰落，地方势力兴起。7世纪阿拉伯人取代了罗马人，在这一地区建立了伊斯兰政权。尽管迦太基和罗马帝国的统治都没有跨过撒哈拉沙漠，但是迦太基人曾与撒哈拉沙漠南缘尼日尔河沿岸的加奥（Gao）王国有商业联系，罗马人也有着与撒哈拉以南非洲联通的固定商路。加拉曼特人则是这一商道的代理人。西苏丹[①]地区的主要出口商品是黄金、象牙、鸵鸟羽毛以及兽皮等，奴隶也是出口对象之一；而从北方地区进口的产品则是盐、服装及铜铁制品。

诞生于埃及尼罗河第一瀑布阿斯旺（Aswan）与苏丹第四瀑布库赖迈（Kareima）之间的努比亚文明是已知最早的黑人文明，时间上仅次于埃及文明。公元前4000年末期，努比亚文明已发展到一定高度，虽处于半游牧状态，但已会出现陶器制作，与埃及有着密切的交往。约公元前3000年后，努比亚地方政权由于埃及的频繁入侵而趋于衰落。但到了公元前2200年左右，由于埃及发生动乱，努比亚文明有了进一步发展，少部分人开始过上定居生活。大约公元前2100年努比亚人开始南迁，并在努比亚南部、今苏丹北部的尼罗河流域建立了黑人历史上第一个国家——库什（Kush）王国。

库什王国是除埃及以外最早为人所知的非洲国家。库什人从其首都纳帕塔（Napata）开始沿尼罗河向外扩展其政治势力，直到今天的埃塞俄比亚与乌干达边界。到公元前1000年，库什发展成为一个深受埃及政治模式影响的王朝。公元前730年埃及衰弱时，他们征服埃及，建立了埃及第25王朝即库什王朝。公元前663

---

①　西起塞内加尔河口东到乍得湖地区的气候干燥、水源稀少的撒哈拉沙漠南缘地带即萨赫勒地带以南的热带草原地带历史上被称为苏丹地区，这里的"苏丹"意即"黑人之乡"，而非今天的非洲苏丹国家。

年亚述人入侵埃及,战败的库什人不得不向南撤退,后又迁都到麦罗埃(Meroe)。当时麦罗埃是地中海以南最大的炼铁中心。大约公元前 3 世纪到 1 世纪中叶,库什王国进入鼎盛期。期间它是非洲兽皮、檀木、象牙、黄金和奴隶运往中东和地中海的通道。大约在 2 世纪库什王国走向衰落,并于 300 年左右被非洲之角的阿克苏姆(Axum)王国击败。库什王国的统治者向西逃到苏丹,在达尔富尔以及科尔多凡重建了他们的政权。6 世纪,基督教从拜占庭传入,该地区兴起的几个王国均接受了基督教。伊斯兰教向这一地区传播时,一直遭到他们强烈的抵制。这几个国家作为独立基督教王国一直存续到 13 世纪,见图 1-2-1。

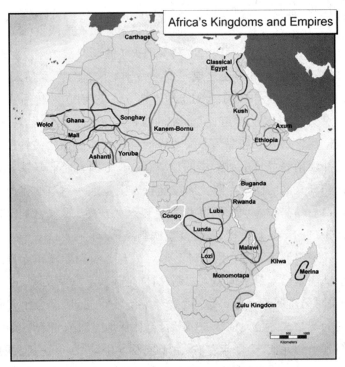

图 1-2-1　古代非洲的帝国与国家

　　非洲之角的阿克苏姆人在约公元前 500 年就已经建立了自己的王国,此后其势力逐步延伸至今天的埃塞俄比亚和东苏丹北部地区。阿克苏姆人同希腊人、叙利亚人有着密切的贸易关系。正是这种贸易使阿克苏姆人有财力击败库什人。4 世纪后,阿克苏姆人改信基督教,并将其传播到埃塞俄比亚大部分地区和努比亚部分地区。改宗基督教也有利于王国与东地中海的希腊商人之间的联系。当 7 世纪伊斯兰教在其周边国家得到传播后,阿克苏姆成了基督教在非洲传播的孤岛。阿克苏姆文明也在很大程度上成了信奉基督教的埃塞俄比亚独特文化的基础。在国力强盛时期,阿克苏姆曾征服了也门,巩固和扩大了对阿拉伯半岛南端的控制。随着国际贸易路线转到波斯湾,红海贸易衰退,阿克苏姆经济受到很大影响。到6世纪,瘟疫与各省暴乱导致阿克苏姆王国的衰落和对也门控制权的丧失。由于无法清除海盗势力以及伊斯兰教在西亚北非扩张造成的贸易萎缩,7世纪末阿克苏姆王国解体,随之而来的是基督教王国与伊斯兰教势力之间的持续不断的战争。当地居民成功地维护了自己的基督教信仰。13世纪埃塞俄比亚所罗门王朝兴起,并且一直不间断地存续到1974年。期间它不仅成功地抗御了后起的奥斯曼土耳其帝国的入侵,而且在近代西方殖民者瓜分非洲的大潮中一直屹立不倒,成为非洲独立的一面旗帜。

由于撒哈拉沙漠以南非洲国家普遍缺乏文字记录,因而人们对于撒哈拉以南非洲地区早期国家的了解主要源于阿拉伯人和西方殖民者的记录以及现代考古学的研究成果。

西非已知最古老的国家是位于塞内加尔河和尼日尔河上游北部的加纳(Ghana)王国,大约在今马里共和国的西部。主要居民是索宁凯人(Soninke)和部分柏柏尔人。据当地传说,到7世纪时加纳王国已传承了22位君主。加纳王国初期的统治者可能是从撒哈拉南迁的柏柏尔人。8世纪末,索宁凯人夺得政权,建立了西塞·通卡尔王朝(Cisse Tunkara Dynasty)。9到11世纪是加纳帝国的繁盛期。加纳的力量源于一支广泛使用铁制武器的强大军队,经济上则依靠对经过撒哈拉沙漠前往北非的过境贸易特别是黄金贸易的控制。尽管加纳王国本身并不生产黄金,但它控制了南部森林地带的班布克(Bambouk)金矿黄金的出口通道。加纳的富庶招致外部势力的觊觎,1076年摩洛哥的阿尔摩拉维德(Almoravdes)王朝以"圣战"为名大举入侵加纳并攻陷其都城。尽管加纳不久复国,但已威势不再,很快分裂成许多小国,最终于1180年被苏苏(Sosso)王国所灭,加纳帝国的地位则为马里帝国所取代。

马里原是马琳凯人(Malinke)在尼日尔河上游建立的一个小国,11世纪成为加纳的附庸。它曾一度为苏苏王国所灭。13世纪马里王子松迪亚塔(Sundiata)建立了马里帝国,并在1235年彻底击败苏苏人。马里帝国的力量在于已经东移了的穿过撒哈拉沙漠的过境商路和帝国境内的博莱(Buré)金矿。农业是马里帝国的社会经济基础。由于马里君臣都信奉伊斯兰教,因此它与各伊斯兰民族保持了良好关系。14世纪初马里帝国进入鼎盛期,领土涵盖了整个西非的热带稀树草原地区。马里帝国商业极为繁荣,远自埃及和摩洛哥的商队都来此从事贸易活动。1324年到1325年间马里国王曼萨·穆萨(Mansa Musa)曾到麦加朝圣,其奢华的做派不仅让伊斯兰世界为之侧目,而且也刺激了欧洲人对撒哈拉沙漠以南非洲的财富的渴求。马里都城廷巴克图(Timbuktu)是当时著名的伊斯兰文化中心。后来由于不断出现王位之争、内部各省反叛和外族入侵,马里帝国于15世纪很快衰落,变为一个无足轻重的小国,1660年最终为班巴拉人(Bambara)的塞古王国(Segou)所灭,其地位则为桑海帝国取代。

古老的桑海(Songhai)王国位于尼日尔河中游的加奥(Gao)地区,曾长期被马里帝国的统治,马里帝国衰落后乘势独立。15世纪中叶以后,桑海在松尼·阿里(Sonni Ali)统治时期发展成了一个比马里还要大的帝国,其领土东部包括豪萨(Hausa),向南达到博尔努(Bornu),北抵摩洛哥边境,西抵大西洋,是当时最大的伊斯兰王国之一。只有南部地区一些莫西人(Mossi)的王国顶住了帝国的压力。桑海帝国核心区域政治稳定,国内外贸易和农业都相当繁荣,代表了古代黑人文明的最高成就。到了16世纪后期王族内部权力之争以及军队将领之间的倾轧侵蚀了国家的基础。1591年摩洛哥萨阿德王朝在通迪比(Tondibi)战役彻底击败桑海军队并占攻其都城加奥,1594年桑海帝国灭亡。由于摩洛哥人无法建立起对当地的有效统治,西苏丹地区出现了摩洛哥军队、柏柏尔诸部落、莫西人、富尔贝人(Foulbé)和班巴拉人(Bambara)等的混战局面。从此直到西方殖民主义者侵入西非腹地,西苏丹地区再未出现强大的国家。长期的战争严重阻碍了西苏丹地区的社会发展,西苏丹诸城市也因失去了联通撒哈拉沙漠贸易的功能而很快走向没落。

随着摩洛哥人对桑海的入侵以及随之而来的社会动乱,非洲地方权力中心开始转向尼日尔河拐弯处的森林与草原之间的地区。这里有一些面积不大但却较为稳定的政权,统称为莫西(Mossi)和达贡巴(Dagomba)国家,这些国家一直存在到欧洲人大举入侵之时。17世纪曼德族群(Mende)的一支班巴拉人建立的塞古(Ségou)王国,在桑海帝国衰落后留下的权力真空中崛起,其都城塞古克罗(Segou Koro)位于今马里境内尼日尔河的沿岸地区。18世纪起该王国日益强盛。奴隶制度是塞古的经济基础,他们向北方和南方出口奴隶。为获取奴隶,塞古王国不断与周边力量发生战争。塞古王国经过三个王朝,即库鲁巴里王朝(Kulubali Dynasty)、恩戈洛王朝(Ngolo dynasty)和图库洛尔王朝(Toucouleur Dynasty)后,于1890年为法国殖民者所灭。

豪萨地区在13世纪到17世纪间也出现了多个小国,统称豪萨诸邦(Hausa states),这些国家的都城都是筑有城墙的城市和重要的商业中心。其中有些国家已经开始在豪萨兰内外进行扩张,这种扩张最终导致了城邦体系的覆灭和帝国的形成。19世纪初富兰尼人领袖福迪奥(Usman dan Fodio)领导富兰尼人和豪萨穆斯林发动伊斯兰圣战,统一了豪萨诸邦,建立了包括今尼日利亚北部、贝宁(达荷美)东北部、尼日尔西南部和喀麦隆北部在内的索科托(Sokoto)帝国,在19世纪中叶强盛一时,并多次发动圣战,对整个西非草原都有极大的政治影响。

在西非乍得湖区域,当地族群约于8世纪建立了卡莱姆(Kanem)王国。10世纪后伊斯兰教传入这一地区并逐步成为当地流行的宗教。13世纪上半叶,卡莱姆王国经济发展,国力强盛,领有今乍得大部、利比亚南部和尼日尔东部地区,堪与马里帝国匹敌。它与西非和北非地区经济文化交往也很频繁。14世纪后,在外敌压力下,卡莱姆国王迁徙至乍得湖以西的博尔努(Bornu)地区,建立博尔努王国,史称卡莱姆-博尔努(Kanem-Bornu)王国。卡莱姆-博尔努王国是建立在农业、制造业和贸易基础上的政权。16世纪中后期至17世纪初,阿鲁玛皇帝(Mai Idris Aluma)统治时期是博尔努王国极盛期,曾与奥斯曼帝国有交往。博尔努王国一直存续到1846年。

几内亚湾的早期国家与草原国家相比,其历史细节更加难以窥知。稀树草原地区的各民族都不会书写,因而对他们的历史重建就极为困难。当欧洲人于15世纪来到这一地区时,这些政权的情况才为外界所知。实际上,欧洲人对于南方国家中的一些国家的出现和强大有极大的刺激作用。由于无力对付北方帝国强有力的军队,当地酋长被迫进入森林深处以躲避奴隶劫掠。由于密林深处萃萃蝇传播的昏睡病对人及马的生命构成了严重的威胁,导致北方草原帝国缺乏控制森林地区的能力。

森林地区的约鲁巴(Yoruba)人大约于8世纪建立的第一个国家是伊费(Ifè),该国以精美的青铜器和赤陶艺术闻名于世,12世纪伊费君主奥杜杜瓦(Oduduwa)将其诸子派往外地建立新的国家,从而形成了一系列以伊费为中心的约鲁巴城邦。始建于9世纪的贝宁(Benin)此时也接受伊费王子为君主。像伊费一样,贝宁也以其精美的青铜器和其他工艺品闻名于世。到15世纪贝宁脱离伊费独立。15世纪末葡萄牙人开始来此建立商站、进行贸易,两国间曾互派外交使节。葡萄牙人还曾派传教士来此传教。1553年英国商人首度抵达贝宁。贝宁输出象牙、棕榈油、胡椒等物品,奴隶输出极少。贝宁商人也成了欧洲人与内地的约鲁巴人之间的中介。在16世纪后期到17世纪初贝宁国家达到鼎盛,贝宁城也因此成了当时热带非洲最繁荣的城镇之一。到17世纪末叶以后,随着大西洋奴隶贸易的发展,贸易中心转移到几内亚海岸,贝宁王国渐趋没落。王位继承之争及各种内战又对国家造成了致命的打击,到18世纪末贝宁衰落了,但到了19世纪又因为棕榈制品的出口得以复苏。

大约1400年,约鲁巴人在今天尼日利亚的西部和贝宁的东部地区建立了一个新的国家奥约(Oyo)。从17世纪起直到19世纪初年奥约一直是这个地区最强大的国家,其疆域从贝宁边界一直延伸到多哥的礁湖地带。奥约给约鲁巴人民带来了政治上的稳定,在相当长的时间内他们在南部地区也有效地抵御了欧洲人的影响。在接连不断的战争中,奥约掠获了很多俘虏。那些王国内部不使用的俘虏被卖给沿海的欧洲人以换取各种物品。18世纪末奥约成了跨撒哈拉沙漠和大西洋奴隶贸易的中介。19世纪以后王国内部反叛不断,国家衰落,1835年奥约首都遭到索科托帝国的蹂躏,帝国迅速瓦解。

在西非几内亚湾曾被西方殖民者称为黄金海岸的今加纳共和国中部热带森林深处,阿坎人(Akan)在15世纪建立了阿散蒂(Ashanti)王国,到17世纪末在奥塞图图(Osei Tutu)当政时形成了一个以库马西(Kumasi)为中心的强大的部族联邦。15世纪80年代葡萄牙人来到这一地区,他们向阿散蒂人提供各种物品以换取黄金。阿散蒂人则以奴隶与黄金来交换武器和火药。从葡萄牙人那里传入的木薯和玉米极大地促进了当地农业的发展。17世纪中叶以后,阿散蒂王国开始向外扩张,到19世纪初形成了一个强大的奴隶帝国,并与几内亚湾沿海地区的芳蒂联盟(Fante Confederacy)发生摩擦。芳蒂人各部落在19世纪初形成较为紧密的联盟,他们的势力范围主要是埃尔米纳(Elmina)向东的加纳沿海地区。那里有欧洲人建立的许多城堡和贸易站。芳蒂人为了垄断沿海与内地间的贸易而和阿散蒂人不断发生冲突。经过19世纪前20年间的三次战争,阿散蒂人控制了芳蒂联盟。在当地建有商栈和城堡的荷兰人与英国人也被迫承认阿散蒂的政治权力,并向阿散蒂国王缴纳租地金。但是由于英国人不断寻求在当地扩大自己的势力范围,导致它与阿散蒂王国矛盾不断,而芳蒂人为了自己的利益也不断刺激双方之间的关系。1844年芳蒂联盟在获得保持内部自治权的条件下成了英国人的一个保护国。由此,英国人与阿散蒂人之间的矛盾日益尖锐。

在赤道与南部非洲地区,巴刚果人于14世纪在刚果河下游建立了刚果王国。当15世纪末葡萄牙人到达刚果河口的海岸时,他们发现了这个以姆班扎(Mbanza)为中心的国家。最初葡萄牙人愿意与刚果建立友好的外交关系,并以其作为与刚果内地各民族交往的媒介,得到了刚果国王的非常友好的回应。刚果王国同意与葡萄牙人进行贸易往来,与里斯本交换大使并允许基督教传教士在此传教和从事奴隶贸易。1575年后由于葡萄牙在安哥拉建立殖民地并力图控制刚果王国,双方关系迅速恶化。为此,双方发生了三次激烈的战争。在1665年的第三次战争中,刚果国王在姆布维拉(Mbwila)战役中战败被杀,刚果王国从此分裂成许多互相冲突的小国。在邻近刚果盆地南部边缘地区的林地区域,刚果王国的东部,在15世纪到19世纪间有在卡赛(Kasai)的布霜果(Bushongo)王国和在加丹加的卢巴-隆达诸邦(Luba-Lunda states)。由于能够熟练地进行纺织和制铁制铜活动,布霜果也发展出了复杂的酋长等级体系和劳动分工。而加丹加丰富的矿产资源为卢巴—隆达诸邦提供了经济基础。这些国家在16世纪后期进入繁荣状态。法官与熟练的工匠——铁匠、织工、雕刻工,以及其他各色人等都集中在首都,依靠周围地区供给的粮食生活。他们还控制了巴韦卢湖(Bangweulu)到本格拉(Benguela)海岸的繁荣的象牙贸易。

在中部非洲的阿尔伯特湖(Lake Albert)与坦噶尼喀湖(Lake Tanganyika)之间的西部大裂谷的邻近区域存在着包括布干达(Buganda)、布尼奥罗(Bunyoro)、安科拉(Ankole)以及卡拉圭(Karagwe)、卢安达(Ruanda)和乌隆迪(Urundi)等国家。每个王国在鼎盛时期都有大约50万或更多的人口,他们由神圣的国王通过一个精心组织的宫廷官员和各级酋长来进行统治。一直以来东非高原地区吸引了大量外来商人和征服者,他们主要来自埃塞俄比亚边境地区和尼罗河南部地区。奴隶贸易者周期性地沿尼罗河向南推进,到 19 世纪中叶,阿拉伯商人开始造访布干达朝廷,用布料与枪支换取象牙和战俘。主要的贸易通道是从东非海岸到塔波拉(Tabora),通过卡拉圭(Karagwe)到安科拉、布干达和布尼约诺(Bunyoro)。

布干达王国自 14 世纪首位国王统一本民族各部分后,经过长期发展,于 17 世纪中叶迅速崛起,到 18 世纪末已经控制了从卡盖拉(Kagera)河口到布索加(Busoga)边境的维多利亚湖沿岸以及横越维多利亚湖与周边的贸易通道。政治上,到 18 世纪末布干达也已经建立起相当程度的中央集权的政治体制,各地行政长官由国王直接论功任免而非由氏族首领世袭。国王还垄断了对外贸易,用象牙和奴隶换取布匹、火器等物。到 19 世纪中后期,国家达到鼎盛。

当加纳、马里和桑海在西非发展的同时,在赞比西河(Zambezi River)和林波波河(Limpopo River)之间也有着一系列小国存在,他们与东部沿海地区以及印度和中国有着良好的贸易关系。班图人的一支——修纳(Shona)人所建立的津巴布韦(意即石头城)可追溯到 4 世纪。以大津巴布韦为首都的穆胡姆塔巴帝国(Munhumutapa Empire)在 11 世纪时渐渐强盛,与索法拉(Sofala)及其他东非沿海城市国家有了商业上的联系,利用当地生产的黄金、象牙与铜矿等重要物资,交换瓷器、铜币、玻璃珠及其他奢侈品。到了 15 世纪津巴布韦已经成了非洲南部最大的邦国,尽管 15 世纪中期以后,东南部非洲的权力中心转到了东北部的穆塔巴王国(Kingdom of Mwene Matapa)。大津巴布韦在 16 世纪后被废弃,但修纳文明仍在继续,直到 19 世纪 30 年代修纳人被来自南非的祖鲁族的一支——恩德贝勒(Ndebele)人所征服。

穆塔巴王国(Kingdom of Mwene Matapa)是绍纳人的一支——卡兰加人(Karanga)所建。15 世纪初穆塔巴王国的创建者不满津巴布韦的统治,率领卡兰加人北迁赞比西河谷,并通过征服今津巴布韦北部地区的许多部落,发展成为一个强大的国家,其版图西至卡拉哈里沙漠,东到印度洋,北起赞比西河,南到林波波河。16 世纪后期由于王位继承、国内族群反抗以及外部族群的入侵,特别是葡萄牙人的侵略,不时爆发各种战争。1629 年穆塔巴国王曾力图驱逐葡萄牙人,反而被葡萄牙人击败和放逐,其继承者被迫订立屈辱的条约,成为葡萄牙人的附庸并割让金矿。葡萄牙人由此控制了该国的政治发展方向。17 世初该国又陷入长达 150 多年的家族内战之中。为了王位,诸王子不断寻求与葡萄牙殖民者结盟,而葡萄牙人的介入导致战争更加频繁激烈。1868 年,在葡萄牙侵略者的打击下,穆塔帕王国终于分裂解体。

大津巴布韦分裂后在其南部地区出现了布托瓦(Butwa)王国和罗兹韦王国(Rozwi Kingdom)。布托瓦王国在 1450 年建立后一直由托尔瓦王朝(Torwa dynasty)所统治,它以拥有黄金和大量牛群著称于世。同期出现的罗兹韦王国于 17 世纪逐渐强大起来,并在 1683 年吞并了布托瓦王国。罗兹韦王国在 1684 年大败穆塔帕王国后,便与葡萄牙人为争夺穆塔帕王国的控制权而不断交火。到 18 世纪 20 年代,穆塔帕王国统治下的几乎整个津巴布韦高原都被罗兹韦人所控制。罗兹韦国家的强盛只维持了一个多世纪,到 19 世纪初这个国家已陷入严重衰落状态。国内经常发生旱灾饥荒,金矿几乎被开采净尽,王位继承权之争引发的内战也愈演愈烈。此时正值南部非洲部落大混战之时,恩德贝莱人(Ndebele)、茨瓦纳人(Tswana)、索托人(Sotho)、恩戈尼人(Nguni)先后入侵该国。1826 年罗兹韦王国都城也遭到恩戈尼人袭击,国王在逃亡途中被杀,罗兹韦王国由此迅速解体,变成了马塔贝勒(Matabele)王国的一部分,其余部苟延残喘至 1866 年灭亡。

在南部非洲地区,很早就有三个族群生活在这里,即桑人(San)、科伊人(Khoe)和班图人(Bantu)。桑人和科伊人通常被合称为科伊桑人(Khoisan)。他们分别生活在南非的西部、东部和北部地区。在不同的地理环境下,三个族群逐步形成了各具特色的经济形态,即桑人的狩猎采集经济、科伊人的纯游牧经济、班图人的农牧混合经济。由于经济落后,这三个族群向国家进化的步伐都非常缓慢,基本一直以部落的形式生活着。由于西方殖民侵略之故,桑人在南非境内遭遇种族灭绝的命运。科伊人也不复作为独立的种族存在,只在混血的有色人种中保留有他们的基因。只有班图人顽强地生存了下来,并成为今日南非的最大族群。这与班图人在 19 世纪的革命性社会发展有着密不可分的关系。

班图人早在 2 到 3 世纪就已经出现在林波波河岸边,并在赞比西河和林波波河之间的草原上创造了铁器时代的文明。由于刀耕火种式的原始农业对自然破坏极为严重,因此班图人不断地向南迁徙。2 世纪上半期,首批班图人渡过了林波波河进入南非境内。大约 15 世纪以后,班图人在德兰士瓦(Transvaal)南部、奥兰治(Orange)和纳塔尔(Natal)的北部与从事游牧的科伊桑人逐步融合,形成了适应当地气候特点的农牧混合经济。农牧业的发展促进了手工业、矿业和贸易的发展。各个族群之间的关系因为产品交换而变得日益密切。从 18 世纪末开始,农业更为发达的南非北部地区的班图人开始了部落联合的进程。而南非南部以牧为主的牧农经济中种植业所占比重极小,牧场载畜量也小,因此族群流动性更强,部落间联系极为有限。为争夺牧场,各个部落之间更是战争不断。所以当荷兰人、英国人先后进入这一地区时,他们看到的是众多小而分散的、稀疏分布于广阔区域的、相互间敌意浓厚且战争不断的部落社会形态。这种状态使得当地部落面对西方殖民者时缺乏有效的抵抗力。

地处南非北部的祖鲁兰(Zululand)地区由于自然条件优越,非常适合农牧经济的发展。生活在这里的班图人中的北恩戈尼人(Nguni)充分利用这一有利的自然条件,又因从葡萄牙人那里引进了高产的美洲玉米,粮食产量得以迅速增加。北恩戈尼人各部落的人口由此迅速膨胀,制铁、制铜等各种手工业也得到迅速发展。而在德拉戈阿湾(Delagoa Bay)与葡萄牙人的获利丰厚的贸易更刺激了许多恩戈尼部落为争夺长途贸易控制权而扩大军事力量。在象牙贸易导致大象数目骤减不继后,牲畜出口又因商船需要而猛增。这导致各部落为多产牲口而过度放牧,进而严重破坏了祖鲁兰地区的生态平衡。因干旱导致的 1801—1802 年的大灾荒让局势变得更加严峻。为争夺有限的草场资源,祖鲁兰各部落间战争不断并使北恩戈尼人逐渐整合为四大酋长国,即恩德万德韦(Ndwandwe)、恩瓜内(Ngwane)、姆塞思瓦(Mthethwa)以及后来居上的祖鲁王国(Zulu Kingdom)。19 世纪第二个十年间,在兹威德(Zwide)统帅的恩德万德韦的强大压力下,索布扎(Sobhuza)率领的恩瓜内人被迫向北迁入因科马蒂河(Yinkemadi River)畔。随后,他利用灵活的军事及外交手段,在 19 世纪 20 年代逐步建立了较为稳固的斯威士兰王国。1817 年由于姆塞斯瓦国王丁吉斯瓦约(Dingiswayo)与恩德万德韦人决战前夕遭到兹威德袭击身亡,姆塞斯瓦人群龙无首,因此溃败。姆塞斯瓦禁卫军首领、祖鲁部族酋长恰卡(Shaka)乘机夺得了姆塞斯瓦的酋长之位,重整军队和权力中枢并通过两次大战,彻底击溃恩德万德韦势力。接着,恰卡率领强大的武士军团,连续征服周边多个酋长国,祖鲁国家的疆域因此迅速膨胀。在恰卡和丁加尼(Dingane)的相继领导下,祖鲁王国成为南部非洲最强大的班图人国家。

伴随祖鲁王国建立过程而来的影响更为深远的是由于四大酋长国特别是恰卡的征伐,导致了北恩戈尼人大量北迁和南下,由此引起了席卷南非所有重要部落的一连串规模空前的部落兼并战争,也被人称为迪法肯战争(Difacane)。战争打乱了原来的部族分布,使得部落群体之间出现前所未有的撞击和交融,也因此重划了本地区的政治地图。一些酋长国彻底瓦解,余部或归附新的部落,或各奔东西。一些酋长国经受住了战争的考验,在原有酋长国的基础上形成了较为强大的国家,有的迁徙到遥远的异域或重建其国,或无声地消失在漫长的旅途中。

除了祖鲁王国外,林波波河以南地区在迪法肯战争中崛起的最强大、也最持久的是索托人(Sotho)莫舒舒(Moshoeshoe)领导下建立的巴苏陀(Basotho)王国。莫舒舒通过有效的政治、军事与外交手段,逐步壮大自己的实力。19 世纪 30 年代,在面对布尔殖民者与英国殖民者的威胁时,莫舒舒又进行了一系列内政改革,不仅加强了巴苏陀王国的经济军事实力,而且加速了统一的民族国家的形成,最终成为南部非洲的一颗明珠——莱索托(Lesotho)王国。

第二节　阿拉伯人的入侵与伊斯兰国家的发展

　　7世纪伊斯兰力量在阿拉伯半岛兴起后,很快便侵入北非及撒哈拉地区。642年阿拉伯人完全占领埃及,并将其变为阿拉伯帝国的一个行省。9世纪下半叶,由于阿拨斯(Abbsid)王朝无力控制帝国的众多行省,从此直到奥斯曼土耳其入侵前,埃及出现了一系列独立王朝:图伦王朝(al-Sulalah al-Tuluniyyah)、伊赫什德王朝(al-Sulalah al-Ikhshidiyyah)、法特梅王朝((al-Sulalah al-Fatimiyyah)、艾尤卜王朝(Ayyubid Dynasty)和马木鲁克王朝(Sulalah al-Mamalik)。当阿拨斯王朝遭到欧洲十字军的攻击濒临灭亡时,埃及的艾尤卜王朝成功地抵御了十字军,马木鲁克王朝则有效地抵御了蒙古人的侵略,经过长期发展,埃及成了阿拉伯和伊斯兰文化的一个重要中心。

　　阿拉伯人在占领埃及后迅速向西扩张,于647年征服了的黎波里(Tripoli),20年后阿拉伯人又将其势力进一步推进到大西洋沿岸。阿拉伯人的入侵曾遭到柏柏尔人(Berbers)的顽强抵抗。随着阿拉伯人统治的巩固,伊斯兰教和阿拉伯语在北非传播开来。不过从8世纪初开始,由于阿拉伯人废除了对改宗伊斯兰教的柏柏尔人的免税政策,转而对他们征税,从而导致宣传所有教徒都应平等的哈瓦立及派(Kharajites)的盛行。740年摩洛哥哈瓦立及派教徒起义,推翻了阿拉伯人在摩洛哥的统治。从此,摩洛哥一直由本地王朝统治着。788年伊德里斯王朝(al-Sulalah al-Idrisiyyah)开始统治摩洛哥,到985年它被西班牙的后倭马亚王朝(Umayyad Emirate of Córdoba)所灭。11世纪后倭马亚王朝瓦解后,在摩洛哥又出现了阿尔摩拉维德王朝(Almoravids),该王朝不仅统一了摩洛哥,还一度将疆域扩展到西班牙王国所在的伊比利亚半岛上。1147年该王朝被新崛起的阿尔摩哈德(Almohades)王朝所取代。这个王朝强盛时曾征服阿尔及利亚和突尼斯并建立了对其的统治权,从而形成为一个包括整个马格里布地区在内的大帝国。13世纪上半叶,这个帝国衰落后,取而代之的是三个独立的国家:以突尼斯(Tunisia)为首都的哈夫斯王朝(Hafsid Dynasty)、以阿尔及利亚特累姆森(Tlemcen)为首都的阿卜德瓦德王朝(Abd al-Wadid Dynasty)和以非斯为首都的马林王朝(Marinid Dynasty),它们分别是现代突尼斯、阿尔及利亚和摩洛哥的雏形。三国间战争不断,到15世纪后期都走向衰落,在这片土地上生活的许多公国、独立的部落或部落联盟因此纷纷称王。

　　马格里布三国的衰落给葡萄牙、西班牙等欧洲国家的入侵提供了可乘之机。1415年葡萄牙军队占领了休达城,拉开了殖民侵略的序幕。西班牙也不甘落后,他们打着宗教旗号,号召新的十字军远征。在短短十年中,西班牙占据了马格里布沿海地区主要据点,并计划征服整个马格里布。

西班牙的侵略遭到马格里布各国人民的强烈抵抗,也引起了各国统治者,特别是阿尔及尔商业贵族的极度恐慌。他们自知无力抵抗西班牙的入侵,便求助于爱琴海的海盗首领巴巴罗萨(Barbarossa)兄弟。在与西班牙人的作战过程中,巴巴罗萨兄弟转而意图建立对马格里布的统治,并在1517年消灭了阿卜德瓦德王朝。被西班牙军队击败后,巴巴罗萨兄弟中的赫尔丁(Khairad Din)转而向奥斯曼土耳其苏丹俯首称臣。

已于1517年占领埃及,正意图继续西进的奥斯曼土耳其苏丹欣然接受了赫尔丁的效忠,并封其为马格里布的最高埃米尔,统帅土耳其军队与西班牙人作战,由此拉开了西班牙人与土耳其人争夺地中海霸权的大幕。通过1529年对西班牙军队的阿尔及尔战役以及1541年对西班牙、法国和意大利三国联军的战役,赫尔丁为土耳其人建立了对阿尔及利亚的宗主权。1534年赫尔丁又向东攻入突尼斯,推翻了哈夫斯王朝。一向将突尼斯视作禁脔的西班牙又与土耳其展开了长期的争夺战,直到1574年,土耳其人取得了征服突尼斯的最终胜利。在征服阿尔及利亚和突尼斯的同时,土耳其以阿尔及尔为据点,向东进攻利比亚,直指西班牙控制下的的黎波里。1551年8月,土耳其攻陷了的黎波里。不久又攻陷了布雷加(Marsa Brega)和费赞(Fezzan)地区,土耳其将其征服的利比亚地区统称为"的黎波里塔尼亚"。1587年土耳其苏丹将的黎波里塔尼亚、突尼斯和阿尔及利亚三个地区改为三个摄政国。

由于摩洛哥在当地伊斯兰教领袖的领导下有力地抗御了奥斯曼帝国的入侵,所以一直保持着独立的地位。1465年摩洛哥马林王朝被瓦达西王朝(Wattasid Dynasty)所灭,但后者由于不敌西班牙和葡萄牙人的侵略,加之存在强大的地方割据势力,其权力仅限于非斯地区。1510年萨阿德王朝(Saadi Dynasty)兴起,逐步收复了被葡萄牙人、西班牙人占领的部分领土,并在1549年推翻了瓦达西王朝。然而,萨阿德王朝在王位继承问题上,每每出现王位争夺者时就分别求助葡萄牙人和西班牙人的情形。因为摩洛哥王位继承问题,1578年葡萄牙和摩洛哥之间爆发了著名的"三王之战",葡萄牙军队全军覆没。此后,萨阿德王朝曾获得一定的发展。1659年萨阿德王朝灭亡,1660年阿拉维王朝(Alaouite Dynasty)兴起,并一直延续至今。

从8世纪起,奔波于撒哈拉商道上的马格里布、埃及和伊斯兰世界其他地区的穆斯林商人,通过撒哈拉沙漠把伊斯兰教带进了西苏丹和中苏丹的黑人各族社会里,在那里开始了伊斯兰文明的传播。这些穆斯林商人在主要商道上建立了一个个穆斯林小社区,这些社区在政治上和法律上享有一定自治权,由它们各自的谢赫或卡迪掌管司法权。伊斯兰教和其习俗由此向周边的黑人社区辐射。塞内加尔河下游的台克鲁尔(Takrur)国王成为西苏丹诸国中第一个皈依伊斯兰教的国王,并引进伊斯兰教法,作为国家的法律制度。11世纪时,柏柏尔人向西非发起攻势,尤其是向当时的并不信奉伊斯兰教的加纳王国发动进攻,促使加纳君主改信伊斯兰教,从而加速了伊斯兰教的传播。伊斯兰教信仰者在西苏丹主要是统治阶级阶层、城镇商人和手工业者,广大农牧民和渔民则仍然信仰传统宗教,都是泛神论者。桑海帝国在1591 年被摩洛哥灭亡后,西苏丹地区再未能出现一个强大的帝国。后起的小国的君主大都与伊斯兰教发生了关系,但深浅程度各有不同。桑海灭亡后之后,从杰内(Djenne)、加奥等地南逃和西迁的商人、乌拉玛把伊斯兰教逐步扩展到了南方森林边缘。有些国家的统治者接受伊斯兰教,但他们力图保持伊斯兰教与传统宗教的平衡,把传统信仰糅合到伊斯兰教中去,使之成为混合伊斯兰教。传统的跨越撒哈拉沙漠的商路上的商业重镇如廷巴克图、杰内和加奥等地因为战争不断而迅速衰落。商业中心开始向尼日尔河湾东西两侧转移。向东食盐贸易转入豪萨人手中,豪萨城邦地位上升。向西撒哈拉商道绕过廷巴克图,经过桑桑丁(Sansanding)、塞古(Segou)而与通往黄金和柯拉果产地的商路相连。此时,撒哈拉与西苏丹地区传统商路出现的另一个重大变化是东西方向的沿海与内陆地区的贸易的发展。欧洲殖民者已经在西非沿海地区建立了贸易据点,寻求黄金与奴隶。商道的变迁,引起了穆斯林商人和伊斯兰教学者(乌拉玛)的迁移。他们建立新的移居地,并获得了欧洲人的武器,积累了财富,成为政治上一股不可忽视的力量。伊斯兰教在西苏丹扩展的一个重要事件是富拉尼人接受伊斯兰教。富拉尼人大多数是牧民,过着逐水草而居的生活,一部分定居在城镇,他们长期受西苏丹居统治地位的族群的压迫,在豪萨人的城邦里,富拉尼人地位低下,赋税沉重。18 世纪末改信伊斯兰教的富拉尼人首先在富塔贾隆(Fouta Djallon)和富塔托罗(Fouta Toro)发动了早期的圣战,19 世纪又在豪萨和马西纳(Massina)等地发动了圣战,建立了一系列政权如索科托(Sokoto)、阿达马瓦(Adamawa)、昆杜(Gwandu)、伊洛林(Ilorin)等。

在中苏丹,即非洲中部地区,阿拉伯人征服埃及之后,沿着尼罗河南进,于 9 世纪后半叶进入努比亚王国(今日苏丹国北部地区),开始传播伊斯兰教。卡莱姆-博尔努王国的君主就信奉伊斯兰教。该国于 17 世纪衰落后,出现了瓦达伊(Wadai)、巴蒙(Bamoun)、曼达拉(Mandara)、巴吉尔米(Bagirmi)等一系列信奉伊斯兰教的地方政权,但本地信仰一直具有很大的影响力。

东非地区自古以来就同南阿拉伯半岛和波斯湾地区有着比较密切的联系。639—646 年,穆斯林征服埃及以后,继续挥师南下,向努比亚推进,尽管未能攻克努比亚,但是已将伊斯兰信息准确地传入这一地区。750 年,一批倭马亚人已经到达努比亚,在此建立清真寺和学校,传播伊斯兰教。1275 年努比亚为埃及马木鲁克王朝征服,成为其藩属,当地官民开始改宗伊斯兰教。以后穆斯林移民不断涌入,当地黑人也纷纷改信伊斯兰教。15 世纪,这里出现了第一个伊斯兰教国家芬吉(Funj)王国。7 世纪初年,先后有两批穆斯林移居埃塞俄比亚。7 世纪末,一批来自阿曼的穆斯林又移居今肯尼亚拉穆(Lamu)群岛。8 世纪时,又一批穆斯林迁入,主要定居在摩加迪沙和蒙巴萨地区。950年,波斯设拉子的一位叫哈桑的王公率领一批穆斯林来到桑给巴尔定居,并建立基尔瓦城。大批穆斯林商人自北向南占据了从摩加迪沙到索法拉的东非沿海港口。这些城市逐步发展成为独立的自治城邦。阿拉伯穆斯林、波斯穆斯林同当地的土著居民相互交往融合之后,形成了混血的斯瓦希里人。斯瓦希里语(Kiswahili)也成了沿海各地间共同的交流工具。15世纪东非沿海各城邦同印度洋沿岸其他地区建立了广泛的商业贸易关系。16世纪初葡萄牙人依靠船坚炮利,建立了对从摩加迪沙到索法拉的东非沿海地区的殖民统治。为了赶走葡萄牙殖民者,17世纪中叶起东非各城邦纷纷与阿曼人联合,1698年阿曼军队最终攻下葡萄牙人在东非的统治中心即蒙巴萨岛上的耶稣堡后,葡萄牙人在莫桑比克以北的殖民势力不复存在。在驱逐了葡萄牙人之后,阿曼苏丹乘机建立起自己在东非的统治,并一直延续到19世纪末。

第三节　西方殖民者的早期殖民与奴隶贸易

　　伊比利亚半岛北部各个基督教王国在将伊斯兰势力逐出伊比利亚半岛的过程中,逐渐形成了两个强大的中央集权国家——西班牙和葡萄牙,并开始了向外扩张的进程,但以西班牙为首的欧洲国家与奥斯曼帝国在北非的争霸中未能打破后者对地中海贸易的控制,也因此无法打通被切断了的东西方之间的传统贸易通道。于是西班牙人和葡萄牙人便根据新的地理学理论开始了新航路的探索,由此也拉开了入侵非洲的序幕。早在1415年葡萄牙人就夺取了休达(Ceuta),介入摩洛哥地方政治,并开始沿北非海岸逐步向南探险寻求到达东方的新航道。从1434年越过博哈多尔角到1473年驶过赤道到达刚果河口,从1487年迪亚士(Bartholmeu Dias)船队到达非洲南端好望角到1497年达迦马(Vasco da Gama)船队经非洲东海岸在阿拉伯领航员的引导下于1498年到达印度西南部的卡利卡特(Calicut),葡萄牙人终于打通了从大西洋沿非洲海岸前往印度的航线。在此过程中,葡萄牙人在大西洋诸岛及非洲沿海地区进行了大量殖民活动。在非洲西部大西洋上,葡萄牙人发现并殖民包括马德拉群岛(Madeira Islands)、佛得角群岛(Cape Verde Islands)、亚速尔群岛、圣多美-普林西比在内的多个岛屿。在西非,葡萄牙人控制了大西洋沿岸撒哈拉地区、几内亚(比绍)部分地区;在西南非洲,葡萄牙击败刚果王国,占领了今安哥拉大片土地。在东非地区,16世纪初葡萄牙殖民者逐一武力征服东非沿海城邦,控制了自摩加迪沙直到索法拉的东非沿岸的重要城市和港口,建立起了对东非沿岸的殖民统治。直到17世纪末这种殖民统治被阿曼帝国推翻。但葡萄牙人保住了在莫桑比克的殖民据点,这成了后来葡属西南非洲殖民地的基础。根据教皇的仲裁,西班牙的殖民势力主要在西半球,但它也占有部分非洲领土。1497 年西班牙人入侵梅利利亚,收复失地运动完成后,西班牙人进一步向北非扩张,占领了北非沿海许多城镇,如奥兰(Oran)、阿尔及尔(Algier)、的黎波里、布贾亚(Bugia),以及锡兹内罗斯城(Villa Cisneros)、戈梅拉岛等地。根据 1668 年葡萄牙与西班牙两国间订立的条约,葡萄牙将休达让与西班牙。1778 年,葡萄牙为了获得南美洲的一些领地,签署埃尔帕多条约,割让费尔南多波岛(今比奥科岛)及毗连的小岛予西班牙。

继葡萄牙、西班牙之后,沿非洲航路前往东方的其他欧洲国家也在非洲沿岸建立了一些殖民地。荷兰在 16 世纪末独立后,迅速发展为世界最大的航海和商业国家,1652 年荷兰占领了开普。随着商业的发展和大国对海洋霸权争夺的加剧,开普殖民地作为向东方航行途中的新鲜食物补给站和战争时期的后勤基地而备受瞩目。由于开普气候温和,荷兰农民(即布尔人)逐步移居开普,特别是 18 世纪中叶以后,开普殖民地的欧洲移民迅速增加。为了获得土地,布尔人对当地的科伊人和桑人不断巧取豪夺,进而发动殖民战争,彻底消灭了当地的土著科伊人和桑人。拿破仑战争期间,英国人于 1805 年占领了开普,开普由此成了英国的殖民地。法国早期虽然没有在非洲直接建立殖民地,但它在印度洋上的留尼汪岛和毛里求斯岛上建立了大量生产咖啡和甘蔗的奴隶种植园,他们控制下的马斯克林群岛成为了臭名昭著的非洲奴隶贩运中心。

西方殖民者早期占有的殖民地仍极为有限,其主要目标是贸易而非殖民。除了寻求非洲的黄金和象牙等特产外,最重要的贸易就是大规模地贩运黑奴。

近代以来首先大规模贩运黑奴的欧洲人是葡萄牙人。1442 年葡萄牙人将其所劫掠的第一批黑人运到里斯本。在 15 世纪到 16 世纪的前 10 年中,奴隶主要被运往欧洲,当时包括伊比利亚半岛各国在内的一些国家由于经历了长期战争,人口稀少,因此使用奴隶劳动的现象相当普遍。随着 16 世纪西班牙人的西印度与美洲殖民帝国的建立,为了补充殖民地经济所需劳力,西班牙人便决定输入业已在欧洲证明很能吃苦耐劳的非洲黑人。从 1510 年第一批黑人奴隶被输入美洲大陆起,贩卖黑奴的规模越来越大。16 世纪中叶,非洲西海岸每年输出奴隶达 1 万人。葡萄牙在巴西的殖民地建立后,大量非洲黑奴也被运入巴西。1588 年西班牙"无敌舰队"被英国歼灭后,西班牙和葡萄牙失去了海上霸主地位,荷兰乘势取而代之。16 世纪末,荷兰夺取了葡萄牙在非洲的一些重要贸易据点和军事要地,获得了非洲西海岸的贸易垄断权。到 17 世纪中叶荷兰几乎垄断了海上的奴隶贸易。此时非洲奴隶贸易也进入繁盛期。由于美洲和西印度群岛种植园的大量建立,奴隶需求量猛增。葡萄牙、西班牙、荷兰、英国、法国、普鲁士、丹麦、瑞典以及美洲的美国等无一不涉入其中。凭借强大的海军及雄厚的资本,英国于 18 世纪上半叶击败其他贩奴国而成了最大的奴隶贩子。到 18 世纪 80 年代中叶,从非洲输出的黑奴平均每年近 10 万人。当时,欧洲殖民者在非洲、欧洲和美洲之间建构了盛行一时的三角贸易,即欧洲殖民者首先将甜酒、枪支等物品从欧洲运至非洲交换奴隶,然后将奴隶从非洲西岸集中运至中南美洲,用来交换欧洲所需要的各种农矿产品,并将其运回欧洲。三角贸易的每个航程都让贩奴商人获得极大的利润,而以第二段航程利润最大。英国利物浦、荷兰阿姆斯特丹、法国南特等欧洲城市都因为奴隶贸易而盛极一时,见图1-2-2。

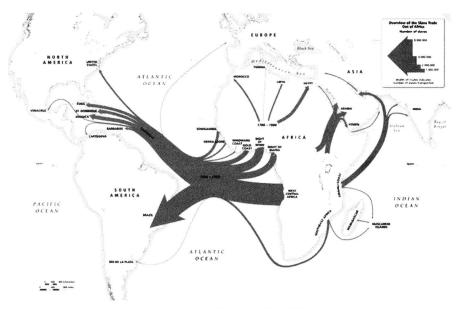

图1-2-2　非洲奴隶贸易路线

然而,随着工业革命在英国的深入发展,工业资本的经济实力迅速超过和压倒了商业资本,相应地,控制和占领世界各地的商品销售市场和工业原料产地也就成了殖民政策核心内容,但非洲的黑奴贸易却直接扰乱和破坏了非洲各地正常的生活与生产秩序。只要黑奴贸易继续存在,非洲就无法成为西方的商品市场和原料产地。而黑人的强烈反抗和启蒙运动影响下的废奴运动在欧洲各国的兴起也直接促成了对黑奴贸易的限制与废除。

1803年丹麦首先废除了在自己领地里的黑人奴隶贸易。1806年英国议会通过绝对禁止非洲奴隶贸易法。次年美国也通过了禁止将黑奴输入国内的法令。随后,其他一些欧洲国家也陆续颁布了禁止黑奴贸易的禁令。然而,黑奴贸易并未因此结束,而是几乎又持续了将近一个世纪。在这一时期,从非洲输出的黑奴数量并不低于前几百年,有时甚至更高。[①] 其主要原因有三:首先,黑奴贸易在自由资本主义初

---

① ［苏］斯·尤·阿勃拉莫娃:《非洲——四百年的奴隶贸易》,陈士林、马惠平合译,北京:商务印书馆,1983年,第4页。

期尚有生存的余地,西方各国虽宣布禁止黑人奴隶贸易,却并没有同时废除奴隶制;其次,西方各国对黑奴贸易的态度大相径庭,彼此间无法协调一致;再次,禁止黑奴贸易遭到以贩奴商人和种植园奴隶主为代表的旧势力的抵抗,如尽管美国很早就颁布了禁止黑人奴隶贸易的法令,但由于南方各州奴隶种植园的大量存在以及奴隶主在政府中的巨大影响,黑奴走私十分猖獗,美国仍是主要贩奴国之一。研究表明,19世纪50年代,撒哈拉以南非洲每年向古巴、巴西等地输出的奴隶数量仍高达5万人以上。此时,由于西非黑奴供给数量的减少,大规模的黑奴贸易又开始出现在东非海岸。与西部非洲当地黑人控制了奴隶出口不同的是,阿拉伯人、葡萄牙人以及当地某些黑白混血人主导了这里的黑奴贸易。阿拉伯人过去一直从事将黑奴贩到红海、波斯湾沿岸国家的活动,现在大量黑奴又被长途贩运到西印度群岛和美洲大陆,见图1-2-3。只是随着美洲三大蓄奴区即美国、古巴和巴西先后废除奴隶制度,黑奴贸易才渐趋结束。

图1-2-3 阿拉伯人在非洲的奴隶贸易

长达400年的奴隶贸易给欧洲资本主义国家提供了巨额的原始积累,促进了欧洲产业革命的兴起,对美洲的开发起了极大的促进作用。奴隶贸易给非洲人民带来的却是深重的灾难。首先,仅就人口一项,奴隶贸易至少使撒哈拉以南非洲丧失了1亿人,由于运出非洲的黑奴都是身强力壮的劳动力,造成了非洲劳动力的严重缺乏,非洲的农业、手工业和畜牧业因此受到严重影响。其次,非洲国家的政治发展进程被打断。在殖民者进入非洲之时,撒哈拉以南非洲地区已经出现了一系列体制健全的国家。欧洲殖民者出于掠夺奴隶的需要,不断鼓励、唆使一些国家进行以掳掠黑奴为目标的战争。一些以掳掠贩运黑奴为目标的国家因此而出现畸形繁荣。然而每次战争的结果都是这些非洲国家宝贵的人力资源的丧失。其结果是非洲国家变得越来越虚弱,道德水平越来越低下,社会发展越来越落后,以至于当欧洲殖民者最终决定瓜分非洲时,非洲已经彻底失去了反抗能力,成了欧洲殖民主义的牺牲品。

第四节　非洲探险与非洲的瓜分

尽管随着新航路大探索,欧洲殖民者就在非洲进行了大量殖民活动,但是他们在非洲建立的殖民地却屈指可数。因为在北非地区,欧洲人还不足以撼动强大的奥斯曼土耳其帝国对该地区的统治。在撒哈拉沙漠以南的非洲地区,欧洲殖民者早期使用的火器威力也极为有限,不足以对非洲人构成威胁。而热带非洲地区特有的疾病,如疟疾、萃萃蝇传播的昏睡病等引起的极高的死亡率曾长期让欧洲殖民者望而却步。例如,西非地区尽管奴隶贸易盛行,商业利润丰厚,但在此生活的欧洲人死亡率极高,因此西非有"白人的坟墓"之说。欧洲人更多的是在撒哈拉以南非洲沿海地区建立商站或堡垒,而不愿深入非洲大陆腹地,这也是直到1800年非洲内陆仍然被称为"黑暗大陆"的缘故。至18世纪末,西方对撒哈拉以南非洲内陆的了解仍停留在古罗马或中世纪阿拉伯学者著作的只字片语的水平上。此时欧洲人在非洲所拥有的殖民地仅是少数几个海岸飞地和南非若干温带地区而已。

在19世纪70年代以前,由于西欧只有英国和法国是强国,德国和意大利尚未形成单独统一的国家,国力稍逊的荷兰和丹麦在19世纪实际上放弃了他们在非洲的领地(黄金海岸的贸易站),只有葡萄牙作为一个较小的竞争者努力与英法抗衡。在英法两强中,由于法国产品质量比英国差、价格比英国高,所以法国更热衷于建立殖民地,进行垄断性商业活动,在早期抢占非洲殖民地的活动中,法国一直走在前列。由于在19世纪大部分时间内,英国一直拥有军事和商业的"双重优势",因此它对非洲实际上执行的是"如果可能就以无形的控制进行贸易,必要时则以统治进行贸易"的帝国政策,建立殖民地并非对非政策的首选项。

北非地区由于邻近欧洲,随着18世纪后期奥斯曼土耳其帝国的衰落,很快成了法国殖民征服的对象。1798年法国的拿破仑·波拿巴就曾一度率军征服了仍是奥斯曼帝国行省的埃及。1830年法国发动入侵了阿尔及利亚战争,并将其变为殖民地。接着英法两国于1840年干涉埃及与奥斯曼苏丹之间的战争,迫使埃及接受不平等条约,埃及经济由此走向殖民地化。1876年英法乘埃及财政破产,对埃及进行双重控制,使之成了一个半殖民地国家。

在撒哈拉沙漠以南地区,法国的殖民力量主要集中于西非地区。1624 年法国就在塞内加尔海岸建立了第一个贸易站,从 1815 年起法国人开始扩大在塞内加尔的殖民地,后来又逐步在几内亚、科特迪瓦、达荷美、加蓬和马达加斯加等地建立法国海军基地和商业基地。不甘落后的英国人在西非地区的几内亚湾沿海地区也建立了一些殖民地。1857 年法国与英国达成协定,法国承认英国对冈比亚河及其谷地的主权,而英国则同意法国对塞内加尔河周围地区的占领。此时英国人主要的殖民据点是 1805 年从荷兰人手中夺得的开普殖民地。原开普殖民地白人移民主体布尔人由于对英国人实施的禁止随意越过边界和对土地的无限制圈占及废除奴隶制等政策极为不满,自 1836 年起大量离开开普殖民地,向外迁徙,从南非当地土著民族手中夺取了奥兰治河与林波波河之间的数十万平方千米的土地,后分别建立了独立的奥兰治自由邦和德兰士瓦共和国。而老牌殖民者葡萄牙人利用其在莫桑比克的殖民据点逐步巩固了他们在莫桑比克、安哥拉等地的统治权。通过断断续续的占领,到1876 年,欧洲国家占有了非洲全部领土的 10.6%,约 320 万平方千米。

随着 19 世纪以后工业革命在欧洲的迅猛发展,蒸汽轮船的发明与广泛应用,奎宁的大量生产以及性能优越的后膛枪的广泛应用,使得少数用先进的武器武装起来的欧洲人在非洲的掠夺战争中很快占据上风。欧洲人在非洲进行殖民活动的同时,为进一步掠夺非洲,以 1788 年英国非洲协会成立为标志,开始了对撒哈拉以南非洲地区的全面探险与考察。从探险队的数量看,1791—1850 年进入非洲的探险队有 24个,在 1851—1870 年则猛增至 56 个。欧洲人探险的第一个目标是西非的尼日尔河,这也是当时英法殖民活动密集的地区。从 1795 年帕克(Mungo Park)医生开始考察起,到 1830 年理查德·兰德(Richard Lander)确定尼日尔河下游,欧洲人历时 35 年完成了对这条西非最大河流的探索。由于尼日尔河缺乏商业机会,于是欧洲人便将目光转向东非。这里的探险主要围绕着寻找尼罗河源头展开。1856 年,英国人约翰·斯皮克(John H. Speke)和理查德·伯顿(Richard Burton)从非洲东海岸向内地进发,发现了坦噶尼喀湖,斯皮克独自发现了维多利亚湖。后来,斯皮克又发现了尼罗河源头并由此沿尼罗河而下直抵地中海。在南非和东南非地区,著名的探险家利文斯敦(David Livingstone)从 1853 年起在非洲大西洋沿岸进行漫长的探险旅行,最终于 1856 年到达印度洋沿岸,成为横越非洲第一人。1857—1863 年,利文斯敦率领一支探险队考察了赞比西河地区,1866 年他又启程去解决有关尼罗河源头的各种问题。在名利的驱使下,亨利·斯坦利(Henry M. Stanley)用了两年多的时间实现了从非洲东部桑给巴尔到非洲西海岸博马(Boma)的穿越,并完成了对刚果河从源头到出海口的考察活动。非洲内陆探险是资本主义政治、经济发展的产物。通过内陆探险,西方国家掌握了非洲内陆的地理、物产、人口和语言等各方面情况,这不但有助于西方工业资本拓展新的商品市场和原料产地,也为欧洲列强瓜分非洲创造了条件。

随着 19 世纪 70 年代德国的统一以及第二次工业革命的展开,在资本主义政治经济发展不平衡规律的作用下,欧洲国家对原料和市场的争夺进一步加剧。在非洲,英、法、葡为了保住既得利益并进一步扩大自己的利益范围,与后来者比利时、德国、意大利等展开了对非洲的进一步争夺。1884 年柏林会议之后,欧洲列强掀起瓜分非洲领土的狂潮,最终导致了对非洲的彻底瓜分。

在北非地区,法国一直试图以阿尔及利亚为出发点,建立一个东到突尼斯甚至利比亚、西到摩洛哥、南穿撒哈拉沙漠、连接中非和西非的殖民大帝国。随着 1870 年阿尔及利亚正式成为法国的“海外省”,法国加快了实现帝国梦想的步伐。在突尼斯,法国击败了竞争对手意大利,于 1883 年迫使突尼斯接受保护国条约。经过与其他欧洲列强的竞争和妥协,1912 年 3 月,法国正式宣布对摩洛哥实行保护。1911 年意大利发动对奥斯曼帝国的战争,夺取了的黎波里及昔兰尼加的领土,并与法国达成协议,共同分割部分北非的海岸。

法国在西非的殖民侵略主要沿着两个方向进行:一是从塞内加尔河中下游的法属领地向西苏丹腹地扩张。1881 年法国再次发动对在普法战争中乘机独立的西非国家卡约尔(Kayor)王国的战争,1886 年卡约尔灭亡。1882 年法军从巴马科(Bamako)入侵瓦苏鲁(Wassoulou)王国,经过长达 16 年的战争,于 1898 年征服这个西非强国。位于塞内加尔河和尼日河上游的图库勒尔(Toukouleur)帝国,一直是一支遏制法国向内陆扩张的重要力量。1890 年法军攻陷图库勒尔帝国的首都,1893 年法军占领了整个图库勒尔帝国。二是从几内亚湾沿海地区(主要是达荷美沿岸)的殖民据点向北推进。1890 法军发动了征服达荷美的战争,于 1894 年将其变为保护国,后又改为殖民地。对于西非大地上的一些小的部落、小的王国,法国殖民者则常用结盟、缔约等欺骗手段,把它们划为自己的势力范围,然后再加以占领。如在 1891—1899 年,法国殖民者与尼日尔土著首领缔结了多个同盟条约或保护条约,使尼日尔变成了法国势力范围。1895 年,法国把已占领的塞内加尔、法属苏丹、法属几内亚、科特迪瓦合并为法属西非联邦。达荷美、尼日尔、上沃尔特分别在 1904 年、1908 年和 1910 年并入法属西非殖民地,1912 年沦为法国殖民地的毛里塔尼亚也于 1920 年并入法属西非。

英国在西非地区基本是以几内亚湾沿海地区的原有殖民地向北面渗透,其中尼日利亚和黄金海岸是英国殖民扩张的重点。英国对尼日利亚的殖民侵略由来已久。1861 年拉各斯沦为英国殖民地后,英国领事与油河地区各土著首领签订了一些保护条约。1885 年 6 月英国宣布在拉各斯到喀麦隆之间的沿海地区成立油河保护国,两年后改称尼日尔海岸保护国,并逐步击败了油河地区和约鲁巴各城邦国家的反抗。

期间,英军于 1897 年入侵并消灭了著名的贝宁古国。在对尼日利亚中部和北部的殖民侵略中,1879 年成立的联合非洲公司充当了英国政府的代理人。该公司在尼日尔河沿岸设立许多商站、诱骗当地土著首领签订保护条约,并挫败了法德两国向此地渗透的努力。1886 年 7 月该公司获得皇家特许状,易名皇家尼日尔公司,拥有对尼日尔河下游地区的一切特权、权力以及管理和维持社会秩序的全权。公司以武力胁迫和欺骗讹诈手段,截至 1888 年先后与各地酋长签订 200 多份保护条约,将约 129 万平方千米的土地置于公司保护之下。1899 年英国政府撤销皇家尼日尔公司的特许状后接管了所有领地,并将其分为南尼日利亚保护国和北尼日利亚保护国两部分。1903 年英国击败了索科托王国并将其吞并,1914 年英国整合尼日利亚殖民地为英属尼日利亚保护国。

英国在西非的另一个侵略对象是黄金海岸。1871 年,英国军队占领了当地的荷兰人殖民堡垒后,开始唆使芳蒂人进攻阿散蒂王国。1873 年阿散蒂因支持埃尔米纳人反对英国人占领埃尔米纳堡而与英国殖民者之间爆发战争。1874 年英国迫使战败的阿散蒂让其大部分部落分离而去,严重削弱了阿散蒂人的力量。同年,英国殖民者取消了芳蒂人的自治权,并将其纳入英属黄金海岸殖民地。19 世纪 90 年代,在阿散蒂拒绝接受无理的保护要求后,1896 年英国发动了阿散蒂战争,击败了阿散蒂人的抵抗,宣布阿散蒂为保护国。1902 年又将其变为英国的直辖殖民地。与此同时,英国与法德两国划分了黄金海岸的疆域范围。此外,19 世纪末英国还沿着上几内亚湾的两块殖民地塞拉利昂和冈比亚进行了由沿海向内陆的殖民扩张。1896 年英国宣布塞拉利昂内地为英国保护地。1898 年又将冈比亚从中划出,单独建立冈比亚直辖殖民地。1899 年英法两国约定冈比亚河两侧 10 千米范围内为英属冈比亚所有。

德国在西非的殖民侵略基本上沿着与英法扩张平行的方向,从多哥、喀麦隆沿海逐步向内陆挺进。1884 年,德国先于英国宣布位于多哥兰(Togoland)海岸的洛美(Lome)为德国的殖民地,接着又挫败法国从达荷美对多哥的觊觎。通过分别与英法两国的协定确立多哥沿海地区领地范围后,德国又组织了一支探险队,从多哥沿海向北扩张,占领了大片领土。在自 19 世纪 70 年代起与英国争夺喀麦隆的角逐中,德国人也占据上风,并在 1888 年确立了对喀麦隆沿海地区的统治权。由于当地人民的坚决抵抗,直到 20 世纪初,德国人方才完成对雅温得和乍得湖之间的地区的征服。在征服喀麦隆期间,德国分别与英法划定了喀麦隆的边界。

在赤道非洲刚果地区,由于长期的奴隶贸易和当地几个小王国间接连不断的内部战争,导致刚果社会整体上处于衰败状态,客观上有利于欧洲人的殖民活动。比利时入侵时,库巴(Kuba)王国仍与外族作战,卢巴(Luba)王国已内外交困,江河日下。盛极一时的隆达(lunda)帝国已经瓦解,宫廷内部相互倾轧,王位更迭频繁。地方各公国内部也问题不断,民族矛盾尖锐。1869 年建立的耶克(Yeke)王国到 1891

年因内部发生叛乱也迅即衰落。此外,刚果地区还有一支从事奴隶和象牙贸易的阿拉伯商人势力,在当地酋长的支持下,他们一度控制了刚果三分之一的国土。比利时国王利奥波德(Leopold Ⅱ)让斯坦利在 1879—1884 年诱骗当地各部落签订大量协定,建立刚果自由邦。1885 年柏林会议承认比利时国王利奥波德的刚果自由邦为主权国家。为了确立对刚果的统治,比利时国王利奥波德一方面先后与法国、葡萄牙及英国划定了刚果自由邦的边界,一方面派出大批探险队,对刚果自由邦圈定的范围实施有效占领。经过多次战争,比利时殖民者先后消灭了库巴、鲁巴、隆达、耶克王国和阿拉伯人势力,到 1894 年基本完成对刚果自由邦的实际占领。由于利奥波德的残酷统治遭到国际社会的一致谴责,1908 年比利时政府通过法案并接管了刚果自由邦。

柏林会议后,法国加快了对赤道非洲地区的侵略步伐。法属赤道非洲在法国人入侵前发展很不平衡。加蓬和中非地区尚处于氏族部落阶段,刚果和乍得地区已经有了奴隶制和封建制国家。刚果地区早在 16 世纪就出现了卢安果(Loango)等小王国。加蓬和刚果地处大西洋沿岸,一直是奴隶贸易的重灾区。19 世纪中期以后地处内陆的乍得和中非也遭到阿拉伯奴隶贩子的严重侵扰。法国殖民者通过对各个部落进行威胁利诱以及发动战争的方式征服了刚果、中非和加蓬的广大部落地区,并使已经衰落的卢安果等国家于 19 世纪 80 年代接受法国"保护"。在乍得地区,法军先后征服了当地三个政权,即巴吉尔米(Baghirmi)、瓦达伊(Wadai)和腊巴赫(Rabah)。1897 年巴吉尔米因无法抵挡腊巴赫的入侵而接受法国保护。腊巴赫王国 1890 年建立,次年即开始抗法战争,曾给法军多次沉重打击,1901 年法军彻底击败并吞并了该王国。1904 年法国宣布瓦达伊为保护国,但遭到瓦达伊人的拒绝,直到 1910 年瓦达伊被法军击败。1911 年摩洛哥危机后,法德达成协定,法国将赤道非洲地区的 27 万平方千米领地割让给德属喀麦隆,德国则承认法国在摩洛哥的特权。第一次世界大战后,法国又收回了这些领土。

在东非地区,尽管英、法、德、比、意等多个国家都对其有觊觎之心,并进行了程度不等的渗透活动,但主要的竞争者是英、德两国。英国自 19 世纪 20 年代进入东非,到 19 世纪 50 年代基本控制了桑给巴尔苏丹国。随着苏伊士运河的开通和东非战略地位的上升,到 19 世纪 70 年代中后期,英国便考虑将桑给巴尔苏丹国及东非其他地区变为殖民地。为此,英国还曾策动埃及统治者对东非沿海进行军事占领活动,但未能成功。德国在国家统一前就已经有商人和传教士在东非沿海活动,并有个别探险家进入内陆地区。1884 年德国殖民协会成立后,开始急剧扩张在东非的势力。同年,德国殖民者进入东非内地,与当地人签订多份条约,次年德国宣布将这 15 万平方千米的领土置于自己的保护之下,接着又宣布维图(Witu)附近地区为德国保护地。为了赢得德国对其埃及政策的支持,英国拒绝了桑给巴尔苏丹的援助要求。

1886 年英德双方达成在东非的领土划分协定,规定:桑给巴尔尔苏丹国的疆域为除沿海岛屿外,在非洲大陆的内陆地区纵深仅为 10 英里;划分英德在东非的势力范围,其界线约等同今肯尼亚与坦桑尼亚的国界;英国承认德国占有维图。接着,英、德很快先后从桑给巴尔苏丹手中强租在他们势力范围内的东非沿海地区。随后英、德开始争夺东非内地。1890 年英德完成对东非的最后瓜分:英国占有桑给巴尔、肯尼亚和乌干达;德国获得坦噶尼喀、卢旺达和布隆迪。条约签订后,英国很快宣布桑给巴尔为保护国。1890 年英国利用布干达教派之争,迫使国王接受英国东非公司对布干达的宗主权。1894 年英国从英属东非公司手中接管了布干达,并宣布成立乌干达保护国。接着向布干达周围地区扩张,先后用武力征服了布索加人国家、布尼奥罗(Bunyoro)、安科累(Ankole)和托罗(Toro),并将它们一并纳入乌干达保护国。1895年,英国宣布自沿海至奈瓦沙湖(Lake Naivasha)之间的地区为英属东非保护国(1920 年改名肯尼亚),通过蚕食和武力逐步将这一地区变成英国殖民地。1889 年德国建立东非保护国,在镇压当地人民的反抗后,建立直接管理的东非殖民地。

由今天的埃塞俄比亚、厄立特里亚、吉布提、索马里和苏丹各国构成的非洲之角,是中东和撒哈拉以南非洲之间的过渡地带。非洲之角和中东(甚至欧洲)之间的关系有很深的历史根源,远甚于它与非洲其他地方的关系。1869 年苏伊士运河正式开通后,非洲之角立刻成了一个关键性的战略要地。所有欧洲强国都想在紧邻红海南端之处占有一个据点。参与争夺非洲之角的是英、法、意三国以及本地力量埃塞俄比亚。英国占领了也门的亚丁港,第一个实现了自己的野心。法国效仿英国,占领了奥博克(Obock),1888 年占领吉布提,1896 年建立法属索马里殖民地。1889 年意大利在索马里东北部建立了贝纳迪尔(Benadir)海岸保护国,1905 年又建立了意属索马里殖民地。1890 年意大利占领了原属阿比西尼亚(埃塞俄比亚)的屯垦区厄立特里亚,使之成为意大利的殖民地。意大利还通过欺骗的方式意图使阿比西尼亚接受其"保护",但遭到后者的坚决拒绝。由于在 1895 年侵阿战争中惨遭失败,意大利不得不承认埃塞俄比亚为完全独立国家。

在南部非洲地区,在南非矿藏大发现之前,南非的英国开普殖民地和布尔人的德兰士瓦及奥兰治的经济都十分落后。英国人与布尔国家之间也能基本上和睦相处。他们向外扩张的主要对手是南非当地族群。但随着 1868 年南非钻石矿的发现与开采,南非资本主义商品经济得到极大发展,改变了英国政府半个多世纪以来在南非殖民扩张上的保守政策,英国政府转而实施积极的殖民扩张政策。而布尔共和国内部也由于人口的增长和资本主义经济发展内部出现了严重的贫富分化,也需要向外扩张领土以维持旧有的经济结构。于是布尔共和国东西南三面的非洲人土地成了英国人和布尔人竞相吞并的对象。英国殖民者在与布尔人的竞争中占据上风。英国政府认为在南非建立一个以开普为首的包括德兰士瓦、奥兰治和纳塔尔在内的

"白人南非联邦"可以有效地维护英国的利益,因此决定对南非各个政权实施兼并政策。经过谈判,1877 英国首先吞并了德兰士瓦共和国。接着于 1879 年发动了对祖鲁王国的战争,肢解了这个南非最强大的黑人国家。随着 1884 年德国宣布对纳米比亚(西南非洲)的保护,并指向茨瓦纳人领地,英国进一步加快了对南部非洲的殖民步伐。1885 年,英国宣布将对贝专纳的保护扩展到莫洛波河以北地区,直到德国的纳米比亚保护国边界;往北直到林波波河以北地区。1884 年将巴苏陀兰改为英国直属殖民地,1887 年又将贫弱的祖鲁王国并入纳塔尔殖民地。由于英国接管德兰士瓦后没能改善布尔人的境遇,决定重新独立的布尔人发动了第一次布尔战争,结果 1884 年德兰士瓦又获得了有限的独立。同年,德兰士瓦境内发现了金矿,金矿的开采使德兰士瓦获得巨额财富,进而开始向外扩张,由此加剧了南非被瓜分的步伐。德兰士瓦的布尔人除征服了文达等王国外,在与英国人的竞争中,还在 1895 年使斯威士兰成了它的保护国和事实上的殖民地。而英国南非公司在得到英国政府的授权后迅速占领了马塔贝莱兰(Matabeleland),并进而与葡萄牙人争夺今莫桑比克中南部的加扎兰(Gazaland)王国的控制权。通过 1890 年的英德协定以及次年签订的英葡条约,大致划定了后来英属尼亚萨兰(马拉维)和南罗得西亚(津巴布韦)、北罗得西亚(赞比亚)的势力范围。德属西南非洲获得一块伸向赞比西河的卡普里维(Caprivi)地带,葡萄牙获得了沼泽低地密布的希雷河以西地段至卢安瓜河的土地和加扎兰。条约签订后,英国殖民者开始动用武力实施有效占领。1894 年消灭了马塔贝莱兰。到 20 世纪初,英国占领了南罗得西亚、尼亚萨兰、西北罗得西亚和东北罗得西亚(1911 年合并为北罗得西亚),共 126 万平方千米土地。葡萄牙占领了莫桑比克 78 万平方千米土地。但英国仍然觊觎着濒临印度洋的莫桑比克,在英葡条约中写明英国拥有购买葡萄牙在非洲领地的优先权。对于非洲第一大岛马达加斯加,1885 年英法两国约定法国获得马达加斯加,而承认英国拥有桑给巴尔。此后 10 年间,法国殖民者不断进犯马达加斯加的梅里纳(Merina)王国,终于在 1896 年将马达加斯加完全变成为法国殖民地。

与此同时,英国人和布尔人之间争夺南非霸权的斗争日益尖锐。1899 年双方爆发布尔战争,尽管英国人拥有强大的武力,但是英国政府清醒地意识到其在南非的殖民统治有赖布尔人的合作,因此,1902 年双方达成妥协,这事实上也奠定了南非白人民族联合压迫黑人的基础。布尔战争后,当地经济一体化进程得到迅速发展,1910 年英国政府将开普殖民地、奥兰治、德兰士瓦和纳塔尔合并为南非联邦,这是一个地道的白人种族主义政权。

西南非洲(纳米比亚)由于受本格拉寒流的影响,沿海地区几乎都为纳米布沙漠所占据,其内陆地区也长期被视为荒蛮之地,因此欧洲殖民者极少涉足。当地主要族群分别为奥万博人、赫雷罗人以及同属科伊桑人的纳马人和奥兰人等。19 世纪 70

年代由于奥兰治河下游北岸陆续发现钻石矿,纳米比亚变得越来越引人注目。1884年德国在纳马人与赫雷罗人战争之际宣布对纳米比亚实行保护,由此德国殖民者开始了由沿海逐步向内陆扩张的进程。在镇压了当地诸民族的激烈反抗后,1907年德国建立了对纳米比亚的殖民统治。

这样,参加1884—1885年的柏林会议的6个欧洲国家用了不到20年时间完成了对非洲大陆的瓜分,除了利比里亚和埃塞俄比亚,非洲再无独立的领土。在柏林会议召开之时,非洲只有部分沿海地区掌握在欧洲殖民者手中,80%的土地还处在当地部族控制之下,到1912年96%的非洲土地已被瓜分完毕。尽管第一次世界大战后,德国丧失了在非洲的所有殖民地,但在国联的托管体制下,这些殖民地只是更换了一个主人而已,殖民地的地位依旧。1914年帝国主义对非洲的瓜分,见图1-2-4。

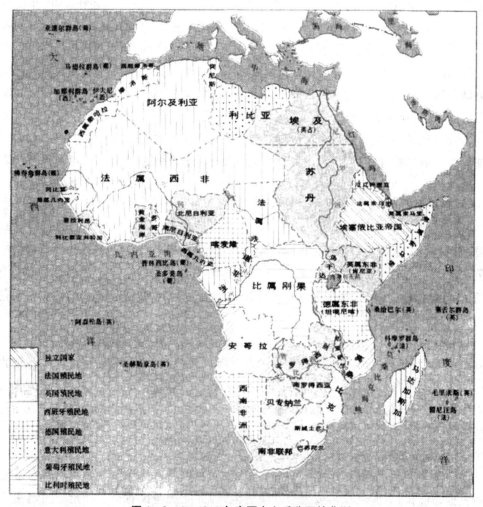

图 1-2-4　1914 年帝国主义瓜分下的非洲

其后的半个世纪中,欧洲列强巩固了他们在非洲殖民地的地位,并且获得了殖民统治的巨大收益。尽管由于各自的传统和政治文化而有所不同,欧洲各国对于非洲殖民地的统治方式各有差异,但是他们都破坏了传统的非洲政治与经济社会体制,同时又未能建立起一个新型的完整的社会制度。经济上,他们将非洲地区变成了欧洲的原料产地和商品市场,部分地区还充当了欧洲社会矛盾的减压阀,变成了欧洲白人移民殖民地。非洲人民因此失去了自主发展的机会,走上了畸形的、依附性的发展轨道,对以后的非洲发展造成了长期的灾难性影响。无论是在建立殖民统治的过程中,还是在进行殖民统治期间,非洲人民都进行了长期抗争,尽管最终遭到失败,但并没有泯灭非洲人民争取独立的斗志。同时,欧洲殖民者在统治非洲时,也有意无意地将民族主义意识带到非洲大陆,这又成了激发非洲人民争取独立斗争的最重要的思想武器。

第五节　民族独立运动与非洲政治地理的巨变

第二次世界大战让欧洲人主导的世界秩序完全崩溃,欧洲人一向自诩的道德优势也丧失殆尽。战争耗尽了欧洲各国的财力,极大地削弱了欧洲人继续维持殖民地的能力,战争中脱颖而出的美苏两大国都毫不讳言对殖民主义进行谴责,支持"所有民族有权选择他们自己的政府形式",进一步增强了非洲人民争取民族独立的信心。战争使殖民地负担进一步加重,大量从战场上归来的非洲战士成了战后殖民地民族独立运动的坚决支持者。在当地著名的政治活动家领导下,非洲各个地方民族主义集团奋起反对殖民者的不公正统治。在某些情况下,解放运动不得不诉诸暴力。英国首相哈罗德·麦克米伦(Harold Macmillan)所谓的"变革之风",因为在联合国内进行的有效的非殖民化辩论并通过非殖民化决议而加快。根据联合国宪章中"人民平等权利及自决"原则,1960 年联合国大会通过了《给予殖民地国家和人民独立宣言》,成员国明确表示必须迅速结束殖民主义。非洲统一组织成了反对殖民主义和支持非洲独立的理想平台。在非洲民族主义运动强大压力面前,西方国家被迫实施"非殖民化"政策。与欧洲殖民者 19 世纪末迅速瓜分非洲的历程相似的是,在非洲大陆内部以及外部的许多力量共同作用下,在第二次世界大战结束后不久除了少数地区外,非洲以惊人的速度和相对平静的方式实现了独立。1945 年第二次世界大战结束时,非洲仅有埃塞俄比亚、利比里亚、埃及和南非 4 个独立国家。但是,随着非洲民族独立运动步伐的加快以及西方国家非殖民化政策的快速实施,获得独立的非洲国家的数量迅猛增长,到 20 世纪 90 年代初,非洲政治地图发生了根本的改变,非洲完全成了独立的民族国家的世界。

一、北非国家民族独立斗争与新兴国家的涌现

从地缘地理的角度看,战后非洲民族独立运动首先从非洲北部开始,逐步向南推进。1951年年底利比亚首先获得独立。1912年意土战争后沦为意大利殖民地的利比亚,在第二次世界大战中被英、法两国分别占领。1947年意大利与盟国订立的和约中明确宣布放弃其拥有的殖民地。利比亚被暂时交与联合国负责。1949年联合国否定了英国和意大利提出的由英、意两国对利比亚托管10年再让其独立的决议,并通过了让利比亚各部分不迟于1952年1月1日独立的决议。在联合国的帮助下,1951年12月被利比亚各方推举为国王的伊德里斯一世(Idris Ⅰ)正式宣告利比亚王国独立。紧接着独立的是埃及。尽管早在1922年英国已经被迫承认埃及独立,并确定埃及为君主立宪国家,但实际上英国仍把持着埃及的国防、外交、少数民族等问题的处置权,埃及的殖民地地位没有任何变化。1936年英国还强迫埃及订立了《英埃同盟条约》,规定埃及允许英国在苏伊士运河区驻军,并在战时将其全部基地、港口交给英国使用。从1945年开始,埃及人民不断举行抗议活动,要求废除1936年条约,并从埃及撤出英国军队。面对埃及强大的民族主义运动,英军不得不退入苏伊士运河区。1951年法鲁克王朝为安抚国内的反殖民主义运动,单方面宣布废除1936年英埃条约和1899年英埃共管苏丹的协定,要求英军从苏伊士运河地区撤军,但遭到英国政府的坚决拒绝。1952年以纳赛尔(Gamal Abdel Nasser)为首的"自由军官组织"发动著名的"七月革命",一举推翻了法鲁克(Farouk)王朝,建立了以穆罕默德·纳吉布(Muhammad Naguib)将军为主席的"革命指导委员会",并于次年宣布永远废除君主制,建立共和国。1954年,埃及政府同英国签订了《关于苏伊士运河基地的协定》,规定英国军队分批撤出埃及。1956年最后一批英军撤出,终结了英国对埃及长达74年的殖民统治。

名为英埃共管实为英国独霸的苏丹,在第二次世界大战后民族独立运动也日益猛烈。第二次世界大战期间,英国苏丹总督拒绝了苏丹民族主义者提出的战后给予苏丹自治地位的要求,只同意将英埃共管的间接式殖民统治逐步过渡为由苏丹人管理当地政府。第二次世界大战结束后,在埃及反英民族独立运动的推动下,苏丹各政党举行会议,要求废除英埃共管制度,建立与埃及联盟、与英国合作的苏丹民主政府,并要求成立英埃苏三方联合委员会,研究并准备将苏丹管理权交给苏丹人、英国军队撤出苏丹等要求。在1948年苏丹咨询性质的立法会选举中主张与英国合作实现苏丹独立的乌玛党(Umma Party)获得胜利,控制了立法会。1951年10月埃及法鲁克政府正式宣布废除1899年英埃协定。苏丹各政党、团体和爱国人士组成了民族统一阵线,要求英国撤军和苏丹独立。1952年,乌玛党领导的立法会与英国进行谈判。埃及革命后,埃及新政府曾一度宣布埃及国王为埃、苏两国国王,不过很快就改

变了苏丹必须与埃及联合的立场,并与乌玛党领导人达成了协议,同意在 1952 年年底建立苏丹自治政府。1953 年英埃签订结束英埃共管苏丹的协定。在此后的大选中,苏丹民族联合党获胜并组阁。1955 年苏丹通过公投实现独立,为英埃两国认可。次年 1 月苏丹实现独立。

马格里布地区的摩洛哥、突尼斯和阿尔及利亚三国,第二次世界大战前都处于法国的控制之下。摩洛哥和突尼斯是法国的保护国。早在 1920 年突尼斯部分民族主义分子就建立了自由宪政党,并提出了全面改革的要求。后来从自由宪政党中分离出来的新宪政党更加激进,在布尔吉巴(Habib Bourguiba)等人领导下,突尼斯人民的民族斗争让法国人哀叹"突尼斯是法属北非最不太平的地区"。第二次世界大战期间,主张独立的突尼斯贝伊也遭到自由法兰西政府的废黜。1946 年突尼斯新旧宪政党召开代表大会,并声明"保护制是一种与突尼斯人民的主权完全不兼容的政治经济制度"。突尼斯人民没有接受法国有限的政治改良政策。1949 年起突尼斯人民的民族斗争再次兴起,1951 年 5 月起一直主张"逐渐地有阶段地引导突尼斯走向自治的改革"的新宪政党政府开始与法国政府就独立问题进行谈判。然而,1951 年12 月法国照会突尼斯政府,断然拒绝了成立完全由突尼斯人组成的政府的建议,并强调 70 年前确立的制度不变。法国的立场在突尼斯引起强烈的抗议。突尼斯政府还为此向联合国提出申诉。1952 年年初法国政府强制解散了突尼斯政府,逮捕了突尼斯共产党和新宪政党领导人,并实施所谓的"搜索战役",成立恐怖组织"红手",打击突尼斯爱国者,突尼斯人民针锋相对展开了反法游击战争。突尼斯人民的独立斗争得到了世界舆论的广泛支持。1954 年 7 月法国总理孟戴斯-弗朗斯(Pierre Mendes-France)不得不前往突尼斯,表示法国政府将承认突尼斯的"内部自治权"。1954 年 9 月法突双方开始就此展开谈判,次年 6 月法突双方达成协议,法国承认突尼斯的内政独立,同时突尼斯做出一定的妥协。1956 年法突双方签订了突尼斯独立议定书,正式宣布 1881 年法突条约不再支配双边关系。

同为法国保护国的摩洛哥也一直致力于恢复国家独立的斗争。1944 年摩洛哥独立党人在非斯(Fez)发表宣言,要求取消法国的"保护",争取摩洛哥的完全独立,并呼吁世界各国予以支持。第二次世界大战结束后,摩洛哥人民要求取消"保护"制度、争取完全独立的示威和罢工运动更是此起彼伏。1947 年 8 月,卡萨布兰卡(Casablanca)人民举行示威游行,遭到镇压。1948—1949 年,为了反对法国殖民当局推行的欺骗性"改革",摩洛哥独立党人在全国掀起了大规模的罢工和示威运动,独立党领导人被捕入狱,摩洛哥民族主义者随即组织摩洛哥人民阵线继续为争取独立而进行斗争。具有强烈的民族主义倾向的摩洛哥苏丹穆罕默德·本·优素福(Sidi Muhammad ibn Youssef)也在 1950 年向法国提出修改《非斯条约》的要求,因他拒绝在法国拟订的欺骗性"改革"法案上签字而被法国人废黜并放逐海外。于是一个以要求苏丹复位为主要内容的政治斗争浪潮波及摩洛哥全国。在阿尔及利亚武装斗争的鼓舞下,摩洛哥也出现了武装反对法国的游击队。随着法国在印支战争的失败以及深陷阿尔及利亚战争的泥潭而不能自拔,法国不得不允许穆罕默德·本·优素福回国复位,并且与其一起发表联合声明,宣布由他组建的政府将使摩洛哥成为独立国家。1956 年 3 月两国发表联合声明,法国承认摩洛哥的独立,"摩洛哥和法国是平等的主权国家",结束法国对摩洛哥长达 44 年的"保护制度"。

在所有北非国家中,阿尔及利亚人民争取独立的斗争时间最长也最为艰苦。在法国人入侵阿尔及利亚的过程中,许多法国人移居此地,逐渐地这些人形成一支在法国政坛上极有影响的政治势力。对于许多世代生活在此的法国人而言,放弃阿尔及利亚是无法接受的。尽管第二次世界大战期间美、英、法等国都曾许诺,战后将满足阿尔及利亚人民的独立要求,但是法国殖民当局不仅没有履行诺言,反而对要求独立的群众实施严厉镇压。当和平之路被堵后,阿尔及利亚人民最终走上了武装斗争的道路。1954 年 11 月阿尔及利亚民族解放军发动了武装起义。他们不断挫败法军的"围剿"和"扫荡",扩大和巩固根据地,建立民主政权。到 1958 年民族解放军发展到 13 万人,武装斗争席卷全国 3/4 的地区。1956 年 8 月阿尔及利亚民族解放阵线发布了民族解放的政治纲领,成立了阿尔及利亚全国革命委员会。1958 年 9 月又在开罗成立了阿尔及利亚临时政府。为镇压起义,法军在阿尔及利亚的人数从 1954 年的 5 万人迅速增加至 1958 年的 80 万人。为了阻断当地人对民族解放军的支持,法国殖民政府先后强迫 200 多万阿尔及利亚人从家乡迁出。尽管法国政府仅在 1955 年到 1959 年间就付出了 80 多亿美元、人员死伤近 50 万人的代价,但结果仍是徒劳。长期的战争压力导致法国政府更迭频繁,在国际上法国大国地位难保,国家形象低下。戴高乐(De Gaulle)执政后,法国政府不得不转而实施以打促和的非殖民化战略,不断宣称要给阿人民以自决权,并建议举行法、阿谈判,同时又在谈判开始后,进一步强化军事行动,力图通过战场上的胜利获得更多实利。但是,阿尔及利亚人挫败了法军的军事攻势,掌握了谈判的主动权,拒绝了法方提出的分割阿尔及利亚领土的无理要求,最终迫使法国戴高乐政府于 1962 年与阿尔及利亚临时政府签署了《埃维昂协议》(Evian Accord),承认阿尔及利亚人民有权行使自决权。同年阿尔及利亚实现了民族独立。

东北非地区的埃塞俄比亚和索马里两国在第二次世界大战后的发展各不相同。埃塞俄比亚是 19 世纪末欧洲列强瓜分非洲时期少有的仍能保持独立的国家。1935 年意大利法西斯入侵埃塞俄比亚,很快占领了埃塞俄比亚全境,将其并入意属东非殖民地。1941 年盟军击败意大利后埃塞俄比亚重又实现了国家的独立。索马里的独立比较复杂。英国控制索马里北部、意大利则控制索马里中部和南部大片地区。法国人建立了吉布提殖民区。1941 年英国占领了意属索马里。在有关管理前意大利殖民地的《贝文-斯福扎方案》中,英意两国曾提出将其统治下的所有索马里人并入一个"大索马里"国家,并认为继续保持索马里各地已经实现的联合对索马里人民是最为有利的[①],并建议在索马里独立之前对其进行托管。但是此举遭到法国的反对,法国担忧英国因此称霸红海。法国还主张将前意大利所属的索马里殖民地归还意大利。埃塞俄比亚也坚决反对这一计划,因为其境内的欧加登(Ogaden)和豪德(Haud)地区居民几乎都是索马里人。因此,索马里暂时仍处于分裂状态。1947年索马里出现了第一个改良主义的政治组织索马里青年联盟。它在意属索马里、英属索马里、埃塞俄比亚以及肯尼亚的索马里人中间都设有支部。在联合国调查团到索马里调查索马里问题时,该组织坚持应该使索马里各地合并起来,实现索马里的完全独立,并建议索马里由四大国托管10年。意大利人则发起了一场要求将原意属索马里继续让意大利管理的运动。尽管调查团的报告明确承认索马里青年联盟的主张得到当地民众的最大支持,但是1950年联合国又决定将原意大利统治的索马里殖民地交与意大利托管,10年期满后再行独立。但在索马里人民族独立运动的压力下,1951年意大利在托管区建立了经选举产生的立法会议,1956年又成立了自治政府。1957年英国迈出了让其索马里托管地与意大利托管的索马里地区合并的第一步。1959年,英国政府明确表示不反对这两个地区采取某种密切联合的方式。同年3月意属索马里举行选举,索马里青年联盟获胜。次年2月英属索马里举行了选举,所有政党都要求独立。在英、意先后同意各自托管区于1960年独立后,索马里两地代表经过磋商,正式宣布于当年7月1日合并成立索马里共和国。

同样位于东非之角的吉布提由于面积小、人口少,独立运动较弱。1946年法国宪法规定这个地区为法国的海外领地,由法国派总督直接统治。1957年法国给该地以"半自治"地位。1958年法国在吉布提公民关于吉布提是否与索马里合并的投票中,通过在投票前将大批索马里人驱逐出境以有利于当地阿法尔人(Afars)及欧洲人的比例投票方式使得吉布提作为海外领地加入法兰西联邦。但吉布提人独立的要求并没有停止,1966年戴高乐访问该地时遭到当地民众的强烈抗议。1967年法国议会将法属索马里易名为"法属阿法尔和伊萨领地(French Territory of the Afars and the Issas)",名义上给予"实际上的自治"地位。在吉布提非洲人独立同盟的领导下,吉布提人民争取独立的斗争情绪日益高涨。非洲统一组织、不结盟国家会议和联合国大会都通过了要求让吉布提自决的决议。迫于压力,法国不得不在1975年12月宣布同意吉布提独立,随后法方修改了偏向阿法尔人的公民法。1977年吉布提全国公民投票赞成独立,同年6月吉布提独立并成立吉布提共和国。

----

① ［英］刘易斯:《索马里近代史》,北京:商务印书馆,1973年,第238页。

二、法属撒哈拉以南非洲殖民地与托管地的独立

法属撒哈拉以南非洲是法属非洲最大的一块殖民地,包括法属西非联邦、法属赤道非洲、马达加斯加、法属索马里以及科摩罗群岛等广大地区。第二次世界大战期间,由于本土沦陷,法属撒哈拉以南非洲不仅为戴高乐领导的"自由法国运动"提供了宝贵的生存空间,而且给了了大量的人力物力支持,"是法国复兴的战略基地和取得胜利的可靠后方"。1945 年以后,戴高乐政府以及第四共和国政府都将撒哈拉以南非洲看作法国争取大国地位的重要资本。第二次世界大战也促进了法属撒哈拉以南非洲民族主义运动的高涨。民族主义政党大量成立,工会组织活动频繁,斗争方式呈现多样化。1946 年 10 月在科特迪瓦的民族主义领袖乌弗埃-博瓦尼(Felix Houphouet-Boigny)等人的倡导下成立了非洲民主联盟(African Democratic Rally, RDA),这是法属西非以及法属赤道非洲第一个跨殖民地的政党,也是影响最大、参加人数最多的一个政党。它在法属非洲各领地都有支部,并有自己的定期出版物,它的政治立场和导向在法属撒哈拉以南非洲广大地区具有广泛的代表性和典型性。联盟明确地提出在法兰西联邦内的撒哈拉以南非洲的政治经济解放是自己的追求目标。为此,联盟最初把采取各种形式的反殖民主义斗争放在第一位。起初它还同法国共产党建立了密切的联系。随着法共被排挤出政府以及冷战的全面展开,法国政府以反共为借口扼制非洲民主联盟时,它才与法共断绝了往来。法国政府领导人认为博瓦尼等非洲民主联盟领导人深受法国文化的熏陶,在思想情感上是亲法的,可以对他们实施怀柔政策。通过谈判与合作,法国决定将非洲民族主义引向法国容许的方向,而对不愿妥协的非洲领导人则坚决打击。在法国实施打击与利诱的两手政策后,非洲民主联盟内出现了以博瓦尼为首的温和派与以达布尔西埃(Gabriel d'Arboussier)为首的激进派之间的严重分裂。在 1955 年科纳克里举行的联盟会议上,一些持不同政见的支部被开除。喀麦隆最大的政党喀麦隆人民联盟也宣布退出非洲民主联盟。自此,撒哈拉以南非洲的民族独立运动沿着两条不同的轨迹向前发展。以博瓦尼和桑戈尔(Léopold Sédar Senghor)为代表的温和派采取与法国合作的政策,主张通过和平方式和议会斗争争取殖民地的平等权和自治权。因此,他们得到法国政府的支持,参与法国的殖民政策的调整,并在法国议会中拥有席位。博瓦尼本人还参与了 1956 年《海外领土根本法》的制定。而以喀麦隆人民联盟总书记尼奥博(Ruben Um Nyobé)为代表的激进派则主张通过武装斗争争取殖民地人民的权益。比较而言,以博瓦尼为首的温和派路线最终主导了法属撒哈拉以南非洲民族主义运动的方向,但激进派的努力也加快了法属非洲殖民地独立的步伐。尽管法属撒哈拉以南非洲在科纳克里(Conakry)会议后仍然相对平静,但是 1955 年万隆会议还是极大地促进了非洲民族主义运动的发展。除了前述北非地区外,法国托管地喀麦隆也爆发了反对法国殖民统治的武装起义。在此背景下,法国政府认识到应该采取

主动,采取必要的改革。1956 年 6 月法国政府颁布了《海外领土根本法》。据此,法属撒哈拉以南非洲各领地将建立起半自治的共和国。1957 年 3 月,法属所有撒哈拉以南非洲的 12 个领地举行了首次普选,在法属西非和法属赤道非洲,非洲人政党都取得了多数席位。其中,博瓦尼领导的非洲民主联盟在科特迪瓦、苏丹、几内亚、上沃尔特取得胜利,桑戈尔领导的非洲人大会党在塞内加尔获胜,非洲人社会主义运动在尼日尔获得胜利。博瓦尼、桑戈尔、杜尔(Ahmed Sekou Toure)等非洲民族主义领袖都成了各自政府的首脑。《海外领土根本法》实施后,法属撒哈拉以南非洲的激进派与温和派态度截然不同。博瓦尼等人坚持非洲的利益不在于完全独立,而在于联邦内的合作,而桑戈尔等反联邦论者则主张扩大自治权。尽管如此,在 1958 年戴高乐上台前还没有一个法属撒哈拉以南非洲领地提出独立要求。非洲民主联盟第三次大会的主调仍然是与法国相互共存,在法国领导下同法国结成一个有共同议会和共同政府的大联邦。但撒哈拉以南非洲民族主义者之间的争论客观上影响了法兰西共同体的出台,加速了独立运动的进程。

  1958 年 6 月戴高乐上台后,面对风起云涌的民族独立运动以及早已分崩离析的帝国境况,戴高乐意识到非殖民化已经是大势所趋,但又不甘心法属非洲各国马上独立,便决定将法兰西联邦改为建立法兰西共同体,给予非洲国家内部自治以便缓解法国与殖民地之间的矛盾,从而达到确保海外领地和法国传统利益的目的。然而在最初的宪法草案中,有关共同体的内容仍基本沿袭 1956 年的《根本法》,不但没有就海外领地的地位问题做出新的规定,甚至也没有提到海外领地是否享有独立权的问题。结果这个草案不仅遭到桑戈尔等人的反对,也遭到博瓦尼的坚决反对。在经过博瓦尼等人的据理力争后,戴高乐才同意将“独立”写入宪法草案。由此最后定稿的宪法草案给法属撒哈拉以南非洲两个选择:与法兰西联合或者分离。法国承诺,如果选择联合,将得到法国的援助与保护,如果选择分离,将承担分离的一切后果。以博瓦尼为首的非洲民主联盟的部分成员主张非洲自治和独立的条件都不成熟,在共同体内争取有限的自治才是当前主要目标。而以杜尔为首的一派认为应该无条件独立。在 1958 年科托努(Cotonou)举行的非洲联合党成立大会上,大多数代表提出了立即独立的口号。以桑戈尔为首的一派主张非洲国家作为主权实体与法国结成邦联式国家,但反对立即独立的主张。1958 年 8 月戴高乐宣布将通过公民投票的方式让非洲领地在独立与联合之间进行选择。为了让撒哈拉以南非洲 13 个领地投票赞成联合,戴高乐以及法属撒哈拉以南非洲各领地官员对主张独立的非洲领导人软硬兼施,结果只有几内亚主张与法国分离,其余都赞成联合。几内亚选择独立的做法在法属撒哈拉以南非洲以及整个非洲都引起了很大反响。1958 年 10 月法兰西第五共和国宪法首次承认撒哈拉以南非洲自治领地的法律地位,同时正式认可各领地为“国家”的事实,同时宪法中共同体成员国的地位可以改变的模糊条款也为以后非洲各自治国家提出在共同体内独立的要求提供了法律依据。参加法兰西共同体的 12 个法属撒哈拉以南非洲领地成了共同体成员国,获得自治地位,制定了自己的宪法,选出了自己的议会和总统,建立了议会制共和国。为避免这些共和国步几内亚后尘,戴高乐除了采取措施加强对他们的控制外,还严厉地惩罚了敢于投票独立的几内亚。法国人不仅从几内亚撤出所有行政机构和工程人员,中断了对几内亚的一切援助,而且还运走了所有可以运走的设备,不能拆走的电话和抽水马桶则被统统砸毁。然而,几内亚毫不屈服,于 1958 年 11 月与加纳结成联邦加入了联合国。几内亚的独立为法属撒哈拉以南非洲各国树立了榜样。1959 年 9 月桑戈尔创建的马里联邦[由法属苏丹(今马里共和国)和塞内加尔组成]率先提出要在共同体内实现独立。法国政府起初一口回绝,但很快就意识到自己主导独立进程有助于维护法国的利益,便转而主动高调支持。其他国家也因此纷纷效仿。由此,自 1960 年 6 月马里联邦正式独立起,到当年年底法属撒哈拉以南非洲殖民地除了法属索马里外的所有国家都赢得了独立。

喀麦隆和多哥这两个法国的非洲托管地民族独立运动也迅速兴起。法国托管的喀麦隆和英国托管的喀麦隆在第一次世界大战前是德国的殖民地,第一次世界大战期间被英法两国分别占领,后又相继成为他们各自的委任统治地和托管地。1948年法国托管的喀麦隆地区出现了尼奥博(Ruben Um Nyobe)领导的民族主义政党喀麦隆人民联盟。为了抵消它的影响力,在法国的推动下,该地又出现了另外一些立场温和的政治组织如喀麦隆社会联盟和喀麦隆民主集团,这两个政党认为喀麦隆的统一和独立只是一种不切实际的空想。由于法国殖民当局的打压,在 1951 年的议会选举中尼奥博领导的政党在议会未获一席。1952 年尼奥博前往纽约,向联合国大会递交请愿书,要求独立。尼奥博争取独立的斗争赢得了法属喀麦隆人民的积极支持,喀麦隆人民联盟的力量迅速壮大。法国专员除了在政治上打击该党外,还动员当地的天主教会势力,指责该组织是宣传共产主义的政党。法国殖民者的卑劣行为遭到喀麦隆人民联盟的坚决反击。它同喀麦隆进步组织举行联合会议,发表宣言要求立即结束托管,建立一个独立自主的喀麦隆,并在 1955 年 12 月 1 日前举行制宪议会普选的呼吁书。此举得到全国民众的热烈响应,却遭到法国政府的镇压,数千人被杀害。喀麦隆人民联盟也被政府取缔。转入地下的喀麦隆人民联盟继续进行争取独立的斗争,并且在 1956 年夏天开始以游击战的形式进行反对法国殖民当局的武装斗争。1956 年进行的喀麦隆议会选举中法国支持的阿赫马杜·阿希乔(Ahmadou Ahidjo)领导的喀麦隆非洲民主联盟以及姆比达(Andre-Marie Mbida)领导的喀麦隆民主党获得了多数席位,并建立了联合政府,这两个政党都反对喀麦隆立即独立。为诱使喀麦隆人民联盟与殖民政府妥协,法国喀麦隆专员解除了虽然亲法却极端不得人心的姆比达的职务,让阿希乔组建新政府。阿希乔一方面谋求法国的支持,一方面谋求独立,并宣布可以有条件地大赦喀麦隆人民联盟和游击队。1958 年 11 月喀麦隆议会通过法律要求法国承认喀麦隆的独立权利,给予这个地区以"完全的内部自治",法国政府仅仅保有外交、国防及财政权力。由于 1958 年 9 月尼奥博不幸遇害,喀麦隆人民联盟分裂,部分成员放下武器转而参加合法的议会斗争。1959 年春法国通知联合国,喀麦隆将于 1960 年 1 月 1 日独立,得到联合国大会的同意。1960 年喀麦隆独立后的首届大选中阿希乔当选为总统,他承诺喀麦隆将继续与法国保持密切的联系。相比之下,英国托管下的喀麦隆部分面积较小,在 1961 年联合国监督下的投票中,北部地区选择加入尼日利亚,而南部地区选择与前法国托管下的喀麦隆合并成立喀麦隆联邦共和国。

三、英属西非、中非与东非殖民地和托管地的独立

赤道以南英属西非、中非和东非殖民地的民族主义运动的发展速度也大大出乎英国政府的意料。迟至 1954 年由英联邦成员资格委员会提出的一份报告仍固执地将英国的非洲殖民地分成三个类型,并认为其中的英属黄金海岸、尼日内亚等地区将在未来 10 到 20 年内获得独立,肯尼亚、坦噶尼喀、乌干达和塞拉利昂四个殖民地政治发展方向不确定,而包括索马里等地在内的一些地区则永远也不可能取得独立。然而,受到第二次世界大战洗礼以及时代观念影响的英属非洲殖民地人民在第二次世界大战结束后很快掀起了民族独立的浪潮。在这些英国殖民地中,首先引人注目的是黄金海岸,即后来的加纳共和国。1947 年黄金海岸第一个民族主义的政党黄金海岸统一大会党(U.G.C.C.)成立,该组织抵制英国政府于 1946 年抛出的黄金海岸宪法,提出了"用一切合法手段,使控制和指导政府的权力在尽可能短的时期内转到人民及其酋长手中"的纲领,次年克瓦米·恩克鲁玛(Kuame Nkrumah)被推选担任该党总书记。他健全和完善党的组织,并加强对年轻人的培养和民族主义宣传。由于他卓有成效的领导,大量民众加入了民族独立斗争的行列。1949 年恩克鲁玛离开黄金海岸统一大会党,成立真正以民众为基础的人民大会党。在斗争方式上,他选择以非暴力和不合作作为加纳争取民族独立的主要手段。尽管英国殖民政府以煽动暴乱罪将他投入了监牢,但是在 1951 年举行的黄金海岸大选中人民大会党还是获得了压倒性的票数。慑于民众的压力,英国殖民当局不得不释放恩克鲁玛,并由他担任政府事务领导人组织内阁。此后,恩克鲁玛积极推动宪法改革,挫败英国殖民者的分而治之的阴谋,在 1956 年大选中再次获胜,新组成的黄金海岸议会也通过决议授权恩克鲁玛与英国人交涉独立事宜。英国政府被迫同意在 1957 年让黄金海岸独立。此外,根据联合国 1956 年 12 月 13 日的决议,英国的多哥托管区也并入独立后的加纳。由此,加纳成了撒哈拉以南非洲地区第一个获得独立的国家,这对正在争取独立的非洲国家,特别是广大撒哈拉以南的非洲国家产生了巨大的示范

作用。

与加纳相比,同为英国殖民地的西非国家尼日利亚、塞拉利昂和冈比亚的民族主义政党基本都是地区性政党,部族矛盾以及穆斯林和基督徒间的矛盾都很大。英国人利用这些矛盾对这些国家实施分而治之的政策,一定程度上削弱了他们反抗殖民统治的力量。尼日利亚 1914 年沦为英国殖民地,称"尼日利亚殖民地和保护国"。1947 年英国批准尼日利亚新宪法,成立联邦政府。第二次世界大战后该国相继成立了分别代表伊博人(Igbo)、约鲁巴人(Yoruba)和豪萨-富兰尼人(Hausa-Fulani)的全国公民委员会、行动派和北方人民大会党,1948 年以后尼日利亚民族解放运动不断高涨,迫于形势,英国殖民当局 1954 年将其国名改为尼日利亚联邦,并赋予各区较大的自治权,1957 年东区和西区实行自治,1959 年北区也实行了自治。1960 年年初尼日利亚联邦议院通过要求独立的动议,同年获得独立并被接纳为英联邦成员国。在塞拉利昂,英国殖民当局在 1924 年将其分成两个部分,即一个为直辖殖民地、一个为保护领地,两地具有不同的政治体制和法律。由于代表南方的塞拉利昂全国委员会以及代表北方保护地的塞拉利昂进步党的不断斗争,1951 年塞拉利昂制定了一部将两个地区统一起来的宪法,为非殖民化提供了一个政治框架。1953 年塞拉利昂获得内部自治权,并成为英联邦的一员,1961 年 4 月获得独立。在冈比亚,由于联合党和人民进步党的努力,1959 年成立了半自治政府,1963 年冈比亚人民进一步提出独立要求,经过谈判英国同意冈比亚于 1965 年 2 月独立。值得注意的是英法从西非迅速撤出的一个很重要的因素是这里欧洲人极少,在西非地区的 4000 万人口中,欧洲人口总共还不到 4 万人,因此利益关联程度较低,英国和法国愿意在保持一定影响力的前提下接受当地民族主义者的独立要求。

在东非地区,由于存在大量欧洲移民,该地区人民的独立之路较为曲折。经过数十年的殖民,当地欧洲移民早已将自己看作这片土地的主人,他们顽固坚持殖民者的特权,拒不向当地人民独立要求妥协。面对当地人民的独立要求,英国殖民政府竭力推行等级选举制为基础的欧洲人自治,绝对保护欧洲人地产权和采矿权,同时宣扬欧洲人和非洲人是"伙伴关系",鼓吹建立多种族社会,这个"多种族社会"中,非洲人、亚洲人和欧洲人都享有"平等"的权利,但非洲人占多数政府是不可行的。这些做法的结果只能刺激当地民族主义运动的发展。1944 年肯尼亚民族主义者成立了以争取独立为目标的肯尼亚非洲人协会。1946 年改名为肯尼亚非洲人联盟。1947 年乔莫·肯雅塔(Jomo Kenyatta)当选为该组织的主席。1948 年肯尼亚非洲人联盟的部分持激进立场的成员与基库尤(Kikuyus)部落民众举行秘密集会,提出"将白人夺去的土地抢回来"和"要求独立"的口号,进行反对英国殖民者的武装斗争即茅茅运动(Mau Mau Movement),很快扩展到肯尼亚大部分地区,给英国殖民者以沉重的打击。为镇压茅茅运动,英国殖民政府调用了大批军警并于 1952 年宣布实行紧急状态。期间数万无辜民众遭到殖民政府的屠杀和虐待,还有 10 多万人遭到监禁。英国殖民政府还取缔了肯尼亚非洲人联盟,将肯雅塔等人投入狱中。1956 年 10 月茅茅运动的重要领导人基马蒂(Dedan Kimathi)被捕遇害,运动陷入低谷,但退入边远地区的茅茅运动战士仍坚持斗争。英国殖民当局最终认识到采用强硬政策根本无济于事,于是转而实施和解政策。1956 年英国政府允许立法会议中的非洲人席位由直选产生。1960 年 1 月英国殖民政府宣布结束紧急状态,允许肯尼亚地方政党进行政治活动,并接受"一人一票"的多数人政治原则。1960 年 3 月,在肯尼亚非洲人联盟基础上成立了肯尼亚非洲民族联盟,同时成立的还有肯尼亚非洲民主联盟。1961 年 4 月英国政府与肯尼亚两大政党在伦敦召开肯尼亚制宪会议,决定由民族联盟及民主联盟组成联合政府,1963 年 5 月举行的大选中非洲民族联盟获胜并组建政府,同年 12 月肯尼亚宣告独立。

原为德国殖民地第一次世界大战后沦为英国委任统治地的坦噶尼喀(Tanganyika),在第二次世界大战后又成了英国托管地。与此同时,坦噶尼喀人民民族自决的斗争也在迅速发展。1929 年成立的"半社会、半政治性组织"坦噶尼喀非洲人协会在第二次世界大战后力量迅速壮大,分会遍及全国。在 J.K.尼雷尔(J. K. Nyerere)的领导下,1954 年坦噶尼喀非洲人协会改组成为坦噶尼喀非洲人联盟。联盟提出的唯一目标就是"乌呼鲁"(自由)。1955—1956 年,尼雷尔两度到联合国发表独立请愿讲演,强烈要求实现坦噶尼喀本土的自治和独立,"它未来的政府应当是以非洲人为主的政府"。[1] 他还领导联盟成员周游城乡,进行广泛的争取民族独立的宣传和组织活动。在 1958—1959 年的英国人操纵的多种族议会的大选中,由于民族联盟卓有成效的工作,在每一个族群中都获得了压倒性的胜利,在 1960 年大选中同样如此。英国人由此失去了阻扰坦噶尼喀独立的任何借口。1960 年 9 月,坦噶尼喀建立英国托管下的自治政府,尼雷尔出任首席部长。1961 年坦噶尼喀先后宣告自治和独立。

临近坦噶尼喀的英国保护领地桑给巴尔,在 1955 年和 1957 年分别出现了两个民族主义组织,即桑给巴尔民族党(主要成员为阿拉伯人)和非洲设拉子党(主要成员为非洲人),后来又从非洲设拉子党中分裂出桑给巴尔奔巴人民党。迫于当地人民要求独立的声势,英国殖民当局假意决定 1961 年举行桑给巴尔大选,以便组成"责任政府"。在选举期间殖民当局策动和挑起了大规模骚乱,随即借口发生"种族冲突",在桑给巴尔宣布"紧急状态",并调集军队进行镇压,但无法阻止当地人民独立的要求。在 1963 年 6 月桑给巴尔第三次大选后取得了"内部自治",人民党和民族党组成了联合内阁,但这纯粹是英国人不合理的选区划分的产物。大选中非洲设拉子党尽管获得了一半以上的总选票,却无法在议会中获得多数席位。同年 7 月,原奔巴

---

① [坦桑尼亚]伊·基曼博、阿·特穆主编:《坦桑尼亚史》,钟丘译,北京:商务印书馆,1973 年,第 404 页。

人民党领导人,由于不满该党亲英政策而分裂出来,另组群众党,并与一向受到坦噶尼喀民族联盟支持的非洲设拉子党(Afro-Shirazi Party)结盟。1963 年 12 月桑给巴尔宣布独立,成为君主立宪制国家。次年 1 月,非洲设拉子党与群众党联合发动武装起义,推翻了苏丹王朝及民族党和桑给巴尔奔巴人民党组成的联合政府,成立了桑给巴尔人民共和国。由于该政府实施了一些激进政策,遭到了英、美等国的强烈反对和武力威胁。在这种情势下,非洲设拉子党主席卡鲁迈(Abeid Amani Karume)提议与尼雷尔领导的坦噶尼喀合并。经磋商,1964 年两国签署成立联合政府的宣言,10 月改国名为坦桑尼亚联合共和国。

作为英属东非保护国的乌干达,英国人实行的是间接统治政策,保留了境内原有的四个部族王国,其中最大的是布干达(Buganda)王国。第二次世界大战后不久,布干达爆发了新巴塔卡(Bataka)运动并成立了巴塔卡党,要求布干达王国议会民主化,改组现政府。1948 年代表富裕农民及少数农场主利益的乌干达非洲农民联盟成立。1949 年 4 月这两个组织举行集会请愿,要求实行民主制度,遭到殖民当局的镇压,这两个政治组织也被当局取缔。1952 年乌干达国民大会党成立,并率先提出乌干达各部族统一、乌干达自治、促进民主和全民普选制度。[①] 1953 年英国殖民大臣提出将乌干达、肯尼亚和坦噶尼喀合并成东非联邦。布干达国王穆特萨二世(Edward Mutesa Ⅱ)担心布干达的利益受到肯尼亚的白人殖民者的损害,坚决反对这一计划,并提出英国应该制订让布干达独立的计划,结果遭到殖民当局的流放。这一事件进一步刺激了乌干达民族主义情绪的高涨。1954 年以后乌干达又成立了许多政党,其中以民主党的力量最大,这些政党主张实现自治。由于乌干达欧洲移民人数较少,英国政府在 1954 年 2 月宣布将在乌干达建立起一个"以非洲人为主的自治国家","其政府权将掌握在非洲人手里"。在 1957 年加纳独立运动的鼓舞下,乌干达立法议会中各地区代表提出了在 1958 年直接选举的要求,为英国政府所接受。1961 年乌干达克服了布干达贵族的分裂障碍,举行了全国大选,民主党获胜并组建了新内阁。1962 年 3 月乌干达实行内部自治。然而民主党没有能够处理好与布干达王国的关系,在 1962 年 4 月的国民议会选举中,奥博特(A. M.Obote)领导的乌干达国家大会党与国王唯一党结成联盟击败民主党并组建两党联合政府,奥博特出任总理。1963 年 10 月乌干达独立成为共和国。

四、英属南部非洲殖民地的独立

位于南部非洲的尼亚萨兰(Nyasaland)和南、北罗得西亚(Rhodesia)三地也是欧洲移民较多的地区,早在 20 世纪 40 年代英国殖民政府就曾考虑将这三个地区整合

---

① [英]肯尼斯·英厄姆:《现代乌干达的形成》,钟丘译,北京:商务印书馆,1973 年,第 376 页。

在一起,意图在白人殖民者与当地黑人之间通过政治妥协方式建立一个永久性政治实体,经济上则是将北罗得西亚的铜、南罗得西亚的工业、煤和尼亚萨兰的廉价劳动力有机地结合在一起。为了平息当地逐渐高涨的独立声浪,1953 年英国将三地合并建立了"罗得西亚与尼亚萨兰联邦"(即中非联邦),推行"南罗工业、北罗矿业、尼亚萨兰农业"的经济政策。然而,非洲当地民众并不接受这一安排。1944 年成立的尼亚萨兰非洲人国民大会主张民族自决,反对建立中非联邦。中非联邦成立后,尼亚萨兰著名民族主义者 H.K.班达(H. K. Banda)认为这是英国政府阻止尼亚萨兰等地独立的阴谋,于是离开英国前往加纳进行独立活动。这一举动使其俨然成为尼亚萨兰独立运动的象征。1958 年 7 月班达出任尼亚萨兰非洲人国民大会主席后走遍全国,鼓动人民联合起来反对中非联邦。1959 年 3 月班达和党的重要骨干被捕入狱,尼亚萨兰非洲人国民大会遭禁。但同年 9 月该党又以马拉维大会党的名义继续进行民族独立运动。1960 年班达获释后旋即出任马拉维国民大会党主席,继续开展抗议活动,迫使殖民当局做出让步。1961 年马拉维大会党在尼亚萨兰首次大选中获胜,班达出任英国殖民地政府的部长。1962 年英国同意尼亚萨兰内部自治,班达出任自治政府首脑。1963 年 12 月中非联邦解体。1964 年 7 月尼亚萨兰取得独立,并更名为马拉维。

南罗得西亚(即津巴布韦)的民族独立运动在第二次世界大战后首先以工人运动、反对种族歧视等形式表现出来,到了 20 世纪 50 年代,民族主义的政治力量开始涌现出来。1957 年恩科莫(J.O.Nkomo)等激进的民族主义者成立新非洲人国民大会,提出反对种族主义、成人普选权等要求。1959 年该组织被殖民政府取缔后,恩科莫领导创建了民族民主党。该党要求修改宪法,首次提出"一人一票"的口号,并发起了一系列的抗议活动。1959 年被殖民政府取缔后,1960 年又重组为津巴布韦人民联盟(简称人盟),该组织在津巴布韦历史上"第一次提出改变政治制度……清楚地提出该组织的目标是(非洲)多数人统治"①。遭殖民政府取缔后,该组织又更名为津巴布韦非洲人民联盟(简称人盟)。1963 年 4 月恩科莫在坦桑尼亚达累斯萨拉姆(Dares Salaam)召集人盟执委开会时,该组织成员穆加贝(R. G. Mugabe)等人因反对恩科莫的妥协政策脱离该党,不久另行组建津巴布韦民族联盟(简称民盟)。

1964 年白人右翼组织领导人伊恩·史密斯(Ian Smith)执政后加紧了对黑人民族解放运动的镇压,宣布实施紧急状态,取缔了人盟和民盟,并将恩科莫、穆加贝等领导人长期监禁,这种做法进一步激怒了当地黑人群体,他们更义无反顾地投入到反对殖民主义的斗争中。1965 年,史密斯单方面宣布罗得西亚在英联邦体制内独

---

① 罗伯特·穆加贝:《我们的解放战争》,哈拉雷,1983 年,第 54 页,转引自吴秉真、高晋元主编《非洲民族独立简史》,北京:世界知识出版社,1993 年,第 447 页。

立,1970年又宣布成立"罗得西亚共和国",但是都没有得到任何国家的承认。被取缔的人盟和民盟分别在莫桑比克和赞比亚成立了临时党部。1966年民盟武装"民族解放军"和人盟游击队"人民革命军"先后发动了针对殖民政府的军事行动。两者联合组成的爱国阵线得到国内外正义力量的广泛支持。史密斯所坚持的、由占人口总数不到7%的白人统治整个国家的种族主义理念越来越得不到人们的认可,联合国安全理事会还通过决议对其严加制裁。尽管在葡萄牙政府以及南非白人政府的支持下白人政府一度占据上风,但随着1974年葡萄牙极右政权被推翻、1975年莫桑比克独立、南非自身也深陷安哥拉内战和国内的种族冲突困境后转而表示愿意帮助罗得西亚实现多数统治。1978年津巴布韦政治形势开始发生了重大变化。苏联和古巴在安哥拉内战中的出现也迫使英美等国积极推动罗得西亚问题的解决。在英国的斡旋下,1979年12月白人政府与津巴布韦爱国阵线在英国进行磋商并达成协议:双方停火、取消片面独立、在1980年2月举行不分政党种族的一人一票的民主选举以决定罗得西亚的未来命运。在大选中穆加贝所领导的民盟获得胜利,组建了第一个黑人政府内阁,同年津巴布韦宣布独立,成立津巴布韦共和国。

北罗得西亚(即赞比亚)在英国殖民时期因为大量开采铜矿而成为重要的经济中心。1946年当地人民成立了北罗得西亚非洲人福利联合会,后更名为北罗得西亚非洲人国民大会。1952年该组织提出自治主张。1953年著名民族主义领导人卡翁达(Kenneth Kaunda)出任该党总书记。1955年卡翁达等领导人被殖民当局关押后,该党主席恩库布拉(Harry Nkumbula)开始逐步走上与殖民当局妥协的道路。以卡翁达为首的部分党员于1958年10月脱离该党另行成立赞比亚非洲人国民大会,但次年该党即被殖民当局取缔,卡翁达也被投入狱中。该党成员于1959年10月又组建了联合民族独立党(民独党),提出立即解散"中非联邦"、实行"一人一票"普选制和民族独立等口号,主张通过非暴力和宪法谈判分阶段实现国家独立。1961年民独党开始发动民众不服从运动。1962年选举后卡翁达与恩库布拉领导的政党组成联合政府。1963年英国召开北罗得西亚制宪会议,民独党提出脱离"中非联邦"、制定新宪法和最迟在1963年年底实行自治的要求,一度遭到英国拒绝。但是尼亚萨兰的斗争让英国政府认识到中非联邦已经没有继续存在的可能。1963年11月民独党再次与英国政府谈判,英国被迫解散中非联邦,同意北罗得西亚于1964年1月实行内部自治。1964年大选中,联合民族独立党获胜,卡翁达(Kenneth David Kaunda)当选总统。同年北罗得西亚宣告独立并更名为赞比亚共和国。

五、比利时、葡萄牙和西班牙殖民地及相关托管地的独立

1908年比利时政府接管并直接统治刚果后,以比利时总公司为首的五大外国公司控制了刚果的经济命脉。1946年刚果出现了要求改善土著地位、反对种族歧视的

社会改良组织刚果社会利益联盟。刚果民族运动的重要领导人约瑟夫·卡萨武布(Joseph Kasavubu)就曾担任过这个组织的领导人。他在该组织的一次演讲中首次提出刚果人独立的要求。1950 年起刚果出现了一系列政党,其中既有代表地方利益的政党,如阿巴科党(Abako,即刚果人协会)和科纳卡特党(Conakat,即加丹加部族联盟党),也有像卢蒙巴(Patrice Lumumba)领导的刚果民族运动党那样超越了部族利益、主张建立统一国家的全国性政党。1955 年万隆会议后,慑于亚非国家民族独立运动的高涨,比利时政府提出建立比利时-刚果共同体的主张,遭到刚果民族主义者的坚决拒绝。1956 年 6 月 30 日刚果文化团体发表著名宣言,明确表示比利时人现在就应该明白,他们对刚果的统治不会永远继续下去,刚果人要求获得名副其实的独立。同年 8 月卡萨武布在阿巴科党大会上进一步提出立即独立的主张。法属非洲的非殖民化进程更进一步鼓舞了刚果各政党寻求立即独立的勇气。在 1957 年的市政选举中获胜的卡萨武布在次年 4 月的就职演说中,明确提出只有获得自治的情况下的民主才算确立,并且认为只要普选还没有实行就不算有民主。1958 年 12 月 28 日刚参加过阿克拉泛非大会的卢蒙巴在利奥波德维尔(Léopoldville)的集会上明确表示:"独立不是比利时恩赐的礼物,而是刚果人民的基本权利。"[①]尽管次年 1 月初利奥波德维尔要求独立的群众集会遭到比利时殖民政府的严厉镇压,但是结果与比利时人的期望完全相反,比利时政府受到了国际社会的普遍谴责。1 月 13 日比利时国王不得不宣布同意让刚果成为一个能够行使主权和决定自己独立的民主国家。比利时政府答应于当年进行省选举,并在年底或次年年初举行全国选举,大约在 20 世纪 60 年代中期完成主权的顺利交接。然而,刚果人民的斗争已经使得刚果部分地区的殖民政权陷入瘫痪状态。同年 12 月比利时国王访问刚果时面对的都是要求独立的呼声。不愿重蹈法国在印支覆辙的比利时立即决定为保住自己的经济利益应尽快与刚果政治家达成妥协,于是比利时政府释放了卢蒙巴,并邀请刚果政治领导人于 1960 年 1 月在布鲁塞尔就刚果独立进行磋商,最终双方达成了当年 5 月举行大选、6 月实现刚果独立的协议。在随后举行的大选中,由于没有一个政党获得单独组阁权,为了如期独立,刚果各政党通过磋商达成妥协,由卢蒙巴领导的民族独立运动党组建民族团结政府,阿巴科党的卡萨武布出任刚果总统。1960 年 6 月 30 日刚果殖民地如期独立为刚果共和国。

由于国际联盟以及欧洲列强的支持,第一次世界大战后比利时获得了原德属东非殖民地乌隆迪和卢安达的委任统治权。第二次世界大战后国际联盟大会决定继续由比利时托管这两个国家。然而,比利时根本没有履行联合国赋予它的托管责任,甚至连国联委任统治的标准都没有达到。比利时政府完全将卢安达和乌隆迪作

---

① [匈]西克·安德烈:《黑非洲史》(第四卷下册),吴中译,上海:上海译文出版社,1979 年,第 683 页。

为其殖民地进行管理。比利时通过的关于刚果殖民地的法令也完全适用于这两个地区。刚果副总督兼任卢安达-乌隆迪的总督。由于德国人和比利时人在这一地区长期实施分而治之的政策,造成了本地区两大族群,即图西族(Tutsi)、胡图族(Hutu)之间的长期不和。德国人和比利时人都大力扶植肤色较浅、人口较少的图西人作为他们的统治工具,让他们享有高于人口较多的胡图人的社会地位与特权,维持和强化其占据主导地位的社会体制。为了使图西族统治合理化,殖民者还编出"含米特学说",称图西人属于含米特人,是更高等的种族和天生的统治者,在体质、智力与能力上远高于人口极多的胡图人。随着20世纪50年代非洲民族独立运动的高涨,1957年胡图人发起胡图社会运动,要求结束图西人的统治,给胡图人民主权利并使政府机构民主化。同年胡图人成立社会群众促进协会,抨击社会制度、图西族统治和国王的宫廷,两年后这一组织被改组为政党,要求卢安达先行独立,然后再改革。1959年9月,在图西族政府官员支持下的卢安达民族联盟建立,它的纲领中号召卢安达人不分种族、社会和宗教团结起来,争取1960年实现内部自治,1962年实现独立,施行君主立宪和责任大臣制。实行立法机构普选,行政和司法权分立,消除白人与黑人之间以及卢安达内部各族群之间的种族歧视,在非暴力的基础上维持和平和秩序。在比利时人支持下,部分对独立持温和立场的图西族知识分子成立了卢安达民主联盟与之抗衡。同年10月胡图社会运动领导人成立了胡图解放运动党,该党要求结束封建政权和图西族统治,主张君主立宪制度,认为在实现民主之前无法独立。为维护自己的特权,代表图西权贵的图西民族联盟对胡图族政党领导人以及温和的图西族民主联盟成员进行恐怖活动。双方之间冲突不断。胡图族各党因此希望在胡图人民获得完全解放并能够有效地保卫自己以前,比利时方面不要结束托管,而图西族方面则不断进行反对比利时的活动。1959年11月图西族与胡图族之间爆发了由图西族挑起的大规模的族群骚乱,比利时当局因此实施了军事管制。此后族群骚乱一直持续不断。同月,比利时当局公布卢安达-乌隆迪政治改革计划。在比属刚果殖民地独立趋势无法逆转的情况下,1960年1月比利时同意卢安达"自治"。1960年3月联合国托管理事会在卢安达视察期间,卢安达各政党几乎都要求民族独立。联合国视察团最后建议比利时在1961年提请联合国大会讨论卢安达-乌隆迪独立问题并于1961年年初在联合国监督下进行普选,成立立法会议。但比利时和联合国视察团提出的让卢安达和乌隆迪成为一个国家的建议遭到乌隆迪的拒绝。

乌隆迪国王姆瓦姆布扎四世(Mwambutsa Ⅳ)在1959年4月明确表示卢安达和乌隆迪是两个分立的国家,必须允许每个国家按自己的愿望发展。他宣称乌隆迪需要自治,但仍需要比利时长期协助。随着1959年9月乌隆迪的第一个政党即布隆迪民族进步统一党成立,其图西族领导人在首次宣言中即要求乌隆迪在1960年1月实现内部自治,随后独立,建立世袭君主制体制下的民主体制,施行普选制度,反对在非洲人与欧洲人之间以及在非洲当地族群内挑起任何形式的种族仇恨。与此同时，另一个政党卢安达-乌隆迪非洲民族联盟成立，但当时该党主要活动地仅是乌隆迪。当卢安达发生种族暴乱后，主要族群同样也是图西人和胡图人的乌隆迪也深受影响，乌隆迪统一进步党领导人之一，也是国王姆瓦姆布扎之子的路易·卢瓦加索尔（Louis Rwagasore）严厉谴责比利时总督挑起乌隆迪内部图西人与胡图人之间矛盾的做法。1960 年年初乌隆迪又出现五个政党，其中基督教民主党是组织得最好的政党，也是该国第二大政党，该党主张先在国内施行民主制度，然后独立，因此赞成继续由联合国托管。1959 年 12 月代表乌隆迪人民的乌隆迪高级国务会议发表备忘录，也严词批评比利时政府以托管为借口将一切殖民制度强加给乌隆迪的做法，这导致它和比利时当局关系紧张。1960 年 2 月乌隆迪高级国务会议通过决议要求当年 6 月 21 日独立，并要求召开由乌隆迪、比利时和联合国三方代表参加的圆桌会议，以确定独立的日期。

　　1960 年 6 月处于族群冲突中的卢安达举行了政治选举，结果胡图族政党获得多数选票。1960 年 8 月比利时首相宣布比利时可能因在刚果的军事基地被拆除及政府财力因素而全部退出卢安达-乌隆迪。卢安达民族联盟要求比利时撤走，代之以联合国军，而乌隆迪各党派代表团也向联合国提出立即宣布大选，结束比利时托管，让乌隆迪成为君主立宪制主权国家。同年 10 月，卢安达的总督任命卡伊班达（Grégoire Kayibanda）组建新临时政府。接着乌隆迪举行了选举，基督教民主联盟获得相对多数选票，据此 1961 年 1 月乌隆迪成立临时政府和立法会议。1961 年 1 月卢安达各地代表举行会议，决定废黜国王，宣布成立共和国，卢旺达独立，接着选举了立法会议并推举出卢旺达国家总统。在新宪法中，明确宣布卢旺达是一个拥有主权的民主共和国，只是暂时受比利时的托管。比利时政府接受了新的卢安达政府却拒绝承认它的独立。1961 年 4 月联合国大会通过决议，要求比利时在卢安达就国王问题举行投票，建立一个有广泛支持基础的政府，并且仍然认为卢安达-乌隆迪的最佳前途是以一个统一的国家形式独立。1961 年 9 月，卢安达和乌隆迪分别举行大选。在乌隆迪，由卢瓦加索尔王子领导的统一进步党获得大胜，卢瓦加索尔王子出任政府首相。在卢安达，胡图解放运动再次获得胜利，卡伊班达总理再次获得执政资格，同时，国民投票支持实行共和制度。在卢安达和乌隆迪的选举中，图西族与胡图族的冲突不断。1961 年 12 月卢安达和乌隆迪两国代表与比利时代表进行谈判后，签订布鲁塞尔议定书，宣布两国在 1962 年 1 月 1 日获得内部完全自治，并在年底前获得独立，分别更名为卢旺达和布隆迪。1962 年 6 月联合国大会通过决议，1962 年 7 月 1 日宣布卢旺达和布隆迪两国分别独立。

　　老牌殖民者葡萄牙也在非洲拥有大片殖民地。在非洲民族解放斗争高涨、大多数国家已获得独立的形势下，葡萄牙军人政权仍然坚称葡萄牙是一个跨越多个大陆的多种族国家,所有欧洲大陆以外的领地不是殖民地,而是不可分割的领土。为规避国际社会对其殖民统治的谴责,1951 年葡萄牙政府将所有海外殖民地改为"海外省"。在残酷镇压殖民地人民起义的同时,1961 年 8 月,葡萄牙当局又宣布对殖民地实行"根本改革":撤销《土著法》,形式上承认殖民地人民为葡萄牙公民,增加非洲人在葡萄牙国民议会中的议席,允诺在殖民地发展教育、建筑城市住宅、增建医院、修筑公路等。同时,葡萄牙极右翼政府大量增兵非洲,扩大镇压范围。在政治上在鼓励各非洲殖民地成立听命于自己的政党,在当地各民族主义组织之间挑起事端,制造分裂。更卑鄙的是,葡萄牙的极右翼政府还以卑劣手段从肉体上消灭主张殖民地自治的葡萄牙政治家以及葡属非洲的民族主义领导人,被人尊称为"莫桑比克之父"的爱德华多·蒙德拉纳(Eduardo Mondlane)以及几内亚和佛得角两国解放运动的杰出领袖的阿米卡尔·卡布拉尔(Amílcar Cabral)都因此惨遭毒手。为换取其他西方国家的军事支持,葡萄牙还主动向他们开放其殖民地,但这些国家也不敢明目张胆地支持葡萄牙的殖民统治。

然而,这一切都不能阻止葡属殖民地人民争取实现民族独立的斗争。在几内亚比绍,1956 年成立的几内亚和佛得角非洲独立党在卡布拉尔领导下,从 1961 年开始进行反对葡萄牙的独立游击战争,到 1968 年控制了该国大部分地区。几内亚比绍战争是所有葡萄牙殖民战争中最激烈和最具破坏性的。葡萄牙政府的疯狂镇压乃至 1973 年 1 月对卡布拉尔的暗杀都无法扭转其政治颓势。事实上,它成了葡萄牙政府的"越南战争"。1973 年 9 月几内亚和佛得角率先宣布独立并成立共和国,此举迅速获得 70 多个国家的承认,还被联合国接纳为会员国。在葡属东非(即莫桑比克),爱德华多·蒙德拉纳于 1962 年 6 月领导成立了莫桑比克解放阵线,1964 年 9 月发表了反对葡萄牙殖民统治的武装起义宣言,走上了暴力反抗葡萄牙殖民统治的道路,到了 1974 年,莫桑比克解放阵线已经拥有上万武装力量,并控制了全国 1/4 以上的领土。

在安哥拉,1956 年 12 月阿戈什蒂纽·内图(Agostinho Neto)等人创建了安哥拉人民解放运动(简称"安人运"),该党提出要同安哥拉的一切爱国组织合作,形成最广泛的人民联盟,为实现国家的完全独立而斗争。1959 年"安人运"开始进行反殖民主义武装暴动。1960 年,"安人运"与几内亚比绍和佛得角的几内亚和佛得角非洲独立党结成共同反抗葡萄牙殖民帝国的联盟。1961 年 2 月起"安人运"武装组织安哥拉解放军开始进行大规模武装斗争。1962 年 3 月霍尔敦·罗伯托(Holden Roberto)等人组建了安哥拉人民解放阵线(简称"安解阵"),该党宣布成立"安哥拉流亡革命政府",组建"安哥拉民族解放军"。1966 年 3 月,若纳斯·萨文比(Jonas Savimbi)创建了"争取安哥拉彻底独立全国联盟"(简称"安盟")。这三个政治组织领导的武装斗争逐步扩展到安哥拉国内多个地区,到 1974 年他们已控制了安哥拉大约 2/3 的国土。

殖民战争最终让葡萄牙极右翼政府不堪重负,反战变成了葡萄牙国内反政府活动的主要内容。1974 年 4 月葡萄牙国内中下级军官组成的"武装部队运动"发动了"康乃馨革命",建立了革命政府。新政府明确表示将运用政治手段解决葡属殖民地的问题,由此葡属非洲殖民地独立的步伐进一步加快。几内亚比绍共和国率先于1974 年 8 月与葡萄牙政府达成协定,葡萄牙宣布在法律上承认几内亚比绍共和国为拥有独立主权的国家。同年 9 月葡萄牙政府与莫桑比克解放阵线在赞比亚首都卢萨卡签署了《卢萨卡协议》,承认莫桑比克人民的独立权利,建立了由莫桑比克解放阵线领导的过渡政府。1975 年 6 月莫桑比克人民共和国正式成立,结束了葡萄牙对莫桑比克近 500 年的殖民统治。1975 年 1 月,葡萄牙与安哥拉三个政治组织达成关于安哥拉独立的《阿沃尔协议》,承认这三个组织代表安哥拉,同年 11 月安哥拉成为独立国家。由于圣多美和普林西比解放运动的努力,圣多美和普林西比也于 1975 年 7月获得独立。

老牌殖民国家西班牙在非洲的殖民地可以分成两部分。一部分是长期入侵摩洛哥后获得的包括西迪伊夫尼等地在内的原摩洛哥部分领土和西撒哈拉地区,另一部分是包括斐南多波岛(Fernando Póo)和木尼河(Rio Muni)区在内的西属几内亚。前一部分在 1956 年摩洛哥独立后,西班牙只交出了西属摩洛哥的那部分,但仍然控制着西迪、伊夫尼、塔尔法亚及西属撒哈拉(今西撒哈拉)。为此,摩洛哥与西班牙之间不断发生冲突,并一直延续至 1975 年。由于西班牙政府的高压统治,西属几内亚民族解放运动出现较晚。但是在加纳和法属几内亚独立运动的影响下,1959 年和1962 年该地也先后出现了两个较大的政治组织,即赤道几内亚人民思想运动和赤道几内亚民族解放运动。由于西班牙殖民政府的残酷镇压,他们只能进行地下抗争。为加强斗争力量,人民思想运动与民族解放运动合作组建了赤道几内亚全国人民解放阵线。这两党都要求进行普选和独立。1965 年 12 月联合国大会通过决议肯定了赤道几内亚人民有不可剥夺的自决权和独立权利,要求西班牙政府在联合国监督下进行公民投票与人民协商,确定独立议程。但西班牙佛朗哥政府长期坚称西班牙没有殖民地,只有海外省,只是在 1961 年 11 月后才不得不承认有海外殖民地。为防止撒哈拉以南非洲国家的民族独立运动影响赤道几内亚,西班牙转而在赤道几内亚建立了一个虚假的自治政府,但在赤道几内亚人民的努力下终为联合国赤道几内亚小组委员会所察觉。1967 年 9 月联合国非殖民化特别委员会通过决议,规定必须允许西属几内亚在 1968 年 7 月以前获得独立。在国际社会的强大压力下,西班牙议会不得不在 1968 年 7 月通过了允许赤道几内亚在当年 10 月 12日独立的法令。在随后的投票选举中,赤道几内亚人民首次选出了自己的议员和总统,终于实现了国家独立。

六、西南非洲以及贝专纳(Bechuanaland)、巴苏陀兰(Basutoland)、斯威士兰(Swaziland)的独立和南非非殖民化

白人统治的南非、南非托管下的西南非洲和三个英国高级专员领地贝专纳、巴苏陀兰以及斯威士兰的民族独立的道路也各有不同。由于三个英国高级专员领地缺乏重大的政治、经济和战略上的价值,加之这三个国家都属于英国的保护国,在非殖民化的过程中很快实现了独立。1960年12月,英国殖民当局为继续维护其在贝专纳的殖民统治,颁布了新宪法,实行种族隔离,剥夺广大人民的选举权。新宪法遭到人民群众的激烈反对,从而掀起了争取民主权利、要求政治独立的群众运动。1962年6月塞莱茨·卡马(Seretse Khama)创建贝专纳民主党,该党反对一切形式的种族歧视,主张种族和睦,提出"民主、发展、自力更生和团结"的建国四原则。在贝专纳人民的斗争下,英国被迫实施非殖民化政策,1965年贝专纳民主党获得议会多数席位,卡马出任"内部自治"政府总理。1966年贝专纳独立并更名为博茨瓦纳共和国。

在巴苏陀兰,1952年恩祖·莫赫勒(Ntsu Mokhehle)创建了主张民族独立的巴苏陀兰大会党,1966年改名为巴索托大会党。1959年9月英国批准巴苏陀兰宪法改革的白皮书,规定成立"立宪议会"和"自治政府",但只有名义上的立法和行政权力,重要问题仍由英国专员决定。巴苏陀兰大会党在1960年的立宪议会选举中,取得决定性的胜利。在南非的支持下,利布阿·乔纳森(Leabua Jonathan)于1959年领导成立的巴苏陀兰国民党在1966年改名为巴索托国民党,该党代表保守势力,接受南非种族主义政权的资助。由于南非的财力物力支持,在1965年4月巴苏陀兰举行的第一次普选中,它赢得了多数席位。巴苏陀兰自治政府成立后,大酋长莫舒舒二世(Moshoeshoe Ⅱ)的国王地位得到确认。巴索托国民党执政,乔纳森出任总理。1966年10月,巴苏陀兰宣告独立,改国名为莱索托王国。

至于斯威士兰,1963年12月英国批准了斯威士兰第一部宪法。1964年索布扎二世(Sobhuza Ⅱ)创建了以部族为基础的因博科德沃民族运动。1967年斯威士兰颁布独立宪法,同年因博科德沃民族运动在议会选举中获得全部24个议席,组成内部自治政府。1968年9月斯威士兰正式宣布独立,成立斯威士兰王国,索布扎二世任国王,仍留在英联邦内。

而白人统治较为稳固的南非以及南非托管下的西南非洲独立的道路更为漫长。西南非洲(即纳米比亚)曾是德国的殖民地,第一次世界大战期间,南非以参加协约国作战为名,出兵占领了这一地区。1920年国际联盟将纳米比亚定为委任统治地,"委任"南非代表英国治理纳米比亚,委任统治书规定南非要最大限度地提高纳米比亚人民的物质和精神生活,促进社会进步,并为纳米比亚"最终实现自决做准备"。然而,南非当局却反其道而行之,不仅肆意奴役剥削纳米比亚人民,而且积极准备将其吞并。第二次世界大战后,南非借口国联解体,南非对纳米比亚的主权不受限制,于1949年4月在国内通过所谓《西南非洲事务修正法》,非法吞并了纳米比亚。此后,南非白人政府又将其在国内实施的种族隔离制度照搬到西南非洲。南非的恶行遭到了联合国的谴责和西南非洲人民的坚决反抗。1950年联合国国际法院宣布南非吞并纳米比亚的行为是非法的。1963年联合国又通过决议指出南非吞并纳米比亚的行为为侵略行为。纳米比亚人民也开始了有组织的反抗行动。在1958—1959年,纳米比亚先后出现了奥万博兰人民组织(1960年改称西南非洲人民组织)和西南非洲民族联盟。他们要求南非撤销在纳米比亚建立的政权机构,宣布纳米比亚独立。为了瓦解纳米比亚人民的反抗,南非殖民政府在纳米比亚推行黑人家园计划,将纳米比亚人民按部族分成若干家园,由南非政府选派酋长进行管理,并让它们通过自治逐步走向"独立"。1973年南非议会通过《西南非洲土著国家自治发展修正案》,允许黑人家园自治并拥有国歌、国旗,然而军事、外交、财政等方面的事务仍牢牢地控制在南非殖民政府手中。这种分而治之的拙劣手法遭到西南非洲人民和国际社会的一致反对。1966年8月西南非洲人民开始了反对南非非法占领西南非洲的武装斗争。1966年10月联合国大会宣布结束南非对西南非洲的"委任统治",由联合国直接进行管理。联大特别会议决定成立西南非洲理事会(后改名纳米比亚理事会),作为纳米比亚的合法行政当局。1973年12月联合国大会承认西南非洲人民组织为纳米比亚人民唯一合法代表。1978年9月联合国安理会通过了关于解决纳米比亚问题的435号决议,要求南非军队和纳米比亚人民组织停止敌对行动,南非军队从纳米比亚撤出,终止其非法统治,在纳米比亚举行联合国监督下的公平公正的选举,制定宪法,组建政府,并确定独立日期。随着葡萄牙统治下的莫桑比克、安哥拉以及津巴布韦先后实现由白人少数向黑人多数的政权的转变,南部非洲地区的政治力量对比发生了有利于纳米比亚人民的巨大变化,南非政府转而在纳米比亚撇开联合国和西南非洲人民组织,进行有控制的选举,然后将政权交给受其控制的傀儡集团,实现纳米比亚的"内部自治",争取国际社会的承认。同时,南非政府实行战争的纳米比亚化,建立"西南非洲领土军"和"西南非洲警察部队",竭力围剿西南非洲人民组织,并且入侵支持西南非洲人民组织的周边国家。然而这并未让南非摆脱困境。相反,由于南非顽固坚持种族主义立场,导致国际社会对它的制裁越来越严厉,南非因此出现了严重的经济危机。1986年南非政府不得不调整政策,明确表达了愿在联合国框架内解决纳米比亚问题的意向。在有关方面的积极努力下,1988年12月南非与古巴、安哥拉达成解决西南非洲问题的三方协议,三方一致同意向联合国秘书长建议,从1989年4月1日起,实施联合国安理会通过的435号决议,并于同年11月举行制宪议会选举,1990年4月1日宣布独立。经联合国安理会同意后,在联合国维和部队和联合国过渡时期协助团的监督下,纳米比亚顺利地实现了自由公正的全民选举,努乔马(Sam Nujoma)领导的西南非洲人民组织获得了多数席位,首次组建起纳米比亚人民自己的政府,并于1990年3月21日宣布独立。

1910年成立的南非联邦同时成了英帝国的一个自治领地。这个自治领地一直以来就存在严重的种族歧视。以1913年的《原住民土地法》为开端,南非白人政权逐步实施各种种族隔离制度。1948年南非国民党执政后,南非白人政权进一步强化了这一制度。在这种制度下少数白人不仅保持了对国家政治权利的垄断,而且将南非不同种族群体的娱乐、教育、住宅、工作和医疗设施等全部分隔。任何黑人的哪怕是非暴力的抗议也会遭到极其严厉的镇压。黑人组织被宣布为非法,许多黑人领袖遭到监禁甚至谋杀。白人政府还通过建立所谓的"班图斯坦"(即黑人家园)的分而治之的手段意图瓦解黑人族群的反抗。为博取包括美国在内的西方国家的支持,冷战时期白人政府还一再将几乎所有黑人的反抗都归结为受共产党鼓动的对白人实施的种族恐怖行为。在所有的和平协商与谈判途径被堵塞后,从20世纪60年代开始南非出现黑人反对白人暴政的武装战争。1974年葡萄牙国内发生政变,莫桑比克和安哥拉独立,南部非洲的形势发生了不利于南非白人种族主义政权的变化后,南非白人政府利用自己的经济、军事优势对南部非洲区域内的黑人国家实施包括经济打压和武装袭击在内的袭扰政策。与南非毗邻或接近的安哥拉、博茨瓦纳、莫桑比克、坦桑尼亚、赞比亚和津巴布韦六国则组成前线国家集团,尽管遭到严重损失,但仍然以各种方式坚决支持南部非洲人民反抗殖民主义的斗争,并使南非在区域国际关系中陷入困境。20世纪80年代后期,南非种族主义政权已经成了国际社会同声谴责的对象。美国、日本和欧盟等国家及包括联合国在内的许多国际组织纷纷加大了对南非的制裁力度,南非经济遭到沉重打击。南非白人政权终于意识到只有主动废除种族隔离制度,才能有效维护自身利益。1989年南非国民党领导人德克勒克(Frederik de Klerk)出任总统后,宣布解除对包括南非非洲人国民大会(简称非国大)在内的33个政治组织的禁令并释放纳尔逊·曼德拉(Nelson Rolihlahla Mandela)等黑人领袖,与非洲人国民大会进行政治磋商,从而拉开了南非民主改革的序幕。此后,南非政府陆续废除了所有有关种族隔离制度的法律和法令。1991年年底,南非政府和非国大等19个政党团体举行了首次"民主南非大会",发表了《意向宣言》,宣布要为建立一个统一、民主、不分种族的新南非而共同努力。经过各方艰苦努力,1994年南非历史上首次不分种族的大选(即一人一票选举)获得成功,并由此走上了多种族、多党派共同治理国家的道路。

经过数十年的斗争,非洲人民终于摆脱了西方的殖民统治,实现了政治自主和主权独立,翻开了非洲历史的崭新一页,非洲的政治地图发生了彻底的改变。在曾经的西方殖民统治区,50多个国家如雨后春笋般萌生于非洲大陆的各个地区,非洲国家从此进入现代民族国家的时代,并以崭新的姿态迎接新时代的挑战。

参考书目：

［1］Assa Okoth. *A History of Africa：African societies and the establishment of colonial rule，1800－1915*［M］. Nairobi：East African Publishers，2006.

［2］Assa Okoth. *A History of Africa：African nationalism and the decolonization process，1915－1995*［M］. Nairobi：East African Publishers，2006.

［3］Basil Davidson. *The African slave trade*［M］. Oxford：Oxford University Press，2004.

［4］Catherine Coquery-Vidrovitch. *Africa and the Africans in the nineteenth century：A turbulent history*［M］. Baker，Mary（TRN），New York：M E Sharpe Inc.，2009.

［5］Christopher Ehret. *The civilizations of Africa：a history to 1800*［M］. Charlottesville：University Press of Virginia，2002.

［6］David Birmingham. *The decolonization of Africa*［M］. London：Routledge，1995.

［7］E.A. Boateng. *A political geography of Africa*［M］. Cambridge：Cambridge University Press，1978.

［8］Eugene L. Mendonsa. *West Africa：an introduction to its history，civilization and contemporary situation*［M］. Durham：Carolina Academic Press，2002.

［9］Hugh Thomas. *The slave trade：the history of the Atlantic Slave Trade：1440—1870*［M］. New York：Touchstone Rockefeller Center，1997.

［10］Iris Berger. *South Africa in world history*［M］. New York：Oxford University Press，2009.

［11］J.D.Fage，William Tordoff. *A History of Africa*［M］. New York：Routledge，Fourth Edition，2002.

［12］John D. Hargreaves. *Decolonization in Africa*［M］. New York：Longman Publishing，second edition，1996.

［13］John Iliffe. *Africans：the history of a continent*［M］. New York，Cambridge University Press，second edition，2007.

［14］John Reader. *Africa：a biography of the continent*［M］. New York：Vintage，1999.

［15］Kevin Shillington. *History of Africa*［M］. New York：St. Martin's Press，Revised 2 edition，2005.

［16］Phillip Chiviges Naylor. *North Africa：a history from antiquity to the present*［M］. Austin：University of Texas Press，2009.

［17］Robert M. Maxon. *East Africa：an Introductory History*［M］. Morgantown：West Virginia University Press，third and revised edition，2009.

［18］Robert O. Collins，James McDonald Burns. *A History of sub-saharan Africa*［M］. Cambridge：Cambridge University Press，2007.

［19］Roland Oliver，Anthony Atmore. *Africa since 1800*［M］. Cambridge：Cambridge University Press，fifth edition，2005.

［20］Roland Oliver，Anthony Atmore. *Medieval Africa，1250—1800*［M］. Cambridge：Cambridge University Press，2001.

第二编　非洲人口与聚落

第一章

非洲人口分布与人口迁移

第一节　非洲人口增长

　　人口问题一直是世界最敏感和最引人关注的重大问题之一。人口、资源、环境、发展问题是当代世界各国普遍重视的世界性问题。20 世纪以来,世界人口急剧增加,1900 年世界人口为 16.25 亿,1950 年增加到 25.0 亿,1990 年进一步增加到 53.0 亿,其中发展中国家人口占 2/3(见表 2 - 1 - 1)。1990 年非洲人口已达到了 6.3 亿。发展中国家人口的迅速增长,致使人口压力越来越大。人口的迅猛增长与缓慢的经济增长严重失调,引起世界的高度关注和忧虑。世界银行一位官员曾指出,"非洲人口若是照目前的增长速度发展下去,该大陆将更加无法解决它所面临的极端贫困、疾病肆行和环境恶化的问题。"2010 年非洲人口高达 10.31 亿,比 2000 年的 8.08 亿增长了 27.6%,占世界人口的比重从 13.2% 上升到 14.9%。面对巨大的人口压力,早在 1980 年的"拉各斯行动计划"中就已形成了关于人口与经济协调发展的决议。越来越多的非洲国家纷纷提出控制人口的对策和措施。显然,对于增长最快的非洲人口发展战略问题的研究,具有控制人口增长、协调经济发展的重大实践意义,不仅引起了非洲国家政府的重视,也日益受到国内外学者的重视。

表 2 - 1 - 1　20 世纪前半期世界各洲人口增长①

地　区	人口数(百万)						人口年平均增长率(%)				
	1900 年	1910 年	1920 年	1930 年	1940 年	1950 年	1900—1910 年	1910—1920 年	1920—1930 年	1930—1940 年	1940—1950 年
欧洲	295	344	329	355	380	392	15	−0.4	0.8	0.7	0.3
苏联	130	154	158	179	195	180	1.7	0.3	1.3	0.9	−0.8

---

① 布鲁克:《世界人口——民族与人口手册》,乌鲁木齐:新疆人民出版社,1985 年,第 129 页。

地　区	人口数（百万）						人口年平均增长率（%）				
	1900年	1910年	1920年	1930年	1940年	1950年	1900—1910年	1910—1920年	1920—1930年	1930—1940年	1940—1950年
亚洲	950	940	966	1120	1244	1368	−0.2	0.3	1.5	1.1	0.9
非洲	130	130	141	164	191	219	0.0	0.8	1.5	1.5	1.4
北美洲	81	104	117	135	146	166	2.1	1.5	1.4	0.8	1.3
拉丁美洲	64	79	91	107	128	164	2.1	1.4	1.6	1.8	2.5
大洋洲	6	7	10	11	12	15	1.5	2.5	1.0	1.0	1.4
全世界	1656	1755	1812	2071	2296	2505	0.6	0.6	1.4	1.1	0.9

一、非洲人口增长

1. 人口缓慢起伏的增长时期（20 世纪 60 年代以前）

非洲人口增长经历了明显的起伏过程，在近三四百年中，马鞍形的起伏变化尤为突出。早在 15 世纪末，非洲人口已达 4600 万人，占世界总人口的 11.0%。17 世纪中期，非洲人口达到 1 亿人，占世界总人口的 19.7%。但是，长达 400 多年的黑人奴隶贸易遍及整个撒哈拉以南非洲，尤其在 1650—1850 年，奴隶贸易极端猖獗，人口损失惨重。据加纳学者杜波伊斯估计，奴隶贸易过程中被掠夺、贩运、残杀、折磨致死的人口多达 1 亿。[①] 据联合国估计，1850 年非洲人口为 1.1 亿，与 1650 年相比基本上没有增加，但在世界总人口中的比重则下降到 8.67%。这反映出非洲人口处于停滞时期。到 19 世纪初，由于奴隶贸易、殖民战争、饥荒和流行病的蔓延，非洲人口大减至约 9000 万人。19 世纪下半叶，非洲逐渐沦为西方列强的殖民地，殖民统治使非洲人民陷入悲惨的生活之中，人口增长十分缓慢，但各地存在着明显的地区差异。北非和南非的人口增长相对较快，这是因为北非未曾受到奴隶贸易的肆虐，加之经济社会发展水平高于撒哈拉以南非洲，南部非洲由于西方殖民者大肆开发矿产资源，吸引了大批欧洲移民，人口的机械增长大大增加了人口数量。随着 20 世纪 20 年代以后非洲现代经济的发展，医疗卫生条件的逐步改善和热带流行性疾病的控制，人口死亡率有所下降，自然增长率迅速上升。据统计，1900 年非洲人口已达 1.3 亿人，1920 年 1.41 亿，1940 年增加到 1.91 亿，到 1950 年进一步增加到 2.20 亿，1960 年达 2.54 亿，这表明非洲人口增长速度在加快。[②] 从 1910—1920 年的 0.8% 持续增加

---

① 另据塞内加尔前总统桑戈尔估计为 2 亿人。

② 张同铸主编：《非洲经济社会发展战略问题研究》，北京：人民出版社，1994 年，第 99 - 100 页。

到 1940—1950 年的 1.4％,高于 0.9％ 的世界人口增长速度,仅次于拉丁美洲的 2.5％。[1] 进入 20 世纪,前半叶世界经历第二次世界大战,人口增长很不稳定,起伏波动,而非洲受影响较小,一直处于较高的增长水平。埃及作为非洲人口大国,1870 年以后人口开始显著增长,在 20 世纪前 30 年人口不断增长,从 1907 年的 1129 万人增加到 1930 年的 1977 万人,23 年间人口增加了 75.1％。随后,由于出生率长期保持在 44.0％ 的高水平,加之死亡率的下降,1940 年以后人口增长加快,到 1950 年人口增加到 2045 万人,20 年间的人口平均增长率高达 1.9％,远高于其他非洲国家,到 1988 年人口增加到 5000 千万左右。[2]

南非同样为非洲人口增长最快的国家之一,据南非人口普查,其人口从 1904 年的 517 万人增加到 1911 年的 597 万人,年平均增长率保持在 2.1％ 的高水平。由于南非人口的高出生率和高自然增长率,在 1921—1946 年的 25 年间,其人口从 693 万人迅速增加到 1126 万人。

除上述埃及和南非两个国家的人口高速增长外,其他非洲国家的人口增长速度各有差别。北非的阿尔及利亚和突尼斯两国的人口增长较快。例如,据人口普查资料,阿尔及利亚人口从 1901 年的 473.9 万人增加到 1911 年的 556.4 万人,1921 年进一步增加到 580.4 万人。西非的人口大国尼日利亚人口增长也比较快,据人口普查资料,该国人口从 1911 年的 1600 万人增加到 1931 年的 1955 万人,20 年间的人口平均增长率为 1.1％。南部非洲的赞比亚人口从 1920 年的 95 万人增加到 1930 年的 132 万人,10 年增长了 38.9％。而广大的赤道非洲国家的人口增长速度低而不稳。例如,刚果(金)从 1900 年到 1920 年的 20 年间人口未增,反而减少了数万人。这与刚果河流域热带森林环境气候湿热和经济发展严重落后密切相关,居住环境恶劣、人民生活贫困、营养不良、热带流行病肆虐,因而死亡率高,直接限制了人口增长。自 20 世纪 30 年代以后上述国家人口开始迅速增加,这主要是因为以家庭为主的小农生产主要靠人力数量的增加而不是人力素质的提高,客观上刺激了人们早婚多育以获得劳动力。[3]

2. 人口迅速增长时期(20 世纪 60 年代至 90 年代)

第二次世界大战以后,随着世界经济的恢复和发展,世界人口呈迅速增加之势,发展中国家人口增长显得更为突出。从世界人口增长率曲线(图 2-1-1)来看,20 世纪 60 年代中期为转折点,呈现出由低而高继而又由高而低的走势。从各大洲来看,人口增长的高低走势互有不同。发达的欧美国家人口增长率出现走低之势,而

---

①　李仲生:《非洲的人口动态与分布》,载《西非人口》,2000 年第 5 期,第 23 页。

②　A.T.Grove, *The Changing Geography of Africa*, Oxford: Oxford University Press,1989:125.

③　李仲生:《非洲的人口动态与分布》,载《西非人口》,2000 年第 5 期,第 24 页。

发展中国家人口增长率则反之,呈走高之势。但是,从 20 世纪 70 年代中期开始,世界人口增长速度减慢,从 1970—1975 年的 1.94% 下降到 1975—1980 年的 1.73%,发展中国家开始由传统人口增长模式向现代人口增长模式转型,人口增长趋降,如亚洲和拉丁美洲原先人口增长率最高,人口出生率出现下降,人口增长随之走低,1970—1975 年人口增长率分别为 2.42% 和 2.57%,到 1975—1980 年下降到 1.87% 和 2.33%,1985—1990 年继续下降到 1.86% 和 1.93%,1995—2000 年更下降到 0.02% 和1.04%。而发达的欧美国家人口增长则保持着人口低速增长,甚至负增长,从 1970—1975 年的 0.59% 和 0.97% 分别下降至 1985—1990 年的 0.43% 和 1.04%。但非洲和世界其他地区的人口增长势头呈现另一番景象,继续走高。可以说,从 20 世纪 50 年代至今,非洲人口一直处于高速增长态势,居高不下;20 世纪 60 年代开始,其人口增长速度超过了拉丁美洲;1965—1970 年非洲的 2.551% 与拉丁美洲的一样,成为世界人口增长速度最快的大陆,这一态势持续至今。1995—2000 年,非洲人口增长率仍保持在高水平的2.411%,高超世界平均速度 1.1 个百分点(1.301),也高于亚洲的1.304% 和拉丁美洲的1.578%。1950—2010 年世界各洲(地区)的人口增长率参见表 2-1-2。

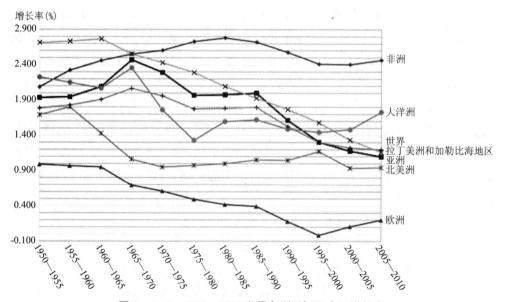

图 2-1-1 1950—2010 世界各洲(地区)人口增长率

表 2 - 1 - 2　1950—2010 年世界各洲(地区)人口增长率① 　　　　单位:%

年代	非洲	亚洲	欧洲	拉丁美洲和加勒比海地区	北美洲	大洋洲	世界
1950—1955	2.086	1.935	0.990	2.714	1.690	2.226	1.786
1955—1960	2.323	1.945	0.968	2.734	1.802	2.150	1.828
1960—1965	2.458	2.091	0.951	2.767	1.427	2.068	1.909
1965—1970	2.551	2.469	0.692	2.551	1.061	2.356	2.065
1970—1975	2.603	2.291	0.608	2.430	0.950	1.761	1.959
1975—1980	2.730	1.970	0.491	2.290	0.974	1.329	1.776
1980—1985	2.781	1.975	0.418	2.093	0.998	1.593	1.782
1985—1990	2.721	1.999	0.393	1.926	1.051	1.619	1.797
1990—1995	2.574	1.611	0.179	1.768	1.047	1.488	1.523
1995—2000	2.411	1.304	−0.017	1.578	1.172	1.442	1.301
2000—2005	2.404	1.178	0.106	1.333	0.937	1.481	1.223
2005—2010	2.465	1.098	0.199	1.162	0.943	1.729	1.198

随着非洲人口的高速增长,其在世界人口总量中的比重在不断上升。1960 年非洲人口为 2.77 亿,1980 年增加到 4.67 亿,20 年增加了 68.59%,比重从 9.17% 上升到 10.51%。1990 年至 2000 年,非洲人口从 6.15 亿增加到 7.84 亿,比重也随之上升,从 11.67% 上升到 12.95%。

3. 人口增长减速时期(新世纪以来)

自 20 世纪 90 年代以后,世界人口增长速度趋缓。2000 年世界人口为 61.28 亿,2005 年增加到 65.14 亿,5 年增加了 6.3%,平均每年增长 1.21%。就人口增长速度而言,从 1995—2000 年的 1.34% 下降到 2000—2005 年的 1.21%。欧洲的人口增长处于停滞状态,从 1995—2000 年的 0.02% 趋向零增长。非洲人口增长速度虽出现下降趋势,但仍为世界各洲中增长速度最大的大洲,2000—2005 年其速度仍高达 2.18%。2005 年非洲人口已增加到 9.12 亿,占世界总人口的近 14.0%。据统计,2013 年世界人口高达 71.62 亿多人,非洲人口也增加到 11.1 亿多人,占世界总人口的比重进一步上升至 15.5%(表 2 - 1 - 3)。从人口增长速度上看,2005 年以来,世界人口增长在缓慢地下降,从 1.21% 下降到 2013 年的 1.16%,其他各洲除非洲外,都在不同程度地下降,而非洲仍呈现缓慢平稳的增长态势。最近 5 年非洲人口年增长率保持在 2.50%～2.51%,撒哈拉以南非洲 2012 年仍高达 2.71%(表 2 - 1 - 4)。

---

①　United Nations,*World Population Prospects*,*The 2012 Revision*,File POP/2.

表 2-1-3   2000—2013 年世界各洲人口变化   单位:千人,%

年份	非洲		美洲		亚洲		欧洲		大洋洲		世界	
	人口	增长率	人口	增长率	人口	增长率	人口	增长率	人口	增长率	人口	增长率
2000	808304.00	—	841697.00	—	3717371.00	—	729100.00	—	31222.00	—	6127694.00	—
2010	1031085.00	2.51	942692.00	1.06	4165442.00	1.08	740309.00	0.17	36657.00	1.66	6916185.00	1.19
2011	1056985.00	2.51	952500.00	1.04	4210004.00	1.07	741274.00	0.13	37228.00	1.56	6997991.00	1.18
2012	1083525.00	2.51	962275.00	1.03	4254522.00	1.06	741975.00	0.09	37775.00	1.47	7080072.00	1.17
2013	1110636.00	2.50	972002.00	1.01	4298727.00	1.04	742450.00	0.06	38303.00	1.40	7162118.00	1.16

资料来源:FAO 数据库。

表 2-1-4   1970—2012 年非洲各地区人口自然增长率   单位:%

地区	1970 年	1975 年	1980 年	1985 年	1990 年	1995 年	2000 年	2005 年	2010 年	2012 年
中东北非	2.02	2.02	2.96	3.04	3.40	1.99	1.81	1.70	1.75	1.73
撒哈拉以南非洲	2.60	2.75	2.86	2.88	2.81	2.73	2.70	2.66	2.70	2.71
世界	2.08	1.87	1.75	1.73	1.72	1.49	1.32	1.21	1.18	1.11

资料来源:根据世界银行数据库编制。

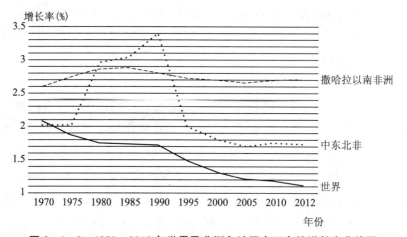

图 2-1-2   1970—2012 年世界及非洲各地区人口自然增长率曲线图

根据 1970—2012 年非洲各国人口自然增长率统计,可以看出其增长走势有着明显的差别,有些国家波动趋降,如埃及、阿尔及利亚、科特迪瓦、南非 4 国人口自然增长率已从 1970 年的 2.32%、2.79%、4.51%、2.17%分别下降至 2012 年的 1.66%、1.89%、2.29%、1.34%。但有些国家持续走高,如尼日尔、安哥拉、乌干达 3 国,人口自然增长率从 1970 年的 2.29%、1.89%分别上升至 2012 年的 2.79%、3.12%、3.35%。根据 2012 年非洲 54 个国家人口自然增长率的分组统计,占半数以上的 29

个国家在 2.5% 以上,其中有 9 个国家超过 3.0%(表 2 - 1 - 5)。1970—2012 年尼日利亚、刚果(金)、埃塞俄比亚、埃及、南非五国人口自然增长率变化趋势详见图2 - 1 - 3。

表 2 - 1 - 5　2012 年非洲各国人口增长率分组统计

<1.0	1.0~1.6	1.6~2.1	2.1~2.6	2.6~3.0	>3.0
6 国	5 国	6 国	10 国	18 国	9 国
博茨瓦纳(0.86) 佛得角(0.78) 利比亚(0.48) 毛里求斯(0.42) 塞舌尔(0.98) 突尼斯(0.97)	吉布提(1.52) 莱索托(1.08) 摩洛哥(1.43) 南非(1.34) 斯威士兰(1.54)	阿尔及利亚 (1.89) 埃及(1.66) 纳米比亚(1.87) 塞拉利昂(1.91) 苏丹(2.08) 中非(1.99)	几内亚比绍 (2.39) 加纳(2.17) 加蓬(2.39) 喀麦隆(2.54) 科摩罗(2.44) 科特迪瓦(2.29) 毛里塔尼亚 (2.49) 莫桑比克(2.5) 埃塞俄比亚 (2.58) 几内亚(2.56)	贝宁(2.73) 布基纳法索(2.86) 赤道几内亚(2.8) 多哥(2.6) 刚果(2.61) 刚果(金)(2.74) 津巴布韦(2.70) 肯尼亚(2.70) 利比里亚(2.68) 卢旺达(2.77) 马达加斯加(2.80) 马拉维(2.86) 马里(2.99) 尼日利亚(2.79) 塞内加尔(2.92) 圣多美和普林西比 (2.65) 索马里(2.86) 乍得(3.00)	安哥拉(3.12) 布隆迪(3.19) 厄立特里亚(3.28) 冈比亚(3.19) 南苏丹(4.30) 尼日尔(3.84) 坦桑尼亚(3.04) 乌干达(3.35) 赞比亚(3.19)

资料来源:根据世界银行数据库统计编制。

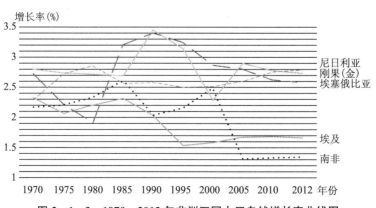

图 2 - 1 - 3　1970—2012 年非洲五国人口自然增长率曲线图

二、非洲人口高速增长的因素分析

纵观非洲人口,自 20 世纪 60 年代以来其人口增长率基本上呈现不断上升的高速增长态势,90 年代虽有所下降,但仍高居世界各大洲之首。非洲人口之所以出现如此高速的增长,是多方面因素综合作用的结果。具体来说,是出生率居高不下,死亡率不断降低,自然增长率持续增高的结果。从人类历史上看,人口增长的态势主要经历高(出生率)、高(死亡率)、低(自然增长率)阶段,高(出生率)、低(死亡率)、高(自然增长率)阶段,低(出生率)、低(死亡率)、低(自然增长率)阶段。与其相应的人类社会发展阶段是农业文明时代、工业文明时代、后工业文明时代。从人口增长态势和社会发展水平上看,非洲人口增长态势已走上了高、低、高的第二阶段。当前非洲社会处于工业化的前期,社会经济、教育与科技、医疗卫生都在较快地发展,但人的传统生育观念难以在短期内转变,人口计划生育政策也难于短期奏效,因而难以控制人口的快速持续增长。

从 20 世纪 50 年代到 80 年代,非洲的人口出生率一直保持在 45.0‰～48.0‰的高出生率水平上,其中马里、尼日尔、尼日利亚、埃及、利比亚、卢旺达、马拉维等国人口出生率更高达 50.0‰～52.0‰。20 世纪 80 年代以后,非洲人口出生率有所下降,但到 90 年代后半期仍高达 38.7‰。非洲人口高出生率与非洲人的生育观有着直接的关系,尤其是非洲黑人认为早生早育、多生多育好,生男生女都一样,认为子女多,劳动力才多,家庭经济才有保障,所以大部分非洲国家不实行计划生育,有些国家甚至鼓励生育。同时,非洲社会观念是反对堕胎和流产的,认为这是亵渎和残害生命,这也是不提倡计划生育的另一原因。

在撒哈拉以南的非洲,由于传统社会文化和婚育习俗的影响根深蒂固,非洲人一向具有早婚、早育、多育的习惯。在 20 世纪 90 年代中期,世界 15—19 岁女性生育率超过 140‰的 16 个国家中非洲占 14 个,44—49 岁女性生育率超过 41‰的 18 个国家中非洲占 14 个。[①]

非洲妇女普遍早婚(13～18 岁),育龄期长,妇女生育率自独立后的 50 多年来趋于下降,但至今仍居世界最高位。据统计,非洲妇女总和生育已从 20 世纪 60 年代的 6.7 胎下降至 90 年代的 5.7 胎,远高于世界平均水平的 3.0 胎(表 2-1-6)。

---

① UN, *World Fertility Pattern 1977*, New York,1999.

表 2 - 1 - 6　1950—2010 年世界各地区妇女总和生育数①　　　　单位：人

年代	非洲	亚洲	欧洲	拉丁美洲和加勒比海地区	北美洲	大洋洲	世界
1950—1955	6.6	5.8	2.7	5.9	3.4	3.8	5.0
1955—1960	6.6	5.6	2.7	5.9	3.7	4.0	4.9
1960—1965	6.7	5.8	2.6	6.0	3.4	3.9	5.0
1965—1970	6.7	5.6	2.4	5.5	2.6	3.5	4.8
1970—1975	6.7	5.0	2.2	5.0	2.0	3.2	4.4
1975—1980	6.6	4.1	2.0	4.5	1.8	2.7	3.9
1980—1985	6.5	3.7	1.9	3.9	1.8	2.6	3.6
1985—1990	6.2	3.5	1.8	3.4	1.9	2.5	3.4
1990—1995	5.7	3.0	1.6	3.0	2.0	2.5	3.0
1995—2000	5.4	2.5	1.4	2.8	2.0	2.4	2.7
2000—2005	5.1	2.4	1.4	2.5	2.0	2.4	2.6
2005—2010	4.9	2.3	1.5	2.3	2.0	2.5	2.5

　　无论在北非阿拉伯国家还是撒哈拉以南非洲国家，一夫多妻现象随着社会进步在减少，但仍很普遍，特别在广大的农村地区更为严重。在阿拉伯人地区，由于伊斯兰教规允许，一个男人可娶四个老婆。在撒哈拉以南非洲，娶妻数不限，男人视妻子为家庭劳动力。在撒哈拉以南非洲地区，绝大多数黑人民族的族人婚前性关系混乱，未婚先孕不足为奇，这也促使了非洲人口的迅速增加。

表 2 - 1 - 7　1950—2010 年世界各洲出生率②　　　　单位：%

年代	非洲	亚洲	欧洲	拉丁美洲和加勒比海地区	北美洲	大洋洲	世界
1950—1955	4.81	4.20	2.15	4.26	2.46	2.74	3.70
1955—1960	4.79	3.95	2.09	4.18	2.48	2.73	3.56
1960—1965	4.74	3.97	1.90	4.10	2.25	2.62	3.53
1965—1970	4.64	3.79	1.68	3.78	1.81	2.45	3.35
1970—1975	4.59	3.43	1.56	3.52	1.56	2.41	3.11
1975—1980	4.55	2.97	1.48	3.30	1.49	2.10	2.83

① United Nations, *World Population Prospects*, *The 2012 Revision*, File FERT/4.
② United Nations, *World Population Prospects*, *The 2012 Revision*, File FERT/3.

续　表

年代	非洲	亚洲	欧洲	拉丁美洲和加勒比海地区	北美洲	大洋洲	世界
1980—1985	4.44	2.89	1.44	3.07	1.54	2.04	2.78
1985—1990	4.26	2.87	1.37	2.79	1.57	1.98	2.74
1990—1995	4.04	2.45	1.15	2.54	1.54	1.96	2.43
1995—2000	3.88	2.10	1.02	2.36	1.42	1.87	2.18
2000—2005	3.77	1.93	1.01	2.16	1.38	1.78	2.06
2005—2010	3.67	1.85	1.08	1.93	1.37	1.78	2.01

非洲人口死亡率在 20 世纪 50 年代初期曾高达 27.0‰,60 年代以后趋于下降,从 60 年代前期的 22.2‰下降到 90 年代后期的 14.0‰(表 2 - 1 - 8)。死亡率的持续下降是各国医疗卫生条件的不断改善,一直危害人民生命和健康的热带传染病基本上得到一定程度控制的结果,尤其是一向最高的婴儿死亡率的逐渐降低,也促进了自然增长率的提高。

表 2 - 1 - 8　　1950—2010 年世界各洲死亡率[①]　　　　单位:%

年代	非洲	亚洲	欧洲	拉丁美洲和加勒比海地区	北美洲	大洋洲	世界
1950—1955	2.68	2.26	1.12	1.55	0.95	1.24	1.91
1955—1960	2.43	2.02	1.02	1.37	0.93	1.13	1.73
1960—1965	2.22	1.89	0.97	1.22	0.93	1.06	1.62
1965—1970	2.04	1.33	0.99	1.09	0.94	1.00	1.29
1970—1975	1.87	1.13	1.02	0.97	0.92	0.94	1.16
1975—1980	1.71	0.99	1.05	0.87	0.86	0.86	1.06
1980—1985	1.57	0.91	1.08	0.78	0.85	0.80	1.00
1985—1990	1.46	0.85	1.06	0.71	0.86	0.79	0.94
1990—1995	1.44	0.80	1.12	0.65	0.85	0.76	0.91
1995—2000	1.38	0.76	1.15	0.61	0.85	0.74	0.88
2000—2005	1.32	0.71	1.16	0.60	0.84	0.70	0.84
2005—2010	1.18	0.70	1.13	0.59	0.81	0.68	0.81

---

① United Nations,*World Population Prospects*,*The 2012 Revision*,File MORT/2.

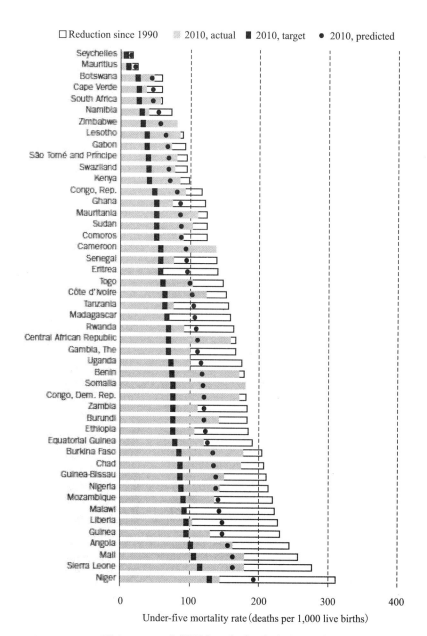

图 2 - 1 - 4 非洲国家五岁以下新生儿死亡率
资料来源：World Bank staff calculations。

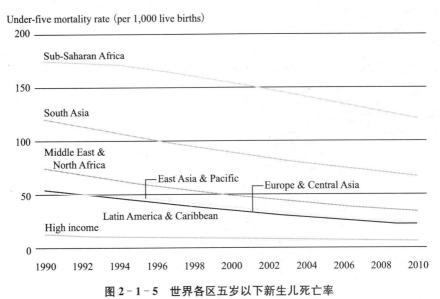

图 2-1-5 世界各区五岁以下新生儿死亡率

资料来源：World Health Organization and World Development Indicators database。

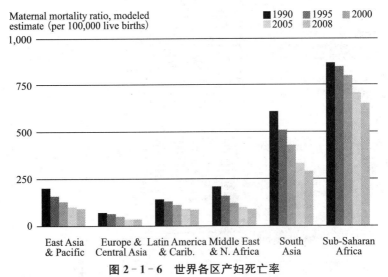

图 2-1-6 世界各区产妇死亡率

资料来源：World Health Organization and World Development Indicators database。

非洲各国各地区的出生率和死亡率存在一定的差别。北非阿拉伯国家与撒哈拉以南非洲大多数国家相比，其总体经济发展水平较高，出生率都较之为低，尤其是20世纪80年代以后，非洲各国节制生育的低出生效果初显成效，如埃及、突尼斯、摩洛哥40％～60％的已婚妇女采取节育措施，出生率和自然增长率出现下降，1980—

2000 年,阿尔及利亚、埃及、利比亚、突尼斯、摩洛哥、苏丹等国的人口总量仅增长
57‰,而撒哈拉以南非洲除南非和津巴布韦外,已婚妇女节育率很低,使得出生率和
自然增长率均较高,人口总量增长高达 73‰。[1] 除少数国家外,撒哈拉以南非洲仍然
具有高出生率、高死亡率和高自然增长率并存的现象。1990—1995 年,非洲平均出
生率为 4.04‰,死亡率为 1.44‰,居各大洲之首。2004 年全世界出生率超过 45.0‰
的 14 个国家中,12 个在非洲,最高的尼日尔出生率高达 55.4‰。全世界死亡率超过
15.0‰的 29 个国家中,28 个在非洲,博茨瓦纳高达 26.0‰。[2]

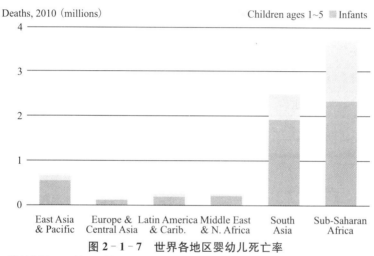

图 2-1-7 世界各地区婴幼儿死亡率

资料来源:World Health Organization and World Development Indicators data-base。

综上所述,可以看出影响非洲人口增长速度的因素,主要是受高出生率和高死
亡率趋降的影响,虽有少数国家仍保持高死亡率,但与高出生率相抵消。正是持续
的高出生率和趋降的死亡率导致非洲人口迅速增长的大走势,2013 年非洲人口平均
自然增长率高达 2.5‰,高出世界 1.16‰的 1.16 倍,仍高居世界之首。非洲人口自然
增长速度过快,给非洲经济快速发展和生态环境造成了巨大的压力。据预测,未来
30 年非洲人口的增长速度趋于缓慢下降,但仍然偏高,占世界人口的比重预计将从
2013 年的 15.5%上升到 17.0%。实施人口发展战略来控制人口增长仍然是非洲各
国面临的重大挑战。

三、非洲人口质量与经济发展

人口是一个抽象的概念,研究人口问题必然要涉及人口的数量和质量两个方

[1] 李仲生:《非洲的人口动态与分布》,载《西非人口》,2000 年第 5 期,第 24-25 页。
[2] 李仲生:《非洲的人口动态与分布》,载《西非人口》,2000 年第 5 期,第 25 页。

面,可以说人口包含着数量和质量的统一。发达国家人口已进入老龄化阶段,人口质量高、数量少,而发展中国家普遍存在人口数量多、质量较低的问题。非洲的这一问题更加突出,人口多、质量低,但处于年轻化状态。人口数量指一定地区内随着人口增减而变化的人口总和。人口质量则是指人们的文化水平、科学技术素养、生产经验以及体质健康状况,其中文化水平和科学技术素养最为重要。[1]

据统计,非洲成人文盲率为60%以上。文盲中,女性远高于男性,尤其是广大的农村地区,妇女大都不识字。这是因为人口高速增长而经济发展缓慢所形成的双重压力下人均教育资源极为贫乏,导致入学率低下,成人文盲率居高不下。20世纪90年代,非洲有近一半的国家成人文盲率高达50%以上。据统计,全球文盲占成年人口总数的20.3%,而非洲则高达39%。[2]

表 2-1-9　1970—2011 年世界及非洲分区域中学、高等院校入学率[3]　　　单位:%

年份	世界		撒哈拉以南非洲		中东 & 北非	
	中学	高等院校	中学	高等院校	中学	高等院校
1970 年	40.33	10.03	11.01	0.86	25.22	5.51
1975 年	46.29	11.06	13.17	1.15	33.09	7.37
1980 年	47.70	12.33	17.41	1.74	42.30	9.88
1985 年	46.55	13.35	23.07	2.35	47.19	11.91
1990 年	49.62	13.57	22.55	2.96	55.50	12.60
1995 年	56.30	15.41	23.79	3.65	60.90	15.48
2000 年	60.02	19.01	26.09	4.35	67.82	19.91
2005 年	64.77	24.14	32.20	5.71	71.80	23.03
2010 年	70.39	29.56	40.12	7.22	73.99	30.08
2011 年	70.65	30.08	40.97	7.57	75.23	30.53

非洲国家独立之初,面临着殖民地时期经济基础十分薄弱而畸形、人口素质十分低下的局面。新生的民族国家都很重视教育,把教育置于优先发展的地位,不断增加教育的投资份额。通过多年的努力,非洲国家的教育水平有了一定的提高。据统计,1991 年非洲国家初等教育完成率仅为 51%,到 2004 年提高到了 62%。[4]

---

[1] 张同铸主编:《非洲经济社会发展战略问题研究》,北京:人民出版社,1994 年,第 104 页。
[2] 舒运国:《非洲人口增长,挑战与机遇》,载《当代世界》,2012 年第 6 期,第 42 页。
[3] 1970—2012 年非洲人口健康数据。
[4] 世界银行,《世界发展指标》,2005 年。

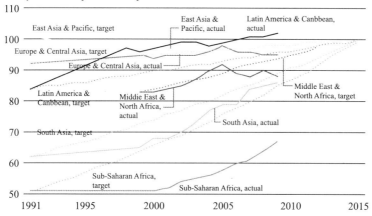

图 2 - 1 - 8　世界各地区基础教育完成率

资料来源：United Nations Educational，Scientific and Cultural Organization Institute of Statistics and World Development Indicators database。

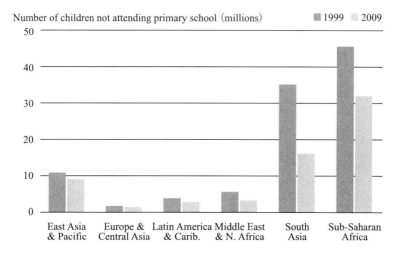

图 2 - 1 - 9　世界各地区未接受初等教育的儿童数量

资料来源：United Nations Educational，Scientific and Cultural Organization Institute of Statistics。

表 2 - 1 - 10　2011 年非洲拟选国家各阶段毛入学率　　　　　　单位:%

国　　家	小学	中学	高等学校
阿尔及利亚	109.00		32.09
布基纳法索	79.44	22.60	3.86
喀麦隆	119.38	51.30	12.45
佛德角	109.35	89.74	20.43
中非	94.11	18.02	3.00
乍得	100.76	25.39	2.32
刚果（金）	95.98	39.78	
刚果（布）	116.11		8.98
埃塞俄比亚	105.58	37.58	7.64
加纳	107.28	58.14	12.14
几内亚	97.99	41.71	11.27
利比里亚	103.00	44.80	
马达加斯加	148.37		4.09
马里	81.67	39.48	6.10
毛里塔尼亚	100.98	27.05	4.73
毛里求斯		90.90	32.45
莫桑比克	110.86	26.38	4.89
尼日尔	70.79	14.44	1.51
卢旺达	141.71	35.81	6.60
塞拉利昂	124.72		
多哥	139.44	56.49	10.50
突尼斯	109.85	92.60	37.08
乌干达	113.22		9.15
赞比亚	117.35		
津巴布韦			6.00

资料来源:世界银行,《非洲发展指标》,2013 年 2 月 22 日。

随着人口的迅速增加,学龄人口水涨船高,严重超出了国家百废待举状态下的承受能力,无力进一步加大对教育的投入。人口的大量增加使教育不堪重负。各国

女性入学人数与男性入学人数之比(%)

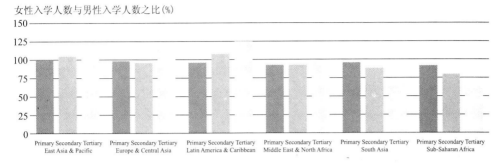

图 2-1-10　2008 年世界各地区女性入学人数与男性入学人数比例

资料来源: Unlted Nations Educational, Scientific and Cultural Organization Institute of Statistics and World Development Indicators database。

普遍存在经费不足的问题,例如,1970 年非洲人均教育支出为 7 美元,1980 年 41 美元,1985 年 37 美元[1],但到了 1988 年,撒哈拉以南非洲的教育支出减少到人均 16 美元,不及亚洲国家的 1/4[2]。各等级教育结构不够合理,中小学教育发展较高等教育更为缓慢,这也反映出国家急需高等级"人才"。同时,存在教学实验设备不足而陈旧、教科书等图书资料严重不足的问题,例如,1992 年小学教科书与学生人数比例为 1∶9,英语 1∶5,社会科学只有 1∶20。[3] 师资力量更是不足。2007 年联合国教科文组织 50 周年报告中指出,虽然许多非洲国家已经独立约 30 年了,但是能够普及初等教育的国家却很少,在中等教育方面的情况则更糟:许多非洲国家只有 4%～5%的适龄儿童有机会接受中等教育,在多数非洲国家,有关年龄组仅有不到 1%的人有机会接受某种形式的高等教育,工业化国家大约有 25%～75%的人能接受高等教育[4]。这足以说明非洲教育的严重滞后。

　　根据世界银行的统计数据(图 2-1-11、图 2-1-12),2011 年全球中学入学率已达到 70%以上,中东和北非达到 75%,而撒哈拉以南非洲仅为 40%,刚刚达到 20 世纪 70 年代的世界平均水平。从高等院校入学率来看,1970—2011 年全球平均水平从 10%提升至 30%,中东和北非从 5.5%提升至 30.5%,撒哈拉以南非洲仅从 0.85%提升至 7.57%。教育机会的不均等,加剧了撒哈拉以南非洲的贫困,带来经济社会的不稳定。

①　舒运国:《非洲人口增长与经济发展》,上海:华东师范大学出版社,1995 年,第 150 页。

②　U.E.Nnadozie, African Economic Develoment,Amsterdam,2003:209.

③　N.Van De Walle, African Economies and the Politics of Permanent Crisis 1979—1999,Cambridge,2001:99.

④　舒运国:《非洲人口增长:挑战与机遇》,载《当代世界》,2012 年第 6 期,第 42 页。

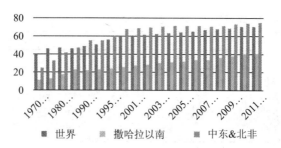

图 2‑1‑11　1970—2011 年世界及非洲各区中学入学率

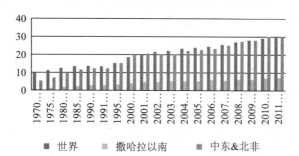

图 2‑1‑12　1970—2011 年世界及非洲各区高等院校入学率

科技人才严重不足是非洲各国人力资源中智力资源短缺的一大问题,远不能满足经济快速发展的需要。同时,人才外流也是一大财富损失。非洲的高级人才和技术专业人才外流,加剧了非洲智力资源匮乏的严重性。为了提高就业人员的素质,非洲国家十分重视发展职业技术教育与培训。近年,非洲联盟提出的非洲职业技术教育与培训振兴战略正朝着好的方向发展,非洲国家纷纷把这种教育作为发展非洲经济、解决民生问题和发展非洲现代化的重要工具,如肯尼亚和加纳分别提出了《职业技术教育与培训》和《教育战略计划 2010—2020》[①]。职业教育与培训投资少、见效快,可紧密结合劳动力市场需要,提高劳动生产率,促进经济发展,是一种行之有效的发展模式。

从非洲人口数量和质量的分析中可以看出,人口的数量和质量是非洲至今仍然面临的一对性质相同而表现形式不同的内在矛盾。一方面,非洲面临人口迅速增长所带来的巨大而沉重的压力,如粮食不能自给、失业、教育、医疗卫生、社会治安等一系列问题。另一方面,非洲人口素质不高,各等级技术人才严重短缺则拖了非洲经济快速发展的后腿,从而更增加了非洲人口的巨大压力。因此,可以说非洲人口压力的严重性是人口数量猛增而质量又难以大幅提高,双重压力并存共生的结果,而

---

① 李良球:《非洲职业技术教育与培训发展报告(2012—2013)》,载刘鸿文主编《非洲地区发展报告(2012—2013)》,北京:中国社会科学出版社,2013 年,第 401 页。

质量问题更具长远的挑战性。在当代全球一体化、信息化加速、科学技术一日千里的形势下,现代化生产对于劳动力素质的要求越来越高。劳动力的智力水平,不仅决定劳动生产率的高低、企业竞争力的强弱,也决定国家经济发展的竞争力,因而可以说,一个国家发展的决定性因素是人口质量而不单单是人口数量。正如加蓬邦戈大学校长科利维拉所说,"非洲国家不发达的原因之一,是人的素质不高,加蓬有的是自然资源,缺乏的是各种技术人才"。[①]

四、人口高速增长下的非洲经济社会

人口高速增长,质量低下,长期制约着经济发展速度。人口问题不单纯是生育问题,而是涉及许多方面的综合性问题。一个国家或一个地区的适度人口规模,取决于自然资源丰富度及其承载容量和经济发展水平,其中经济发展和人口增长的关系最为密切,是主要的和根本性的相关关系。

综观非洲独立后,人口数量快速增长而人口质量提高缓慢所造成的巨大人口压力,给非洲国家民族经济的恢复和自主发展造成了不少负面的影响,主要表现为资本积累不足、人力资源充足而素质低下、失业率高、人民生活贫困、粮食安全形势严峻、脱贫任重道远、生态环境恶化。

1. 人口高速增长与经济发展速度失衡

人口增长与经济发展的理想关系是协调发展,人口数量对经济规模的影响是最主要的表现形式,人口增长如果过快乃至大大超过经济增长的速度,必将引起经济社会的一系列混乱。人口数量过多或过少都会对经济发展产生消极的影响。随着非洲人口数量的高速增加,年龄结构突显年轻化,幼年人口比重居高不下,劳动人口抚养难释重负,造成新增人口消费资金加重而用于经济发展的积累资金严重不足,严重制约着经济发展的速度。按经济学家估算,人口与国民收入需保持在 1∶3 到 1∶4 的比例。[②] 2012 年非洲人口增长率为 2.51%,GDP 增长率为 50%,如按 1∶35 计算,新增人口的消费应为当年 GDP 总量的 1.75 倍。[③] 这可以看出非洲人口增长速度和规模大大超过了经济总量的承载能力,因此,如不控制人口增长速度,就难以维持人口基本的生存需求而陷入持久的贫困之中难以脱贫,举债度日难以避免。20 世纪 80 年代以后非洲经济逐渐走上快速发展的轨道,但人口增长速度居高不下,人均 GDP 走上了下坡路,以致有些国家穷上加穷,如乍得、尼日尔人均 GDP 下降了 30%

---

① 《科利维拉对〈人民日报〉记者的谈话》,载《人民日报》,1990 年 1 月 1 日。

② 郑志晓:《人口经济》,北京:人民出版社,1994 年,第 51 页。

③ 人口增长率 2.51%,需求增长的 GDP 需达到 2.51% * 35 = 8.75%,相当于原 GDP 增长倍数 8.75% ÷ 5% = 1.75。

以上。2000年,有些非洲国家比刚独立时的60年代还要穷。[①] 20 世纪90年代中期以后,非洲人口增长速度有所放缓,已从 1990—1995 年的 2.57% 波动起伏地下降到 2005 年的 2.46%,而后缓慢上升至 2.5% 左右。但非洲经济出现了较快发展的态势。2012 年,非洲经济发展最快的 11 个国家为利比亚(100.7%)、塞拉利昂(26.5%)、尼日尔(9.1%)、利比里亚(8.4%)、卢旺达(7.9%)、安哥拉(7.5%)、莫桑比克(7.5%)、加纳(7.4%)、埃塞俄比亚(7.0%)、科特迪瓦(7.0%)、刚果(金)(7.0%)。但有少数国家发展十分缓慢,甚至出现负增长,如埃及(1.1%)、马里(1.0%)、几内亚(−0.5%)、冈比亚(−1%)、苏丹(−11%)。[②] 其中埃及、马里、苏丹三国经济发展滞缓是政局动荡混乱所致。但从非洲总体上看,约 1/3 的国家经济增长率达 6.0% 以上。[③] 总体上看,经济增长达到 2015 年非洲脱贫人口减少一半所需的 7% 的增长率自然困难重重,要达到“千年发展目标”,控制人口增长,提高人口质量,加速经济增长,促使人口与经济发展走上协调发展之路才是势在必行的战略对策选择。

根据对世界 194 个国家的回归分析,人口增长率与人均 GDP 增长率存在较为显著的负相关关系,而对撒哈拉以南非洲 44 个国家的回归分析中,可以看出两者的负相关关系更强,说明在非洲人口增长对经济增长的控制作用更加明显。从撒哈拉以南非洲 50 年的人口增长与人均 GDP 增长走势(图 2 - 1 - 13)的对比与分析中可以看出,人口增长越快,人均 GDP 增长越慢,尤其在 20 世纪 70—90 年代,人均

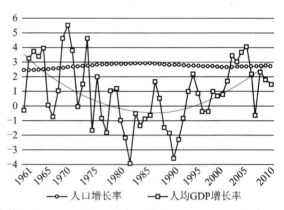

图 2 - 1 - 13　1960—1912 年撒哈拉以南非洲人口增长率与人均 GDP 增长率走势(%)

GDP 甚至多年为负增长。撒哈拉以南非洲人口增长率的上升意味着更大程度上的人均 GDP 增长率的降低。从曲线性回归结果上看,若非洲某国的人口增长率增加 1 个百分点,则其人均 GDP 增长率将会降低约 1.3 个百分点。因此,非洲所面对的高速人口增长问题,将是制约其经济发展和人均收入提高的重要因素,但这一问题不能

①　*Africa South of the Sahara 2002*,European Publication Lmd,2002:13.

②　UNECA,Annual Report 2013,http://www. uneca.org/cfm.

③　Dispite global slowdown,African economies growing strongly,2012 - 10 - 4,http://www. worldbnk. org/cn/news/press-release/2012 -/10/04.

单纯通过经济发展而自然解决,必须从政策高度寻求解决。[1]

　　2. 人口高速增长,土地承载力压力增大,粮食安全问题严重

　　人是生产者,又是消费者。人创造财富是在消耗多种自然资源如土地、能源、水、矿产等的基础上获得的。在非洲经济社会发展的现实水平下,土地资源在人地关系中又占据着主要地位,它与食物来源的保证直接相关。非洲土地资源存在着潜在优势,从目前看其土地利用水平是很低的,如谷物的单产水平和草场的载畜量均很低。农业热能资源利用不足,多数地区还是一年一熟制,而大多数地区是可以一年二熟或三熟的。非洲地表水资源丰富,灌溉利用率很低,除埃及、苏丹和南非外,其余国家灌溉地还不足耕地的 1‰。落后的农业技术和弱小的生产规模跟不上人口高速增长的需要,有不少国家长年缺粮,农业面临着巨大的人口压力,为满足居民的粮食需要不得不大量进口。粮食问题已成为一个极其敏感的问题,在缺粮的威胁下,局部地区冲突和战乱迭起,难民流徙,往往引起粮荒骚乱,间接导致严重的后果。至今,非洲粮食危机重重,走出缺粮困境步履艰难。许多非洲国家的粮食自给率在20 世纪 60 年代初为 98％,基本能够自给。非洲 54 个国家中,有 40 多个国家粮食供应不足。撒哈拉以南非洲缺粮形势更为严峻,40 多个国家中有近 30 个国家的人均粮食供应低于最低需要量。据统计,全球因饥饿而死亡的人口中非洲人口约占 3/4。为解决缺粮之苦,非洲国家不得不花费业已十分紧缺的外汇进口粮食。从贸易量来看,非洲粮食贸易主要为谷物贸易。过去 50 多年来,非洲粮食贸易一直处于净进口状态,且呈不断集中增加的态势。例如,非洲 2010 年进口粮食高达 5160 万吨,占世界粮食进口总量的 19.4％。自 20 世纪 60 年代以来,非洲粮食进口的增长率经历了一个波动起伏增长的过程(见图 2 - 1 - 14)。[2]

　　如遇天灾人祸,缺粮问题更加突出。例如,2011 年非洲之角遭遇 60 年一遇的大旱,受灾人口高达 1200 万,5 岁以下儿童营养不良率达到 26.8％。

　　非洲缺粮日益严重,是自然、经济、社会、人口等多种因素综合作用的结果,但其中最重要的原因之一是缓慢的粮食增长不能满足快速增长的人口的需要。例如,2007 年非洲人口达到 9.44 亿,比 2004 年增加了 0.59 亿,若以 2006 年世界平均粮食消费量 314 公斤计算,需 18526 万吨粮食来满足新增人口的口粮需要。据联合国人口统计,自 2008 年以来,非洲人口的增长率仍高达 5.0％,撒哈拉以南非洲更高达7.0％,庞大的人口基数加上快速增长,预测 2020 年非洲人口将达 12.70 亿人,2025

　　① 卫琛:《非洲人口的"马尔萨斯陷阱"与国际援助下的计划生育运动》,载《中国卫生运动研究》,2013 年第 11 期,第 17 页。
　　② 朱晶:《非洲粮食存在的问题及相关对策建议》,载张红生主编《第三届"走非洲,求发展"论坛论文集》,南京:南京大学出版社,2013 年,第 161 页。

图 2‐1‐14　1961—2009 年非洲谷物贸易量

年达 13.8 亿,这种爆炸式的人口增长,使粮荒雪上加霜,用什么来养活新增加的非洲人口已成为非洲国家必须应对的现实挑战。[①]

由此可见,非洲人口增长率过高且远远超过粮食供应能力的问题,只是人口与粮食问题的一个方面,而粮食生产水平低下和商品率不高乃是人口与粮食的另一方面。为了解决粮食安全问题,非洲必然需要采取战略性对策控制人口增长。非洲小国众多,国情复杂,提高农业生产水平绝非一朝一夕之事。控制人口增长、提高人口素质,加快粮食增产进程,促进两者走上协调发展之路,才是长期的人口发展战略选择。

3. 人口压力下的生态环境退化日益严重

世界人口增长引起了生态环境恶化,日益受到各国政府和学术界的重视与关切,人口对自然资源的消耗不断增加,甚至对自然资源的掠夺性索取日益严重,自然界可供利用的资源日益减少,人口增长与资源减少的矛盾日显尖锐,这在非洲更为突出。撒哈拉沙漠南侵日趋严重,加之萨赫勒干草原地带过牧加剧了干旱程度,导致草场退化而趋于沙漠化。随着非洲人口的快速大量增加,对各类生活、生产资料的需求大幅上涨,导致人民不得不更加无节制地向自然进行掠夺性的索取,如乱砍滥伐树木作燃料,毁林开荒种粮等加速了对森林的破坏,加重了水土流失,使土壤肥力下降并退化,抛荒休闲制的周期缩短,粮食产出率大大降低,靠天吃饭的日子越来越艰难。联合国的科研人员在非洲调研后指出,"随着人口压力增加,土地休耕期越来越短,土壤肥力还未得到恢复便要再次种植,这使土壤有机成分减少,土壤储水能

---

① 姜忠尽:《中非农业合作粮食安全战略选择——论非洲粮食生产基地战略》,载姜忠尽主编《第二届"走非洲,求发展"论坛论文集》,南京:南京大学出版社,2011 年,第 4 页。

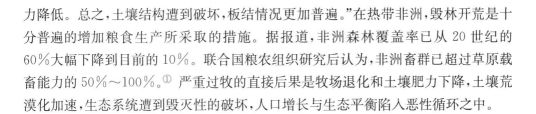

力降低。总之,土壤结构遭到破坏,板结情况更加普遍。"在热带非洲,毁林开荒是十分普遍的增加粮食生产所采取的措施。据报道,非洲森林覆盖率已从 20 世纪的 60％大幅下降到目前的 10％。联合国粮农组织研究后认为,非洲畜群已超过草原载畜能力的 50％～100％。[①] 严重过牧的直接后果是牧场退化和土壤肥力下降,土壤荒漠化加速,生态系统遭到毁灭性的破坏,人口增长与生态平衡陷入恶性循环之中。

五、非洲人口发展战略对策——控制人口数量,提高人口质量

恩格斯指出,"历史中的决定性因素,归根结底是直接生活的生产和再生产,但是,生产本身又有两种,一方面是生产资料的生产;另一方面是人类自身的生产,即种的繁衍"。可见人口增长是人类本身繁衍的结果,也是人类社会发展的基础,但人类的生存发展离不开自然环境。人类利用自然的能力是有限的,而自然界能提供给人类利用的资源在一定历史时期内也是有限的,这取决于人类本身的数量和技能。因此,在一定的历史时期,人口增长过快而质量不高,超过了自然能承受的能力,低水平和低质量地利用自然将导致自然环境退化、人类生活水平下降。

在现实生活中,必须坚持资源、环境、人口、经济可持续发展的理念。人口数量增长、经济发展水平与自然生态的承受力应保持协调一致,不能以牺牲环境为代价来满足新增人口的需要。20 世纪 60—70 年代非洲国家普遍没有意识到控制人口增长的重要意义,缺乏正确的生育观念,更没有计划生育观念,因此人口增长走上了飞速的快车道。20 世纪 80—90 年代以后,人口增长过快带来的人口对资源、环境、发展的沉重压力日显突出,客观上迫使非洲国家不得不开始考虑新的人口政策。有些人口压力巨大的非洲国家制定了计划生育政策,但在执行中因种种原因难以实施,更有甚者,纸上计划成了一纸空文。这与传统落后的生育观念有着直接的因果关系,需要加强计划生育宣传力度、改变传统生育观念、积极贯彻计划生育政策精神、普及和提高女性教育水平,以有效地逐步控制和降低生育率。

加大智力教育投资,发展多种形式教育,是提高人口质量的势在必行的战略对策。从各国实践经验可以看出,在人民教育文化水平提高以后,人们将会自觉地逐渐控制生育,从而人口出生率也随之下降,这对人口的计划增长将起到积极作用。

六、人口组成

人口组成(Population composition)亦称人口结构,按人口的不同属性、特征将其划分为不同组成部分,并以各组分占总人口的百分比来表示的一种人口统计和描述指标。在各类人口组成中,年龄构成和性别构成是人口群体最基本的特征。年龄

---

① 舒运国:《非洲人口增长:挑战与机遇》,载《当代世界》,2012 年第 6 期,第 41 页。

和性别不仅影响人口再生产的规模和速度,亦是进行人口预算和制定人口政策的重要依据。因此,人口组成是人口学和人口经济学研究的重要方面,也是人口地理学研究的重要内容之一。

1. 人口年龄构成

人口的年龄构成(Age composition)是在人口的出生、死亡、迁移的动态变化过程中形成的,世界各国经济社会发展阶段和发展水平不同,人口结构的表现特征也大不相同。第二次世界大战以后,非洲人口一直处于高速增长的态势是与其人口的高生育率持续不变、高死亡率趋降紧密相关的。据统计,非洲人口的年龄结构表现出年轻化和年龄结构波动幅度小的特点。长期以来,非洲人口增长率高居不下,人口规模迅速扩大,2000—2010 年的 10 年间人口增加了 27.56%,高出世界人口增长率 12.87%一倍多,在世界各洲中是最高的。但非洲人口的平均寿命又是世界最低的,2012 年撒哈拉以南非洲人口预期平均寿命只有 56 岁,因而非洲人口呈现年轻化。

根据 1956 年联合国《人口老龄化及其社会经济后果》确定的划分标准,当一个国家或地区的 65 岁及以上老年人口数量占总人口的比例超过 7%时,则意味着这个国家或地区进入老龄化阶段。与北美、欧洲等已经进入老龄化阶段的区域相比,非洲人口明显属于年轻化阶段。根据世界银行世界发展指标统计,2010 年北美和欧洲早已进入老龄化社会,65 岁及以上的老年人口的比例已分别达 13.17%和 10.9%;在广大的发展中地区,只有东亚和太平洋国家已开始进入老龄化阶段,65 岁及以上老年人口比例已达 7.45%;撒哈拉以南非洲 0—14 岁人口比例达到 43.41%,65 岁及以上人口仅占3.08%,这与非洲高出生率、高死亡率的人口增长模式以及非洲相对落后的经济状况是相吻合的(图 2－1－15、表 2－1－11)。

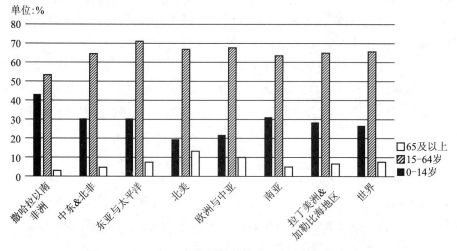

图 2－1－15　2010 年非洲与其他地区人口年龄构成对比

表 2 - 1 - 11　2010 年非洲与其他地区人口年龄构成对比　　　　单位:%

地　区	0—14 岁	15—64 岁	65 岁及以上
撒哈拉以南非洲	43.41	53.51	3.08
中东 & 北非	30.61	64.62	4.77
东亚与太平洋	21.35	71.19	7.45
北美	19.51	67.32	13.17
欧洲与中亚	21.94	67.97	10.09
南亚	31.26	63.82	4.93
拉丁美洲 & 加勒比海地区	28.43	64.97	6.61
世界	26.71	65.64	7.65

资料来源:根据世界银行数据库编制。

　　"人口金字塔(Population Pyramid)"是形象、直观地表现人口年龄构成的工具。年轻人口比重越大,塔的底座越大,顶端越尖;年轻人口比重越小,则塔身越接近下窄上宽的形状。大多数发展中国家属于高生育率、低死亡率导致的少年儿童人口比重大的年轻型,发达国家人口趋于低生育率、低死亡率所致的老年人口比重高的老年型。[1] 1950 年、2000 年、2005 年及 2050 年非洲人口金字塔示意图见图 2 - 1 - 16、图 2 - 1 - 17、图 2 - 1 - 18 和图 2 - 1 - 19。

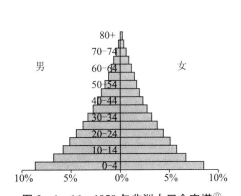

图 2 - 1 - 16　1950 年非洲人口金字塔[2]

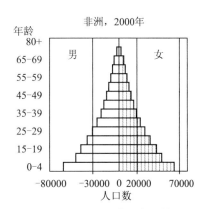

图 2 - 1 - 17　2000 年非洲人口年龄性别结构图[3]

①　左大康主编《现代地理学词典》,北京:商务印书馆,1990 年,第 663 - 664 页。

②　资料来源:Roy Cole,Harm J. De Blij,*Survey of Subsaharan Africa :A Regional Geography*,Oxford:Oxford University Press,2007:133。

③　资料来源:游允中《人口与老化》,http://www.ccswf.org.tw。

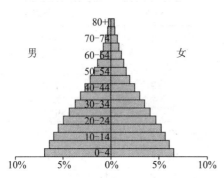

图 2-1-18　2025 年非洲人口金字塔①

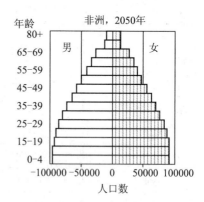

图 2-1-19　2050 年非洲人口年龄性别结构图②

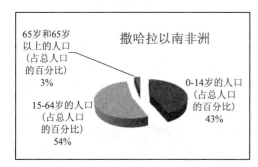

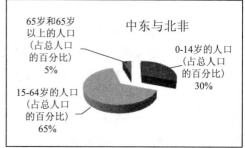

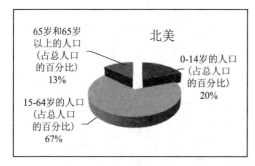

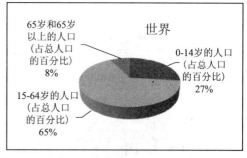

图 2-1-20　2010 年世界拟选地区人口年龄构成

2. 人口性别构成

性别是人口最基本、最重要的特征之一。性别构成(Sex composition)指男性与女性人口数量在总人口中的比例关系。影响人口性别构成的主要因素有出生婴儿

　　①　资料来源:Roy Cole, Harm J. De Blij, *Survey of Subsaharan Africa: A Regional Geography*, Oxford: Oxford University Press, 2007:133。

　　②　资料来源:游允中:《人口与老化》, http://www.ccswf.org.tw。

男女性别比例、男女年龄死亡率差异、移民的性别选择性,以及战争、城乡差别等政治和经济因素。2012 年非洲六国人口年龄构成见图 2-1-21。

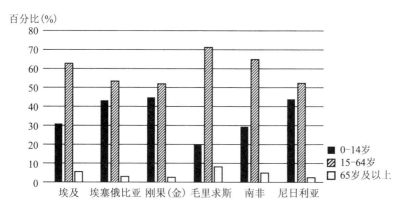

图 2-1-21　2012 年非洲六国人口年龄构成
数据来源:根据世界银行数据库统计编制,http://data.worldbank.org.cn/。

人口性别比与经济、社会、文化环境密切相关。世界人口性别比基本是平衡的,保持在 100~101 左右,男性略多于女性。人口性别比根据年龄的不同,存在一个基本规律,即在所有地方新出生婴儿比例基本是男性大于女性,达到 104~107 左右,随着年龄增长,在青壮年时期,人口性别比降为 100 左右,到了老年时期,因女性平均寿命比男性要长,老年性别比一般会降至 100 以下。在中东和北非国家,因为社会文化因素的影响,女性数量明显少于男性,人口性别比一直大于 100,甚至超过 102;而撒哈拉以南非洲则恰恰相反,人口性别比一直小于 100,说明女性人口数量比男性人口数量要多(图 2-1-22)。许多证据表明,女性比男性更加"吃苦耐劳",并且在得到平等对

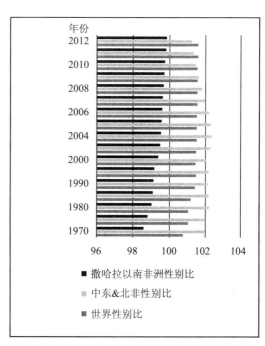

图 2-1-22　1970—2012 年非洲不同地区人口
性别比比较图

待的情况下更容易生存。在撒哈拉以南非洲相对较差的生存环境中,由于战争、社会动荡、政治动乱等因素,男性死亡率更高,女性具有更强的生存优势。1970—2012

年非洲各地区女性人口比例对比分析见图 2‐1‐23。1970—2012 年非洲六国人口性别构成见表 2‐1‐12、图 2‐1‐24。

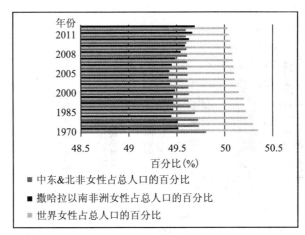

图 2‐1‐23　1970—2012 年非洲各地区女性人口比例对比分析图

表 2‐1‐12　1970—2012 非洲六国人口性别构成　　　　　　　　　　单位:%

国　家		1970 年	1975 年	1980 年	1985 年	1990 年	1995 年	2000 年	2005 年	2010 年	2012 年
马里	女	49.963	50.079	50.229	50.343	50.595	50.384	50.131	49.872	49.653	49.616
	男	50.037	49.921	49.771	49.657	49.405	49.616	49.869	50.128	50.347	50.384
埃及	女	49.830	49.837	49.890	49.834	49.764	49.760	49.696	49.732	49.784	49.786
	男	50.170	50.163	50.110	50.166	50.236	50.240	50.304	50.268	50.216	50.214
尼日利亚	女	49.861	49.776	49.569	49.572	49.511	49.464	49.372	49.265	49.160	49.123
	男	50.139	50.224	50.431	50.428	50.489	50.536	50.628	50.735	50.840	50.877
坦桑尼亚	女	50.824	50.730	50.637	50.547	50.477	50.406	50.277	50.129	50.025	50.002
	男	49.176	49.270	49.363	49.453	49.523	49.594	49.723	49.871	49.975	49.998
南非	女	50.225	50.175	50.261	50.293	50.523	50.735	50.994	51.286	51.503	51.489
	男	49.775	49.825	49.739	49.707	49.477	49.265	49.006	48.714	48.497	48.511
刚果(金)	女	51.534	51.255	51.022	50.821	50.655	50.520	50.430	50.353	50.331	50.327
	男	48.466	48.745	48.978	49.179	49.345	49.480	49.570	49.647	49.669	49.673

数据来源:世界银行数据,http://data.worldbank.org.cn/。

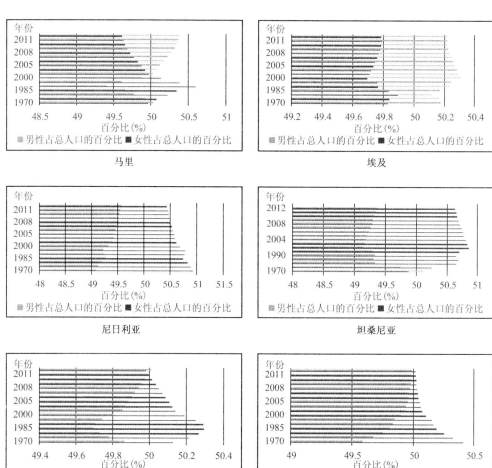

图 2 - 1 - 24   1970—2012 年非洲六国性别构成图

七、人口预期寿命

人均预期寿命可以反映出一个社会生活质量的高低。社会经济条件、卫生医疗水平限制着人们的寿命,因此人口平均预期寿命是衡量一个社会的经济发展水平及医疗卫生服务水平的指标。

中东和北非的人口预期寿命高于世界平均水平,撒哈拉以南非洲人口预期寿命则低于世界平均水平。撒哈拉以南非洲从 1970 年的 44 岁提高至 2012 年的 56 岁(图 2 - 1 - 25),尚未达到 20 世纪 70 年代世界平均预期寿命 59.5 岁的标准,从一个侧面反映出撒哈拉以南非洲社会生活质量处于较低水准,社会经济条件、卫生医疗水平都有待提高。

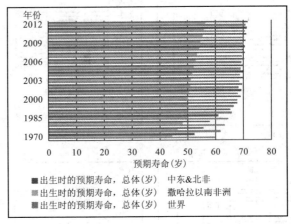

图 2‐1‐25　1970—2012 年非洲与世界人口出生时预期寿命

第二节　非洲人口的空间分布与人口移动

人口分布是人类活动在地理空间上的重要表现形式,也是人口现象的一个重要侧面,人口在空间上的分布规律和特点与人类生存的地理环境条件和资源开发利用的程度及水平有着密切的联系。一方面,资源开发利用及其在空间上的分布的变化直接对人口分布在空间上的变化起着决定性的作用;另一方面,人口分布状况及其变迁也直接影响着资源开发和经济发展。非洲人口空间分布的变迁虽然受多种因素的制约,但它与资源的开发和经济的发展之间的联系是最根本的联系。本节仅探讨非洲人口空间分布的规律与特点。

一、非洲人口空间分布的历史变迁

非洲目前的人口空间分布的规律特点,是经历了漫长的历史过程形成的。非洲人口空间分布演变的过程反映出如下特点:人口逐步向地理环境条件比较优越、适宜人类生存定居、资源丰富而易于开发利用、社会条件比较安定而适于人类安居乐业的地区集聚;向沿河两岸、沿湖周围、沿海地带等集聚;不同民族间的混居杂处,通婚融合;资源争夺和频繁的战争;土著居民的大迁移或消失;外来人口的增加与扩散。班图人的迁徙、古王国的兴衰、奴隶贸易、阿拉伯人入侵和欧洲人殖民入侵,是非洲人口分布空间演变的决定性因素。

1. 班图人的迁徙

班图人是非洲最大的人种集团,约占全非洲人口的 1/3,主要分布在赤道以南的广大地区。班图人大约从公元 1 世纪起,从原分布地区尼日利亚与喀麦隆交界的贝努尔河流域开始向西、南、东三路迁徙,其规模最大、范围最广、历史最久,直到 19 世纪才结束。根据国内外学者的研究,班图人的迁徙大致分为三条路线:

(1) 东线——端点为东非海岸,缓慢地向以内陆维多利亚湖区为主要扩散地的大湖地区扩散。

(2) 南线——班图人南迁十分复杂,第一阶段扩散至鲁伍马河与赞比西河之间的地区;第二阶段扩散至赞比西河与林波波河之间的地区;第三阶段进一步向南扩散,占据了南非北部和东部广大地区。学术界对班图人南迁路线有着不同的看法,主要有四种路线图。①

(3) 西线——班图人西迁范围北起刚果(金)北部,南至安哥拉南部边界,西起大西洋沿岸,东至大湖地区。

班图人迁徙足迹遍及撒哈拉沙漠以南大部分地区,对非洲古代历史发展、民族构成、人口空间分布、地区资源开发和经济社会发展影响十分深远,历史意义重大。班图人在迁徙过程中,人口不断繁衍,农业畜牧业、手工业日益发达;加速原始民族的瓦解,形成大部落联盟,出现国家组织,如刚果河流域诸国、赞比西河与林波波河之间的班图诸国、东非大湖地区诸国。最为重要的是班图人的迁徙奠定了撒哈拉以南的民族分布的基本格局,这是撒哈拉以南非洲历史上人口和民族的分布空间演变引起社会经济相应发展变化的有力例证。②

2. 古王国的形成与人口集聚

在广大的撒哈拉以南非洲大陆,除早期出现的东北部的库施王国和埃塞俄比亚高原北部的阿克苏姆王国外,中世纪以后陆续出现了许多王国、帝国,例如西非几内亚湾沿岸的加纳王国和尼日尔河中游地区的马里帝国、桑海帝国,刚果河流域的刚果王国,南部非洲的莫诺莫塔帕王国等。这些王国的核心区域吸引了大量人口,经济远比其他地区发达,对撒哈拉以南非洲的人口分布和资源开发有着重大影响,出现了人口相对集中和经济社会发达的城镇。据《苏丹史》记载,桑海帝国出现了 7077 个村庄,足见当时人口已相当稠密。同时,桑海帝国控制着撒哈拉商路贸易,沟通北非与西非的贸易,在商路沿线上出现了一些著名的城镇。在中、南部非洲,王国的兴衰改变着人口集聚与分散的变化,王国兴盛之时,加速人口的集聚,城镇兴起和繁荣;王国衰败之时,人口往往离国而去。显然,王国的兴衰客观上对一定范围的经济发展和人口再分布起到了重要的作用。③

---

① 何芳川主编:《非洲通史(古代卷)》,上海:华东师范大学出版社,1995 年,第 160 - 162 页。

② 张同铸主编:《非洲经济社会发展战略问题研究》,北京:人民出版社,1994 年,第 110 - 111 页。

③ 张同铸主编:《非洲经济社会发展战略问题研究》,北京:人民出版社,1994 年,第 111 - 112 页。

3. 奴隶贸易

在持续 450 年之久的奴隶贸易过程中,非洲大陆损失了数以亿计的人口,尤其在西非和东非地区,人口损失严重,人口分布严重失衡,贩卖奴隶的地区的人口大大减少。西非几内亚湾沿岸的黄金海岸(今加纳)、贝宁、多哥、尼日利亚,中西非大西洋沿岸的刚果、刚果(金)、加蓬、安哥拉,东非印度洋沿岸的索马里、坦桑尼亚、莫桑比克均是奴隶贩卖最猖獗的地区,导致人口减少、田园荒芜、村庄凋敝,加剧了部落间的冲突和战争,许多部落处于不断迁徙之中。同时,由于贩卖奴隶的需要,大西洋沿岸和东非沿海地区出现了一些城镇,成为奴隶贸易的据点,导致撒哈拉以南非洲人口分布的重心和经济发展重心开始由内陆转向沿海地带。[①]

4. 阿拉伯人入侵

阿拉伯人入侵非洲,改变了非洲人口分布的面貌,是世界人口迁徙的重大事象。公元 7 世纪初,阿拉伯人统一阿拉伯半岛以后,开始迅速向外扩张。8 世纪中叶,阿拉伯人建立起横跨亚、非、欧三大洲的阿拉伯帝国,整个北非地区成为阿拉伯帝国的重要组成部分。13 世纪阿拉伯帝国解体之后,北非地区形成了埃及、苏丹、利比亚、突尼斯、阿尔及利亚、摩洛哥等阿拉伯国家,阿拉伯人成为居民的主体。在人种和肤色上,北非与撒哈拉以南非洲呈现出鲜明对照的两个世界。[②]

5. 欧洲人的殖民入侵

17 世纪以后,欧洲殖民者入侵撒哈拉以南非洲,是以掠夺农、矿原料为目标的,一方面掠夺土地资源开办出口作物种植园;另一方面掠夺矿产资源,发展矿业,从而吸引大量欧洲移民不断涌来,随之出现了许多白人居民点。例如,18 世纪初南非的欧洲人不足 1500 人,到 19 世纪 50 年代增加到 2.5 万人。在随后的"黄金狂"、"金刚石狂"时期,欧洲移民蜂拥而至,1904 年欧洲移民达到 12.6 万人以上,改变了南非黑人天下的面貌。在西非和东非,欧洲移民开辟了许多种植园,土地的主人被赶到边远、贫瘠的地区,土著居民不得不以奴隶的身份在欧洲人的种植园里充当苦力。这是撒哈拉以南非洲人口分布上的一个重要变化。殖民者为了资源掠夺开发的需要,修铁路、开矿山、经营种植园,需要大量的劳动力,因而吸引分散的人口集聚,出现了许多不同类型的居民点和城镇。例如,随着铜的现代化开采,赞比亚"铜带"吸引了大量人口集中,使这一原来的荒芜之地逐渐形成矿山-城镇群并成为全国的经济重心,城市人口占到全国城市人口的 60% 以上。这种掠夺型的经济发展是导致撒哈拉以南非洲人口空间再分布的决定性因素之一。[③]

---

① 张同铸主编:《非洲经济社会发展战略问题研究》,北京:人民出版社,1994 年,第 112-113 页。

② 姜忠尽:《世界文化地理》,南京:江苏教育出版社,1997 年,第 221-222 页。

③ 张同铸主编:《非洲经济社会发展战略问题研究》,北京:人民出版社,1994 年,第 113 页。

二、非洲人口空间分布的基本特征

人口分布指某个时刻人口的空间分布状况,包括各类地区总人口的分布,及其某些特定人口如城市人口、民族人口、种族人口等的分布。[1]

非洲人口空间分布的现状,是人类生存发展的历史过程中,即利用和改造自然环境发展经济的进程中人与环境相互作用的综合结果。人口空间分布的规律和特点,反映着人类栖身生存的自然环境的优劣、地区资源开发利用的程度和经济发展的水平,同时也受到地区民族因素及社会特征的种种影响。但应指出,人口空间分布现状不是一成不变的,而是处于动态变动之中的。人口分布往往滞后于生产力的发展和经济中心的转移,这是因为人口空间分布的变化取决于自然增长率和净移民率的时间积累效应,速度相对迟缓,但在人口稀少的新开发区,移民集聚效应会迅速显现。非洲各地的人口因欧洲殖民对农矿资源的掠夺性开发而向开发区迅速集聚的现象是最为有力的例证。具体说来,非洲人口空间分布具有以下特征。

1. 非洲人口分布地域差异突出

(1) 人口密度与人口集聚

表 2-1-13　1970—2012 年非洲与世界人口密度对比　　单位:人/km²

区域	1970 年	1975 年	1980 年	1985 年	1990 年	1995 年	2000 年	2005 年	2010 年	2012 年
世界	28.41	31.33	34.20	37.29	40.67	43.94	47.03	50.03	53.08	54.30
撒哈拉以南非洲	12.28	14.03	16.13	18.58	21.40	24.63	28.14	32.08	36.63	38.64
中东 & 北非	14.94	16.94	19.46	22.63	26.17	29.11	32.00	34.80	37.97	39.30

人口密度是指每平方千米土地上所居住的人口总数,它是表示世界各地人口的密集程度的指标,通常以每平方千米或每公顷土地上的常住人口为计算单位。2012年非洲的人口密度在平均每平方千米 35 人以上,与世界其他地区平均人口密度相比,低于亚洲和欧洲,与拉丁美洲和北美洲相当,低于世界人口平均密度。这表明非洲人口密度趋于增长,但在世界各洲中处于中等水平。2012 年非洲国家人口密度及城乡人口比例见表 2-1-14、图 2-1-26。1968 年与 2012 年非洲人口密度分布情况分别见图 2-1-27 和图 2-1-28。

表 2-1-14　2012 年非洲国家人口密度、城乡人口比例　　单位:人/km²,%

国　家	人口密度	城镇人口比例	农村人口比例
阿尔及利亚	16.16	73.71	26.29

[1] 左大康主编:《现代地理学词典》,北京:商务印书馆,1990 年,第 666 页。

国 家	人口密度	城镇人口比例	农村人口比例
埃及	81.09	43.70	56.30
埃塞俄比亚	91.73	17.28	82.72
安哥拉	16.70	59.91	40.09
贝宁	89.13	45.56	54.44
博茨瓦纳	3.54	62.25	37.75
布基纳法索	60.16	27.35	72.65
布隆迪	383.55	11.21	88.79
赤道几内亚	26.25	39.69	60.31
多哥	122.14	38.51	61.49
厄立特里亚	60.70	21.83	78.17
佛得角	122.68	63.32	36.68
冈比亚	177.00	57.76	42.24
刚果（布）	12.70	64.08	35.92
刚果（金）	28.98	34.83	65.17
吉布提	37.09	77.16	22.84
几内亚	46.60	35.94	64.06
几内亚比绍	59.16	44.57	55.43
加纳	111.48	52.52	47.48
加蓬	6.34	86.46	13.54
津巴布韦	35.48	39.11	60.89
喀麦隆	45.90	52.66	47.34
科摩罗	385.55	28.17	71.83
科特迪瓦	62.39	52.00	48.00
肯尼亚	75.87	24.40	75.60
莱索托	67.57	28.30	71.70
利比里亚	43.51	48.56	51.44
利比亚	3.50	77.91	22.09

国　家	人口密度	城镇人口比例	农村人口比例
卢旺达	464.44	19.43	80.57
马达加斯加	38.34	33.21	66.79
马拉维	168.72	15.85	84.15
马里	12.17	35.57	64.43
毛里求斯	636.19	41.82	58.18
毛里塔尼亚	3.68	41.79	58.21
摩洛哥	72.87	57.41	42.59
莫桑比克	32.05	31.47	68.53
纳米比亚	2.74	38.96	61.04
南非	43.09	62.43	37.57
南苏丹		18.25	81.75
尼日尔	13.54	18.12	81.88
尼日利亚	185.37	50.23	49.77
塞拉利昂	83.48	39.64	60.36
塞内加尔	71.29	42.87	57.13
塞舌尔	191.96	54.01	45.99
圣多美和普林西比	195.94	63.31	36.69
斯威士兰	71.57	21.25	78.75
苏丹	20.22	33.39	66.61
索马里	16.25	38.23	61.77
坦桑尼亚	53.94	27.21	72.79
突尼斯	69.37	66.53	33.47
乌干达	181.90	16.00	84.00
赞比亚	18.93	39.61	60.39
乍得	9.89	21.92	78.08
中非	7.26	39.35	60.65

资料来源:世界银行数据库。

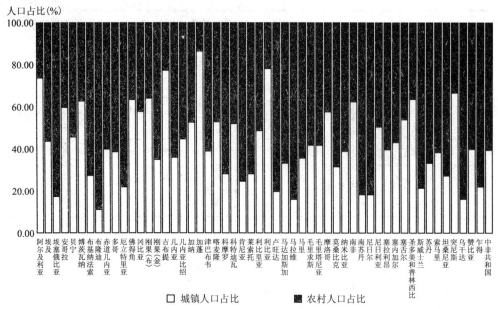

图 2 - 1 - 26　2012 年非洲城乡人口比例①

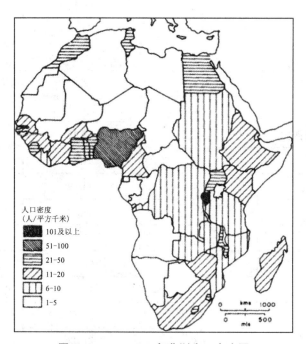

图 2 - 1 - 27　1968 年非洲人口密度图

资料来源:John I. Clarke, *An Advanced Geography of Africa*, Bucks:Hulton Educational Publications,1975:222。

———————————

①　根据世界银行数据库统计制图。

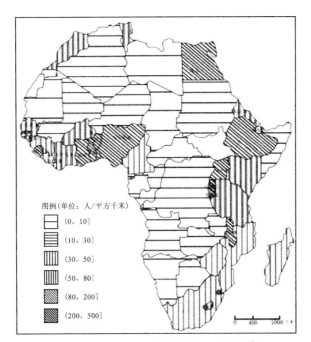

图 2 - 1 - 28　2012 年非洲人口密度图[①]

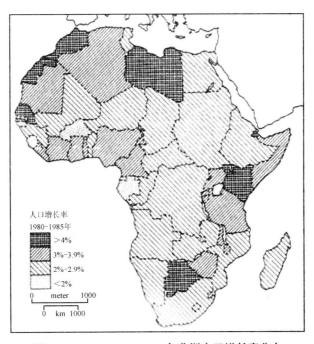

图 2 - 1 - 29　1980—1985 年非洲人口增长率分布

资料来源：A.T.Grove，*The Changing Geography of Africa*，Oxford：Oxford University press，1989：126。

①　根据世界银行数据库统计制图。

137

从非洲本身来看,由于自然条件的复杂,加之历史的、社会经济的多种原因,其人口分布的地域差异十分明显,呈现疏密悬殊的状况。绝大部分人口分布在总面积很小的地域内,人口密度大于每平方千米100人的密集地区面积占总面积的3%,而每平方千米4人以下的地区占总面积的20%。[①] 在北部非洲浩瀚无垠的撒哈拉大沙漠和南部非洲的卡拉哈里沙漠及其西毗连的纳米布沙漠,自然环境恶劣,除散布的绿洲、油气田和矿山区域形成人口较为集中的居民点和城镇外,广大的荒漠地区荒无人烟,人口平均密度在每平方千米2人以下。在非洲热带雨林地区如刚果盆地,自然条件相对较差,气候过于湿热的地区萃萃蝇广布,热带疾病流行,严重影响人畜生存,加之丛林密布,现代交通闭塞,与外界联系十分不便,因而资源开发有限,经济落后,对外吸引力不足,以致人口稀少,仅农垦地段的人口密度有所提高,每平方千米在10人以上。人口较为稠密的地方大致集中于三大区域[②],① 东区:北起东经30°向南至赤道附近折向西至东经25°,再折向南至非洲南端。此线以东,人口分布相对较密且较均衡,人口密度大致每平方千米30~80人,局部地区在万人以上。该区大致可分为四大人口密集区。尼罗河下游谷地、三角洲及苏伊士运河地带,为埃及重要的灌溉农业带和工业地区。埃及几乎全部人口都集中在不足国土面积5%的土地上。尼罗河下游乡村人口密度高达1425人。[③] 苏丹尼罗河吉齐拉三角洲平原、埃塞俄比亚高原北部和东非高原大湖区(主要有维多利亚湖、坦噶尼喀湖、阿尔伯特湖、爱德华湖、基伍湖等)人口密度在每平方千米100人以上,有的地方高达500人以上。吉齐拉平原是苏丹最重要的灌溉农业区,农业发达,人口集中。埃塞俄比亚高原和大湖区均为热带高海拔高原区,气候凉爽宜人,雨量充沛,农业资源开发历史较早,适宜人类生存,是非洲大陆最早出现古王国的地区之一。南部区资源集中在赞比亚"铜矿带"和南非德兰士瓦南部,矿产资源开发是吸引两地人口集聚的最直接的重要因素。赞比亚"铜矿带"以八大矿区为依托,形成了庞大的矿山-城镇群。南非以其最大的城市约翰内斯堡为中心,北至比勒陀利亚,南至萨索尔堡,形成了南非最为庞大的采矿业、制造工业区和非洲最大的人口密集区之一。② 西区:西非几内亚湾沿岸地区,主要包括尼日利亚、贝宁、多哥、加纳等国家。该区自然条件优越,开发历史较早,是欧洲殖民者最早入侵的地区之一,成为非洲最重要的出口作物(如可可、咖啡、油棕、橡胶等)产区。沿海为重要的对外通商口岸,人口稠密,每平方千米在100人以上,尤其是尼日尔河三角洲人口更为稠密,局部地区高达500人以上。尼日尔三角洲

---

① 张同铸主编:《非洲经济社会发展战略问题研究》,北京:人民出版社,1994年,第114页。

② Roy Cole,Harm J. De Blij,*Survey of Subsaharan Africa*:*A Regional Geography*,Oxford:Oxford University Press,2007:122-124.

③ Roy Cole,Harm J. De Blij,*Survey of Subsaharan Africa*:*A Regional Geography*,Oxford:Oxford University Press,2007:122.

石油资源开发和石油工业发展加速了人口集聚过程,城市迅速膨胀,区域人口密度迅速增长。[①]　③ 西北区:北非地中海沿岸马格里布地区,90％以上的人口集中分布在沿海 100 千米以内的狭长地带,人口密度高达每平方千米 200 人以上,有些地区在500 人以上。这一地带是重要的农业带和油气工业带,历史上形成了许多重要的沿海城镇。

（2）非洲人口空间分布形态多姿多样

从人口空间分布的平面形态上看,人口在地球表面的密集状态深受地表形态、地表水体形态、生物资源分布状态等的影响。如果对比世界各大洲的人口空间分布形态,非洲要比其他各大洲更多姿多样,归结起来,大致有以下几种类型:

① 狭长带状,主要出现在河谷地带、沿海平原地带、铁路或公路干线沿线。尼罗河谷地、西北非地中海沿岸最具有典型性。② 片状,主要出现在广大内陆的农业区,多见于低非洲的西非中南部、东部高非洲的三大高原上。高低非洲的人口空间分布形态有不同之处,主要原因在于西非地形比较平坦、海拔较低,而高非洲的高原地带水热条件垂直分异明显,宜人之地处在海拔较高的凉爽地带,因而人口分布随之形成海拔高度不同的片状人口密集区。东非大湖区最为典型。③ 鸟状,主要见于一些国家的首都和大城镇周围、大型的矿区等。④ 点状,主要零星分散于沙漠中的绿洲。[②]

（3）非洲地区和国家人口密度差异明显,分布状态各有特色

按地区人口密度来说,西非地区人口密度最高,东非次之,北非和南非相当,中非最低。从国家人口密度上看,每平方千米超过百人的有 13 个国家,分别为毛里求斯(636.19 人)、卢旺达(464.44 人)、科摩罗(385.55 人)、布隆迪(383.55 人)、圣多美和普林西比(195.94 人)、塞舌尔(191.96 人)、尼日利亚(185.37 人)、乌干达(181.90人)、冈比亚(177.0 人)、马拉维(168.72 人)、佛得角(122.68 人)、多哥(122.68 人)、加纳(111.48 人),其中前 4 个国家都超过 380 人,最高的毛里求斯高达 636.19 人。每平方千米人口在 10 人以下的国家有乍得(9.89 人)、中非(7.26 人)、加蓬(6.34 人)、毛里塔尼亚(3.68 人)、博茨瓦纳(3.54 人)利比亚(3.50 人)、纳米比亚(2.74 人)7 国。上述国家人口密度高低悬殊与所处地理位置和自然环境条件有着密切的关系。一般说来,岛国的人口密度高于大陆上的国家,沿海国家高于内陆国家。上述沿海国家中的利比亚、毛里塔尼亚、纳米比亚的人口密度低主要是因为沙漠面积广大,仅沿海平原地带适宜人类生存。加蓬虽处沿海,但国土的 85％以上为热带森林所覆盖,不宜人类生存。卢旺达和布隆迪虽为深处内陆高原的小国,但人居海拔较高,环境

① 张同铸主编:《非洲经济社会发展战略问题研究》,北京:人民出版社,1994 年,第 114 页。
② 张同铸主编:《非洲经济社会发展战略问题研究》,北京:人民出版社,1994 年,第 116 页。

条件宜人,故人口密度较大。

2. 城市化水平偏低,农村人口比重较大

城市人口结构是按城镇和乡村区分人口分布的一种方法,它反映各国的经济社会发展水平和程度,是社会生产力不断提高、产业现代化加速推进的直接结果。非洲城市化虽呈加速之势,但已呈现出衰减"态势",1950—1970 年的 4.82% 衰减为 1970—2011 年的 3.82%,预计 2011—2030 年为 3.09%,2030—2050 年为 2.68%。[①]但其水平仍是世界上最低的地区之一。

从人口集聚来看,1970—2012 年,随着全球城市化水平不断增长,非洲的人口也逐步向城市集聚。其中北非的城市化水平远远高于世界平均水平,而撒哈拉以南非洲则远远低于世界平均水平。根据世界银行的数据,2012 年全球城市化水平达到 52.5%,中东和北非在 20 世纪 90 年代就已经达到并且超过这一水平,2012 年提高到 60%,而撒哈拉以南非洲 2012 年城市化水平仅达到 36.8%,相当于 20 世纪 70 年代的世界平均水平。地理空间的变迁和一个国家的经济首先由农业经济向工业经济转变,之后由后工业经济向服务经济转变的结构息息相关。人口在空间的集聚在一定程度上反映了该地区经济发展的程度,北非和撒哈拉以南非洲的城市化水平与各自的经济发展趋势是相一致的。1970—2012 年世界与非洲乡村人口比例的对比见表 2-1-15 和图 2-1-30。

2012 年非洲城乡人口的比例为 35:65。在全非洲 54 个国家中,农村人口占 60% 以上的有 29 个,其中占 70%～80% 的有布基纳法索、厄立特里亚、肯尼亚、莱索托、斯威士兰、坦桑尼亚、乍得 7 国,占 80% 以上的有埃塞俄比亚、布隆迪、卢旺达、马拉维、南苏丹、尼日尔、乌干达 7 国。沿海国家和岛国、乡村人口占比一般较低,如北非地中海沿岸的利比亚、突尼斯、阿尔及利亚等阿拉伯国家,农村人口占比例分别为 22.09%、33.47% 和 26.29%。这说明,非洲人口的主体部分仍然在农村。城乡人口分布的失衡给城市和乡村都带来了灾难,加剧了业已形成的城乡对立,因此,发展农村经济,推进乡村全面发展应作为非洲人口发展战略的重点之一。

表 2-1-15　1970—2012 年世界及非洲乡村人口比例　　单位:%

分区	1970年	1975年	1980年	1985年	1990年	1995年	2000年	2005年	2010年	2012年
世界	63.40	62.27	60.63	58.80	57.03	55.22	53.32	50.86	48.39	47.45
撒哈拉以南非洲	80.68	78.56	76.38	74.37	72.10	69.86	68.01	66.08	64.04	63.19
中东＆北非	58.85	55.76	53.05	50.44	48.33	46.39	44.45	42.45	41.02	40.48

① 刘鸿武主编:《非洲地区发展报告(2012—2013)》,北京:中国社会科学出版社,2013 年,第 271 页。

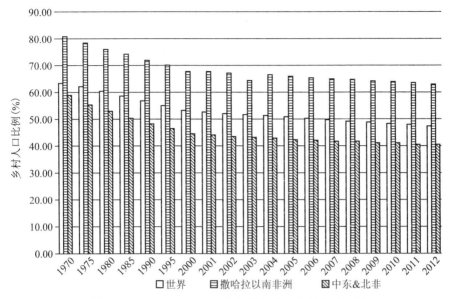

图 2-1-30　1970—2012 年非洲与世界乡村人口比例

三、非洲人口分布的特殊形成——人口迁移和人口流动

人口迁移是人口迁居到另一地点已达一定时间而改变了永久居住地的现象。人口流动是一种短期离开居住地后返回原地的现象。这两类人口移动现象在非洲远比其他大洲突出，在非洲迅速城市化的过程中发挥了重要作用。在上述非洲人口静态分布的基础上进一步探讨非洲人口动态分布十分必要。影响人口迁移和流动的因素很多，主要有自然环境因素如环境恶化、自然灾害等，有经济因素如贫困和失业，有政治、军事因素如民族冲突和战争，有社会文化因素如宗教信仰冲突、传统习俗冲突等。所有这些因素对非洲人口的迁移和流动都有着不同程度的影响，但经济因素是最主要的，就是在当代社会，人们的经济动机往往是人口迁移和流动最直接和最根本的原因。以生产发展水平为主要标志的经济发展，在很大程度上对人口迁移起着决定性的作用，乡村人口向发达城市种植园和矿区的人口迁移，是最好的例证。

人口迁移和流动反映人口分布动态变化的规律和特点，从非洲人口的空间动态变化来看，其人口分布的动态性反映出如下特点[1]：

1. 移动性分布

主要指从事迁徙农业（游耕农业）和游牧业的人口分布。这种分布的特点与他

---

[1]　张同铸主编：《非洲经济社会发展战略问题研究》，北京：人民出版社，1994 年，第 120-123 页。

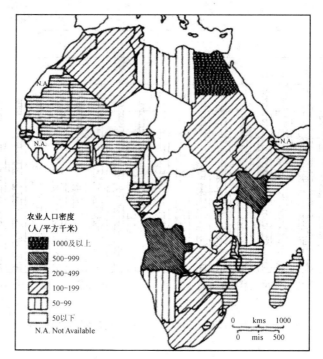

图 2 - 1 - 31 1968 年非洲农业人口密度

资料来源：John I. Clarke，etc，*An Advanced Geography of Africa*，Bucks：Hulton Educational Publications，1975：222。

们的生存环境条件的规律性变化和他们的传统生活方式是密不可分的。迁徙农业主要见于热带森林和热带草原地区，他们从事刀耕火种抛荒休闲式的迁徙农业，几年的耕种期与多年的撂荒期交替，农民随之短期移居。以游牧和半游牧为特点的游牧业是非洲最重要的农业经济类型之一，广泛分布于荒漠、半荒漠和热带草原地区。在撒哈拉沙漠、西非热带草原地带尤其是萨赫勒地带、东非高原热带草原地带，至今仍然盛行着游牧和半游牧方式，牧民随水草而居，移牧不定，半游牧一般有个半固定的家。原始的采集、渔猎经济虽处于衰落之中，但至今仍未绝迹，居住在刚果盆地热带森林中的俾格米人和活动在卡拉哈里盆地荒漠中的布须曼人，仍然过着采集、渔猎的游移性生活。[①]

2. 弹性分布

人口弹性分布主要指从事季节性异地往返移动和定期往返移动的短期农民工的空间分布，农民工们有固定的劳动生活区，但随农事的季节性发生空间变化。例如，咖啡、可可、茶、剑麻、油棕、棉花、丁香、甘蔗等种植区，收获时节需吸收大量农民工做短工，农闲时各自返回家园。这种季节性的劳工移动规模很大，对出口作物区

---

① 曾尊固等：《非洲农业地理》，北京：商务印书馆，1984 年，第 68 - 70 页。

的经济发展起到了重要的推动作用。热带非洲众多的城镇人口的变化也有这种季节性变化特点。农闲季节,大量农民流向城镇如行政中心、商业中心、港口等地打短工,农忙时再返回家园,这是一种城乡人口规律性和相对稳定的人口空间分布变化(图2-1-32)。在许多非洲国家,农民有这种周期性流动的传统。在外流的农村人口中,青壮年劳动力是主力军,这使农村有价值的人力资本大为减少,导致本已落后的农村经济更加缺乏活力,没有生机的农村又往往使得愈来愈多的农村青年进入城市另谋生路,形成城乡人口流动的恶性循环。①

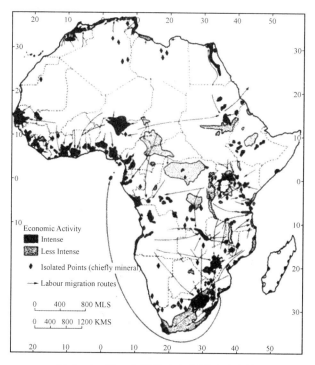

图 2-1-32　非洲劳动力主要迁移路线

资料来源:John I.Clarke, *An Advanced Geography of Africa* , Hulton Educational Publications,1975:238。

3. 集聚性人口分布

这类人口分布主要指出口作物种植区、工矿区和城镇地区的人口分布,随着区域经济发展,区域中心职能加强,吸引区内外人口向中心集聚,外地人携家带口向这些中心区域集聚并长期定居下来,中心区域人口急剧增加,形成人口集聚性的分布。在西非几内亚湾沿岸的国家,是出口作物种植园、矿山开发和沿海港口城市比较集中的地区,是非洲现代经济发展过程中吸引大量外来人口集聚较为突出的地区。尼

---

① 和玉兰等:《非洲乡村工业与乡村城市化初步研究》,载张红生主编《第三届“走非洲,求发展”论坛论文集》,南京:南京大学出版社,2013 年,第 9 页。

日利亚、加纳、科特迪瓦等国沿海地带人口增加最为迅速。在非洲快速发展的主要城市的发展中，移民起着举足轻重的作用。非洲国家独立以后，农村移民成为城市人口增长的主要因素。1969 年赞比亚人口普查显示，220 万成年人口中有 20 多万人从农村迁入城市。1970 年加纳人口普查显示，其首都阿克拉的 63.6 万人中一半出生于本市，另一半则是从农村或小城镇迁入的。[①]

4. 人口流失

非洲至今仍然存在大量人口向洲外迁移的现象，但也有少量洲外人口向非洲迁移。非洲人口外流主要表现为人才流失和劳工外流谋生。受过高等教育的人才流失普遍，且大多流向西方发达国家。但大量的外流人口多以劳工形式流向发达国家和中东产油国家。同时，非洲不断出现以偷渡形式流向海外另谋生路的现象。21 世纪以来，流入中国的非洲人口大有迅速增长之势。据统计，在中国的非洲移民多达10 万。[②] 新世纪以来洲外人口向非洲的流入也大有加速之势。随着中非关系的发展和加强，越来越多的中国人走向非洲。据统计，在非洲的华侨华人已超过 100 万，其中超过 10 万的国家有南非、安哥拉和尼日利亚，分别约为 28 万、26 万、18 万，超过 5万的有苏丹、津巴布韦、马达加斯加等国，而实际上在非洲国家的华侨华人比这一估计数字要高得多。[③]

5. 难民

难民是一种特殊性质的人口动态分布，至今，非洲仍是世界难民人口最多的大洲，其难民总数约占世界难民总数的 1/3，难民问题将另辟一节详细叙述。

第三节　非洲难民

一、非洲难民问题研究概述

1. 难民问题的内涵

难民，英文"refugee"来自法语"refugie"，其意是指为了逃避战争、迫害和自然灾害等原因而被迫离开他们国家的人。[④] 联合国最先对难民进行了明确而权威的界定。《关于难民地位的公约》认为，难民是"由于 1951 年 1 月 1 日以前发生的事情并

---

① 浙江师范大学非洲研究院主办：《非洲研究 2013 年第一卷》，北京：中国社会科学出版社，2013 年，第263 页。

② 刘鸿武主编：《非洲地区发展报告（2012—2013）》，北京：中国社会科学出版社，2013 年，第 521 页。

③ 浙江师范大学非洲研究院主办：《非洲研究 2013 年第一卷》，北京：中国社会科学出版社，2013 年，第210 页。

④ Judy Pearsall，*The New Oxford Dictionary of English*，Oxford：Clarendon Press，1998：1561.

因有正当理由畏惧由于种族、宗教、国籍、属于某一社会团体或具有某种政治见解的原因留在其本国以外,并且由于此项畏惧而不能或不愿受该国保护的人;或者不具有国籍并由于上述事情留在他以前经常居住的国家以外而现在不能或者由于上述畏惧而不愿返回该国的人"。①

《关于难民地位的公约》的立足点是主要解决非洲的难民问题。在非洲,1969 年 9 月 6—10 日,非洲统一组织各成员国聚集在埃塞俄比亚首都亚的斯亚贝巴,专门就非洲的难民问题进行讨论,并且在 10 日签署了《关于非洲难民问题的公约》。该公约在借鉴联合国 1951 年《关于难民地位的公约》中对"难民"的界定的基础上,结合非洲的具体情况,对"难民"进行了更为全面的解释,"在本公约内,'难民'一词应指凡有正当理由畏惧由于种族、宗教、国籍、属于某一社会团体或具有某种政治见解的原因遭受迫害,因而留在其国籍所属国之外,并且不能或由于有这种畏惧而不愿受该国保护的人;或者因不具有国籍并由于上述情况留在他以前经常居住国家以外而现在不能或由于上述畏惧而不愿返回该国的人","'难民'一词也适用于凡由于外来侵略、占领、外国统治或严重扰乱其原住国或国籍所属国的一部分或全部领土上的公共秩序的事件,而被迫离开其常住地到其原住国家或其国籍所属国以外的另一地去避难的人"。② 相比于联合国对"难民"的界定,《关于非洲难民问题的公约》扩大了使用范围,即难民的产生不仅是政治迫害的结果,还有外来侵略、占领、外国统治,或是发生了导致其原籍国或原住国发生严重动乱的事件诸多因素。

2. 国内外相关研究

从国外的研究来看,在 20 世纪 70 年代末以前,对于难民问题的研究还相当地薄弱,仅有一些记者、行政人员和社会工作者会去关心难民问题。但从 20 世纪 70 年代末起,对于难民问题的研究有了突破。研究的范围拓宽,研究的力量壮大,尤为可贵的是出现了一些研究难民问题的机构,这其中最为重要的是牛津和加拿大的难民问题研究中心。③ 不过,国外的论述大多侧重在总体上论述难民。比如对难民的界定、难民的救助、难民问题的影响与解决、难民与法律的关系、某个国家的难民情况等。如阿拉斯达·阿仁(Alastair Ager)在《难民:强迫移民的视角》④的著作中,考察难民的来源,分析了难民的产生原因,并提出了解决难民问题的措施;在联合国难民署的《判定难民身份的程序和标准》中,详尽地介绍了 1951 年《关于难民地位的公约》和

① UNHCR, *Handbook on procedures and Criteria for Determining Refugee Status*, Reedited Geneva, 1992:58.

② 非统组织《关于非洲难民问题的公约》序言第 9 条。

③ Tom Kuhlman, *Asylum or Aid? The Economic Integration of Ethiopian and Eritrean Refugees in the Sudon*, Leiden: African Studies Centre, 1994:2.

④ Alastair Ager, *Refugees: Perspective on the Experience of Forced Migration*, London: Cassell, 1999.

1967 年《关于难民地位的议定书》两个文件,对于难民身份的界定与丧失、难民的权利和义务、缔约国对难民的职责等问题都有说明;罗伯特·乔曼(Robert Gorman)的《非洲难民负担的处理:解决的时机》[①],在分析了世界银行、国际劳工组织、联合国环境规划署和联合国难民署等机构在处理难民问题上的政策的基础上,认为实现难民问题的最终解决,必须将救助难民的目标定为让他们实现自力更生;吉尔·洛什(Gil Loescher)等则从国际关系的角度对难民的相关问题进行了论述[②];理查德·布莱克(Richard Black)在其书中分析了难民、环境和发展的内在关系[③]。

具体到非洲大陆的难民,有彼德·努拜尔的《非洲的难民与发展》(*Refugees and Development in Africa*)等。非洲难民大多数是老人、妇女和儿童,处境艰难、生存环境质量差,由于得不到救济,缺衣少药,许多难民死于营养不良和疾病。据联合国难民高级委员会儿童基金(UNICEF)估计,在安哥拉和莫桑比克的内战与重建中,1986 年有 14 万儿童失去生命,在 1988 年有 14.7 万年轻人丧生。[④] 尼日利亚阿得兰提·阿得泊鞠的《撒哈拉以南非洲国际移民问题及趋势》一文认为,非洲难民数目庞大,成因复杂,其处境可以毫不夸张地称为人间悲剧。撒哈拉以南非洲是最贫穷的地区,那里的难民从最不发达的国家流落到同样不发达的国家,到处是饥荒、战乱、干旱和政治动荡。撒哈拉以南非洲 17 个国家饱受内战的蹂躏,产生了 600 多万难民,另有 1700 万人在本国流离失所。这一地区的难民有几个重要特点:一是流动快,难以预测;二是那些产生大批难民的国家,同时也为邻国的难民提供避难。[⑤]

与国外相比,中国学者在非洲难民问题上的研究则薄弱得多,不仅研究队伍弱小,而且研究的领域也较为狭窄,研究成果并不多。研究难民的学术专著很少(何慧:《失落的家园:20 世纪难民潮》,重庆出版社,2000 年;肖建国:《难民地位的确定》,中国人民大学出版社,1991 年),普及性的读物也仅有一些(王建军:《跨界大逃亡:当代难民潮纪实》,中国文联出版社,1996 年)。研究难民问题的论文也不多,而且也多是集中在总体论述上,如《论难民问题》,载《世界经济与政治》,1997 年第 6 期;《国际法中的难民问题》,载《国际关系学院学报》,1998 年第 4 期;《近年来国内外

---

① Robert Gorman, *Coping with African's Refugee Burden: A Time For Solutions*, Martinus Nijhoff Publishers, 1987.

② Gil Loescher & Laila Monahan, *Refugees and International Relations*, Oxford: Clarendon Press, 1990.

③ Richard Black, *Refugees, Environment and Development*, Addison Wesley Longman Limited, 1998.

④ Yassin El-Ayouty, *The Organization of African Unity after Thirty Years*, Westport: Praeger Publishers, 1994.

⑤ [尼日利亚] 阿得兰提·阿得泊鞠:《撒哈拉以南非洲国际移民问题及趋势》,黄觉译,载《国际社会科学杂志》,2001 年第 18 卷第 3 期,第 137 页。

学术界对国际难民问题的研究》,载《南洋问题研究》,2009 年第 2 期等。至于直接论述非洲难民的论文则更少了,屈指可数,主要有刊登在《西亚非洲》1984 年第 6 期的《非洲难民的状况、产生根源和解决办法》和 2000 年第 1 期的《非洲难民问题难解之源》以及刊登在《池州学院学报》2010 年第 2 期上的《非洲统一组织与非洲难民问题》。北京外交学院潘蓓英认为,难民问题是当前国际社会面临的严重问题之一。非洲各国独立之后,由于独裁政权的镇压、民族或宗教矛盾、边境冲突、内乱等原因,难民问题尤为突出。非洲各国的国家利益往往同人道主义原则相冲突,联合国难民署等国际组织又缺乏足够的力量和有效的手段落实各种解决难民问题的国际公约,严重影响非洲社会发展的难民潮成为一个难以解决的问题。[①] 另外,在《世界知识》1981 年第 10 期上刊有《非洲的难民问题》一文。除此之外,《人民日报》、《光明日报》、《法制日报》、《工人日报》、《解放军报》等报纸上也有关于非洲难民的报道。

二、非洲难民的特点与原因

1. 特点

与世界其他地区的难民问题相比,当前非洲难民潮的突出特点主要有难民数量多、波及范围广、破坏力大以及难民处境艰难四个特点。

(1) 难民数量多

近年来非洲难民常占世界难民总数的一半左右。20 世纪 90 年代中期,非洲平均每 20 人中就有 1 个难民。据联合国难民署统计,1997 年全世界出逃难民最多的 10 个国家中,非洲占 7 个。

(2) 波及范围广

产生难民或接纳难民的国家占非洲国家的一半以上。

(3) 对非洲社会、经济的发展和稳定造成巨大破坏

难民大批出逃使本国田地荒芜,生产下降。与其他一些地区的难民可能得到经济发达、社会稳定的国家安置的情况不同,非洲接纳难民的往往也是经济不发达的穷国。在那里难民生活困难,不但无经济收益可汇回本国,相反还增加接纳国的负担,对生态平衡、经济发展、社会治安以及国家间关系均产生严重不良后果。

(4) 难民处境十分悲惨

非洲难民潮爆发快、规模大,常使邻国和国际组织措手不及。难民营往往因条件不足,食品、药物、饮水严重缺乏,疾病流行,难民死亡率很高。1997 年,接受联合国难民署援助的非洲难民有 800 万人。由于难民数量太大,难民署的援助只是杯水车薪。据 1999 年统计,难民署每天在每个巴尔干难民身上花费 1123 美元,而非洲难民只有 11

---

① 蓓英:《非洲难民问题难解之源》,载《西亚非洲》,2000 年第 1 期,第 33 - 37 页。

美分;马其顿难民约 700 人就可有 1 名医生,而非洲难民与医生的比例是 10 万比 1;死于疾病的非洲难民有时 1 天可高达 6000 人,在欧洲难民营中几乎未发现流行病。

2. 原因

建勋认为,造成非洲大陆难民和移民不断增多的主要原因是:非洲一些国家不断发生经济危机、干旱和政局不稳,以及国家、民族和宗教派别之间的斗争等。[1]

英国亚历山大·卡塞拉认为,从 20 世纪 80 年代开始,难民成为普遍现象的原因是:便利的运输条件、通讯手段的全球革命、第三世界持久的经济危机、长期的国内冲突和社会动乱,导致了人口移动的全球化。

杨元华认为,第二次世界大战后,特别是冷战结束后,难民和无家可归者的问题已经逐渐全球化了,产生难民的地域扩大,遍及亚洲、非洲、拉丁美洲和欧洲。过去,产生难民的主要原因是饥荒、土地干旱或洪涝等自然灾害,而当前,战争和冲突是导致难民潮的主要因素。民族分裂主义、恐怖主义、宗教极端主义和一些国家的政治野心是挑起战争和冲突,使国际难民备受迫害的罪魁祸首。在一些地区,安全系数越来越低,难以寻觅到安全可靠的栖身之地,难民来源国和接受国的界限已经被打破。[2]

(1)殖民统治和种族主义统治的差异

其一,种族主义统治下的南非和津巴布韦。长期的种族隔离统治迫使大批黑人居民离开南非,沦为难民,其中包括一般平民和争取民族解放的人士。在莱索托、斯威士兰、博茨瓦纳和安哥拉等国,有 10 多万南非难民。在莫桑比克、赞比亚、坦桑尼亚和津巴布韦也有大量南非难民。其二,殖民统治区。有莫桑比克、安哥拉、纳米比亚、西撒哈拉和几内亚比绍等。

(2)逃避国家边境冲突

由于不考虑当地的自然、社会和民族事实,殖民者武断地瓜分了非洲,为新生的非洲国家间边境冲突留下了严重的隐患。20 世纪 60 年代索马里与埃塞俄比亚边境爆发冲突,欧加登地区 150 多万人沦为难民,其中 100 多万人逃到索马里,余下的流落到苏丹(图 2-1-33)。在阿尔及利亚与突尼斯、阿尔及利亚与摩洛哥、加纳与多哥、加纳与布基纳法索、喀麦隆与尼日利亚、尼日尔与贝宁、马拉维与坦桑尼亚等国之间,都因为发生边境冲突而有大批难民离家出逃。1994 年卢旺达发生大规模种族仇杀时,刚果(金)接纳了 125 万卢旺达难民(图 2-1-34),加上从布隆迪和乌干达涌入的大批难民,刚果(金)东部地区的社会治安、生态环境、经济发展严重恶化。而在卢旺达和布隆迪边境又有来自刚果(金)的难民。这种情况加深了刚果(金)同邻国之间的矛盾。

---

① 建勋:《全球难民移民问题扫描》,载《国家安全通讯》,1999 年第 7 期,第 6 页。
② 杨元华:《难民——难解的世界难题》,载《环球军事》,2002 年第 3 期,第 8-9 页。

图 2-1-33 欧加登战争难民流向图

图 2-1-34 卢旺达大屠杀难民流向图

（3）逃避自然灾害

由于干旱、洪涝、蝗灾及荒漠化等自然灾害的频繁、大规模发生和发展,再加上非洲国家自身抵御灾害的能力非常有限,难民问题愈加严峻。20 世纪 70 年代初,西非萨赫勒地带发生旱灾,大批难民背井离乡。20 世纪 80 年代非洲大旱灾,波及非洲 34 个国家和地区,受灾人口占当时非洲总人口的 1/3,饿死了数百万人口。埃塞俄比亚受到沉重打击,其 2400 万人口中就有 900 万陷于饥饿状态。大批人口不是投奔救济站,就是流落到埃及、吉布提、苏丹和索马里等国,其中就有 30 万人饿死。

（4）躲避内乱

在乍得内战中,有 20 多万居民逃亡到喀麦隆和尼日利亚。尼日利亚内战造成数以百万伊博族难民。1983 年,苏丹内战致使几十万难民流落异乡。1994 年,在 100 天的种族屠杀中,卢旺达有 50 万人被杀,400 万难民立流离失所。1950 年以后,乌干达种族冲突也造成大批难民外逃。

（5）逃离独裁与暴政

在阿明统治时期,乌干达有 30 多万难民逃到坦桑尼亚、卢旺达和苏丹。在恩格莫的 10 年暴政中,赤道几内亚有 305 万多人逃离自己的祖国。在杜尔执政后期,有数十万几内亚人逃亡国外。

（6）宗教矛盾

苏丹难民的形成主要是由于宗教矛盾。苏丹北部地区居民绝大多数为阿拉伯人,信奉伊斯兰教,多属逊尼派;南部尼罗河居民为黑人各族,多信奉原始宗教或基督教,南北两地长期存在民族和宗教矛盾。为反抗政府强行在当地推行阿拉伯化和伊斯兰化政策,苏丹南部居民于1955年发动了反政府抵抗运动。在政府镇压下,大批南部居民被迫逃往乌干达、刚果(金)、中非共和国和埃塞俄比亚境内。1972年,长达17年的苏丹内战结束时,有20万苏丹难民生活在埃塞俄比亚,1718万人在乌干达,616万人在刚果(金),212万人在中非共和国(图2-1-35)。1983年苏丹内战再度爆发,由宗教和民族矛盾引发的战争又使几十万苏丹人沦为难民。

图2-1-35 苏丹内战难民流向图

三、非洲难民分布

20世纪上半叶,世界上的难民主要分布在两次世界大战的主战场——欧洲,而在20世纪下半叶,难民在世界上的分布有了改变,除欧洲外,南亚和非洲大陆也都涌现了大量难民,美洲各地区也出现了数量不等的难民。德国贝恩德·韦伯在德国《欧洲安全》月刊发表题为《难民和移民是一个世界性的问题》的文章,提到截至1997年年中,全世界人口达到58.5亿,大约有5700万难民,其中非洲和亚洲难民最多。[1]

目前,非洲已经成为世界难民最多的大陆。20世纪70年代初即超过100万,80年代初达到400万,1998年达700万,占世界难民总数的一半。非洲难民分布很广,几乎遍布整个大陆,其中以东北、中部和南部非洲最集中。非洲难民除了主要分布在东非各国外,也流散到东非以外的北非、中非和南部非洲的各个国家;东非大部分国家不仅是难民的来源国,同时也是难民的接收国。从严重程度来看,非洲之角的埃塞俄比亚、索马里、吉布提以及独立时间不长的厄立特里亚,由于这些国家的难民数量总体呈上升趋势,难民分布较为广泛,不仅流散在东非其他国家,而且在东非大陆以外的地区也有分布,由此使得这些国家的难民问题较为复杂严重;与之相对,东非的肯尼亚和坦桑尼亚等国家,难民数量相对较少,分布也较为集中,因此难民问题相对单一和舒缓。从2012年非洲国家难民统计数字看,难民超过百万人的三国为刚果(金)、苏丹、索马里,难民人数分别为318.4万、214.8万和115.4万人;超过10万人的国家为中非、科特迪瓦、喀麦隆、刚果(布)四国;10万人以下的有毛里塔尼亚、塞

---

① 《难民和移民全球性问题》,载《参考消息》,1998年10月2日。

内加尔、几内亚、利比里亚、加纳、尼日利亚、津巴布韦、安哥拉 8 国。20 世纪 80 年代和 2012 年的非洲难民分布分别见图 2-1-36、图 2-1-37。

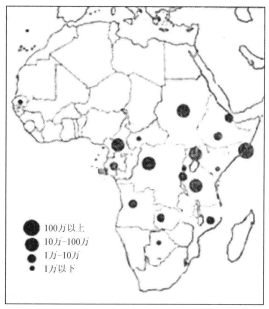

图 2-1-36　20 世纪 80 年代非洲难民分布①

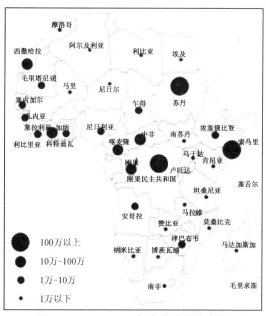

图 2-1-37　2012 年全非难民分布图

---

①　H.J.德伯里:《人文地理——文化,社会与空间》,王民等译,北京:北京师范大学出版社,1988 年,第 81 页。

四、非洲解决难民问题的对策与前景

1. 问题

世界各地由于政治、社会、经济、军事等原因,以及自然灾害、气候、环境等因素而被迫流亡国外的难民每年高达数千万人。长期存在的严重的难民问题往往直接关系到某些国家或地区的稳定和安全,对经济和社会发展造成巨大损害,也可能导致有关国家间关系的恶化。在世界难民潮中,非洲难民问题尤为严重,其人数之多、涉及地区之广、处境之恶劣以及对非洲国家间关系影响之坏,都是十分突出的。

联合国成立后,难民问题即被列入第一届大会的议事日程。1951 年 1 月 1 日,联合国难民事务高级专员办事处成立。同年 7 月 22 日,联合国在日内瓦召开难民和无国籍人地位问题国际会议,与会各国代表签署了《关于难民地位的公约》,确定了"难民"一词的定义,对难民应享有的权利做了规定,并从保障难民人身安全出发,明确规定不得处罚非法入境的难民,不得未经审判而驱逐难民出境等。1967 年 1 月 31 日,联合国又制定了《难民地位议定书》。目前,大约 150 个联合国会员国加入了上述公约和议定书。联合国难民署其本身是一个非政治性的人道主义机构,主要任务是为难民提供国际保护,并为难民的自愿遣返或与当地同化提供便利。

此外,非洲统一组织也在 1969 年 9 月通过了《关于非洲难民问题的公约》。该公约的目的,除了想通过人道主义方法解决难民问题外,还在于消除由难民问题引发的非统成员国之间互相摩擦的根源。该公约确认 1951 年联合国难民公约是"有关难民地位的基本的和普遍性的文件"同时根据非洲的具体情况,对非洲"难民"的定义、难民应享有的权利及各缔约国的义务做了规定。

但是多年来非洲难民问题仍然极其严重,战争、政局动荡、内乱、侵犯人权等产生难民问题的根源并未消除,致使难民不断出现。在有些国家,难民的处境不但没有得到改善,离国际公约规定的要求相去甚远,甚至还时有大批杀害难民的事件发生,解决非洲难民问题任重道远。

2. 对策

(1)争取国际援助

首先,联合国难民署应继续发挥带头作用,同联合国的其他机构、非洲联盟、难民制造国和接收国、各种非政府组织等密切合作,共同致力于难民问题的解决。联合国难民署在这方面已经取得了一定的成绩,如在 1979—1982 年的索马里难民危机中,联合国难民署充分发挥了领导者的作用,号召各个国际组织共同努力,在世界粮食计划署以及近 30 家非政府组织的紧密配合下,使救援难民的工作开展得比较顺利;此外,国际社会的相关组织应密切注意难民问题走向,做到及时发现问题、及时解决问题,对于可能产生难民的因素早做预防准备,建立难民问题的预警机制;在制定解决难民问题的政策时,应尽可能考虑到难民的各种需要,包括政治的、经济的、

文化的和心理的,经过通盘考虑之后的难民政策,才可以最大限度地维护难民的自身利益,实现难民问题的解决。

（2）加强非洲各国间协作应对和保障机制

在解决非洲难民问题上,非洲各个国家必须注意本国政治的发展,协调同外国的各种关系,摈弃国家间的争端,消除一些国家的种族、部族、宗教等内部利害冲突,实现国家和解与民族和睦,尤其是涉及悬而未决的历史遗留问题(如国家边界争端)时,更需要事端各方通盘考虑、长远打算,力避战争的发生。非洲各国可以考虑制定一系列法律文件,并设立相关机构,举行首脑会议,签订难民保护公约,积极开展与联合国等国际社会的合作,减轻难民疾苦和非洲国家负担。通过加强各国间的协作,建立难民保护的有效机制并找到减少难民数量的长效方法,完善对难民和流离失所者的保护措施,制定冲突与自然灾害发生后的多样化重建和恢复策略,建立同盟组织以对非洲各国政府在其难民问题政策的制定和执行过程中产生一定的约束力。

（3）制定难民特殊政策、鼓励难民自救

所谓难民问题的彻底解决,一方面是使现有难民成为自食其力的积极的社会成员,另一方面要消除难民再生的根源,因此鼓励难民自救是解决非洲难民问题的根本。首要的一点是各个国家要在可持续发展观的指导下集中精力发展经济,在实现经济良性发展的情况下,在经济财富得以实现合理分配的前提下,经济利益引发的战争便会减少,而且人们抗御自然灾害的能力便可以得到相应提高,从而在一定程度上避免大面积饥荒的发生;同时,非洲各个国家还必须注意社会的整体和谐发展,尤其是要控制人口迅速增长,提高人口的生育质量,实现社会各方面的良性发展。此外,国际社会对非洲灾区提供的不应仅仅是旨在救命的紧急援助,也需要有长期的发展规划,帮助那里的人们实现自我发展。

第二章

非洲乡村聚落

什么是聚落？"聚落(settlement)"一词源于德文,意即居住地,是几千年来人类文明在自然环境中生产和生活相结合的反映,是人类适应自然环境创造出来的空间单元,用来居住和从事经济社会活动的地方。聚落一方面反映出人类生活对自然环境的适应,另一方面反映出人类活动对生存空间的创造。聚落体现了一个地域的特色,它是自然因素和人文因素的综合反映。非洲分布着数量庞大、形态各异的聚落,但是对非洲聚落历史进行分析的资料很少。到目前为止还没有很深入的或者一致的历史资料出版,也没有大量的聚落研究成果,这意味着非洲的地理学者在这两方面仍然有很大的研究空间以及可期待的研究成果。

聚落由哪些部分组成,如何与人们聚集的地方相区分？聚落包含人们所占据的地理空间、资源及其与其他地方环境的关系,这也可以帮助区分聚落和其他人们频繁活动的场所。人们频繁活动的场所包括为了狩猎、放牧、耕种、挖矿等原始生产目的前往的地方,为了交换和贸易集聚的地方,以及为了社会和宗教目的而集聚的地方,如圣寺、神殿等。而其中的一些地方,在其原有布局的基础上,可能会演变成新的聚落核心,因为很多地点都有通往它们的道路。[①]

根据聚落的形式可分为乡村聚落和城市。相关研究的主要内容包括聚落的起源、发展、自然和经济基础;聚落的形态与分布特征及其与地理环境的相互关系;聚落的分类;聚落的结构及其地域体系。[②]

乡村聚落(rural settlement),指位于乡村地区的居民点,包括村落和集镇两类。乡村聚落构成了乡村文化景观的中枢和核心。乡村地区的经济文化发展,也必然体现在聚落面貌的改观和聚落的发展变化上。乡村聚落作为人地关系的表现核心,在历史变迁中经历了若干重大的转折,反映出人地互动的痕迹。乡村聚落地理研究乡村聚落的形成、发展、分布规律及其与地理环境的相互关系。

---

① John I. Clarke, *An Advanced Geography of Africa*, Bucks：Hulton Educational Publication Ltd.，1975：305.

② 左大康主编：《现代地理学词典》,北京：商务印书馆,1990 年,第 671 页。

非洲的乡村很少有单一的传统社会结构或者单一的经济体系,目前很少有被划分为自给自足类型的聚落单元。尤其是广大的撒哈拉以南非洲地区,乡村聚落依然保持着传统的文化形态,既是人们居住、生活、休息和进行政治、社会、文化活动的场所,又是从事生产劳动的场所。至今,非洲绝大多数的乡村聚落的分布、形态和内部结构依然深刻地反映着人类活动与周围自然环境之间的依存关系。

本章主要研究非洲乡村聚落的形成、发展及其与生存环境之间的关系,聚落的形态、分布规律与特点,聚落的内部结构与布局,聚落类型与土地资源环境的关系。

第一节 非洲乡村聚落的形成、发展与聚落社会

一、聚落的形成

在人类社会发展的历史进程中,聚落与自然环境的关系在不同的历史发展时期处于依附自然、干预顺应自然、干预自然的动态互动过程之中。

1. 采集狩猎社会——依附自然

史前阶段,人们的经济生活极为简单,甚至无固定的活动地点,没有固定的栖息地。采集和渔猎社会阶段,由于生产力水平极低,人们只能依靠天然的树果、草根或鱼、鸟、兽等食物维持生活,单位面积的人口可容量极小,人类不得不分散栖身,如穴居或逐水草而居或选择森林茂密的低山林区居住(便于男子狩猎、女子采集)。同时,由于食物只能在一定季节和一定地域找到,所以,当时的居住地不仅分散,而且一般是流动性的、临时性的、可以移动的。在东非大裂谷的奥杜韦峡谷发现过一处175万年前的窝棚遗存,被认为是原始人类的临时性栖息场所,不属于长期住宅。新石器时代中期,随着原始畜牧业和农业先后起源,出现了人类社会的第一次大分工,人类才开始进入分散的乡村聚落阶段,以半固定的原始棚舍为居住特点。随着农业生产水平的进一步提高,从事农耕业生产的固定居民点——乡村聚落得以形成。乡村聚落是从原始聚居—分散的乡村聚落—固定的乡村聚落逐渐形成、发展和扩大而成的。

聚居活动是人类因生存需要寻求与自然和谐共处的基本方式之一。原始聚落的布局,均是原始人类活动对自然环境的优选结果。从母系氏族社会早期的遗址中可以看出,原始聚落多散布在阶地上,特别是河流交汇处,离河道远的则聚集在泉水旁,分布颇为密集。这显然与利用河流灌溉的农业生产和依靠天然河流水源以利生活的要求是密切相关的。同时,居民点的布局都有简单的功能分区:居住区与作坊区分开,住宅与墓地分开。氏族活动中心的建筑物和开阔场地成为聚落中心,周围环建住宅,宅门都向着中心。因此,基于原始人类的生存探索,自然形成良好的集聚布局,这是一种"物竞天择,适者生存"的自然选择。

非洲的早期聚落都是在部落的基础上建立起来的,在社会生活中以血缘关系为核心的氏族和部落生活都是更为常见的社会结构。世系血亲团体或者说家族是非洲传统社会的基础,是最基本的政治单位。[①] 部落的人们虽然接受并承认大部落的领导,履行相应的职责,但相对于更小的组织单位如部落分支,非洲人的忠诚度更高。不同部落之间缺乏有效密切的沟通,很难形成统一的群体心理、群体情感,部落越大,分歧便会越多,没有真正形成一种坚实的凝聚力,所以聚落都是分散分布的,互相之间也少有往来。例如,图西族的移民在文化和体型方面都与当地人不同,因为这些人几百年来一直拒绝与临近部落的人民通婚,他们离群独处,聚落是在一种孤立封闭的状态下缓慢发展的。[②]

聚落是由人类按一定的目的建立起来的,并且各种因素都可能决定它们的地点和位置。地点是一个聚落所占据的实际地面,而位置是指较宽广的区域范围。某些地点,像山峡或河流汇合处,他们的显著特点是能为形成那些为利用它们而建立起来的居民点提供生存依托。

加纳最早的聚落只是为了临时居住,由于自然破坏或早期不定居的人的人为破坏,早已不存在了。到 19 世纪末,由于情况比较安定了,成群聚居在大居民点里的需要减少了,人们开始散居在森林各处的较小居民点里。在加纳北部热带稀树干草原地区,由于没有一种像南方的可可一样的经济作物,所以居民点的变化慢多了。[③]

除了受战争影响的那些地区外,早期的聚落的分布通常随地理位置、水源和土壤而定。

2. 农业社会——干预顺应自然

人类进入农业社会后,环境对人类活动的制约有所松弛,人类对人地关系的认识逐步从原始的“混沌”状态解放出来,有意识地对自然加以利用。由于受认知水平和实践能力的限制,人类对自然环境表现出一种想征服但又无可奈何、不得不顺从的心理。财力、物力和技术水平都限制了人们对建筑环境的大规模改造,传统聚落不得不对地理环境及其提供的自然资源高度依赖,人们只能让自己的住房去适应一定的自然环境。因此,人类因聚居活动需要而对环境进行的改变与毁坏,大都在自然生态系统自我更新与调节的可容纳范围之内。建筑活动局部“改造”与整体“适应”的关系,反映了聚居的“二重”属性,即建筑活动本身,既是对环境的改造和建设,又是人类对环境的适应。

经过长期实践,人们逐渐总结出适应自然、协调发展的经验,这些经验指导人们

---

① 艾周昌、舒运国:《非洲黑人文明》,福州:福建教育出版社,2008 年。
② 奥德丽·艾·理查兹:《东非酋长》,蔡汉敖、朱立人译,北京:商务印书馆,1992 年。
③ E.A.博滕:《加纳地理》,河北大学外语系译,石家庄:河北人民出版社,1975 年,第 106－107 页。

充分考虑当地资源、气候条件和环境容量,选取良好的地理环境构建聚落。在封闭、半封闭的自然环境中,利用肥沃的平原、流动的河水、丰富的山林资源,既可以保证村民采薪取水等生活需要和农业生产需要,又为村民创造了一个符合理想的生态环境。

聚落在建造过程中采用与自然条件相适应的取长补短的技术措施,充分利用自然能源,就地取材。也正是由于各地气候、地理、地貌以及材料的不同,造成民居的平面布局、结构方式、外观和内外空间处理也不同。这种差异性,就是传统聚落地方特色的重要因素。每一种乡村聚落都是对自然地理环境的一种主动适应。

非洲人社会的基本单位是大家族,这是一个亲属团体。在广袤的乡村,家庭更多的是祖孙几代人的组合。由一位长者掌管的大宅院,里面住着他的妻子(可能多妻)和各立门户的儿子及其儿媳、未出嫁的女儿,以及未成年的孩子,构成了人们最为熟悉的非洲农村生活图景。[①] 这在地理空间上表现为村庄或小村庄。为数不多的一群小茅舍形成一个村庄,不过由于以前防御的需要,或由于交通的发展,或由于其他因素的影响,这种村庄一般都发生了变化。

对整个非洲大陆而言,村社依然广泛存在,并且成为非洲农村社会结构的共同特征。一般而言,村社是由单个或若干个稳固的大家庭构成的,村社制度具有如下特征:土地和其他资源属于集体所有,劳动产品由全体成员共同分享,以"大树下的民主"著称的议事程序构成了村社的主要管理方式。[②]

马拉维的多马西地区的村庄从五六座茅舍到约三十座茅舍不等。当村庄发展到超出这些地点的范围时,就会出现分裂的趋势,一小部分人就到丛林中去形成一个新村庄的核心。这种情况的产生,是由于村庄具有农业经济单位的职能,因为当它发展得更大时,就会增大茅舍同最远的耕地之间的距离,因此,只要人民中间没有保持统一的强烈愿望,就会出现集团分离的趋势。分离的发生,通常是族人跟头人激烈争吵的结果,或由灾害引起,例如火灾毁掉了茅屋这样一类的原因。[③]

对非洲的历史考察表明,现在的聚落形式是在部落的迁移和部落冲突的基础上形成的,后来的事态发展引起了一些变化,诸如向欧洲人割让土地、森林保留地的确立、人口的自然增长、交通的发展和大村分裂成小村的趋势等。

3. 工业社会——干预自然

工业革命后,人类实现了认识和改造自然能力的又一次飞跃,社会生产力的迅猛发展表现出人类征服、利用和改造自然的巨大潜能,人地关系也发展到了一个新

---

① 〔法〕泰雷丝·洛拉斯-勒考赫:《非洲家庭的发展趋向和人口演变状况》,载《国际社会科学杂志(中文版)》,1991年第04期,第37-54页。

② 张宏明:《非洲群体意识的内涵及其表现形式》,载《西亚非洲》,2009年第7期,第25-32页。

③ 〔英〕约翰·G.派克、杰拉尔德·T.里明顿:《马拉维地理研究》,北京:商务印书馆,1978年,第134页。

的阶段。发达国家由于有先进的生产力和较高的经济水平,因而这些地区的乡村拥有平坦的马路、电气、供水等现代化设施,而非洲等落后地区的乡村聚落却呈现出赤贫、肮脏、闭塞和营养不良的景象,二者有天壤之别。非洲的乡村聚落多数还是土地的奴隶,很少有丰富的物质享受。

随着人类对生活的要求不断提高,人与自然界的冲突也在日益加剧。在分异的人地观念的指导下,乡村聚落生活和生产的和谐统一被打破,分别进行着盲目的单向过度扩张。一方面,乡村地区不可持续的生产模式对生活环境造成极大破坏,乡村聚落的外部环境发生了巨大变化。在长期的粮食压力下,农业发展的生态环境不断恶化。土地过度垦殖,土壤质量下降,荒漠化面积日益扩大,水污染日益严重。植被破坏,加剧了水土流失,对聚落的生活环境造成极大的破坏。另一方面,聚落空间自身布局散乱,土地浪费严重,村落内部几无公共设施,环境脏乱、景观凌乱。

二、乡村聚落的发展

1. 可持续发展的人地观

可持续发展是一种新型的发展方式,不单指经济、社会的发展,而是包括自然—经济—社会人地系统的可持续发展。乡村聚落是自然整体环境系统中一个完好有效的组成部分。乡村聚落及其整个乡村地域是利于对个性多样的,乡村聚落与森林、农地一同构成人类共有的生活空间和休闲空间。

建立新农村的设想若干年来已是坦桑尼亚的发展政策的柱石。两种基本考虑常被作为这种设想的根据。第一,希望减小一些土地缺乏、人口密度高的地区的人口压力。第二,如能将农村人口集中成为紧凑的村庄,则向他们提供外部的和社会的福利就能更为简单和更为省钱。例如,坦桑尼亚政府在第一个五年发展计划里(1964—1969 年)采取了改造路线,计划建立 74 个村落,每个村落将有大约 250 户。这些村落总投资约为三百万先令,把高密度地区的农民移居到人口较少但发展潜力好的地点。每个村落将种植一种主要现金作物(作为商品换钱的作物),使用新方法、肥料,使种植高度机械化。

2. 城乡协调的新农村建设

赞比亚正在大规模地、人为地发展计划中的"重新定居规划点"。某些"重新定居规划点"现已开始兴建。以木富布希为例,该地包含两种不同的发展形式:一种是私人农场,一种是合作社。其中有 40 个各占地 40 英亩的私人农场,还有 4 个共占地 4000 英亩的合作社。该定居点内剩余的土地用来作为公共放牧地、灌溉渠、林地、村庄进出通道的用地。中心区有商店、机械修理铺和礼堂等。

在马拉维,有一些小村只有两三座茅舍,显然是从邻近的一个较大的村庄中"分娩"出来的,而且还承认母村的头人的权力。另一些小村则已发展到六七座或七八座茅舍,有自己公认的头人,不再从属于母村的头人。还有些小村已具有十二座或更多的茅舍,达到了即将"分娩"或实际上正在"分娩"的程度。[①]

3. 运用适宜技术

在利比里亚,来自美国的移民开发了沿海地区,并建立了一些沿海城镇,使之成为混合人口的集中点,促进了内地贸易和商业活动向沿海城镇的转移。大种植园的建设、铁矿的开采和内地全天候公路的修建,引来了新聚落的成长并吸引了许多移民。然而,乡村人口传统的和民族的分布,例如聚落形式,基本上保持不变,大部分人仍居住在被认为是祖先之家的地方[②]。

4. 借鉴别国的发展模式

当前,非洲政府领导和学者应当思考的是如何通过非洲联盟开发一种符合非洲社会、文化以及政府等各方面实际情况的发展模式,而不一味地套用洋模式。[③] 非洲应当在自身的发展地位中处于主导地位。

三、乡村聚落社会

乡村聚落社会是指聚落形态与社会经济方式之间所产生的机能性关系。乡村空间系统由经济、社会、聚落三大空间结构组成。乡村经济空间是指以乡村聚落为中心的经济活动、经济联系的地域范围及其组织形式;乡村社会空间指的是乡村居民社会活动、社会交往的地域结构;乡村聚落结构则是乡村聚落的规模、职能及空间分布结构,三者之间存在着密切的关系。

非洲乡村聚落的分布十分广泛,区域差异也非常显著,每个聚落都有自己的起源、历史发展、地理条件、形态结构及职能等特征。按区域差异、经济活动的性质、聚落的形态和人口规模的不同,将乡村聚落分为以下几种。

1. 按聚落的区域差异分类

(1) 北方阿拉伯人聚落:以阿拉伯建筑为地域特色,多有简陋的清真寺为标志性文化景观。

(2) 撒哈拉以南非洲黑人聚落:多传统式住宅,以小型、散居、流动和固定的村落为主,很少有现代建筑。

2. 按经济活动的性质分类

(1) 农村:是从事耕作为主的居民点,还从事动物饲养、果树栽培和其他副业。

---

①　[英]约翰·G.派克、杰拉尔德·T.里明顿:《马拉维地理研究》,北京:商务印书馆,1978 年,第 134 - 136 页。

②　斯蒂芬·冯·格尼林斯基主编:《利比里亚图志》,兰州大学地质地理系外国地理翻译组译,兰州:甘肃人民出版社,1975 年,第 52 - 54 页。

③　左停:《非洲农村发展模式的选择研究》,载《安徽农业科学》,2009 年第 37 卷第 12 期,第 5680 页。

这种聚落大多数分布在平原和河谷地带,规模与形式都相差较大。

（2）牧村:在广大的干旱半干旱热带稀树草原地区普遍存在,包括流动的、半固定的居民点。由于牧业生产的特点,单位面积土地上获得的经济收入一般不如耕作业,草原的载畜量有一定限制,牲畜的放牧半径远大于农耕区的耕作半径,因此牧村都较小而分散、间距大。马赛人的聚落就是典型的牧业聚落。

（3）渔村:世界各地沿海有许多专以捕鱼为业的渔业村落,它们的生产地区是广阔的海洋,在优良的避风港内可以形成很大的聚落。坦桑尼亚的斯瓦希里人的村庄就是沿海地带集中的渔村。

（4）林果业村落:以经营林果为主的居民点,在森林地带和热带水果如柑橘、香蕉的产区多见。

（5）狩猎业村落:以狩猎为生的原始民族俾格米人和布须曼人的村落。

游牧是一种生产力水平低下,用地范围广的经济形式。传统意义上来说游牧通常指一种移动的生活方式,以水草资源的供应为流动依据,并伴有向季节性的草场扩展趋势,以便为牲畜寻找充足的水草,使得它们在不休息的情况下更好地适应环境。牧民非常了解这些植被分布和地形状况,而在特定时间和特定区域内的植被的实际可用性也受到固有的水资源供给、动物灾害的不确定性的影响,所以传统的游牧生活需要很强的应变能力、智慧和竞争力。[1]

东非游牧民主要放牧牛群,牛是牧民生产生活和思想观念中最重要的牲畜,他们通常兼营农业,但是固守"畜牧至上"的观念。例如乌干达的卡里莫加人在农田附近建造棚屋和畜栏,定居点设置供老幼妇孺全年居住;成年男子干季在牧场上游牧,雨季亦住在定居点;他们将大量时间和精力投入到作物种植上,而且农产品在饮食结构中十分重要,但是他们首先将自己视为牧民[2]。

努尔人定期在雨季村落和干季牧牛营地间迁移,干季早期青年牧民还有小营地间的迁移;家庭可能从村落的一个地方迁至另一个地方,也可能从一个村落迁到另一个村落;当牧场和农园资源衰竭时便会放弃村落（村落一般十年以后便会出现衰竭迹象）;他们雨季兼营农业,居住棚屋,棚屋和牛棚大约五年以后便需要重新建筑;旱季居住简易棚屋（风屏）,这时捕鱼业非常重要。[3]

传统的游牧生活需要很强的应变能力、智慧和竞争力。因为牧民们不知道他们的下一个游牧地区,可能会被卷入和其他部落的水草资源争夺中。为了更自由的选择,游牧部落通常在他们能掌控的土地上放牧。外地游牧民和当地定居者常因争夺

---

① John I. Clarke, *An Advanced Geography of Africa*, Bucks: Hulton Educational Publication Ltd., 1975: 313-314.

② F.普洛格、D.C.贝茨:《文化演进与人类行为》,吴爱明等译,沈阳:辽宁人民出版社,1988年。

③ 埃文思-普里查德:《努尔人》,褚建芳等译,北京:华夏出版社,2002年。

土地和水草资源发生冲突甚至战争。游牧民的住处是典型的临时性可移动的房屋，定居点一般选在季节性水草丰富的草场或者有丰富水资源的地区。[①]

索马里人主要是兼营耕种的游牧民，北部饲养骆驼、山羊、绵羊，南部主要养牛。事实上，北索马里作为一个社会单元的游牧村庄叫做"里尔(reer)"，从村庄结构上说，有棚屋和栅栏的叫做"古里(guri)"。当过夜或作较长期的停留时，索马里人开辟营地式的临时小村"古里"。小茅舍"阿尔加"照例象蜂房似地分布在清除了灌丛的空地周围，空地上则分成一个个用编织栅栏圈成的蓄圈。在北索马里有两种不同生态需求，与山羊、绵羊和骆驼相关的基本聚落形态：一是有山羊和绵羊的住宅建在用荆棘做防御的篱笆里或者紧挨着它，村庄被其分成了几部分。居住的部分(aqual)是可以拆卸的；用席子和毛皮覆盖在弯折性好的树杆上形成一个穹顶型的结构，通常是由女性来完成。典型的"古里"由2～6座房屋组成，每一栋房屋住着一个核心家庭。这样的一个村落不仅经常更换地址，而且组成成员也时常变化。村落组合成放牧的营地。二是放牧骆驼的村庄。每个家庭必须有一个大的荆棘篱笆，对不同的牧畜群划分不同的围栏。从七八岁开始，家庭中的男孩就要开始加入骆驼营地体验放牧的艰苦生活。亲属关系和婚姻是真正联系这两种不稳定聚落形式的纽带。[②]

定居人口主要是农民、手工业者、商人、渔民等，其中以农民最多，占2/3以上，且大部住在朱巴河和谢贝利河谷地以及两河河间地。定居农民的村落是屋顶呈圆锥形或圆形的圆柱状茅舍(蒙杜洛)群。茅舍前的庭院里砌着由三块石头组成的炉灶，茅舍旁边常常有用于生产的小棚子。[③]

3. 按聚落的形态和人口规模分类

以聚落的形态而言，世界上的农村居民点均可分为两种形态：一种是住宅聚集在一起的集聚形村落，或称集村；另一种是住宅零星分布的散漫形居民点，或称散村。在集聚形村落内，按村庄延展形式又可分为三种。

(1) 团状：村庄平面形态近于圆形或不规则多边形。或大致呈长方形。这种聚落，一般位于耕作地区的中心或近中心，而地形有利于营造聚落的部位。

(2) 带状：位于平原或高原地区的聚落，有因靠近水源而沿河道伸展，或为避免洪水浸淹而沿高地呈条带状延展的。在高原和山谷，有沿等高线和沿河谷阶地伸展而建造聚落的，或若干村首尾遥相呼应成为串珠状聚落。

①　John I. Clarke, *An Advanced Geography of Africa*, Bucks: Hulton Educational Publication Ltd., 1975: 313.

②　John I. Clarke, *An Advanced Geography of Africa*, Bucks: Hulton Educational Publication Ltd., 1975: 314 - 316.

③　[苏]伊·谢·谢尔盖耶娃：《索马里地理》，南京大学地理系非洲地理组译，南京：江苏人民出版社，1977年，第56 - 58页。

(3) 环状：山区环山聚落和湖畔的环水聚落。

在利比里亚约有 10000 个聚落。根据大小、住宅数目和位置稳定性的程度,可区分为五类。第一类有 39 个城镇,或居民在 2000 人以上的聚落,根据它们的大小和功用,可以认为都属于城市。第二类包括 175 个具有 200 个或更多的住宅在内,基本上属于乡村的聚落。第三类包括有 50～200 所房屋的约 700 个村庄。第四类包括有 10～50 家住宅的 1500 个以上的聚落。它们的位置稳定性逐渐降低。最后一类主要指暂时性聚落,包括小村和有 1～3 间,但也常常多到 10 间茅屋的半固定的小村。

刚果(布)的农村人口分布在 6000 来个村庄里,由此可见,这些村庄都是比较小的:大多数村庄居民不到 200 人,一般平均为每村 113 人。热带草原地区的村庄往往比林区的村庄大,因为那里的居民都不得不聚居在比较高的地方。比如埃佩纳县(草原地区)平均每个村庄的人口为 187 人,而苏安凯县(旱地森林)平均每村只有 88 人。[1]

人口分布对于聚落形态是很重要的,此外还有人民的文化和历史、社会组织与自然因素,以及经济因素。

马拉维的卡普卡村是一个契瓦族首领村,坐落在一片相当开阔的高原面上,周围是平缓的斜坡。置身于这样一大片难于耕垦的丛林荒地中间,不难看出,当初选择这个地方主要是为了防御。村民约有 1000 人,他们的生计事实上主要靠男人们不定期地外出挣钱和靠村庄的"分娩"过程来维持。村里共有 7 个茅舍群。当每个茅舍群发展得太大时,就派出自己的青年男女迁往土壤较肥沃的地区建立新村。这种新村规模较小,处于从属的社会地位,村民们不断地把粮食送回卡普卡供给自己的亲属。

卡普卡以西的地区,人口十分稠密。该地区有契瓦族的村庄,也有新迁来的瑶族村庄,都密集地紧靠在一起。姆帕萨—米德隆公路两侧的许多村落,规模颇大,部族之间互不信任,清楚地表现为每个村庄中各个茅舍群紧靠在一起。[2]

房屋在彼此间的关系方面以及与农家所耕种的土地的关系方面,其详细分布随社会组织的性质和经济的形式而大有不同。村庄不是一个氏族单位,但组成新村的大部分家庭是朋友,常发展成为关系密切的社会组织。

在村庄里,年轻人到成年时在他们父母的房屋外面建造新屋,形成一个卫星聚落,他们从新居到其父母的家里去劳动和吃饭。当头人的主要后裔"分出来"时,这些年轻人的聚落也"分出来"了。老头人把土地分给他们,这些年轻人和他们的老

---

① [法] P.韦内提埃:《刚果(布)地理》,北京:商务印书馆,1976 年,第 62 页。

② [英] 约翰·G.派克、杰拉尔德·T.里明顿:《马拉维地理研究》,北京:商务印书馆,1978 年,第 149 页。

婆、孩子就成立了一个新村。①

在聚落发展的过程中，不同的因素会产生交互的影响，在这种交错的影响下，聚落不断调整着自身的发展模式，比如不同人种和文化在一个区域的互动，在摩洛哥的马格里布地区就可以得到很好的解释。地区历史被文化传播和政治征服的事件所打断，比如罗马、伊斯兰、摩尔人的入侵，西班牙和法国的殖民，同时期涌进了有很大权力的外交家、救护人员、石油工人和游客。在山区，凭借这些山的屏障即使弱小的小家族也可以安顿和防卫自身，而在大草原上即使是最强大的部落也必须在牧场中迁徙。②

文化和环境的对比很清楚地被当地的人们察觉。草原和沙漠的一个最基本的区别就是湿度的大小。大阿特拉斯山的每一个山谷都有游牧业和农业，到 20 世纪 30 年代，半游牧民的帐篷已经出现在马格里布的平原上。山区的柏柏尔人在安全和宗教战争的变化的压力下，已经从在当地草场的游牧的生活方式转变成了定居。③

在刚果（布）的森林环境中，两种不同的生活方式并存了许多个世纪。俾格米人在界限分明的领土上每月移动他们的暂时营地，开展狩猎、捕鱼和采集野果等活动。伊图里河森林的姆布第人可能是在现代化时代存活下来的最庞大的群体。不论从他们的经济还是自我认知来看，他们都是真正的在丛林中生活的人。

第二节　非洲乡村聚落特征与聚落内部功能结构

一、乡村聚落的形态

1. 聚落景观特征

任何一个地方的聚落都有其一定的外观特征，它由聚落的各个构成部分——民居、宗教场所及公共建筑、绿化、道路、井渠、周围环境等融合构成一个聚落的总体景观特征。一般意义上，房屋怎样，村落也就怎样。

在某些地域内，想找到某种标准化的聚落形态或要素形成方法并不困难，但这里的"地域"范围却是十分狭窄的，只能算作"局部领域"。西非的热带草原聚落，不管在哪个聚落，都只能看到圆形住宅、方形住宅、谷仓等要素的不同形式的变形。虽然诸要素是热带草原聚落所共有的，但实际上在建筑形式上都表现出不同的特点。

---

①　［英］莱恩·贝里主编：《坦桑尼亚图志》，南京大学地理系非洲地理组译，北京：商务印书馆，1975 年，第 179 页。

②　A.Bernard，*Geographic Universelle XI*，1937：81.

③　John I. Clarke，*An Advanced Geography of Africa*，Bucks：Hulton Educational Publication Ltd.，1975：306.

由此可见,每一个聚落都由诸要素的地方特点形式组合而成。①

图 2 - 2 - 1　尼日尔阿加德兹地区的村庄②

2. 聚落的平面形态

聚落的平面形态指分布的平面形态,通常可以分为集村和散村两类。

(1) 集村,或称集居型聚落

聚落内部安排紧密,住家与建筑物聚集在一起,规模大小不等。这是人类社会开始定居以来就存在的聚落形式。

在刚果(布),聚居的大村庄主要分布在利夸拉、普尔和尼阿里地区的绝大部分地方,以及马永贝地区,这些地区的人口都聚居在村庄里。③

在坦桑尼亚西乌萨姆巴拉山地区,村落由紧凑的房屋群组成,大部分农田分布在紧靠村落的外边。④ 斯瓦希里人分布在坦桑尼亚的沿海地带,他们兼营渔业和农业,其典型的聚落形式是集中的村庄。

在利比里亚,重要的高密度聚落区见于沿海地带,尤其是在蒙罗维亚周围。人口比较集中的地点见于较大的沿海城市,如布坎南、格林维尔和哈珀。也有其他形式的高密度聚落区,如分布在一个顺着主要公路,由蒙特塞拉多州东北一直延伸到几内亚边界,并向外扩展到洛法州和宁巴州的宽阔地带。⑤

---

① 〔日〕原广司:《世界聚落的教示 100》,北京:中国建筑工业出版社,2003 年,第 43 页。

② 资料来源:www.flicker.com。

③ 〔法〕P.韦内提埃:《刚果(布)地理》,中国科学院地理研究所法文翻译组译,北京:商务印书馆,1976 年,第 64 - 65 页。

④ 〔英〕莱恩·贝里主编:《坦桑尼亚图志》,南京大学地理系非洲地理组译,北京:商务印书馆,1975 年,第 175 - 183 页。

⑤ 斯蒂芬·冯·格尼林斯基主编:《利比里亚图志》,兰州大学地质地理系外国地理翻译组译,兰州:甘肃人民出版社,1975 年,第 52 - 54 页。

集中的村庄是几内亚热带草原地带高原地区的特征,例如多哥的阿塔克拉山区,聚落具有防卫对居民点形式有重要影响的地方建村的特征。[①]

部落习俗和文明程度也对村落分布有影响。例如坦巴拉的瑶族村庄一般不大,各个茅舍群之间几乎没有明显的间隔,除了部落的风俗习惯不提倡村庄离散外,因为离散使他们联想到被灭绝,另一个原因是部落中受过两年初等教育的人已相当罕见。由此促使瑶族人民拘守于他们的旧式生活方式。[②]

聚落的集中往往受到部落之间关系的影响。马拉维德扎山东面的库左埃和卡松布村落组团的茅舍群一般都不大,而且至今还靠得相当紧密,以便发生战争时相互照应。

聚落的集中曾受到殖民政府官吏的鼓励,聚落集中是为了便于兴办自来水厂、学校和诊疗所等基本公共事业,从而减少这些事业的经费。[③]

图 2-2-2　乌干达卡拉莫贾村庄[④]

图 2-2-3　马拉维的村庄[⑤]

（2）散村,或称散村型聚落

一个村庄的居民,分散在一片广阔的固定地域内,住家之间各不相连。这时,"村庄"的概念通常指的是行政概念、宗族概念或传统习惯概念,某些居民自认属于某村,有些居民甚至无法确认自己是属于何村的,村与村之间也缺乏明显的界限。

人们在土地上建起了站在房子旁边可以相互用声音和表情来交流的间距的房屋。具有这种松散形态的聚落都被称作离散型聚落。这一聚落体系不仅具有独特

① ［英］H.P.怀特,M.B.克利弗:《西非经济地理》,甘肃师范大学农基系地理组译,兰州:甘肃人民出版社,1976年,第39-40页。

② J.C.米切尔:《瑶族村庄》,曼彻斯特:曼彻斯特大学出版社,1956年。

③ ［英］H.P.怀特,M.B.克利弗:《西非经济地理》,甘肃师范大学农基系地理组译,兰州:甘肃人民出版社,1976年,第39-40页。

④ 资料来源:www.flicker.com。

⑤ 资料来源:www.flicker.com。

的风格,还暗示出在共同体中个人的存在方式——"保持距离"。在热带非洲,散村随处可见。

在坦桑尼亚,分散的聚落形式可以分为三种副型:农家完全孤立的,如在梅鲁和乞力马扎罗区;分散的农家成为一定地区内的一个村落的一部分,如苏库马兰;因游牧而分散的非永久性的聚落,特别是马塞族人的聚落。乌尼亚秋萨族人按年龄组成的村落则由分布松散的房屋组成,每座房屋为它自己的香蕉园所包围。梅鲁区是北坦桑尼亚人口稠密的肥沃火山高地典型,聚落形式基本上是分散的,每一个农庄位于该农家所拥有的耕地上,这片耕地是它利用既有权利从部落里租得的。苏库马地区是坦桑尼亚出口棉花的主要产地,苏库马族人住在维多利亚湖以南热带稀树草原上。虽然聚落形式在外表上是分散的,它却属于一个界限分明的村落组织。每一个村落有以河流或其他自然现象为标志的固定界限,其范围包括了当地土壤系列中的所有土类,这是村落结构中一个必不可少的部分。乌戈戈人分布在多多马周围的干性多刺灌丛高原地区,没有成为一个明显村落,房屋稀疏地散布在广大地区。西乌萨姆巴拉山是坦桑尼亚有密集村落的少数地区之一,该区大部分村庄位于山脊或山岭上,每村的房屋数目自五六座至一百座以上不等。在传统上,这些聚落是氏族的集合体,包括若干关系密切的家庭。[1]

在刚果(布),姆博希族、泰凯族(特别是库库亚人)的每一个村庄各有一个主要的聚居点,又包括一批彼此相隔一定距离的小庄子,这些小庄子虽然不是临时性的居民点,却被称之为"宿营地"。这种分散性是为适应农业的需要而产生的。因为"宿营地"的居民离他们的耕地更近些。[2]

利比里亚大部分地区交通不便,致使各处人口密度都低。在早期的西非地图上,雨林区几乎完全没有居民,只有在靠近稀树草原和海岸前沿的边缘地区才有零星分散的聚落。除了自然环境条件以外,大小不等的人口聚集点反映了人类活动空间组合的特征。传统的聚落形式,由大量小而分散的村庄组成。然而,出于对奴隶贩子和其他敌人的共同防御需要,人们不得不很快组建较大的村社,但也很少超出2000个居民。这些聚落的大小差异很大,从2~5间茅屋的规模直到具有数百栋房屋的城镇。较大的聚落通常见于北部,那里有时能碰到有600间以上茅屋的村庄,但一般说来,有40~100间茅屋的村庄是一种常见类型。东部大多数村庄甚至更小,其中绝大部分不足50间茅屋。最高酋长所在的城镇通常较大,常见的有150~200家住宅。所以,利比里亚的村庄都是不均匀地分布在大森林中。在利比里亚,低密度

---

① [英]莱恩·贝里主编:《坦桑尼亚图志》,南京大学地理系非洲地理组译,北京:商务印书馆,1975年,第175-183页。

② [法]P.韦内提埃:《刚果(布)地理》,中国科学院地理研究所法文翻译组译,北京:商务印书馆,1976年,第64-65页。

聚落区主要包括辽阔的茂密雨林区,尤其是国家森林保护区、沿海红树林沼泽,某些较高山地和部分切割高原。这些主要是接近塞拉利昂边界的西部心脏地区和交通最不便利的东南部森林区。那里聚落和人口都稀少,是限制全面开发的主要因素之一。[1] 谢烈尔族、沃洛夫族和摩西族的聚落较分散,例如摩西族住在分散的宅院里,按社会组织而不是外表形态聚集成为"村庄"。

加纳北部分散的聚落,由广泛分布在耕作地上的一个个单一院落组成。一个院落大约由五间茅舍组成,由一个普通的墙连在一起,并归一个单一的家庭所有。[2]

俾格米人的聚落迁移并不频繁,他们随着群落的分裂、重组以及对自身的重新定位经常在建筑体量上有较大的变化。在一年中,一个姆布蒂人的聚落从持续了一个多月的22~26个住所的大型集聚区减少为仅有3~6个通常由男性猎手居住的临时居所。从传统上来说,班图人在林地中的聚落通常考虑建造能长期居住的房屋,但是此后在新地点上的新居所经常被遗弃。此外,人们经常为了狩猎、捕鱼、收割和非经济的用途比如典礼而在聚落外建造临时营地。[3]

图 2-2-4 马里的多贡人村落[4]

图 2-2-5 埃及的一个小村庄[5]

3. 聚落的空间组合形态

聚落的空间组合形态,指一定地域内各个聚落之间的空间结构及相互关系,即相关各聚落之间的组合形式。

西非聚落的形式是非常灵活的,传统的形式在不适合现代情况时往往发生变化。迁移农业的固定化导致聚落的固定化,而且在某些情况下有进一步集中的趋

[1] 斯蒂芬·冯·格尼林斯基主编:《利比里亚图志》,兰州大学地质地理系外国地理翻译组译,兰州:甘肃人民出版社,1975 年,第 52-54 页。

[2] E.A.博滕:《加纳地理》,河北大学外语系译,石家庄:河北人民出版社,1975 年,第 106-107 页。

[3] John.I.Clarke. *An Advanced Geography of Africa*, Hulton Educational Publication, 1975 年,第 312 页。

[4] 资料来源:www.flicker.com。

[5] 资料来源:www.flicker.com。

势。在局势安定时,聚落就从高地地区向周围的平原迁移,同时往往伴随着宅院在农田上的散步。经济的商业化导致聚落向火车站和公路枢纽站周围集中。村庄也迁移到公路两旁,目前在主要公路两旁形成村庄是一种普遍的现象。前殖民地政府曾经强迫不愿意迁移的人们把居住区迁移到交通比较方便的地方去,但是多半还是为了适应经济和社会条件的改变而自愿迁去的。①

马拉维库左埃村落由 29 个茅舍群组成,每个茅舍群相当于一个家庭集团,所有的茅舍群都从属于一个头人。头人是最大的那个家族集团的族长,该集团由 16 座茅舍组成,共有居民 67 人,只有 10 个家族集团各拥有 10 座以上的茅舍。②

4. 聚落的平面组合结构

聚落的平面组合,指一定地域内聚落群体的分布特征和平面展布方式,也指单个聚落内部各建筑群如民宅、仓库、卷棚、晒场、道路、公共设施等的排列组合结构。③

在非洲,村庄的形状既因袭旧习惯,也取决于自然条件。

图 2-2-6 贝宁的村庄④

图 2-2-7 布隆迪的村庄⑤

在盆地周围的森林环境中,以农耕为主的班图人的聚落大体具有以下特点:居所都是矩形的平面,用树枝做成,以不同的大小成组分布。聚落本身常呈矩形,房屋有时实际临街道排列,有时超出街道的边界。在公共的通畅道路边有至少一个造型良好的茅草屋作为会议的场所。⑥

---

① [英]H.P.怀特、M.B.克利弗:《西非经济地理》,甘肃师范大学农基系地理组译,兰州:甘肃人民出版社,1976 年,第 39-40 页。

② [英]约翰·G.派克、杰拉尔德·T.里明顿:《马拉维地理研究》,北京:商务印书馆,1978 年,第 134-136 页。

③ 金其铭、董昕、张小林:《乡村地理学》,南京:江苏教育出版社,1990 年,第 57-68 页。

④ 资料来源:www.flicker.com。

⑤ 资料来源:www.flicker.com。

⑥ John I.Clarke,*An Advanced Geography of Africa*,Bucks:Hulton Educational Publication Ltd.,1975:311.

图 2-2-8　赞比亚的村庄①

图 2-2-9　布基纳法索的村庄（一）②

在刚果（布）维利人居住的地方，房屋往往是零落分散的，而其他地方的村庄分布主要有两种形式：长方形和长条形（街道式）。在长方形的村庄里，房屋都排列在长方形的三个边上（两条长边，一条短边），另一边临大路。房屋的正面都朝向居中的大院场地，杂草总是拔得干干净净。泰凯人居住的村庄也是长方形的，但四面全盖有房子，而且不临大路，只辟一条小路和大道相通。街道式村庄很简单，房屋面对面排成两行，中间贯穿着一条公路或大道，每一排房子通常还附有一排厨房。③

赞比亚姆韦鲁湖畔的渔村钦扬塔，大致是按很规则的格子形布局的，这一半是由于它沿着公路排列，一半是由于采用了方形房屋式样。

图 2-2-10　布基纳法索的村庄（二）④

---

① 资料来源：www.flicker.com。
② 资料来源：www.flicker.com。
③ ［法］P.韦内提埃：《刚果（布）地理》，中国科学院地理研究所法文翻译组译，北京：商务印书馆，1976 年，第 64 -65 页。
④ 资料来源：www.flicker.com。

图 2-2-11 马里的村庄(一)①

图 2-2-12 马里的村庄(二)②

二、聚落内部功能结构

乡村聚落内部的功能结构远不如城市复杂。村落内部主要由住宅区、公共设施、生产性活动区、道路、水塘五部分组成。③

1. 住宅区

住宅区是村落的主要组成部分,主要由农民的住宅构成,村落的住宅与城镇居住区不同,它带有生产的性质,因而住宅中包含了相当部分的生产用地,如住宅的小片果园、菜地等在非洲乡村十分普遍。

坦桑尼亚传统的房屋是蜂房形的,屋前有一个宽广的场地通至走廊。④

加纳有些村庄的布局是一条直线,房屋排列在主要路线的两边,而其他村庄是长方形的,房屋和小巷的排列像棋盘一样。⑤

在赞比亚班韦乌卢湖和姆韦鲁湖的沿岸以及附近的沼泽地带(人们在这里进行渔业生产和轮种制农业生产),公路和小道两旁点缀着永久性的线状居民区,形成了一条条几乎连续不断的居民带。

2. 公共建筑

一般村落很少有公共建筑用地,大村或有行政职能的村有少量的公共建筑群,如小学、卫生所及少量商店等,但一般不能构成一个单独的公共建筑地段。小商店位于路口或村落中心处,不形成商业街区,而混杂于居住区之中。

在刚果(布)长方形的村庄里,通常都有座供聚会用的屋子(叫做"姆邦基"或"莫

---

① 资料来源:www.flicker.com。

② 资料来源:www.flicker.com。

③ 金其铭、董昕、张小林:《乡村地理学》,南京:江苏教育出版社,1990 年,第 78-79 页。

④ [英]莱恩·贝里主编:《坦桑尼亚图志》,南京大学地理系非洲地理组译,北京:商务印书馆,1975 年,第 179 页。

⑤ E.A.博藤:《加纳地理》,河北大学外语系译,石家庄:河北人民出版社,1975 年,第 106-107 页。

安扎",跟加蓬村庄里的"守望所"相似),位于村子正中,每天都有人聚在那儿闲聊和议事。街道式村庄也都设有"姆邦基",通常都很简单,只是由几根木桩支撑一个屋顶构成,里面往往有叫做"塔姆-塔姆"的点名鼓。[①]

加纳酋长的房屋和经常举行宗教仪式的地点,常常形成居民点的中心,居民的房屋围绕这个核心聚集起来。[②]

利比里亚民族的医药、神物和供品保存在特殊的房屋之中。它们的建造与宅院相当,大多数是东部为长方形而西部为圆形。还有一种会所房屋,所有公众事务都由长老和酋长在这些公用房屋里进行讨论。东部的民族常用的是露天会谈庭院。[③]

3. 生产性活动区

村落内部的生产性活动区包括粮食加工、畜圈、用地,每户人家都有用树枝围合的畜圈。

在村庄内,每家是一个独立的单位,包括家长及其夫人的住房。住房中心周围有香蕉园,一般间种着咖啡、豆类和蔬菜。每家有权开垦一些地块,以种植小米、甜薯、豆子、花生和蔬菜。轮作中不耕种的土地则作为村社牧场。

坦桑尼亚苏库马人的村落地段内,每家有一块固定的土地,由各家完成那里的大部分农活,可耕地和休闲地是混杂着的,但按习惯,休闲地开放作为村社的牧场。[④]

4. 道路

首先,道路是聚落从整体到细枝末节的向导,所以道路的网络越是复杂,就越能引发聚落的无限变化。道路和住宅形式是相对应的,所以如果不具备对应住宅形式的能力,就不能设计出复杂的道路。[⑤]

村落的道路系统十分简单,通常均为土路,人口较少的小村甚至只有村外的田间小道通往大路或公路,村间各户之间没有专门的道路。

坦桑尼亚的村庄一般有一条宽阔的大街,大街两旁排列着住宅。[⑥]

公路网向内地扩展,一旦村庄与公路系统连接起来,直线式排列就马上出现,靠近公路的土地就变得极有价值。由于有较好的市场位置和运输设施,新的房屋和商

①　[法]P.韦内提埃:《刚果(布)地理》,中国科学院地理研究所法文翻译组译,北京:商务印书馆,1976年,第64-65页。

②　E.A.博滕:《加纳地理》,河北大学外语系译,石家庄:河北人民出版社,1975年,第106-107页。

③　斯蒂芬·冯·格尼林斯基主编:《利比里亚图志》,兰州大学地质地理系外国地理翻译组译,兰州:甘肃人民出版社,1975年,第69-70页。

④　[英]莱恩·贝里主编:《坦桑尼亚图志》,南京大学地理系非洲地理组译,北京:商务印书馆,1975年,第176、179页。

⑤　[日]原广司:《世界聚落的教示100》,北京:中国建筑工业出版社,2003年,第109页。

⑥　[英]莱恩·贝里主编:《坦桑尼亚图志》,南京大学地理系非洲地理组译,北京:商务印书馆,1975年,第179页。

店将修建起来,公路两旁一张皮式的村落沿着某些公路出现了。[1]

5. 水塘

非洲只有很少的村落有自来水,因而河沟池塘在村落构成中占一定地位。农民缺乏挖地打井、安装水泵的技巧,没有喝开水的习惯,饮水安全无法得到保障。农村地区水型痢疾、几内亚线虫病传播较为严重。村落多依靠专门供洗涤、饮用的河塘,有的村落仅有一处大塘供全村饮用、洗涤。

第三节　非洲乡村传统民居

一、影响非洲乡村传统民居的因素

不同地域人类的聚落分布、房屋型式,不单是自然因素影响的结果,也是传统社会文化和风俗等多种因素影响的结果,自然环境条件为不同的民居选择提供了可能性,但这种可能性变为现实,则取决于人类对各种条件的选择和需求。所以说自然因素和人文因素相互影响、相互渗透,共同在人类与自然环境的适应上起作用,而其最直接的体现便是房屋与村落型式。

1. 自然因素

自然因素主要是指乡村聚落环境,即聚落周围空间中与聚落有关联和反馈效应的各要素构成的外在环境系统。人类扩散到新的区域后,总是优先选择气候适宜、阳光充足、水源可靠、地势平坦、土壤肥沃的地方,其中气候、地形、水源的关系最为密切。

(1) 气候

气候对聚落的影响是显著的。各地降水量的大小,影响房屋的建筑形式。一般来说,降水大的地方的屋顶坡度大,以利泄水,反之,屋顶坡度小。在气候特别干旱的地区,屋顶往往是平的。

非洲热带草原气候区全年高温,干雨两季分明,雨季降水丰沛,干季炎热干燥。这种气候条件下的房屋墙体厚实,屋门很小。撒哈拉沙漠地区因为特别干旱,房屋甚至没有屋顶。而在有着"非洲雨都"之称的利比亚,乡村房屋以尖顶或圆顶为主,利于雨水排出和收集。炎热干燥的气候特点使得乡村传统民居中临时性房屋所占的比重较大,寻找食物和水源及季节性的迁移都需要临时性房屋。

干旱和半干旱区、山区、游牧区以及季节性游牧区的传统生活方式都以临时性居所为特色。南部非洲的原始民族布须曼人,现已多半定居,但其传统生活方式是组成规

---

[1]　斯蒂芬·冯·格尼林斯基主编:《利比里亚图志》,兰州大学地质地理系外国地理翻译组译,兰州:甘肃人民出版社,1975 年,第 66 页。

模较小的队伍,经常流动、迁徙。他们在沙漠上或草原上建的住所,就像一个防风篱,用兽皮和树枝盖在简陋的木构屋架上,便成为遮阴栖息的住所,而且时建时废。一旦为了寻找食物和水源而迁徙,也只带走屋架上的兽皮,其余东西都丢在原地。

沙漠地区的游牧民往往随身携带着布质帐篷,以搭建临时性住所,使用时间长短不一,从几天到几个月,通常建在常年(或季节性)的迁徙路线上。搬迁时,所有家当都由骆驼驮运,游牧民又开始了艰难的旅程,寻找新的落脚点。

尼日尔阿加德兹的人们在空地上搭起了临时性帐篷聚落,一到雨季,就带上家畜向别处迁移。在阿加德兹城中也有定居者,他们会在自己的庭院中搭起帐篷。

在东非,马赛草原上的牧牛者建造的一种很有特色的蜂箱式房屋组成了一个个小小的村落。多数牧牛者定居在村落中,但也有一些人每年只住一段时间。牧民们赶着牲口沿季节性迁移路线寻找水源和牧草,有时他们在村落附近种一些作物,但绝大部分时间都用于照料牲畜。他们在一地居住的时间可能是几个月或半年,但一旦干季来临,牧草和水源都逐渐枯竭,于是他们又背好行装,开始新的行程。村落闲置后,房屋经受风吹雨蚀,无人注意,但牧牛者回来以后,这里很快又恢复了原貌,成为他们下个季节的生活中心。[①]

图 2 - 2 - 13　加纳松布卢古民居

图 2 - 2 - 14　贝宁坦贝尔马村房屋

图 2 - 2 - 15　马拉维村庄

图 2 - 2 - 16　尼日尔阿加德兹独特的帐篷聚落

---

① ［美］H.J.德伯里:《人文地理——文化社会与定向》,北京:北京师范大学出版社,1988 年,第 184 页。

（2）地形

非洲农村大部分地区地广人稀,居民点分散,然而土壤多贫瘠,加之生产力水平低下,使得在居民点的选择上,有利的地形成为首先考虑的因素。

在刚果(布),村子通常都建于高处,如丘陵的顶部、山丘的脊线、高原的边沿,以便妇女们能从最近便的水沟用坛运水,这种往返频繁的劳动在巴泰凯高原是一项非常沉重的负担,那里的妇女们为运水有时要往返十多千米,干季更是如此。[①]

在塞拉利昂的南部和东南部的农村,门迪族、戈拉族和基西族居住在茅舍凌乱错落、簇拥在一起的小村庄。这些居民点处于仅有羊肠小道可通的高灌丛环抱之中,周围有三重硬木围桩,村落本身又紧密地靠在一起,从而保证了安全。在北部和东北部切割高原地区的几内亚热带稀树干草原上居住的科兰科人、亚伦卡人和林巴人把村庄建在山顶上。[②]

马拉维德扎区的恩戈尼高地,到处耸立着高大的正长岩山峦,在云母片岩和片麻岩组成的中新世准平原面上,崛立着大量的小型岩石侵入体,因此长期以来,这一带地区成为弱小部落集团的避难之所。早期的契瓦人—尼扬扎人在这里水势湍急的山间溪流中能够找到丰富的常年性水源,相当肥沃的小块土地,还能借助于高山陡崖进行自卫和躲藏。[③]

图 2 - 2 - 17 阿古村

（3）水源

水是人类赖以生存的关键资源,不仅是日常生活所需要的,在生产等其他方面也必不可少。水源地的寻找往往也是居民在房屋选址过程中起决定性作用的因素。

① [法]P.韦内提埃:《刚果(布)地理》,北京:商务印书馆,1976 年,第 64 页。
② [英]克拉克:《塞拉利昂图志》,石家庄:河北人民出版社,1977 年,第 90 页。
③ [英]约翰·G.派克、杰拉尔德·T.里明顿:《马拉维地理研究》,北京:商务印书馆,1978 年,第 142 页。

农牧民往往逐水源地而居,无水或缺水的地方只是暂时的栖居之地。

马拉维利隆圭平原的西部和北部的大部分地区的"丹博"洼上端周围地带,一般都有一些村落。许多较大的村庄通常建在丹博洼之间的狭长地带或丹博洼与河流之间的狭长地带。这样不论是从河中取水,还是从丹博洼的浅井中取水,都很方便。在一个村庄中,任何一座茅舍距离水源很少有超过一英里远的。[①]

撒哈拉沙漠中的柏柏尔人的聚落就建立在绿洲的外围,以取得丰富的水资源,而居民区出于安全因素和防卫考虑则分布在小山顶上。[②]

马拉维的希雷河由于干季时水位降低,下游出现许多季节性岛屿,称为"定巴"。在"定巴"滩上,建有一些草墙茅舍组成的临时性小村落。这些村民在雨季时返回干燥的地方,重新回到他们上一年雨季时居住过的茅舍,那是相对长久的泥墙住所。在希雷河下游地区有一些永久性村庄,建在沿河一带,一般是一些狭长形村庄,在天然冲积堤高而干燥的地方建成。由于其周围农产品丰富,又有常年性水源,村庄一般很大,往往有多达 100 多座茅舍。

在一个降水量不很稳定的地区,村落往往具有临时的性质,因为在严重干旱季节水源一旦枯竭,村落就得迁移。

在布兰太尔区的齐加鲁地区,许多村庄由河岸边迁到了新的供水点,有的村庄迁徙到相当远的地方。例如,马桑巴村从松巴地区迁徙到了一个以前无人居住的地区。原已存在的村庄,在打井以后有欧洲人种植园中的居民移居至此,扩大了村庄的规模。

（4）植物

植物对民居的影响主要体现在房屋结构和用料上,不同地区生长有各种各样不同的植物,当地居民对本地生长的植物最为了解。就地取材,既免去了寻找建筑材料的不便和高额花费,又可以为自己的住宅搭建最好的架构。

非洲热带草原地区,包括撒哈拉南缘的西非内陆地区、东非高原和南部非洲草原地区,主要以草和灌丛枝条作为主要房屋建筑用料。在塞拉利昂的热带稀树干草原地区,一般用草做屋顶;在森林地区修建圆形房屋时,用棕榈叶和竹叶做屋顶。在利比里亚的内地,常见圆形房屋,用藤类和棕榈叶子交叉叶脉连接起来的柱子做墙壁,内外两面都抹上泥,屋顶覆以拉菲亚棕的叶子或草类,屋檐长度随面积大小而不同。沿海地区所建的一种长方形结构房屋,墙壁用拉菲亚棕做成,有时也用椰棕的中叶脉所编成的席子做成,这种席子被直接立在沙地或构成地板的平台之上;屋顶

---

① ［英］约翰·G.派克、杰拉尔德·T.里明顿:《马拉维地理研究》,北京:商务印书馆,1978 年,第 138 页。
② 看世界聚落风光,中国城市规划行业信息网。

由草类或棕榈叶子组成,屋檐伸出平台边缘以外,而平台从墙壁起,向外突出 1 米。[①]

2. 人文因素

人文因素包括社会因素和文化因素。社会因素是指社会上各种事物,包括社会群体、社会交往、道德规范、国家法律、社会舆论等。而文化因素则是意识形态方面的、非物质技术方面的内容,如制度、习俗、审美观念等。

人们的居住点总是生存在一定的社会环境之中,虽然有时位置没有改变,自然环境也很少发生变化,但居住在里面的各个时代的人们的思想、观念、文化和心理状态却在发展变化或迥然不同。他们有自己的政治信念和道德标准,对生活有不同的追求,都参加到一定的社会集团中去,并受当时的社会政治文化水准的约束。[②] 这些外在或内在的因素对民居的选择发展与变迁产生着持久而深远的影响。

(1) 交通条件

交通是制约村落发展的一个相当重要的因素,也是在商品经济化的今天,对乡村传统民居的变革产生巨大影响的因素。房屋从原来的分散排列、圆形排列等形式逐渐变为新的排列型式,最为常见的便是房屋沿着道路两旁呈线性排列的形式。

公路网的新近发展和中央行政管理的扩展对农村居民点的形式产生了重要的影响,特别是在塞拉利昂的东南部一带更是如此。在很多地方,人们发现居民点的形式已经完全改观。旧日的圆形向心式布局已在缓慢地解体,新建的村舍沿着公路排列。还有一些按照正规的格子网形规划的村庄,住房之间有充分的间隔。[③] 公路通行,与外界的接触和联系就会更加密切,对传统住房形式和观念产生不小的冲击。

在利比里亚通公路的村庄里,有砖墙和低倾斜铁皮屋顶的大方形房屋,趋向于代替传统类型,但墙壁常常仍由柱子和棍棒组成,用泥涂抹。这种房屋的中间有一间会客室,在主要进口前面有一个开放门廊。大梁、窗框、门和窗扇都由当地木匠制作,但是吉奥族人仍在建造陡急、高倾斜锥形茅屋顶的大圆形房屋,甚至在沿公路的大村庄里也是如此。[④]

(2) 文化习俗

在非洲,以部落形式聚集的村庄可以说是一种最普遍的形式。这些部落保留了非洲最原始的面孔,沿袭着非洲最古老的传统,不同的部落有不同的习俗和文化,这些精神文化又不自觉地影响着房屋的形式和结构。

马赛人是东非的游牧民族,主要分布在肯尼亚南部和坦桑尼亚北部的干草原地

---

① 斯蒂芬·冯·格尼林斯基:《利比里亚图志》,兰州:甘肃人民出版社,1975 年,第 67 页。
② 金其铭:《农村聚落地理》,北京:科学出版社,1988 年,第 79 页。
③ [英]克拉克:《塞拉利昂图志》,石家庄:河北人民出版社,1977 年,第 90 页。
④ 斯蒂芬·冯·格尼林斯基:《利比里亚图志》,兰州:甘肃人民出版社,1975 年,第 68 页。

图 2-2-18　肯尼亚图尔卡纳湖地区的莫洛族（EI MOLO）村庄

带,有着严格的部落制度,由部落首领和长老会议负责管理。成年男子按年龄划分等级。马赛人的村庄是由泥土堆砌成的,排成圆环,圆环外用带刺的灌木围成一个很大的圆形篱笆,每个村庄可容纳4~8个家庭及其牲畜。马赛人传统的屋子像倒扣的缸或半个蚕茧,开一个很小的门,人只有弯腰才能进去,这样利于防卫。

在塞拉利昂北部以及不大受外界影响的一些地区。多数较老的村庄周围有层层高灌丛,与村内房屋一样是居民点的组成部分。这些灌丛充当护村围墙的作用现在虽已过时,但因刀耕火种盛行,仍能保护村子免受火灾,还可作为木本作物的遮蔽物,并为部族会社的入社仪式提供荫蔽场所,同一亲属集团聚居于一座座圆形院落中。[①]

坦桑尼亚龙格韦县的乌尼亚秋萨村是以严密的社会组织为基础的。在村庄里,年轻人到成年时在父母的房屋外面建造新屋,形成一个卫星聚落,他们从新居到其父母的家里去劳动和吃饭。在村庄内,每家是一个独立的单位,包括家长及其夫人的住房。住房中心的周围为香蕉园。村庄一般有一条宽阔的大街,大街两旁排列着住宅,住宅常常是按男人的年龄来分组的。房屋由竹子造成,有两种形式。家长的房屋是长方形的长屋,其主要夫人的房屋常为圆柱加圆锥式,也用竹子造成,内部墙壁则涂以红色泥土,外墙不涂红泥,但竹子上常装饰以雕刻的花纹。[②]

非洲的男性居民除了照顾自己的妻室儿女等直系亲属以外,还对其他一些亲属负有义务。按照风俗,他对侄儿侄女的教育和福利负有责任。而且,顾及远亲是非洲人生活的一个特征。于是,一个为自己挣得小康家产的人,就被一大批人视作施主,不久以后,亲戚们就陆续到他那里,在他新建的房屋周围盖起自己的茅舍,他的

---

① ［英］克拉克:《塞拉利昂图志》,石家庄:河北人民出版社,1977年,第90页。
② ［英］莱恩·贝里主编:《坦桑尼亚图志》,北京:商务印书馆,1975年,第179页。

新房屋很快就成为一群新茅舍的中心。[1]

不光非洲当地的传统文化习俗会对房屋的建造产生影响,外来文化和传统也会对民居产生同样的影响和冲击。

赞比亚西北部高原的教会和政府驻地附近,有方形和长方形的住宅,这使人感觉到那里是受到了东海岸文化的影响。卢瓦普拉河流域隆达族的住宅在19世纪末还没有用泥土建造的形式,住宅小而高,是用草和容易弯曲的木料建造的。后来,是来自高原的移民带来了用泥土建造茅屋的知识(图2-2-19)。从那时起直到20世纪初,在姆比利里希地区的传教士教给人们利用太阳晒制土砖以前,一般都是用泥土建造茅屋。学会制砖后,茅屋逐渐为砖房所代替。

姆维尼隆加地区的恩敦布也有类似情况,古式棚屋的式样是圆形或方形的草棚,到了20世纪中,它们已为圆木柱与泥土结构的茅屋所代替。据说,这种圆木柱与泥土结构的茅屋,是由勒温纳的移民从安哥拉传入的。而到了20世纪后半叶,圆木柱与泥土结构的茅屋到处都为用太阳晒干的土砖所建造的砖房所代替。

图2-2-19 赞比亚米基坎达茅屋

利比里亚的美国移民及其后裔的房屋是两层或三层结构的,建筑在石柱上,以便防雨和防蚁。墙壁或用硬木,或用波纹铁皮做成。在不同的地方甚至也制造砖和使用砖。这些房屋的第一层以一些生活房间为核心,周围绕着一个环状开放走廊。由此有楼梯通到第二层的卧室。窗上的百叶窗扇和前缘的走廊是它的特色。这种类型的最老的房屋有盖板墙壁和盖板屋顶,但却没有走廊。[2] 马拉维的某些村庄民居的发展,受到了欧洲人的影响。许多人建的住宅具有欧非合璧的式样。圆形的茅舍往往变成了长方形。"夹灰墙"一般被砖墙所代替,草屋顶被波状铁皮取而代之。[3]

(3) 生产生活方式

生产方式影响着经济水平和发达程度,经济水平和发达程度又影响着生活方式。纳米比亚的辛巴族人依旧停留在原始的生活状态,生活在远离现代文明的偏远

① [英]约翰·G.派克、杰拉尔德·T.里明顿:《马拉维地理研究》,北京:商务印书馆,1978年,第141页。
② 斯蒂芬·冯·格尼林斯基:《利比里亚图志》,兰州:甘肃人民出版社,1975年,第67页。
③ [英]约翰·G.派克、杰拉尔德·T.里明顿:《马拉维地理研究》,北京:商务印书馆,1978年,第141页。

地方,聚集在一个个孤立的小村落里,维持着500年前的生活方式和习俗。辛巴人居住的房屋,大多是用树枝和掺有牛粪的泥巴搭建而成的,屋内面积一般有三四平方米。为防止房屋坍塌,屋内大都会竖起比较粗大的木头来支撑房顶。房檐房门低矮,仅能弯腰进入,没有床、桌子、椅子,一切都是简单的摆设,地上铺一张牛皮,是吃饭和休息的地方,还有瓦罐、木瓢等一些简陋的日常生活用品。[①]

图2-2-20 塞内加尔的民居

图2-2-21 加纳北部的洛比(Lobi)村

图2-2-22 布基纳法索塞巴的谷仓

图2-2-23 科特迪瓦的厨房(吉格洛)

利比里亚的村庄中,除住房外,普遍存在其他几种重要的房屋类型:

①"会谈"房屋。所有公众事物,都由长老和酋长在这些公用房屋里进行讨论。它们不见于东部部族,在他们那里常用的是露天会谈庭院。更为精巧的类型,是一种在水泥平台上面的方形开放结构,有用四根有力隅柱支撑的屋顶。平台外围常有留着进口的栏杆,为公众提供座位。内地则有会谈茅屋,通常是较小的有茅草屋顶的圆形或长方形结构,而地板和栏杆是泥做的。

②"厨房"。没有墙壁的小长方形结构,但有大的顶楼和茅屋顶。这些厨房都在

---

① 资料来源:百度百科。

居住房屋后面,供做饭遮阴用。田间则有所谓"稻谷厨房",几乎是整个农事季节里一家人的长期住所。它用于防雨,作为睡觉和做饭的地方,而且储存在顶楼里的稻谷可由下面的明火烘干。村庄里的小的圆形或方形茅屋带有涂泥的墙壁,是作为稻谷和其他事物的仓库建造的。

③ 部族的医药、神物和贡品保存在特殊的房屋之中。它们的建造与宅院相当,大多数是东部为长方形而西部为圆形。这些僧侣、祭祀和乡村医生的房屋,经常挺立在一个木栅围墙之中,外面则有一颗幼树。[①]

二、非洲乡村传统民居的房屋类型

栖身是人类的基本需要。不论在世界上严寒的地区还是炎热的地区,也不论是在降雨充沛的地区还是在降雨稀少的地区,人们都要建造房屋作为自己日常生活的栖身之地。每一地的房屋都有鲜明的地域特色,当地房屋就是当地气候、文化等因素的综合产物。而最具有代表性的房屋,不是城镇中现代化的,极具美感和视觉冲击力的高楼大厦,而是乡村中原汁原味,甚至有些灰头土脸的传统建筑。虽然这些建筑结构简单,用料原始,很多房屋甚至就是材料简单的堆叠,带着一股子粗犷的气息,但是这些房屋才正是人类与大自然的相宜契合,既满足了人类的基本需求,又不会对自然做出过多的干预和影响,值得人们好好学习和研究。

房屋主要的几个方面就是结构用料和形态布局,用料从局部入手,形态结构和布局则直接划定了房屋大的框架。

图 2-2-24 布基纳法索的民居

图 2-2-25 赞比亚的茅屋

1. 乡村传统民居房屋的结构和形态

在非洲大地上,由于较为落后的生产力和经济水平,房屋的结构都较为简单实用,少见繁杂的结构形态,多数地区的传统房屋甚至数十年都无大的变化。圆形和长方形房屋是较为常见的两种形态,内部结构随居住者的喜好和不同需求而变。

---

① 斯蒂芬·冯·格尼林斯基:《利比里亚图志》,兰州:甘肃人民出版社,1975 年,第 68-70 页。

卢旺达的圆形茅屋极具代表性,具有先天性的优点:它以最少的建筑材料而拥有最大的内部空间;墙体能够平均地承载负荷(图2-2-26)。一系列环形布局的茅屋群构成一个家庭,每个茅屋都是一个独立房间,包括夫妇住房、男孩子房、女孩子房、客人房、厨房、家畜房、谷仓等。茅屋的入口一般都朝向中央的主屋。房屋的墙体用捆扎的木棍作为支架,用泥土填充,屋顶覆盖茅草和树叶。这种住宅已有约15个世纪的历史,但是正在被方形的房屋取代。方形房屋建造起来比较麻烦,还要使用外地来的新材料。①

图2-2-26　卢旺达圆形茅屋

利比里亚较老的圆形房屋,沿墙壁设有土床,中心有用明火做饭的土炉。深入内陆的戈拉族偶尔采用圆形房屋,某些沿海的格雷博族也建筑圆形泥屋。②

表2-2-1　利比里亚不同部族的流行房屋类型

房屋类型＼部族	瓦依族	戈拉族	德依族	巴萨族	克鲁族	格雷博族	克伦族	吉奥族	马诺族	克佩尔族	洛马族	贝尔族	格班迪族	曼迪族	基西族	曼丁哥族
圆形,茅草		×				(×)	×					×	×			
方形,茅草	×				×		×		×	×	×			×		
方形,锌皮			×	×												×

坦桑尼亚分布在多多马周围的干性多刺灌丛高原地区的乌戈戈人的长方形平顶屋一般坐落在长方形院子里。房屋内部分为若干长方形的房间,有卧室、会客室和厨房。面向院子,常常还有一座更开阔的房屋,供年轻的男孩居住。③

刚果(布)各地的房屋几乎都是长方形的,一般都较小,有两堵墙架和一个屋顶。在莫萨卡地区存有少量"大象"型的房屋,这种房屋像书本半开立放着,屋顶向一侧下斜,直抵地面;泰凯人从前的房屋,屋顶是半圆形的。俾格米人仍保留着半圆形的矮小草屋。班甘古卢人仍保留着由两部分组成的长房子,其中一部分后边敞开,用

---

① 资料来源:《世界特色民居》,百度文库。
② 斯蒂芬·冯·格尼林斯基:《利比里亚图志》,兰州:甘肃人民出版社,1975年,第67页。
③ [英]莱恩·贝里主编:《坦桑尼亚图志》,北京:商务印书馆,1975年,第177页。

作贮藏室和厨房。[①]

坦桑尼亚的梅鲁人的房屋是圆锥加圆柱形，一道内部的圆形隔墙把房屋分为两部分：内部是畜厩，外部是睡眠和生活用房及火炉。桑巴人的传统房屋呈蜂房状，粗糙的茅草屋顶伸向地面。它已为圆锥加圆柱形房屋所代替，房屋由泥墙和陡峭的茅草屋顶组成。内部分做大致相等的两半，一半做住房，另一边做仓库和畜厩。哈亚人的传统房屋呈蜂房形，屋前有一个宽大的场地通至走廊。低矮的内部隔墙把房屋分为若干部分，做卧室、厨房和畜厩之用。[②]

图 2‒2‒27　尼日尔阿泽勒的圆形和方形房屋

屋顶的样式和凉台的安排也是房屋形态和结构中变化较多，较为丰富的两个方面。

塞拉利昂北部的亚伦卡人的圆形屋顶，同塞拉利昂中部偏北地区的不对称形房屋，和冈比亚一带的对称性房屋相比，是迥然有别的。同是长方形房屋，在屋顶的样式上也有差别。克里奥尔人的住房有老虎窗的屋顶，同内地的四坡顶有别，与西南海岸捕鱼和种稻地区的人字屋顶更是截然不同。

图 2‒2‒28　南非祖鲁人的穹形茅屋

图 2‒2‒29　喀麦隆毛斯蛤姆人的抛物线形圆形屋顶

南非祖鲁人的穹形茅屋有一个半球形的外形，这和一般的圆形茅屋只是一个圆柱底上面加一个圆锥顶非常不同（图 2‒2‒28）。此外，祖鲁人的穹形茅屋拥有世界上最精细的手工编织技艺。它是由家庭中的女性编制而成的，采用柔韧的藤条编出穹形支架，　然后再用麦秆和树枝编织成席子覆盖在上面。现在很多祖鲁人已经用

---

① ［法］P.韦内提埃：《刚果（布）地理》，北京：商务印书馆，1976 年，第 64‒65 页。
② ［英］莱恩·贝里主编：《坦桑尼亚图志》，北京：商务印书馆，1975 年，第 175、178、179 页。

黏土砖和木板来做墙,但是一般仍旧采用草席屋顶。室内按照性别女左男右划分区域。①

　　喀麦隆的毛斯蛤姆人的抛物线形圆形屋顶别具一格(图2－2－29),看起来像半个蛋壳,完全用泥土混合草秆修建而成,没有采用任何支架。弯曲的表面有许多隐约的凸起,不仅外形美观,并且方便攀登上去维护屋顶。锥形的顶部为通风和出烟口,当雨季来临时堵上。几座房屋用矮墙连在一起构成一个整体,分别用于睡觉、做饭、储藏等。这种圆顶屋最初的形制非常巨大,大约高10米,直径7米。20世纪50年代之后新建的圆顶屋面积逐渐减小。②

　　在塞拉利昂,凉台也成了当地传统房屋的一个组成部分。有时,整个房屋的四周都是凉台。在多数情况下,房屋的某一部分或其正面设有凉台,但也有少数房屋完全没有凉台。凉台不仅可用作夜间聚会的场所,而且也是一个休憩室,特别是对上了年纪的人,他们可以整天在那里的吊床上消磨时光。③

　　传统民居不仅样式和结构简单,室内摆设和布置也相当简单。刚果(布)房屋的门窗又小又少,里面阴暗。有时候,一座房屋只有一个房间和一扇门。通常又砌有山墙一样高的隔墙,把房子隔出一个"客厅"和一个或几个房间。家具很少,只有木椅和小凳,床上铺着草席,有只箱子或老式提箱,用以存放衣服和家什。工具放在屋角,偶尔也有武器。屋檐下挂有纤维编的篮子。房屋主要用作夜间栖身之所,白天的活动是在别处进行的。④

　　2. 乡村传统民居房屋的建筑材料

　　就地取材是非洲传统民居比较普遍而显著的特征。在热带非洲,普遍采用可就地取材的木柱和木条编织成紧凑的框架,然后再抹上泥浆而成,充分反映了人们适应环境、就地取材的生存本能。

　　塞拉利昂乡村房屋建筑的一般方法是先竖起格子形的竿架,里面装上泥球,最后抹上一层胶泥或白粉。而在建造南方的高跷式房屋时使用棕榈叶,在北部热带稀树干草原地区则广泛使用晒干的土坯。⑤

　　位于贝宁境内的诺卡湖是一个沙洲环绕而形成的潟湖,居住在这里的托菲诺人以湖上桩屋作为他们的住宅(图2－2－30)。支撑房屋的木桩被深深地打入湖底,其高度足以应付周期性的潮汐。做木桩所用的木材来自湖中心小岛上的树林,其木质

　　① 资料来源:《世界特色民居》,百度文库。
　　② 资料来源:《世界特色民居》,百度文库。
　　③ 〔英〕克拉克:《塞拉利昂图志》,石家庄:河北人民出版社,1977年,第93页。
　　④ 〔法〕P.韦内提埃:《刚果(布)地理》,北京:商务印书馆,1976年,第65页。
　　⑤ 〔英〕克拉克:《塞拉利昂图志》,石家庄:河北人民出版社,1977年,第93页。

很耐腐蚀。房屋用竹子和木板做墙,屋顶覆盖浓密的棕榈叶,一般为四坡顶屋脊。[①]

在刚果(布)的维利人地区,用纸莎草制造长方形的大墙板,甚至用来制造单支柱的山形墙,然后再把这些部件组装起来。屋顶事先在地面做好,再用吊钩把整个屋顶吊起,安放在四面围起的墙上。在泰凯族地区,屋壁往往用草制成。在库尤人地区,则用棕榈叶制成屋顶,而其屋脊则是由稻草编结而成的。在森林地区,主要用木板(木斧劈成)做墙,钉在直立的柱子上(马永贝山区和夏于山区尤其如此)。在整个普尔地区和刚果盆地的大部分,用三合土砌墙,里面加木棒做骨架(当地人称为"波托—波托"或"比通古")。尼阿里谷地的房屋,是利用晒干或烧制的砖,以黏土黏结起来砌墙。在这个地区,几乎村村都有砖窑。

建筑材料有限,人们就必须想尽办法去创造东西来建造房屋,而且建筑物与生命直接相关,可以说是人类智慧的结晶。在厄立特里亚,那里的盐矿工人就用他们唯一所有的材料盐块来修建房屋(图2-2-31)。这些盐矿都是粗大的盐结晶体,人们将其切割成块砖状堆砌起简陋的房屋,用草席覆盖在上面充当屋顶,就是用来编织席子的草也非常少见,到处所见都是白茫茫的盐矿。房屋平面为圆形,能够以最少的建筑材料获得最大的内部空间。人们就在这样的屋子里睡觉,并且逃避炎炎的烈日。[②]

图2-2-30 贝宁托菲诺人的湖上房屋

图2-2-31 厄立特里亚盐屋

屋顶的材料也是多种多样的:有用成堆树叶马马虎虎扎起来的临时性屋顶;有扎得很牢靠的茅草屋顶(当地人称"宾步鲁");有的屋顶下覆椰叶,上盖"竹瓦";有的将旧铁桶剪开,压平成小铁片做屋顶;最后,还有瓦楞状的铁皮屋顶,每逢花生或可可丰收后,这种屋顶就增多起来。屋顶的不断改进,反映了房主们的逐渐富裕。至

---

① 资料来源:《世界特色民居》,百度文库。
② 资料来源:《世界特色民居》,百度文库。

于地面,差不多都是夯实的土面,只有一些最富有的人才能铺上一层薄薄的水泥地面。[①]

房屋的建筑材料也在不断发生着变化。例如赞比亚的圆木柱加茅草结构住宅到"金贝莱式砖房"住宅的演变如下几幅图所示,图 2-2-32 和图 2-2-33 表示了圆木柱加茅草结构住宅的特点。

图 2-2-32　圆木柱加茅草结构(一)　　图 2-2-33　圆木柱加茅草结构(二)

一般来说,这类房屋的特点是:不用砖建造,虽然猎人和渔民等的临时住所常常建得不够坚固(图 2-2-34)。坚固的"现代风格"的住宅,也可以用传统的建筑材料来建造(图 2-2-35)。

图 2-2-34　临时住所　　　　图 2-2-35　"现代风格"住宅

可是,大多数非圆木柱加茅草结构的房屋,却是用土砖建造的。不同区域的住宅建造情况有着惊人的差异:从卡万布瓦地区盛行的砖房到卡拉博地区的砖房。图 2-2-36 和图 2-2-37 表明了坚固的砖房的不同样式。

---

① [法] P.韦内提埃:《刚果(布)地理》,北京:商务印书馆,1976 年,第 65 页。

图 2-2-38 表明了较差的砖房代替圆木柱加茅草结构房屋的过渡阶段情况,而原有的圆木柱加茅草结构房屋便成为厨房和一些辅助性的房间。图 2-2-38 也表示了贮藏食物的传统棚屋或仓房(如果包括食品间的砖房住宅十分普遍了,这种贮藏食物的棚屋或仓房就没有必要存在了)。图 2-2-38 还表示了新式的茅坑(在室内有抽水卫生设备以前,这种与砖房分开的茅坑仍会存在)。

图 2-2-36　砖房样式(一)　　图 2-2-37　砖房样式(二)　　　图 2-2-38　传统棚屋

三、乡村传统民居的发展趋势

因为传统守旧和迷信思想,那些落后破旧的房屋长久未曾变动,例如传统的茅草屋。但是非洲充足的降水和强烈的日晒加之白蚁的啃食使得茅草屋的寿命一减再减,居民们苦于修补,居住环境恶劣。但随着人们观念的革新,传统民居也在悄悄发生着变化。如在原来严实的墙壁上开启百叶窗,安装木质门窗等。墙孔对于非洲村落中的房屋尤为重要,因为村民常常在屋内生火,强烈的烟气很容易使他们患病(特别是损害眼睛的青光眼病)。空气流通有助于减轻烟气,这对婴儿和小孩更为重要。再如,传统的草房使用波纹铁皮屋顶。虽然铁皮屋顶易生锈且较为闷热,但却能有效地避雨防潮,遏止病虫害蔓延,而且屋顶又像一个集水器,能提供人们急需的新鲜雨水。[①]

随着现代化的深入,传统住房观念和传统房屋不断受到冲击,原有的房屋虽然有着历史的传承,但现在已无法满足居民们更多样化的需求和对生活品质更高的追求。生产生活方式的改变,必然对房屋产生影响。货币经济的日益稳定,使得居民有更多的投资去改善住宅条件。非洲乡村的传统民居在逐渐向现代过渡,在房屋结构或是房屋材料方面不断向现代建筑靠拢。广大的非洲乡村中正在缓慢地进行着一场"住房革命"。

---

① [美]H.J.德伯里:《人文地理——文化社会与空间》,北京:北京师范大学出版社,1988 年,第 183 页。

第四节　非洲乡村聚落与周围土地利用

一、乡村聚落与周围土地的关系

1. 村落与耕地是一个整体

乡村聚落与城市的重大区别之一在于聚落本身与周围土地的关系。乡村本身包含了聚落及其周围的土地,村落与耕地(或牧地、林地)是一个融合的整体。以种植业为主的村落,耕地面积大小及耕作所达的范围亦即村落本身腹地,影响村落规模的大小。[①]

农业用地的多寡与村落的兴旺发达与否有很大关系。非洲社会有着非常传统的家庭和部落结构。农业技术和作物的选择,同居民的社会组织和他们对妇女劳动的看法大有关系,在森林地带尤为如此,可耕种的面积一般不超过男子能开辟出来又能为妇女耕作的土地面积。[②]

非洲村庄位置的选择主要取决于两个因素,一是要防护村落的安全,二是要便于生活。[③] 很多地区一个村庄的人数不超过 100 人,如赞比亚恩登布族、本巴族的居住区和刚果(金)宽果南部。而有些地方也常常见到很大的村庄,如孔戈、迪奥拉和班巴拉等族居住区。这些村庄大小不等是由于人口密度、耕作制度和农村结构形式不同所造成的。在某些地区,由于人口增殖太快,造成村庄人口极度膨胀。

村庄可以分为两部分:主要住宅村和耕作村。雨季时每个家庭总有部分成员住在耕作村里,如安哥拉的乔克韦人、马里的班巴拉人等。居民分散住在不固定的耕作村里,而行政和政治生活则集中在这些耕作村所属的大村庄里。

非洲村庄的形成,往往是由于人们寻找避难地而聚集的结果。因此,村中央的一棵树,也常常被视为是神圣的象征。在刚果(金)奎卢的松戈人地区,负责祭祀祖先的祭司,在新村庄兴建时总要先从老村庄中央广场的树上截下一段树杈,栽到新村庄的中央。

2. 非洲乡村聚落的用地特点[④]

研究非洲村落与周围土地的关系,主要关注的问题是耕作半径和游牧路线。它与历史习惯、耕作集约化程度、农作物种类、机械化水平、劳动工具和交通工具的优

① 金其铭、董昕、张小林:《乡村地理学》,南京:江苏教育出版社,1990 年。

② [英]哈里逊·邱奇:《西非洲:自然及其经济利用》,马孟超、高学源译,北京:商务印书馆,1963 年,第 76 页。

③ 陈宗德、姚桂梅主编:《非洲各国农业概况》,北京:中国财政经济出版社,2000 年,第 40 页。

④ [法]皮埃尔·古鲁:《非洲(上册)》,北京:商务印书馆,1984 年,第 102 - 104、215 页。

劣及人均耕地数量等都有关系。适宜的耕作半径因地区而异。人多地少地区,耕作精细,土地需要经常管理操作,因而不能离聚落太远。人少地多地区则相反,聚落之间的距离大,聚落规模较大而密度较小。

图 2 - 2 - 39　埃塞俄比亚的农田

图 2 - 2 - 40　南非西开普敦的农田

图 2 - 2 - 41　坦桑尼亚阿鲁沙区的农田

尼日利亚伊博人住宅周围是果园,远一点是耕地和休闲地。有些地方的休闲地上长满羊齿草而不是灌丛。阿巴一带,凡每平方千米人口不足 100 人,每种 1 年,休闲 7 年;人口在 100~200 人的,休闲 5 年;人口为 300 人的,休闲 3 年。

在雨水丰沛的非洲地区,如赤道非洲一带的居民,饮水依靠河流、池塘和泉水。但是,村庄常常并不是很有规律地分布在水源附近。如刚果(金)扬甘比的图龙布人的村庄,平均距离水源 500 米,汲一次水来回要走 1000 米路程。

在大森林里,房屋沿街分布。宽果-奎卢萨瓦那地带的小村庄,也是同样的情形。几内亚科尼亚吉地区的村庄房屋(可能是非洲最小的房屋,直径只有 1.5 米)一座座排成一条线,直到轮作耕地为止;当轮作地进入休闲期,房屋就向新的耕地移动。乍得的穆斯古姆人和科托科人的村庄房屋密集,但村庄没有固定的形式,村中小路沿着各家围墙弯弯曲曲。马里马西纳的富尔贝人的大村庄表现出一种等级的差别,村

中央是广场和清真寺,周围一圈是富尔贝大家族头领的院子,清真寺东边是村庄头
领的院子,在这个最内圈以外的则是贫民的房子。

图 2-2-42　莱索托农田

图 2-2-43　南非特兰斯凯的农田

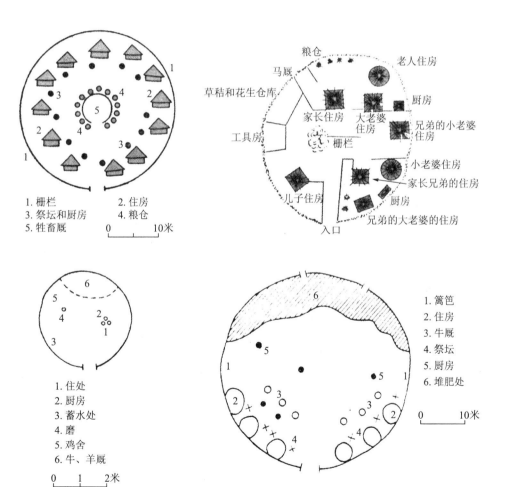

图 2-2-44　非洲农村的房屋

就整体而言,撒哈拉以南非洲是村庄遍布,村村相连,不属于村庄的地方是例外的。小的村庄同一个院子大小差不多,常同由族长管理的大家庭相混。族长对土地的支配权是有限的,因为各家土地都已划定。在科特迪瓦的埃布里埃人的概念里,一个村庄(当地叫"阿戈托")是一个三合体,它包括一个位于河边的村子、一个位于高岗上的村子和两者之间的一个集市村。

3. 乡村聚落土地利用空间结构

乡村聚落土地利用空间结构指农业地域中居民点的组织构成和变化移动中的特点,以及村庄分布、农业土地利用和网络组织构成的空间形态及其构成要素间的数量关系。乡村聚落多为历史产物,是传统文化和农业生产方式的表征,村庄的位置与土地利用的联系和规模比例长期处于准平衡状态。[①]

在非洲,游耕农业和土地集体所有制决定了居民集中住在村庄中,因为耕作者不能住在他们耕种的土地的中间。然而,村落分散的现象是很常见的。在相同的自然条件下,有不同形式的居民点居住方式。这些不同的居住方式都和水源有关:缺水的地方,住的分散;水源方便的地方,住的集中。

农村居民点集中和分散两种形式之间,很难说这一种就比另一种更先进、更适宜。在卢旺达、布隆迪和南非祖鲁人地区,如同一些分散的部落如鲁文佐里的安巴族、卡维龙多族部落所见一样,农村居民点都是分散的(图 2-2-45、图 2-2-46、图 2-2-47)。在具有大区域性组织的部落如曼丁哥族部落和具有村庄以上行政单位的部落如克罗斯河的雅科族部落、塞内加尔的迪奥拉族部落,居民点则很集中。卡维龙多族地区并存着两个人口相当稠密的从事农业的部落,洛戈利人分散居住在农村各居民点,而武古苏人则集中住在村子里。这两个部落都遭受过邻近牧民的掳劫。农村居民点的集中或分散,同某些信仰有关(或产生了某些信仰):对于尼日尔

图 2-2-45　卢旺达的农田

图 2-2-46　布隆迪的农田

① 范少言、陈宗兴:《试论乡村聚落空间结构的研究内容》,载《经济地理》,1995 年第 15 卷第 2 期,第 44-47 页。

图 2－2－47　南非祖鲁人的农田

阿德地区的豪萨人来说,村庄提供了安全的环境,生活在荆丛草地则是凶险的。就是住在村庄里,外围也不如村中央更有安全保障。一个房屋密集的村子,总比房屋分散的村子更安全些,也显得更美观些,因为荆棘丛中的不安全"因素"比较容易侵入房屋松散的村庄。

东非和南非也有例外的情况,居民点并不分散(如乌桑巴拉山的尼亚库萨族人)。但是,居民点分散的情况在整体上来说确实是很突出的。分散的农村居民点的布局有它自己的特点。"丘冈",即河间分水岭地带,常常被选作居民点,房屋在丘冈上星罗棋布。居民点避免建在河谷地里。这种特点见于卢旺达、布隆迪和基库尤地区。在乌卡拉岛上,一座座房子构成无数村庄,鳞次栉比地散布在农村。在乌干达的尼奥罗地区,居民点是分散的,但兄弟之间的住房都相互挨着。

村庄经常性地变动,这是因为人口的增长导致村庄分裂增多,也可能是因为邻近的土地逐渐贫瘠,又或许是因为社会和宗教原因认为某地风水不宜。以上种种原因造成地域控制的困难。村庄的组织体系导致了人们互相隔离,因为在村庄之外,个人人身安全得不到保证,虽然在邻近村庄的村民中间也有某些相互防范的保护措施。[①]

二、乡村土地利用与农业生产

1. 土地质量和生产能力

非洲是一个具有不少独特农业禀赋的大陆,至今仍是一个以农业为主的大陆,又是各大洲中农业生产水平最低的一个洲,农业投入少、生产方式落后、单产水平低。

至今大多数非洲国家都实行单一种植,有些地方甚至仍保留着刀耕火种和靠天吃饭的传统种植方式,农业生产极其落后。农业生产水平低下,粮食供应不足的问

---

① ［法］皮埃尔·古鲁:《非洲(上册)》,北京:商务印书馆,1984 年,第 101－102、116－117、215 页。

题在非洲广泛存在,有关数据显示,非洲迄今仍有近80%的国家和地区粮食不能自给。非洲也是世界上唯一的粮食纯进口大陆,许多国家的粮食自给率在50%以下。非洲每年花费在进口粮食上的支出接近200亿美元。[①]

虽然非洲土地资源总量丰富,但可开发利用的农用土地比重较少,加之人口总量较大,其人均占有量也不高,特别是作为粮食生产主要载体的耕地资源相对紧缺。[②] 非洲大陆土壤类型极为多样,各类土壤的宜农质量特性和数量不尽相同,地理分布也不均衡,包括漠境土在内,非洲大陆几乎有一半以上的土地不宜或勉强适宜农业开发利用。

中非耕地面积最少,主要分布在喀麦隆、刚果(金)、乍得等国。北非耕地数量仅次于西非,主要分布在尼罗河沿岸和地中海沿岸的苏丹、埃及、摩洛哥、阿尔及利亚等国。东非的耕地主要分布在埃塞俄比亚、坦桑尼亚、乌干达等国。受西南季风影响,尼日利亚、加纳、多哥、贝宁等国所在的环几内亚湾地区水热条件较好,耕地资源相对集中。南非地区耕地主要分布在东部气候相对湿润地区的国家,如南非、赞比亚、莫桑比克等国。[③]

在投入低的传统耕作制度下,轮垦(迁移性耕作)休闲制为非洲较为普遍的恢复地力的主要途径。

在撒哈拉以南地广人稀的非洲热带森林和热带草原,人均土地拥有量大,农民们借助刀耕火种开辟适宜种植的土地。土地利用扩展到原始地带或其他地区,或者村社土地变成没有严格控制休闲期的耕地。[④] 目前的农业是由非洲农民在零散的小块土地上用不合理的方式经营的,限于政治条件与经济条件,农业的现代化只在人口稀少的地区有可能实现,因为这一过程在那里几乎不会破坏原有的经济活动。[⑤]

在非洲,森林面积缩小,农田变成沙漠,用水日益缺乏,使得贫困人口不得不去争抢那点可怜的宝贵资源。加之土地贫瘠减产,人们变得愈加贫困。日益严重的大肆圈地运动,使失去土地的人越来越多。风雨冲蚀着裸露的土壤,草场超载放牧,土地过度开发。照此下去,可以预计非洲农作物产量将在未来40年内减少一半。[⑥]

---

① 盛夏:《共垦非洲》,载《农经》,2010年总第237期,第237页。

② 王俊、朱丽东、叶玮等:《近15年来非洲土地利用现状及其变化特征》,载《安徽农业科学》,2009年第37卷第6期,第2628-2631页。

③ 王俊、朱丽东、叶玮等:《近15年来非洲土地利用现状及其变化特征》,载《安徽农业科学》,2009年第37卷第6期,第2628-2631页。

④ Gombya-Ssembajjwe William:《东非村社林业的发展》,高发全译,载《林业与社会》,1998年第2期,第14-15页。

⑤ [英]哈里逊·邱奇:《西非:自然及其经济利用》,马孟超、高学源译,北京:商务印书馆,1963年,第76页。

⑥ 本刊编辑部:《非洲:打破恶性循环》,载《生态经济》,2004年第1期,第44-53页。

目前,非洲的土地沙漠化程度已经相当严重,沙漠面积约占到了全州面积的1/3,而且已有20%以上的耕地被沙漠覆盖,另有60%的耕地面临沙漠化的威胁,并且这一数字在不断变大。据统计,撒哈拉沙漠正以每年150万公顷的速度向南扩展,平均每小时产生170公顷的沙漠,而在非洲南部的卡拉哈里沙漠区也面临同样的问题,并成为了沙漠化发展最快的地区。

2. 土地利用特点

在非洲,农村经济成分复杂多样,而且存在着明显的地区差异。农业经营方式既有原始的,也有传统粗放的、半集约的和集约的,还有现代化的,但以传统经营方式为主体。传统经营方式是以分散的个体劳动为基础的生产活动,使用最简单的工具从事种植,依靠天然草场放牧牲畜。传统的游牧、狩猎民族对土地有着原始而特殊的利用形式,不仅受生产水平的制约,还夹杂有文化习俗等的影响。

东非最大的游牧民族马赛人向来蔑视农耕,但在马赛人中,谁也不敢轻易挖掘土地,因为土地是牧草的根基,破坏土地,就会破坏牧草,也就会殃及牛群。[1]

从种植业来看,非洲目前主要有两种经营方式:一种是种植园经营,另一种是小农经营。大多数耕作业尤其是粮食作物的种植以一家一户的小农经营为主,它们占有的土地多是土质差、地块不平整的劣等土地,这些土地很少施肥和使用畜力,管理粗放,靠天收获,通常实行迁徙种植、轮种撂荒休闲等传统农作制度,对土地利用很不充分。所有这些都阻碍了非洲农业现代化的实现,使农业的机械化、化肥化和水利化水平都很低。[2]

小农经济是以一家一户的劳动为生产单位,占地10公顷以下。一般农户至少也拥有1~2公顷以上的土地,在地广人稀地区,一般农户都有10~20公顷土地。撒哈拉以南非洲约有3300万个面积不到2公顷的小农场,占非洲大陆所有农场的80%。拥有不到1公顷土地的小农户,在尼日利亚农业生产中占据着主导地位。[3]

在尼日尔河发源地的一个小村庄,全村有100户,800多口人,均以务农为生。农作物有玉米、伏牛奥(非洲小米)、木薯,水稻极少。这个村距尼日尔河仅10多千米,但无力用河水灌溉,因此,至今仍是放火烧荒,刨坑撒籽。种地在人,收成在天,产量一般很低。除种田外,人们多在房前屋后种些烟叶、蔬菜,或饲养家畜,或兼营小商品。

小农农业是非洲农业组织的主要形式,但粮食体系正在转变为全球一体化的、更以知识为基础的资本密集型产业链。农场的最佳规模正在朝着有利于大农户的

① 朝天:《非洲的游牧民族——马赛人》,载《百科知识》,2002年第2期,第65页。
② 姚桂梅:《非洲经济发展战略》,载《中国党政干部论坛》,2002年第9期,第52页。
③ 陈宗德、姚桂梅主编:《非洲各国农业概况》,北京:中国财政经济出版社,2000年,第301、632页。

方向发展,小农户在粮食生产上的比较优势受到了威胁。[①]

3. 非洲乡村道路对土地利用的影响

非洲很多地方因为缺少公路或铁路,交通不便而没有开发。这些地方的粮食价格比较便宜,农民跑到离家很远的地方进行耕种,能够自给也就满足了。有时许多偏远地方的大量粮食只能任其霉烂。农民每天从家里到地里得步行六七千米,太费时间、精力和体力。而且就算丰收了,他们也无法靠步行把粮食运到汽车站、火车站或集市去卖了换钱。关键问题是运输,运输粮食需要交通运输工具。

三、乡村土地改革与乡村发展政策

1. 土地制度的复杂性和土地改革

非洲土地关系非常复杂,各国民族众多,独立前各国都存在着各种各样的土地占有形式,但主要为部落土地占有制。独立后有些国家进行土地改革,出现了个体农民土地占有制和土地国有制。非洲各国现行的土地制度主要表现在土地分配的土地产权上。大部分非洲国家独立后都进行了不同制度改革,新出台的土地政策往往同长期盛行的传统土地占有制产生矛盾,难免出现双重土地管理系统。土地的分配不均尤其在南部非洲如南非和津巴布韦表现突出。少数白人占有大量良田沃土,而广大黑人土地量少而瘠薄。

非洲国家独立后普遍实行了土地改革和土地调整计划。虽然未能带来革命性的变革,但却是有益的尝试,使各国各地区的土地制度有了不同程度的变化。最先实行土地改革的是埃及,在突尼斯、阿尔及利亚也都实行了多次的土地改革,土地问题有所缓解,但"耕者有其田"的目的并未完全解决。土地改革进行得最为激烈的是埃塞俄比亚。在撒哈拉以南非洲,有些国家如津巴布韦也实行了激进的土地改革政策,有些撒哈拉以南非洲国家则执行了比较谨慎的土地政策。[②] 从非洲各地的土地改革情况上看,各地有着明显的差别。北非国家大都进行了较大程度的土地改革,对殖民时期被殖民者和外企占有的土地实行国有化,分配给无地农民、牧民。西非传统的土地产权制度仍然存在,传统的头人(首领或酋长)为主要土地占有者。有些国家如马里、尼日尔、加纳、科特迪瓦、贝宁都于20世纪90年代颁布了新的土地法,实施土地分权管理。东非主要解决殖民时期遗留的双重土地产权系统。如肯尼亚对部分白人商业农场重新分配,将土地产权归于农民。埃塞俄比亚将封建地主的土地收为国有,分给无地和少地的农民。南部非洲国家主要解决土地产权的种族不平

---

① 《2050 如何养活世界——撒哈拉以南非洲面临的特殊挑战》,载《联合国粮农组织高级别专家论坛》,2009 年第 10 期,第 12 - 13 页。

② 张同铸主编:《非洲经济社会发展战略问题研究》,北京:人民出版社,1992 年,第 46 页。

等,推行土地重新分配政策。如南非推行农村土地偿还和重新分配,以刺激农民发展小农场。

南非从 1995 年开始进行土地改革,计划到 2010 年完成[①]。南非土地改革的三大内容为:

（1）实现土地回归

实现土地回归,即把 1913 年《土著土地法》实行以来被强行剥夺的黑人土地重新归还给黑人。1994 年 11 月 8 日,南非国民议会通过了《土地回归权利法》,它将保证那些在种族主义统治时代被剥夺土地的人们重新得到他们的财产。

（2）土地重新分配

土地重新分配的目的在于使需要土地的南非弱势群体获得土地以居住和从事生产,主要对象是黑人中的穷人、佃农、农场工人、妇女及处于危机中的农民。达到这一目的的基本途径是通过市场购买土地,由国家对购买费用及以后使用土地的费用给以财政支援。南非的《重建和发展计划》规定在 5 年内将 30% 的白人农田重新分配给无地的黑人。

（3）确保土地所有权和使用权

土地经过回归和重新分配后,需要得到法律上的保障。就土地的占有权和使用权问题进行改革的基本目的就是使每个南非人在土地的占有权和使用权方面都获得法律上的安全保证。这种改革就是新南非土地改革的第三大内容。[②]

独立后的非洲国家虽然在土地制度和乡村结构方面采取了改革措施,但因为没有正确的理论指导,而只是机械地模仿外国的经验,在政策上往往发生许多失误。相比之下,凡采取比较保守做法的国家,在经济上遭到的损失相对较少。但土地改革和土地制度的调整,是十分必要的,究竟如何处理最好,还有待进一步实践和探索。

2. 乡村土地与交通建设

乡村地区基础设施的严重不足对农业和农村发展影响重大。基础设施首先是道路缺乏,极大地影响了农业投入物的运送和农产品的流通。[③] 以粮食生产为例:在天气较好的年份,农业常常能获得丰收,但由于粮食的商品化和运输成了突出问题,有些地区的小米或高粱烂在地里无法运出,而远在几百千米之外的地方仍在缺粮。因此,非洲农村的发展首先要通过全国交通运输设施的改善才能实现。

非洲大部分国家的交通运输落后是制约经济发展的重要因素。诚然,很多国家

[①] 刘顺喜、冯文利:《走进非洲看土地》,载《中国国土资源报》,2008 年 4 月 16 日,第 8 版。

[②] 夏吉生:《新南非十年土改路》,载《西亚非洲》,2004 年第 6 期,第 45－50 页。

[③] 丁泽霁、陈宗德主编:《改造传统农业的国际经验——对发展中国家的研究》,北京:中国人民大学出版社,1992 年。

自独立后在基础设施建设中取得了很大成就,但要想进一步发展以适应未来的需要,仍需有大量资金投入。目前,撒哈拉以南非洲国家的乡村交通状况落后于亚洲和拉丁美洲国家。非洲乡村公路密度低、质量差的原因,不仅仅在于欠科学性的设计和建设等先天不足因素,更重要的是后期缺乏经常性维护,其深层次原因则是由于大多数非洲国家资金不足,无力大规模修建或修缮基础设施。糟糕的路况加大了车辆运行成本,一些非洲国家乡村交通费用高于世界上任何其他地区。津巴布韦乡村平均每 300 人有才 1 辆机动车,在乡村公路上行驶车辆的交通费用要比亚洲国家平均水平高 2.5 倍。[①]

3. 乡村发展政策和存在的问题

乡村发展属于区域发展范畴,它既是一个经济问题,又是一个社会问题,并涉及资源、要素的合理利用和生态保障以及社会稳定的重大问题。乡村特殊的经济条件也使得乡村地区比非乡村地区有更少的发展机会。农业是乡村最重要的经济部门,这使得乡村地区过度依赖单一部门,投资风险度很大。另外,税收也是十分有限的,这使得乡村无法动员充足的资源来实施他们自己的乡村发展计划。

非洲绝大多数国家独立以后,长期推行忽视农业、片面追求工业化的经济发展战略。乡村处于政策的边缘,贫困的农村很少有机会去影响和改变政府政策。很多发展中国家对农业存在偏见,高税收以及其他一些宏观经济政策都已经对农业和农村产生了负面的影响,从而导致了农村区域资源的流失。这些地理、经济和政治的因素造成了大范围的贫困和低水平发展。由于非洲乡村社会结构传统色彩仍然非常浓厚,乡村居民点小而分散,不利于政府为乡村提供物资和服务,甚至不利于为一些基本的小学、诊所和农业技术服务。而通过多样化与合理的服务供应方式以及信息化,可以有效地解决这些问题,同时政府在这一过程中应发挥重要的主体作用。

多数非洲国家财政拮据,拿不出多余资金投资农业,只能给外资"大开绿灯"以"割地换钱"。如苏丹是接受外国粮食援助最多的非洲国家之一,560 万人依靠救援粮为生,但苏丹也是非洲最大的"土地卖家",苏丹官员甚至表示"将把 1/5 的可耕地留给其他阿拉伯兄弟国家购买和租赁"。

某些组织批评圈地运动是变相殖民主义,原因有三。一是"变相剥削"非洲国家。非洲多国尚未解决温饱问题,苏丹、刚果(金)等国还是国际上主要的粮食受援国,而购地者却把农产品源源不断地运回国内。二是基因侵蚀。为帮助粮食增产,部分国家在所购农田种植转基因作物,在非洲受到广泛质疑,认为这将严重破坏当地农作物多样性。三是暗箱操作,农民利益受损。土地交易大多由国家高层拍板,

---

① 甄峰、郑俊、魏宗财等:《非洲乡村发展研究新进展》,载《西亚非洲》,2006 年第 7 期,第 73 - 76 页。

过程十分不透明,购地款最终落入政治家的腰包,而农民则被赶出世代耕种的土地,丧失生活依靠。

　　从客观上讲,利用外资以提升农业发展水平、促进粮食生产是非洲各国面临的现实选择。非洲应本着"以我为主"、"为我所用"的原则合理利用外资。土地交易需要国际社会与非洲一道来规范和改进,以合作的方式取得双赢,造福非洲百姓。①

___

　　①　黎文涛:《谁在非洲屯田种地》,载《世界知识》,2011 年第 22 期,第 48 - 49 页。

第三章

非洲城市地理

　　非洲城市的起源与发展和西方在非洲的殖民历史密切相关。本章以时间轴为主线,将非洲城市发展阶段分为16世纪以前的前殖民时期、16世纪到1960年的殖民时期以及1960年以后殖民时代结束后的现代非洲时期这三个时期,介绍了不同时期非洲城市的形成、发展、空间结构、分布特点以及典型城市的概况,探讨了本土城镇和伊斯兰城市、殖民城市和"欧洲"城市、二元城市和混合城市六种城市类型。对非洲城市化进程以及城市化进程中体现出的空间特征进行研究,总结了非洲城市化的特点与存在的问题。分析非洲国家城市体系的层次结构以及空间联系,探讨了非洲城市发展所面临的挑战以及应对措施,对21世纪非洲城市发展趋势进行了展望。

第一节　前殖民地时期非洲城市的兴起和成长

　　非洲大陆城市文明源远流长,公元前3000年左右在北非就已陆续出现了孟菲斯(Memphis)、底比斯(Thebes)、迦太基(Carthage)、开罗(Cario)、亚历山大(Alexandria)等城市文明;撒哈拉以南热带非洲的城市也有1500多年的历史,如卡诺(Kano)、扎里亚(Zaria)、伊费(Ife)、贝宁(Benin)、摩加迪沙(Mogadishu)、蒙巴萨(Mombasa)等都起源于16世纪以前。[1] 美国著名城市史学家刘易斯·芒福德指出:"要详细考察城市的起源,我们必须首先弥补考古学者的不足之处:他们力求从最深的文化层中找到他们认为能以表明古代城市结构秩序的一些隐隐约约的平面规划。我们如果要鉴别城市,那就必须要追溯到其最早的形态,不论这些形态在时间、空间和文化上距离已被发现的第一批人类文化层有多么遥远。"[2]

---

　　[1]　Anthony O'Connor, *The African City*, London: Routledge, 1983:25.

　　[2]　[美] 刘易斯·芒福德:《城市发展史——起源、演变和前景》,倪文彦、宋俊岭译,北京:中国建筑工业出版社,1989年。

一、史前非洲文明发展

约 7000 万年前,非洲大陆已大致漂移到现今的位置。南北跨越了近 72 度,形成多种类型的气候区,其大部分地区都处于热带纬度区,因此具有与其他各大洲迥然不同的自然发展规律和自然地理特征,对早期人类在非洲的历史发展影响极大。多种多样的自然环境为人类的定居繁衍提供了有利的条件,丰盛的植物资源使它能承载越来越稠密的人口。江河溪流两岸、湖泊四周和滨海地区,广袤无垠的热带草原及动植物资源,为非洲人口的大批流动提供了极其便利的条件。

上新世时期(约 1200 多万年前),由于阿尔卑斯造山运动的影响,在东非地壳运动过程中,地幔物质上升流强烈的地带隆起形成了高原。而当这种上升流向两侧扩散时,张力作用使地壳发生破裂,形成了巨大的裂谷。这条裂谷北起约旦死海,往南通过埃塞俄比亚、肯尼亚、坦桑尼亚、马拉维转而向东,直抵莫桑比克的印度洋岸。它在非洲大陆上的长度达 4000 千米,裂谷最宽处达 70 千米。这条裂谷后来对非洲各族人民的迁徙和定居起着重要的作用,成为各个历史时期的人口聚集之地。大裂谷带不仅在断层裂隙处分布着一系列的温泉和喷气孔,而且在谷底还分布着 30 多个大小湖泊。湖多且大,蓄存大量淡水,对东非气候和供水系统以及各历史时期的农牧渔业的发展和水上交通都有着极大的影响。远在史前时期,这里优越而多变的生存环境就为人类的起源提供了罕有的适宜条件。[①]

第四纪(开始于 300 万年前)古气候的变化对非洲大陆的影响尤为深远。长时期的雨量的增多减少,对非洲大陆影响显著。虽然几次洪积期明显地扩大了非洲大陆适宜人类居住的地带,然而几次严重干旱期却造成南卡拉哈里、北撒哈拉的沙漠地带的出现,使原先适宜人类居住的撒哈拉地区逐渐变成地球上最大、最干燥的沙海。[②] 浩瀚的沙海极大地限制了文明时期地中海方面可能带来的农业、建筑和手工艺等方面的影响,大大增加了热带非洲地区的闭塞性,严重影响了非洲这些地区农业和牧业生产力的迅速增长。

生活在撒哈拉以南热带非洲的狩猎者和采集者占有世界上动植物资源最丰富的地带,但追逐猎物的生活方式造成了他们的流动性,无法建立永久性定居点。广大的高地草原不利于发展农业,人口稀少,未能形成像亚欧大陆那样众多的密集的定居村落。一直到公元前 1 世纪,南部非洲才有些居民开始饲养羊[③],而这时已比北部非洲(埃及)向食物生产者阶段过渡的时间晚了 5000 年。

---

① 何芳川、宁骚等主编:《非洲通史古代卷》,上海:华东师范大学出版社,1995 年。

② 苏世荣等编著:《非洲自然地理》,北京:商务印书馆,1983 年,第 23 页。

③ [美]埃里奇·伊萨克:《驯化地理学》,北京:商务印书馆,1987 年,第 59 页。

二、本土城市

大约公元前 3000 年以后,撒哈拉完全沙漠化,北非同整个非洲大陆之间几乎完全被沙漠所隔绝。此后北非同地中海北岸的欧洲联系越来越密切,逐渐在环地中海文化中取得一席之地。[①] 随着农业和手工业、商业的发展,在北非尼罗河流域和地中海沿岸公元前出现了以迦太基、乌提卡为代表的城邦群,在 10 到 15 世纪,东非沿海地区出现了基尔瓦、蒙巴萨、摩加迪沙等大约 37 个城邦;在西非豪萨地区和约鲁巴地区出现了数十个城邦;比它们更晚一些,西非几内亚湾沿岸地带也出现了城邦群。[②]西方学者把这些具有历史传统的城镇称之为当地"本土城市(The indigenous city)"[③],它们是此后城镇发展和空间结构布局的重要历史基础。

1. 尼罗河流域

(1) 埃及文明

古代埃及是世界上最早出现的国家之一。埃及从新石器文化开始就分成南北两个文化群。北部群落散布于环绕孟菲斯、法尤姆和三角洲西北边缘的地区;南部群落则散布于艾斯尤特与底比斯之间的中埃及和上埃及地区。南北两群落各具特色,北方居住的房舍比较集中,反映了井然有序的母系社会结构,而南方房舍比较分散,实行血缘家族聚居。公元前 3000 年在埃及南北统一成为一个国家以后,南北文化差别才随着共同文明的出现而消失。[④]

早期王朝时期美尼斯统一埃及后,为了加强对下埃及的控制,在上、下埃及的交会处建立了新都——白城(第六王朝开始称为孟菲斯),又叫吉加普特,意即"太阳神之宫"。中王国时期,底比斯于公元前 2040 年将埃及重新统一,为了提高王权的地位,在首都底比斯(Thebes)(图 2-3-1)兴建了规模宏大的阿蒙神庙,底比斯城人口达 4 万人,是当时世界上最大的城市。这个时期法尤姆地区兴起了许多新城市,如卡洪城、新都城伊塞塔维等。公元前 1482 年,图特摩斯三世远征亚洲,跨亚非两洲的大帝国最后形成,底比斯成了"世界性的城市"。新王国后期和后王朝时期,铁器广泛使用,促进了农业、手工业和商业的发展,城市也随之发展起来。据希罗多德记载,当时埃及有"有人居住的市邑两万座"。

希腊人于公元前 8 世纪在利比里亚的西拉尼建立移民城邦,并征服了埃及。公元前 332 年希腊人在尼罗河西部入海口建立港城亚历山大。亚历山大和克拉底斯、

① M.埃尔·法西主编:《非洲通史》,中国对外翻译出版中心,1993 年,第 472 页。
② [美]斯皮罗·科斯托夫:《城市的形成:历史进程中的城市模式和城市意义》,北京:中国建筑工业出版社,2005 年,第 30 页。
③ United Nations, *Patterns of Urban and Rural Population Growth*, New York,1980.
④ 何芳川、宁骚等主编:《非洲通史古代卷》,上海:华东师范大学出版社,1995 年。

图 2-3-1 底比斯遗址①

托勒美斯是三个希腊式的自治市,希腊人聚居城中,从事工商业活动,享有选举市政长官和议员的权利,市议会有权制定自己的法律和自铸钱币。其中最大的自治市首都亚历山大是公元前 4—10 世纪地中海东部的政治经济文化中心,并发展成为世界最大的商业城市之一。亚历山大面积相当于雅典城的 3 倍,人口达 70 万之多。市内建有宽阔的街道,豪华的宫殿、庙宇、花园、广场、体育场、会堂、喷水池和浴池等。公元前 1 世纪的著名地理学家斯特拉波描述道:“整个亚历山大形成一个

图 2-3-2 亚历山大图书馆②

街道之网,骑马和乘车都很方便。最宽的街道有两条,每条有 100 尺宽,彼此交错成直角。城中有最壮丽的公共庙坛和王宫。这些宫殿占全城面积的 1/4～1/3。王宫的一部分就是著名的亚历山大博学园,包括图书馆、动植物园和研究院等部分。图书馆是当时世界上最大的图书馆,至公元前 1 世纪,馆藏图书已达 70 万卷(用希腊文写成),几乎包括了古代希腊的全部著作和一部分东方的典籍。”③(图 2-3-2)

(2)库施文明

古埃及人称北起尼罗河第一瀑布,南至青尼罗河与白尼罗河交汇处的地带(即东苏丹地区)为库施。库施文明是非洲大陆仅次于埃及文明的古代文明,距今已有 4000

---

① 图片来源:http://news.cqnews.net/html/2013-11/18/content_28681784_8.htm。

② 图片来源:http://www.quanjing.com/share/iblsce01904258.html。

③ G.C.Picard:《罗马统治时期的非洲文明》,巴黎,1959 年,第 144-146 页;李德华等:《城市规划原理(第三版)》,北京:中国建筑工业出版社,2001 年,第 4 页。

年的历史。早期库施人宗教活动的中心在埃及人建筑起来的纳帕塔城(Napata),公元前 530 年迁都麦罗埃(Meroe)。麦罗埃地处尼罗河、红海、印度洋和乍得湖贸易交通的枢纽,是这些地区的商品集散地,在建筑方面也取得了巨大的成就(图 2-3-3)。城市面积很大,城市中央建有王城、宫殿、王室大浴池等,附近有狮庙、阿蒙神庙、国王的金字塔和公共墓地。城四周有郊区,外围有城墙。阿蒙神庙建筑得异常精致。神庙内有大厅、庭院、内室、礼拜堂等,都是沿着一条中轴线建造的;此外还建造了便于宗教活动的长廊。狮庙的建筑则比较简单朴素,分为两类:一类由两间大厅合成;一类只有一间大厅,庙前有一个塔门护卫。早在 1911 年英国学者赛斯断言,麦罗埃是当时地中海以南非洲最大的冶铁中心,是非洲的"伯明翰"。

图 2-3-3　麦罗埃考古遗址①

早期城市的形式表现出了古代人民的智慧,城市中设计了有序的环境,街道、锯齿形的住宅单位以及层次清晰的住宅区,丝毫没有混乱和随意的痕迹。② 埃及的城市和乡村建设大多有着原始的网格系统,因为每一次洪水泛滥之后,人们要对尼罗河两岸可耕种的黑土地进行重新分割,这时正交网格是最自然的方式。河流是一条南北朝向的线性轴,任何其他的东西要么与它平行,要么顺着太阳升起和降落的方向与它垂直。③

位于法尤姆绿洲地区的卡洪城遗址是奴隶制的典型城市(图 2-3-4)。⑤ 城市平面为长方形,面积 380 米×260 米,由砖砌城墙围着。城市又用厚墙划分成东西两

---

① 图片来源:http://www.huoche.net/guowaijingdian-8340/。

② [美]斯皮罗·科斯托夫:《城市的形成:历史进程中的城市模式和城市意义》,北京:中国建筑工业出版社,2005 年,第 34 页。

③ [美]斯皮罗·科斯托夫:《城市的形成:历史进程中的城市模式和城市意义》,北京:中国建筑工业出版社,2005 年,第 103 页。

④ 李德华等:《城市规划原理(第三版)》,北京:中国建筑工业出版社,2001 年,第 4 页。

图 2-3-4 卡洪城平面示意图①

部分。城西部是一片贫民窟,在长 260 米、宽 105 米的土地上挤着 250 幢用棕榈枝、芦苇和黏土建造的棚屋。城东部是奴隶主贵族区,每座庄园占地 300 多平方米,有六七十个房间,包括餐厅、卧室、库房、厨房等。东区又被一条东西长 280 米的大路将城东分为南北两部分。路南是商人、手工业者、小官吏等中产阶层住所。这种城市布局反映了明显的阶级差别。

2. 地中海、红海沿岸

腓尼基人以航海和贸易见长。他们在把贸易路线从东地中海向西地中海扩张的过程中,开拓了南北两条路线。北线沿西西里岛、撒丁岛和巴利阿里群岛航行,南线则沿北非沿岸航行,每隔约 30 英里建一个停泊点,后来一些停泊点变成为永久性的殖民地,如乌提卡、迦太基(图 2-3-5)等。公元前 6 世纪开始,迦太基作为一个独立的城市出现,并以北非为基地建立了迦太基帝国。迦太基面临地中海,有两个巨大的

图 2-3-5 迦太基城遗址②

停泊商船的港口,也有内港和仓库,可停靠数百艘战舰。迦太基的城墙又高又厚,长度约有 35 千米。公元前 5 世纪时,迦太基全城(包括奴隶)约有 40 万人,其规模相当于当时希腊名城雅典。③ 公元前 146 年,迦太基城被罗马军队彻底毁灭,但在非洲历

---

① 李德华等:《城市规划原理(第三版)》,北京:中国建筑工业出版社,2001 年,第 4 页。

② 图片来源:http://hanyu.iciba.com/wiki/5304369.shtml。

③ G.莫赫塔尔编:《非洲通史(第二卷)·非洲古代文明》,北京:中国对外翻译出版有限公司,1984 年,第 359-360 页。

史上,迦太基把埃及以外的北非地区第一次带进地中海世界的历史中去,成为地中海世界的重要组成部分。[①]

罗马帝国统治时期(1—5世纪),埃及成为"罗马粮仓",罗马统治者在东起埃及西,西至摩洛哥的北非地区通过搞城市化来推行"罗马化",其中迦太基、契尔塔和锡卡规模最大。在这三个城市的辖区内,不少原来的村庄逐渐发展成为城市,甚至是繁华的大城市,如提比利斯就是一个典型代表。此外,安梅达腊和马道鲁斯等许多城市则是从军屯市发展而来的,平面相当规范,位于今阿尔及利亚的提姆加德(Timgad)至今保存最为完整(图2-3-6)。[②]

图 2-3-6 提姆加德城平面图

据统计,当时罗马非洲至少有500座城市,其中阿非利加省有200座城市。[③] 这时期的城市大都是仿照罗马城建造的,城内修建了罗马式的宫殿、剧场、浴室、水道等,城外建有要塞和四通八达的道路。尤其是大勒普契斯城,罗马皇帝塞维鲁把它建造成了一座"理想的城市",港口和广场之间由一条宽大的中心大街连接,还建有一座装有雕像的大拱门。此外,利比亚的阿波罗尼亚、塞卜拉泰,突尼斯的杜加、特贝萨和基尔,摩洛哥的丁吉斯等城市都以街道井然有序,建筑精美而著称,体现了罗马时期城市建设的高水平。

红海沿岸很早就产生了一批商业城市和港口。在公元前3世纪,厄立特里亚沿海建立的阿杜利斯港是一个重要的港口。后来阿克苏姆王国兴起后,它成为该国海上贸易的主要大港。红海的过境贸易推动了阿克苏姆王国以及城市的发展,历代国王为了显示自己的权威和财富,到处营建规模宏大的宫殿、城堡等建筑物。首都阿克苏姆城(Aksum)位于今埃塞俄比亚北部边境地区,在3—4世纪达到鼎盛时期。现代考古工作者在城西发现了3所巨型正方形宫殿地基遗址(图2-3-7),其中恩达西蒙宫规模最大,四边长度35米。恩达迈克尔宫每边长27米。塔卡马里亚姆宫四边均长24米。每座宫殿周围都附有宽广的庭院和配套建筑物。建筑物一般都用石块砌成,辅之以木料和碎石,还用黏合剂加以固定,使之连成一体。阿克苏姆现存的一块方尖碑高达33米,是有史以来人类竖立起来的最高的石碑(图2-3-8)。但随着后来阿拉伯人垄断东西方贸易,导致红海过境贸易的衰落,阿克苏姆王国也随之衰败。

① [法]夏尔·安德烈·朱利安:《北非史》,上海:上海人民出版社,1974年,第171-178页。
② 李德华等:《城市规划原理(第三版)》,北京:中国建筑工业出版社,2001年,第4页。
③ Al-Bakri, *Descriptionde l' Afrique Septentrionale*, Paris,1911-1913:327-331.

图 2 - 3 - 7　阿克苏姆宫殿遗址①

图 2 - 3 - 8　阿克苏姆方尖碑②

3. 热带非洲

在前殖民地时期的热带非洲,约鲁巴人成为最为都市化的非洲人。他们建立过很多大大小小的王国,各以其首都或首邑为中心,城镇人口稠密,后来发展成为现今的奥约(Oyo)、伊莱-伊费(Ile-Ife)、伊莱沙(Ilesha)、伊巴丹(Ibadan)、伊洛林(Ilorin)、伊杰布奥德(Ijebu-Ode)、伊凯雷埃基蒂(Ikere-Ekiti)等城市。在传统约鲁巴人城镇里,国王(奥巴)的宫殿位于中心,规模很大,结构复杂,周围是本城镇各父系宗族的住所,居民均围绕王宫修盖民房,城市布局紧凑。城市一般都修筑了城墙,但保存下来的很少,城市道路呈放射状分布,用地沿着道路向外无序蔓延,没有形成明显的城市功能分区与居住分异。如尼日利亚的奥约、伊莱沙即是约鲁巴城镇的典型代表(图 2 - 3 - 9)。③

在莫诺莫塔帕(今津巴布韦)、刚果(布)、卢安果、恩戈东、卢巴、隆达诸古国城镇中,津巴布韦、马蓬古布韦等是中世纪时文化传统和冶金技术水平的代表。其中规模最大、气势最宏伟的就是"大津巴布韦"了(图 2 - 3 - 10)。它位于哈拉雷以南 300千米处,紧靠从哈拉雷到约翰内斯堡的公路。整个建筑主要由内城和卫城两部分组成:内城是一个由略呈弯曲的石墙围起来的椭圆形建筑物,占地约 900 米宽、700 米长,东墙高 9 米,西墙、南墙和北墙都高 6 米。墙底宽、顶部窄,底宽约为 5 米,顶宽约为 2.5 米。内城由一些断墙分隔成若干院落。还有两座高达 10 米、底部直径约为 6米、顶部直径约为 2 米的圆锥形石塔。石墙不远处有一座土台。内城墙的正北、东北和西南设有 3 个门洞,与外部相通。卫城建于约 700 米高的山顶上,全长 244 米,高达 15 米。④ 城墙下面的通道仅容一人通行。在卫城与内城之间,是一片广阔的谷

---

① 图片来源:http://www.mafengwo.cn/i/3022066.html。

② 图片来源:http://www.mafengwo.cn/i/3022066.html。

③ Anthony O'Connor, *The African City*, London:Hutchinson,1983.

④ 何芳川、甯骚主编:《非洲通史古代卷》,上海:华东师范大学出版社,1995 年。

地,散落着一些低矮的石屋建筑。所有这些建筑都是用当地花岗岩石块堆砌而成的,不施灰浆,其构思之巧、技术之精,令人叹为观止。

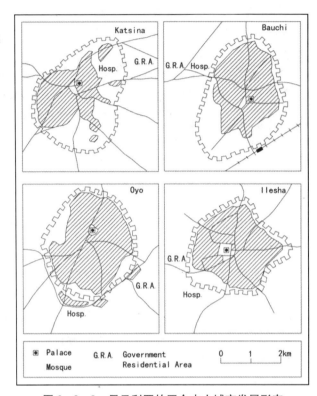

图 2-3-9　尼日利亚的四个本土城市发展形态

图 2-3-10　大津巴布韦遗址①

---

① 图片来源:http://www.761.com/photo/2012-01/18686.html。

埃及考古学家戴维·兰道尔·麦基弗在 1906 年发表的《中世纪罗得西亚》一书中指出：大津巴布韦和其他同类的废墟是起源于非洲的，时间在中古或中古以前。从建筑式样上看，没有东方或欧洲的任何时期式样的痕迹；从住宅的特征看，毫无疑问是非洲的；从艺术与制造的类型看，都是典型的非洲式的。[①]

三、伊斯兰城市

4—5 世纪至 15 世纪，非洲特别是北非和西非社会经济进一步发展。随着阿拉伯帝国的兴起和阿拉伯人对外贸易活动的频繁开展，促进了商路沿线城镇和伊斯兰式城镇的进一步发展，北非至热带非洲地区在本土城市基础上出现了许多伊斯兰城市。其中北非各民族人民所建的著名城市有埃及的开罗、突尼斯的凯鲁万、阿尔及利亚的特莱姆森和摩洛哥的菲斯、马卡拉什等。开罗是阿拉伯地区的政治、军事、文化中心，菲斯为当时摩洛哥的手工业、商业中心，人口达 25 万以上。各个城市都遗留有象征伊斯兰教文化的巨大清真寺、城堡、宫室等精美建筑，以开罗最有名，开罗以其清真寺之多被称为"千塔之城"。

1. 北非

642 年，阿拉伯人占领了著名的亚历山大城，埃及很快成为阿拉伯人在非洲的巩固的基地。阿拉伯人将自己在埃及的统治中心设在巴比伦，在城外营建的戍城名叫福斯塔特（Fustat）。福斯塔特很快出现了许多永久性的建筑，其性质也变成了居民点，并很快发展成为一个著名的古代城市，这便是开罗的前身。阿拉伯人在此修建的阿穆尔清真寺（图 2 - 3 - 11）是整个非洲大陆最早的清真寺，标志着阿拉伯民族和伊斯兰教开始在非洲兴起。

比起埃及来，马格里布地区在政治、经济、文化和阿拉伯化等各个方面均处于落后地位。从 11 世纪开始，马格里布才逐渐从纷乱走向统一。在穆拉比特时代，许多建筑师与手工业者从西班牙来到北非服务。穆拉比特人在马拉喀

图 2 - 3 - 11　阿穆尔清真寺一角[②]

什、菲斯、阿尔及尔和特莱姆森等城市建起了规模宏大的清真寺，建设风格深受科尔

①　N.Levtzion,*Ancient Ghana and Mali*, London,1975:148.

②　图片来源:http://bbs.fengniao.com/forum/showthread.php? p=24250208。

多瓦和格林纳达建筑的影响。特莱姆森大清真寺占地长 60 米、宽 50 米。它的前面有一个长 20 米的正方形庭院,东西两面围以特色长廊。祈祷大厅四周有着支撑马蹄形拱、尖拱和多瓣拱的石柱。中央高耸着支在弯梁上的圆顶,上面设置尖塔。除清真寺外,还建造了宫殿和城堡。

12 世纪下半叶的穆瓦希德王朝时期,手工业发展迅速,阿利坎特的造船业、阿里梅里亚的丝织业、铜器与铁器制造业和休达、菲斯等地的造纸业均远近闻名。商业更是兴旺发达,马格里布不仅同西班牙地区进行贸易,还同比萨、热那亚、威尼斯和马赛等地交换货物。突尼斯、贝贾亚、君士坦丁、瓦赫兰、特莱姆森和休达等地,都成为当时对外贸易的重要港口和工

图 2-3-12　哈桑清真寺[①]

商城市。这个时期塔扎、马拉喀什、廷迈勒等地都修建了清真寺。著名的哈桑清真寺(图 2-3-12)也在这时期修建,这座清真寺规模宏大,长 183.1 米,宽 139.4 米,有 16 道门。耸立在清真寺正面中央、用玫瑰石块砌成的高塔,历经数百年风雨,至今犹存,十分壮观。除了清真寺外,穆瓦希德人还修建了许多皇宫、城堡、医院等。

2. 西非

西非在地理上呈现为一系列纬向分布的地带:气候干燥、水源稀少的撒哈拉沙漠南缘地带被称作萨赫勒地区;这个地带以南是热带草原地带,被称作苏丹地区;从苏丹地带南缘到几内亚湾沿岸是热带雨林地带。

撒哈拉贸易的发展也推动了伊斯兰宗教和文化从北非向苏丹地区的传播。每个从事长途贸易的商队都配有专职的伊斯兰神职人员,每个商队本身就是一个传播伊斯兰文化的载体。因此,商业中心往往就是伊斯兰宗教中心。许多西苏丹王国首都分成两部分,一部分是王宫所在地,另一部分是商业区,而商业区就是伊斯兰宗教区,建有清真寺。中世纪西苏丹出现了一些著名的伊斯兰宗教和文化中心,如廷巴克图、加奥等。西非的伊斯兰化经历了一个漫长的过程。最终,伊斯兰融进了非洲的社会生活,成为非洲文化的一个组成部分。

3 世纪后在塞内加尔和尼日尔河上游建立的西非最古老的国家加纳于 10—11 世纪达到鼎盛时期。其后马里(13—15 世纪)、桑海(15—16 世纪)、加涅姆、博尔努

---

① 图片来源:http://www.dlyeren.com/ucbbs/forum.php? mod=viewthread&tid=4003&page=13。

等许多王国相继兴起,疆域由尼日尔河上游向东到达下游乍得湖地带(图 2 - 3 - 13)。来自北非的穆斯林商人在沿着萨赫勒和苏丹地区与撒哈拉商道相衔接的那些主要商道上形成了一个个小社区,这些社区在非洲黑人文明中形成了一块块伊斯兰文明的飞地。从这些飞地出发,伊斯兰信仰和文明逐渐向当地居民渗透。加纳的城镇居住模式相当长一段时期内都是穆斯林与"异教徒"分开居住的模式。阿拉伯作家厄尔·贝克利描述说:"加纳的这座城市(昆比-萨利赫)是由两个坐落在平原上的镇组成的。其中之一由穆斯林居住。这个镇子很大,拥有 12 座清真寺……离穆斯林住的那个镇子有 6 英里远……在王城里,离朝堂不远有一座清真寺,专供负有外交使命来觐见国王的穆斯林使用……国王的译员是穆斯林,他的财务主管和多数大臣也是穆斯林。"①

图 2 - 3 - 13　西非各王国疆域

　　豪萨城邦是 1000—1200 年前后在非洲西部陆续建立的一批城邦,位于中苏丹西部(今尼日利亚北部和尼日尔东南部地区)。豪萨诸邦始终没有形成统一的国家,各邦不相隶属,每个城邦通常以其主要的城镇命名,包括道拉、戈比尔、卡诺、卡齐纳、拉诺、扎里亚和比拉姆。豪萨各城邦在城市功能上有着明确分工,卡诺和拉诺的居民的主要职业是织布和染色;卡齐纳和道拉主要城市职能是贸易;卡齐纳还肩负着保卫其他城市免遭外敌入侵的职责;扎里亚对外供给奴隶劳动力;戈比尔是重要的贸易和手工业制造中心。② 这些城镇周围都筑有城墙,挖有深沟,城内可辟农田,能长久抵御敌人的围攻。伊斯兰教在 14 世纪传入豪萨地区,豪萨城邦的城镇结构与约鲁巴城镇很相似,如卡齐纳和包齐都以王宫为中心,四周筑墙,居住区沿放射状道路蔓延,不同的是豪萨城邦的城镇中心除了王宫之外,还有市场与清真寺。

①　Joseph Ki - Zerbo, *Histoire de l'Afrique Noire*, Paris:Librairie A.Hatier, 1978:107 - 108.
②　G.莫赫塔尔主编:《非洲通史(第二卷)·非洲古代文明》,北京:中国对外翻译出版公司,1984 年,第 432 页。

在整个西苏丹和萨赫勒地带,随着商业的大扩展,城市文明也发展起来。在15—16世纪,这一地带繁荣起来的城市有瓦拉塔、杰内、泰嫩库、登迪尔马、廷巴克图、班巴、加奥、阿加德兹。这些城市一般来说都是开放的和不设城墙的。市场设在城内,郊区则是圆顶草屋。城市中心的房屋有一层的,也有两层的,按照苏丹风格以石料建成。最大的三个城市是廷巴克图、杰内和加奥。廷巴克图

图 2 - 3 - 14　廷巴克图①

在15—16世纪成为西非伊斯兰教的文化中心(图2-3-14),人口达到4.5万,在阿斯基亚·达乌德在位时该城的居民有8万之众②。杰内约住着3万～4万人,杰内清真寺堪称苏丹艺术的瑰宝,同时杰内地处萨瓦纳和森林地带的衔接点上,也是南部的大市场。加奥作为政治首都,居民接近10万人。③

3. 东非

在7世纪以前,东非沿海经济以农耕为主,辅之以采集、狩猎和少许商业。有些部落社会经济仍处于十分原始的状态之中。1世纪前后,逐渐形成一个以地中海罗马为中心,以波斯湾、红海、非洲东海岸为外缘的国际贸易体系。罗马帝国崩溃后,国际贸易体系的重心移至西印度洋地区,使一些沿海集市城市化,成为贸易中心。④1世纪后,阿克苏姆王国的兴起正是上述这一影响对东北非古老农业文明催发的结果。

从7世纪以后,阿拉伯的穆斯林商人、旅游者、传教士们不断渡红海前来非洲滨海地区,并不断开辟通向内陆的商道。这样,在东非之角一带的海岸逐渐兴起了泽拉、柏培拉、摩加迪沙等城镇。这些城镇从一开始便带有浓厚的穆斯林社会的色彩。702年,阿拉伯人占据达哈拉克岛,到10世纪摩加迪沙已成为阿拉伯人统治的繁荣的商城。④从泽拉等通往内陆的商道上,也出现了一些大大小小的穆斯林化的居民点。

从13世纪至西方殖民者入侵,是东非沿海城邦繁荣时期,著名的城邦有摩加

---

①　图片来源:http://baike.baidu.com/view/447727.htm。

②　何芳川、宁骚主编:《非洲通史古代卷》,上海:华东师范大学出版社,1995年。

③　[美]斯皮罗·科斯托夫:《城市的形成:历史进程中的城市模式和城市意义》,北京:中国建筑工业出版社,2005年,第30页。

④　何芳川:《古代东非城邦》,载《世界历史》,1983年第5期,第438页。

迪沙、拉木、奔巴、桑给巴尔、马菲亚、基尔瓦和索法拉等。15 世纪末,东非沿岸已有 37 个城邦国家,所有这些城镇都相当繁荣。至 18 世纪之前,在沿海地带的居民大部分都已成为穆斯林,坦噶尼喀中部、乌干达南部、肯尼亚一些乡镇也接受了伊斯兰教。

伊斯兰教的传播给东非沿海城市和内地城市带来了先进的建筑技术和阿拉伯独特的风格。东非沿岸城市石料建筑始于 12 世纪,最典型的是基尔瓦城,使用大小相近的石头,采用阿拉伯风格——圆顶或尖顶、半圆拱石柱和装饰性浅浮雕。东非沿岸城市废墟考古发掘也印证了当时城市房屋建筑是阿拉伯风格。

由此可见,非洲在 16 世纪殖民主义入侵以前,随着非洲大陆政治、经济和社会的发展,逐步形成了一批城市。这些城市大多是本土城镇,是非洲历史发展的产物,它们具有浓郁的非洲本土特色,不少城镇已相当繁荣。其城市主要分布于西非和东非的沿海地带,以及北非尼罗河三角洲和地中海沿岸,内陆城镇较少。在撒哈拉沙漠商道和非洲通往阿拉伯地区的商道上,也曾经出现过一些繁荣的城镇。阿拉伯人的对外贸易促进了北非、东非、西非的伊斯兰城市的兴起与发展。至 16 世纪全非 2 万人以上城镇有 40 多座,城镇人口达 150 万～200 万。其中开罗人口达 45 万,菲斯和突尼斯城分别达 12.5 万和 7.5 万,前两者还进入了世界最大城市行列。古代非洲城镇的发展,为以后非洲城镇布局的发展奠定了基础。

第二节　殖民地时期非洲的城市

从 1415 年葡萄牙人占领非洲的休达开始,殖民主义开始对非洲进行大规模渗透。为了掠取非洲象牙、黄金和奴隶,16 世纪至 19 世纪前半叶,西班牙、葡萄牙等国殖民者先后涉足地中海沿岸和热带非洲以南沿海,对休达、丹吉尔、菲斯、基尔瓦、摩加迪沙、桑给巴尔等沿海城镇强行占领,并在西非的拉各斯、阿克拉、波多诺伏、维达、比绍,中非的罗安达、本格拉,东非的蒙巴萨,南非的开普敦等地广布贸易、军事、政治性殖民据点。尽管这一时期欧洲殖民者在非洲占领的地区不大,但他们实行的殖民统治制度(领主制、总督制)、经济掠夺制度(奴隶种植园制和大地产制)、土著辅助军制度等都对非洲城镇的发展格局影响深远。

这种基于殖民过程发展起来的城镇称为"殖民城镇"。[1] 从城镇建立的形式上看主要有两种类型:一种是夺取当地人民原有的居民点居住其中,依托一个或多个传统的非洲定居点为基础发展新城镇,如大多数沿海城镇;另一种则是不考虑非洲现

---

① Anthony O'Connor, *The African City*, London:Routledge,1982.

状,选址兴建全新的据点,如哈拉雷和布拉瓦约。

一、殖民城市

16 世纪到 18 世纪末,是非洲遭受殖民侵略、统治和奴役的初期阶段,这时期殖民者移民人数不多,建立的殖民城镇主要依托当地原有的居民点发展而来,人口大多由本来居住在分散的乡村中的本土居民构成,但城镇发展的决策和方向却由少数欧洲殖民者主宰,原有的居民成为移民团体的"依附民",常常是农奴。欧洲的殖民者与土著人的比例往往达到一比几万到几十万,比如对殖民地管理比较多的英国人,统治 4300 万人口的殖民地,也只用了 1200 名欧洲人。[①] 而对于非洲人来讲,殖民者的存在似乎也并不重要。除了一些很少数的白人,土著人接触到的,仍然是自己的酋长、部落,绝大多数人过的仍然是千百年来早已经习惯的日子。这时期的城市形态仍主要沿着本土城镇的发展轨迹继续发展,但城市的结构、功能以及文化随着殖民渗透而逐渐发生了改变。

1. 沿海地区城镇发展快于内地

由于西非的海岸难以接近,再加上当地的地貌和气候不适合欧洲人居住,因此在殖民初期欧洲对非洲的殖民只限于少数滨海据点。从欧洲国家对这些殖民地的命名——黄金海岸、象牙海岸、奴隶海岸等可以看出,在西非的殖民地基本上都属于资源掠夺型殖民地。到 18 世纪末,欧洲人直接侵占的地区占非洲大陆总面积的 3%,主要分布在大西洋、印度洋的各个岛屿及其沿海地带,如马德拉群岛、佛得角群岛、几内亚比绍、圣多美和普林西比、马斯克林群岛、安哥拉和莫桑比克的沿海地带、南非开普殖民地等。这些沿海据点日后发展成一定规模,成为沿海主要的城市,而穿越撒哈拉沙漠的商路沿线古老内陆城镇如马里的廷巴克图(今通布图)、加奥、杰内等则受沿海殖民贸易的影响,相对衰落。

这个时期城市化速度大大加快。据统计,在 1920—1950 年非洲城镇人口由 1000 万增至 3100 万,所占人口比重由 7% 增长到 14%[②],城镇数量、规模和地区分布都发生变化,沿海地区城镇发展迅速。以热带非洲为例,在 19 世纪中叶,较大规模城市几乎集中在尼日利亚的西南部,中等城镇延伸于西非萨瓦纳带,而小居民点则分散于大西洋沿岸的圣路易(塞内加尔)—洛托比(安哥拉)和印度洋沿岸的摩加迪沙(索马里)—马普托(莫桑比克)地带。至 20 世纪中叶,尼日利亚西南部的伊巴丹仍为热带非洲最大的城市,拥有 50 万人口(1950 年),但奥波莫绍、奥绍博、伊菲、阿贝奥

---

① 资料来源:http://blog.sina.com.cn/s/blog_628d8c2f0100i73c.html。

② 〔苏〕布·伊·乌尔拉尼斯主编:《世纪各国人口手册》,魏津尘等译,成都:四川人民出版社,1982 年,转引自张同铸《非洲经济和社会发展战略问题》,第 156 页。

库塔和北部的卡诺、卡其纳、索科托、扎利亚人口都在 15 万～50 万之间。[①] 大西洋沿岸的城市如达喀尔、拉各斯的人口也达 25 万,阿克拉与罗安达各约 15 万人,金沙萨20 万人,东部沿海地带的亚的斯亚贝巴人口略少于伊巴丹,喀土穆、内罗毕则超过 10万人。[②] 与此同时,北非南部由于原有城镇基础较好,在殖民主义的开拓、投资下,城镇发展超过热带非洲。如 1950 年开罗、亚历山大、阿尔及尔的人口分别达 246.6 万、103.7 万和 44.5 万,南非的开普敦和约翰内斯堡人口均达 90.4 万,其中开罗、亚历山大位于世界特大城市的行列。

2. 城市出现功能分区

在殖民初期,欧洲移民的数量不多,城市看起来依然是非洲土著人的城市。但随着欧洲人对城市基础设施的建设,城市的形态越来越类似欧洲城市,如达喀尔的城市中心看起来很像波尔多或马赛(图 2-3-15)。

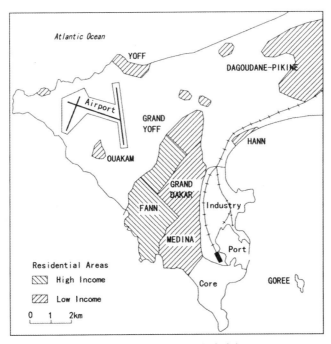

图 2-3-15　殖民城市达喀尔

达喀尔是出于国际贸易的需求繁荣起来的港口。它位于佛得角半岛顶端,非洲大陆最西部,是大西洋航线要冲及西非重要门户,也是欧洲至南美、南部非洲至北美

---

① 菲利普·M.隆赛、罗伯特·W.加德:《世界的都市化:趋势和展望》,载《人口研究译文集(第一辑)》,中山大学人口理论研究室,1982 年 5 月,转引自张同铸《非洲经济和社会发展战略问题》,第 156 页。

② 〔苏〕布·伊·乌尔拉尼斯主编:《世纪各国人口手册》,魏津尘等译,成都:四川人民出版社,1982,转引自张同铸《非洲经济和社会发展战略问题》,第 156 页。

间来往船舶的重要中途站。原是小渔村,因其地理位置重要而受到殖民者的青睐,17世纪初成为法国东印度公司船只停靠地和奴隶贸易中心,1855年建成西非第一条铁路(圣路易—达喀尔铁路);1857年被法国占领,兴建码头和防洪堤;1904年成为法属西非首府;1914年已建成为设备良好的港口和布局适宜的城镇。第二次世界大战后城市迅速扩建,50—60年代因工业和交通运输业发展,在城北部建立许多新区,城市面积增加了一倍多。

相比本地城市,殖民城市出现了功能分区,行政中心、商业、工业布局在不同区域,居住区也出现了居住分异,如达喀尔围绕港口形成了中心区与工业区,高收入居民区位于城市外围。许多殖民城市至今仍存在"白人区"和"黑人区"[①],但在科托努、班吉、利伯维尔等城市,"西化"的高收入非洲居民实际上主宰了"白人区",而在"黑人区",居民特别是年轻一代也更热衷于追随欧洲的文化,包括服装饮食等都与欧洲相近。这反映了殖民国家对殖民城市的文化渗透影响深远。

二、"欧洲"城市

由于欧洲的迅速工业化和人口的增加,对新原料的需求引起了对非洲原料产地的激烈争夺。15世纪末到19世纪中叶,殖民主义国家在被称为"最后的大陆"的非洲占领的土地为318万平方千米。而在19世纪最后的25年里,欧洲殖民国家在非洲占领了多达2569万平方千米土地。

这时期建立的城市多数是为了侵略非洲而建立的城堡,规划与建设主要出于为殖民者服务的目的,解决欧洲人居住、生活、管理及贸易的需要,很少为当地土著居民考虑,这种"欧洲"城市(the European city)被认为是殖民城市的特例。[②]

1. 内陆城镇逐渐兴起

资产阶级革命和工业革命在欧美的迅速发展促使欧美殖民者要求实行"自由贸易"、"自由劳动"政策,打破商业资本家对贸易的垄断,把非洲变成销售市场和原料产地。然而,只要商业垄断公司控制的黑奴贸易继续存在,非洲就无法成为工业资产阶级所希望的商品市场和原料产地;如果欧洲人对非洲的广阔内陆一无所知,非洲成为商品市场和原料产地的地域也是极其有限的。因此,禁止奴隶贸易和非洲内陆探险便应运而生。

殖民者在打着禁止奴隶贸易和自由的旗号之下,先后建立了英属塞拉利昂(初名"自由省")、美属利比里亚(Liberia,1847年宣布独立)和法属利伯维尔(Librevill,意为自由)殖民地,其本意是为安置本国的获释奴隶,消除所谓"社会威胁",同时为

---

① Anthony O'Connor, *The African City*, London:Routledge,1983.

② Anthony O'Connor, *The African City*, London:Routledge,1983.

向非洲内陆扩张建立前哨基地。

19世纪后半叶,欧洲各国殖民主义势力从沿海大举入侵非洲内陆,非洲各国几乎全部沦为殖民地。随着殖民主义者在非洲各国任意修建铁路、开发矿山、经营种植园,一批殖民城镇逐渐兴起。非洲许多国家首都如雅温得(1888年)、亚的斯贝巴(1887年)、金萨沙(1881年)、达累斯萨拉姆(1862年)、内罗毕(1899年)、科纳克里(1895年)、阿比让(1928年),几十个主要工矿、商业交通和行政中心如捷斯(塞内加尔)、布瓦凯(科特迪瓦)、塔马利(加纳)、卡桂纳和埃努古(尼日利亚)、卡南加和卢本巴希[刚果(金)]、姆万扎(坦桑尼亚)、约翰内斯堡(南非)等,大都建立于这个时期。

2. 应用欧洲城市规划设计理念

由于殖民者需要非洲当地居民提供廉价劳动力,因此城市建立之初同样有大量的非洲人迅速聚集于此并很快成为了城市的主要人口。但在很多城市,欧洲人将城市完全按照欧洲城市的标准来规划建设,将非洲人排除在城市居民的定义之外。如在赞比亚铜带,非洲人被定义为临时寄居者,这一思想在很多国家都通过立法和行政的手段推行。因此在这种"欧洲"城市中,规划只预留给非洲人很小一部分的居住区,欧洲人与非洲人的居住社区相互独立,最大限度地限制了种族之间的互动[1]。

哈拉雷(Harare)是1890年英国殖民者为侵略马绍纳兰而兴建的城堡,原名索尔兹伯里,是津巴布韦首都和最大的城市。19—20世纪,殖民者不断依照欧洲城市格局进行城市扩建,形成了现在的欧洲式现代化城市。如今哈拉雷整个城市格局依然保留着英国政府殖民时期的模样,市区内街道呈井字形分布,构成300个大小不等的方块街区。市区的中南部为繁华的商业区,北部和东部是白人高级住宅区,西南部是黑人聚居的哈拉雷区,西郊、东南郊为工业区,再往外的城市外围分布着一个个黑人村镇(图2-3-16)。城市建筑以英式的建筑为主,政府机构大多是维多利亚时代风格的楼宇,而商业中心是一幢幢现代主义的高楼,全钢架结构的大型购物中心保留着最典型的英国工业革命时代的印记。

19世纪下半叶到20世纪60年代期间,特别是两次世界大战期间,殖民者在非洲大量修建机场、扩建港口,进行大规模的道路建设和城市建设。很多城市的规划设计都体现了欧洲城市的设计思路。哈拉雷、拉各斯、阿比让、内罗毕、达累斯萨拉姆等城市的面貌都发生了巨大的变化,很多现代化的城市都有"非洲的小巴黎"之称。但与此同时也造成了很多城镇布局极为类似,从坦桑尼亚到塞拉利昂沿线的许多城镇都好似欧洲城镇的复制品。

综上所述,进入殖民地时期,非洲古代城市的性质和空间分布格局发生了变化。

---

① Anthony O'Connor, *The African City*, London:Routledge,1983.

根据殖民利益的需要,原有的基础较好的沿海城市发展成为贸易和政治殖民点,南部非洲和内陆一些城镇则作为军事殖民据点发展起来。

在非洲各国独立之前,非洲城镇主要位于沿海、水陆交通枢纽和铁路、公路沿线的地区格局基本形成。这一分布于大部分城镇的非工业化生产职能特征,以及主要城镇的欧洲外部形态和建筑造型,共同构成了非洲鲜明的殖民城镇特色。但是由于殖民主义的长期野蛮统治和压迫,殖民战争和奴隶贸易频繁,自然灾害和流行疾病蔓延,非洲经济与劳动力资源遭受严重破坏,非洲城乡人口增长较其他大陆缓慢,城镇发展速度低于世界平均水平。1920—1950 年世界城市化水平提高 9%,而非洲仅仅提高 7%。[①]

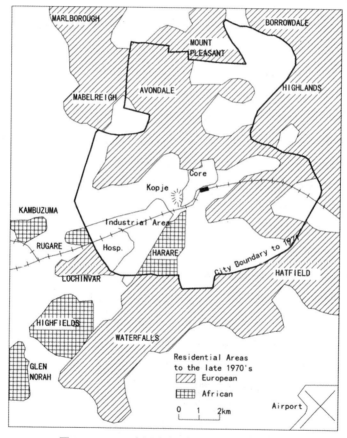

图 2 - 3 - 16 欧洲城市:索尔兹伯里(哈拉雷)

① 张同铸:《非洲经济社会发展战略问题研究》,北京:人民出版社,1992 年,第 157 页。

第三节　非洲现代城市发展

1960 年被称为"非洲独立年",这一年非洲的政治地图发生了巨大变化,有 17 个国家取得政治独立。新独立国家的领土面积和人口均占非洲总面积和总人口的 1/3 以上,连同 1959 年以前独立的国家,非洲独立国家的面积已占非洲总面积的 2/3,人口占全非洲的 3/4。[①] 1990 年纳米比亚的独立标志着欧美殖民时代的结束。在非洲经历了漫长的殖民地时期后,一些本土城镇在此期间衰落,一些殖民城镇兴起,更多的城市同时具备土著与殖民双重特征。随着非洲人民夺回政权,种族隔离等不平等制度的废除,非洲城市出现了新一轮的迅猛发展,许多城市将土著和外来两种元素融合在一起。在未独立之前,大多数城镇是殖民地元素占主导地位,城市好似欧洲城市的复制品,城市结构和功能显现出种族隔离的特征。而独立之后,这两种元素趋于平衡,二元城市和混合城市也随之出现。

一、二元城市

哲学上的二元论主张世界有意识和物质两个独立本原,二者同等公平地存在,不能由一个决定或派生另一个。无论是起源于本土城镇还是殖民城镇,都有一些城市的形态结构出现了明显的分区,且每个片区都独立平行地发展。这种现象不同于本土城市和伊斯兰城市人口结构上的二元化,也不同于殖民城市和"欧洲"城市居住分异上的二元化,除了形态结构上不同片区之间有明显分界外,同一城市内文化和精神也表现为二元化,这种城市可以作为一种新的类型来研究,称之为二元城市(the dual city)[②]。

卡诺是尼日利亚历史古城,地处撒哈拉大沙漠西南边缘,早在 1095—1134 年已成为非洲著名的豪萨七邦之一的卡诺王国的首邑,拥有 2000 多年的历史。卡诺由新城区和旧城区组成,中间隔着中央商业区(图 2-3-17),而商业区两边是完全不同的世界。位于城市西侧的卡诺城旧城区的泥筑城墙呈不规则的椭圆形,全长 24 千米,高 4 米左右,有 14 个城门,是西非迄今保存最完好的古城。埃米尔王宫坐落在旧城中央位置,中央清真寺塔尖高耸,寺前广场面积很大。整个旧城区划分为 100 个小区,每个区都有一座清真寺和一个传统市场。位于城市东侧和旧城区隔着中央商业

①　资料来源:http://www.baike.com/wiki/非洲历史? prd=citiao_right_xiangguancitiao。

②　Anthony O'Connor, *The African City*, London:Routledge,1983.

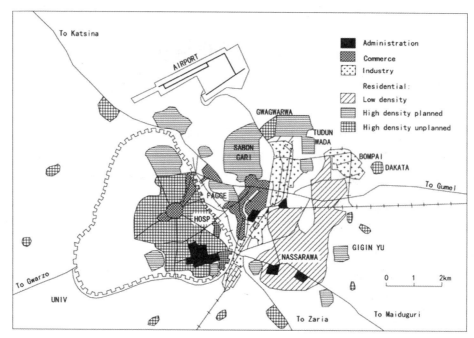

图 2-3-17　卡诺的城市形态结构[①]

区的是新城区,新城区与旧城区的风格截然不同,到处是高耸的现代化建筑群,街心公园众多,宛如到了欧洲大都市。两个片区都有一定的规模,旧城区职能以商贸为主,新城区则以发展工业为主。旧城区的现代化程度明显低于新城区,生活在旧城区的居民也更多地使用豪萨语而不是英语,甚至连行政和法律都有两套系统,是典型的二元城市。

另一个典型例子是喀土穆-恩图曼都市区,喀土穆是苏丹共和国的首都,位于尼罗河上游的两大支流青、白尼罗河的交汇处,由喀土穆、北喀土穆和恩图曼三个城市组成,分别位于尼罗河的南岸、北岸和西岸(图 2-3-18)。[②] 喀土穆是苏丹政府机关、外交机构的所在地。恩图曼是喀土穆主要平民生活区,也是主要的商业区,几大自由市场均在恩图曼。恩图曼也是苏丹伊斯兰教的中心,有规模宏大的清真寺和其他一些名胜古迹。北喀土穆是工业区,它集中了全国的大工厂。显然,恩图曼是一座典型的伊斯兰城镇,而在尼罗河对岸的喀土穆则是一座殖民城镇。

从城市形态上看,喀土穆比卡诺更分散,与其说是一个城市,更像三个城镇组成的城镇群。喀土穆有统一的市政部门,虽然行政中心在喀土穆,但对于本土苏丹人来说,他们更乐意把恩图曼看作自己的主要城市。

①　Anthony O'Connor, *The African City*, London:Routledge,1983.

②　同上。

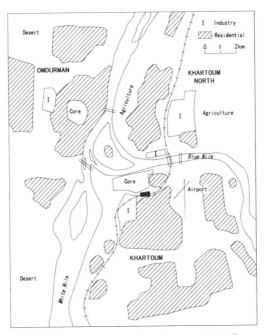

图 2-3-18 二元城市:喀土穆-恩图曼①

　　无论是卡诺还是喀土穆,二元城市的共同特点是每个片区都具有独立发展的基础,具全方位的城市功能,各个片区之间是平等发展的关系,而不是殖民城镇对本土城镇的统治和压迫。

二、混合城市

　　混合城市(the hybrid city)也同时具备本土元素和外来元素,但与二元城市不同的是,二元城市更像是双城或多城共存,而混合城市则将两种甚至更多种元素融合起来,构成特有的多元文化。20 世纪 60 年代以来,越来越多的城市朝混合城市的方向发展,这其中既包括起源于本土城镇的亚的斯亚贝巴和伊巴丹,也包括起源于殖民城镇的达累斯萨拉姆和弗里敦市,更有从二元城市发展而来的坎帕拉等城市。②

　　拉各斯是一个典型的混合城市,拉各斯最早的居民是尼日利亚的约鲁巴人,15世纪葡萄牙人把这里开辟为港口,18 世纪初这里变为贩卖奴隶的市场和奴隶屯集所,1861 年开始拉各斯归属英国。1914 年英国把拉各斯定为尼日利亚的首都。拉各斯现已发展成为非洲人口最多的城市,都市区人口已经超过了 1000 万。由于城市日益膨胀拥挤,1991 年尼日利亚迁都至阿布贾。拉各斯政府对传统文化十分重视,

---

　　①　Anthony O'Connor,*The African City*,London:Routledge,1983.

　　②　Anthony O'Connor,*The African City*,London:Routledge,1983.

这里有宏伟的世界黑人和非洲文化艺术中心。虽然拉各斯在殖民地时期一直是尼日利亚的首都,但土著约鲁巴人的影响力并未减弱,现今拉各斯的三大部族是豪萨-富拉尼族、伊博族和约鲁巴族,这里还有传统的酋长制。非洲独立后,虽然酋长在政治、经济上的地位日益削弱,但在各级议会里还设有酋长院,起咨询作用,有的还担任州长和总统的顾问。拉各斯的移民政策也比较自由,这在某种程度上造成了城市人口的飞速膨胀,但也使拉各斯成为多民族多元文化的汇聚之地。拉各斯由六个岛和一部分大陆组成都市区(图 2 - 3 - 19),城市居住区按照密度可以划分为历史形成

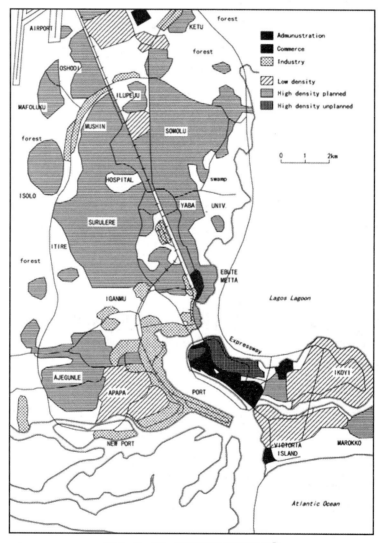

图 2 - 3 - 19　拉各斯的城市形态①

①　Anthony O'Connor, *The African City*, London:Routledge,1983.

的高密度住宅区、有规划的高密度住宅区以及低密度住宅区。城市的行政中心、商业中心都位于拉各斯岛,这里既是本土企业的集中区也是殖民公司的聚集地,不同的文化在拉各斯相互交流融合,形成了典型的混合城市模式。

在另一座混合城市瓦加杜古,古城被现代化城市所包围,城市内部形成不同的居住组团,种族隔离对城市结构的影响在逐渐减弱,"白人区"和"黑人区"之间已经没有明显的分界,但居住区的收入分异依然存在。埃塞俄比亚是非洲大陆唯一未被殖民的国家,首都亚的斯亚贝巴的城市布局未受外来殖民因素影响,但城市形态和发展路径与殖民城市也有相似之处。亚的斯亚贝巴依地势高低逐渐建为上城和下城。上城处在山丘,大多是弯曲、狭窄的街道,主要是低收入居民区和传统商业区。下城地势稍低,高楼大厦林立,是现代化商店、餐馆、旅店和政府办公楼的集中之地。下城之南,在通往新旧两个机场的东南部和西南部,是豪华的住宅和环境优美的高收入居民区。没有人为造成的种族隔离,但居住分异依然存在,这表明城市的社会经济结构最终一定会反映在城市空间结构上。

随着非洲城市化的脚步逐渐加快,本土城市和伊斯兰城市、殖民城市和"欧洲"城市、二元城市和混合城市的界限越来越模糊,绝大多数非洲城市都向着传统与现代结合,丰富而多质的方向发展,非洲的现代城市愈来愈凸显出开放包容与流动多元的混合城市特征。

第四节　非洲的城市化

在非洲独立以前,和世界上其他区域相比,非洲的城市化进程发展较慢。1856年,非洲仅有 2 万人口以上的城市 9 个,6 万人口以上的城市 3 个。但与亚洲、南美洲相比,其城市人口增长率具有更高的水平。[①] 根据联合国粮农组织数据库的数据统计及预测,2008 年非洲人口第一次超过 10 亿,2011 年有超过 4 亿人(约 39%)生活在城市里,而到 2030 年,这一比例将上升到将近一半。根据联合国人居署(UN‐HABITAT)的报告《2010 年非洲城市状况:治理、不平等与城市土地市场》(State of African Cities 2010, Governance, Inequalities and Urban Land Markets),非洲一些城市的人口在接下来的 15 年里将膨胀 85%。因此,非洲已经成为世界城市化的重点地区之一,如何提高城市化的数量水平和质量水平将成为非洲各国一个严峻的挑战。了解现代非洲城市化的进程、动因及特点,将有助于应对非洲快速城市化进程中所出现的一系列问题与挑战。本节重点探讨 1960 年以来非洲脱离殖民统治后的

---

① 　王前福、李红坤、姜宝华:《世界城镇化发展趋势》,载《经济要参》,2002 年。

城市化进程。

一、非洲城市化进程概述

1.非洲城市化发展总体概况

虽然非洲是世界上城市化起步最晚的大洲,但是却是世界上城市化速度最快的大陆。1950年非洲城市化率仅为14.4%,是当时世界上城市化水平最低的地区,仅相当于世界平均水平的一半。[①] 但随着独立后非洲国家的发展,非洲城市化进程后来居上,并加速发展,与世界平均水平的差距在不断缩小。对世界各大洲的统计资料加以分析,用每十年间年均城市人口增长率来表示城市人口增长的幅度。从图表中可以清晰地看到,从20世纪60年代开始,非洲年均城市人口增长率一直遥遥领先于其他各大洲(表2-3-1、图2-3-20)。

表2-3-1 世界各大洲城市年均人口增长率 单位:%

地 区	1960s	1970s	1980s	1990s	2000s	2010s	2020s
世界	3.20	3.29	3.38	2.80	2.76	2.36	1.86
欧洲	2.01	1.54	0.96	−0.42	0.48	0.39	0.25
北美洲	1.88	1.14	1.45	1.91	1.54	1.25	1.05
拉丁美洲	4.94	4.74	3.75	2.98	2.03	1.63	1.22
大洋洲	3.24	1.85	1.81	1.72	1.98	1.70	1.52
亚洲	3.95	4.68	5.11	4.29	3.68	2.85	1.95
非洲	6.04	5.99	5.71	4.71	4.48	4.46	4.16

注:1960s为1961—1970年,以此类推。
资料来源:FAO,Statistics Division (FAOSTAT)。

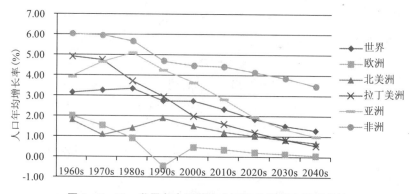

图2-3-20 世界各大洲城市人口年均增长率发展趋势

[①] 张同铸:《非洲经济社会发展战略问题》,北京:人民出版社,1992年,第160页。

从表 2-3-2、图 2-3-21 可以看出,1960 年以来世界城市化进程处于持续发展阶段,非洲的城市化进程则处于加速发展阶段。从城市人口的增幅方面分析,20世纪 90 年代以来,世界各大洲的城市人口增幅都在减缓,只有非洲仍然一直保持4‰以上的高水平增长,是各大洲中城市人口增幅最快的大洲。预计 2020 年以后,亚洲的年均城市人口增长率降至 2‰以下,此时只有非洲一个大洲的年均城市人口增长率高于世界平均水平。

从城市化率发展趋势分析,1960 年以来,非洲城市化率一直在各大洲处于最低水平,20 世纪 80 年代非洲城市化率达到 30‰,随之进入了城市化加速发展的阶段,从 1960 年的 19.21‰持续增长到 2013 年的 40.26‰。

表 2-3-2　世界各大洲城市化率　　　　　　　　　　单位:%

地　区	1961年	1970年	1980年	1990年	2000年	2010年	2013年	2020年	2030年	2040年	2050年
世界	34.08	36.66	39.42	43.00	46.74	51.69	53.12	56.18	60.07	63.69	67.35
欧洲	56.75	61.71	65.85	67.93	70.78	72.71	73.37	74.96	77.42	79.94	82.27
北美洲	70.32	73.80	73.93	75.43	79.13	81.99	82.69	84.11	85.75	87.25	88.61
拉丁美洲	50.11	57.07	64.30	70.34	75.48	78.82	79.68	81.42	83.41	85.08	86.63
大洋洲	67.51	71.35	71.32	70.66	70.48	70.74	70.82	71.09	71.82	72.88	74.34
亚洲	21.08	23.24	26.67	31.92	37.44	44.49	46.54	50.81	55.99	60.53	64.99
非洲	19.21	23.65	27.88	32.06	35.57	39.12	40.26	43.08	47.54	52.46	57.58

资料来源:FAO,Statistics Division (FAOSTAT)。

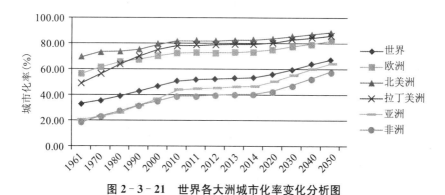

图 2-3-21　世界各大洲城市化率变化分析图

从城市人口的数量分析,1961 年非洲仅有 5000 万城市人口,用将近 20 年时间增长到 1 亿,之后一直保持加速增长的趋势,2010 年非洲已有 4 亿人口居住在城市。从城市化发展趋势来看,2025 年非洲城市化率将首次超过 50%[①]。根据联合国粮农

①　J.L.Venard, *Urban Planning and Environment in Sub-Saharan Africa*, UNCED Paper, No.5,1995.

组织统计数据预计,2040年非洲城市人口达到10亿,2050年非洲城市化率达到57.58%,将有14亿人居住在城市之中(表2-3-2、表2-3-3)。

表2-3-3 1961—2050年世界各大洲城市人口   单位:千人

地 区	1961年	1970年	1980年	1990年	2000年	2010年	2013年	2040年	2050年
世界	1050714	1353269	1753940	2287778	2864280	3574974	3804673	5756609	6432444
欧洲	367069	433538	493756	536328	516090	538279	544730	578694	583358
北美洲	146023	170792	188372	212935	249595	284097	293857	371962	395358
拉丁美洲	113583	164120	234160	313150	397214	469926	491334	644043	677084
大洋洲	10869	14040	16381	19056	22005	25931	27125	38065	42282
亚洲	357038	484109	687874	1004356	1391891	1853388	2000444	3075288	3356315
非洲	56132	86670	133397	201953	287485	403353	447183	1048557	1378047

资料来源:FAO,Statistics Division (FAOSTAT)。
注:2013年以后数据为预测展望值。

2. 非洲不同区域城市化发展概况

世界银行根据人均国民收入将世界划分为发达国家和地区以及发展中国家和地区,非洲除了赤道几内亚之外的53个国家全部属于发展中国家。发展中国家和地区又可根据地理位置划分为东亚与太平洋、欧洲和中亚、拉丁美洲与加勒比海地区、中东和北非、南亚、撒哈拉以南非洲六片区域。非洲据此可划分为北非和撒哈拉以南非洲两片区域,其中北非包括阿尔及利亚、埃及、利比亚、摩洛哥、突尼斯和吉布提六个国家,其余国家都属于撒哈拉以南非洲。[1] 2012年中东及北非的城市化率已达63.18%,远远超出52.55%的世界平均水平,而撒哈拉以南非洲的城市化水平仅有36.81%(表2-3-4)。

表2-3-4 世界不同地区城市化率   单位:%

地 区	1960年	1970年	1980年	1990年	2000年	2010年	2011年	2012年
拉丁美洲和加勒比	49.26	57.01	64.25	70.30	75.44	78.80	79.08	79.36
欧洲和中亚	55.21	60.63	64.69	67.44	68.24	70.01	70.24	70.47
中东及北非	34.98	42.82	49.55	54.85	58.64	62.58	62.89	63.18
东亚与太平洋	22.46	24.85	27.50	33.65	41.22	51.67	52.65	53.61
撒哈拉以南非洲	14.75	19.33	23.62	27.91	32.00	35.96	36.38	36.81
南亚	16.73	18.65	22.33	25.02	27.34	30.60	30.97	31.35
世界	33.51	36.60	39.37	42.97	46.68	51.61	52.08	52.55

资料来源:世界银行数据库。

———————

[1] World Bank, *World Development Indicators 2014*.

虽然撒哈拉以南非洲城市化率较低,但城市人口的增长率却遥遥领先,1960年以来,撒哈拉以南非洲的城市人口增长率一直都位居世界首位(表2-3-5、图2-3-22)。北非地区1981年城市化率就已超过50%,2004年城市化率超过了60%,之后城市人口年增长速度放缓,被东亚和太平洋以及南亚超过,但仍超出世界平均水平。

表2-3-5 世界不同地区城市人口年增长率　　　　　　　　　　单位:%

地　　区	1961年	1970年	1980年	1990年	2000年	2010年	2011年	2012年
撒哈拉以南非洲	5.78	5.02	4.78	4.54	3.91	3.89	3.93	3.92
东亚与太平洋	2.82	2.78	2.92	3.43	2.95	2.71	2.60	2.52
中东及北非	5.16	4.57	4.54	4.40	2.62	2.57	2.43	2.36
南亚	3.23	3.48	4.33	3.27	2.66	2.49	2.57	2.52
拉丁美洲和加勒比	4.48	3.92	3.38	2.74	2.15	1.54	1.49	1.48
欧洲和中亚	2.16	1.63	1.26	0.89	0.36	0.75	0.82	0.42
世界	2.91	2.63	2.62	2.60	2.18	2.15	2.12	2.02

资料来源:世界银行数据库。

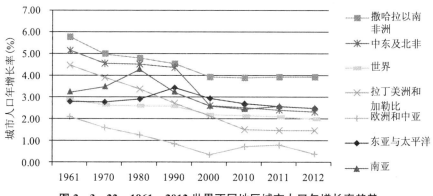

图2-3-22 1961—2012世界不同地区城市人口年增长率趋势

虽然撒哈拉以南非洲各地域在城市和经济发展上有着很多共性,但从非洲城市发展的历史看,不同地域的城市都有其独特之处。为了更进一步了解非洲城市化进程的特点,可以将非洲按照地域划分为北非、西非、东非、中非和南部非洲,包括非洲54个独立主权国家(表2-3-6、图2-3-23)。

表 2-3-6 非洲国家分区汇总

分 区	国 家	个数
北非	阿尔及利亚、埃及、利比亚、摩洛哥、苏丹、南苏丹、突尼斯	7
西非	贝宁、布基纳法索、佛得角、科特迪瓦、冈比亚、加纳、几内亚、几内亚比绍、利比里亚、马里、毛里塔尼亚、尼日尔、尼日利亚、塞内加尔、塞拉利昂、多哥	16
东非	埃塞俄比亚、厄立特里亚、吉布提、索马里、肯尼亚、乌干达、卢旺达、布隆迪、坦桑尼亚、塞舌尔、科摩罗、马达加斯加、马拉维、毛里求斯、莫桑比克、赞比亚、津巴布韦	17
中非	安哥拉、乍得、中非共和国、喀麦隆、赤道几内亚、加蓬、刚果共和国、刚果民主共和国、圣多美和普林西比	9
南部非洲	博茨瓦纳、莱索托、纳米比亚、南非、斯威士兰	5

资料来源:FAO Statistical Yearbook 2013。

注:表中未列入西撒哈拉、英属圣赫勒拿、法属留尼汪、法属马约特、英属印度洋领地、索马里兰等特殊政区。

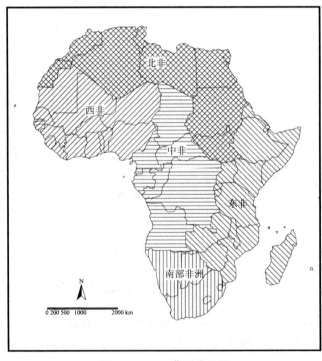

图 2-3-23 非洲分区图

从非洲分区域的城市化数据看(图 2-3-24),2011 年南部非洲城市化水平为 58.99%,已超出世界平均水平,其次是北非、西非、中非和东非;北非的城市化水平最接近于世界的城市化趋势;西非和中非的城市化发展速度最快。1960 年西非和中非的城市化率分别仅有 15.06％和 17.74％,20 世纪 80 年代达到 30％后进入加速发展阶段,至 2011 年城市化率分别达到 44.88％和 41.45％,增长幅度是非洲各区域中最高的;东非的城市化水平为各区域中最低,还处于城市化发展的初级阶段,2011 年仅有 23.67％,未达 30％,而 2011 年非洲的平均城市化率已达 39.73％。自 20 世纪 90 年代以来,仅有东非的城市化率处于非洲城市化率平均线之下。

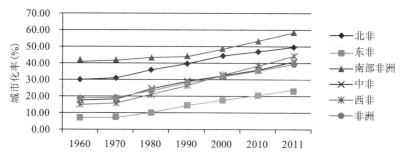

图 2-3-24 1960—2011 年非洲分区域城市化率发展分析图

根据区域国家分区情况,南部非洲仅有 5 个国家,虽然城市化率最高,但城市人口与总人口均为各区域中最低;东非总人口最多,2011 年达到 3.31 亿;城市人口最多的则是西非,2011 年城市人口超过了 1.4 亿(表 2-3-7、图 2-3-25)。

表 2-3-7 1960—2011 年非洲分区域城市化数据统计表

	地　区	1960 年	1970 年	1980 年	1990 年	2000 年	2010 年	2011 年
总人口 (百万人)	北非	67.46	86.87	112.85	145.91	175.96	209.00	212.52
	东非	81.53	107.13	143.01	192.09	250.69	322.81	331.45
	南部非洲	19.72	25.04	31.50	40.50	50.63	57.51	58.20
	中非	32.01	40.75	53.39	71.68	96.19	126.69	129.98
	西非	85.61	107.37	139.76	182.52	235.72	304.26	312.20
	非洲	283.09	363.30	475.54	626.66	802.55	1010.32	1034.04
城市 总人口 (百万人)	北非	20.40	31.23	44.78	64.54	82.98	103.64	105.90
	东非	5.93	11.01	20.84	33.77	51.29	75.21	78.45
	南部非洲	8.28	10.92	14.03	19.71	27.20	33.66	34.33
	中非	5.68	10.13	15.48	23.22	34.78	51.86	53.88
	西非	12.89	22.84	37.92	60.15	90.78	134.81	140.10
	非洲	52.90	85.80	132.63	200.61	285.93	397.40	410.81

资料来源:世界银行数据库。

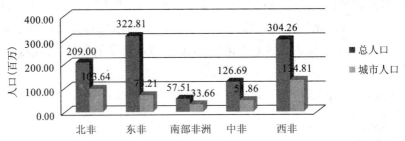

图 2-3-25   2011 年非洲各区域城市人口与总人口对比分析图

二、非洲城市化驱动因素

城市化的外在表现是城市人口的增长,城市人口增长又包括自然增长与机械增长,而一个国家或地区的自然和社会条件,如地理和气候状况、经济发展的驱动、基本政治制度、社会发展水平、政府政策等都影响着城市人口的增长与城市发展模式。在非洲的快速城市化进程中,不同时期城市化的重点驱动因素有所不同,但这些因素相互之间并不独立,它们之间存在着复杂的反馈和互动,对非洲城市化和城市发展产生着重要影响。

1. 历史因素

非洲城市化发展可以分为三个阶段,一是殖民者入侵以前的发展阶段,二是殖民者入侵以后的发展阶段,三是非洲独立以后的现代城市发展阶段。在第一个发展阶段,随着非洲早期的农业、手工业和商业的发展,在尼罗河沿岸、热带非洲印度洋与大西洋沿岸等传统居民点都建立了很多的原始城镇。北非地区首先逐渐成为重要的经济文化中心地区,并在之后的发展历程中也处于领先地位。随着经济的发展、伊斯兰文化的传播,东非、西非和南非在中世纪得到了很大的发展。东非埃塞俄比亚的阿克苏城,北非苏丹的麦罗埃城,西非尼日利亚的卡诺城和伊巴丹城,中部非洲的刚果(布),东非的津巴布韦等在这一时期繁荣一时。

16 世纪以后,非洲城市化进入了第二个发展阶段,殖民主义的入侵使非洲各国长期受到殖民主义的占领和控制,有些内陆城市逐渐没落,而资源矿产丰富、地理条件优越、能够为殖民主义的掠夺提供便利的城镇在此时得到了长足的发展。在进行资源的大规模开发和农产品生产的过程中,矿产资源地和种植园聚集了大量的劳动力,推进了新城镇的发展。19 世纪后半叶,许多非洲国家的首都城市如达喀尔、雅温得、金沙萨、达累斯萨拉姆、内罗毕、哈拉雷等城市都是从这时兴起的,此外还形成了几十个主要的工矿、商业、交通中心。另外,殖民者为了进行奴隶贸易,攫取非洲黄金、胡椒、象牙等物资,在沿海地区兴建了很多的港口城市,作为对外贸易的地点,如南非的开普敦等;同时,为了方便物资运输、加强沿海与内陆的联系,在资源富庶地区发展了一些内陆的交通点,并在其附近修建了通向港口的交通干线。当时建立的交通点包括塞内加尔的捷斯、科特迪瓦的布瓦凯、加纳的塔马利等。在 1920—1950 年,非洲城镇人口由 1000 万增至 3100 万。[①]

非洲初期城市化的机制主要在于:古代城市的分布和发展主要是以社会分工推动城镇发展,受自然条件影响形成的人口历史基础决定城市的发展和布局;16 世纪到 20 世纪上半叶,殖民主义成为非洲城市化的重要驱动因素。非洲的大部分现代城市是在殖民主义入侵以后发展起来的,历史基础对今天的非洲城市布局以及城镇体系的形成所发挥的作用不容忽视。

2. 战争因素

20 世纪 90 年代初非洲政治动荡不安,战乱连连,人们生活痛苦不堪,战争和民族冲突使许多人离开乡村去城市寻找庇护所。例如在莫桑比克,19 世纪 80 年代大约有 450 万人为了躲避国内战争迁移到城市地区。战争不仅加速了人口向城市流动,而且迫使人口在城市之间、地域之间迁移。例如塞拉利昂的第三集居区就是一个难民营。[②] 难民的迁移虽然是迫于当时外界的环境因素,但是当战争过去后,也会有很多人选择不再回到废墟中的家园,而留在避难所的所在地,这使得提供避难所的国家人口在短期内迅速增加。

战争还对非洲国家的城市化的发展有其他间接的影响。在政局动荡时期,大量人口无家可归,生产力遭到严重破坏,正常的粮食供应渠道被打乱,使粮食紧缺的现象更加严峻,饥荒和战乱迫使人口向城市迁移。这种因素虽然在其他地区的国家发生的频率很低,但是对于 19 世纪 60 年代到 20 世纪后期的非洲国家造成的影响却非常大。

3. 自然因素

非洲的农业生产受自然条件的制约性较大,多数地区的耕作方式和技术都比较落后,现代化水平极低,农业生产几乎完全由天气决定。因此非洲很多地方盛行迁移农业。农村人口在农忙的时候回到农村进行耕作;在非农忙季节,就到城市里工作以获取收入。农村人口为了婚姻而迁居的现象也普遍存在。通常情况下,已婚男性先进入城市谋生,他们多数独身前往,等在城市中将生活安顿下来,就让自己的家人来城市一同居住。此外,当遭遇自然灾害,农业歉收的时候,更加推动农村人口向城市的迁移。

4. 经济因素

无论是在发达国家还是发展中国家,社会经济的发展一直都是城市化发展的内在主要驱动力之一。经济的发展使农村与城市之间的差距逐步拉大,在农村农业低速发展、农业产值没有保障的情况下,城市的集聚效应、比较优势就得到了充分体

---

①　张同铸主编:《非洲经济社会发展战略问题》,北京:人民出版社,1992 年,第 156 页。

②　联合国统计数据库。

现。城市化发生的规模和速度受到城乡间比较利益差异的引导和制约,而比较利益又更多地体现在经济因素上。虽然在世界范围内,非洲国家的城市发展仍然比较落后,但与非洲地区的农村相比,非洲城市在基础设施、公共服务设施以及就业上都具有明显的比较优势,对农村人口向城市地区的迁移产生较大吸引力。

经济的发展对城市化的加速有着极大的促进作用。从表 2-3-8 中可以看出,2011 年按照人均 GDP 年增长率排序,从高到低依次为东非、西非、中非、南部非洲和北非;而按照城市人口年增长率排序,从高到低依次为东非、西非、中非、北非和南部非洲。GDP 增长率越高,城市人口增长的幅度也越高,各区域 GDP 年增长率与城市人口年增长率的高低基本吻合。但是,值得注意的是,在实际发展过程中,由于影响经济发展的因素非常复杂,这种紧密对应关系在城市化发展的过程中是不绝对的,不过从该数据中依然能够肯定经济发展与城市化进程的相互作用。

表 2-3-8　2011 年非洲各分区城市人口增长与经济发展水平对照表

地　区	人均 GDP 年增长率(%)	城市人口年增长率(%)	城市化率(%)
北非	2.26	2.18	49.83
东非	6.01	4.31	23.67
南部非洲	3.27	1.99	58.99
西非	5.84	3.93	44.88
中非	4.7	3.89	41.45
非洲	3.71	3.37	39.73

资料来源:世界银行数据库。

5. 社会因素

非洲人口的增长有着自身的特点:首先,非洲人口普遍结婚早、生育率高。由于非洲的女性在 15~20 岁时基本上都结婚了,一部分人的结婚时间会更早,这也就意味着非洲女性的生育持续时间更长,生育率也更高。[1] 1990 年,全世界 15~19 岁女性生育率超过 14% 的 16 个国家中有 14 个在非洲。[2] 1960—1970 年每个非洲妇女平均生育 6.7 个孩子,2001—2010 年的生育率平均为 5.3,2010 年生育率为 4.5。[3] 尽管数字有所下降,但是依然远远高于世界同期 2.5 个[4]的平均水平。生育率居高不下使得非洲的人口数量高速增长,而且非洲人口的日渐年轻化也加剧了总人口迅速增

[1] 姜忠尽、王婵婵、朱丽娜:《非洲城市化特征与驱动力因素分析》,载《西亚非洲》,2007 年第 1 期,第 21—26 页。

[2] 张善余、彭际作:《世纪之交的非洲人口形势》,载《西亚非洲》(双月刊),2005 年第 3 期,第 15—20 页。

[3] ECA, *Africa Development Indicators 2013*.

[4] World Bank, *World Development Indicators 2014*.

长的现象。其次,非洲社会传统的生育观和价值观影响了生育。非洲人普遍认为
"传宗接代是人生的头等大事"、"生育是由超自然的力量决定的"。[①] 因此,非洲的人
口出生率始终维持在较高水平。随着经济发展和医疗卫生事业的进步,非洲人口的
死亡率已有大幅度下降。较高的出生率和大幅下降的死亡率就导致了非洲较高的
人口自然增长率。第三,生产方式的落后造成人们对男孩的偏好。非洲已婚者理想
的子女整体平均水平是男孩 6.5 个和女孩 5.3 个。有些地区的这种现象非常突出。
例如尼日尔已婚者理想的子女数分别是 12.6 个男孩和 8.5 个女孩;喀麦隆为 11.2 个
男孩和 7.3 个女孩。[②] 随着医疗卫生的改善,婴儿的死亡率已经逐步下降,这使得从
20 世纪 70 年代开始非洲就已经成为全球人口增长最快的地区。国家总人口的高速
增长给城市带来的压力往往大于给农村带来的压力。农村人口本身基数不高,虽然
由于经济文化落后使农村人口更容易发生高自然增长,但是受经济和政策的影响,
农村人口大量流入城市,人口的迁移减小了人口增长给农村带来的压力。

另外,城市的良好教育环境也是吸引农村人口进入城市的原因之一。非洲国家
每年会对教育进行投资,资金用于修建校舍、增加教学设施和培养师资等。但是由
于非洲的教育基础比较薄弱,教育的发展始终跟不上实际需要。2011 年世界平均识
字率为 84.08%,非洲 54 个国家中仅有 14 个国家达到了世界平均水平。2010 年非
洲平均识字率水平仅有 66.97%,识字率最低的尼日尔仅有 28.67%。[③] 面对如此大
量没有文化的人口,非洲在教育方面的改善是远远不够的。有些国家普及小学教育
的目标都难以实现,接受中高等教育就更加困难。2011 年世界高等学校入学率平均
为 30.08%,而非洲仅有利比亚、突尼斯、毛里求斯、埃及、阿尔及利亚五个国家高等
学校入学率超过了 30%,索马里的高等学校入学率为非洲最低,仅为 0.28%。[④] 面对
越来越大的竞争压力,很多家长认为最好的投资方式是让孩子上学。因此为了获得
较好的教育,农村的父母们选择将孩子送进城里上学。这种现象在城市之间也会出
现,城市人口选择向教学条件更好、教育水平更高的地区聚集。

除以上原因之外,在非洲城市里一种特殊社会关系的存在也促进了农村人口的
城市化。农村的部分年轻人进入城市后,会在原来先进城打工并且生活已经基本安
定下来的同村人的帮助下找工作,他们大多生活在同一区域。随着农村人口的不断
迁入,越来越多的"部落社团"便形成了,它的广泛存在使农村人口进入城市相对容
易了很多,由此对城市化的发展也起到了一定的推动作用。

---

①　舒运国:《非洲人口高速增长原因剖析》,载《西亚非洲》,1995 年第 3 期,第 39 - 43 页。

②　Ezeh. A. C, et al. Men's Fertility, Contraceptive Use and Reproductive Preference, *DHS Comparative Studies*,1996(18), Calverton: Macro International.

③　World Bank, *World Development Indicators 2014*.

④　World Bank, *World Development Indicators 2014*.

6. 政策因素

非洲城市化发展过程中对农业发展缺乏重视,对农业投入过少和不合理的土地使用制度是造成农村人口向城市流动的一个重要原因。首先,在非洲独立以前,非洲国家的农业普遍殖民化,形成了一种仅为满足西方国家需要而种植单一经济作物的特点。独立后,非洲国家加大了对工业的投资,粮食生产却受到忽视,在经济发生危机的情况下,很多国家为了缓解资金紧张问题,就采取了缩减农业投资的方式。再加上各种自然灾害的发生,农业长期得不到发展,造成了农村人口的外迁。其次,非洲的土地占有形式的多样性,导致了土地所有权的不稳定,一定程度上影响了农业的生产。即使有些国家采取了固定土地所有权的方式分配农村土地,但是随着人口的增长,只有少数家庭的成员能获得较多的土地,大多数家庭的土地经过几次均分后,每人能够获得的土地已经相当少,根本不能依靠土地维持生计。因此,缺少土地、没有土地的农民也会进入城市谋生。例如在埃及,穷人的人均收入中几乎有60%来自非农业收入。由于耕地全部实现了灌溉化并且高产,所以大量的农村人口都希望获得土地,但是埃及人口以每年130万的速度增长,人均农田只有0.78亩,因此只有少数农村居民拥有土地,而其他人不得不在非农业部门寻找工作。像埃及这样的现象在肯尼亚、马达加斯加和津巴布韦等以农业作为一大经济支柱的国家中都不同程度地存在。另外,非洲的主要劳动力妇女地位低下也是制约农业生产的一个重要因素。在非洲,妇女大多拥有贫瘠的土地,担负着繁重的自然生产和农业生产的任务,但是她们甚至连在选择种植植物方面也没有做主的权利,一切都必须听从丈夫的安排。如果妇女在自己的土地上采用了先进的技术或种植了高附加值的作物而获得高产,那么丈夫有权接管土地的经营权,因此妇女大多被排斥在新的生产技术之外。[1]

非洲国家在发展计划中忽视农业、农村的发展,有着明显的城市偏向。非洲国家独立后,在工业化发展战略中普遍以城市为中心,城市成为政府投资的热点地区,并推动了城市化的迅速发展。非洲的大多数首位城市同时也是全国发展的中心,它集工业、商业、服务业、政治、外交、对外贸易等功能于一身,而且通常情况下,非洲的大城市与周边的城市易结合为"岛状区",城市市场空间因此扩大,对劳动力需求的增加,可提供的就业机会也更多。相反,政府对农业、农村发展的投资少,农村发展农业的手段一般采取增加耕地面积或提高农地产量的做法。但是由于农业缺乏科学技术的指导,这两种方法在农业发展过程中所起的作用相当有限,可以提供的新增的就业机会也很少。导致非洲农业发展缓慢,农业生产率低下,对经济发展的促进作用有限,提供的就业岗位也较少。而同时较高的人口自然增长率使得农村人口

---

① 资料来源:http://iwaas.cass.cn/show/show_fruit.asp? id=188。

"过剩"的现象更加严重。因此,政府政策的城市偏向导致了城乡社会经济发展的不平衡,城乡差距拉大,进而使得大量农村剩余劳动力盲目流入城市谋生。这使城市承载的人口压力越来越大,由于城市是人口的高密度地区,基数较大,城市人口的自然增长就是建立在这样的基础之上的;农村人口的迁入在使城市的机械增长率逐步升高的同时,又增大了自然增长的基数。

对城市人口增长问题非洲许多国家也未制订有效的人口政策来有计划地控制,更加导致了城市人口增长处于严重的失控状态。城市人口的增长速度越来越快,人口密度越来越高。20世纪60至80年代,非洲人口出生率始终保持在45‰～49‰的高水平,1995—2000年虽降至38‰,但与发展中国家的整体水平相比,差距却由4.5个千分点扩大至13.3个千分点,几乎是同期世界平均水平的2倍。① 现在非洲的人口增长率在世界各大洲中列居首位,约为28‰,撒哈拉以南非洲有的地区更高达30‰以上,许多国家的人口增长率从1960年到2010年都一直维持的30‰以上居高不下(表2-3-9)。② 尽管数据显示,非洲国家人口的自然增长率很高,但是仍有部分国家认为本国的生育率过低,并采取鼓励生育的政策,这将促进部分国家的人口进一步增长。③

表2-3-9 非洲部分国家的人口增长率 单位:%

国 家	1960—1970年	1971—1980年	1981—1990年	1991—2000年	2001—2010年	2011年
吉布提	6.31	6.4	6.4	6.38	6.41	1.88
科特迪瓦	3.95	4.01	4.07	4.12	4.17	2.08
利比亚	3.89	3.94	3.99	4.04	4.1	1.06
肯尼亚	3.26	3.3	3.35	3.39	3.43	2.67
津巴布韦	3.27	3.28	3.3	3.31	3.32	1.44
多哥	2.7	2.88	3.03	3.17	3.27	2.09
赞比亚	3.05	3.09	3.14	3.18	3.21	4.16
乌干达	3.28	3.27	3.24	3.2	3.15	3.19
塞内加尔	2.93	2.98	3.03	3.08	3.1	2.65
坦桑尼亚	2.99	3.02	3.05	3.07	3.1	3.03
博茨瓦纳	2.75	2.83	2.92	3	3.09	1.18
卢旺达	3.02	3.03	3.04	3.05	3.07	2.96

资料来源:世界银行数据库。

① World Bank, *World Development Indicators 2014*.

② ECA, *Africa Development Indicators 2013*.

③ U.N., *Global Population Policy Database 1999*, New York, 2000.

值得注意的是,以上各个因素在城市化发展的不同阶段的重要性是不同的,对不同地区的城市化发展的过程所起的作用也是不同的。但是上述因素之间又是相互联系、相互制约的。这种因素之间的内在联系使城市由单一走向多元的同时,完善了城市的功能,也健全了城市内部的运行机制。

三、非洲城市化进程特点

1. 城市化进程与经济发展不同步,出现过度城市化现象

一般来说,城市化水平与经济发展水平之间存在较为密切的关系。美国地理学家诺瑟姆曾指出,城市化水平与经济发展水平之间是一种粗略的线性相关关系,即经济发展水平越高,城市化水平也越高。经济发展推动了城市化的步伐,城市化进程也促进了经济的发展。因此,持续的经济增长和城市化水平的提高一般是同步的。从发达国家城市化的发展历程可以看出,城市化和工业化、农业机械化以及现代化之间是相互影响、相互促进的。但在非洲国家的城市化进程中,三者之间却明显缺乏协调,快速的城市化并没有给非洲带来相应的快速经济增长。

非洲城市人口每年以4%左右的增长速度列居世界首位。与此相对,非洲国家的人均国民生产总值的增长却是微乎其微。表2-3-10的数据显示,1980—2000年,世界的人均国民生产总值增长了2884.21美元,但是中东和北非的人均国民生产总值在20年间仅增长了484.12美元,撒哈拉以南非洲的人均国民生产总值反而下降了193.38美元。撒哈拉以南的非洲地区许多年份都出现了负增长,如1985年、1990年、1994年的人均国民生产总值分别比1980年、1985年和1990年下降了21%、9%和12%。[①] 2000年时撒哈拉以南非洲的人均国民生产总值还不到世界平均水平的十分之一。2000年以后非洲的人均国民生产总值有一定增长,到2010年,撒哈拉以南非洲地区人均GDP比1980年增长了2.08倍,但同期世界人均GDP已增长了3.73倍。

表2-3-10　世界不同分区人均国民生产总值统计　　　　单位:现价美元

地　区	1960年	1970年	1980年	1990年	2000年	2010年	2011年	2012年
世界	446.07	799.87	2502.97	4215.01	5387.18	9339.42	10224.25	10318.42
欧洲和中亚	660.06	1349.71	5671.65	10176.46	11147.19	22645.57	24849.99	23847.71
拉丁美洲和加勒比	369.37	614.11	2136.52	2629.24	4308.04	8758.78	9686.51	9575.22
东亚与太平洋	149.30	313.25	1155.27	2582.52	3953.12	7421.42	8510.10	9039.61
中东及北非	—	350.71	2536.30	2105.60	3020.42	7081.20	8467.65	8875.11

---

① World Bank, *World Development Indicators 2014*.

续　表

地　区	1960 年	1970 年	1980 年	1990 年	2000 年	2010 年	2011 年	2012 年
撒哈拉以南非洲	130.27	219.78	709.54	596.59	516.16	1478.43	1625.04	1647.46
南亚	83.20	120.99	264.11	362.01	450.71	1289.15	1416.13	1396.47
高收入国家	1225.94	2490.95	8544.74	16734.08	22466.19	35427.09	38190.01	38283.82
中等收入国家	143.03	206.57	657.09	834.04	1298.68	3822.04	4400.89	4585.37
低收入国家	93.68	132.47	283.06	282.05	251.58	512.81	564.07	597.53

资料来源:世界银行数据库。

伴随着人口城市化速度的加快,非洲国民经济并没有得到相应的发展。从人均 GDP 增长率来看,1961 年以来并没有呈现出快速增长的态势。相反,1961—2011 年,非洲的人均 GDP 增长率一直处于震荡起伏状态,最高增长率仅为 1963 年的 5.97%,最低的为 1992 年的—2.48%,并且在 1961—2011 的 50 年间,有 12 年的人均 GDP 处于负增长状态(图 2 - 3 - 26)。[①] 而从就业率来看,形势也不容乐观。1991— 2011 年的 20 年间,非洲 15 岁(含)以上总就业人口比率仅从 58.86% 上升到60.07%, 增长微乎其微(图 2 - 3 - 27)。

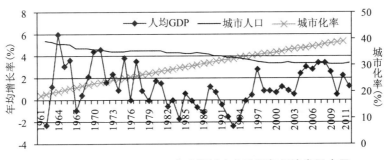

图 2 - 3 - 26　1960—2011 年非洲城市化进程与经济发展水平

图 2 - 3 - 27　1991—2011 年非洲 15 岁(含)以上人口总和就业率

---

① ECA, *Africa Development Indicators 2013*.

具体到国家,城市化进程快于现代化的现象非常明显。2011 年世界平均城市化率为 52.08%,非洲城市化率为 39.73%;世界人均 GDP 达到 10224.25 美元,非洲仅为 1870.72 美元。[1] 2011 年非洲有 17 个国家的城市化率超过了 50%,但只有赤道几内亚、塞舌尔和加蓬三个国家的人均 GDP 达到了世界平均水平(表 2 - 3 - 11)。赤道几内亚人均 GDP 在 2011 年为 27477.71 美元,已进入高收入国家行列,但城市化率仅为 39.51%,还未达非洲平均线。除了赤道几内亚因开采石油经济快速增长超过城市化外,绝大多数国家都是城市化进程快于现代化。如吉布提的城市化率高达 77.08%,但人均 GDP 仅有 753.12 美元,位列 54 个国家中的 33 位;冈比亚城市化率 57.21%,人均 GDP 更是只有 505.76 美元,排名 41 位。这显示出了非洲国家城市化水平与经济增长之间严重的不同步现象,主要表现为城市化进程快于现代化,这种城市化通常称之为过度城市化。

表 2 - 3 - 11　2011 年非洲城市化率排名前十五位国家的人均 GDP 数据

国　　家	城市化率(%)	人均 GDP(美元)	人均 GDP 在非洲排名
加蓬	86.15	11113.89	3
利比亚	77.74	6479.71	7
吉布提	77.08	753.12	33
阿尔及利亚	72.87	5244.03	10
突尼斯	66.31	4350.34	11
佛得角	63.65	3484.66	14
圣多美和普林西比	62.65	1473.28	21
佛得角	62.58	3797.83	13
南非	61.99	8070.03	6
博茨瓦纳	61.61	8532.62	5
安哥拉	59.14	5318.04	9
冈比亚	57.21	505.76	41
摩洛哥	57.04	3105.42	15
塞舌尔	53.62	12320.85	2
喀麦隆	52.09	1259.87	23

资料来源:世界银行数据库。

非洲不仅仅是在人均国民生产总值和就业率的指标上落后,在农业、工业、服务

[1]　World Bank, *World Development Indicators 2014*.

业三次产业上发展速度也非常缓慢。在代表现代化水平的各项指标上,非洲国家与世界平均水平差距都很大。数据显示,非洲农业发展的贡献被高速发展的人口抵消,1980 年人均农业生产指数为 99.9,到 2000 年为 99.2。即便 1997—1999 年人均农业指数出现了增长,但是也只是接近 1989—1991 年的水平。总体上说,非洲 20 年间的人均农业产值几乎没有得到增长,甚至出现了小幅度的下降。

另外,由于资金的欠缺和高科技人才的缺乏,非洲的交通业、信息产业等服务业发展非常缓慢。从表 2 - 3 - 12 中可见,在代表生活信息化的各项指标中,非洲国家的指标与世界平均水平相比很低。例如,2000 年埃及、南非和尼日利亚的城市人口比重分别为 45.2%、44.0% 和 50.2%,而世界的同期平均水平是 47.6%。而且,即使是在非洲国家经济竞争力排行榜中居第三位的南非,下表所列的各项指标也没有达到世界平均水平,其中电视机的普及率只达到世界平均水平的一半。另外,埃及个人计算机和移动电话的普及率都不及世界平均水平的 30%,国际互联网普及率不足世界平均水平的 0.2%,尼日利亚各项指标水平更低。

表 2 - 3 - 12　2000 年部分国家(地区)的生活指标

国家(地区)	电视机数(每千人)	电视机普及率占世界平均水平的比重(%)	个人计算机数(每千人)	个人计算机普及率占世界平均水平的比重(%)	国际互联网用户数(万人)	国际互联网普及率占世界平均水平的比重(%)	移动电话(部/千人)	移动电话的普及率占世界平均水平的比重(%)
世界	253.90	—	78.30	—	39942	—	123.80	—
高收入国家	640.90	—	392.70	—	32149	—	531.70	—
中等收入国家	274.60	—	33.10	—	6794	—	84.00	—
低收入国家	91.30	—	5.10	—	999	—	5.60	—
埃及	189.10	74.48	22.10	28.22	45	0.11	21.40	17.29
尼日利亚	67.60	26.62	6.60	8.43	8	0.02	0.30	0.24
南非	127.00	50.02	61.80	78.93	240	0.60	190.20	153.61

资料来源:http://www.stats.gov.cn。

2. 城乡二元结构明显

非洲城市化过程中一个重要的特点就是城乡差距逐渐拉大,城乡二元结构的差距非常严重。城市是依托于农村建立的,并拥有充足的建设资金、先进的技术设备,经济发展有良好的基础。同时,工业化的发展急需大量的劳动力,人力资源向城市聚集,城市生产力水平提高得比较快。而农村的发展相对就没有这么好的契机,政府不重视农业发展,资金投入量少,生产技术落后,而且城市的高工资使得农村中正值劳动最佳年龄的年轻人去城市工作,造成农村发展的滞后,城乡之间的二元结构明显。

城市内部同样也存在严重的二元结构。非洲受到殖民影响的城市大概可以分为两类:一类是殖民入侵以前就建立起来的,如伊巴丹、卡诺等;另一类是殖民时期新建立的城市,如拉各斯、内罗毕等。前者的发展历史较长,其城市的布局大多是围绕着王宫发展起来的中心区居住着非洲居民,内部有较大的广场和清真寺,有的周围还保留着古老的城墙,外围是欧洲人的居住地。而殖民地时期建立的城市则不同,欧洲人居住在地理条件较好的中心地区,这类由于高收入人群较为集中,因此形成了具有很高消费力的市场,经济发展水平较高,而外围是非洲人居住的区域。虽然非洲国家独立后,欧洲人居住区内也有部分非洲人居住,但是城乡二元结构依然明显。[1]

3. 城市化水平地区差异大

由于非洲内部社会、经济发展基础不同,导致各区域、国家之间及国家内部的城市化进程存在较大差异。就亚区的发展来看,东非的城市化基础是非洲最薄弱的地区,1960 年的城市化水平只有 7.27,70 年以后的发展速度也非常缓慢,1970—2000年的三个 10 年中,城市人口增长占总人口增长的比例都不足 50%;到 2010 年,东非也才只有 23.3% 的人口居住在城市里面,远低于 2010 年非洲的城市化平均水平39.33%。[2]虽然从数据上看,南部非洲的城市化率最高,但是南部非洲 1960 年时的基础城市化水平就较高,1960—2010 年的 50 年间城市化率增加了 16.58 个百分点,而这期间北非增加了 19.25 个百分点,西非增加了 29.25 个百分点(表 2 - 3 - 13)。北非和西非是非洲城市化水平增长最快的地区,而中非和东非的城市化水平发展相对缓慢。

表 2 - 3 - 13　1960—2011 年非洲分区域城市化率　　　　单位:%

地　区	1960 年	1970 年	1980 年	1990 年	2000 年	2010 年	2011 年
东非	7.27	10.28	14.57	17.58	20.46	23.30	23.67
南部非洲	41.96	43.61	44.54	48.68	53.73	58.54	58.99
北非	30.24	35.95	39.68	44.24	47.16	49.59	49.83
中非	17.74	24.86	28.99	32.40	36.15	40.94	41.45
西非	15.06	21.27	27.13	32.96	38.51	44.31	44.88
非洲	18.69	23.62	27.89	32.01	35.63	39.33	39.73

资料来源:世界银行数据库。

---

[1]　朱海森:《非洲城市化发展的历史、现状和前景》,硕士学位论文,南京:南京大学。

[2]　ECA, *Africa Development Indicators 2013*.

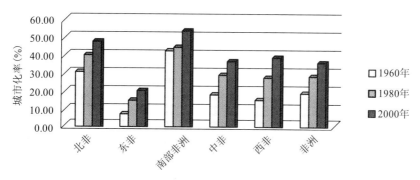

图 2 - 3 - 28   1960—2000 年非洲城市化水平走势分析图

从国家层面来看,1960—2011 年非洲各国城市化水平档次全面拉开,城市化水平差异很大(表 2 - 3 - 14)。在 2010 年,加蓬城市化率已经上升到 85％以上,吉布提、利比亚 2 个国家的城市化率上升到 77％,突尼斯、阿尔及利亚等 7 个国家城市化率超过 60％,安哥拉、喀麦隆等 7 个国家城市化率在 50％～60％之间,利比里亚、尼日利亚等 8 个国家城市化率在 40％～50％之间,赤道几内亚、塞拉利昂等 14 个国家城市化率在 30％～40％之间,科摩罗、莱索托等 8 个国家城市化率在 20％～30％之间,其余 7 个国家城市化率在 10％～20％之间,并且区间内各国城市化率差距也较大。

表 2 - 3 - 14   1960—2011 年非洲各国城市化率　　　　　　　　　　单位:％

国　家	1960 年	1961 年	1970 年	1980 年	1990 年	2000 年	2010 年	2011 年
加蓬	17.4	18.67	32	54.68	69.14	80.11	85.84	86.15
利比亚	27.32	28.59	49.67	70.09	75.72	76.34	77.56	77.74
吉布提	50.33	51.48	61.78	72.1	75.65	76.53	77	77.08
阿尔及利亚	30.51	31.94	39.5	43.54	52.09	60.79	72.02	72.87
突尼斯	37.51	37.95	43.48	50.57	57.95	63.43	66.1	66.31
刚果(布)	31.6	32.34	39.13	47.86	54.32	58.7	63.22	63.65
圣多美和普林西比	16.07	17.23	29.52	33.48	43.65	53.42	61.99	62.65
佛得角	16.68	16.96	19.56	23.52	44.12	53.44	61.83	62.58
南非	46.62	46.74	47.81	48.43	52.04	56.89	61.55	61.99
博茨瓦纳	3.06	3.22	7.83	16.48	41.93	53.22	60.98	61.61
安哥拉	10.44	10.85	14.96	24.3	37.14	48.99	58.38	59.14
冈比亚	12.13	12.61	19.5	28.41	38.31	48.82	56.66	57.21

国　家	1960 年	1961 年	1970 年	1980 年	1990 年	2000 年	2010 年	2011 年
摩洛哥	29.36	29.86	34.48	41.21	48.39	53.34	56.68	57.04
塞舌尔	27.67	28.76	39.07	49.37	49.27	50.4	53.24	53.62
喀麦隆	13.94	14.53	20.3	31.92	39.66	45.54	51.51	52.09
加纳	23.25	23.82	28.97	31.17	36.44	43.95	51.22	51.87
科特迪瓦	17.68	19.04	28.16	36.83	39.35	43.54	50.56	51.28
尼日利亚	16.16	16.95	22.71	28.58	35.28	42.35	49	49.62
利比里亚	18.63	19.33	26.03	35.17	40.94	44.33	47.8	48.18
贝宁	9.28	9.92	16.69	27.34	34.49	38.33	44.26	44.91
几内亚比绍	13.6	13.75	15.13	17.61	28.13	35.85	43.22	43.9
埃及	37.86	38.43	42.21	43.86	43.48	42.8	43.38	43.54
塞内加尔	23	23.67	30	35.77	38.9	40.35	42.25	42.56
毛里求斯	33.18	33.94	42.03	42.35	43.9	42.67	41.78	41.8
毛里塔尼亚	6.88	7.52	14.56	27.37	39.67	39.99	41.23	41.51
赤道几内亚	25.54	25.73	26.95	27.87	34.75	38.81	39.34	39.51
塞拉利昂	17.38	17.95	23.4	29.11	33.03	35.83	38.88	39.26
赞比亚	18.15	19.19	30.35	39.82	39.41	34.8	38.73	39.17
中非	20.1	20.78	27.33	33.87	36.83	37.64	38.85	39.1
津巴布韦	12.61	13.01	17.36	22.37	28.99	33.76	38.13	38.62
纳米比亚	17.91	18.33	22.29	25.07	27.66	32.37	37.82	38.39
多哥	10.1	11.07	21.28	24.66	28.59	32.91	37.53	38.02
索马里	17.31	17.84	22.68	26.76	29.66	33.25	37.29	37.76
几内亚	10.47	10.97	15.98	23.62	28.03	31.02	34.97	35.46
马里	11.07	11.37	14.33	18.48	23.32	28.08	34.28	34.93
刚果(金)	22.3	23.06	30.3	28.72	27.74	29.3	33.73	34.28
苏丹	10.75	11.27	16.52	19.96	28.61	32.5	33.08	33.24
马达加斯加	10.64	10.99	14.1	18.52	23.57	27.12	31.93	32.57
莫桑比克	3.67	3.86	5.78	13.11	21.1	29.1	30.96	31.22
科摩罗	12.55	13.44	19.39	23.22	27.87	28.08	27.97	28.07
莱索托	3.42	4	8.61	11.45	13.97	19.97	26.85	27.57

国　家	1960 年	1961 年	1970 年	1980 年	1990 年	2000 年	2010 年	2011 年
坦桑尼亚	5.25	5.4	7.85	14.56	18.88	22.31	26.28	26.74
布基纳法索	4.7	4.8	5.75	8.81	13.82	17.84	25.67	26.51
肯尼亚	7.36	7.61	10.3	15.58	16.75	19.89	23.57	23.98
乍得	6.7	7.04	11.57	18.79	20.81	21.53	21.74	21.83
厄立特里亚	9.75	10.08	12.59	14.36	15.8	17.62	20.9	21.36
斯威士兰	3.91	4.43	9.71	17.85	22.91	22.64	21.32	21.28
卢旺达	2.4	2.47	3.19	4.72	5.42	13.77	18.81	19.12
南苏丹	8.75	8.74	8.63	8.52	13.28	16.5	17.86	18.05
尼日尔	5.79	6	8.79	13.44	15.37	16.19	17.62	17.87
埃塞俄比亚	6.43	6.66	8.59	10.41	12.62	14.74	16.76	17.02
马拉维	4.39	4.49	6.05	9.05	11.56	14.61	15.54	15.7
乌干达	4.42	4.64	6.66	7.53	11.08	12.08	15.16	15.58
布隆迪	2.04	2.07	2.38	4.34	6.27	8.25	10.64	10.93

资料来源：世界银行数据库。

　　从图 2-3-19 中可以看出，1960—1980 年非洲各国的城市化水平档次逐渐拉开，1980 年吉布提、利比亚这两个国家的城市化率超过了 70%。1980—2000 年，非洲各国城市化水平的档次全面拉开，城市化水平差异增大。2000 年，加蓬的国家城市化率也超过 70%，和吉布提、利比亚并列在城市化水平最高分类，而布隆迪是唯一一个城市化水平低于 10% 的非洲国家。总体来说，非洲在 1980—2000 年，城市化进程不断加快，低水平城市化率国家逐渐减少，高水平的城市化率国家不断增多。2000 年后，大部分国家城市化率都进入平稳发展阶段，无论是城市化率超过 70% 的加蓬、利比亚和吉布提，还是在 40%～70% 之间的南非、尼日利亚和埃及，或者是城市化率在 20% 以下的肯尼亚、布隆迪等国家，城市化率都没有突变的曲线。各国城市人口都在稳步增加，当然各国之间的城市化率的差距也一直相差甚大。2011 年城市化率最高的加蓬和城市化率最低的布隆迪差距达到 75.22%，反映出非洲各国城市化水平分布极不均衡。

　　从图 2-3-20 的城市化水平分布图可以更加直观地看到城市化水平的高低分布状态。一般来说，城市化水平较高的地区往往集中于沿海地区、交通发达地区和工矿地带等。例如处于地中海沿岸的利比亚、突尼斯和吉布提等国的城市化水平都在 60% 以上，其他城市化水平较高的摩洛哥、刚果（布）、贝宁、加纳等国大多处于大西洋的沿岸。而身居内陆的乌干达、卢旺达、尼日尔、南苏丹、埃塞尔比亚等国则发

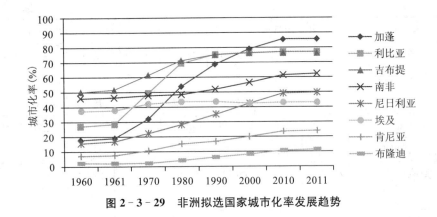

图 2 - 3 - 29　非洲拟选国家城市化率发展趋势

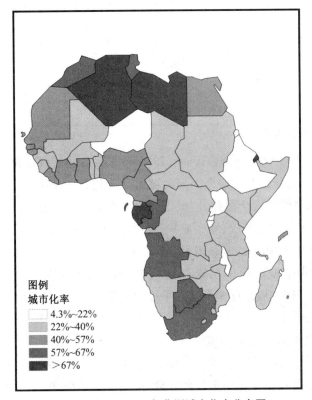

图 2 - 3 - 30　2010 年非洲城市化率分布图

展滞后,城市化水平不足 20%。其次交通对国家的城市化发展的作用也非常明显,在本格拉铁路东段、赞比亚铁路、津巴布韦铁路沿线、中非铜带内铁路以及南非沃特瓦斯兰矿区交通沿线形成了城镇群。图中还可以清晰地看到,从非洲的中部地区到南非的南部地区,有一片城镇密集程度非常高的地区,而这也正是非洲交通最发达的地区。由于在非洲有些城市经济的发展以工业的发展、矿产资源的开发作为支柱产业,所以资源禀赋的多少和分布也在一定程度上影响着不同地区的城市化。例如黄金、镍、铁储量丰富的南非,石棉、金刚石产量丰富的博茨瓦纳,钴、铜储量丰富的赞比亚和刚果(金)等国都拥有较高的城市化率。同时自然条件的好坏和农业生产条件的优劣同样影响着国内不同地区的城市化发展。例如,埃及约96%的人口居住在仅占全国面积3.6%的尼罗河谷和三角洲地区,而占国家领土总面积95%的沙漠荒漠地区中的零星绿洲居住的居民不到40万。

4. 首位城市持续膨胀,大城市、特大城市集中效应凸显

非洲首位城市、特大城市对人口的集聚作用非常明显。例如安哥拉的首位城市罗安达的人口为229万,是次位城市人口数量的13.43倍;毛里塔尼亚的首位度[1]达到11.41,几内亚的首位度为10.19(表2-3-15)。

表2-3-15　非洲部分国家首位度

国　家	首位城市	首位城市人口 (人)	次位城市人口 (人)	首位度	统计年份
埃　及	开　罗	6789479	3328196	2.04	1996年
苏　丹	喀土穆	2919773	308195	9.47	1993年
利比亚	的黎波里	1269700	734900	1.73	2003年
突尼斯	突尼斯	699700	270700	2.58	2003年
阿尔及利亚	阿尔及尔	1519570	692516	2.19	1998年
毛里塔尼亚	努瓦克肖特	558195	48922	11.41	2000年
塞内加尔	达喀尔	1983093	237849	8.34	2002年
马　里	巴马科	1016167	113803	8.93	1998年
几内亚	科纳克里	1092900	107300	10.19	1996年
加　纳	阿克拉	1661400	645100	2.58	2003年
尼日利亚	拉各斯	8349700	3329900	2.51	2003年
喀麦隆	杜阿拉	1274300	1154400	1.10	2003年
刚果(布)	布拉柴维尔	856410	455131	1.88	1996年
刚果(金)	金沙萨	6541300	1105900	5.91	2003年
安哥拉	罗安达	2297200	171000	13.43	2003年
坦桑尼亚	达累斯萨拉姆	1205433	172287	7.00	1998年

---

① 首位度是指本国内人口最多的城市与人口次位城市拥有的人口数量的比。

续　表

国　　家	首位城市	首位城市人口（人）	次位城市人口（人）	首位度	统计年份
科摩罗	莫罗尼	30365	16785	1.81	1991 年
赞比亚	卢萨卡	1083703	374757	2.89	2000 年
津巴布韦	哈拉雷	1444534	153000	9.44	2002 年
博茨瓦纳	哈博罗内	186007	54561	3.41	2001 年
南　非	开普敦	2415408	2117650	1.14	1996 年

资料来源：http://www.xzqh.org/waiguo/africa/index.htm。

在城市化进程中不少城市的规模快速增加，出现特大城市，形成大都市区。非洲已有三座城市跻身于世界前三十大城市的行列，分别是埃及的开罗、尼日利亚的拉各斯和刚果民主共和国的金沙萨，其中拉各斯在 2012 年人口超过开罗而成为非洲最大城市，2013 年拉各斯人口将近 1170 万，开罗人口 1136 万，金沙萨人口 987 万（表2－3－16）。[①]2010 年开罗、拉各斯、金沙萨的人口规模分别位列世界城市的第 9、21、29 位，预计 2030 年这三个城市人口都将超过 2000 万，分别位列世界城市的第 8、9 和 12 位。[②]

表 2－3－16　非洲前三大城市人口规模　　　　　　　单位：人

城　　市	1960 年	1970 年	1980 年	1990 年	2000 年	2010 年	2012 年	2013 年
拉各斯	762418	1413528	2572218	4764093	7232595	10577672	11328098	11699301
开罗	3680160	5584507	7348778	9061306	10169986	11001378	11231385	11364162
金沙萨	442853	1069714	2052874	3564468	5610918	8753869	9490647	9874230

资料来源：世界银行数据库。

考虑到原有的人口基数以及城市人口增长后产生的社会影响，无疑大城市，特别是首位性大城市的持续膨胀非常显著。2012 年城市人口增长速度排名前几位的城市，几乎全部是非洲各国的首位性城市。例如尼日利亚的最大城市拉各斯，其城市人口增长率接近 9％，排在第二位的是 20 世纪 90 年代新建的首都阿布贾（8.93％），剩余的几个城市是布基纳法索首都瓦加杜古（7.02％）、安哥拉首都罗安达（5.87％）、喀麦隆首都雅温得（5.45％）等。[③]

[①]　ECA, *Africa Development Indicators 2013*.

[②]　DEFA, *World Urbanization Prospects 2014*.

[③]　Africa's fastest growing cities, 2010 - 12 - 10, http://zawya.com/story/africas growing cities-ZAWY20121210051108/.

从 2014 年《世界发展指数》看,非洲各国最大城市占全国城市人口比重要明显高于世界其他地区(表 2-3-17)。撒哈拉以南地区最大城市占全国城市人口的比例高达 26%,欧洲地区同比只有 15%。虽然大城市在一定程度上容易发挥经济上的规模效应,带动整体经济的进步,但是这一优势发挥的前提,必须建立在城市可以为人口提供充足的基础设施和必需的生存保障的基础上。非洲的城市人口主要集中在首位性大城市,城市经济能力脆弱,就业承载能力严重不足,最终只能导致城市贫民窟的大量蔓延及社会不公等各种城市问题的大量涌现。

表 2-3-17　2011 年非洲各国城市化率及最大城市人口比例

国　　家	城市人口 (百万)	城市化率 (%)	城市人口 增长率(%)	百万人口大城市 占总人口比例(%)	城市中心度① (%)
阿尔及利亚	26	73	2.6	8	11
安哥拉	12	59	4.1	—	43
博茨瓦纳	1	62	2.2		16
布基纳法索	4	27	6.2	12	45
贝宁	4	45	4.2	—	21
布隆迪	1	11	4.9		54
喀麦隆	10	52	3.3	24	21
乍得	3	22	3.0	9	34
科摩罗	0	28	2.9	—	24
刚果(金)	23	34	4.3	17	39
刚果(布)	3	64	3.0	39	51
科特迪瓦	10	51	3.5	21	41
吉布提	1	77	2.0		84
赤道几内亚	0	40	3.2	—	48
厄立特里亚	1	21	5.2	—	62
埃及	36	44	2.1	19	31
埃塞俄比亚	14	17	3.7	4	21
加蓬	1	86	2.3	—	49
冈比亚	2	53	1.0	25	47
加纳	13	52	3.6	18	19

---

①　一个国家或地区最大城市人口占总人口的百分比。

续　表

国　家	城市人口（百万）	城市化率（%）	城市人口增长率（%）	百万人口大城市占总人口比例（%）	城市中心度（%）
几内亚	4	35	3.8	18	47
几内亚比绍	1	44	3.6	—	48
肯尼亚	10	24	4.4	8	37
莱索托	1	28	3.7		39
利比亚	5	78	1.3	18	22
利比里亚	2	48	4.1	—	39
马达加斯加	7	33	4.8	9	28
马拉维	0	41	4.1		100
马里	6	35	4.9	13	32
毛里塔尼亚	1	42	3.0	—	51
莫桑比克	7	31	3.1	5	23
摩洛哥	18	57	1.6	19	18
纳米比亚	1	38	3.3	—	41
尼日尔	3	18	5.0	8	38
尼日利亚	81	50	3.8	16	14
卢旺达	2	19	4.6	—	57
塞内加尔	5	43	3.4	24	54
塞舌尔	0	54	0.1	—	56
塞拉利昂	2	39	3.2		39
索马里	4	38	3.6	16	43
南非	31	62	1.9	35	12
南苏丹	2	18	4.7		
苏丹	11	33	2.6	10	40
斯威士兰	0	21	1.0	—	11
坦桑尼亚	12	27	4.8	8	28
多哥	2	38	3.4	25	74
突尼斯	7	66	1.5	—	11

续 表

国 家	城市人口（百万）	城市化率（%）	城市人口增长率（%）	百万人口大城市占总人口比例（%）	城市中心度（%）
乌干达	5	16	5.9	5	31
赞比亚	5	39	5.3	13	28
津巴布韦	5	39	2.7	12	34
世界	3613	52	2.1	21	15
低收入国家	229	28	3.6	11	33
中等收入国家	2490	50	2.3	19	12
高收入国家	895	80	1.0	—	18
欧洲地区	251	76	0.6	19	15
中东与北非	198	59	2.1	20	21
撒哈拉以南非洲	319	36	3.8	15	26

资料来源：世界银行数据库。

5. 城市人口增长率开始下降，但仍增长过速

进入 20 世纪 90 年代以来，非洲城市化进程中的一个突出特点是城市人口的增长速度开始下降，但仍然明显快于本地区的自然增长速度。据统计，非洲城市人口每年以 4% 的速度增长，几乎是世界平均水平的 2 倍，快于每年人口的自然增长速度 2.4%。[1] 有些国家的城市人口增长率更高，例如马拉维拥有全球最高的城市人口增长率 6.3%，是世界平均水平的 3 倍。另外，此特点可以通过农业人口数量的减少得到反映。统计数据显示，非洲人口每年以较快的速度增长，然而其农业人口所占的比重却逐年降低：1990 年非洲的总人口为 62244 万人，农业人口比重为 61.5%，而到了 2000 年，总人口已发展到 79567 万人，增加了 28%，但是农业人口的比重降至 55.6%。[2]

而当前，非洲城市人口的增长速率已经呈现出衰减态势。1950—1970 年非洲城市人口年均增长率为 4.82%，1970—2011 年为 3.82%，预计 2011—2030 年为 3.09%，2030—2050 年为 2.54%。[4] 这种城市人口增速放缓的趋势并不局限于非洲某一地区，而是普遍存在于非洲各地区。关于这一现象出现的原因，部分西方学者认为与非洲结构调整计划的实施和农村地区经济状况的改善有着密切关系。

---

① ECA，*Africa Development Indicators 2013*.

② FAO，Statistics Division (FAOSTAT).

④ United Nations department of economic and social affairs/population division，*World Urbanization Prospects*，*the 2014 revision*，New York，2014.

表 2 - 3 - 18　1990—2025 年非洲地区城市人口年均变化率　　单位:%

年份 地区	1990— 1995 年	1995— 2000 年	2000— 2005 年	2005— 2010 年	2010— 2015 年	2015— 2020 年	2020— 2025 年
北非	2.86	2.42	2.35	2.45	2.39	2.25	2.08
中非	4.47	3.86	4.29	4.13	3.96	3.68	3.39
西非	4.23	4.17	4.05	3.92	3.67	3.39	3.13
东非	4.30	4.05	3.84	3.82	4.08	4.09	4.02
南非	3.40	2.59	2.26	1.88	1.37	1.26	1.25

资料来源:世界银行数据库。

尽管 20 世纪 90 年代末该地区人口出生率出现下降,但是这种下降并不依赖于人口素质的提高,很大程度上是由于地区经济形势的恶化以及艾滋病等传染性疾病对婴儿出生率的影响。[1] 这样,2005—2010 年非洲妇女的人均生育数仍然高达5.1人,为拉丁美洲和亚洲地区的两倍多。[2] 非洲城市人口增长率的下降并非由于人口出生率的减少而促发,而是与非洲城市有限的承载能力密切相关。

第五节　非洲国家城市体系

非洲的城市化进程与世界其他地区相比有其独特的特点:城市化进程起步晚,但发展快;城市化与现代化水平不同步,有过度城市化现象存在;地区间城市化水平差异大;大城市集聚效应明显。按照城镇体系的概念,可以认为在一个国家或一定的地区内,已拥有一定数量的城市,且具有一定的城市等级——规模关系,其城市职能比较多样,尤其是各城市之间存在着一定程度的相互联系和相互作用关系。我们认为这就是地域城镇体系产生的标志。[3] 如果从这三个要素看,城市数量大量增加,不同城市具有一定等级规模关系,城市也产生了多样化的职能,那么可判定非洲城市体系早已产生。但在非洲的城市体系中显然大城市发展更为迅速,集聚效应明显,大中小城市未能协调发展。研究非洲城市体系有助于合理进行城市布局,配置

① African development bank group, Africa's demographic trends, 2012 - 3 - 2, http://www.afdb.org/fileadmin/uploads/afdb/documents/policy-document/FINAL％ 20briefing％ 20Note％ 204％ 20Demographie％ 20Trends.pdf.

② John Bongaarts, Fertility Transition: Is Sub-Saharan Africa different? 2013 - 3 - 5, http://paa2013.princeton.edu/abstracts/131947.

③ 顾朝林:《中国城镇体系——历史·现状·展望》,北京:商务印书馆,1992 年。

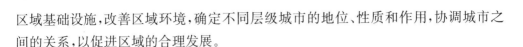

区域基础设施,改善区域环境,确定不同层级城市的地位、性质和作用,协调城市之间的关系,以促进区域的合理发展。

一、非洲国家城市体系的职能结构

1. 前殖民地时期城市主要以贸易与宗教职能为主

在非洲古代文明时期,城市(镇)主要的基本职能以贸易和宗教为主,随着商业和手工业的发展,产生了以迦太基、乌提卡为代表的城邦群,在 10—15 世纪,东非沿海地区出现了基尔瓦、蒙巴萨、摩加迪沙等大约 37 个城邦;在西非豪萨地区和约鲁巴地区出现了数十个城邦;比它们更晚一些,西非几内亚湾沿岸地带也出现了城邦群。这时期已出现了一些商业和手工业中心城市,比较著名的豪萨城邦在当时还出现了城邦的职能分工。这些城邦群之间可能会有宗主或政治上的联系,但一般并不紧密,比起现今城与城之间的联系,古代城邦之间的界限更为明显。

2. 殖民地时期首先兴起的是大量的港口城市

1415 年葡萄牙在非洲占领的最早的殖民地休达就是原属摩洛哥的一个港口,目的是为了控制黄金及象牙的进出口。1526 年,出于对北美殖民地进行商业种植的需求,英国开始奴隶贸易;为此在大西洋东岸的非洲海岸占领了一些据点,一些古老的商港变为欧洲奴隶贸易的转运地,如丹吉尔、卡萨布兰卡等。15—18 世纪,在大西洋沿岸发展起来许多殖民港口,如罗安达、阿克拉、弗里敦、达喀尔等。在 19 世纪后半叶到 20 世纪初,作为殖民者向内地扩张的基地,又一批港口兴起,如班珠尔、蒙罗维亚、阿比让、拉各斯等。而沿尼罗河、尼日尔河、刚果河也出现了一些河港如喀土穆、巴马科、金沙萨、布拉柴维尔等。这些城市与沿海港口城市带相结合,形成了非洲独特的具有殖民地经济附庸性的港口城市体系。

3. 随着交通线的建设,兴起一批内陆交通型城市

1807 年英国宣布奴隶贸易为非法活动,此后荷兰、法国、瑞典、丹麦等国也宣布禁止奴隶贸易。这一措施使得各国在非洲沿海的据点萎缩,很多西非沿海的商站开始衰落。19 世纪末,欧洲殖民者开始修建交通线,如法国殖民者修建了达喀尔—尼日尔铁路,连通了尼日尔河至达喀尔港的运输路线;修建了连接内陆城市亚的斯亚贝巴和吉布提市的衣索—吉布提铁路;英国殖民者计划修建一条南北贯通非洲的开罗—开普敦铁路线以连接英国在非洲的殖民地,至今除苏丹至乌干达路段因战争原因未动工外,大部分已投入运作。随着铁路线的建设,不仅许多港口成为铁路的起点而进一步发展,沿铁路也兴起了一批内陆交通型城市。如 1904 年,同塞内加尔的铁路修通后,巴马科取得了迅速发展。布拉柴维尔原是沿河小村落,在 1934 年刚果—大西洋铁路通车后成为水陆运输枢纽。金沙萨原为村落,1881 年比利时在此建立兵站,设殖民据点,1898 年和 1914 年分别修建至马塔迪的铁路和输油管,促进了

城市发展。内罗毕成立于1899年,一开始是乌干达铁路的补给站,负责肯尼亚南方城市蒙巴萨和乌干达之间的补给,20世纪重建后发展成为重镇。

4. 殖民者对资源的掠夺促进了工矿业城市的出现

19世纪末至20世纪初,是欧洲殖民者占领非洲殖民地的高潮时期。由于欧洲的迅速工业化和人口的增加,对新原料的需求增加引起了对非洲原料产地的掠夺。19世纪70年代,南非发现巨大的金刚石、黄金等矿产后,殖民者争夺的土地不再限于适宜种植农作物的地区,荒地、沼泽、沙漠和无人区都成为争夺的对象。已占据非洲沿海地区的国家,如英国、法国和葡萄牙,迅速与当地酋长签订协议和条约,把自己的势力扩大到内陆。

西方工业化大国在非洲开展了有史以来强度最大的采矿活动,其结果是在殖民地国家形成了一大批矿业城市,如赞比亚的基特韦(铜)和南非的比勒陀尼亚(铁、金刚石)、约翰内斯堡(金)、博克斯堡(金)、金伯利(金刚石)等都是在19世纪大规模的殖民淘金时期形成的城市。赞比亚—刚果(金)铜带矿山城镇群就是在殖民地时期形成的。

殖民地国家的矿业城市是为西方国家工业化服务的,是西方国家矿业城市的补充和延续。同西方工业化国家在本土建立的矿业城市相比,殖民主义时期形成的矿业城市在产业结构上更单一、更畸形,存在的经济、社会问题更突出,对这些国家的可持续发展的后续影响更大。

综上所述,非洲城市传统的行政商业中心城市与新兴的贸易港口、商埠城市、近代交通城市、工矿城市相结合,共同形成了具有明显殖民地、封建时代特征的双重职能结构:一是作为封建社会城市遗留;二是来自殖民地社会、经济、技术对非洲城市的影响。明显地表现为二元职能结构的总特征,对非洲现状城市体系的发展具有较深刻的影响。

二、非洲国家城市的等级规模体系

1. 城市数量增长迅速,城市规模不断扩大

非洲城市数量自1960年来增长迅速,100万~500万、50万~100万、30万~50万人口的城市分别由1960年的3、8、6个增加到2010年的43、54、58个。城市规模也不断扩大,开罗是非洲的第一个特大城市,1970年人口超过了500万,1995年城市人口超过了1000万。到2010年,非洲已出现2个人口超千万的城市开罗和拉各斯。从表2-3-19、图2-3-31中可以看出,1960—2010年世界1000万人口以上城市增长了6.7倍,500万~100万和100万~500万的城市数量增长了3倍多,50万~100万和30万~50万的城市数量增长了2倍多。而非洲1960年时没有500万人口以上的城市,2010年已出现了2个特大城市。100万~500万

人口的城市 50 年间增长了 13.3 倍,100 万~500 万人口的城市数量增长了 5.8 倍,30 万~50 万人口的城市数量增长了 8.7 倍。对比世界城市等级规模,非洲 500 万人口以下的城市数量增长迅速,500 万~1000 万等级规模的城市增长缓慢,特大城市和中小城市规模差距极大。

表 2‑3‑19　1950—2010 年世界和非洲城市等级规模

地区	规模(万)\年份	1950年	1955年	1960年	1965年	1970年	1975年	1980年	1985年	1990年	1995年	2000年	2005年	2010年
世界	>1000	2	2	3	3	3	4	5	7	10	14	17	20	23
	500~1000	5	9	9	12	15	14	19	21	21	22	30	37	40
	100~500	70	74	93	112	126	144	173	196	239	269	314	331	373
	50~100	98	122	130	152	186	220	242	277	294	334	385	434	487
	30~50	129	147	180	201	227	253	292	343	412	436	501	578	628
撒哈拉以南非洲	>1000	0	0	0	0	0	0	0	0	0	0	0	0	1
	500~1000	0	0	0	0	0	0	0	0	0	1	3	3	2
	100~500	1	1	1	2	4	5	9	14	17	19	27	32	35
	50~100	1	2	5	5	9	13	14	21	24	29	29	31	43
	30~50	4	4	4	9	11	16	24	25	29	27	31	37	41
非洲	>1000	0	0	0	0	0	0	0	0	0	1	1	1	2
	500~1000	0	0	0	0	1	1	1	1	1	1	3	3	2
	100~500	3	3	3	6	7	8	14	19	23	25	34	39	43
	50~100	3	5	8	6	11	17	18	25	28	35	36	40	54
	30~50	5	4	6	13	16	21	32	36	42	40	45	53	58

资料来源:UN,World Urbanization Prospects,2014。

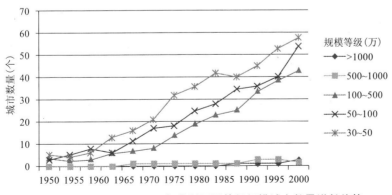

图 2‑3‑31　1950—2010 年非洲不同等级规模城市数量增长趋势

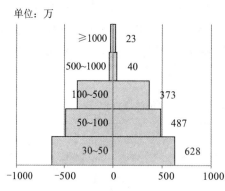

图 2-3-32　2010 年世界城市等级规模体系

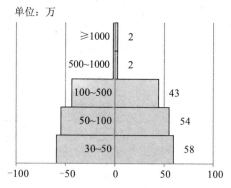

图 2-3-33　2010 年非洲城市等级规模体系

从图 2-3-34 中看出,非洲城市数量的增长速度快于城市化率,在非洲独立后,各国都加强了对城市的建设,除了殖民时期一些基础较好的城市继续发展之外,还新建了一批城市。无论是城市数量和规模都增长迅速。

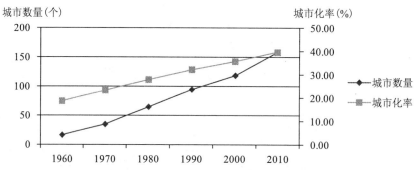

图 2-3-34　1960—2010 年非洲城市数量与城市化率发展趋势对比

2. 不同地区城市等级规模差异明显,发展不平衡

非洲城市化进程的特点之一就是城市化水平地区差异大,从城市等级规模体系上看也是如此。从表 2-3-20 可以看出,非洲城市等级规模区域差异明显。从 30 万以上人口的城市数量上看,北非 6 个国家有 37 个城市,而南部非洲 5 个国家仅有 10 个城市,但 500 万人口以上城市北非有 1 个,南部非洲也有 1 个。联合国《世界城市化展望》(2014)预测,2030 年非洲 30 万人口以上的城市将从 2010 年的 159 个发展到 328 个,其中撒哈拉以南非洲增加了 149 个;1000 万人口以上的城市非洲将从 2 个增加到 6 个,而增加的 4 个都位于撒哈拉以南非洲;30 万～50 万人口的城市增加 53 个,其中撒哈拉以南非洲增加 49 个。

表 2 - 3 - 20 2010 年、2030 年非洲城市等级规模体系

国家与地区	2010 年等级规模(万)						2030 年等级规模(万)					
	≥1000	500~1000	100~500	50~100	30~50	合计	≥1000	500~1000	100~500	50~100	30~50	合计
世界	23	40	373	487	628	1551	41	63	558	731	832	2225
非洲	2	2	43	54	58	159	6	12	77	122	111	328
撒哈拉以南非洲	1	2	35	43	41	122	5	10	67	99	90	271
东非	0	0	10	11	9	30	1	3	18	34	31	87
布隆迪	0	0	0	1	0	1	0	0	1	0	0	1
科摩罗	0	0	0	0	0	0	0	0	0	0	0	0
吉布提	0	0	0	0	1	1	0	0	1	1	0	1
厄立特里亚	0	0	0	1	0	1	0	0	1	0	1	2
埃塞俄比亚	0	0	1	0	0	1	0	1	0	5	4	10
肯尼亚	0	0	1	1	0	2	0	1	1	4	4	10
马达加斯加	0	0	1	0	0	1	0	1	0	3	2	6
马拉维	0	0	0	2	0	2	0	0	2	0	1	3
毛里求斯	0	0	0	0	0	0	0	0	0	0	0	0
莫桑比克	0	0	1	2	1	4	0	0	3	2	5	10
卢旺达	0	0	1	0	0	1	0	0	1	6	1	8
塞舌尔	0	0	0	0	0	0	0	0	0	0	0	0
索马里	0	0	1	1	2	4	0	0	2	3	0	5
南苏丹	0	0	0	0	0	0	0	0	0	1	2	3
乌干达	0	0	1	0	0	1	0	0	2	1	3	6
坦桑尼亚	0	0	1	1	3	5	1	0	2	5	6	14
赞比亚	0	0	1	1	1	3	0	0	2	1	2	5
津巴布韦	0	0	1	1	1	3	0	0	1	2	0	3
中非	0	1	7	8	8	24	2	1	12	16	10	41
安哥拉	0	0	1	1	0	2	1	0	1	1	1	4
喀麦隆	0	0	2	0	1	3	0	1	1	4	4	10
中非共和国	0	0	0	1	0	1	0	0	1	1	0	2
乍得	0	0	1	0	0	1	0	0	1	0	1	2
刚果(布)	0	0	1	1	0	2	0	0	2	0	0	2
刚果(金)	0	1	2	4	7	14	1	0	6	9	4	20

国家与地区	2010年等级规模(万)						2030年等级规模(万)					
	≥1000	500~1000	100~500	50~100	30~50	合计	≥1000	500~1000	100~500	50~100	30~50	合计
赤道几内亚	0	0	0	0	0	0	0	0	0	0	0	0
加蓬	0	0	0	1	0	1	0	0	0	1	0	1
圣多美和普林西比	0	0	0	0	0	0	0	0	0	0	0	0
北非	1	0	8	11	17	37	1	2	10	23	21	57
阿尔及利亚	0	0	1	1	3	5	0	0	2	3	8	13
埃及	1	0	1	2	7	11	1	1	0	7	8	17
利比亚	0	0	1	2	0	3	0	0	1	2	0	3
摩洛哥	0	0	3	4	3	10	0	0	5	5	1	11
苏丹	0	0	1	1	4	6	0	1	1	5	2	9
突尼斯	0	0	1	1	0	2	0	0	1	1	1	3
南部非洲	0	1	5	1	3	10	1	0	5	6	6	18
博茨瓦纳	0	0	0	0	0	0	0	0	0	0	1	1
莱索托	0	0	0	0	0	0	0	0	0	0	1	1
纳米比亚	0	0	0	0	1	1	0	0	0	1	0	1
南非	0	1	5	1	2	9	1	0	5	5	4	15
斯威士兰	0	0	0	0	0	0	0	0	0	0	0	0
西非	1	0	13	23	21	58	1	6	32	43	43	125
贝宁	0	0	0	2	0	2	0	0	1	1	3	5
布基纳法索	0	0	1	1	0	2	0	1	1	1	0	3
佛得角	0	0	0	0	0	0	0	0	0	0	0	0
科特迪瓦	0	0	1	1	0	2	0	1	1	1	4	7
冈比亚	0	0	0	0	1	1	0	0	0	1	0	1
加纳	0	0	2	1	1	4	0	0	3	1	3	7
几内亚	0	0	1	0	0	1	0	0	1	3	3	7
几内亚比绍	0	0	0	0	1	1	0	0	0	1	0	1
利比里亚	0	0	1	0	0	1	0	0	1	0	0	1
马里	0	0	1	0	0	1	0	1	0	1	2	4
毛里塔尼亚	0	0	0	1	0	1	0	0	1	1	0	2

国家与地区	2010 年等级规模(万)						2030 年等级规模(万)					
	≥1000	500~1000	100~500	50~100	30~50	合计	≥1000	500~1000	100~500	50~100	30~50	合计
尼日尔	0	0	0	1	0	1	0	0	1	2	2	5
尼日利亚	1	0	5	14	18	38	1	2	20	29	21	73
塞内加尔	0	0	1	0	0	1	0	1	0	1	3	5
塞拉利昂	0	0	0	1	0	1	0	0	1	0	2	3
多哥	0	0	0	1	0	1	0	0	1	0	0	1

资料来源:UN, World Urbanization Prospects,2014。

注:(1) 与粮农组织划分不同,南苏丹在此计入东非范围;

(2) 各分区不包括西撒哈拉、英属圣赫勒拿、法属留尼汪、法属马约特、英属印度洋领地、索马里兰等特殊政区;

(3) 30 万以下人口城市数量因缺少相关数据未计入。

1960—2030 年城市增加的趋势上看(图 2-3-35、图 2-3-36、图 2-3-37、图 2-3-38、图 2-3-39):东非 30 万~100 万规模城市数量发展最快,并将于 2015 年前后出现 500 万以上的大城市,2030 年发展到 3 个;中非城市 30 万~50 万的城市发展最快,以至于规模增长到 50 万~100 万级别后,缺乏下一级规模城市的补充,因此这一等级反而出现数量下降的情况;北非各等级规模城市数量均稳步上升;北非和西非各等级规模的城市都稳步增长;南部非洲 2015 年前后 500 万级城市发展成为 1000 万都市,之后 500 万~1000 万级别出现断层,南部非洲的城市化基本反映了南非的城市水平,如果不计南非,2030 年仅有 1 个 50 万~100 万级别城市和 2 个 30 万~50 万级别城市。

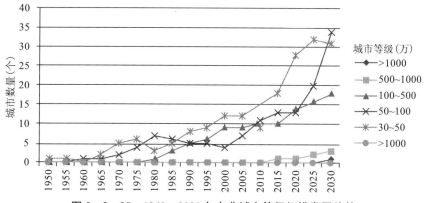

图 2-3-35　1960—2030 年东非城市等级规模发展趋势

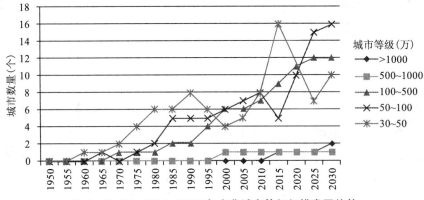

图 2 - 3 - 36　1960—2030 年中非城市等级规模发展趋势

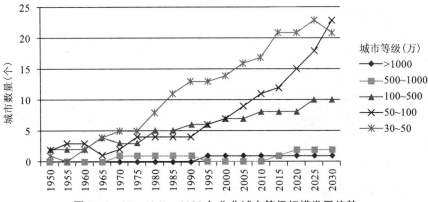

图 2 - 3 - 37　1960—2030 年北非城市等级规模发展趋势

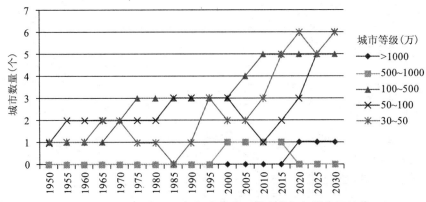

图 2 - 3 - 38　1960—2030 年南部非洲城市等级规模发展趋势

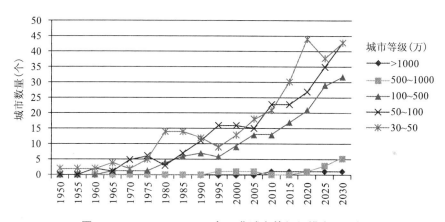

图 2－3－39 1960—2030 年西非城市等级规模发展趋势

3. 大都市区集聚效应越来越突出

从非洲各区域的城市等级规模结构看(图 2－3－40、图 2－3－41、图 2－3－42、图 2－3－43、图 2－3－44):东非呈现两头小、中间大的模式,缺少 500 万以上的大城市等级,30 万～50 万级别城市数量也偏少;北非和西非都有一个 1000 万级都市,但同时也都缺少 500 万～1000 万级别城市,城市首位度高,西非相比北非城市体系更为不平衡,30 万～50 万级别城市数量偏少;中非城市等级规模发展相对均衡,除了1000 万级别外,每个级别城市都有且呈正常金字塔结构;南部非洲基本上是南非的城市化状况的反映,城市规模以 500 万以上和 30 万～50 万城市居多,缺少 50 万～100 万的中间等级的城市,城市体系发展极为不均衡。

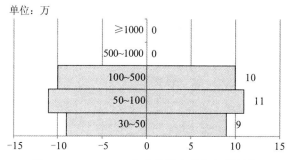

图 2－3－40 2010 年东非城市等级规模结构

单位：万

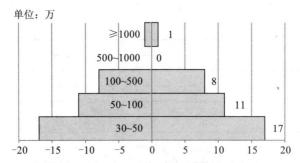

图 2-3-41　2010 年北非城市等级规模结构

单位：万

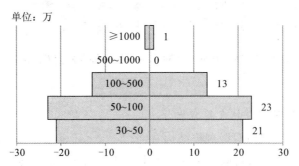

图 2-3-42　2010 年西非城市等级规模结构

单位：万

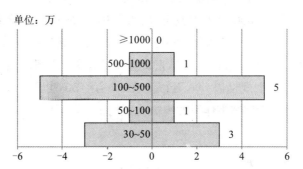

图 2-3-43　2010 年南部非洲城市等级规模结构

单位：万

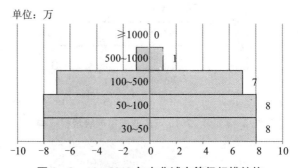

图 2-3-44　2010 年中非城市等级规模结构

根据联合国《世界城市化展望》预测,2030 年非洲大城市和特大城市数量进一步增长,从图 2-3-45 可以看出,非洲增幅比较大的城市仍然主要位于沿海国家。

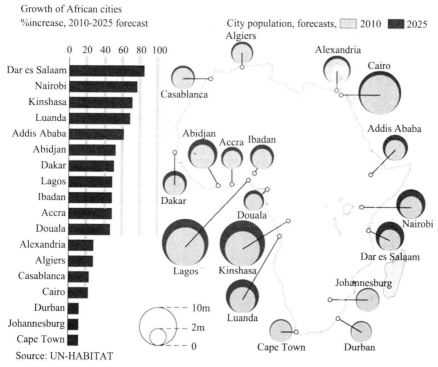

图 2-3-45 2010—2025 年非洲主要城市增幅预测图

图片来源:《2010 年非洲城市状况:治理、不平等与城市土地市场》(The State of African Cities 2010: Governance, Inequality and Urban Land Markets)。

根据表 2-3-21 显示,在非洲大多数国家,人口低于 30 万的城市占最大比例,如毛里求斯、科摩罗、塞舌尔、圣多美和普林西比、赤道几内亚、南苏丹、博茨瓦纳、斯威士兰、佛得角、莱索托这 10 个国家所有城市的人口都在 30 万以下。45 个国家的 40% 以上城市人口生活在 30 万以下城市,而世界平均水平为 44.8%。

50 万~100 万城市人口占 40% 以上的国家有马拉维、厄立特里亚、布隆迪、加蓬、中非共和国和塞拉利昂,22 个国家超过世界平均水平 9.5%。100 万~500 万城市人口占 40% 以上的国家有刚果(布)、安哥拉、利比里亚、塞内加尔、布基纳法索、喀麦隆、几内亚、科特迪瓦、乍得、卢旺达,25 个国家在此级别超过了世界平均水平 20.8%。

在超过 500 万的大城市,居住在 500 万~1000 万等级城市内的人口世界平均为 8.0%,居住在超 1000 万等级城市的人口世界平均水平为 10.3%。而在非洲,拥有三个世界级城市的国家埃及、尼日利亚和刚果(金),住在超 500 万的大都市区的人口比例分别达到了50.3%、15.5%和37.8%,而南非虽无近千万级别的城市,居住在500万以上等级城市的人口比例也占到了25%。其中埃及50.3%的城市人口更是全部集中于开罗一个城市,特大城市集聚效应极为明显。

表 2-3-21　2010 年非洲各国不同等级规模城市人口占比

国家和地区	等级规模(万)					
	≥1000	500～1000	100～500	50～100	30～50	<30
世界	10.3	8.0	20.8	9.5	6.7	44.8
非洲	7.0	4.4	24.0	9.5	5.6	49.5
撒哈拉以南非洲	3.7	5.9	25.2	9.5	5.6	49.7
东非	0	0	25.3	9.0	4.5	61.1
布隆迪	0	0	0	56.7	0	43.3
科摩罗	0	0	0	0	0	100.0
吉布提	0	0	0	0	75.5	24.5
厄立特里亚	0	0	0	56.7	0	43.3
埃塞俄比亚	0	0	19.4	0	0	80.6
肯尼亚	0	0	33.6	9.8	0	56.7
马达加斯加	0	0	30.0	0	0	70.0
马拉维	0	0	0	61.4	0	38.6
毛里求斯	0	0	0	0	0	100.0
莫桑比克	0	0	15.2	17.4	5.9	61.5
卢旺达	0	0	40.2	0	0	59.8
塞舌尔	0	0	0	0	0	100.0
索马里	0	0	39.7	16.9	19.9	23.5
南苏丹	0	0	0	0	0	100.0
乌干达	0	0	32.4	0	0	67.6
坦桑尼亚	0	0	30.6	4.9	9.5	55.0
赞比亚	0	0	33.6	9.8	8.8	47.8
津巴布韦	0	0	34.0	15.2	8.0	42.8
中非	0	18.1	29.0	11.8	5.7	35.4
安哥拉	0	0	57.5	12.5	0	30.0

续　表

国家和地区	等级规模（万）					
	≥1000	500～1000	100～500	50～100	30～50	<30
喀麦隆	0	0	44.3	0	3.2	52.5
中非	0	0	0	42.4	0	57.6
乍得	0	0	40.3	0	0	59.7
刚果（布）	0	0	60.5	31.4	0	8.1
刚果（金）	0	37.8	13.0	11.9	10.5	26.7
赤道几内亚	0	0	0	0	0	100.0
加蓬	0	0	0	47.3	0	52.7
圣多美和普林西比	0	0	0	0	0	100.0
北非	16.8	0	20.4	7.3	6.5	49.0
阿尔及利亚	0	0	9.7	3.3	4.6	82.5
埃及	50.3	0	12.9	3.4	8.2	25.2
利比亚	0	0	23.4	25.4	0	51.2
摩洛哥	0	0	34.3	16.7	6.9	42.0
苏丹	0	0	38.3	4.7	11.8	45.3
突尼斯	0	0	27.3	9.0	0	63.6
南部非洲	0	23.0	28.5	2.0	3.5	42.9
博茨瓦纳	0	0	0	0	0	100.0
莱索托	0	0	0	0	0	100.0
纳米比亚	0	0	0	0	34.6	65.4
南非	0	25.0	31.0	2.2	2.9	38.9
斯威士兰	0	0	0	0	0	100.0
西非	8.5	0	22.6	12.6	6.2	50.1
贝宁	0	0	0	30.6	0	69.4
布基纳法索	0	0	48.0	14.5	0	37.5
佛得角	0	0	0	0	0	100.0
科特迪瓦	0	0	43.3	6.9	0	49.9
冈比亚	0	0	0	0	46.3	53.7

国家和地区	等级规模（万）					
	≥1000	500～1000	100～500	50～100	30～50	<30
加纳	0	0	33.1	4.3	3.0	59.6
几内亚	0	0	43.9	0	0	56.1
几内亚比绍	0	0	0	0	56.5	43.5
利比里亚	0	0	55.8	0	0	44.2
马里	0	0	38.4	0	0	61.6
毛里塔尼亚	0	0	0	39.6	0	60.4
尼日尔	0	0	0	33.8	0	66.2
尼日利亚	15.5	0	15.8	13.8	9.6	45.3
塞内加尔	0	0	53.6	0	0	46.4
塞拉利昂	0	0	0	40.5	0	59.5
多哥	0	0	0	35.1	0	64.9

资料来源：UN，World Urbanization Prospects，2014。

三、非洲城市的空间分布

1. 城市化进程北快于南，西快于东

从图 2-3-46 可见，非洲城市化进程呈现出明显的空间差异，表现为北快于南，西快于东的空间特征。具体来说，非洲北部一线的利比亚、突尼斯、阿尔及利亚、摩洛哥、埃及 5 个国家城市化进程明显快于非洲中部以及南部地区。1960 年，非洲北部 5 个国家的城市化率与非洲中部以及南部地区的国家相比，并没有表现出明显的领先，与中非、喀麦隆、刚果（金）、赞比亚等国家的城市化率大致相当，甚至落后于刚果（布）、南非等国家。但是在 2008 年，非洲北部 5 个国家的城市化率总体上已经远远超过非洲中部和南部地区，其中利比亚、突尼斯、阿尔及利亚在 53 个国家城市化率排名中位列前 5，超越原来领先的南非、刚果（布）等国家。在这 50 年的时间里，非洲北部 5 个国家的城市化率平均提升了 50 个百分点。因此，非洲各国在 1960—2010 年的城市化进程中，北部地区国家明显快于中部和南部地区国家。究其原因：一方面，北部一线的 5 个国家濒临地中海，与欧洲相邻，航海业以及随之带来的服务业、工业的发展促进了这些国家的经济发展，从而带动了城市化进程；另一方面，非洲中部地区及南部地区，除了几内亚湾地区，其他国家的社会经济发展与北非地区相比较慢，因而城市化进程相对较慢。

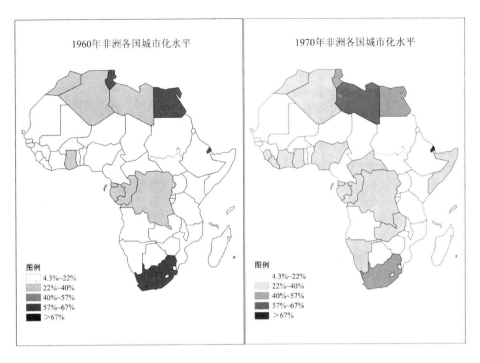

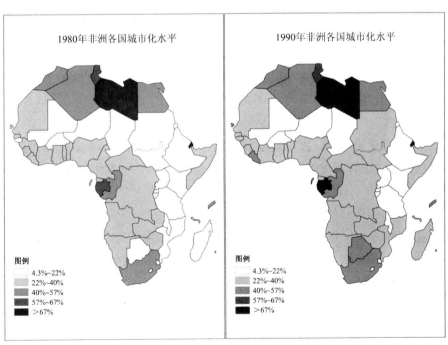

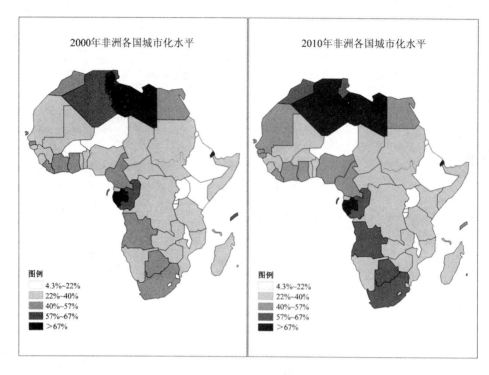

图 2-3-46　1960—2010 年非洲各国城市化水平分布对比

同时,非洲西部地区,特别是沿几内亚湾的非洲国家城市化进程又明显快于非洲东部地区。在 1960 年,非洲西部地区的城市化水平快于东部地区就得到了体现。具体来说,非洲西部地区的塞内加尔、塞拉利昂、利比里亚、尼日利亚、加纳等国城市化率就高于埃塞俄比亚、苏丹、肯迪亚、坦桑尼亚等非洲东部地区国家。到了 2010 年,这种差异则更加明显。以几内亚湾沿线国家为代表,加蓬、圣多美和普林西比、利比里亚、加纳、尼日利亚等国家城市化率都达到 48％以上,其中加蓬城市化率甚至达到 80％。而非洲东部地区国家,除了吉布提城市化率为 87.3％,以及苏丹、毛里求斯、塞舌尔城市化率超过 40％,50％以上的国家仍然处于 10％~20％之间。因此,非洲各国在 1960—2010 年的城市化进程中,西部地区国家明显快于东部地区国家。究其原因,也是与国家的社会经济发展相关的。非洲西部地区,特别是几内亚湾沿岸10 多个国家及邻近地区拥有丰富的石油资源。目前已探明的石油储量超过 800 亿桶,约占世界总储量的 10％。[①] 石油资源的开采拉动了这些国家社会经济的发展,从而也推动了快速城市化进程。

_____

① 百度百科:http://baike.baidu.com/view/15988.htm。

2.沿海国家城市化进程明显快于内陆国家

从图 2-3-47 可见,非洲城市化进程又呈现出沿海国家快于内陆国家的特征。在 1960 年,这一特征虽然并不十分明显,但已有体现。特别是埃及、突尼斯、阿尔及利亚、加纳、科特迪瓦、南非等国家的城市化率已经领先于非洲内陆国家的城市化率。而到 2010 年,这一特征表现得尤为明显。沿海国家平均城市化率已经是内陆国家城市化率的 3 倍有余。因此,1960—2010 年非洲沿海国家城市化进程明显快于内陆国家。

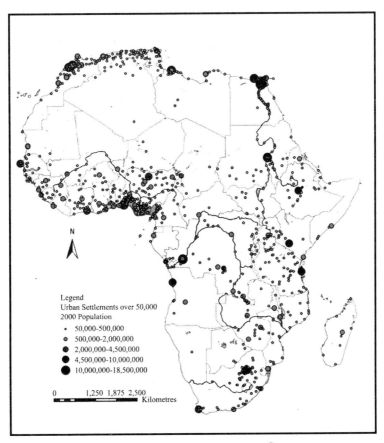

图 2-3-47　非洲城市分布图[①]

就城镇分布而言,非洲城镇集中于沿海地区、工矿地带和主要交通干道沿线。北非的地中海沿岸、埃及的尼罗河三角洲及河谷地带和苏伊士运河沿岸、西非的几

---

① 图片来源:Centre for international earth science information network(ciesin),Columbia university;international food policy research institute (IPFRI),the world bank;and center intermacioral de agricultura tropical(CIAT),2004。

内亚湾、中非的铜带[赞比亚铜带和刚果(金)沙巴区]、南非东部的沃特瓦特斯兰矿区和沿海地带是非洲城市化水平最高的地区,这些地区集中了非洲几乎全部50万人口以上的大城市和大部分10万人口以上的中等城市。其中非洲西北部大西洋沿岸起自塞内加尔河河口东南至几内亚湾的塞拉利昂至尼日利亚间的11个国家,共占热带非洲面积的1/5,城镇人口的38%以上。在本格拉铁路东段、赞比亚铁路、津巴布韦铁路沿线、中非铜带内铁路以及南非沃特瓦特斯兰矿区交通沿线,城镇分布成串成组,形成城镇群。①

由于非洲内陆国家与邻近的临海国家相比,更加贫穷和年轻化,同时内陆国家更多地选择与邻近的沿海国家进行贸易。这些都促进了内陆国家人口向邻近沿海国家的国际迁移。例如南非邻近的斯威士兰、莱索托这两个国家就已经基本完全融入了南非劳动力市场。因此,由于非洲内陆国家的人口迁移表现出国际迁移的倾向,更加导致了沿海国家城市化进程明显快于内陆地区国家。

3. 撒哈拉以南非洲地区城市化进程速度与降水量分布的一致性

撒哈拉以南非洲地区城市化进程也存在明显的空间差异,几内亚湾地区以及东南部地区国家的城市化进程明显快于其他地区。在1960年,几内亚湾地区及东南部地区国家城市化率只是略高于周边地区,但在2010年已经明显高出其他地区。当然,这与几内亚湾地区以及南非社会经济发展水平高于其他地区是有关的。但是,将撒哈拉以南非洲地区的城市化进程与该地区的降水量分布对比,不难发现两者的一致性。撒哈拉以南非洲地区的降水分布极不均衡,有的地区终年几乎无雨,有的地区年降水量多达10000毫米以上。其中,东南部、几内亚湾沿岸及山地的向风坡降水较多。② 因此,撒哈拉以南非洲地区城市化进程速度与降水量的分布是一致的。

究其原因,一方面,该地区国家与其他发展中国家相比,农业占GDP的比例较高,而非洲国家由于对农业的不重视,缺少灌溉基础设施的建设,使得农业更加依赖降水,从而导致这些国家的经济发展对降水的依赖性也较强。另一方面,该地区气温高,素有"热带大陆"之称,水资源显得尤为重要,对环境、居民迁移有很大的影响力。

---

① 张增玲、甄峰、刘慧:《20世纪90年代以来非洲城市化的特点和动因》,载《热带地理》,2007年第27卷第5期,第455-460页。

② 资料来源:非洲投资网,http://www.invest.net.cn/News/ShowInfogk.aspx? ID=7785。

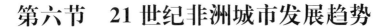

第六节　21世纪非洲城市发展趋势

一、非洲城市化面临的挑战

非洲城市化的快速发展、人口的集聚膨胀,使各国在发展的过程中面临着诸多困难。贫困人口大量增加、食物和水的短缺、基础设施的落后、住宅的匮乏、城乡差距拉大、环境的变迁等将是政府在快速城市化过程中所面临的亟待解决的问题。

1. 城市失业率居高不下,贫困人口增加

非洲增长的城市人口数量远多于城市经济发展需求的人数,而且生产力的发展提高了对劳动力的要求,因此盲目进入城市而缺乏知识和工作技能的农村人口大多面临着失业,他们占城市失业人口中的绝大部分。城市人口的快速增长抵消了经济增长对缓解就业压力方面的贡献,甚至有些地区失业人数还在增加。例如埃及1990年的失业人口总数为134.6万人,到1999年已经增加到173.0万人;南非也从1990年的11.1万人增加到1997年的21万人。有些国家还一直维持着很高的失业率。阿尔及利亚的失业率一直在19%以上,有些国家的失业率还出现了上涨的趋势。人口的高速增长在带来高失业率的同时也加剧了非洲部分国家的贫困,使生活在贫困线以下的人口逐年增加。

人口向城市聚集,刺激了城市的消费,造成了消费品价格的升高。例如,埃及2000年的消费品价格指数是1990年的2.24倍,其中食品的消费价格指数增加了1.09个百分点;南非在此十年间消费指数增长了1.36个百分点,其中食品消费价格指数增长了1.76个百分点,这在很大程度上加重了国内居民的生活负担。撒哈拉以南非洲自1981年以来人均国内生产总值降低了15%,导致生活在极度贫困下的人口增加近一倍,贫困率从42%上升到47%。[①]

现在,非洲城市化进程中面临的最突出的问题就是贫困。城市中心急速扩展的同时,其自身经济却增长缓慢,甚至停滞。广泛的失业、不充分就业、非正规经济部门工作的不足、微薄的生计农作成为数以万计人们生活的一个不幸的事实;失业者走向极端主义或犯罪,以致引发社会动荡;非正规经济在城市地区发展得比正规经济更迅速;这些当前城市的现实状况向政府提出了许多管理和财政方面的挑战,其中包括控制贫困与失业的规模的扩大,以及更好的安全保障与服务递送。

2. 粮食、住房供应紧张,生存条件恶劣,生活质量下降

非洲人口增长的速度超过农业产值增长的速度,加上20世纪90年代初期战争

---

① 世界银行编:《发展与减贫:回顾和展望》,华盛顿,2004年,第18页。

的原因,少数国家的绝对产量也在逐渐下降,使得非洲很多国家的粮食极为短缺。20世纪末,非洲的粮食自给率从80%下降到70%。从各国的具体情况看,有的国家形势非常严峻。1979—2001年,在有统计数据的46个非洲国家中,人均食物生产指数上升超过20%的有9个,上升不到20%的有7个,下降20%以上和不到20%的却分别多达16个和14个,其中刚果(金)和利比里亚降幅竟高达50%。[1]

目前,非洲有大量人口得不到足够的粮食。数据显示,仅撒哈拉以南非洲国家的饥饿和营养不良人数就占世界处于同类状况的人口总数的27%。[2] 即使在风调雨顺的年份,非洲大多数国家每年仍要拿出部分来之不易的外汇用于进口粮食,以补不足。例如,在埃及粮食补贴是维持社会稳定的重要保障之一,埃及的粮食价格自1989年以来从未变过。目前,埃及的粮食价格只有实际价值的1/7。据《埃及公报》报道,埃及政府2014年用于粮食补贴的投入将达到300亿埃镑(43.1亿美元)。

城市人口增长速度过快也使城市的住房供应极为紧张。拥挤不堪、缺乏基本生活配套设施的棚户区、贫民窟和死人城等现象在非洲国家普遍存在。目前非洲城市人口的近四分之三(大约1.87亿人口[3])居住在贫民区,撒哈拉沙漠以南地区城市人口居住在贫民窟的比率更高,达到了71%,人数为1.66亿。[4] 另外还有大量没有居所的贫困人口栖身于坟场,形成了特殊的"死人城"现象。目前在死人城里居住的人口非常多,其中不乏学生、士兵和一般从业者。

3. 城市基础设施建设落后

城市人口的迅速增加也给城市交通、医疗、教育等增加了压力,基础设施的短缺和基本服务的滞后是制约非洲城市进一步工业化的主要瓶颈之一。基础设施建设一般伴随着工业化进程的发展和完善,对于广大非洲国家尤其是撒哈拉以南的非洲国家而言,从来没有完成过工业化,所以其基础设施仍然十分落后。另外,除了少数经济状况比较好的国家外,绝大多数非洲国家严重依赖外援,自己无力进行城市基本服务的建设和投入,基本服务只能维持非常低的水平。

20世纪80年代和90年代,随着非洲城市规模不断扩大,日益恶化的经济形势使得基础设施和城市服务设施的供给下降。不断增加的城市人口和严重缺乏公共投资的基础设施之间形成了巨大的矛盾。非洲国家的许多城市中,三分之一以上的垃圾得不到处理;在一些收入低的国家,城市中心的垃圾收集率只有10%~20%,因而垃圾通常被堆放在空地上和街道上。在达累斯萨拉姆,居民区和商业企业产生的垃圾中有三分之二未被收集。在金沙萨,只有为数不多的几个居民区收集生活垃

---

① FAO, Product/on Yearbook 2002, Rome, 2003:12.

② 资料来源:http://www.hb.xinhuanet.com/zhuanti/2004-09/05/content_2809908.htm。

③ 资料来源:http://finance.sina.com.cn。

④ 《城市化背景下的贫民窟挑战及对策》,载《中国经济时报》,2005年9月1日,第A01版。

圾。造成严重的健康和环境问题。由于大部分垃圾是有机物,最终会渗透到水体中,所以一旦下雨,这些垃圾通常就会严重加剧水的污染。几乎所有城市当局的垃圾收集卡车数量都严重不足,这造成城市环境质量日益恶化。

许多公路没有铺设柏油和排水系统;医疗设施更是严重缺乏,除富人外,人们很难得到专业的医疗保健服务;公共交通系统严重超载,越来越多居民不得不住在没有服务设施的非正规的住房,他们只能以极其昂贵的价格向水贩购买直饮水,他们很难得到电话和电力服务。这些都是非洲过于快速的过度城市化给城市带来的直接后果。

4. 城市经济结构失衡

城市的形成和建立往往是生产力发展的结果,因此,发展中的城市经济结构本应该表现为第一产业在国民生产增加值中的贡献率逐步下降,第二、三产业贡献率逐步上升,但是在非洲城市化发展的过程中,由于本国生产的农产品根本不能满足国内的需要,而进口粮食的售价很高,因此,大量没有稳定收入的城市人口只有选择自己耕种的方式来获得基本的食物保障。另外,城市农业的存在也解决了部分人的就业问题。据1999年的调查,城市和半城市化地区的农业(UPA)给肯尼亚首都内罗毕的15万个家庭提供了工作机会,给塞内加尔首都达喀尔提供了1.5万份工作。[1]

城市农业的发展虽然解决了不少人吃饭和就业的问题,但却使得经济结构出现了失衡,而且从长远来看不利于城市的发展。从发达国家城市的发展历程中可以看到,城市的发展最终应当是建立在工业发展的基础上的,而出现在非洲城市地区的小范围农业耕作因为无法进行机械化和大规模的生产,对生产力水平要求不高,所以生产技术会在相当长的时间内得不到发展,不利于国家经济的发展。根据地租原理,城市地区的地租曲线一般较高,但是安插在居民住所周围的农地使城市地租曲线下降,造成城市土地价值难以得到体现。

5. 城市和农村差距拉大

通过对由农村向城市迁居者的年龄分析可以看出,这些人都处于劳动力的最佳年龄段,具有强烈的竞争性和就业欲望。他们从农村流出,使农村有价值的人力资本不断减少,限制了农村对先进科学技术的引进和应用,造成了农村的生产力发展停滞不前,农村经济严重受损。与此同时,城市大多是建立在对农村的严重依赖,有的甚至是对农村进行"剥削"的基础上才发展起来的。这种发展模式使城市和农村的差距越来越大。

农村的落后使大多数农村人口向城市迁移,农村发展受到阻碍,但另一方面也会对城市的发展起到制约作用。农产品供给不足导致农产品进口量的增加、国家债

---

① 尼科·巴克等:《增长的城市 增长的食物——都市农业之政策议题》,北京:商务印书馆,2005年。

务负担的加大,经济的发展受到负面影响,城市的压力也就逐步增加,城市化就陷入这样的恶性循环中。

6. 气候变迁成为困扰非洲城市发展的又一重要因素

当前,大部分非洲城市缺乏对生产和生活废物的有效管理。据一项调查显示,非洲城市垃圾填埋场所释放的温室气体是美国城市的三倍。[1] 可以断言,在今后一段时间里,随着城市化进程的深入,非洲城市将产生更多的垃圾,释放更多的温室气体。如果各国政府不注意这一趋势,届时非洲城市将不仅仅是改变这片大陆的生态气候的始作俑者,还将成为气候变迁的最大受害者。除温室气体排放外,由于城市本身相对农村植被覆盖率低,再加上城市建设时大量放热材料的使用,都会提高城市地区的局部气候。另外,城市地下水位也会因此下降,这将使本身安全用水问题就很突出的非洲城市更加捉襟见肘。最后,气候变迁所带来的强降水等极端气候以及海平面上升将对阿克拉、德班、拉各斯等大城市的城市安全带来极大隐患。特别是有些城市的贫民窟往往建在山脚下而且不断蔓延,一旦遭遇暴雨洪水等气象灾害,这些经济基础薄弱的贫困家庭将首当其冲遭遇危害。

二、未来非洲城市发展策略

尽管非洲城市的发展存在种种问题,面临着极大的挑战,但城市毕竟给人带来希望。进入 21 世纪以来,在新兴大国与非洲合作的推动下,非洲经济好转,国际地位提升,在这样的背景下,非洲城市化也蕴藏着无限机遇。城市化为非洲经济的进一步发展储备了大量廉价劳动力,为非洲的生产消费提供了巨大的商机,也为推动地价上涨和加速财富积累提供了必要的基础等。利用合理的城市管理、运作,把握这些机遇,解决城市面临的难题,为城市注入新的活力是未来非洲城市化的重要课题。

1. 积极发展中小城市和卫星城市,分散大城市职能

针对过度城市化中出现的问题,很多非洲国家已经认识到城镇人口高速增长给国家的发展带来了很多负面影响,试图努力改变人口地域性膨胀的现状。例如,尼日利亚、埃及、苏丹、肯尼亚、马里等国希望对国内人口的空间布局进行调整,控制总人口和城镇人口的增长速度,促进城乡人口的合理均衡分布,逐步形成大、中、小结合,多层次发展的综合模式。

对非洲来说,发展大城市需要大量的资金,并且城市发展对劳动力的要求较高。而相比之下,中小城市的发展则具有资金少、发展迅速的特点,而且农村人口进入的门槛相对较低。因此,发展中小城市对缓解大城市内部矛盾具有重要的意义。但是目前由于中小城市发展还不完善,措施收效并不明显,人口在特大城市集中的现象

---

[1] FAO, *Growing Greener Cities in Africa*, Rome, 2012:17.

还没有得到大的改变。

非洲国家应当加强城市之间的沟通与联系,扩大城市发展的空间,增加就业机会,以缓解大城市、特大城市内部的矛盾。实施的主要措施包括城镇的综合开发和重点开发。综合开发的主要途径是按照制定的城市规划,建立城镇体系,使城镇按照网络进行布局;改善交通设施,加强城镇之间的联系。有些国家采取了搬迁首都、在城市周边建设小城镇的做法,来解决首位城市的人口增长与社会经济发展间矛盾日益突出的问题,并且收到了一定成效。例如,肯尼亚曾多次制定城市规划,在不同的地区选择几个城镇作为经济发展中心,进而带动周边经济的发展。采取重点开发政策的国家也注意到原来只发展大城市、特大城市的弊端,现在所采用的重点开发与以前的不同。有些国家采取设置不同的首都来分散国家职能,进而形成不同的发展中心;有的国家则采取建立卫星城的做法,例如埃及的开罗、摩洛哥的拉巴特和尼日利亚的拉各斯等;还有些国家采取开辟新的港口城市的方法分散过于集中的人口,例如摩洛哥的卡萨布兰卡和塞内加尔的达喀尔等。

2. 调整城市经济结构,合理分配农业在经济中的比重

非洲国家的经济主要依赖于出口未经加工的初级产品或者自然资源的开采,这导致经济增长大大低于其发展潜力,而且使非洲的经济很容易受到外部市场价格和贸易管制的影响。1973—1974年的第一次石油危机,曾导致长达四分之一个世纪的经济受挫和萧条;19世纪80年代咖啡、可可和其他经济作物的价格下跌也对该地区的经济产生了灾难性的影响。因此,非洲国家应当发展依托于农产品生产和资源开采的加工业、制造业,增加产品的附加值,减少外部市场价格对经济的影响。为增强城市经济活力,非洲国家应大力推动工业(尤其是制造业)、服务业的发展,增加第三产业在国民经济中的比重,拓宽劳动力就业渠道,创造更高的产值,使城市经济结构趋向合理化。

虽然非洲国家的经济已经有了长足的发展,但是在很多国家,农业依然占据经济发展的主导地位。因此,农业的发展对非洲相当多的国家今后的发展起着至关重要的作用。农业是非洲国家重要的经济组成部分,应合理分配农业在经济发展中的比重,改善农村的生产和居住条件,避免农村人口向城市盲目流动。政府通过加大对农业的投资和科技投入,提高农民收入,从根本上缓解城市人口就业和生存的压力。首先,发展城市农业在将来一段时间内仍可作为缓解非洲城市人口就业压力和生存压力的重要措施。其次,一方面,从非洲城市化发展的现状来看,发展都市农业是控制食品安全、社会疾病和社会环境恶化的有效途径;另一方面,农业的发展会促进农村的发展,改善城乡二元结构差异明显的现状。再次,对于许多非洲国家而言,提高农业出口将是促进它们的可持续增长和打开非洲产品市场的一种方法。但是现在非洲农业的发展还处于比较落后的状态,生产严重受到气候变化的影响。因

此,加大对农业的经济、科技投入是提高农业收入的最主要的方法。

非洲城市是世界上最不正规的经济体。2013 年大约有 70％的工人依靠零工维持生计,虽然这会使城市更有活力、更具流动性,但同样更易引起民怨。非洲城市和社区若在倡导公平的前提下平衡发展高技术产业和技术含量低、劳动力密集产业,前景会非常美好。

3. 参与全球协作以改善食品安全以及粮食短缺等问题

通过一个被称之为 MERET 的社区适应计划,埃塞俄比亚政府在联合国世界粮食计划署的支持下建立了一个可持续的土地管理和雨水收集计划,已显著提高了该地区的粮食产量,缓解了旱灾所带来的影响。在乌干达北部干旱的卡拉莫贾地区,当地社会已经表现出了比 2007—2009 年旱灾期间更大的适应性,这主要得益于他们新建了一个社区粮食储备体系,可以在丰收年份补充粮食储备。在肯尼亚,联合国世界粮食计划署通过一个学校食物供给保障网络为超过 67 万名儿童提供食物,帮助东北部旱灾地区的家庭渡过难关。联合国世界粮食计划署实施的"购粮促发展(Purchase for Progress)"计划,通过从小农户手中购买粮食,帮助他们与各个可靠的市场实现对接,其结果是提高了农业产量,并改善了其商业技能。[①]

如果非洲国家共同防范其旱灾风险,整个非洲的风险池成了保障非洲粮食安全的一个有吸引力的融资机制。各国共同合作致力于长期应对饥饿脆弱性问题,将确保不会为全球、各地区和各国的混乱无序状况而付出代价。整个世界拥有相关的知识和工具,不仅可以预防饥荒的发生,还能从现在开始终结营养不良和饥饿的状况。因此积极主动地参与全球协作,不仅是经济上的协作,更多的是改善非洲落后的社会环境的协作,将能有效改善非洲所面临的一系列问题。

4. 注重城市基础设施的建设,改善城市人居环境

从社会发展的角度来看,非洲城市化过程中出现了基础设施的严重匮乏,使城市的发展受到极大制约,完善基础设施、改善城市人居环境是城市化发展过程中亟待解决的事情。许多非洲国家已经意识到了这一点并开始了行动。如埃及政府在 2006 年的工作报告中确定了 7 项工作重点,其中包括重视提供就业机会,改善就业状况;加强各领域投资,鼓励私营企业参与基础设施建设;增加公民家庭收入,提高教育、卫生、交通、住房水平等。[②] 在改善住房环境方面,南非政府曾做出很大的努力,1997 年南非政府建造了 200 套价格低廉的环保型住宅,内部拥有较为齐全的配套设施,并将这些住宅分配给了亚历山大原来居住在贫民窟里的居民们。

5. 发挥参与式城市规划在城市发展中的作用

目前,非洲城市空气污染和水污染日益严重,这与非洲城市近年来的工业化发

① 约塞特·施林:《预防饥荒》,载《金融与发展》,2011 年第 12 期,第 22 - 23 页。

② 资料来源:http://www.all-africa.net/Get/aijinews/index.htm。

展有关,也与非洲农村人口进入城市谋生导致城市人口不断增加有关,落后的城市规划和普遍贫穷加剧了非洲城市的污染问题。因此,制订一个可持续的城市规划至关重要。

非洲国家大部分城市的旧有规划都来自殖民时代,由于经济和人口的快速增长,这些城市的容量和管理早已无法适应当今的需求。越来越多的居民无法获得住房、就业等基本保障,环境污染等问题也正在加剧城市危机,为此,新的城市规划主要考虑保障城市人口的就业和住房,并为其提供商业机会。但是非洲快速的城市化加重了社会不平等,非洲城市贫民面对的是国际房地产资本家、政治家和新兴城市中产阶级组成的强势群体,后者重新为土地定价,在此过程中城市贫民失去的可能不仅是土地,还有政治权利。很多非洲城市的规划脱离实际,城市化过多地打上了政治烙印,服务于政治和经济精英的利益。国际金融危机爆发后,国际房地产商、设计师和投资公司转向非洲寻求新市场,这导致非洲城市化出现了一种轻率倾向,即大城市跟风比拼"迪拜模式"。同时,城市基础设施等公共产品是为吸引投资和少数人的福利而建的,缺乏对贫民的关照。城市规划过于商业化,缺少人文和社会环境的思考。

城市是今后环境保护的重点,非洲各国政府应鼓励与市民、私营企业和民间组织的充分合作,在建设住房等基础设施的过程中推广绿色低碳技术应用,开展参与性规划,真正为城市中的大多数人服务,包容性才是城市的发展之路。

三、21 世纪非洲城市发展趋势

1. 中小城市迅速发展,将成为吸纳城市人口的主要途径

非洲城市化增长速率已呈下降趋势,但非洲城市化水平仍将继续上升。由于大城市的承载能力有限,中小城市的发展成为必然的趋势。随着非洲城市人口不断增加,可以预见在未来 20 年里,非洲城市将不得不为越来越多的城市人口提供各种生活与服务设施。因此对非洲国家来讲,发展中小城市对于缓解大城市的人口压力是一条可选途径。

当前,中小城市迅速崛起,大城市的相对重要性减弱的趋势在非洲已经显现。目前非洲城市增长人口的 2/3 都被人口在 50 万人以下的中小城镇所吸纳。这种形式的出现一方面是由于政策的影响,如埃及为了缓解首都开罗的人口压力,在开罗外围兴建大批卫星城;另一方面,农村人口向城市迁移率的下降也是促使中小城市发展的一个原因。近来一些东非中小城市发展的经验表明,中小城市完全有可能成为区域内新的发展核心,如肯尼亚的埃尔多雷特和基西、坦桑尼亚的阿鲁沙和姆万扎等。这些中小城市的发展显示,如果政府能为中小城市的发展创造良好环境,如加强对公共领域的投资,尤其是基础设施方面,那么这些城市有可能吸引更多私人

企业进入。这些中小城市在生产、分配、商贸以及生活服务等方面所承担的职能,在地缘上将有利于国内城市发展的平衡,有利于区域内部经济与社会发展平衡。中小城市迅速发展将是未来非洲城市发展的大趋势之一。

2. 区域一体化影响跨国城市走廊形成

目前,大多数城市走廊主要集中于一国范围内,如埃及的开罗、亚历山大、塞得港、伊斯梅利亚和苏伊士间的城市走廊,尼日利亚的拉各斯—巴丹走廊,摩洛哥的盖尼特拉—卡萨布兰卡走廊,南非的豪登走廊。全球化将催生越来越多的世界性城市以及城市网络;技术进步将影响生产活动在全球布局的重新调整,进而影响城市的产业分工格局。可以预见,在不久的将来,随着非洲区域一体化的加强,城市走廊的发展将跨越国界。

这一趋势已初见端倪,最显著的例子是伊巴丹—拉各斯—刻都努—洛美—阿克拉城市走廊。该走廊将尼日利亚、贝宁、多哥等国重要的沿海城市连接起来。随着城市化水平的提高以及各城市间的协调发展,跨国城市走廊的形成将成为必然。从国家的角度看,跨国走廊的形成可能是自发的、偶然的、无序的,此外由于跨国走廊规模巨大,再加上跨境走廊所面临的领土边境、主权等方面的复杂问题,必将给跨境走廊带来诸多管理上的困难,但是跨境走廊拥有巨大的经济潜能。

3. 中心城市功能全球化

在激烈的城市竞争下,许多城市不断提炼城市主导产业,优化城市功能,积极参与全球城市分工,向国际化、专业化与专门化方向发展。突出一两项主要功能,形成一两项强势产业成为发展趋势,城市发展的产业个性化特征越来越明显。在世界经济一体化网络中,城市职能的国际化与专业化已经成为非洲城市走向世界,主动纳入世界城市体系的前提。专业分工更为细致、专门化程度更高、比较优势更为明显的城市将在世界城市体系的网络中占据重要位置。

4. 城市消费功能提升

在外向型经济向内需型经济转型的过程中,占主导地位的经济活动是消费,城市的中心任务也是消费或服务于消费。各类服务业在城市中将占有主导地位,并成为经济发展的支柱。全国性、区域性、综合性中心城市中的商业、教育、文化、旅游、休闲、体育、科技、医疗等服务行业将获得更大的发展,其中心地位进一步增强。

5. 低碳绿色城市是城市发展的必然趋势

目前,城市人口占世界总人口的一半,并有望在 2050 年增至 70%。因此,建设更环保、更有活力的城市,提高城市居民生活质量成为日益重要的全球性议题,对于非洲来说更是如此。要想避免未来城市环境进一步恶化,必须将绿色理念融入城市政策的制定之中。非洲城市发展势头迅猛,短期内运输业仍将是主要的温室气体排放源,目前非洲各国已在计划发展城市低碳排放。非洲各国城市管理混乱主要是由于缺乏指导性文件和策略,联合国环境规划署已计划与非洲开展绿色城市合作,为鼓励发展非洲的可持续交通运输,绿色城市合作伙伴将在与联合国区域发展中心合作的基础上,进一步推动公交快速运输和非机动交通设备的发展。应对气候变化等全球治理议题将促进城市向资源节约和环境友好的方向发展,相信开展绿色城市合作有助于建构非洲资源效率高、可持续发展的城市。

第四章

非洲贫困与脱贫

　　贫困问题是全球性的重大问题之一,是当今世界尤其是发展中国家所面临的最大现实挑战之一。非洲这片拥有悠久历史、物产资源丰富的辽阔土地,似乎总是与贫困一词脱不了联系。非洲至今仍是世界上最贫困的地区之一。新世纪以来,非洲国家的经济获得了较快的发展,势头良好,但长期积贫积弱的贫困仍然是当前非洲国家实现复兴梦的过程中所面临的现实的挑战和发展危机。

　　随着政治、经济、文化全球化进程的不断发展,非洲的贫困问题引起了全世界的关注。一方面,随着世界各国的联系日益紧密,全球化大环境下经济的飞速发展,非洲国家迫切要求改变非洲的落后面孔,达成共识,相互合作,做出了一系列的努力。在 2000 年 1 月加蓬首都利伯维尔召开的非洲发展和消除贫困首脑会议上,"非洲领导人重申了争取在 2015 年实现非洲贫困人口减少 50% 的目标,这表明了非洲国家摆脱贫困的迫切愿望和坚定决心"。[①] 另一方面,来自国际社会的呼吁始自上世纪 60 年代,除联合国外,来自亚洲、欧洲、美洲等地的经济援助源源不断地向非洲输送。"联合国'千年'发展目标中承诺,要在 15 年内将全世界极端贫困人口减少一半,而实现这一目标的关键在非洲"。[②] 中国作为非洲的兄弟国家,一直致力于发展和援助非洲,帮助非洲兄弟缓解、减轻、消除贫困,建立中非合作,加强中非对话,并与非洲达成非洲发展新伙伴计划。2014 年 6 月 12 日,国家主席习近平会见刚果(布)总统萨苏。两国元首赞扬了两国传统友谊和合作成果,共同见证了多项双边合作的签署,涉及经贸、基础设施建设、融资、银行、文化等领域,并表示双方将共同努力,推动中非新型战略伙伴关系不断向前迈进。[③]

　　随着世界经济的不断发展,国际社会的持续关注与援助,非洲国家在脱贫道路上不懈努力,尽管非洲国家还没有完全走出贫困,但非洲国家为经济发展所做出的努力及国际社会范围内的援助亦不可忽视。非洲这片土地已经开始展现出新的面

---

　　① 安春英:《非洲的脱贫之路》,载《亚非论坛》,2001 年第 1 期,第 43 页。
　　② 毛小菁:《国际社会对非援助与非洲贫困问题》,载《国际经济合作》,2004 年第 5 期,第 4 页。
　　③ 《习近平同刚果共和国总统萨苏举行会谈——强调深化友谊,加强合作,推动中刚关系全方位发展》,2014 年 6 月 12 日,中华人民共和国外交部官网。

貌。为了进一步加强中非友好合作,帮助非洲走出笼罩非洲大陆的贫困阴霾,走出边缘化,了解 21 世纪非洲新面貌、非洲自身发展现状以及国际社会对非洲的援助情况,了解处于主宰地位的、使非洲国家具有依赖性和不发达的资本化了的全球经济体系的本质和活力,以及了解这种依赖性和不发达对非洲内部国家之间的关系和非洲同世界其他地区之间关系的影响显得尤为重要。

第一节　非洲贫困现实

至今,非洲是世界上最贫困的地区之一,也是贫困人口数量仍在增加的唯一地区。世界银行《2014 年世界发展指标》(WDI)更新了全球发展状况、人口、环境、经济、国家和市场以及全球关联性的相关数据。首先,世界银行公布的对极贫状态估计的新数据显示,到 2015 年世界将无法消除极端贫困,但将会实现首个千年发展目标。

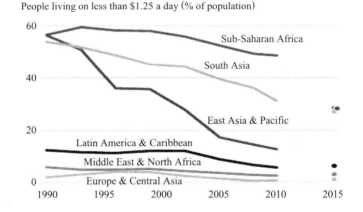

图 2 - 4 - 1　世界各地区极贫率[1]

资料来源:World Bank PovcalNet (http://iresearch.worldbank.org/PovcalNet)。

以日均 1.25 美元为贫困线,全球极贫率从 1990 年的 43.1％降至 2010 年 20.6％。南亚和撒哈拉以南的非洲地区仍旧属于贫困率较高的地区。但从图 2 - 4 - 1 中也可以看出,1990—2010 年撒哈拉以南非洲地区的贫困人口呈下降趋势,从 1990 年的近 60％降至 2010 年的近 50％。

---

[1]　*World Development Indicators 2014*,Washington,DC:The World Bank,2014:2.

一、贫困率整体趋降，但贫困形势仍十分严峻（表 2-4-1）

表 2-4-1　非洲拟选国家贫困率①　　　　　　　　单位:%

国　　家	年份	贫困率(<1.25 美元)
埃塞俄比亚	2011 年	30.70
马达加斯加	2010 年	81.30
马里	2010 年	50.40
尼日利亚	2010 年	68.00
卢旺达	2011 年	63.20
塞内加尔	2011 年	29.60
塞拉利昂	2011 年	51.70
多哥	2011 年	28.20
突尼斯	2010 年	<2
赞比亚	2010 年	74.50

　　数据显示,新世纪以来,非洲国家的贫困率跟世界其他国家相比仍旧居高不下,许多国家的贫困率甚至超过 50%。其中部分国家的贫困率依然持续走高,但我们仍需看到的是,非洲国家的贫困率整体上呈下降态势,大部分国家的贫困率自世纪初至今持续下降且降幅相对明显,埃塞俄比亚的贫困率从 2005 年的 39% 下降到 2011 年的 30.7%;马里的贫困率从 2006 年的 51.4% 下降为 2010 年的 50.4%;卢旺达的贫困率从 2006 年的 72.1% 下降为 2011 年的 63.2%;塞内加尔的贫困率从 2005 年的 33.5% 下降为 2011 年的 29.6%;塞拉利昂的贫困率从 2003 年的 53.4% 下降为 2011 年的 51.7%;多哥的贫困率从 2006 年的 38.7% 下降为 2011 年的 28.2%;突尼斯的贫困率自 2005 年起就低于 2%;马达加斯加的贫困率从 2005 年的 67.8% 上升为 2010 年的 81.3%;尼日利亚的贫困率从 2004 年的 63.1% 上升为 2010 年的 68.0%;赞比亚的贫困率从 2006 年的 68.5% 上升为 2010 年的 74.5%。

二、失业率高

　　就业是穷人增加收入、改善生存条件的最主要的手段。在撒哈拉以南非洲,城市贫民难以找到持久带薪的工作,常常面临失业的威胁。在广大的农村,能找到的带薪的工作为数极少。根据联合国《2008 年千年发展目标报告》,2007 年撒哈拉以南非洲工作适龄人口的就业比例为 79.0%,其中贫困人口就业率只有 51.4%。②

---

①　The World Bank,*World Development Indicators 2014*,Washington, DC, 2014:20-22.

②　联合国:《2008 年千年发展目标报告》,2009 年,第 3、8-9 页。

根据世界银行统计,与世界平均水平相比,非洲国家的失业率整体上仍旧处于相对较高水平,坦桑尼亚、喀麦隆、加纳、利比里亚和乌干达这五个非洲国家的失业率低于5％;摩洛哥和毛里求斯两国的失业率介于5％～10％;埃及、阿尔及利亚、苏丹、纳米比亚和突尼斯这五个国家的失业率在10％～20％区间内;另外,莱索托、南非和毛里塔尼亚的失业率都远高于20％(表2-4-2)。南非是非洲经济最发达的国家,但它是非洲失业率较高的国家之一。据南非中央统计局数据,2003/2004年度,其失业率为32.6％,失业人口多达467万人。2007年9月,南非18～24岁和25～34岁年龄段人口失业率分别为62.0％和38.0％,贫困的失业群体处于经济边缘化地位,这无疑加剧了社会阶层的矛盾和社会的不平等。①

表 2-4-2　非洲拟选国家失业率②

国　家	失业率 (2008—2012 年)	国家	失业率 (2008—2012 年)
埃及	13％	摩洛哥	9％
阿尔及利亚	10％	坦桑尼亚	4％
莱索托	25％	喀麦隆	4％
苏丹	15％	南非	25％
纳米比亚	17％	加纳	4％
突尼斯	18％	利比里亚	4％
毛里求斯	9％	乌干达	4％
毛里塔尼亚	31％		

三、小学教育的有限性

　　非洲孩童受教育的问题应当受到关注。在2014年的《世界发展指标》中,世界银行对全球儿童入学率进行了整理和对比。如图2-4-2所示,尽管撒哈拉以南的非洲地区儿童接受初级教育的入学率与其他发达地区还存在明显的差异,但与1990年的近50％相比,2010年已经上升至70％上下。

　　以马里和阿尔及利亚为例,马里的中学入学率在1975年为6.45％,以后逐年上升,2000年达到18.5％,2005年达到27.57％,2010年达到42.43％,2012年上升至50.63％。图2-4-3清晰地显示马里中学入学率2000年以来呈明显递增趋势。

　　阿尔及利亚的中学入学率从1975年的15.65％一路飙升,到1990年就已经突破

---

①　安春英:《非洲的贫困与反贫困问题研究》,北京:中国社会科学出版社,2010年,第57页。

②　The World Bank, *World Development Indicators 2014*, Washington, DC, 2014:30-34.

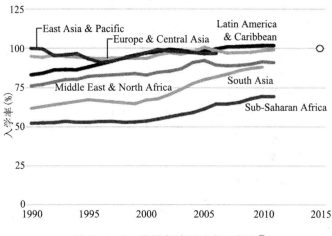

图 2-4-2　世界各地区儿童入学率①

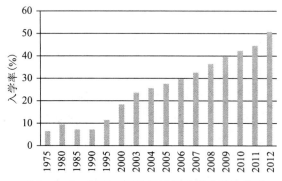

图 2-4-3　1975—2012 年马里孩童中学入学率

50%的大关,达到 58.74%,2000 年升至 61.92%,2010 年升至 95.39%,2012 年高达 97.61%。

从以上分析我们应当看到非洲地区儿童入学率呈上升趋势,但与此同时,如图 2-4-5 所示,另外一个触目惊心的现象是,有 40%多的非洲儿童面临辍学的问题。这些孩童尽管进入小学、中学进行学习,却没能继续完成他们的初级教育学业。2014 年的世界银行报告中指出:"另一个挑战在于帮助更多的孩子留在学校。尽管很多儿童开始了校园生活,但受到学费、距离、疾病和成绩不理想的阻力,他们在毕业前就中断了学业。"②

---

①　*World Development Indicators 2014*,Washington,DC:The World Bank,2014:3.

②　*World Development Indicators 2014*,Washington,DC:The World Bank,2014:3.

原文为:"Another challenge is helping more children stay in school. Many children start school but drop out before completion, discouraged by cost, distance, physical danger, and failure to progress."

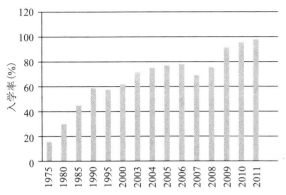

图 2 - 4 - 4　1975—2012 年阿尔及利亚中学入学率

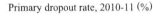

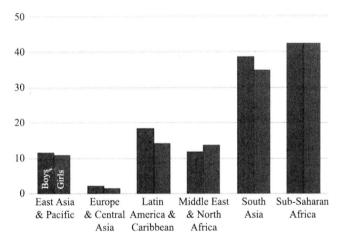

图 2 - 4 - 5　世界各地区儿童辍学率①

资料来源：United Nations Educational，Scientific and Cultural Organization Institute of Statistics and World Development Indicators database。

四、弱势的女性群体

涉及性别平等的问题，即妇女健康、教育和社会地位等情况。图 2 - 4 - 6 显示世界各地区自 1990 年到 2010 年女童入学率数据上的变化。世界范围内女童入学率均呈明显上升的趋势，"1990 年发展中国家的女童入学率只有男童的 86％。2011 年则上升到 97％。"②其中，北非女童入学率持续走高，从 1990 年的 60％以上上升到 2010

① The World Bank，*World Development Indicators 2014*，Washington，DC，2014：3.

② The World Bank，*World Development Indicators 2014*，Washington，DC，2014：4.

原文为："In 1990 girls' primary school enrollment rate in developing countries was only 86 percent of boys'. By 2011 it was 97 percent."

年的近 90%；撒哈拉以南非洲地区的女童入学率则呈缓慢上升的趋势，从 1990 年的 80% 逐渐上升到近 90%。尽管非洲女童入学率及中学教育方面均得到了大幅改善，但我们不能忽略一个事实，大幅度上升的平均入学率掩盖了非洲各国之间存在的巨大差异。2014 年世界银行新版的《世界发展指标》中，也对此做出了说明："低收入国家被远远落在后面，36 个国家中仅有 8 个国家达到或超过小学和中学教育男女生入学率的平等化"。[①] 以马里为例，2008 年中学入学率女生的净百分比仅为 23.52%，2010 年上升为 27.03%，2011 年达到 28.42%。这显示马里的女童入学率呈上升趋势，但从整体上看，女童获得上学机会的概率远不及男童。从这一点上来看，非洲地区要达到真正的男女平等还有很长远的路要走。

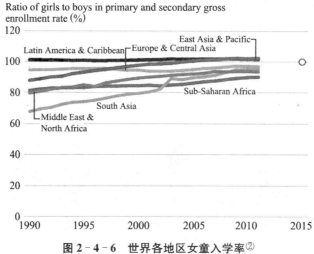

图 2 - 4 - 6　世界各地区女童入学率[②]

资料来源：United Nations Educational, Scientific and Cultural Organization Institute of Statistics and World Development Indicators database。

此外，非洲妇女享受工作机会、待遇和社会地位的问题也急需受到关注。

如图 2 - 4 - 7 所示，与其他发达地区相比，中东和北非、撒哈拉以南非洲地区的妇女仍旧缺乏参与社会工作的机会。其中，北非的妇女就业率最低，仅占 15% 左右。由此可见，尽管非洲国家一直不懈致力于消除性别歧视，赋予女性应有的教育、工作机会，非洲妇女的社会地位仍然有待提高。

① The World Bank, *World Development Indicators 2014*, Washington, DC, 2014:4.
原文为："Low-income countries lag far behind, and only 8 of 36 countries reached or exceeded equal education for girls in primary and secondary education."

② The World Bank, *World Development Indicators 2014*, Washington, DC, 2014:4.

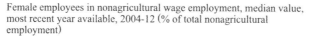

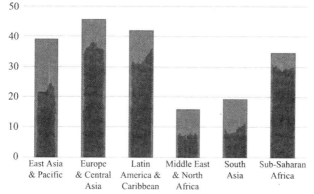

a. Data cover less than two-thirds of regional population.

图 2 - 4 - 7 世界各地区女性工作率[1]

资料来源:International Labour Organization Key Indicators of the Labour Market database and World Development Indicators database。

五、儿童死亡率趋降,但仍居高

20 世纪非洲国家公共医疗卫生服务条件十分恶劣,尤其是广大农村地区几无现代医疗卫生服务,儿童死亡率一直居高不下。小儿肺炎、疟疾、艾滋病、麻疹等疾病是引起婴幼儿童死亡的主要疾病。同时,粮食自给率低下,难保温饱,儿童营养不良,威胁着这些"饥寒交迫"的幼小生命。进入 21 世纪,随着非洲经济迅速发展,医疗卫生条件亦在改善之中,普遍加强了新生婴儿接种疫苗工作。例如,撒哈拉以南非洲 12~23 个月的婴儿接种至少一次,麻疹疫苗的比例已从 2000 年的 55% 大幅上升到 172%。[2] 新生婴儿死亡率呈明显下降趋势。在撒哈拉以南的非洲地区,1990 年平均每 1000 个新生儿中就有近 175 个死亡,2012 年每 1000 个新生儿中婴幼儿的死亡数降为近 100 个。此外,中东和北非的儿童死亡率也从 1990 年的平均每 1000 人中死亡近 70 人降为 30 人左右。在低收入国家,从婴儿死亡率的不断下降可以看出,非洲国家正在努力加快进步的速度,尽力改善医疗等卫生条件。尽管非洲国家五岁以下婴幼儿的死亡率仍然远远高于东亚、欧洲、中亚、美洲等经济较为发达的地区,但非洲国家在此问题上的关注和取得的长足进步不容忽视。

---

① The World Bank, *World Development Indicators 2014*, Washington, DC, 2014:4.

② 安春英:《非洲的贫困与反贫困问题研究》,北京:中国社会科学出版社,2010 年,第 62 页。

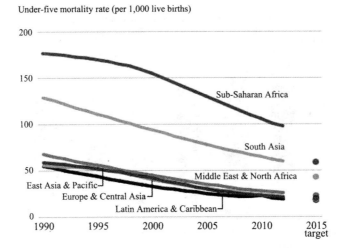

Under-five mortality rate (per 1,000 live births)

图 2-4-8　世界各地区五岁以下孩童死亡率①

资料来源：UN Inter-agency Group for Child Mortality Estimation and World Development Indicators database。

六、艾滋病、疟疾和其他疾病的预防与抗争

在非洲，贫穷、战争和自然灾害导致艾滋病的广泛传播。在 2014 年的世行报告中，我们可以清晰地看到，年龄介于 15～49 岁的撒哈拉以南非洲地区的艾滋病患者远远高于南亚等世界上其他地区。"2012 年有三千五百万人感染艾滋病毒，此外还有二百三十万人罹患艾滋病。撒哈拉以南的非洲地区仍旧是疫情的中心，但成人感染艾滋病的比例开始呈下降态势，获得艾滋病毒抗逆转录病毒治疗的幸存率有所提高。"②如图 2-4-9 所示，自 1990 年起至 2000 年前后，撒哈拉以南非洲地区的艾滋病患病率直线上升，并在 2000 年达到患病率的最高点，之后直到 2012 年一直呈下降趋势。随着抗逆转录酶疗法的运用，艾滋病人死亡率有所下降，但撒哈拉以南非洲仍有 500 万艾滋病患者享受不到这一疗法。③

除了艾滋病，疟疾发病率也较高。尽管全世界范围都存在疟疾，但撒哈拉以南的非洲地区拥有最致命的疟疾寄生虫，非洲的疟疾寄生虫也是种类最丰富的。除此之外，肺结核等其他疾病的大肆传播也是不能忽视的重要问题。

---

① 　The World Bank, *World Development Indicators 2014*, Washington, DC, 2014:5.

② 　The World Bank, *World Development Indicators 2014*, Washington, DC, 2014:7.

原文为："In 2012, 35 million people were living with HIV/AIDS, and 2.3 million more acquired the disease. Sub-Saharan Africa remains the center of the epidemic, but the proportion of adults living with AIDS has begun to fall even as the survival rate of those with access to antiretroviral drugs has increased."

③ 　联合国：《2008 年千年发展目标报告》，2009 年，第 21 页。

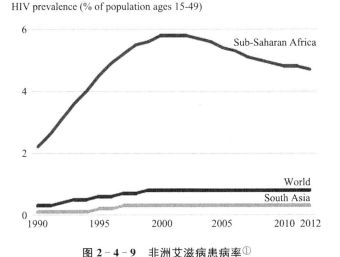

HIV prevalence (% of population ages 15-49)

图 2 - 4 - 9　非洲艾滋病患病率[1]

资料来源：Joint United Nations Programme on HIV/AIDS and World Development Indicators database。

　　通过以上分析我们不难得出,21 世纪非洲经济取得了一定的发展,整个非洲社会向前迈进了一步。一方面,非洲国家充分利用自己丰富的矿产资源和旅游资源优势,因地制宜发展经济,如南非和博茨瓦纳等非洲国家就取得了较大成功。另一方面,国际社会呼吁各国援助非洲贫困地区,非洲国家本身也在致力于不断吸引外资,加强国际交流,引进先进的科学技术,例如中国企业在非洲就有大量投资。

　　不可否认的是,非洲拥有发展经济的巨大潜力,21 世纪经济发展较快。但从整体上来看,非洲还远没有走出贫困。

　　如图 2 - 4 - 10 所示,2004 年撒哈拉以南非洲地区的人均国民总收入(GNI)(以前称为人均 GNP)仅为 600 多美元。之后这一数值持续走高,直至 2012 年人均国民总收入达到近 1500 美元。尽管数值不断变大,但与其他发达国家地区相比还相去甚远。此外,实际上非洲地区仍旧有将近 50％的人日均生活费低于 1.25 美元的国际贫困线。这是由多方面原因造成的。首先,长期的资本掠夺和殖民统治使得非洲经济的起点较低,基础不牢。其次,非洲各国的国情差异性较大,导致非洲整体性发展受到制约。非洲部分国家和地区经济发展势头迅猛,甚至远远超过国际平均水平。然而其他地区经济发展极不平衡,有些地区经济增长几乎停滞不前。这给非洲整体经济的发展带来很大程度上的不利影响。此外,非洲各国政府努力营造一个稳定的国

---

[1]　The World Bank,*World Development Indicators 2014*,Washington，DC,2014:7.

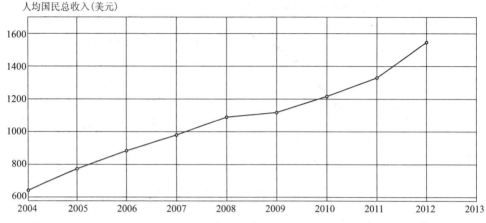

图 2 - 4 - 10　2004—2012 年撒哈拉以南非洲地区人均国民总收入走势①

内环境,政策多集中于发展国内经济,尽管对经济发展起到了一定作用,但暴力依然存在,少数国家政权的不稳定性也对非洲经济整体性发展起了一定的制约作用。收入低、人均寿命短、婴幼儿死亡率高、受教育程度普遍较低,这些现象都充分反映了非洲地区,尤其是撒哈拉以南非洲地区的贫困现实。

第二节　非洲贫困的根源与脱贫战略对策

非洲国家经过独立后半个世纪的发展,经济已开始走上发展较为快速的轨道,但贫困仍是十分严重,脱贫步履艰难,这是由内、外部因素综合作用的结果。

一、非洲贫困的根源

1. 内部根源

（1）地理位置

尽管非洲是人类最早的发源地,各国家各民族拥有悠久的历史,但实际上非洲大陆一直较为封闭,接触外界文化的时间颇晚。这与非洲的地理位置因素是分不开的。首先,早期中西文化之间的交流依靠的是陆地交通,比如陆上丝绸之路。后来海上丝绸之路的开辟作为陆上丝绸之路的延伸,这才进一步打开了欧亚非各国和中国之间的贸易交流渠道。然而早期的陆地航线并没有经过非洲地区,因而非洲古文

---

① 世界银行数据库,http://data.worldbank.org.cn/indicator/NY.GNP.PCAP.CD/countries/ZF-A5？display＝graph。

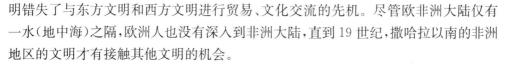

明错失了与东方文明和西方文明进行贸易、文化交流的先机。尽管欧非洲大陆仅有一水（地中海）之隔，欧洲人也没有深入到非洲大陆，直到 19 世纪，撒哈拉以南的非洲地区的文明才有接触其他文明的机会。

（2）自然环境

非洲经济发展所受到的制约因素之一就来源于其自身的自然环境。首先，撒哈拉大沙漠的阻隔。世界上最辽阔的沙漠，就像一道天然的屏障，不仅隔离了非洲人民和外来文化，也阻碍了南北非洲的陆上交往。撒哈拉以南的非洲大陆因此更加缺乏与外界交流的机会。其次，非洲的自然环境导致了非洲各个地区的气候差异，非洲热带、亚热带气候占绝对优势，气候不同带来的地区差异显著，主要体现在温度差异、降水量差异、水资源匮乏和疾病的传播上。非洲的蚊虫滋扰，疟疾、肺结核的广泛传播与非洲地区的炎热天气息息相关。非洲拥有世界最大的热带稀树草原，尤其是撒哈拉沙漠南侵严重破坏了热带干草原的生态环境，直接威胁着人类的生存。每次大旱都会给非洲人民造成灾难性后果，粮食减产或颗粒无收，饥饿直接威胁着人们的生存，以家庭为单位的生存型小农业户无力抵抗天灾，救济粮也只是杯水车薪，大量生命因饥饿而亡并不罕见。自然灾害直接减小了非洲受灾地区的长期发展机遇，严重削弱了国家的脱贫能力。

（3）社会文化因素

制约非洲经济发展的人为因素颇多，大体上分为以下四个方面：人口多，局势乱，灾害重，人才少。

① 人口基数大，增长过快

首先，非洲的经济发展受到人口过多的限制，作为世界上人口数量排名第二的非洲，人口总数仅次于亚洲。

根据 2014 年世界银行发布的新数据，非洲人口的自然增长率居世界首位，人口数量呈不断上升的趋势，且社会低龄化明显，这与西方发达国家的老龄化形成了鲜明的对比。0～14 岁少儿人口的增加意味着少儿抚养比率增加，成为贫困家庭的沉重负担。

在非洲有限的资源条件下，人口增长率的居高不下，加上社会年轻化的问题，不仅造成人均收入的降低，实际生活水平的下降，也对整个非洲社会经济的发展产生了一定的阻滞作用。在非洲地区，除了埃及等少数国家，很大一部分国家和地区生育率明显高于经济增长率，人口的迅猛增长带来了一系列的社会、政治、生态、医疗、教育及经济问题。非洲人口的迅猛增长对非洲经济的发展造成了四个方面的负面影响：一是产业结构提升缓慢；二是贸易结构不合理；三是贸易条件日益恶化；四是外债沉重。①

② 社会动荡,民族、党派、部族、宗教矛盾突出

非洲局势动荡,各个民族、党派、宗教之间的矛盾导致非洲地区战乱不断,暴力现象横生。"一个非洲国家的政党少则几个,多则数百个,新成立的政党大多带有浓厚的部族色彩,绝大多数没有明确的政治纲领,没有安邦治国和惠民的策略"。② 非洲国家的各个政党各执己见,争权夺利,必然导致矛盾的激增。据统计,在过去的十多年里,有近3/4的非洲国家不同程度上卷入了战乱,导致数以万计的家庭支离破碎,无数儿童无家可归。战乱也同样阻碍了社会经济的发展,非洲整体经济萧条,战争影响了物价的稳定,也阻碍了投资者们的脚步。

③ 缺医少药疾病肆虐

自然灾害造成的饥荒不仅造成大量的人员死亡,而且引发了大量的疾病。蚊虫肆虐,艾滋病、疟疾和肺结核等疾病发病率远远高于世界上其他国家和地区,为非洲人民人身安全问题带来了极大的隐患。再加上非洲医疗卫生的软硬件条件都不能达到世界先进水平,尽管国际社会呼吁各国派遣医疗支援团队,但非洲的医疗人员仍旧远远不足,尤其是农村地区,缺医少药的情况十分严重。

④ 人才流失

非洲地区的人才流失也是非洲经济发展停滞不前的原因之一。一方面,非洲本土培养出来的高素质人才不愿意扎根在本土。收入低,科研经费不足,设施不先进等各方面综合原因导致了大量的非洲人才外流。许多接受过高等教育的非洲高材生并没有留下为非洲的经济发展出力,而是转而流向欧美发达国家工作。另一方面,受非洲大环境的影响,社会的不稳定性,落后的医疗卫生条件,疾病的隐患等综合因素造成非洲无法大量笼络国外的高尖端、高素质人才。人才的大量流失削弱了非洲整体经济发展的潜在竞争力,阻碍了非洲地区的经济发展。

2. 外部因素

(1) 殖民主义的历史遗留

非洲经济的停滞不前也有殖民主义的历史原因。长达近五百年的殖民统治给非洲留下了很深的印记。尽管殖民统治者走了,但他们同时掠夺走了大量的财富,而给非洲人民留下了贫穷。非洲国家独立后仍然保留了殖民经济的发展模式,再加上本身经济的基础不牢,导致非洲经济的发展停滞不前,无法真正意义上从国际大环境中受益,也无法真正摆脱殖民主义的影响,走出贫困,提高非洲人民的生活水平。

---

① 雷芳:《当代非洲人口增长对经济发展的负面影响研究(1960至今)》,上海:上海师范大学,2008年,第34-38页。

② 周俊冰:《浅谈非洲国家贫困的原因》,载《中小企业管理与科技》(上旬刊),2012年第4期,第245页。

（2）国际经济环境中的不平等

非洲发展离不开国际社会的支助,特别是全球化和信息化的今天更是如此。在殖民地经济体系基础上发展起来的现代非洲经济对外部市场的严重依赖是非洲国家普遍存在的现实特点,石油、矿产、单一出口作物的对外贸易是许多非洲国家的主要外汇来源和维持国家经济增长的发动机。因此,非洲国家的现实贫困、人才短缺、资金匮乏等不利因素,直接制约着非洲国家长期减贫战略绩效,同时,不利于非洲的外部国际经济环境同样制约着非洲国家减贫的进程和成效。许多依赖出口初级农、矿原料的非洲国家,在不平等交换为基础的国际贸易体系中深受其害。发达国家的关税壁垒给非洲国家每年造成的损失高达 200 亿美元。"若要使贫困成为历史,当务之急是发达国家消除贸易壁垒,改变现存不合理的国际经济环境,在一定的程度上,公平贸易比援助更重要"[①]。

现有的以垄断为基础的国际金融体系同样不利于非洲国家的发展。财政拮据、资金严重短缺的非洲国家,无力为自己的发展筹集必要的资金,需要获得国际货币基金组织的金融支持,但往往由于贷款条件刻薄或附加不合理的政治要求,使非洲国家难以承受。非洲国家需要均等的发展条件和机会,期待国际经济秩序的深刻变革。

二、非洲国家减贫战略

非洲的积贫积弱,是在长期不利的生存和发展环境下形成的,在减贫战略的实施过程中遇到种种短期内难以得以解决的问题。那么如何帮助非洲走出贫困境遇,战胜全球挑战,是国际社会关注的热点问题。

1. 非洲国家减贫战略对策

非洲国家减贫战略是国家发展战略的重要组成部分,两者密不可分,但从非洲国家发展的过程上看,真正意义上的国家减贫战略起步于 20 世纪 90 年代,各国政府把减贫作为国家经济社会发展的战略目标之一。2000 年,联合国颁布了《千年宣言》,提出"到 2015 年前将极端贫困人口减半"为"千年发展目标"的核心内容。2001年,非洲国家制定的《非洲发展伙伴计划》将"减缓贫困"作为发展目标之一。通过十几年的实践,非洲国家普遍认识到减贫是发展国家经济、改善民生、维护社会稳定的关键,逐步把清除贫困作为国家的重要发展战略目标之一。许多国家制定了国家减贫战略和纲要,如加纳的《减少贫困战略》、坦桑尼亚的《增长与减负的国家战略》等,但应注意到,非洲小国众多,国情互有差异,面临的发展困境和贫困状况不尽相同,在制定国家减负战略与对策上各有侧重。1999 年 9 月,在世界银行和国际货币基金

---

① 安春英:《非洲的贫困与反贫困问题研究》,北京:中国社会科学出版社,2010 年,第 262 页。

组织的年会上决定,将受援国拟定的《减贫战略报告》作为获得重债穷国援助基金的依据。2009 年 7 月,世界银行相关机构确认全球 40 个重债穷国中,非洲占 33 个。截至 2008 年 12 月 31 日,非洲共有 35 个国家起草或完成了《减贫战略报告》。① 由于大多数非洲国家实施减贫战略报告的时间不长,实践的成效在短期内难以完全显现。《减贫战略报告》为非洲国家解决贫困问题提供了新的国际合作平台和发展机遇。新的减贫战略能否使非洲国家受益并取得良好的效果,有待实践验证。

2. 呼吁国际社会援助

要想摆脱非洲在经济全球化进程中的困难处境,单靠非洲自身的力量是无法实现的,除了非洲国家自身需要进行改革之外,还需要呼吁来自国际社会的经济援助,积极争取国际机构和其他国家,尤其是发达国家的资金援助与投资。一方面,非洲国家一直强烈呼吁国际社会和发达国家减免非洲落后国家的债务,并积极要求世界各国为非洲国家建设基础设施提供资金和技术援助,包括教育和医疗方面。另一方面,非洲国家向国际社会特别是发达国家呼吁实施公正公平的贸易政策。

对于非洲落后地区强烈要求变革现行国际经济秩序的呼声和意愿,西方发达国家显然不能置身事外。在非洲国家的团结斗争下,西方发达国家,如美国和欧洲已经开始调整对非政策。国际社会对非洲贫困问题重视程度的加强,为非洲落后地区的进一步发展提供了有利的外部条件。

早在 2002 年 2 月,世贸组织就已经通过了最不发达国家发展规划,旨在帮助落后国家加快发展对外贸易。2005 年的八国峰会上更是以非洲脱贫作为会议重点展开讨论。会议上英国时任首相布莱尔就提出要关注非洲,加大对非洲的援助。美国前总统布什在八国峰会上也承诺将会提高对非洲地区的经济援助。最终八国峰会通过决议,决定免除十四个非洲贫困国家的债务并承诺增加对非洲国家的援助。

从国际社会对非洲的援助款中,很难划出不同的援助方对减贫援助的资金支持量和减贫的目标定位。

从政策层面上看,减贫援助可分为三类:优先减贫目标与领域、特殊而有针对性的减贫项目、侧重援助资金用于支持受援国的整体减贫计划。不管是哪种类型的减贫援助,援助资金是大多数非洲国家解决减贫资金的重要补充,有利于缓解非洲国家实施减贫战略所承受的资金短缺压力。用于应对自然灾害、冲突、饥饿方面的人道主义专项援助,使深陷困境的灾民解决一时的困难。但不容忽视的是,接受援助的同时需承受一定的风险,因此可以说减贫援助不是一剂包治百病的良方。例如,国际援助的不稳定性、附带条件性、政治倾向性、援受双方的不平等性等,都制约了减贫计划的实施和效应的发挥。

---

① 安春英:《非洲的贫困与反贫困问题研究》,北京:中国社会科学出版社,2010 年,第 110 - 112 页。

3. 中国对非洲反贫困战略的支持与援助

中国作为非洲的兄弟国家,自 1956 年起就开始大力支持和援助非洲地区的发展。至今援助项目涉及农业、畜牧业、林业、渔业、水利、电力、交通、医疗卫生、教育等各个领域。除了提供大量的资金援助外,中国还为非洲国家提供了大量的技术支持和大批物资,例如先进的医疗支援团队、农业技术专家团队等。

此外,自 2000 年起,为了中国和非洲建立起充满活力的新型战略伙伴关系,中非双方还建立了三年一度的中非合作论坛,作为中国和非洲国家在南南合作范畴内的对话机制,在平等和相互尊重的基础上,发展经济和各个领域的相互合作,以促进非洲经济和社会的可持续发展。

2014 年 5 月,中国国家总理李克强访问非洲。为打造中非合作升级版,与非洲兄弟携手共创美好的未来,李克强总理提出"461"中非合作框架,即坚持平等相待、团结互信、包容发展、创新合作四项原则,推进产业合作、金融合作、减贫合作、生态环保合作、人文交流合作、和平安全合作六大工程,完善中非合作论坛这一重要平台。同年 6 月,刚果(金)总统德尼·萨苏-恩格索访华,中国国家主席习近平在人民大会堂与萨苏举行会谈,旨在推动中非新型战略伙伴关系不断向前迈进。6 月中旬,加蓬、马达加斯加、马里等 26 个非洲国家考察团一行约 70 人,莅临广东汕头市进行为期 4 天的考察,寻找中非合作新的商机。

非洲减贫是中非合作战略目标中的重要内容之一,其重点是解决农村贫困问题,非洲国家至今仍有 60% 以上的人口生活在农村,绝大多数人口也都生活在贫困的农村,撒哈拉以南非洲地区 70% 的人口生活在农村。因此,坚持农业领域的合作是解决非洲贫困人口的长期生存问题的需要。

2006 年中非合作论坛北京峰会后,中非进一步加强了"粮食安全特别计划"框架下的"南南合作"。派遣中国农业技术专家赴非洲国家开展援助活动,开展多种形式的人才培训,为非洲国家培训水稻种植、蔬菜栽培、综合养鱼、医疗等技术方面的人才。50 多年来的中非合作,对非洲减贫援助的成效显著。例如,非洲在增加贸易收入方面、改善民生方面、人才培训方面都取得了较大的进展。

毫无疑问,帮助非洲兄弟走出贫困是一项艰巨,同时充满了希望的事业。尽管这项事业任重而道远,但令人欣喜的是,2014 年世界银行发布的《世界发展指标》中的数据显示,非洲的经济正在不断前进和发展的道路上。但不可否认的是,非洲国家的经济发展依然面临着巨大的挑战,真正走出贫困,战胜全球化的挑战,发展非洲的经济,走向国际化,是非洲政府和人民共同努力奋斗的目标。

当下,非洲国家需要重塑国家发展战略,向脱贫模式转变。政府通过宏观和微观的政策调整,实现更高水平、更好质量的经济与社会和谐发展。

第五章

非洲疾病与防治

第一节 疾病类型及分布

一、非洲主要传染(流行)病

非洲地区常见的传染病主要有艾滋病、疟疾、霍乱、黄热病、拉沙热、锥虫病等 20 多种。世界卫生组织(WHO)今年的报告及其他的相关材料,对非洲主要传染病的病理特征、病态反应、危害、传播媒介等方面,作了全面的叙述。

1. 艾滋病

艾滋病,医学全名为"获得性免疫缺陷综合征"(或称后天免疫缺乏综合征,英语:Acquired Immune Deficiency Syndrome,AIDS)。这是一种由人类免疫缺陷病毒(简称 HIV,又称艾滋病毒)引起,可导致人体免疫力低下,从而使人体易产生各种死亡率极高的慢性传染病。人类免疫缺陷病毒是一种逆转录病毒,它感染人类免疫系统细胞,摧毁或损害其功能。感染初期没有症状,但随着感染的发展,免疫系统开始变弱,患者更加容易遭受所谓的机会性感染。艾滋病的主要传播途径有以下几种:性交传播、血液传播、共用针具的传播、母婴传播等。

(1) 病情概况

非洲是全球最早发现艾滋病的地区之一,也是受艾滋病威胁最为严重的大洲。二十多年来,非洲各国为抗击艾滋病做出了不懈的努力。然而,这片大陆上艾滋病蔓延的形势仍在继续。根据最新统计数据,目前全球感染艾滋病的人数约为 4000 万,其中撒哈拉以南非洲国家约有 2940 万人,占世界总数的 60% 以上,占世界妇女和儿童 HIV 感染者的 80%[①],是世界上艾滋病最为流行的地区。非洲有四个国家的艾滋病流行情况比想象的还要高,发病率超过了 30% 的包括博茨瓦纳(38.8%)、莱索托(31%)、斯威士兰(33.4%)、津巴布韦(33.7%)四个国家。[②]直接感染 HIV 病毒的人口占非洲总人口的 1/4,许多非洲国家的统计表明,HIV 病毒感染明显地缩短了人的寿命。据联合国艾滋病规划署(UNAIDS)发布的最新报告显示,2013 年全球新

增 210 万艾滋病病毒感染者,新增感染者数量为 21 世纪最低。另据世界卫生组织
(WHO)的统计,在全世界 4000 万艾滋病人和病毒携带者中,有 75% 生活在非洲。
由于无力购买药品,非洲每年有 230 万人死于艾滋病,占全球因艾滋病而死亡人数
的 76%。

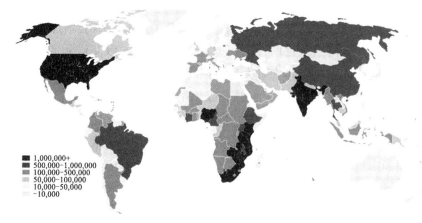

图 2 - 5 - 1　2013 年各国艾滋病患者人数统计
图片来源:联合国艾滋病规划署(UNAIDS)。

(2)临床症状

HIV 感染后,最开始的数年至十余年可无任何临床表现。一旦发展为艾滋病,
病人就会出现各种临床症状。一般初期的症状像普通感冒、流感样,可有全身疲劳
无力、食欲减退、发热、体重减轻等,随着病情的加重,症状日见增多,如皮肤、黏膜出
现白色念球菌感染,出现单纯疱疹、带状疱疹、紫斑、血肿、血疱、滞血斑、伤后出血不
止等;随后渐渐侵犯内脏器官,不断出现原因不明的持续性发热,可长达 3~4 个月;
还可出现咳嗽、气短、持续性腹泻、便血、肝脾肿大、并发恶性肿瘤、呼吸困难等。由
于症状复杂多变,每个患者并非上述所有症状全都出现,一般常见一两种以上的症
状。按受损器官来说,侵犯肺部时常出现呼吸困难、胸痛、咳嗽等;如侵犯胃肠可引
起持续性腹泻、腹痛、消瘦无力等;如侵犯血管则引起血管性血栓性心内膜炎、血小
板减少性脑出血等。

许多感染艾滋病病毒的人在潜伏期没有任何自觉症状,但也有一部分人在感
染早期可以出现发烧、头晕、无力、咽痛、关节疼痛、皮疹、全身浅表淋巴结肿大等
类似"感冒"的症状,有些人还可发生腹泻。这种症状通常持续 1~2 周后就会消
失,此后病人便转入无症状的潜伏期。潜伏期病人的血液中有艾滋病病毒,血清
艾滋病病毒抗体检查呈阳性反应,这样的人称艾滋病病毒感染者,或称艾滋病病
毒携带者,简称带毒者。艾滋病病毒感染者有很强的传染性,是传播艾滋病最重

要的传染源。

（3）传播过程

艾滋病毒（HIV）主要通过无保护的性交（肛门或阴道）、输入受污染的血液、共用受污染的注射针等方式传播，还可在妊娠、分娩和哺乳期间在母婴之间传播。HIV可通过性交特别是性乱交传播。男性同性恋肛门性交、阴道性交、口交都会传播 HIV。生殖器患有性病（如梅毒、淋病、尖锐湿疣）或溃疡时，会增加感染 HIV 的危险。无论是同性、异性，还是两性之间的性接触，都会导致艾滋病的传播。艾滋病感染者的精液或阴道分泌物中有大量的病毒，在性活动（包括阴道性交、肛交和口交）时，由于性交部位的摩擦，很容易造成生殖器黏膜的细微破损，这时，病毒就会趁虚而入，进入未感染者的血液中。值得一提的是，由于直肠的肠壁较阴道壁更容易破损，所以肛门性交的危险性比阴道性交的危险性更大。血液传播一般分为输血传播和血液制品传播：输血传播，如果血液里有 HIV，输入此血者将会被感染；血液制品传播，有些病人（例如血友病）需要注射由血液中提取的某些成分制成的生物制品，有些血液制品中有可能有艾滋病病毒，使用血液制品就有可能感染上 HIV。

使用不洁针具可以把艾滋病毒从一个人传到另一个人，例如：静脉吸毒者共用针具；医院里重复使用针具、吊针等。另外，如果与艾滋病病毒感染者共用一只未消毒的注射器，也会被留在针头中的病毒所感染。使用被血液污染而又未经严格消毒的注射器、针灸针、拔牙工具，都是十分危险的。

如果母亲是艾滋病感染者，那么她很有可能会在怀孕、分娩过程中或是通过母乳喂养使她的孩子受到感染。在非洲，通过母婴传播艾滋病的比例高于其他工业化国家，主要是因为较长的母乳期。[①]

表 2 - 5 - 1　通过各种感染途径（单次行为）获得 HIV 病毒风险机率（以美国为例）

感染途径	估计感染概率
输血	90%
分娩（传给胎儿）	25%
注射性毒品使用共用针头	0.67%
经皮扎针	0.30%
肛交受方 *	0.50%
肛交插入者 *	0.065%

---

① Kevin M.De Cock, Helen A. Weiss, The global epidemiology of HIV/AIDS, *Tropical Medicine and International Health*, 2000, Volume 5, No 7: A3 - A9.

续 表

感染途径	估计感染概率
阴茎阴道交媾女方 *	0.10%
阴茎阴道交媾男方 *	0.05%
口交接受者 *	0.01%
口交插入者 *	0.005%
* 假设未使用安全套	

资料来源：Smith DK，Grohskopf LA，Black RJ et al. Antiretroviral Postexposure Prophylaxis After Sexual，Injection-Drug Use，or Other Nonoccupational Exposure to HIV in the United States. MMWR. 2005，54（RR02）：1－20。

（4）分布

在非洲，艾滋病最流行的地区在南部和东部非洲，主要包括博茨瓦纳、莱索托、斯威士兰、津巴布韦以及南非等国家和地区。

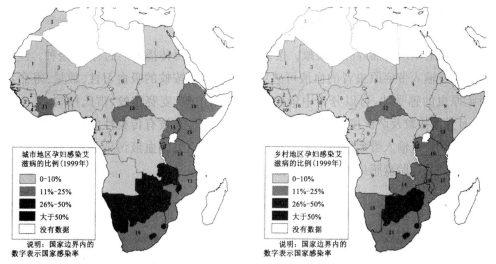

图 2－5－2　非洲城市地区孕妇艾滋病感染情况　图 2－5－3　非洲乡村地区孕妇艾滋病感染情况

图片来源：Roy Cole，Harm J. De Blij，*Survey of Subsaharan Africa：A Regional Geography*，Oxford University Press，2007：167－168。

2. 疟疾

传播疟疾的自然媒介是按蚊。经疟蚊叮咬或输入带疟原虫者的血液可感染疟疾。人被有传染性的雌性按蚊叮咬后即可受染，输入带疟原虫的血液或使用被含疟原虫的血液污染的注射器也可传播疟疾。

（1）疫情概况

全世界每年有 4 亿人次感染疟疾，其中 3 亿患者集中在最为贫穷落后的撒哈拉以南非洲地区,疟疾基本上在农村地区流行,城市较少。据世界卫生组织最新统计,世界上每年约有110万人死于疟疾,80%的疟疾患者生活在非洲地区,其中大部分是5岁以下儿童。非洲由于患疟疾而死亡的儿童占到死亡儿童人数的1/5,疟疾也引起呼吸道感染、痢疾、营养不良等疾病而间接导致死亡和其他疾病。[①] 目前,防治疟疾的费用已占非洲国家公共卫生支出的40%以上,每年达120亿美元。

(2) 疟疾病理及症状

疟疾又名打摆子,是由疟原虫经按蚊叮咬传播的传染病。以周期性定时性发作的寒战、高热、出汗退热,以及贫血和脾大为临床特征。因原虫株、感染程度、机体免疫状况等差异,临床症状和发作规律表现不一。

典型的疟疾多呈周期性发作,表现为间歇性寒热发作。一般在发作时先有明显的寒战,全身发抖,面色苍白,口唇发绀,寒战持续约10分钟至2小时,接着体温迅速上升,常达40℃或更高,面色潮红,皮肤干热,烦躁不安,高热持续约2～6小时后,全身大汗淋漓,大汗后体温降至正常或正常以下。经过一段间歇期后,又开始重复上述间歇性定时寒战、高热发作。

(3) 传播过程

传播疟疾的自然媒介是按蚊。按蚊的种类很多,可传播人疟的有60余种。经疟蚊叮咬或输入带疟原虫者的血液可感染疟疾。根据按蚊的吸血习性、数量、寿命及对疟原虫的感受性,可以分为中华按蚊、巴拉巴按蚊、麦赛按蚊、雷氏按蚊、微小按蚊、日月潭按蚊及萨氏按蚊七种主要传疟媒介按蚊,人被有传染性的雌性按蚊叮咬后即可受染。输入带疟原虫的血液或使用被含疟原虫的血液污染的注射器也可传播疟疾。通过胎盘感染胎儿的传播方式很罕见。

(4) 分布

从全球疟疾流行分布图(图2-5-4)来看,非洲是世界上疟疾最为流行的大洲,患疟疾死亡的患者80%都生活在撒哈拉沙漠以南的非洲地区,这种疾病严重威胁着该地区的经济发展。例如在马拉维,疟疾已成头号杀手,它每年夺走的人类生命的数字甚至超过艾滋病。非洲疟疾较为严重的国家主要分布在中部非洲和西非的热带雨林气候区,包括中非、刚果(布)、坦桑尼亚、乌干达、喀麦隆、尼日利亚等国家。

从城乡空间来看,疟疾在城市基本上绝迹,主要分布在乡村地区,尤其是在热带草原地区和灌溉地区。

---

① Vibeke Baelum, Flemming Scheutz, Periodontal diseases in Africa, *Periodontology*, 2002;29,79 - 103.

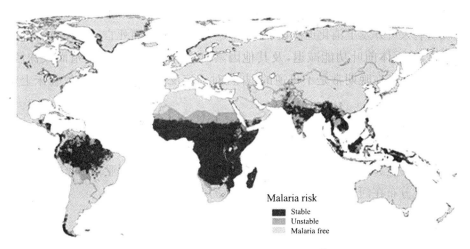

Malaria risk
■ Stable
▨ Unstable
▢ Malaria free

图 2 - 5 - 4　全球疟疾流行分布图①

3. 血吸虫病

（1）疫情概况

血吸虫病是一种寄生虫感染疾病，在非洲血吸虫病对公共健康有严重的影响。据估计，在撒哈拉以南非洲尿型血吸虫感染者达 7000 多万，肠道型血吸虫感染者达 1800 多万，其中曼氏血吸虫病（肠道型）估计达到 440 万人。②

（2）临床症状

根据患者的感染度、免疫状态、营养状况、治疗是否及时等因素不同而异。日本血吸虫病可分为急性、慢性和晚期三期。当尾蚴侵入皮肤后，部分患者局部出现丘疹或荨麻疹，称尾蚴性皮炎。当雌虫开始大量产卵时，少数患者出现以发热为主的急性变态反应性症状，常在接触疫水后 1～2 个月出现，除发热外，伴有腹痛、腹泻、肝脾肿大及嗜酸性粒细胞增多，粪便检查血吸虫卵或毛蚴孵化结果为阳性，称急性血吸虫病。然后病情逐步转向慢性期，在流行区，90％的血吸虫病人为慢性血吸虫病，此时，多数患者无明显症状和不适，也可能不定期处于亚临床状态，表现出腹泻、粪中带有黏液及脓血、肝脾肿大、贫血和消瘦等症状。一般在感染后 5 年左右，部分重感染患者开始发生晚期病变。根据主要临床表现，晚期血吸虫病可分为巨脾、腹水及侏儒三型。一个病人可兼有两种或两种以上表现。临床上常见的是以肝脾肿大、

①　Robert W. Snow, Carlos A. Guerra, Abdisalan M. Noor, et al, The global distribution of clinical episodes of Plasmodium falciparum malaria, *Nature*, 2005, 434: 10.

②　Marieke J. Van der Werf, Sake J. de Vlas, Aly Landoure, et al, Measuring schistosomiasis case management of the health services in Ghana and Mali, *Tropical Medicine and International Health*, 2004, 9(1): 149 -157.

腹水、门脉高压,以及因侧支循环形成所致的食管下端及胃底静脉曲张为主的综合征。晚期病人可并发上消化道出血、肝性昏迷等严重症状而死亡。儿童和青少年如感染严重,使垂体前叶功能减退,及其他因素可影响生长发育和生殖而致侏儒症。因肝纤维化病变在晚期常是不可逆的,并且对治疗反应甚差,从而导致临床上难治的晚期血吸虫病。

（3）分布

从图 2-5-5 看,血吸虫病主要分布在河网密布的国家,主要包括坦桑尼亚、加纳、尼日尔、马里、乌干达、马达加斯加、塞内加尔、埃及、尼日利亚等国家[1],同时血吸虫病还主要分布在河流较多和从事灌溉农业的乡村地区。

图 2-5-5　非洲血吸虫病分布状况[2]

4. 非洲锥虫病(昏睡病)

非洲锥虫病(African Trypanosomiasis)又称昏睡病或嗜睡性脑炎,是一种媒介传播的寄生虫病。此病由锥虫属原生寄生虫感染所致。这些寄生虫被携带人类致

---

① P. Boisier, C-E. Ramarokoto, P.Ravoniarimbinina, et al, Geographic differences in hepatosplenic complifations of schistosomiasis mansoni and explanatory factors of morbidity, *Tropical Medicine and International Health*, 2001,6(9):699-706.

② Roy Cole, Harm J. De Blij, *Survey of Subsaharan Africa:A Regional Geography*, Oxford University Press,2007:161.

病寄生虫的人类或动物感染的萃萃蝇(舌蝇属,英语:Tsetse fly)叮咬后传给人类。宜于萃萃蝇繁殖的是旱区落叶疏树旷野林地。非洲锥虫病分为两种:布氏冈比亚锥虫病(Trypanosoma brucei gambiense)分布于西部和中部,故名中、西非锥虫病;布氏罗得西亚锥虫病(Trypanosoma brucei rhodesiense)分布于东部,故又名东非锥虫病。在昏睡病报告病例中,冈比亚锥虫病引起的病例约占98%。这两种寄生虫都是由萃萃蝇传播的,在农村地区最为常见。

(1)疫情概况

非洲锥虫病仅发生在可传播该病的萃萃蝇生活的36个撒哈拉以南非洲国家。历史上,非洲锥虫病曾发生过几次流行,最近一次疾病疫情出现在1970年,并延续到20世纪90年代后期。在持续开展控制工作之后,新发病例数出现下降。2009年,报告发生的病例数50年来首次降到1万例以下(9878例),2012年记录发生了7216例病例。在流行期间,患病率在安哥拉、刚果(金)和南苏丹的若干村庄中达到50%。昏睡病是这些社区中第一或第二大死亡原因,甚至超过艾滋病。在过去10年中,70%以上的报告病例发生在刚果(金),其新发病例占2012年报告病例的83%。

(2)临床表现

该病主要通过受感染萃萃蝇的叮咬传播,但也有其他途径可使人感染。布氏罗得西亚锥虫病的潜伏期为2~3周,布氏冈比亚锥虫病的潜伏期较长,且时间长短不一。两种非洲锥虫病均可分为三期[1]:

锥虫侵入期。被舌蝇叮咬2~3天,局部可见一小丘疹,并迅速增大,周边皮肤有红斑及水肿,质地较硬并有压痛,称之为锥虫性"下疳"。"下疳"经2~4周后自行消散。

锥虫血症期。锥虫经淋巴系统进入血液循环,可出现发热、头痛、乏力、皮疹、肌肉和关节疼痛以及进行性淋巴结肿大。此期患者出现不规则发热或间歇性发热,中间常继以无热期,为时数天或数周。患者还可出现不同器官损伤,以心肌炎最为严重。还可有脾肿大、肝肿大伴转氨酶升高。部分患者可有虹膜睫状体炎、视神经萎缩等眼部病变以及周期性腹泻、贫血、末梢水肿、腹水等表现。

中枢神经受累期。表现为脑膜炎。此期患者体重明显下降,头痛变为持续性,反应迟钝,出现嗜睡。可出现舌唇颤动、肌肉震颤、步态不稳以及癫痫样抽搐。随着病情进展出现肌肉僵直、嗜睡加重,继之昏睡、昏迷。疾病晚期常伴有厌食、全身瘙痒、重度贫血。有些病人在中枢神经系统未受侵犯以前就已死亡。

(3)空间分布

非洲锥虫病威胁着撒哈拉以南非洲36个国家中的上百万人。布氏冈比亚锥虫病可见于非洲西部和中部的24个国家,南起安哥拉和刚果(金),北至苏丹和塞内加

---

① 甘绍伯:《非洲锥虫病》,载《中国热带医学》,2009年第6期,第983页。

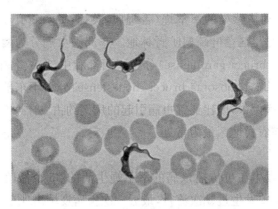

图 2-5-6 血液涂片中的锥虫形态
图片来源:美国疾病控制与预防中心(CDC)。

尔。这种类型目前占昏睡病报告病例的 98% 以上。布氏罗得西亚锥虫病可见于非洲东部和南部的 13 个国家,南自博茨瓦纳,北到埃塞俄比亚。只有乌干达同时存在两种疾病类型。

非洲锥虫病集中分布的国家和地区主要有几内亚、安哥拉、马里、贝宁、冈比亚、刚果(金)和苏丹等。

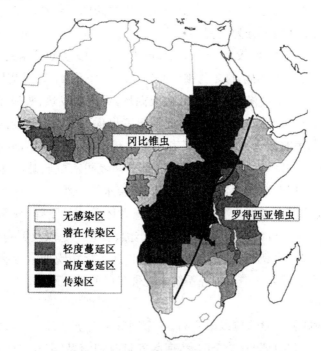

图 2-5-7 非洲锥虫病空间分布
图片来源:Roy Cole, Harm J. De Blij, *Survey of Subsaharan Africa:A Regional Geography*, Oxford University Press,2007:158。

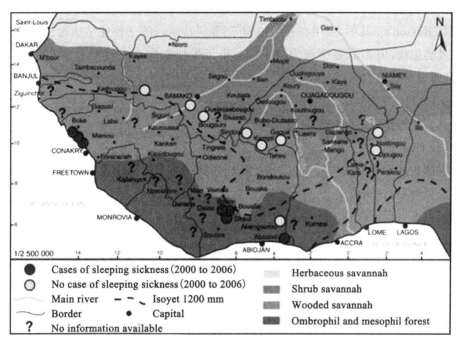

图 2－5－8　2000—2006 年西非锥虫病情况

5.埃博拉出血热

(1) 疫情概况

埃博拉出血热（Ebola hemorrhagic fever, EHF），又称埃博拉病，是一种由埃博拉病毒（Ebola virus，EBOV）引起人类及其他灵长类动物的急性出血性传染病。自 1976 年在非洲中部扎伊尔（现刚果民主共和国）和苏丹恩扎拉暴发流行后，埃博拉病已在非洲中部形成地方流行，主要包括乌干达、刚果（布）、加蓬、苏丹、科特迪瓦、利比里亚、南非等国家。该病毒为人畜共通病毒，传染性极高，主要通过病患的体液、排泄物、分泌物等途径传播，病死率高达 50%～90%，致死原因主要为中风、心肌梗塞、低血容量休克或多发性器官衰竭。

作为十八种可引起人类病毒性出血热综合征的病毒之一，埃博拉病毒包含五种亚型，即埃博拉-扎伊尔型（Ebola-Zaïre）、埃博拉－苏丹型（Ebola-Sudan）、埃博拉-科特迪瓦型（Ebola-Côte d'Ivoire，

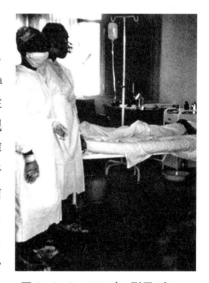

图 2－5－9　1976 年，刚果（金）一所医院的两名护士站在感染埃博拉病毒的患者床前，该病人于几日后死于严重内出血

图片来源：美国疾病控制与预防中心（CDC）。

即塔伊森林型）、埃博拉－本迪布焦型（Ebola-Bundibugyo）和埃博拉－莱斯顿型（Ebola-Reston）。其中，发生在扎伊尔、苏丹和科特迪瓦的三种亚型病毒已被证实可致使人类患病，但不同亚型毒力也不同。由于埃博拉病毒在自然界的宿主尚未明确，且暂无有效的抗病毒药物和疫苗，目前针对埃博拉病的防治极为困难。世界卫生组织（WHO）已将埃博拉病毒列为对人类危害最严重的病毒之一，即"第四级病毒"，其实验操作应于生物安全四级实验室中进行。

（2）临床症状

埃博拉病毒感染的主要对象为机体内的内皮细胞、肝细胞及单核吞噬细胞。成功感染目标后，该病毒会分泌糖蛋白，其复制会凌驾宿主的蛋白质制造和免疫反应。该糖蛋白亦会形成蛋白三量体，并与血管内壁的内皮细胞结合。除此之外，此类病毒蛋白也会变为能干扰嗜中性球化学通讯的蛋白二聚体，从而使埃博拉病毒不会触发嗜中性球的活化，避开免疫系统防御。这些白细胞会在不知情的状况下，将病毒带至全身诸如淋巴结、脾脏、肝脏及肺部等地方。[1] 病毒粒子以及宿主细胞的爆破与死亡会导致细胞因子（为受影响细胞在发炎及发烧状况下所散发出去的化学信号）的释放。内皮细胞感染亦会促使细胞病变作用，进而使血管丧失聚合性。病毒的糖蛋白会透过影响细胞之间负责细胞定位的结构聚合因子使此情况恶化并破坏肝脏。这最终会导致血液凝固障碍及出血。[2] 因此，感染后主要的病理改变是皮肤、黏膜、脏器的出血，在很多器官可以见到灶性坏死，但是以肝脏、淋巴组织最为严重。肝细胞点、灶样坏死是本病最显著的特点，可见小包涵体和凋亡小体。[3]

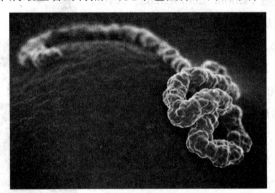

图 2 - 5 - 10　电子显微镜下的埃博拉病毒
图片来源：美国疾病控制与预防中心（CDC）。

---

[1]　Tara Smith, *Ebola（Deadly Diseases and Epidemics）*, Chelsea House Publications, 2005.

[2]　Sullivan N, Yang ZY, Nabel GJ, Ebola Virus Pathogenesis: Implications for Vaccines and Therapies. *Journal of Virology*, 2003, 77 (18): 9733 - 9737.

[3]　许黎黎、张连峰：《埃博拉出血热及埃博拉病毒的研究进展》，载《中国比较医学杂志》，2011 年 01 期，第 72 页。

埃博拉病毒的潜伏期为 2~21 天,感染者的早期病征与普通感冒相似,例如发热、乏力、畏寒、头痛、咽痛、肌痛及关节酸痛等。随后会出现腹泻、呕吐、食欲不振、皮疹等病征,某些情况下亦会有内出血和外出血(如牙龈渗血、便中带血)。出血现象通常说明病情已经恶化,到此阶段,如病人仍未好转,可能会因失血过多、肝肾功能衰竭及致死性并发症而死。

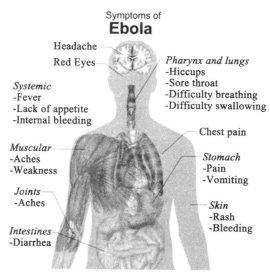

图 2-5-11 埃博拉出血热病征示意图
图片来源:美国疾病控制与预防中心(CDC)

(3) 传播过程

目前,埃博拉病毒的自然宿主尚未确定。科学家相信,蝙蝠可能是该病毒的天然宿主,某些啮齿类动物、节肢动物、鸟类、植物也被列入名单。研究表明,首位埃博拉病的患者可能是因接触了带病动物的血液、分泌物、器官或其他体液而受到感染,进而通过体液、呕吐物、分泌物、排泄物等接触感染其他人,致使病毒在人际间蔓延传播。高危人群包括与埃博拉出血热病人、感染动物密切接触的人员,如医务人员、检测人员、疾病流行现场的工作人员等。虽然已有实验证明空气传染在猴子间的可能性,但至今尚未出现人类空气传播的案例。世界卫生组织(WHO)在 2014 年 10 月 6 日发布公报说,埃博拉病毒不通过空气传播,并且未有证据显示病毒出现变异。因此一些关于埃博拉病毒可能会变异成可通过空气传播的说法是没有根据的臆测。该组织强调说,研究显示此前所有埃博拉病例都因直接接触出现症状的患者而感染。埃博拉病毒的传播方式是与患者体液直接密切接触,其中患者的血液、排泄物、呕吐物感染性最强,在患者的乳汁、尿液、精液中也能发现病毒,唾液与眼泪有一定的传染风险,不过在患者汗液样本中从未检测出完整的活体病毒。

图 2－5－12　埃博拉病毒属成员的存在周期

图片来源:美国疾病控制与预防中心(CDC)。

（4）分布

埃博拉出血热主要呈现为地方性流行,局限在中非热带雨林和东南非洲热带大草原。但已从开始的苏丹、刚果(金)扩展至刚果(布)、加蓬、乌干达、科特迪瓦、几内亚、肯尼亚、喀麦隆、津巴布韦等国家。最近的一次爆发为影响几内亚、利比里亚和尼日利亚的 2014 年西非疫症。少数非洲以外地区出现的病例均属于输入性或实验室意外感染,未发现该病毒的传播流行。到目前为止,英国、瑞士、西班牙、美国报道过输入病例,均为流行区旅行的游客、参与诊治病人或调查研究的人员。早在 2008 年 10 月,总部设在美国的野生动物保护协会就曾发布名为《十二杀手》的报告,称气候异常使埃博拉等致命疾病和灾害在全球范围蔓延,严重威胁人类健康。有专家认为,气温升高和降水量波动会改变危险病原体的分布,使病原体存活时间更长,疾病更容易传播。日前,美国杜兰大学热带医学研究员丹尼尔·鲍施在最新的研究报告中指出,除了埃博拉病毒肆虐的国家缺乏完善的医疗保健系统外,干旱季节也可能是一个重要因素。他表示,在这次事件中首例埃博拉病毒是于 2013 年 12 月在几内亚被发现的,始于干旱季节。在其他国家,病毒也多出现于雨季和旱季的过渡时期。气候干燥可能增大蝙蝠感染埃博拉病毒的概率,或者增大人类接触蝙蝠的可能性。

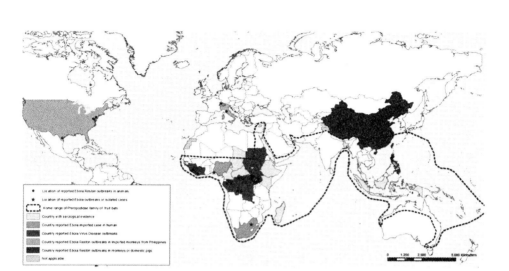

图 2‑5‑13 全球范围内埃博拉出血热地区分布图
图片来源:美国疾病控制与预防中心(CDC)。

表 2‑5‑2 埃博拉病毒既往疫情年表

年份	国家	埃博拉病毒分型	病例数(例)	死亡数(人)	病死率
2012 年	刚果(金)	本迪布焦型	57	29	51%
2012 年	乌干达	苏丹型	7	4	57%
2012 年	乌干达	苏丹型	24	17	71%
2011 年	乌干达	苏丹型	1	1	100%
2008 年	刚果(金)	扎伊尔型	32	14	44%
2007 年	乌干达	本迪布焦型	149	37	25%
2007 年	刚果(金)	扎伊尔型	264	187	71%
2005 年	刚果(布)	扎伊尔型	12	10	83%
2004 年	苏丹	苏丹型	17	7	41%
2003 年 (11 月—12 月)	刚果(布)	扎伊尔型	35	29	83%
2003 年 (1 月—4 月)	刚果(布)	扎伊尔型	143	128	90%
2001—2002 年	刚果(布)	扎伊尔型	59	44	75%
2001—2002 年	加蓬	扎伊尔型	65	53	82%
2000 年	乌干达	苏丹型	425	224	53%

年份	国家	埃博拉病毒分型	病例数(例)	死亡数(人)	病死率
1996 年	南非(前加蓬)	扎伊尔型	1	1	100%
1996 年 (7 月—12 月)	加蓬	扎伊尔型	60	45	75%
1996 年 (1 月—4 月)	加蓬	扎伊尔型	31	21	68%
1995 年	刚果(金)	扎伊尔型	315	254	81%
1994 年	科特迪瓦	塔伊森林型	1	0	0%
1994 年	加蓬	扎伊尔型	52	31	60%
1979 年	苏丹	苏丹型	34	22	65%
1977 年	刚果(金)	扎伊尔型	1	1	100%
1976 年	苏丹	苏丹型	284	151	53%
1976 年	刚果(金)	扎伊尔型	318	280	88%

资料来源:美国疾病控制与预防中心(CDC)。

当前,尚未有经过验证的埃博拉出血热治疗方案,所有治疗如氧气供应、口服补液、静脉输液等,都旨在舒缓疾病带来的影响并提高生存概率。众多其他疗法正处于实验阶段,仍未研发出针对人类的埃博拉病的预防疫苗,但有两种可能疫苗正在实施人体安全测试。由于埃博拉出血热是一种接触式传染性疾病,故疫情的有效控制有赖于将一系列干预措施落到实处,例如病例管理、监测和接触者追踪、实验室良好服务、安全埋葬及社会动员。提高对埃博拉病传染危险因素的认识,采取个人保护性措施皆为减少人际传播的有效途径。

6. 霍乱

(1) 疫情概况

自 2006 年 2 月中旬安哥拉出现第一例霍乱病例以来,每天都有新病例报告。世界卫生组织 2014 年 9 月 21 日的报告显示,霍乱已在安哥拉 15 个省流行,感染 54440人,死亡 2211 人。

后来苏丹南部也开始出现霍乱疫情,该病在人口稠密的地方迅速蔓延。苏丹南部 60% 的地区出现霍乱病例,目前已报告 13800 例病例,其中 516 人死亡。随后,尼日尔也发现 285 例霍乱病例,其中 22 人死亡。

(2) 空间分布

霍乱起初主要爆发于安哥拉,后来在苏丹南部、安哥拉、尼日尔、莫桑比克等国家和地区均有传播。

7. 黄 热 病

黄热病是黄热病病毒引起的急性传染病,经伊蚊传播,主要流行于非洲和中、南美洲。临床特征有发热、剧烈头痛、黄疸、出血和蛋白尿等。

（1）疫情概况

黄热病曾是美、非、欧三大洲一些地方最严重的瘟疫之一,造成大量人群死亡。20 世纪以来,该病明显减少,但在南美、非洲的一些国家和地区仍不时流行。据WHO(1983)报告,1979—1982 年黄热病在非洲发生 50 例,南美洲发生 695 例,估计实际病例数为上述报告数的 35～480 倍。

（2）临床表现

本病的潜伏期为 3～6 天,最长可达 13 天。感染后大部分病人为轻型或亚临床感染者,仅少数(约 5%～15%)病人病情严重而死亡。黄热病根据病情轻重,可分为极轻型、轻型、重型和恶性型。极轻型和轻型仅靠临床症状难以做出诊断,因其发热、头痛、肌痛仅持续 1～2 天自愈,难以与流感、登革热等相鉴别。这两型病例数较多,是流行病学上的重要传染源。重型和恶性型黄热病在临床上可分为三期,全病程 10 天左右。

① 感染期(病毒血症期):起病急骤,高热(可达 40℃以上),可伴畏寒或寒战、剧烈头痛、背痛、腿痛和全身衰竭、眼部充血、鼻出血、恶心呕吐,舌尖及舌缘鲜红,中央有苔,相对缓脉,上腹不适,压痛明显。随病情逐渐加重,病人烦躁不安,第 3 天出现黄疸,第 4 天出现蛋白尿。血白细胞总数及中性粒细胞比例下降。本期持续 3～4 天。

② 中毒期(器官损伤期):病程第 4 天左右,病人症状可出现短暂的缓解,体温降低,症状改善。但之后的几小时到 24 小时症状再度出现并加重,表现为体温上升、心率减慢、心音低钝、血压降低、黄疸加深、尿蛋白量增多、频繁呕吐、上腹痛更明显。各种出血征象相继出现,如牙龈出血、鼻出血、皮肤瘀斑、呕血、黑粪、血尿、子宫出血等。如出现频繁呃逆或呕吐鲜血、黑便、昏迷、谵妄、无尿等,均为病情转危的先兆,常于第 7～9 天内死亡,偶见暴发型病例在病程第 2～3 天死亡,而无明显肝肾损害。该期一般持续 3～4 天,少数病例可延长至 2 周以上。

③ 恢复期:从病程第 7～8 天开始体温下降,尿蛋白逐渐消失,黄疸渐退,食欲渐渐恢复。乏力可持续 1～2 周。一般无后遗症。

（3）分布

黄热病主要分布在西非地区,主要的国家有塞内加尔[①]、马里等国家。

---

① J.Thonnon, A.Spiegel, M.Diallo, et al, Yellow fever outbreak in kaffrine, Senegal 1996: epidemiological and entomological findings, *Tropical Medicine and International Health*, 1998,3(2):872-877.

8. 拉沙热

拉沙热是一种人畜共患疾病。该病毒为一种属于沙粒病毒科的单链核糖核酸（RNA）病毒。拉沙病毒的动物宿主是 Mastomys 鼠属的一种啮齿动物，普遍称为"多乳鼠"。感染拉沙病毒的 Mastomys 鼠并不发病，但它们可将病毒排放到其排泄物（尿和粪便）中。

（1）疫情概况

一些研究表明在整个西非每年发生 30 万～50 万拉沙热病例，5000 人死亡，总病死率为 1％，但在住院患者中最高达 15％。该病在妊娠后期尤其严重，妊娠 7 月至 10 月，超过 80％的孕产妇和（或）胎儿死亡。

（2）临床表现

潜伏期 7～10 天，最短 1 天，最长可达 24 天。多数感染者症状轻微或呈亚临床感染，仅 5％～10％的感染者发展成临床疾病，病程为 1～4 周。院内病死率为 15％～25％。

拉沙热无前驱症状，起病隐匿。症状为身体不适、发热、头痛、咽喉痛、咳嗽、恶心、呕吐、腹泻、肌痛，以及胸腹痛；咽喉和结膜炎症、渗出；热型为稽留热或弛张热。严重的病例可发生低血压或休克、胸膜渗出、出血、癫痫样发作、脑病以及面颈部水肿。常出现蛋白尿和血液浓缩。早期淋巴细胞减少，后期中性粒细胞增多。血小板计数仅中度下降，但功能异常。孕妇的病情较严重，且流产率在 80％以上。恢复期可出现暂时性脱发和共济失调，25％的病人可发生第八颅神经性耳聋，其中仅半数在 1～3 个月后恢复部分功能。谷草转氨酶 AST 高于 150 和高病毒血症者，预后较差。

（3）分布

目前，拉沙热在几内亚、利比里亚、塞拉利昂和尼日利亚部分地区流行，但在其他西非国家也可能存在。

9. 黑热病

黑热病是杜氏利什曼原虫引起的、由白蛉叮咬传播的寄生虫病，传染源是病人和病犬（癞皮狗）。

（1）疫情概况

黑热病最早记录的是 1922 年在孟加拉，后来在东非盛行[1]，主要在苏丹、肯尼亚、埃塞俄比亚等国家和地区。

（2）临床表现

本病潜伏期多数在 3～5 个月内，起病大多缓慢。早期主要症状是发热，伴畏寒、

---

[1] V.Ramesh, Ruchi Singh and Poonam Salotra, Short communication: Post-kala-azar dermal leishmaniasisan appraisal, *Tropical Medicine and International Health*, 2007,12(7):848-851.

出汗、食欲不振和乏力等。约 1/3 的病人在 24 小时内体温可有 2 次升高(双峰热)。发病半年后,病人皮肤颜色变深(故有黑热病之称),明显消瘦,鼻和齿龈出血,贫血,肝脾进行性肿大。病情可有间歇和复发,在间歇期症状减轻甚至消失,肝脾也可缩小,间歇期长短不一,患病愈久、间歇期愈短,最后转为无间歇。

(3)分布

目前,黑热病在非洲的埃塞俄比亚、苏丹、肯尼亚等国家流行。

10. 河盲症

(1)疫情概况

河盲症又称盘尾丝虫病,它毁害眼睛,使人处于悲惨的境地。疾病是由于一种河盲微生物侵入眼球引起的,可导致失明。它的传染方式是通过一种昆虫蚋,叮咬了患这种病的人(或动物),河盲微生物便在虫体内成熟,又由这种昆虫叮咬传染他人。蚋将它的卵产在氧化条件很好的温水里。盘尾丝虫病在靠近急流附近十分猖獗,因为那里是蚋的幼虫最喜欢的滋生之地。在加纳北部某些地区,10％的居民是瞎子。加纳楠戈迪管区不得不把该区的 14000 居民集中在 90 平方千米的土地上,而放弃了靠近红沃尔特河的 57 平方千米土地。

(2)分布

河盲症主要分布在非洲中西部地区,包括喀麦隆、乍得、加纳、几内亚、马拉维、尼日利亚、苏丹、坦桑尼亚、乌干达等国家。

二、分布特征

1. 时间分布特征

疟疾、血吸虫病、昏睡病等疾病的传染与传播媒介有着密切的关系,传播媒介大量繁殖、扩散的时间或者季节,往往容易导致疾病的传播和感染,而主要的传播媒介停止繁殖、生长或者活动的季节和时间,疾病传染程度降低。

萃萃蝇、血吸虫、蚊子(具有传播媒介特征的蚊子)等传播媒介有的具有季节性生长和繁殖规律,有的对生存温度有一定的要求,在适宜生长的季节或生存环境中,传播媒介大量繁殖、扩散,相应的传染病也流行起来。例如终年炎热(最冷月份气温在 20℃以上)、雨水较多的地区适于萃萃蝇生息,与萃萃蝇传播有关的昏睡病等发病较高;传播疟疾的冈比亚按蚊限于雨季繁殖,因而冈比亚按蚊传播的疟疾在雨季较为严重;血吸虫从卵到离开丁螺寄主,到完全发育为能传染的寄生虫,其气温上的要求:对于曼氏血吸虫,最佳气温是早期阶段 27℃,最后阶段 24℃～27℃,但高低变化约 10℃可能仍能适应。

2. 空间分布特征

由于非洲各国自然环境、生态环境以及社会经济发展等条件的差别,各种疾病的传播和分布也不一样。

艾滋病的传播主要受生活方式等影响,在整个非洲广为分布;疟疾、锥虫病、血吸虫病、黄热病、河盲症等主要依靠蚊虫传播的疾病,主要分布在适宜相应传播媒介生存的环境,大部分集中在热带雨林、水资源丰富的地区;拉沙热、黑热病等人畜共患的疾病主要分布在热带草原区、灌木丛林区;霍乱等受人群直接传染的疾病在人口密度较高的地区传染较多。

因此,非洲大陆沿尼罗河等主要河流以及中部热带雨林地区疾病分布较为密集,并且疾病类型很多。

第二节　疾病生态

一、疾病与生态环境关系

在撒哈拉以南非洲以热带草原和热带雨林气候为主的大部分地区的年降水量在 1000 毫米以上,潮湿闷热。这种特殊的环境有利于各种蚊子、萃萃蝇、血吸虫等传播疾病的媒介的生长和繁殖,产生了大量的传染源;稠密树林等也是滋生传染媒介的温床;同时非洲大部分国家社会经济落后,处于原始的耕作生活或游牧生活状态,人畜混住,更容易导致疾病的传播。非洲疾病的传染不仅与特殊的自然环境条件有关,还与生态系统破坏有很大的关系。《英国皇家社会》杂志刊文指出,目前中非和西非已成为世界上新型急性传染病的主要发源地之一。这些地区不断的毁林开荒使得野生动物的栖息地面积大为缩减,生态系统极为失衡,人类与野生动物的接触更加频繁,病毒细菌传播到人类身上的可能性大大增加。[1]

恶劣的自然条件和生态环境的破坏,为各种疾病的传染提供了条件,同时各种疾病的大量存在和蔓延,给非洲国家大部分地区居民的生产、生活安全带来了严重的隐患,由于疾病而引起的大规模人口搬迁和弃耕、垦荒等活动,进一步导致了生态环境的恶化。

二、致病的主要因素

1. 自然环境条件

气候条件。撒哈拉以南非洲的气候整体特点是气温高,干燥地区广,气候带呈明显对称分布。以热带沙漠气候为主的地区,年降水多在 200 毫米以下;撒哈拉以南的非洲以热带草原和热带雨林气候为主,大部分地区的年降水量在 1000 毫米以上。

---

① 资料来源:http://www.eedu.org.cn/news/envir/overseasnews/200805/25373.html。

热带沙漠和热带雨林这两种极端干燥和湿润的高温地区,为蚊子等疾病传染源提供了有利的生活环境,对疟疾、血吸虫、昏睡病等疾病的传染有很重要的影响。

水资源问题。由于受全球气候变化影响,非洲的河流受到极大的威胁,水资源问题突出。非洲目前有 1/3 的人口缺乏饮用水,而有近半数的非洲人因饮用不洁净水而染病,相关研究表明,河流、水域附近居民更容易感染疾病。

2. 生产生活方式

生产方式。非洲大部分国家以农业生产为主,大部分国家或地区的人口以农业或牧业活动为主,并且农业生产还延续着传统的畜力生产,这样大部分人口与各种牲畜接触的机会较多,而在热带地区,牲畜容易受蚊虫叮咬,容易传染各种疾病,也增加了向人传染的机会。从养牛区与萃萃蝇的分布关系来看,非洲主要的养牛地区也是萃萃蝇滋生较多的地方。

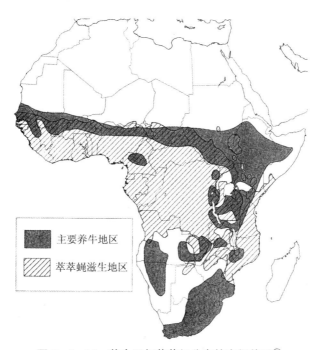

图 2‑5‑14　养牛区与萃萃蝇分布的空间关系[①]

过度开垦。人口的不断增长,对木料及燃料的需求也越来越大,非洲每年有大面积的森林被毁,由于乱砍滥伐、过度种植和随意放牧等原因,水土流失严重,气候反常,旱涝灾害不断出现,失去植被保护的地面不断扩展,沙漠化现象日益严重,导

① Roy Cole,Harm J. De Blij, *Survey of Subsaharan Africa : A Regional Geography*, Oxford:Oxford University Press,2007:159.

致生态环境的恶化,使人和疾病接触的机会增加,更容易感染。

3. 社会经济落后

非洲国家摆脱殖民地的统治后走上独立发展经济的道路,由于历史上受战争、归属地不明确等原因的影响,长期以来经济发展受到影响,社会经济整体较为落后,将近三分之一的国家为联合国公布的世界最落后国家。这些国家经济落后,工业发展缓慢,资源匮乏,各种生活物资短缺。

落后的社会经济,缺失相应的疾病控制基础设施建设,也缺乏对疾病的充足研究,对疾病的传播不能进行很好的控制;由于经济落后,药物缺乏,对患者治疗的程度不够。

社会经济影响着人们的生活水平,从世界各国5岁以下儿童的营养状况来看,非洲国家整体上儿童营养状况偏低,儿童生产发育过程受到影响,身体健康状况受到影响,致使身体抵抗力差,容易感染疾病。

第三节　疾病控制与防治

为了有效地控制疾病的传染和扩散,需要采取各种措施。针对非洲目前的状况,应该重点从下面几个方面来加强疾病的控制和防治。

一、医疗保健基础设施建设

加强医院、疗养院、疾控中心等基础设施建设,包括配套一定数量的医生、护士和充足的医疗器械。从目前非洲各国的情况来看,由于受整体经济社会条件的限制,医院、疾病控制中心等机构设置不够,很多乡村地区缺少或者没有农村医疗服务站,可以通过加强行政性医疗支出,在城乡地区探索新的医疗保障服务体系,完善医疗机构;加强医疗器械、医疗设备、医疗药品等的配备,提高各医疗机构的救治水平;同时通过各种途径,提高专业医护人员的数量和质量,积极开展国际合作,派遣部分人员到欧美等国家学习吸收国际先进的治疗技术,提高非洲国家整体的医疗水平。

二、加强疾病研究和预防

通过非洲各国家的合作,政府的大力支持,加强疾病病理、传播过程、预防措施等的研究,深化对各种疾病的认识程度,挺高疾病的控制力度。随着非洲经济的逐渐发展,在满足人们基本生活的基础上,增加非洲流行传染病的研究经费和研究人员,同时可以利用外国的较高的科研水平和成果,分析非洲疾病的各种问题,为非洲疾病预防和治疗提供依据。

采取各种措施,积极消灭传播源,做好传染病疫苗的接种工作,防止疾病感染人群的扩散,做好疾病的预防工作。可以从儿童开始,进行传染病疫苗接种,防止儿童感染疾病;加强疾病知识、预防办法等的宣传,提高人们对疾病的认识;提高政府对传染病的控制力度。

三、注重改善生态环境

非洲疾病很大一部分是由生态环境问题引起的,因此要注重改善生态环境状况,控制传染源,给居民提供健康的生活环境。对于城市地区,加强绿化建设,扩大绿色开敞空间面积,建设良好的生态环境;建设城市污水处理厂和垃圾中转、填埋场等,集中处理城市各种污染物,消除城市内部蚊虫、寄生虫等滋生的环境;加强城市灭鼠、灭蚊、灭虫,切断疾病传播源。对于广大的乡村地区,加强管理,禁止乱砍、滥伐现象,减少对森林的破坏;改变传统的耕作方式,注重生态环境保护,提高人畜饮水安全;做好乡村流动人口管理,防止人口迁徙对生态环境造成破坏。

四、积极改变生活条件

疾病的传播,在很大程度上与人们的生活条件有关,要积极改善生活条件,提高生活质量,预防疾病的传染和发生。有条件的地方,逐渐改善营养不良的状况,构建合理的膳食结构、提高儿童的营养水平;使用清洁安全的饮用水,保证饮用水质,防止通过水体传染疾病;加强食品药品监督管理,提高食品安全供应率;在有人居住的地方注意保持环境卫生清洁、干净;逐渐改善城乡居民住房条件。

第六章

非洲人食物结构与营养安全

第一节　非洲人食物结构

一、食物结构类型

什么是食物结构,因分析的角度不同而有不同的理解。一般地说,可以把食物结构分为膳食结构、食物营养结构、食物品种结构。现在说的食物结构把以上三个方面都包括在内。因各地的资源不同,食物结构上也会有差异。非洲食物结构状况表现为食物结构与营养构成不合理,动物性食品偏少,植物性食品主要以淀粉质食品为主。人们的蛋白质与脂肪摄入量少,特别是动物蛋白与大豆蛋白等全价蛋白质少,营养处于低水平。

在非洲,很多家庭的恩格尔系数[①]很高,超过了50%。非洲人逐渐开始喜欢食用面粉和大米,但这需要进口才能满足需求。木薯仍是非洲主要的粮食作物和当家饭之一,它的主要成分是纤维素,淀粉占35%,蛋白质含量为0.5%～0.75%,葡萄糖占0.33%,蔗糖占1%,不含脂肪。食用木薯等粗粮既有利于身体健康和食品安全,更有利于非洲利用自身的自然地理条件保证粮食的自给自足和可持续发展。因此,世界粮农组织和卫生组织的专家建议非洲人尽可能地保持传统的饮食习惯。另外,芭蕉、玉米也是非洲人的主要食物来源。

非洲的水果非常丰富,主要有木瓜、柑、橙、芒果、菠萝、椰子、奶油果、西红柿、西瓜、甘蔗、荔枝、大树菠萝等。沙漠的绿洲出产椰枣,地中海沿岸盛产无花果和橄榄,南非的开普敦盛产葡萄、苹果和梨。一般禽畜和鱼类不缺乏,由于一些国家信奉伊斯兰教,猪肉显得矜贵,一般来说,牛肉和羊肉最受非洲人欢迎。

总体而言,非洲食品短缺,绝大部分农产品的人均年消费量都低于世界平均水平,只有淀粉类根茎产品的人均年消费量高于世界平均水平。玉米、木薯的人均年

---

① 食品消费占日常消费的比例。

消费量远高于世界平均消费量,甘薯和甘蔗略高于世界平均消费量。而从历史的角度看,非洲经济发展的速度远远落后于世界。谷物的人均消费量差距逐渐缩小了,但其他大部分农产品消费的差距却扩大了。尤其是蔬菜,非洲的蔬菜人均年消费量从 1990 年到 2010 年仅增长了 44.6％,而同期世界增长了 72.8％,世界人均蔬菜消费增长量是非洲的近两倍。

在各大类农产品中,非洲消费最多的是淀粉类根茎作物,2010 年共消耗 21794 万吨,比 1990 年增加了 10765 万吨,增长了 97.6％,人均消耗量也从 1990 年的119.7 公斤增长到 126.7 公斤。所有产品的总消耗量均有所上升。具体产品的消费,则是木薯、甘蔗、玉米、小麦和山药处于前列。其中木薯总消费量从 1990 年的 6934 万吨增长到 2010 年的 11307 万吨,人均消费量同期从 79.6 千克减少到 57 千克,减少近40％。这表明以木薯为主粮的食物结构发生了较大的变化。就其他食物人均消费量的变化来看,甘蔗、山药、稻米、番茄、土豆、甘薯、香蕉、鱼和海产品均有不同程度的增加,只有动物脂肪的消费量下降了。

表 2 - 6 - 1　非洲主要农产品消费情况

农产品种类	1990 年				2010 年			
	国内消耗(千吨)	损耗量(千吨)	直接消费量(千吨)	人均年消耗量(公斤)	国内消耗(千吨)	损耗量(千吨)	直接消费量(千吨)	人均年消耗量(公斤)
淀粉类根茎	110289	12173	76637	119.7	217943	31703	120209	126.7
谷物(啤酒除外)	119216	8681	87420	136.5	213120	17595	142977	150.7
糖料作物	73381	1469	3169	4.9	96803	1456	5558	5.9
水果(葡萄酒除外)	45969	5176	33088	51.7	77837	8366	59541	62.8
蔬菜	33713	3214	30310	47.3	71562	6683	64862	68.4
油料作物	12763	517	2674	4.2	24107	1177	5458	5.8
糖与甜味料	9066	—	8837	13.8	17244	—	15600	16.4
肉类	9152	—	9141	14.3	17532		17511	18.5
植物油	6099	27	4946	7.7	13651	64	8532	9
鱼和海产品	6606	—	5454	8.5	10701	—	9761	10.3
蛋类	1552	107	1309	2	2798	197	2295	2.4
木薯	69339	7591	50961	79.6	113068	18091	54048	57
玉米	39813	2952	25513	39.8	72329	6274	40507	42.7
小麦	32727	1844	28393	44.3	60412	4435	46417	48.9

续 表

农产品种类	1990 年				2010 年			
	国内消耗 (千吨)	损耗量 (千吨)	直接消费 量(千吨)	人均年消 耗量(公 斤)	国内消耗 (千吨)	损耗量 (千吨)	直接消费 量(千吨)	人均年消耗 量(公斤)
奶类(黄油除外)	25560	709	22882	35.7	50849	2072	45895	48.4
高粱	14517	1281	10173	15.9	24990	2317	16561	17.4
稻米(大米当量)	12006	917	10250	16	25604	1841	21326	22.5
小米	11597	1223	8578	13.4	16838	1951	11719	12.3
土豆	8179	745	6295	9.8	25316	3092	18196	19.2
糖(原糖当量)	8766	—	8569	13.4	16487	—	14887	15.7

资料来源:FAOSTAT。

二、粮食消费

2010 年非洲的谷物产量在 1.64 亿吨左右,其中:小麦 2208 万吨、粗粮 11604 万吨、稻谷 2588 万吨,每年需进口粮食和接受粮援。非洲许多国家粮食自给率在 50% 以下。除了玉米基本能满足地区需求外,45% 的小麦和 80% 的稻米都依赖进口。谷物的进口量接近产量的一半,且在非洲、美洲、亚洲、欧洲、大洋洲这五大洲中,除了大洋洲,非洲的谷物产量是最低的,远远不能满足庞大的人口需求(图 2-6-1)。

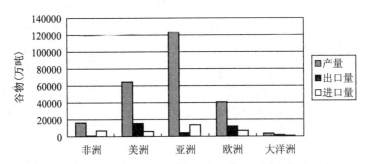

图 2-6-1　2010 年世界各洲谷物产量及进出口量对比图

资料来源:FAOSTAT。

从粮食消费的结构看,非洲的淀粉类根茎消费比重在各大洲中居于前列(图 2-6-2),从淀粉类根茎的产量对比中也可以看出其在非洲粮食消费中的重要地位(图 2-6-3),在各大洲中非洲的淀粉类根茎产量位居第二,且进出口量都很少,基本能够自给自足。非洲豆类的产量在五大洲中位居第三(图 2-6-4),且在粮食消

费中所占比例与其他大洲相比也是较高的,说明豆类是非洲粮食消费结构中重要的
蛋白质来源。

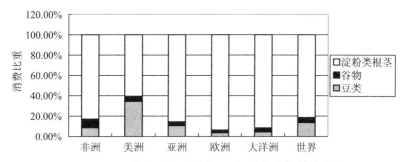

图 2-6-2　2010 年世界各洲谷物、豆类、淀粉类根茎消费比重图

资料来源:FAOSTAT。

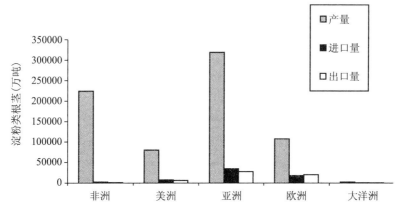

图 2-6-3　2010 年世界各洲淀粉类根茎产量及进出口量对比图

资料来源:FAOSTAT。

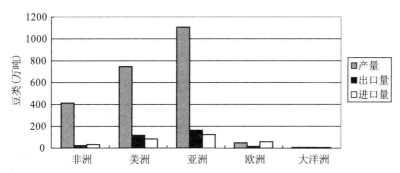

图 2-6-4　2010 年世界各洲豆类产量及进出口量对比图

资料来源:FAOSTAT。

粮食是食物的主要组成部分,为人类提供所需的主要能量,其中谷物是主要的,其次为淀粉类根茎。非洲的淀粉类根茎提供的能量尤为突出,远高出其他大洲,另外非洲豆类的人均能量摄取量在各大洲中也是最高的(图 2-6-5)。

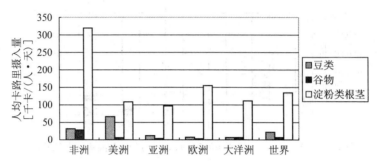

图 2-6-5　2010 年世界各洲粮食的人均卡路里摄取量

资料来源:FAOSTAT。

整体来看,世界人均粮食消费有了显著提高,已经从 20 世纪 60 年代初的平均 2280 卡路里/(人·天)上升至 2800 卡路里/(人·天)。世界平均粮食消费增长集中反映在发展中国家,因为发达国家在 20 世纪 60 年代中期已经有了较高水平的人均粮食消费。发展中国家所获得的总体增长主要归因于东亚的显著增长。

在撒哈拉以南非洲的 11 个国家(安哥拉、佛得角、厄立特里亚、冈比亚、莱索托、利比里亚、毛里塔尼亚、塞内加尔、索马里、斯威士兰和津巴布韦)中,2005—2006 年粮食供应量的一半以上依赖进口。在其他七个国家[贝宁、喀麦隆、科特迪瓦、刚果(金)、加纳、几内亚比绍、莫桑比克]中,进口比例在 30%～50%。

撒哈拉以南非洲是世界上粮食最不安全的区域,该区域的人均热能摄入量勉强超过每日必需的 2100 大卡,这无疑是全世界最低水平。区域内许多国家没有足够的粮食供给,而收入不均使问题更加恶化。

三、畜禽产品消费

2010 年非洲的畜产品(肉类、奶类、蛋类)消费量远低于其他大洲(大洋洲除外),说明非洲的食物结构不平衡,动物性食品消费不足(图 2-6-6)。动物源性食品能够提供难以从植物源性食品中足量获取的高质量蛋白及多种微量营养素。尽管谷物食品中也含有一些基本矿物质如铁、锌,但由于植物源性食品的形式以及其中存在肌醇六磷酸等吸收抑制剂,因此它们的生物利用率较低;而在动物源性食品中则更易于吸收利用。非洲的畜产品消费量不足,导致畜产品的人均蛋白质摄取量也很低(图 2-6-7)。

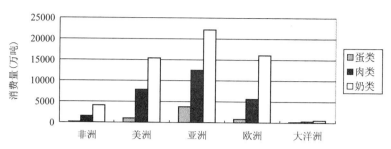

图2-6-6　2010年世界各洲畜产品消费量
资料来源:FAOSTAT。

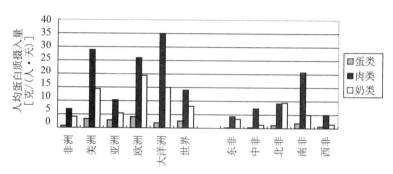

图2-6-7　2010年世界各洲及非洲各区畜产品的人均蛋白质摄取量
资料来源:FAOSTAT。

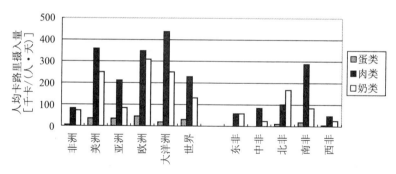

图2-6-8　2010年世界各洲及非洲各区畜产品的人均卡路里摄取量
资料来源:FAOSTA。

　　畜产品为人类提供了大量的热量,非洲的畜产品人均卡路里摄入量在世界范围内最低,其中中非、西非、东非的蛋类消费非常少,中非畜产品消费严重不足(图2-6-8)。1961—2005年撒哈拉以南非洲的畜产品人均能量摄入量一直处于较低的水平,且除撒哈拉以南非洲外,所有区域的畜产品消费量均呈上升趋势。1985—2010年北非肉类、奶类、蛋类消费量分别增长57.7%、49.1%和41.3%;南非肉类消费量增长 51.9%,蛋类增长 61.4%,但奶类消费有所减少。其他地区肉、奶、蛋的人均消费量则有不同程度的增减(表 2-6-2)。

表 2-6-2 人均畜产品消费量

区域		肉类[千克/(人·年)]				奶类[千克/(人·年)]				蛋类[千克/(人·年)]			
		1985年	1997年	2007年	2010年	1985年	1997年	2007年	2010年	1985年	1997年	2007年	2010年
世界		31.48	36.25	40.09	42.1	79.04	76.87	84.93	89.1	6.07	7.66	8.57	8.9
非洲	全非洲	14.34	14.14	15.51	18.5	35.68	32.05	37.92	48.4	1.85	1.83	2.17	2.4
	东非	11.42	10.11	10.51	11.5	30.66	25.89	28.77	46.6	1.2	0.99	0.89	1
	中非	11.26	10.17	11.09	22.3	19.67	9.17	8.01	15.5	0.36	0.39	0.33	0.8
	北非	16.93	20.12	22.16	26.7	67.32	71.66	94.92	100.4	2.76	3.13	3.65	3.9
	南非	35.74	36.4	45.97	54.3	59.27	57.66	58.06	54.9	3.78	4.44	6.34	6.1
	西非	11.37	10.3	11.76	12.4	15.65	11.46	15.36	20.3	1.87	1.7	2.38	2.5
美洲		67.81	77.15	85.39	86.3	157.81	160.64	164.43	168	9.87	9.79	11.18	11.6
亚洲		13.88	24.22	28.34	31	30.48	39.43	52.14	56.8	3.77	7.56	8.76	9.1
欧洲		74.45	69.96	76.97	76.4	214.82	206.97	221.5	219.1	14.09	11.91	12.76	12.9
大洋洲		103.64	99.63	115.34	104.2	226.15	209.91	195.46	189.7	9.99	6.36	6.54	6.7

资料来源:FAOSTAT。

所有迹象表明,全球对畜产品的需求将会持续增长。2007 年,国际粮食政策研究所(IFPRI)开发的"影响"模型按区域并在"一如既往情形"下预测,全球人均肉类需求增长将在 6~23 公斤之间(表 2-6-3)。大部分增长集中在发展中国家。数值增加最多的可能是拉丁美洲、加勒比海地区、东亚、南亚和太平洋区域,但现有水平低的撒哈拉以南非洲则预计会出现倍数增长。

表 2-6-3 2000 年和 2050 年各区域肉类消费量(预测)

区 域	人均肉类消费量[公斤/(人·年)]	
	2000 年	2050 年
中亚、西亚和北非	20	33
东亚、南亚和太平洋地区	28	51
拉丁美洲和加勒比海地区	58	77
北美洲和欧洲	83	89
撒哈拉以南非洲	11	22

资料来源:FAO。

大量文献资料显示,缺乏营养会给儿童成长和智力发育带来影响,包括发育不良、传染病发病率和死亡率的危险性增加等。从长远看,营养不足会影响儿童的认知发育和学习成绩。它不仅从道义上令人难以接受,同时还产生了巨大的经济代价。对于成年人而言,营养不足会削弱工作绩效和生产力,阻碍人力资本发展,制约国家经济增长潜力。营养不足还令男女老幼更易遭受疟疾、肺结核和艾滋病毒/艾滋病等疾病的侵袭。

基本素食中含量较低、主要靠动物源性食品提供的六种营养素包括维生素 A、维生素 B12、核黄素、钙、铁和锌。若对这些营养素摄入不足会产生相关健康问题,包括贫血、发育不良、弱视、眼盲、软骨病、认知障碍以及传染病发病率和死亡率的危险性增加等,特别是在婴幼儿当中。动物源性食品是这六种营养素的丰富来源,在素食中只需添加少量动物源性食品即能显著提高营养充足水平。

动物食品营养素密度高,在针对婴儿、儿童和艾滋病毒携带者/艾滋病患者等脆弱人群采取的食物干预措施中更具优势,因为他们可能很难大量进食来满足自身的营养需要。

已有证据表明,缺乏微量元素在最贫困国家非常普遍,适度摄取动物源性食品将能提高膳食营养充足水平,改善健康状况。据营养合作研究支持计划报告,通过对世界上不同的生态和文化区域,如埃及、肯尼亚和墨西哥等地开展的三个纵向平行观察性研究显示,动物源性食品的摄入与改善儿童发育、认知能力和体力活动,获得良好的妊娠结果和减少发病率之间存在着紧密联系。即便排除社会经济地位、发病率、父母文化水平和营养状况等因素后,这些联系仍呈正相关。

因此,可以考虑在发展畜牧业的同时通过营养教育来改善对动物源性食品的获取,可将此视为避免陷入贫困—微量营养素缺乏—营养不良这一困境的战略干预措施。对畜牧业干预措施及其在改善营养和扶贫方面发挥的作用所做的审议虽然有限,但可以表明,畜牧业能够在人类营养和健康以及发展中国家的减贫方面发挥重要作用。这些干预措施应具有性别针对性,以确保它们是有效针对粮食不安全和脆弱人群的。

四、水产品消费

2010 年世界水产品人均消费大洋洲最多,非洲最少,低于世界平均水平(图 2-6-9)。水产品的人均卡路里摄入量是欧洲最高,非洲最低(图 2-6-10)。

过去 40 年水产品消费发生了重大变化。世界人均水产品消费量稳定增加,从 20 世纪 60 年代的平均 9.9 千克到 70 年代的 11.5 千克、80 年代的 12.5 千克、90 年代的 14.4 千克和 2005 年的 16.4 千克。但区域间增长情况不平衡。过去 30 年,撒哈拉以南非洲区域人均水产品供应量增长几乎停滞。相反,在东亚(主要在

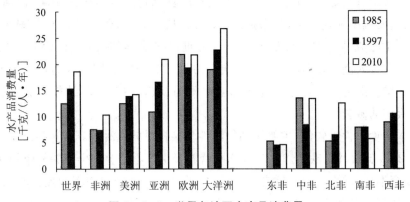

图 2-6-9 世界各地区水产品消费量

资料来源:FAOSTA。

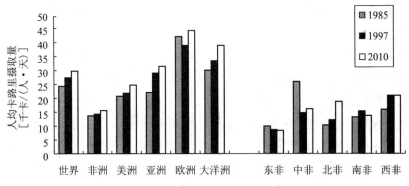

图 2-6-10 世界各地区水产品的人均卡路里摄取量

资料来源:FAOSTA。

中国)和近东/北非区域急剧增长。世界各国和区域之间在人类消费的水产品供应量方面变化很大,反映了饮食习惯和传统、鱼及其他食品的可获得性、价格、社会经济水平和季节的不同(图 2-6-11)。人均水产品消费可以从一个国家人均不足 1 千克到另一个国家的超过 100 千克。在国家内部也有差异,沿岸区域消费通常更高。

1985—2010 年人均水产品消费量非洲都是最低的,且东非和南非的人均消费量呈下降趋势,而北非和西非的消费有较大增加(表 2-6-4)。非洲的水产品人均蛋白质摄取量有所升高,但在世界范围内来说仍然处于最低水平(图 2-6-12)。

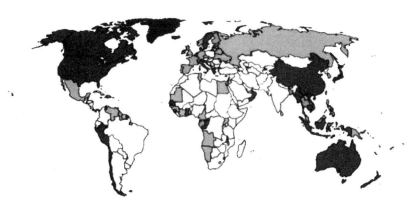

人均水产品供应量
（活体等重）

☐ 0~2千克/年　▨ 10~20千克/年　■ >60千克/年
▨ 2~5千克/年　■ 20~30千克/年
▨ 5~10千克/年　▨ 30~60千克/年

图 2-6-11　水产品人均供应量（2003—2005 年平均值）

资料来源：FAO。

表 2-6-4　1985—2010 年世界各地区人均水产品消费量及其变化

区　域	人均水产品消费量［千克/(人·年)］			变化率（%）	
	1985 年	1997 年	2010 年	1985—1997 年	1997—2010 年
世界	12.57	15.41	18.7	22.59	21.35
非洲	7.51	7.47	10.3	−0.53	37.88
东非	5.34	4.58	4.6	−14.23	0.44
中非	13.62	8.42	13.5	−38.18	60.33
北非	5.33	6.54	12.7	22.7	94.19
南非	8.06	7.98	5.7	−0.99	−28.57
西非	8.97	10.63	14.8	18.51	39.23
美洲	12.62	13.83	14.2	9.59	2.68
亚洲	10.92	16.61	21	52.11	26.43
欧洲	21.97	19.36	21.8	−11.88	12.60
大洋洲	19	22.76	26.9	19.79	18.19

资料来源：FAOSTA。

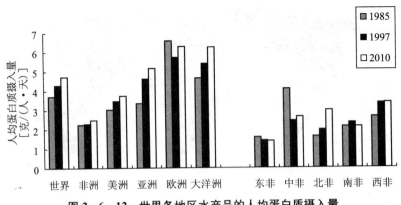

图 2 - 6 - 12　世界各地区水产品的人均蛋白质摄入量

资料来源:FAOSTA。

　　水产品对动物蛋白供应的贡献超过 20% 的国家主要集中在撒哈拉以南非洲,说明水产品对撒哈拉以南非洲居民蛋白质的获取非常重要(图 2 - 6 - 13)。撒哈拉以南非洲的居民如果经济条件尚好,似乎愿意购买更多的鱼品。到 2015 年撒哈拉以南非洲水产品的消费似乎可能比 2005 年增加 150 万～200 万吨,如果水产品供应量与需求量同步增长的话。这将使水产品消费量每年增加约 3%。按相对值计,这比世界上其他可比较的区域的预测要高。需求增长的大约 70% 来自人口增加,意味着需求稳定并且巨大。鱼品在非洲人饮食中是重要的,其既不是劣质产品也不是奢侈产

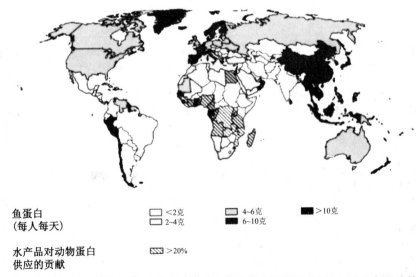

鱼蛋白　　　　　　　　□ <2克　　　□ 4~6克　　　■ >10克
(每人每天)　　　　　 □ 2~4克　　　■ 6~10克

水产品对动物蛋白　　　▨ >20%
供应的贡献

图 2 - 6 - 13　世界各地区水产品对动物总蛋白供应的贡献(2003—2005 年平均值)

资料来源:FAO。

品。在一些非洲国家,鱼蛋白占消费的动物总蛋白的比例超过 30%。因此,对政府和国际社会来说,将尽力确保使非洲家庭至少维持目前的水产品消费水平。非洲普通穷人占增加的人口的大多数,因此水产品需求增长很小,需求增长可能广泛分布,而不是专门在城市区域。

第二节　营养水平与营养安全

营养不足是指热量摄入低于最低膳食热能要求。最低膳食热能要求是指保证轻度体力活动和相对于一定身高的最低可接受体重所需的热量值,该项要求依各国和各年份而存在差异,取决于人口的性别和年龄结构。估计非洲有 2.18 亿人正在遭受长期饥饿和营养不良,约占总人口的 30%;在撒哈拉以南非洲,38% 的五岁以下儿童因长期营养不良而发育迟缓。

在 1990—1992 年发展中国家营养不良的人口数量约为 10 亿。2011—2013 年达到 8.42 亿,20 年减少 2 亿。如果我们要用 2015 年的千年发展目标的设想达到 5 亿营养不良的人口的话,这个减少仍然过低。在发展中国家,1990—1992 年到 2011—2013 年营养不良的比例从 23.6% 下降到 14.3%,减少了约 10%。然而在非洲地区,1990—1992 年营养不良比例估计是 32.8%。这些结果清楚地证明,与发展国家相比,非洲仍然是营养不良的人口比例最高、下降最慢的地区。

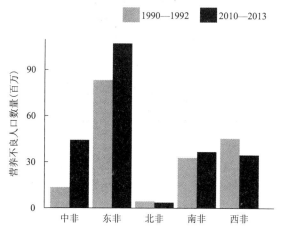

图 2-6-14　非洲地区营养不良人口统计
资料来源:FAO。

如图 2-6-14 所示,营养不良人口数量的分布地区差异明显。事实上,东非最多,1990—1992 年少于 9000 万,2011—2013 年增加到 1 亿。相比之下,北非 1990—

1992 年为 500 万,2011—2013 年略有下降。西非 1990—1992 年超过 4000 万, 2011—2013 年下降到 3000 万。矛盾的是,非洲中部和非洲南部等地区,1990—1992 年营养不良人口相对较少,但是后来有所增加。具体来说,非洲中部营养不良人口数量在过去 20 年中,从 1340 万增加至 4410 万。

这些差异也可以从国家之间的差距观察到。如图 2 - 6 - 15 所示,2011—2013 年,厄立特里亚、埃塞俄比亚、莫桑比克和赞比亚等国家受饥饿影响的人口超过 35%。此外,25%~35% 的人口面临饥饿的国家有:乍得、博茨瓦纳、布基纳法索、布隆迪、肯尼亚、利比里亚、马达加斯加、纳米比亚、卢旺达、塞拉利昂、坦桑尼亚、乌干达和津巴布韦。

此外,在非洲地区,2011—2013 年由于食物不足,发病率高达 27%,尤其非洲中部、东非和非洲南部超过 40%(除毛里求斯和南非)。在西非,营养不良发病率较低(15.9%),但在布基纳法索、利比里亚、塞内加尔和塞拉利昂等国家却较高(图 2 - 6 - 16)。

图 2 - 6 - 15 非洲因食物不足患病率分布图

资料来源:FAO。

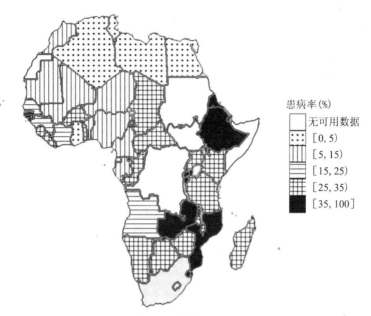

图 2 - 6 - 16　非洲因营养不良患病率分布图

资料来源:FAO。

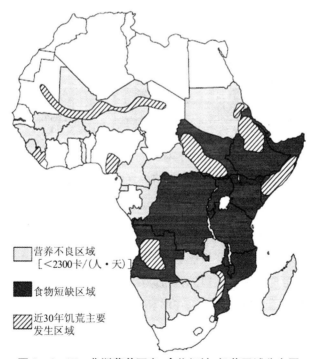

图 2 - 6 - 17　非洲营养不良、食物短缺、饥荒区域分布图

资料来源:Roy Cole,Harm J. De Blij, *Survey of Subsaharan Africa:A Regional Geography*, Oxford:Oxford University Press,2007。

食物不足人口数量(百万)

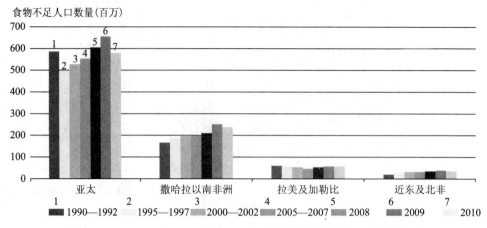

图 2‑6‑18　1990—1992 年至 2010 年各区域食物不足人口数变化趋势
资料来源:FAO。

食物不足人口比例(%)

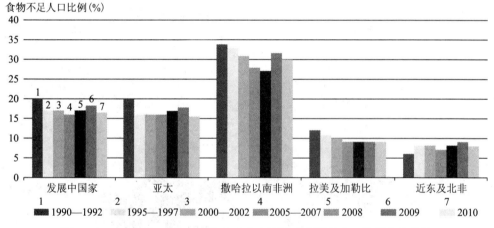

图 2‑6‑19　1990—1992 年至 2010 年各区域食物不足人口比例变化趋势
资料来源:FAO。

　　世界上大部分食物不足人口居住在发展中国家,其中三分之二居住在七个国家
〔孟加拉国、中国、刚果(金)、埃塞俄比亚、印度、印度尼西亚和巴基斯坦〕。世界粮食
首脑会议的目标是将食物不足人口的数量减半,而千年发展目标 1 则旨在将食物不
足人口的比例减半。因为世界人口仍在增长,所以饥饿人口数量不变就代表着饥饿
人口比例的下降。事实上,发展中国家这一群体在实现世界粮食首脑会议目标方面
均有所倒退(食物不足人口数量从 1990—1992 年的 8.27 亿增至 2010 年的 9.06 亿,
见图 2‑6‑18),但就实现千年发展目标 1 而言已有所进展(饥饿发生率从 1990—
1992 年的 20%降至 2010 年的 16%,见图 2‑6‑19)。食物不足人口比例最高的区

域依然是撒哈拉以南非洲,2010 年达到 30%,但各国取得的进展差异很大。2005—2007 年,刚果(布)、加纳、马里和尼日利亚已实现千年发展目标 1,埃塞俄比亚等国也接近实现;但在刚果(金),食物不足人口比例已从 1990—1992 年的 26%升至 69%。

第三编　非洲民族与文化

第一章

非洲原始文化

第一节　非洲可能是人类最早的起源地

一、人类起源的两种宇宙观

人类和人类社会的起源问题,是重要的基础科学理论问题。人类是怎样诞生的? 这是人类自有知识以来即最感兴趣和最为关注的问题之一。人们对这个问题的认识,一直进行着两种宇宙观的斗争。在19世纪科学研究开展以前,由于人们受到科学知识和历史知识的局限,以及阶级社会中统治阶级的偏见和愚弄,人们往往不能正确地认识和解答这个问题,从而常常导致唯心主义的结论,流行于人间的人类起源问题,只是种种神话和臆测。例如,古埃及相信第一个人是神在陶器场里塑成的。到了阶级社会,"泥土造人说"渗进了阶级意识,出现了"上帝造人说"。在种种宗教神话中,最有影响的就是基督教说人是由上帝或某一个"神"按照自己的形象造出来的。随着历史的推进,人类逐步产生了自发的唯物主义思想。古希腊哲学家泰勒斯(Thales,约公元前624—前546年)认为人是鱼变来的,我国汉代石刻上还描绘了鱼—猿—人的演化图景,但这缺乏科学的朴素的唯物主义思想,抗衡不了到处泛滥的"上帝造人说"。[①]

19世纪以后,随着科学的发展和阶级斗争的推动,神学笼罩的迷雾终被拨开,人类对自身起源问题的认识有了一个质的飞跃。对人类起源的科学研究贡献最大的数达尔文和恩格斯两人,他们分别是生物进化论和劳动创造人学说的奠基人。达尔文(Charles Robert Darwin,1809—1882年)于1859年出版了《物种起源》一书,奠定了生物进化的科学理论,提出了动物不断变化发展,由简单到复杂,由低级到高级的进化学说,这对正确认识人类起源提供了重要的基础。1871年,达尔文又发表了他的另一个重大研究成果《人类起源和性选择》一书,论述了人类在生物界里的位置、

---

① 朱龙华:《世界历史·上古部分》,北京:北京大学出版社,1991年。

人与高等动物的亲缘关系及其区别,更具体地认定人类源于动物,人和类人猿有着共同的祖先,人是由已经灭绝的古猿进化而来的。达尔文的人类起源学说推翻了神创世界、上帝造人的唯心主义观点,为科学的人类起源理论打下了基础。达尔文完成了人类认识特别是对自然界认识的一次伟大变革。但由于历史条件的限制,达尔文未能认识人和动物的根本区别,未能正确地解释人类进化的具体过程以及劳动在这一进化过程中的作用。换言之,达尔文未能彻底解决人类如何从动物界分化出来以及远古人类怎样发展为现代人的问题。达尔文更多的是站在纯粹生物学的观点看待人在动物界中的位置。正如恩格斯在《自然辩证法》中所说:"甚至达尔文派的最富有唯物精神的自然科学家们还弄不清人类是怎样产生的,因为他们在唯心主义的影响下,没有认识到劳动在这中间所起的作用。"[①]

正确解决人类和人类社会起源与发展问题的是马克思和恩格斯。恩格斯(Friedrich Engeles,1820—1895年)于1876年完成名篇《劳动在从猿到人转变过程中的作用》,运用辩证唯物主义观点提出了劳动创造人类的科学理论,并指出劳动是人和动物的最本质的区别。文中一开始就说:"政治经济学家说:劳动是一切财富的源泉。其实劳动和自然界一起都是一切财富的源泉,自然界为劳动提供材料,劳动把材料变为财富。劳动创造了人本身。"[②]世界各地至今所发现的许多古猿及原始人类的化石和生产工具,证明了恩格斯的关于劳动创造人的科学论断。

从猿转变到人,根本原因在于劳动,其标志表现为直立行走和制造工具的出现。[③]

直立行走是人类体质发展上的突破,是从猿到人的一种质的飞跃。南方古猿阿法种的发现和研究,突出说明了直立行走在从猿到人转变过程中的重大意义。一般而言,古猿从林栖生活转向地面生活,是迫于外力如气候的变化、森林地区的减少、林间空地和成片草地的出现。地面生活使古猿手脚有了进一步分工,使双脚能够直立行走。恩格斯曾明确指出正在形成的人以双脚直立行走时"完成了从猿转变到人的具有决定意义的一步"。[④] 两脚行走后,前肢得到解放,可专用于采食,随着适应复杂环境的功能日益提高,前肢逐渐学会使用石块、树枝等天然工具,进化为人类的双手。同时,躯干的直立又促进了脑子和头部各种感觉器官的发展,从而为进行人类的劳动创造了条件。

---

① 恩格斯:《自然辩证法》,载中共中央马克思恩格斯列宁斯大林著作编译局编《马克思恩格斯选集》(第3卷),北京:人民出版社,1972年,第155页。

② 恩格斯:《自然辩证法》,载中共中央马克思恩格斯列宁斯大林著作编译局编《马克思恩格斯选集》(第3卷),北京:人民出版社,1972年,第508页。

③ 姜忠尽:《世界文化地理》,南京:江苏教育出版社,1997年,第36页。

④ 中共中央马克思恩格斯列宁斯大林著作编译局编:《马克思恩格斯选集》(第3卷),北京:人民出版社,1972年,第508页。

人工制造工具的出现是第二个标志,也就是人类开始创造文化。恩格斯认为,制造工具的出现才是人类真正的劳动,也就是说劳动是从制造工具开始的。劳动本身的发展也有一个漫长的历程。人类劳动不同于动物的本能活动,是一种有意识、有目的的活动,能制造和使用工具从事有目的的活动。我们认为,南方猿人采用天然石块、木棒作工具,只是广义上的劳动,与有意识、有目的的劳动有着本质上的差别。制造工具的劳动才是人类真正的劳动,也可以说是狭义上的劳动,即特指人类的劳动。手在使用工具和采食的过程中变得越来越灵巧,渐渐发展到能制造工具。因此,我们可以说,从使用工具到制造工具的过程,是猿转变到人的发展过程中从量变到质变的过程,也即从"正在形成中的人"变成"完全形成的人"的过程。

恩格斯在《劳动在从猿到人转变过程中的作用》中提出了关于人类起源和形成的三个阶段[1]:攀树的猿群、"正在形成中的人"和"完全形成的人"[2]。从人类发展过程看,早期人类在国外大致被分为猿人(能人)和智人(真人)两个阶段,大致等于"正在形成中的人"和"完全形成的人"。前者属于从猿到人的过渡,后者则是人类本身的优化与提高。[3] 在我国,把"完全形成的人"划分为早期猿人、晚期猿人、早期智人、晚期智人四个阶段。此前则属于腊玛古猿和南方古猿。

二、古猿在非洲大陆的出现与演变

根据至今掌握的科学资料,地球的历史如果从地壳的形成算起,至少有 46 亿年以上。生物的历史若按最原始的原核细胞菌类化石出现算起,也有 33 亿年之久,而人类的起源只是在最近一千万年之内。地史学家根据古生物的进化和地壳的运动,将地球的历史用地质年代划分为太古代(33 亿前—25 亿年前,最早的生物)、元古代(25 亿前—6 亿年前,出现真核细胞藻类)、古生代(6 亿前—2.25 亿年前,从无脊椎动物到爬行动物)、中生代(2.25 亿前—7 千万年前,恐龙系繁盛之时)、新生代(7 千万年前至今,哺乳动物和人的进化)五个阶段,代之下为"纪",纪之下为"世"。

在太古代和元古代,已出现极低等的生物,主要是菌藻类。古生代后出现了无脊椎动物、脊椎动物、鱼类、植物、原始爬行动物等。中生代后出现了恐龙、最早的哺乳动物和鸟类。新生代是高等动物的时代,下分为第三纪和第四纪。就绝对年代来说,新生代一般认为是距今 7000 万年,其中第三纪便占了 6700 万年,第四纪只占了300 万年。第三纪出现了许多兽类,是哺乳动物的世界。在第三纪始新世之初出现最早的灵长类。到了渐新世,从灵长类中发展出最早的猿类。到中新世,距今约

---

① 朱龙华:《世界历史·上古部分》,北京:北京大学出版社,1991 年,第 5 页。
② 攀树的猿群指成群生活在树上的古猿;"完全形成的人"指已能制造工具的人;"正在形成中的人"指从前者到后者的过渡期间的生物,还不能制造工具,只能使用天然石块、木棒等天然工具。
③ 朱龙华:《世界历史·上古部分》,北京:北京大学出版社,1991 年,第 5-6 页。

表 3－1－1　地质年代和人类进化简表①

代	纪	世		生物的进化	距今年代(百万年)
新生代		全新世		现代人	0.01
	第四纪	更新纪	晚期	智人	0.10
			中期	直立人	
			早期	能人 ——出现"完全形成的人"——	1/15
	第三纪	上新世		南方古猿	出现猿人
		中新世		腊玛古猿	
		渐新世		出现猿类,埃及猿、原上猿	
		始新世		出现最早的灵长类,近猿动物, 哺乳动物	
		古新世			
古生代	白垩纪			恐龙;有袋及胎盘的哺乳动物;最早的有花植物	
	侏罗纪			恐龙;最早的哺乳动物及鸟类;裸子植物繁盛	
	三叠纪			最早的恐龙	
	二叠纪			出现类似于哺乳动物的爬行动物	
	石炭记			两栖类繁盛;出现原始爬行动物	
	泥盆纪			鱼类繁盛;最早的两栖类	
	志留纪			最早的鱼类;植物上陆	
	奥陶纪			海生无脊椎动物繁盛;出现最早的脊椎动物	
	寒武纪			无脊椎动物;海藻繁盛	
元古代					
太古代				生命可能源于 33 亿年前	
地球发展的初期阶段					

1400 万年之前出现了最早的人科动物腊玛古猿。到第三纪和第四纪之交,终于产生了人类。②

上述地质年代的划分虽极为粗略,却可勾画出生物进化的基本轮廓。

从动物界到灵长目仅能说明人和其他动物、生物的联系。但从人科开始来讨论

---

① 崔连仲主编:《世界史·古代史》,北京:人民出版社,1992 年;林耀华主编:《民族学通论》,北京:中央民族学院出版社,1990 年,第 8-10 页。

② 崔连仲主编:《世界史·古代史》,北京:人民出版社,1992 年;林耀华主编:《民族学通论》,北京:中央民族学院出版社,1990 年,第 28 页。

图 3-1-1　坦桑尼亚奥杜韦峡谷考古发掘现场[1]

人类起源,就必然涉及人种以内的科、属、种。从古猿和人科成员的关系看,古猿属于猿科,但它却是现代猿类和现代人类的共同祖先,约在中新世时期,便开始从主干上分开发展为现代猿和现代人。在生物学分类上,现代猿的所有种类都归属于类人猿科(Pongidae),现代人的所有种类都归属于人科(Hominidae)。当今世界上,人科只有一属、一种,通称现代智人或晚期智人。目前在世界上已发现的化石猿类,在人类和猿科还没有分化之前的最早始祖猿,是在埃及的法尤姆地区发现的,即埃及猿(Aegyptopithecus)和原上猿(Propliopithecus)。前者年代在距今 3000 万年的渐新世时期,后者年代更早些,专家们认为,前者可能由后者演进而来。当前,人类学界公认两者是人类的共同远祖。在这个共同远祖的主干上还有猩猩;人科通过腊玛古猿(Ramapithecus)、南方古猿(Australopithecus)、直立人(Homoerectus)、智人(Homosapiens)进化到现代人。当代研究成果是,从猿系统分化出来的人科的早期代表是腊玛古猿和南方古猿两种,他们都是从猿到人过渡时期的人类的直系祖先,也就是正在形成中的人。[2]

　　腊玛古猿化石最早于 1932 年发现于印度和巴基斯坦交界的西瓦里克山地。综合世界许多地区地层年代,腊玛古猿大约生存在 1400 万年前至 800 万年前。在至今发现的腊玛古猿化石中,以肯尼亚发现的年代最早,距今大约 1400 万年。[4] 腊玛古猿的发现,证明早在中新世时代猿类和人类的类型已开始分化。由于地壳运动和生态环境的改变,一部分古猿,如腊玛古猿下到地面来,经长期磨炼,身体慢慢直立起

---

①　艾周昌等:《走进黑非洲》,上海:上海文艺出版社,2001 年,第 18 页。

②　姜忠尽:《世界文化地理》,南京:江苏人民出版社,1997 年,第 38 页。

③　中国非洲史研究会《非洲通史》编写组:《非洲通史》,北京:北京师范大学出版社,1984 年。

来,使用双足行走,双手变得灵活自如,能够利用天然石块、木头工具。较之森林古猿,腊玛古猿在向人转化方面迈出了第一步,但它是否可以归入人科而成为人科最早的成员,学术界有很大争论。目前比较流行的看法是,腊玛古猿只是同步向前发展的多支之一,且其地位偏近于猩猩而在人猿分离之前,不宜列入人科。由于实物证据不足,不同意见是难免的。西方学术界认为腊玛古猿是人类的祖先,在谱系学上已和现代猿类分支,在分类学上应归入人科而不是猿科。还有人认为可以把腊玛古猿看作所有古猿和人类的共同祖先。

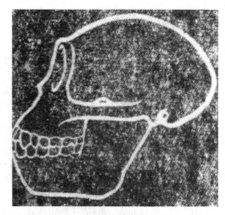

图 3-1-2　腊玛古猿头骨化石复原图（肯尼亚特难堡发现）[1]

　　目前可以肯定,属于人的进化系统的最早化石代表是南方古猿(简称南猿,距今550万年至100万年),相当于恩格斯所说的"正在形成的人",因而可以说它是至今所知的人科最早的成员。南方古猿最早是1924年在南非的汤恩(Taung)地区被发现的。从1936年至1948年,又相继在非洲的斯泰克方舟、克兰德莱、马卡潘斯盖特、斯瓦特克朗等地,陆续发现了类似化石。20世纪50年代末以来,先后在坦桑尼亚的奥杜韦峡谷(Oldawai Gorge)和肯尼亚图尔卡纳湖(L.Turkana)周围有所发现。经过比较分析,人类学界一致认为南方古猿可归为一层,至少有两个种:南方古猿粗壮种(A.robusts)和南方古猿非洲种(A.afreicanus),它们在南非和东非基本上生存在同一时期。前者体型较大较粗壮,从其牙齿来看,完全是以吃植物为生的;后者体型较小,除吃植物之外可能还吃肉食,很可能是灵敏的猎手。粗壮种约生活在距今200万年至100万年间,非洲种约生活于距今300万年至200万年间。[2]

　　20世纪70年代的新发现提供了比非洲种更早的化石,体型的某些方面如手、脚有更接近于人的特征,可归入南方古猿更早期的一种,定名为南方古猿阿法种(A.afarensis)。目前已知的主要出土地点是埃塞俄比亚的哈达尔(Hadar,1973年开始发现)和坦桑尼亚的莱托利(Zaetolil,1975年开始发现)。南猿阿法种完整的化石标本即著名的"露西",女性,身高104～121 cm,肢体灵巧,两足行走,脑型和牙齿比较原始,脑量亦小,约400毫升。人们一致认为,阿法种约存在于370万年前。阿法种

　　① 艾周昌等:《走进黑非洲》,上海:上海文艺出版社,2001年,第16页。
　　② 何芳川主编:《非洲通史·古代卷》,上海:华东师范大学出版社,1995年,第22～23页。这一发现指1924年,青年解剖学家达特在南非金伯利金刚石矿以北的汤恩发现的一个幼年"古猿头骨",保存有面骨的大部分和完整的颅内膜,定名为南猿。

已能直立行走,但迄今在阿法种地层中还未发现石器,可见这些人种的最早成员还停留在使用工具阶段,在体质上和现代人尚有一段距离。[2]

图3-1-3　两百万年前南方古猿成年男性头骨化石(肯尼亚科比富拉发现)[1]

南方古猿阿法种的发现和研究,突出说明了直立行走在从猿到人转变过程的重大意义。根据目前的知识,我们知道南方古猿阿法种是人类的远祖,亦即人类早期的直系祖先,处在从猿到人的过渡阶段,叫做"正在形成中的人"(或原始蒙昧人),过群体生活,经典作家称为原始群。据上所述,可以说人类起源进化序列是由南方古猿阿法种直接发展到早期直立人,后来发展为智人的。

① 腊玛古猿　　② 南方古猿未定种　　③ 南方古猿非洲种
④ 南方古猿粗壮种　⑤ 南方古猿进化型　　⑥ 直立人
⑦ 罗得西亚人　　⑧ 更新世晚期现代类型人

图3-1-4　非洲早期人类化石发现的主要地点[3]

①　艾周昌等:《走进黑非洲》,上海:上海文艺出版社,2001年,第17页。
②　何芳川主编:《非洲通史·古代卷》,上海:华东师范大学出版社,1995年,第25页。
③　姜尽忠:《世界文化地理》,南京:江苏人民出版社,1997年,第259页。

三、"完全形成的人"在非洲大陆的出现

制造工具的出现,标志着从猿到人过渡阶段的结束。"完全形成的人"随之出现在非洲大陆。"正在形成中的人"虽然能够使用石块和木棒等天然工具,但还不会制造工具,而"完全形成的人"则是以工具的制造为主要特征的。现根据我国人类学家的划分,"完全形成的人"可分为早期猿人、晚期猿人、早期智人、晚期智人四个发展阶段。[①]

表 3 - 1 - 2 "完全形成的人"在非洲大陆的地理分布[②]

发展阶段	化石出土点	生存年代(万年前)	化石特征
早期猿人(能人) 300万至200万年前	坦桑尼亚伽鲁西河流莱托利地层(1974—1975年发现)	377—359	上下颌、牙齿
	埃塞俄比亚阿法低地哈达尔地区(1973—1974年发现)	350	人类化石露西(Lucy)后又发现距今250万年的48件石器
	肯尼亚图尔卡纳湖东部库彼·弗拉(1968年发现)	261	打制的砾石器(迄今所知最早的石器)
	1972年在这一层次下355米处发现	200	化石人颅骨碎片(KNM - ER1470号头骨),脑容量775毫升,肢骨同现代人相似,能直立行走;同时还发现一些腿骨;后又发现一些人类化石
	坦桑尼亚奥杜韦峡谷(1959年开始发现)	250—150	古人类化石、石器,定名为"能人"
晚期猿人(直立人) 180万到20万~30万年前	肯尼亚图尔卡纳湖库彼·弗拉(1976年发现)	150	完整的直立人头骨(KNM - ER3733号),脑容量850毫升
	肯尼亚纳里奥托科姆(1983年发现)	160	男性少年直立人骨架,包括颅骨、下颌、脊椎、股骨等70余件,估计脑容量800毫升
	南非斯瓦尔特克兰 摩洛哥萨勒 坦桑尼亚奥杜韦峡谷 阿尔及利亚、摩洛哥	100 25	 OH9号人 阿特拉人
早期智人(尼人,30万至20万年前)	德国杜塞尔多夫城尼安德特河谷(1856年发现) 埃塞俄比亚奥莫河谷(1967年发现)	 25.4	尼安德特人(简称尼人),脑容量1400毫升 两个头骨、残缺体骨

---

① 崔连仲:《世界史·古代史》,北京:人民出版社,1992年,第9页;林耀华主编:《民族学通论》,北京:中央民族学院出版社,1991年,第15页。

② 本表据朱龙华:《世界历史·上古部分》,北京:北京大学出版社,1991年,第13 - 21页;崔连仲:《世界史·古代史》,北京:人民出版社,1992年,第15 - 19页,史料编制。何芳川主编:《非洲通史·古代卷》,上海:华东师范大学出版社,1995年,第43 - 45页。

续　表

发展阶段	化石出土点	生存年代（万年前）	化石特征
晚期智人	赞比亚布罗肯山（1921 年发现）	13	一个颅骨、上颌骨、额骨、一些肢骨 石器工具、动物化石；脑容量 1500 毫升；身高 173 cm
新人 5 万至 1 万年前	南非萨尔达纳（1953 年发现）	4	
	南非弗罗里斯巴德（1932 年发现）	3.5	一个头骨化石，完整颌骨、部分顶骨、右面骨
	南非博斯科普（1913 年发现）		头骨、肢骨
	马里阿塞核更新世末期地层（1927 年发现）		头骨、体骨

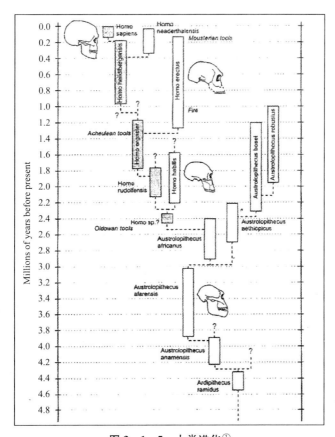

图 3-1-5　人类进化[①]

　　① Roy Cole, Harm J. De Blij, *Survey of Subsaharan Africa : A Regional Geography*, Oxford: Oxford University Press, 2007:42.

1. 早期猿人[能人(Homohabilis),300 万年前至 150 万年前]

最早的"完全形成的人",已具有人的基本特征,能制造出简陋工具。早期猿人的化石和石器材料主要发现于非洲。从 1959 年开始,在坦桑尼亚的奥杜韦峡谷陆续有古人类化石及石器的发现,年代距今约 170 万年,定名为"能人"。1972 年肯尼亚图尔卡纳湖东畔的库彼·弗拉发现了通称 1470 号头骨,目前普遍认为它生活于约 200 万年前。此外,在埃塞俄比亚的奥莫河谷也发现了能人的化石和石器。能人作为"完全形成的人"的主要标志,是制造工具和脑容量大幅度增长(1470 号头骨脑容量为 775 毫升,较南方古猿大 50% 以上)。能人的石器文化考古学上称之为奥杜韦文化,属旧石器时代的最早阶段。奥杜韦能人的生活层中,有一处发现了排成一圈的石块,推测能人已能建造简单的防风所,已过着社会性的群体生活。[①] 能人在开阔的草原地带生活一般以 10~20 人为群,以顶圆形草棚为居,经常迁移住地。总之,从至今在非洲大陆所发现的"能人"遗址来看,与亚洲和欧洲发现的生存年代相比较,发现其生存年代是最早的,据此把非洲看成人类的最早的发祥地是可信的。

2. 晚期猿人(直立人,150 万年前到 20 万年前)

能人虽已进化为完全形成的人,但脑容积量只有现代人的一半,体形和器官皆有原始之处,人类体质历经百余万年的演进才达到现代人的水平。现在认为能人以后发展阶段的原始人类是直立人(即晚期猿人的学名)。非洲的"直立人"是在距今大约 150 万年出现的,已发现的有李基直立人(坦桑尼亚)、库彼·弗拉 3733 号人(肯尼亚)、阿特拉(阿尔及利亚和摩洛哥)等;非洲"直立人"的活动范围已从草原扩散到除热带雨林以外的其他

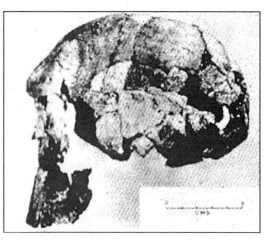

图 3-1-6 能人头骨化石(肯尼亚发现)[②]

地方。直立人分布之广表明这时人类已能在自然条件差异较大的各种区域生活。直立人时期属古文化的旧石器时代早期,其社会组织已能制造工具,懂得用火,出现血缘家族公社。在血缘家族内部,过着共同劳动、共同享受的原始共产主义生活。直立人在 150 万年前已经使用手斧型石器,比能人阶段用石打制的砍砸器进步。知

① 朱龙华:《世界历史·上古部分》,北京:北京大学出版社,1991 年,第 13~14 页。
② 艾周昌等:《走进黑非洲》,上海:上海文艺出版社,2001 年,第 18 页。

道用火是直立人文化发展的重大突破。在肯尼亚的切斯旺贾,已发现140万年前用火的证据。手斧和火的使用有助于人类智力的提高和活动地域的开拓。在直立人不断向外扩散的生存斗争中,无疑它们是最有力的武器。[②] 这时期的非洲"直立人"可以生活在草原,居住在山谷间,也可以栖息在森林,已学会用削尖的木棍刺杀野兽,成为打猎的能手。

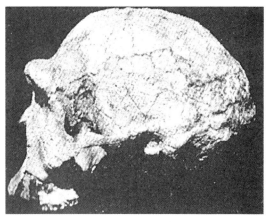

图 3-1-7 直立人头骨化石(肯尼亚科比富拉发现)[①]

3. 早期智人(亦称古人和尼人,30万年前至20万年前)

从直立人向智人阶段进化,大约发生在20万~30万年前。智人所处的时代是旧石器中、晚期,人类群体已从血缘家族公社时期过渡到母系氏族的萌芽时期。早期智人化石在赞比亚、肯尼亚和埃塞俄比亚都有重要发现。例如,1921年在赞比亚布罗肯山的一个洞穴里发现了13万年以前的智人化石,其脑容量已达1300毫升,身高约173 cm,以采集、渔猎为生。[③]

4. 晚期智人(亦称新人)

大约距今3万~4万年的旧石器中期与晚期的过渡时期进入晚期智人阶段。晚期智人已相当接近现代人,至此,人类起源的过程最终完成。

非洲的晚期智人大约从5万年以前开始,在南非、肯尼亚、坦桑尼亚、埃塞俄比亚等地出土了大量的人骨化石。晚期智人在新的社会组织氏族的推动下,经济、技术有了高度的发展,劳动工具的制造方法有了改良,出现了钻、磨技术,但仍旧是以粗糙的打制石器为基础的,经济也仍然是狩猎和采集。因此,如同所有能制造工具的人科成员一样,晚期智人的文化亦属于旧石器时代。重要的是,智人的钻、磨工具制造技术为人类进入新石器时代后的磨光石器制造技术打下了工艺上的基础。至1万年前,非洲晚期智人的足迹已经遍及整个非洲大陆。由于各地的人类长期生活在不同的自然环境下从事各种不同的活动,在身材、头型、脸型、发型、眼、鼻形状和肤色上已显出差异。大约距今1.2万年前,非洲大陆上的欧罗巴地中海型、尼格罗、科伊

① 朱龙华:《世界历史·上古部分》,北京:北京大学出版社,1991年,第17-19页。
② 艾周昌等:《走进黑非洲》,上海:上海文艺出版社,2001年,第18页。
③ 艾周昌等:《走进黑非洲》,上海:上海文艺出版社,2001年,第19页。

桑、俾格米四大主要人种已经形成。[①]

四、非洲大陆可能是人类最早的起源地

人类最早起源于什么地方？长期以来学术界就有争论,至今也尚无定论,但有较多的证据可以说明,非洲很可能是人类最早的诞生地。

从理论上说,人类是从猿进化而来的,从实践上讲,从猿演化成人的过程必然存在猿赖以生存繁衍生息的地理空间及其能持续不断地提供的必不可少的生态环境条件,其中最重要的条件是能持续为猿提供繁衍生息的水和食物。最近几十年在非洲大陆上的一系列重大考古发现,为非洲大陆是人类最早起源地这一观点提供了令人信服的科学依据。非洲大陆具有适宜人类从猿进化为人的地理环境空间和可再生的生物资源条件。

1. 非洲是适宜人类进化的地理环境空间

在远古时代,非洲很适合人类的产生和发展,当时,北半球先后遭到四个冰期的袭击。每个冰期到来时,广阔地带的原有生物就被冰封灭绝。在两个冰期之间,虽然漫长的年代逐渐出现进化中的生物,然而新冰期来临时又被灭绝。但在非洲,同冰期相适应的有四个大雨期。每个雨期之后则是长期的湿润,继而干旱,接着又是一个雨期,生物可以长期生存和发展下去。

在人类史前期,地理环境对人类进化进程起着关键性的作用,人类最早起源于非洲大陆与其适合于人类生存和发展的地理环境条件息息相关。从非洲大陆考古发现地理分布上看,早期猿人主要集中分布在东非大裂谷地带,究其原因,可以断定这一地带具有适合早期猿人生存与发展所必需的水和食物。东非大裂谷形成于第三纪地壳大变动时期的断裂下陷,其下陷作用起始于渐新世,主要大裂谷产生在中新世,一直延续到第四纪。在高原边缘地带和裂谷内,沉积了大面积的第四纪地层,形成了一些洼地和平原地形。在大裂谷带分布着一连串的大小不等的湖泊,蓄积着丰富的淡水。在东部非洲高原地形和热带气候环境下,发育着多种植被类型,广泛分布着热带稀树草原,动物种类十分繁多,动物资源极为丰富,几乎拥有非洲所有的动物种类。湖群高原西部的热带雨林中不仅拥有丰富的动物和鸟类作为食物,而且拥有丰富的天然植物类食物。因此,在史前时期,大裂谷地带优越的生存环境为人类的起源提供了得天独厚的适宜条件。[②]

2. 完整的人类进化过程考古发现

古代猿人进化到人的发展过程经历了腊玛古猿、南方古猿、猿人、尼人和现代人

---

① 中国非洲问题研究会《非洲通史》编写组:《非洲通史》,北京:北京师范大学出版社,1984 年,第 7 - 8 页。

② 苏世荣等编著:《非洲自然地理》,北京:商务印书馆,1983 年,第 328 - 350 页。

五个阶段。从 20 世纪 20 年代尤其是 50 年代以来,在非洲陆续发现从猿到人各个发展阶段的化石,这是世界其他地区无法比拟的。特别是东非和南部非洲,在人类起源的证据方面有着特别丰富的资料。

古猿大约是在距今 4000 万年前从猿类进化而来的。至今世界各地所发现的各类古猿中以在非洲埃及发现的渐新古猿和埃及古猿最为原始,前者生活在距今大约 3300 万年前,后者生活在距今 2800 万年前。这两种古猿都是四足行走的林栖动物,大概都是人类和现代类人猿的共同祖先的代表。约在 2000 万年前,非洲大陆又出现了森林古猿(亦称林猿)。大约在 1400 万年前,"正在形成中的人"的代表是腊玛古猿,以在肯尼亚发现的腊玛古猿的年代最早,其已能使用天然石块作工具。

非洲森林古猿经过了长达几百万年到上千万年的进化才发展到人类的第一代——猿人阶段,此后随着工具的制造技术的发展,猿人开始进化为"完全形成的人",进化过程的自然发展阶段可分为能人、直立人、智人。非洲"能人"的遗骨化石最早是 1961 年在坦桑尼亚大裂谷带中的奥杜韦峡谷发现的,生存年代距今约 180 万年。此后,在非洲东部其他地方以及非洲南部还发现了其他"能人"的遗骨,生存年代分别约在 290 万年前和 350 万年前。总之,根据近几十年来在非洲大陆的一系列考古发现,证明"完全形成的人"以非洲的最早,因此人们视非洲大陆为人类的发源地之一,也许是最早的发源地。[①]

必须指出的是,非洲大陆可能是人类最早的起源地一说,只是根据至今的考古发现成果所得出的认知推定,不宜一锤定音。由于考古技术的局限性,所发掘的材料也是有限的,随着不断出现新的考古发现,也许会改变现有的推断。一是世界各地人类进化的过程与所生存的地理环境息息相关,有些地区的环境有利于遗骨化石的形成和遗存,而有些地区则反之,因而关于人类的起源地问题不宜下绝对的结论。

五、早期人类的生存环境的变化与人类扩散

在距今 100 万年以前,早于更新世的冰河时代[②],人类的祖先曾经生活在非洲和印度之间的广阔地带,并且到达欧洲的中部,到更新世冰河时代,智人初次在地球上出现并扩散到世界各大陆,这一时代大约延续了 250 万年,结束于 1 万年前左右。在北半球,更新世时期动植物生存的决定性因素是冰河的前进和后退。只有当冰河退

[①]　中国非洲史研究会《非洲通史》编写组:《非洲通史》,北京:北京师范大学出版社,1984 年,第 5 - 6 页。

[②]　冰河时代(glacial epoch)又称冰期,指地质历史上地球表面覆盖大规模冰川的时期。全球各地地质历史中曾出现过 3 次冰期:震旦纪冰期、石炭一二 纪冰期、第四纪冰期。第四纪冰期是以欧洲阿尔卑斯山为标准划分的,自老至新分为:多瑙冰期(Donau)、恭兹冰期(Gunz)、明德冰期(Mindel)、利斯冰期(Riss)、武木冰期(Wurm)。

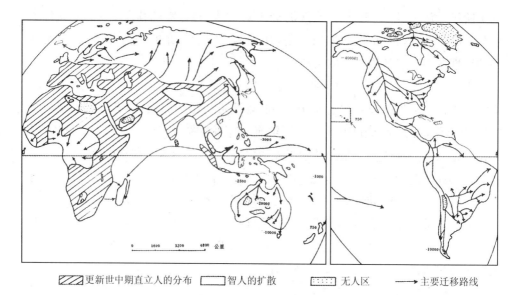

更新世中期直立人的分布 ▭ 智人的扩散 ▦ 无人区 ⟶ 主要迁移路线

图 3 - 1 - 8　早期人类的扩散①

缩,使橡树林和云杉林以及可供猛犸和驯鹿觅食的亚北极植被向北方扩展的时候,早期人类才有可能在赤道之外的地区生存。即使如此,早期人类如果要在冰冷的狩猎地度过寒冷的冬季,就需有火和能御寒的衣服。在有关早期人类的发现中,只有北京人(约 35 万年前)是已知使用火的人类。火是北京人能生活在冰线以北的周口店洞穴的极其重要的标志。考古发现,晚期猿人已掌握了用火和缝制皮衣,故能移居到温带地区,还能利用冰期比较温暖的气候向北迁移到很远的地方。大约在 7.5 万年前,当地球上最后一次冰期——武木冰期②的冰河首次前进到欧洲中部的时候,莫斯特文化(Mousterian)③的洞穴居住者已经利用炉灶、骨针、用来刮削和制造毛皮的工具度过北方的严冬了。大约在距今 3.5 万年前,北半球冰川覆盖范围达到历史最大。广大的冰原使海水水位降低了很多,海平面远较现在低,以致出现了一些"陆桥",除南极洲外,各大陆均有这些"陆桥"相连(图 3 - 1 - 9)。这个时期人类的居住范围被限制在冰原地带以南。最后一次冰期之后,气候逐渐转暖,冰川开始消退。冰川退去的地区重又为森林和草原演替,生存于森林和草原的野生动物也随之北移。中石器时代的晚期智人已学会使用弓箭和长矛来猎获这些动物。由于人类的繁衍和过度狩猎,需不断扩大狩猎范围。随着环境变迁提供的可能,人类开始利用

---

① 姜忠尽:《世界文化地理》,南京:江苏人民出版社,1997 年,第 44 - 45 页。

② 欧洲称之为武木冰期,北美称之为魏克赛尔冰期(Weichsel)和威斯康星冰期(Wisconsin)。

③ 莫斯特文化:欧洲旧石器时代中期文化,最初发现于法国的莫斯特。典型遗物为尖状器和刮削器。共生动物有猛犸、披毛犀和驯鹿等。

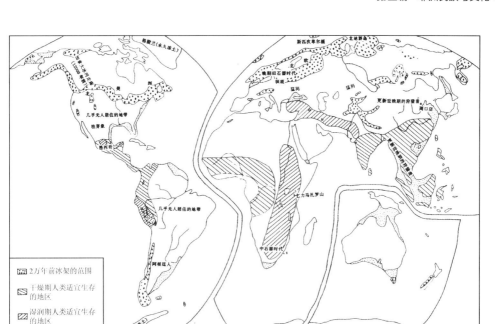

图 3-1-9　2 万年前的地球与人类狩猎地区[①]

"陆桥"向其他大陆移居,于是出现了人类史上具有意义的两支人口大扩散。一支是约在 2.2 万年前,通过马来半岛和马来群岛的"陆桥"进入澳大利亚,然后在稍晚时间进一步扩散到伊利安岛和塔斯马尼亚岛;另一支是蒙古人种向东越过白令海峡"陆桥"进入阿拉斯加。约在 1.2 万年前,蒙古人种狩猎者经加拿大冰河走廊进入北美洲大草原。在距今 1 万年左右,最后一次冰河时代结束,冰原退缩,演替为森林,这时人类已基本扩散到全球大陆的大部分地区。

　　据上述,人类史前时期的经济活动基本上是狩猎和采集,居无定所,四处漂荡,其直接动因则是寻觅食物。因此,人类在地球上的生存空间,是与生存环境的变迁和食物来源直接相关的。早期的人类狩猎活动仅局限于旧大陆的南部。由于捕杀造成食物来源渐渐减少,人们不得不向外扩散以扩大狩猎范围,获取足够的食物。根据作为早期人类食物的野生动物在各大陆灭绝的不同年代,可以推断人类在地球上的分布的空间变化。在人类出现最早的非洲和东南亚地区,乳齿象和猛犸至少在 4 万年前就开始绝迹了。在欧亚大陆北部和澳大利亚,这种动物的绝迹过程可能晚至 1.3 万年以前。但在美洲西部和西南部的草原上,情况则有所不同。大约在 1.1 万年前,这一带还生存着丰富的野生动物大野牛"河狸"、骆驼、树獭、麝牛、大猫、乳齿象、猛犸等,却由于过度捕杀而渐渐减少。因而狩猎者不得不向南迁移,通过中美

---

　　①　姜忠尽:《世界文化地理》,南京:江苏人民出版社,1997 年,第 44-45 页。

地峡扩散到南美洲。在人口大规模扩散于美洲大陆的近1000年里,上述丰富的野生动物因过度捕杀而大多绝迹了。

最后一次冰期结束后,以狩猎采集为生的狩猎者发现食物资源由于过度捕杀越来越少了,要获取足够的已吃惯的野生动物和植物果实及种子越来越困难了,为了生存,狩猎者只能另谋生计。在长期的生存斗争中,他们渐渐学会了驯化动物和植物,步入原始农业革命阶段。

第二节　原始文化

原始文化是指古代人类所创造的低级状态的文化,包括无文字记载的史前文化和有史以来原始部落或氏族的文化,以及现代民族文化中保留的"原始成分"。原始文化在社会学、文化人类学上主要指人类早期状态的文化,是与人类文明阶段相对而言的。在长期的劳动实践中,原始人类不仅创造了一定的物质文化,还创造了原始的非物质文化,即精神文化。具体来说,他们制造了石器、骨器;驯化了动物和植物,创造了原始农牧业;形成了原始思维和语言;创造了原始艺术,如雕塑、绘画、舞蹈、音乐;创立了原始宗教,如图腾和祖先崇拜。尽管原始文化是幼稚的、粗糙的,有些东西甚至是荒谬的,但我们不能不承认,原始文化是古代文明诞生的基础。对原始文化的认识和了解,除主要从早期人类的遗迹和工具获得证据外,一部分是通过对现今的那些仍以狩猎和采集为生的人们的研究而获得的。从他们的经济文化活动中,可以窥见人类早期的文化形式(图3-1-10)。

一、原始思维、语言、环境认知

思维和语言是人类在社会劳动中的产物,其产生的前提是人类的祖先开始过群居生活,共同同自然作斗争,一起从事生产活动。共同的生产活动和社会生活,使他们达到了彼此之间"有什么非说不可"①的时候了,于是产生了语言。同时,在产生语言的社会实践过程中同步产生了思维,人类的思维使语言发展起来,语言反过来又促进人类思维的发展。原始人类的社会实践活动促进了人脑、人的感觉器官和人的发音器官的发达,为思维和语言的产生创造了物质前提。只有在共同的社会劳动生活中,人们才可能将周围的物质或现象从客观世界中抽象出来,形成概念,这便是人

---

① 中共中央马克思恩格斯列宁斯大林著作编译局编:《马克思恩格斯选集》(第3卷),北京:人民出版社,1972年,第511页。

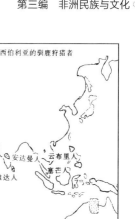

图 3-1-10　世界现存狩猎者分布图①

的思维。换言之,原始的思维反映了在恶劣的环境下人类从共同斗争中求生存的经历。这种经历使原始人类的思维既有具体观察的倾向,又有神秘思维的倾向。这与其他动物的心理活动有着本质的区别。这一发展过程属于原始社会初期的原始群阶段。这一原始群阶段是人类社会的形成阶段,也是人类语言的形成阶段,至于人类从何时起才开始具有语言的能力,迄今还无法断明,只有根据考古学、人类学、比较解剖学、比较心理学等学科所提供的事实加以推断。人类学只有依靠出土的原始人头颅遗骨来判断,也可以从人的直立程度、发音器官形状、脑容量大小和整个神经系统来研究。根据这种方法,人们推测尼安德特人已能发音,克罗马农人则只能发出短促的声音。

单从语言发展来看,最初的语言是模糊而不确定的,仅是一些惊叹词等自然发音音节。随着时间的推进,这种音节与某些物或人联系在一起形成名词。例如,“妈妈”的音节几乎在所有语言的口语中都是相同的,这可能是婴儿在吃奶时自然发声的结果。在社会生产活动极为有限的原始社会初期,语言的词汇量是很少的,几乎没有什么语法。但随着社会生产活动的不断扩大,社会生活的丰富和人类活动范围的扩大,词汇量不断增多,语言也逐渐丰富起来,语法规律也日益明确和完善。在近代原始部落中,只有数量相当可观的词汇,但缺乏反映综合概念的词汇。例如,塔斯马尼亚有各种树的名称,但没有“树”的总称;北美印第安人玉蜀黍约有 10 个不同的

---

① 姜忠尽:《世界文化地理》,南京:江苏人民出版社,1997 年,第 56 页。

名称,但没有概括性的名称。此外,近代原始民族语言中的句子仅含有很少的词汇,且缺乏语法规则。这反映了他们的抽象思维能力仍很低下。而发达民族的语言则不同,不仅有丰富的关于事物的综合概念,而且有完善的语法规则。由此可知,语言随着社会的不断发展而不断丰富和提高,这也是人类认识现象本质、认识自然规律的思维能力不断深化和提高的结果。正是社会生产的不断发展,人类思维能力和语言能力的不断提高,才促使了物质文化和精神文化的不断丰富与发展。[①]

自然科学是在人类生产实践活动的基础上产生和发展的,是人类对自然界各种现象的观察和认识的总结。在原始社会阶段,人类有限的生产实践活动和极为低下的生产力水平使得人类对物质生产发展和技术发展的需要非常有限,因此这时只能出现自然科学的萌芽。

原始人类为了生存,首先要熟悉自己周围的地理环境,如必须熟悉哪里可以找到水(河、湖),哪里有可以采集、狩猎的树林或草原,哪里有可以栖息的洞穴等。在漫长的生产实践活动中,他们的上述地理知识往往扩大到较远的地方,并可以在不迷路的情况下到达目的地。他们能在沙地上画出同伴可辨认的路线,有时刻画在树皮或兽皮上。例如,波利尼西亚人可以用石块或小棍制出其周围的海图,标示出海岛、海路、风向、潮汐等。日夜作息的生产活动使原始人类很早就知道昼夜更替的规律,并产生了"日"、"月"的概念。农牧业的出现,使他们形成了"季节"和"年"的概念。不过,原始人的"季"、"年"是根据其生产活动中与之有关的物候来决定的,如古代藏族是以"麦熟为岁首"的。农业民族和狩猎民族由于其生产活动规律的不同,对季节和月的认识是不同的。农业生产的发展要求人们必须更精确地掌握季节,于是从以物候改为以天象来定农时。古代玛雅人在天文学方面很有成就。他们知道月球和其他行星的运动周期,能算出日食的时间,创造了相当准确的历法。远在有文字可考的历史以前,我国人民就已有极为丰富的天文知识,郑州水河村遗址出土的新石器时代陶片上,就有太阳、月亮和星座的彩绘纹样。

计数数学知识在母系氏族初期阶段还处于萌芽状态。根据氏族学资料来看,起初人们仅用很少的几个数字计算极为有限的数目,已知一、二、三这几个数,其他数字均用这三个数字来组合,五已是很大的数字。例如,澳大利亚土著部落中,仅有两个或三个数字,三个以上就用组合数字表示,用三和二表示五,用二和二表示四。最初,人们只能用具体物件来表达数目,而无抽象的数字,如用两手或两足表示二,五个手指表示五,这说明原始人的抽象思维能力是很低的。

原始人类已经发明了舟船,最早的船是独木舟,也有使用兽皮、纸草、桦树皮及

---

① 姜忠尽:《世界文化地理》,南京:江苏人民出版社,1997年,第55 - 57页。

其他材料来制造的,如巴布亚人用石器将树干挖空做成舟。①

二、石器文化

石器是考古学名词,是在冶金技术出现之前,人类采用天然石块制作的主要生产工具,因而是最早出现的人造工具。石器时代是指使用石器的时代,是考古学上人类历史的最初阶段。在人类全部历史中,使用石器的时间很长,从人类出现直到金属时代开始为止,共经历了二三百万年,占人类现有历史的99%以上的时间,在人类历史上属于原始社会时期。考古学上,根据石器制作技术发展的不同阶段和特点,一般将古代人类技术发展史分为旧石器时代、中石器时代、新石器时代等阶段及各种文化类型。② 非洲石器是我们研究非洲史前时期原始人类所创造文化的主要依据。非洲石器的类型和发展情况有些不同,上述石器时代的划分不适用于整个非洲大陆,特别是撒哈拉以南非洲的情况。目前,已被普遍认可的石器时代划分为早、中、晚石器时代。

1. 早石器文化

早期石器以奥杜韦文化为代表。石器是以天然砾石为原料打制而成的。考古学上的奥杜韦文化作为能人阶段的最早旧石器文化的代表,是以砾石砍砸器为主要特征的(砍砸器数量之多可占全部石器的51%)。这是一种拳头大小的石器,以砾石的自然面作为手握部分,其前缘打出刃口,多数为两面交互打击,也有少数以单面打击而成。石器中还有盘状器、多面体石器、圆形手斧、石器、刮削器(大、小型)、石球、雕刻器等。在坦桑尼亚、肯尼亚和南部非洲都发现过这类文化遗址。在肯尼亚奥罗格萨利已发掘出一个遗址群(距今约40万～50万年)。坦桑尼亚奥杜韦峡谷曾出土最早的手斧,伴有直立人的化石遗存,共生动物有古象、赤鹿和两种犀牛。在南部高原伊西米拉已发现这类手斧。③

类似于非洲的这类石器在世界许多地方都有发现,由于这类石器使用的时间以非洲最早,所以有的学者认为这类石器起源于非洲,大约在距今100万年前才从非洲传到世界其他地方。这个时期人类已会用火,在肯尼亚、切萨瓦尼亚遗址发现了篝火遗迹(距今140万年),这是目前已知的人类祖先用火的最早时间。④

2. 中石器文化

中石器时代是旧石器时代至新石器时代的过渡时期。非洲人类进入中石器时

①　崔连仲:《世界史·古代史》,北京:人民出版社,1983年,第41-43页。
②　覃光广等主编:《文化学词典》,北京:中央民族学院出版社,1988年,第227-228页。
③　艾周昌等:《走进黑非洲》,上海:上海文艺出版社,2001年,第20-21页。
④　中国非洲史研究会《非洲通史》编写组:《非洲通史》,北京:北京师范大学出版社,1984年,第10-11页。

代约在 12.5 万年以前。这一时代的石器的主要特点是其体积比早期的要小,加工更为细致,有的已经过打磨,有的还装有木柄或其他材料。这一时期的石器遗址在数目上远超过早石器时代,分布范围更为广泛,主要散布在东非大湖地区、西非尼日利亚和加纳、南部非洲以及北非的广大区域。北非地区包括尼罗河流域,发现有片状石器,有的还被加工成尖头器和刮削器。在非洲东部和南部发现有以笨重的锄头和

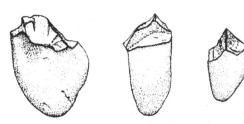

图 3 - 1 - 11　南方古猿使用的卵石工具(东非大裂谷约 300 万年前)①

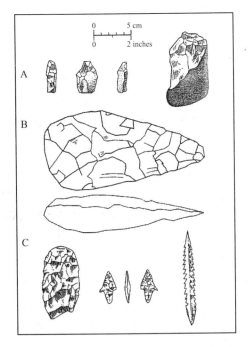

A. 能人　B. 直立人　C. 现代人

图 3 - 1 - 12　早期人类使用的工具②

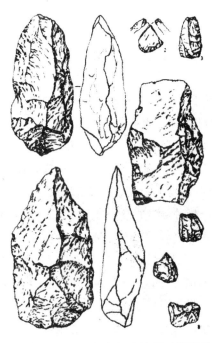

图 3 - 1 - 13　早期智人使用过的石头工具,包括手斧、石凿、刮削器、切割石等(坦桑尼亚奥杜韦峡谷发现)③

---

① 艾周昌等:《走进黑非洲》,上海:上海文艺出版社,2001 年,第 18 页。

② Roy Cole, Harm J. De Blij, *Survey of Subsaharan Africa: A Regional Geography*, Oxford: Oxford University Press, 2007:43.

③ 艾周昌等:《走进黑非洲》,上海:上海文艺出版社,2001 年,第 19 页。

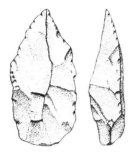

图 3 - 1 - 14　早石器时代阿舍利式手斧(坦桑尼亚南部高原伊西米拉)①

图 3 - 1 - 15　中石器时代的砍砸器和石凿(东非大裂谷,距今约 10 万~1.5 万年前)②

砍刀为典型工具的遗址。锄头用卵石做成,用来掘取植物的根。砍刀是用来做木工的。在乌干达桑戈地区,曾发现用卵石打制成的石锄和用石头打击出的砍刀,被称为桑戈型石器。这类石器距今约 4 万~5 万年,逐渐被传播到赞比亚、马拉维、津巴布韦、莫桑比克、安哥拉、南非以及尼日利亚和加纳。此外,在撒哈拉以南非洲还发现这个时期的石器有石凿、石锛、石箭头、双刃尖头器等。由于生产工具的改进,中石器时代的狩猎生产率也提高了。这时已普遍用火,定居的时间增加,出现男女劳动分工,男子出外打猎,女子管理家务、采集可食用植物、编制衣物和器皿。④

3. 晚石器文化

晚石器文化是一种史前文化,各地起始年代早晚不同,最早的约开始于七八千年以前。这时,人类从被动依赖自然界的食物过渡到主动利用自然界的资源,即由主要是采集性经济进步到生产性自给经济,产生了原始的农业和畜牧业。

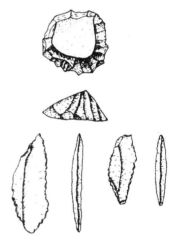

图 3 - 1 - 16　刮削石刀、砍刀和新月形石器(肯尼亚大裂谷地区,距今约 15000~2000 年前)③

文化特征主要是磨光石器的广泛流行和陶器的制造,末期发明了在磨光石器上钻孔的技术。从世界范围看,地理和时代因素的影响非常强烈,新旧大陆在文化面貌、经济基础和生产手段方面均存在明显差异。这一时期的

---

① 艾周昌等:《走进黑非洲》,上海:上海文艺出版社,2001 年,第 21 页。

② 艾周昌等:《走进黑非洲》,上海:上海文艺出版社,2001 年,第 21 页。

③ 艾周昌等:《走进黑非洲》,上海:上海文艺出版社,2001 年,第 22 页。

④ 中国非洲史研究会《非洲通史》编写组:《非洲通史》,北京:北京师范大学出版社,1984 年,第 11 - 13 页;艾周昌等:《走进黑非洲》,上海:上海文艺出版社,2001 年,第 21 - 22 页。

人类已能利用植物及其种子,生产粮食和蔬菜,开始饲养牛、羊、猪和狗,也能用石纺轮纺线和织布。陶器成为生活的基本用品。[2]

随着时间的推移,非洲石器的制作技术进一步提高,石器体积越来越小,制作更加精细,品种越来越多,有"细石器"之称,有的石器长度不到一厘米。钻孔工具和磨制工具的使用越来越广泛,例如,在坦桑尼亚北部和肯尼亚大裂谷地区,已发掘出新月形石片、钻子、开槽刀、刮削器等工具,这类石器通常安装在或黏在骨柄和木柄上,制成组合工具。这一时期已出现用于打猎的弓箭,出现了陶器,这些都为以狩猎为生的时代向以原始农牧业为生存基础的时代过渡准备了条件。作物栽培和家畜的驯养使人类定居成为可能,可定居的茅屋代替了临时性野营地、棚子和草庵,出现了村落。据现有考古资料,非洲最早驯化动物的时间可追溯到

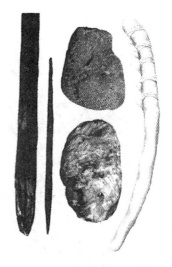

图 3-1-17 西非原始农业工具(从左至右分别为石镐、石箭、石锄、石斧和石刀)[1]

公元前 1.3 万年,最早栽培农作物的时间可追溯到公元前 5000 年。[3]

三、原始艺术[4]的杰作——岩画

原始艺术是指远古原始时代人类所创造的艺术,原始宗教是处于人类社会初期状态的原始人类对超自然体的信仰和崇拜。考古研究证明,原始艺术与原始宗教有着密切的关系。原始艺术可以说是原始人类感官感受和神秘信仰相结合的产物。因此,还可以说原始人类的生产活动和宗教活动是产生原始艺术的源泉。

原始艺术虽然是粗劣的、低等的,远不如近代艺术那样能够分门别类,但它却具体地反映和再现了原始人类的生产活动与社会活动,生动地表现了他们的审美观。

关于艺术起源,历来有种种解释,但因过去人们尚未发现人类社会的发展规律,便常常用唯心主义观点解释它。西方学者历来有模仿说、游戏说、巫术说等不同的错误论点。马克思主义产生以后,由于发现了历史发展的客观规律,艺术来源问题才得到科学的解释。马克思主义的艺术观认为,原始艺术起源于人类的社会生产劳

① 艾周昌等:《走进黑非洲》,上海:上海文艺出版社,2001 年,第 24 页。
② 覃光广等主编:《文化学词典》,北京:中央民族学院出版社,1988 年,第 710 页。
③ 中国非洲史研究会《非洲通史》编写组:《非洲通史》,北京:北京师范大学出版社,1984 年,第 13-16 页;艾周昌等:《走进黑非洲》,上海:上海文艺出版社,2001 年,第 22-23 页。
④ 艺术一般分为四类:语言艺术(文学)、造型艺术(绘画、雕刻等)、表演艺术(音乐、舞蹈等)、综合艺术(戏剧、电影等)。

动实践。劳动是人类社会生活的第一基本条件,劳动首先使猿逐渐变成人,产生了人类社会。正是由于劳动,人的头脑、手、感觉器官以及语言、思维才发达起来,这就为艺术的产生提供了物质前提。正如恩格斯所指出的,"首先是劳动,然后是语言和劳动一起,成了两个主要的推动力,在它们的影响下,猿的脑髓就逐渐地变成人的脑髓","手不仅是劳动的器官,它还是劳动的产物。只是由于劳动……人的手才达到这样高度的完善,在这个基础上它才能仿佛凭着魔力似地产生了拉斐尔的绘画、托尔瓦德森的雕刻以及帕格尼尼的音乐"。[①] 由此可见,原始艺术起源于劳动,是在生产实践和社会生活中产生并不断丰富发展起来的。

目前,从远古遗留下来的艺术中,可以看出其都是造型艺术,如至今在世界各地所发现的洞穴和岩画、彩陶绘、石雕等均是造型艺术品。在非洲漫长的原始社会历史中,原始人类在发展物质文明的同时,也创造了许多精神文化艺术品,如岩画、铸雕、饰物等。

在人类历史上的石器时代和新石器时代,非洲大陆,尤其是撒哈拉地区和南部非洲地区的狩猎人创作了大量的岩画。非洲岩画出现最早的年代可能已上溯到2.8万年前。在漫长的史前时代,人类在以狩猎、采集为生的岁月里创造了大量的岩画,显示了猎人的智慧和高超的狩猎技术。狩猎的需要使原始人类学会了使用绘画来标示猎物的位置和方向,以传达狩猎信息。到了新石器时代,细石器和弓箭的使用提高了狩获率,丰富了制作岩画的材料和技巧。

非洲的岩画的创作时间远比欧洲的更为古老,分布空间远比欧洲和澳洲广。撒哈拉地区发现的岩画,在数量上远多于南部非洲,在非洲文化史上占有极重要的地位。

撒哈拉地区岩画规模之大、变化之多,为世界上其他地方所罕见。这些奇妙而栩栩如生的古代艺术珍品,令人叹为观止。在新石器时代,撒哈拉地区是重要的人类居住区,并且通过无数的岩画向我们揭示了石器时代的居民与其周围世界的斗争,以及他们的艺术创造能力。岩画为后人了解古撒哈拉的真实面目提供了科学依据,可以推断出古撒哈拉是一个水草茂盛的地方,充满生机。

在沙漠的河谷和山坡的岩石上,史前人类凿刻或绘制的极其无穷多彩的岩画,在世界上也许没有任何其他地区能与之相比。从阿特拉斯山脉开始,横跨沙漠的霍加尔山、艾尔山、塔西里—恩阿杰尔山、提贝斯提山,直至尼罗河谷地旁的山脉,已发现藏有成千上万幅岩画的遗址几百处。从这些遗址中,可以看到一幅幅古代的大型野生动物岩画,如犀牛、象、狮、长颈鹿、羚羊、河马、野牛、鳄鱼,还有鸵鸟和其他动物

---

① 中共中央马克思恩格斯列宁斯大林著作编译局编:《马克思恩格斯选集》(第3卷),北京:人民出版社,1972年,第510、512页。

岩画。

弄清这些岩画的确切年代是十分困难而复杂的,岩画的研究通常以出现的主要动物类型作为划分时期的根据。一般来说,雕刻画比绘画更古老些,塔西里山区岩画的发现者法国人亨利·拉霍特研究确定了整个撒哈拉岩画的四个主要时期。[①]

最早是狩猎时期(公元前 8000 年至公元前 6000 年)。岩画都是凿刻在岩石上的,在艾尔山区伊费鲁安附近一块巨大砾石的垂直面上,刻着一对在吃草的长颈鹿,高约一米,是用拳头大小的工具点刻而成的,还有一幅幅表现在沙漠中被射死或垂死挣扎的动物姿态的岩画,生动极了。岩画的轮廓线十分丰富精巧,想象力也十分丰富。

第二是饲养牲畜时期(公元前 6000 年到公元前 1200 年)。这一时期的岩画大都是绘制的,题材中出现了牛。他们用泥土做成深、浅的黄褐色颜料绘画出生活中的喜庆场景,画面上表现出整个畜群,放牧人带着弓箭和棍子,动作活泼愉快。牛的躯体是绘有斑纹的,而母牛的乳房也被清晰地画出来,表明母牛是用来挤奶的。有的岩画上有戴着假面具的人像和长着巨大长角的羊,着了色彩,十分醒目。更令人遐想的是,岩画中出现了卷尾的猎狗与手持弓箭的牧人,在守护畜群。

第三是备有马和两轮车的牧人时期(约公元前 1200 年)。画中的马往往呈奔驰状态或神态悠闲状态。马拉车的画面上通常是一辆或两辆马车,形状有点像罗马战车,看上去是被两匹马或更多的马拉着飞跑。这一时期犀牛已从岩画中消失了,说明撒哈拉地区常年有水的时期结束,开始变为沙漠了。

最后一个是骆驼时期(约公元前 50 年起),在整个沙漠都留下了有关骆驼的记载。既有大量的雕刻岩画,也有大量的绘制岩画。可以推断,以骆驼为内容的岩画应该是沙漠中的作品。初期细致的绘画数量很少。骆驼毛用很细的阴影线表示,躯体姿态迷人。后来,动物画就变得小些了,更有些形象比喻化了。最后简化到只画一个三角形,在三角形的各端只画很少几根线条,比作腿、颈和头。这些画通常在古代商队路线沿途及其附近可以见到,而且常伴有阿拉伯文或图阿雷格人的提菲纳尔文的文字说明。通常,这些画记载着商队骆驼的头数或商队在旅行期间发生的事情。在近代绘制的岩画中,人物形象也同样画得简单而抽象,人头大都没有画出,脖子和手臂细得只能看出体型,用三角形表示宽肩、粗大腿和细腰,手中的武器矛枪也缩成很细的线条。这些岩画同生机勃勃、充满魅力的早期岩画相比,显得十分生硬粗糙。

[①] 姜忠尽:《世界文化地理》,南京:江苏人民出版社,1997 年,第 250－251 页。

图 3 - 1 - 18 阿尔及利亚雅兰巴岩画

图 3 - 1 - 19 撒哈拉沙漠动物形象

图 3 - 1 - 20 撒哈拉沙漠岩画（一）

图 3 - 1 - 21 撒哈拉沙漠远古时代壁画

图 3 - 1 - 22 撒哈拉沙漠岩画（二）

图 3 - 1 - 23 撒哈拉史前岩画

图 3 - 1 - 24 撒哈拉沙漠阿尔塔岩画

图 3 - 1 - 25 撒哈拉沙漠岩画（三）

图 3-1-26　撒哈拉阿杰尔高原岩画

图 3-1-27　阿卡库斯岩画

　　南部非洲的岩画在数量上远比不上撒哈拉地区,但分布十分广阔,且具有浓郁的地方特色。南非、纳米比亚、津巴布韦、赞比亚、莫桑比克、安哥拉、坦桑尼亚等国均发现了岩画遗址。例如,1721 年在莫桑比克发现撒哈拉以南非洲的第一幅岩画起至今已发现上万个岩画遗址,主要集中在南部非洲。岩画大多刻绘在露天的岩石上。仅 1959 年,在津巴布韦、马拉维、赞比亚就发现了 1100 个岩画遗址,在南非发现了 1600 个岩画遗址。岩画的制作者是广泛活动于南部非洲和东部非洲的桑人(布须

图 3-1-28　南部非洲岩画

图 3-1-29　南非岩画

图 3-1-30　南非布须曼人岩画

　　图 3-1-31　坦桑尼亚岩画

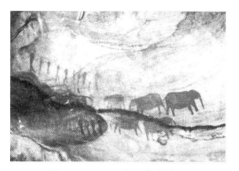
　　图 3-1-32　津巴布韦岩画

表 3-1-3　原始社会史简史[①]

距今年代（以万年为单位）	地质时代	人类形成	人类代表	时代	级别	石器/铜器时代	发展阶段	社会组织	婚姻	社会形态
公元前3500 公元前4500	全新世	完全形成的人	晚期智人 现代人	文明时代 野蛮时代	高级 中级 低级	铜器时代 铜石并用时代 新石器时代	私有制出现 社会大分工 农业部落发展 农业形成	国家 军事民主制 父系家族 氏族繁荣	一夫一妻 对偶婚	奴隶社会
公元前8500 1.2				蒙昧时代	高级	农业萌芽 中石器时代		母系氏族形成	族外群婚	原始社会
4	更新世		克罗马农人		中级	旧石器时代（晚期）	马格德林 梭鲁特 格拉韦特 奥瑞纳 佩里戈尔			
20		早期智人	尼安德特人			旧石器时代（中期）	莫斯特文化	血缘家族	血缘群婚	
150		直立人	阿拉果人 北京人 爪哇人 3733号人			旧石器时代（早期）	阿修尔文化 奥杜韦文化			
250		能人	1470号人							
300	上新世	正在形成的人	南方古猿 阿法种（哈达尔莱托利）		低级		从猿到人过渡阶段的群体 （原始群）			动物界

　　①　朱龙华：《世界历史·上古部分》，北京：北京大学出版社，1991 年，第 64 页。

曼人)。岩画表现的形象以动物和人居多,尤其是各种动物如象、犀牛、长颈鹿、羚羊、斑马等,绘制或雕刻的作品都栩栩如生。猎人选在天然岩石面上作画,例如,猎人画家在西开普北部金德丹地区的岩石上巧妙地雕刻出一头犀牛就是杰出的代表作。在开普敦东北的赫蒙发现的一幅晚期壁画,描绘了桑人与南恩格尼人打仗的场景:一伙桑人偷盗班图人的一群牛,被班图人追赶,逃跑的桑人中一部分驱赶牛群,一部分转回身弯弓瞄射正持矛狂追的班图人。这幅壁画形象逼真,动感极强,而且距离较远的画像画的较小,较近的画的较大,表明他们已掌握了运用透视法作画的技巧。岩画的制作已有刻画和绘画之分,刻画一般早于绘画。刻画通常选在较松软的砂岩上,也有的用石斧敲打尖状石器,刻在坚硬的花岗岩和石英岩上。绘画往往先在岩石上刻出轮廓线,有的用多种颜色,有白、棕、红、褐、黑和绿,各种颜料取自自然。绘画虽经几千年,却仍能保持惊人的新鲜感。[①] 考古学家曾发现桑人画家身上佩戴有 12 色的骨制颜料管。[②] 同时,桑人已掌握用点线搭配作画,例如,一只羚羊的下巴上的胡子用刻线表示,身上的长毛用点条纹描绘。

四、非洲原始农牧业的起源与扩散

1. 原始农业的起源与扩散

到距今 1.1 万年(公元前 9000 年左右),地球上的最后一个冰期结束。人类历史在此时出现了一个重大转变,即从旧石器时代转向新石器时代,从狩猎采集经济转向农牧经济,也即农业革命[③]。中石器时代是考古学划分的旧、新石器时代之间的一个过渡阶段,但世界各大陆延续时间不一,欧洲较长,西亚等地则不是很明显,我国发现的遗迹也不多。因而从世界范围看,中石器时代宜作旧、新石器时代的过渡。正是在这二三千年的过渡期中,西亚地区酝酿着人类历史上最早的农业革命,这具有划时代的意义。

一般认为农业是从驯化植物开始的,驯化动物的时间较晚。驯化是一个长期的有意识的积累过程。可供食用的植物有种子和根、茎、叶、果等非种子之分。一般认为非种子植物农业的起源早于种子植物农业。从自然条件看,植物资源比较丰富的地区,是热带和副热带地区,这里高温多雨,适宜植物常年生长。除植物外,可供食用的还有动物。河边、湖岸、海滨是鱼类群聚集中的地方,容易进行捕捞。因此,热带、副热带植物资源丰富的地方以及河、湖、海边,便是早期人类理想的聚居之地和动植物驯化的起源地。

---

① 艾周昌等:《走进黑非洲》,上海:上海文艺出版社,2001 年,第 34 页。
② 何芳川等主编:《非洲通史·古代卷》,上海:华东师范大学出版社,1995 年,第 54-57 页。
③ 近年国际上兴起科技革命三次浪潮之说,即农业革命、工业革命、信息革命。

一万多年前,农业最早是从什么地方起源的,只能进行推测。美国文化地理学家卡·苏尔认为植物驯化最早可能出现在 1.4 万～3.5 万年前的东南亚,当地的自然植被、气候、土壤等条件都有利于发展农业。植物驯化是由定居在林中、河边、靠捕鱼、采集为生的人进行的。当时驯化的非种子植物有山药、芋、荸荠、结球甘蓝、柑橘、香蕉、荔枝等。据考证,非洲西部和南美洲北部是地球上另外两个非种子植物驯化区,前者驯化的有油棕、山药、葫芦、可乐果、油菜籽、西瓜等,后者驯化的有木薯、甘薯、马铃薯、西葫芦、番茄、番木瓜等。

种子植物的驯化晚于非种子植物,学者们一致认为种子植物的驯化首先出现在西亚,尤其是两河流域平原北部边缘沿丘陵的周围地区,即"肥沃的新月地带"。学者们估计,种子植物的驯化始于 1.4 万年前,有大麦、小麦、燕麦、黑麦,此外还有菜豆、豌豆、芝麻等。除西亚外,种子植物驯化的起源地还有中国、印度、埃塞俄比亚。黄河—渭河流域可能也是一个独立的农业发祥地,驯化的种子植物有黍、粟、麦、荞麦、薏米及大豆。印度也是水稻①、小米、绿豆、向日葵等作物的起源地。学者们研究证明,西非和东非的大湖区是当时非洲重要农业区。在美洲大陆,有两个种子植物驯化的起源地——中美洲和南美洲,前者驯化的有玉米,后者驯化的有菜豆、花生和棉花等。其他中心区有墨西哥和秘鲁。

表 3 - 1 - 4　世界植物驯化的主要源地

主要驯化区						次要驯化区				
东南亚	南亚	印度东部与缅甸西部	西亚(印度西北部—高加索)	埃塞俄比亚(东非高原)	中美洲地区(墨西哥南部至委内瑞拉北部)	中国中原(包括中亚走廊)	地中海盆地	西非丘陵地区	安第斯山区	南美洲东部(巴西东部为中心)
柑橘属水果 香蕉* 竹* 芋头* 薯蓣属植物* 卷心菜*	柑橘属水果* 香蕉* 竹* 薯蓣属植物* 扁桃* 露兜树*	香蕉* 薯蓣* 芋头* 豆* 木棉 槐蓝	软麦* 大麦* 小扁豆* 豆* 豌豆* Oil seeds	硬麦* 谷子* 高粱* 稻* 大麦* 豌豆*	玉米* 苋* 豆* 芋头* 龙舌兰 白薯	谷子* 大麦* 荞麦* 大豆* 枣* 卷心菜*	大麦 燕麦 小扁豆 葡萄 橄榄 海枣(枣椰子)	高粱* 谷子* 稻* 可乐果 薯蓣*	白薯 南瓜 番茄 草莓 豆* 番木瓜	芋头* 豆* 花生 菠萝 腰果

———————————

①　中国南部也是水稻起源地之一。

主要驯化区						次要驯化区				
东南亚	南亚	印度东部与缅甸西部	西亚(印度西北部—高加索)	埃塞俄比亚(东非高原)	中美洲地区(墨西哥南部至委内瑞拉北部)	中国中原(包括中亚走廊)	地中海盆地	西非丘陵地区	安第斯山区	南美洲东部(巴西东部为中心)
东南亚	甘蔗	稻*	石榴	豆*	南瓜	小萝卜	欧洲防风根	豆*	昆诺阿慕	巴西果
南亚	面包树	苋*	葡萄*	巢菜属植物	番茄	油麦	芦笋	甜瓜	Oca	可可
稻*	木菠萝	谷子*	罂粟属植物	油料籽	辣椒	芥末	莴苣	油料籽	Cubio	西番莲子
豆*	Lanzoes	高粱*	油料籽	黄瓜*	木棉	大黄	韭葱	豌豆*	Arrocacha	棉花*
Eugenias*	榴莲	红花*	燕麦	甜瓜	番荔枝属植物	桑树	胡萝卜*	葫芦	Ulluco	烟草
薏米*	红毛丹	黄麻*	黑麦	葫芦	鳄梨	柿	大蒜	油棕榈*		
荔桂	藤本胡椒*	豌豆*	洋葱	胡萝卜	Sapotes	李*	豌豆*	罗望子树*		
龙眼	麻焦(马尼拉麻)	绿豆	胡萝卜	芜青	梅、李*	灌木樱桃*	甜菜			
茶	椰子	茄子*	芜青	枣	甜瓜	硬梨*	角豆树			
油桐	小豆蔻	印度麻	枣	Okras	棕榈*	杏	芹菜			
苎麻	槟榔	莲	阿月浑子	棉花	木薯属植物	桃				
荸荠	黄瓜*	藤本胡椒*	甜瓜		棉花*					
	肉豆蔻	姜*	菠菜							
	丁香	棕榈*	芝麻							
	芋头*	芒果	亚麻							
	姜*	姜黄	大麻							
	茄子*		苹果							
			胡桃							
			甜瓜							
			扁桃*							
			桃*							
			软梨							
			樱桃*							
			李*							
			无花果							
			罗望子树							
			苜蓿							

资料来源:J. Espencer & W. L. Thomas, *Introducing Cultural Cultural Geography*, John Wiley & Sons, 1978:4-55。

注:主要驯化区指最早栽培作物的驯化区,次要驯化区栽培作物的时间较主要驯化区晚。

* 号表明其他一些地区在作物种植期间也驯化了相关的品种或新的杂交种。

　　关于植物驯化源地与扩散的问题,是新、旧大陆各自独立发展的,还是旧大陆的人到达新大陆后,通过此举扩散使其成为新的驯化植物源地,在学术上尚有争论。但有一点可以肯定,在哥伦布发现新大陆之前,旧大陆的人们还不知道玉米、土豆、番茄等。新大陆的发现刺激了新、旧大陆上的作物的相互扩散,这对世界农作物的分布与发展起着极大的作用。在扩散的驯化粮食作物中,最主要的是小麦、玉米、土豆、甘薯、花生。例如,小麦原产西亚,在传遍旧大陆温带地区后传入新大陆,在长期的扩散与发展中,小麦逐渐发展成为新大陆的主要粮食作物,在现在的粮食出口中占绝对优势,超过了原产作物玉米。玉米从中美洲传到北美,后由葡萄牙人传入非洲,现今已成为非洲大部分地区的主要作物。土豆从美洲传到欧洲后,逐渐发展成为欧洲绝大部分地区都种植的作物。在果蔬方面,旧大陆的黄瓜、新大陆的番茄经相互扩散,都已成为普遍种植和被人们所喜食的蔬菜。西瓜首先从南美传到附近地区,后来遍及全世界。香蕉原产东南亚,后传向其他地区,中美洲成为世界重要的香蕉产区和出口区。咖啡原产非洲,而当今拉丁美洲成了世界最重要的咖啡产区和出口区。茶原产中国,先后传入日本、东南亚、南亚、非洲。应指出的是,驯化植物的整个扩散过程是非常缓慢的,延续了几千年,但最近500年,即西方殖民扩张以后,其扩散过程大大加快了。驯化植物的扩散使其在世界范围内的地理分布格局发生了根本性的变化。

2. 驯化动物的起源与扩散

在若干万年的时间里,动物一直是早期人类社团主要的食物来源,但动物驯化是从什么时候开始的还无定论。一些学者认为动物驯化要早于有意识的耕作,而另一些则认为动物驯化开始于距今8000年前(恰为农业实践活动开始以后)。

人类最初驯养的动物可能是狗、猫、猪和鸡。据考证,狗大约在公元前1.2万年就是人的狩猎伙伴。大型动物的驯化时代尚不清楚,被驯化的大型动物在时序上可能是牛、驴、马、驯鹿、骆驼和象。牛的驯化可能始于公元前7000年,而象的驯化可能始于公元前2500年。

据美国文化地理学家斯潘塞的研究,世界上有4个重要的动物驯化区(图3-1-33):①喜马拉雅山—长江以南区(包括中国南部、东南亚、南亚);②欧亚大陆中部区(喜马拉雅山以北和中国中原以西);③西亚—东北非区;④中美洲—安第斯山区北段。

从表3-1-5我们可以看出,同植物驯化一样,动物驯化存在地域上的差异,不同的地区驯化的动物种类是有所不同的。在东南亚,驯养的动物主要有猪、水牛、鸡和其他禽类如鸭、鹅。在南亚,牛在驯化动物中占重要地位。在西亚和北非,山羊、绵羊、骆驼为主要驯化动物。在中亚广大地区,驯化动物有牦牛、马、山羊、绵羊、驯鹿。在中美洲,驯化动物有美洲驼、羊驼,还有猪和火鸡。上述四个动物驯化区中,三个在旧大陆,一个在新大陆。但应注意的是,对上述动物驯化区的划分不能绝对化,因为动物驯养刚开始时,为数众多的动物种类同时为人类驯养的对象。例如,在旧大陆驯化的狗、鸭、鹅、山羊、绵羊、马、牛都有两个起始驯化区;骆驼可能在亚洲内陆和西亚同时被驯化;猪在许多地区同时被驯养。从世界范围看,只有几种动物的源地比较单一,如美洲驼、羊驼、牦牛和驯鹿。

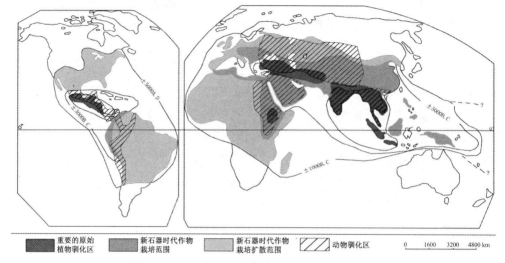

图 3 - 1 - 33　世界作物栽培扩散及动物驯化区图

表 3 - 1 - 5　世界动物驯化的主要源地[1]

动物驯化源地	驯 化 动 物
喜马拉雅山—长江以南区(包括中国南部、东南亚、南亚)	猪、狗、猫、鸡、孔雀、鸭、鹅、蚕、瘤牛、水牛、大额牛、爪哇野牛
欧亚大陆中部区(喜马拉雅山以北、中国中原以西)	山羊、绵羊、马、双峰骆驼、牦牛、驯鹿、牛
西亚—东北非区	猪、狗、猫、鸭、鹅、鸽、珍珠鸡、驴、马、山羊、绵羊、单峰骆驼、兔、白鼠
中美洲—安第斯山区	羊驼、美洲驼、鸭、火鸡、豚鼠

同驯化植物的扩散一样,驯养动物开始就地进行区域性的扩散,而后是世界性的扩散。哥伦布发现新大陆后,马、牛、羊开始传到美洲。原来不养羊的澳大利亚,随着英国殖民者的到来,养羊业获得迅速发展,成为世界优质羊毛的产销大国。

驯养动物的过程尽管已延续了 8000 多年(也可能是 1.2 万年),但今天仍在继续。例如,非洲热带稀树草原地区有几个实验站在研究如何驯养当地的野生动物,对旋角大羚羊的实验已取得了一些成功,有可能成为食物不均衡地区的肉食来源。至今,世界上大约只有 40 多种高等动物被驯化了,因此驯化动物仍有可能。

① J.E.Spencer & W.L.Thomas, *Introducing Cultural Geography*, John Wiley & Sons, 1978:60.

三、非洲农业起源中心

非洲农业的产生与其地理环境有着密切的关系。非洲地形以高原为主,地势起伏不大。高原大陆内夹杂着盆地,河流水网密布,尼罗河、刚果河、尼日尔河为非洲的主要大河。[①] 河网密布的高原环境有利于农业起源。

关于非洲农业发生时间的问题目前还不能得到确切的答案。已有证据表明,早在公元前五六千年撒哈拉地区就存在着农业社会性质的村庄,在那里找到了人们大量食用油棕和牛豆的证据。而通过来自毛里塔尼亚南部的提季特·瓦拉塔的研究,可以肯定的是,公元前 1000 年左右,在今天非洲纯属于沙漠的地方已经出现了发达的农业社会。关于非洲农业最早的文字记载是由阿拉伯作者提供的,通过研究证实公元前 1000 年前后,西非的农业已经相当发达。按伦敦大学非洲史教授罗兰·奥利佛的意见,赤道以南非洲是公元前 500 年前后从采集走向作物栽培的。到公元前1000 年,非洲大陆上虽然还存在少数的以采集、狩猎为生的社会,但绝大多数地区已经确立了农业为主的社会性质。

公元前 3000 年,在撒哈拉以南西起大西洋,东至埃塞俄比亚高原的广阔草原地带,人们从当地的野生作物中培育出了小米、高粱等今天仍是非洲主食的谷物,随后这些品种传入中东。[②] 波尔梯勒在《农业起源》一书中认为高粱起源于三个中心:西非、尼罗河—埃塞俄比亚地区和东非。他还认为小米栽培的中心有四个:南非、乍得湖地区、尼罗河地区和东非。

直至 20 世纪 60 至 70 年代,非洲作为世界农业的起源中心之一的结论才得到肯定。古代非洲存在着若干个农业发源地,大体上以尼罗河流域—北非、西非、东非等几个地带为中心发展起来。[③]

1. 尼罗河流域—北非中心

该中心包括埃及、尼罗河上游努比亚、苏丹地区以及利比亚至摩洛哥的狭长沿海地带和内陆撒哈拉的部分地区。尼罗河流域分为上埃及(阿斯旺至开罗地区的狭长肥沃地带)和下埃及(尼罗河北部至地中海的三角洲地带),考古学者通过在这两个地带的发掘,证明埃及在新石器时期(公元前 6000 年至公元前 3000 年)存在多种文化,有塔萨文化、纳加达文化、法尤姆文化、马阿迪文化等。各地区文化都存在不少差异,但也有共同点:实行以农业为主的混合经济,即种植、畜牧、渔猎相结合。当时尼罗河流域的农业已经发展到相当高的程度,普遍种植的作物有大麦、小麦、蓖麻、亚麻,此外还有无花果树、枣椰树、柽树及芦苇草等,养殖的牲畜有牛、绵羊、猪、

---

① 姜忠尽:《世界文化地理》,南京:江苏教育出版社,1997 年,第 256 页。
② 屠尔康:《非洲农牧业的起源和发展》,载《西亚非洲》,1981 年第 4 期。
③ 陆庭恩:《非洲农业发展简史》,北京:中国财政经济出版社,2000 年,第 38 页。

狗,同时捕猎羚羊、鸵鸟、河马、鳄鱼、龟和鱼类等补充食用。

尼罗河流域的农业和畜牧业的发展对北非及其他地区的农牧业产生了深刻的影响。北非的新石器时代文化是在当地传统和外来影响共同作用下产生的,大体可分为地中海新石器文化、撒哈拉新石器文化和后期卡普萨新石器文化三种类型。在对北非地区的考古发掘中,证明当时该地区已有相当发达的农业,其中地中海新石器文化(公元前 5000 年至公元前 3000 年)的发展程度最高。对阿尔及利亚的盖特拉遗址的发掘表明当时开始出现从事农业的群体,并饲养山羊、绵羊和狗等。撒哈拉新石器文化(公元前 8000 年至公元前 3000 年)遗址位于北非内陆,阿尔及利亚的阿梅克尼遗址的发现表明当时人们以群体方式聚居,主要作物为稷类、豆类和油棕,饲养牛作为主要畜力,同时捕鱼(鲶鱼、鲈鱼)以作为生计补充。后期卡普萨斯新石器文化(公元前 5000 年至公元前 3000 年)遗址分布在前两者之间,当时的人们以牛作为主要畜力。北非地区新石器时代的农业作物品种比较单一,以大麦、小麦为主,同时种植无花果和豆类,畜牧业以饲养山羊、绵羊、猪和狗为主。[①]

2. 西非中心

该中心的核心地带大致包括塞内加尔河流域和尼日尔河的中、上游以及乍得湖盆地周围,是尼罗河流域农业起源时发展形成的农业系统。公元前 4000 年末,西非农业已经传播到古代埃及和努比亚境内,同时也抵达今日的埃塞俄比亚。该中心的农业以多种蜀黍、密会狼尾草及蹄状狼尾草、多种黍状马唐植物、多种稻属植物、块茎作物、油料作物(如油棕、橄榄等)、薯蓣属植物等为主。豆科植物(落花生、大豆)、刺激性植物(如可乐果)均起源于西非中心。西非中心畜牧业的出现时间早于种植业,以游牧为主,主要饲养牛、狗、山羊和羚羊。[②]

3. 东非中心

该中心包括埃塞俄比亚、肯尼亚等在内的东非高原地区。约在公元前 2000 年,埃塞俄比亚高地出现定居农业,种植的作物以蜀黍类植物、大麦、小麦、黑麦、高粱、芝麻为主。考古学家认为,该地有两大农业传统:北部农业建立在谷物和油料作物种植的基础上,西南部以种植香蕉等作物为主。约公元前 1500 年,农作物种植向南方传播,东非裂谷地带成为农业传播的走廊,从埃塞俄比亚高地传播到肯尼亚和坦桑尼亚裂谷两边的高地,并向周围扩展。该中心畜牧业饲养出现得比种植业早,以饲养牛、山羊、绵羊为主。[③]

---

① 陆庭恩:《非洲农业发展简史》,北京:中国财政经济出版社,2000 年,第 38 - 41 页。
② 李继东:《非洲农业的起源和发展》,载《农业考古》,1991 年第 4 期,第 70 页。
③ 陆庭恩:《非洲农业发展简史》,北京:中国财政经济出版社,2000 年,第 43 - 44 页。

表 3-1-6　非洲农业起源中心

起源中心	范围	主要作物	饲养牲畜
尼罗河流域—北非中心	埃及、尼罗河上游努比亚、苏丹地区以及利比亚至摩洛哥的狭长沿海地带和内陆撒哈拉的部分地区	大麦、小麦、蓖麻、亚麻、无花果树、枣椰树、桎树、芦苇草、豆类、稷类、油棕作物等	牛、猪、狗、绵羊、山羊
西非中心	塞内加尔河流域和尼日尔河的中、上游以及乍得湖盆地周围	蜀黍、密会狼尾草及蹄状狼尾草、多种黍状马唐植物、多种稻属植物、块茎作物、油料作物、薯蓣属植物、豆科植物、刺激性植物等	牛、狗、山羊、羚羊
东非中心	埃塞俄比亚、肯尼亚等在内的东非高原地区	蜀黍类植物、大麦、小麦、黑麦、高粱、芝麻等	牛、山羊、绵羊

4. 主要栽培农作物

经研究表明,约有 250 种以上的农作物起源于非洲,大体上可以分为谷类作物、豆类作物、油料作物、块茎作物、纤维作物、瓜果作物、饮料作物、染料作物八类。[1]

(1) 谷类作物

非洲稻,与亚洲水稻有别,具有坚硬笔直的散穗花序,颖果呈棕色或红色,起源于塞内加尔河、冈比亚河上游和尼日尔河中下游。栽培水稻从尼日尔河三角洲向周围扩散,遍布西非和几内亚湾广大地区。

高粱,即约翰逊草,起源于西非、尼罗河流域—北非、东非三个中心,向世界其他地方扩散。非洲不同地域的高粱有着不同的地域特色,如生长于西非的芦粟、塞内加尔的珍珠粟、几内亚的分枝粟等。高粱后广泛传播于印度等地。

小麦,不同品种的起源地不同,如硬小麦起源于埃塞俄比亚。

苔麸稷,起源于埃塞俄比亚,现为东北非一带的主要谷物。

佛尼奥,起源于西非地区,现仍是南达喀麦隆北部及塞内加尔至乍得湖周围一带居民的主要食物。

画眉草,起源于埃塞俄比亚,至今是西北地区少数民族食用的主要谷物。

(2) 豆类作物

苜蓿,源于埃及的土著作物,与当地的羽扇豆一起作为牲畜饲料。

豇豆,起源于西非地区几内亚湾内陆一带,后传播至东非、南非和北非广大地区。

地豆,起源于西非,生长习性类似起源于南美的花生。

---

① 陆庭恩:《非洲农业发展简史》,北京:中国财政经济出版社,2000 年,第 45-51 页。

（3）油料作物

蓖麻，起源于东非，用以榨油，远古引种至亚洲，后传入美洲、欧洲。

芝麻，品种繁多，起源于西非，后传入东非、北非。

卡利特，起源于西非，一种形状像梨的油料作物，取其核制油，用来照明，与泥土混合后可作为涂料，可食用。

油棕，起源于赤道非洲，最早在刚果河下游培育，用于制取棕油，后遍及热带森林地区。

（4）块茎作物

黄秋葵，起源于西非地区，后向非洲其他地区扩散，埃及及加勒比海的安提瓜、巴巴多斯种植较多。

薯蓣（几内亚薯），起源于西非几内亚湾和内陆，向南传播至喀麦隆和刚果盆地，品种繁多，有黄色薯蓣、白色薯蓣、甜味薯蓣、苦味薯蓣等，是当地居民的主要食物。[①]

薯豆，其籽和根茎可食用，味甜，起源于西非地区，后传入中部非洲及广大地区。

薄荷属薯（卡费尔土豆），起源于西非南部地区及其邻近地带，后传入印度。

无果实香蕉（埃塞俄比亚香蕉），茎可食用，起源于埃塞俄比亚，至今遍布南部地区。

（5）纤维作物

棉花，起源于西苏丹地区一种名叫 *G.anomalum* 的野生植物，史前传入印度，后传入东非及北非地区，公元前 600 年传入埃及。

安姆巴利，起源于西非，并在该地区广泛传播，东非的一些地方也种植这种植物，可在撒哈拉沙漠中生长。

（6）瓜果作物

葫芦（匏瓜），起源于西非，公元前 2000 年传入埃及。

西瓜，起源于非洲，古代西非居民进行栽培，供食用，此外还用其瓜子榨油，后传遍整个非洲。

南瓜，起源于西非，后传入赤道以南地区。

央加，形似黄瓜，起源于西非。

阿奇，形似苹果，起源于西非。

龙葵，起源于西非，果实可食用。

合欢树，起源于苏丹。

（7）饮料作物

咖啡，起源于东非埃塞俄比亚高地，用来做刺激性饮料，后传入波斯、也门、印度

---

① 李继东:《非洲农业的起源和发展》，载《农业考古》，1991 年第 4 期，第 71 页。

尼西亚和斯里兰卡。

可乐树,起源于西非草原地带,用来做刺激性作料,果实可食用,也可用来做饮料。

落生葵,呈红色,起源于西非,可用来做饮料,后传遍整个非洲大陆。

(8) 染料作物

红蓝,起源于埃塞俄比亚,后传入埃及。

第二章

非洲的人种、民族与文化

第一节　非洲的种族与文化[①]

一、种族的形成与扩散

人类的种族(Race),即人种,指属于同一起源并在体质形态上具有某些共同遗传特征的人类群体。对于每个种族集团来说,某些主要的基因(基因库)决定了它们的形成。可以假定,人类是从同一祖先发展起来的,但是从其源地迁移后,地理空间和社会组织的隔离对各大洲不同的基因库和不同的种族集团的形成产生了影响。发型、发色、肤色、再生毛的发达程度、发型、血型、脸型以及眼、鼻、唇的结构和大小等,都是在一定地域内长期适应自然环境而形成的遗传特征,并与其生存区域的历史文化发展也有一定的关系。[②] 人种学家们是根据人类的遗传特征组合来划分人类种族的。

据考古发掘的人类化石研究,约在人类发展过程中的旧石器时代晚期,甚至中期,也即从早期智人阶段开始,原始人类已有体质特征分化的迹象,而到旧石器时代之末,即晚期智人时期,三大人类的差别已初步形成(约距今5万至1万年间)。三大人种在形成过程中,各自都在不断发生变化,相互之间又在不断发生混合,从而各大人种内部形成了一些不同的分支类型,而在各大人种之间则形成了一些混合类型。人种分类是一门复杂的科学,仅用一个标准很难完全反映出人种类型上的全部差别。采用不同的标准,人种类型区分也就不同,如按肤色划分,可以把人类分成黄、白、棕、红种人等;根据血型可将人类划出十几个人种类型。现在通常以人类体质特征作为区分标准,将人类分为三大种族:蒙古人种(黄种人)、欧罗巴人种(白种人)、尼格罗人种(黑种人)。有的还从尼格罗人种中划分出澳大利亚人种。各人种又可

---

① 姜忠尽:《世界文化地理》,南京:江苏教育出版社,1997年,第81-85、109-112页。
② 覃光广等主编:《文化学辞典》,北京:中央民族学院出版社,1988年,第8页。

分出不同分支,同时三大人种之间又有一些过渡人种,这是人种的迁徙、混杂和通婚的结果。15 世纪以前,各大人种之间聚居区界线基本明确,但地理大发现以后,随着人口大规模的国际性迁徙和混杂,人种的地理分布出现多相性,大大复杂化了。尽管人种之间在古代就存在混血类型,但随着现代世界人们交往日益频繁,混血的趋势愈来愈大。

1. 蒙古人种(Mongroid)

皮肤呈现淡黄、黄色、黄褐色,头发黑且平直,面部扁平,颧骨较高,鼻梁宽度和高度适中,眼瞳棕黑色。身材中等,体毛不发达。蒙古人种约于旧石器时代晚期起源于亚洲中部和东部,其后活动区域从源地逐渐向欧洲和大洋洲扩散,在扩散过程中形成两支系即亚洲支系和美洲支系。亚洲支系在某些地理区域又形成一些支种:亚洲东部太平洋沿岸各种族、大陆内部各种族、亚洲北部各种族;在亚洲西北部,蒙古人种与欧罗巴人种混杂,逐渐形成中亚、南西伯利亚和乌拉尔各种族;在亚洲南部,蒙古人种与澳大利亚人种相混杂,形成东南亚各种族、日本种族和波利尼西亚各种族。美洲支系是在距今 3 万至 1 万年间,蒙古人种利用间冰期的温暖气候,经白令海峡陆桥进入美洲大陆,形成印第安人各种族,后进入北美的一支蒙古人种形成分布在北冰洋沿岸的因纽特人(即爱斯基摩人)。

2. 欧罗巴人种(Europeoid)

欧罗巴人种是人种中最大的人种群,几乎占世界人口总数的一半。体质特征是肤色浅淡(白色或灰褐色)、眼珠淡蓝、嘴唇薄、鼻梁高而鼻尖突出、头发黄而稍弯曲。身材高大、体毛发达。约于旧石器晚期形成于地中海沿岸,即西亚、南欧;北非连接地带的某些自然生态区,后逐渐扩散到整个欧洲、北非、亚洲广大地区。居住在不同地区的欧罗巴人种逐渐形成了许多支系:北欧系、阿尔卑斯系、东欧系、地中海系、印度—阿富汗系。除上述地区外,还分布于美洲、大洋洲、南部非洲等地。

3. 尼格罗人种(Negroid)

尼格罗人种又叫黑色人种,皮肤呈黑色或深棕色,头发黑而卷曲,鼻宽扁,嘴巴宽大、唇厚而突出,眼大而眼珠黑,体毛不发达。尼格罗人种祖先类型约于旧石器时代晚期在南亚形成,后向西南方迁移,经阿拉伯半岛进入非洲东北部,逐渐散居到撒哈拉沙漠以南广大非洲地区。尼格罗人种主要由苏丹种族和班图种族构成。苏丹种族肤色最深,分布在西非几内亚湾沿岸,分属于西非和中非多个国家,从地域来看主要有西苏丹、中苏丹和东苏丹 3 个类型。西苏丹人身材高大、长头直鼻;中苏丹人多为短头;东苏丹人主要为尼罗特人,成人男性平均身高 180～182 厘米。班图种族肤色稍浅,分布在东非和中南非,包括刚果盆地、大湖地区、赞比西河和林波波河流域,北界西起比夫拉湾,东至朱巴河下游(号称班图线),南达好望角。非洲尼格罗人种另有俾格米人种和科伊桑人种,分布在赤道雨林中的俾格米人身材矮小、平均

150 cm 以下,肤色黄、脸宽且小;科伊桑人种主要是指布须曼人和霍屯督人,分布在非洲西南部荒漠地带,与俾格米人的体型特征相差较大,标志性体征为"肥臀",肤色黄褐,身高只有 154 cm 左右,非洲尼格罗人种除分布在非洲外,还有一部分是"地理大发现"后被强制性迁移到美洲广大地区的移民后裔。

除非洲尼格罗人种外,还有一支尼格罗人种分布在亚洲太平洋地区,即亚洲东南部边缘和大洋洲,成为澳大利亚人种。皮肤呈棕色,头发黑、呈波状或卷曲,唇厚,鼻宽短,体毛发达。他们可能于旧石器中期起源于南亚大陆,后逐渐向东南亚迁移,从中亚半岛经马来群岛到达大洋洲各地。移居大洋洲的尼格罗人就长期在远离其他大陆的环境下独立发展,形成体型特征各不相同的种族,其中有澳大利亚人、美拉尼西亚人、毛利人、巴布亚人、东南亚的尼格利陀人(矮黑人,身高 150 cm 以下)、阿伊努人、斯里兰卡的维达人(身高 150 cm 以下)等。由于其皮肤呈棕色,故又称棕色人种或马来-波利尼西亚人①种,人类学家称其为小黑人。有些学者认为非洲尼格罗人种与澳大利亚人种的共同性较多,把两者全称为尼格罗-澳大利亚人种,或"赤道人种"。因此,狭义的尼格罗人种仅指非洲尼格罗人种。

4. 过渡型人种

随着人类社会的不断演进,以及人们之间交往的日益增强和频繁,异族通婚,血缘混杂,从而造成目前世界种族的混杂局面。古代人种混杂主要是在亚洲中部、北非东北部,处于三大人种区域接合部,经长期的混血混杂,形成一批过渡性(即中间类型)人种。这在埃塞俄比亚、苏丹、印度、中亚、西伯利亚的居民中较为普遍,如埃塞俄比亚人和索马里人就是尼格罗黑色人种和欧罗巴白色人种的过渡类型。南亚和东南亚有澳大利亚人种与蒙古人种的过渡型人种。近代以来,由于人口迁移规模和范围的不断扩大,人种混杂更为普遍,形成一些新型的混血人种,这主要是欧洲向美洲、大洋洲移民奴隶贸易时期非洲黑人被大规模地贩运到美洲造成的。亚洲种族构成较为复杂,其中南亚的种族构成最为复杂。拉丁美洲被称为"人种的十字路口",人种混杂更为突出,其中混血种人占 58%。欧洲和大洋洲种族构成较为简单,欧洲几乎为单一的白种人,大洋洲 2/3 为白种人。非洲撒哈拉沙漠以北主要为白种人,以南主要为黑种人。

总之,由于地理环境和遗传基因不同的影响,三大人种经过长期的混杂形成了目前世界上许多不同的人种及其过渡类型。由于各国所采用的划分人种的标准不同,划分出大同小异的种族集团,其实彼此并无本质上的差别。

美国地理学家德·布里吉(H.J.De Blij)将人类种族集团分为九大地理种族,可供参考(表 3-2-1、图 3-2-1)。

_____

① 资料来源:http://blog.sina.com.cn/s/blog_50a3839f0100g6an.html。

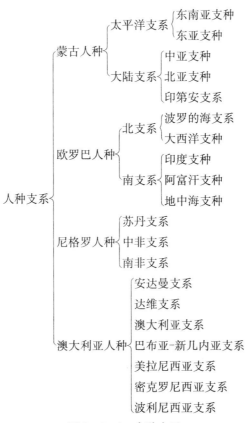

图 3 - 2 - 1 人种支系

表 3 - 2 - 1 人类九大地理种族[①]

种 族	体质特征	分 布	源 地
欧洲地理种族	头发稀疏,直硬或波浪形,呈金黄色或褐黑色(年老时变为灰白色),高鼻梁、嘴唇薄,体毛浓度,胡须和腮毛特别发达,体格发达,在 ABO 血型系列中,常掺入 A2 血型,Rn 型频率高	欧亚大陆西部、北非、西亚、南亚、美洲、大洋洲、南非	地中海周延地带
亚洲地理种族	脸宽、鼻扁平、颧骨较高,眼皮有波浪状的蒙古褶,头发黑直粗、胡须与汗毛稀少,黑眼睛、身材较矮、皮肤呈浅黄色,在 ABO 血型中 B 型频率很高	欧亚大陆东部(东亚、东南亚)、马达加斯加岛	中亚、东亚

① H·J·德伯里:《人文地理——文化、社会与空间》,王民等译,北京:北京师范大学出版社,1988 年,第 119 - 122 页。

种　族	体质特征	分　布	源　地
印度地理种族	人体外貌与欧洲人种相似(鼻梁、发型、胡须、脸型等),但肤色和头发比欧洲人种深,皮肤自北至南由浅色到深色,眼睛呈蓝色,头发呈黑色或黄色、直式波浪形,在 ABO 血型系列中 B 型频率高	撒哈拉以南的非洲、南北美洲	南亚
美洲土著(印第安人)地理种族	眼窝深,眼睛黑,头发粗直,体毛稀疏,肤色深黄,在 ABO 血型系列中,O 型、B 型频率高	美洲、多分散居住,只在几个主要地区是集中的(特别集中在安第斯山脉和墨西哥高原)	亚洲(蒙古人种的一支)在更新世冰期之前的间冰期(多半在 3 万至 4 万年前)迁移进入美洲
澳大利亚地理种族	肤色特深,波状或卷曲状头发,儿童的头发有时为红色甚至是亚麻色,上、下腭很突出,额头突出,眼睛深凹,鼻子扁平,唇厚,牙齿较小,体毛中等浓度,在 ABO 血型系列中,B 型频率很低	澳大利亚中部,伊利安岛	土著、长期与世隔绝
美拉尼西亚(巴布亚)地理种族	世界上肤色最黑的种族,黑色头发卷曲与非洲人相似,但鼻梁高而不扁平,唇厚但不外翻。最初被称为"海上的黑人",体毛少,在 ABO 血型系列中,B 型频率少	美拉尼西亚以北、波利尼西亚以西的太平洋诸岛	土著、长期与世隔绝
密克罗尼西亚地理种族	黑皮肤,黑眼睛,黑头发,头发多呈波纹形、螺旋形,平均身高与美拉尼西亚人相似,身材矮小,全身多毛。血型频率与波利尼西亚人种相似,但 B 型频率较高	美拉尼西亚以北、波利尼西亚以西的太平洋诸岛	一般认为是东南亚人和美拉尼西亚人的混血后代
波利尼西亚地理种族	身材较高,体格强壮,身体素质好,肤色适中,黑发黑眼	南起新西兰的北岛,北至夏威夷和中途岛;西起斐济岛,东到埃斯特岛的太平洋岛屿上	土著
非洲地理种族	头发和体毛卷曲,但体毛稀疏,腭部突出,唇厚而外翻,铲形门牙,鼻梁塌、短、扁平,身材较高,四肢较长,肤色黑,在 ABO 血型系列中,O 型、B 型频率高	撒哈拉以南的非洲、南北美洲	南亚

　　九大地理人种分类比较符合客观实际,因而受到学术界的重视和公认。但也有

缺陷,如美洲印第安地理人种太大了;南美印第安人和北美印第安人在体质上也有明显的区别,应考虑分开归属问题;忽视了地理大发现时代及其以后,欧洲人、非洲人等向南北美洲、澳洲等地的大迁移,由此引起了人种大融合,从根本上改变了美洲、澳洲人种分布等事实。随着时间的推移,这种融合愈来愈深,由此可把南北美洲划为北美地理人种和拉丁美洲地理人种,这是比较适宜的。另外,还有报道称在热带雨林地区,考古探险队员曾发现罕见的绿色人种和蓝色人种,不过这些都没有得到充分考证。

二、非洲的种族类型

旧石器时代晚期(距今几万年),非洲居民在种族类型上的差异已基本形成。近几千年来,随着人口的迁移和政治的变迁,非洲居民经历了大规模的混血和融合,增加了新的种族成分,出现了一系列不同性质的混血人种,致使非洲居民的种族构成非常复杂,兼有世界三大人种的成分。总体来说,非洲人种分属欧罗巴人种、赤道人种和过渡型人种,其中大多数属于黑色人种(尼格罗人种),为世界黑种人的故乡。

1. 赤道人种[①]

赤道人种主要分布在撒哈拉沙漠以南非洲,大体可分三个类型——尼格罗类型、尼格利罗类型、科伊桑类型。

(1)尼格罗类型

尼格罗人群是赤道人种的主要支系,为撒哈拉以南非洲各国居民的主体,约占非洲总人口的2/3。但这一人种群内部十分复杂,体质生理特征和肤色不完全相同,通常又分为两大支即苏丹尼格罗人和班图尼格罗人。苏丹尼格罗人主要分布在撒哈拉以南、赤道以北(北纬4度以北)、西非几内亚湾沿岸到埃塞俄比亚高原东缘广大地区,属于苏丹黑人,讲苏丹语。苏丹尼格罗人以南的广大地区属于班图尼格罗人,讲班图语。尼格罗人的主体起源于撒哈拉以南、刚果河以北的草原地带,早在几千年以前这里就出现了原始农业和牧业。大约3000年前,由于气候变迁,撒哈拉及其附近地区日趋干旱,迫使尼格罗人向其他地区迁移,其主流迁至刚果盆地,少数人迁至西非和东北非。在刚果盆地及其毗邻的东非大湖地区,尼格罗人掌握了冶铁术,发展了锄耕农业,人口也大大增加了。随着生产力水平的提高,纪元初期,尼格罗人第二次向外扩散迁移。6世纪到达赞比西河一线,进而扩散到整个南部非洲。通过这一系列的人口扩散,不仅改变了撒哈拉以南广大地区的人口分布状况,也大大加快了社会经济的发展进程。

---

① 赵锦元、戴佩丽主编:《世界民族通览》,北京:中央民族大学出版社,2000年,第45-47页。

（2）尼格利罗类型

尼格利罗人亦称俾格米人,是非洲古老原始的土著人种,可能是非洲热带雨林地区最古老的原始人类中残存下来的一支,在班图人迁徙时受到排挤,现分布在刚果盆地热带雨林地区深处,身材矮小,成年男子身高在 150 cm 以下,肤色稍浅,社会经济仍处早期发展阶段,过着原始的狩猎和采集生活。

（3）科伊桑类型

非洲赤道人种古老的一支,部须曼人和霍屯督人为其两大支系,体质不同于尼格罗人种,肤色较浅,颧骨突出,面庞扁平多皱纹;眼裂狭长,多有内眦褶;上唇微翘;两耳大多无耳垂;身材矮小,成人高 150 cm 上下;四肢较短,臀部肥大,尤以女子为甚。原分布非洲南部广大地区。后受库希特人和班图人排挤,逐渐南移,近代又受殖民者的残杀,现主要分布在非洲西南部的卡拉哈里沙漠。

2. 欧罗巴人种

这一人种主要包括阿拉伯人、柏柏尔人。古埃及人及其混合型人种,以及分布在南非的欧罗巴人种。北非的欧罗巴人种属于地中海类型,这一人种广泛分布于东起非洲之角向西伸大西洋沿岸的广大地区,包括地中海沿岸的埃及、苏丹、利比亚、突尼斯、阿尔及利亚、摩洛哥 6 国和西撒哈拉（地区）以及宽阔的东西向展宽的过渡地带即索马里、埃塞俄比亚、厄立特里亚、吉布提、乍得、尼日尔、马里、毛里塔尼亚等国的一部或大部,主体民族为阿拉伯人。

（1）阿拉伯人

阿拉伯人实际上是非洲的一种外来人种,他们原住阿拉伯半岛,源自闪米特人部落。7 世纪初,穆罕默德创造伊斯兰教后,各阿拉伯部落在伊斯兰教旗帜下完成统一,在统一了阿拉伯半岛后,迅速向外扩张。8 世纪中叶建立起阿拉伯帝国,北非地中海岸的广大地区成为阿拉伯帝国的重要组成部分。在漫长的历史过程中,阿拉伯人因地发生了不同程度的分化,逐步形成北非的阿拉伯人,分别由埃及阿拉伯人（埃及人）、利比亚阿拉伯人（利比亚人）、突尼斯阿拉伯人（突尼斯人）、阿尔及利亚阿拉伯人（阿尔及利亚人）、摩洛哥阿拉伯人（摩洛哥人）等民族组成,但人种上仍然属欧罗巴人种地中海类型。[①]

（2）柏柏尔人

柏柏尔人属欧罗巴地中海类型,主要分布在北非的摩洛哥、阿尔及利亚、利比亚、毛里塔尼亚等国。古柏柏尔人的后裔,现已成当地少数民族。古柏柏尔人为北非土著,从远古起就生息在埃及以西广大地区。7 世纪阿拉伯人入侵北非以后,许多人皈依伊斯兰教,操阿拉伯语,逐渐与阿拉伯人融合。但在阿特拉斯山区和沙漠绿

---

① 何芳川主编:《非洲通史》,上海:华东师范大学出版社,1995 年,第 197-203 页。

洲仍保留着较纯的柏柏尔人群体,较少受阿拉伯人影响,形成绿洲柏柏尔人各支。近现代不少人已流入城市,或在工矿区做工。古老文化正在发生变化。

（3）摩尔人

摩尔人指西北非阿拉伯化的柏柏尔人后裔,主要分布在毛里塔尼亚、西撒哈拉、马里、尼日尔、塞内加尔等国。属欧罗巴人种地中海型,原系柏柏尔人的一支。7世纪后被阿拉伯人征服,皈依伊斯兰教,改操阿拉伯语,逐与阿拉伯人发生混合,而后又吸收部分伊比利亚人、苏丹尼格罗人种成分。

三、种族与文化[1][2]

文化是指人类所创造的物质财富和精神财富的总和,可以通过学习而获得,但不能遗传。种族则属于人的自然范畴,种族的差别纯属自然现象,并非社会差别。

但是,种族主义者曾力图证明某些种族天生就具有比其他民族优越的遗传特征,把人类不同种族区分为"优秀"种族和"劣等"种族。他们认为前者是文明的代表,负有统治世界的使命,后者愚昧低能,注定沦为被统治者,至今仍有一些人致力于这一方面的研究。早在15世纪,殖民主义者就把这种反动谬论作为侵略掠夺新大陆的理论根据,大肆掠夺黑种人和印第安人。19世纪的法国社会学家宾诺,在其《论人类各种族的不平等》一书中,认为"高等种族"一定能统治"低能种族"。19世纪德国唯心主义学家尼采更进一步把人类分为"强者"和"弱者",称前者为有统治本能的"老爷种族",后者为有服从本能的"奴隶种族"。他的反动主张为第二次世界大战希特勒发动侵略战争以理论根据,鼓吹日耳曼人是世界上最优秀的种族,应为世界的主宰。日本帝国主义者也宣称大和民族是世界优秀种族,应当领导世界。战后,种族主义受到世界舆论的谴责后,英美的种族主义者所鼓吹的盎格鲁撒克逊族是最优秀的说教,至今仍有人信奉这一反动谬论。

种族之间在发展文化上存在这差异,但这并不是人种之间遗传性状上的差异。关于人类不同种族对文化发展的内在能力(智力)——创造和学习文化上存在着差异的结论,至今还没有科学根据。事实上,不同种族之间的差异仅仅在于人种之间有形态和血型频率上的差别,并无明显界限,且有过渡现象。人类学家已经证明,人与猿极为相似,人体生物学分析并没有证实白种人比其他同代人更优越,全世界各人种在生物学上属同一个物种,并且有共同的祖先。所有的种族都具有与祖先相似的特征,欧洲人比其他种族更多。有人通过脑容量与智力有关的资料来证明种族的优越性,几种非西方人的平均脑容量比白人大。

---

① 姜忠尽:《世界文化地理》,南京:江苏教育出版社,1997年,第86－87页。
② H.J. De Blij:《人文地理——文化、社会、空间》,王民等译,北京:北京师范大学出版社,1988年。

用同代人观察世界的眼光,我们很自然地会发现世界各国各地区文化发展水平的高低之差。用历史的眼光来观察世界,我们很自然地会发现人类文明的发源地并不是固定不变的。在古代,世界文明发源地的亚洲、非洲、美洲的文化,就胜过欧洲文化。如果用种族主义的观点来解释,应该得出那时的欧洲人为劣等种族的结论。事实上,某些国家的文化落后了,某些国家的文化却在飞跃发展,但他们的种族构成并没有改变。这说明,世界上所有种族仅存在体质形态遗传性状上的不同,而没有种族优劣之分。各种族在历史发展的长河中,仅表现出生产发展水平和文化水平上的差别,并无"高等种族"和"低等种族"之分。

世界各个民族不能完全孤立地生存,随着种族的迁移和移动,种族之间的互动作用必然导致文化移入,即一种文化通过与另一种文化的相互作用发生实质性的变化。文化移入不是一种单向运动过程,而是一种双向互动过程。尽管发达文化给予不发达文化许多特征,但其本身也可能吸收不发达文化的特点。例如,西班牙殖民者进入中美洲后,立刻就废除了印第安人的一支——阿兹特克人的社会,西班牙式文化开始盛行,如城镇建设、宗教制度、经济社会状况都发生了剧烈变化,这是文化移入带来的一系列变化。另一方面,西班牙文化也吸收了印第安文化,如印第安人的农作物被传入伊比利亚半岛;在建筑上欧洲采用了一些印第安人的建筑图案;西班牙开始穿戴印第安人色彩和款式的服装;西班牙语吸收了印第安词汇。因此,拉丁美洲的西班牙文化会有印第安文化的印痕。日本是被文化引入完全改变的社会,它通过采用欧洲的技术发明使日本强大并赶上和超过他的西方竞争对手,但日本社会仍然保留着传统的文化,形成一种东、西文化兼容的复合文化。这说明,世界上绝对单纯的种族文化一般是不存在的,只存在主体文化和文化成就上的差别,这与人种体质没有必然联系,而是与各人种在当时历史条件下的生产力发展水平有密切的关系。正如1967年联合国教科文组织通过的《种族宣言》明确指出:"现代生物科学不允许将各族人民在文化成就上的差异归咎于他们在遗传性状上的差异。"

综上所述,我们可以看出,世界上各种族在经济上会文化发展水平的差异,并不是由于种族差异造成的,而是由于各种族所处的历史发展阶段有所不同,社会制度和生产力发展水平不同决定的。事实证明,处于落后状态的种族一旦掌握了自己的命运,接受先进的科学技术,就能使自己跻身于先进种族的行列。例如,工业文明是在四大文明古国时期还处于蒙昧时期的欧罗巴人种创造的。被诬蔑为"劣等种族"的其他人种,在当代众多的科技领域里处于领先的地位。众多的高科技也不首先是欧罗巴人创造发明的。形形色色的种族主义观点,无论在理论上、事实上都是毫无根据的谬论。现在世界上仍然存在的种族歧视,不过是阶级统治和剥削的另一种形式。

第二节　非洲的民族与文化[①]

一、民族的形成

地球上的人口一般都是按照民族(ethnic,nation)聚居在一起的。每个居民都分属于某一民族,具有一定的民族特点。因此,民族的形成和发展、分布与迁移,一个国家或地区的民族构成、民族的文化特征,自然成为文化地理学研究的重要内容。

对民族这一人类社会特有的现象,中外研究甚多,不少名家都想为民族下一个明确的定义。但由于种种因素的限制,往往不能给民族下一个科学的定义。到了列宁和斯大林时代,由于全世界殖民地问题更加突出,引起列宁和斯大林的极大关注。斯大林在他著名的著作《马克思主义和民族问题》中,根据马克思和恩格斯关于民族问题的理论,完整地、系统地对民族下了科学的定义。1929 年斯大林在《民族问题和列宁主义》一文中稍有改变地重申了这个定义:"民族是人们在历史上形成的有共同语言、共同地域、共同经济生活以及表现于相同的民族文化特点上的共同心理素质这四个基本特征的稳定的共同体。"[②]斯大林的民族定义不仅为马克思主义者所公认和接受,甚至也为一些资产阶级学者所承认。民族一词有广义和狭义之分。广义是泛指历史上形成的人们共同体,有原始民族、古代民族、近代民族、现代民族等。更广泛些,还可以用中华民族、俄罗斯民族、阿拉伯民族、日耳曼民族等。因此,可以说广义的民族概念泛指当今世界上所有一切大小民族,不论其处于社会发展的哪一阶段,在英文用词上常用 ethnic 或 nation。狭义是专指资本主义上升期形成的民族。

民族是一个历史范畴,有其产生、发展和消亡的必然过程。民族是由氏族、部落发展而来,随着阶级的产生而形成的。现在世界各民族之间,在社会、经济、文化等方面存在着很大差异,甚至一些分散到世界各地的民族成员仍然保留其传统文化和风俗习惯。但随着民族交往的日益频繁和文化交融,其发展趋势是,随着经济文化的高度发展,民族差异逐渐消失,将随着阶级和国家的消亡,各民族逐渐完成融合,形成一个共同的整体。

民族与种族是两个不同的概念,不能混为一谈。如果说种族属于人的自然范畴,那么民族则属于人的社会范畴。一般世界上的居民是按民族聚居的,他们是根据语言、生活方式、风俗习惯、物质文化、社会制度、宗教信仰等社会因素来划分的,而种族则是根据人的自然特征来区分的。民族和种族的界限并不完全一致。一个

---

① 姜忠尽:《世界文化地理》,南京:江苏教育出版社,1997 年,第 87-89 页。

② 斯大林:《马克思主义和民族问题》,载《斯大林选集》(上卷),北京:人民出版社,1979 年,第 64 页。

种族可划分为不同的民族,几个不同的种族在特定历史条件下也可融合为一个民族。民族的形成和出现的时间要比种族的形成和出现的时间晚得多,民族之间的杂居和通婚状况也要比种族复杂得多,不同民族之间的融合和同化的进程要比种族要快。广义的"民族"在人类的历史上最早何时形成,迄今国内外学术界尚无定论。若从世界上现存的原始民族来看,他们都已进入氏族部落时代。原始民族以氏族部落为组织形式。一般认为,氏族产生于旧石器时代晚期,距今只有 4 万~5 万年,经历了一个逐步演进的过程,形成了一套包括氏族、胞族、部落、部落联盟 4 个层次的组织结构和社会制度。

1. 氏族(clan)的形成

氏族亦称氏族公社,是以血缘纽带和血统世系相联结的社会组织形式,原始社会的基本单位。氏族前身为血缘家庭公社,亦称前氏族公社,约从蒙昧时代中期阶段末(旧石器时代晚期即晚期智人时代)形成。最初氏族是母系氏族,而到野蛮时代的中、高级阶段(约当新石器时代中期青铜器和铁器时代),随着社会生产力和劳动分工的发展,母系氏族渐为父系氏族所取代。氏族的特征和职能是:生产资料的氏族公有制是社会发展关系的基础,氏族成员地位平等,无阶级,无剥削,共同劳动共同享受;族外婚,氏族内部禁婚;社会生活的统一性,有以族长为首的管理机构,每个氏族都有自己的名称和图腾,共同的宗教、节日、仪式和墓地等。随着私有制和阶级的产生,氏族遂趋于解体。氏族制度不仅存在于古代,在当代世界某些落后地区仍然残留着氏族制度。此外,某些氏族制度的残余,在某些氏族中仍不同程度地存在着。[①]

2. 部落和部落联盟的形成

部落(tribe)是氏族的联合组织,是由同一血缘的两个以上的氏族或胞族构成。在氏族内部禁婚的情况下,互相通婚的氏族便以姻亲为基础组成为早期部落。部落有自己的名称、较明确的地域、自己的方言和文化、共同的宗教观念和仪式、共同的节日和习俗。部落的最高权力机构是由选举产生的部落议事会。部落内部没有私有财产,也没有阶级分化。到原始社会末期,随着生产力发展、人口的增加和军事活动的增加,部落数目愈来愈多,有着共同语言和共同利害关系的亲邻部落之间,便自然团结起来结成规模更大的部落联盟。这种联盟在新石器时代晚期出现,在金属工具出现以后,尤其是在原始社会向奴隶社会过渡的阶段,联盟逐渐增多,并出现了永久性的部落联盟。部落联盟是古代民族形成的开端。随着原始社会的解体,人们交往的增加,逐渐突破氏族部落的界限,以血缘为纽带而结成的氏族部落逐渐过渡到以地缘关系为基础而结合在一起的民族。民族是一种更高级的人们共同体,是氏族

---

① 覃光广主编:《文化学词典》,北京:中央民族学院出版社,1988 年,第 101－102 页。

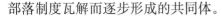

部落制度瓦解而逐步形成的共同体。

　　3. 民族的形成

　　原始社会末期的两次社会大分工,促进了社会生产的发展,但也加速了氏族的瓦解,为国家和民族的产生创造了条件。社会大分工以后,随着私有财产和交换的发展,氏族和部落成员不再局限于先前那个狭小的地域,到处流动和杂居,使与氏族公社无关的外来居民杂处于部落之间,经过长期广泛的接触与交往,属于不同部落的人们逐渐具备了形成为民族的条件。恩格斯说:"住得日益稠密的居民,对内和对外都不得不更紧密地团结起来,部落联盟到处成为不必要的了;不久,各亲属部落的融合,从而各个部落的领土融合为一个民族的共同领土,也成为必要的了。"①因此,民族是在原始社会末期,伴随着阶级和国家一起而产生的人们共同体。

　　民族的发展受社会规律的制约,但这并不是说任何民族都毫无例外地必须经过每一个社会发展阶段。同时,世界的民族构成也不是一成不变的。历史上曾出现一个民族同化于另一个民族的现象,也出现过几个民族融合为一个民族的现象。例如,美利坚民族就是以英国移民为主体,吸收和融合了来自世界各地的100多个民族的大量移民而形成的一个新民族。当代世界民族发展的大势是错综复杂的,某些新的民族在形成和产生,若干小民族正在融合为一个较大的民族或同化于某个大民族之中;有的民族由于种种原因在分裂和分离;某些氏族、部落或古代民族正在演进成现代民族。

二、世界民族的构成

　　世界民族的构成与地理分布,是个复杂的人文地理现象。由于种种原因对世界民族的识别和区分存在困难。加之国内外对民族的概念认识尚不统一,划分不一。同时,由于人口迁移日益频繁和民族同化的发展,使许多民族特性不明显,常把民族和种族混淆,因此,至今在民族成员识别上也存在不少困难。由于上述原因,目前还不可能提供一个准确而完整的世界民族清单及其地理分布的全貌。

　　根据联合国1980年统计,世界上已知的民族大约有2 000多个(包括部族)。最大的民族达几亿人,小的只有几百人。我国的汉族是世界最大的民族,人口在13亿以上。最小的民族如美洲南端火地岛上的阿拉卡卢夫族和亚巴纳族,仅有几十人。②

　　根据苏联学者5次发表的数字可以看出,人口众多的民族数目在不断增多,而小民族的数目则在逐步减少。

---

　　①　中共中央马克思恩格斯列宁斯大林著作编译局编:《马克思恩格斯选集》(第4卷),北京:人民出版社,1972年,第160页。

　　②　姜忠尽:《世界文化地理》,南京:江苏教育出版社,1997年,第89页。

表 3-2-2　世界人口 100 万以上的民族数

民族数	1961 年	1975 年	1980 年	1985 年
＞100 万人的民族	224	257	278	305
＞1000 万人的民族	44	62	69	72
＞1 亿人的民族	4	7	7	7

从表上可以看出人口超过 100 万人的民族数目从 1961 年的 224 个增加到 1980 年的 278 个,到 1985 年又增加了 27 个,达到了 305 个;超过 1000 万的民族数同期从 44 个增加到 72 个;人口超过千万人的民族数从 4 个增加到 7 个。具体分析大民族增加的原因,主要是本民族人口的自然增长、若干小民族逐渐融合为大民族、某些民族不断同化吸收异族成分而日益壮大三个方面的原因。

（1）人口自然增长

从人口在 1000 万以上的 72 个民族来看,其在 1961 年至 1985 年间人口增长比例大不相同,其中有 15 个民族的人口翻了一番多;另有 15 个民族增加了 75％～100％;还有 18 个民族的人口增加了 50％～70％。与此同时,有些民族的人口数反而有所减少,如欧洲民族德意志人和英格人减少了 1％～2％。

（2）小民族融合成大民族

这是当代世界民族发展的一个趋势,这在非洲更为普遍。例如,非洲尼日利亚阿达瓦地区,1921 年调查时 230 个小民族,到 1955 年调查时减少到 31 个,到 1962 年就只剩下 4 个民族了,这是小民族相互联合起来的结果,而且还有进一步联合的趋向。尼日利亚伊博族人口之所以超过 1700 万,是因为它包含了 39 个大的分支,而且这 39 个分支又包含了 218 个小分支,这些小分支原来就是一些具有相对独立性的小民族,每个民族都有八万人或十几万人。

（3）不断同化吸收异族而形成大民族

这种情况在美国和澳大利亚等移民国家是十分典型的。这在发展中国家一些经济文化相对发达的民族也在不断同化周围的一些小民族或部分地区吸收其他民族的成员。例如,非洲的尼日利亚北部的豪萨族与富尔贝族（富拉尼族）相互融合一体,同时对周围经济文化相对落后的 20 多个小民族产生强大的影响,已逐渐同化于豪萨族之中。尼日利亚西部的约鲁巴族本身是由若干民族分支融合而成的之外,同时还在同化周围的 10 多个小民族。

目前,世界各民族在五大洲的分布是很不平衡的,各大洲的民族构成也各具特色。据统计,20 世纪 80 年代全世界共有百万以上人口的大民族超过 300 个,其人口合计占世界人口数的 96％以上,而其余人口数不到 4％人口,其中包含着为数甚多的小民族。人口超过 1 亿人的 7 个民族是汉人、印度斯坦人、美利坚人、孟加拉人、俄罗斯人、巴西人和日本人。人口在千万人口以上的民族 65 个,其中分布在亚洲的 32 个、非洲的 10 个、欧洲的 13 个、美洲的 9 个、大洋洲的 1 个。据上述,人口超过一千万以上的 72 个民族的人口合计占世界人口的 80% 以上。[①]

从全世界看,民族和国家这两个概念息息相关,绝大多数民族都集中在单一的、并立或多民族的国家内。这使得民族分布并不完全与国家相吻合。有的一个民族分布在许多国家,有的国家是多民族国家,但也有较单一的民族国家。此外,还有几个民族散布于世界各地,过着漂泊不定的流浪生活,以吉卜赛人和犹太人最为典型。根据民族构成的差异,可以把世界各国划分成单一民族国家、并立民族国家、多民族国家三种类型。[②]

(1)单一民族国家:在欧洲单一民族国家较多,例如英国、法国、德国、意大利、奥地利、丹麦、爱尔兰、冰岛、希腊、匈牙利、捷克、斯洛伐克等。各国中少数民族所占比重极小。

(2)两大民族并立国家:两大民族并立除人数所占比例外,还包含经济文化实力的对比,例如比利时、塞浦路斯等。

(3)多民族国家一般都有一个主体民族,例如中国、尼日利亚、土耳其及多数美洲国家。

在多民族的国家里,边疆地区民族成分比较复杂,且少数民族聚居或杂居,形成各种各样的聚落和文化景观。城市的民族成分一般比乡村复杂,往往形成民族聚居区段,这主要是因为外来移民多定居在城市以及国内各民族向大城市流动所致。

三、非洲的民族构成的基本特点

非洲是人类的发源地之一,也是世界上种族成分与民族成分最为复杂的大洲。现代的非洲各民族是在漫长的历史进程中,由不同的人种与不同的部落及民族长期相互交流、迁移、同化、融合的结果。非洲现有居民大多数属于尼格罗人种,一部分属欧罗巴人种和蒙古利亚人种。人种主要是根据人类的自然体质特征来划分的,因而非洲现代居民的人种相对容易区分。而民族则是以语言、心理素质、生活方式和习俗为依据划分的,因而民族差异主要反映在文化差异上。民族性是一种文化属性、社会属性而不是人种上体现出的生理属性和自然属性。尽管民族的形成与种族有一定的关系,但两者有着本质的区别,民族差异主要表现在民族传统文化上的差异。

综观非洲的民族,在世界各民族中有其自身明显的特殊性,概括说来,具有相当

---

① 赵锦元、戴佩丽主编:《世界民族通览》,北京:中央民族大学出版社,2000 年,第 5-8 页。
② 姜忠尽:《世界文化地理》,南京:江苏教育出版社,1997 年,第 89 页。

的复杂性、相对的落后性、急速的变化性和强烈的民族性四大特点。相当复杂性主要表现为民族单位众多,人口规模相差甚大,既有人口达数十万的现代民族,又有仅数百人的原始部落。在民族的空间分布上,有些地区多民族单位交错杂居。非洲现有多少民族,至今尚无定论。据统计,全世界有 3000 多个民族单位,其中 1/4 分布在非洲。对于非洲的民族国际学术界有各种划分办法,其划分标准也不相同,得出的民族数据相差很大。例如,美国学者 G.P.穆多克(Murdock)划分的非洲民族单位多达 5796 个[①],而苏联学者把非洲民族划分为 267 个。这两个数字相差 20 多倍,显然这个数字都不贴近非洲的现实,还应指出的是,非洲民族的复杂性,主要表现在撒哈拉以南非洲的族体发展过程的多阶段性上——部落、部族、民族。在学术界,族体阶段的划分法存在分歧,就连术语称谓也不统一。我国学术界习惯把撒哈拉以南非洲的民族称为还在形成中的民族,称谓为部族,将北非阿拉伯人地区的民族归为已形成的现代民族。就撒哈拉以南非洲来说,国家共同体的形成先于民族共同体的形成,现代民族的形成开端于第一次世界大战结束以后,甚至更晚。在殖民统治下的撒哈拉以南非洲,现代经济的发展和城市的兴起,客观上促使不同种族,不同部落和不同部族之间的人们混杂交融,逐渐凝聚了追求共同利益和权利的力量,融合成一个或几个现代民族的趋势一天天增强,追求解放的非洲民族运动日益强化着现代民族的形成。由于非洲国家现代民族形成的基础复杂,类型也多种多样。第一种是单一部族演化成单一民族;第二种是多种族、多部族融合发展成单一民族;第三种是众多部落结合成几个现代民族。这三种类型的形成过程仍在进行中,只是民族形成的成熟度上存在着差别。非洲实际存在的民族体,要做出精确的统计十分困难,因为有些族体如部落、部族仍处在不断的凝聚和裂变过程中,加之统计标准和方法不同,就是部落和部族之间划一条公认的界限,也是十分困难的。非洲现存的族体中,基本的和具有普遍性的族体仍然为种族、部落、部族和民族。除北非阿拉伯各民族外,广大的撒哈拉以南非洲仍处在民族一体化过程中。[②] 这与西方殖民主义对非洲数百年的掠夺和统治分不开的,殖民统治严重阻碍了非洲各民族的正常社会发展,至今仍普遍存在着氏族部落制的残余。更为严重的是欧洲殖民统治者对非洲的瓜分,使许多民族因国界人为的划分所分割,打乱了各民族内部实现民族统一和形成现代民族的前进步伐。一方面,原来统一的民族和部落被人为地分裂了,不处在一个国家内了;另一方面,在新划定的国界内又都包含有众多不同的部落成分和民族成分。这就难免造成各国人民进入了一个被迫重新组合和融合的民族形成阶段。因此,非

---

① G.P. Murdock, *Africa, Its Peoples and Their Culture History*, New York: 1959.

② 宁骚:《论种族、部落和民族因素在当代非洲政治生活中的作用》,载李毅夫主编《世界民族研究》,北京:世界知识出版社,1984 年,第 135-148 页。

洲在民族构成上存在两大显著特点——族原成分复杂和跨界民族众多。

1.族原成分复杂,民族成熟性差异较大

非洲民族单位众多,规模差别很大,既有人口超过千万以上的民族,又有仅数百人的小民族,在族源成分上十分复杂,既有世界三大种族及其混血种族成分,又有属于不同语系的民族成分,即非亚语系、尼日尔-科尔多凡语系、尼罗-撒哈拉语系和科伊桑语系4大语系各民族。

非洲几乎所有的民族,都是由众多的部落成分组成的,原来的部落意识、价值观念和传统文化仍然存在,有些比较后进的部落,至今还处于分散状态,在他们的意识里,部落利益高于国家利益,各民族正处在不同层次上进行着民族聚合与统一过程之中,较小的族群结合为较大的族群,是当代非洲民族发展的重要趋势。但与欧洲、亚洲、美洲大陆各民族相比较,非洲民族的成熟性较之后进,而且各民族存在着发展水平的不平衡。经济社会发展水平较高的地区,居民的民族性也较成熟,族内各支系的聚力也更牢固些,反之,民族性较弱,其成熟性也难以快速提高。

如果从国家的民族构成看,非洲现有国家54个,差不多每个国家尤其是撒哈拉以南非洲的国家都是多民族国家,但各国民族成分的复杂程度有所不同。北非阿拉伯国家的民族成分相较撒哈拉以南非洲国家要单纯很多,例如,埃及和利比亚的民族构成除阿拉伯人之外,异族成分量少,而撒哈拉以南非洲的民族尼日利亚、刚果(金)、坦桑尼亚等大国,民族构成相当复杂。

2.跨界民族众多

非洲跨界民族为数之所以众多,是欧洲列强对非洲大陆进行殖民瓜分造成的。非洲绝大多数国家的边界都是在19世纪末期由欧洲列强根据自身的需求随意划定的,根本没有考虑到非洲历史上形成的民族地域和国家事实,任意划分边界肢解了许多民族统一体,原来统一的民族被人为地分割了,造成数以百计的跨界民族,导致民族地理和政治疆界很不一致,几乎所有非洲国家或多或少都有跨界民族,这在西非地区跨界民族较为典型。例如,富拉尼民族被西、中非15个国家边界所分割,主要分布在尼日利亚、几内亚、塞内加尔、马里、尼日尔、布基纳法索、贝宁、喀麦隆、几内亚比绍等。曼丁戈族主要分布在塞内加尔河、冈比亚河和尼日尔河上游及各支流地区的9个国家,即几内亚、马里、塞内加尔、冈比亚、几内亚比绍、塞拉利昂、科特迪瓦、布基纳法索和毛里塔尼亚。跨界民族的例子不胜枚举,这无疑更增加了非洲各国民族关系的复杂性,民族矛盾和冲突,甚至武力相向时有发生。导致边界战争的原因固然很多,但跨界民族的存在无疑是其中的一大重要原因。例如,在帝国主义瓜分势力范围的过程中,索马里被划分为5个政治单元里,索马里及邻国国家独立后,索马里族仍分散在4个国家内。索马里族有一部分生活埃塞俄比亚欧加登地区,因索马里政府提出领土要求,于1977年两国爆发了大规模的边界战争。双方投入兵力十多万人,历时七八个月,双方损失惨重。跨界民族分布面广量大,民族矛盾错综复杂,往往成为影响非洲国家关系和国内各民族团结的一个重要因素。[①]

四、非洲的民族构成与地理分布

据研究,非洲现有民族大小共计 700 多个,其中人口在千万以上的民族有 10 个,百万以上的民族 112 个,这两部分人口总和约占非洲总人口的 85%以上,而其余不到 15%的人口中,含有 600 多个中小民族。[②]

非洲人口超过 1000 万人以上的 10 个民族分别为埃及人、豪萨人、约鲁巴人、阿尔及利亚人、富尔贝人(富拉尼人)、加拉人、摩洛哥人、伊博人、安哈拉人(阿姆哈拉人)、苏丹人。[③]

在非洲民族形成的过程中,语言起着非常关键的作用,部落文化是通过语言互通交流的,部落、文化、语言三者之间有着十分紧密的互动关系,因此,我们可以通过非洲语言来认识非洲的民族。某一民族的语言,既是其内部交往和沟通发展文化的工具,又是维系民族感情的纽带,体现民族文化的载体,而且语言也是民族之间相互区别的一个标准。一般说来,语言的名称与民族的名称完全相同,一个地区语言构成上的状况,往往也可以反映出这一地区民族构成上的状况,在一个多民族杂居的地域,可以听到多种语言。非洲各民族的语言根据美国语言学家 J.H.格林伯格语系分类法,将非洲语言分为四大语系:非亚语系、尼日尔-刚果语系、尼罗-撒哈拉语系和科伊桑语系。我们根据这一语系分类为序表述非洲各民族特点与空间分布。

1. 非亚语系亦称闪含语系

各民族在非洲分为五个语族——闪米特语族、柏柏尔语族、科普特语族、库希特语族和乍得语族。[④]

(1)闪米特语族

属于这一语族的民族主要有阿拉伯人和摩尔人。北非阿拉伯各民族是 7 世纪阿拉伯帝国建立之后,闪含语系各民族与阿拉伯人融合,阿拉伯化形成的。北非阿拉伯各民族在人种类型、语系语族、文化和宗教信仰方面有许多共同之处,但在各族群扩散的过程中,至今的成分和同化过程不尽相同,形成了各类地域特色的民族。北非的阿拉伯人主要包括埃及阿拉伯人、利比亚阿拉伯人、突尼斯阿拉伯人、阿尔及利

① 李毅夫等主编:《世界民族研究》,北京:世界知识出版社,1984 年,第 141 页。
② 赵锦元、戴佩丽主编:《世界民族通览》,北京:中央民族大学出版社,2000 年,第 11-14 页。
③ 赵锦元、戴佩丽主编:《世界民族通览》,北京:中央民族大学出版社,2000 年,第 3 页。
④ 赵锦元、戴佩丽主编:《世界民族通览》,北京:中央民族大学出版社,2000 年,第 76-79 页。

亚阿拉伯人、摩洛哥阿拉伯人、苏丹阿拉伯人。属于闪族的民族还有分布于毛里塔尼亚的主体民族摩尔人(Moors),他们是阿拉伯人与柏柏尔人和苏丹尼格罗黑人混合的后裔。

（2）柏柏尔(Barbers)语族各民族

古柏柏尔人的后裔主要分布在北非国家,公元 7 世纪后,大部分柏柏尔人阿拉伯化,少数未完全阿拉伯化的柏柏尔人已成为当地的少数民族分散在沙漠绿洲和偏僻山区。属于这一语族的族群主要包括卡比尔人(Kabyls)、施卢赫人(Shluhe)、塔马奇格特人(Tamsqite)、里夫人(Rifs)、沙维亚人(Shawiya)、图阿雷格人(Tualeig)、姆扎布人(Muzabu)、泽纳加人(Zenajia)。

（3）科普特(Kepute)语族各民族

科普特语族的人数比较少,仅局限于埃及的科普特人,他们是古埃及人中保持基督教正教信仰者的后裔,生活中通用阿拉伯语,只是在宗教仪式上才使用这种语言。

（4）库希特语族

这一语族各民族主要分别在非洲之角和部分东非地区,包括加拉人、索马里人、贝扎人、阿法尔人等。

（5）乍得语族各民族

该语族包括豪萨人(Hausa)、布拉人(Bura)、科托科人(Kotoko),主要分布在乍得湖以西地区,其中豪萨人是尼日利亚第一大民族。

2. 尼日尔-科尔多凡语系各民族

该语系是非洲最大的语系,属于该语系的各族人民主要分布于撒哈拉以南的绝大多数地区,分为一大一小两个语族,即尼日尔-刚果语族和科尔多凡语族。[①]

尼日尔-刚果语族是一个庞大的语族,包括数百种语言,使用人数约占非洲总人口的 56％,下又分为 6 个语支:大西洋语支、克瓦语支、曼德语支、古尔语支、阿达马瓦语支、贝努埃-刚果语支。其中贝努埃-刚果语支是这一语族中最大的语支,其使用人数约占非洲总人口的 1/3,包括数十个大语种,其中绝大多数为班图语,分布范围遍及北纬 4°以南的非洲大陆。

尼日尔-科尔多凡语族是一个很小的语族,仅包括几个小语种,使用人数甚少,只有几十万人,主要分布在苏丹科尔多凡省东南部的努巴山区。

3. 尼罗-撒哈拉语系各民族

该语系一般分为 6 个语族:沙里-尼罗语族、桑海语族、撒哈拉语族、马巴语族、富

---

① 赵锦元、戴佩丽主编:《世界民族通览》,北京:中央民族大学出版社,2000 年,第 77－78 页。

尔语族、科马语族,他们主要分布在乍得湖至尼罗河上游地区。[1]

沙里-尼罗语族各民族主要包括努比亚人(Nubiyar)、丁卡人(Dinkar)、努埃尔人(Nuaierr)、希卢克人(Xiluker)、马赛人(Masair),主要分布在尼罗河上游和东非大湖地区北部。桑海语族各民族,包括桑海人、杰尔马人、登迪人等。主要分布在尼日尔河中游。撒哈拉语族各民族,包括卡努黑人、图布人、扎加瓦人等,主要分布在乍得湖附近和撒哈拉中部。其他3个语族的人口很少,主要分布在乍得湖以东几个分散的地区。

4.科伊桑语系各民族

科伊桑语系是非洲最古老的语系,现处于消亡过程之中,使用这种语言的居民已为数很少,主要分布在非洲西南部的卡拉哈里沙漠和坦桑尼亚北中部的个别地方。现有的主要为霍屯督人和布须曼人。[2]

除上述四大语系各民族外,在非洲东海岸的马达加斯加岛上,还生活着属于南岛语系印度尼西亚语族的马尔加什人,由17个较大的支系组成,主要有梅里纳人、贝齐米萨拉卡人、贝齐略人、齐米赫蒂人和萨卡拉瓦人。他们使用的马尔加什语与非洲大陆上的语言都不相同。[3]

[1] 赵锦元、戴佩丽主编:《世界民族通览》,北京:中央民族大学出版社,2000年,第78页。
[2] 赵锦元、戴佩丽主编:《世界民族通览》,北京:中央民族大学出版社,2000年,第78页。
[3] 赵锦元、戴佩丽主编:《世界民族通览》,北京:中央民族大学出版社,2000年,第79-80页。

第三章

非洲的语言与文字

第一节　非洲的语言

非洲是一个语言种类繁多的大陆,确切的语言数量难以精确计算,几乎每个民族都有自己的语言,尤其是赤道非洲的许多地区。大多数数据都显示非洲的语言"总数在 800 种以上,占世界语言的三分之一"[①]。但有人认为,非洲的语言种类实际上已远远超过了这个数据:"3000 多万平方公里,8 亿多人口,1400 多种语言"[②]。据联合国教科文组织的一项最新统计报告显示,"仅在撒哈拉以南非洲地区,目前所使用的语言就多达 2000 种,其中尼日利亚有 410 种,喀麦隆有 238 种,刚果有 210 种,埃塞俄比亚有 87 种,贝宁有 58 种"。[③]

非洲语言种类之多在于非洲民族众多,交通不便,交流欠发达。有的民族内部因地理位置、交通等客观因素的制约,各地居民也讲着不同的方言。而每种语言的使用人数也参差不齐,相差巨大。大的语言有几百万人讲,如阿拉伯语、豪萨语、斯瓦希里语、富拉尼语等;小的语言只有几百人甚至更少的人讲,如在南非最新统计出一种名叫 Nju 的语言,会说这种语言的人还不到 10 个。

非洲大陆虽然语言众多,但多数没有文字,其历史和文化通常都是靠口头流传,因而口头艺术极为发达。尽管如此,有史可考、有传可记的非洲文字依然存在,如古埃及象形文字,它是非洲文字乃至世界文字的一块瑰宝,记录了非洲辉煌的昔日文明。

一、非洲的语系划分

历代语言学家对非洲的语言进行了大量分析研究,取得了丰富的研究成果,但

---

① 王正龙:《非洲异闻》,北京:中国书籍出版社,2007 年,第 197 页。
② 荆晶:《欧洲语言给非洲带来了什么》,载《环球》,2006 年 10 月 24 日。
③ 葛佶:《简明非洲百科全书》,北京:中国社会科学出版社,2000 年,第 19 页。

他们的研究方法却存在着一定的弊端,如将精力过多地集中在对名词性的研究上,或者从文化的某个方面出发推论不同语言的关系,尤其是把生活方式是否为畜牧式作为论证语言亲缘关系的一个重要依据,其结果直接导致对非洲语言归类的歪曲。[①]1949—1954 年,美国学者格林贝格在《非洲语言》一书中提出了对非洲语言进行划分的新角度,为我们提供了完整的、具有说服力的分类,从而取代了前人的诸多不合理之处。

经过语言学家的实践证明,格林贝格的研究是有道理的,与前人相比,他的划分方法更具合理性。因此,现今国际通行的非洲语言划分法大都是借鉴格林贝格的划分形式,不同之处仅限一些小的和非本质的地方。如在格林贝格的基础上,G.P.穆达科也对非洲语言进行了划分,详见表 3-3-1。

表 3-3-1　非洲语言分类[②]

1. 富尔语族	
2. 闪-含语系[③]	a. 柏柏尔语言
	b. 乍得语族
	c. 库什特语言
	d. 埃及语言[④]
	e. 闪族语言
3. 卡努里语族[⑤]	
4. 科伊桑语系	a. 布须曼语言
	b. 肯迪加语
	c. 桑达维语
5. 科马语言	
6. 科尔多凡语言	a.卡特拉语
	b. 夸利布语

[①] 许多语言学家公认畜牧和以畜牧奶为食是一个语言特征,因此错误地将富拉尼语、霍屯督语和东北非的罗尼特语统归为"含族语言(Hamitic)",而将本来是含族语言的豪萨语另划一类。详情请参阅葛公尚、曹枫编译:《非洲民族概貌》,中国社会科学院民族研究所世界民族室亚非组编印,1980 年,第 184 页。

[②] 葛公尚、曹枫编译:《非洲民族概貌》,中国社会科学院民族研究所世界民族室亚非组编印,1980 年,第 186-189 页。

[③] 格林贝格称"亚-非语言",其他人称"含-闪语系"。穆达科则认为常用的"含-闪语言"把"闪族语言"和"含族语言"平行是不对的。在他看来,"含族语言"下的四小语群——柏柏尔语,乍得语言,库什特语言和埃及语实际上与"闪族语言"平行。因此,他的划分图表将这五种语群统归于"含语系"。

[④] 格林贝格称"古埃及语"。

[⑤] 格林贝格称"中苏丹语言"。

续　表

	c. 塔加利语
6. 科尔多凡语言	d. 塔洛迪语
	e. 图姆图姆语
7. 马巴语言	
8. 马来-波利尼西亚语	
	a. 大西洋语族②
	b. 班图语族
	c. 东尼格里语族
9. 尼格里语系①	d. 伊召语言
	e. 克瓦语
	f. 曼德语③
	g. 沃尔特语言④
10. 桑海语族	
	a. 贝尔塔语
11. 苏丹语群	b. 中苏丹语言
	c. 东苏丹语言
	d. 库纳马语

　　资料来源:葛公尚、曹枫编译:《非洲民族概貌》,中国社会科学院民族研究院世界民族室亚非组编印,1980年,第186-189页。

　　虽然穆达科的这个列表在当时已属公正客观,但仍存在着诸多弊端,如划分概念⑤不够清晰、种类芜杂等。随着语言学的发展,后人逐步明确了各种概念,简化了

---

① 格林贝格称"尼日尔-刚果语系"。
② 格林贝格称"西大西洋语族"。
③ 格林贝格称"曼丁哥语"。
④ 格林贝格称"古尔语",而古尔语则被他称为"莫西-格龙希语"。
⑤ 19世纪,欧洲的比较语言学派研究了世界上近一百种语言,发现各种语言间并不是完全相互孤立的,有些语言的某些语音、词汇、语法规则之间有对应关系和相似之处,于是他们便把这些语言归为一类,成为同一个**语群**,统称为**同族语言**。划分同族语言后,他们通过比较又发现语族与语族之间也有对应关系和相似之处,于是继而把这些语族又归在一起,称为**同系语言**,这就形成了所谓语言间的谱系关系。根据现行语言学定义,**语系**是指具有共同来源的诸语言的总称,如汉藏语系、印欧语系。而同一语系内部,又可按语言之间亲属关系的远近,将语言分为若干**语族**,如汉藏语系中的汉语族、藏缅语族、壮侗语族、苗瑶语族。同一语族可再按关系远近分为若干**语支**,如属汉藏语系壮侗语族中的黎语支、壮语支。由于世界语言十分复杂,语系的划分在语言学家中不尽一致,名称也不尽相同。目前人们一般把世界的语言划分为九大语系:汉藏语系,印欧语系,阿尔泰语系,闪-含语系,乌拉尔语系,伊比利亚-高加索语系,马来-波利尼西亚语系,南亚语系,达罗毗荼语系。此外,还有非洲和美洲的一些语言和一些属不明的语言。这里所列的语系并不完全(尤其是北美洲和南美洲的部分),如若要查目前世界上比较完整之语系,可参考 *Ethnologue：Languages of the World*（2005）的报告。

划分形式,但由于非洲特殊的地理、宗教和文化影响,各个语言学家划分的结果也不尽相同。例如,北部和南部非洲,各种因素相对单一,所以语言的划分也较为统一;另外,因为撒哈拉以南非洲受到交通不便、部族繁多等因素的干扰,语言学界对这个地带的语言划分存在一定的分歧。

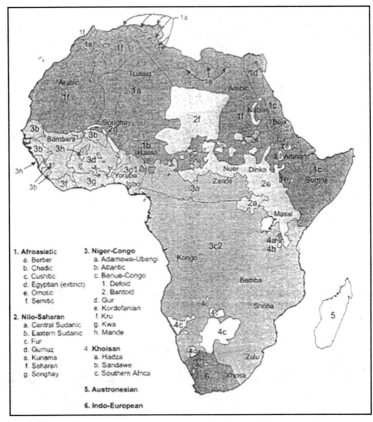

图 3 - 3 - 1 非洲语言分布图[①]

为方便理解和查阅,本书采用通用划分方法对非洲语言进行大致梳理。[②]

1. 闪-含语系(非亚语系,Afroasiatic)

该语系也称亚非语系或非亚语系、非洲-亚洲语系或阿非罗-亚细亚语系,原称闪米特-哈米特语系。这是个统一的语言群,语群之间的语言相互间有本源上的亲缘关系,主要分布在亚洲的阿拉伯半岛和非洲北部。闪-含语系这个名称来源于《圣经》中

① Roy Cole,H.J. De Blij, *Survey of Subsaharan Africa:A Regional Geography*,Oxford:Oxford University Press,2007:45.

② 人民网的《非洲》一文也采用了与我们类似的划分方法,详情请查阅:http://www.people.com.cn/GB/channel2/16/20000531/84353.html。

挪亚的两个儿子的名字。《圣经》中说他的儿子闪是希伯来人的祖先,另一个儿子含是亚述人和非洲人的祖先。在非洲,该语系大多分布于北非和部分东北非地区,唯一例外的是撒哈拉以南的豪萨语也属于这个语系。属此语系的阿拉伯人占全非洲人口的 21%,占世界阿拉伯人总数的 66%,主要分布在北非各国。

在现代语言学中,"闪米特"源自《圣经》的词汇用法,但并非等同。语言学上,闪米特语言是非亚语系的一个子群。根据约瑟·格林堡广为人接受的分类,也包括了阿卡德语、巴比伦的古语、埃塞俄比亚的官方语言、埃塞俄比亚与阿拉伯的官方语言、最广泛的当代闪米特语、阿拉姆语(亚兰语、耶稣的母语)、迦南语、吉兹语、埃塞俄比亚古卷的古语、希伯来语、腓尼基语、迦太基语、南阿拉伯语,还包括今日的马里语和只有阿拉伯半岛南部少数人还在使用的沙巴古语。

闪米特语多被人用作第二语言,且第二语言使用者数目远远高于当代的闪米特语母语使用者。现时,西方最大的几种宗教的典籍,用的就是某几种闪米特语,包括伊斯兰教(阿拉伯语)、犹太教(希伯来语和阿拉姆语)与基督教/新教(阿拉姆语和吉兹语)。数千万人把它当作第二语言来学习(或当作他们所说的现代语言的古老版本):有无数伊斯兰教徒学习和背诵古阿拉伯语——古兰经的语言,而在以色列以外全世界的说别种母语的犹太人也会使用和学习希伯来语——摩西五经与其他重要犹太经典的语言。值得注意的是,柏柏尔语、科普特语、古埃及语、豪萨语、索马里语与很多北非与西亚地区的相关语言并非闪米特语,而是在一个更大的亚非语系之内,闪米特语是当中的一个子群。其他古代或现代的西亚语言,如亚美尼亚语、库德语、波斯语、土耳其语、古苏美尔语和努比亚语,都不是亚非语系的一员,甚至全无关系(或者,更确切一点说,是关系更加遥远)。亚美尼亚语、库德语和波斯语现时都是印欧语系的语言,而土耳其语被视为突厥语系的一支。

2. 苏丹语系(尼日尔-科尔多凡,Niger-Kordofanian)

苏丹语系也被称为尼日尔-科尔多凡语系,是非洲第一大语系,分布在热带非洲和南部非洲。该语系的主要人种是班图黑人,其人口数占苏丹语系总人口的 1/3,主要分布在安哥拉、刚果(金)、刚果(布)、加蓬、坦桑尼亚、乌干达、肯尼亚、布隆迪、卢旺达、南非等国家及几内亚湾沿岸国家。该语系中使用人数最多的是分布在东非的斯瓦西里语。本语系的人口占非洲人口的 50% 以上。

尼日尔-科尔多凡语系是语言学家约瑟夫·格林贝格(Joseph H. Greenberg)在其著作《非洲语言》中所提出的语系,原名为刚果-科尔多凡语系,是一个包含 900 多种非洲语言(以及数千种方言)的大语系。此语系中的所有语言已被语言学家归类为尼日尔-刚果语系语言。尼日尔-科尔多凡语系原划为七个语族:西非语族、曼迪语族、古尔语族、克瓦语族、班图语族、东非语族、科尔多凡语族。尼日尔-科尔多凡语系的主要语言有:富拉尼语(西非语族)、马林克语(曼迪语族)、莫西语(古尔语族)、约鲁巴语(克瓦语族)、伊格博语(克瓦语族)、卢旺达语(班图语族)、马夸语(班图语族)。[1]

七个语族当中最重要的是曼迪语族。曼迪语族(Mande languages)是曼迪人所讲的语言的分类,是尼日尔-刚果语系当中比较疏离的一个支系,包含十多种语言,流行于西非各国,包括冈比亚、科特迪瓦、布基纳法索、几内亚、塞拉利昂、利比里亚、几内亚比绍、塞内加尔及马里,总共有数百万语言人口。另外,以下四国亦有部分该语言人口:毛里塔尼亚、加纳、尼日利亚、贝宁。[2]

曼迪语族这个概念最早是于 1854 年由 S. W. Koelle 提出的。在他的著作 *Polyglotta Africana* 中,他提出把 13 种语言归类到一个名为 North-Western High-Sudan Family 或 Mandéga Family of Languages 的标题之下。

班图语支是非洲尼日尔-刚果语系(Niger-Congo)大西洋-刚果语族中的一个语支,其中包含约 600 种语言,有约 2 亿母语者。班图语支在整个非洲中部和南部很普及。尽管中非和南非国家一般以英语、法语或葡萄牙语为官方语言,但是班图语支是这些国家中最普及的语言。班图语支在西北方班图地区与其他尼日尔-刚果语系接壤,在东北方与尼罗-撒哈拉语系和亚非语系(其中的库希特语族)相邻。在西南方有一个科依桑语系的语言岛。

最著名也是最为通用与常用的班图语言是斯瓦希里语。表 3-3-2 列出了所有至少有 300 万人说的班图语言,以及其各自的使用者数量和使用者的居住区。这些语言中有的是所谓的通用语,不仅有母语用户学习,而且许多其他人也学习这些语言以作为第二语言或者第三语言,将它们作为一个大地区内不同民族共同使用的语言。

表 3-3-2　非洲班图语言使用者数量与主要分布区域

语言	使用者数量	主要分布区域
斯瓦希里语	7.5 千万~8 千万	坦桑尼亚、肯尼亚、乌干达、卢旺达、布隆迪、刚果(金)、莫桑比克
绍纳语	1.1 千万	津巴布韦、赞比亚
祖鲁语	1 千万	南非、莱索托、斯威士兰、马拉维
齐切瓦语	1 千万	马拉维、赞比亚、莫桑比克
林加拉语	9 百万	刚果(金)、刚果(布)
卢旺达语	8 百万	卢旺达、布隆迪、乌干达、刚果(金)

[1] 资料来源:http://zh.wikipedia.org/zh/%E5%B0%BC%E6%97%A5%E5%B0%94-%E7%A1%91%E5%B0%94%E5%A4%9A%E5%87%A1%E8%AF%AD%E7%B3%BB.

[2] Maurice Delafosse, *Essai de manuel pratique de la langue mandé ou mandingue*. Paris: Leroux, 1901,304.

语言	使用者数量	主要分布区域
科萨语	7.5 百万	南非、莱索托
奇卢伯语	6.5 百万	刚果（金）
吉库尤语	5.5 百万	肯尼亚
吉土巴语	5 百万	刚果（金）、刚果（布）
卢干达语	5 百万	乌干达
基隆迪语	5 百万	布隆迪、卢旺达、乌干达
马夸语	5 百万	莫桑比克
南索托语	5 百万	莱索托、南非
茨瓦纳语	5 百万	博茨瓦纳、南非
姆本杜语	4 百万	安哥拉
北梭托语	4 百万	南非、博茨瓦纳
卢希亚语	3.6 百万	肯尼亚
本巴语	3.6 百万	赞比亚、刚果（金）
聪加语	3.3 百万	南非、莫桑比克、津巴布韦
苏库马语	3.2 百万	坦桑尼亚
卡姆巴语	3 百万	肯尼亚
姆本杜语	3 百万	安哥拉

尼日尔-刚果语系约有 1400 种语言，其中约 500 种属于班图语支，占总数的 1/3多。尼日尔-刚果语系约有 3.5 亿人口，其中 2 亿说班图语支，占总数的近 60%。由此可见班图语支在尼日尔-刚果语系（以及非洲语言）中的地位。虽然如此，按照今天流行的理论，班图语言只是尼日尔-刚果语系中的一个语支。班图语支的整个复杂的来源系列为：尼日尔-刚果语系＞沃尔特-刚果语言＞南沃尔特-刚果语言＞贝努埃-刚果语言＞东贝努埃-刚果语言＞类班图-克罗斯河语言＞类班图语言＞南类班图语言＞班图语支。

（1）发源地

格林贝格把班图语支归为今天在尼日尔和喀麦隆分布很广的类班图语言下面。由此，他把班图语支的发源地定为贝努埃河谷（尼日尔东部）和喀麦隆西部。今天的大多数学者同意这个理论。马尔柯姆·古特里则到 1962 年依然认为原班图语是在赤道东南的热带雨林中产生的，班图语言从这里呈放射状向今天的普及地区传播。他认为今天非洲西部远处类似的类班图语言的存在是因为一些前班图语言使用者坐船向北离开了原始森林。现在这个理论没有追随者了。语言学家一般认为班图语支的发源地在赤道热带雨林以北,大多数学者支持格林贝格的东尼日尔-西喀麦隆理论。

(2)普及[1]

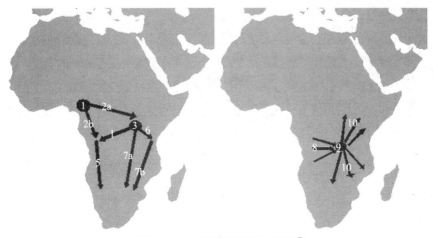

图3-3-2 班图语普及示意图[2]

班图民族从其非洲西部的家乡蔓延到整个撒哈拉沙漠以南非洲的迁徙运动是人类最大的迁徙运动之一。就班图民族是从哪条路走出他们的家乡的问题有两个理论,这两个理论互相之间不排斥,而是从两个不同的重点出发的。第一个理论认为班图民族主要是沿海岸线绕过热带雨林的西边向南迁徙的;另一支则沿雨林北边先向东,然后向南迁徙。向西迁徙的人群在刚果河的下游形成了一个新的核心,从这里扩散形成了草原和东部非洲高原上的班图部落。第二个理论则认为班图民族主要是从北边绕过雨林的。他们从这里开始对非洲东南部和南部进行了殖民统治。一般认为最初的班图迁徙是东西向的。

(3)扩张过程

通过重新推导原班图词汇(农业、陶瓷制造)、考古发现(尤其是陶瓷)和早期班图人群食用的农业作物(油棕、薯蓣属,但还没有谷物),可以得出以下结论:最早从

---

① 资料来源:http://zh.wikipedia.org/wiki/%E7%8F%AD%E5%9B%BE%E8%AF%AD%E6%94%AF。

② 1=前3000—前1500年,发源地

2=前1500年,普及开始

2a=东班图,2b=西班图

3=前1000至前500年,东班图-Urewe核心

4—7=继续向南蔓延

9=前500至公元元年,刚果核心

10=公元元年至1000年,最后蔓延期

非洲西部东尼日尔迁徙的时候,当地人已经知道如何进行农业活动和制造陶瓷了。由此推导,东尼日尔河西喀麦隆的班图人群应该是在约公元前 3000 年至前 2500 年开始迁徙的。最初早期班图人群迁入喀麦隆的草原,在这里,他们的词汇中增加了更多的农业概念以及畜牧业(羊、牛)、水产养殖和造船的概念。

公元前 1500 年至前 1000 年间,由于气候变化,热带雨林不断干燥,一些西部的班图人群向南迁徙到刚果河下游。在那里考古可以发现约公元前 500 年至前 400 年以后的班图遗迹。这些人还不知道如何冶金。他们中的一些人继续向南迁徙到纳米比亚北部,另一些则向东穿过河谷与东部的刚果核心联合。向东迁徙的班图人群(可能是两股中比较大的那股)从公元前 1500 年开始从喀麦隆沿雨林北缘一直迁徙到非洲东部的大湖地区。那里有从公元前 1000 年开始的最早的种植谷物(高粱)和大量畜牧业的遗迹被发现,也有从公元前 800 年开始的最早的冶金和炼铁(在卢旺达和坦桑尼亚发现的熔炉)的考古迹象。原西班图语言中也反映出金属和冶金的概念,而原班图语言中还没有这些概念呢。也许班图民族在农业、畜牧业和冶金上的文化升级是受到尼罗河上游的尼罗-撒哈拉语系的人群影响而产生的,在尼罗河上游这些文化在此前很早的时候就已经形成了。因此班图民族显然是铁器时代分布在非洲东部的大湖周围的 Urewe 文化的核心。由于火耕和炼铁需要大量木材燃料,非洲东部湖泊地区的森林在这段时间被大量砍伐。这是人类首次大面积改变非洲的自然。[①]

约公元前 500 年,Urewe 班图民族(以他们特有的陶瓷作为标志)从非洲东部的大湖地区逐渐迁徙到整个非洲东部和南部。在赞比西河流域可以找到约公元前 300 年的 Urewe 遗迹。1 世纪他们到达安哥拉、马拉维、赞比亚和津巴布韦,2 世纪他们到达莫桑比克,最后约于 500 年到达南非,直到约 1000 年开始班图民族才开始定居生活。此前,火耕技术迫使他们不断放弃失效的耕地,不断继续迁徙。

班图民族的迁徙对布须曼人的冲击很大。本来他们在非洲南部的居住区比他们今天的居住区大很多,但却逐渐被排挤到安哥拉南部、纳米比亚和博茨瓦纳的沙漠与干旱草原地带。这些地方不适宜种植高粱,因此对班图民族来说没有用途。被称为俾格米人的人群本来在非洲中部有连续的居住区,也被班图民族逐渐排挤到少数不连续的居住区。他们今天使用的语言是附近班图民族的语言,但是在语音和词汇上稍微有些不同,这些特征可能来自过去他们自己的语言。

虽然班图语言的分布区非常大,但是在语法上它们非常相似,尤其是类名词。这是一个非常明显的特征。名词被分为 10~20 个不同的类,不同的语言类的数量不同。每个类有一个前缀标志。这些类影响所有语法结构的一致性以及在所有班图

---

① Malcolm Guthrie, *The Classification of the Bantu Languages*, London, 1948, Reprint 1967.

语言中类似的、复杂的动词变态。类名词以及动词变态都是黏着形成的,其中既有前缀也有后缀的使用。

班图语言之间有许多词汇是一样的,因此语言学家可以重新设计出数百个原班图语根,这些语根今天几乎在所有班图语言中都被使用。在班图语言中词性是根据一个词的语法使用,而不是根据外貌来区别的。除名词和动词外只有少数形容词(大多数是从动词引来的),数量词系统不完全(7、8 和 9 一般是外来词),代词非常丰富,尤其指示代词可以从远到近表现出四个不同的等级。

由于类名词的使用以及它所导致的名词短语和主语与谓语之间的一致性,整个语法的词汇变态非常强烈。一般的语序为主语、谓语、宾语。

历史上班图语言的语音学简单。词汇由开音节组成,塞音可以是鼻音(比如 mb-或者 nd-)。本来的辅音包括清音、浊音、鼻音和鼻塞音:p,b,m,mp,mb; t,d,n,nt,nd 以及 tʃ。今天的班图语言大多也包含这些语音。原班图语显然没有其他擦音了,今天的班图语言中 s、ʃ、z、h、f、v 很普及。由此可以得出今天的班图语言包括以下这些辅音,不过不是每种班图语言拥有全部这些辅音(表 3 - 3 - 3)。

表 3 - 3 - 3　非洲班图语语音表

	唇音	齿龈音	硬腭音	软腭音
清塞音	p	t	.	k
浊挤音	b	d	.	g
浊内爆音	ɓ	ɗ	.	ɠ
塞擦音	.	ts/dz	tʃ/dʒ	.
近音	β	l	.	ɣ
鼻音	m	n	ɲ	ŋ
鼻塞音 1	mp	nt	.	ŋk
鼻塞音 2	.	nts	ntʃ	.
鼻塞音 3	mb	nd	.	ŋg
鼻塞音 4	.	ndz	ndʒ	.

挤音的发音相当于中文中的 b、d 和 g,内爆音(斯瓦希里语有 3 个,绍纳语有 2个,科萨语和祖鲁语只有 6)在书写的时候和挤音用同一字母,有时通过在后面加一个 h 或依靠其他拼写差异来区分。[1]

一些南部的班图语言与科伊桑语系语言接触,引入了搭嘴音,尤其祖鲁语(12 个

---

[1]　Derek Nurse and Gérard Philippson,*The Bantu Languages*,London:Routledge,2003.

搭嘴音)和科萨语(15 个搭嘴音),Yeye 甚至有多达 20 个搭嘴音;而一些亲近的和邻近的,同样与科伊桑语言有接触的语言(比如赫雷罗语)则一个搭嘴音也没有引入。也许这是因为赫雷罗语比科萨语和其他卡拉哈里沙漠以东的民族与科伊桑语言接触的时间要晚得多。

原班图语有七个元音:i,e,ε,a,ɔ,o,u。今天东北和西北中部的班图语言依然保持了这七个元音,而其他班图语言(约 60%)的元音系统则蜕化为五个元音了:i,ε,a,ɔ,u。在这些蜕化的班图语言中,大多数语言的元音发音的长短有语音学的意义。至今为止,对于这是否是原班图语言的一个特征,还是一些语言的新发明,没有定论。

原班图语可能是一个声调语言,也就是说一个音节的声调是决定词汇意义的。今天绝大多数班图语言(约 97%)保持了这个特征。大多数班图语言只有最多两个声调,一个为"升降调",另一个为"升平调"。也有些班图语言的声调可以复杂到四个声调。有些少数语言(其中包括斯瓦希里语)丧失了它们的声调区分。

一些班图语言有一种元音和谐律,它影响到一定的后缀的发音。比如吉库尤语中的反义后缀-ura 在动词 hing(开)的后面为 hing-ura(关),在动词 oh(绑)的后面则成为 oh-ora(解)。吉库尤语(Gi-kuyu)这个名称本身也显示出了类名词前缀与名词词根之间辅音的分异化,按照规则它本来应该为 Ki-kuyu。几乎在所有的班图语言中重音放在第二个音节上。

班图语言的一个特征是把名词分为不同的类。不过许多其他尼日尔-刚果语言以及一些完全不同来源的语言,如高加索诸语言、叶尼塞语系和澳大利亚原住民语言,也有这个特征。本来一个名词的类是按照该名词的意义划分的,今天的班图语言的分类却已经变得很随意了。在一定程度上名词的类与其他语言中名词的性类似(比如拉丁语可以人为地看作一个六类语言:阳性类、中性类、阴性类,然后每类还有单数和众数的区分)。

(4) 类名词变形

① 类名词

原班图语约有 20 个类。一些今天的班图语言保持了这个数目(比如卢干达语),其他的则减少到约 10 个类。名词的类仅通过前缀标志。在一句话里形容词必须与名词的类相符合,谓语必须与主语的类相符合,但是同一个类的名词、数量词、代词和动词的前缀可以不一样。在大多数班图语言中单数和众数成一对类。

比如卢干达语的类名词:

词根-ganda

    mu-ganda(一个干达人)

    ba-ganda(干达人,众数)

    bu-ganda(干达人的地方)

lu-ganda（干达人的语言）

ki-ganda（干达人文化中的物件）

词根-ntu

mu-ntu（人）

ba-ntu（人们）

ka-ntu（小东西）

gu-ntu（巨人）

ga-ntu（巨人们）

请注意在本章中为了注明词干与前缀之间的关系,它们之间加了一个连接号,在正式的书写中这些连接号是没有的。

以下斯瓦希里语的例子显示了每个类通过出现一个单数类和一个众数类而成为两个类(表3-3-4)。

表3-3-4　斯瓦希里语类名词例子

单数		众数	
m-tu	一个人	wa-tu	人们
m-toto	一个孩子	wa-toto	孩子们
m-ji	一座城市	mi-ji	多座城市
ki-tu	一个东西	vi-tu	多个东西
ki-kapu	一个篮子	vi-kapu	多个篮子
ji-cho	一张眼睛	ma-cho	多张眼睛
Ø-gari	一辆汽车	ma-gari	多辆汽车
n-jia	一条街道	n-jia	多条街道
u-so	一张脸	ny-uso	多张脸
u-chaga	一张床	Ø-chaga	多张床
u-fumbi	一条山谷	ma-fumbi	多条山谷
pa-hali	一个地方	pa-hali	多个地方

② 名词与形容词的一致性

班图语言只有很少的真正的形容词词根,这些词根显然是从其祖先语言遗传下来的。大多数形容词是从动词引导过来的。在许多情况下班图语言使用定语从句,比如他们说"那个是强壮的人",而不是说"强壮的人"。定语形容词根据其名词变形,获得名词的类的前缀,也就是说两者的类必须一致。比如以下斯瓦希里语中的例子:

• m-tu m-kubwa（一个高大的人,m-tu,一个人;kubwa,高大）

- wa-tu wa-kubwa（高大的人们，wa-是 m-类的众数类）
- ki-kapu ki-kubwa（一个大篮子，ki-kapu，一个篮子）
- vi-kapu vi-kubwa（许多大篮子，vi-是 ki-类的众数类）

以下为斯瓦希里语数量词、定语和名词的顺序，它和中文的顺序正好相反：

- 名词＋定语形容词＋数量词

一个名词的所有形容词全部按照一致性转化（少数外来的数量词例外）。这里是几个例子：

- wa-tu wa-zuri wa-wili wa-le，那（-le）两个（-wili）好（-zuri）人
- ki-kapu ki-dogo ki-le，那个小（-dogo）篮子
- vi-kapu vi-dogo vi-tatu vi-le，那三（-tatu）小篮子

③ 主语与谓语的一致性

一句话的主语和谓语必须一致。以下斯瓦希里语的例子显示了这个原理：

- ki-kapu ki-kubwa ki-me-fika，大篮子到了（ki-kapu，篮子；-fika，来到；-me 完成时，在这句话里名词和动词的类前缀都是 ki-，也就是说两者成头韵）
- m-toto m-kubwa a-me-fika，大孩子到了（m-toto，孩子，在这句话里名词的类前缀是 m-，而相应的动词类前缀则是 a-，两者类同但是前缀不同）
- wa-tu wa-zuri wa-wili wa-le wa-me-anguka，那两个好人跌倒了（wa-le，那个；wa-wili，两个；wa-zuri 好；-anguka，跌倒）
- wa-geni wa-zungu w-engi wa-li-fika Kenya
- 词译：陌生人（wa-geni），欧洲的（wa-zungu），许多（w-engi），来到（-li-，过去时），肯尼亚
- 意译：过去许多欧洲人到肯尼亚来

④ 物主关系

在班图语言中类似"某人的房子"这样的物主关系的顺序一般是这样的：

- 物＋（物的定语形容词）＋（物的类前缀＋a）＋物主

其中物的类前缀与-a 往往被缩写。

一些斯瓦希里语的例子：

- wa-tu wa Tanzania，wa 是 wa-a 的缩写，坦桑尼亚的人民
- ki-tabu cha m-toto，cha 是 ki-a 的缩写，孩子的书
- vi-tabu vya wa-toto，vya 是 vi-a 的缩写，孩子们的书籍
- ny-umba ya m-tu，ya 是 ny-a 的缩写，一个人的房子
- ny-umba n-dogo ya m-tu，一个人的小（-dogo）房子

⑤ 类的意义

虽然在今天的班图语言中，一个名词属于哪个类很难从它的含义中来推测，但

是通过众多研究工作,每个类名词的意义还是被推导出来了。表 3 - 3 - 5 中不但列出了原班图语的前缀,而且作为今天班图语言的代表,还列出了卢干达语中的前缀以及每个类的意义。

表 3 - 3 - 5 非洲班图语、卢干达语前缀表

类	原班图语前缀	卢干达语前缀	卢干达语例子	例子的意思	类所包含的范围
1	mu-	o.mu-	o.mu-ntu	人	人类,人物,亲属关系
2	ba-	a.ba-	a.ba-ntu	人们	第一类的众数
3	mu-	o.mu-	o.mu-ti	树	自然现象,身体部位,植物,动物
4	mi-	e.mi-	e.mi-ti	树木	第三类的众数
5	(l)i-	li-/e.ri	ej-jinja	石头	自然现象,动物,身体部位,成对的东西,讨厌的任务,限制
6	ma-	a.ma-	a.ma-yinya	石头(众数)	第5和第14类的众数,众数概念,液体,时间概念
7	ki-	e.ki-	e.ki-zimbe	房子	身体部位,工具,昆虫,疾病等
8	bi-	e.bi-	e.bi-zimde	房子(众数)	第7类的众数
9	n-	e.n-	e.n-jovu	大象	动物,人,身体部位,工具
10	(li-)n-	zi-	zi-jovu	大象(众数)	第9和第11类的众数
11	lu-	o.lu-	o.lu-tindo	桥	长的东西,细的东西,长的身体部位,语言,自然现象等
12	tu-	o.tu-	o.tu-zzi	许多滴	第13和第19类的众数
13	ka-	a.ka-	a.ka-zzi	一滴	小化,限制,大化
14	bu-	o.bu-	o.bu-mwa	许多嘴	抽象概念,特征,集体概念
15	ku-	o.ku-	o.ku-genda	走	动词名词化,一些身体部位,如手臂和腿
16	pa-	a.wa-	.	.	地名,在某处
17	ku-	o.ku-	.	.	地名,在某处周围
18	mu-	o.mu-	.	.	地名,在某处内
19	pi-	.	.	.	小形化
20	ɣu-	o.gu-	o.gu-ntu	巨人	限制,大形化
21	ɣi-	.	.	.	大形化,限制
22	ɣa-	a.ga-	a.ga-ntu	巨人们	第20类的众数
23	i-	e-	.	.	地名,老的名词化类

这个表格也显明各个类的含义有重复,比如第 3、4、5、6、7、8、9 和 10 类均含有动物的概念,因此一个名词属于哪个类实际上无法预言。只有第 1 类和第 2 类完全是人物的含义。

⑥ 代词

主语和宾语代词的附着词素与动词结合使用,除此之外在班图语言中还有独立的人称代词。它们被用来强调人物,但是一般只被用来强调主语。物主代词不是附着词素,而是根据名词的类(见上)用独立的词来表达的。表 3-3-6 中的例子为斯瓦希里语中的代词。

表 3-3-6　斯瓦希里语中的代词

人物	人称代词		物主代词	
第一人称单数	mimi	我	-angu	我的
第二人称单数	wewe	你	-ako	你的
第三人称单数	yeye	他,她	-ake	他的,她的
第一人称众数	sisi	我们	-etu	我们的
第二人称众数	ninyi	你们	-enu	你们的
第三人称众数	wao	他们	-ao	他们的

以下为一些物主代词的例子:

- vi-tabu vi-angu,我的书
- ki-tabu ki-le ch-angu,那本书是我的
- ny-umba y-etu,我们的房子
- rafiki w-ema w-angu,我的好(-ema)朋友们(-rafiki)

在原班图语中指示代词可以显示从近到远 3~4 个不同等级的距离(在中文里只有"这里"和"那里"两个等级)。

- 第一级,表示说话者的周边:这里
- 第二级,表示离说话者比较近的地方:这边
- 第三级,表示对话对方的周边:那附近
- 第四级,表示离对话双方远处的地方:那里附近

比如在文达语中所有四个等级都保留下来了。通过与类前缀之间的语音联系,每个指示代词对于每个类都有一个特殊的形势。表 3-3-7 列举了文达语中对于第一和第二类的表示。

表 3 - 3 - 7　文达语中的部分代词

	第一级	第二级	第三级	第四级
第一类	ula	uyu	uyo	uno
第二类	bala	aba	abo	bano

不过在许多班图语言中只保留了两个等级,比如在斯瓦希里语中只剩下"那里"(类前缀＋le)和"这里"(hV＋类前缀),而且近处指示代词把类前缀当作后缀使用。以下为一些例子:

- ki-jiji hi-ki,这座村庄(-jiji)
- vi-jiji hi-vi,这些村庄
- wa-toto ha-wa,这些孩子
- ki-jiji ki-le,那座村庄
- vi-jiji vi-le,那些村庄
- wa-toto wa-le,那些孩子

物主代词和指示代词必须与类一致,但是在班图语言中疑问词则只有"人"和"物"的区分。比如在斯瓦希里语中分 nani(谁)和 nini(什么)。

⑦ 数量词

大多数班图语言中保留了原班图语中 1 到 5 以及 10 这几个数量词,它们在不同语言中都很近似。6 到 9 的来源非常不同(有来自阿拉伯语、欧洲语言和其他非班图非洲语言的),因此在不同语言中差别很大。[①] 斯瓦希里语中的数量词见表 3 - 3 - 8。

表 3　3　8　斯瓦希里语中的数量词

数　字	斯瓦希里语
1	-moja
2	-mbili/-wili
3	-tatu
4	-nne
5	-tano
6	sita
7	saba
8	nane

---

① Rev. F. W. Kolbe, *A Language-Study based on Bantu*, London: Trübner & Co., 1888, Reprint 1972.

数 字	斯瓦希里语
9	tisa
10	kumi
11	kumi na-moja
12	kumi na-wili

1 到 5 以及 8 像形容词一样被使用,必须与名词的类一致。6、7 和 9 来自阿拉伯语,它们不必与名词的类一致,在使用时不加类前缀。10 和 100 也来自阿拉伯语。

以下为斯瓦希里语中的例子:

- vi-su vi-tatu,三把刀
- vi-su saba,七把刀
- wa-toto wa-nne,四个孩子
- wa-toto kumi na m-moja,十一个孩子

(5)动词变位

① 派生

许多班图语言通过在动词词根上加不同的后缀引申出新的动词。一些引申后缀是从原班图语言演变过来的。

比如原班图语中的互相后缀-ana 在许多今天的班图语言中被保留下来了,以下为一些例子。

- 斯瓦希里语:pend-ana,相爱
- 林加拉语:ling-ana,相爱
- 祖鲁语:bon-ana,对视
- 卢干达语:yombag-ana,对打

使役后缀-Vsha 在斯瓦希里语中为 Vsha,在基库尤语中为-ithia,在祖鲁语中为-isa,在绍纳语中为-Vtsa,在南索托语中为-Vsa,在林加拉语中为-isa(在这里 V 代表任何一个元音)。表 3-3-9 列出了一些这样的后缀。

表 3-3-9 班图语后缀派生词列表

形式	意义	功能	举 例
-ana	互相	互相之间的行动	斯瓦希里语:pend-ana,相爱
-Vsha	使役关系	促使一个行动发生	斯瓦希里语:fung-isha,让……绑住
-ama	位置	占据一个位置	赫雷罗语:hend-ama,斜放
-ata	接触	使两个物件接触	斯瓦希里语:kama,压,引导为 kam-ata,合并

形式	意义	功能	举　　例
-ula/-ura	反	一个动作的反动作	吉库尤语:hinga,打开,引导为 hing-ura,关上
-wa	被动	被动动作	斯瓦希里语:piga,打,引导为 pig-wa,挨打

② 体、语气和时态

体和语气是通过后缀来标志的。大多数班图语言有七个体或语气:动词不定式、直陈语气、祈使语气、虚拟语气、完全体、持续体和假设体。

时态是通过前缀来表示的,它被放在类前缀与词根之间。不同的班图语言,其时态和标志时态的前缀之间的差别很大,因此它们不太可能是从同一个原语言发展而来的,而是后来由不同的语言度多少独立发展出来的,互相之间多少无关。[①]

斯瓦希里语中的动词变位

以下为斯瓦希里语中的一些动词变位。

a. 动词不定式

不定式的形式为"ku+词干+词尾元音"。假如词干是一个原班图语词干的话,词尾元音为-a,假如词干是一个外来词的话则为-e/-i/-u。比如:

- ku-fany-a,做,干
- ku-fikr-i,想

b. 祈使语气

在单数情况下祈使语气为"词干+词尾元音",在众数情况下为加后缀-eni。

- som-a,你读!
- som-eni,你们读!

c. 直陈语气

非限定动词的直陈语气为:

- 主语前缀+时态前缀+宾语前缀+词干

主语前缀是主语的类前缀,但假如主语是第一或第二类(前缀为 m-或者 wa-)的话,这里使用特殊的主语前缀。同样的规则也适合于宾语前缀,宾语前缀可以是直接宾语或者间接宾语的前缀。表 3－3－10 里显示了第一和第二类名词所使用的特殊的主语和宾语前缀。

---

① A.E. Meeussen,*Bantu Lexical Reconstructions*, Tervuren,MRAC 1969,Reprint 1980.

表 3 - 3 - 10 第一和第二类名词所使用的特殊的主语和宾语前缀表

人　称	主　语	宾　语
第一人称单数	ni-	-ni-
第二人称单数	u-	-ku-
第三人称单数	a-	-m-
第一人称众数	tu-	-tu-
第二人称众数	m-	-wa-
第三人称众数	wa-	-wa-

对于其他所有类来说,其主语和宾语前缀均与类前缀一样。表 3 - 3 - 11 为斯瓦希里语中的时态前缀。

表 3 - 3 - 11 斯瓦希里语中的时态前缀

时　态	前　缀
现代时	-na-
过去时	-li-
未来时	-ta-
完成时	-me-
条件语气	-ki-
常惯语气	-hu-
叙述语气	-ka-

d. 直陈语气的例子

• a-li-ni-pa,主语前缀(他)-时态前缀(过去时)-宾语前缀(我)-词干,他给了我

• ni-li-ki-nunua,主语前缀(我)-时态前缀(过去时)-宾语前缀(东西)-词干(买),我买了东西

• ni-li-m-wona,我看到了他(-wona,看到)

• a-li-ni-wona,他看到了我

• ni-na-soma,我正在(-na-,现在时)读(-soma)

• ni-ta-soma,我将(-ta-,将来时)读

• ki-me-fika,它(ki-,它)已经(-me-,完成时)到了(-fika)

• ni-ki-kaa,我如果(-ki-,条件语气)等(-kaa)

e. 受益格

为了强调一个行动对某人有益,可以在动词词干后(但是在词尾元音-a 前)加一

个受益前缀-i-或者-e-。比如：

- a-li-ni-andik-i-a barua

句法分析：主语(他)-时态(过去时)-间接宾语(我)-词干(andik,写)-受益后缀-词尾元音＋直接宾语(barua,信)

他给我写了一封信。

f. 从句

像"读书的孩子"这样的从句在斯瓦希里语中是通过放在时态前缀后面的从句前缀-ye-来表示的。比如：

- m-toto a-li-ye-soma kitabu,读书的孩子
- ni-ta-ye-soma,将读这本书的我

g. 被动式

物性动词的被动式是通过在词尾元音(-a)前加-w-或者-uliw-来表示的。比如：

- ku-som-a,读,ku-som-w-a,被读
- ku-ju-a,知道,ku-ju-liw-a,被知道

h. 使役语气

使役语气是通过在词干后面加-sha这个后缀形成的。例如：

- ku-telem-sha,向下走,ku-telem-sha,屈辱

3. 科伊桑语系(Khoisan)

该语系也被称为布须曼-霍屯督语系。此名称最早出现在英国民族学家 U.沙帕尔的论著中,随后又在民族学和语言学论文中多次被提及,格林贝格在对非洲语言进行分类时也用到了它。然而,这种划分方法历来也是备受争议的。事实证明,按语言结构分类,布须曼语明显属于无形态语言,而霍屯督语则属于黏着性语言,名词在语法上有性的分别。此外,霍屯督语是怎样产生的,它与布须曼语有何种关系,这些问题也是有待进一步研究调查的。一般而言,语言学家将霍屯督人和布须曼人以及非洲南部其他非班图人使用的一组语言统称为科伊桑语系。

这种语系共约 15 种,分布面积较小,主要在南部非洲的纳米比亚、博茨瓦纳、安哥拉、津巴布韦、南非和坦桑尼亚。属于这个语系的语言还有哈扎语或哈察皮语(有时也称肯迪加语)和桑达维语,但使用这两种语言的居民为数不多,大都居住在坦尼喀孔多阿地区。

除以上基本的非洲语系外,还有南岛语群和印-欧语系这样的特殊存在。

4. 南岛语群[①]

该语群也被称为马尔加什语,主要是马达加斯加岛上的居民使用,属于马来-波

---

① 也有人称为"南岛语系"。

利尼西亚语系中的印度尼西亚语族。

5. 印-欧语系(Indo-European)

该语系主要分布在北非和南非的某些地区,使用者中欧洲人比重偏大。在南非,属于这个语系的语言还有阿非利加语,又称塔尔语,它是南非荷兰移民后裔的语言。阿非利加语最初表现为结合了南非本土柯萨语和班图语的南非荷兰语,后不断受到葡萄牙语、马来语和英语的影响。目前,它和英语同是南非共和国的官方语言。在北非地区,除了阿拉伯语和柏柏尔语外,过去曾是法属殖民地的国家,如摩洛哥、阿尔及利亚和突尼斯,法语和阿拉伯语仍然同是这些国家的官方语言。此外,还有意大利语和西班牙语。据调查,"非洲大陆上现在有 20 多个国家通行法语,10 多个国家通行英语,3 个国家通行英、法双语,还有 5 个国家通行葡萄牙语"①。

二、非洲的语群、语支划分

根据已划分的四大语系可以继续划分出非洲的诸多语群和语支。

1. 闪-含语系主要分为五个语群:闪族语群、柏柏尔语群、古埃及语群和科普特语群、库什特语群、乍得语群

(1)闪族语群,又称闪米特语群或塞姆语群。现所使用的分支语言有:阿拉伯语、希伯来语、亚拉姆语、马耳他语、阿姆哈拉语、提格雷语等。

在闪族语群中,目前使用最广泛的是阿拉伯语,它是所有近东阿拉伯国家的语言。从 7 世纪开始,阿拉伯人相继占领埃及和马格里布各国,阿拉伯语开始在北非流行;12 世纪之后,它又流行于努比亚和东苏丹各国。目前,阿拉伯语是北非所有国家的主要官方语言,如埃及、突尼斯、利比亚、阿尔及利亚、摩洛哥、毛里塔尼亚和苏丹共和国北部等。它也流行于东非、西非及中部非洲的部分国家和地区以及撒哈拉以南的某些国家。目前,非洲使用阿拉伯语的人数尚无准确的统计数字,估计在 8000 万至 1 亿。阿拉伯语是非洲第一大语言。

其次,在非洲本土比较流行的语言还有阿姆哈拉语。它是埃塞俄比亚的国语,也是东北非的重要语言,主要使用者是阿姆哈拉人。总使用人数约为 2100 万,大概有 1740 万人以此为母语。从地理位置上看,阿姆哈拉语属于南闪语支。

(2)柏柏尔语群是埃及以西整个西北非到加那利群岛上的居民用语,很早之前就自成了一个语言群。在阿拉伯人占领北非之后,从 11 世纪开始,阿拉伯语逐渐取代了柏柏尔语,成为被广泛使用的语言。柏柏尔语的所有方言都极其相似,不少语言学者认为它们是一个统一的语言。近些年的研究表明,柏柏尔语不仅和古埃及语相近,还和闪族语言中最古老的语言之一——阿卡特语相似。该语群现在主要流行

---

① 荆晶:《欧洲语言给非洲带来了什么》,载《环球》,2006 年 10 月 24 日。

于摩洛哥、阿尔及利亚和突尼斯等马格里布地区。

(3) 古埃及语群和科普特语群。在闪-含语系中,古埃及语别具一格,独成一个语群。研究埃及语可以了解埃及文化的发展变化过程,与此相适应,它可以分为以下几个发展步骤:最古老时期的语言;古代王朝的语言;埃及古典语,即中王朝的古代文献中使用的语言;新王朝的语言;最后为科普特语。埃及语的历史大概有4500年,从公元前3000年到16世纪,其后科普特语彻底被阿拉伯语所取代。目前科普特语是一种死亡了的语言,只有在基督教科普特教堂的祈祷仪式中才被使用。

(4) 库什特语群目前分布在非洲东北部地区。它也是一个特别的语群,在语法结构、词汇等方面都和闪族语言不同,相互间没有紧密联系。根据语言学分析,该语群大致可以分成四个语支:东库什特语支、中库什特语支、南库什特语支和贝支语支。

库什特语群中最大的组成部分是奥罗莫语,大概有2500万语言人口,是非洲东北部国家、伊索比亚中西部的通行语言,也使用在伊索比亚北部、索马里、苏丹、肯尼亚和埃及等地区。

其次还有通行于索马里、埃塞俄比亚、吉布提和肯尼亚的索马里语,大致有1500万语言人口。从地理位置上看,这两种语言都属于东库什特语支。

(5) 乍得语群,又称乍得-含族语群或豪萨语群。属该语群的人口主要分布在尼日利亚北部、尼日尔、乍得、中非共和国及喀麦隆等中、西非国家和地区。乍得语群大致上可以分为比乌-曼达拉语支、东乍得语支、西乍得语支和马萨语支。

其中,豪萨语是该语群中语言人口分布最广的语言,为西部非洲地区的主要民族语言之一,被视为继阿拉伯语和斯瓦希里语之后的非洲第三大语言,主要分布在尼日利亚境内尼日尔河及其支流贝努埃河以北的广大地区,包括尼日尔共和国全境、加纳、贝宁北部及乍得、喀麦隆两国的乍得湖沿岸,此外它还作为经商的共同交际语言通行于赤道以北的西非各地。如今,使用豪萨语的西非总人口在6000万人左右。通行这种语言人口最多的国家是尼日利亚,约有4000万人使用这种语言;但使用这种语言人口比例最高的国家是尼日尔,全国约有70%的人都讲这种语言。尼日利亚北方的豪萨人、富拉尼人和其他各部族也都使用这种语言。但令人惋惜的是,直到现在还没有一个非洲国家宣布它为国家的官方语言。

2. 苏丹语系包括科尔多凡语群和尼日尔-刚果语群

(1) 科尔多凡语群只有几种语支,分布于苏丹科尔多凡省的努巴山区。

(2) 尼日尔-刚果语群是大语群,也是撒哈拉以南非洲最大的语群,已知语言大概有890种,如以方言计则达数千种之多。它主要包括六大语支:西大西洋语支、曼德语支、古尔语支、克瓦语支、阿达马瓦-东部语支、贝努埃-刚果语支。

西大西洋语支约有43种语言,主要分布在塞内加尔、几内亚及塞拉利昂等国家和地区,主要语言有沃洛夫语和富拉尼语。

曼德语支约有 26 种语言,主要分布在马里、尼日尔、塞拉利昂和利比里亚等国。该语支是尼日尔-刚果语群中最小的语支,主要语言有班巴拉语、门得语、马林凯语和曼丁哥语。

古尔语支,也称沃尔特语支,约有 79 种语言,分布于布基纳法索、加纳北部地区及科特迪瓦的北部地区,主要语言是莫西语。

克瓦语支,也称几内亚语支,约有 73 种语言,分布于几内亚湾沿岸地区,主要是利比里亚共和国、科特迪瓦、加纳、多哥、达荷美和尼日利亚共和国南部。这是无形态的语言,主要语言有约鲁巴语和伊博语(也称伊格博语)。

阿达马瓦-东部语支约有 112 种语言,通行于中非共和国、喀麦隆和萨伊北部,是该语系中地区偏僻、鲜为人知的语言,主要语言是桑戈语和格巴亚语。

贝努埃-刚果语支比较复杂,约有 557 种语言,主要分布于从尼日利亚到坦桑尼亚、远至南部非洲的大片地区。

苏丹语系中使用人数较多、通行范围较广的语言是富拉尼语和曼丁哥语。富拉尼语是流动性很大的游牧民富拉尼人的语言,使用这种语言的人数虽然不多,但分布范围很广,从塞内加尔的富塔-贾隆高原到喀麦隆北部的西苏丹广大地区都有它们的身影。

曼丁哥语在马里和西非沿岸地区相当流行。据说是欧洲殖民主义者在西非地区贩卖奴隶时首先要学会的非洲语言。法国殖民军的部队还曾经使用这种语言与当地人交流。塞纳-冈亚地区是曼丁哥人的主要聚集区。

3. 班图语系比较复杂,大致被分为三个语群:中部班图语群、东南班图语群和西南班图语群

(1)中部班图语群中的刚果语[刚果(布)、刚果(金)和安哥拉]、卢巴语、卢旺达语[卢旺达、刚果(金)]、隆迪语(布隆迪)、卢干达语(乌干达)、吉库尔语(肯尼亚)、斯瓦希里语(肯尼亚、坦桑尼亚)、尼扬贾语即契切瓦语(赞比亚、莫桑比克、马拉维)。

(2)东南班图语群中的绍纳语(津巴布韦)、聪加语(莫桑比克、南非德兰士瓦)、茨瓦纳语即西索托语(博茨瓦纳、南非)、索托语(莱索托、南非)、祖鲁语(南非)、柯萨语(南非)。

(3)西南班图语群中的奥旺博语、赫雷罗语(纳米比亚)。

班图语系中使用人数较多、通行范围较广的语言是斯瓦希里语和祖鲁语。

斯瓦希里语这一名称源于阿拉伯语,意为"沿海地区的语言",与阿拉伯语、豪萨语并称非洲三大语言。随着时代的变迁和发展,它逐步由东部非洲的西印度洋岛屿,如肯尼亚的拉木地区、坦桑尼亚的桑给巴尔岛、奔巴岛、基瓦尔岛,向非洲大陆腹地传播,及向周边邻近地区蔓延。它原是几百年来在东北非地区流行的一种商业交际用语,现已成为坦桑尼亚、乌干达和肯尼亚的官方语言,还通用于索马里、卢旺达、

布隆迪、刚果(布)东部和东非沿海一带,是联结东、中非和推进东、中非合作的重要纽带。有关专家正在呼吁把它作为"非洲统一组织"的工作语言。目前使用这种语言的人口"已接近一亿"①。

祖鲁语通行于南非共和国和中非地区,使用人口大概在 1000 万以上。

4. 根据地理位置,将科伊桑语系分为三个语群:北部语群、中部语群和南部语群

(1) 北部语群只包括了几种使用人数很少的语言,如纳马语。

(2) 中部语群主要包括霍屯督语和布须曼语。

(3) 南部语群也只包括了几种使用人数很少的语言,如科拉语。

三、非洲语言现况

由于非洲大陆部族众多、沟通不便,语言学界对非洲语言的研究往往集中在比较便于进入的方面。在这些研究成果中,相对成熟的有对阿拉伯语、斯瓦希里语、豪萨语、阿姆哈拉语和祖鲁语的研究。造成这一便利的原因之一就是,在非洲语言的发展过程中,拉丁化起了重要作用。为方便欧洲殖民主义者对非洲的统治,他们从19 世纪初就开始使一些非洲本土语言拉丁化。非洲最重要的民族语言,如东非的斯瓦希里语和西非的豪萨语,原来都是用阿拉伯字母拼写,但在 19 世纪前后却接连被拉丁化了。迄今为止,已被拉丁化的非洲语言有数十种。20 世纪 70 年代中期,联合国教科文组织还专门召开会议,旨在帮助一些非洲国家借用拉丁字母创造本国文字。另外一个原因是非洲本土语言经常借用欧洲语言,如克里奥语。冈比亚和喀麦隆的克里奥语以及塞拉利昂的克里奥语都从英语借用了大量词汇,而佛得角和几内亚比绍的克里奥语则从葡萄牙语中借用了不少词汇。

而今,有独立意识的非洲学者开始从泛非主义角度研究非洲大陆的语言,具有代表性的有奎西·克瓦·普拉教授,他领衔成立了非洲社会高级研究中心(The Center for Advanced Studies of African Society,CASAS),专门从事非洲语言问题的研究。多数人认为是一门特殊非洲语言的东西在他看来实际上只是一些主要语言的不同变种,他将这些主要语言称为"核心语言(core languages)"。CASAS 的第一项工作成就在于揭示出"作为多种语言的使用者,75%以上的非洲人使用的只是 12 种核心语言②……如果再加上另外 3 种③……使用这 15 种语言的非洲人口总数就达到了 85%以上。这些语言的使用者达到了 6 亿~7 亿左右,因而不能再被说成是小

---

① 陈元猛:《斯瓦希里语在中国的传播》,载《现代传播》(双月刊),1999 年第 2 期,第 75 页。

② 分别是:恩戈尼(Nguni)、苏托-茨瓦纳(Sotho-Tswana)、斯瓦希里(Swahili)、阿母哈里克(Amharic)、富尔富尔(Fulful)、班巴拉(Bambara)、伊格博(Igbo)、豪萨(Hausa)、约鲁巴(Yoruba)、罗(Luo)、东部内拉卡斯蒂恩(Eastern Inter-lacustrine)和西部内拉卡斯蒂恩(Western Inter-lacustrine)。

③ 即索马里(Somali)、阿堪(Akan)和古尔(Gur)。

语种了。"①这是一种新的划分非洲语言的方法,充分考虑到非洲语言间共享的亲缘性,在一定程度上破解了"非洲语言巴别塔"的神话。

但在如今的非洲世界中,出于和外界交流的需要,欧洲语言始终领先于非洲本土语言的运用。众所周知,20世纪50—60年代,非洲各国掀起了独立浪潮。殖民者虽然撤走了,但他们的语言却被留了下来。在后殖民地的几乎所有非洲国家中,非洲语言都很少被非洲各国宪法规定为官方语言。由于非洲国家内部的部族矛盾和外部的国际经济、政治、文化和商业交流需要,让非洲民族语言正式成为官方语言的过程将极其漫长和曲折。如在坦桑尼亚和马达加斯加,殖民宗主国的语言曾被停用,取而代之的是非洲语言中的斯瓦希里语和马尔加什语,但由于种种原因,殖民宗主国的语言最终又占了上风。在表3-3-12中,我们将列出非洲主要国家的官方语言、通用语言和民族语言。

表3-3-12　非洲各国语言列表②

国　家	通用语言和官方语言	民族语言
阿尔及利亚	阿拉伯语、法语	柏柏尔语、卡布勒语、沙维亚语、塔马舍克语
安哥拉	**葡萄牙语**	刚果语、基姆本杜语、乌姆本杜语
埃及	阿拉伯语	科普特语
埃塞俄比亚	**阿姆哈拉语、英语、意大利语、阿拉伯语**	提格里尼亚语、索马里语
博茨瓦纳	**英语**	茨瓦纳语、萨恩语
布基纳法索	法语	
布隆迪	**法语、隆迪语**	斯瓦希里语
贝宁	**法语**	丰语、巴里巴语、约鲁巴语
赤道几内亚	**西班牙语**	芳语、布比语
多哥	**法语**	埃维语、卡布雷语、古马尔语
佛得角	**葡萄牙语**	克里奥葡萄牙语
冈比亚	**英语**	马林凯语、沃洛夫语、富尔贝语
刚果(布)	法语	刚果语、林加拉语
刚果(金)	**法语**	刚果语、林加拉语、契卢巴语、斯瓦希里语

---

① 刘海方:《非洲的发展离不开非洲语言——奎西·克瓦·普拉教授访问西亚非洲研究所》,载《西亚非洲》,2004年第6期,第70页。

② 该列表中标黑的语言为该国的官方语言。详情请参阅《非洲地图集》,地图出版社,1985年,第24页。

续　表

国　家	通用语言和官方语言	民族语言
津巴布韦	英语	绍纳语、祖鲁语
吉布提	法语、阿拉伯语	索马里语、阿法尔语
加纳	英语	特威语、芳蒂语、埃维语
几内亚	法语	富尔贝语、马林凯语
几内亚比绍	葡萄牙语	巴兰特语、富尔贝语、马林凯语
加蓬	法语	芳语、米尼昂内语
科摩罗	法语、阿拉伯语、科摩罗语	班图语言、马达加斯加语
喀麦隆	法语、英语	芳语、布鲁语、富尔贝语、姆布姆语
肯尼亚	斯瓦希里语、英语	吉库尔语、坎巴语、卢澳语
科特迪瓦	法语	迪乌拉语、马林凯语、阿尼语、
利比里亚	英语	克佩勒语
利比亚	阿拉伯语、英语	塔马舍克语
留尼汪岛	法语	
莱索托	英语	索托语
卢旺达	卢旺达语、法语	斯瓦希里语
马达加斯加	马达加斯加语、法语	
马里	法语	班巴拉语、富尔贝语、索宁凯语、马林凯语
摩洛哥	阿拉伯语、法语、西班牙语	柏柏尔语、什卢赫语、塔马齐格特语、里夫语
毛里求斯	英语、克里奥法语、印地语	
毛里塔尼亚	阿拉伯语、法语	富尔贝语、索宁凯语
马拉维	英语、契瓦语	亚奥语、图姆布卡语
莫桑比亚	葡萄牙语	马夸语、聪加语
南非	阿非利加语、英语	祖鲁语、科萨语、班图语、茨瓦纳语
纳米比亚	阿非利加语、英语	奥万博语、赫雷罗语
尼日尔	法语	豪萨语
尼日利亚	英语	豪萨语、约鲁巴语、伊博语、富尔贝语

国　家	通用语言和官方语言	民族语言
苏丹	阿拉伯语	努比亚语、贝贾语、富尔语
圣多美和普林西比	葡萄牙语	班图语言
圣赫勒拿岛和阿森松岛等	英语	
塞拉利昂	英语	门德语、泰姆奈语
索马里	索马里语、阿拉伯语、意大利语、英语	
塞内加尔	法语	沃洛夫语、富尔贝语
塞舌尔	法语、英语	克里奥英语、班图语言
斯威士兰	英语	祖鲁语、斯威士语
突尼斯	阿拉伯语、法语	
坦桑尼亚	英语、斯瓦希里语	班图语言
乌干达	英语、斯瓦希里语	卢干达语
西撒哈拉	西班牙语、阿拉伯语	柏柏尔语
赞比亚	英语	本巴语、通加语、尼扬贾语
乍得	法语	萨拉语、乍得阿拉伯语
中非	法语	桑戈语

　　在全球化浪潮的冲击下,随着种族和文化的同化不断加速,不少非洲本土语言逐渐被边缘化,地位日趋衰落,有的也正走向消亡。南非开普敦大学语言学家迈克·克劳霍尔曾经甚至做出一个惊人的预言:"在今后的 20 年,世界上 6000 种语言里,有一半都将消失,其中很多是非洲语言。"[①]联合国教科文组织也曾发表报告说:非洲语言中,有 400～500 种语言的影响力已大大下降,其中 250 种语言面临在近期消失的危险。东非的埃塞俄比亚、肯尼亚、乌干达、坦桑尼亚以及西非的尼日利亚等国,本土语言受威胁的情况最为严重。肯尼亚有 16 种部族语言处于很快就要永远消失的危险境地,乌干达与坦桑尼亚分别有 6 种和 8 种语言也将在不久的将来消失。[②]

　　如今,世界语言学界和传播媒介比较重视的非洲本土语言分别是阿拉伯语、斯

<hr>

　　① 　荆晶:《欧洲语言给非洲带来了什么》,载《环球》,2006 年 10 月 24 日。

　　② 　A·A·马兹鲁伊:《非洲通史》(卷八),北京:中国对外翻译出版公司,联合国教科文组织,2003 年,第 398－401 页。

瓦希里语、豪萨语、祖鲁语、阿姆哈拉语、富拉尼语和曼丁哥语等。在北美、中美和南美的非洲裔美洲社会的强力推动下,美国、加勒比地区和巴西的许多大学都设立了非洲研究中心,并开设了非洲的过去与现在、非洲语言、文学和文化的相关课程。欧洲的法国文化与技术合作署对非洲语言、文学的研究和其他工作都提供了资金。我国也有阿拉伯语、斯瓦希里语和豪萨语的专门教学与研究人员,中国国际广播电台还有使用这三种语言对非广播的业务,但值得我们关注的是,我国对其他非洲语言的研究至今还几乎是一片空白。

第二节　非洲的文字

大多数非洲国家至今还没有文字,更没有出版物。然而,丰富的非洲自然资源孕育出了繁多的非洲部族,其中有不少部族创造出了璀璨的非洲文明。约在公元前4000年到前3000年之间,尼罗河流域建立了古埃及国家,同时逐渐形成了象形文字。这是后来许多文字体系的基础,目前欧洲各族人民使用的字母文字就是其中之一。在北非则产生了其他文字体系,如梅罗特文字、古努比亚文字等。目前除去埃塞俄比亚的音节文字以外,古埃及文字及其他许多古代文字均已消亡。目前,北非各国绝大多数人民讲阿拉伯语,如阿拉伯埃及共和国、苏丹共和国、利比亚、突尼斯、阿尔及利亚、摩洛哥、毛里塔尼亚,其文字均以阿拉伯文字为基础。东北非部分地区,如埃塞俄比亚、阿姆拉哈、蒂格雷等族仍采用音节文字。撒哈拉以南广大非洲地区和埃塞俄比亚的许多民族,如斯瓦希里人、豪萨人、干达、巴苏托、祖鲁等,其语言的文字则以拉丁字母为基础。广大苏丹和赤道非洲地区的大部分民族到目前为止尚无本民族文字。

一、非洲古代文字

距今5000多年前,古埃及出现了象形文字,后来被欧洲人称作 Hiéroglyphe——这是希腊语"神圣"与"铭刻"组成的复合词,即"神的文字"。古埃及人认为他们的文字是月神、计算与学问之神图特造的,和中国"仓颉造字"的传说很相似。具有古埃及象形文字的文献,最早者属于早期王朝时期,即早期的前三个王朝(公元前3000—前2700年)。这个时期,一些纪念物上的铭文由于与人们的想象紧紧相连,所以许多象形表示法甚至难以区分。随后则渐渐形成了象形文字,已具有较复杂的结构了。象形文字主要分为以下三个类型:① 具有语音意义的象形;② 可读的表意符号;③ 指定符号,不可读也不表示语音的意义,但由其前面的字即可确定它的含义。古埃及文字共有三种形式:① 用于铭志中的象形文字,主要写在寺院的墙上、陵墓上、纪念胜利的古碑上；② 祭司文字，主要用于公文(事实上它是象形文字的简体，多写在纸莎草纸上)；③ 通俗书写体，出现期较晚，约在公元前 1000 年(它是从祭司文字发展而来的，在速写的情况下进一步简化而形成)。

　　埃及象形文字有 30 个单音字、80 个双音字和 50 个三音字，也有直接能够表示意义的图形字符。真正的表形文字不多，多数是借数个表形文字的读音来表示其他的概念，类似于汉语的借音用法。限定符则类似于汉语中的偏旁部首的作用。埃及象形文字中表形、表意和表音相结合，其意符和声符都来源于象形的图形。与汉语所不同的则是它们依然保持单独的图形字符。有趣的是，这种文字可以横写也可以竖写，可以向右写也可以向左写，到底是什么方向则看动物字符头部的指向来判断；至于在单词单元上则怎么匀称美观怎么写，只要不影响意思，上下左右，天地自由。这可以说是埃及象形文字的书法特征之一。我们讲埃及象形文字一般是指圣书体，主要用于比较庄重的场合，多见于神庙、纪念碑和金字塔的铭文的雕刻。僧侣体则多用于在纸草上书写，相当于汉字的行书或草书。而世俗体则是对僧侣体的简化，如图 3-3-3 所示。

图 3-3-3　埃及文字世俗体

　　为了使书写美观，古埃及文字的书写顺序都不一定，可以向上写也可以向下写，可以向右边写也可以向左边写，在每行开端都有一个人头或者是动物头，面部面向的方向就是释读的方向。碑铭体常出现于金字塔石碑和神庙墙壁上，有时为使文字具有对称之美，往往将字由两边写向中央，但在发展过程中失去了实用价值，成了装饰文字。僧侣体文字很像我国的草书，书写快捷，起初为僧侣使用，后来专用于书写宗教经典，其外形与碑铭体很不相同，但内部结构完全一致。大众体又称书信体，到托勒密时期成为主要字体，是僧侣体的进一步简化，但内部结构没有改变，广泛用于书信、文学著作等日常文化活动。①

　　古埃及文的书写中元音被忽略，这一点类似于阿拉伯文。当时的单词是加了什么样的元音发音的已经不很清楚，现代的人们在辅音之间加上中性的"e"予以补充。比如说："nfr"→"nefer"表示美丽的，好的。

　　在北非，具体目前的突尼斯境内，公元前 10 世纪出现了腓尼基人的殖民地，如犹提喀、迦太基等，他们使用腓尼基文字。后来在迦太基比较广泛地采用布匿文字，到公元前 3 世纪末则采用新布匿文字（古罗马人对北非迦太基等地居民的称谓是布匿人）。在公元前最后几个世纪，努米底亚地区的当地居民使用古利比亚文字。这种文字最著名的文献就是在图盖地区发掘出来的努米底亚国王玛西尼沙在公元前 3 世纪的铭文。目前古利比亚文字已经消亡，但是图阿雷格人采用的字母文字则是古利比亚字母文字的进一步发展。在埃及的南方，努比亚地区的纳帕达-梅罗埃王国，人们在埃及象形文字的基础上创造了一种特别的字母文字，共由 23 个符号组成。与此同时，还存在一种斜体文字，它是以古埃及的通俗书写体为基础形成的。

　　到了公元最初几世纪内，古埃及的象形文字和通俗书写体渐渐衰亡，代之而起的是科普特语的字母文字，这是一种新的文字形式，它以希腊字母为基础。科普特字母的历史可追溯至托勒密王朝，当时利用希腊字母对世俗体文字进行音译以记录世俗体的正确发音。公元初的 2 个世纪里，出现以希腊字母记录埃及语的古科普特文，而部分源自世俗体的字母，也在真正的科普特文中出现。随着基督教传入埃及，在 3 世纪后期不再使用圣书体，世俗体也逐渐消失，文字系统与基督教会的关系变得紧密。4 世纪，科普特字母被统一化，对沙希地语（Sahidic）有很大的影响。科普特文不在现代社会使用，只会在宗教文件中出现。古努比亚字母（Old Nubian alphabet）中源自安色尔字体（Uncial）的希腊字母的部分字母，借用了源自世俗体的科普特字母和麦罗埃文。

　　科普特字母是埃及第一个标示元音的文字系统，使以科普特字母写成的文献成为解读早期埃及文字的重要工具。有些埃及语音节只有响音而没有元音，如果这类

---

① 轩书瑾编《希腊罗马埃及探索发现大全集》，北京：高等教育出版社，2010 年，第 299 页。

音节在沙希地语中出现,便会在以科普特字母写成的音节上方加上横线标示出来。不同的书吏派系使用有限的附加符号,例如有的把撇号(apostrophe)用来分隔单字和作为附着词素,有的运用分音符或抑扬符(circumflex)表示另一个元音的开端。[1]

科普特字母主要以希腊字母为基础,有 24 个字母源自希腊字母,另外 6 或 7 个(视乎不同方言)由世俗体演化而成。科普特字母受西里尔字母的影响明显较希腊字母小,相反,科普特字母对西里尔字母有重大的影响。字母表如 3－3－13 所示。[2]

表 3－3－13　科普特字母

大写字母	小写字母	数值	名称	希腊字母	转写(国际音标)
Ⲁ	ⲁ	1	alpha	Α,α	a
Β	β	2	bēta	Β,β	w
Ϭ	ϭ	3	gamma	Γ,γ	k
Ⲗ	ⲗ	4	dalda	Δ,δ	t
Ⲉ	ⲉ	5	ei	Ε,ε	i
ⲥ̄	ⲥ̄	6	sou	s	—
Ⲍ	ⲍ	7	zēta	Ζ,ζ	z
Η	ⲏ	8	ēta	Η,η	e:

① Ritner,Robert Kriech, The Coptic Alphabet, In: *The World's Writing Systems*, edited by Peter T. Daniels and William Bright,Oxford: Oxford University Press,1994:287－290.

② 科普特字母表来自维基百科,网址是 http://zh.wikipedia.org/wiki/%E7%A7%91%E6%99%AE%E7%89%B9%E8%AF%AD。

大写字母	小写字母	数值	名称	希腊字母	转写（国际音标）
Ө	ө	9	thēta	Θ，θ	th
Ⅰ	ɟ	10	iōta	Ⅰ，ι	iː
Ҝ	ҝ	20	kappa	Ｋ，κ	k
Ⴟ	ⴌ	30	laula	Λ，λ	l
Ⴎ	ⴎ	40	mē	Ｍ，μ	m
Ⴖ	ⴖ	50	nē	Ｎ，ν	n
Ⴒ	ⴒ	60	ksi	Ξ，ξ	ks
Ｏ	ｏ	70	oụ	Ｏ，ｏ	u
Ⅱ	π	80	pi	Π，π	p
Ｐ	ｐ	100	rō	Ｐ，ρ	r
Ⅽ	ⅽ	200	sēmma	Σ，σ，ς	s
Ⴀ	ⴀ	300	tau	Ｔ，τ	t
Ⴗ	ⴗ	400	he	Υ，υ	uː

大写字母	小写字母	数值	名称	希腊字母	转写(国际音标)
Ⲫ	ⲫ	500	phi	Φ,φ	ph
Ⲭ	ⲭ	600	khi	Χ,χ	kh
Ⲯ	ⲯ	700	psi	Ψ,ψ	ps
Ⲱ	ⲱ	800	ō	Ω,ω	oː
Ϣ	ϣ		šai	(none)	ʃ
Ϥ	ϥ	90	fai	(none)	f
Ϧ	ϧ		xai	(none)	x
Ϩ	ϩ		hori	(none)	h
Ϫ	ϫ		an ia	(none)	dʒ
Ϭ	ϭ		qima	Q,q	q
Ϯ	ϯ		ti	(none)	ti
Ϥ	ϥ	900	psisənše	(none)	—

从世俗体演化而成的字母如表 3-3-14 所示。

表 3-3-14　从世俗体演化而成的字母

圣书体	世俗体	科普特文
→	→	Ш š
→	→	Ϥ f
→	→	Ⳉ x
→	→	Ⳣ h
→	→	Ϫ dʒ
→	→	Ϭ q
→	→	Ϯ ti

　　目前科普特文字仅在某些基督教教堂的祈祷仪式中使用。科普特文字是古努比亚文字产生的基础,后者在 8—10 世纪,在努比亚地区流行。古努比亚字母与科普特字母有所不同,为了表示努比亚语特有的一些语音,增加了一些符号。目前关于非洲僧祇语言最早的文字资料就是古努比亚基督教文化的文献了。以此为依据,可以研究努比亚语言在近一千年中的发展过程。在现在的埃塞俄比亚境内,古阿克苏姆王国约在公元最初几个世纪中创造了埃塞俄比亚文字,它以南阿拉伯的沙伯文字母为基础(沙伯人即《圣经·旧约》中 Sheba 的后裔,住在阿拉伯,搬到西南部,即现在的也门地区)。埃塞俄比亚文字最古老的资料是玛塔拉的方尖碑、埃赫的铭志和阿克苏姆地区亚扎纳王的石碑。这些文献中共有三种语言:古埃塞俄比亚的格埃斯语、沙伯语和希腊语。最早的石碑中有用古埃塞俄比亚语写的铭志,但其中无元音符号。晚期文献中,铭文已有元音符号,这是埃塞俄比亚音节文字最早的资料。古埃塞俄比亚文字在自己进一步发展的基础上产生了阿姆哈拉语文字,一直存在到今

天。阿姆哈拉音节文字与古埃塞俄比亚格埃斯语的文字是有区别的,前者增加了一些符号,表示那些在格埃斯语中没有的闭摩音和唇化音。现在,蒂格雷、蒂格赖、加拉等语言均采用阿姆拉哈文字。目前,人们用阿姆拉哈文广泛出版刊物、科学作品、教科书、翻译字典,并发展文艺创作。由于埃塞俄比亚音节文字十分复杂,共有 290 种形式,所以在进行正式和日常事务通信中必然遇到不少困难(一般这些通信需用机器书写),在这种情况下,埃塞俄比亚经常有人提出,必须对传统的文字体系实行简化。

古利比亚文字和以它为基础发展起来的文字。在公元前最后几个世纪,北非的柏伯尔人使用古利比亚文字。这是一种很特别的几何形的字母文字,留下来的著名文献是公元前 3 世纪一个努米底亚国王的碑铭。这种文字已经灭亡,但游牧于撒哈拉沙漠中的图阿列格人使用的梯菲纳(Tifnag)文字,则是古利比亚文字的进一步发展,这种文字体系的显著特点是没有元音字母。这种文字与瓦伊语的语音完全符合。

利比里亚、塞拉利昂境内的瓦伊族,曾创立了真正的文字体系。据说它是在过去人们使用的记事符号的基础上,由莫莫卢·杜瓦卢·布凯列在 19 世纪 30 年代创造的。这是一种音节文字。在瓦伊文字的影响下,与瓦伊族毗邻的门德族、洛马族、巴萨族和格尔塞族也有了类似的本族语言的文字。据研究,这些文字含有共同的符号。

巴蒙族居住在喀麦隆西方省的东部地区,巴蒙王国国王恩乔亚(1885—1931 年在位)在 19 世纪末和 20 世纪初创造了一种音节文字。这种文字在初创时共有 510 个符号,经过不断改革和完善,最后的定型(1918 年)则只有 98 个符号。国王使用这种文字与地方官们通信,法令和法庭判决也用它来书写。

二、非洲各族固有的文字形式

许多非洲民族很早以前就有了自己的书写方法。例如北非地区的查加族,在青年人举行成年仪式时,受教育者把所有的教诲用刀砍的痕迹表示"描写"在一个横木上,也就是说,通过特定的砍痕记号,青年人可以记住所传授的一切知识。肯尼亚的卡姆巴族也具有类似的书写方法,其他不少民族也是一样。1904 年,在伊博族的卡拉巴尔地区发现的不少资料也是用这种方法记载事情的。这种文字体系被当地人称恩西比吉;已发现在喀麦隆境内的克罗斯河流域的埃科伊族、阿尼亚克族等也具有类似的文字。从严格意义上讲,恩西比吉还不是真正的文字,因为它的符号是无限的,有些符号一号多义,也有几个符号又表示同一个含义。巴姆巴拉族来也具有类似的符号体系。一般情况下,人们用这些符号进行占卜。生活在象牙海岸境内的巴乌列人有一种特定的符号,表示重量单位,过去用秤磅金沙时采用。明显的文字萌芽式的东西在古贝宁和达荷美地区存在过。但是究竟怎么样,我们只能估计和推测。生活在利比亚境内的瓦伊人曾创立了真正的文字体系,根据语言学家 C.凯列的资料,这是一个叫莫莫卢·杜瓦卢·布凯列的人在 19 世纪 30 年代创造的,事实上可能是这位莫莫卢把已有的文字符号归纳系统化了,过去人们用这些符号记事,莫莫卢在这些符号的基础上创建了一种音节文字。这种文字与瓦伊语的语音完全符合:辅音 l 和 d 各有两种形式,均有相应的符号,有表示唇化音的符号等。在瓦伊文字的影响下,曼德语、托马(洛马)语也有类似的文字。位于喀麦隆境内的巴穆姆族的苏丹王恩乔亚曾创立了一种文字,有其特色,别具一格。按他自己的话讲,他利用巴穆姆族自古以来绘画记事的各种符号,做了一定的选择,又根据豪萨和阿拉伯两种文字系统,用特定的符号准确地表达语音含义,从而创立了这种文字。在他在位期间(1885—1931 年),恩乔亚又数次对这种文字加以修订改革,逐渐使之从象形文字变成了音节文字。第一种类型(1895—1896 年)共有 510 个符号,以后的改革中符号逐渐减少,到了第六种类型"阿卡务库",就只有 82 个符号了,最后的定型(1918 年)"姆费姆费",意即"新型的",除去上一种类型的一些多余部分,加以完善,共有 92 个符号。巴穆姆人用"姆费姆费"记述历史故事,编了一些医疗手册。巴穆姆人还将这些文字用于国王与地方上领袖们的通信往来。索马里人创造了自己特有的字幕文字,外形上与埃塞俄比亚的音节文字相似,但实际上索马里文字符号却表示单独的发音,不表示每个音节。索马里文字共有两种形式:一种叫"伊斯马尼亚",是由伊斯曼·尤素福·凯纳吉特在 20 世纪初创立的,由一定的符号表示 22 个辅音和 10 个元音;另一种叫"加达布尔西",是由一位名叫阿布杜拉赫曼·努尔的人在 1933 年前后创立的,当时在索马里的加达布尔西地区流行。与伊斯马尼亚相比,它具有更少的符号。但是无论哪一种文字,在索马里均未能获得广泛使用。目前,索马里专门成立了一个国家委员会,进行为索马里语创立文字推荐的工作。

三、目前非洲各族人民的现行文字

阿拉伯文字始终是非洲的首要使用文字。从 7 世纪阿拉伯人占领埃及开始,阿拉伯语随之在非洲各国流行起来,以阿拉伯字母为基础的文字也被广泛应用。但阿拉伯文字的推广并不是一帆风顺的。在最初的公文中,人们仍然长期使用科普特语的文字。随着阿拉伯人的不断扩张,阿拉伯语及其文字才最终排挤并取代了这种文字。从 12 世纪开始,阿拉伯部族逐渐扩散到东苏丹境内,占领了达尔富尔、科尔多凡和瓦达伊,一直到乍得湖地区,因此,阿拉伯语和文字在这些地区也渐渐流行起来。后来,阿拉伯文字逐渐扩散到西苏丹某些民族聚居地,那里的民族语如富尔贝语、豪萨语、马林凯语等也都相继采纳了阿拉伯文字。阿拉伯文字也曾是斯瓦希里语的书写手段,斯瓦希里人曾用这种文字记录了不少诗歌作品。如今阿拉伯语是埃及全国人民使用的语言,人们用它出版刊物,并创造了丰富的文艺作品。

斯瓦希里语以班图语为基础,标准的斯瓦希里语以"基温固加(Kiunguja)"方言为基础。东非沿海的非洲人和阿拉伯人早期都使用这种班图语进行贸易。随后,这种语言不断吸收阿拉伯语和波斯语的词汇,最终形成了斯瓦希里语。真正的文字记录始于18世纪前期,借用阿拉伯字母书写,于1844年开始改用现今所看到的拉丁文字母,1924年确定了以桑给巴尔城方言为现代标准斯瓦希里语的基础,从而最终规定了其字母和字母顺序表,统一了单词发音、重音和拼写。20世纪30年代的英国斯瓦希里语专家弗·约翰逊穷其毕生精力主编的《斯—斯》、《斯—英》、《英—斯》字典为斯语的规范、成熟、繁荣和传播、发展做出了不可估量的贡献,至今仍是不可多得的重要工具书之一。

迄今为止,有关豪萨语文字的起源尚无明确定论。据史料记载,目前最早的豪萨语在西非以商业口头用语的形式被保存下来。1000多年前,伊斯兰教逐步进入该地区,当地以传教为主的先人为交流、研究与传播《古兰经》,开始在通信、交往及教学中将原有阿拉伯文字豪萨化,创造了以阿拉伯语为基础的豪萨语最早的文字——阿扎米文字。18世纪起,英法等西方列强大举入侵非洲,伴随殖民地的建立,西非当地文化逐步被同化和改造,阿扎米文字也未能幸免。从19世纪开始,伴随英语、法语在非洲的普及,豪萨语的书写形式也发生了根本性变化,拉丁字母逐步取代了阿扎米文字,现代豪萨语的26个字母基本上和英语的26个字母相同。20世纪后,在现代豪萨语的书写中,除了少数专家和学者为研究需要有时仍要使用阿扎米文字外,人们几乎已放弃了这种文字。由于英语和法语两种语言的不同,英语国家和法语国家的豪萨语在拼法上也有所区别。

阿姆哈拉文字是流行于埃塞俄比亚地区的文字,是一种形制特殊的音节文字。5世纪基督教传入该地区后,埃塞俄比亚产生了葛爱兹字母,后演变成阿姆哈拉字母,在14世纪成为埃塞俄比亚的通用文字,并在这个有基督教传统的古老非洲国家流传至今。阿姆哈拉文字有37个表示辅音的基本符号,每个符号大都有7种表示元音的变化,其中4个带有复元音的符号只有4种变化。一共247个符号(不算表示数字的符号),组成音节字母表。该

图 3 - 3 - 4　阿姆哈拉文字①

文字从左而右横写,词与词之间用两点(像冒号)隔开,句子末尾用4个点(像两个冒号)表示。阿姆哈拉文是一种形制特殊的音节文字,如图3-3-4所示。

在南非,在日常生活中占有重要地位的除了英语之外,还有阿非利加语这种混合语言。报刊中,除了英语便是阿非利加语为主要传播媒介。在开普敦有一个报业

大媒体,即以"城市人(Die Burger)"为龙头的阿非利加语报业集团。此外,在各种公共场所,如商店、影院、车站、风景旅游区、旅店等除了使用英语之外都使用阿非利加语。

目前在撒哈拉和埃塞俄比亚以南地区,非洲各族人民都采用拉丁文字母加以能表达本族语言的、欧洲语言没有的语音符号。早在 16 世纪,天主教的传教士和一些旅行家就已经在非洲各地推广拉丁文字了。慢慢地,在殖民统治机构中也开始广泛使用拉丁文字。到 19 世纪末,各种殖民机构在非洲用欧洲语言出版刊物,掌握学校。这些机构在用非洲语言出版刊物时一般会根据当地民族的语言习惯来采取相应的字体特点。19 世纪,法国著名语言学家列普西乌斯创编了统一的字母表,即"列普西乌斯字母表"。人们用这种字母表编撰的第一部科学书籍是 1859 年由格罗乌克主编的语法书《祖鲁语语法》。后来,南非所有语言如祖鲁语、科萨语和斯威茨语等,都使用这种文字出版刊物,并一直沿用至今。如今,尽管一些非洲语言被广泛使用着,如富尔贝语、马林凯语、巴姆巴拉语等,长时期以来却一直缺乏自己的文字。

非洲语言,如它所代表的文化一般,正经历着不断的变化。今日的非洲国家,在饱受殖民主义的摧残后,明白了要提高本国的经济实力和政治影响力,对代表着本国形象的非洲本土语言却似乎并不关心,即使得到了国际援助的语言研究,其进展结果往往容易被忽视,继而束之高阁。如果"不将这些语言的发展置于突出地位,非洲不可能有重大进步,人民也不可能在对人类来说是合理和可接受的时间内取得经济的发展和社会与文化的进步"[①]。某些非洲本土语言的消亡已经向我们敲响了警钟,非洲语言如果要想生存下去,就必须得到发展,这就意味着各国政府同心协力的时刻到来了。

参考文献:

　　[1] A.A.马兹鲁伊.非洲通史(卷八)[M].北京:中国对外翻译出版公司、联合国教科文组织,2003.

　　[2] 陈利明.骑在牛背上的民族语言——豪萨语[J].国际广播,2002(3):41-43.

　　[3] 陈元猛.斯瓦希里语在中国的传播[J].现代传播(双月刊),1999(2).

　　[4] 端木杰.非洲地图集[M].北京:地图出版社,1985.

　　[5] 葛公尚,曹枫,编译.非洲民族概貌[M].中国社会科学院民族研究所世界民族室亚非组编印,1980.

　　[6] 葛佶.简明非洲百科全书[M].北京:中国社会科学出版社,2000.

　　[7] 荆晶.欧洲语言给非洲带来了什么[J].环球,2006-10-24.

---

　　① 阿尔法·I.索,穆哈默德·H.阿卜杜拉齐兹:《语言与社会变迁》,载 A.A.马兹鲁伊主编《非洲通史》(卷八),北京:中国对外翻译出版公司、联合国教科文组织,2003 年,第 400 页。

[8] 柯永亮.语种在加快消亡[J].科学大众(中学版),2003(4).

[9] 刘海方.非洲的发展离不开非洲语言——奎西·克瓦·普拉教授访问西亚非洲研究所[J].西亚非洲(双月刊),2004(6):69-70.

[10] 令狐若明.古埃及文字及其影响[J].世界历史,2000(5):78-84.

[11] 唐继新.东非语文生活的新发展[J].语文建设,1990(5).

[12] 王正龙.非洲异闻[M].北京:中国书籍出版社,2007.

[13] 张田勘.感受南非语言[J].世界知识,2000(12).

[14] Summer Institute of Linguisties. *Ethnologue:Languages of the World*[M]. 2005.

第四章

非洲的宗教与文化

第一节　宗教的起源与传播

一、宗教的起源

宗教是一种意识形态，人们精神生活中的重要文化现象，对民族和国家的形成起着重要作用。因此，可以说宗教是人类历史上一种古老而又普遍的社会文化现象，也是至今依然存在，在社会和人生的各个方面起着重大影响的客观现实。天堂地狱之教，因果报应之说，更是深入信徒的心灵，成为指导他们言行和生活方式的一种准则。要了解一个国家、一个民族的社会、历史、文化和民族心理特征，而不了解其宗教传统，终不过是隔岸观景，难尽究竟。[①] 宗教的源地、扩散区域、分布、教义和环境的关系，不同宗教习俗对社会的影响，宗教的文化生态、文化表现、信奉方式，宗教与其他文化要素的相互关系与作用等方面的研究，是文化地理学研究的主要内容之一。宗教地理学在文化地理学中应占有重要的地位。[②]

历史唯物主义认为，任何社会意识形态都是由人们的社会物质生活条件所决定的，宗教也不例外。宗教并不是自有人类以来就存在的，只是在人类进入原始社会以后，随着人类抽象思维能力的逐渐发达并开始形成某些概念的时候才产生的，其产生的根源有其认识上的，也有阶级上的。认识上的根源已如前述。到了阶级社会，人们又遭受到另一种更为可怕的支配力量，即阶级压迫和剥削。在阶级社会里，劳动人民由于饱受天灾人祸的双重压迫而又无力解脱，往往认为是"命里注定"，幻想能有一个救世主来拯救自己，企图从幻想中寻求精神上的解脱。统治阶级总是借助迷信宣传"天命论"以巩固自己的统治地位。所以，在阶级社会里宗教便成为统治

---

① 吕大吉主编：《宗教学通论》，北京：中国社会科学出版社，1989年，第2-3页。
② 姜忠尽：《世界文化地理》，南京：江苏教育出版社，1997年，第94-95页。

阶级的工具。正如马克思所说:"宗教是麻痹人民的鸦片。"①宗教的产生根源不论是认识上的还是阶级上的,其本质都是一样的。恩格斯指出:"一切宗教都不过是支配着人们日常生活的外部力量在人们头脑中的幻想的反映,在这种反映中,人间的力量采取了超人的力量的形式。"②

从宗教产生的背景来看,其起源与所处的自然和文化环境有着直接的关系。例如,印度教视许多自然现象为神灵,带有原始宗教自然崇拜的浓厚色彩,这说明其起源与自然有着密切的直接关系。从世界性宗教发源地的分布来看,宗教的发源地与文化中心地区极为一致。主要宗教一般起源于世界上某些很小的地区。犹太教和基督教都起源于现在的以色列—约旦地区。伊斯兰教起源于阿拉伯半岛西部麦加地区。印度教诞生于古印度地区(今巴基斯坦境内)。佛教起源于古印度东部的一个王国(今尼泊尔境内)。

随着人类社会的发展,宗教也在不断地发生变化,宗教体系和内容日趋复杂,仪式日益繁缛,地域传播也日益广泛。从原始的自然崇拜、图腾崇拜到各种神灵崇拜,从多神教转变为一神教。同时,随着由氏族部落转变为民族的过程,还伴有部落宗教转变为民族宗教的过程。当古代文明发展到一定阶段,特别是随着一些强大帝国的兴起,某些宗教随着帝国的扩张而跨出原来民族的界限,传播到更为广大的地区,形成世界性宗教。但是,不论是哪种宗教,其特征之一都是将神灵作为信仰中心。③在当今的国际社会中,任何宗教信仰既是一个普通的社会现象,也是一股重要的精神力量和社会力量。宗教无论作为一种文化的表现形式,或是作为人们伦理道德的某些规范,在人们的日常生活中,甚至在一些国家的政治社会生态中都起着不可忽视的作用。因此,了解、认识与研究当今宗教状况是我们认识整个世界的重要内容之一,不了解宗教,就不能正确、深刻地理解当今的国际政治以及人们社会文化生活中的许多事务。从各种宗教内部的组织结构体系来分析,大致有以下组成部分:宗教信仰体系——神学理论,是宗教世界观的核心,宗教哲学、宗教教义由此建立与发展;宗教情感——对神的"虔诚"信仰,信徒坚信自己的教义和神灵;宗教礼仪——戒律、仪式、祈祷、禁忌等规范,主要目的是约束信徒的行为举止,坚定自己的信仰,这些礼仪极大地影响教徒的社会日常生活和心理;宗教组织的制度——世界性宗教都有较完备的宗教组织和制度,目的是维护宗教信仰的权威。因此,在研究宗教时,应

---

① 中共中央马克思格斯列宁斯大林著作编译局编:《马克思恩格斯选集》(第 1 卷),北京:人民出版社,1972 年,第 2 页。

② 中共中央马克思恩格斯列宁斯大林著作编译局编:《马克思恩格斯选集》(第 3 卷),北京:人民出版社,1972 年,第 354 页。

③ 姜忠尽:《世界文化地理》,南京:江苏教育出版社,1997 年,第 94 - 100 页。

429

把宗教放在社会文化大视野中,用辩证唯物主义的观点去分析和考察宗教的历史地位与社会作用。[①]

二、世界三大宗教的形成与传播

世界性宗教在阶级社会产生后出现,而在中世纪的封建社会中广为传播。至今广泛流传于世界各大洲各个民族的三大宗教,是佛教、基督教和伊斯兰教。世界性宗教的出现,是宗教发展史上的一个新的阶段,具有不同于氏族宗教和国家宗教的共同特点:具有超种族、超民族、超国家的普世性,佛、上帝、真主不再是某一特定种族、民族和国家所专有的崇拜对象。教义着眼于全人类的灵魂问题,而不只限于个别民族;神学体系完备,礼仪严格规范。世界宗教都有自己的教会组织,它是对内控制、对外竞争的工具。现阶段,三大世界宗教都有自己的世界性宗教组织;宗教礼仪世俗化,适合不同民族的风俗习惯。

1. 佛教

佛教是世界最古老的宗教之一,起源于公元前 6 世纪至前 5 世纪的古印度。相传古印度迦毗罗卫国(在今尼泊尔南部提罗拉科特附近)的王子悉达多·乔达摩(即释迦牟尼)所创立。当时印度处于奴隶制兴起时期,社会上占统治地位的宗教是支持和维护种姓制度的婆罗门教。佛教反对种姓制度,是与婆罗门教相对立而出现的一种宗教。释迦牟尼死后,佛教出现分裂趋势。公元前 4 世纪左右,佛教僧团因传承和见解不同分裂为上座部和大众部。1 世纪前后,大众部又分裂为大乘佛教和小乘佛教两个主要教派。7 世纪以后,大乘的一部分派别同婆罗门教混合起来形成密教。13 世纪时,佛教在印度本土趋于消失。

释迦牟尼在世时,佛教主要在恒河中部流域,特别是在几个新兴的大城市周围进行传播。佛陀去世后,直属弟子把佛教推广到了东部的恒河流域下游、南部的高达维利河畔、西部的阿拉伯海岸、北部的泰义斯罗地区。在孔雀王朝阿育王统治时期,佛教开始向次大陆毗邻的地区传播,东至缅甸,南到斯里兰卡,西及叙利亚、埃及等国。在贵霜王朝兴起后又传至伊朗、中亚各地,复经"丝绸之路"传入中国,并由中国传入朝鲜、日本等国。佛教向外传播大致可分为南北两条路线,即南传佛教和北传佛教。传播方式主要是通过文化交往而不是通过征服过程进行的。

(1) 南传佛教

南传佛教于公元前 3 世纪的阿育王时期首先传入斯里兰卡,之后由斯里兰卡传入缅甸、泰国、柬埔寨和老挝。在这些国家,佛教与当地的民族宗教逐渐结合,形成

---

① 宗教研究中心编:《世界宗教总览》,北京:东方出版社,2004 年,第 6 页。

具有地域特色的佛教。直到现在,佛教在这些国家仍占有突出的社会地位,佛教教义成为人们必须接受的社会生活准则和精神主宰。此外,南传佛教复经上缅甸传入中国云南省的傣族、崩龙族(今德昂族)、布朗族等少数民族地区。南传佛教主要是小乘佛教。

(2) 北传佛教

北传主要有两条途径。一条是从印度西北部的乾陀罗开始,越兴都库什山、阿姆河、帕米尔高原进入我国的新疆,再由河西走廊传到长安和洛阳,复由我国传入朝鲜、日本和越南;另一条是由中印度直接北传入尼泊尔,越喜马拉雅山,入我国西藏,再由西藏传入我国内地和蒙古、西伯利亚的布里亚特族地区等。

2. 基督教

基督教是目前世界上流传最广、信仰人数最多的宗教。基督教诞生于公元 1 世纪上半叶罗马帝国统治下的巴勒斯坦地区和小亚细亚一带。创始人是犹太人耶稣,他被视为救世主、上帝之子。耶稣受难后,其信徒保罗开始将其教义传播给非犹太人。4 世纪,由于基督教教义对罗马帝国统治者有利,被定为其国教,并开始在罗马帝国的占领地传播,随其版图的扩大迅速传播到西班牙、不列颠,西迄多瑙河与莱茵河一带,在流行地区形成政教合一的统治。4 世纪末,随着东西罗马帝国的分裂和两派斗争的激化,1054 年基督教分化为以罗马为中心的西派教会——天主教和以君士坦丁堡(今伊斯坦布尔)为中心的东派教会——东正教或正教。16 世纪,随着资本主义在欧洲的兴起,出现了宗教改革运动,天主教内又分出一支代表资产阶级利益的"新教",之后随着反封建的深入,新教又分化出许多派别,如加尔文教、路德教和英国教派。天主教(又称旧教)是作为一个高度集中的教会形成的。罗马天主教主要分布于意大利、法国、爱尔兰、西班牙、葡萄牙、匈牙利、波兰以及几乎整个拉丁美洲,还有菲律宾。东正教不完全是集中的教会,而主要是只服从自己的总主教(如君士坦丁堡总主教、俄国的总主教、塞尔维亚总主教等)的教会。东正教主要分布在苏联、巴尔干半岛以及埃塞俄比亚等地。新教主要分布于北欧、英国、北美以及大洋洲等地。因此,基督教是奉耶稣基督为救世主之各教派的统称。[①] 从基督教各教派的信徒人数来看,以天主教信徒最多,新教徒(耶稣徒)和东正教信徒次之,2010 年天主教信徒有 10.9 亿人,占基督教信徒总数的 50.1%,新教和东正教分别为 8 亿和 2.6亿,占比分别为36.7%和11.9%,见表 3-4-1。[②]

---

①　黄心川主编:《世界十大宗教》,北京:东方出版社,1989 年,第 271-347 页;姜忠尽:《世界文化地理》,南京:江苏教育出版社,1997 年,第 96-97 页。

②　Pew Research Center's Forum on Religion & Public Life,*Global Christianity*,December 2011.

表 3 - 4 - 1 2010 年基督教各教派人数

教派	各教派人数(人)	占世界人口百分比(%)	占世界基督教信徒百分比(%)
天主教	1094610000	15.9	50.1
新教	800640000	11.6	36.7
东正教	260380000	3.8	11.9
其他教派	28430000	0.4	1.3
基督教	**2184060000**	**31.7**	**100.0**

Population estimates are rounded to the ten thousands. Percentages are calculated from unrounded numbers. Figures may not add exactly due to rounding.

资料来源:Pew Research Center's Forum on Religion & Public Life,Global Christianity,December 2011。

　　基督教的传播和扩散是以膨胀扩散和迁移扩散两种形式进行的。在封建主义时期,封建统治者靠领土扩张对外施加各种政治经济压力。资本主义时期,随着欧洲殖民主义到处建立殖民地、大量移民,基督教渗透到世界各地,建立了一个几乎遍及世界的宗教网,因此,基督教是世界上传播最广、信徒最多的宗教,遍及 150 多个国家和地区,教徒 18.7 亿人,占世界人口的 33.5%(1993),2010 年教徒迅速增加到 21.84 亿人,占世界总人口(68.96 亿人)的 31.7%,占比趋降。从教徒在全球上的地理分布来看,2010 年北半球教徒 8.56 亿人,南半球 13.28 亿人,为北半球的 1.55 倍,即 60.8% 的教徒分布在南半球,39.2% 的教徒分布在北半球。但从教徒人口比重上看,北半球教徒所占比重远高于南半球,分别为 69.0% 和 23.5%。如果我们考察基督教 1910 2010 年百年间在全球的传播与扩散,可以看出,1910 年北半球基督教徒人数为 5 亿多,占世界教徒总数的 82.2%,到 2010 年教徒仅增加到 8.56 亿,占比下降到 39.2%,而南半球 1910 年教徒 10.9 亿,到 2010 年增加到 13.28 亿,占比从 17.8% 上升到 60.8%(见表 3 - 4 - 2、表 3 - 4 - 3)。因此,可以断言,基督教创立之后迅速在北半球传播与扩散,继而逐步向南半球传播与扩散,那时的教徒远远超过了南半球。[1]

　　基督教在全球各大洲的传播与扩散反映出同样的特点。1910 年发达的美洲和欧洲,基督教徒人数分别为 1.66 亿人和 4.06 亿人,分布占世界基督教徒人数的 27.1% 和 66.3%,从教徒所占人口比例上看,分别为 95.9% 和 94.5%,绝大多数人都信奉基督教。到 2010 年,美洲和欧洲教徒分别增加到 8.04 亿和 5.66 亿人,占世界基督教总人数的比重美洲增加到 36.8%,欧洲大大下降到 25.9%,这说明基督教迅速

---

① Pew Research Center's Forum on Religion & Public Life,*Global Christianity*,December 2011.

向南美洲传播和扩散。① 世界各洲基督教徒比例变化见图 3-4-1。

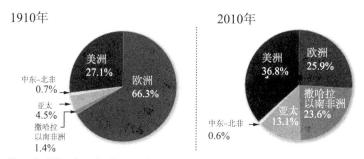

Figures for 1910 are from a Pew Forum analysis of data from the Center for the Study of Global Christianity.
Percentages may not add to 100 due to rounding.

图 3-4-1　世界各洲基督教徒比例变化

资料来源：Pew Research Center's Forum on Religion & Public Life, *Global Christianity*, December 2011。

发展中的非洲在基督教传播与扩散的百年间呈现迅速增加之势。从表 3-4-4 和表 3-4-5 可知，1910 年撒哈拉以南非洲基督教徒只有 856 万人，仅有 9.1% 的人信奉基督教，只占总教徒人数的 1.4%，到 2010 年教徒增加到 5.16 亿人，占总人口比重已上升到 62.7%，占基督教徒总人数的比重也随之上升到 23.6%。②

表 3-4-2　1910 年南北半球基督教人数

区域	基督教教徒人数（人）	区域总人口（人）	教徒人数占总人口百分比（%）	占世界教徒总数百分比（%）
北半球	502900000	580210000	86.7	82.2
南半球	108910000	1178200000	9.2	17.8
世界	**611810000**	**1758410000**	**34.8**	**100.0**

Source：Pew Forum analysis of date from the Center for the Study or Global Christianity. For the purposes of this report，the Global North is comprised of North America，Europe，Australia，Japan and New Zealand. The rest of the world is considered the Global South. Population estimates are rounded to the ten thousands. Percentages are calculated from unrounded numbers. Figures may not add exactly due to rounding.

资料来源：Pew Research Center's Forum on Religion & Public Life，*Global Christianity*，December 2011。

表 3-4-3　2010 年南北半球基督教人数

区域	基督教教徒人数（人）	区域总人口（人）	教徒人数占总人口百分比（%）	占世界教徒总数百分比（%）
北半球	856360000	1240250000	69.0	39.2

---

① Pew Research Center's Forum on Religion & Public Life，*Global Christianity*，December 2011.

② Pew Research Center's Forum on Religion & Public Life，*Global Christianity*，December 2011.

区域	基督教教徒 人数（人）	区域 总人口（人）	教徒人数占 总人口百分比（%）	占世界教徒 总数百分比（%）
南半球	13277000000	5655640000	23.5	60.8
世界	**2184060000**	**6895890000**	**31.7**	**100.0**

Source: World population estimates, United Nations. For the purposes of this report, the Global North is comprised of North America, Europe, Australia, Japan and New Zealand. The rest of the would is considered the Global South. Population estimates are rounded to the ten thousands. Percentages are calculated from unrounded numbers. Figures may not add exactly due to rounding.

资料来源：Pew Research Center's Forum on Religion & Public Life, *Global Christianity*, December 2011。

表 3-4-4 1910 年世界各洲基督教人数

地区	基督教徒 人数（人）	基督教徒占地区人口 百分比（%）	占世界基督教徒 总数百分比（%）
美洲	165890000	95.9	27.1
欧洲	405780000	94.5	66.3
撒哈拉以南非洲	8560000	9.1	1.4
亚太	27510000	2.7	4.5
中东-北非	4070000	9.5	0.7
世界	**611810000**	**34.8**	**100.0**

Source: Pew Forum analysis of date from the Center for the Study of Global Christianity. Population estimates are rounded to the ten thousands. Percentages are calculated from unrounded numbers. Figures may not add exactly due to rounding.

资料来源：Pew Research Center's Forum on Religion & Public Life, *Global Christianity*, December 2011。

表 3-4-5 2010 年世界各洲基督教人数

地区	基督教徒 人数（人）	基督教徒占地区人口 百分比（%）	占世界基督教徒 总数百分比（%）
美洲	804070000	86.0	36.8
欧洲	565560000	76.2	25.9
撒哈拉以南非洲	516470000	62.7	23.6
亚太	285120000	7.0	13.1
中东-北非	12840000	3.8	0.6
世界	**2184060000**	**31.7**	**100.0**

Population estimates are rounded to the ten thousands. Percentages are calculated from unrounded numbers. Figures may not add exactly due to rounding.

资料来源：Pew Research Center's Forum on Religion & Public Life, *Global Christianity*, December 2011。

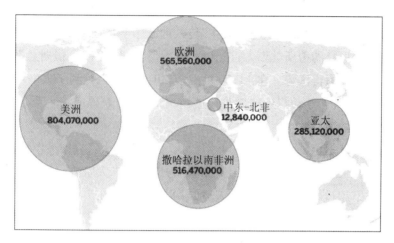

图 3-4-2 2010 年世界基督教徒分布图

资料来源：Pew Research Center's Forum on Religion & Public Life,*Global Christianity*,December 2011。

3. 伊斯兰教

"伊斯兰"系阿拉伯文 Islam 的音译,原意为"顺服",指顺服唯一的神——安拉的旨意。中国旧称伊斯兰教为"回教"、"清真教"、"天方教"等。伊斯兰教是世界三大宗教中最年轻的宗教,由阿拉伯半岛上的穆罕默德(Muhammad,570—632)约于 610 年开始创教活动,宣称"安拉"为唯一宇宙之神、唯一的真主,自己则是"安拉"的使者,最后的先知。伊斯兰教徒称为"穆斯林",意即信仰安拉、服从先知的人。伊斯兰教的产生促使阿拉伯半岛迅速成为统一的阿拉伯帝国。穆罕默德临终前,伊斯兰教在整个阿拉伯半岛已占主导地位,大多数部族居民先后皈依了伊斯兰教。先知去世后,伊斯兰教聚集了力量,开始向阿拉伯以外地区进行扩张,在不长的时间内击败了拜占庭帝国和波斯帝国,640 年征服埃及。到 7 世纪末,北非的大部分地区成了伊斯兰教的势力范围。被征服地区的异教居民迫于政治和经济压力,多改信伊斯兰教。711 年穆斯林渡过直布罗陀海峡,进入西班牙,不到 10 年时间征服了整个伊比利亚半岛,伊斯兰教随之传入西南欧。随着阿拉伯帝国对西班牙、北非、中东统治的巩固,穆斯林向东方进军,深入中亚细亚,占领阿富汗、印度河流域。8 世纪中叶,形成横跨亚、非、欧三大洲的阿拉伯帝国。由于帝国对被征服地区的居民的宗教信仰采取宽容而不是强迫改信伊斯兰教的政策,加之伊斯兰教没有严格的教阶制,并易为大众理解和接受,所以伊斯兰教得以迅速传播,从民族宗教演变为世界宗教。

伊斯兰教的早期传播虽然同阿拉伯帝国的扩张有密切的关系,但并不受帝国兴衰的影响。10 世纪后,伊斯兰教在非洲、亚洲和东南欧的传播,通常是通过商业、贸易、文化交流进行的。在东非,13 世纪伊斯兰教传到了东非沿海地带。在西非和中非,穆斯林商人、学者和苏非教士穿越撒哈拉沙漠,把伊斯兰教传入非洲内地的部族。14 世纪后苏非派教士把伊斯兰教传播到中亚的哈萨克斯坦和孟加拉国。中国的伊斯兰教是由穆斯林商人经"丝绸之路"传入的。印度尼西亚伊斯兰教是 13 世纪末由西印度古吉拉特的穆斯林商人首先传入的。到 17 世纪左右,伊斯兰教在印度尼西亚和马来半岛已取得优势。在 14、15 世纪初,伊斯兰教也传到了太平洋岛屿。19世纪末期,穆斯林传教运动积极向撒哈拉沙漠南部推进,获得成功。至今,约有 1/4 的非洲居民成为穆斯林。

伊斯兰教虽然迟至公元 7 世纪才开始创立,是世界各大宗教中最年轻的,但传播迅速,影响极为广泛,信徒数量仅次于基督教,为世界第二大宗教。截至 1993 年,全世界的穆斯林已超过 10 亿人,占世界人口的 18.2%,分布在 70 多个国家,主要集中在西亚、北非、东非、南亚、东南亚各国。西起北非西海岸,东达印度尼西亚,北至巴尔干半岛和中亚,南达东印度洋南岸,面积广大。伊斯兰教同其他大宗教一样,不完全是一个整体,在信仰和宗教活动方面存在着各种差别。先知去世后,教内出现了分裂和不同的政治派别。7 世纪 50 年代后期产生的哈瓦利吉派是伊斯兰教中最早的政治派别之一。与此同时,什叶教派运动兴起,随后发展为与逊尼派相对立的两大教派之一。

逊尼派是伊斯兰教中人数最多的主流派,世界约有 98.5% 以上的穆斯林属这一派。逊尼派认为公众所拥戴的哈里发除掌有相当于君主的世俗权利外,其重要职责还在于保护伊斯兰的信仰。"逊尼"意为"遵守逊奈者",即遵循和仿效穆罕默德的行为或道路的人,信奉穆罕默德生前言行的"圣训",视"圣训"为穆斯林生活和行为的准则。由于逊尼派曾获得历代大多数哈里发和统治者的支持,被称为"正统派"。

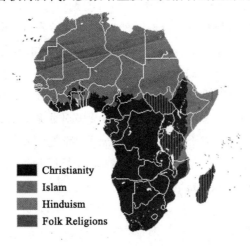

图 3-4-3 非洲宗教分布图[①]

———————

① 资料来源:维基百科。

什叶派即反对派,是伊斯兰教的第二大派别,信众约占穆斯林总数的 14%,"什叶"为阿拉伯语音译,原意为"党人"、"派别"。什叶派不奉"圣训"为经典,信奉《古兰经》为经典,主要分布在伊朗、伊拉克、黎巴嫩、也门、巴基斯坦、印度、阿富汗、土耳其等地。逊尼派和什叶派自身也分有各种派别,逊尼派中有十二伊玛目派、伊斯玛仪派、栽德派。在宗教上两大派皆遵奉《古兰经》,但有各自的注释,各有自己的圣训集,在宗教礼仪上,两大派大同小异。[①]

三、宗教文化景观

宗教的社会功能除表现在对人类社会的经济、政治、人生等方面的重大影响和作用外,还表现在对各种文化形态的深刻影响。宗教本身也是一种社会文化现象,与哲学、科学、文学艺术、道德主导方面有着密切的关系。宗教对文化景观的影响,主要表现在宗教礼仪和宗教建筑上。任何宗教都有其独特的献祭、祈祷、节庆等行为规范。宗教仪式及宗教音乐、气氛等构成了宗教文化景观。宗教建筑是最醒目的宗教物质文化景观,以庙宇、教堂、寺院等建筑物为代表,其共同特点是其宗教活动的场所的外部形式与周围环境构成令人崇敬、顶礼膜拜以至敬畏的气势,内部布局与装饰形成使信徒与神有亲近感的环境,以激发信徒的宗教情感。不同宗教有着不同的建筑风格和布局格式,因而形成不同的宗教文化景观。

佛教有一些著名的建筑,如印度尼西亚爪哇岛上著名的婆罗浮屠。佛教建筑包括收藏舍利的钟形建筑、祀奉佛陀(盘腿合掌姿势)的庙宇和大型寺庙。塔式建筑是佛教最常见的建筑,其外形来自古时的坟墩,这种建筑结构的每一部分都代表了佛教徒的哲学。

基督教不同教派的文化景观反映了在几个世纪中宗教经历的变化。中世纪的欧洲,教堂和修道院是人们日常生活的中心,城市的其他建筑物都围绕着这些高耸的建筑——塔、尖塔、教堂的尖顶。在广场上和教堂前,人们聚集在一起,举行宗教仪式、纪念宗教节日,每逢大丰收、军事胜利、公共通告和其他重要事件,人们都以宗教的名义进行活动。无神论的兴起、宗教改革、宗教组织权利的衰落也都反映在文化景观上。教堂在城市景观中仍占有重要地位,欧洲的某些城市仍保留着天主教统治时期的历史遗迹。新教教堂与旧教教堂差别很大,其规模不大,装饰不考究,比较简朴,因此新教教堂更趋于与当地的建筑物混合。在大多数城市中,大礼堂与礼拜堂已湮没在其他建筑如标志着商业、金钱力量的多层建筑物和摩天大厦之中。现代的宗教建筑远不如早期宗教建筑那样宏伟壮观、富丽堂皇。

---

① 黄心川主编:《世界十大宗教》,北京:东方出版社,1989 年,第 349－402 页;姜忠尽:《世界文化地理》,南京:江苏教育出版社,1997 年,第 97－100 页。

在伊斯兰教世界的城市和乡村中,精美华丽、宏伟壮观的清真寺比比皆是。清真寺是城市中最宏伟、保护得最好的建筑物,是生活的中心。每当祈祷时,人们集中到这最神圣的地方,大街小巷挤满了人。伊斯兰建筑代表了伊斯兰一神教统一的力量,体现了安拉精神无所不在。在建筑上,伊斯兰文化具有伟大的艺术表现力和独特的创造力,即使在最小的村落里,穆斯林们也要建造清真寺,以便向安拉祈祷、奉献。因此,清真寺表明了这种宗教的力量和它所起的作用,表明了它在伊斯兰世界的文化景观中的首要地位,表明了宗教与文化的统一性。[①]

第二节 非洲的基督教与文化

基督教传入非洲要比伊斯兰教早,早在1世纪基督教在巴勒斯坦地区兴起初期首先传入埃及等地,到4世纪,其势力扩张到埃塞俄比亚北部的阿克苏姆王国。基督教向撒哈拉以南非洲的传播较之晚很多。15世纪西欧的基督教随着欧洲的非洲大陆探险向撒哈拉以南非洲传播。

一、基督教在北非的传播

1. 埃及科普特教传播的产生

非洲实际上是基督教起源地巴勒斯坦之外的第一批基督教据点,埃及是非洲第一个传入基督教的国家。据推断,基督教传教士在公元初年沿着东方商道,经由陆路和水路到了北非。因此,可以说基督教在非洲的传播始于埃及。1世纪早期,埃及出现了早期基督教文献。180年,首先出现了关于亚历山大城基督教会组织的记载。312年,君士坦丁登上东罗马帝国皇位,他是一位虔诚的基督徒,因而埃及便成为基督教国家。325年,君士坦丁亲自在尼卡雅召集宗教大会,宣布罗马、亚历山大城和安条克为基督教三大主教辖区,其中亚历山大主教控制了从利比亚边界到努比亚边界的广大地区的基督教会事务。亚历山大城成为基督教世界的宗教中心之一。5世纪中叶,埃及基督教因信奉一性论与拜占庭正教分裂,另行独立一派,即科普特教派[②],成为埃及性的宗教。科普特教派从536年后开始有了自己的牧首,负责管理整个教会,控制着从昔兰尼加到努比亚和埃塞俄比亚的大片地区的宗教事务。

639年,阿拉伯人入侵埃及,641年占领亚历山大城,随着阿拉伯人的入侵,伊斯

① 姜忠尽:《世界文化地理》,南京:江苏教育出版社,1997年,第100页。
② 被阿拉伯人征服以前,埃及人用希腊字母拼写埃及语,即科普特语,因而科普特教派以此得名。

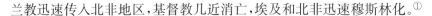

兰教迅速传入北非地区,基督教几近消亡,埃及和北非迅速穆斯林化。[①]

2. 埃塞俄比亚东正教的产生与发展

埃塞俄比亚东正教源于西亚。4 世纪初,基督教传入埃塞俄比亚北部的阿克苏姆王国。330 年基督教被立为阿克苏姆王国的国教。接着在阿克苏姆古城修建了埃塞俄比亚历史上第一座基督教堂——圣玛利亚教堂。332 年,亚历山大科普特宗主教区的大主教委任弗罗门修为阿克苏姆第一位都主教,从而创立了埃塞俄比亚东正教教会,并一直接受埃及亚历山大教区的管辖,都主教均由埃及的科普特人担任。6 世纪,亚历山大教区派出 9 名圣徒来到阿克苏姆,加速了东正教的传播,分布在埃塞俄比亚北部的绝大部分提格雷人皈依了基督东正教,修建了许多修道院。从中世纪至现代的埃塞俄比亚帝国时期,东正教几乎一直在国家宗教信仰中占统治地位。直到 1959 年,经过时任国王海尔塞拉西的努力,埃塞俄比亚东正教摆脱了同亚历山大教区的辖属关系,其都主教改由埃塞俄比亚人担任。东正教在埃塞俄比亚始终保持了国教的地位,成为帝国时期政治统治的重要支柱。直至 20 世纪 80 年代前,埃塞俄比亚东正教会管辖 13 个主教区,其都主教教廷设在首都亚的斯亚贝巴。目前,埃塞俄比亚东正教系全非基督教会联合会和世界基督教联合会的成员,也是世界上现存的最大的科普特教派基督教会组织。

埃塞俄比亚东正教会既是全国最大的基督教教派组织,又是世界上最大的科普特派教会。目前,埃塞俄比亚全国约有 45% 的人为东正教徒。

在门格斯图军政府执政时期,东正教会受到打击,但东正教教徒的宗教信仰并没有被削弱。直至今日,东正教在国家社会的生活中的各个领域都有较大的势力和影响,占据主导地位,是国家的第一大宗教。埃塞俄比亚的亚的斯亚贝巴广播电台每天都给东正教 30 分钟时间放送宗教传播节目。[②]

埃塞俄比亚东正教经文以《旧约》为依据,因而在基督教传统和文化中保留着犹太教的影响,在教堂中有放置犹太教崇拜的摩西法版及其约柜"阿克"的圣地。

埃塞俄比亚东正教在全国保存有 1 万多座教堂,其中最为著名的教堂主要有北部古城贡德尔城中的教堂、拉利贝拉教堂(地下石凿教堂群)、青尼罗河源头的纳塔湖岛上的教堂群以及首都亚的斯亚贝巴的现代教堂建筑,见图 3-4-4、图 3-4-5。

埃塞俄比亚东正教教堂的建筑格局与天主教不同,建筑形体呈环式八边形。教堂内部布局为三环,外环呈开放式,为教区普通信徒的活动场所,非教徒也可自由活动;中环为虔诚信徒过宗教生活之地;内环为放置约柜的神龛之地,只有神职人员可以入内。教堂的墙壁和天花板上保存有大量珍贵的宗教故事和人物绘画,以及许多

① 何芳川主编:《非洲通史·古代卷》,上海:华东师范大学出版社,1995 年,第 168-175 页。
② 宗教研究中心编:《世界宗教总览》,北京:东方出版社,1993 年,第 155-156 页。

在羊皮上书写的古经卷本。各教堂有自己的乐队和唱诗班,乐器主要是鼓乐和弦乐,有专门创作的宗教音乐。教堂壁画和宗教音乐已成为埃塞俄比亚传统文化的重要组成部分,见图3-4-6。东正教每年7至8月有45天的宗教把斋习俗,把斋期教徒们不吃含有肉、蛋及奶油的食品。东正教徒每月两次到教堂聚礼。

埃塞俄比亚的宗教节日很多,其中最大的宗教节日为坎纳节(1月7日的圣诞节)、蒂姆卡特节(1月20日施洗节)、伊斯特节(3月4日复活节)、布赫节(8月21日开斋节)、马斯考节(9月27日十字架发现日)、库鲁比节(12月28日圣加百利节)。

马斯考节已成为埃塞俄比亚的传统节日。节日这天晚上,亚的斯亚贝巴市中心的十字架广场上燃起一大堆篝火,数十万信徒排着长队集中于此围着火堆边唱圣歌边跳舞。全国各地每家门外烧起一堆篝火,孩子们围着火堆边鼓掌边喊边舞。

图3-4-4　埃塞俄比亚东正教堂

图3-4-5　埃塞俄比亚拉利贝拉教堂

图3-4-6　埃塞俄比亚东正教堂壁画

图3-4-7　埃塞俄比亚东正教会

图3-4-8　埃塞俄比亚东正教"主显节"仪式

库鲁比节是全国东正教徒最盛大的朝圣节日,每年 12 月 28 日,全国各地教徒云集东部迪雷达瓦市西南约 40 千米处的库鲁比山村附近的圣加百利教堂周围,搭起帐篷、点起篝火,举行为期 3 天的朝拜大天使加百利的宗教活动。每年大约有 10 万教众云集,有的还带着自己的小孩来此做洗礼,每年大约有 1000 名孩子受洗。教堂乐队奏出悠扬的圣歌,众信徒分时分批进入教堂做祈祷活动。①

二、基督教在撒哈拉以南非洲的传播与基督教非洲化

1. 基督教在撒哈拉以南非洲的传播

基督教在撒哈拉以南非洲的传播大大晚于北非地区。可以说基督教传教士是 15 世纪以后尾随西方殖民主义入侵之后进入该地区的,也可以说是从西欧传入撒哈拉以南非洲的,有人说基督教是殖民主义的同盟者并不过分。基督教在撒哈拉以南非洲的传播与发展,大体上可分为奴隶贸易、内陆探险和领土分割、殖民统治、黑人教会分立四个时期。基督教在撒哈拉以南非洲传播的早期阶段(15—17 世纪)的传教士大多来自葡萄牙、西班牙或法国的天主教会,主要的传教点分布在沿海地带。例如,1499 年葡萄牙的传教团最先抵达撒哈拉以南非洲,并在刚果和安哥拉两地开展早期的传教活动。1645—1700 年,两地的基督教徒已达 60 多万。1877 年由“国际非洲协会”派遣比利时的首批传教士在刚果建立据点。1878 年,由美、英、瑞典等外国传教团的许多教会或自治社团联合统一形成刚果基督教。1880 年天主教由欧洲传入刚果。之后基督教和天主教在刚果开展大规模的传教活动,当时以天主教的宗教势力最大。1906 年,比利时国王同梵蒂冈教皇达成协议,在刚果确立了天主教的统治地位。从此,天主教会在刚果直接经营大批的种植园和中小工业企业,垄断了刚果的教育,筹办各类学校 9883 所,其中还包括洛瓦宁大学。②

16 世纪下半叶,葡萄牙势力侵入赞比西河以北地区掠夺矿山,伴随而入的另一重要活动是基督教的传播。1607 年在赞比西河建立了传教中心,作为向内地传教的基地。1627 年以后,基督教在非洲的传播更为广泛,但由于传教士人数太少,无力以基督教为基础去改造非洲人的传统社会。真正为欧洲人打开非洲内陆大门的人是英国人戴维·利文斯敦。19 世纪 50 年代,他走至赞比西河时,试图开展基督教传教工作和发展贸易,为基督教在非洲的传教开辟了道路。

传教士所到之处,基督教往往得以传播,各地陆续建立了许多基督教会,在赞比西河流域、希雷河和马拉维地区、坦噶尼喀湖畔等地都有基督教会。可以说,1850—1890 年,基督教的传播是欧洲列强在非洲实际建立殖民政权以前英国人所进行的传

---

① 张文建:《走近非洲屋脊》,南昌:百花洲文艺出版社,2001 年。
② P.E.N.廷德尔:《中非史》,上海:上海人民出版社,1976 年,第 72－73、78－80 页。

教活动。①

基督教真正传入南非始于英国人控制好望角以后。1799 年伦敦传教会在东南海岸附近的贝瑟尔斯多普设立了一个传教点,在开普区开展传教活动。19 世纪以后,基督教在南非取得了稳固的发展。到 1970 年,南非全国 70% 的人口正式加入了基督教。②

纵观非洲的基督教传播与发展,可以看出,基督教之所以能在撒哈拉以南非洲受到欢迎并能迅速站稳脚跟,迅速传播开来,发展成为主要的宗教,是有多方面原因的。

第一,主要是因为基督教各传教团获得立足点之后,直接从教育和医疗服务着手,逐渐参与了非洲的发展,在推广西方教育,如办小学、中学、师范、技术教育,甚至高等教育方面都发挥了积极的作用。在引进西方医疗服务方面如开办医疗诊所起到了开拓作用。到 19 世纪末,撒哈拉以南非洲被西方列强殖民地化之后,西方天主教会和新教会的发展进入高潮,黑人信徒迅速增加,由教会主办的教会学校成为非洲国家独立前的教育主体。到 20 世纪 60 年代非洲国家纷纷独立前后,大约 70% 的学童都在教会学校就读。到 20 世纪 80 年代撒哈拉以南非洲的基督教徒已增加到 2亿多人,成为撒哈拉以南非洲最主要的宗教群体。③

第二,基督教在非洲的传播与扩散形式跟在世界其他地区是同样的,都是以膨胀扩散和迁移扩散进行的。基督教是一种文化,文化地理学的重要任务是研究文化的传播扩散因素、途径、路线、影响和作用等问题。膨胀型扩散是指某种文化在核心地区(源地)形成发展的同时还继续向外传播,在空间上通过该地的居民从一个地方传播到另一个地方,如同滚雪球那样随着这种思想接受的人越来越多,其空间分布也越来越大,但传播的速度和范围是因时因地有所不同的。迁移型扩散在文化地理学上是指具有某种思想、技术的个人或集团从一地区迁移到另一地区,而把这种思想和技术带到新的地区,这种迁移型扩散比膨胀型扩散要快,有很多主要的文化现象,就是通过移民活动而扩散到世界各地的。④ 纵观基督教在非洲的传播和发展过程,充分体现出这两种文化传播形式的运行特点和规律。基督教早期在非洲的传播是先在沿海建立传播点,逐步向大陆内部扩散,进展缓慢,收效不大。但随着西欧殖民势力的入侵和殖民统治的建立,大批西欧移民纷纷涌进,带着基督信仰的欧洲移民在与黑人社会的接触中传播开来,加之移民统治政权视基督教为殖民扩张的重要

---

① 姜忠尽:《中非三国——从部落跃向现代》,成都:四川人民出版社,2005 年,第 33 - 36 页。
② 宗教研究中心编:《世界宗教总览》,北京:东方出版社,2004 年,第 55 页。
③ 刘鸿武:《黑非洲文化研究》,上海:华东师范大学出版社,1997 年,第 230 页。
④ 姜忠尽:《世界文化地理》,南京:江苏教育出版社,1997 年,第 10 - 11 页。

工具而给传教活动的支持,这无疑直接影响了基督教的传播速度和范围,将基督教在非洲的发展推向高潮。

第三,内陆探险传播活动是西方殖民势力入侵非洲的有效手段。18世纪西方对非洲发起了大规模的内陆探险,英、法、德、比等欧洲列强为了开拓商业、控制原料产地、传教和科学研究等各种目的,组织和派遣各类探险队深入非洲内陆,考察当地的人文地理,客观上为日后的殖民入侵、扩张、掠夺准备了条件。到1876年布鲁塞尔会议时的100多年间,数以百计的西方探险家或探险队深入非洲内陆。内陆探险不仅扩张了西方殖民侵略势力,同时也为基督教的传播活动开辟了新的活动场所。探险家中不乏传教人士。英国著名的探险家戴维·利文斯敦就是一位著名的传教士。1840年,他受伦敦传教会派遣前往南非库曼罗传教,为了扩大传教范围,不断深入南非内陆。

随着西方殖民势力的入侵与扩张,西方对非洲的传教活动规模和范围日益扩大,基督教新老教派纷纷成立传教组织,如伦敦宣教会、英国行教会、浸礼教传教会和白衣神父会等,各教会组织都积极派遣自己的传教士深入非洲内陆开展传教活动。西方传教活动自18世纪末兴起后发展十分迅速。至1830年,又有近150名西方传教士在撒哈拉以南非洲活动。19世纪末,西方各类教会在非洲的工作人员已达8000多人。[1]

第四,基督教传教士对宗教信仰的献身精神和对传教对象的拯救意识,是他们坚持不懈深入非洲内陆传教的精神支柱。在长期的传教活动中,传教士们不仅逐步熟悉了当地黑人各族传统文化和风土人情,而且在不同文化的碰撞和融合中,慢慢地融入黑人社会之中,到20世纪中期,在撒哈拉以南非洲的外国传教士超过1万人,遍布撒哈拉以南非洲各地。[2] 他们创办了大量的学校、医院。据统计,当时非洲90%的学校由传教士和教会创办、管理。传教士还从事了一些慈善事业,获得了黑人的信任和尊重,使基督教的基本教义越来越被黑人所接受,这是黑人信仰基督教人数迅速增加的重要原因之一。

第五,来自美洲的黑人传教士,在非洲大陆的传教活动中发挥了特殊的作用。这里的黑人都是黑奴贸易时期被贩运到美洲的黑奴的后裔。在19—20世纪以后来自美国、中美洲和西印度群岛、南美洲的传教士在传教士队伍中占有相当的比重,这些西化了的黑人传教士具有黑、白文化特质的双重属性,面对黑人的传教活动更富成效,土生土长的传教士在其影响下迅速成长起来。他们很自然地通过传染型的文化扩散形式不受部落界限限制地传播开来,成为著名的和有影响力的黑人传教士。

---

① 艾周昌:《非洲通史·近代卷》,上海:华东师范大学出版社,1995年,第314—328页。
② 刘鸿武:《黑非洲文化研究》,上海:华东师范大学出版社,1997年,第232页。

例如,西非的约鲁巴人主教克劳瑟在尼日尔河流域的传教使他成为西非地区很有影响的人物。利比里亚出生的哈里斯仅在 1910—1915 年,在象牙海岸(今科特迪瓦)和黄金海岸(今加纳)地区的巡回传教使"大约 10 万人皈依了基督教"。①

据全球基督教研究中心统计,非洲基督教发展较快,2010 年教徒已增加到 5.28 亿人,占非洲总人口的 52.4%。基督教在非洲的分布高度集中于撒哈拉以南的非洲国家(见图 3-4-9),约占非洲基督教总人数的 98%。刚果(金)和埃塞俄比亚是两个最大的基督教国家,信众分别达到 6315.0 万和 5258.0 万人,分别占国家总人口的 95.7% 和 63.4%。

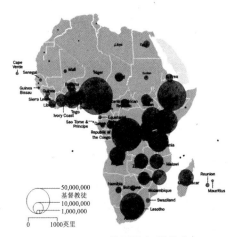

图 3-4-9　非洲基督教分布

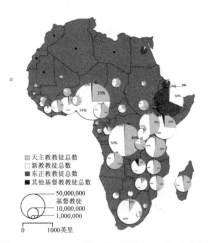

图 3-4-10　非洲基督教教派比例分布图

从非洲基督教派组成上看,新教人数占优势,约占基督教徒总人数的 57.10%;其次为天主教,占 33.6%;再次为东正教,占 8.5%。由图 3-4-10 看,三大教派在非洲各国的组成是不同的。从表 3-4-6 可知,在信徒 100 万人以上的 37 个国家中,新教占优势的国家有 18 个国家,大多为撒哈拉以南的沿海国家,信徒超过 1000 万人的国家为尼日利亚、刚果(金)、南非、肯尼亚、乌干达等国。在信徒超过 100 万人以上的 37 个国家中,天主教占优势的国家有 14 个国家,分布相对较为分散,信徒超过 1000 万人的只有坦桑尼亚和安哥拉两国。东正教国家为数不多,主要有埃塞俄比亚、埃及和厄立特里亚。埃塞俄比亚是非洲最大的东正教国家,信徒多达 3606 万人,占非洲东正教信徒总数 4425 万人的 81.5%。②

---

① 刘鸿武:《黑非洲文化研究》,上海:华东师范大学出版社,1997 年,第 23 页。
② 资料来源:http://features.pewforum.org/global-christianity/population-number.php。

表 3-4-6 非洲国家和地区基督教派人数①

序号	国家和地区名称	基督教教徒总数（人）	国家教徒总数（人）	天主教教徒总数（人）	新教教徒总数（人）	东正教教徒总数（人）	其他基督教教徒总数（人）	基督教教徒占国家人口比例（%）	基督教教徒占世界基督教人口比例（%）
1	阿尔及利亚	60000	35470000	<10000	60000	<10000	<1000	0.2	<0.1
2	安哥拉	16820000	19080000	10850000	5840000	<1000	130000	88.2	0.8
3	贝宁	4730000	8850000	2650000	2050000	<1000	20000	53.4	0.2
4	博茨瓦纳	1450000	2010000	120000	1320000	<1000	<1000	72.1	<0.1
5	布基纳法索	3820000	16470000	3130000	690000	<10000	<1000	23.2	0.2
6	布隆迪	7880000	8380000	6190000	1690000	<1000	<1000	94.1	0.4
7	喀麦隆	13880000	19600000	7570000	6200000	<1000	110000	70.8	0.6
8	佛得角	440000	500000	390000	40000	<1000	10000	89.1	<0.1
9	中非	3950000	4400000	1260000	2670000	<1000	20000	89.8	0.2
10	查德	4500000	11230000	2520000	1980000	<1000	<1000	40	0.2
11	科摩罗	<10000	730000	<10000	<10000	<1000	<1000	0.5	<0.1
12	科特迪瓦	8840000	19740000	4230000	4480000	80000	50000	44.8	0.4
13	刚果(金)	63150000	65970000	31180000	31700000	<10000	260000	95.7	2.9
14	吉布提	20000	890000	<10000	<10000	<1000	<1000	<0.1	<0.1
15	埃及	4290000	81120000	140000	290000	3860000	<1000	5.3	0.2
16	赤道几内亚	620000	700000	570000	50000	<10000	<1000	88.7	<0.1
17	厄立特里亚	3310000	5250000	240000	40000	3030000	<1000	62.9	0.2
18	埃塞俄比亚	52580000	82950000	600000	15910000	36060000	<10000	63.4	2.4
19	加蓬	1170000	1510000	810000	360000	<1000	<10000	77.7	<0.1
20	冈比亚	80000	1730000	50000	30000	<1000	<10000	4.7	<0.1
21	加纳	18260000	24390000	3160000	14830000	<10000	270000	74.9	0.8
22	几内亚	1100000	9980000	750000	340000	<1000	<10000	11	<0.1
23	几内亚比绍	300000	1520000	270000	30000	<1000	<1000	20.1	<0.1
24	肯尼亚	34340000	40510000	8970000	24160000	650000	560000	84.8	1.6
25	莱索托	2100000	2170000	990000	1080000	<10000	20000	96.8	<0.1
26	利比里亚	3420000	3990000	290000	3040000	40000	60000	85.6	0.2

① 资料来源：http://features.pewforum.org/global-christianity/population-number.php。

序号	国家和地区名称	基督教教徒总数（人）	国家教徒总数（人）	天主教教徒总数（人）	新教教徒总数（人）	东正教教徒总数（人）	其他基督教教徒总数（人）	基督教教徒占国家人口比例（%）	基督教教徒占世界基督教人口比例（%）
27	利比亚	170000	6360000	100000	10000	70000	<1000	2.7	<0.1
28	马达加斯加	15430000	20710000	7260000	8110000	20000	40000	74.5	0.7
29	马拉维	12320000	14900000	3900000	8200000	<10000	220000	82.7	0.6
30	马里	500000	15370000	330000	140000	30000	<1000	3.2	<0.1
31	毛里塔尼亚	<10000	3460000	<10000	<10000	<1000	<1000	0.3	<0.1
32	毛里求斯	320000	1300000	310000	10000	<1000	<10000	24.8	<0.1
33	马约特	<10000	200000	<1000	<1000	<1000	<1000	0.7	<0.1
34	莫桑比克	13120000	23390000	6640000	6330000	<1000	150000	56.1	0.6
35	纳米比亚	2230000	2280000	540000	1680000	<1000	<10000	97.6	0.1
36	尼日尔	110000	15510000	30000	80000	<1000	<10000	0.7	<0.1
37	尼日利亚	80510000	158400000	20040000	59680000	30000	760000	50.8	3.7
38	刚果（布）	3470000	4040000	1220000	2080000	<1000	180000	85.9	0.2
39	留尼汪	740000	850000	680000	60000	<1000	<10000	87.6	<0.1
40	卢旺达	9920000	10620000	526000	4610000	<1000	50000	93.4	0.5
41	圣赫勒拿岛	<10000	<10000	<1000	<10000	<1000	<1000	96.5	<0.1
42	圣多美和普林西比	140000	170000	120000	20000	<1000	<10000	82.1	<0.1
43	塞内加尔	460000	12430000	430000	20000	<1000	<10000	3.7	<0.1
44	塞舌尔	80000	90000	70000	<10000	<1000	<1000	88.9	<0.1
45	塞拉利昂	1240000	5870000	420000	810000	<1000	<10000	21.1	<0.1
46	索马里	<10000	9330000	<1000	<10000	<10000	<1000	<0.1	<0.1
47	南非	40560000	50130000	3680000	36550000	30000	300000	80.9	1.9
48	苏丹	1760000	32750000	970000	700000	90000	<1000	5.4	<0.1
49	南苏丹	6530000	10800000	4280000	2240000	<10000	<10000	60.5	0.3
50	斯威士兰	1040000	7660000	3370000	2820000	150000	20000	87.5	<0.1
51	坦桑尼亚	26740000	44840000	14250000	12250000	<1000	240000	59.6	1.2
52	多哥	2670000	6030000	1590000	1030000	<1000	40000	44.2	0.1
53	突尼斯	20000	10480000	20000	<10000	<1000	<1000	0.2	<0.1

序号	国家和地区名称	基督教教徒总数（人）	国家教徒总数（人）	天主教教徒总数（人）	新教教徒总数（人）	东正教教徒总数（人）	其他基督教教徒总数（人）	基督教教徒占国家人口比例（%）	基督教教徒占世界基督教人口比例（%）
54	乌干达	28970000	33420000	14100000	14830000	30000	<10000	86.7	1.3
55	西撒哈拉	<1000	530000	<1000	<1000	<1000	<1000	0.2	<0.1
56	赞比亚	12760000	13090000	2570000	8870000	20000	1110000	97.5	0.6
57	津巴布韦	9830000	12570000	1300000	8400000	60000	70000	78.2	0.5
总计	非洲	522750000	996720000	175676000	298410000	44250000	4690000		23.3

2. 基督教非洲本土化过程

基督教在非洲的传播经历了与黑人传统文化碰撞和融合的过程，也有一个吸收黑人传统宗教文化的过程。起初，基督教传教士向黑人传播基督教义和仪式，由于其与黑人传统生活习惯有很大差别，受到黑人的抵制，正如利文斯敦所说，"非洲土著居民对基督福音不但没有热爱之意，反而表现出憎恨和恐惧……似乎他们不严加防范，基督福音就会诱使他们堕落，就会腐蚀他们深深热爱的传统制度"。克拉普夫在东非传教数年，但皈依基督教的黑人十分有限。随着奴隶贸易的猖獗，基督教虽在许多非洲地区传教，但在 19 世纪初叶以前，传教活动收效不大，这既有西方文化与黑人传统文化相冲突的原因，也有基督教与黑人传统宗教的冲突所造成的结果。基督教传教士在传教初期否定黑人传统宗教的各种神祇和超自然力量的存在，敌视传统习俗，其教义和宗教仪礼与非洲传统生活习俗格格不入，难以融合，思想意识和行为上的冲突是不可避免的，结果引起了黑人对基督教的强烈反抗。传教士在传教过程中逐步认识到不同社会文化背景碰撞和冲突直接阻碍着基督教的传播，后来就改变了传教方式，力图使基督教适应非洲当地的社会文化环境，基督教仪式适应黑人传统的崇拜仪式，吸收黑人充当神职人员。基督教传教士意识到要在非洲站住脚，就必须促使基督教非洲本土化，吸收黑人传统宗教的成分，形成非洲本土基督教会和教派，可以说是一种混血型的宗教组织，即非洲独立教会。这类独立教会是脱离西方教会，独自创立的与当地传统宗教结合形成的基督教，独创了自己特殊的教义和仪式，西方称其为"土著的"或"混合的"教会和教派。

这类教会出现于 19 世纪末。第一个独立教会是由奈赫米阿·泰尔于 1883 年创建的，称之为滕布教会。此后，这类教会纷纷出现在西非、南非和东非，例如尼日利亚的"非洲浸礼会"、喀麦隆的本土联合会、南非的"埃塞俄比亚教会"、尼亚萨兰（今马拉维）的"天佑勤奋传道会"、乌干达的"非洲正教会"、坦噶尼喀的"非洲民族教会"等。到 20 世纪以后，随着非洲黑人文化复兴和民族解放运动的兴起与发展，基督教非洲化过程大有加速之势。这些非洲本土的基督教会都未脱离基督教的基本教义，崇拜上帝，敬奉耶稣，但都未完全摒弃对其传统宗教的崇拜和本民族的传统习俗。礼拜仪式上吸取了非洲传统崇拜仪式成分，如神职人员穿特殊的服饰，在锣鼓声和喇叭声中欢歌跳舞。

第二次世界大战以后，非洲民族解放运动蓬勃发展，殖民地国家纷纷独立，这些独立教会也发展到一个极盛时期。到 20 世纪 80 年代初，这类教会多达 8000 多个，拥有 2200 多万信徒。[①]

基督教在非洲漫长的传教过程中，一方面给非洲带来了西方的宗教音乐、诗歌和建筑文化，另一方面也吸取了黑人的传统文化和土著宗教文化，因此非洲基督教文化融合了浓厚的黑人文化色彩。许多黑人基督徒实际上成为土著宗教与基督教的"混血儿"，同时信奉基督教与土著宗教。在殖民统治时期，基督教堂已遍布非洲大地，改变了非洲许多地区的传统建筑风格。教堂里的黑人唱诗班咏唱着融合了黑人传统音乐风格的赞美诗。宗教活动已成为黑人社会生活重要的组成部分。[②] 值得一提的是，基督教在非洲本土化过程中，传教士通过办学和行医，对黑人实行文化渗透，进行奴化教育，为西方殖民统治培养出第一批非洲籍的黑人牧师、医务人员、教师、行政管理人员等，成为具有西方价值观和殖民利益的代理人。例如，约鲁巴黑人克劳瑟在英国受训后返回非洲，1864 年出任尼日尔地区主教，他公开为西方殖民扩张辩解："非洲既无知识，又无技术……去开发其巨大的资源以改善自身状况……如果没有外部的帮助，一个民族也无法超越现在的状态。"[③]还有一些传教士名为传教，实为充当殖民入侵的马前卒，进行多种殖民活动，并直接插手各种事务。例如，苏格兰教会曾指出"乌干达如果没有英国传教士去占领，那片壮丽河山今天一定落入阿拉伯人或法国人之手……若没有麦肯齐（英国传教士）为贝专纳辛苦奔走，那块秀丽的地区早就被荷兰移民吞并了"。[④]

三、基督教非洲本土化文化

1. 非洲基督教文化

基督教崇奉耶稣为救世主，分为许多教派，包括罗马公教（在中国亦称天主教）、正教（亦称东正教）、新教（在中国通称基督教或耶稣教）三大派系和其他一些较小派系。各派系内部亦常分成一些派别。中世纪时，基督教在欧洲占统治地位，成了欧洲人的宗教，是欧洲封建制度的重要支柱。随后产生的各派系逐渐传遍世界各大

① 艾周昌：《非洲通史·近代卷》，上海：华东师范大学出版社，1995 年，第 270－272 页。
② 刘鸿武：《黑非洲文化研究》，上海：华东师范大学出版社，1997 年，第 232－233 页。
③ 艾周昌：《非洲通史·近代卷》，上海：华东师范大学出版社，1995 年，第 329 页。
④ 杨真：《基督教史纲》（上册），北京：生活·读书·新知三联书店，1979 年，第 41 页。

洲,对世界各国的社会文化有深远影响。

基督教的标志是一个"十"字。这是因为耶稣基督是被钉在十字架上处死的。每一座教堂都有大十字架,象征着耶稣为人类献出生命。基督教徒祷告时在胸前画"十"字,表示不忘耶稣的功德。"十"字符号甚至还保留在一些国家的国旗和国徽上,如英国、瑞典、瑞士、芬兰的国旗上都有"十"字。英国的"米"字旗其实包含着基督教的三个"十"字符号,即白底正红"十"字(圣乔治旗)代表英格兰,蓝底斜白"十"字(圣安德鲁旗)代表苏格兰,白底斜红"十"字(圣帕特里克旗)代表爱尔兰。

基督教组织性很强,圣彼得成立基督教以来,内部组织结构越来越严密,层层等级森严,神职从上而下是:教皇、红衣主教、大主教、主教、神父、执事。其组织自下而上为:堂主区或牧区,基督教最下层组织,由神父和"牧师"管理,负责与本区的教徒联系;教区,由主教掌管;教省,由大主教掌管;教会由教皇掌管。红衣主教是教皇的助手,他们组成一个"教廷",上述组织形式主要是天主教的组织形式。正教没有"教皇",其他差不多,现在世界上有两大正教教会——希腊正教会和俄罗斯正教会。天主教教皇住在罗马,因此罗马一直是天主教的中心。教皇是天主教的最高首脑。到16世纪,欧洲发生"宗教改革运动",天主教中分裂出"新教",不承认教皇是教会的首脑,要自己独立存在。但新教中也有许多派别,如路德教、加尔文教、安立甘教(即英国国教)等,这些派别后来又进一步分裂,形成众多的新教派别,而且每一派都是独立的,有自己的组织机构。上述三大教派的分布有相对集中的地域性,天主教主要是在东欧、中欧、南欧国家传播;正教主要在俄罗斯和东南欧国家传播;新教主要在西欧和北欧国家传播。尽管基督教派别很多,但均是基督教的分支,仍有许多共性,如都相信上帝①和"圣经"。

耶稣是基督教的崇拜对象,被奉为上帝的独生子,为拯救世人,由圣灵感孕童贞女玛利亚,取肉身降世成人的救世主。曾有人怀疑耶稣在历史上是否有其人,认为耶稣实有其人者,一般认为他约于公元前7年至公元前4年间生于犹太的伯利恒,30岁左右在加利利和犹太各地传教。其宣称天国将至,人们应当悔改;信他的必得救,不信者将被定罪。耶稣挑选彼得、雅各、约翰等12人为徒。30年左右,耶稣被罗马派驻犹太的总督本丢·彼拉多判处极刑,钉死在十字架上。据称耶稣死后第三日复活,显现于诸门徒,第40日升天。传说耶稣死后,12使徒中的第一人彼得领导耶稣的信徒组织起来正式成了一个"教会",也就是后来的基督教会。因此,彼得是基督教的第一个教长,后来被看成第一个"教皇"。当时基督教是非法的。彼得被罗马军队抓起来倒钉在十字架上,死在罗马城里。《圣经》是基督教正式经典,被奉为教义

---

① 上帝(God)是基督教新教借用中国原有语词(《尚书·立政》:"吁俊尊上帝"),对其所信奉之神的译称。天主教译作"天主",相信其为天地万物的创造者和主宰,并对人赏善罚恶。

和神学的根本依据,内容包括历史、传奇、律法、诗歌、论述、书函等。将这些书定为正典圣书者认为各书具有神的启示和旨意。《圣经》的前部即犹太教《圣经》,称《旧约》,后部称《新约》。基督教认为,《旧约》是上帝通过摩西与以色列人所立之约,《新约》则是通过耶稣基督而与信者另立的新约。《新约圣经》是基督教的经典,共 27 卷,包括记载耶稣生平、言行的"福音书"、叙述早期教会情况的《使徒行传》、传为使徒们所写的《书信》和《启示录》。各卷陆续成书于 1 世纪至 2 世纪下半叶,原文为希腊文。4—5 世纪时,《圣经》全部被译为拉丁文。16 世纪宗教改革运动前后,《圣经》在欧洲逐渐被译成各国文字。

2. 基督教建筑与艺术

经过 2000 多年的传播,基督教给欧洲的文化留下了很深的烙印。习惯上仍然由基督教会来主持洗礼、婚礼、葬礼。欧洲有很多重要的宗教节日:圣诞节、受难节、复活节、降临节。到了现代,基督教的影响仍然很大,如在文学作品中,有许多典故都是从《圣经》里来的。基督教对艺术的影响也很大,艺术家也喜欢用《圣经》里的故事来创作,很多有名的画家画了许多宗教画,如《最后的审判》、《悔罪的抹大拉》、《浪子回头》等均是著名的宗教题材画卷。直到现在,欧洲的艺术家仍然喜欢用《圣经》上的故事作画。此外,还有以基督教圣经、教义、历史和传说中的人物、事迹为题材而创作的雕塑以及教堂、修道院、祭坛等建筑所表现的基督教造型艺术。

埋葬殉道者的基地——地下墓窟保存了大量早期基督教艺术作品。现存的地下墓窟多建于 3—4 世纪,在罗马附近多达 40 多处,在巴黎、小亚细亚、北非等地也有少量发现。最著名的是圣普里西拉墓窟,内存铭文、壁画、石棺等。

教堂建筑在基督教艺术中占有特殊而重要的位置。自基督教合法化及国教化以后,大型教堂迅速发展。罗马城最早建成的教堂是拉特兰宫的圣约翰教堂(约建于 320 年),随后为圣彼得教堂(约建于 360 年)、圣保罗教堂(约建于 385 年)、圣撒比拿教堂(约建于 333—361 年,已毁)和相传为耶稣葬身处的耶路撒冷圣墓大教堂(约建于 340 年)。这些教堂是当时大多数教堂的标准模式。

圣诞节是基督教纪念耶稣诞生的重要节日,亦称耶稣圣诞节、主降生节、耶稣诞辰瞻礼。关于耶稣降生的日期,《圣经》并无记载。336 年罗马教会开始在 12 月 25 日[①]庆祝此节。5 世纪中叶以后,圣诞节作为重要节日成了教会的传统,并在东西派教会逐渐传开。因所用历法不同,各教派举行庆祝活动的具体日期和活动形式也有差别,东正教和其他东方教会的圣诞节约在公历 1 月 6 日或 7 日。现在西方人在圣诞节常互赠礼物,全家团聚,举行欢宴,并以圣诞老人、圣诞树等增添节日的气氛,已

---

① 12 月 25 日原始罗马帝国规定的太阳神诞辰,有人认为选择这天庆祝圣诞,是因为基督徒认为耶稣就是正义、永恒的太阳。

成为普遍的习惯。

第三节　非洲的伊斯兰教与文化

一、伊斯兰教在非洲的传播

伊斯兰教于公元前7世纪兴起于阿拉伯半岛,不久随着阿拉伯人对非洲的征服不断穿越撒哈拉沙漠向广大西非地区传播,以及阿拉伯人、波斯人移居东非沿海地带传入撒哈拉以南非洲,见图3-4-11。至今伊斯兰教成为非洲信奉人数最多的世界性宗教,穆斯林2亿多,占非洲总人口的41%,全球穆斯林占多数的国家有15个。[①]

图 3-4-11　伊斯兰教在非洲的传播

---

① 艾周昌主编:《非洲黑人文明》,北京:中国社会科学出版社,1999年,第269-270页。

1. 在北非的传播

伊斯兰教在非洲的传播是伴随着阿拉伯人入侵埃及开始的。639 年 12 月阿拉伯军队由巴勒斯坦入侵埃及,从而揭开了非洲历史上新的一页,伊斯兰教从此便由阿拉伯人传入了非洲。642 年,阿拉伯人占领了著名的亚历山大城,埃及很快成为阿拉伯人开拓势力范围的基地,同时开展大规模的西征,征战马格里布①地区,702 年占领整个马格里布。经过 70 余年的征战,终于征服了整个北非。阿拉伯人征服北非的过程,也是北非地区阿拉伯化与伊斯兰化的过程。伊斯兰教不仅是宗教信仰的意识形态,而且也是一种生活方式,它使宗教与政治合为一体并渗透到社会生活的各个层面。到了 10 世纪和 11 世纪,埃及和马格里布地区先后大致完成了阿拉伯化和伊斯兰化。②北非的社会条件有利于伊斯兰教的传播,正如恩格斯所指的,"伊斯兰这种宗教是适合东方人的,特别是适合阿拉伯人的,也就是说,一方面适合于从事贸易或手工业的市民,另一方面也适合于贝督因游牧民族"③。

同时,伊斯兰教提倡在神的面前人人平等,其教义和仪式比基督教简便易行,适合北非游牧民族与沙漠行商,皈依伊斯兰教者可获得免税等好处。阿拉伯人扩散到整个埃及与马格里布以后,在行政和宗教方面推广阿拉伯语、阿拉伯文字和伊斯兰教,在埃及坚持信仰基督教的科普特人已退居中埃及地区成为埃及的少数民族(约占埃及人口的 1/10)。马格里布地区的土著柏柏尔人大都接受了伊斯兰教,一些保持着原始信仰和习俗的柏柏尔人被迫退居中部山区或撒哈拉沙漠的腹地。至此,整个北非地区便成为伊斯兰世界的核心地区。

2. 在西非的传播

阿拉伯人征服北非给撒哈拉沙漠南北之间的贸易和社会文化交流带来了新的契机和动力。来自阿拉伯半岛的穆斯林商人也被吸引到撒哈拉沙漠商道的北端,如利比亚的扎维拉(Zawila)和摩洛哥的西吉尔马萨(Sijilmasa)等商贸中心。穆斯林商人向南穿越沙漠商道进入黑人地区。从 8 世纪起,往返于沙漠商道的马格里布、埃及和阿拉伯半岛上的穆斯林商人,把伊斯兰教带进了黑人社会之中,开始了伊斯兰教的传播。

在 8 世纪至 11 世纪 70 年代,北非的穆斯林商人穿越撒哈拉沙漠商道,在与西非相衔接的黑人地区形成了一个个孤立于黑人村庄或城镇的小社区,建有清真寺,遵

---

① 马格里布(Al mqhrib):阿拉伯语,意为"阿拉伯西方"。原指北非西起大西洋沿岸,向东至锡尔特湾和加贝斯湾,南界撒哈拉沙漠之间广大的地中海沿岸地带,面积约 93 万平方千米。在罗马帝国时代,统称这一地区为柏柏尔地区。682 年,阿拉伯人向西扩张时到达摩洛哥大西洋海岸受阻,以为是最西的土地,故而得名。后被用作专有地理名词,包括突尼斯、阿尔及利亚和摩洛哥三国。

② 何芳川主编:《非洲通史·古代卷》,上海:华东师范大学出版社,1996 年,第 192-203 页。

③ 中共中央马克思恩格斯列宁斯大林著作编译局编:《马克思恩格斯全集》(第 22 卷),北京:人民出版社,1965 年,第 526 页。

循着伊斯兰教的风俗习惯。实质上这是名副其实嵌进黑人社会中的飞地,伊斯兰教就是从这类飞地向周围黑人社会中渗透和传播的。这类宗教文化扩散形式在文化地理学中称之为迁移型(根式传播)传播。这种迁移扩散是随着人的流动而传播的,特别是当迁移路线比较长或越过高山、沙漠、海洋等空间时,就更加突出。这样在空间分布上,造成新的分布区与原分布区互不相连。很多重要的文化现象就是通过移民活动而扩散到世界各地的。迁移型传播也有迁居式和波动式两种类型,后者指某一事物在传播过程中先影响到一个地区,接着又从这个地区向其他地区传播,从而不断影响到一个又一个居民群体和地区。① 伊斯兰教在西非的传播就是这两种传播形式的最好例证。

从11世纪70年代起,伊斯兰教在西非的传播进入了新的历史阶段,出现了一些由当地黑人穆斯林学者、宣教师和法官组成的集团与穆斯林中心,建有声名远播的星期五清真寺(the Friday Mosque)和桑格尔清真寺(the Sankore Mosque)。至迟到16世纪,廷巴克图(今通布图)的多数穆斯林学者都是在土著居民中成长起来的。从11世纪70年代至16世纪末,伊斯兰教在西非的传播空间不断扩大,成为西非唯一具有普遍性的宗教。西非各大国和多数较小的国家的统治阶级,至少在表面上成了穆斯林。同时,各大小城镇和多数乡村地区的黑人都皈依伊斯兰教。②

3. 在东非的传播

阿拉伯人在征服北非的同时,同样向东北非、东非沿海扩张,伊斯兰教亦随之传播于东苏丹、非洲之角和东非沿海地带。

在阿拉伯人征服埃及后向外扩张时,主要借助于贸易、移民,将伊斯兰教传入东苏丹北部地区,至14世纪东苏丹北部已遍布阿拉伯人,并已深入至达尔富尔地区。阿拉伯人沿着尼罗河岸向南游牧或结成商队向南扩张,并逐渐定居下来,推广阿拉伯语和伊斯兰教。15世纪以后,东苏丹出现了三个信奉伊斯兰教的国家——奉吉王国、科尔多凡王国和达尔富尔王国。

7世纪,阿拉伯人崛起后控制着红海,伊斯兰教伴随着贸易往来从红海和东非印度洋沿岸传播到内地。到10世纪,阿拉伯人在东非沿海建立了一连串的商务中心和伊斯兰城市,沿海港口成为伊斯兰教和阿拉伯贸易的据点,并逐渐成为穆斯林势力扩张的基地。至18世纪之前,在东非沿海地带的居民大部分都已成为穆斯林,坦噶尼喀中部、乌干达南部、肯尼亚一些乡镇也接受了伊斯兰教。在东部非洲沿海一带,自7世纪以后,阿拉伯人沿着海岸南下,建立了一系列伊斯兰城市。据记载,最早的一座清真寺建于1107年。综观伊斯兰教在东部非洲的传播方式,主要有四种:武力

---

① 姜忠尽:《世界文化地理》,南京:江苏教育出版社,1997年,第10-11页。
② 何芳川主编:《非洲通史·古代卷》,上海:华东师范大学出版社,1995年,第234-256页。

圣战推行、商业贸易、移民以及朝觐和讲学。^① 在阿拉伯人征服北非,建立阿拉伯国家之后,伊斯兰教不断向南传播,之所以能广泛传播至撒哈拉以南的西非广大地区和东部非洲沿海地带,与伊斯兰教的基本教义密切相关。大多数非洲黑人把信仰安拉与信仰他们原来的神灵结合在一起,只是把安拉作为至高神。伊斯兰教中许多关于"灵魂不死"、家族主义观念、伦理道德以及家庭生活规范的观念与非洲氏族部落社会很接近,如祖先崇拜、一夫多妻制。伊斯兰教的传播适应了黑人传统宗教的习俗如魔法、巫术等。皈依伊斯兰教的黑人往往用传统宗教的观念去理解伊斯兰教,这样就出现了保留某些传统宗教因素的混合伊斯兰教。^② 伊斯兰教的传播,给东北非沿岸和东非社会带来了深远的影响。

二、伊斯兰文化

绝大多数阿拉伯人信奉伊斯兰教,多属逊尼派,部分属什叶派。各教派除统一使用农历外,还有各自的教历。伊斯兰教徒以星期五为礼拜日,隆重纪念宰牲节(即古尔邦节、开斋节)。

伊斯兰教由三部分组成,即宗教信仰("伊玛尼"),具体是指信安拉、信使者、信天使、信天经、信后事;宗教义务("伊巴达特"),是指穆斯林在宗教上必尽的五项宗教功课;善行("伊赫桑"),是指穆斯林在宗教上必遵的道德规范。

1. 伊斯兰教经典与教义

(1) 伊斯兰教经典

《古兰经》,"古兰"系阿拉伯文的音译,也可译为《可兰经》,意义为诵读,是安拉通过天使降示给穆罕默德而成的,被认为是"最后一部天启经典",共 30 卷,114 章,6200 余节,由麦加篇章(约占 2/3)和麦地那篇章(约占 1/3)组成,为伊斯兰教的根本经典。其内容包括伊斯兰教的基本信仰和基本功课,其中特别强调安拉的独一、顺从、忍耐、行善、施食和宿命。它既是一部记录穆罕默德的生平及传教活动、教义、教规等的宗教经典,也是一部汇集了古代阿拉伯世界的神话传说、政治经济、风土人情、法律、道德规范等的阿拉伯历史文献,涉及穆斯林社会生活的各个方面,在穆斯林的传教与世俗生活中具有极其重要的地位。它不仅是宗教法的依据,也是世俗法规的基础。至今,《古兰经》已被翻译成多种文字。

《圣训》是伊斯兰教的另一经典,亦称穆罕默德言行录。其主要内容是有关穆罕默德及其传教过程中的记事和对伊斯兰教的信仰、宗教制度与社会制度的阐述等。由于伊斯兰教内部教派甚多,各派所信仰的圣训也有所不同,如逊尼派有《六大圣训

① 何芳川主编:《非洲通史·古代卷》,上海:华东师范大学出版社,1995 年,第 353-363 页。
② 艾周昌主编:《非洲黑人文明》,北京:中国社会科学出版社,1999 年,第 270 页。

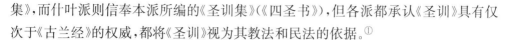
集》,而什叶派则信奉本派所编的《圣训集》《四圣书》),但各派都承认《圣训》具有仅次于《古兰经》的权威,都将《圣训》视为其教法和民法的依据。[①]

（2）伊斯兰教的教义

伊斯兰教教义由三部分组成,即宗教信仰（"伊玛尼"）、宗教义务（"伊巴达特"）和善行（"伊赫桑"）。信仰属世界观、理论和思想,宗教义务和善行属实践和行为,两者结合构成伊斯兰教的基本教理。伊斯兰教的基本信条是,"万物非主,唯有真主;穆罕默德是真主的使者",中国穆斯林称其为"清真言"。

伊斯兰教这一基本信条突出了伊斯兰教信仰的核心内容,具体而言包括五个基本信条,即信安拉、信使者、信天使、信经典和信后世。

信安拉:相信安拉是宇宙万物的创造者、思考者和唯一至上的主宰,除安拉之外别无神灵。信安拉是伊斯兰教信仰的核心,体现了一神论。

信使者:安拉曾派遣过许多传布"安拉之道"的使者或"先知"。穆罕默德是最后一位使者,是最伟大的先知和制胜的使者,信安拉的人应服从他的使者。

信天使:相信天使是安拉用"光"创造的无形体,受安拉的差遣管理天国和地狱,向人间传达安拉的旨意,记录人间的功过。

信经典:教徒必须相信和尊奉《古兰经》,不得诋毁和篡改。

信后世:相信人要经历今生和后世,期间有一个世界末日,认为将有一天,世界一切生命都会停止,世界要毁灭。届时所有死人都将"复活"接受安拉的审判,行善者将升入天堂,作恶者下火狱。[②]

2. 伊斯兰教的礼仪

伊斯兰教规定穆斯林必须履行五项功课:念功、礼拜、斋戒、天课、朝觐。我国穆斯林称其为"五功",它既是伊斯兰教的教义和制度,又是穆斯林必须履行的宗教义务,被认为是伊斯兰教的支柱。

念功:是指教徒口诵清真言"万物非主,唯有真主;穆罕默德是真主的使者",以此对自己的信仰进行公开的表白或"作证"。穆斯林在重要宗教活动中都要念诵,临终前可亲自念诵,也可由他人代念。经常口念,能使穆斯林的宗教信念不断深化。

礼拜:穆斯林朝向麦加克尔白诵经、祈祷、跪拜等宗教仪式的总称。主要有每日五次礼拜,分晨礼（破晓后）、晌礼（午后）、晡礼（日偏西后）、昏礼（黄昏）、宵礼（夜晚）;每周星期五举行"聚礼";逢伊斯兰重大节日如每年的开斋节和宰牲节,穆斯林一般到当地清真寺举行集体"会礼"或"拜会"。此外,还有各种内容和形式的副功

①　宗教研究中心编:《世界宗教总览》,北京:东方出版社,2004 年,第 41－42 页。

②　宗教研究中心编:《世界宗教总览》,北京:东方出版社,2004 年,第 42 页;中国大百科全书总编辑委员会编:《中国大百科全书》,北京:中国大百科全书出版社,1988 年,第 460 页;黄心川主编:《世界十大宗教》,北京:东方出版社,1989 年,第 356、359 页。

拜。礼拜时的条件为,礼拜者的身体、衣服和礼拜场所必须清洁;礼拜者须按教法规定以衣遮体,朝向麦加克尔白依次完成七项不同的动作。从口诵《古兰经》首章开始的这一系列动作,构成为一拜。礼拜一般由伊玛目率集体举行,也可单独举行。穆斯林礼拜前要做"净礼"沐浴净身,用清水洗身体的全部或部分("大净"或"小净")。无水处,可用沙土代水做"土净"。

斋戒:即"把斋"或"封斋"。伊斯兰教规定,每年伊斯兰教历9月斋戒1个月,要求成年穆斯林每日从黎明至日落禁止一切饮食和房事等。病人、旅行者、孕妇和哺乳者可例外,以延缓补斋或施舍的办法罚赎。

天课:以安拉的名义向教徒征收的一种宗教税。当教徒资财达到一定数量时,按规定每年以一定税率缴纳课税,被认为是所有穆斯林应尽的义务。当今,各伊斯兰国家和地区的征收情况不尽相同,有的国家只把天课作为宗教上的自由施舍,与国家税收分开。

朝觐:伊斯兰教规定,凡身体健康、旅途方便且具有经济能力的男女成年穆斯林,一生中至少应去麦加朝觐克尔白一次。如条件一时不具备可暂不去,也可由他人代朝。朝觐分"正朝"(亦称大朝)和"副朝"(亦称小朝)。正朝在每年伊斯兰教历12月上旬举行,最后一天为宰牲节。主要宗教仪式有受戒、巡礼克尔白、奔走于萨法与麦尔沃两山之间、进驻阿尔法特山、穆兹塔坦克法谷地宿夜、投石打鬼、宰牲开斋等。"副朝"则可在一年的任何时间举行。朝觐活动是全世界穆斯林共同的盛会。近年,每年前往麦加朝觐的人数已超过两百万人。

在日常生活方面,伊斯兰教有一些集体的规定(如饮食、结婚、丧葬等),都具有长期的历史、社会和宗教根源,成为许多信仰伊斯兰教民族的传统风习。伊斯兰教注重和提倡洁净,对此有严格要求。在饮食方面有严格禁食规定,不吃自死物、血液和猪肉以及未诵安拉之名宰杀的牲畜,禁止饮酒,实行土葬。[①]

3. 伊斯兰教的主要宗教节日

按伊斯兰的历法"希吉拉历",伊斯兰教主要有三大节日,即开斋节、宰牲节和圣纪节。

(1) 开斋节(中国新疆地区称为"肉孜节")指斋月期满29日,寻看新月(月牙),见月即为开斋,次日(伊斯兰教历[②]的10月1日)即为开斋节。如不见月,则继续斋戒一日,开斋节顺延(一般不超过3天)。节日前,每个家庭成员都要向穷人发放"开

① 黄心川主编:《世界十大宗教》,北京:东方出版社,1989年,第359-361页;姜忠尽:《世界文化地理》,南京:江苏教育出版社,1997年,第223页。

② 伊斯兰教历,又称希吉拉历,我国旧称回历,系纯阴历,以太阳圆缺一次为一月。1年12个月,单月30日,双月29日,不置闰月,全年354日。30年为一周,其中有11个闰年,于12月末置1闰日,全年355日。每日以日落为一天之始。伊斯兰教节日虽以该历为据,但也根据各地不同情况,有时以见月为准。

斋捐"。开斋节举行会礼和庆祝活动,图3-4-12、图3-4-13分别为埃及开斋节祷告和斋月祈祷活动。

图3-4-12 埃及开斋节祷告

图3-4-13 埃及斋月祈祷

(2)宰牲节(亦称"古尔邦节")在伊斯兰教历12月10日举行,这一天也是朝觐者在麦加活动的最后一天。穆斯林每逢此日都会沐浴盛装,举行会礼,互相拜会,宰杀牛、羊、骆驼,互相馈赠以作纪念。

(3)圣纪节,伊斯兰教历3月12日是纪念穆罕默德诞辰的圣纪节,这一天既是穆罕默德的生日,又是他的忌日。中国穆斯林习惯将"圣诞"与"圣忌"合并纪念,俗称办"圣会"。这一节日活动要诵经、赞圣、讲述穆罕默德的生平事迹等。[1]

4.伊斯兰教圣地——麦加(Makkah 阿拉伯文音译)

麦加是伊斯兰教朝拜中心,位于沙特阿拉伯中西部赛拉特山地中段易卜拉欣涸河的峡谷中,面积26平方千米,人口40多万。麦加是伊斯兰教第一圣城和发源地。伊斯兰教创始人穆罕默德于570年在此诞生。630年穆罕默德率兵攻占该地,清除其他偶像后,使其成为伊斯兰教主要圣地。从此,麦加成为世界各地穆斯林的朝觐中心。

主要圣地为城中心的圣寺,占地7.5万平方米,可同时容纳50万人做礼拜,寺院中心偏南的高大立方形石殿叫做"天房"(又称克尔白),高约12米,是世界穆斯林做礼拜的朝向。克尔白自上而下用绣有《古兰经》文的腰带所束的黑丝绸帷幔覆罩。天房外东南墙角离地1.5米处镶有一块黑色陨石,穆斯林视之为圣物。朝觐者游转天房经过此石时,争先与之亲吻或举双手致意。天房东南侧的"渗渗泉"被视为圣水,游转天房后在此饮水,以沾吉祥。市中心区集中于圣殿周围,住宅区由谷地向周围的山顶成层次排列。旧市区有历代古建筑,宏伟壮丽。居民的主要职业是接待川流不息的朝觐者。[2] 伊斯兰教有名的清真寺见图3-4-14、图3-4-15、图

---

[1] 宗教研究中心编:《世界宗教总览》,北京:东方出版社,2004年,第44-45页。

[2] 《中国大百科全书》,北京:中国大百科全书出版社,1988年,第260-267页;姜忠尽:《世界文化地理》,南京:江苏教育出版社,1997年,第224页。

3-4-16。

图3-4-14 埃及亚历山大清真寺　　图3-4-15 埃及爱兹哈尔清真寺

图3-4-16 摩洛哥哈桑二世清真寺

第五章

非洲的民俗文化

　　传统文化是由历史沿袭而来的风俗、道德、思想、艺术、制度、生活方式等一切物质和精神文化现象的有机复合体,包含物质文化和精神文化,体现在人们的生活方式、风俗习惯、心理特征、审美情趣、价值观念上,具有新旧文化的交融性;相对稳定性,能超越时代长久延续;伦理性,体现民族的道德观念;广泛的社会性,代表一个民族的整体意识和总倾向等特点。任何民族的传统文化都是在历史进程中形成和发展起来的,都随着历史的演变而代代延续。非洲的阿拉伯文化和黑人文化是阿拉伯人和黑人各族人民在长期的发展斗争中所创造的文化积淀与结晶。

　　民俗是流行的所有风俗习惯,是民间传统文化的主要内容。一般说来,民俗事象主要可归纳为三个方面:物质民俗——居住、服饰、饮食、生产、交通、工艺等;社会民俗——家庭、村落、社会结构、民间职业集团(行会)、岁时、成丁礼、婚礼、丧葬等;精神民俗——宗教信仰、禁忌、道德礼仪、民间口承文学(神话、传说、故事、歌谣、叙事诗、谚语、谜语、民间曲艺)等。此外,还有心理民俗,主要研究民俗对某一民俗的心理素质的影响。① 综观世界各民族的民俗可以看出,民俗具有以下特点:民族性——民族都具有世代相传的民俗习惯;地方性——任何民俗都是在一定地域生产、生活条件和地缘关系的互动条件下形成的,人们的衣、食、住、行明显地体现出各地的地理环境和乡土特色;传承性——民俗在其发展过程中代代相传,根深蒂固地继承下来;变异性——民俗的内容和形式在流传的过程中发生不同程度的变化,这是人们顺应时代的要求推行移风易俗活动的结果。②

　　我们认为,民族的衣、食、住、行属于物质文化范畴,而文化艺术属于精神文化范畴,它们都是民族地理学研究的重要内容之一。非洲幅员辽阔,民族众多,各民族的物质文化和精神文化极其丰富多彩,研究非洲民俗有助于我们深层次地了解和认识非洲各民族人民的民族特点及其与自身依存的地理环境的互动关系。

---

　　① 陶立璠:《民俗学概论》,北京:中央民族学院出版社,1987 年,第 14 页。
　　② 覃光广等主编:《文化学词典》,北京:中央民族学院出版社,1988 年,第 285 - 196、339 - 340 页。

第一节　物质民俗

　　物质民俗是指人们的日常生活中,那些可感的、有形的居住、服饰、饮食、生产、交通、工艺制作等文化传承,亦是为满足人们生存需要而产生的民俗。在人类社会中,人们赖以生存的最重要条件是物质生产和生活,无论社会如何发展到何等程度,民俗事象如何变迁,人们的衣、食、住、行等传统,总是以相对稳定的形式,代代相传。[①]

一、服饰民俗文化

　　服饰民俗是指有关人们穿戴的衣服、鞋帽、佩戴、装饰的风俗习惯。服饰是一种物质文化,服饰民俗的形成与人类的生存环境条件有着不可分割的关系。服饰款式的形成和人体装饰品艺术则是复杂的社会文化现象,它与一个民族的历史及文化发展史紧密联系,体现着一个民族集体的智慧和创造。影响一个民族的服饰民俗最为直接的条件首推气候。从非洲各地各民族所流行的各类不同服饰中,可以看出各地自然环境和气候对服装样式、质料及其使用价值起着决定性的作用。生活在非洲大陆两端地中海型气候条件下的居民与生活在热带非洲地区的居民在服饰上有着明显的区别。高原山区与平原地区的居民的服饰也有差别。干燥、半干燥地区的牧民与广大热带非洲地区的农民的服饰各有特色。总体来说,广大热带非洲地区由于气候炎热,居民服装样式简单,缝制工艺单调,有的以布单成衣,不加缝剪。其次,除生存环境和气候条件外,非洲各地各民族的生产方式和生活方式的不同,尤其是农民和牧民的生计要求不同,对服饰的形成和发展也有着很大的影响。因此,非洲人服装地区差异大,色泽鲜艳,式样别致,千姿百态,具有浓厚的民族风格,有的一衣缠裹全身,也有的一块布蔽体一处,袒胸露臂。例如,撒哈拉沙漠中的游牧民图阿雷格人、西非热带干草原地带的游牧民富拉尼人、东非高原稀树干草原上的游牧民马赛人,过着"逐水草而居"的游牧生活,这取决于水草条件和传统的生计方式,牧民居无定所,临时搭建帐篷或茅舍,十分简陋。在服饰上,他们各具特色。图阿雷格人男子衣服常为白布短衫和长衫,裤子为肥大的灯笼裤,腰间常系一根红腰带和花纹皮带,头戴面罩,女子不戴面纱。面罩多为白色或蓝色,只有眼睛露着,睡觉时也不摘下,吃饭时只掀开面罩下端,但仍不时地用手掩住嘴和鼻子。富拉尼牧民服饰粗糙、简单,以靛蓝色为主,男子上身穿无领对襟短衫,下身是大裤裆窄裤腿裤子,围一条深

---

　　① 陶立璠:《民俗学概论》,北京:中央民族学院出版社,1987 年,第 91 页。

色围巾。女子穿靛蓝色无领对襟长裙子,不戴头巾,凡已婚女子都在额头上方挽一个发球,两耳戴六七只耳环,还戴项圈和手镯。马赛牧民衣着更为简单,儿童一丝不挂,成年男女也只是下身兜一块兽皮、草帘或一布裹全身的无袖长衫,多为黑色或褚红色。装饰讲究,按习俗,男子 12 岁、女子 9 岁时都要穿耳孔,挂上皮饰耳环,将耳孔拉成长长的口子。男子放牧或投入战斗时,头上饰狮子鬃毛,手持锋利的标枪和牛皮盾牌。女子戴串珠项圈,一层一层套在脖子上,年龄越大项圈越多,手上和脚上戴红、白、黑、蓝相间的串珠。[①]

总体说来,非洲人服饰简单,人体服饰却很讲究,富有原始文化艺术的魅力,但非洲各地区也有明显的地区差异。北非的阿拉伯人各民族和撒哈拉以南非洲的广大黑人各民族在服饰上有着明显的区别。北非阿拉伯人典型的民族服装是白色或深蓝色长袍,戴的是无边的软帽、白色头巾、黑色面纱和披肩。这类服饰反映出阿拉伯人生存的大沙漠环境和民族特征。长袍可发挥防风避沙的作用。摩洛哥柏柏尔妇女用银质硬币装饰头发。

东非高原地区各民族服饰有着显著的地区差别。埃塞俄比亚地处非洲最高大的高原,最普遍、最富特色的民族服装是“凯米斯”和“沙玛”。凯米斯是一种用白棉纱布缝制的对襟连衣裙,裙边镶绣有艳丽的花边。这是妇女穿的内衣,外披则是一件沙玛。沙玛是缠裹全身的白色棉纱布披风,两边绣有美丽的花边。此外,埃塞俄比亚人通常还披挂一条大披肩和大纱巾,男人喜用白色,披在双肩上;女子多用绿色或黄色,披在头上。女子常戴饰物有耳环、手镯、项链等。[②] 坦桑尼亚妇女爱穿的民族服装是“康加”和“加乌尼”。康加是一块如小床单大小的花布单,从胸或腰围到脚部。加乌尼是一种长及膝盖的无褶长裙。肯尼亚的吉库尤人是该国经济文化较为发达的大民族,装饰不同于其他民族的是男女都戴耳环,男人多以象牙作耳饰,女子多以珠子作耳饰。吉库尤人喜爱用珠子或铜钱做成大小不同的项圈,套在脖子、手臂、小腿上,喜欢穿用当地产的蓖麻子染成暗黄色的衣服。

西非地区气候炎热,人们穿着打扮较为简单,多穿传统长袍,无领无袖,多为白、黄、蓝、红色,大多用土布缝制,袍面有图案。女子爱穿印有动物或人的头像的长裙,上衣为罩衫,色彩艳丽,头戴五颜六色的包头。例如,尼日利亚的豪萨人,男女穿戴差别较大。男子身穿肥大的长袍、紧腿裤子、长袖衫,头戴直圆帽,大袍用单一白色的布料做成。豪萨人认为白色是喜庆和圣洁的象征,其他还有粉红色、浅蓝色、浅黄色等。女子服装色彩鲜艳,用花布拼成,未婚女子用两块,已婚的用三块,一块裹在下身做裙子,另一块裹在上身做上衣,已婚女子用第三块布做披肩。女子头上一般

---

① 顾章义主编:《世界民族风俗与传统文化》,北京:民族出版社,1991 年,第 31 - 32 页。
② 张文建:《走近非洲屋脊》,南昌:百花洲文艺出版社,2001 年,第 135 - 136 页。

都戴头巾,喜欢戴耳环、手镯,有的还带脚镯和项链。不论男女,大多数只穿凉鞋、拖鞋,而不穿皮鞋。[①]

中非地区的刚果(金)妇女喜欢穿简单的裙子,实际上是用两块各长 2 米的布,一块围在腰间,一块盖在上面,布上印有小花和其他图案或涂染的大花,上穿一件月牙背心,晚上脱下裙布盖在身上。巴库图族妇女的腿上常戴铜护腿,从脚到膝盖,用黄铜片包着,擦得锃亮。据说是请专门的工匠铆接在腿上的,重达五公斤。[②]

非洲人的服饰风格独特,色彩缤纷,充分反映了非洲各民族的传统文化,但随着时代的发展,人们的穿着也处在不断变化中。富有传统特色的服饰往往在传统节日穿戴,平日里,尤其在城市,人们多穿着现代流行的服饰。但为了保留民族服装的优秀传统,注意服装的发展与创新,许多国家还经常举办时装展览。如刚果(金)、刚果、南非等国家,每次举办服装展览都要推出上百种新款式,不仅丰富了非洲民族服装的艺术宝库,而且也促进了非洲服装工业的发展。但还有些国家受传统观念的限制,甚至还有法律的限制,直接影响民族服装与时俱进的发展和创新。如北非有的阿拉伯国家要求青年妇女在公共场合穿着要庄重,禁止穿无袖衣服和无袖衬衫,穿短裤被视为不雅观、不文明。在撒哈拉以南非洲某些国家,服饰也有种种限制。

二、发型[③]

非洲人,尤其是黑人各民族人民都很讲究发型,它不仅能表明不同人的民族属性和性格,而且还反映出黑人不同的审美观和想表达的寓意。

黑人的发型千姿百态,是各族人民智慧的结晶,表现出他们的审美情趣,有着浓厚的民族气息。

非洲黑人女性的头发生来卷曲,自己无法梳理,所以在撒哈拉以南非洲各国城乡,到处可见专门为妇女梳头的流动摊位。理发师心灵手巧,能根据不同年龄、身份和职业,设计、梳理出各式各样美观大方、具有民族特色的发型。少女的发型大都轻巧活泼,有的是冲天小辫,直立头顶;有的以头顶为中心,从上往下紧贴头皮梳成排列匀称的多条发辫,显得轻松活泼,富有朝气。年轻姑娘喜欢圆形发式,将头发梳成一道道紧贴头皮的发辫,然后将发辫扎成形同"鱼鳞"、"菠萝"、"谷穗"、"西瓜"的发式,显得大方雅致。中年妇女多将头发梳成几十根又细又长的辫子,这些辫子都用黑线扎得结结实实,上面还带有贝壳或响珠,在阳光下显得光亮照人。老年妇女一般都不讲究,发式单一,多将头发从前额到后脑分成数条,随后一条一条扎在发脚

① 顾章义主编:《世界民族风俗与传统文化》,北京:民族出版社,1991 年,第 26－27 页。
② 段学林主编:《世界民俗大观》,北京:北京大学出版社,1988 年,第 169 页。
③ 姜忠尽:《世界文化地理》,南京:江苏教育出版社,1997 年,第 268 页。

上，梳成整齐的直线条，显得端庄、深沉。非洲妇女梳一次头很费时间，短则一两个小时，长则三四个小时。

发型还有地区差异。西非地区的青年妇女爱把头发拢攒到头顶，用几绺假发加长头发，盘成各种形状，并串上五光十色的海贝，有的似妩媚动人的花朵，有的像展翅飞翔的蝴蝶，式样俏丽多姿。在东非的一些国家，年轻妇女喜爱将自己的头发从前到后梳成一排排横向的小辫，然后将这些小辫收拢在后脑处，梳成一个云髻，整个头发便留下条条水渠式的花纹。发型充分体现了黑人民族传统的美学艺术。不少非洲国家还把发型艺术视为继承和发扬祖国文化遗产的一部分，每逢重大节日，总要组织各地的妇女进行梳头比赛，并进行评选活动，对优胜者给予奖励，借此宣传民族化，提倡地方化。从非洲人的发型可以观察到他们的民族属性、传统观念、性格特点。

非洲男人的发型也千姿百态，丝毫不逊色于女性的发型。几内亚的科尼亚克族男人喜欢把头顶周围剃个精光，把头顶的头发梳成高高的鸡冠状，认为公鸡象征着宝贵的品质，是力与美的标志。摩尔族人欣赏骆驼吃苦耐劳的精神，喜欢驼峰形状的发型。马里男人则喜欢犄角一样的发型。马赛族男人喜欢将头发梳到脑后编成无数根辫子，用血和泥土的混合物涂在辫子上并佩戴精致的发饰。乌干达的迪迪族人为了防止阳光直射眼睛引起不适，常常把头发梳成蘑菇伞形状。[①] 西非多贡族男子喜欢把头发捻成整整 80 条小辫，象征整个民族自古以来的团结、兴旺、发达。南非祖鲁人男子将头发梳成一根根小辫，每根辫子上拴着一个用小串珠连成的圈圈，将全部头发排列成一圈又一圈的小串珠圈圈，走起路来发出悦耳的响声。

非洲人的发型，不论男子还是女子的，形式都多种多样，但都有独特的表现各自风格的方式。千变万化的发型还展示着民族属性和性格特征，并能反映出喜怒哀乐等情绪。如西非豪萨族敬重牛，将头发梳成牛状。驼民与骆驼有着深厚的感情，不少人精心将头发梳成骆驼的形状。在尼日尔，有的小孩头上留着一绺、两绺或三绺头发，这表明孩子已经失去了父亲、母亲或双亲。马赛人有妇女剃光头的习俗，而在非洲其他地方，一个妇女剃光头则表明她是孀妇。

三、饮食民俗文化

饮食包括食物和饮料，但其加工、制作及食用的风俗习惯却是十分丰富多彩的。民以食为天，可见饮食在人类生活中占有十分重要的无可替代的地位。随着社会生产力的发展和提高，人们的经济生活和文化生活也随之改善、提高，吃的风俗和技巧也不断丰富起来，形成各具民族特色和地方特色的食谱。食俗是人们在长期生活中

---

① 资料来源：http://blog.sina.com.cn/s/blog_50a3839f0100jkki.html。

形成的饮食习惯和风俗,标志着一个民族、一个社会的文明程度。在传统社会向现代社会转型的过程中,生产力不断提高,生活节奏不断加快,食俗也随之发生变革。食俗变革表现在食物结构的改进、食品质量的提高和营养成分的搭配以及饮食方式的改进。

从人类饮食习惯的产生、发展来看,食俗经历了生食、熟食、烹饪三个阶段。如果我们考察非洲各民族的饮食习惯,不难发现这三个阶段的饮食习惯仍可见于民间社会。

1. 生食和熟食文化

生食在世界各地都有,非洲也不例外,主要表现为生食各种野果、鲜鱼类和肉类。原始民族如俾格米人、布须曼人和霍顿督人,过着采集狩猎的生活。如分布在非洲热带雨林地区的俾格米人,除集体猎象、野猪外,还捕捉青蛙、蛇、鱼、蜗牛、乌龟、蚂蚁等,主要生食,也可烤着吃。生活在南部非洲卡拉哈迪沙漠的布须曼人,以狩猎和采集野生植物维持生活。80%的食物是各种野生植物的根茎、球果、核果、树叶等。瓜类、仙人掌是常吃的食物。采集狩猎时,常将芦草当作水管插入地下吸水解渴。干季时靠瓜果或野兽胃中未消化的汁液解渴,偶尔下雨时,用鸵鸟蛋壳或其他器皿盛水饮用。[①]

除上述原始民族以生食为主外,许多民族都有生食肉、乳、血的习俗。生活在坦桑尼亚和肯尼亚热带干草原地带的游牧民族马赛人,主要牧养牛、山羊和少量骆驼、毛驴,有以牛血掺奶作早餐的习俗。一头牛静脉放血一次约一公斤,加入一倍的鲜奶,搅拌成粉红色乳状液体,供五六个人围坐在一起用牛角杯饮用。一头牛每隔五六周可抽血一次,供血的牛是专门饲养的。游牧在几内亚和马里的半沙漠地带的雷迪莫族牧民以放牧骆驼和山羊为主,以奶和血为生,不食牲畜肉,每天两餐,外出放牧时四餐,均以驼奶、血或羊奶、血为餐。刺取驼或羊的静脉血时,伤口自愈一个月后方可再次取血。[②]

埃塞俄比亚的主体民族阿姆哈拉人有吃生肉的习俗,只吃刚宰杀的牛的里脊和后臀肉,将鲜牛肉切成大小不等的方块,然后一手拿肉一手拿小刀,把肉切成薄片,蘸上辣椒酱食用,或将肉捣成肉糜,用手抓着就着主食"英吉拉"吃。在传统节日、婚丧嫁娶时,生吃牛肉最为讲究。过传统节日时,几乎家家户户都吃生牛肉以示庆贺。用生牛肉招待贵宾被视为最隆重的传统礼仪。[③]

津巴布韦的恩德贝人喜吃生食,生吃新鲜的动物肉和内脏、鸟类、蛋类,有时加点盐和香草,忌食狗肉、猴肉和鱼类。[④]

---

① 殷宝村主编:《世界民俗大观》,北京:北京大学出版社,1988年,第206-210页。
② 同上。
③ 同上。
④ 同上。

熟食分煮、煎、烤。熟食是人类掌握火的使用之后出现的饮食文化。首先盛行起来的烤制逐渐取代生食,但熟食习俗形成后,生食习俗并未完全消失,且世界各地都有。

烤食方式多种多样,非洲更为常见。随着农业的发展,食物来源不断扩大,粮食、肉类、蔬菜改变了人类的食物结构,制作方法不断出新,主食和副食有了明显的区别,粮食作物如玉米、高粱、小米、小麦、稻米以及块根作物木薯、芋成了非洲人的主食,肉类、蛋类、蔬菜等成了辅助食物。由于广大非洲地区的食物来源不同,品种不同,加之各民族养成的饮食习惯不同,各类食物调剂搭配,制作方法各有一套,逐渐形成不同的地方风味和民族特色食品。北非的阿拉伯人与广大撒哈拉以南非洲的各族人民,其食物的制作方法和风味完全不同,就他们相互之间也别有风味。类似中餐的蒸、煮、烧、烤、煎、炸、炒等方法都有表现,酸、甜、咸、辣等味均可尝到。各民族独特的烹调技术,体现了各族丰富的饮食文化。

非洲各族人民饮料的制作和品饮习俗同食物一样,多种多样,水、奶、茶、酒样样俱全。非洲三大饮料——茶、咖啡、可可在世界上颇负盛名,尤其是咖啡原产地埃塞俄比亚形成了独具特色的咖啡文化。

2. 饮食结构和类型

饮食结构指日常生活中就餐的主食、菜肴和饮料的搭配。综观非洲人民的饮食结构,令人感到这是个难以回答的复杂问题,某一民族的饮食结构及其形成常同其生存地区可就地索取的食物来源有着密不可分的关系。食物结构同时与其所在地区的生产方式和经济条件密切相关,因此,食物结构总是带有地区和民族特色。此外,有些民族有一些独特的食品和饮料,平日不食用,如西非某些民族最有特色的食品如毛里格尼人的烤全羊、马里人的沙烤全驼,是他们款待贵宾的美味佳肴。

非洲各族人民除游牧民族食物结构是以肉、奶为主食外,平民百姓的传统食物结构是以粮食作物、块根作物或大蕉作为主食的重要原料,但由于各地生产的食物原料品种的不同,主食原料和制作方法也就不同。总之,以何种粮食作主食取决于当地产什么作物。不同的粮食作物,用不同的制作方法制成可口的食品,形成不同的主食和不同的饮食习俗。由于不同民族都有自己独特的食物和食俗,所以同一种粮食作物做成的食物各有风味。例如,广大的热带非洲适宜生长玉米、高粱、小米、木薯、大蕉等作物,玉米是非洲各地比较普遍的主食,但做法和吃法各有特色,如坦桑尼亚人喜食的主食"乌咖喱"是用玉米面做成的。热带非洲盛产木薯的地区,居民以木薯粉为主食,木薯叶则是主要蔬菜。例如,刚果(金)、刚果均以木薯作为重要粮食作物。木薯有两种,一种为甜木薯,挖出可直接食用;另一种为苦木薯,含有小毒,不能直接食用。苦木薯挖出来后先放在水中浸泡几天祛毒素,然后捞出,粉碎、晒干、捣成面粉。苦木薯有两种做法和吃法,一种是用开水拌木薯粉,用木铲搅拌成面团,不再蒸煮,一家人围坐在一起,每人用手捏一小块面团,捻成小条,蘸辣椒鱼汤直接食用。另一种吃法是将木薯粉用凉水和成短粗的面棍,用芭蕉叶包紧蒸熟,当地人叫"西光克",吃时剥掉芭蕉叶后食用,也可油炸吃。木薯叶富含多种维生素,把叶切碎,加入洋葱、辣椒、姜、盐、棕榈油等,用木杵捣烂后煮熟,就是一道菜肴,这是刚果(金)人日常生活中的主要饭菜。①

埃塞俄比亚人最常吃的主食叫"英吉拉"。这种大摊饼是用高原上产的特种作物"苔麸"面粉做成的,先将苔麦粉和成面糊,发酵3天后,摊在平底大锅内烤成灰白色薄饼,味酸软,人体易消化吸收。吃时不用刀叉,用手撕成小块,直接夹"瓦特"吃。瓦特是一种大众菜肴,用红辣椒、番茄酱烧成的一种杂烩菜,伴入鸡肉或牛羊肉丁,并配以盐、蒜、姜、黑胡椒、洋葱、小豆蔻、苔油、柠檬汁、果酱等10多种佐料,香辣味浓。吃饭时,人们常喝的饮料是用大麦或玉米酿造的啤酒"台拉",或用蜂蜜发酵后做成的甜酒"台吉"。如招待客人,饭后每人喝一杯主人现做的咖啡就算饭毕。②

第二节　社会民俗

社会民俗是民俗学的一大分类,包含内容十分广泛。人际交往往往通过某种独特的方式约定俗成传承下来,构成各类不同的社会民俗事象,在人与人之间起着纽带和黏合作用。有些民俗事象如岁时习俗和人生礼仪都属于社会民俗的范畴。人生礼仪是随人生道路的伸延定期出现的人生民俗,如诞生、成丁、婚姻、丧葬等。本节只对人生礼仪中的成年、婚姻、丧葬三大礼仪加以简述。

一、成年礼仪

成年礼亦称成丁礼或冠礼。它是非洲各族人民一种古老习俗的传承,在人一生中具有重要意义。儿童进入少年期,男孩跟随父亲或部落群体模仿生产技术和其他行为,接受各种磨炼;女孩跟随母亲,学做各种家务劳动。在非洲古老的部落社会里,青年男女进入部落社会的成人礼仪是十分隆重的,各有自己的表现形式。一个青年要想获得一定的社会地位和权利,就必须通过一定的仪式,经受各种科目的考验,合格后才能被社会接纳,成为正式成员。随着社会的进步,过去的成年仪礼的种种考验渐渐淡化或消失,但在有些民族中仍然存在着,难以杜绝。

在非洲不少国家,判定少男少女是否成年,不是根据其年龄,而是看其是否举行

---

① 段定国:《刚果(金)文化》,北京:文化艺术出版社,2005年,第63-64页。
② 张文建:《走近非洲屋脊》,南昌:百花洲文艺出版社,2001年,第130-131页。

过成年礼。所谓成年礼,就是割礼。长到一定年龄,男子必须割除阴茎的包皮,而女子则必须部分或全部割除阴核和小阴唇,甚至将阴道口部分缝合。在索马里、苏丹等国家,大约约 80％ 的男女做过这种手术。女子割礼历来都显得有点神秘,因为都是私下个别进行。除少数人到医院去做之外,大多数人一如既往,都由民间巫医、助产妇或亲友操持。据一位精于此道的乌干达老妪说,传统的切割工具是铁刀或小刀片,缝合使用的是一般针线,有的地方甚至使用荆棘。用这样落后、原始的器具切割身体的敏感部位,而经常又不使用麻醉剂,肉体上的痛苦是难以言说的。手术过程中,不但疼痛难忍,还经常发生大出血。最常使用的止血剂不过是树胶或草灰。简陋的医疗条件,从不消毒的器具,导致手术后经常发生感染。据肯尼亚瓦吉尔地区的统计,手术后发生破伤风、闭尿症、阴道溃烂者约占 30％。阴户缝合手术不仅容易引起这些疾病,还往往导致婴儿难产,造成母婴双亡。割礼对妇女身心健康造成的危害,已引起非洲各国以及国际社会的高度关注。从 1979 年开始,非洲妇女组织在世界卫生组织的帮助下,先后在喀土穆、卢萨卡等地召开专门会议,通过了从女子割礼最盛行的东非和北非开始,逐步在整个非洲废止这一陋习的决议。肯尼亚、索马里等国的议会经过激烈辩论,也都通过了立即废止女子割礼的法令。

男子的割礼不但没有人要求废止,而且在一些地区还在热热闹闹地进行着。在乌干达和肯尼亚的许多地区,男子割礼一般在偶数年份举行,而个别部族,如乌干达西部的布孔乔族,则是每隔 15 年才举行一次。割礼的时间,一般选择在每年七八月或年底的农闲时节。谁家的孩子要举行割礼,首先把亲朋乡邻请来,飨以酒宴,当众宣布。赴宴者带来啤酒、牛肉、锄头或其他礼物,预先表示祝贺。此后,准备割礼的孩子要天天沐浴,净身洁体,迎接人生的新阶段。信教者,还要到教堂祈祷上帝保佑。不信教者,则到坟茔上去祈求先祖的神灵相助。割礼的日子临近,家长们联合恳请或由酋长指派有经验的长者,带领孩子们做准备活动。例如,在肯尼亚中部吉库尤族聚居区,十几个少年头插鸟羽,脸涂垩粉,肩披兽皮,腰系树枝,手携木棒,一边喊叫,一边在田间小路上奔跑。跑累了,他们就找块草地停下来小憩。刚刚休息片刻,一阵激越的鼓角声起,他们就跳起来,摇臂扭臀,手舞足蹈。这些活动的目的,平素主要是为了使孩子们成为合格的武士:奔跑,以追赶逃敌或猛兽;狂舞,以欢庆征战的胜利。而在眼下,则主要是为了强身健体,磨炼意志,以便他们勇敢地迎接割礼的考验。割礼仪式在乌干达布吉苏族聚居的农村,隆重而热烈。在选定的割礼日,村民们不分男女老幼,一大早就聚集到村头空旷的草地上。他们击鼓吹笛,狂歌欢叫。不一会儿,即将受礼的男孩子们就气喘吁吁地从远方跑来。上身近乎赤裸的姑娘们一拥而上,搂着他们狂舞。在场的其他人先是围观,后来好像也抵御不住鼓点和舞步的诱惑,自觉或不自觉地也扭动起身躯。

就这样,人们跳啊跳,直跳到一个个即将受礼的男孩子精疲力竭,甚至神魂颠倒。这时,亲属们跑上前来,将他们搀扶着走到事先划好的一条白线上,用白布或香蕉叶子蒙上头。这时,蓦地鼓息笛停,载歌载舞的人们肃然站立,全场鸦雀无声。只见两个赤膊的男子从人群中闪出,大步流星地来到白线的一端。一个搓搓手,挨次将孩子们的短裤扯下。另一个迅即从挎兜中抽出一把光闪闪的刀子,将一个个孩子的包皮割掉。事前没有打麻药,疼痛是可想而知的。但是,孩子们咬紧牙关,忍痛以对,表示自己的勇敢与无畏。手术师每割下一段包皮,就高高举起,向几百名围观的男女展示。他们遂报以"嘟——嘟——"的吼声,对手术师的高超技术和孩子们的勇敢表示赞许。同时,欢庆本部族又增加一名成年男子。割礼时的欢庆逐渐发展成为演唱。一些专门在割礼时演唱的歌曲主要为取乐,但内容大多秽亵,平时是不能演唱的。也有一些割礼歌是给男孩子鼓劲的。

男子的割礼,大多在 11 岁到 18 岁之间进行。非洲的男孩不论岁数大小,只要经过这一刀,就算成年。不经这一刀,无论活多大年纪,也被视为"孩子",不算成人。因此,每个男孩子都要接受割礼。即使在外地学习或工作,到割礼时也要赶回家乡挨此一刀。"一刀割出个男子汉",不是戏言,而是对这一习俗的生动概括。

二、纹身

纹身是一种文化习俗,指在人体上用尖利器具刺刻图案,使用颜料渗入皮肤内,留下伴随终生的花纹。纹身部位视地区、民族和时代而异,一般在脸、胸、臂、背、腿等部位刺刻,有染色与不染色之分。纹身是一种古老的习俗,具有世界性意义的普遍文化现象,具有多种社会功能:宗教意义——图腾崇拜方式的一种;社会意义——表示纹身者的社会地位;装饰意义——美化身体;婚姻制度意义——有效防止血亲通婚;成年的标志——青少年进入成年的标志。[①]

非洲纹身习俗已有一千多年的历史。据考古发现,公元前 1300 年的古埃及便有纹身习俗。纹身图案奇特,设计复杂,制作残酷。过去,不少民族采用纹身来维护本民族的团结,体现本民族的光荣,显示本民族的悠久历史。很多民族用"秃鹰"、"雄狮"、"白蛇"等作为自己的标记。开始仅限于面部,后来渐渐发展到手臂、胳膊、胸部、背部等,图案十分醒目。历史上,纹身被当作宗教的标记,认为这样做可以避邪。例如,一对夫妇的几个孩子连续夭折,父母便在新生孩子的脸上刻上花纹,改变孩子的面孔,以求孩子能逃脱死神的盘查,平安地活下来。随着社会的进步和文化水平的提高,纹身已不再是民族印记或宗教标志了,但作为文化遗产和美的修饰而保留下来,成为非洲人的一种特殊习俗,被视为民族文化的瑰宝,仍保持着旺盛的生命力。

---

① 覃光广等主编:《文化学词典》,北京:中央民族学院出版社,1988 年,第 212 页。

纹身几乎遍及非洲,尤其撒哈拉以南非洲地区更为流行,有的民族男女老幼无一例外,而已婚妇女则在自己上臂、胸部、脐部、背部刻着带有某种含义的条纹。这些条纹的深浅、宽窄、长短、数目都是有严格规定的,不能随意刻画。脸上和手上的花纹,往往表示出社会地位、经济状况、婚否、子女多少等。对黑人来说,纹身是勇敢的象征和美的标志。男孩纹身较早,一般从四五岁时开始,女孩相对晚些,通常在十一二岁来第一次月经后进行。男孩习惯在面部划上五角星,或几个三角,或几道波纹线条,以显示自己的英姿。女孩子则喜欢划上几条又宽又长的平行条纹,并点上几个蓝点,但各族各有特色。纹身不是一次完成。女孩每年在嘴唇周围、手腕、胸前等地方刺上花纹,直至出嫁才完成全部纹身任务。

非洲西部的妇女十分热衷于纹身艺术,一达到所规定的年龄便在身上画纹,而且是集体进行,要举行一种隆重的仪式。纹身有一套完整的传统图案。例如,当地很多妇女从少女时起身上就带着 10 套花纹。[①]

纹面是纹身习俗的一种。黑人大都讲究纹面艺术,认为脸上刺花纹是勇敢的象征,又是美的标志。有的民族不分男女老少,都有纹面习俗,一些已婚妇女甚至在胳膊、胸部、脚部、背部都刻有数条富有某种意义的条纹。

东部非洲的妇女主要是在面部刻花纹,大多数妇女在自己的脸上划着数条明快的痕迹,有的还在一边加上一些辅助线条,并在两颊涂上两颗又大又显眼的蓝点。分布在坦桑尼亚和莫桑比克的马孔德人长期以来一直保持着纹身的习俗,不仅喜欢在脸部刺花纹,而且喜欢在胸、腰、背及躯体其他部位刺花纹,通常是蛇、蜜蜂、蝎子、狮子等动物图案,还有壶、盂、盘、碟等器皿图案。

纹身是一种残酷的习俗。施纹者首先要用木炭在脸部或身上烫印标记,然后用烙铁烫或用刀片刮,让伤口溃烂形成疤痕。黑人认为纹身是勇敢的举动,凡是进行过纹身的人都被视为有出息的人,尤其是经过纹身的少女,备受人们敬慕,更是青年男子追求的对象。

第三节　精神民俗

精神民俗所涉及的范围相当广,一般包括民俗宗教、信仰(俗信)、巫术、占卦、预兆、道德、礼仪、各种禁忌及口承语言(神话、传说、故事、民歌、谚语、谜语)等。精神民俗不同于物质民俗和社会民俗,它是一种无形的心理文化现象,在民俗学研究中常称其为"信仰民俗"、"心理民俗"或"心意民俗",它也是物质生产方式和生活方式

---

① 姜忠尽:《世界文化地理》,南京:江苏教育出版社,1997 年,第 268 页。

的独特表现形式之一,因此,它是物质民俗和社会民俗的反映。[①]

一、原始宗教

1. 原始宗教的起源与发展

原始宗教开始出现于公元前 3 万年—前 1 万年的中石器时代。据考古发现和对近存原始社会的考察研究,都表明原始人类对超自然的信仰和崇拜是从这时才出现的。在原始人心目中,自然界是神秘而又可怕的,人们无法解释其所面对的雷电、昼夜交替、季节更替、洪水、地震等自然现象和生老病死等现象。就认识因素而言,原始人类思维的一大特点,是感性的直观性和具体性,对周围的环境及与其生存息息相关的事物异常熟悉,因此这些东西必然就成为原始人类崇拜的偶像,这种崇拜即为拜物教。原始人对自己所崇拜的具体事物注入了人的感情和意图。一切不可理解的现象都归结为幽灵作祟,在人们的头脑中逐渐形成了自然崇拜、灵魂崇拜、祖先崇拜。由于受生产力和科学水平的限制,原始人类往往把某种动、植物视为自己的亲族或祖先,因此原始的祖先崇拜表现为图腾崇拜。恩格斯指出:"宗教是在原始的时代从人们关于自己本身的自然和周围的外部自然的错误的、最原始的观念中产生的。"[②]原始宗教是原始人类的普遍信仰,也是原始文化最主要的支柱,对原始社会中人的自然观、历史观、道德观、价值观等具有决定性的重大影响,支配着人们的社会文化行为。原始神话、原始绘画、雕刻、音乐舞蹈等无不与原始宗教有着密切的关系。根据人类学者对原始宗教的研究,下述崇拜特征往往是共同出现的。

(1)"万物有灵"观念

"万物有灵"是原始人类的世界观,也是原始宗教产生的思想和哲学基础。在原始人看来,不仅人有灵魂,动物、植物、山、河、石块、日、月、星、大地、海洋等自身都有灵魂,而这些灵魂既能帮助人也能危害人。在原始社会,人类完全不知道自己身体的生理构造,错误地认为人的思维和感觉是一种"独特的、寓于这个身体而且在人死亡时就离开身体的灵魂的活动"。[③] 从这时起,原始人产生了灵魂不死的观念。之后,他们又以自身的存在为标准去观察自然界,认为自然界的动物、植物及其他事物也都与人一样,都有灵魂。

---

① 陶立璠:《民俗学推论》,北京:中央民俗学院出版社,1987 年,第 252 页。
② 中共中央马克思恩格斯列宁斯大林著作编译局编:《马克思恩格斯选集》(第 4 卷),北京:人民出版社,1972 年,第 250 页。
③ 恩格斯:《路德维希·费尔巴哈和德国古典哲学的终结》,载《马克思恩格斯选集》(第 4 卷),北京:人民出版社,2012 年,第 219 页。

（2）图腾①崇拜

图腾崇拜是白人殖民者于 18 世纪在美洲印第安人中间首次发现的,后在世界其他地区的原始部落中也有发现。它是原始社会早期的宗教形式之一,约与氏族公社同时出现。

图腾崇拜是从人类与其他自然物、生物有亲属关系的感情出发的,认为一定氏族的一切成员来自一定的动、植物或其他图腾。因此,被当作图腾加以崇拜的有某种动、植物,亦有自然物或自然现象,但以动物居多。原始人把图腾奉为本氏族的祖先或当作本氏族的特殊保护神,并往往以它作为氏族、部落的标志和名称。不仅每个氏族有自己的图腾,而且每个人也都有自己特定的图腾,只是严守秘密不让他人知道。图腾崇拜的表现特征主要为图腾对象的种种禁忌如杀、食、触摸等,以及对图腾象征如“图腾柱”或画有图腾的灵物的神秘力量的信仰和祭仪。同一图腾信仰集团内部禁止通婚。在部落间发生冲突或相互交往的情况下,人人都有各自的图腾徽号。简言之,图腾崇拜实质上是原始的自然崇拜和原始的祖先崇拜的结合崇拜。

图腾崇拜不仅对原始社会的文化艺术、生活习俗有很大影响,而且有的延续至阶级社会,甚至某些先进的宗教仍用动物献祭。在高度发达的社会,人们虽然没有明显地或带有宗教目的地追随图腾崇拜,但仍保留着这种崇拜习俗的残余,如用一些动物作为民族的象征。

（3）祖先崇拜

祖先崇拜起源于母系氏族时期,盛行于父权制和父系氏族时期,其特征为尊敬或崇拜死去的家庭成员。原始人认为死者以某种形式活着,而且死者可以有助于或者有害于现世的生活。随着父权制的确立,父系氏族或家族之长便逐渐成为本族的代表和保护者,因而他们生前受敬畏,死后受祭祀。死亡的族长往往被视为家庭或氏族得以幸福和繁衍的体现者与庇护者,并形成供奉祖灵、祖像和按时祝祭的种种仪式,他们用过的东西都成贡物即敬拜的对象。如东非的巴干达人的信仰反映了图腾退出祖先舞台,民族的祭典已不是图腾,而是祭祀故世的历代祖先和与民族有关的非图腾性的自然神。②

原始人极其害怕死者可能造成的灾祸,常常尽量努力采取各种方法来防止死者从墓中出来危害人世生活。如用巨大石块压住或用木柱钉死在尸体的胸口上,以防止他们游离出来。同时,原始人也采取祭祀方法来讨好死者。用死者的财产、工具、武器、食品、装饰品作陪葬品,有时甚至以自己的妻子、奴仆作殉葬品。

①　图腾(totem)是印第安语,有时也读作 dodaim,意为“他的亲族”。这个词是奥杰布华语“ottoeman”的讹误。

②　吕大吉:《宗教学通论》,北京:中国社会科学出版社,1989 年,第 371 - 372 页。

（4）巫师崇拜

祖先崇拜、图腾崇拜说明人们把希望寄托在祖先的神灵上。但人与神之间不能直接交往，需要一个能在两者之间进行沟通的使者，于是巫师便应运而生。巫师多半是民族中经验丰富、心灵手巧或具精神病态的人，认为他们能与精灵打交道，能向祖灵祈福，是民族的保护者，成为被信赖和敬畏的神秘人物，为全民族所崇拜。[①] 巫术便是与宗教信仰相伴的宗教行为。它与宗教的不同之处在于尚不涉及神灵观念，并且不是对客体加以或向其敬拜者求告，而是利用巫师对自然的"知识"，力图影响或控制客体，达到与鬼神沟通的目的，以改善人们的处境。巫术的基本目的是保障安全、丰衣足食、多子多孙、满足性欲、避邪驱祸。

巫术形式与原始的思维及宗教信仰是紧密相关的。在原始部落中，最普遍的形式是模拟的方式，巫师以小规模的表演来迫使自然做出某种行为，如求雨仪式和"伏都偶像"方式便是很好的例证；如果要杀死仇人，便制作粗糙的敌人模拟像，如扎成草人、木偶或画成图像，然后用对付活人的办法对偶像施加行为，如用针刺穿偶像的心脏、大腿等。

占卜也是巫术的一种，在原始部落中，用占卜来预测未来是十分重要的仪式。各地的原始氏族用以占卜的用具各式各样，几乎每种东西都可用来占卜。原始人通过一种神秘的规定，从占卜物的变化中看出预示未来的征兆。占卜中最著名的是中国商朝盛行的龟卜，即把龟甲加热直至产生裂纹，其裂纹图样就被作为未来的预卜来崇拜。

在原始社会的初期，还没有专门的巫师和祭司，仪式通常由部落长者主持。后来，随着宗教的进一步专门化，分化出一些专门人员，负责沟通人与自然界的交往，被称为法师、巫师、祭师或萨满。"萨满"一词为满—通古斯语族语言，原意"因兴奋而狂舞的人"，后为萨满教巫师的通称。其他语族则有不同的称呼。一般认为，萨满是氏族萨满神在氏族内的代理人和化身，从而是本氏族的保护人。每个氏族都有自己的萨满。

萨满教是原始宗教的一种晚期形式，形成于原始社会后期，具有明显的氏族部落宗教特点，主要流行于亚洲和欧洲的极北部。萨满教不像普通原始宗教那样局限于一定的氏族、家庭等范围，而是扩大到整个部落，甚至超出部落的局限。它有一个特定的人员团体萨满，其职业便是司掌人和超自然界之间的往来，起媒介作用，以多种多样的巫术形式以求实现人们的愿望。萨满和超自然界中的鬼神交往的形式有两种：一是让鬼神附身，萨满摇身一变成为鬼神，来与求拜者对话；二是萨满到鬼神世界去会见所需要的鬼神。萨满相信精灵，并且举行隆重的宗教仪式，用歌唱、狂

---

① 吕大吉：《宗教学通论》，北京：中国社会科学出版社，1989年，第367页。

跳、击鼓的方式将自己弄得失神发狂。这时,人们相信他已与神交往,开始传达神论,而一般人也可以通过这个狂人与神直接对话。

原始宗教经过长时期的发展、演变,到原始社会末期,成为一种稳定而顽强的文化力量,不仅对后世宗教的发展有重大影响,而且对后世文明亦具有极大影响。自然崇拜、灵魂崇拜虽然可被视为人类造神运动的开端,但严格说来,现代意义的宗教在原始社会并不存在。随着阶级社会的产生,原始宗教逐渐演变为多神教(表3-5-1)。

表3-5-1 原始宗教的起源与发展①

社会组织	人类文化时期	崇拜特征
原始群时代 (无宗教)	初 期 (旧石器时代早期前期)	早期猿人:原始意识的萌芽。
	中 期 (旧石器时代早期后期)	晚期猿人(北京人):原始意识的形成。
	晚 期 (旧石器时代中期)	古人、尼人:原始意识的发展、宗教的萌芽、墓葬与殉葬品。
母系氏族公社时代 (氏族宗教)	初 期 (旧石器时代晚期) 中 期 (中石器时代) 晚 期 (新石器时代)	智人、克罗马农人:图腾主义、巫术、马纳信仰。 现代人:图腾主义的发展、巫师、万物有灵论。 图腾主义复杂化、地域化、地母、先妣、女灶神、女性生殖器崇拜、鬼神信仰、图腾祖先。
部落公社时代 (部落宗教)	初 期 (铜石并用时代) 中 期 (青铜器时代) 晚 期 (铁器时代或青铜时代)	母系神与父系神交战,父系神成为胜利者(《奥列斯特》三部曲)。占卜术、自然崇拜、巫教的起源、萨满教的起源。 祖先崇拜、陶祖、拜物教。女灶神变为男灶神。 祖先崇拜、英雄崇拜、巫师专业化、巫教、鬼教、萨满教、原始一神教。

2.非洲的传统宗教

非洲的传统宗教在撒哈拉以南非洲历史悠久,社会基础广泛,是固有宗教。传统宗教在撒哈拉以南的国家有着不可撼动的地位,基督教和伊斯兰教在传入非洲之后并未能完全取代传统宗教力争本土化。直到今天,非洲传统宗教的祭礼上,有的仍使用一种秘密语言,称为礼仪语,即祭祀发源地的方言。总之,非洲的传统宗教与基督教、伊斯兰教、佛教不同,没有供信徒们传诵的经文和通行的教规,也没有一个

---

① 杨堃:《民族学概论》,北京:中国社会科学出版社,1988 年,第 286 页。

各族都信奉的最高神。根据信奉的对象,非洲传统宗教以尊天(即自然)敬祖(即祖先)为核心,基本内容包括对自然、祖先、图腾和至高神的崇拜。差不多每一种可以想到的人类宗教形式都首先在非洲出现过,但大部分非洲宗教都存在于没有文字的时期,而且非洲的任何一个部落的宗教信仰和行为都不一定与其他部落相同。根据信奉的对象,黑人传统宗教可分至高神崇拜、自然崇拜、祖先崇拜、部落神崇拜等。①

(1) 至高神崇拜

非洲黑人信奉的神很多,一般有 400 多个,约鲁巴人信奉的神多达 1700 个。神灵之间存在血亲关系,至高神位于众神之首,他无处不在,全知全能,使天地万物的创造者庇佑着人类,给予人类恩惠、怜悯和同情。至高神在撒哈拉以南非洲没有统一的名称,不同的民族各有其最高神,并有其不同的传说。非洲人对至高神的认识的典型,就是尼日利亚约鲁巴人关于奥洛隆的故事。他在创造了世界之后,就把主宰权让给了由他创造的奥巴塔拉,因此,约鲁巴人视奥巴塔拉为至高神。后来,他与地神奥都杜娃结婚,生下了空气神、太阳神、月亮神、雷电神等 15 个儿子。在肯尼亚吉库尤人中,"姆隆古"被称为至高神,认为它是借日、月、狂风、暴雨和彩虹显示自己的能力,如要求他保佑,就要在早晨和傍晚向他祷告。② 有时候,至高神是一个崇拜偶像,在一些村社,有神庙和祭司来供奉。但很明显,大部分非洲人都认为至高神太高、太远、太伟大了,以至于他们无法崇拜它。所以,非洲宗教最关注的是那些较小的精灵和祖先。

(2) 自然崇拜

如同世界上许多其他民族一样,非洲人认为整个大地、海洋、天空都充满着一种与人类精神一样的精神或生命力量,具有神性。这种力量可能是有益的,也可能是有害的。它们受到崇拜或祭祀。非洲人认为,山岗、森林、池塘、溪流、树木和动物身上都有这种生命的力量,甚至太阳和月亮身上也有这种力量。这种力量不仅仅存在于风暴、雷鸣和闪电中。在西非的一些村庄中,就有崇拜雷神的寺庙、祭司和礼拜。土地也受到崇拜,一些非洲人常把土地看作女神来崇拜。在非洲土著中,水常被视为一种神学的东西。整个非洲的河、溪、湖、泉和海,都由于它们之中的精灵而受到尊崇。对这些较小精灵的最普遍的崇拜形式或许就是简单的奠酒和祭品。希望得到精灵承认的非洲人会倒点儿水、酒、啤酒或牛奶在地上,或者每顿饭给这些精灵供点儿食物。

(3) 祖先崇拜

非洲宗教中得到最广泛承认的精神力量是祖先们。对祖先的崇拜几乎存在于

---

① 姜忠尽:《世界文化地理》,南京:江苏教育出版社,1997 年,第 263 - 265 页。
② 艾周昌等:《走进黑非洲》,上海:上海文艺出版社,2001 年,第 195 - 196 页。

黑人各族中。非洲人相信人死亡后灵魂便同肉体分离,进入亡灵世界,开始过与活人相反的生活,如夜晚是白天,走路是往后退等,死去的亲人生活在精灵世界并仍然关心活着的亲属的生活,死者能够影响活人的生活,如果祖先愿意,就能帮助一个人、一个家庭甚至整个部族。因此,在出征、农耕、结婚、婴儿出生、成人仪式之前,常举行祭祖仪式,即祭奉民族或部落共同的祖先、已故的酋长,供奉祭品,祈求祖先神灵的保护。收获期间要献上大量的供品。为了将来继续受祖先保护,羊群产了羊崽时也必须宰杀一些,把血酒洒在祖先面前。

非洲宗教为了抚慰祖先,为了在生活历程的各个阶段之间有适当的过渡,已创造出一系列的仪式。奠酒是最常见的献祭形式,作为认识神和祖先的一种表现,活着的人们倒点酒或撒些食物在地上。在更为庄重的场合则用动物献祭,如将狗、鸡、绵羊、山羊和牛等动物的血洒在地上,以抚慰众神并保证在某种艰难困苦的境遇中获得他们的支持。当一个部落准备打仗或遇到长期干旱、瘟疫流行时,就会用血献祭,一个猎人可能会在打猎之前向众神中的一个献上点祭品。在用动物献祭的许多场合,崇拜者和神、祖先共同分享用作祭品的肉。动物的血被倒在祭坛上或地上之后,肉就被烤热或煮熟,一部分肉被放在祭坛上敬神,其余的就由上供的人及其家人吃掉。在集体祭祖仪式结束后,族人要以跳舞的形式表达对祖先灵魂的敬意。

（4）祭司和巫师

非洲宗教一般不需要祭司,然而西非某些部落中仍保留着神庙和祭坛,有祭司,偶尔还有女祭司。祭司是各族传统宗教的专职人员,负责主持宗教仪式,向人们解释神的"意志",在社会中有较高的威信和影响力。祭司通常是世袭的。祭司着装与常人不同,有的穿一身白色衣服,或在身上画红、白线条,佩戴一些象征性的装饰等。在一些大的民族或部落里,每个神都有相应的祭司。如约鲁巴人中的雷电神"桑戈",被认为能给人带来灾难,也能给人带来财富和小孩。[①] 非洲最普遍的传统宗教的神职人员之一就是巫师。非洲人的世界观里没有"自然"、死亡和疾病的观念,而是认为这些灾难总有某些精灵在作怪。遭到灾难打击的人要么中了某人的符咒,要么惹怒了祖先或某个神。巫师的职责就是查明病因并指明治疗方法。巫医运用语言的魔力来查明这种原因的性质以及责任者,然后用巫术和草药驱魔除病。

在许多非洲部落中,与巫师联系密切的就是占卜。他们利用巫术来确定当前灾难的原因。占卜者所用的方法各不相同,一般都是靠扔硬壳果形成一个图案,共可产生 256 个不同的图案。例如,约鲁巴人的占卜者把 16 个棕榈果撒成一个图案。每个图案都有相应的诗句,每一段诗中都包括一些启示。从一开始,占卜者就应能记起每个图案至少四句诗文。运用这种方法,一个人要成为占卜者,至少要背诵 1024

---

①　艾周昌等:《走进黑非洲》,上海:上海文艺出版社,2001 年,第 197 页。

句诗。

随着时代的前进和社会的进步,非洲本地原始宗教正处于巨大压力之下,而趋于衰落的这种压力不仅来自外传宗教如基督教和伊斯兰教的广泛传播,也来自促使村社生活和传统习俗衰落的都市化与工业化。但由于这些宗教根深蒂固,仍有生存的土壤和生存的活力,有一些非洲人宁愿遵循祖先的生活方式而不要现代生活方式。

二、舞蹈①

非洲舞蹈出现于 6000 年前,是非洲劳动人民在生产活动中创造出来的,是非洲民族最普遍和最主要的艺术表现形式,多用来表现烧荒、播种、收割、狩猎等场面以及人们对图腾的崇拜,以强烈的节奏、丰富的感情、充沛的活力、磅礴的气势以及变化万千的舞姿而著称。由于非洲舞蹈具有独特的风格和新鲜的活力,深受非洲人民喜爱。非洲人民不仅爱舞,也能歌善舞,无论是城市还是乡村,也不管人们是处在兴奋之中还是处在悲伤之中,总是借用舞蹈来抒发自己内心世界的感情。舞蹈已成为人们日常生活中不可缺少的重要组成部分。

1. 非洲舞蹈的风格特色

非洲舞蹈动作粗犷有力,狂野奔放,旋律感人,给人以信心和力量,舞蹈动作无严格规定,只有比较统一的律动和节奏,以强烈的节奏、丰富的感情、充沛的活力、磅礴的气势著称于世。黑人舞蹈的动作特征,主要强调了人体每个部位,如头、颈、肩、胸、腰、胯和四肢的表现力,舞蹈者常常剧烈地甩动头部、起伏胸部、屈伸腰部、摆动胯部、扭动臂部、晃动手脚、转动眼珠等,几乎身体的每一个部位都在剧烈地运动。在非洲的许多地方舞蹈中,男人们上半身赤裸,涂着黑白相间的花纹,下半身围着用各种兽皮制成的裙衣,头上插着各种颜色的羽毛。妇女们身着古典式民族服装,手腕和脚腕上缠绕着一串串贝壳、兽骨片以及小铃铛,贝壳和铃铛发出悦耳的响声,羽毛和兽皮似彩云飘动,使观看者眼花缭乱。②

(1) 舞蹈动作单调,形式简单

舞蹈先于语言出现,是早期人类喜怒哀乐的直接反映,带有很多随意性、原始性、自发性和朴素性。非洲大陆有赤道横穿,赤道地带有广阔的热带雨林,北部有浩瀚的撒哈拉大沙漠,人类无法自如地穿梭往来,所以非洲舞蹈较好地保持着自然的原始状态。③

非洲舞蹈主要是抖肩和甩胯两个基本动作的不断重复,舞蹈者跳舞时上身前

---

① 姜忠尽:《世界文化地理》,南京:江苏教育出版社,1997 年,第 269 - 270 页。

② 资料来源:http://baike.baidu.com/view/768013.htm。

③ 李哲:《非洲舞蹈特性之我见》,载《文艺传媒》,2009 年第 25 期,第 142 页。

倾,屁股后翘,微屈膝。甩胯动作十分丰富,基本包括了所有可以完成的动律,如前后动律、左右动律、平圆动律、立圆动律、八字动律等。其中前后动律是最有特点的,因为他们前后动律的重拍放在"向后",而且不一定出现真正的"前",准确地说是"中后动律"。有时,在此基础上加上"中后八字动律",使得动作更加具有特点,而且完成的难度也是相当大的。[1] 除了前倾和甩胯,另一个动作也常在舞蹈中出现,即胯部不停地向前,双膝连续做开合。现代街舞中有时会闪现类似的动作,可能是从非洲舞蹈中受到启发。舞蹈形式也很简单,包括横排、竖排、圆形以及男女对舞。跳集体舞时,会有一人或几个人到圈中间去跳,然后男女对换轮流到中间献艺,也有成双成对到圈中跳的。

(2) 舞蹈题材广泛

非洲舞蹈的题材广泛,凡生活中较大的事情均可入舞。每逢结婚、举丧、添丁、成年、迎宾、战斗、劳动、祀神、祭祖、节庆、休闲,非洲人都会通过舞蹈表达喜怒哀乐和各种怀古欲望。表现生产劳动的有狩猎舞、耕地舞、播种舞、收获舞、祈雨舞等。反映部落争斗和反侵略斗争的是战争舞。战争舞粗犷雄武,在激越的鼓声当中模拟战斗动作。表达男女爱情的舞蹈是非洲最常见的舞蹈,多出现在婚事活动和日常舞会上。非洲人的举丧舞蹈也是必不可少的,这和信仰有关。他们认为死者的生命会在继承人的身上延续,不必悲伤,有些丧礼舞蹈也表达对死者的怀念。举行重要庆典时,非洲人也会歌舞欢庆。非洲很多民族有为年届青春期的男女举办成年礼的习俗,仪式上要歌舞游行。民族举行酋长加冕礼时,为歌颂酋长的功绩,表述民族的历史,举办庆祝舞会是必须的。[2]

(3) 舞蹈服饰简陋,草裙、兽皮、羽毛突显原始艺术的美

非洲人在舞蹈时,舞者头上、肩上或臀后常常插上羽毛,随着舞者身体左右上下的抖动,羽毛随之舞动,加强了动感,增添了活力,很有观赏性。热带非洲原始的传统舞蹈,大都全身赤裸,仅在腰际系一遮体物。随着生产和文明的发展,他们将贝壳、羽毛、小珠子、金属制品、植物纤维编制物、染色的种子、兽皮等加工美化成舞蹈服饰。为了突出身体某一部位的动作,就在这个部位佩戴上各种各样的饰物,如在胸前挂上一条条用贝壳或珠子串成的串带,以突出上身的蠕动和旋转。有的喜戴上脚铃和作响的服饰,以加强动作的节奏和舞蹈的气势。化妆和道具对黑人舞蹈起着渲染和烘托的作用。黑人常把某种野兽当作神灵崇拜,因此,器具和面具舞蹈就成了这种崇拜的象征和主要的表达方式。按照传统的观念,舞蹈者只要一戴上面具,也就成了这种面具的精灵或媒介。在一些民族的舞蹈中,舞者也在全身绘制各种图

---

① 高志毅:《非洲舞蹈一瞥》,载《学术论坛》,2010 年第 7 期,第 110 页。

② 李哲:《非洲舞蹈特性之我见》,载《文艺传媒》,2009 年第 25 期,第 142 页。

案和花纹。这些图案和小面具一样,已不仅限于装饰和美观,常常具有吉祥和邪恶的含义,有的则是民族的一种象征。①

黑人舞蹈的服饰至今仍保留着古老甚至原始的传统文化成分,多以兽皮、树皮、草裙裹身,头插羽毛,裸体部分涂上各种颜色的花纹,花纹展现各式图案,颈部和手脚臂腕佩戴各种珠饰。各类舞蹈服饰大多与部落图腾信仰和生活习俗密切相关,各有本部落的特殊标记。

(4) 舞蹈节奏感强烈,情感狂野奔放

在非洲,从摇篮曲、生产歌到祭祀歌、战士歌等非洲音乐具有强烈的节奏感;非洲音乐中的打击乐、旋律和变奏等音乐变化也节奏分明;这些节奏感来源于舞蹈动作,舞蹈动作与乐器节拍紧紧相扣。以鼓为主的打击乐器在舞蹈中用的最多最广,因为它比其他乐器更贴近于非洲人的发音和口头传意。常见的打击乐器还有刮擦器、槌捣器、打击式和撞击式体鸣乐器等,如葫芦、木梆子、金属铃之类的各种响器。此外,还有利用人体所产生的音响,如拍手、踩脚、弹手指、拍大腿对自然及乐器声音的模仿来为舞蹈伴奏。跳舞时,往往先有一名歌手即兴朗诵或颂唱,众人合唱叠句部分或者呼应并与鼓声和乐器声有机地组成节奏鲜明的旋律,还时常伴有喊叫声,以抒发狂野奔放的感情,增加舞蹈的热烈气氛。

2. 非洲舞蹈的类别

非洲幅员辽阔,民族众多,由于地理、历史的不同,宗教信仰和生活习惯的差异,各地的舞蹈千姿百态。黑人舞蹈是黑人最古老、最普遍,也是最主要的艺术形式。它是整个撒哈拉以南非洲大陆文明历史的丰富遗产。黑人舞蹈一般可分为两大类,即传统的礼仪性舞蹈和民间的自娱性舞蹈。传统的礼仪性舞蹈指在一定的场合、一定的时间,按照一定的程式,并为本部族每个成员所能心领神会的内容,而且在动作、服饰、参加人员、舞蹈伴奏的鼓点和歌词内容等许多方面都有严格的规定,是非洲文化的主要遗传。这类舞蹈涉及范围很广,有敬神舞、驱邪舞、生育舞、割礼舞、葬礼舞、耕种舞、狩猎舞、祈雨舞、收获舞、战斗舞、庆贺舞等。民间自娱性舞蹈也包括各种带有表演和竞赛性质的技术舞蹈。黑人最善于用身体的动作及其节奏来表达自己的情感和欲望。这类舞蹈一般都没有固定的程式,但有不同的时间、场合和人数的限制,带有明显的自娱性和即兴性。②

(1) 劳动类舞蹈

常见的劳动类舞蹈有狩猎舞、耕种舞、收获舞、祈雨舞等。这类舞蹈的表演形式和民族的生产方式相关联。如经常集体狩猎的刚果俾格米人在表演狩猎舞时,主角

---

① 姜忠尽:《世界文化地理》,南京:江苏教育出版社,1997年,第270页。

② 姜忠尽:《世界文化地理》,南京:江苏教育出版社,1997年,第269页。

身披兽皮,作困兽犹斗状,其他人则扮猎手持标枪围攻;坦桑尼亚东北部的猎手多单独出猎,其狩猎舞表演的是村民为猎手送行、猎手行猎时的威武、打猎归家时的欢乐;几内亚务农的部落在雨季将临时要举行隆重的播种仪式,村民手拿禾苗绕田垄歌舞;有的舞蹈则展示从播种、耕耘到收割入库的整个农事过程。欢庆丰收的收获舞常和酬神敬祖的仪式相联系。[1]

(2)战争舞蹈

战争舞粗犷雄武,舞者常身着兽皮披肩或围腰,头插羽毛,肚子系铃铛,手持刀剑、长矛、战棒、盾等武器,在激越的鼓声中模拟战斗动作。大型的战争舞常有数百人参加,场面极为壮观。卢旺达的"战斗舞"、乌干达的"布沃拉舞"、莱索托的"摩霍贝罗舞"等都是精彩的战争舞。加纳人的战争舞叫阿萨福舞(又叫"战争舞"、"爱国舞"),在雄壮的鼓声和响亮的喇叭声的伴奏之下,几百名身着军士服装的舞蹈者挥动长矛和弓箭,高唱战斗歌曲,群情激昂,威武庄重,场面相当壮观。在坦桑尼亚、肯尼亚、乌干达等国家流行一种"砍刀舞"。表演该舞时,数名腰系兽皮、脚缠铃铛的武士装扮的男青年在一阵阵激昂的"哒哒、哒哒哒"的鼓声中登台,他们舞步急速矫健,剧烈抖动身躯,手中闪闪发光的砍刀左挥右劈,发出有节奏的沉闷响声,犹如雄狮出林,观众仿佛置身于奋勇杀敌的疆场。

(3)爱情类舞蹈

表达爱情的舞蹈欢快、抒情,燃烧着情爱之火。在非洲,婚礼舞会为未婚青年提供互结情缘的机遇。尼日尔的博罗罗人的集体婚礼舞会是专门为姑娘们挑选丈夫而举行的。塞拉利昂的"苏苏·杜姑娘舞"既是成年仪式的舞蹈,也是婚配的舞蹈。苏丹人举行婚礼时,新娘、新郎要率先跳舞,然后宾客跳"颈子舞"表示祝贺,第二天新娘还要表演"新娘舞"答谢宾客。利比里亚的奔都族的少女在结婚前必须学会跳"结婚舞",学习时必须躲在偏僻无人的地方练习,被人撞见是不吉利的。选妃舞是斯威士兰王国流行的传统民族舞蹈。跳选妃舞时,数千名袒胸露背的姑娘组成行列,国王加入到舞女的行列中,必须从第一个姑娘开始和她们一个个地相拥跳舞,直至选到自己的妃子为止。王妃选好后,随即开始举行婚礼。[2]

(4)丧葬舞蹈

非洲人的葬礼是绝对不可缺少舞蹈的,否则会被认为是不吉利的兆头。喀麦隆的巴米累克人认为,死亡不是生命的终结,死者的生命会在继承人的身上延续,所以不必悲伤。马达加斯加人认为死亡是生命在彼岸的开始,是一件值得庆贺的事。当然,有些丧葬舞蹈也表达对死者的怀念,如巴米列克人在丧葬舞蹈中再现逝者的音

① 沈晓夫:《五花八门的非洲舞蹈》,载《现代交际》,2002年第9期,第49页。
② 钟雯琪:《世界各国的风俗舞》,载《世界文化》,2006年第2期,第39页。

容、习性；马达加斯加人用舞蹈颂扬死者生前的功绩、品德。加纳人葬礼中最常跳的一种舞蹈是阿散蒂族的阿多华舞。这种舞蹈既可独舞，也可群舞，有男有女，场面精彩；还可以作为交际舞蹈在公众场合里跳，也可以在征战之前跳，借以鼓舞士气。舞蹈时，表演者演奏用葫芦和串珠制成的乐器，敲打金属锣伴奏，观众则拍手相和。

（5）庆典类舞蹈

非洲有很多重大的庆典，比如成人礼、割礼、祭祀和酋长加冕等，在这些重大庆典上，舞蹈是重要的组成部分。如多哥卡必耶族姑娘成年时，先要幽居学习，期满后要参加"阿奔杜"舞蹈游行。乌干达人在为男孩举行割礼的前后，族人要列队歌舞迎送。各民族举行酋长加冕仪式时，要举办庆祝舞会，歌颂酋长的功绩，表述民族的历史。在几内亚、科特迪瓦、刚果等国家，进行祀神祭祖等信仰活动时人们会戴着面具跳舞。面具用木材和稻草等制作而成，有人形的、禽兽状的、神怪的。非洲人认为面具有"灵性"和"神力"，跳面具舞是为了攘灾祈福。面具和舞蹈动作、音乐旋律密切关联。节奏缓慢的舞蹈，面具大而沉重；节奏急速的，面具小而轻巧，甚至可举在手中。加纳人会在最隆重的场合跳方腾弗罗姆舞，即一种使用方腾弗罗姆鼓伴奏的著名舞蹈。方腾弗罗姆鼓音调低沉，其声咚咚，如泣如诉，令人听后肃然起敬。舞蹈者以优美的姿势和刚劲的动作，表达自己内心深处的感情。在祭祖、祭神、祭物时，加纳人一般跳宗教舞蹈。宗教舞蹈结构严谨，动作复杂，舞者通常边跳边唱。唱词内容为特殊的礼拜语言、诗歌和习俗等，舞蹈者只有经过严格训练才能领会掌握。加纳著名的宗教舞蹈有埃维族的雅雅舞、布朗斯族的阿波舞以及北部地区的蒂加利舞蹈等。

除上述各类舞蹈外，非洲人还爱跳模拟动物的舞蹈。他们或戴动物面具，或头戴牛角、插上羽毛，身上饰以兽皮、干草等，模拟禽兽的动作。坦桑尼亚塔波拉地区有不少艺人爱跳蛇舞，他们进入林区，吹起独特的口哨，哨声会引来成群的山地蛇。在非洲鼓的咚咚声中，艺人身缠5至7条巨蛇徐徐起舞，不时地手拿蛇头，与蛇相吻，或将蛇头塞入口中，衔蛇狂舞，惊人耳目，扣人心弦。此外，还有马里的鸟舞，科特迪瓦的豹舞，及多哥的某些动物舞蹈。科特迪瓦、尼日利亚等地有一种高跷舞，舞者在腿上系上各色布条，与涉禽的长腿极为相似，故又称"涉禽舞"。表演时，舞者戴着面具、头饰，还踩跷做侧腰、腾跳等高难度动作。

3. 黑人舞蹈文化对欧美流行舞蹈文化的影响

在奴隶贸易数百年的苦难历程中，大量的黑人奴隶被运到美洲大陆和世界其他地区，伴随黑人终生的不可缺少的民族舞蹈，也一同走向了世界，尤其是美国和拉丁美洲各国。长期的不同文化的融合过程中，黑人舞蹈文化对美国、古巴、阿根廷、巴西等国家的舞蹈产生了很大的影响，形成了影响世界的新的流行舞蹈文化。黑人舞蹈特有的节奏是现代西方大多数流行音乐和爵士音乐、摇滚乐、迪斯科音乐舞蹈的来源。例如,探戈是西班牙舞蹈和黑人舞蹈融合的产物;具有英国绅士风度的"布鲁斯",举止稳健,节奏徐缓,其伴奏音乐最早源于美洲黑人的忧伤的抒情乐曲;古巴民间舞蹈与黑人舞蹈融合而成的"伦巴",其动作特点是扭摆;"爵士舞"形成于美国,是非洲音乐舞蹈与古老的欧洲歌舞融合而形成的一种艺术形式;"狐步舞""桑巴"都是在黑人舞蹈的基础上发展而来的;流行一时的"霹雳舞"最初起源于美国纽约的黑人区,是贫困的美国黑人心情压抑时求发泄的产物;风靡我国的"迪斯科"源于撒哈拉以南非洲,动作特点是全身松弛、甩头、扭腰、摆胯、转胯等动作幅度大,以鼓的急促节奏为支撑节奏,贯穿于整个伴奏之中。非洲舞蹈以独具的舞蹈风格和强大的魅力走向了世界,屹立于世界之林。[1]

图 3-5-1　非洲舞蹈

① 肖华:《非洲舞鼓文化漫谈》,载《新疆艺术》,1983 年第 6 期,第 59 页。

三、非洲鼓

鼓作为打击乐器,早在远古时代就被人类所使用。然而,像撒哈拉以南非洲那样,鼓渗透到黑人社会的每个角落,在黑人社会生活中占有无可替代的独特地位,人人能敲会打,则是世界少有的。到撒哈拉以南非洲任何一个地方去旅游观光,都有机会听到铿锵有力、动魄牵魂的鼓声。撒哈拉以南非洲的鼓声,就是黑人语言的转化和伸延,表达出人们的喜怒哀乐。鼓作为黑人音乐、舞蹈节奏的基础,构成黑人音乐的一大特色。非洲各个民族都掌握着独具特点的鼓语,世代相传,即使在现代通信发达的今天,黑人鼓声依旧不衰,发扬着它那特有的威力,可说是黑人之魂。

1. 非洲鼓的制作

在非洲,制鼓是一个专门的行当。每个民族都有自己的制鼓工匠,各有一套制鼓技艺。非洲鼓种类繁多,形状和大小千差万别,制作工艺也很讲究,一般选用硬木做鼓身,兽皮做鼓面。有的用整个树干挖空做鼓筒,蒙上兽皮;有的是用硬木条拼成鼓筒,蒙上兽皮;有的用油筒或罐头筒做鼓筒,蒙上兽皮;也有的用椰子壳或葫芦制成小鼓。黑人对鼓皮的选料十分考究,多使用象皮、狮子皮、羚羊皮、鱼皮、牛皮、羊皮、骆驼皮等。鼓的形状,从鼓身与鼓面的比例上看,大体可分短、中、长三种。长者可达1~2米,短的仅有一拃长。大者如水缸粮瓮,如最流行的大鼓直径有1米多,支架在祭坛或宫殿一侧,专供庆典祭祀之用;小者宛如茶杯酒盏,可以拿在手中边歌边舞。鼓的造型丰富多彩,富有民族特色,各民族的鼓匠根据不同需要制成各种类型的鼓,常见的有圆筒形长鼓、陀螺形桶鼓、长度小于直径的扁鼓,还有大大小小的平鼓、腰鼓、挎鼓、云鼓、铃鼓、板鼓、定音鼓等。人们喜欢用动物的肠衣制成颜色不同的绳索,或用铁环紧箍鼓身。不少鼓与绘画、雕刻融为一体,鼓身绘以种种几何图案或雕刻上绚丽多彩的花草人兽,彰显非洲神采。为了增强鼓音的音响效果和韵味,有些鼓的鼓面周围镶有小金属片、小铃铛,或鼓筒里装有豆子、珠子等,敲鼓时鼓声别致,铿锵悦耳,别具乡土味。[①]

2. 鼓的职能和用途

非洲鼓种类很多,用途广泛,若按鼓的职能来区分,大体上可以分为音乐鼓、信号鼓、战鼓三大类。

音乐鼓,以鼓作为打击乐器,风行撒哈拉以南非洲的每个角落,可以说鼓是非洲器乐之王。非洲黑人以能歌善舞闻名于世,每逢节假日或集会,总是以鼓为乐队指挥,载歌载舞。就是在平时,人们茶余饭后也要聚上一聚。每逢皓月当空,人们只要听到鼓声,便不约而同地雀跃而至,会聚在一起,围着熊熊燃烧的篝火,尽情地欢跳。

---

① 肖华:《非洲舞鼓文化漫谈》,载《新疆艺术》,1983年第6期,第59页。

人人扭动身躯、摆动胯部、屈伸腰部、晃动手脚,在震耳的鼓声的指挥下狂欢共舞。非洲黑人的舞蹈动作豪迈,鼓声激越昂扬,表现出强烈的感染力,给人以信心和力量。最令人惊叹不已的是赛鼓会,这已成为黑人饶有风趣的民间传统节目。每逢赛鼓会,几路鼓手聚集在一起,互以鼓声参赛,人们则身着民族服装,扶老携幼,前来观"战"。比赛分单人击鼓和团体赛。场面最热烈的是两组鼓手进行"对抗赛"的"斗鼓"。斗鼓不仅要比技巧,还要比智慧,用"鼓语"进行一问一答,一组提出问题,另一组即刻回答,并提出反问,若一方反应迟钝,或有人击错,就算失分,最后以得分多少论胜负。"斗鼓"时,鼓声如万马奔腾,苍鹰乍起,或如小溪流水,细雨叮咚;时而万鼓齐鸣,犹如山洪爆发,惊天动地,气势壮阔;时而又轻歌飘荡,扣人心弦,陶醉人心。人们通宵达旦地欢庆,广场上成了鼓的世界、人的海洋,充满着浓厚的节日气氛。

信号鼓,是黑人社会传递信息的工具,不论是古时还是现在,用鼓传递信息在非洲都是常见的。黑人社会所发生的一切事情,几乎都可以通过鼓点形成的特殊"信号语言"传递出去。各级首领的继位晋升,到迎送宾客、婚丧嫁娶,都可通过鼓声来表达他们的庆祝、尊敬和内心的喜怒哀乐;政府可用鼓声来发布新政策;人们还可将新闻从一个村庄传递到另一个村庄等。例如,加纳的阿肯族用鼓声宣告酋长逝世,坦桑尼亚的苏库马族击鼓公告新酋长继位。

战鼓驾于一切鼓之上,最为威严,一般情况下不轻易使用,只有在出现敌情的紧急时刻使用,如遇敌情,战鼓齐鸣,声音雄浑,气势威严,声传数十公里,唤起民众共同对敌。战鼓曾使西方殖民主义者胆战心惊,望风而逃。自 16 世纪以来,战鼓激励着非洲黑人前仆后继,英勇战斗,迎来了国家的独立和民族的尊严。有的非洲国家还把鼓作为国家和民族尊严的象征。在非洲一些古老的王国里,设有放置鼓的宫殿。例如,乌干达不仅设有放置鼓的宫殿,其国徽中间还有一面鼓的标志。人们还精心保存祖辈所传下来的鼓,如重大庆典使用的礼鼓,建立了赫赫战功的战鼓,著名人物使用过的纪念鼓,以及对本民族有着特殊意义的鼓,都要加以保护,代代相传。许多民族建造专门的殿堂,点着长明灯,日夜都有在社会上享有一定地位的人守卫,将鼓供若神明。

3. 鼓的打击方法和鼓语

黑人对击鼓方法也是很讲究的,或将鼓架在地上,或挂在空中,或夹在腿下,或挎在腰间,或举在手中,或顶在头上等,敲打时,立放打一面或平放打两面,用两只手的手掌打击,或用木槌敲打。打击时,鼓身上的铁环发出刚劲有力的铁器声,伴随着不同的鼓声,发出一种相当奇妙、令人震惊的音响效果。令人拍手叫绝的是,把大小不同、音色各异的鼓连在一起组成"套鼓",有更丰富的表现力,例如坦桑尼亚著名盲人鼓手毛里斯能同时打击 12 面大大小小的鼓,以不同的音调奏出优美和谐的旋律。[1]

在撒哈拉以南非洲,鼓的声调重音不同,调强的内容就不同,敲打的位置不同,其语气也不同。鼓手用不同的力度敲击鼓面的不同部位,能发出各种不同的音响;鼓手通过控制击敲的频率和力度,形成各种各样的鼓点;不同音响和不同鼓点组合起来就是鼓手想要传递的信息和语言。在清晨、傍晚比较安静的时刻,鼓声可以传到 15 公里以外,鼓手们一个接一个地重复着鼓声,可以在两小时内将"话"准确地传到一百英里以外的地方。过去,当奴隶贩子捕捉黑人时,非洲人就通过鼓语通知人们迅速逃离,使奴隶贩子一无所获。丈夫习惯在舞会上用鼓语赞美自己的妻子。

图 3 - 5 - 2　非洲鼓

① 姜忠尽:《世界文化地理》,南京:江苏教育出版社,1997 年,第 271 页。

　　非洲民族众多,语言繁杂,部落方言更是不计其数,但鼓语可以为操不同方言的部落所理解。在撒哈拉以南非洲地区,不仅各个国家、地区、民族都有自己特定的鼓声,而且有的地区每个家庭都有一面特定的鼓,以便用来通过鼓声联系家人。因此,一个外族人要知道鼓语的秘密是很困难的。因为鼓语不外传,只在本族内世代相传,特别是在原始森林地带,谁泄露鼓语的秘密,谁就要受到本族严厉的惩罚。人们不仅喜欢鼓,而且崇拜鼓,孩子一出世,父母除了给孩子起名字外,还要起个"鼓名",并用鼓声把这个"鼓名"告知全村。鼓在黑人社会中既然占有重要地位,那么知名的鼓手当然备受爱戴和尊敬。在黑人各族的日常生活中,大多数人都会击鼓,但算不上公认的真正的鼓手,在重大仪式上被指派的击鼓人,才能算作正式的鼓手。真正的鼓手来自家族,每个民族都有自己的专司击鼓的鼓家族。一般由鼓家族中年长的富有经验的鼓手在本族青年中选拔品德端庄的人作为培养对象,着重传授击鼓套路、击鼓技巧和鼓语,同时还讲授本民族的历史、文化及习俗习惯等。只有经过长期刻苦训练的人,才能通过知名鼓手的严格考试和答辩,获得真正的鼓手资格。[①]

---

①　姜忠尽:《世界文化地理》,南京:江苏教育出版社,1997年,第270－271页。

第六章

非洲绘画

对于非洲艺术而言,雕刻似乎是其代名词。的确如此,它是非洲最为显性、最为符号化的艺术,它甚至催生了 20 世纪西方艺术的变革。也因此,大家都忽略了历史久远并且绵延未断的非洲绘画艺术。考古发现可以表明,距今 2.8 万年的非洲原始人类已经在露天的岩石和洞窟石壁上刻绘岩壁画了,这些岩壁画就是非洲最早的绘画作品。

还必须提及的是,在人类社会的早期,非洲先民创造了绘画文字和象形文字,这些

图 3 - 6 - 1　学者在南非考察岩画①

文字以绘画的形式具象地、符号化地描绘了对象的真实形态,具有独立的审美价值。我们依然可以认为,这些绘画文字和象形文字也应归属于非洲早期绘画艺术之列。

图 3 - 6 - 2　埃及壁画上的象形文字(大英博物馆藏,杨逸苏摄)

. ①　Wilf Nussey, *South Africa: A Glorious Country*, London: Southwater, 2005, 124.

目前我们所能见到的非洲绘画仍然极为稀少,我们只能从非洲南部的岩画和古埃及的墓室壁画以及各类器物上的装饰性绘画、动物皮革和纺织品绘画等,去窥见非洲绘画的基本面貌。不管是岩画还是古埃及的墓室壁画,乃至器物上的装饰性绘画,都能让我们觉察出非洲绘画与耕作稳定的非洲农民的日常生活和生产劳动密切相关,总体上呈现出"农民性"特质。法国艺术史学家让·洛德更是直言不讳地指出,"非洲艺术是农民文化的体现。农民文化和深居简出的生活以及季节的轮回紧密相联。"[①]

总体上看,非洲绘画在表现内容、绘制手法、呈现载体以及工具材料的使用上具有共同的特征,但是细查就会发现,不同地域、国家、种族和部落之间又保持了相对独立的艺术风格和样式,这与他们不同的地理环境、农业生产、民俗生活、宗教祭祀、贸易经济、建筑形制以及西方殖民统治有关,这种差异性使得非洲绘画彰显出多样多姿的艺术面貌。我们将在下文中分类探讨非洲绘画艺术。

第一节　岩石壁画

非洲岩石壁画最早被发现于莫桑比克,时间是 1721 年。迄今为止,已有数以万计的岩石壁画遗址被发现。提贝斯提高原、撒哈拉阿哈加尔高原、恩内迪高原的崖壁上都有较多发现。岩石壁画是非洲原始绘画的主要表现形式,在非洲大陆分布广泛,大部分地区都有发现,但主要集中在南部非洲,其中在南非的瓦尔河流域、奥兰治和德兰士瓦发现的尤为集中,另外,在坦桑尼亚中部、肯尼亚、埃塞俄比亚、中

图 3 - 6 - 3　南非人物岩画[②]

部非洲和撒哈拉地区也发现了许多岩壁画。[③] 具有代表性的是距今 11000 余年的撒哈拉岩石绘画。岩石壁画多描绘在洞穴内部的墙壁或露天的岩石上,它在非洲漫长的原始社会进程中产生并逐步发展。

①　[法]让·洛德:《黑非洲艺术》,张延风译,南京:江苏美术出版社,1994 年,第 175 页。
②　Wilf Nussey, *South Africa : A Glorious Country*, London: Southwater, 2005:124.
③　艾周昌等:《走进黑非洲》,上海:上海文艺出版社,2001 年,第 26 页。

　　非洲的岩石壁画艺术是人类早期的艺术活动之一,它保持着浓郁的原始宗教色彩,表明宗教和祭祀是岩石壁画的主要用途,这源自于人类对自然的敬畏以及对生命的无限崇拜,是非洲先民对客观世界的精神反映形式。另外,庆祝并记录重大的狩猎活动也是岩石壁画的用途之一,这一结论来自非洲岩石壁画中手执弓箭的猎人与动物、围观的舞蹈场面等形象。

　　我们完全可以从目前存世的众多的非洲岩石壁画遗址中,领略到非洲原始人类对自然的认知以及对精神生活的追求,并且使得我们可以窥见史前人类社会的原始宗教祭祀、生命崇拜、思维观念、民族间交往,尤其是生产方式、生活习俗等方面的基本状况。让·洛德说过:"某些壁画证实古老的风俗习惯作为传统一直保留到现在。在塔亚利的阿乌昂罕发掘点,考古学家发现画有圆首白身妇女形象的岩画,还有一个戴面具的舞蹈者;在塞发尔挖掘点,发现画有三副面具的岩壁(2.5 米×1 米)。学者巴尤在恩内迪高原,尤其在艾利戈发掘点发现了面具和戴面具的舞蹈者的图形。"[①]

图 3-6-4　南非岩画《围猎图》[②]

　　岩刻和岩画是非洲岩石壁画的两种主要表现形式。早期多用尖利的石头在岩石上凿刻动物的侧面形象,继而在刻好的形象上绘彩,后来逐步发展到使用颜料绘制人物或动物群像,手法简练夸张,效果生动传神,富有极强的艺术感染力。绘制岩石壁画使用的颜料较为丰富,主要分为矿物质颜料和植物颜料两大类,有红色、白色、黑色、土黄色、棕褐色和绿色等,这几种颜色仍然是我们今天美术创作时使用的主要颜色。这些颜料都从自然界中取材制作,如矿石、土、骨粉、烟灰、动物粪便等都

---

①　[法]让·洛德:《黑非洲艺术》,张延风译,南京:江苏美术出版社,1994 年,第 29 页。

②　Wilf Nussey,*South Africa:A Glorious Country*,London:Southwater,2005:124.

是制作颜料的材料。颜料的色彩稳定性好，色相饱满，数千年来仍能够保持初绘时的生动鲜活状态，反映了非洲先民的颜料制作工艺的高度完善和成熟。我们现在使用的传统颜料，其制作材料和工艺与非洲先民的颜料制作技艺仍有很多相似之处。

非洲岩石壁画的题材非常丰富，艺术形象都来自自然，这是非洲先民们长期观察自然的结果。动物、植物和人物均有表现，尤其以非洲象、羚羊、犀牛、角马、长颈鹿、斑马、野猪、鸵鸟等非洲动物形象的刻绘最多。这些形象刻绘得逼真传神，造型古朴拙厚，富有童真之气息，折射出早期非洲人民的艺术感知状态以及造型能力和审美水平。较有代表性的有分布在南非布兰德山的岩画《白妇人》、《围猎图》、《犀牛岩石画》和《观舞》，撒哈拉地区的《马拉战车》，坦桑尼亚的《三女子乐队》，埃塞俄比亚塞卡马的《牛和肥尾羊》等。

第二节　埃及壁画

非洲的彩绘壁画主要分布在埃及的墓室、神庙和教堂之中，北非的尼罗河流域是古代世界文明最早的发源地之一，它孕育了古老的埃及文明。大约在埃及的前王朝或更早的史前时代，埃及的陵墓和神庙的墙上出现了壁画。就目前所发现的壁画来看，它们具有稳固的程式化特征：画面注重情节的叙述，人物的身份和等级不同，其形象的大小也不同，主体内容常常以直线为基准依次排列展开，给人一种延续不断的感觉；人物形象采用勾线、平涂填色的处理办法，呈现出平面化、装饰化的倾向；在构成处理上，用水平线分切画面使之呈有序的横带式结构；象形文字与画面形成有机的整体。这种程式化的处理模式，强化了埃及壁画的风格特征。

图 3－6－5　埃及壁画（大英博物馆藏，杨逸苏摄）

贵族墓室壁画所描绘的内容多与墓室主人的身份和经历有关,反映了他们生前的生产活动和日常生活状况,其目的就是希望死后能够延续生前的生活状态,并继续拥有在人世间的地位。比较有代表性的是第十八王朝底比斯贵族墓室壁画,其描绘了墓室主人生前有乐师和舞伎助兴的宴会,以及家人在女神巴斯泰的化身——猫的陪伴下狩猎的场景,朴实自然,充满浓厚的生活气息,尤其是画中各种动物、植物的描绘,真实生动,使观者倍觉亲切,仿佛置身于真切的自然之中,令人过目难忘。还有一些壁画描绘的是死者的葬礼场面,以及祭司、家人、亲属等供奉的场景,画中的人物或表情悲伤,或神态肃穆。当时的人们普遍认为,通过他们虔诚的供奉,可以维持死者在冥间持久的生命力,这是在墓室绘制这类壁画的主要原因。

图 3-6-6　底比斯内巴芒墓室壁画(大英博物馆藏)[①]

除了墓室壁画以外,置放于墓室内的棺木内、外壁也施以彩绘,这类画面勾线黑重有力,用色布彩饱满沉郁,营造出庄严神秘的氛围。法国卢浮宫博物馆和英国大英博物馆都设有专室陈列这类壁画。这些棺木画盛行于新王国时期,主要描绘诸神灵和墓室主人的形象,反映了古埃及贵族对死亡的复杂信仰。

图 3-6-7　彩绘木棺(大英博物馆藏,杨小民摄)

①　大英博物馆理事会:《大英博物馆纪念册》(简体中文版),2007 年,扉页。

　　另外,在新王国时期,随葬品中还会置放写有"亡灵书"的纸草卷。纸草上有彩绘的葬礼画面,并汇录为逝者准备的、在无尽的冥间能够起保护和指导作用的咒语以及宗教格言。纸草画在埃及绘画艺术中最具代表性。

图 3-6-8　木棺内壁彩绘
(大英博物馆藏,杨小民摄)

　　古埃及人认为颜色是人和物本质的一部分,物的颜色相同,其性质也会相同,因此在绘制壁画的过程中,他们对颜色的使用非常考究,追求色彩的高纯度,极少混合使用色彩。除此之外,他们还赋予每种颜色一定的象征意义。白色是圣洁的象征;红色是沙漠的颜色,有混沌、死亡和危险的象征意义,同时也有守护生命之意;黄色来自地中海周边女性的肤色,象征完美和永恒;蓝色是来自天空的颜色,象征神权;绿色是植物的颜色,象征生命力和复活,有快乐幸福之意,也代表责任和预知;黑色有复活、繁衍、新生之意,这与尼罗河洪水淹没后的黑土地有关。

图 3-6-9　写有"亡灵书"的纸草卷(大英博物馆藏)①

　　另外我们还应注意到,大约在 1 世纪基督教传入埃及后,与埃及本土的宗教相融合,得到埃及人的认同,因而逐渐发展并流行起来。这一时期埃及出现了基督教题材的绘画,有的画在墙壁上,也有的画在木板上,多以蜡和胶为媒介重彩绘制。这些绘画作品用色单纯概括,常常满绘铺底,再用粗线勾画轮廓,画面呈现出粗犷简明的

①　大英博物馆理事会:《大英博物馆纪念册》(简体中文版),2007 年(2011 年重印),第 33 页。

视觉效果。较有代表性的是埃及法尤姆地区的卡拉尼斯村壁画,以及位于埃及中部地区的巴乌伊特修道院的木板画。

图 3-6-10　色彩明快的埃及壁画(大英博物馆藏,杨逸苏摄)

图 3-6-11　基督和巴乌伊特修道院院长梅纳(埃及)①(卢浮宫博物馆藏)

与基督教有关的壁画除了在埃及发现的作品以外,还有位于苏丹的大约 6 世纪建造的基督教法拉斯大教堂内的壁画《圣玛利亚诞生》。此外,埃塞俄比亚的许多教堂也都绘有一定数量的壁画。

---

① 弗雷德里克·莫尔万:《卢浮宫不容错过的 300 件典藏精品》,巴黎:阿桑出版社,2006 年,第 39 页。

第三节　非洲装饰绘画

非洲装饰绘画主要是指非洲地区的面具、雕像、陶器、青铜器、石器等器物以及人体上的装饰，它存在的核心是图形的装饰性，因此其绘制要遵循装饰的法则。

面具和雕像装饰。非洲岩画考古发掘表明，面具大约出现在公元前，它的出现与农业和战争、丧葬仪式有关。面具上出现的图形多是神灵和怪兽，也有常见的动物形象，并且有的图形是人和兽的复合体。面具上常常饰有奇特而又神秘的、甚至几何化的装饰纹样，这些图形内容的选择、颜色的搭配、纹样表现手法的选用等都取决于面具雕刻的主题内容。纹样和雕刻是相辅相成、互为依存的关系，这势必构成一个有机的整体。如古兰巴人的羚羊面具，其顶部的双羚羊装饰，四面布满彩绘，彩绘的内容、形式与面具主体相得益彰，互为依存。

奇异的想象和大胆的夸张，是面具造型艺术的两大特点，也是面具制作师们的想象力和造型能力的综合反映。而象征性、神秘性、精神性则是面具所蕴含的最为核心的美学特质，面具所承载的各种文化基因信息，可以解读出非洲人民对自然宇宙、生命本源、生死关系等的认识和思考。雕像上的装饰纹样是雕塑的附加部分，这些纹样与雕像原型人物的身份相关，例如祖先、首领和国王的身份不同，使命不同，雕像装饰纹样的内容当然也不同。比如雕刻于约 19 世纪末期的尼米的雕像，由于尼米是享有神权的绝对君主，是神的后代，所以这些雕像上的帽冠、手镯和腰带等部位的装饰纹样多取材于与塑像原型有关的事件或生平事迹，通过这些专属的装饰画面强化其身份特征。

面具和雕像上的装饰纹样的表现手法灵活丰富，主要是镂刻、彩绘和镶嵌工艺。彩绘的颜料基本取自于自然，使用较多的是白、黑、红和黄等颜色。"面具和雕像上的色彩以有限的自然原料配置的颜料涂抹而成。高岭土（白）、木炭（黑），有时还加上红黄两色的赭石。殖

图 3 - 6 - 12　有装饰纹样的面具（剑桥大学人类学博物馆藏，杨小民摄）

民化以后还有从欧洲商人那里弄来的化学颜料。"[1]镶嵌的材料多为贝壳,这些海边捡拾来的贝壳形状多样,色彩富于变化,经过简单处理后即可使用。这些装饰手法使画面更具装饰性,雕像因此更显庄严神圣之感。

人体彩绘装饰。人体彩绘装饰往往是在人体的面部、背部、手臂等裸露部位绘制特定意义的图形,又称文身。不同的族群和信仰所绘制的图形不同。总的来说,面部彩绘更具典型性,人面装饰源于面具,就功能和意义来考察,其实质就是面具的延伸。人面装饰一般在特定的仪式或节日绘制,比如刚果的民间巫师在主持宗教仪式时就要在面部施以彩绘。人们用草药和矿物颜料以及植物混合泥土制成的颜料,在脸上勾画类似面具的图案,然后再涂绘颜料。点、线、面是人面彩绘的主要构成元素,手法朴素生动,用色简洁鲜明,装饰性强。西非的博尔努人、东北非的埃塞俄比亚的一些部落至今仍保持这一传统。

图 3 - 6 - 13　正在化妆的丹族少女[2]

陶器装饰。公元前 3600 年左右,埃及人已经能够熟练制作彩绘陶器。陶器一般由女陶工制作完成,从设计、揉泥、盘泥条、抹光、装饰,直到最后刷漆。尤其是装饰,手巧的女陶工在抹光的陶器表面刻绘各种纹样,这些装饰纹样都是女陶工从自然界或日常生

图 3 - 6 - 14　饰有彩绘的埃及陶器(大英博物馆藏,陆蕊含摄)

①　[法]让·洛德:《黑非洲艺术》,张延风译,南京:江苏美术出版社,1994 年,第 65 页。
②　梁宇:《20 世纪非洲美术》,北京:文化艺术出版社,1997 年,第 175 页。

活中获得的灵感和启发。萨恩人墓葬考古发掘出的随葬土翁表明,创造乍得文明的萨恩人善于在用黏土制作的土翁的内壁、外壁上刻画精细的、形态多样的装饰花纹,这些装饰纹样呈现出不同的风格特征。如果把陶器上的装饰图案拓印下来,画面延展开再看,你一定会被这完整的画面效果所震撼。连续性的构成方式使得画面空间具有无限的延伸感和强烈的节奏感,笔者一直认为,这种空间感可以让我们体会出宇宙空间的感觉,而这种感受是雕塑和面具无法传递给我们的。

铜器装饰。非洲铜器的主要出产地在贝宁,在目前发现的非洲铜器上,基本都装饰着各种纹样,如螺旋纹、饰带纹、流苏纹以及绳纹等。米蒂凯出土的酹酒铜盘上装饰有纤细而生动的花纹;同样在米蒂凯出土的戒指和胸饰上也装饰有鸭子形象的图案。这些装饰纹样都是由非洲人民在自然和现实生活中获得灵感,经过艺术手法加工创作出来的,反映了他们朴素的审美理想和艺术追求。

图 3 - 6 - 15 铜器上精致细密的装饰纹样[1]

石质器物装饰。津巴布韦出土的石质大盘的外沿常常饰有抽象、规则的几何纹样和造型夸张的动物纹样,以连续构成的方式组织画面,把个体形象有机地连贯成整体。绘制这些纹样的灵感来自于自然界的山石云水和植物动物,这是津巴布韦石器艺人长期观察自然、体悟自然的结果,反映了他们的聪明和智慧。

象牙装饰。在贝宁发现的象牙雕刻,其表面刻着生动的故事场面和繁杂的装饰花纹,在内容和形式的选择上,牙雕艺人为了迎合需求者的青睐,会根据他们的喜好兴趣来设计创作。

书籍插图。西方传教士和商人把附有插图的书籍带入非洲,非洲人沿用了这种图书形式。在埃塞俄比亚塔纳湖地区的修道院发现的一本 14 世纪晚期至 15 世纪早期的牛皮纸质精饰福音书里,就绘有插图《三博士来朝》。画面色彩以对比色为主,营造出阳光下的效果,明快有力。画面上的人物形象修长生动,造型手法成熟概括,富有趣味性。线条流畅灵动,线条的组合构成具有几何特征。画面的上部和下部完全是图案化处理,强化了装饰感。全画层次分明,疏密有致,极富艺术性。

非洲建筑装饰绘画。漫步在非洲一些国家的城市街头,就会发现许多楼房和墙

---

[1]　Laure Meyer, *Black Africa : Masks · Sculpture · Jewelry*, Paris: Terrail, 2001: 49.

图 3‑6‑16　插图《三博士来朝》(14 世纪晚期—15 世纪早期,埃塞俄比亚)①

壁上画满了各种各样的装饰画,有宗教、历史内容,更有表现社会问题的内容。这些画大多出自民间艺术家之手。事实上,非洲很多部族的传统建筑都以彩绘作装饰,南非恩德贝莱人的建筑、贝宁的宗教庙宇、喀麦隆巴米勒克人的蘑菇形房屋、马里多贡人的泥制房屋、尼日利亚伊格博人庆祝薯蓣节的场所——姆巴里和苏丹努比亚人的院墙无不以绚丽的彩绘吸引着旅游者的目光。法国艺术史家让·洛德曾经这样描述他的发现:"在多贡圣堂的正面,在保存大面具模型的棚檐下,都能发现彩色图画。颜色有赭红、白、黑,构图极为简单,不超过记号的表达水平。"②这些彩绘有的画在门上,也有的画在房墙、院墙上,在阳光的照耀下色彩纷呈,颇显壮观的气势。这些彩绘多以几何形构成为主,主要目的是装饰。值得一提的是,作为族群的文化记忆与沉淀,伊格博人的"姆巴里"内的叙事性和象征性手法的彩绘就不仅仅具有装饰的功能了,其与本民族的神话和历史以及图腾崇拜也有关。也有的彩绘反映的是民间习俗,如苏丹努比亚人院墙上画的鱼与婚俗有关。

---

①　Thomas P.Campbell, *The Metropolitan Museum of Art Guide*, New Haven: Yale University Press, 2009:147.

②　[法]让·洛德:《黑非洲艺术》,张延风译,南京:江苏美术出版社,1994 年,第 153 页。

图 3 - 6 - 17　非洲民居彩绘①

第四节　非洲其他形式的绘画

在非洲除了岩石壁画、埃及壁画、纸草画、器物装饰等绘画形式以外,还有诸多其他形式的绘画,如埃塞俄比亚的羊皮画、塞内加尔的玻璃画、喀麦隆的蝴蝶画、马里多贡族点彩法绘制的野兔面具、芳族人游戏用的阿比亚牌、非洲理发店招牌画,以及西非地区的纺织品装饰画。这类作品具有一定的地域性,有的材料取自当地,并且都从民间文化中生发出来,所以具有很强的民间色彩。

羊皮画。埃塞俄比亚可以说是非洲养羊数量最多的国家,羊皮质地细腻,柔韧性强,这就为羊皮画的绘制提供了源源不断的优质材料,埃塞俄比亚的羊皮画举世闻名。羊皮在绘制前必须经过特殊处理,这样易于保存。羊皮画一般都要在绷紧的整张羊皮上绘制,采用当地自制的颜料,色彩饱满丰厚,便于在羊皮上平铺涂抹,干后也不易脱落褪色。不同的羊皮画艺人其绘制的手法也不同,各有各的绝活,各有各的风格。羊皮画描绘的内容很丰富,自然风光、日常生活、祭祀礼仪、宗教人物都是常见的题材。

蝴蝶画。喀麦隆的蝴蝶画享誉非洲,因其有分布广泛的森林和众多的沼泽湿地,因而是蝴蝶生存的理想之国。喀麦隆的蝴蝶种类繁多,色彩非常丰富,翼大且美,喀麦隆的民间艺术家就地取材,稍加修剪,以蝴蝶之翼拼贴成画,绚丽多彩,美轮美奂,令人不忍释手。

纺织品装饰艺术。纺织品装饰主要包括布染画、蜡染、镶嵌布和贴花布,它们主要集中在西部非洲。

---

①　Wilf Nussey,*South Africa:A Glorious Country*,London:Southwater,2005:123.

布染画在西非较为盛行，这源于非洲内陆棉花种植和纺织业的发展。早在 15 世纪的马里王国，就已经出现专事布匹染色的作坊和技术熟练的手工艺人。传统色染工艺较多使用的染料是靛青，但不同的族群其染色的工艺不同。马里的班巴拉人把白布放在植物叶子熬煮成的水中染色，然后用小木棍蘸淤泥绘制图案，干后洗净即成；尼日利亚的约鲁巴人以奇特夸张的彩染闻名。

图 3-6-18　装饰精美纹样的非洲织布（美国自然史博物馆藏，杨逸苏摄）

镶嵌布也称补花，其主产地是贝宁的阿波美地区，图案多以鸟类和各种动物为主，造型饱满大胆、简洁夸张，图案化明显。在构图上，主次截然分明，主体形象占据整幅画面，周围点缀其他较小的图形，这几乎成为镶嵌布的经典图式。用色单纯明快，形成较强的视觉冲击力。造型语言丰富，点、线、面运用自如合理。制作帐幔、坐垫、服装等是其主要用途。

贴花布多见于非洲西部的加纳，一些民兵组织或个人使用的旗帜多采用贴花布的形式。贴花布的制作工艺并不复杂，首先用布裁剪出形象，再贴、缝于底布上，有些细节装饰需要用线细密绣出。一般来说，贴花布色彩搭配简洁，形象往往选用单色布。形象的设计基本平面化，轮廓保留"剪"的痕迹，古朴拙厚，类似于中国的剪纸。

图 3-6-19　贴花旗帜（加纳）[1]（大英博物馆藏）

---

① 大英博物馆理事会：《大英博物馆纪念册》（简体中文版），2007 年（2011 年重印），第 26 页。

　　玻璃画。玻璃画盛行于塞内加尔,是其主要民间艺术之一。一般用较少的、高纯度的互补色平涂在玻璃的毛面,形式简约拙朴,具有较强的装饰性。早期的题材以表现伊斯兰教为主,现在多表现人们的日常生活。

　　理发店招牌画。非洲的理发店招牌画独具特色,虽属广告画范畴,但画风朴素明了,有稚拙的美感,极具人文气息。理发店招牌画主要介绍各类发式,有的用黑线勾勒,也有的涂绘色彩,并辅以文字说明,颇有连环漫画的特点。如今,非洲理发店招牌画已引起西方博物馆的关注。2013 年,剑桥大学所属的菲茨·威廉博物馆就以此为内容举办了"非洲发型艺术展",并出版了画册。

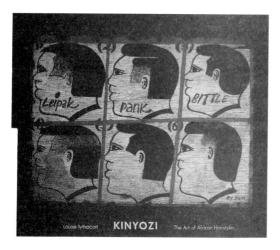

图 3-6-20　菲茨·威廉博物馆举办"非洲发型艺术展"时所出版画册的封面(杨小民摄)

图 3-6-21　非洲理发店招牌画(菲茨·威廉博物馆"非洲发型艺术展"展出作品)(佚名,杨小民摄)

第五节　现代非洲绘画艺术

　　具有现代意义的非洲绘画产生于 20 世纪初,这主要源于西方绘画,特别是油画等画种传入非洲,非洲本土画家在西方人开设的画室学习西方绘画,在掌握了西方绘画的基本表现技法后开始独立创作。例如,"1944 年法国人德福斯到达扎伊尔南方大城市卢本巴希,在那里他发现了黑人原始粗犷的审美情趣,为之震撼。于是,三年后他在卢本巴希创办了'土著民间艺术学院',培养的第一位学生是他的仆人比拉。"[①]再如刚果(布)波多波多画派的第一位刚果(布)本土画家奥萨利,就是在旅居

---

①　梁宇:《20 世纪非洲美术》,北京:文化艺术出版社,1997 年,第 48 页。

刚果(布)的法国人皮埃尔·洛德的指导下学习绘画的,其创造的"米老鼠"风格享誉世界。难以避免的是,他们的创作仍然受到西方绘画的影响,作品或多或少地显现出西方绘画的影子。直到后来,一批在中国、法国、英国和苏联等国家学习绘画的画家回到非洲后,非洲绘画才开始变得多元起来,如在中国学习美术的喀麦隆画家塔瓦热·库阿姆、在法国学习美术的塞内加尔画家巴巴·易卜·塔勒、在英国学习美术的尼日利亚画家艾纳·奥纳博卢、在葡萄牙学习美术的安哥拉画家维克托·特谢拉等,他们学成回国后,或创办艺术学校和美术组织,或开展国际性美术活动,迅速成长为国家美术的主要力量,有的成为一代宗师,也有的成为国家美术事业的领导者,为所在国家的美术事业的发展做出了卓越贡献。

图3-6-22　美的诞生(壁毯)①[巴巴·易卜·塔勒(塞内加尔)]

现代艺术教育的普及促进了非洲绘画艺术的发展,一些国家成立了专门培养美术人才的美术学院,如达喀尔美术学校、金沙萨美术学院、苏丹喀土穆美术与实用艺术学院等,同时,部分大学还增设了艺术系。这些自主创办的美术院校培养了一批优秀的艺术家,如有"非洲的毕加索"之称的刚果(金)油画家康巴·卢萨、刚果(布)造型艺术家联盟主席埃米尔·莫科科、享誉世界的苏丹儿童图书插画家赛义夫丁·莱奥特等。

经过现代艺术教育体系培养的艺术家了解当下的世界文化思潮和理念,具有世界性的视野,对文化、艺术、社会和人类自身的认识已与古代非洲艺术家有着本质的不同,对非洲的种族、民族和地域的考量也是放在世界文化的参照系下进行的。他们的作品与以强调人的精神存在、传统宗教以及生命特性为核心的传统艺术逐渐疏离。他们更注重个人的生命体验和当下时代的关系,并将个体的民族属性和文化身份以及表现方式自觉地融入现代艺术语境中,从而成为世界艺术体系的一部分,因

① 梁宇:《20世纪非洲美术》,北京:文化艺术出版社,1997年,第120页。

图 3 - 6 - 23　少女(油画)①〔康巴·卢萨(刚果〔金〕)〕

此,具有现代艺术教育经历的非洲艺术家的作品具有世界共通性,国际上重要的当代艺术展已有他们的席位。较为突出的有享誉世界的南非女画家伊尔玛·斯特恩,其作品《桑给巴尔妇女》于 2014 年在伦敦拍出了 108 万英镑的高价。此外,尼日利亚画家穆罕默德·苏雷曼、莫桑比克画家瓦伦迪、津巴布韦画家欧文·马塞科等已成长为现代非洲艺术的主要力量。

图 3 - 6 - 24　南非画家和她的作品②

---

① 梁宇:《20 世纪非洲美术》,北京:文化艺术出版社,1997 年,第 125 页。

② Rachel Gadsden,*Unlimited Global Alchemy*,London:Artsadmin,Toynbee Studios,2012:68.

在当今全球一体化的背景下,非洲也在加快融入世界大家庭的步伐。伴随着非洲城市化和工业化的进程,再加上现代教育和信息传播方式的普及,以及旅游业的兴起,非洲绘画艺术发生了根本性的变化。

图 3-6-25　流行于津巴布韦商品油画(佚名,杨小民摄)

另外一种类型的艺术与旅游业的兴起有关,我们称之为旅游艺术品。为了迎合来自各国的旅游者的需求,艺术品生产者专门组织制作游客容易认可的具有非洲典型特色的艺术品。俗话说:什么好卖就画什么。这类作品批量大,制作粗劣,缺少精神内涵,呈现出片面性、商业性以及工艺化、同类化、脸谱化的倾向。这种类型的作品已经失去了非洲艺术"民间性"、"原生性"以及"生命活力"等核心价值,背离了艺术创作的基本要求,步入了旅游商品生产的轨道,这些作品主要作为旅游纪念品流向机场商店和旅游景点。

图 3-6-26　南非纪念品商店待售的油画(杨小民摄)

现代非洲艺术的发展面临着矛盾与困惑,是固守传统还是摆脱传统转向西方?笔者相信,富有生命活力的现代非洲艺术家凭借他们不息的创造精神和智慧,一定会从困惑中走出来，让伟大而又古老的非洲艺术以新的姿态呈现在世界面前。

参考文献

［1］［法］让·洛德.黑非洲艺术［M］.张延风，译.南京：江苏美术出版社，1994.

［2］艾周昌，沐涛，汝信.走进黑非洲［M］.上海：上海文艺出版社，2001.

［3］梁宇.20世纪非洲美术［M］.北京：文化艺术出版社，1997.

［4］大英博物馆理事会.大英博物馆纪念册（简体中文版）［M］. London：The British Museum Press，2007.

［5］弗雷德里克·莫尔万.卢浮宫不容错过的300件典藏精品［M］.巴黎：阿桑出版社，2006.

［6］Wilf nussey. *South Africa*：*A Glorious Country*［M］. London：southwater，2005.

［7］Rachel Gadsden. *Unlimited Global Alchemy*［M］. London：Artsadmin, Toynbee Studios，2012.

［8］Laure Meyer. *Black Africa*：*Masks·Sculpture·Jewelry*［M］. Paris：TERRAIL，2001.

［9］Thomas P. Campbell. *The Metropolitan Museum of Art Guide*［M］. New Haven：Yale University Press，2009.

第七章

非洲雕刻

第一节　非洲木雕的境阖
——原始与现代

在非洲，自古就有"男人从雕"的习俗，非洲木雕已有几千年的历史，这从撒哈拉沙漠中的塔西里地区岩画（公元前5000—前1200年）中发现的戴面具的人像上能够找到证据。他们的祖先是"口衔刻刀来到人世的"，可以说木雕与人类的历史一样久远，由此也可见木雕在非洲社会生活和文化中的地位。木雕从某种意义上起着不断对后代进行传统教育，以保护自己文化遗产的作用。部落里的长者除了向年轻人讲述历史、文化知识、神话和风俗外，还教授他们雕刻技艺。这种代代相传的土著艺术，以其原始、朴素的手法给人们以无限的遐想的同时，也形成了一种独特的审美风格，甚至对现代的绘画风格产生影响。

一、非洲木雕的类别

非洲木雕一般由整块的树干雕刻而成，很少有拼接的作品。斧子、扁斧、凿子和锤子等是主要的工具，完成的作品一般通过烧烤或者用木灰着色，色彩则来自植物和矿物质。非洲木雕的种类正如他们的语言一样，丰富多彩，可以分为宗教类和世俗类。其中宗教艺术品的主题往往是古老神话，是对祖先记忆的传承，或对超

图3-7-1　女人像（多哥）①

---

① 源自笔者本人收藏。

自然力量的描述,形象比较抽象。众多的热带动物也是非洲木雕的重要内容,大多有象征意义:大象表示长寿、阳刚和力量;变色龙象征瞬息多变;两栖动物代表着杰出人物;鳄鱼是执法者的化身;鱼象征着和平和土地肥沃;鲇鱼代表王权等。非洲部落众多,各族的木雕各具特色。

1. 班巴拉人木雕

班巴拉人是马里最大的一个部族,除沙漠地区外,遍布全国。他们是一个勇敢而有智慧的部族,坚持自己的传统宗教和风俗习惯。他们的木雕的特征是:脸面凸起,唇部方尖,发饰下坠,姿态生硬而有力。一种叫"塞古"的雕像,其鹰钩鼻从头越额而下,身躯细长并呈圆柱形;半圆形的乳房,雕刻在胸部较下的部位;两臂自然下垂,手部宽大,呈爪状或手掌张开,有突出的蛙嘴,发式也很别致。而且"塞古"很少涂颜色,但附加装饰品和金属钉,有的嵌入贝壳或珠子作眼睛,鼻子和耳朵上附有精美的铜环。

图 3-7-2　切瓦拉羚羊面具(马里)[1]

班巴拉人的契瓦拉羚羊顶饰十分有名。羚羊是班巴拉人的象征,当地青年男女喜欢在喜庆节日时用这种饰物装饰自己。班巴拉人经常将羚羊题材用于木雕,但并不是一成不变地重复它,而是把它同人像及其他动物形象结合起来,用不同的形式来表现。在尼日尔河上游,有一种水平式羚羊面具,其特点是两角向上而又向外弯曲,口形大张,好像在欢叫;后背有一个优美的曲度,刻有表示羚羊毛皮的刻纹;表面光滑,图案匀称;羚羊腿用曲折线表现。在布古尼的一些村落里,水平式羚羊面具被垂直式的苏古尼面具所代替。这种构图是一种较古老的形式,是跳羚羊舞时佩戴的面具。在这类构图里,羚羊鬃是人字形,羚羊躯干上有一些动物形象(蜥蜴、马、小羚羊),并且上面经常雕着一个女人像。[2]

2. 多贡人木雕

多贡人是沃尔特河流域的农业部落。他们是几百年前从南方迁徙而来定居在廷巴克图以南的。其木雕艺术,同多贡人一样,具有独特的个性。最古老的雕刻人像叫特勒姆,大约产生在 200 多年以前。这是一种举着胳臂的人像,往往同动物雕刻结合在一起,其形象在祭祠器皿、凳子及木槽上都可以看到。这种雕像的特征是:木

---

① 资料来源:《非洲木雕》,豆丁网,http://www.docin.com/p-320480050.html。
② 资料来源:《非洲木雕》,360 百科,http://baike.so.com/doc/5407829.html。

图 3-7-3　颈枕[刚果(金)]①

图 3-7-4　祖先雕像(马里)②

料坚硬如石,多为灰色或斑红色,动态生动优美,极其富于表情。有的人像具有男女两性的特征:面部有胡须,乳房突出,脐带显著,后背弯曲,臀部线条突出并猛然折断,多为跪像或坐像,有的佩戴珠宝,有的拿着斧头,还有抱着孩子的。较近代的多贡人雕像,构图趋于几何形体,具有庄严宁静之感。其特征是:雕面明显,雕线多呈直角形,身躯与四肢有形似宝石的切面,脐带呈金字塔形,头部往往形成一个半圆形,在下额处切断,两目和嘴呈三角形或方形,两耳为半圆形下垂物,鼻直如箭,有的佩戴串珠,有的把两个人像并排安放在一个台座上。多贡人也有面具,是用洗练、大胆而概括的形式处理的,其特征是:形状细长,有时呈长方形,凹颊与鼻梁明显分

图 3-7-5　表演者[刚果(布)]③

开,鼻梁呈长方形或人字形,富于装饰性,口形好像一个突起的圆锥体,人面造型与动物形象混合在一起。多贡人还有一种多层面具,带有一个镂空雕刻的顶饰,高达 5米。卡纳加面具是一种有"■"式图案的圆形面具,顶上有祖先像。对这种图形的寓意,有不同的解释。有人认为,它是猎取飞鸟的象征;也有人认为,它是多贡人神话中鳄鱼的象征。多贡人面具种类达 80余种,都用于舞蹈装饰。

　　3. 塞努福人木雕

　　塞努福人是沃尔特河流域的农业部落,定居在象牙海岸北边以及布基纳法索和

---

①　杨志麟等编《世界原始美术图集》,南京:江苏美术出版社,1989 年,第 171 页。
②　资料来源:《非洲木雕》,360 百科,http://baike.so.com/doc/5407829.html。
③　资料来源:《非洲木雕》,360 百科,http://baike.so.com/doc/5407829.html。

马里的某些地区。他们一直保持着自己的祖先信仰和风俗习惯。他们的雕刻作品大体上分为5类：① 德布勒雕像，身躯与四肢细长并呈圆柱形安放在一个狭窄的底座上，头部有时很小，颈部细长。举行祭祀仪式时使用这种雕像。② 德格勒面具，夜间举行葬礼时使用的一种形状不大的盔形面具。顶上有一个抽象人像，没有胳臂，构图对称、工整，面部表情庄严宁静。③ 雕像作品，形式简练，充满活力。向前突出的身体各部（头、乳房、脐带等）形成一种韵律感。发饰有一遮盖前额的下垂物，面颊突出，乳房圆尖，腹部在脐带处向前突出，两臂细长，手脚有时夸大形似兽爪。肩膀后倾，背部弯曲，具有一种平衡感。人像有立像、坐像、骑马像，在送葬时把雕像放在带盖的祭皿上，有时把雕像装饰在椅子或乳油碟等日常生活用具上。青年农民举行农活竞赛时则把雕像放在田地里。④ 鸟的雕刻，鸟是塞努福部族的象征，雕刻形式简单，往往雕成展翅的样子，有时鸟的形象也作为装饰品安放在面具上。⑤ 喷火兽面具，用于宗教仪式。这种面具的中部，即眼睛和鼻子的周围，有各种动物形象，如野猪、袋狼、水牛、羚羊、鳄鱼、猿猴、鹤、兀鹰或蜥蜴。

图 3-7-6　两性人像（科特迪瓦）①

图 3-7-7　沙拉姆像［刚果（金）］②

4. 巴加人木雕

巴加人是从尼日尔河发源地迁徙到几内亚来的。雕刻风格与班巴拉人有些联系，特点是：形式简单，头大，有尖尖的鹰钩鼻，发式新颖；头部前倾，由两只无手胳臂支撑着；身躯庞大而呈桶状，有的腰部紧缩，两腿短小粗壮。巴加人各阶层都有相应的面具，在收获季节或葬礼时佩戴。如尼姆巴肩荷面具，体积庞大，重60多公斤，下

①　杨志麟等编：《世界原始美术图集》，南京：江苏美术出版社，1989年，第44页。
②　杨志麟等编：《世界原始美术图集》，南京：江苏美术出版社，1989年，第113页。

半部分有 4 个支撑物,以便放在佩戴者的肩膀上,这种面具的光滑面与雕出的线条、鱼脊骨花纹及其他图案形成鲜明的对比。还有一些铜钉作为装饰,形成平衡和谐的感觉。还有一种高 2 米的班达彩色面具,是巴加人较高阶层人的代表。

5. 鲍勒人和古罗人木雕

鲍勒人居住在几内亚湾沿岸,是象牙海岸最大的部族之一。鲍勒人同居住在这里的古罗人和塞努福人混居在一起,并建立了一个强大的王国。鲍勒人和古罗人对象牙海岸的艺术都曾做过贡献。鲍勒人和古罗人的雕刻艺术很有特色,如果认为非洲艺术风格粗野、形式原始,那么看到鲍勒人和古罗人这种有素养的艺术之后就会得出相反的结论。雕刻是鲍勒人和古罗人用来给他们的祖先和神造像的。他们在塑造对象时,总是以写实的态度来进行创作,在遵循传统习惯时,也没有放弃对人物个性的典型刻画,因此所创造的人物性格鲜明。鲍勒人雕像姿态肃穆雅静,多为立像或坐像;双手放在胸前或抚摸胡须;双腿粗壮丰满,两膝微

图 3 - 7 - 8 雕像［刚果(布)］[1]

向内转;身躯修长而圆润,并雕有明显的装饰性文身;雕刻表面磨光发亮,涂油抹黑。古罗人雕像造型小巧,情趣幽默,刻工精细。鲍勒人的面具也很优美动人,面部表情安静古雅。脸部极为精巧,清楚的睫毛,分明的眼眶,光滑额头上的装饰性刺花、波纹起伏的头发、脸庞的曲线轮廓,都证实鲍勒人艺术的高度技巧。

6. 阿散蒂人木雕

阿散蒂人居住在几内亚湾沿岸,他们的木雕艺术十分雅致。如阿库阿巴雕像,是民族风俗中常用的小型木雕品。这种雕像是妇女带在腰布上的,以表示能够生育美貌的孩子。阿散蒂人不崇拜祖先偶像,但敬仰"金凳子"的神权。"金凳子"是一只木凳,它有一部分是用金叶包镶的。这种神凳的基本样式不断地改变,后来以金银薄叶镶面,凳腿和人像凳腿都是用镂空细工雕成的。

图 3 - 7 - 9 双脸面具(科特迪瓦)[2]

7. 约鲁巴人木雕

约鲁巴人是非洲较大的民族之一。他们大都定居在尼日利亚西南部广大地区,并且深入到达荷美(今贝

---

[1] 杨志麟等编:《世界原始美术图集》,南京:江苏美术出版社,1989 年,第 116 页。

[2] 资料来源:《非洲木雕》,360 百科,http://baike.so.com/doc/5407829.html。

宁共和国)、多哥和加纳境内。这个民族既受到地中海和东方艺术的影响,又继承优秀的民族传统。他们创作的木雕多以象征手法表现对象,雕像色彩鲜艳,串珠装饰丰富,而人和动物形象相配合又是这种艺术的主要特点。约鲁巴人木雕种类有:国王、贵族和酋长雕像,宝座上的雕像花纹,寺庙门口两侧和直廊的雕花柱,雕花祭坛上的神像以及各种木器和雕刻器皿。雕像的特征是:嘴唇丰满前突,眼睛大睁、瞳孔圆大,眉毛和睫毛清楚可辨,乳房硕大下垂。约鲁巴人每个人都有自己的面具,并按照一定的宗教仪式佩戴,受人尊敬的面具有两种:① 格莱德面具,呈半球状,戴在头上或斜扣在额前。前额向上倾斜,发饰复杂,双目圆睁,表情丰富。② 伊帕大型面具,呈桶状套帽形,套戴在整个头上。有的被雕成大张着嘴,眼睛突出的双面头像,在头顶上耸立着一个庞大的色彩鲜艳的装饰物。

图 3-7-10　舞蹈面具[刚果(布)]①

图 3-7-11　执碗雕像(喀麦隆)②

8. 伊博人木雕

伊博人居住在尼日利亚东南及尼日尔河三角洲东部,以务农为业。他们的面具作品有白脸女人和黑脸男人,人像雕刻,身躯及颈部细长,头部短小。

9. 巴彭德人木雕

巴彭德人居住在刚果(金)宽果河、卢伊河及因济亚河之间的西部,他们的面具形式新颖、构图协调,其特点是睫毛弯曲,眼睑下垂,前额突出,颧骨高突,下颏细尖,鼻尖稍微上翘,鼻孔露出。

10. 巴库巴人木雕

巴库巴人居住在刚果(金)开赛河及其支流桑库鲁河之间。雕刻艺术丰富多彩,保存下来的 19 个国王雕像都是两腿交叉盘坐的坐像,并佩戴刀剑及其他表明个人特

---

① 杨志麟等编:《世界原始美术图集》,南京:江苏美术出版社,1989 年,第 80 页。
② 杨志麟等编:《世界原始美术图集》,南京:江苏美术出版社,1989 年,第 80 页。

殊成就的标志。巴库巴人通常使用的面具有:① 邦博面具。这是一种外表镶有铜叶的大型木盔面具,额头显著突出,用竖线把宽大的鼻子同三角形的嘴连接起来。参加会社仪式时戴这种面具。② 马桑博面具有一个藤框,上面覆盖棕榈叶,并用缝上去的附属物如贝壳、串珠和皮革块等作为装饰,只有鼻、嘴和耳朵是木雕的。家长从前佩戴它用来强迫女眷服从他的领导,现在舞蹈演员佩戴它在市场上表演节目。③ 谢纳-马卢拉面具色彩鲜艳美观,装饰富于变化,丰富多彩。眼睛雕成圆锥体形,周围镂刻出许多小孔。

图 3-7-12　面具[刚果(金)][①]　　　　　图 3-7-13　舞蹈面具[刚果(布)][②]

11. 巴卢巴人木雕

巴卢巴人居住的范围,包括刚果(金)的东南部,远至坦桑尼亚和姆韦鲁湖一带。他们的雕像没有粗糙怪诞的形式和忧郁的内容,其特征是:发饰复杂多为十字形或波浪形,头发与前额分界明显,两眼成杏核状,耳朵小巧,身上雕有文身,表面光亮。女人形象最常见的作品是地神像,而男人形象则以部落英雄为主要对象。每个酋长都有威严的雕像。一种被称作"乞妇"的女人像更富于表情。孕妇在临产前经常把这种雕像放在自己的房门前,过路的人把礼物放在那里,产妇在产期可以不至于因为不劳动而生活困难。在巴卢巴人的风俗习惯中,面具没有雕像所起的作用大。但是他们也雕刻一些生动的面具。如基佛韦贝面具,呈半球形,雕有槽纹,并在沟纹内涂上白色。这种面具是任命重要的酋长和访问显赫高官时佩戴的。

12. 马孔德人木雕

马孔德部族,坦桑尼亚的一个著名部族,传说这个古老的原始部族一直居住在非洲中部的热带雨林中,大约在 2000 年前移居到坦桑尼亚南部的拉乌马谷地。马孔德人木雕大概分为 4 类——神灵雕塑、云形雕塑、群体雕塑和实用器雕塑。马孔德木

---

① 杨志麟等编:《世界原始美术图集》,南京:江苏美术出版社,1989 年,第 68 页。
② 资料来源:《非洲木雕》,360 百科,http://baike.so.com/doc/5407829.html。

雕形象夸张怪诞,乌木雕艺术最为著名。

传统的非洲木雕中,大部分人物雕刻的是祖先和神灵。它们有着不同的功效。雕塑是他们的武器,是与祖先和神灵们沟通的媒介,通过它们祈求得到庇护、得到帮助、避免邪恶,消除灾难和疾病。这些雕塑往往以夸张的形态暗示人们对这些神灵具有的神力的无限崇拜。被夸大的乳房显示着母亲神养育、哺育人类的能力,丰满突出的额头象征着祖先的智慧,头饰常用木头、金属、毛发、植物纤维、贝壳等制成。那些用来驱邪避鬼的神像大多脸部巨大、面目狰狞,每一部分都有着不同的寓意。在非洲,面具的种类、雕刻样式、风格极为丰富,即使同一部族、同一题材的面具,形象上也绝无雷同,这反映了非洲雕刻家高超的艺术水平和大胆的创新精神。但雕刻家最先强调的还是面具的社会功能,注重共同体的、非个性化的情感流露,而且多是围绕着祈雨仪式、婚丧嫁娶仪式、播种丰收仪式、成年仪式、巫术仪式等各种神秘的宗教活动进行创作。其中不同造型的面具还有着不同的功用。法国文艺批评家马尔罗说,“非洲面具不是人类表情的凝固,而是一种幽灵幻影……羚羊面具不代表羚羊,而代表羚羊精神,面具的风格造就了它的精神。”

面具是非洲雕刻中极为重要的部分,不同的面具用于不同的仪式当中,由于仪式繁多,面具种类也有很多。无论神像还是面具,因为要通过它们与祖先和神灵进行沟通,所以这些东西就变得至关重要,平时会被很好地收藏起来,并由专人保管,只有在仪式上才能佩戴。面具一旦被佩带,佩带者便成为某种神灵的化身,具有了神的能力并运用这种能力来帮助人们。巴乌莱人使用女子面具木雕,是为了纪念他们于18世纪从加纳的黄金海岸迁徙到科特迪瓦后的第一位女王阿贝拉·波库。传说中,这位勇敢的女王为了带领族人平安横渡湍急的河流,把自己唯一的儿子献给了掌管河流的神。在部落首领的即位典礼上出现这种面具,也表明新首领获得了家族女先人非凡的力量。非洲雕刻与人们的社会活动、日常生活也是密不可分的。镰刀、沙槌、号角、刀

图 3 - 7 - 14　女王(尼日利亚)①

叉、烟具等日常用品上都雕刻有各种神像,既有很好的装饰效果,又有不同的作用:镰刀上的农业神像保佑着人们能够丰收;烟具上的祖先神灵体现着使用者的社会地位。在喀麦隆,烟斗的装饰遵循着严格的规律:普通人用几何图形,地位更高一些的

---

① 图片源自笔者本人收藏。

人们使用动物的图案,特别是某些与他们的图腾有联系的动物,只有那些最高等的首领和皇室成员才被允许拥有装饰神像的烟斗。非洲的木雕,以其简洁的线条、粗犷的造型以及富有想象力的夸张、变形,给人以强烈的震撼。它简约、概括的风格和古老、神秘的魅力让人眷顾。这类大写意的手法,不求外形的逼真,不重细节的刻画,局部看,显得十分随意简单;整体看,却透露出一种活泼鲜跳的内在生命。黑人艺术家通过安排雕像的各个部分的体积、形式及空间位置,使手中的雕像表达着各种感情。他们赋予雕像不同的节奏,使作品产生出稳定感或灵巧感、重量感或轻盈感、宏伟感或优雅感。

面具在非洲有着悠久的历史,在南非的史前岩画中,就发现有佩戴面具跳舞的妇女形象。不过造型最丰富、艺术表现力最强的面具还是主要集中在撒哈拉沙漠以南的西非和中非地区,如科特迪瓦、尼日利亚、马里、几内亚、喀麦隆等都是面具普遍盛行和发展的地区。面具在造型上大致可分为一般面具、面具顶饰、盔形面具、肩荷式面具、装饰性面具。尼日利亚约鲁巴族盔式面具以人面、动物或人面与动物相结合造型。这些人面形象千差万别,有的仅有眼眶,龇牙咧嘴,恐怖至极;有的双目微睁,嘴角微翘,优雅闲适;有的眯着眼睛,似笑非笑,神秘莫测……不过也存在粗犷、稚拙、淳朴、简约的风格共性。这种具有独特艺术表现力的面具很容易把欣赏者引入一个玄妙迷幻的世界,往往让欣赏者忽略了其艺术表现手法的高超性,而急于去探究、解决这些形象是什么,从哪里来,用来做什么等种种疑问。也许这就是非洲面具的魅力所在,让人惊叹于艺术而瞬间又忘却了艺术。

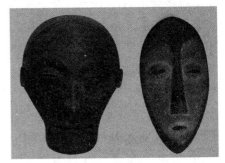

图 3 - 7 - 15　面具(贝宁)[①]

二、非洲木雕的语言特点

从雕刻风格上来看,热带非洲西部和东部的雕像有显著的不同。在西部,雕像的形象生动而富有想象力;东部的雕像则比较单调死板、千篇一律。例如巴乔克维族、约曾巴族的雕像是写实的,线条具体细腻,生动优美,我们甚至可以看出雕像各自不同的表情神态。而巴科塔族的作品则很程式化,几乎所有的雕像都出于一个模子,表情比较僵化呆滞。占罗族面具的特点是长团脸、尖鼻子,眼睛里蕴涵着一股忧郁的神色。与之相反,马里的多员族、布基纳法索的博博族的雕像健美、丰满,蕴含着活力和生命的气息。非洲人的思维是独特的,雕刻是他们血管流淌出来的艺术,

---

① 　资料来源:《非洲木雕》,360 百科,http://baike.so.com/doc/5407829.html。

这艺术的灵感来自于那些神话和故事。而对人世,对自然的独特见解和感悟又是他们艺术创作的源泉。对于这种独特的原始性,你可以轻松地在刚果(金)的铜雕、贝宁的浮雕、肯尼亚的马卡巴木雕中看到。原始性,赋予非洲艺术以特征明显的感性魅力。基于视觉接触的审美体验,我们可以用激情奔涌的热烈、如鼓如舞的律动、恣肆率性的强悍、天真自然的朴拙、神秘莫测的深邃和酣畅明快的显达,来描述包括绘画(岩画、壁画等)、雕塑(陶塑、铜像、木雕、牙雕等)、面具、编结、织物、服饰、化妆、环境布置以及匠心独运的实用造型和装饰图案在内的整个非洲艺术的感性魅力。我们还可以透过因复杂民族成分、复杂宗教信仰以及复杂历史和社会环境而格外纷繁的艺术现象,归纳非洲艺术普遍呈现的一般特征,即结构表意化、造型程式化和形象情境化。对于大多人信奉万物有神教的非洲人来说,天地万物是一个生命统一体,普遍的灵性在其中往来穿行、自由流淌。通过一定的方式,人们可以和它对话、交往,使之顺随人意。艺术时空即是灵性通达、人事化解的证明或预示。在非洲有一种旨在让年轻人学会遵守社会规范的授奥仪式。仪式中,授奥者要戴着面具代表神灵施教;结束仪式时,全村人要参加集会,"在戴着面具的舞蹈中,奥秘的意义被召唤出来:以往的少年死去为的是在新的环境下作为成年人而新生"。(让·洛德,《黑非洲艺术》)现住在尼日利亚中部地区的部族,像早先创造诺克艺术的部族一样崇拜祖先。他们认为祖先像是生命力的源泉,生者可以从中接受到这种力量。在非洲社会生活中,艺术是可以诉说一切的语言、沟通一切的途径、体现一切的载体,它被那里的人民视为与灵性打交道的适当方式。在多姿多彩的非洲腹舞、腰舞和黑人歌曲中可以找到"现代派"的踪影,他们运用变形、夸张、错位、省略的手段使作品产生强烈的视觉效果。表情与面具、性与精神、感情的凹凸和现世的疼痛……这些都被符号化。

三、非洲木雕的内涵——"原始性"与"现代性"

"原始性"就在于这种艺术形态所具有的从内到外的"单纯性"。而传统非洲木雕所呈现出的简洁、单纯恰到好处地表达出艺术的最终意义,那就是纯粹。非洲艺术不仅以分明的轮廓、简扼的塑造和稳定的程式显示了艺术形式的纯粹性,而且以这种纯粹的艺术形式将一切偶然的因素强有力地统一到内在感情——一种被认为属于人类本性并体现其原始或基本性质的审美冲动的直接表达上。非洲艺术的"单纯性"为现代人提示出一种审美解救方式,一种诉求个体生命体验的逸出线性时间的空间化方式。这种方式的把握已经成为现代艺术的革命性成就,它表现为以纯粹的艺术形式和直接的审美体验,超越被线性时间所统治的有限现实,使相对于"我"的一切外部的、现实的、历史的"物",皆在主体心境中与人的自由理想交融统一。基于这种方式的审美经验,同时返身作用于现代人,使之倍觉单纯性的非洲艺术有一种返璞归真、物我化一的现代感。这个"原始"有着独特的形式感、表现力和丰富的精神内涵，消除时间的隔膜，它作为一个永恒的刺激力存在着，它指向这将来。

也许是1906年，或者之前，当毕加索厌倦了他擅长的悲哀的蓝色调和粉红色调，他的"蓝色时期"和"玫瑰时期"也随之结束。直到马蒂斯为他带来了一尊黑色木雕像，据说整整一个晚上他没有再说一句话，始终端详着这个非洲黑人原始木雕像的复制品。于是不久后，毕加索的笔下出现了一个古怪的女人像。她的脸上只有一只眼睛，鼻子长得出奇，甚至与嘴巴是一体的。那些女人，她们的身体被打碎，成为一种符号的象征。眼睛鼻子同时以侧面和正面出现。没有明暗法和立体描绘。这位大师开创一代画风，为立体主义画派奠定了基础。某种鬼魅的符号也因此而成为一种表达形式。长久以来，夸张变形的艺术风格不为多数受众所理解。人们习惯温和的色彩和忠于原型的表现。只是出于对大师的敬畏而小心翼翼揣测其色彩形象的寓意，追逐而从未真

图 3-7-16　门扉木雕（尼日利亚）①

正贴近。只有那些坚持疑问和寻求答案的人才在符号的迷宫里，看见大师为我们留下的诸多暗示。比如非洲木雕中独特的"非洲比例"，他们使得那些木雕独具魅力：头部较大，突出的蛙嘴；身躯缩短，胸部夸张，脐带突出；两条短而稚嫩的腿……人物活泼有力，憨态可掬。手法简练，结构严谨，不假雕饰，富于具象和抽象之形式美。

当然，对于一件非洲艺术品来说，如果仅以纯美学的观点来阐释作品，必会遗漏作品本身的象征意义以及它所体现的等级观念。在非洲地区，要真正理解一件作品，就得从它的渊源、意图和代表的宗教意义去着眼。否则，一件杰作很可能因无法被人们认识而丧失其真正的价值。他们雕刻的不是艺术品，而是灵魂。灵魂是没有固定模样的，非洲人凭借他们对世界和生命的理解，雕刻出自己想象中的样子。艺人们雕刻的是有形的东西，可在雕琢的过程中，把无形的灵魂融进去。所以透过木雕，我们看到的不是一个形，而是一个灵魂、一种情感。

所以说，每件非洲木雕都承载着一种精神、一种愿望、一种寄托，这才是非洲木雕的真正内涵。正因为如此，非洲木雕主题多冷漠静穆，让人摆脱躁动，在安宁中拓

① 图片源自笔者本人收藏。

宽想象的空间,冥想着木雕里的那个灵魂和自己灵魂的寄托。正如德国哲学家叔本华认为的那样,一个人的内在性格在他安静的时候比在应酬他人的时候显露得更充分。所以,理想的雕塑几乎都有着淡漠的表情和姿态,甚至是没有表情的,带着超凡脱俗、遗世独立的姿态,显得那么平静。

非洲木雕的外形像欧洲艺术一样表现为视觉形式元素的结构,但不取决于形式趣味和形式法则。它强调并体现"意义"的联结,以"意义"本身的圆满构成原则。而且,至关重要的是,这种"意义"与纯粹个人旨趣无缘,其根本来源是以传统风俗信仰为载体的历史性集体意识或社会意识。一种表现妇女捣春黍米的多贡小雕像,其"意义"在于奥贡王的生命和黍米的增加有对应关系。当地流行的一个神话故事,确立了这种"意义"。对于这类雕像这样的内在结构,视觉形式元素本身,诸如其性状如何、关系如何是无关紧要的问题,紧要的是它们必须顺应圆满构成一种"意义"的中心需要。我们由非洲艺术形式所感受到的,那种不论具象或抽象、平面或立体、软材或硬质而一应的夸张、变形和概括,都是结构表意化的自然形式效应。从某种意义上,在整个西方20世纪的现代视觉革命中,以木雕为代表的非洲雕刻艺术,给无数的前卫艺术家送去了艺术创造的丰富灵感和创作冲动,对整个20世纪的现代艺术运动起到了推波助澜的作用。在西方古典艺术的传统技术穷途末路之时,一些艺术家把目光投向非洲木雕艺术,如马蒂斯、毕加索、布拉克以及很多的德国表现主义艺术大师,他们从非洲木雕吸取灵感,掀起一波又一波的现代艺术高潮,野兽主义、立体主义、表现主义、抽象主义或多或少和非洲木雕艺术有某种联系。非洲木雕的"原始性"与现代艺术观念和造型表现上呈现出某种一致的趋向性。

毕加索创作的油画《亚威农少女》,画面上五位少女中的三位的面部形象被加索画成具有体积感的简约的几何形体,显然与非洲面具相似。非洲面具使毕加索找到了现代绘画的语言,由此开创了"立体主义"流派之先河。毕加索找到了一种新的创作方法,这不仅是一种创作风格的改变,也是一种观察世界的方式的改变。他完全突破了定点静观的约束,把四维度的显示置于构想之中。首先他对对象固有的形体和结构加以分析与解剖,然后按照主观理解和创作意图,选择最有代表性的形面——正面、侧面、背面、正侧面或内部某一面,重新加以组合。这种组合把物体变形为主观精神所体验到的东西,这样毕加索把构想中的运动性、时间性和画面上的静止性、空间性连接起来,把对物体的知性和自由现象结合起来,并使多维空间转换和画面的平面结构达到新的统一。如果说,古典审美主客观相遇的场所是"形式—内容",而现代审美主客观相遇的场所是"结构—理解",毕加索则打破了感性与理性、具体和抽象、现实和理想的界线,进入了更为广阔、由创造来主宰的世界。

与毕加索同时代的艺术大师,如波拉克、马蒂斯、弗拉曼克、德兰同样钟情收藏非洲艺术品,并从中汲取营养,为世人留下许多传世之作。以上说明,非洲传统艺术以其独特的风格和感染力影响并渗透现代艺术的发展进程。

毕加索没有学生和继承者，但在他之后，艺术家创作的自由度得到了无限的空间。他的全部美学观体现在一句著名的口号——"让风雅见鬼去吧"。他以生命激情来打破美与丑的壁垒。从《亚威农少女》开始，正是由于丑的介入，艺术不再是一个和谐、诸力平衡的世界，而是一个充满拉锯、冲突和运动，因而也充满了生命的渴望、喧嚣和挣扎的世界。毕加索以自己的创作而不是口号实现了对传统艺术的反叛，从而拓展了艺术视野和人类的审美局限，他以破坏现实的方式创造了崭新的现实。

我们从非洲木雕简约、明快的"原始"风格中获得启发，开始从再现客观转而表现主观情感。而现代绘画到了抽象派那里亦开始淡化"画什么"而突出"怎么画"，开始追求为古典绘画中逼真物象所掩盖的色彩、线条与几何，不可不说是一种艺术心性的相通。抛开哲学与审美的本质差异，我们依然捕捉到了绘画作为一门独立艺术的共通之处，那就是画家的眼睛。贡布里奇的著名论断"绘画是一种活动，所以艺术家的倾向是看他要画的东西，而不是画他所看到的东西"跳出了"主观美学"与"客观美学"无休止的争论，美成为人主动寻找的眼光之发现。无独有偶，明代王阳明说："你未看此花时，此花与汝同

图 3 - 7 - 17　毕加索《亚威农少女》①

归于寂；你来看此花时，则此花颜色一时明白起来；便知此花不在你的心外。"艺术之间的互鉴或许是画家对美之体悟的一种心灵感应吧。

参考文献

[1][英] 贡布里希.理想与偶像——价值在历史与艺术中的地位[M].范景中,曹意强,周书田,译.上海：上海美术出版社,1989.

[2][法] 让·洛德.黑非洲艺术[M].张延风,译.南京：江苏美术出版社,1994.

[3] 杨志麟,等编.世界原始美术图集[M].南京：江苏美术出版社,1989.

[4] 非洲木雕[OL].豆丁网,http://www.docin.com/p-320480050.html.

---

① [英] 克莱夫·贝尔：《塞尚之后——20 世纪初的艺术运动理论与实践》,张恒译,北京：新星出版社,2010 年,第 83 页。

第二节 非洲铜雕艺术

　　非洲的铜雕艺术传统久远。铜雕艺术品也是世界艺术宝库中的明珠,虽不如木雕曾对世界现代美术发展产生重大影响,但其制作工艺仍流传至今,多姿多彩的铜雕仍令世人瞩目。

一、非洲铜雕的起源

　　早在公元前,黑人已经掌握了冶炼技术。西非的伊费王国创造了震惊现代文明的铜雕工艺,主要是青铜和黄铜为代表的各类铜雕工艺品。之后受其黄铜雕刻艺术影响的贝宁王国后来居上。贝宁王国古城建于 9 世纪,曾是古代西非强大而富有的贝宁王国首都,当时非洲发达的经济和文化中心。历时 800 年的古贝宁文化是非洲古老文化之一,随着王国的兴盛,贝宁王国逐步成为最能代表非洲美术特性的国家,其代表就是造型完美、栩栩如生的青铜雕刻。贝宁铜雕工艺高超,质纯壁薄,造型优美,整体以宫廷人物雕塑性最强。那个时代的青铜雕刻是一种宫廷艺术,铜器和牙雕等工艺品起初装饰在贝宁城的宫廷梁柱上,有小雕像、人头像和浮雕等,后来逐渐用来装饰宫廷大厅和回廊。

　　贝宁雕刻是世界艺术中的典范之一,可与希腊罗马的雕刻媲美,铜雕、牙雕、木雕等是非洲雕塑艺术中最有震撼力的雕塑艺术。这类雕塑大都采用失蜡法(蜡胎法)铸造,装饰在宫殿的立柱和横梁上,图案有的是赞美国王至高无上的权力,有的是记录贝宁宫廷生活和典礼仪式。雕刻作品主要是圆雕和浮雕,雕像的题材以表现国王、王后为多,太子、达官、僧侣、贵族、武士、猎人、乐师、传教士和随员也有出现,还有表现历史人物或为神造像的。一般来说,青铜雕像是静态的,匀称协调,尺寸大小依被表现的对象的身份地位而定,代表作有《国王头像》《母亲头像》等。贝宁青铜浮雕体材多为记述一个故事,内容或者表现是描述王宫里的某一次重大祭祀活动,或者是记录国王的一个生活片段,多以国王的丰功伟绩、战争、狩猎、出游、宫廷生活、外国人、动物为主。贝宁雕塑中也有形态各异、性格不同的青铜头像。风格极其优美,面庞生动活泼,目光炯炯,嘴唇线条逼真;另一种风格则具有象征性的特点,面部表情庄严肃穆,造型粗犷、简朴美观。贝宁铜雕流传至今的甚少,十分珍贵。[①]现代的贝宁铜雕人像抽象性与真实性巧妙结合,增强了富含现代感的装饰风格和民

---

　　① 余光仁、尼松义:《贝宁铜雕:耀眼的非洲古王国艺术瑰宝》,载《东方收藏》,2012 年第 8 期,第 48-49 页。

族风情,体现了传统文化的继承和创新。①

二、非洲铜雕的创作工艺与艺术特点

现代撒哈拉以南非洲铜雕工艺品主要有两种制作工艺法,即"蜡胎"法和"敲铜"法。②

1. 蜡胎法

这种工艺法制作的铜雕主要出现于贝宁和尼日利亚。贝宁翁通吉家族艺人采用传统的蜡胎法制作黄铜小人像,通常许多人物组成阿波美王宫生活场面,同时也有日常生活的人物,如汲水的妇女、舞蹈者、杂技演员以及动物等。这类铜雕都较小,人物雕像多瘦长,高约 20～30 厘米,做工较细腻,刻画入微,各个小部件连接精细,形象灵巧,主要是模仿三四百年前阿波美王国的宫廷艺术。另一类仿古铜雕是模仿 15 世纪尼日利亚境内的贝宁王国的青铜雕像,主要有国王、王后头像、骑士像以及人们崇拜的神像。

布基纳法索的莫西族也善用蜡胎法铸雕小青铜像,表现国王和宫廷的生活场景。现在的铜雕艺人们仍制作这类雕像作为工艺品出售。一些非洲年轻雕刻艺人模仿西方室内装饰性铜雕,采用蜡胎法制作小型铜雕工艺品,多表现女性人体、乐师、母与子和动物等。手法上颇具现代感,线条简洁流畅,具有某些抽象成分,突出黑人形体特点。刚果(金)铜雕不乏这类工艺品。

2. 敲铜法

敲铜工艺起源于五六百年前的贝宁王国,当时宫廷的墙壁上装饰着敲铜的浮雕壁画,常见的内容是表现国王的丰功伟绩、狩猎和战争场面。

现代敲铜是用黄铜板加热后根据设计图案用凿子等工具在铜板背面敲打成浮雕图像,表现非洲日常生活场景,如母与子、女人体、舂米、狩猎,以及动物等图像。现代工艺品注重整体造型和线条的流畅,加之铜质色彩浑朴,更能体现出黑人特有的生活韵律。刚果(金)敲铜不仅历史悠久,且较发达,金沙萨美术学院专设有敲铜专业。

闻名世界的非洲"铜矿带"位于刚果(金)与赞比亚两国的交界处,这两个国家是世界著名的两大产铜国。刚果(金)盛产黄铜,为久负盛名的铜雕提供了雄厚的物质基础。刚果(金)敲铜工艺品题材广泛,主要以人像和动物像为主,尤其是人物像流光溢彩,男性身体脸部肌肉饱满,女性肌肉丰满、风姿绰约,无论男、女敲铜像都体现着外在和内在的全部理想化的艺术美,在艺术上显得更加富有感染力和吸引力,令

---

① 《非洲铜雕工艺品简介》,2011 年 6 月 14 日,www.tongdiao68.com/news415.html。
② 梁宇:《20 世纪非洲美术》,北京:文化艺术出版社,1997 年,第 69～79 页。

人赞叹。

图 3 - 7 - 18 锻铜浮雕［刚果（金）］①

图 3 - 7 - 19 铜雕②（贝宁）

图 3 - 7 - 20 非洲铜雕③

图 3 - 7 - 21 河上幻影青铜雕
［刚果（金），利奥洛·林贝］④

---

① 来源于百度图片。
② 余光仁、尼松义：《贝宁铜雕：耀眼的非洲古王国艺术瑰宝》，载《东方收藏》，2012 年第 8 期，第 48 - 49 页。
③ 非洲铜雕工艺品，百度图片。
④ 梁宇：《20 世纪非洲美术》，北京：文化艺术出版社，1997 年，图 31。

图 3－7－22 乐师（黄铜雕）[刚果（金），利奥洛·林贝]①

图 3－7－23 革命者的盾牌（青铜纪念碑雕）[刚果（金），利奥洛·林贝]②

图 3－7－24 人像（青铜雕）[刚果（金），乌马]③

图 3－7－25 头像（青铜雕）[刚果（金），恩吉纳莫]④

图 3－7－26 夫妻（铜雕）[刚果（金），恩吉纳莫]⑤

图 3－7－27 人像（铜雕）[刚果（金），马卡拉]⑥

① 梁宇：《20 世纪非洲美术》，北京：文化艺术出版社，1997 年，图 30。
② 同①，图 29。
③ 同①，图 32。
④ 同①，图 37。
⑤ 同①，图 38。
⑥ 同①，图 39。

图 3－7－28　少女(铜雕)(一)[刚果(金)]①　　图 3－7－29　少女(铜雕)(二)[刚果(金)]②

图 3－7－30　金沙萨美术学院雕塑系工作室[刚果(金)]③

第三节　非洲牙雕

　　象牙是大象野外生活的工具,它具有一般野兽的牙齿和骨不具有的特质,其横截面显示出一种独特的类似镟削的交错网纹,称"牙纹"或"利器纹",呈圆弧状两组交叉,并具菱形网络。正因为象牙具有这一特质,人们很早就学会用象牙制作工艺品。象牙分非洲象牙和亚洲象牙两种,形状略有差别,但牙长却相差很大,非洲象牙大都在 1 米以上,成年非洲雄象的象牙可长达 2.5 米,重 70～90 公斤。非洲象牙多

---

①　梁宇:《20 世纪非洲美术》,北京:文化艺术出版社,1997 年,图 69。
②　同①,图 68。
③　同①,图 78。

呈淡黄色,光洁度好,但易生细小龟裂。亚洲象牙龟面白,但质地较软,易保存。相比之下,非洲象牙质更佳,尤以喀麦隆象牙为优,次之为坦桑尼亚、刚果(布)等国象牙。正因为非洲象牙长而质佳,据DNA分析技术表明,全球90%以上的走私象牙来自非洲。

象牙的成分约65%接近羟基磷灰石,另外35%为胶质蛋白及微量弹性蛋白。多呈乳白色,具有油脂光泽到暗淡光泽,有一定的韧性,无解理,裂片状断口,硬度2.5～2.75,相对密度1.7°～1.9°,平均折射率1.535。[1] 象牙牙尖段约占牙长的1/3,为实心,是用来制作雕刻品的最佳部分,一般也只取用这段象牙进行雕刻。

一、非洲牙雕艺术的魅力

非洲牙雕历史久远,例如,牙雕曾是500年前贝宁宫廷艺术品最复杂、精致的品类之一。大英博物馆收藏的一个以象牙和铜片镶嵌制作的豹子(高81厘米)是这一时期的代表作,它是奥巴国的象征。古代象牙雕刻是供宫廷御用的高级工艺品。[2] 在贝宁发现过巨大的牙雕,象牙表面镂刻着复杂的花纹和故事场面,牙雕置于某些青铜头像上部。在刚果,牙雕也作为祭祀品或乐器使用。

牙雕面具也是一种很有特色的雕刻工艺品,如贝宁牙雕面具的模式和青铜面具的模式很相近。互赫加的牙雕小面具非常有名。[3]

牙雕除作为家具或其他用品的装饰外,多见的是用象牙雕刻的人物和动物。现在出现在非洲各国工艺品市场上的牙雕基本上是表现现实生活的作品,主要有非洲妇女人像(多头像和半身像)、劳动狩猎人像、圣母像、各种首饰和手镯、臂镯、手链、项链、耳坠、小面具等,还有动物像,如大象、鳄鱼等。大型牙雕是用一整根象牙雕成一组象群,还有雕刻浅浮雕图案或人物的。非洲牙雕体现了黑人的气质,风格简约粗犷[5],不像中国的牙雕细腻典雅。牙雕多与创作人的生活素质相关,艺人雕刻无草图和模型,即兴创作,艺术风格粗犷大胆,自由浪漫,在表现手法上不拘泥于小节,但多以朴实的自然美取悦于人。雕刻工艺品市

图3-7-31　16世纪非洲国王象牙面具(Benin king ivory mask)[4]

---

① 资料来源:中国雕塑网。

② 梁宇:《20世纪非洲美术》,北京:文化艺术出版社,1997年,第71页。

③ 让·洛德:《黑非洲艺术》,张延风译,江苏美术出版社,1994年,第67、125页。

④ 图片来源:blog.sina.com.cn/s/blog_4569e09c0100w8kl.html。

⑤ 梁宇:《20世纪非洲美术》,北京:文化艺术出版社,1997年,第71页。

场一般无专门的创作间,前店后厂,就地加工制作,艺人厕身于简陋的作坊,雕刻出一件件具有非洲特色的栩栩如生的牙雕制品。[1]

图 3 - 7 - 32　刚果牙雕[2]

图 3 - 7 - 33　非洲牙雕[3]

图 3 - 7 - 34　实拍非洲昂贵的象牙雕刻制作过程[4]

①　张林初、于平安:《科特迪瓦雕刻艺术》,载《世界文化》,2007 年第 6 期,第 50 - 51 页。
②　图片来源:blog.sina.com.cn/s/blog_4569e09c0100w8kl.html。
③　图片来源:http://www.vikingbeadcompany.com/apps/photos/photo。
④　图片来源:互动百科的百科图片。

图 3 - 7 - 35　牙雕(一)(科特迪瓦)①

图 3 - 7 - 36　牙雕(二)(科特迪瓦)②

图 3 - 7 - 37　牙雕[刚果(金)]③

①　*China Academic Journal Electronic Publishing House*,http://www.cnki.net.
②　*China Academic Journal Electronic Publishing House*,http://www.cnki.net.
③　梁宇:《20世纪非洲美术》,北京:文化艺术出版社,1997年,图71。

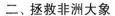

二、拯救非洲大象

1976 年非洲象被联合国《国际濒危物种贸易公约》列入附录Ⅱ,成为控制和限制贸易的物种。近几十年来,由于世界各国禁止捕捉大象,牙雕工艺品正在减少,大都转入地下黑市交易。

自中世纪以来,非洲是象牙走私集中的地区。乌干达一度是偷猎大象最猖獗的国家。在 20 世纪 70—80 年代,据动物保护组织的记录,近 90％的象牙死于猎杀。据报道,在过去 100 年里,非洲象数量在急剧下降,1900 年约有 1000 万头,1979 年130 万头,1989 年仅剩下 65 万头,现在大约只有 30 万头了。1989 年,濒危野生动植物种国际贸易公约(CITES)禁止象牙贸易。[1]

美国《时代》周刊刊文称,非洲大象每天有上百头遭到残杀,每年以 6％～12％的速度在减少。联合国环境规划署发出警告,大象种群数量以每年 6％的速度下降时,整个种群将面临灭绝的危险,目前在非洲很多地区,大象的种群数量因象牙贸易在以 11％～12％的速度骤降。[2]

---

① 许志敏:《象牙,非洲象永远的痛?》,载《森林与人类》,2003 年第 10 期,第 15 - 16 页。

② 张德笔:《席卷非洲象牙,不只怪中国富人》,腾讯评论,2013 - 11 - 05,view.news.qq.com/original/in-touchtoday/n2602.html。

第八章

非洲文化现代化

在学术界,"现代化"一直是一个充满争议的词语,其中的重要原因在于其自身的意识形态内涵,从一开始就富有争议性,比如有些学者就认为"现代化"这一表达含有西方中心论的用语的排斥性。从学理上看,这种悖论性显而易见,因为"现代化"的概念本身就是一些发达国家用来描述社会进程的用语,然而当这一概念遭遇到发展中国家,特别是像非洲这样经历了长期殖民统治的大陆的实际情况,如果要以这样的眼光来审视、判断,其中的矛盾便凸现出来。

现代化发源于西方,是一种新型文明,这是整个社会机体的全面现代化,其中包括经济增长、政治变革、社会转型和文化变迁等各个方面,现代化的过程是极其复杂的。然而,与发达国家相比,尽管非洲国家的历史文化、发展背景、社会条件以及所处的国际地位、环境都大相径庭,但在这一过程中,有一种因素可以将这些看似纷繁复杂、千头万绪的东西维系在一起,也就是本章所要讨论的话题,即在现代化进程中,以非洲传统文化为出发点,非洲文化从内容到载体究竟发生了哪些变化。这里要说的文化具体指的是什么呢?我们可以使用1982年在墨西哥召开的世界文化政策会议上,与会的126个成员国对文化做出的如下定义:文化在今天应被视为一个社会和社会集团的精神与物质、知识与情感的所有与众不同的有显著特色的集合总体,除了艺术和文学,它还包括生活方式、人的基本权利、价值体系、传统以及信仰。因此,文化作为人类一切活动的内涵与外延,是人类一切发展的始与终,如果不立足于传统文化内涵而只在表面进行形式上的现代化,最后的结局只能是毫无根基的空中楼阁,因此传统文化的变迁不仅是现代化的内在要求,同样也是其重要内容。

首先需要肯定的是非洲大陆曾经有过十分灿烂的文明;其次,在世界现代化进程中,非洲大陆以及非洲人民贡献良多,这种贡献要从暴力的奴隶贸易算起。因为在长达四百年的奴隶贸易中,大量被迫迁徙的非洲青壮年劳动力为美洲的种植园经济提供了充足的劳动力,也为欧洲、北美工业现代化的发展提供了坚实的发展基础。

故本章将着重讨论在非洲现代化,或者说尝试性的现代化改革中,在力图还原其本土文化的基础之上,分析文化演变的进程,从其传统文化的重要性方面来论证保存、继承其优良文化传统在现代化进程中的地位,意欲从文化特性、历史演变、发展进程等几个方面全面介绍非洲文化的特殊性,同时还将对非洲几个主要国家做进一步的个案分析,最后再着重分析在全球化的新语境中非洲世界所遭遇的新问题,进行一番探讨。试图通过对全貌的勾勒,以及个案的挖掘,建构一个更加全面、完整的非洲文化面貌。

第一节　非洲传统文化

非洲有着非常古老的文明,而黑人传统文化是黑人各族人民汲取养分的沃土,是各族人民在长期的发展斗争中积累下来的文化沉淀。因此,黑人各族是其自身固有的传统文化的主体。由这一独特族群构建起来的文化也一定具有其特性,比如非洲文化在某种程度上来说,具有一定的独立性和封闭性。

非洲大陆海岸线平直,缺少像欧亚大陆边缘所具有的海湾、半岛、岛屿,并缺少天然良港,大陆的大部分深处内陆腹地。大陆北部横贯世界最大的撒哈拉沙漠,成为撒哈拉以南非洲与欧亚大陆沟通的天然屏障,严重限制了相对孤立封闭的大陆与外界的联系。撒哈拉以南非洲早期形成的黑人文化往往局限在内陆较小的范围内,例如在西非早期形成的“苏丹文化区”内,曾出现过一些重要的文化中心,像古加纳文化、马里文化、桑海文化、豪萨文化,由于相对的封闭性,其对外文化交流及文化扩散的影响远远不如其他大陆的古文明中心。随着西方殖民者在撒哈拉以南非洲的扩张和殖民统治的确立,在城市、沿海地区和富矿地区,资本主义的生产关系得到成长和发展。但在广大的农村地区,殖民当局往往竭力拉拢扶植当地传统势力,并维持甚至强化传统的社会文化和宗教习俗。这种文化的封闭性到近代由于西方殖民统治的“分而治之”而得以强化。

与此同时,非洲传统社会中的部族意识和酋长制度,在非洲争取大陆解放与独立过程中,发展为非洲地方民族意识,对国家统一和政权合法性构成威胁,“建立民族国家的主观愿望和努力与族体和文化的多元性这一社会现实,每每构成撒哈拉以南非洲国家政治发展的一对基本矛盾”。[①]

第二次世界大战后,世界开始重新将目光聚焦在非洲。首先,出于地缘政治的考虑,有些发达国家在推进其全球化战略的过程中,为了在国际范围内巩固其核心国家的地位,从意识形态和发展过程等多方面控制新兴国家,转而将眼光投向非洲;其次,非洲国家大多拥有非常丰富的自然资源,同时也是一个正在形成中的、规模庞大的新兴市场。因此非洲大陆开始在世界舞台上尝试扮演新的角色。从思想上看,

---

① 张宏明:《不足主义因素对黑非洲民族国家建设的影响》,载《西亚非洲》,1998 年第 4 期,第 48 - 56 页。

在非洲国家广泛独立后,在非洲大陆上最流行的文化思想是泛非主义。这一思潮从思想上武装了非洲人,从文化内部发力,使非洲人成为融入世界现代化进程的自觉者,开始了反抗殖民主义及其残留元素的斗争。但在第五次泛非大会召开之后,泛非运动的特征逐渐体现为各个殖民领地争取独立的领地性民族主义,以往的非洲大陆性民族主义色彩淡化。然而民族独立运动思想准备、民众动员的不足导致非洲独立国家政治的"非殖民化"不彻底,殖民体制被"解放的"非洲继承下来,进而影响到非洲国家在经济、历史和文化心理上的非殖民化。经济的严重依附,政治的半独立状态,独立过程中社会动员的不充分,尚待完成的非殖民化是非洲现代化要克服的障碍,也是非洲一体化面临的挑战。

一、语言文化的特点

非洲的语言特点主要表现为极强的口传性。形成这一特点有其历史原因。撒哈拉以南非洲在殖民者入侵以前,生产力发展水平很低,基本上没有形成大规模的财富积累,社会分工水平也很低,因此极大地阻碍了黑人社会各个阶层的分化。因此,古代撒哈拉以南非洲几乎没有人能够从事专门和复杂的脑力劳动以创造精神产品。撒哈拉以南非洲历史上曾经出现几种文字。例如,18世纪以后出现的豪萨文(西非)和斯瓦希里文(东非);19世纪还出现了几种土著象形文字,例如喀麦隆的巴蒙文、利比里亚的多伊文、尼日利亚的恩西比文等。上述文字不仅出现的时间晚,而且流传地域范围十分有限,不足以改变撒哈拉以南非洲文化整体的非文字性质和口传特征。这种没有经过文字记载和加工整理的传统文化,主要靠口口相传传播开来和口授心记代代相传继承下来,因此,可以说黑人文化基本是在没有文字的条件下发展和传播的。这种非文字文化形态对黑人文化的内容结构和发展进程都产生了根本性的影响,也限制了其在空间上的扩散,从而制约了黑人文化的同质一体化发展。[①]

黑人文化主要靠口传、物化符号、抽象符号等非文字语言方式传承,其中口传是基本传承媒介。口传的文化信息主要蕴藏在大量的口头神话、史诗、故事、歌谣、谚语、咒语中。同时也借用了一些特殊的传播媒介及信息载体来保存、传播和继承文化信息。例如,面目、服饰、发型、部族标志、图腾符号、巫术符号、纹身图案、宗教仪式、农耕狩猎仪式、祭天祭祖仪式、成年割礼仪式等象征性仪式符号,鼓语等。富有特色的黑人文化在艺术、建筑、民间口头创造方面都留下了丰富的文化遗产。20世纪,非洲沦为西方列强的殖民地后,黑人文明遭到严重破坏。但由于黑人文化是植根于广大黑人民众的文化状态,传统文化并没有被完全消灭,在广大的农村和城市

---

① 姜忠尽:《世界文化地理》,南京:江苏教育出版社,1997年,第272页。

仍顽强地生存了下来。[①]

口传性容易导致语言的分化,很难趋同和整合。非洲有独立语言近七百种,政府与大众的沟通往往需要翻译才能完成,所以单纯的口传文化本身有很大的局限性,难以适应现代社会。尽管撒哈拉以南非洲的每一位讲述人都努力地、力求忠实地复述他们目击的事实和从前辈那里听来的知识,但口耳相传中,难免会因口误、记忆疏漏,或者传述中的取舍和剪裁、阐释和说明、想象和引申等现象出现讹误,降低了口头文化的准确性,这使撒哈拉以南非洲文化具有变异性和短暂性的特点。当今撒哈拉以南非洲政坛上朝令夕改,以言代法的弊端也可以于此找到文化根源。

二、传统社会结构

撒哈拉以南非洲的传统社会结构是以部落为基本单位的,至今广大的乡村地区,尤其是远离大城市的偏僻地区由于交通不便、信息不灵,仍然保持着传统的社会结构体制,自给自足的自然经济仍占主导地位,致使部落部族文化成为传统文化的主流延续至今。殖民主义入侵以后,殖民当局根据宗主国的需要采取"分而治之"的政策,人为地划分国界和行政区界,阻断了撒哈拉以南非洲民族和国家形成的过程。殖民政权推行殖民文化,用宗主国文化同化黑人文化,比如用宗主国的语言文字取代土著语言文字而成为官方语言文字,推行宗主国的宗法制度、教育制度,严重阻滞了黑人文化的正常健康的发展。[②]

从历史的角度看,黑奴贸易和长期的殖民统治给黑人文化带来了许多严重后果,一是精英文化出现时间晚,并且发展程度不高;二是部落文化在非洲人民日常生活中仍然占据着十分重要,甚至是难以撼动的地位。撒哈拉以南非洲史上没有出现过文化繁荣局面,没有孕育出文化精英及其创作的文化精品。这一传统文化特征决定了它对政治现代化的影响远不同于欧亚大陆。在广大的撒哈拉以南非洲,同一部落或部族的人们均怀有强烈的集团意识,强调对本部落、本部族的认同与忠诚,将对国家的忠诚与认同置于次要地位。甚至撒哈拉以南非洲国家的政党和领导人往往有着部族背景。有的国家甚至有多少部族就有多少政党。例如,刚果(金)出现了274 个政党,分别代表国内的 250 个部族。以对部落或部族的片面政治认同和忠诚为核心的部落政治文化是十分突出的。它在很大程度上妨碍了共同政治文化的诞生和民族一体化的形成。强烈的部族色彩,是导致政局不稳的内在因素。部族文化传统在很大程度上阻碍着共同政治文化和民族一体化的形成。[③]

① 姜忠尽:《世界文化地理》,南京:江苏教育出版社,1997 年,第 272 页。

② 姜忠尽:《世界文化地理》,南京:江苏教育出版社,1997 年,第 272 页。

③ 同②,第 272-273 页。

三、异质性和地域差异性

撒哈拉以南非洲的生产工具和技术发展水平,决定着黑人各族获取生活资料的手段和方式,从而决定着黑人各族传统文化的内涵;而赖以生存的自然环境始终是工具和技术演进的强有力的制约因素。这反映了人类在生存斗争中对环境的适应与改造。由于各种族和民族生活方式不同、对外联系方式不同,客观上存在着文化的差异性。同时,黑人各族文化相互分割、平行发展,客观上形成不尽相同的传统文化地域类型。因此,黑人文化同样具有明显的地域差异性特点。非洲现有的每一传统文化类型区的传统文化,尽管在不少方面有些共性,但在基本方面,即民族、语言、宗教、习俗等方面存在着明显的地域差异。当然,传统文化的这种地域特征,也直接影响着一定生态环境条件下的人地互动关系。为此,在探讨撒哈拉以南非洲现代化时,不能忽视这种客观存在的文化背景的地域差异性。各文化类型的发展模式和现代化道路,应有所不同。在推行现代化的过程中,应科学地认识两者之间存在着的制约关系,并处理好两者的关系。同时,还应认识到传统文化的两重性对现代化的影响。从积极方面说,传统文化是一个国家和民族走向现代化的基础,有些可以适应和促进现代化,不可逾越地完全抛弃。从消极方面说,它也存在着一些过时陈腐的历史积渣,以不同的形式不同程度地束缚着民族的成熟过程,有些禁锢着人们的思想观念,不利于生产领域的拓展,有些直接影响优生优育的生育观念和人口控制。这种消极的同质一体化的国民文化过渡的过程中,需要一个存良去莠的演进过程,这是推进现代化的必由之路,如此,撒哈拉以南非洲才能找到一个适合自身发展的道路。可以说,撒哈拉以南非洲的现代化进程不同于其他国家和地区,也是一大文化特点。[①]

撒哈拉以南非洲的现代化起始于现代国家生成之前的殖民时期,缺少物质基础和思想基础,制度上缺乏保障。非洲现代化的初动力是殖民列强,他们建立了撒哈拉以南非洲现代化的"中心地带",甚至"现代性"阶层也是由殖民列强培植的,因而现代化的推进方式一般是"自上而下"进行的:在殖民时期,宗主国和殖民当局不自觉地充当了这一角色;在独立后,这一角色则主要由非洲国家的政府来担负。由于非洲国家大都缺乏自主发展所必需的手段,传统因素与现代因素同时存在并相互冲突,非洲国家文化与发展问题矛盾突出,注定了其现代化过程的复杂性、艰巨性和曲折性。[②]

从现代发展的程度看,撒哈拉以南非洲已经比较富裕,有的国家却相当贫穷。

① 姜忠尽:《世界文化地理》,南京:江苏教育出版社,1997 年,第 273 页。
② 张宏明:《非洲发展问题的文化反思——兼论文化与发展的关系》,载《西亚非洲》,2001 年第 5 期,第 38－43＋79 页。

例如,有些国家人均 GDP 已经可以达到 4000 美元以上(如毛里求斯、加蓬、博茨瓦纳等),而有一些水平仍然非常低下。即使是在同一个国家内部,贫富差距有时也相当悬殊,甚至到了难以想象的地步。从现代化发展的历程来看,非洲各国的发展也很不一样,各个国家都基于自身的特殊情况,选择了不尽相同的道路。从发展的模式看,有一些国家经历了一段震荡、痛苦的转型和前进阶段,而有一些则一直保持着政治上的稳定和经济上的持续发展,如有着"和平与安定的绿洲"之称的博茨瓦纳,其发展模式则是致力于保持其政局长期的、相对的稳定,维护国内安定团结的局面,为经济建设和寻求国际援助创造了有利的条件。正是由于这些异质性,当西方世界重新审视非洲国家的现代化进程时,也应当调整自身的判断标准。其实非洲大陆与世界现代化进程的关联性相当高,之前我们说非洲为世界现代化进程做出了重要贡献,也只是基于对其殖民地历史的思考。西方的现代化进程是与原始积累分不开的。非洲大陆在被殖民期间,向西方社会输出了大量的青壮年劳动力,奴隶贸易作为一种历史因素,刺激了资本主义机器经济制度和社会结构的发展,可以说非洲人民的血泪为正处于初始阶段的世界现代化进程注入了有生力量,带来了巨大的变革,同时也做出了巨大的牺牲,作为奴隶贸易中最大的受害者,非洲对世界现代化进程所做出的贡献是不可磨灭的。

第二节　个案分析

一、马里丰富多彩的传统文化

传统文化是马里文明的重要组成部分,在其乡村社会结构、宗教信仰以及民居建造、饮食民俗等各方面都有所体现。在马里现代化转型的进程中,不应回避其价值理念,更不应抛弃其传统文化,而应加以继承与保护。取其精华、去其糟粕,是马里走向未来的重要途径。

总的看来,马里传统文化与非洲黑人传统文化在以下几个方面都有对应:

首先,独立性与封闭性。马里地处西非中部,除最北端外,全境均属热带,植被自北部的荒漠向南过渡为荒漠草原、干草原、稀树草原和草原林地。其文化是在赤道热带大陆这种独特生态环境下、在与欧亚大陆各文化保持微弱联系的半封闭状态下发展起来的,近代又经历了法国侵略者的殖民和统治,"呈现出明显区别于欧亚大陆各种文化的个性特点,是一种独具历史形态与个性特征的文化"①。马里人自身的

---

① 肖宪:《中国学者对非洲黑人文化史的新认识——刘鸿武新著〈黑非洲文化研究〉述评》,载《西亚非洲》(双月刊),1999 年第 3 期,第 73 页。

价值观念和精神思维特征,构成了他们存在于世界、把握世界的独特方式。另外,"由于部落文化把人们的眼界局限于某一地域、某一部落的狭窄范围之内,它往往通过宗教、神话传说等方式强调本部落的神圣性,强化成员对共同体的认同和情感,强调对部落组织的效忠。部落与外界没有常规性的联系,没有经济、文化和人际的广泛交往。"①这种封闭性限制了马里乡村部落与外界的沟通和理解,加深了不同部落间的隔阂。

其次,口传性与部族性。马里传统社会的道德伦理规范、政治法律制度、政治经济思想、社会分工原则、宗教信仰、艺术形式等,都浑然一体并一代代口耳相传。在马里帝国时代,大臣朝见国王或国王召见大臣,都不是国王与大臣直接对话,而是通过民间说唱师"格里奥"在中间传话,其方式是说唱。全非洲最恢宏的口述史诗,要数讲述马里帝国开国史的《松迪亚塔》。后人根据部落长老的吟唱,足足用了8万字将这部史诗记录下来。这部长诗记录和歌颂了马里帝国开创者松迪亚塔的丰功伟绩,讲述者往往插入自己的议论,让故事更加跌宕起伏、动人心魄。此外,由于自然条件、历史条件和社会文化等多种因素,在马里的广大农村,部落文化并未受到大的冲击,原生的和次生的部落形态仍是马里农村社会常见的社会组织结构。部落共同体的稳定性转化为某种相对固定的文化心理结构,形成传统文化的成分之一。

再者是其文化的部族性。在马里乡村各地区、各部族间,就文化个性、文化传统来说,差异、异质是本质性的。由于种族和民族集团所具备的生物体质特征,由于不同的地理和生态环境,也由于不同的历史演进轨迹,以及与外部世界的不同联系等,使得事实上形成了若干不尽相同的传统文化类型区,各地各民族的建筑风格、农业文明、文化生活、服饰和手工艺品等都有极大差异。马里独特的多贡文化、多样的造型艺术、丰富的歌舞形式就是其很好的体现。

总之,在马里的乡村社会结构和伦理道德中,在其宗教信仰和节日庆典中,在其民居建造和饮食民俗中,无不体现出黑人传统文化的影响和印迹。尽管马里是联合国公布的世界上最不发达国家之一,加速其经济发展和现代化转型尤为必要,然而传统和文化特性是马里文明的重要组成部分,必须加以保护和尊重。在马里现代化转型进程中,应当重视黑人传统文化,取其精华,去其糟粕。确认自己的文化特征,不仅是维护民族尊严的重要条件,而且对动员一切力量来发展自己的国家,具有极其重要的意义。

二、刚果(金)传统文化综述

在漫长的历史发展中,刚果(金)形成了自身坚固的文化传统,其宗教信仰和生

---

① 李保平:《论黑非洲传统文化的基本特征》,载《北京大学学报》(哲学与社会科学版),1993年第6期,第100页。

活习俗一直保留至今。尽管受到基督教和伊斯兰教的冲击,但刚果(金)的本土原始宗教和外来宗教一起在社会、政治和伦理生活中发挥着重要作用。但是撒哈拉以南非洲的传统文化特点在这里也都有具体的体现。比如宗教多元化是刚果(金)文化的一个重要特点,其语言文字发展水平不高,文化传承只要依靠人们的记忆和口传,另外刚果(金)的日常生活也具有一些这样的特点。

任何一个社会都有其自身的组织结构和运行规则,作为撒哈拉以南非洲一员的刚果(金)也不例外。刚果(金)的社会发展历程中经历了四个主要阶段:传统部落社会—殖民地社会—摆脱殖民统治获得独立—民主共和国的内乱时期。在这个历史长河里,刚果(金)的社会生活从部落生活进入被殖民统治的社会生活,之后又受到40年的专制统治并爆发了两次血腥的战争。在比利时王国对其进行殖民统治之前,刚果(金)的传统社会组织结构可以用"氏族—村社—王国"三个层次来表示。在漫长的历史发展中,虽然撒哈拉以南非洲有过多次社会文化变迁,但这种结构却以其顽固的生命力保留下来。氏族是刚果(金)的社会结构的基础,扮演了从家庭关系向政治关系过渡的基本环节。酋长制是刚果(金)政治制度的主要组成部分。酋长拥有精神和政治的双重统治地位,至今仍在刚果(金)的现代社会中扮演着重要角色。刚果(金)的南部以母系氏族为主,北部则以父系氏族为主。无论是母系氏族还是父系氏族,因为有共同的血缘关系,氏族的纽带非常牢固,集体行为规则得到家庭成员的遵守,族长的权威得到尊重。氏族成员崇拜共同的祖先,集体劳动,共同创造财富。在刚果(金)传统社会,氏族扮演了从家庭关系向政治关系过渡的角色。在同一个种族或者在由多个种族组成的种族集团里,氏族之间也会有等级之分,比如在氏族体制下,存在"长子氏族"、"兄弟氏族"、"丈夫氏族"、"妻子氏族"、"酋长氏族"等。因此,政治是氏族家庭生活的一个衍生物。

刚果(金)的乡村以集体生活为特征。基本单位是以血缘为纽带的氏族(家庭),几个家庭的联合组成村社。在刚果(金)的农村,种植和采集为村民带来很多种类的粮食和蔬菜,比如玉米、大米、花生、香蕉、南瓜、木薯、红薯、香菇、西红柿以及众多水果和种类多样的豆类。刚果(金)人的餐桌上一般会有淀粉、蔬菜类菜肴,有时候会配有肉或鱼。大多数人平时的餐桌上很少有荤菜。总的来说,农村经济发展不足,一般是以自给自足为主。全国可耕种面积有限,加上很多农村的交通基础设施比较落后,农业生产基本保持了传统的模式,集体劳作,以满足生活所需为主。政府在财政政策上也没有倾向对农业的投入,投入到农业的资金仅占4%左右。因此刚果(金)农村从整体上说是贫穷的。

刚果(金)的大多数民众信仰宗教。原始宗教、基督教、天主教、金邦古教是刚果(金)人信仰的主要宗教,还有2%左右的人信仰伊斯兰教。非洲部落的传统宗教,除了具有宗教的一些基本功能外,还是一种探索人与自然的工具。

刚果(金)在反殖民战争刚刚获胜取得独立的时候,国家基本处于瘫痪状态,建筑、遗产、经济都被破坏,教会控制着学校。民族独立后,刚果(金)实行政教分离的政策,此举曾受到教会的反对。经过漫长的衍变,无论是传统宗教中的宗教崇拜、祭祀,还是生活中的婚嫁、生育、丧葬、宗教节日庆典,几千年来留下的传统得到继承,严肃的宗教礼仪得到了尊重。这种对宗教礼仪和社会习俗的继承与尊重增强了部落凝聚力,使得传统文化的根基更加牢固,从继承和保护文化传统的角度来看是有很多好处的。但是,从社会现代化的角度看,传统观念的加深,不太利于人们接受新的思想和新的生活方式。

三、尼日利亚文化面面观

尼日利亚最显著的特点就是民族众多,文化丰富,宗教问题和民族矛盾十分尖锐。如何维护和发展本国的传统文化以及化解民族内部的矛盾冲突,是尼日利亚亟须面对和解决的问题。

尼日利亚是一个由多民族组成的国家,全国约有 250 个民族。其中最大的三个民族分别是北方的豪萨—富拉尼族、西部的约鲁巴族以及东部的伊格博族。在西方殖民者进入尼日利亚之前,这个国家经历了漫长的部落社会。尼日利亚的氏族制度经历了母权制和父权制两个阶段。

独立后,尼日利亚建立了尼日利亚联邦共和国。酋长制受到社会和国家的重视。在北区、东区和西区三个自治区中都设有酋长院,作为解决传统和酋长事务的最高权力机构。1966 年军事政变后,军队的势力不断削弱酋长的权力。1976 年,实行地方改革,尽管酋长的传统地位没有改变,但实权已被大大削弱。1978 年,尼日利亚颁布《土地使用法》,明确废除了封建酋长的土地所有权和分配权。[1] 1995 年 12 月 29 日,尼日利亚成立了"尼日利亚全国传统领袖和思想领袖联合委员会"。酋长至今在人民中有较高的威望,也受到历届总统的尊重。国家领导在对重大问题做决策前都要听取酋长的意见。近年来,不少酋长从事工商业活动,已成为腰缠万贯的企业家,对尼日利亚经济的发展起着重要的作用。总之,随着社会的发展,在新的历史时期和条件下,酋长逐渐和政府间建立了一种相互合作的新型关系。[2]

由于部族众多,民族问题也一直是尼日利亚需要解决的问题。1979 年,为了强化国家的统一与团结,克服和削弱部族主义的倾向,奥巴桑乔军政府执行民族和睦与和解政策,颁布了新宪法。所有政党必须向尼日利亚人民开放,不分其性别、出生

---

① [英]艾伦·伯恩斯:《尼日利亚史》,上海:上海人民出版社,1974 年,第 413 - 415 页。

② 资料来源:非洲之窗,http://www.africawindows.com/html/feizhouzixun/guoqingbaike/20070906/12544.shtml。

地、宗教和部族集团,以此防止政党演化成部族主义政党和宗教派别。任何政党的名称、符号、宣言都不能保留和隐含任何部族及宗教色彩,而且政党的活动不能局限于某一特定的地区,各政党的总部都必须设在首都的直辖区内。

另外同样也是因为尼日利亚部族众多,宗教信仰各不相同,所以各个部族的风俗习惯与文化传统有很大差别。比如尼日利亚人在施礼前,总习惯先用大拇指轻轻弹一下对方的手掌再行握手礼。豪萨人表示亲热的方式不是握手,也不是拥抱,而是彼此用自己的右手使劲拍打对方的右手等,这样的例子不一而足。但是在宗教观上,尼日利亚人基本保持了一致,信仰传统宗教的尼日利亚人,大多信奉万物有灵论,并且尼日利亚每个民族的节日都跟宗教信仰有关。

这里要特别提出的是,尼日利亚独立以后,采取了很多促进经济发展、提高人民生活水平的措施。随着进一步发展,尼日利亚社会中渐渐出现了新的阶层——中产阶级。这里主要指那些受过西方教育的尼日利亚中产阶级。他们往往具有两重性。一方面,他们相信欧洲殖民统治的"开化使命",将自身物质改善和社会地位的提升归功于基督教与教会教育的"开化"影响,将自己视作联系旧的传统社会与新的现代生活方式的纽带,因此积极向同胞宣传商业、基督教及废奴运动的价值。另一方面,他们引以为荣的"非洲特性(Africanness)"却被欧洲人诬蔑为"落后、野蛮和腐化",令他们很难接受。因此,在崇尚西方文明的同时以自己的传统文化为荣的尼日利亚中产阶级便有了"传统"和"现代"的双重身份,在服饰、命名、语言、教科书编写上,无一不体现出非洲传统和西方现代元素的组合。

总的来说,尼日利亚社会中的各个阶层,为促进国内民族一体化这一统一的目标,开始构建统一国民文化体系,加强对自己历史文化的研究,发掘民族传统精神财富和历史文化资源以作为新国家文化建设的基础,并在政治和政策上坚持各民族在政治、经济、文化、语言文字等社会生活的各个方面的一切权利平等,同时通过对少数民族的特别保护以全面体现民族平等。在传统文明的基础上,尼日利亚黑人正在努力发展民族经济,建立现代化的民族国家和民族文化,涌现了一大批卓越的歌唱家、舞蹈家、雕刻家、电影艺术家和体育明星。例如尼日利亚的作家沃尔·索因卡因其卓越的文学成就而获得了诺贝尔文学奖。

尼日利亚的文化事业不仅在这些方面取得了重大的成就,有些方面还在非洲处于领先的地位,特别是以尼日利亚的拉格斯大学、伊巴丹大学为代表的非洲历史学研究、考古学和人种学、人类学研究、对非洲黑人传统口传文学的研究等,都享有世界声誉和很高的水准,不仅为撒哈拉以南非洲文化在当代世界的传播,为提高黑人在当代世界文化体系中的地位起了重要的作用,更重要的是,由当代尼日利亚学界发展起来的撒哈拉以南非洲历史学等,为崭新的民族文化提供了巨大的精神动力和坚实的民族自信心。

综上所述,尽管"国家民族建构是一个非常复杂、漫长,甚至痛苦的过程,但却是尼日利亚不得不努力去完成的一项艰巨任务",但西非大国尼日利亚在独立后仅仅十多年的时间里就战胜国家分裂的挑战,构建起现代尼日利亚国家的认同感和国民意识,成为非洲国家克服基于族群、地域与宗教等冲突的较为成功的实践案例;尽管尼日利亚还存在一些问题,但经过几十年的努力,也发生了许多具有深远意义的变化,特别是在克服部族冲突、实现民族一体化和国家统一等方面,有了明显而重大的进步;尽管仍然存在着以部族划界、以宗教或地区分野的现象,但一种超越部族、地区、宗教狭隘利益局限的观念正在尼日利亚人民中逐渐形成。

四、南非传统文化一览

南非是一个笃信宗教的国家,同时也是一个宗教多元化的国家。除了非洲传统宗教以外,世界性的主要宗教在南非都有一定影响,如基督教、犹太教、伊斯兰教和佛教等。南非居民主要有非洲人、白种人、"有色人"(混血种人)和亚洲裔人四大种族。其中,非洲黑人是南非的原住民族,占总人口的 3/4 以上,是南非的主体民族,分为 9 个部族:祖鲁人、科萨人、斯威士人、恩德贝勒人、南索托人、北索托人、茨瓦纳人、聪加人和文达人。在所有的南非居民中,白人、有色人的大多数和 60% 的黑人信奉基督教新教或天主教;亚洲人约 60% 信奉印度教,20% 信奉伊斯兰教;部分黑人信奉原始宗教。在多民族、多元化的南非乡村社会中,宗教组织能起到一种协调和凝聚作用,激励有着共同宗教信仰的民族内部产生一种强大的心理因素和精神力量。非洲本土教会作为南非最大的基督新教的宗教组织,广泛分布于城市和乡村,教会的领导人和信徒都是黑人。

自 19 世纪 80 年代白人殖民者完成对班图语非洲人的征服,占领南非 90% 以上的土地后,南非黑人被挤压到零散狭小的土著人保留地,传统的部落酋长制度沦为白人统治的工具;1948 年南非政府把黑人分为 10 个黑人家园,企图通过各个黑人家园由自治到独立,从而最终把非洲人从南非分割出去,并为此扶植和利用接受黑人家园政策的部族保守势力,强化对非洲传统社会的控制。新南非实现民主变革后,传统部族领导人的地位仍旧得到承认,但受到宪法的制约,黑人社区酋长专制的传统权力有所削弱,村社土地使用的分配权也不完全由酋长控制。当然,古老的酋长制度在广大农村地区仍有很大影响,酋长们竭力维护原有权力,确立本阶层在南非国家中应有的地位。尽管酋长已逐步丧失其原有的政治地位和权力,但仍然是非洲人心目中德高望重的智者或长者,特别是在黑人传统文化保存较好的乡村地区。在举行有关时令、成年礼、节日等盛大庆典时,酋长是人民的领导者和代表。在南非的班图诸族中,15 世纪就形成了权力集中的酋长领地。

在现行宪法通过之前,南非由于种族歧视和种族隔离政策的推行,宗教自由权利的法律保护范围和力度都存在许多不尽如人意之处。从推行临时宪法起,宗教自由权利的保护获得更加充分的保障。总的说来,南非政府的政策是不干涉宗教活动,对非主流宗教派别也日益宽容,当然仍有大量规模较小的本土宗教还没有得到政府承认。另外,南非广播公司和对外广播电台设有宗教节目。在政府的推动下,宗教和世俗社会之间的交融进一步加强。在南非,尽管延续了300余年的种族隔离制在法律上已宣告结束,但是,社会生活仍然受到种族隔离制遗留问题的影响,白人和黑人文化差距大,贫富差距也难以在短时期内缩小。以大城市为主体的白人南非和以"黑人家园"为主体的黑人南非,是判若云泥的两种天地、两种生活图景。南非白人居住区与黑人城镇反差极大,前者有瑰丽多姿的花园别墅和豪华住宅;而后者简陋的铁皮小屋星罗棋布,多以波楞瓦或铁皮为顶,形似纸盒的简单窝棚,有的甚至用木板和纸板搭成,屋内缺乏基本的生活、卫生设施,住房一家挨一家,单调暗淡,与精致多彩的白人住房形成强烈反差。

南非是一个迷人的复杂综合体,种族众多,社会文化多样,南非黑人传统文化极具代表性的一面。首先是其独立性与封闭性。作为世界文化的重要组成部分,黑人传统文化是一种相对封闭、独立发展的文化形态。南非各民族在自己所处的特殊的热带自然生态环境中,创造发展起了自己有别于东西方的、独具形态的热带大陆黑人文化,近代又经历了白人殖民者的侵略和统治,经受过种族隔离制度的镇压。在这些独特的历史进程与发展过程中稳定和沉淀下来的黑人文化,有着自己独特的文化模式、思维特征、行为方式、心理结构、宗教情感、伦理习俗和价值观念,是黑人存在于世界的独特方式。此外,由于有形的地理屏障和无形的文化屏障,各部落之间、部落与外界之间往往没有足够的经济文化交往和信息沟通。这种与传统部落生活息息相关的黑人文化,具有明显的保守性和封闭性特征。

黑人传统文化作为一笔丰富的文化遗产,已渗透于南非社会日常生活的方方面面。尽管黑人传统文化有其保守的一面,但并不意味着要盲目照搬西方社会的发展模式。在世界经济一体化的过程中,黑人有自己的价值观和价值取向,文化多元化可能是解决当今南非黑白矛盾的唯一路径。

第三节 现代化进程中民族文化新建

一、非洲传统文化的传承与发展

非洲各国独立后,纷纷开始寻找自己国家、民族今后发展的道路和方向,泛非主义也渐渐开始产生。非洲各国渴望在寻找、发展中能够联合起来,继而能够寻找到更广阔的发展空间。独立后的非洲开始了政治、经济和社会文化的现代化历程。

在《从"世界史"到"全球史"》中,作者对民族主义进行了详尽的解释:"'民族主义'是相当晚起的一个概念,是随着近代民族国家建立的过程而逐渐确立起来的。一群拥有相同语言、历史经验和认同感的人组成一个民族,成为一个不可分割的单位。针对文化保守主义,他进一步提出了自己的见解。这样一种意识由欧洲传播到亚洲等地,一旦落地开花,就好像完全变成了一种当地民族捍卫自身文化资源与历史认同的本土传统思想。更有趣的是,这种'假象'的形成恰恰伴随着反对西方的入侵、捍卫民族尊严的姿态出现的,这真是一个惊人的悖论……非西方民族主义的兴起,虽然表面上与西方帝国主义为敌,在根基层面却受到殖民观念的制约和影响,成为传播西方文明的样本。"①随着世界经济一体化,跨国界的文化交流也日益频繁,文化的多元化在异质文明之间擦出火花的同时也引发了一系列对文化移民的思考,"文化霸权主义"、"后殖民主义"之说逐渐声起,而越来越多的学者也开始关注文化身份问题。在《多元文化杂交时代的民族文化记忆问题》中,张德明写道:"世界文化正卷入一场前所未有的文化权力之争,同时也正在经历一个不断加速的文化杂交过程……第三世界传统的文化和价值观急剧地发生变化,在经济与国际接轨的同时,文化也进入了转型期"。② 那么,在这样一个全球化经济高速发展的时代,一个国际资本流动规模与形式不断增加的时代,一个社会经济、生活方式不断同化的时代,我们到底是谁? 在面对全球化的浪潮时,是否可以一方面坚守文化传统,一方面从传统中挖掘出富有生命力的、新的内容,以实现非洲未来的发展呢?

当今世界经济全球化的趋势下,文化也逐渐趋于一体化,我们为不同民族文化所定义的文化身份差异变得不再那么明显。在《全球化:文化的生产与文化认同》中,有学者将全球化趋势下不同国家、地域和民族文化之间的互动,形象地比喻为"文化的生产"与"文化的再生产"。他指出,不同的文化其"无意识的传承"传统,在不同的时间和空间背景下,常常为来自国家和民间权威的力量进行着"有意识的创造",利用原有的文化资源和新的文化创造来展示各自的文化特征,形成一种"文化+文化"的现象。③ 因此,在全球政治经济一体化的影响下,民族传统文化不可避免地受到外来文化的影响,或者说传统文化在现代化转型的过程中从概念和界限上进行着悄然的转变。

这里不得不提到在非洲的传统文化中,宗教信仰占据了很大的成分。对至上神和对祖先的崇拜,在非洲传统意义上的社会文化生活中是一个极为重要的部分。16至20世纪,在非洲不断迈向现代化建设的进程中,传统文化因为西方殖民扩张而受到了冲击,殖民统治、种族歧视、文化流失都让非洲这片土地血迹斑斑。20世纪80

① 杨念群:《从"世界史"到"全球史"》,北京:生活·读书·新知三联书店出版,2011年,第52页。
② 张德明:《多元文化杂交时代的民族文化记忆问题》,载《外国文学评论》,2001年第3期,第11页。
③ 麻国庆:《全球化:文化的生产与文化认同——族群、地方社会与跨国文化圈》,载《北京大学学报》(哲学社会科学版),2000年第37卷第4期,第152页。

年代之后,随着反种族主义斗争的不断开展,黑人的传统历史文化在现代化转型中发生了改变。一方面,民族解放运动的开展让非洲各国人民投入到民族独立运动之中;另一方面,受西方殖民文化和种族歧视的影响,非洲人民受西方思想的影响愈来愈大,对其特有的文化身份开始感到极为困惑。被喻为非洲的"莎士比亚"的尼日利亚作家沃尔·索因卡,深受西方现代诗歌传统和非洲殖民地社会文化现实的双重影响,对自己的文化身份充满了令人难以理喻的复杂心理。两种不同的文明带给这位"文化的混血儿"的影响是潜移默化的。他的作品往往深深根植于非洲世界和非洲文化之中,但是在进行文化反抗的同时,也表现了一定的悲观主义色彩。

但正是这种内心因为困惑而产生的痛苦的挣扎,又蕴含着巨大的力量,而这种力量正是非洲传统文化在现代化进程中能够坚持不迷失自我的力量之源,只有给予这一问题充分的认识和思考,才能在未来的道路上收获更为丰富和美丽的果实。

二、全球化时代非洲国家的民族意识及身份认同

黑人传统文化是黑人各族人民赖以生存和发展的根,是黑人各族人民在长期的发展斗争中所创造的文化的积淀和结晶。因此,黑人各族是其自身固有的传统文化的主体。但应看到,延续了400年的奴隶贸易和长期的殖民统治,严重扭曲了黑人各族的形象。随着文化主体被扭曲,黑人所创造的文化不可避免地遭到史无前例的摧残和贬抑,但其长期积淀的文化精髓仍以顽强的生命力延绵至今。[1] 这种顽强的生命力也将成为非洲现代化进程中的重要动力。

非洲文化的第一次觉醒是在20世纪30年代的"黑人性(Negritude)"文化运动,是属于法语非洲的文化。第二次是马里的阿赫迈德·巴巴图书馆的阿拉伯文手稿项目。前者表明了对法国殖民主义文化的抗争,后者反映了殖民主义到来之前的伊斯兰文化的复兴。除了伊斯兰文化和西方文化之外,撒哈拉以南非洲还有自己的本土文化,这些本土文化不仅延续至今,而且随着媒体和旅游业的发展,也呈现出复兴的兆头。正是这些不同文化的冲突、交织和融合,决定了非洲文化事业发展的多元性。"非洲个性"是非洲文化传统的精髓。作为新一代黑人青年,他们不愿再像其长辈那样顺从地接受殖民制度的奴役和同化,在他们看来,继续保持消极、被动的态度只会助长白人殖民者的优越感和泯灭黑人固有的个性。他们所希望的并为之奋斗的目标是从殖民制度的精神枷锁中彻底挣脱出来,因为只有这样才能真正地生活,才能证明并实现黑人的存在价值及其对人类所做出的贡献。

这种精神上的觉醒,一来是对殖民地化的回应,即对欧洲缺少人道的控诉并拒绝西方的统治及其思想;二来是针对认同的危机,提出了"接受并骄傲地成为黑人",

---

① 姜忠尽:《世界文化地理》,南京:江苏教育出版社,1997年,第271—272页。

有提升非洲历史、传统和信仰的价值的作用,并对恢复非洲人的尊严和自信产生了深远的影响;三是用非常现实的文学风格表达非洲的传统文化。因此,渐渐形成了一种新式的黑人文化传统。

随着全球政治经济一体化,文化也逐渐呈多元化趋势,而文化身份的认同问题已成为新的历史背景下最重要的话题之一,也是文化现代化中不能忽略的一部分内容。"现代化"对非洲国家而言,首先是获得尊严。因为大西洋奴隶贸易和殖民统治降低了非洲人的地位,只有赢得国家的独立和主权,才能恢复民族的尊严。这是所有非洲人共同追求的首要目标。其次是文化上的进一步融合和认同感的进一步增强。非洲的文化不单纯是由非洲人自己创造的,正如非洲的历史一样,但它又始终具有区别于其他大陆文化的非洲特征。总之,非洲的现代化,首先就不可能是西化,但也不会排斥和拒绝外来因素。实际上,没有任何外来因素可以摧毁非洲本土的文化。当然,非洲本土文化也不可能不加以改造而长期持续下去。在政治、经济、社会和文化发展的各个层面,非洲国家都需要根据其以往的经验和教训,集全人类之智慧、技术和发明,付出自己的劳动和汗水,再探索并实践适合自己的发展道路。

随着文化保守主义的兴起和后殖民主义的衰微,文化身份的认同与重建已经成为一个无法回避的全球性问题。要探究全球化趋势下文化身份的认同与重建,首先必须理解什么是文化身份。在《全球化时代的文学和文化身份构建》中,荷兰学者瑞恩·赛格斯(Rien Segers)指出,文化身份具有固有的"特征"和理论上的"重建"之双重意义,也就是说,文化身份已经不仅仅是人们固有概念里某一特定文化所特有的,某一具体的民族与生俱来的一系列特征,同时体现了具有主观能动性的个人所寻求的"认同"之深层涵义。[①] 这一文化身份的概念,在一定程度上打破了我们固有的"民族文化身份"定义里的界限。在文学研究、文化研究乃至社会科学研究领域,对文化身份展开的讨论与思考已相当深入。美国著名编剧奥古斯特·威尔逊(August Wilson)在论及美国黑人身份的时候,以"我们是谁"的提问来引发对美国非裔黑人生存现状的思考,引导他们正确地认识后殖民主义和文化帝国主义。[②] 另一位美国著名非裔作家艾丽斯·沃克(Alice Walker)在《外婆的日用家当》中对文化身份的认同与重建也进行了深刻的思考。[③] 在经历了大迁徙、大萧条和黑人权利运动等一系列重大历史变革之后,在非洲文化传统与西方文化的双重意识下,这位非裔作家对自

---

① 瑞恩·赛格斯:《全球化时代的文学和文化身份构建》,载《跨文化对话(2)》,上海:上海文化出版社,1999 年,第 90 - 99 页。

② 黄坚:《从"我是谁?"到"我们是谁":论奥古斯特·威尔逊戏剧中的美国黑人身份认同》,博士学位论文,华东师范大学,2009 年,第 12 - 16 页。

③ 杜荣芳、胡庆洪:《寻找女性的家园——浅析艾丽斯·沃克的〈外婆的日用家当〉》,载《重庆文理学院学报》(社会科学版),2006 年第 3 期,第 29 - 32 页。

己特有的文化身份产生了前所未有的焦虑。凭借着带有一定自传色彩的《三个女强人》,法国非裔作家玛丽·恩迪耶获得了 2009 年的法国龚古尔奖。这位长着非洲面孔、接受过法国文化熏陶的女作家,通过细腻的笔触向读者讲述了三个非洲女人与法国相关的奇特遭遇。"非洲"、"法国"和"文化身份"共同构成了这部文学作品的主题。毋庸置疑,在当今政治经济全球化的大背景下,文化身份的探寻与重建已经成为探索"民族历史"和发展"国家软实力"的重要课题。

一味的文化保守主义和后殖民主义显然是可怕的。全球经济一体化让我们面临着新型的多元文化世界格局,在一元文化中寻求发展是不现实的。正如法国作家热·文索诺在《文化身份》一书中指出的,在这个经济全球化的时代,人们所认定的传统意义上的文化界限逐渐变得模糊,无论是文化还是公民身份都不可能完全分离而独立存在。相反,文化身份已然形成一种复杂的社会现象,既依赖于社会参与者不断地更新创造,也扎根于其传承的历史,并且与这二者碰撞时的社会大环境息息相关。在领土、宗教、国家、民族等领域,文化身份都引发了激烈的争论与探讨。人类通过这种自发的,甚至理所当然的一致性,重新定位自己,进而给了人类之所以存在的意义。[①] 如何从文化多元走向文化融合,在相异性中找寻双方的共同点,在民族文化核心价值认同的基础上,批判地吸收与融合外来文化的优秀成果,并以此来谋求进一步发展,在双方文化"对话"中找到新的突破点显得十分重要。杨洪承在《关于中国比较文学研究的思考》中提出了对文化身份、文化立场和文化语境的独到见解:在多重叠合的文化语境中,我们所面临的生存境遇和选择,是要不断探寻适应文化语境变化的新的增长点,必须采取兼容并包与承认差异的文化立场。[②]

如今,非洲人的文化成就表现在各个方面,自 20 世纪 30 年代的黑人文化传统到今天的本土文化兴起,均有一种力求摆脱宗主国文化控制的倾向(并非排斥这种文化本身,而是反对其霸权)。在不断的探索中,撒哈拉以南非洲文化从自身丰厚的底蕴中,又焕发出了新的色彩。

三、中非合作框架构建下的文化交流

中国历来与非洲兄弟国家在政治、经济、文化合作等各个领域都能互通有无、互帮互赢。近年来,借着非洲发展的良好势头,中非合作更是取得了长足的进步,双方建立了"政治上平等互信、经济上合作共赢、文化上交流互鉴"的新型战略伙伴关系。目前,中国是非洲第一大贸易伙伴,非洲是中国第四大海外投资目的地。近年来,中国对非洲经济增长的贡献率达 20% 以上。双方贸易额由 2000 年的 106 亿美元增长

---

① 　Vinsonneau Genevieve,*L'identité culturelle*,Paris:Armand Colin,2002:9.

② 　杨洪承:《关于中国比较文学研究的思考》,上海:上海文化出版社,2001 年,第 180 页。

至 2008 年的 1068 亿美元,年增长率保持在 30％以上。更值得一提的是,中非双方的文化交流日益频繁,每年都有相当数量的文化代表团互访,涉及科技、教育、经济、文化、艺术等各个领域。越来越多的孔子学院在非洲成立,非洲在华留学生人数也不断增加。

在中非双方的不断推动下,中非双方在政治、经济、文化等领域的合作已经获得显著成果,但是仅仅停留在贸易、援建等层面是远远不够的,所幸我们已经能够看到,目前的一些讨论与专门性的研究已经深入到了文化层面。尽管我们所倡导的文化多元性为人指摘,似乎带来了一些负面的声音,将文化交流误读为"文化霸权主义"、"新殖民主义",然而实际上,要想进一步推动中非合作的可持续发展,让中非文化交流从多元走向融合,就一定要加强双方文化"对话",这是全球化语境下和平发展、共同繁荣的唯一途径,那么首先需要找到其中的关节点所在。关于文化的对话,不能仅仅流于"了解"这一表面,更多的是要进入到意识形态、思维观念等深层次的领域。一个民族的思维模式并不单单只是一种风俗习惯,更是会影响到国家大政方针的指定、经济政策的拟定以及文化教育的目光。然而撒哈拉以南非洲在思维观念的革新上仍然有很长的路要走,比如竞争意识的强化,比如对经济建设的重视或是对稳定政局的营造。即便是在南非这样非洲较为发达的国家,当局不仅尚未完成革命党到执政党的转换,同时经济实力的竞争意识非常薄弱。

综上所述,在中非合作日益频繁的今天,对于非洲国家来说,如何重新定义文化身份已成为重大历史意义的新课题,因为这关切到非洲各国在面对国际新形势、在实现现代化的道路上,是否能够在立足于传统文化的同时,创造出新的、更为先进的文明;对我们而言,需要学习、理解和尊重非洲文化,尽管其传统文化有保守的一面,但作为一笔丰富的文化遗产,也有其独特性和代表性,且已经渗透于非洲人民的日常生活中。只有对非洲文化的理解和尊重,才能促使中非异质文明从多元走向融合,中非合作才大有希望,才能在复杂的国际关系中走向美好的未来。

无论是一体化还是现代化,非洲国家都有很长的路要走,因为在新自由主义的全球化世界里,边缘资本主义不可能形成古典意义上的国家。非洲国家城市化不是一条从黑暗迈向光明的直线。城市化是一种不间断的社会重组,包括政治、经济、文化等各个方面,同时受到历史时间(时代)、地理空间和生态资源的限制。城市的主人公需要知道自己来自何处、现在在哪里、将来要走向何方,需要加强认同感,需要实现自治;同时应当摒弃西方的理念,要认识到工业化不等于城市化,城市化也不等于现代化。从这个意义上来说,从挖掘文化深层次含义的过程中探寻出新的视角,对于非洲未来的现代化发展之路有着重大的意义。

谨以《现代非洲人文地理》献给母校
南京大学非洲研究所成立五十周年。

姜 忠 尽
南京大学地理系经济地理专业
一九六四届毕业生敬献

"十二五"国家重点图书出版规划项目
国 家 出 版 基 金 资 助 项 目
南京大学非洲研究所江苏高校国际问题研究中心建设项目成果
江 苏 省 优 势 学 科 建 设 工 程 资 助 项 目

非洲资源开发与中非能源合作安全研究丛书　黄贤金　甄　峰 主编

现代非洲人文地理（下册）

姜忠尽 主　编

刘立涛　周秀慧　姜　磊 副主编

南京大学出版社

图书在版编目(CIP)数据

现代非洲人文地理:全2册 / 姜忠尽主编. —南京:
南京大学出版社,2014.11

(非洲资源开发与中非能源合作安全研究丛书 / 黄
贤金,甄峰主编)

ISBN 978 - 7 - 305 - 14215 - 4

Ⅰ.①现… Ⅱ.①姜… Ⅲ.①人文地理学—非洲
Ⅳ.①K94

中国版本图书馆 CIP 数据核字(2014)第 263650 号

出版发行　南京大学出版社
社　　　址　南京市汉口路 22 号　　邮　编　210093
出 版 人　金鑫荣

丛 书 名　**非洲资源开发与中非能源合作安全研究丛书**
主　　编　黄贤金　甄　峰
书　　名　**现代非洲人文地理(下册)**
主　　编　姜忠尽
责任编辑　陈　露　田　甜　吴　华　　　编辑热线　025 - 83596997
照　　排　南京紫藤制版印务中心
印　　刷　扬中市印刷有限公司
开　　本　718×1000　1/16　总印张 75.25　总字数 1474 千
版　　次　2014 年 11 月第 1 版　2014 年 11 月第 1 次印刷
ISBN　978 - 7 - 305 - 14215 - 4
定　　价　230.00 元(上、下两册)

网址:http://www.njupco.com
官方微博:http://weibo.com/njupco
官方微信号:njupress
销售咨询热线:(025)83594756

下册目录

第五编　非洲交通运输与通信

第六编　非洲对外经济关系

第七编　相知无远近　万里尚为邻
——中非关系的历史演进

CONTENTS

Part Four Resources Development and Industrial Allocation of Africa

Part Six   Foreign Economic and Cultural Relations of Africa

Part Seven　Distance Can't Separate True Friends: Evolution of Contemporary Sino-Africa Relations

第四编

非洲资源开发与产业布局

第一章

非洲主要作物

第一节　粮食作物

一、主要粮食作物构成

非洲农业主要是生存型农业,因此,粮食作物在农业尤其是种植业中占有突出地位。农民为养家糊口,不得不把辛辛苦苦开垦出来的土地用来种植粮食作物。

非洲粮食作物主要包括玉米、小麦、高粱、粟类、稻谷等谷类作物,和以木薯为主的薯类作物。此外,非洲还有用作口粮的粮食作物大蕉(Plantain)、苔麸和椰枣。在粮食作物构成上,以粗粮作物种植为主,约占粮食作物种植面积的80％以上,细粮作物种植面积约占10％。2010年,非洲粮食作物总产量约3.88亿吨,其中粗粮作物产量占近80％,细粮作物产量仅占10％。从20世纪80年代后期以来,整个非洲的粮食生产呈加速之势,1985年至2010年的25年间,粮食产量年平均增长3.78％,高于世界平均增长速度1.17％。1990—2010年非洲粮食作物总种植面积的增长趋势见图4-1-1。

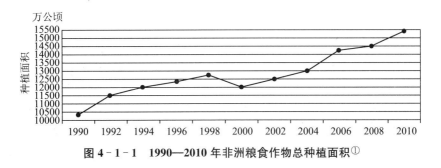

图4-1-1　1990—2010年非洲粮食作物总种植面积①

---

① 根据 FAO 统计编制。

非洲粮食作物单位面积产量低而不稳是一大突出问题。非洲所产主要谷类作物单产水平都远低于世界平均水平。例如,作为非洲人主食的玉米,2010年平均每公顷产量只有2078.7千克,仅及世界平均水平的40%。木薯也是非洲人的主食之一,2010年单产为平均每公顷10223.8千克,也低于世界平均水平的1234601千克。1990—2010年非洲粮食作物总产量变化趋势见图4-1-2。

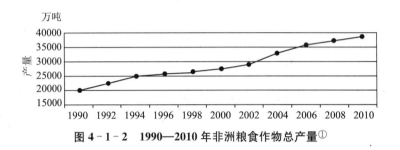

图 4-1-2　1990—2010 年非洲粮食作物总产量①

从粮食作物种植构成上看(见图4-1-3和图4-1-4),2012年,玉米产量占粮食作物产量的比重为13%,种植面积占总种植面积的比重为36%;小麦占比分别为12%和11%;豆类作物占比分别为2%和8%;薯类作物占比分别为26%和5%;高粱占比分别为11%和24%;稻谷占比分别为13%和11%。

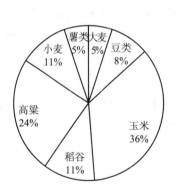

图 4-1-3　2012 年各粮食作物
种植面积占总面积之比②

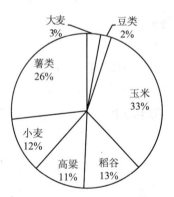

图 4-1-4　2012 年各粮食
作物产量占总产量之比③

非洲的粮食作物分布与地区组成因各国所处的地理位置不同,加之作物的分布与当地的气候条件、农业技术的发达程度密切相关,因此粮食作物在各国的种植构成不尽相同,有些国家主要生产玉米、高粱、小麦,有些国家则以生产块根作物为主。

① 根据 FAO 统计编制。
② 根据 FAO 统计编制。
③ 根据 FAO 统计编制。

由于赤道横贯大陆中部,非洲的自然环境具有比较典型的水平地带性,气候类型呈带状沿纬线东西延伸、南北对称、依次更替的递变规律十分明显,充分表现出非洲气候的独特性。以赤道地区的热带雨林气候为中轴向南、向北依次递变为热带草原气候、热带沙漠气候和地中海气候,而且北非的热带稀树草原气候和热带荒漠、半荒漠气候区呈带状自大西洋沿岸直抵红海和印度洋沿岸。在此气候环境的制约下,非洲粮食作物的地理分布也表现出相似的规律性。非洲国家和地区可分为 6 个不同的粮食作物结构类型。

① 以玉米为主的类型,主要分布在东部、南部非洲的亚热带草原和干湿季分明的热带草原带,首要粮食作物是玉米,其次是薯类、高粱、粟、豆类等。

② 以薯类为主的类型,主要分布于中、西非热带森林带和与其相邻的热带草原地区,作物以薯类占绝对优势,次要作物是玉米和豆类,如在刚果的粮食作物的种植面积中,薯类占 68%。

③ 以高粱、粟类为主的类型,主要分布于中非、西非热带草原带偏干旱的部分和萨赫勒地带。高粱、粟占重要地位,其他作物居于次要地位。例如在苏丹的粮食作物种植面积中,高粱和粟占 90%;在纳米比亚的粮食作物种植面积中,高粱和粟合占 78%。

④ 以麦类为主的类型,主要分布于南、北两端的地中海气候带与热带非洲海拔高于 1500 米以上的气候比较凉爽的山地、高地地区。麦类(小麦和大麦)处于优势地位,例如在利比亚的粮食作物种植面积中,大麦占 50%,小麦占 33%。西撒哈拉是唯一一个只种植大麦,而不种植其他粮食作物的国家。

⑤ 以稻谷为主的类型,集中于西非,仅见于塞拉利昂、利比里亚、马达加斯加、几内亚、几内亚比绍五国,以及埃及。

⑥ 以玉米、小麦为主的类型,主要分布在南部非洲的热带草原地区,例如,南非玉米种植面积占 70% 以上,小麦占 20% 左右。

二、谷类作物

1. 玉米

玉米是非洲最重要的粮食作物,种植面积、产量与出口量均居非洲首位。1980年非洲玉米的种植面积为 2224 多万公顷,占非洲谷类作物总种植面积的 30%;产量2719 多万吨,占非洲谷物总产量的 38%。而到 2008 年,玉米种植面积约 2915 多万公顷,占非洲谷物总种植面积的 20.3%;产量 5320 多万吨,占非洲谷物总产量的 14.3%。玉米在粗粮中不仅单产最高,收益也最大,近一个世纪以来,特别是近 20 年来,玉米种植面积迅速扩大,并逐步取代传统的谷类作物如高粱、粟类等。在有些国家和地区,玉米除作主食外,也作为饲料和青贮饲料。玉米也是非洲国家出口量最

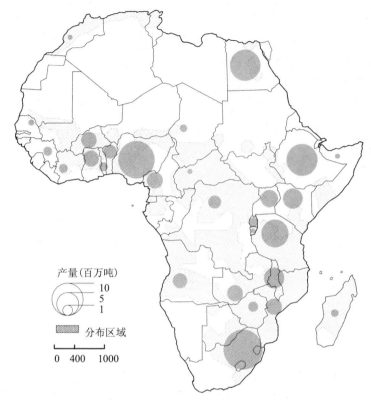

图 4-1-5　2013 年非洲玉米分布图[1]

大的谷物作物,1980 年占非洲各国谷物总出口量的 77.8%[2],但出口流向比较局限,多在邻国间进行贸易,基本上不输出洲外。

　　玉米的种植历史已有 400 多年,最早由哥伦布于 1494 年将玉米从美洲带回欧洲,又于 16 世纪由欧洲传入非洲。玉米的分布极其广泛,到现在为止,几乎每个非洲国家都有玉米种植,其中又以东部、南部非洲的亚热带草原和干湿季分明的热带草原最为集中,而终年多雨的热带森林带、降水稀少且变动率很大的萨赫勒带、冬雨夏干的西北非地中海气候区的玉米种植面积都比较有限(见图 4-1-5)。2010 年南非、埃及和尼日利亚是非洲玉米的主要生产国,其产量合计占非洲总产量的近 43%,2013 年三国玉米合计产量有所减少,占比下降至 41%。总体上非洲的玉米以自给性生产为主,仅埃及、马拉维、南非、津巴布韦等少数国家将部分玉米用于出口。

　　2001—2010 年,非洲玉米产量总体平稳(见图 4-1-6)。2010 年非洲玉米总产

　　① 产量根据 FAO 统计编制。本节的粮食作物分布区域均采自 Roy Cole, Harm J. De Blij, *Survey of Sub-saharan Africa: A Regional Geography*, Oxford: Oxford University Press, 2007 绘制。
　　② 曾尊固:《非洲农业地理》,北京:商务印书馆,1984 年,第 89 页。

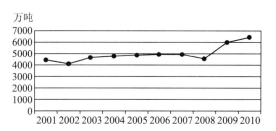

图 4‐1‐6　非洲玉米产量①

量达 6358 万吨,是继美洲、亚洲、欧洲之后的第四大玉米生产洲,占世界总产量
843030.8 万吨的 7.6%。

南非是非洲最大的玉米生产国,1980 年产量 1023 万吨,占非洲总产量的 1/3;
1990 年产量 918 万吨,占非洲总产量的 24.4%;2000 年产量 1143.1 万吨,占非洲总
产量的 25.8%;到 2010 年产量已达 1281.5 万吨,但占比下降到 20.20%;2013 年产量
占比降至 17.3%。尼日利亚、埃及、坦桑尼亚、埃塞俄比亚、马拉维、肯尼亚、赞比亚、
莫桑比克、乌干达等也是玉米主要生产国(见表 4‐1‐1)。

表 4‐1‐1　2010 年与 2013 年非洲玉米主要生产国产量一览表②

国家(地区)	产量(万吨)		占非洲比(%)	
	2010 年	2013 年	2010 年	2013 年
南非	1281.5	1236.5	20.2	17.3
尼日利亚	730.6	1040.0	11.5	14.5
埃及	718.3	650.0	11.3	9.1
埃塞俄比亚	389.7	667.4	6.1	9.3
坦桑尼亚	473.6	535.6	7.4	7.5
马拉维	341.9	364.0	5.4	5.1
肯尼亚	322.2	339.1	5.1	4.7
赞比亚	279.5	253.3	4.4	3.5
莫桑比克	124.9	163.1	2.0	2.3
乌干达	137.3	274.8	2.2	3.8
非洲	6358.0	7161.3	100.0	100.0
世界	84030.8	101673.6		

---

①　数据来源:根据 FAO 统计制图。

②　数据来源:根据 FAO 统计制图。

非洲玉米生产大部分是小农经营的形式,单产很低,2008 年平均每公顷 1886.9 公斤,但增长潜力巨大。1961—2010 年非洲玉米单产情况见图 4-1-7。津巴布韦、南非、肯尼亚、莫桑比克等国家和地区注重玉米的品种改良,应用先进技术进行田间管理,又有许多专门农场经营玉米生产,其单产都超过了非洲的平均水平。而玉米生产集约化程度较高的埃及,其单产更高达 7977 公斤/公顷,为非洲平均单产水平的四倍多。

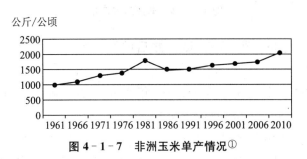

公斤/公顷

图 4-1-7　非洲玉米单产情况①

非洲大部分地区的气温条件可一年两季,南非充分利用玉米的这一生长特点,在降雨相对集中的夏季种植玉米。②南部非洲和撒哈拉沙漠的绿洲都积累了这方面的实践经验,使玉米增产潜力更大。

2. 高粱、粟类

(1) 高粱

高粱为非洲仅次于玉米的主要谷类作物,2010 年,种植面积为 2483.8 万公顷,约占非洲谷物种植面积的 1/4;产量 2110.8 万吨,占非洲谷物总产量的 15% 以上。

非洲是高粱的起源地,至今在非洲的很多地方还能发现野生高粱。它作为种植的作物,也已有上千年历史。很多国家的高粱都是从非洲引进的。高粱和玉米一样,都是非洲传统的粮食作物,是当地居民的主食之一,而且高粱有广泛的用途和优良的作物特性,耐旱、耐高温、耐瘠薄,需水量少,适应能力强。因为高粱具有这种特性,当地居民在种植粮食作物时,常将玉米种植在水分条件优越的地段,而将高粱种植在偏干旱的地区,以致高粱主要集中在非洲热带草原较干燥的地区。苏丹、尼日利亚、尼日尔、埃塞俄比亚、布基纳法索和马里是高粱主要生产国。2010 年六国高粱产量占非洲总产量的 75%;2013 年六国产量合计占比上升至 81.7%,其中产量最高的国家是苏丹,为 713.6 万吨,占非洲高粱总产量的 28.7%(表 4-1-2)。2013 年非洲高粱分布图见图 4-1-8。

① 数据来源:根据 FAO 统计制图。

② 图片来源:http://zhidao.baidu.com/question/81850941.html。

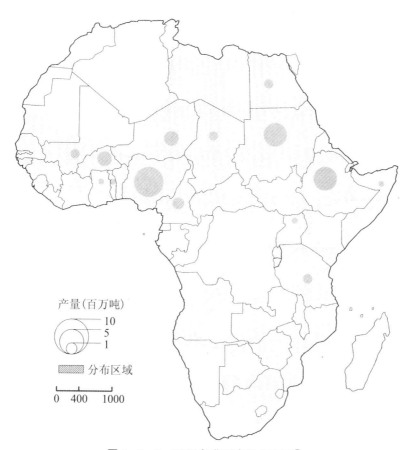

图 4-1-8　2013 年非洲高粱分布图①

图 4-1-9　非洲高粱

———————

① 根据 FAO 统计制图。

表 4-1-2   2010 年和 2013 年非洲高粱生产情况一览表①

| 国家(地区) | 种植面积 | | | | 产量 | | | | 单产 |
| | 万公顷 | | 占非洲(%) | | 万吨 | | 占非洲(%) | | 公斤/公顷 |
	2010 年	2013 年	2010 年	2013 年	2010 年	2013 年	2010 年	2013 年	2013 年
尼日利亚	473.7	550	19.1	22.1	478.4	670	22.7	26.1	1218.2
尼日尔	332.2	310	13.4	12.5	130.5	128.7	6.2	5	415.2
埃塞俄比亚	161.9	184.7	6.5	7.4	297.1	433.8	14.1	16.9	2348.7
布基纳法索	198.3	180	8.0	7.2	199.0	194	9.4	7.5	1077.8
苏丹	561.3	713.6	22.6	28.7	263.0	452.4	12.5	17.6	634.0
喀麦隆	70.0	80	2.8	3.2	90.0	115	4.3	4.5	1437.5
乍得	87.0	85	3.5	3.4	68.0	74.5	3.2	2.9	876.5
马里	122.0	93.8	4.9	3.8	125.7	82	6.0	3.2	874.2
非洲	2483.8	2483.8	100.0	100	2110.8	2570.6	100.0	100	1034.9
世界	4093.6		4212		5572.2		6138.5		1457.4

非洲的高粱皆以自给性生产为主,生产经营粗放,以家庭农户型耕种为主,单产水平低下。2010 年,非洲平均每公顷仅产约 849.8 公斤,只及世界平均单产水平的 60% 左右,但增产潜力巨大。埃及是非洲高粱单位面积产量最高的国家,每公顷 58.9 公斤。

(2) 粟类

图 4-1-10　珍珠粟

图 4-1-11　龙爪稷②

粟类同高粱一样,也是非洲的传统粮食作物之一,可作为粮食和饲料,其蛋白质

---

① 资料来源:FAO 统计。
② 图片来源:http://www.zj.xinhuanet.com。

和维生素含量高,植物酸含量低而富含铁钙等矿物质,营养价值比水稻、小麦、玉米等谷类作物高;其耐储存的特性对于解决粮食丰歉不稳定的问题有着积极作用。

图 4-1-12　非洲谷子

非洲的粟类主要有以下几种类型:西非的珍珠粟、撒哈拉沙漠南部的龙爪稷、中东非热带地区的食用稷、埃塞俄比亚的苔麸、西非热带草原的马唐以及可以归类为粟类作物的臂形草属种和狗尾草属种。

粟类比高粱更为耐旱、耐贫瘠和耐盐碱,因此其分布范围与高粱大体一致并更加广泛,在解决干旱和半干旱地区的粮食问题上更为重要。粟类是热带稀树草原和萨赫勒带具有优势的谷物类作物,主要分布在尼日利亚、尼日尔、布基纳法索、马里、乌干达、苏丹、塞内加尔、乍得、埃塞俄比亚和坦桑尼亚,其中尼日尔、尼日利亚、马里、布基纳法索四国的产量占非洲总产量的 68.7%。2013 年产量最多的国家是尼日尔,其产量为 710 万吨,占非洲总产量的 33.9%(见表 4-1-3)。

表 4-1-3　2010 年与 2013 年非洲粟类主要生产国情况一览表[①]

国家(地区)	种植面积				产量				单产
	万公顷		占非洲(%)		万吨		占非洲(%)		公斤/公顷
	2010 年	2013 年	2010 年	2013 年	2010 年	2013 年	2010 年	2013 年	2013 年
尼日利亚	375.0	380	17.8	18.2	412.5	500	27.0	33.1	1315.8
尼日尔	725.3	710	34.3	33.9	384.3	299.5	25.2	19.8	421.8
布基纳法索	136.2	130	6.4	6.2	114.8	110.9	7.5	7.3	853.1
马里	146.3	143.7	6.9	6.9	137.3	115.2	9.0	7.6	801.7

① 资料来源:FAO 统计。

| 国家(地区) | 种植面积 | | | | 产量 | | | | 单产 |
| | 万公顷 | | 占非洲(%) | | 万吨 | | 占非洲(%) | | 公斤/公顷 |
	2010 年	2013 年	2010 年	2013 年	2010 年	2013 年	2010 年	2013 年	2013 年
乌干达	47.0	18	2.2	0.9	85.0	22.8	5.6	1.5	1266.7
苏丹	201.6	278.2	9.5	13.3	47.1	10.9	3.1	7.2	391.8
塞内加尔	103.3	71.4	4.9	3.4	81.3	57.2	5.3	3.8	801.1
乍得	98.5	80	4.7	3.8	60.0	58.2	3.9	3.9	727.5
埃塞俄比亚	36.9	43.2	1.7	2.1	52.4	80.7	3.4	5.3	1968.1
坦桑尼亚	33.0	33.5	1.6	1.6	22.5	32.3	1.5	2.1	964.2
非洲	2111.9	2092.6	100.0	100.0	1526.6	1509.3	100.0	100.0	721.3
世界	3479.1		3291.6		3158.3		2987		907.5

粟米是非洲农村人口的主食之一。近 30 年来,非洲粟类产量稳步增长。2013 年,全洲粟类种植面积 2092.6 万公顷,占世界粟类种植面积的 63.6% 左右;产量 1509.3 万吨,占世界产量的 50.5%,是世界粟类产量最大的洲。尼日利亚和尼日尔是非洲两个最大的粟类生产国,2013 年两国的合计产量占非洲的 52.9%。

非洲粟类单产水平略低于世界平均水平。随着农业的发展,科技和耕作方法的进步,非洲很多国家的粟类单产已达到世界先进水平。例如,2013 年埃塞俄比亚、尼日尔、乌干达的粟类单产分别高达 1968.1 公斤、1315.8 公斤、1266.7 公斤,远高于世界平均水平的 907.5 公斤。

3. 小麦

小麦在谷类作物中居第四位。2010 年非洲小麦种植面积 865.9 万公顷,占世界小麦总种植面积的4.2%;产量 2112.9 万吨,占世界小麦总产量的3.1%。小麦产量与种植面积近三十年来稳定增长,但与其他各类粮食作物相比,小麦仍为非洲最缺乏的谷物,依靠大量进口。因此,现在非洲许多国家加紧对小麦种植的研究,正根据各自自身的条件努力发展小麦生产。

小麦在非洲的生产分布主要集中在三类区域①(见图 4-1-13):

① 分布在热带非洲海拔高于 1500 米以上气候比较凉爽的山地、高地。此类地区属于夏雨冬干区,为使小麦能充分利用天然降水,多采用春夏类型,以便雨季播

---

① 曾尊固:《非洲农业地理》,北京:商务印书馆,1984 年,第 92 页。

种、雨季末旱季初收获。

② 分布在南、北两端的地中海式气候带。主要生产小麦的国家有阿尔及利亚、摩洛哥、南非和突尼斯。

③ 分布在全年少雨区和夏雨冬干区的灌溉地上。该区域种植生育期与年内气温较低时期相一致的冬小麦。以埃及为代表,其为非洲最大的小麦生产国。灌溉地上的小麦生产发展最快,尤其是苏丹等国的灌溉区,已经逐步成为重要的小麦生产基地。在赞比亚等一些地区,小麦的种植面积和产量也不断上升。

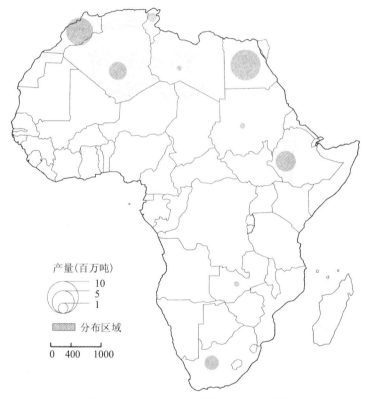

图 4-1-13 2013 年非洲小麦分布图①

小麦除由小农经营外,也有许多私营和国营农场经营。全洲平均单产不高,2010 年每公顷产 2319.2 公斤,与世界平均水平尚有一定差距。洲内差别也较大,埃及、赞比亚等灌溉地地区的单产较高,是全洲平均单产水平的两倍以上(见表 4-1-4)。近年来非洲小麦产量增长曲线见图 4-1-14。

————————

① 根据 FAO 统计制图。

表 4-1-4　2010 年和 2013 年非洲小麦生产情况一览表[①]

| 国家(地区) | 种植面积 | | | | 产量 | | | | 单产 |
| | 万公顷 | | 占非洲(%) | | 万吨 | | 占非洲(%) | | 公斤/公顷 |
	2010 年	2013 年	2010 年	2013 年	2010 年	2013 年	2010 年	2013 年	2013 年
埃及	128.8	141.9	13.5	14.1	716.9	946	32.4	45.3	6666.7
摩洛哥	285.2	320.4	29.9	31.8	487.6	693.4	22.1	33.2	2164.2
埃塞俄比亚	168.4	170.6	17.7	16.9	307.6	403.9	13.9	19.4	2367.5
阿尔及利亚	190.0	190	19.9	18.8	310.0	320	14.0	15.3	1684.2
南非	55.8	50	5.9	5.0	143.0	176	6.5	8.4	3250.0
突尼斯	43.4	50	4.6	5.0	82.2	97.6	3.7	4.7	1952.0
非洲	953.1	1008.4	100.0	100.0	2210.5	2087.3	100.0	100.0	2069.9
世界	21721.9		21846.1		65365.5		71318.3		3264.6

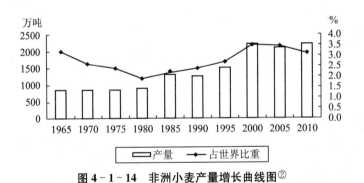

图 4-1-14　非洲小麦产量增长曲线图[②]

4. 稻谷

　　稻谷在非洲的种植历史悠久。很早以前,热带非洲的一些地区就有种植旱稻的习惯,中世纪时阿拉伯人又将水稻引入非洲。2013 年,全洲稻谷(包括旱稻和水稻)种植面积 1093 万公顷,占世界总稻谷种植面积的 6.6%;产量 2931.8 万吨,占世界总稻谷产量的 3.9%。

　　稻谷不仅可以在湿热带地区种植,也可以在干雨季交替的地区发展,在干旱、半干旱地区有灌溉条件的地区仍可以发展,因此水稻是非洲发展最快、发展潜力最大

----

① 数据来源:FAO 统计。

② 根据 FAO 统计编图。

的一种商品粮食作物。

　　非洲热量丰富,湖泊河流众多,为发展水田灌溉提供了条件,目前因水利设施不足,稻田仍集中分布在少数国家。埃及、尼日利亚、马达加斯加、坦桑尼亚、马里五大稻谷生产国在 2013 年的产量合占非洲总产量的 6.3%,其他主要生产国还有几内亚、科特迪瓦等。几内亚湾沿岸、尼日尔河中游、刚果盆地东部正在形成新的稻产区,东非肯尼亚、坦桑尼亚等国境内也出现了新的水稻生产基地。2013 年非洲稻谷分布见图 4-1-15。

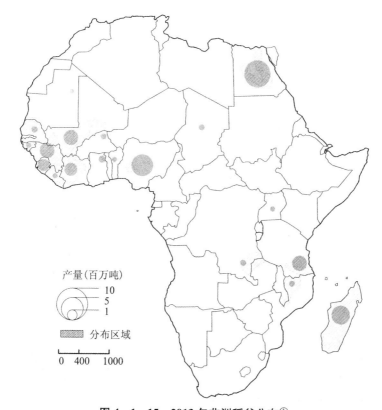

图 4-1-15　2013 年非洲稻谷分布①

　　水稻是许多热带非洲国家重点发展的作物,1980—2010 年全洲水稻种植面积扩大 1 倍,产量增长约近 2 倍(见图 4-1-16)。

---

　　①　根据 FAO 统计编图。

表 4-1-5 2010 年和 2013 年非洲水稻生产一览表①

国　别	面积(万公顷)		占非洲(%)		产量(万吨)		占非洲(%)	
	2010 年	2013 年	2010 年	2013 年	2010 年	2013 年	2010 年	2013 年
尼日利亚	178.8	260	19.1	29.8	321.9	470	14.0	16.0
马达加斯加	180.8	130	19.4	11.9	473.8	361.1	20.6	12.3
几内亚	86.4	110	9.2	10.1	149.9	205.3	6.5	7.0
埃及	46.0	70	4.9	6.4	433.0	675	18.8	23.0
坦桑尼亚	72.0	92.8	7.7	8.5	110.5	219.5	4.8	7.5
马里	47.1	60.5	5.0	5.5	230.8	221.2	10.0	7.5
科特迪瓦	39.5	38	4.2	3.5	72.3	187.5	3.1	6.4
利比里亚	25.1	23	2.7	2.1	29.6	23.8	1.3	0.8
莫桑比克	15.8	30	1.7	2.7	18.0	35.1	0.8	1.2
非洲	934.1	1093.1	100.0	100	2297.7	2931.8	100.0	100
世界	15941.7		16472.2		69632.4		74571	

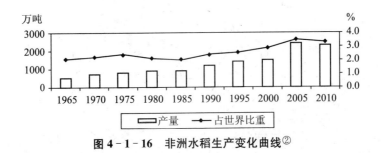

图 4-1-16 非洲水稻生产变化曲线②

在非洲,传统的种稻方式与现代基地式水稻产区并存。稻谷也有不同类,除常见的水稻与旱稻外,还有浮稻。浮稻是非洲特有的稻谷品种,分布在河口湾、河湖沿岸和沼泽地带,在潮水影响范围内,能在水位大幅度变化的地方取得稳定的产量,因此有"奇迹水稻"之称。马里的稻谷生产中浮稻占据了 70% 左右,另外浮稻的生产在尼日利亚、冈比亚、塞拉利昂、塞内加尔等国也很普遍。

非洲稻谷生产水平极不平衡,除埃及(平均每公顷单产 9421.7 公斤)以外各国稻谷单产水平都很低,2010 年全非洲的单产为平均每公顷 2078.7 公斤,只及世界单产水平(4373.6 公斤)的 57.7% 左右。整个非洲的稻谷产量还远不能满足非洲内部的

---

① 资料来源:FAO 统计。

② 根据 FAO 统计制图。

需求,每年要从美国和东南亚大量进口。[1]

三、薯类作物

非洲是世界重要的薯类产区之一,薯类作物亦是非洲广大农村居民的重要主食。2008 年非洲薯类作物种植面积为 2409.8 万公顷,占世界薯类总种植面积的 45.7%;产量 21643.8 万吨,占世界总产量的 29.7%。非洲主要薯类作物有木薯、薯蓣、芋、马铃薯等。

图 4-1-17　2013 年非洲木薯

1. 木薯

非洲是世界上最大的木薯产区,2010 年种植面积 1197.0 万公顷,产量 12166.1 万吨,分别占世界总量的 64.5% 和 25.8%。木薯也是非洲重要的薯类作物,一直是重点发展对象,2008 年木薯种植面积与产量分别占非洲各薯类作物总量的 65% 和 63%(图 4-1-18、图 4-1-19)。

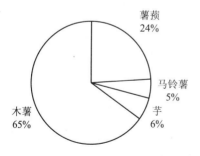

图 4-1-18　2008 年非洲各类薯类作物种植面积构成[2](万公顷)

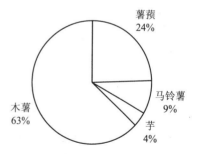

图 4-1-19　2008 年非洲各类薯类作物产量构成[3](万吨)

---

① 文云朝:《非洲农业资源开发利用》,北京:中国财政经济出版社,2000 年,第 150 页。

② 根据 FAO 统计制图。

③ 根据 FAO 统计制图。

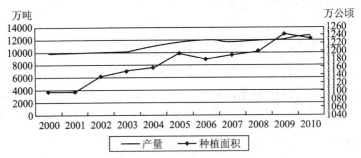

图 4-1-20 非洲木薯种植面积、产量折线图①

表 4-1-6 2010 年和 2013 年非洲国家木薯生产一览表②

国家(地区)	面积(万公顷)		占非洲(%)		产量(万吨)		占非洲(%)	
	2010 年	2013 年	2010 年	2013 年	2010 年	2013 年	2010 年	2013 年
尼日利亚	312.5	385	26.1	27.2	3750.4	5400	30.8	34.2
刚果(金)	125.2	220	10.5	15.5	114.9	1650	0.9	10.4
莫桑比克	95.0	72	7.9	5.5	570.0	1000	4.7	6.3
加纳	87.5	87	7.3	6.1	1350.0	1455	11.1	9.2
安哥拉	104.7	116.8	8.7	8.2	1385.9	1641	11.4	10.4
坦桑尼亚	79.8	95	6.7	6.7	439.2	540	3.6	3.4
乌干达	41.5	43.5	3.5	3.1	528.2	522.8	4.3	3.3
科特迪瓦	35.0	36	2.9	2.5	230.7	250	1.9	1.6
喀麦隆	21.5	31.1	1.8	2.2	302.4	459.6	2.5	2.9
马达加斯加	36.0	47.5	3.0	3.4	300.9	311.5	2.5	2.0
非洲	1197.0	1417.7	100.0	100.0	12166.1	15798.7	100.0	100.0
世界	1856.9	2073.2			23026.6	2672.2		

　　木薯属于大戟科多年生灌木块根作物,块根重达 5~16 公斤,富含大量淀粉,可以作为粮食,也可以制成各种食物和作工业淀粉的原料。木薯性喜暖湿气候,却又耐旱耐瘠,对土壤有很强的适应性,不需精耕细作,因此在非洲有"穷人的粮食"之称。木薯生长期和收获期长,可依季节灵活选择,成熟木薯的块根可以在土里保留较长时间,想吃即刨,十分方便,既可以解决储藏问题,又可以平衡粮食供应问题。

---

① 根据 FAO 统计编图。

② 资料来源:FAO 统计。

木薯广泛分布于热带非洲国家,以西非的热带森林带及其周围衍生的热带草原为最大产区,其次是东非的热带草原。尼日利亚是非洲最大的木薯生产国,2013年产量为5400万吨,占非洲木薯总产量的42%;其次为刚果(金)、安哥拉、加纳、莫桑比克等国。

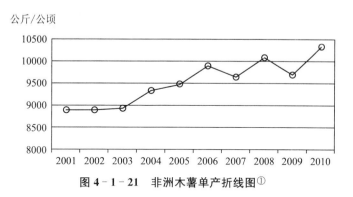

图4-1-21　非洲木薯单产折线图①

2. 薯蓣和芋

薯蓣又称作参薯和怀山药,也是块根作物,味道好于其他薯类,蛋白质含量亦较高。非洲是世界上最大的薯蓣生产区,2008年种植面积477.3万公顷,产量约5122.8万吨,占世界的比重分别为95.8%和96.5%。1980—2008年,非洲薯蓣产量增长370.5%,种植面积扩大287.8%。薯蓣对环境条件要求比较严格,只有在降水充足、土壤肥沃的地方才能获得较高的产量。薯蓣的集中产区在西非的热带森林,最大生产国是尼日利亚。2008年尼日利亚的薯蓣产量达331.8万吨,占整个非洲的23.7%以上。非洲国家中薯蓣年产超过100万吨的有乌干达和坦桑尼亚等。

薯蓣品种众多,可依季节灵活选择,种植期和收获期延续时间长,但贮存比较困难。薯蓣也属于高产量作物,平均每公顷产5000~2000公斤,其中1/3需留作种薯,故净产量远低于木薯。因此,在一些地区薯蓣有被木薯取代的趋势。

芋亦为薯类作物,原产国印度,后经埃及传入热带非洲。芋对气候要求很高,要求全年多雨气候,在沼泽地上生长最佳;性喜荫蔽,常同木本作物间作。芋广泛种植于热带森林带,其中尼日利亚、加纳、喀麦隆、刚果(金)及布隆迪、卢旺达等地种植较多。芋的产量中1/3需用于留种。尼日利亚的芋的产量甚至超过非洲总芋产量的50%。

---

①　根据FAO统计制图。

四、豆类作物与特色作物

1. 豆类作物

豆类作物在非洲农业中具有重要意义。由于经济发展水平和饮食习惯的影响,大部分非洲居民食肉量不多,豆类是食物蛋白的重要来源之一。豆类作物常与粮食作物间作和轮作,对恢复土壤地力具有重要作用,特别在热带非洲农用施肥量不高的情况下,更是农作制度中的重要环节。2008 年非洲豆类作物种植面积 2136.1 万公顷(图 4-1-22),占世界豆类总种植面积的 28.8%;产量 1216.8 万吨,占世界豆类总产量的 20%(图 4-1-23)。

20 世纪 80 年代以来,非洲豆类作物生产发展迅速,1980—2008 年产量与种植面积约增长 1.3 倍,增长率高于世界平均水平。

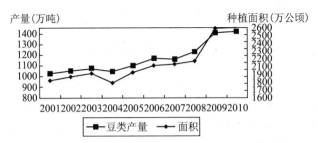

图 4-1-22　非洲豆类种植面积和产量①

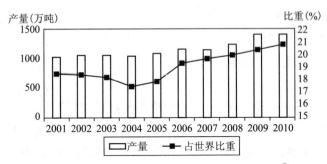

图 4-1-23　非洲豆类作物产量及占世界比重②

非洲豆类作物品种繁多,主要有豇豆、菜豆、蚕豆、豌豆、羽扇豆、小扁豆、鹰嘴豆(又名鸡心豆)、大豆和班巴拉豆等。种植面积与产量最大的豆类作物为豇豆和菜豆。非洲是豇豆的原产地,迄今为止仍是世界上最大的豇豆产区,种植面积和产量均达世界总数的 98%以上。

---

① 根据 FAO 统计制图。
② 根据 FAO 统计制图。

图 4-1-24 鹰嘴豆（鸡心豆）

图 4-1-25 羽扇豆

2. 特色粮食作物

非洲除上述普遍种植的粮食作物外，还有一些适宜局部地区生存环境的特色粮食作物，以作为当地居民传统的主食，例如，主产于非洲热带森林和热带草原的大蕉、撒哈拉沙漠绿洲中的椰枣、埃塞俄比亚高原上的苔麸。

（1）大蕉（亦译甘蕉）

非洲大蕉为多年生植物，生物学特性的香蕉，主要分布于热带森林和热带草原地区。非洲是世界最大的大蕉产区，年产量占世界的 80% 以上，乌干达、加纳、喀麦隆、卢旺达、尼日利亚五国，产量合计占非洲的 83.7%，其中乌干达一国产量占非洲的 34.7%。大蕉可作当地居民传统的主食，不能作水果食用。[①]

图 4-1-26 非洲大蕉

（2）椰枣（date）

椰枣，又称波斯枣、番枣，为枣椰树的果实，原植物属棕榈科刺葵属，是广泛分布于西亚、北非的沙漠绿洲中的高大绿色乔木，树干挺拔，有羽状复叶，叶片狭长，形似椰树。枣椰树耐旱、耐碱、耐热、喜湿，每年 10—11 月采收。枣椰树品种多达 20~30 种，可插枝繁殖，5~6 年开始结果，盛果期长达 40~80 年，每棵树年产可达 50~100 千克。椰枣营养价值高，绿洲居民将其作粮食或果品，还可用来制糖和酿酒。优质

---

① 王沛政等：《非洲香蕉和大蕉生产概况》，载《热带农业科学》，2011 年第 7 期，第 79-83 页。

椰枣用以出口。绿洲居民有间作的传统,椰枣树下栽培橄榄、柑橘、无花果、香蕉、梨、桃等,最底层栽培蔬菜。[①]

图 4－1－27　撒哈拉沙漠绿洲枣椰树

（3）苔麸（teff）

苔麸是原生在埃塞俄比亚海拔 3000 米的高原上的一种农作物,每年 7 月播种,11 月收割,籽粒很小(150 粒重相当一粒小麦)、产量极低(单产只及小麦的 15％),但营养价值很高,富含氨基酸、蛋白质、各种微量元素、植物纤维等。埃塞俄比亚人的主食"英吉拉"是用苔麸面粉发酵后摊成的薄薄大饼。

图 4－1－28　埃塞俄比亚苔麸和主食"英吉拉"饼

第二节　经济作物

一、经济作物生产分布特点

自然条件和长期的殖民经济使非洲成为世界经济作物,尤其是热带经济作物的重要产地和出口地。在殖民者入侵之前,非洲各地也生产棉花、花生、油棕等经济作物,主要是为了满足当地居民自身的需要。[②] 19 世纪末,入侵的殖民者不仅大量掠夺

---

① 译自雷内·迦迪等:《撒哈拉(英文)》,伦敦:伦敦出版社,1970 年,第 71－82 页。
② 文云朝主编:《非洲农业资源开发利用》,北京:中国财政经济出版社,2000 年,第 156 页。

非洲的自然资源,还把非洲变成宗主国的原料基地,迫使非洲大规模种植商品性经济作物。经济作物的片面发展,使许多地区的经济严重依赖一种或几种经济作物,形成单一经济体制。一些依靠单一经济作物出口的国家也是在殖民政策下形成的,如加纳是世界闻名的"可可之乡",曾经是世界上最大的可可生产国和出口国,1927年加纳出口的可可达18万吨,占当年世界总消费量的40%,1931年这一比例上升到42%。[①] 其他依靠单一经济作物出口的国家还有塞内加尔、冈比亚、布隆迪等。

第二次世界大战后,非洲各国相继独立,20世纪60—70年代,许多国家采取了进口替代的工业化政策,力图改变单一经济状况,但是收效甚微,经济作物仍然塑造着非洲的形象。2010年非洲10种主要经济作物生产中,腰果产量139.9万吨,占世界总产量的50.7%,居亚洲之后,是世界腰果生产的第二大洲;可可产量266.7万吨,占世界总产量的63.7%,位居世界第一;咖啡产量87.44万吨,占世界总产量的10.6%;花生几乎遍及整个非洲,种植面积占世界总种植面积的47.8%;油棕和芝麻在世界也占有重要地位,种植面积分别约为世界的29.3%和39.8%,剑麻约占世界总种植面积的41.8%和总产量的20%(表4-1-7)。

表4-1-7 2010年和2012年非洲主要经济作物生产情况[②]

作物	面积(万公顷)						产量(万吨)					
	非洲		世界		非洲/世界(%)		非洲		世界		非洲/世界(%)	
	2010年	2012年	2010年	2012年	2010年	2012年	2010年	2012年	2010年	2012年	2010年	2012年
腰果	202.07	260.6	471.50	531.3	42.86	49.0	139.91	188.2	275.76	415.2	50.74	45.3
可可	613.17	233.7	954.17	993.3	64.26	63.8	266.72	328.9	418.76	500.3	63.69	65.7
咖啡	204.79	199.0	1023.44	1004.0	20.01	19.8	87.44	100.0	822.80	822.7	10.63	11.3
花生	1148.44	1183.7	2401.15	2459.1	47.83	48.1	1035.98	1079.0	3795.39	4047.5	27.30	26.7
天然橡胶	70.91	71.7	962.46	986.4	7.37	7.0	54.94	59.1	1000.42	1144.5	5.49	5.2
油棕	451.96	469.6	1541.03	1757.2	29.33	26.7	1727.49	1877.3	21792.58	25941.6	7.93	7.2
籽棉	359.56	479.9	3200.90	3496.1	11.23	13.7	361.74	480.1	6830.33	7799.5	5.30	6.2
芝麻	313.48	331.1	786.91	795.2	39.84	41.6	142.92	175.1	431.69	444.2	33.11	39.4
剑麻	10.70	12.7	41.75	42.8	25.62	29.7	7.61	7.8	36.13	22.0	21.06	35.4
甘蔗	157.68	150.3	2387.74	2609.5	6.60	5.8	8959.43	9461.2	171108.72	184226.6	5.24	5.1

非洲统一组织提出调整现有的发展战略指导,以减少和摆脱对国际市场的依赖,实现真正的经济独立。但是非洲各国均处于经济起飞阶段,因此,除某些石油、

---

① 瓦利·怀特:《加纳地理》,北京:商务印书馆,1973年,第113-114页。

② 数据来源:FAO统计。

矿产等自然资源丰富的国家,大多数非洲国家仍然需要以经济作物出口支撑经济发展。数据显示,1978年大多数非洲国家产品出口结构单一,许多国家经济作物的出口比重都在70%以上,乌干达的咖啡出口占其全部出口的95%。2004年几乎所有的国家经济作物出口比重较1978年都有明显下降,经济发展对经济作物的依赖逐步降低,表现最出色的苏丹在1978年到2004年之间经济作物出口比重从71%下降到了13%,其他国家像乌干达、布隆迪、卢旺达、马里、毛里求斯等下降幅度也都在40%以上。虽然取得了一定的成就,还应看到现实情况仍很严峻,2004年马拉维、布基纳法索、冈比亚等国家的经济作物出口占总出口的比重仍高达80%以上,其他大多数国家经济作物出口对出口总值的贡献也在30%左右。

就整个非洲大陆来看,经济作物出口依然是农业出口收入的重要部分,农业出口收入中约2/3来自可可、咖啡、棉花、糖、烟草和茶叶,其中仅可可和咖啡的出口收入在20世纪90年代中期就占到全部农产品出口收入的50%以上。但非洲经济作物出口占世界市场的份额却明显下降,可可豆从1970年的80%下降到1998年的65%,花生从71%下降到6.4%,咖啡从26.4%下降到14%,橡胶从7.5%下降到5.3%。[1]

还有一些经济作物在非洲的产量并不高,但对某些国家的经济而言有一定的影响,如有较高出口价值的地中海沿岸的水果、东非岛屿上盛产的名贵香料,以及西非和中非沿海国家的橡胶等。

尽管非洲经济作物在世界上占有重要地位,但是总体生产水平不高。2010年,除腰果外各类作物单产都在世界平均水平之下(表4-1-8)。非洲的经济作物种植技术和生产管理有待改善。

表4-1-8　非洲主要经济作物单产与世界平均水平比较[2]　　单位:百克/公顷

作物	2000年		2005年		2010年		2012年	
	非洲	世界	非洲	世界	非洲	世界	非洲	世界
腰果	8117	5919	7627	7703	6924	5849	7222	7815
可可	4655	4440	4815	4625	4350	4389	5190	5037
咖啡	4710	7014	4827	6854	4270	8040	5024	8791
花生	9533	14929	9763	15942	9021	15807	9115	16459
天然橡胶	7160	9308	7650	10648	7748	10394	8241	11602
油棕	36297	120344	36127	141246	38222	141416	39974	147632

[1]　姚佳梅:《非洲出口经济作物种植业的形成》,载《西亚非洲》,1987年第1期,第50页。
[2]　资料来源:FAO统计。

作物	2000 年		2005 年		2010 年		2012 年	
	非洲	世界	非洲	世界	非洲	世界	非洲	世界
籽棉	9374	16619	9648	19920	10061	21339	10004	22309
芝麻	2379	3847	3608	4516	4559	5486	5291	5585
剑麻	6721	10933	7785	8614	7114	8654	6116	5143
甘蔗	664016	647658	600208	664371	568216	716614	629530	705994

　　非洲经济作物种类繁多,其分布状况也颇为复杂,不仅受自然环境的影响,也受到社会、经济等其他因素的影响。可以说,"相宜的自然条件只是为经济作物的生长提供了客观可能性,而将这种可能性变成现实却取决于必要的社会经济条件"①。

　　自然条件是影响经济作物生产与分布的最基本因素,有些作物对生态环境要求较高,只适合在特定的地区生长。如可可、橡胶、油棕等多年生热带经济作物,它们要求典型的全年高温多雨的低地热带雨林环境条件,几内亚湾狭窄的沿海平原就成为这些作物的集中分布地区;再如油橄榄、葡萄等作物,它们适合于地中海气候,因此集中分布在地中海沿岸的狭长平原、丘陵以及南非好望角沿海一带。② 还有一些对环境要求较小的作物如花生、棉花、烟叶等,在非洲的种植比较广泛。

　　从社会经济因素角度来看,历史、交通、劳动力、政策等因素会在很大程度上决定一些适应性较强的作物的分布。早期西方殖民者对东方香料的掠夺是促进地处印度洋航运要道的东非岛屿香料作物兴起的重要原因之一;交通运输条件是非洲经济作物得以出口的关键,尤其是剑麻、花生等体积较大的经济作物,对交通运输要求很高,所以剑麻产区一般分布在沿海地带,花生产区则多分布在铁路沿线;经济作物的种植需要大量的劳动力,属于劳动密集型产业,乌干达南部是人口密集地区,因此成为咖啡、棉花和茶叶等的集中产区③。在上述条件下的非洲主要经济作物分布区见表4-1-9。

表4-1-9　非洲经济作物分布区域④

作物	分　　布
油棕	西非和中非的热带雨林区
花生	遍布全洲,但集中分布于西非萨赫勒稀树草原地区

①　徐继明:《非洲出口经济作物种植业的形成》,载《西亚非洲》,1987 年第 1 期,第 50 页。
②　文云朝主编:《非洲农业资源开发利用》,北京:中国财政经济出版社,2000 年,第 159 页。
③　周光宏、姜忠尽主编:《走非洲求发展》,四川:四川人民出版社,2008 年,第 28 页。
④　文云朝:《非洲农业资源开发利用》,北京:中国财政经出版社,2000 年,第 160 页。

作物	分　布
芝麻	遍布全州,主要产地在非洲东北部的苏丹、埃塞俄比亚、乌干达、埃及和索马里等国以及中西部的尼日利亚、喀麦隆和中非
油橄榄	主要分布在地中海沿岸各国
大豆	种植面积有限,主要分布于尼日利亚、埃及和南非
棉花	埃及尼罗河三角洲、苏丹的杰济腊和阿特巴拉河灌区及中南部草原地区,乌干达、科特迪瓦、塞内加尔、马达加斯加、津巴布韦
剑麻	主要产区集中在东非沿岸国家的坦桑尼亚、肯尼亚、莫桑比克,以及安哥拉、马达加斯加等地
可可	主要产地在西非和中非的热带雨林地区,尤其是科特迪瓦、加纳、尼日利亚、喀麦隆
咖啡	从安哥拉到科特迪瓦、从乌干达到埃塞俄比亚等 20 多个国家
烟草	中南非热带高原的津巴布韦、马拉维等国
茶叶	肯尼亚、马拉维、乌干达、坦桑尼亚、喀麦隆、卢旺达等东非国家
香料	包括丁香、华尼拉、肉桂等品种,分布在东非岛屿和大陆东南沿海地带

二、主要经济作物

1. 纤维作物

非洲纤维作物种类很多,但大量种植的只有棉花、剑麻两种。

(1) 棉花

非洲多数地区的气候条件适宜棉花生长。北非与南部非洲的干燥区日照充足、热量丰富,在人工灌溉的条件下,棉花可以保持稳产、高产;热带草原地带干雨季分明,有利于安排棉花的播种与收获。[①]

非洲种植棉花的历史悠久,主要用以织成土布供当地消费。大规模的商品性棉花种植大多始于 19 世纪中后期,西欧殖民者为了把非洲变成其纺织原料基地,在很多地区大力推广棉花种植技术,造成很多国家的单一棉花经济。布基纳法索、马里、埃及、坦桑尼亚、尼日利亚、津巴布韦是非洲六大棉花生产国,2013 年六国合计产量占非洲的 53.4%。

---

① 曾尊固:《非洲农业地理》,北京:商务印书馆,1984 年,第 139 - 115 页。

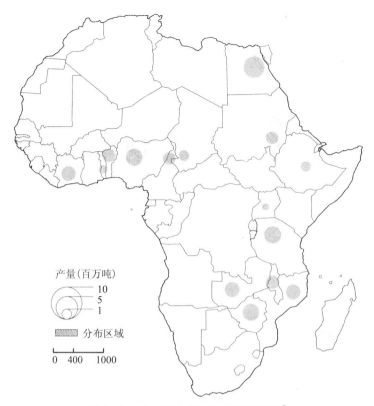

图 4 - 1 - 29　2012 年非洲棉花分布图①

表 4 - 1 - 10　2010 年和 2012 年非洲各国棉花产量及其所占非洲比重②

国　家	产量(万吨)		占非洲比重(%)	
	2010 年	2012 年	2010 年	2012 年
布基纳法索	32.80	60.7	17.26	12.6
埃及	18.70	41.2	9.84	8.6
尼日利亚	27.00	30.5	14.21	6.4
坦桑尼亚	15.00	35.2	7.89	7.3
贝宁	10.50	24.0	5.53	5.0
莫桑比克	4.10	26.2	2.16	5.5
津巴布韦	6.90	33.0	3.63	6.9
马里	17.00	54.6	8.95	11.4

①　根据 FAO 统计制图。
②　数据来源:FAO 统计。

国　家	产量(万吨)		占非洲比重(%)	
	2010 年	2012 年	2010 年	2012 年
赞比亚	4.90	27.0	2.58	5.6
科特迪瓦	9.50	26.1	5.00	5.4
喀麦隆	12.40	21.0	6.53	4.4
苏丹	3.00	18.7	1.58	3.9
乍得	3.50	10.0	1.84	2.1
马拉维	1.90	24.4	1.00	5.1
埃塞俄比亚	3.70	10.4	1.95	2.2
乌干达	5.00	5.4	2.63	1.1

　　20 世纪 60 年代以来,世界棉花产量总体呈上升趋势,2012 年达到 7799.5 万吨;非洲棉花产量也基本保持增长趋势,但增长率略低于世界平均水平,2012 年达到 480.1 万吨,占世界棉花总产量的 6.2%(表 4-1-11)。

表 4-1-11　非洲棉花产量占世界比重变化[①]　　　　　　单位:万吨,%

年　份	世界	非洲	非洲/世界
1961	2734.39	220.67	8.07
1965	3566.33	304.21	8.53
1970	3543.40	384.45	10.85
1975	3599.51	326.55	9.07
1980	4117.51	325.88	9.91
1985	5066.62	373.11	7.36
1990	5398.88	368.89	6.83
1995	5647.32	357.46	6.32
2000	5290.07	385.14	7.28
2005	6965.93	514.10	7.38
2010	4300.40	190.07	4.42
2012	7799.5	480.1	6.2

　　长期以来,非洲的棉花生产一向以小农分散种植为主。一些新发展棉花种植的

---

　　① 　数据来源:FAO 统计。

国家日益注重建立棉花农场,采用现代技术,进行大规模的商品生产。①

　　总的来看,从 1961 年到 2008 年,世界单产水平从每公顷 8582 百克增加到每公顷 20992 百克,而非洲单产水平虽然从每公顷 5763 百克增加到每公顷 9771 百克,呈现稳步增长态势,但与世界单产水平相比,发展较缓慢。2008 年,非洲棉花单产水平仅为世界平均水平的 46.64%。

　　非洲各地区的棉花生产特点和水平差异很大。北非以生产长绒棉为主,棉花多种植在水浇地上,耕作管理精心,常使用化肥、农药,单产很高;而撒哈拉以南的非洲,一半生产中短绒棉,多为旱作,粗放经营,单产很低。

　　(2) 剑麻

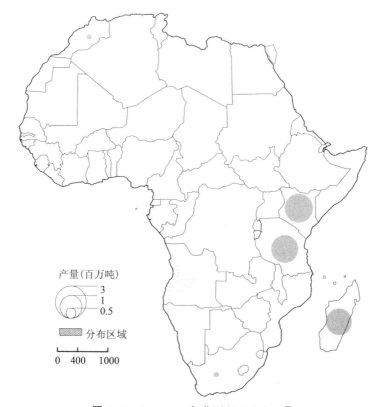

图 4-1-30　2012 年非洲剑麻分布图②

　　剑麻是一种常见的龙舌兰科多年生纤维植物,叶片硬且长,呈剑状。由于其质地坚硬、耐摩擦等特性,经过加工后的剑麻用途非常广泛,通常应用于航海、运输、工

---

① 　曾尊固:《非洲农业地理》,北京:商务印书馆,1984 年,第 139-115 页。
② 　根据 FAO 统计制图。

矿等所需的各种绳索。另外,剑麻还有一定的药用价值。

剑麻原产于墨西哥的尤卡坦半岛,喜温、耐旱,适合生长于年降水量 800~15000 毫米、旱雨季分明处。它对低温有一定的适应能力[1],但以年平均气温 23℃ 左右、最凉月平均气温 20℃ 以上为宜。故剑麻的分布地区多在海拔 500 米以下,高原山区不宜种植,种植地最高不超过 700 米。因为海拔高处,剑麻的割叶周期在 12~15 个月不等,产量很低;而低海拔地区,其割叶周期仅 8~10 个月,经济效益较好。[2] 世界剑麻主产国有墨西哥、巴西、坦桑尼亚、肯尼亚等(图 4-2-3)。

剑麻需栽培 2~3 年后才能开始割叶,而其经济生产年限一般只有 8~10 年,为此每年需要大量资金进行更新。由于剑麻纤维容易变质,割叶后必须及时剥叶加工,这就需要大量劳动力。因此在非洲主要的剑麻产区,一般都是大型种植园配备附属加工厂的模式,并且种植园具有完善的内部运输系统,以便将剑麻及时运输到工厂加工。剑麻对运输的要求也非常高,若作为出口性生产,需选择交通方便之处。早期剑麻园多分布在海港附近,后来逐步向铁路沿线发展,因此东非和中南非是最初剑麻生产的主要地区;后来逐步向铁路沿线发展,东非和中南非成为剑麻生产的适宜地区,坦桑尼亚、肯尼亚等国也就成了主要生产国。[3]

剑麻是在 1892 年由德国殖民者从墨西哥引进非洲的,随后发展很快,使非洲一跃成为世界剑麻的主要产区和出口地区。但在地理分布上,剑麻生产主要集中在东非沿海地区,其次为非洲西南部安哥拉等地,其他地区很少种植。

20 世纪 60 年代以后,由于石油工业的发展,剑麻纤维面临聚丙烯等合成纤维的竞争,在国际市场上销售困难,价格猛跌,1970 年的售价只及 1950 年的一半。同时,非洲还受到巴西等拉丁美洲国家新植剑麻园的竞争。在这种情况下,非洲剑麻生产国纷纷淘汰低产剑麻园或压缩剑麻种植面积,改种其他作物,致使剑麻大大减产。以 1976—1980 年与 1961—1965 年相比,非洲剑麻的产量和种植面积分别下降了 219718.6 吨、193775.4 公顷,按比例分别下降 46.42% 和 56.00%。近年来,非洲剑麻产量和种植面积均相对稳定,但在世界上的地位明显下降,2006—2008 年仅占世界总产量的 21.17%,与 1961—1965 年的 50.22% 相比下降了 29.05%。

2012 年非洲剑麻总产量 7.8 万吨,占世界的 35.4%,主要剑麻生产国有坦桑尼亚、肯尼亚、马达加斯加等。东非是非洲最主要的剑麻产区,2008 年剑麻种植面积 103650 公顷、产量 74294 吨,分别占非洲剑麻总产量和种植面积的 94.32% 和 93.64%。坦桑尼亚是非洲剑麻最大生产国,独占非洲剑麻总种植面积的 49.69% 和总

---

① 曾尊固:《非洲农业地理》,北京:商务印书馆,1984 年,第 139-119 页。

② 文云朝:《非洲农业资源开发利用》,北京:中国财政经济出版社,2000 年。

③ 姜忠尽等:《非洲经济作物》,载周光宏、姜忠尽主编《"走非洲,求发展"论文集》,南京:南京大学出版社,2008 年。

产量的 42.28%,肯尼亚占非洲剑麻总种植面积的 27.10% 和总产量的 28.70%,马达加斯加占总产量的 21.84%,仅这三个国家,就占非洲总产量的 92.81%。

1970 年以来,随着国际市场上供需与价格状况的变化,剑麻种植面积有所减少,一些种植园压缩剑麻面积而改种其他作物,但是由于注重提高单产,正常年份的总产量却增加了。肯尼亚正在研究提高剑麻质量和降低生产成本的措施,以图提高竞争能力,同时研究剑麻与塑料混合制造塑料板等其他用途,开展剑麻的综合利用。

20 世界 60 年代以来,剑麻的世界产量和非洲产量均处于不断下降趋势,世界剑麻产量从历史最高的 80 多万吨一直下降到 40 万吨以下;非洲剑麻产量从历史最高的 40 多万吨一直下降到现在的不足 10 万吨,高于世界平均下降速度。非洲剑麻生产在世界的地位也相应下降,1961 年非洲产量占世界产量将近一半,到 2010 年已不足四分之一(表 4-1-12)。

表 4-1-12　非洲和世界剑麻产量① 　　　　　　　　　　　　　　　单位:万吨

年份	世界	非洲	非洲/世界(%)
1961	76.29	37.18	48.74
1965	82.87	42.08	50.78
1970	78.15	37.21	47.61
1975	77.84	26.78	34.41
1980	54.77	17.38	31.73
1985	49.86	10.91	21.88
1990	37.96	10.27	27.06
1995	31.88	8.37	26.28
2000	40.75	6.11	14.99
2005	33.05	7.6	22.99
2010	36.13	7.61	21.06
2012	22.02	7.8	35.4

非洲曾是历史上最大的剑麻生产地区,在很长一段时间内其单产水平在世界水平之上。随着世界市场的变化,非洲剑麻的单产水平在 1986 年后直线下降,2010 年为世界平均水平的 72.48%(图 4-1-31)。

———————————

① 数据来源:FAO 统计。

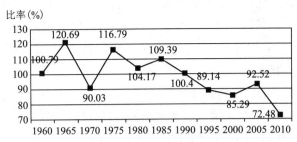

图 4 - 1 - 31　非洲占世界剑麻单产水平比率①

2. 油料作物

（1）花生

花生，又名落花生，原产于南美洲一带，世界上栽培花生的国家有 100 多个。

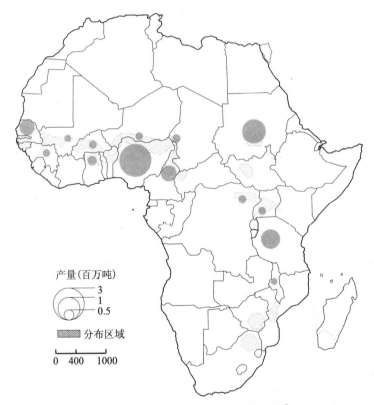

图 4 - 1 - 32　2012 年非洲花生分布图②

---

① 根据 FAO 统计制图。

② 根据 FAO 统计制图。

花生被人们誉为"植物肉",含油量高达50％,气味清香。除供食用外,花生还用于印染、造纸工业,还有一定的药用价值。花生的栽培管理的技术性也相对较强。非洲是仅次于亚洲的世界第二大花生生产区,但亚洲花生生产以供当地消费为主,而非洲花生生产则以出口为主,因此非洲是世界上最大的花生出口地区。

2010年世界花生总产量为4210.0万吨,非洲花生产量为1185.3万吨,占了世界产量的28.16％,仅次于亚洲。非洲花生的种植面积为1196.5万公顷,占世界总种植面积的47.1％。1961—1965年,非洲花生的年产量平均为541.78万吨,占世界年均产量的35.05％。近50年来,非洲花生产量有所增长,但在全世界的占比却在下降(图4-1-33)。

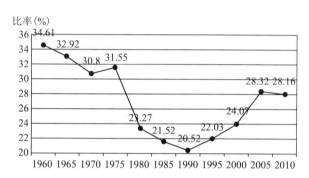

图4-1-33　非洲花生产量占世界总产量比率的变化①

花生是非洲热带草原带的代表作物之一,尤其集中于西非的热带草原带,这里花生产量通常占到非洲总产量的一半以上。非洲花生种植遍布四十多个国家和地区。2010年,尼日利亚、塞内加尔两国的花生产量分居非洲前两位,分别占非洲总产量的32.05％和10.86％,合占非洲总产量的42.91％。其他花生生产大国依次是苏丹、加纳和乍得,这五国的产量占全非洲总产量的57.09％。

非洲花生种植虽然普遍,但是多数国家以供应国内消费为主,能提供大量出口的国家只有埃及、南非、莫桑比克、马拉维等少数国家。

1961年到1991年间,非洲花生产量基本维持在500万吨,而世界花生总产量稳步增加,由1400万吨左右升到2400万吨;从1991年到2010年,非洲花生产量由500万吨稳步升至1185万吨(图4-1-34)。花生一向主要由小农经营,耕作粗放,大都在轮种撂荒地上与谷类作物轮作与混播,单产很低。1961—2010年,世界花生单产水平从每公顷8467百克增加到每公顷15807百克,非洲单产水平从每公顷8239百克增加到每公顷902百克。

---

① 根据FAO统计制图。

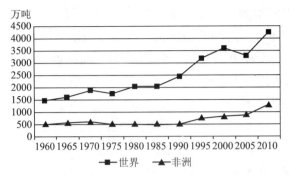

图 4 - 1 - 34　1961 年以来世界与非洲花生产量增长趋势①

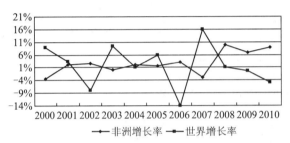

图 4 - 1 - 35　2000—2010 年非洲和世界花生产量增长率变化②

带壳花生体积大,运输不便、运费高昂,加上种植分散,产品的集散需要良好的交通条件,还要有合理的脱壳厂和榨油厂。过去,非洲所产花生的收购、运输、加工和出口全被外国资本所控制;独立后,不少非洲花生生产国设立专门的贸易机构并兴建加工厂,把花生从收购到出口的各个环节都逐步控制起来。

(2) 油棕

油棕属多年生单子叶植物,是热带木本油料作物。植株高大,须根系,茎直立,不分枝,圆柱状。叶片羽状全裂,单叶,肉穗花序(圆锥花序),雌雄同株异序,果实属核果。油棕的果肉、果仁含油丰富,在各种油料作物中,有"世界油王"之称。用棕仁榨的油叫棕油。油棕原产地在南纬 10°至北纬 15°、海拔 150 米以下的非洲潮湿森林边缘地区,主要产地分布在亚洲的马来西亚和印度尼西亚、非洲的西部和中部、南美洲的北部和中美洲,见图 4 - 1 - 36。③

油棕是著名的木本油料作物,是 20 世纪 60 年代以来世界上发展最快的油料作物。油棕的产品是从其果实的果肉榨取的棕油和从其种子榨取的棕仁油,除供食用

---

①　根据 FAO 统计制图。

②　根据 FAO 统计制图。

③　资料来源:www.fidade.com。

图 4 - 1 - 36　2012 年非洲油棕分布图①

外还有多种工业用途。

　　油棕性喜高温多湿的气候和深厚肥沃排水良好的土壤,不耐长期干旱,它原产于非洲,主要分布在西非和中非等热带雨林及其边缘的衍生热带草原带。在漫长的历史时期,西非和中非的油棕并不是人工种植的,而是农民在垦荒时有意识地把天然生长的油棕树保存下来,任其继续生长繁衍,很少管理。大片大片的油棕林处于野生或半野生状态,果实由农民收取,用土法榨油,主要自给消费。

　　殖民者入侵非洲后不断加紧掠夺非洲的资源,使天然油棕林不断扩大,从交通方便的西非沿海扩展到处于内地的刚果盆地,同时也开始在刚果(金)等地开辟农村种植园。至第二次世界大战结束前,非洲一直是世界上最大的油棕产区和出口区,尽管如此,非洲油棕的生产仍以天然林为主,以小农经营、供当地消费为主的消费特点并未改变。第二次世界大战后,随着世界市场上对植物油脂需求的增长和价格的上涨,油棕的人工种植面积迅速扩大,尤其是东南亚的马来西亚、印度尼西亚在 20 世

---

　　①　根据 FAO 统计制图。

纪 50 年代都建立了大面积的油棕种植园。与之相比,非洲人工种植面积却发展缓慢。[1]

表 4-1-13 2010 年、2012 年非洲国家油棕产量及占非洲总产量的比重[2]

单位:万吨,%

国家	产量		占非洲比重		国家	产量		占非洲比重	
	2010 年	2012 年	2010 年	2012 年		2010 年	2012 年	2010 年	2012 年
尼日利亚	850.00	810.0	49.20	43.1	刚果(金)	116.36	138.0	6.74	7.4
加纳	200.43	215.0	11.60	11.5	几内亚	83.00	83.0	4.80	4.4
喀麦隆	157.50	250.0	9.12	13.3					
科特迪瓦	150.00	184.2	8.68	9.8					

2012 年非洲油棕总产量 1877.0 万吨,占世界总量的 7.2%。虽然非洲有 20 多个国家生产油棕,但其产量集中在少数国家,主要生产国有尼日利亚、加纳、喀麦隆、科特迪瓦、刚果(金)等。尼日利亚是非洲最大的油棕生产国,2012 年棕油产量达到 810 万吨,占非洲总产量的 43.1%;喀麦隆是非洲第二大油棕生产国,产量占非洲总产量的 13.3%;加纳、科特迪瓦、刚果(金)分别占非洲的 11.5%、9.8%和 7.4%,这 5 个国家的油棕产量占非洲总量的 85.1%。

一直以来,非洲油棕单产均低于世界平均水平,而且与世界平均水平的差距正在拉大。1961 年,非洲油棕单产 33431 百克/公顷,是世界水平的 88.78%;2010 年,非洲油棕单产 38222 百克/公顷,只有世界水平的27.0%,大大低于世界平均水平。

1961 年非洲油棕产量 1151.71 万吨,是当时世界最大的油棕生产地区,占世界油棕产量的 84.46%。经过了约 50 年的发展,非洲油棕产量并没有出现较大增长,而世界产量在 2012 年达到 25941.6 万吨,是 1961 年的 19.02 倍,非洲油棕的产量占世界比重也由 1961 年的 84.5%下降到 2010 年的 7.2%(表 4-1-14)。

表 4-1-14 1961—2012 年非洲和世界油棕产量及比例[3]   单位:万吨,%

年份	世界	非洲	非洲/世界
1961	1363.63	1151.71	84.46
1965	1379.15	1124.55	81.54
1970	1512.79	1056.76	69.86

---

① 曾尊固:《非洲农业地理》,北京:商务印书馆,1984 年,第 139-125 页。

② 资料来源:FAO 数据。

③ 资料来源:FAO 数据。

年份	世界	非洲	非洲/世界
1975	2095.22	1103.56	52.67
1980	2985.87	1152.54	38.60
1985	4322.40	1099.87	25.45
1990	6090.21	1240.08	20.36
1995	8810.62	1439.46	16.34
2000	12044.02	1490.89	12.38
2005	18186.65	1644.43	9.04
2010	21792.58	1727.49	7.93
2012	25941.6	1877.3	7.2

（3）腰果

腰果属漆树科常绿乔木,是热带木本油料作物。腰果的果仁与果壳是主要产品,果壳用来炸油,可以制绝缘油漆和防水纸、厚纸板等的胶合剂或作其他用途,畅销国际市场。腰果仁含油率 30%,味香可口,油炸、盐渍、糖饯均适宜,是一种名贵食品。

图 4 - 1 - 37　非洲腰果

腰果树性喜高温,一般生长在全年平均气温20℃以上的地区,比较耐旱,对土壤的适宜性较强,在海边和贫瘠沙地上也能生长。腰果栽植后3年即可开花结果,以后可连续结果30年以上,无需精心管理,而且可以与粮食作物间作,向以小农分散经营为主。[1]

腰果是"四大干果"之一,具有多种经济价值,原产美洲热带地区。

非洲是世界腰果主要产区之一,2012年总产量260.6万吨,占世界总产量的45.3%。但是非洲生产腰果的地区并不多,以东非沿海最为集中(图4-1-38),有关国家普遍重视腰果发展,新植腰果树不断增多,产量明显增长。加工设备不足成为腰果发展的主要障碍之一,以往非洲所产腰果几乎带壳销售,售价很低(出口4吨带壳腰果只及1吨去壳腰果的价格),因此各腰果生产国,采取措施,新建本国的腰果加工厂。

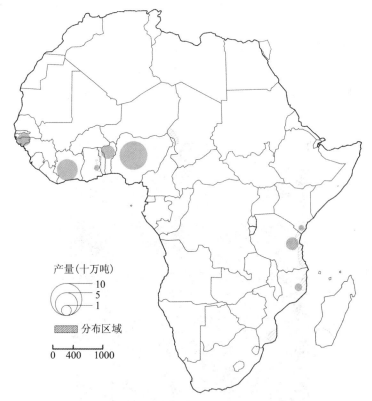

图4-1-38 2012年非洲腰果分布图[2]

---

① 张同铸、毛汉英等:《世界农业地理总论》,北京:商务印书馆,2000年。

② 根据FAO统计制图。

2012 年,尼日利亚的腰果产量 83.7 万吨,占非洲总产量的 44.5%,是非洲腰果生产第一大国。科特迪瓦是第二大生产国,产量 45 万吨,占非洲产量的 24.0%。其他国家还有坦桑尼亚、贝宁、几内亚比绍、莫桑比克等。上述六国产量合占非洲总产量的 68.0%。

表 4-1-15　2010 年、2012 年非洲各主要腰果生产国产量① 　　　单位:万吨

国家	产量		国家	产量	
	2010 年	2012 年		2010 年	2012 年
尼日利亚	83.0	83.7	莫桑比克	9.7	6.5
科特迪瓦	38.0	45.0	几内亚比绍	10.8	13.0
坦桑尼亚	7.4	12.2	贝宁	12.0	17.0

2010 年,非洲腰果单产水平为 6924 百克/公顷,低于世界平均水平。

非洲曾是世界腰果生产的首位地区,产量一度达到世界总产量的 2/3,但 20 世纪 70 年代后,其地位下降(图 4-1-39)。

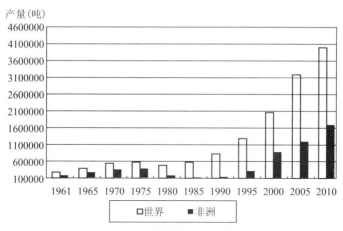

图 4-1-39　非洲腰果产量与世界产量②

(4)芝麻

芝麻是胡麻的籽种,其生产遍布世界上的热带地区。非洲是仅次于亚洲的芝麻产区,2012 年非洲芝麻种植面积 331.1 万公顷,占世界总种植面积的 41.6%;1961 年以来,非洲芝麻产量稳步增长,由 1961 年的 40.69 万吨增至 2012 年的 175.1 万吨,占世界总产量的比重由 1961 年的 28.65% 增至 39.4%。

---

①　根据 FAO 统计制图。

②　根据 FAO 统计制图。

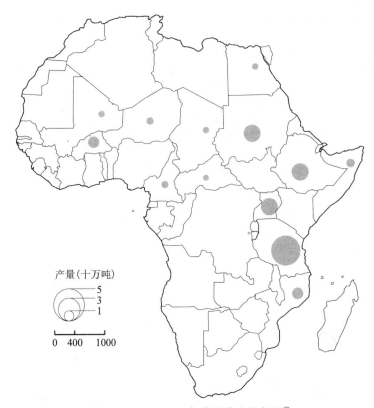

产量(十万吨)

5
3
1

0 400 1000

图 4－1－40 2012 年非洲芝麻分布图①

2012年,非洲芝麻生产大国坦桑尼亚的年产量 45.6 万吨,占非洲总产量的 26.0%,其次分别是乌干达、苏丹、埃塞俄比亚、尼日利亚等国(表 4－1－16)。

表 4－1－16 2010 年、2012 年非洲各主要芝麻生产国产量与占比② 单位:万吨,%

国家(地区)	产 量		占非洲总产量比	
	2010 年	2012 年	2010 年	2012 年
苏丹	24.80	18.7	17.35	10.7
埃塞俄比亚	26.05	18.1	18.23	10.3
乌干达	17.00	18.9	11.90	10.8
尼日利亚	11.56	15.8	8.09	9.0
尼日尔	8.57	5.6	6.00	3.2
坦桑尼亚	14.44	45.6	10.11	26.0

① 根据 FAO 统计制图。
② 资料来源:FAO 统计。

国家(地区)	产　量		占非洲总产量比	
	2010 年	2012 年	2010 年	2012 年
中非	5.00	2.8	3.50	1.6
乍得	3.50	3.9	2.45	2.2
埃及	4.61	3.3	3.23	1.9
索马里	7.05	7.0	4.93	4.0
布基纳法索	9.06	10.0	6.34	5.7
肯尼亚	1.36	1.2	0.95	0.7
马里	1.33	3.9	0.93	2.2
莫桑比克	4.60	11.7	3.22	6.7
非洲	142.92	175.1	100.00	100.0

2010 年,非洲芝麻单产约每公顷 4559 百克,低于世界平均水平。1961—2010
年,世界芝麻单产水平稳步提升,每公顷产量由 2861 百克增至 5486 百克,而同期非
洲单产水平却上下波动,增长缓慢(图 4-1-41)。

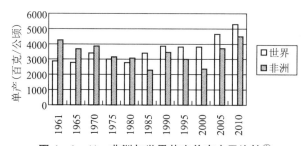

图 4-1-41　非洲与世界芝麻单产水平比较[①]

3. 饮料作物

(1) 咖啡

茶叶与咖啡、可可并称为世界三大饮料。咖啡树属茜草科常绿小乔木,日常饮
用的咖啡是用咖啡豆配合各种不同的烹煮器具制作出来的,而咖啡豆就是指咖啡树
果实内之果仁,再用适当的烘焙方法烘焙而成。

非洲是咖啡的"故乡",现今世界上种植最广泛的一些品种均原产非洲,如罗伯
斯塔种原产刚果,阿拉伯种原产埃塞俄比亚,利比里亚种原产利比里亚。[②]

---

① 　根据 FAO 统计制图。
② 　曾尊固:《非洲农业地理》,北京:商务印书馆,1984 年,第 130-139 页。

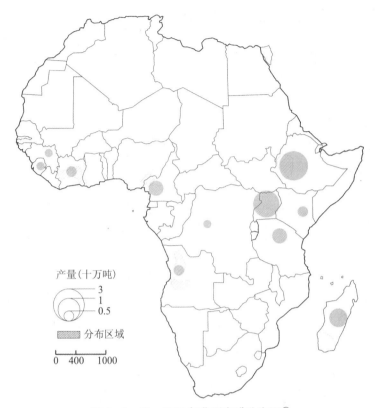

图 4-1-42   2012 年非洲咖啡分布图①

图 4-1-43   埃塞俄比亚咖啡

　　非洲兼种罗伯斯塔种、阿拉伯种和利比里亚种，以罗伯斯塔种为主。罗伯斯塔种主要集中在中非和西非海拔较低、较潮湿的地方，它不耐寒，但抗锈病能力较强，咖啡豆质量虽次，但单产高、价格低廉，适于加工成速溶咖啡。阿拉伯种咖啡豆质量好，但产量较低，耐寒，不抗锈病，一般种植在海拔 1500 米左右较凉爽的山地，东非的埃塞俄比亚高原和肯尼亚山、梅鲁山、乞力马扎罗山等地区都是该种咖

　　①　根据 FAO 统计制图。

啡的主要产区。利比里亚种原产西非,现仅种植于利比里亚、赤道几内亚等少数国家。

　　非洲是仅次于美洲的世界第二大咖啡产区和出口地区。咖啡广泛种植于热带非洲 20 多个国家,比如科特迪瓦、埃塞俄比亚、乌干达等,占据这些国家首位或重要出口货物和收入来源的重要地位,并对这些国家的经济产生重大影响作用。2012 年咖啡种植面积最大的几个非洲国家是埃塞俄比亚、科特迪瓦、乌干达三国,合占非洲总种植面积的 64.8%,肯尼亚、喀麦隆、马达加斯加、坦桑尼亚也有较大面积的咖啡种植(表 4 - 1 - 17)。

表 4 - 1 - 17　2010 年、2012 年非洲国家咖啡种植面积及占非洲比重① 　　单位:万公顷,%

国家(地区)	面　积		占非洲比重	
	2010 年	2012 年	2010 年	2012 年
埃塞俄比亚	39.50	52.9	19.29	26.6
乌干达	27.00	31.0	13.18	15.6
科特迪瓦	45.00	45.0	21.97	22.6
肯尼亚	16.00	16.0	7.81	8.0
喀麦隆	21.00	21.0	10.25	10.6
马达加斯加	13.09	13.8	6.39	6.9
坦桑尼亚	10.00	12.7	4.88	6.4
刚果(金)	8.16	8.6	3.99	4.3
安哥拉	6.00	3.1	2.93	1.6
卢旺达	3.40	4.1	1.66	2.1
几内亚	5.40	6.6	2.64	3.3
多哥	3.02	2.7	1.47	1.4

表 4 - 1 - 18　2010 年、2012 年非洲主要咖啡生产国产量及占非洲比重② 　　单位:万吨,%

国家(地区)	产　量		占非洲比重	
	2010 年	2012 年	2010 年	2012 年
埃塞俄比亚	27.00	27.6	30.88	27.6
乌干达	16.20	18.6	18.53	·18.6
科特迪瓦	9.43	5.0	10.79	6.0

① 资料来源:FAO 统计。
② 资料来源:FAO 统计。

续　表

国家(地区)	产　量		占非洲比重	
	2010 年	2012 年	2010 年	2012 年
马达加斯加	8.13	7.2	9.30	7.2
坦桑尼亚	4.00	6.6	4.58	6.6
肯尼亚	4.20	4.6	4.80	4.6
喀麦隆	6.66	6.6	7.61	6.5
刚果(金)	3.18	3.3	3.64	3.3
塞拉利昂	1.37	3.5	1.57	3.5
几内亚	2.70	3.0	3.09	3.0
非洲	87.44	100.0	100.00	100.0

　　非洲国家大多数都是以小农经济为主,由于耕作管理粗放,生产力水平低下;由于不及时更新老树、不经常施肥、采摘不及时等原因,单产较低,一直低于世界平均水平。2010 年,非洲咖啡单产仅占世界平均水平的 53.0%(图 4 - 1 - 44)。

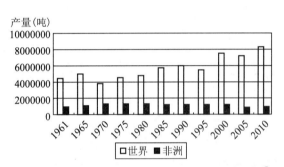

图 4 - 1 - 44　1961—2010 年非洲和世界咖啡产量①

　　非洲虽然大量生产咖啡,但消费很小,主要用于出口欧洲、北美、澳洲、亚洲等地区,是非洲主要的出口产品。

　　(2) 可可

　　可可(Cacao,亦作 Cocoa)原产于南美洲,属梧桐科乔木,学名为 Theobroma Cacao,其果实经发酵及烘焙后可制成可可粉或巧克力。早在哥伦布抵达美洲前,中美洲居民,尤其是玛雅人及阿兹特克人,已知可可豆的用途,不但将可可豆做成饮料,更用以作为交易媒介。16 世纪可可豆传入欧洲,精制成可可粉及巧克力,更提炼出可可脂(Cocoa Butter)。

　　可可于 19 世纪后半叶引进非洲,最早种植于圣多美,后逐步向中、西非沿海地带

---

　　① 根据 FAO 统计制图。

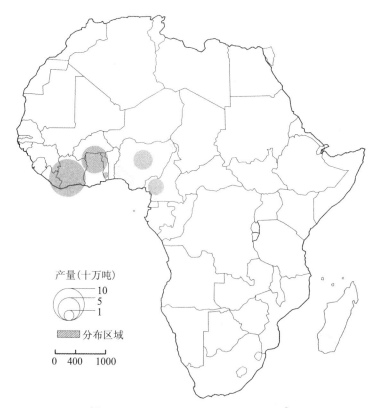

图 4 - 1 - 45　2012 年非洲可可分布图①

发展。20 世纪初,非洲可可产量约 1.9 万吨。第二次世界大战前的几十年间,非洲已成为世界主要的可可产地和出口地。② 至今,非洲可可生产虽经几次波动,但仍是世界上生产和出口可可最多的地区,产区主要分散在西非和中非沿海地区,主要生产国有科特迪瓦、加纳、尼日利亚、喀麦隆四国。2012 年,四国的产量多达 316.8 万吨,占非洲可可总产量的 96.3%,占世界总产量的近 63.2%(表 4 - 1 - 19)。

表 4 - 1 - 19　2010 年、2012 年非洲可可主要生产国占非洲及世界比重③　　　单位:万吨,%

国家(地区)	产量		占非洲比重		占世界比重	
	2010 年	2012 年	2010 年	2012 年	2010 年	2012 年
科特迪瓦	124.23	165.0	46.58	50.2	29.67	33.0
加纳	63.20	87.9	23.70	26.7	15.09	17.6

---

①　根据 FAO 统计制图。

②　曾尊固:《非洲农业地理》,商务印书馆,1984 年,第 133 - 136 页。

③　资料来源:FAO 统计。

续 表

国家(地区)	产量		占非洲比重		占世界比重	
	2010 年	2012 年	2010 年	2012 年	2010 年	2012 年
尼日利亚	36.00	38.3	13.50	11.6	8.60	7.7
喀麦隆	26.41	25.6	9.90	7.8	6.31	5.1
多哥	10.15	3.5	3.81	1.1	2.42	0.7
其他	6.73	1.8	2.52	0.5	1.61	0.4
非洲	266.72	328.9	100.00	100.0	63.69	65.7

图 4-1-46　非洲可可

　　1996 年以来,非洲可可单产水平基本与世界平均水平持平(图 4-2-47)。非洲可可一向以小农经营为主,大型种植园所占比重不大。可可对土壤要求比较高,适宜栽培在深厚、疏松、肥沃、富含腐殖质而又排水良好的土壤。因此,即使是在可可的集中产区,也很少连片种植,而是小面积择地种植,与良田或其他作物相间分布。可可树在生长过程中需要荫蔽与防风,幼树期要求更严格,故农民多采用与粮食间种的办法,既提供隐蔽条件,又增加收入,等到可可树形成密闭树冠后,停止混播[1]。

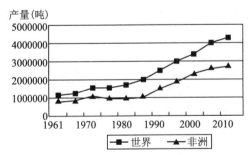

图 4-1-47　1961—2010 年非洲和世界可可产量比较[2]

---

① 曾尊固:《非洲农业地理》,北京:商务印书馆,1984 年,第 133-135 页。

② 根据 FAO 统计制图。

可可树种植的时候,要细致管理,注意更新老树、病树和防治病虫害,以提高可可单产水平。

(3) 茶叶

茶属双子叶植物,约 30 属、500 种,分布于热带和亚热带地区。茶叶是非洲发展最快的经济作物之一,2010 年非洲茶叶总种植面积 271492 公顷,总产量554134 吨,分别占世界的 9.67% 和 11.70%。非洲主要茶叶生产国有肯尼亚、马拉维、乌干达、坦桑尼亚等(图 4 - 1 - 48)。肯尼亚是非洲最主要的生产国,也是非洲最大的茶叶出口国,2012 年茶叶产量达到 36.9 吨,占非洲总产量的 51.6%,其次是马拉维、乌干达和坦桑尼亚三国,茶叶产量分别占非洲总产量的 9.0%、8.5% 和5.5%(表 4 - 1 - 20)。

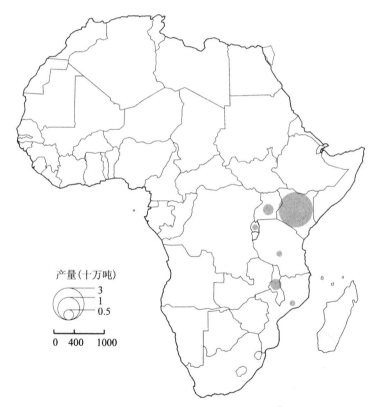

图 4 - 1 - 48　2012 年非洲茶分布图[1]

———————

① 根据 FAO 统计制图。

表 4 - 1 - 20 2010 年、2012 年非洲主要茶叶生产国产量及占非洲总产量比重[1]

单位:吨,%

国家(地区)	产 量		占非洲比重	
	2010 年	2012 年	2010 年	2012 年
肯尼亚	39.9	36.9	63.41	51.6
马拉维	5.16	5.4	8.20	9.0
乌干达	4.91	5.1	7.80	8.5
坦桑尼亚	3.32	3.3	5.28	5.5
津巴布韦	1.95	1.9	3.10	3.2
卢旺达	2.22	2.3	3.53	3.8
莫桑比克	2.9	2.2	4.61	3.7
非洲	62.92	59.9	100.00	100.0

从 1961 年到 2001 年,非洲茶叶在世界上的占比不断稳步增加,2001 年达到最高 15.42%,在随后的几年里出现了回落,到 2008 年下降到 11.7%(图 4 - 1 - 49)。

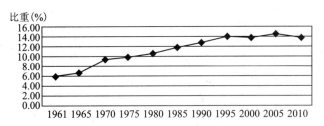

图 4 - 1 - 49 1961—2010 年非洲茶叶产量占世界比重[2]

历史上非洲茶叶主要由种植园经营。迄今在多数茶叶生产国中,种植园仍占很大比重。从分布上看,茶园集中在非洲东部海拔 1500～2000 米以上气候凉爽、雨量较多的山地。除了原有茶区的扩大,喀麦隆、刚果(金)等中非国家和毛里求斯、留尼汪等热带岛屿,种茶正在不断发展,尤其在一些土地资源较少、发展其他经济作物可能受限制的国家,往往把山区用来发展茶叶生产,作为实行出口多样化的一项措施。

非洲的茶叶采摘面积、产量、单产均居世界第二。从 1961 年到 2010 年,非洲茶叶单产一直领先于世界单产水平,是世界单产水平的一倍以上,最高的是 2001 年的 1.63 倍。

东非茶叶出口拍卖所是世界最大的红碎茶交易市场之一,1956 年成立于肯尼亚

① 资料来源:FAO 统计。

② 根据 FAO 统计制图。

首都内罗毕,1969 年迁至肯尼亚东部港口蒙巴萨,每周定期举行茶叶拍卖。肯尼亚是全球最大的红茶出口国,2008 年出口茶叶约 3.54 亿公斤。[1]

4. 糖料作物

非洲的主要糖料作物是甘蔗。

甘蔗是热带农作物,适合栽种于土壤肥沃、阳光充足、冬夏温差大的地区,是制造蔗糖的原料,且可提炼乙醇作为能源替代品,目前有很多国家已经应用于乙醇生产。全世界有一百多个国家出产甘蔗,最大的甘蔗生产国是巴西、印度和中国。

非洲热量丰富,有众多河流以及土壤肥沃的谷地和冲积平原,普遍具备种植甘蔗的良好条件,所以甘蔗在糖料作物中占绝对优势。在长期殖民统治时期,形成了毛里求斯、留尼汪等地的单一蔗糖经济,而非洲绝大部分地区完全不种植甘蔗,完全依赖进口。独立以后,非洲国家普遍重视发展甘蔗,多数国家发展蔗糖生产主要是为了满足本国需要,减少进口的过分依赖。[2]

甘蔗在非洲分布很广,有近 40 个国家生产甘蔗(图 4 - 1 - 50)。2012 年非洲甘

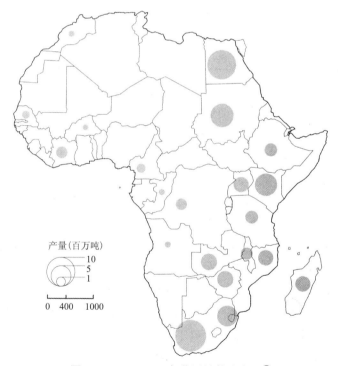

图 4 - 1 - 50   2012 年非洲甘蔗分布图[3]

---

① 资料来源:http://yezhu.yangzhi.com。

② 曾尊固:《非洲农业地理》,北京:商务印书馆,1984 年,第 139 - 140 页。

③ 根据 FAO 统计制图。

蔗总产量 9461 万吨,占世界甘蔗总量的 5.1%。主要甘蔗生产国有南非、埃及、苏丹等。南非是非洲最大的甘蔗生产国,2008 年生产甘蔗 2050 万吨,占非洲产量的 22.20%;埃及是非洲第二大甘蔗生产国,产量达 1646.99 万吨,是非洲总产量的 17.84%,苏丹和肯尼亚分别占 7.36% 和 5.54%。

1961 年至今,世界甘蔗单产从 50267 公斤/公顷稳步增长到 2010 年的 71661 公斤/公顷,非洲的单产反而有所减少,1961 年曾是世界的 1.3 倍多,到了 2010 年已经降低到世界水平的 79.3%(表 4 - 1 - 21)。

表 4 - 1 - 21 1961—2012 年非洲与世界甘蔗产量对比[①] 单位:万吨,%

年份	世界	非洲	非洲/世界	年份	世界	非洲	非洲/世界
1961	44798	2807	6.26	1995	117226	7332	6.25
1965	53130	3264	6.14	2000	125750	8618	6.85
1970	60862	4426	7.27	2005	132158	9244	6.99
1975	65582	5128	7.82	2010	171109	8959	5.24
1980	73449	5693	7.75	2012	184227	9461	5.1
1985	93321	6866	7.36				
1990	105300	7133	6.77				

多数非洲国家食糖不能自给,存在着日益扩大的市场需求,非洲自产糖的成本价格高于进口糖价格,是非洲甘蔗生产发展的主要障碍。[②]

5. 橡胶

橡胶产于西非和中非沿海诸国。早期橡胶完全采自热带雨林的一些野生含胶植物,并且是欧洲殖民者掠夺的对象。之后,随着东南亚巴西橡胶树种植园的兴起,非洲的野生橡胶受到竞争威胁,产量下降。19 世纪末,巴西橡胶开始引入非洲。至 1938 年非洲橡胶产量占世界总产量的 1.3%。第二次世界大战期间,东南亚主要橡胶产区被日军占领,促使欧美国家进一步在非洲扩大种植,到 1948 年非洲橡胶产量已占世界总产量的 2.7%。[③] 第二次世界大战后,天然橡胶日益受到合成橡胶的竞争。但是,天然橡胶具有较强的弹性和耐热性,而且有生产成本低的优点,所以仍能持续增长。1971 年时,非洲橡胶产量占世界总产量的比重达到历史最高的 7.40%。之后,非洲橡胶产量占世界比重整体呈下降趋势。2010 年,世界总产量达到 1000.0 万吨,非洲产量为 55.0 万吨,占世界总产量的 5.5%。2012 年非洲橡胶产量虽增加

---

① 资料来源:FAO 统计。

② 文云朝主编:《非洲农业自然资源开发利用》,北京:中国财政经济出版社,2000 年。

③ 曾尊固:《非洲农业地理》,北京:商务印书馆,1984 年,第 138 - 139 页。

图 4-1-51 2012 年非洲橡胶分布图①

到 59 万吨,但占世界的比重降至 5.2%。

　　非洲天然橡胶第一生产大国是科特迪瓦,2012 年橡胶产量 25.6 万吨,占非洲总产量的 43.3%;第二大国尼日利亚产量 14.4 万吨,占非洲的 24.4%;利比里亚和喀麦隆分居第三和第四位,产量分别为 6.3 万吨和 5.6 万吨,占非洲的 10.7% 和 9.5%。四国产量合计占非洲总产量的 90.0%。

表 4-1-22 2010 年、2012 年非洲橡胶各主要生产国产量及占非洲总产量比重②

单位:万吨,%

国　家	产　量		占非洲比重	
	2010 年	2012 年	2010 年	2012 年
科特迪瓦	23.15	25.6	42.13	43.3
尼日利亚	14.35	14.4	26.12	24.4

① 根据 FAO 统计制图。

② 数据来源:FAO 统计。

国　家	产　量		占非洲比重	
	2010 年	2012 年	2010 年	2012 年
利比里亚	6.21	6.3	11.30	10.7
喀麦隆	5.49	5.6	9.99	9.5
几内亚	1.40	1.6	2.55	2.7
加纳	1.50	2.0	2.73	3.4
加蓬	1.37	2.1	2.49	3.6
刚果（金）	1.15	1.2	2.09	2.0
非洲	54.94	59.1	100.00	100.0

　　2012 年,尼日利亚天然橡胶种植面积为 34.5 万公顷,占非洲总种植面积的 48.1%。科特迪瓦和利比里亚的种植面积次之,分别为 13.5 万公顷和 7.6 万公顷,占非洲总种植面积的 18.8% 和 10.6%。三国种植面积合计占了非洲总种植面积的 77.5%。

　　非洲橡胶生产以种植园为主,小农经营次之,各国根据本国特点重点发展不同的方式进行生产。2010 年,非洲橡胶单产每公顷约 7748 百克,是世界单产水平的 75%(图 4-1-52)。

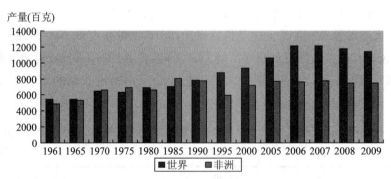

图 4-1-52　世界与非洲天然橡胶单产比率变化①

————————————

①　根据 FAO 统计制图。

第二章

非洲畜牧业

第一节　非洲发展畜牧业的
条件与牲畜地域组合

一、畜牧业发展的条件评价

牲畜的饲养方式受众多因素的影响,如气候、水草等地理因素,以及经济技术、传统习俗、民族因素等社会因素,其中最重要的首推水草资源条件和民族因素。

1. 水草资源条件

非洲具有饲养多种牲畜的有利草场条件。现有放牧草场主要分布在热带草原、沙漠和半沙漠、高原山区等,其中热带草原是非洲最重要的传统饲养基地。

（1）热带稀树草原

非洲热带草原是世界上最典型、面积最广的一种草原类型,大致分布在北纬5°至17°和南纬5°至25°之间,总面积约占全非面积的40%。草原的主要特征是高大的禾本科草类组成地面层,散生着乔木和灌木。但因各地自然条件特别是降水条件差别很大,植被类型呈现出明显的地区差异,又可分为热带草原林地、热带高草原、热带稀树草原和热带干草原四类。非洲热带草原牧草的特征:

① 牧草的分布规律是从湿润地带的高草(3~4 米)向干旱地带的矮草(0.5 米以下)过渡;从密生的乔木和灌木向稀疏矮小的乔木和灌木过渡;植被覆盖度逐渐减少,植物量也随之减少、载畜能力减低。

② 牧草的生长时间和旺盛期的长短受旱雨两季交替的严格限制。牧草在雨季生长茂盛,旱季则枯死,植物量减少,但在河流沿岸、三角洲和湖泊周沿地带,雨季泛滥,旱季植物开始生长,成为重要的旱季牧场。

③ 牧草的营养价值普遍较低,而且缺少豆科植物。营养物质的含量依旱雨两季的长短和交替而异,雨季时牧草蛋白质和氮的含量高而纤维素少,适口性好,但到旱季,牧草蛋白质和氮的含量减少而纤维素增加,变得粗硬,因而适口性差。

④ 草场中常绿和旱季部分时间落叶以及雨季干枯、旱季反而吐绿的乔木与灌木有着重要的饲养价值,尽管其数量有限,但富含蛋白质(20%~30%),尤其在草本植物稀少的干旱地带,这类植物为牲畜特别是骆驼和山羊提供了宝贵的旱季饲料。

从上述可知,热带草原虽然给牲畜提供了良好的天然牧场,但由于降水的地区性和季节性差别很大,严重限制着植被的生长。因此,牧草产量和营养物质含量的地区性和季节性差别制约着牲畜的生长发育与繁殖,客观上迫使牧民不得不采取季节性移牧的方式以适应水草的季节性变化。热带草原雨量在 200~1500 毫米之间,从赤道向两侧逐渐减少并出现明显的旱雨两季,北半球雨峰出现在 6 至 8 月,而南半球则出现在 12 月至次年 2 月。旱季持续期的长短因地而异,差别很大,但总的趋势是从高草原内的 3 个月向干草原的 9 个月过渡。雨季水草丰美,牲畜膘肥体壮,旱季牧草枯萎,供水缺乏,牲畜严重掉膘死亡,乳牛产奶量大减或断奶。据实验表明,牛的旱雨季膘情增减幅度常达 100 多公斤,生长发育不良,畜产品率低且质量差。特别严重的是,20 世纪以来,由于多次出现连年大旱,西非热带草原现在的等雨量线已向南推移了 200 公里,沙漠化日渐严重。每逢大旱,水源干涸、牧草耗尽,大批牲畜死亡,牧民被迫背井离乡,另谋生路,牧业惨遭破坏。

(2)半荒漠干草原

这类草原主要见于南撒哈拉、非洲东角、北肯尼亚和南非卡罗地区。降水无常且严重不足,大部分地区年降雨量在 250 毫米以下,仅局部地区达到 500 毫米。植被以稀疏低矮的刺灌木和簇状草类为主,草高一般不超过 50 厘米,质量差,载畜量很低。

(3)荒漠

非洲真正的干旱区是占大陆面积 40% 的撒哈拉沙漠和卡拉哈里—纳米布沙漠。年降雨量一般不超过 150 毫米,绝大部分地区不足 50 毫米,少数地区终年或多年不降雨。降雨不仅次数少,而且时空变化大。干旱区云量少、日照强,空气极为干燥。植物稀少,有耐旱的特性;叶小而厚,多针刺;呈簇状零星分布(彼此相距数米以至几十米);植株矮小,根系发达。沙漠环境的恶劣和植物的缺乏,使得该区仅能为耐干旱、粗饲的骆驼和山羊提供劣质牧草,加之水资源的奇缺,迫使牲畜必须坚持常年不断的迁移才能生存,牧民也不得不过着逐水草而居的游牧生活。

(4)亚热带草原

这类草原面积小,主要分布于南非海拔 1050~3300 米的高原上,雨量较为丰沛,天然放牧条件较好,特别是"甜草原"提供了良好的牧草,适宜饲养乳牛,是南非重要的养牛区。

(5)高山草原

这类草原主要见于高原地区,如北非的阿特拉斯山区、埃塞俄比亚高原、东非高原、南非高原和西非的富塔贾隆高原、乔斯高原及巴门达高原。这类草原主要由矮小草类组成,通常为牧民提供良好的旱季和雨季牧场。

2. 民族因素

民族是牲畜饲养方式形成的决定性因素。由于各类人民所处的自然环境不同,他们在饲养牲畜的过程中积累了利用各类草原的丰富经验,并形成了各具特点的饲养方式。但各民族的发展很不平衡,传统的牧业社会发生了深刻的变化。有些牧民已从游牧转向定居放牧,从事农牧结合的混合农业和种植业。但在不宜农耕的传统牧业地带,牧民仍然从事着粗放的游牧和半游牧。

在北非,常年活动在沙漠中的游牧阿拉伯人,是养骆驼的能手,其中有些不事耕作,过着随水草而居的非季节性游牧生活。有些则从事与椰枣种植相结合的半游牧。在阿特拉斯山区,牧民实行着与种植业相结合的半游牧或山牧。分布在广大热带草原的牧民多实行季节性的游牧和半游牧,或与农牧相结合的混合农业。例如广布于西非的富拉尼人以养牛著称,他们从 14 世纪开始从塞内加尔河流域向外扩展,有些向南进入富塔贾隆高原,有些则向东扩展至乔斯高原和巴门达高原。除部分已定居外,仍有相当一部分继续过着游牧和半游牧生活。乌干达东北部的吉埃人(Jie)和肯尼亚北部的图尔卡纳人(Turkana)同源于一个部落,大约在 200 年前分别进入现有的地带,前者已变成兼营种植业的半游牧民,过着比后者更为社会化的生活,而后者仍然过着游牧生活。广大的中、南部非洲,大都为班图语系各族,在长期的发展过程中,各族人民在社会结构和土地利用形式上已发生了深刻的变化。有些班图语族传统上是农民,生活的主要来源依赖种植业,但兼养牲畜,如坦桑尼亚的苏库马人(Sukuma),牛在其家庭经济中占有重要地位。有三种情况值得注意:一是处在同一类或类似自然环境的不同民族,其牲畜饲养方式各不相同;二是同一民族因占据着不同的自然环境,往往采取不同的饲养方式;三是同一地区交错分布着多种民族,各自实行着不同的饲养方式,这就构成了一地区饲养方式的多样性。

3. 畜产品加工工业基础和交通运输条件

这也是发展畜牧业不可忽视的条件,不仅影响饲养方式从粗放向集约过渡的进程,而且也影响畜产品的商品性生产。牧区主要位于远离消费中心的僻远地带,而畜产品加工则往往布局于消费中心而远离牧区。许多地区缺乏现代化的畜产品加工、保存、冷藏、运输等配套设施,不仅限制了天然水草资源的合理开发利用,同时也限制了畜产品的加工和外运。独立后,许多国家为了改变牧区的落后情况,在牧区建设新的畜产品加工工业和改善交通运输网的同时,大力改善牲畜传统贸易路线的服务设施如畜栏、牧草、供水、宿营地等。上述条件的改善,加强了牧区和消费区之间以及牧区本身的经济联系,但还远不能满足牧业发展的需要,迄今畜产品的贸易仍不得不依赖传统的活畜赶牧至南部沿海城镇和港口,历时 20～60 天。博茨瓦纳牛的出口是从恩加米兰穿过国界赶牧至津巴布韦和赞比亚。在这种长途的赶牧过程中,牲畜往往因沿途水草不足而严重掉膘和死亡。

二、牧畜地域组合与分布

非洲草原面积广大,给畜牧业提供了良好的天然牧场条件,牲畜数量众多,是一种尚未充分利用的丰富资源。

非洲畜牧业在农业生产和人民生活中具有重要地位,是仅次于种植业的第二大农业部门。除热带雨林地区以外,畜牧业在各区均为重要经济部门之一。2010年,全洲畜牧业产值约占农业总产值的 20%。在毛里塔尼亚、索马里、博茨瓦纳等国,牧民占总人口的 70% 以上;在苏丹,牧民占总人口的 36%;在尼日利亚,牧民占总人口的 20%。但在非洲农业部门中,畜牧业也是最落后的。非洲畜牧业结构特点如下。

非洲牲畜主要有牛、绵羊、山羊、骆驼、驴、马、骡、猪等,有些牲畜在世界上占有重要地位。各种牲畜因受各自生活习性、自然、经济、人文条件因素的影响,数量上有明显的差异。

表 4 - 2 - 1   非洲主要牲畜数量及比例变化   单位:万头,%

年份		2001	2002	2003	2004	2005	2006	2007	2008	2009	2010	2013
牛	世界	131752.7	132587.8	133663.9	134422.1	135057.2	136205	136061.4	137237.9	138224.1	162425.4	149434.9
	非洲	23190.3	23759.7	24101.2	24314.7	25151.4	25541.7	26147.7	27075.5	27067.5	28692.5	30107.8
	占世界比	18	18	18	18	19	19	19	20	20	18	20
山羊	世界	75466.5	76523	78165.1	80182.7	82189.7	82482.8	83283.5	86440.1	86796.8	90969.1	100560.3
	非洲	24356.5	25003.9	25628.3	26612.2	27347.9	27762.4	28581.2	29453.5	29487.1	31089.1	36197.8
	占世界比	32	33	33	33	33	34	34	34	34	34	35
绵羊	世界	103711.3	102584.6	103487.5	106243.7	109041.1	109436.4	109482.5	108630.7	107127.4	107776.2	117283.3
	非洲	25187.1	25551.5	26011.4	26836.6	27492.6	28044.9	28554.5	28965.3	29212.2	29903.2	32533.9
	占世界比	24	25	25	25	26	26	27	27	28	27.7	
骆驼	世界	2198.3	2225.8	2267.2	2339.8	2351.8	2411	2426.6	2532.6	2538.5	2468.1	2701.0
	非洲	1836.9	1881.2	1920.5	1991.6	2003.2	2032.3	2055.8	2153.7	2151.4	2073.5	2300.4
	占世界比	84	85	85	85	85	84	85	85	85	84	85

非洲面积广阔的天然草场,为绵羊、山羊、牛等提供了优良的生存条件。2013年牛、山羊、绵羊等牲畜均超过两亿头(只),分别占世界总量的 20.0%、35.0% 和 27.7%;骆驼近 2300.4 万头,占世界总量的 85.0%。世界上大部分骆驼资源都集

中在非洲。因为骆驼耐炎热干燥的环境,以有刺灌木的枝叶为食,最能适应荒漠、半荒漠带生态环境。而非洲拥有世界最大的沙漠——撒哈拉沙漠,适宜骆驼生长和发展。

图 4 - 2 - 1　非洲主要牲畜分布图①

2000—2010 年的近 10 年时间里,非洲主要牲畜的数量不断增长,其中以山羊、猪、绵羊、牛的数量增幅最大。各类牲畜数量占世界的比重相对稳定。

牲畜生存离不开水和植物,其地域分布与水草条件有着密切关系。非洲草场广泛分布于热带雨林以外的区域,因此牲畜大致分布在热带稀树草原、沙漠和半沙漠及高原山区。总的来说,非洲牲畜集中在四大地区:东非地区、苏丹地区、南非地区和北非地区。

---

①　姜忠尽主编:《非洲农业图志》,南京:南京大学出版社,2012 年,第 297 页。

表 4 - 2 - 2 非洲主要牲畜的分布

分布 牲畜	地 域	国 家	占非洲 总数比（％）
牛	埃塞俄比亚高原、马达加斯加岛、萨赫勒带、非洲南部的亚热带草原	埃塞俄比亚、苏丹、坦桑尼亚、南非、尼日利亚、肯尼亚、马达加斯加	60
绵羊	北非、东北非、南非	南非、埃塞俄比亚、尼日利亚、摩洛哥、阿尔及利亚、苏丹	52.0
山羊	西非、中非、东非	尼日利亚、苏丹、索马里、埃塞俄比亚	48.0
骆驼	撒哈拉沙漠、非洲之角	索马里、苏丹、埃塞俄比亚、毛里塔尼亚、肯尼亚	85.0

东非地区是非洲最重要的牧业地区，特别是埃塞俄比亚和索马里，其畜牧业较为发达，主要牲畜有牛、绵羊、山羊、骆驼、马、驴、骡等，大约集中了全非洲 1/3 的牛、1/4 的羊和近 1/3 的骆驼。

苏丹地区是仅次于东非的牧业地区，主要牲畜为牛、绵羊、山羊和骆驼。其中，萨赫勒带是非洲重要的养牛地区之一。

南非地区主要饲养牛和绵羊，著名的美利奴绵羊和卡拉库尔绵羊就产自这里。

北非地区包括北非地中海沿岸的国家，主要牲畜有绵羊、山羊、骆驼、牛和马、驴、骡。

非洲的牲畜组合有比较明显的地带性，这不仅与自然因素有关，还与经济、社会因素密切相关。

1. 自然因素影响下的牲畜组合

在中非和西非的热带雨林及高草热带稀树草原区，萃萃蝇猖獗，气候湿热，不利于牛、马、骡的繁殖，而山羊和绵羊较适应这样的环境，所以山羊和绵羊成为这里的主要家畜。

非洲南、北两端的亚热带地区以牛、羊为主要牲畜。

北端的地中海气候夏季炎热干燥，冬季温和多雨，与亚热带荒漠与半荒漠一样适于羊的生存，所以北方羊占优势。非洲南部的地中海气候区面积很小，而夏季高温多雨、冬季温和干燥的草原和干草原带占很大面积，也适合牛、羊的生存，所以该地区牛、羊同等重要。另外，热带疏林、稀树草原、萨赫勒带也是牛和羊的集中分布区。

2. 民族因素影响下的牲畜组合

在影响牲畜组合的因素中，民族因素是最重要的。

非洲的牧业民族众多，由于各民族的生产经验和传统习俗不同，导致一些地区的牲畜分布不受自然因素的影响,随着民族居住地不同而不同。例如,图阿雷格、索马里民族擅长饲养骆驼,其中图阿雷格族历史上还是来往于撒哈拉沙漠南北的骆驼商队的组织者。相反,非洲南部的赫雷罗、茨瓦那民族虽然也生活在荒漠、半荒漠中,却完全不饲养骆驼,而是以牛为主要牲畜,因为这些民族的祖先居住于热带草原带,迁移到南部非洲后仍保留养牛的传统。

在热带非洲,不少地区有以牛作为衡量财富和地位的标志的传统习俗,导致这些地区的牲畜组合中牛占有优势地位。另外,在非洲信仰伊斯兰教的国家或地区,很少饲养猪。

3. 经济因素影响下的牲畜组合

在交通不便的阿特拉斯山谷和埃塞俄比亚高原,需要用牲畜乘骑和驮载,驴和骡成为主要牲畜。

在农业发达但经济相对落后的非洲国家,用机器帮助人们生产是很困难的,所以牲畜就成了最主要的农业助手。例如,埃及灌溉农业较发达,水牛作为耕畜,在埃及占有突出的地位。

第二节　主要牲畜的生产分布

一、牛

1. 牛的生产分布

非洲的牛产量自 1961 年以来基本在逐年增加,占世界的比重也在增加。2013年非洲养牛数量 30107.8 万头,占世界的比重为 20%。

表 4 - 2 - 3　非洲与世界养牛的数量　　　　　　　　　单位:万头

年份	非洲	世界	非洲/世界(%)	年份	非洲	世界	非洲/世界(%)
1961	12253.9	94217.5	13.01	1990	18921.2	129840.3	14.57
1965	13402.6	100890.8	13.28	1995	20290.1	132610.2	15.3
1970	14859.4	108164.1	13.74	2000	22791.8	131587.6	17.32
1975	15646.1	118792.8	13.17	2005	25151.6	135057.2	18.62
1980	17253.4	121701.8	14.18	2010	28692.5	162425.4	18
1985	17651.3	126001.3	14.01	2013	30107.8	149434.9	20

数据来源:FAO统计。

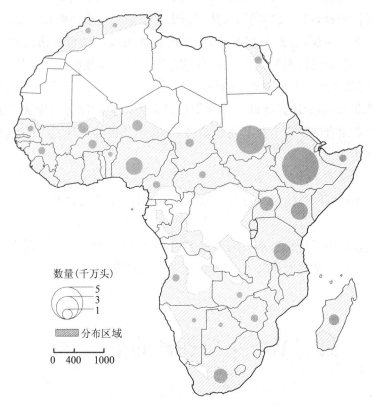

图 4-2-2　2013 年非洲牛分布图①

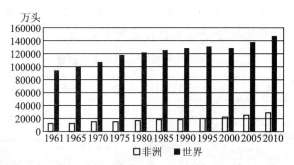

图 4-2-3　非洲与世界养牛的数量②

　　非洲牛的分布与自然条件密切相关,因为牛的地区分布不仅受到萃萃蝇的极大限制,还跟水草资源富足与否有很大关系。在水源缺乏的北非和南部非洲的荒漠与

----

① 牛的分布区域根据 Roy Cole, Harm J. De Blij, *Survey of Subsaharan Africa : A Regional Geography*, Oxford: Oxford University Press, 2007 绘制。牛的数量分布根据 FAO 统计编制。

② 根据 FAO 统计编制。

半荒漠带,灌木和草类较稀疏,不适应牛群生长;在炎热潮湿的热带雨林和高草稀树草原带,萃萃蝇活动猖獗,对锥虫病抵抗能力较低的牛群若在这里生长也只能九死一生。所以非洲的牛主要分布在无萃萃蝇的热带草原、埃塞俄比亚高原、马达加斯加岛、萨赫勒带和南部非洲的热带草原等地区,其中埃塞俄比亚高原和萨赫勒地带是非洲最重要的养牛地区。将非洲划分成五部分,即东非、中非、北非、南非、西非,可清楚看到牛的主要分布大势。

东非牛的数量最多,是牛的主要分布区,自1998年到2010年东非牛的数量不断增加,十几年之间增加了2千万多头,但在非洲所占比例变化不大,基本上稳定在42%～45%,增长率为2.0%以上。其次是西非,牛的数量占非洲总量的比例在20%左右,十年间增加了1.5千万头,增长率为3.0%,虽然与东非相比总量上不占优势,但增长速度快,在非洲总量中的占比不断上升,有很大发展潜力。再次是北非,牛的数量及所占比例仅次于西非,十几年间增加了近于1千万头,增长率为20%左右。中非和南非虽也有一定数量的牛,但相比较来看,是非洲分布最少的地区。从表4-2-4中可清楚看到,中非牛的数量虽然在缓慢增加,但所占比例是不断减少的;而南非牛的数量维持在2千万头左右,所占比例很明显处于不断下降的状态。

表4-2-4 非洲牛的主要分布①

年份	东非		中非		北非		南非		西非	
	数量(万头)	占非洲比例(%)	数量(万头)	占非洲比例(%)	数量(万头)	占非洲比例(%)	数量(万头)	占非洲比例(%)	数量(万头)	占非洲比例(%)
1998	9532	43.5	1831.3	8.4	4254.9	19.4	1935.6	8.8	4364.3	19.9
1999	10050.3	44	1915.1	8.4	4427.5	19.4	2004.4	8.8	4467.4	19.5
2000	9642.4	42.3	1985.8	8.7	4579	20.1	2000.3	8.8	4584.1	20.1
2005	10673.7	42.4	2103.7	8.4	5009.2	19.9	2056.8	8.2	5307.9	21.1
2010	12765.2	44.5	2330.1	8.1	5570.3	19.4	1373.1	4.8	6034.0	21.0
2013	13846.5	96.0	2293.6	7.6	5284.3	17.6	2017.0	6.7	6666.3	22.1

表4-2-5 非洲主要国家牛的数量及占比② 单位:万头,%

国家	1998年			2008年			2010年			2013年		
	数量	占非洲比	占世界比	数量	占非洲比	占世界比	数量	占非洲比	占世界比	数量	占非洲比	占世界比
埃塞俄比亚	3537.2	16.1	2.7	4929.8	18.3	3.7	5338.2	18.60	3.29	5400.0	17.9	3.6

① 数据来源:FAO统计。
② 数据来源:FAO统计。

国 家	1998 年			2008 年			2010 年			2013 年		
	数量	占非洲比	占世界比	数量	占非洲比	占世界比	数量	占非洲比	占世界比	数量	占非洲比	占世界比
苏丹	3458.4	15.8	2.6	4140	15.3	3.1	4176.1	14.55	2.57	4191.7	13.9	2.8
坦桑尼亚	1379.6	6.3	1.1	1800	6.7	1.3	—	—	—	2150.0	7.1	1.4
尼日利亚	1508.6	6.9	1.2	1692.9	6	1.2	1601.3	5.58	0.99	2000.0	5.6	1.3
南非	1370	6.3	1.1	1439.8	5.3	1.2	1373.1	4.79	0.85	1400.0	4.6	0.9
肯尼亚	1168.7	5.3	0.9	1352.3	5	1	1786.2	6.23	1.10	1950.0	6.5	1.3
马达加斯加	1034.2	4.7	0.8	970	3.6	0.7	990	3.45	0.61	1003.0	3.3	0.7

埃塞俄比亚、苏丹、坦桑尼亚、尼日利亚、南非、肯尼亚、马达加斯加七国是非洲主要的养牛国家,七国养牛总量约占非洲养牛总数的 60.0%(表 4-2-5)。总体上来看,几乎所有国家的养牛数量都在增加,尤其是埃塞俄比亚,变化最大,增长最快,已从 1998 年的 3537.2 万头,增加到 2008 年的 4929.8 万头,2013 年进一步增加到 5400 万头,将来的发展潜力也相当大。唯独马达加斯加的牛的数量处于不断下降的状态,这与该国的经济结构转变有很大关系。

从平均每人拥有的头数来看,人均占有牛头数最多的国家是博茨瓦纳、纳米比亚、毛里塔尼亚和马达加斯加。博茨瓦纳和纳米比亚平均每人拥有的牛超过 3 头。

2. 主要品种

非洲具有丰富养牛经验的民族很多,各民族在长期的养牛过程中,培育出了许多适宜当地条件的优良牛种。

一般来说,牛的品种可分为两大品系:瘤牛型和无瘤牛型。瘤牛型主要为乳用和肉乳兼用型,体型较大,产奶量比无瘤牛多。无瘤牛主要为肉用型,体型小,产奶量少,但对锥虫病有较强的抗病力。在数量上,瘤牛的数量远比无瘤牛多。目前非洲各养牛地区仍以本地种为主。[①]

(1) 瘤牛

集中分布在埃塞俄比亚高原、马达加斯加以及东非高原等地,品种很多。按地区来看主要有:

东非地区主要品种是博兰牛、东非瘤牛和埃塞俄比亚若干牛种。

博兰牛是一种体型较大的短角瘤牛,因能忍受长期干旱及长途跋涉、需水量少,并能利用质量差的牧场,所以是东非干旱地区的主要牛种。它分布范围广、水草条件差别大、体重和产奶量地区差别较大。各地牧民经培育和杂交选育出多种良种博

---

① 曾尊固:《非洲农业地理》,北京:商务印书馆,1984 年,第 149-151 页。

兰牛,有肉用型、乳用型、乳肉兼用型。

东非短角瘤牛主要分布在乌干达、肯尼亚、坦桑尼亚三国,体型小于博兰牛,成熟慢,产奶量少,但奶质好。

安科雷牛也是瘤牛的一种,主要分布在布隆迪、卢旺达和乌干达三国,角长大、机瘤小、体重和产奶量大于其他瘤牛,但易感染兽疫,所以主要分布在气候较凉爽的高地。

埃塞俄比亚高原有许多土种瘤牛,数量最多的是分布于高原中央的黑色牛。它体型小、角短、毛皮全黑、耐寒耐潮,主要供役用和肉用。

中非和西非的瘤牛分布在 12°N 至 14°N 以北,这也就是萃萃蝇分布的北界。瘤牛构成富拉尼族牧民畜群的基础。富拉尼人在长期的游牧生活中,培育了许多种瘤牛品种,如产奶量高的白富拉尼牛,肉用价值大的红富拉尼牛,肉乳兼用的摩尔牛、图阿雷格牛、舒瓦阿拉伯牛、阿扎瓦克牛和索可托牛。

(2)无瘤牛

分布在 10°N 以南,这些地方多属热带雨林和高草稀树草原区,萃萃蝇猖獗,只有抗疫力强的无瘤牛才能适应,主要有三种类型:恩达马牛、西非短角牛(穆图鲁牛)和乍得牛(库里牛)。

恩达马牛为几内亚高地上的土种牛,体型结实,肌肉发育良好,皮革均一,在热带低蛋白质草地和粗饲情况下生长良好。

西非短角牛分布在沿海,个体矮小,但屠宰率高,是非洲牛中最能抗锥虫病的品种之一。

乍得牛分布在乍得湖沼泽及湖中各岛,体型比恩达马牛大很多。

瘤牛和无瘤牛的杂交种分布在北纬 10°和 12°至 14°之间,对萃萃蝇具有不完全的抵抗力,肉乳产量均低,且生长缓慢。

苏丹牛多数为本地种,主要有肯纳那牛、布塔那牛和丁卡牛。

肯纳那牛在苏丹东和南部,肉乳兼用型,在良好的饲养条件下,母牛体重可达450 公斤,公牛达 570 公斤。

布塔那牛为乳用型,主要分布在尼罗河沿岸和西部平原地区,经选育的母牛在适当的饲养条件下,每个泌乳期可产奶 1815 公斤。

丁卡牛分布南苏丹,体型小而粗糙。

南非地区以商品性牛占多数,主要养牛的国家是南非和马达加斯加。

南非乳牛业和肉牛业均较发达。乳牛品种多从欧洲引进,以黑白花牛占多数,其次有娟姗牛、更赛牛和杂种乳牛等。乳牛的产奶水平一般较高。每头乳牛平均年产奶量从草地粗放饲养的 1000 公斤至集约饲养的 1960 公斤不等,最高产奶量可达2700 公斤。南非的肉牛多是粗放放牧饲养,很少补饲精料。非洲牛是南非经济上最重要的土种肉牛品种。这种牛体型大,成年母牛平均体重 630 公斤,公牛 910 公斤。

图 4 - 2 - 4 非洲的牛

马达加斯加 3/5 的地区适宜养牛,主要分布在中央高地,品种多为瘤牛。

北非国家的牛主要供役用和肉用。棕色阿特拉斯牛,体型小,产奶量低,成年公牛体重约 410 公斤,母牛雨季后体重可达 340 公斤。这种牛雨季牧草丰美时抓膘能力强。

埃及是非洲唯一产水牛的国家,来源于印度,主要有两种类型:在尼罗河三角洲的贝希里型水牛,体型较大;在尼罗河谷地的多赛迪水牛,体型较小。水牛主要为役用和乳用,全国产奶量中,水牛奶占 64%,较好的水牛年产奶约 700 公斤。

此外,大多数非洲国家为提高牛的生产能力,采取引进外来品种的做法,主要的外来乳牛有黑白花牛、娟姗牛、更赛牛、爱尔夏牛等,其中以黑白花牛最为普遍。主要的外来肉牛有海福牛、夏洛来牛、西门塔尔牛等,以海福牛最多。

3. 牛的饲养方式及贸易特点

至今,非洲的养牛业仍然大部分依靠粗放的游牧和半游牧方式,并以自给为主,商品率低。牛的贸易以活牛贸易为主[1],以邻国贸易为主。主要出口活牛的国家是纳米比亚、乍得、博茨瓦纳、尼日尔、马里、毛里塔尼亚。最大的活牛进口国是南非、尼日利亚、中非、科特迪瓦、加纳等。纳米比亚和博茨瓦纳的活牛以邻国贸易为主,主要运往南非;萨赫勒带的活牛主要运往中、西非沿海的国家。

二、羊

1. 生产分布

羊在畜牧业中占重要的地位,它不仅能提供肉、乳等食物,还能提供羊毛、皮革

---

① 曾尊固:《非洲农业地理》,北京:商务印书馆,1984 年,第 151 页。

等生活用品。羊耐粗饲,抗疫能力比牛强,分布范围比牛广。

山羊比绵羊更耐旱、更适应严峻的自然环境,且抗疫能力强,所以分布范围比绵羊广,既能在崎岖山地放牧,又能在有锥虫病危害的低湿地放牧,因为放牧山羊可以用于清理土地和控制灌木对农田的侵害,同时还能阻止害虫滋生,达到消灭萃萃蝇的目的。

表 4 - 2 - 6　非洲国家山羊饲养量及占比①　　　　　　　单位:万只,%

国家	数量		占非洲比重		占世界比重	
	2010 年	2013 年	2010 年	2013 年	2010 年	2013 年
尼日利亚	5652.4	5825.0	18.18	16.5	6.21	5.8
苏丹	4344.1	4400	13.97	12.5	4.78	4.4
埃塞俄比亚	2278.7	2500	7.33	7.1	2.50	2.5
肯尼亚	1330.0	3000	4.28	8.5	1.46	3.0
索马里	1140.0	1155	3.67	3.3	1.25	1.1
尼日尔	1367.3	1380	4.40	3.9	1.50	1.4
坦桑尼亚	—	1540		4.4	—	1.5
布基纳法索	1234.3	1325	3.97	3.8	1.36	1.3

表 4 - 2 - 7　2010 年非洲主要绵羊饲养国家的绵羊数量及占比②　　　　单位:万只,%

国家	数量		占非洲比重		占世界比重	
	2010 年	2013 年	2010 年	2013 年	2010 年	2013 年
尼日利亚	3552.0	3900	11.88	12.0	3.30	3.3
南非	2450.1	2500	8.19	7.7	2.2	2.1
埃塞俄比亚	2550.9	2650	8.53	8.1	2.37	2.3
阿尔及利亚	2000.0	2650	6.69	7.8	1.86	2.2
索马里	1176.0	1230	3.93	3.8	1.09	1.0
尼日尔	1091.7	1040	3.65	3.2	1.01	0.9
摩洛哥	1802.3	1995.6	6.03	6.1	1.67	1.7

2. 主要品种

(1) 山羊

非洲山羊总量占世界的 1/3 以上,主要集中在尼日利亚、苏丹、埃塞俄比亚、肯尼亚、坦桑尼亚、尼日尔六大山羊饲养国。2013 年六国山羊合计占非洲近 53% 的比例,

---

① 数据来源:FAO 统计。

② 数据来源:FAO 统计。

其中最多的是尼日利亚和苏丹,各占 16.5% 和 12.5%。

表 4-2-8　1961—2010 年非洲和世界山羊与绵羊的数量比较①

年份	山羊(万头)			绵羊(万头)		
	非洲	世界	非洲/世界(%)	非洲	世界	非洲/世界(%)
1961	9425.5	34872.7	27	13512.6	99426.9	13.6
1965	10104.1	36742.4	27.5	14331.2	103087.9	13.9
1970	11541.1	37768.4	30.6	15925.1	106327.3	14.98
1975	12000.4	40542.2	29.6	16311.2	104792.2	15.57
1980	14110.8	46443.9	30.4	18475.9	109867.4	16.8
1985	14919.40	48643.4	30.7	18919.5	111860.9	16.91
1990	17699.5	59010.3	30	20748.7	120794.1	17.18
1995	20057.2	67023	29.9	21282.3	107501.1	19.8
2000	23410.9	74509.5	31.4	24545	105877	23.2
2010	31089	90969.1	34	29903.2	107776.2	28
2013	35197.8	100560.3	35	33533.9	117283.3	27.7

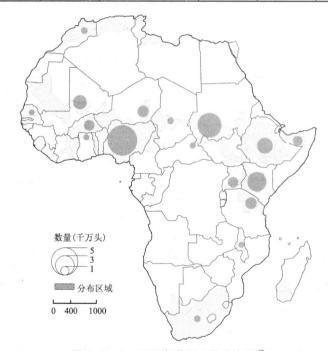

图 4-2-5　2013 年非洲山羊分布图②

① 数据来源:FAO 统计。

② 山羊数量根据 FAO 统计编制。山羊分布区域采自姜忠尽主编《非洲农业图志》,南京:南京大学出版社,2012 年,第 299 页。

（2）绵羊

绵羊的分布范围远远小于山羊,主要集中在北非和西非地区。尼日利亚、埃塞俄比亚、南非、阿尔及利亚、摩洛哥是非洲五大产绵羊的国家,合占非洲绵羊总数的40%以上。

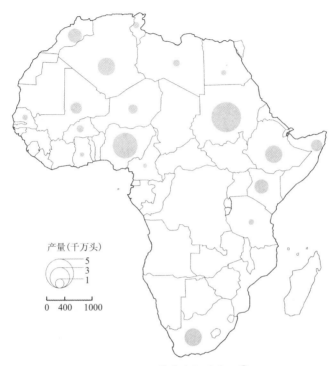

图 4 - 2 - 6　绵羊空间分布图[1]

自 20 世纪 60 年代至 2010 年,非洲养羊业发展取得了很大进展,尤其是绵羊。2000 年以后,从在世界上的地位看,山羊数量在世界中所占比例基本处于 32% ~ 35% 之间,而绵羊位于 24% ~ 28% 之间。

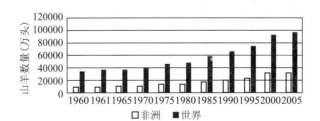

图 4 - 2 - 7　非洲与世界山羊发展状况对比[2]

---

①　根据 FAO 统计编制。

②　根据 FAO 统计编制。

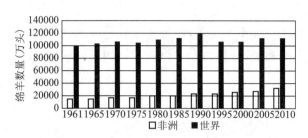

图 4-2-8 非洲与世界绵羊发展状况对比

结合图 4-2-7、图 4-2-8 与表 4-2-8 来看,世界与非洲山羊数量是持续增长的,非洲的变化更显得平稳而缓慢。从 2000 年开始,非洲山羊的增长速度较以前有所提升,但与世界的差距有逐渐拉大的趋势。世界上绵羊的数量是处于上下波动不定的状态,但最小值不会低于 10 亿。而非洲的绵羊虽然增长缓慢,但还是持续上升的趋势,增长率几乎不变。

山羊的品种繁杂,主要有马腊迪山羊、安哥拉山羊和达纳基尔山羊等,除此之外还有波尔羊。

马腊迪山羊主产于尼日利亚,主要作为皮用羊。这种山羊体型小(体重 20~30公斤)、皮质优美,在欧洲市场上以"摩洛哥山羊"而驰名。

安哥拉山羊主要产于南非和莱索托,主要作为毛用羊。一年剪一次的毛长平均为 30.5 厘米,半年剪一次的毛长为 15 厘米。细度一般是 18~40 支,净毛率为83%~85%。每只羊年剪毛 3.2 公斤,被称为马海毛,可用来制作窗帘、门帘、绳索、毯子、毛带、人造裘等。马海毛在国际市场上的价格高于美利奴细羊毛的一倍。

绵羊的品种也比较繁杂,命名因地而异。南非地区最著名的绵羊是美利奴绵羊和卡拉库尔绵羊。美利奴绵羊是著名的毛用羊,毛长 9 厘米,细度 70 支左右,年剪毛量 5.5~6 公斤。这种羊能耐较差的自然条件,适应长途放羊,所以主要集中分布在干旱地区。在海拔 1500 米的卡罗高原,美利奴绵羊集中饲养在雨量为250~500 毫米、植被为小灌木的地区。卡拉库尔绵羊主产纳米比亚草原,号称"黑色的宝石"。这种羊耐干旱、粗饲、长途放牧,且少生疾病,繁殖快、产值高,是世界著名的羔皮用羊,在贸易上常以"波斯羔羊"著称。羔羊生下来仅一天就可宰杀制成羔皮。这种羔皮与其他羔皮的不同之处在于具有各种美观的毛卷,富有光泽、弹性及其他特征。

东非地区,绵羊主产在埃塞俄比亚高原,海拔 3000 米以上的山地到荒漠地区均有饲养。地方品种也较多,肥尾羊和细尾羊都有,主要用来生产肉和皮。羊毛粗,只能用来织地毯,仅高原中部的黑色长毛"孟斯"羊才定期剪毛。主要品种有孟斯绵羊、阿克勒—古扎绵羊、土库绵羊等。

养羊业在东非高原上历史短,羊的品种随雨量和地区海拔高度而异。主要品种有马赛绵羊,其特点是毛粗、体大、角小、腿长,属肥尾羊。

苏丹绵羊可分为五个生态类型,均属粗毛羊,其中以苏丹沙漠绵羊和苏丹尼罗绵羊为最多。而西苏丹地区的绵羊分南北两大品系:14°N以北为长腿绵羊,体大、腿长、毛密,多为肉用型,一般是大群放牧;14°N以南是矮种绵羊,体小、腿短、毛长而密,多为毛用型,一般是定居放牧。

北非地区以摩洛哥本尼哥尔绵羊和阿尔及利亚阿拉伯绵羊为多。前者毛长15厘米;后者有耐干旱、粗饲和温度剧烈变化等优点。

图4-2-9　非洲山羊

3. 羊的饲养方式及贸易特点

非洲羊的饲养方式以游牧的粗放形式为主。一般来说,牧区的羊群跟牛、骆驼一起长途游牧,即使在商品性牧场较多的南非,牧民也是在天然草场上终年放牧,很少喂人工饲料。农区以种植业为主,牧业仅仅作为副业,羊的产品通常供农民自己消费,很少出售,商品率很低。

羊的贸易同牛一样,也是以活羊为主、以邻国为主。主要的活羊出口国有毛里塔尼亚、尼日尔、乍得、马里等,销往北非和西非沿海国家,仅索马里和苏丹的部分羊只出售到西亚阿拉伯国家。此外,还有大量的羊毛、皮革、羔皮被销售到欧洲。

三、骆驼

骆驼是一种耐炎热干燥环境、以有刺灌木的枝叶喂食的牲畜,最能适应荒漠、半荒漠带的炎热干旱条件。在条件恶劣的沙漠地区,能忍耐一周不喝水;若气候凉爽且水草丰富,则可数周不喝水。骆驼不仅能够提供奶、肉,它的毛可制作帐篷,皮可以制作其他生活用具。更重要的是,它还是沙漠中的主要交通运输工具,有"沙漠之舟"的美称。所以,骆驼在当地的牧民生活中占有重要的地位。[①]

1. 骆驼的分布

骆驼主要分布在撒哈拉沙漠和非洲其他的干旱地区。骆驼虽在非洲所有的牲畜中所占比例不大,但在世界中却是数量最多的,在世界骆驼总数中的比例保持在85%。

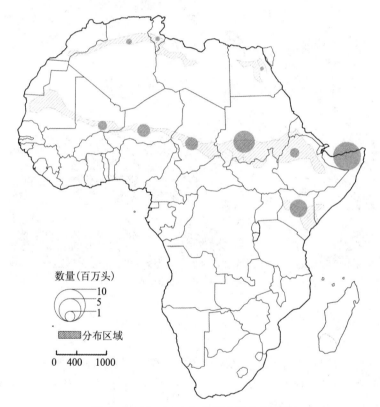

数量(百万头)
10
5
1
分布区域
0　400　1000

图 4 - 2 - 10　2013 年非洲骆驼分布图[②]

① 曾尊固:《非洲农业地理》,北京:商务印书馆,1984 年,第 154 页。
② 骆驼数量分布根据 FAO 统计编制。骆驼分布区域采自姜忠尽主编《非洲农业图志》,南京:南京大学出版社,2012 年,第 301 页。

表 4 - 2 - 9　非洲国家骆驼数量①

国家	数量(万峰)		占非洲比重(%)		占世界比重(%)	
	2010 年	2013 年	2010 年	2013 年	2010 年	2013 年
索马里	700.0	710.0	33.8	39.9	28.4	26.3
苏　丹	462.3	478.7	22.3	20.8	18.7	17.7
埃塞俄比亚	110.2	92.5	5.3	4.0	4.5	3.4
尼日尔	168.0	168.0	8.1	7.3	6.8	6.2
毛里塔尼亚	135.5	150.0	6.5	6.5	5.5	5.6
肯尼亚	134.7	310.0	6.5	13.5	5.5	11.5
马　里	92.3	97.9	4.4	4.3	3.7	3.6
乍　得	140.0	150.0	6.8	6.5	5.7	5.6

　　根据骆驼增长速度,可分三个阶段:① 1961—1969 年,非洲骆驼增长迅速,年均增长率为 4.3%;② 1970—1994 年,非洲的骆驼数量处于缓慢增长的状况,到后几年还出现了略有下降的趋势,年均增长率为 1.1%;③ 1995—2013 年,非洲骆驼的数量出现加速增长的趋势,年均增长率为 2.0%以上。

　　非洲的骆驼主要集中在索马里,2013 年一国骆驼数量达 710 万头,占非洲总头数的39.9%和世界总头数的26.3%,其次是苏丹、肯尼亚、尼日尔、毛里塔尼亚、乍得等国。

　　1961—2013 年,非洲骆驼的数量快速增长,占世界总头数的比重也稳步上升,从 1961 年的 862.6 万峰稳步增长到 2000 年的 1803.8 万峰,到 2013 年进一步增加到 2300.4 万峰,占世界的比重也从 1961 年的 66.7%稳步上升到 2013 年的 85.2%(表 4 - 2 - 10)。

表 4 - 2 - 10　非洲骆驼的发展状况②　　　　　　　　单位:万峰

年份	非洲	世界	非洲/世界(%)	年份	非洲	世界	非洲/世界(%)
1961	862.6	1292.7	66.7	1990	1521.9	1988.4	76.5
1965	1023.3	1458.2	70.2	1995	1607.3	2051.5	78.4
1970	1219.6	1660.5	73.5	2000	1803.79	2177.1	82.9
1975	1272.9	1710.8	74.4	2005	2003.2	2351.7	85.2
1980	1362.3	1798.8	75.7	2010	2073.5	2468.1	84
1985	1464.2	1910.1	76.7	2013	2300.4	2701.0	85.2

①　数据来源:FAO 统计。
②　数据来源:FAO 统计。

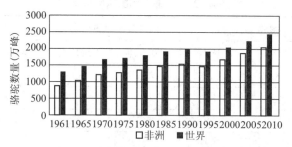

图 4-2-11　非洲与世界骆驼的发展状况对比①

2. 骆驼品种

非洲骆驼都是单峰驼,各地品种与命名不一。索马里有骆驼 710 万峰,其中 60%集中在北部干草原区。主要有 4 个品种:

① 北索马里骆驼。分布在北部,既为牧民提供驮载工具和驼奶,也为城镇居民提供肉食。骆驼体格因地而异,平均体重为 350~400 公斤。一般来说,沿海地区的骆驼体格较小,内地和山区的骆驼体格较大,东南部多巴汉格部族的草地质量较好,因而骆驼的体格最大。

② 木杜格骆驼。体格较小,体高 170~195 厘米,作役用和乳用,但产奶量低。

③ 贝纳迪尔骆驼。体格较大,分加里、亨莱和毕莫尔三种类型,其中以亨莱型体格最大。加里驼的屠宰体重,公驼为 554 公斤,母驼为 514 公斤。

④ 赫尔骆驼。体型最小,主要作乳用及驮畜。

图 4-2-12　非洲单峰驼

---

① 　根据 FAO 统计编制。

四、马、驴、骡

非洲作为主要运输工具的役畜和驮畜除了骆驼之外,还有马、驴、骡。但在非洲的牲畜中,马、驴和骡的数量都相对少得多,只有驴的数量在世界占有重要地位。

1. 驴

近四十年来,非洲驴的数量不断增加,在非洲的运输产业中的地位越来越重要。特别是最近几年,非洲驴的数量占世界的比重逐渐加大,甚至超过了40%(图4－2－13)。

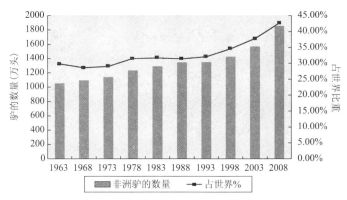

图4－2－13　非洲驴的数量及占世界比重变化①

非洲的驴广泛分布在除湿热带以外的地区(图4－2－14)。驴体型小,平均体高97厘米,体重135公斤以下,耐劳抗病,适应于贫瘠的放牧条件和饲料条件。驴在非洲是重要的运输工具,分布范围广,数量多,一般用于短途运输;主要集中在荒漠和半荒漠地区,是当地牧民用于驮载生产、生活用具不断迁移的工具,其主要的分布国家是埃塞俄比亚、埃及、尼日利亚、尼日尔、布基纳法索和马里。2013年,埃塞俄比亚驴的数量约为700万头,占非洲驴的总数量的36.1%;其次为埃及,驴的数量是35.6万头,占非洲驴的总数量的17.3%(表4－2－11)。

表4－2－11　非洲国家驴的数量　　　　　　　单位:万头,%

国家(地区)	2001—2007年	2001—2007年占非洲比	2013年	2013年占非洲比
埃塞俄比亚	411	25.6	700.0	36.1
埃及	306	19.1	335.6	17.3
马里	126	7.9	94.0	4.9
尼日尔	145	9.0	116.8	6.0
布基纳法索	97	6.1	110.0	5.7
尼日利亚	102	6.4	126.5	6.5

---

① 根据FAO统计编制。

615

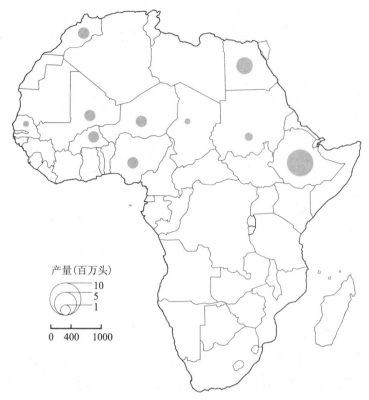

图 4 - 2 - 14 非洲驴分布图①

从品种上看,非洲有野驴和家驴两种,但人们认为野驴是家驴的祖先,其毛色与家驴相像,呈青灰并沾棕色,鸣声与家驴一样,耳朵较长。非洲野驴生活在干燥地区,是一种趋于灭绝的动物。野驴与家马杂交,可得到生命力强、鸣声似驴,但无生殖力的子代。现在非洲很多的驴是家驴,用来驮运生产、生活的用具等。

图 4 - 2 - 15 非洲驴的驮运作用

---

① 根据 FAO 统计编制。

2. 马

非洲气候炎热,兽疫发病和感染率高,这样的气候条件不适宜马的繁殖生长,从而导致非洲的养马业不发达,数量也很少。2008年全非洲有马452万匹,占世界总量的7.7%。养马较多的是气候凉爽的埃塞俄比亚高原和大陆两端的亚热带地区,主要集中在埃塞俄比亚、塞内加尔、南非、乍得、塞拉利昂、尼日利亚、尼日尔、摩洛哥等国。

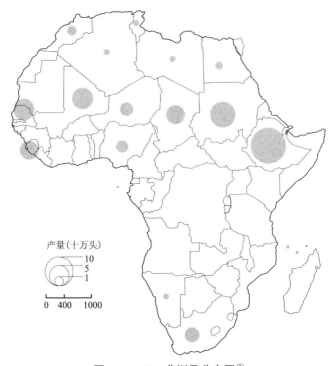

图 4-2-16　非洲马分布图①

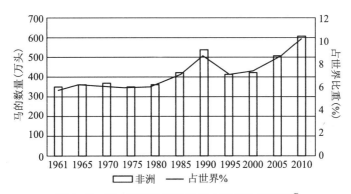

图 4-2-17　非洲马的数量及占世界比重变化②

① 根据 FAO 统计编制。

② 同①。

非洲最著名的品种也是埃塞俄比亚的马,这种马体型小,称为矮种马,平均体高125~145厘米,其体质健壮,忍耐力强,以盖拉高原的马质量最好,被广泛用于骑乘和驮运,属于非洲的优良品种。

3. 骡子

在非洲,骡子的分布与马相似,主要分布在气候凉爽的埃塞俄比亚高原和大陆两端的亚热带地区。骡子的主要特征为厚实的头,长的耳朵,瘦小的肢体下是狭窄的蹄,鬃毛短小。骡子看似像驴,但在高度和身体、脖子形状上看起来像马。骡子和驴有极其相似的声音,但叫声中夹杂着马嘶的特征。

图 4-2-18 非洲骡子分布图[①]

骡子有雌雄之分,但是没有生育的能力,它是马和驴交配产下的后代,分为驴骡和马骡。驴骡个小,一般不如马骡好,但有时能生育。[②]

非洲当地农民习惯用母马繁殖骡子,这种骡子虽然体型较小,但持久力强,适于骑乘和驮运,特别适合非洲那些

图 4-2-19 非洲骡子

① 根据 FAO 统计编制。
② 资料来源:百度百科。

在较热而干燥地区长距离旅游的人们。

2008 年非洲骡子的数量为 106 万头,占世界总量的 9.5%,主要分布在摩洛哥、埃塞俄比亚、突尼斯、阿尔及利亚和索马里等国。摩洛哥和埃塞俄比亚是骡子最多的两个国家,两国骡子的数量合计占到非洲骡子总数的 80% 以上。

第三节　牲畜饲养方式和畜牧业发展中的问题与对策

非洲主要牲畜牛、羊、骆驼、马、驴和骡在世界上均占有重要的地位,但由于种种条件的制约,牲畜饲养仍以落后而粗放的传统牧养方式为主。认真分析及研究迄今仍盛行的传统饲养方式及其限制性因素和问题,对于合理开发利用水草资源潜力,促进畜牧业合理而科学地发展,具有重要的现实和科学意义。

一、牲畜饲养方式

非洲牲畜的放牧活动受多种因素的制约,其中水草条件的季节变化规律最为重要。在很多情况下,牧民的游牧方向、距离和范围取决于水草资源自然变化规律。一般说来,游牧民遵循着长距离的水平式游牧或短程的垂直式游牧的方式。前者指利用平原地区水草资源的季节变化规律进行规律性的迁移性放牧,后者指利用高原山区与平原或谷地之间水草资源的季节性垂直变化规律进行上山下山的放牧。实际上,非洲农牧民在长期的牲畜饲养和放牧过程中,积累了丰富的放牧经验,形成了各具特色的放牧形式,主要划分为游牧、半游牧、山牧、定居放牧、舍饲五类。

1. 游牧

游牧是一种粗放的自给性牧业经济,一种规律性的迁移放牧形式,虽然牧民的迁移范围与游牧路线很难精确划定,但都有相对固定的游牧范围、转场点和终点。可以说游牧是一种有规律的周期性迁移游牧活动。尽管游牧已趋于衰落,但在非洲许多国家依然存在,如撒哈拉、索马里、东非沙漠半沙漠,热带干草原、达纳基尔沙漠等自然条件差、经济水平较落后的地区。这里的牧民不种地,没有定居场所,以牲畜的奶、血、肉作为生活主食,经常还伴有狩猎、捕鱼、采集等原始活动以弥补牲畜产品之不足或改善营养不良的问题。牧民的临时住所是用驼毛、羊毛制成的帐篷(主要见于北美和撒哈拉沙漠地区)以及用植物的枝、叶、草等搭制而成,简单而又经济,并且便于拆迁转场。按照气候对水草条件的影响程度将游牧划分为季节性游牧和非季节性游牧。

(1) 季节性游牧

这是非洲热带草原气候影响下的一种游牧方式,雨季水草丰美,植被量少质差。牧民遵循着干雨两季水草条件变化的自然规律,在干季和雨季的草场之间进行有规律的游牧活动,通常一年内完成一个游牧循环。

西非的富拉尼人、摩尔人、图阿雷格人和图布人以及苏丹的游牧民主要进行季节性游牧,但牧民之间游牧方式差别很大。

图 4-2-20　富拉尼游牧民

西非的撒哈拉沙漠南缘的游牧民,实行干季赶牧畜群南移,雨季随雨带北移返回北方牧场的南北向水平式放牧。富拉尼人是广泛分布于撒赫勒(Sahel)干草原地带著名的传统游牧民,在撒赫勒带雨季时有半固定的家,游牧路线主要受撒赫勒带以南的苏丹草原(热带稀树草原)上的牧草、供水和牲畜交易市场的制约。每年干季开始不久的 10 月份,牧民赶牧畜群向南迁移,每 10~20 户为一组,在苏丹草原上的草场、休闲地、作物留茬地上放牧,同时,用自己的畜产品来交换当地农民的谷物。雨季时,草地随雨水向北推进而逐渐转青,水草渐渐丰美,牧民赶着畜群返回北方的雨季草场。

在南北苏丹,游牧是游民生计的主要活动方式,但牧民之间由于族源和生产方式与经验的不同,游牧方式差别很大。在尼罗河附近放牧的牧民实行以河流为基地作短距离半循环式的放牧。例如,苏丹著名的饲养骆驼的卡巴比什人(Kababish)实行三角形式放牧。牧民通常以 6~8 个帐篷为一组,有骆驼 100~150 峰、绵羊 100~200 只、山羊 20~30 只和少量的牛。在南方雨季到来时,畜群离开夏季放牧中心地带向南迁移,当雨季向北推移时,牧民又赶牧畜群回转。到 7 月避开夏季放牧中心地带继续北移,以使这儿的牧草得以恢复。9 月雨季结束时,北方草场开始变差,牧民便向东南回转至夏季放牧中心地带。完成这一游牧循环的路程约 200~400 公里。

东部高原的马赛人(Masai)、图尔卡纳人(Turkana)和非洲东角的索马里人(Somali),是东非著名的传统的游牧民。马赛人善于养牛,图尔卡纳人和索马里人是传统的养驼能手。他们的放牧方式基本上受水源条件的限制。干季,畜群集中在河流、湖、井、泉附近,但一到雨季,畜群开始转场寻找水草。游牧距离远比富拉尼人短。一般说来,在河流附近放牧的牧民实行以河流为基地作短距离半循环式的放牧,而远离河流的牧民则实行大范围有规律的季节性游牧。

图 4 - 2 - 21 非洲游牧

(2)非季节性游牧

主要出现在热带沙漠和半沙漠、以水草条件为转移,没有固定的游牧路线的一种游牧方式。热带干草原地区,牧民视水草条件而定放牧地点,牧民常在沙丘上放牧或追逐低洼地区的小块绿洲、雨后形成的暂时性草场。

这类游牧方式与季节性游牧相比,条件较差,寻找水草资源的移牧距离较大,牲畜的损失也较大。畜群组成以骆驼山羊为主。终年活动在撒哈拉沙漠中的牧民如图阿雷格人(Tuerlg)、摩尔人(Touba)和图布人(Toubu)因远离沙漠边缘,畜群难以移出沙漠,加之雨水稀少且降雨不定时,只有坚持不间断地长途跋涉在茫茫沙海中寻找水草才能生存。例如南阿尔及利亚和利比亚费赞地区,饲养骆驼的游牧民通常一年长途跋涉 500 公里以上。

分布有众多干涸古河道的撒哈拉中央高原地区,地下水较浅,水草条件远优于沙海地区,生活在这一地带的牧民在古河道有较固定的放牧营地。山羊就地放牧,骆驼则被赶往远离营地的沙海之中放牧。

2.半游牧

半游牧和游牧都属于粗放的饲养方式,两者的主要区别在于半游牧民有半固定的住所,以放牧为主兼事少量种植业。其中,老人、妇女、儿童从事农作,青壮男主要负责放牧,牧场就是各种草地、休闲地和作物留茬地,游牧距离较短。放牧形式复杂多样,总体放牧形式是:干季畜群呈辐合状向水源处集中,雨季呈放射状散开。半游牧方式主要盛行于西非热带草原、苏丹南部、埃塞俄比亚、索马里、东非高原、阿特拉斯山区和一些沙漠地区。

部分富拉尼人就实行半游牧的方式。牧民多独立门户,很少聚居。通常户主在家,儿子离家放牧,只是在农田备耕或收获时再返回家园。有时雨季牧民携带全家老小一并迁移到牧场,雨季再返回家园。

　　乌干达卡拉莫加吉埃尔人的半游牧形式又具有另一番特色。牧民在常年水源处有相对固定的家园,老人、妇女和儿童常年在家负责种植高粱、小米、豆类等作物,青壮男人常年在外从事放牧,每年仅在最干旱的 12 月赶着牧畜群返回家园,定居1～2 个月,定居的时间段内牲畜在常年水源(水井、水塘)附近放牧。

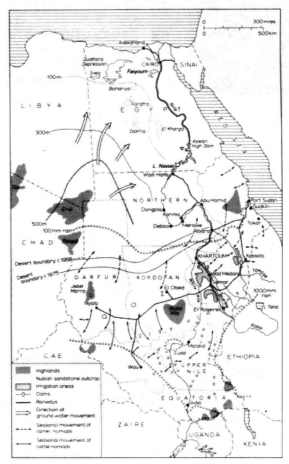

图 4 - 2 - 22　尼罗河牛和骆驼季节性游牧①

　　南苏丹的努尔人(Nuer)、丁卡人(Dinka)和希卢克人(Shilluk)是养牛的半游牧民,他们利用三种不同的生态地带——高地(高出平原 122 米)、平原和沿河地带进行放牧。迁移活动受白尼罗河及其支流泛滥季节制约。每年 5—11 月,牧民在高地上放牧,同时种植小米和少量玉米。大约在 11 月底或 12 月初,洪水撤退时,男牧民赶

---

　　① A. T. Grove,*Africa*,Oxford:Oxford University Press,1978:111.

牧羊群到平原上放牧,栖居临时帐篷,老人、妇女和儿童仍留在高地上,负责农事和收获;到次年 2 月,平原草原水源干涸,牧草枯竭,牧民开始向河边带集中。放牧之余,牧民兼事捕鱼补给生活;到 5 月雨季到来时,牧民返回高地完成一个游牧循环。

撒哈拉沙漠地区的半游牧民比较普遍地实行与种植椰枣相结合的半游牧。每年 12 月,牧民出绿洲穿沙漠寻找传统牧场,到 6 月份水草开始变差时,妇女、儿童和少数男人赶着少数绵羊先返回绿洲,其他男性牧民仍在沙漠继续放牧。直到 9 月,这部分男性牧民才返回绿洲采收椰枣,一直到 12 月,牧民又开始了出绿洲赶赴沙漠草场放牧的游牧循环。

3. 山牧

山牧是一种利用山地与平原(或谷地)之间的水草资源的垂直差异进行上山、下

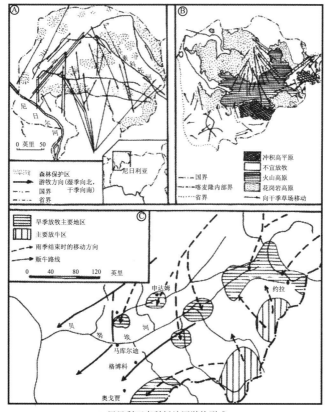

A 尼日利亚索科托地区游牧型式
B 喀麦隆巴门达高原游牧型式
C 贝努埃河流域旱季的主要牧区

图 4-2-23　尼日利亚、喀麦隆山牧和游牧路线图①

①　[英]H.P.怀特等:《西非经济地理》(中译本),兰州:甘肃人民出版社,1976 年,第 67 页。

山的垂直式放牧的形式,游牧距离和游牧循环周期均较短,游牧路线和草场相对固定。在长期的山牧实践中,牧民认识和掌握了山区水草垂直变化的自然规律,每年在一定的时期内进行上山和下山的垂直放牧活动。牧民通常有固定的住所,在住宅周围兼事一定规模的种植业,因此,住宅区是牧民生活和山牧迁移活动的中心。

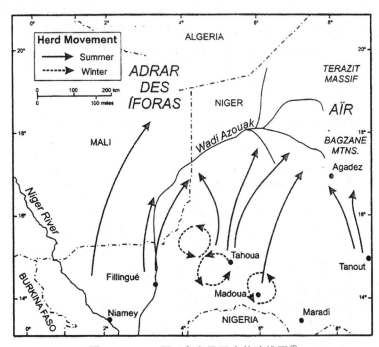

图 4-2-24　尼日尔和马里山牧路线图①

在阿特拉斯山区,山牧盛行。夏季,山谷和平原地带的牧草枯萎,牧民移牧至高海拔地带;冬季,高山气候严寒,牧民下山移牧至温暖湿润的山谷或平原地带,并兼事农耕。例如,摩洛哥最重要的山牧见于中阿特拉斯山区,每年夏季(5 至 10 月),牧民离开干热的谷底,移牧至牧草丰美的高山草地;冬季(11 月至次年 3 月),当高山草场开始干枯时,牧民移牧至山谷地带或附近低海拔的山区。

西非的山牧主要见于富塔贾隆高原、乔斯高原和巴门达高原。在尼日利亚,雨季萃萃蝇广泛侵扰尼日尔河平原和贝努埃河谷地带,畜群被迫集中到海拔 1200 米以上的高原上;干季(约在 11 月)牛群移牧山下,最终移牧至贝努埃河及其支流地带的草场。

东非高原上生活在干旱地区的牧民所实行的山牧却是另一番景象。牧民每年

---

①　Roy Cole & H. J. De Blij, *Survey of Subsaharan Africa : A Regional Geography*, Oxford: Oxford university Press, 2007:193.

大部分时间在山区放牧,干季时平原地带偶遇暴雨便会出现短暂的新生草地,正在山区放牧的牧民迅速赶来放牧,一旦牧草枯萎,便又返回山区。

4. 定居放牧

定居放牧指的是在村舍占有的土地上有固定住所的牧民或农民在从事种植业的同时还从事畜牧业的一种饲养方式。牧民不再仅仅依靠天然草场,而是在自己的土地上种植牧草,对剩余的牧草加以存储以备干季时喂饲牲畜。

较典型的定居放牧模式是居民点靠近常年水源分布,耕地则分布于居民点周围,再远一点的便是村社所有的草场。旱季时牲畜集中在居民点附近的草场、休闲地和留茬地上放牧,雨季时牲畜则被赶往草场上放牧,留守的居民从事耕作业。

但由于居民所处的自然环境和传统习惯不同,牲畜的饲养方式与经营特点也各异。在农业地区或农牧交叉地区,按照农业和牧业的传统程度,大体上又有以牧业为主兼营种植业和以种植业为主兼营牧业这两种形式,主要见于农业区或农牧交错地区。前者多见于热带和北非沿海地带,后者在南部非洲干草原地带。

(1) 以牧业为主兼营种植业

在热带非洲和北非沿海地带,主要实行以牧业为主兼营种植业的方式。北非沿海地带由于受气候干燥、水分较少、干旱半干旱沙漠居多、土质条件差等自然地理条件限制,不适合作物的种植,即使发展农业也都是灌溉农业,如在尼罗河下游的埃及灌溉农业。热带非洲以热带草原气候为主,干雨季分明,优质草地利于放牧。

牧民大部分的时间用于放牧,仅在闲暇时间种植少许的农作物、牧草或饲料作物供牧民和牲畜的生活所需。牧民的主要经济收入和食物来源是来自牧业而非种植业。由于种植的作物少,不能够满足生活需要,牧民往往需要到集市上购买。

(2) 以种植业为主兼营牧业

在南部非洲干草原地区多实行以种植业为主兼营牧业的定居放牧。干草原区水草条件差,草因缺水而很难形成大草原或草场,且草质较差,对放牧业极为不利,不利于大规模放牧。而南部非洲土地资源丰富,且地势起伏微缓,给种植业的发展提供了条件。该地区的种植业以自给纯粮食作物为主,玉米是最重要的作物。牧业则主要以牧牛为主。

博茨瓦纳定居放牧的居民分布在铁路沿线一带。种植区分散在居民点周围,草场则分布在距离居民点 160~320 公里的西部干旱地带。雨季时部分居民从事耕作业,畜群向居民点和种植区集中。

除上述两种定居放牧形式外,还有实施农牧结合的混合型农业。例如,在埃塞俄比亚西部高原,养牛业是种植业重要的辅助部门,同时还饲养马、驴、骡用作役畜和交通工具。高原北部耕地多、草地少,牛被作为重要的役畜饲养,用来耕地。草荒地、休闲地和作物留茬地是牲畜的牧场。在高原南部的食用芭蕉种植区,草地面积较大(为耕地面积的 4～5 倍),农民饲养相当数量的牲畜并以放牧为主,有时牲畜被赶往远离居民点的草地放牧。坦桑尼亚的苏库马人实行养牛与种植出口作物(如棉花、小米)相结合的混合农业。每户农民均养有一定数量的牛,少则几十头,多则数百头。雨季时牧民在草地上放牧,干季收获后牲畜在留茬地上觅食。尼日利亚乔斯高原有部分定居的富拉尼人,他们实行养牛兼营粮食作物(如粟和高粱)的混合农业。

5. 商业性牧场

商业性牧场是由舍饲进一步扩大发展而来的,两者都存在于农业比较发达的地区,但也有不同之处。

舍饲家畜多属家庭副业,奶和肉供自给,部分地区饲养牛、马、驴和骡作为农业生产的基本动力,常以喂养和放牧相结合,放牧的地点通常在居民点附近,辅以作物秸秆和糠麸进行喂养;而商品性牧场则是由富有的农民或者商人在某地买下一块固定的土地,在其上建设一定规模的饲养设施,然后买进大批的牲畜,以物理围栏或围网的监管方式为主,由自己或者雇人饲养,通常喂食精细饲料,并辅以牧草(牧草通常是自己种植,遇到特殊情况导致牧草不充足时,向当地农牧民购买,或喂食饲料)。等牲畜长到一定程度后就将牲畜作为商品卖给屠宰场,以盈利为主要目的。目前,非洲商品性牧场分布最广且最发达的国家就是南非,这是因为南非相对其他国家发展较快,经济实力较强,城市居民收入较高,对畜产品的需求量较大;交通设施较完备,内外的交通都较便利;冷藏与储运技术比较先进,无论运往洲内还是洲外损失都较小;畜产品加工工业较发达,可大量收购活畜进行畜产品加工。

应该指出,上述牲畜饲养方式与其所在地区的自然条件和社会传统文化密切相关。

随着生产力发展和自然环境的变化,牧民的饲养方式在变化,牧业社会也在缓慢地变化。游牧和半游牧逐渐衰落,从事游牧的牧民迫于生活压力,在政府的引导下转向定居或半定居方式。随着现代经济社会的发展,牧民,尤其是年轻一代牧民受现代经济文化的影响,开始追求新的生活方式,弃牧他去,从工、从商和从事现代服务业的为数不少,成为现代工人、商人或城市居民职业者。但也应看到,游牧的生产生活方式是在长期的历史中形成的传统势力和生产手段,难以迅速彻底地在改变。

二、畜牧业发展中的问题与对策

虽然热带草原为畜牧业的发展提供了优良的天然草场,勤劳的牧民提供了充足的劳动力条件,但非洲的畜牧业依然有一系列问题存在,经营惨淡。

1. 水草资源的开发利用问题

非洲用于放牧的草场以热带草原为主,还有一部分半荒漠和荒漠。由于半荒漠和荒漠植物稀少且改造利用难度大,短时间内无法解决,所以合理开发利用热带草

原是一件具有挑战性但很切实际的事情。水草资源开发利用中存在的问题如下。

（1）过牧和草场退化

热带草原开发利用上最突出的问题是过牧和草场退化,尤其以常年水源附近的草场最为严重。导致草场的过牧与退化的原因有 6 点。

① 水草条件受旱雨季的严重制约,粗放的游牧方式难以合理利用水草资源。

热带草原雨旱分明的气候特点使水草资源的年内变化大。雨季,水草丰美,牲畜急速添膘,但牧民无青贮习惯,牧草浪费很大。干季,降雨极为稀少或者无雨,水大量蒸发,河流水量急速减少,暂时性水源干涸,草木枯萎,牧草数量和质量都大大下降,牲畜因没有充足的食物而被迫向常年水源处集中,所以水源附近草场的牲畜密度增加,草场严重超载,造成过牧和草场退化。例如,尼罗河上游地区的干季,河边一处往往会聚集 2000 头牲畜同牧,牲畜的抢食和踩踏破坏了植物的正常生长,草场逐渐退化以致难以恢复。

② 持续大旱导致草场面积不断缩小,沙漠化加速,草场承载能力下降。

这在西非热带干草原草场尤为严重。因为热带草原雨季的长短及雨季来的迟早受到副热带高压的严重影响,若副热带高压很强且持续很久,则雨季来得早,北涝南旱;反之则雨季来得晚些,南涝北旱。大旱打破了牧民传统的南北移牧的规律,牲畜的饥饿期频繁出现,牧草在未成长之前就被牲畜啃光,长此以往,草场植被破坏严重,加速了沙漠化,昔日的草场日渐消失。

③ 粮食短缺引起耕地面积扩大,导致农牧争地矛盾日益尖锐。

虽然非洲土地面积广阔,但适宜种植作物的肥沃良地很少;再加上非洲经济技术落后,单位面积的粮食产量很低,饥饿问题严重,所以非洲还是世界上的粮食进口大洲。为了临时解决饥饿问题,不少热带非洲国家实施了农业计划,最简单的做法就是扩大耕地面积。在适宜农牧业的地区,耕地的不断扩大侵占了较好的牧场,把一部分牲畜挤向其他草场,造成草场载畜量倍增,导致过牧和草场退化。

④ 传统社会文化和土地占有制不利于草场的合理利用与保护。

牛在热带非洲的传统社会文化中占有重要地位,被视为财富、社会地位和威望的象征,同时,牲畜也被作为"家庭银行"和新娘彩礼。这使得牧民只追求牲畜的数量而不关心草场的保护和牲畜的质量。牲畜的私人占有和草场的村社公有,降低了牧民合理利用和保护草场的意识,从而出现草场利用的无政府状态,最终导致草场的严重破坏。

⑤ 水井布局不合理和草场管理不善。

这主要表现在水井布局密度与草场承载力不相适应。热带非洲国家为改善干旱地带草场的人畜供水条件和开发新草场,积极挖掘地下水。但人畜不愿舍近求远,往往无控制地向水井附近集中,给水井周围的草场造成了严重的人畜压力。由此可见,在开辟新草场并引导牧民定居的过程中,科学地规划和合理地布局供水点与居民点是合理利用草场的先决条件。

⑥ 传统的牲畜贸易路线形成了狭长的植物退化带,并随时间推移不断拓宽。

放牧牲畜集中在非洲内部地区,而非洲畜产品的加工厂通常集中于沿海的城市,两者之间的距离较远。加上非洲交通很不发达,大多数牧民采取徒步赶牧的方式将牲畜赶到屠宰场销售。长此以往就形成了传统的牲畜贸易路线。由于人和牲畜的来回踩踏,就形成了狭长的植物退化带。

(2)控制和消灭萃萃蝇,开发新牧场

萃萃蝇主要分布在 12°N 至 15°S 之间的广阔地带,以热带草原林地最为猖獗,目前热带非洲已发现有 21 种萃萃蝇。被萃萃蝇叮到的人或牲畜会昏睡不醒,这种病叫锥虫病,所以萃萃蝇的活动不仅大大限制了牛的饲养和草场利用的范围,而且还危害人的生命财产。控制和消灭萃萃蝇不单纯是一种兽疫防治工作,而且是有效开发利用草场、扩大放牧面积、促进牧业发展的重要措施。

(3)烧荒导致草场退化和破坏

烧荒是热带草原农牧民广泛实行的一种传统习惯,但多为牧民所为。尽管在大部分国家烧荒已被宣布为非法行为,但由于传统势力的顽固性,难以做到令行禁止。

牧民烧荒的主要目的有:抑制灌丛过密生长,促进草类生长以利于畜群流动觅食,同时还可避免两三年后因草原过密而可能发生的野火之灾;清除枯草以利牧草新生;消灭萃萃蝇和畜虱等病虫害;烧掉野兽出没的密生高草灌丛,以使人畜免受野兽危害。但是反复烧荒会导致草原植物退化、沙漠化加速、载畜能力下降;另外还会导致土壤失去腐殖质,造成土壤表层氮和有机质的含量减少,硅的含量减少,铁铝质富集,酸性加强,肥力下降,同时裸露的地表加剧了土壤侵蚀,甚至导致沙漠化蔓延。在热带草原与沙漠和森林交接的过渡地带,烧荒加速了沙漠化进程,森林逐渐退化为稀树草原。

近几十年来,不少热带非洲国家通过引导牧民定居、开辟水源、清除萃萃蝇,以及划区轮牧、划定赶牧路径、改良和培育优良牧草与扩大饲草来源等方法来改进草场的利用和开发新的水草资源。马里、毛里塔尼亚、索马里、苏丹等干旱严重的国家,积极开发地下水来解决草场的人畜供水问题和开辟新草场,改善干季水源及牲畜密集状况,防止天然水源附近草场过牧。索马里为保证冬季放牧,对部分草场实行禁牧以作为后备草场,并划定一些区域为季节性放牧区,规定放牧和禁放的时间,以保证干季放牧的需要。博茨瓦纳也推广合理轮牧。肯尼亚用选用优良牧草的办法来改良草场,早已培育出适合不同海拔高度地区的优良牧草品种,成为世界上优良热带牧草种子的生产中心之一。马里北部游牧区划定赶牧路径,以改进过去赶牧的无政府状态。上述种种对策措施都取得了不同程度的积极效果,但由于草原面积广大、传统势力顽固,加之经济实力有限,水草资源的合理开发利用和畜牧业的健康稳定发展仍然任重而道远。

2. 提高牲畜产品率、商品率和自给率

非洲畜产品的数量同其牲畜数量在世界中所占百分比是很不相称的。虽然非洲牲畜众多,但按人均肉类产量计算,却是世界上最低的一个洲,人均肉类年消费量约12公斤,低于世界平均消费水平的30公斤;乳类人均年消费量约24公斤,仅及世界平均消费水平的1/4。非洲是肉类净进口的大洲。

非洲畜产品商品率低的原因主要有如下几点。

(1)畜产品加工工业基础薄弱及分布不合理、交通不发达、技术落后

非洲牧区大都集中于大陆内部,而畜产品加工企业为了向城市居民提供畜产品和便于出口,往往集中于沿海的城镇和港口,远离原料地;加上交通极不发达,牧民将要出售的牲畜徒步赶到沿海牲畜交易站或屠宰场,由于距离遥远,途中水草不足,造成牲畜严重掉膘甚至死亡,肉的质量也有所降低,损失很大。畜产品加工工业基础薄弱,仅有少量工序简单的屠宰场,大批牲畜是被迫以活畜的形式运出的。许多非洲国家缺乏畜产品加工、保存、冷藏和运输设备,严重影响畜产品的加工质量及其商品率的提高,牧区虽有鲜牛奶却无法运出,沿海城市居民得不到鲜奶和奶制品的供应。

(2)粗放的饲养方式

游牧和半游牧的饲养方式使畜牧业的发展严重受气候变化的影响。干季水草不足,牲畜营养不良,严重掉膘,生长缓慢;雨季时水草充足,牲畜膘肥体壮,但牧民无青贮习惯,干雨两季的增膘和掉膘反复,影响了牲畜的正常生长,肉、乳质量严重下降。一旦遇到反自然规律的天灾(大旱或大涝),会给牧民带来很大损失,例如1972—1973年西非和中非发生严重干旱,大批牲畜受灾死亡;1972年的干旱导致全洲牛减少1170万头,绵羊减少560万只,山羊减少210万只,骆驼减少60万头。

不少国家往往采取以下措施解决商品率低的问题:

① 引导粗放的饲养方式转为集约经营,建立现代化商业性牧场,建立畜牧试验站并进行示范性推广;

② 积极引进、改良和培育新品种,建立兽医站,防治牲畜的疫病;

③ 改善畜产品的加工条件,建立现代化屠宰场(如全自动化屠宰场),配置冷藏设备,以提高畜产品商品率,减少进口。

(3)牲畜饲养管理粗放,品种杂乱,大小、公母畜混牧,自由交配,产仔品质差,生产率难以提高

经营方向不明确,肉用牛与奶用牛不分,毛用羊与肉用羊不分,导致这些多用途的牲畜没有被充分利用,不利于产品率的提高和商品生产的发展。

理论上从国外引进良种与本地品种进行杂交改良是比较有效的方法,但由于非洲牲畜具有"小集中,大分散"、游牧民的活动范围广、流动性大的特点,品种改良工作面广量大,再加上交通不发达以及传统习俗的影响,全面推广难度大。

3. 兽疫防治问题

游牧和半游牧的饲养方式不利于兽疫防治工作的开展。非洲兽疫较多,较普遍的有锥虫病、牛瘟、炭疽病、布氏杆菌病等。由于牧民视水草为家,不停地流动,居无定所,寻找游牧民的行踪困难重重,兽疫工作开展起来步履维艰。

(1) 锥虫病(牛睡眠病)

主要发生在热带草原林地萃萃蝇猖獗的地区。非洲有 36 个国家深受其害,疫区面积 900 万平方公里,患病人数为 30 万~50 万,另有 6500 万人面临染病风险,300 万头牲畜死于该病,另有 5000 万头牲畜面临染病风险,给非洲畜牧业带来 45 亿美元/年的损失。

锥虫病由萃萃蝇(非洲舌蝇)传播。这种昆虫口器尖利,叮咬人、牲畜或动物时会将携带的锥体寄生虫注入其体内,人会因此患上昏睡病,若不及时治疗会有生命危险;牲畜感染后则会患上致命的疾病,表现为间断发烧、食欲不振、贫血和肿胀,2~12 周内死亡。

据报道,撒哈拉以南的非洲已发现了 21 种萃萃蝇。这种毒蝇的存在严格限制了牛的分布。防治锥虫病的措施是:局部清除河旁灌丛以破坏萃萃蝇的滋生地,或喷洒杀虫药;注射杀锥虫剂,治疗病畜,选育抗锥虫病的畜种。

(2) 牛瘟

牛瘟是牛的烈性传染病,家畜中牛、羊、猪均能自然感染。

已流行牛瘟的国家可采取疫苗预防接种的方法来控制;受邻国牛瘟威胁的国家,可采用建立免疫屏障地带与邻国流行区隔开的办法;无疫情的国家应采取严格措施防止该病的传入,如禁止从有牛瘟的国家进口牛、羊、猪活畜及未经加工的畜产品。

(3) 口蹄疫

口蹄疫是病毒通过唾液互相传染的,牛、羊、猪、骆驼均可感染。口蹄疫有强烈的传染性,爆发后迅速蔓延,病畜四蹄鼓胀,造成很大的损失。口蹄疫病毒有七个不同类型,每一类型又有若干亚型。非洲为 O、A、C 型及 SAT1、SAT2、SAT3 型。主要防治措施是封锁疫区,控制家畜流动,扑杀病畜和注射疫苗等。

(4) 兰舌病

兰舌病是反刍动物的一种病毒性传染病,主要传染绵羊,其次为牛和山羊。这种病对养羊业有严重影响。传染媒介为吸血昆虫,因此夏季流行最为严重;在潮湿季节或低洼地区更易蔓延。据报道,该病对绵羊的致病率可达 30% 以上,病羊死亡

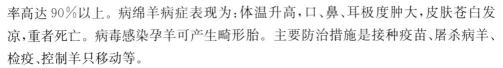

率高达 90％以上。病绵羊病症表现为：体温升高，口、鼻、耳极度肿大，皮肤苍白发凉，重者死亡。病毒感染孕羊可产生畸形胎。主要防治措施是接种疫苗、屠杀病羊、检疫、控制羊只移动等。

此外，还有很多疫病对家畜均有不同程度的危害，如牛传染性胸膜肺炎、狂犬病、布氏杆菌病、非洲马瘟、非洲猪瘟等。

4. 牧民饲养方式的改变及农牧结合问题

（1）改变牧民饲养方式的问题

粗放的游牧和半游牧的饲养方式不利于畜牧业的稳定、健康、持续的发展，为了更快地发展畜牧业、改善牧民的生产和生活条件，虽有不少国家试图通过开发撂荒地、打井、建住房等为游牧民创造定居条件，使游牧民由游牧改成定居，但效果不佳，许多牧民在定居一段时间后又重返牧场。要想在很短的时间内改变游牧民千百年来形成的生活方式与传统观念特别困难，所以，游牧民定居是一个长期的转变过程，政府要在采取经济、技术措施的基础上结合社会、文化措施来促进这一过程。

（2）农牧业结合问题

非洲农牧分离较普遍，农民不养畜，牧民不种地，很少有人从事牧草与粮食轮作的"混合农业"。其实农牧分离的方式会给农牧业都造成损害：农民缺乏役畜，什么都靠人力劳动，浪费了大量本能从事其他行业的劳动力，另外还无法利用畜肥，仅仅依靠灌丛休闲恢复土壤肥力，时间漫长；牧民则缺乏饲料，被迫长期游牧，牲畜生长慢、体型小、肉乳产量低，同时游牧过程中易出现牲畜毁坏庄稼的现象，造成农牧民纠纷。

第三章

非洲能源

　　人类社会进入石油时代以后,世界能源结构迅速形成了以石油为主、煤炭和天然气为辅的能源消费主体格局,2012 年三者在能源消费结构中合计占86.9%,表明至今能源结构中仍以不可再生的化石能源居主体地位。世界各地区能源结构中三大能源的地位虽有不同,但同居于主体地位,非洲也不例外。三大能源在非洲能源消费结构中的占比分别为 41.70%、25.57%、25.36%,仅油气两者合计就占总量的67%,这反映了非洲能源消费对油气的依赖程度高于其他地区,而核能源、水电和可再生能源的开发利用水平远比其他地区低下。

　　(1)非洲作为世界上重要的能源生产和供应基地,是 20 世纪 50 年代起大规模发现石油以后才兴起的。石油开采业的迅速兴起被称为 20 世纪 60 年代非洲经济发展最引人注目的现象之一。采油业的迅速崛起不仅促进了世界能源格局的变化,而且也改变了非洲主要产油国在世界能源供应中的国际地位,同时也改变了昔日贫穷落后的面貌,成为石油"暴发户"。

　　(2)非洲油气工业的发展也使非洲工业布局发生了重要变化,北非油区和西非几内亚湾油区成为世界级的油气产销基地,北非地中海沿岸成为世界重要的石油化工生产基地之一。

　　(3)进入 20 世纪 90 年代,随着世界经济的发展,非洲能源同世界能源一样又上升到快速发展的阶段。伴随世界经济快速发展对石油的依赖,非洲石油勘探和开采均进入快速发展时期,石油探明储量从 1990 年的 80.10 亿吨增长到 2000 年的127.38亿吨。同期原油开采量从 3.2 亿吨增长到 3.7 亿吨,原油出口量大致稳定在 2.5 亿~3 亿吨,非洲石油在世界石油市场的地位进一步上升,分别占 12%以上和 14%。

　　(4)进入 21 世纪,非洲石油工业延续了 20 世纪 90 年代蓬勃发展的态势。十年间,非洲原油探明储量从 127.38 亿吨增加到 180.15 亿吨,增长了 41.4%,占世界的比重上升到 9.5%,同期原油的开采量和出口量分别进一步增加到 4.78 亿吨和 3.72亿吨。原油的探明储量、开采量和出口量分别占世界的 9.5%、12.2%和 14%,是世界六大产油区中仅次于中东、欧洲及欧亚大陆、北美的第四大产油区和仅次于前两者的第三大石油出口地区。2012 年天然气的探明储量、开采量和出口量分别占世界的 7.7％、6.4％和 9.7％。①

综上所述,非洲已成为世界能源消费大国激烈争夺之地。

从目前世界石油消费和进口格局来看,亚太、北美和欧盟是三大石油消费最多和石油缺口最为严重的地区,美国、中国、日本、印度、德国等石油消费大国均需大量进口石油来满足消费需求,无疑加剧了石油市场的争夺。更为严峻的是,随着世界经济社会的发展,尤其是新兴发展中国家的快速发展,对能源的需求量将持续增加。据美国能源情报署(ElA)预测,到 2020 年世界能源需求量将达到 128.9 亿吨(油当量),2025 年进一步增加到 136.5 亿吨(油当量)。这就预示着,能源消费大国对石油的争夺将日趋激烈,争夺手段也更加复杂多样。

据国际能源署(lEA)预测,到 2020 年,中国、印度的石油的进口依存度分别高达77％和 91.6％。无疑,具有丰富能源资源的非洲将是其展开激烈争夺的必争之地。

在世界能源市场上石油价格剧烈震荡之际,能源供求矛盾日益尖锐之时,为保证自身的能源安全,各能源消费大国之间以及与能源生产大国之间,展开了激烈的明争暗斗。号称"世界油库"的海湾地区剑拔弩张,西方石油消费大国纷纷寻求其他油源,以实现石油进口渠道多元化,降低对石油的严重依赖程度。作为新兴的油气生产供应基地的非洲,在世界能源格局中的地位愈加重要,成为世界能源消费大国激烈争夺的战场。西方石油消费大国凭借先进的勘探、开采技术和雄厚的资金与管理经验,各自制定对非能源战略,力争在非洲的能源争夺中占据有利地位。目前,非洲已成为中国仅次于中东地区的第二大原油来源地,成为中国开发海外石油资源的最佳选择之地。非洲无疑也是中国与西方石油消费大国博弈的战场。

从非洲在世界石油市场的地位迅速上升的历史进程中,可以看出跨国石油公司早就登陆非洲,大肆勘探和开采石油。例如,1973 年英荷壳牌、英国、海湾等 9 家公司控制着尼日利亚 98.1％的石油开采,西方、埃及、马拉松、大陆等 18 家公司控制着利比亚 86.7％的石油开采。西方石油公司对非洲石油工业的垄断程度由此可见一斑。目前,在非洲经营能源勘探、开发、生产、储运等的西方石油公司多达 50 家以上,其中西方所谓"七姐妹"②在非洲的能源争夺中处于绝对优势地位。据统计,目前有400 多家外国石油公司在非洲有勘探合同区块,其面积占非洲合同区块面积的近 80％。③

---

① 《BP 世界能源统计年鉴》,2013 年 6 月。

② 指世界七大石油公司:埃克森-美孚石油公司、英荷壳牌石油公司、英国石油公司、雪佛龙-德士石油公司、道达尔石油公司、大陆-菲利普斯石油公司、埃尼石油公司。

③ 范姗姗:《大国逐鹿非洲油气》,载《能源》,2011 年第 1 期,第 86 - 88 页。

第一节　非洲油气资源分布规律及潜力

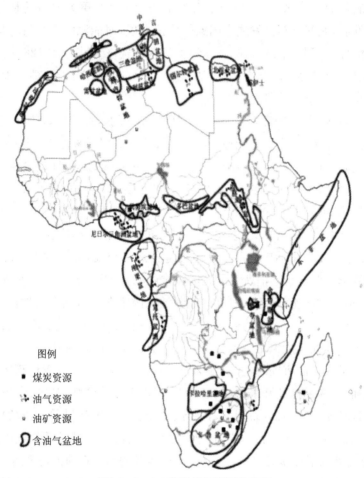

图4-3-1　非洲能源资源分布图

一、非洲油气资源与潜力

　　非洲的能源资源是多样的,它们的生成是以非洲的地质地理背景为基础的。非洲在地质上是一个古老的稳定地台,只有西北部的阿特拉斯山和西南部的开普山为褶皱带。在漫长的地质过程中,由于古生代"泛非热力构造幕"的活动,在大陆边缘地带形成了许多坳陷,相应的,后来在中生代和第三纪形成了身后的海相沉积。非洲边缘沿海有许多沉积盆地,它们或处于地台和褶皱带的过渡带(如阿尔及利亚),或处于古地中海区(如利比亚的锡尔特盆地),或处于大陆板块分离两侧的宽大陆架区(如尼日利亚海岸盆地)。按照世界石油、天然气藏富集的特点和规律,这些地区都是盛产油气的所在,因而找到了大量的油气田。

自从发现油气资源以来,非洲油、气藏探明储量一直呈快速增长的趋势。20 世纪 50 年代中期,在北非的撒哈拉、西非的几内亚湾和大西洋沿岸先后发现重要的含油气盆地,非洲进入了石油勘探史上的转折时期。1960 年,非洲石油的探明可采储量还只有 10.92 亿吨,占世界的 3.0%,随着石油的开采从陆地向海上发展,到 1970 年猛增到 61.28 亿吨,增加了 5 倍,占世界比重上升到 8.3%;天然气储量在 1961 年为 15414 亿立方米,1970 年上升到 54237 亿立方米,增长了 2.5 倍。[①] 从 20 世纪 70 年代开始,非洲油气储量呈现缓慢的增长趋势,20 世纪末,越来越多的国家和地区发现了油田与气田,伴随着石油工业的快速发展,非洲以其巨大的油气资源活力,成为世人瞩目的油气勘探新地区。近年,东非油气资源勘探获得了突破性的进展,据测算,东非油气资源总储量约为 710 亿桶[②](油当量),东非将成为非洲油气工业新的增长动力。截至 2012 年,非洲石油剩余探明储量为 172.67 亿吨,占世界的 7.32%(表 4-3-1,图 4-4-4)。同时非洲天然气开发进展神速,2012 年非洲大陆拥有天然气储量 14.5×10^{12} 立方米,占世界总储量的 7.7%(表 4-3-2,图 4-4-4)。[③]

表 4-3-1　1980—2012 年世界石油剩余探明储量[④]　　　　　单位:亿吨

地区	1980 年	1985 年	1990 年	1995 年	2000 年	2005 年	2010 年	2011 年	2012 年
北美洲	126.11	139.07	131.34	121.46	93.95	82.76	101.41	296.67	338.79
中南美洲	36.48	85.78	97.56	114.22	133.55	141.10	326.59	443.85	509.13
欧洲	134.46	107.74	110.21	111.43	147.21	193.32	190.50	192.46	189.80
中东	494.33	588.88	899.71	904.75	950.28	1030.54	1026.45	1084.38	1093.07
非洲	72.89	77.80	80.10	98.14	127.38	160.37	180.15	180.59	172.67
亚太地区	46.25	52.77	49.49	53.54	54.70	55.52	61.59	56.33	55.04
世界总计	910.51	1052.04	1368.42	1403.53	1507.07	1663.61	1886.69	2254.28	2357.64

---

①　张同铸、姜忠尽:《非洲能源资源及其开发利用前景》,载《非洲地理》(内部资料),第 24 期。

②　周术青:《东非油气资源新发现及其前景》,载《非洲研究》(第一卷),北京:中国社会出版社,2013 年,第 234-235 页。

③　数据来源:《BP 世界能源统计年鉴》,2011 年。

④　数据来源:《BP 世界能源统计年鉴》,2013 年。

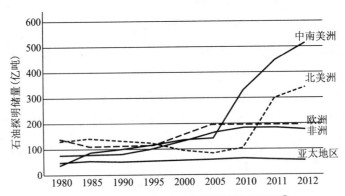

图 4-3-2 世界各洲石油探明储量曲线图①

表 4-3-2　1980—2012 年世界天然气探明储量②　　　单位:万亿立方米

地区	1980 年	1985 年	1990 年	1995 年	2000 年	2005 年	2010 年	2011 年	2012 年
北美洲	10.0	10.4	9.5	8.5	7.5	7.8	10.3	10.8	10.8
中南美洲	2.7	3.2	5.2	5.9	6.9	6.8	7.5	7.6	7.6
欧亚大陆	33.2	40.4	54.5	57.0	55.9	57.3	68.0	78.7	58.4
中东	24.7	27.7	38.0	45.4	59.1	72.8	79.4	80.0	80.5
非洲	6.0	6.2	8.6	9.9	12.5	14.1	14.5	14.5	14.5
亚太地区	4.5	7.5	9.9	10.5	12.3	13.5	16.5	16.8	15.5
世界合计	81.0	95.4	125.7	137.3	154.3	172.3	196.1	208.4	187.3

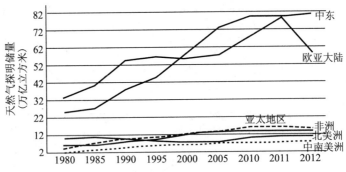

图 4-3-3 世界各洲天然气探明储量曲线图③

① 数据来源:《BP 世界能源统计年鉴》,2013 年(由于中东所占百分比一直超过 50%,为了提高图表可观性,未绘于图中)。
② 数据来源:《BP 世界能源统计年鉴》,2013 年。
③ 数据来源:《BP 世界能源统计年鉴》,2013 年。

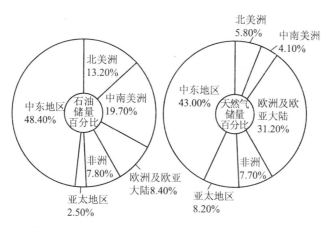

图 4-3-4　2012 年世界石油和天然气储量百分比图[①]

　　非洲共有 75 个盆地,沉积盆地的总面积为 1515 万平方公里,占非洲大陆总面积的 50%。[②] 非洲有陆上盆地 64 个,分为五大类型:内陆坳陷盆地、被动大陆边缘盆地、裂谷盆地、三角洲盆地、褶皱带和前陆盆地。而非洲海域和海上盆地的面积,目前尚未准确测定。

　　非洲的油气资源主要赋存于地台内部的负向地区和滨海地带的沉积盆地内,非洲可能有油气储量的沉积盆地的面积约为 1302.8 万平方公里,约占世界沉积盆地面积的 17.6%,占非洲总面积的 43%。其中陆上沉积盆地面积为 1172.5 万平方公里,占世界陆上沉积盆地的 22.9%;海上沉积盆地面积只有 130.3 平方公里,仅占世界的 5.7%,在世界各洲中是最小的。[③] 非洲已探明石油储量的 56% 分布在北非地区,属于陆上石油,海上石油则集中于几内亚湾一带。许多能源专家把这一地区视为世界石油储量最丰富的地区之一。至今在非洲约有 21 个已见油气的沉积盆地,但实际进行大规模开采的只有非洲北部的三叠盆地、伊利兹盆地、锡尔特盆地、苏伊士盆地和非洲西部的尼日尔三角洲盆地、加蓬盆地、下刚果盆地及宽扎盆地。

　　油气资源的空间分布,往往具有相对集中的特点。数量不多而储量很大的大型、特大型油气田在油气资源总储量中常占有特别重要的地位,非洲石油最富集的盆地是北非的克拉通带盆地、苏伊士裂谷盆地和西非尼日尔河三角洲盆地。北非克拉通带的锡尔特盆地和三叠盆地是非洲最重要的两大含油气盆地,且多为纯气田和油气田。尼日尔河三角洲盆地是非洲大陆西部边缘最重要的含油气盆地,已发现

---

　　① 资料来源:《BP 世界能源统计年鉴》,2013 年。

　　② 李国玉、金之钧:《世界含油气盆地图集》(下册),北京:石油工业出版社,2005 年,第 251 页。

　　③ 姜忠尽、殷会良:《非洲石油——世界工业强国战略争夺的新宠》,载《国际经济合作》,2006 年第 11 期,第 13 页。

200 多个油田,天然气与石油伴生。

1. 北非油气资源

北非大陆分布的沉积盆地很多,西起大西洋,东至西奈半岛,东段狭窄,西段宽广。北非撒哈拉地台区横亘东西。海西运动形成伊利兹盆地等一系列构造盆地,海西运动以后出现了三叠盆地,是北非最重要的含油气盆地之一。白垩纪中期的断块运动和后来的沉降作用形成以锡尔特盆地为典型的若干断陷盆地,生成一系列大型油气田。

撒哈拉大沙漠拥有许多大型沉积盆地,是北非主要的产油盆地,西起阿尔及利亚,东到苏伊士湾,计有主要含油、气盆地 7 个,已探明的世界级大油田有 30 个,蕴藏着油 88.8 亿吨和气 8.1 亿立方米,分别占整个非洲探明储量的 55.5% 和 55.4%。主要含油、气盆地有突尼斯的皮拉吉安盆地、阿尔及利亚北部和突尼斯南部的三叠盆地、阿尔及利亚东南部至利比亚境内的伊利兹盆地、阿尔及利亚中部的阿内特盆地、利比亚境内的锡尔特盆地以及埃及北部的北埃及、尼罗河三角洲、阿布哈拉丁、红海几个沉积盆地。其中尤以利比亚的锡尔特盆地、阿尔及利亚的哈西梅萨乌德盆地和波利尼亚盆地以及埃及的苏伊士湾盆地油、气资源最为集中,包括 7 个储量在 1.4 亿吨以上的特大油田(阿尔及利亚的哈西梅萨乌德,利比亚的萨里尔、阿马勒、贾洛,埃及的穆尔甘、雷马丹等)和 5 个储量在 1000 亿立方米以上的特大气田(阿尔及利亚的哈西梅萨乌德、鲁尔德努斯、希巴汉,埃及的阿布基尔和利比亚的哈提吧),都属于 50 个最重要的油区之列。[①]

值得一提的是锡尔特盆地,它主要有白垩纪和第三纪的中、新生代油田,沉积层深厚,油田密集,已知可采储量达 71 亿吨,约占利比亚已发现可采石油储量的 90%。[②] 目前该盆地有 292 个油田,其中大油田 21 个[③],且接近海岸,利于开发,具有更加广阔的前景。阿尔及利亚的三叠盆地中,地温梯度和古构造是控制油气分布的主要因素。早白垩世形成的构造一般含油,第三纪形成的构造一般倾向于含气。大约有 90% 的石油聚集于寒武系,其余则主要见于三叠系。三叠系厚岩盐层下的碎屑岩地层中探明的油气地质储量占全盆地的 34.3%,其中天然气和凝析气占了全盆地的 98%,而石油只占全盆地的 10.6%。据统计,在三叠盆地内已发现 50 多个油田,石油地质储量达 $23×10^8$ 吨;已发现 37 个气田,天然气地质储量达 $4×10^{12}$ 立方米。

苏伊士盆地地处亚非两大洲的交界处,红海丘陵和西奈地块之间,呈西北一东

[①] 姜忠尽、马奔:《非洲解决能源供求矛盾对策探讨》,载姜忠尽主编《第二届"走非洲,求发展"论坛论文集》,南京:南京大学出版社,2011 年,第 127 页。

[②] 王维田:《利比亚石油工业发展与对外合作之二》,2004 年 5 月 26 日,ly. mofcom.gov.cn/article/ztdy/200405/20040500225378.shtml。

[③] 《利比亚锡尔特盆地的石油地质特征》,2007 年 9 月 24 日,中油网。

南走向,长 350 公里、宽 80 公里。自从 1909 年发现第一个油田——杰姆塞油田以来,现已找到 24.7 亿吨地层油,剩余可采储量约在 6 亿吨以上,大部分位于海上。

2. 西非几内亚湾——大西洋沿岸油气资源

西非几内亚湾和尼日尔三角洲一带,拥有一系列的沉积盆地,包括尼日利亚、加纳、科特迪瓦、利比里亚、喀麦隆、加蓬、刚果(布)、刚果(金)、安哥拉的沿海及其附近海域,油田主要位于沿海的三角洲及其附近的大陆架上,属于中生代、新生代的沉积,被誉为第二个"海湾地区"。这里蕴藏着 664655.5 万吨石油和 54888.25 亿立方米天然气,分别占全非洲的 42.5% 和 40%,拥有尼日尔河三角洲和卡宾达两大油区[1],是近年来非洲乃至世界石油勘探和开采的新热点。同时还包括加蓬盆地、下刚果盆地和宽扎盆地这三个地质构造。

尼日尔三角洲盆地陆上面积约 14 万平方公里,海上面积为 36 万平方公里,石油资源丰富,但分布较分散。从 1952 年以来共发现 590 多个油气田,盆地内大油田有限,中小油田多而分散,三角洲砂岩储层叠加,尼日尔三角洲生长断层和滚动背斜是油气藏形成的主要控制因素。尼日尔三角洲盆地已经进行了 50 年的勘探开发工作,目前勘探重点移向深水区,已有的可采储量为 62.04 亿吨,累计采油量为 43 亿吨。[2]

下刚果盆地面积为 16.9 万平方公里,主要位于海上(15 万平方公里),盆地位于加蓬、刚果(布)、安哥拉(卡宾达省)、刚果(金)和刚果海域。已发现的油气田有近 50 个,规模一般较小,储量不大,属于小型油田。随着深水勘探工作量的增加,下刚果盆地的深水区将会是今后西非油气增长的重要地区。[3]

宽扎盆地位于安哥拉大西洋沿岸,总面积 14.4 万平方公里,重要部分位于海上,盆地北界以阿布利泽特高地与下刚果盆地分开,南部以阿普特阶盐岩分布的南部边缘为界。陆上仅发现了百万吨储量的小油田,发现很少,海上虽尚无重大发现,但潜力大于陆上。

非洲油气资源具有下列特点:

(1) 油气资源丰富,油气田规模大,分布高度集中。陆上油气资源主要分布在北非,其储量约占非洲储量的 2/3,北非的海上油田只见于苏伊士湾,占全非海上油田的 14.3%;海上油气资源占非洲储量的 1/3,大部分分布在西非几内亚湾附近的尼日利亚—喀麦隆—安哥拉一带海域。西非拥有 60 个海上油田,占全非油田数量的 85.7%。西非除尼日利亚的博莫油田较大外,其他 188 个油田的平均储量不超过 1396 万吨,气藏主要为油田伴生气。

① 数据来源: Oil and Gas, American, 2006:52。
② 李国玉、金之钧:《世界含油气盆地图集》(下册),北京:石油工业出版社,2005 年,第 321 页。
③ 刘剑平、潘校华、马君等:《西部非洲地区油气地质特征及资源概述》,载《石油勘探与开发》,2006 年第 3 卷第 35 期,第 383 页。

（2）原油品种优良。与石油资源最丰富地区中东相比,非洲石油大多油质好,含硫少,易于提炼加工,适合生产汽车燃油。撒哈拉油区原油质地优良,油质轻,含硫量低,原油平均比重指数（OAPI）为 40 左右,平均含硫量约 0.2%。哈西梅萨乌德油田原油比重指数更高达 49,含硫量低于 0.15%,为世界各油区所罕见。几内亚湾的石油品种繁多,多为优质轻油,矿物成分极低,平均含硫量在 0.2% 以下。尼日利亚 65% 的原油比重指数（OAPI）在 35 以上,富含汽油和柴油,含硫量不到 0.1%;安哥拉原油比重指数在 32 至 39.5 之间,含硫量在 1.12% 至 0.14% 之间;加蓬原油比重指数在 30 至 35 之间;刚果（布）原油含硫量仅为 0.23%;苏丹原油蜡质成分高,不含硫,是理想的润滑油原料。

（3）油田钻井成功率高,多为自喷井,勘探成本较低。撒哈拉油区自喷井占地平均为 67.5%,阿尔及利亚高达 95%,几内亚湾地区更达 95% 以上,尼日利亚达到 100%。[1] 钻井成功率高达 35%,远远高于世界 10% 的平均水平。尼日利亚油田干井率低至 25.9%,非洲地区石油的勘探成本仅为 3.73 美元,普遍低于世界其他大洲和地区。单井日产量高,两大油区分别高达 330 吨和 110 吨,从而大大降低了开发成本。

（4）油气田地理位置优越,方便出口运输。几内亚湾地区位居西非交通要冲,许多油田位于海上,沿海位置便于修建油港,相比中东的石油出口运输,更方便与西欧、北美消费市场进行便捷的海运连接。撒哈拉油区与西欧仅仅相隔地中海,运输不受海峡的控制,能源出口运输安全能得到有效保障,同时成本更加低廉。

二、非洲主要产油国油气资源

1. 利比亚

利比亚拥有丰富的油气资源,为非洲地区重要的欧佩克石油生产国。利比亚作为非洲第一石油大国,崛起较晚,20 世纪 50 年代开始大规模的油气勘探,在荒凉的不毛之地沙漠的地下发现了丰富的油藏。截至 20 世纪末,发现油田 300 余个,其中大油田 21 个。石油剩余可采储量大致保持在 30 亿～40 亿吨,2000 年以后迅速增加到 50 亿吨。2012 年,石油储量为 62.52 亿吨,居世界第九位、非洲第一位,占全非的 36.4%[2];天然气剩余探明可采储量为 15490 亿立方米,居非洲第四位。北部的锡尔特盆地已发现 292 个油田,探明的石油储量占利比亚总储量的 96%。[3] 同时利比亚油气资源勘探潜力较大,目前已勘探区域仅占国土面积的 25%,陆上和海域都拥有

---

① 南京大学非洲经济地理研究室:《帝国主义对非洲石油资源的掠夺和非洲人民的反掠夺斗争》,载《非洲地理》（内部资料）,第 6 期,第 5 页。

② 资料来源:《BP 世界能源统计年鉴》,2013 年。

③ 李国玉、金之钧:《世界含油气盆地图集》（下册）,北京:石油工业出版社,2005 年,第 27 页。

许多未勘探的区域,未探明石油储量预期可达 1000 亿桶。

2. 尼日利亚[1]

尼日利亚位于被誉为世界海上油气区"金三角"的非洲西部海区,油气资源储量大。尼日利亚油气资源勘探始于 20 世纪初期,至 50 年代中期未获发现。1956 年在尼日尔河三角洲发现了第一个商业性油田,1964 年发现了第一个海上油田——奥坎油田。石油探明储量从 1965 年的 3.4 亿吨迅速上升到 1970 年的 7.6 亿吨。随着三角洲海上和陆上油田的大发现,探明可采储量在 1975 年跃升到 17.6 亿吨,20 世纪80—90 年代,基本稳定上升至 20 亿～35 亿吨。2010 年,该国共有油田约 480 个,以中小型油田为主,油田面积虽小,但油品好、产量高。该国向西班牙和法国供应LNG,向贝宁、多哥、加纳输送管道天然气。[2] 2012 年,尼日利亚石油储量为 50.20 亿吨,仅次于利比亚,居非洲第二位,世界第十位;天然气储量为 5.2×10^{12} 立方米,占非洲总储量的 35.9%,居非洲首位,世界第九位,天然气为油田伴生气。

3. 安哥拉[3]

安哥拉石油勘探始于 20 世纪 20 年代,至 1955 年首次发现工业性油田——本菲卡油田,1952 年开始在卡宾达地区开始油气勘探,直到 1966 年陆上未发现油田。此后转入海上勘探,发现玛隆哥油田,储量高达 2 亿吨,接着又不断发现油田,使安哥拉石油探明储量大幅增长。20 世纪 90 年代石油探明储量从 2 亿多吨迅速增长到 7 亿吨,2000 年以后增长更为迅速,2012 年石油探明储量上升到 17.09 亿吨,居非洲第三位,占全非储量的 9.8%。目前安哥拉已发现油田 96 个、气田 6 个。油田主要分布在下刚果盆地的卡宾达地区和刚果河三角洲地区,绝大多数为海上油田。此外,宽扎盆地具有盐下层地质结构,最近几年获得了重要的石油发现。安哥拉凭借着海上石油生产成为撒哈拉以南非洲地区继尼日利亚之后的第二大石油生产国。

4. 阿尔及利亚

阿尔及利亚油气资源基础不同于利比亚和尼日利亚,石油探明剩余可采储量虽不如两国,但天然气储量则独步非洲,并在世界上占有重要地位。阿尔及利亚是非洲发现石油最早的国家之一。早在 1892 年,在谢里夫盆地就发现了稠油。1948 年,在霍德纳盆地发现了阿尔及利亚第一个商业价值较大的奥迪盖特里尼油田。20 世纪 50 年代,勘探区域扩大到沙漠地区,1956 年在伊利兹盆地发现了哈西梅萨乌德特大油田和哈西勒迈勒特大气田,至 1961 年共发现了 26 个油气田。20 世纪 70 年代,石油探明储量超过了 10 亿吨。至 1995 年,已发现油气田 207 个,50 多家外国石油

① 关增森、李剑编著:《非洲油气资源与勘探》,北京:石油工业出版社,2007 年,第 198-200 页。
② 华爱刚、关增森、关辉:《非洲油气资源及主要生产国概述》,载《天然气技术》,2007 年第 3 期,第 89 页。
③ 李国玉、金之钧:《世界含油气盆地图集》(下册),北京:石油工业出版社,2005 年,第 335-340 页。

公司在该国从事石油勘探和开发,石油探明储量超过了12亿吨。2000年以后,石油探明储量稳步上升到15亿吨。2012年石油探明剩余可采储量15.37亿吨,占非洲的8.7%,有"北非油库"之称。同时阿尔及利亚也是重要的天然气供应商,以液化天然气的形式供应给欧洲国家,有途经西班牙和葡萄牙的两条管线,天然气储量4.5万亿立方米,居非洲第二位。

5. 苏丹和南苏丹

20世纪50年代开始石油勘探,70年代至80年代末发现了两个中型油田。20世纪90年代中期,中国油气集团公司参与苏丹大规模油气勘探和油气生产建设。1981—2000年,石油探明储量保持在3亿多吨。2000年以后,石油探明储量迅速上升至7亿吨。2010年,苏丹石油探明储量8.02亿吨,天然气储量相对较少。2011年南苏丹独立后,两个政权为了苏丹的石油资源发生了激烈的争执,原苏丹2/3的石油资源分布在南苏丹。2012年,苏丹石油探明储量2.02亿吨,南苏丹石油探明储量4.72亿吨。[①]

6. 埃及

埃及是非洲石油工业发展最早的国家,20世纪50年代以来陆续发现了别拉依姆陆上油田、鲁迪斯油田、巴卡尔油田、摩根油田和卡列姆油田等。自从20世纪90年代以来,对油气资源进行了大量密集的勘探工作,探明储量大幅增长,逐渐成为石油天然气大国,苏伊士盆地已有54个油田投入开发,西沙漠区有50个油气田投入开发。[②] 苏伊士产区的原油产量最大,占埃及石油总产量的78%;西奈半岛占5%;沙漠地区共占17%。最近20年,尼罗河三角洲发现了世界级的天然气蕴藏带,埃及的能源战略开始从石油向天然气转移。近年石油探明储量保持在5亿吨左右,2012年石油探明储量为5.71亿吨。

7. 加蓬

加蓬主要含油气盆地为加蓬海滨盆地,油气资源相对集中分布在让蒂尔港以南,一般水深在30~60米,油质轻,含硫量低、自喷能力强,便于开采。2012年石油探明剩余可采储量2.74亿吨,占全非的1.7%。

8. 刚果(布)

刚果(布)2012年石油探明储量为2.32亿吨,大部分原油位于海上,目前共发现19个油田,其中14个已投产。天然气探明储量为368万立方米,位居南部非洲第三。

9. 赤道几内亚

赤道几内亚由一个大陆区和一系列岛屿组成,自从1995年开始勘探石油以来,经

---

① 资料来源:《BP世界能源统计年鉴》,2013年。
② 关增森、李剑编著:《非洲油气资源与勘探》,北京:石油工业出版社,2007年,第206页。

济快速增长。到 2012 年,已探明石油总储量为 2.04 亿吨,这些资源大多数位于石油丰富的几内亚湾海域。已发现的油气田主要分布在北部尼日尔三角洲盆地的比奥科坳陷中、南部的里奥穆尼盆地海域和中部的克里比岸外。该国拥有 Zafiro、Ceiba 和 Alba 三个大型油气田。据估计,赤道几内亚拥有 1274 亿立方米天然气储量。

10. 乍得

乍得是位于非洲中部的内陆国家,是非洲的新兴产油国。多巴盆地是乍得最先发现油气田的主要盆地,拥有布洛布、米安多姆、科米等油田。2012 年石油探明剩余可采储量为 2.16 亿吨。

表 4 - 3 - 3　非洲国家石油储量① 　　　　　　　　　　　　　　　　　　单位:亿吨

国家(地区)	1960 年	1970 年	1975 年	1980 年	1985 年	1990 年	1995 年	2000 年	2005 年	2010 年	2011 年	2012 年
阿尔及利亚	5.88	10.37	12.8	9.82	10.56	11.02	11.95	13.55	14.69	14.61	16.64	15.37
安哥拉	0.02	1.01	1.84	1.65	2.42	1.95	3.74	7.15	10.82	16.17	18.41	17.09
乍得								1.08	1.8	1.8	2.05	2.16
刚果(布)		0.01	0.65	0.84	0.91	0.9	1.62	1.98	2.28	2.32	2.59	2.26
埃及	0.7	1.38	2	3.49	4.55	4.14	4.56	4.34	4.45	5.39	5.87	5.71
赤道几内亚							0.66	0.96	2.16	2.04	2.32	2.31
加蓬	0.07	0.68	0.81	0.56	0.79	1.03	1.76	2.9	2.57	4.41	5.05	2.74
利比亚	3.97	39.72	31.78	24.34	25.51	27.3	35.33	43.11	49.65	55.59	64.24	62.52
尼日利亚	0.27	7.6	17.65	20	19.88	20.48	24.94	34.73	43.37	44.55	50.74	50.2
南苏丹												4.72
苏丹					0.36	0.36	0.36	0.72	7.67	8.02	9.14	2.02
突尼斯		0.5	3.03	2.61	2.13	2.08	0.45	0.51	0.67	0.51	0.55	0.55
其他	0.01	0.1	0.19	0.74	1.33	1.17	0.88	0.89	0.72	3.03	3	5.01
非洲合计	10.92	61.37	70.75	63.99	68.3	70.32	86.16	111.83	140.79	158.16	180.59	172.67
世界总计	364	739.9	718.2	799.34	923.59	1201.34	1232.17	1323.07	1460.49	1656.34	2254.28	2357.64

表 4 - 3 - 4　非洲国家天然气储量② 　　　　　　　　　　　　　　　　单位:万亿立方米

国家(地区)	1965 年	1970 年	1975 年	1980 年	1985 年	1990 年	1995 年	2000 年	2005 年	2010 年	2011 年	2012 年
阿尔及利亚	1.84	4.11	3.27	3.72	3.35	3.3	3.69	4.52	4.5	4.5	4.5	4.5
埃及		0.04	0.06	0.08	0.26	0.38	0.65	1.43	1.9	2.21	2.21	2.04

① 资料来源:1960—1975 年数据来自 World Oil,15,August;1980—2012 年数据来自 2013 年《BP 能源世界能源统计年鉴》。

② 资料来源:1960—1975 年数据来自李国玉、金之钧:《世界含油气盆地图集》(下册),北京:石油工业出版社,2005 年;1980—2012 年数据来自 2013 年《BP 能源世界能源统计年鉴》。

续　表

国家(地区)	1965 年	1970 年	1975 年	1980 年	1985 年	1990 年	1995 年	2000 年	2005 年	2010 年	2011 年	2012 年
利比亚		0.74	0.81	0.69	0.63	1.21	1.31	1.31	1.32	1.5	1.55	1.55
尼日利亚	0.09	0.15	1.48	1.16	1.34	2.84	3.47	4.11	5.15	5.11	5.1	5.15
其他				0.34	0.59	0.83	0.81	1.09	1.2	1.24	1.17	1.25
非洲总计				5.99	6.16	8.55	9.93	12.46	14.07	14.56	14.53	14.5

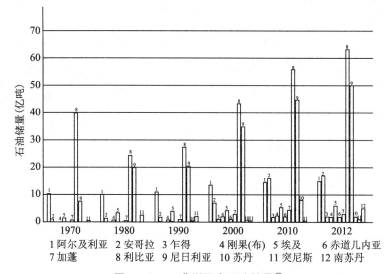

图 4-3-5　非洲国家石油储量[①]

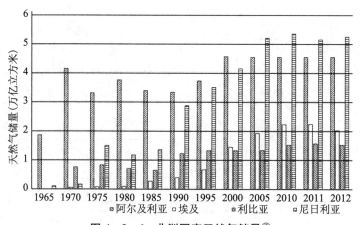

图 4-3-6　非洲国家天然气储量[②]

[①]　资料来源:《BP 世界能源统计年鉴》,2013 年。

[②]　资料来源:《BP 世界能源统计年鉴》,2013 年。

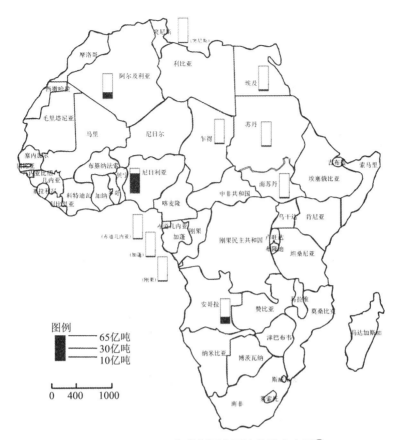

图 4 - 3 - 7　2012 年非洲国家石油储量分布图①

三、非洲油气资源潜力前景

非洲油气资源丰富,与世界其他区域相比,勘探开发的程度还比较低。20 世纪末,许多非洲国家为了加快石油工业发展,纷纷采取吸引外资的措施,使得非洲石油工业在国际合作方面有了较大的进展。最近几年,西非和东非的一些国家相继加入石油国家行列,东部和南部非洲则发现了丰富的天然气资源。

在西非,加纳已经开始出口石油。2007 年,塔洛石油公司在该国发现石油,保守估计储量为 20 亿桶,可供开采 20 年。2010 年年底,加纳开始生产石油。此外,利比里亚和塞拉利昂也发现了较为丰富的石油储量。在东非,一些国家陆续发现石油和天然气,勘探公司纷纷到来。乌干达于 2006 年发现石油,目前确认储量约为 11 亿

---

①　资料来源:《BP 世界能源统计年鉴》,2013 年。

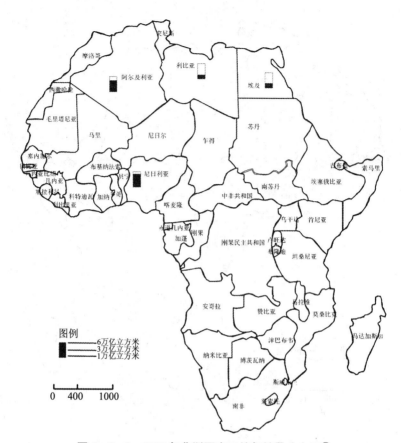

图 4 - 3 - 8 2012 年非洲国家天然气储量分布图[1]

桶,已经开始生产并出口。在东部和南部非洲,新的天然气资源不断被发现,纳米比亚、博茨瓦纳、南非以及肯尼亚、乌干达、坦桑尼亚等国发现了可供商业开发的天然气。未来几年,非洲石油和天然气勘探还会传来令人振奋的消息。[2]

目前,非洲西部沿海深水区和北部地中海深水区是国际合作的热点。20 世纪末,世界深水区已发现了 8 个巨型油田,其中 5 个位于非洲西部海域,吸引了许多外国投资。非洲西部海域的已探明油气储量已达 19.5×10^8 吨(油当量),占世界海域油气储量的 25%。[3] 同时,西非海域的油气资源勘探成功率较高,根据有关咨询机构预测,几内亚湾钻探成功率比墨西哥湾高两倍。

2011 年,非洲有 52 个大型油气开发项目,项目的高峰产量出现在 2011—2015 年,预计可新增石油产能约 2.75 亿吨/年,潜力可观。其中,43 个项目位于西非,尼

---

① 资料来源:《BP 世界能源统计年鉴》,2013 年。

② 《非洲油气资源储量丰富正形成能源新格局》,载《人民日报》,2012 年 4 月 6 日。

③ 关增森、李剑编著:《非洲油气资源与勘探》,北京:石油工业出版社,2007 年,第 242 页。

日利亚和安哥拉分别有 19 和 17 个项目,新增石油产量占总新增石油产量的 65%。此外,未来乌干达将成为非洲新的石油生产国,莫桑比克将成为新的天然气生产大国。

同时,随着环保问题日益受到重视,非洲的天然气工业发展也越来越受到世界的重视。20 世纪末,非洲各国普遍加强了天然气的勘探开发工作,并积极扩大天然气市场,积极修建天然气出口管道和实施 LNG 出口项目。

2000 年以来,非洲进行油气招标的国家在不断增加,预示 21 世纪非洲石油工业将会向非洲中部和东部扩大发展。

20 世纪 90 年代以前,非洲石油的国际合作主要是油气勘探和开发,90 年代以后逐渐从上游业务扩大到下游工程和其他石化工程。首先是合作修建炼油厂,中国石油天然气集团公司与苏丹合建年处理能力为 250 万吨的喀土穆炼油厂。其次是建设输油气管线,完成由阿尔及利亚、摩洛哥穿过地中海到西班牙、葡萄牙等国的马格里布—欧洲输气管线,中国石油天然气集团公司与苏丹合作修建了 1540 千米输油管线,修建从尼日利亚到贝宁、多哥、加纳的输气管道,并将扩大到西非北部地区,壳牌公司和埃尔夫公司修建由乍得至喀麦隆、全长 1060 千米的输油管道。下游工程及其配套工程的建设,促进了油气工业地域体系的形成。

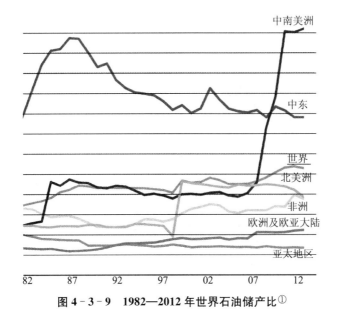

图 4-3-9　1982—2012 年世界石油储产比[①]

在非洲的 59 个国家和地区中,有 20 个国家、地区的油气投入了开发和利用,除

① 图片来自 2013 年《BP 世界能源统计年鉴》。

此之外,尚有以下三种情况:

① 已发现油气田,尚未开发的国家有 4 个——贝宁、纳米比亚、埃塞俄比亚、莫桑比克;

② 国内有沉积盆地,尚未发现油气田的国家有 25 个;

③ 其余为国内无沉积盆地的国家和地区,不可能发现油气田,但其中有两个岛国——科摩罗和毛里求斯,其本岛为火山岛,但周围的海域可能有盆地。

非洲石油开采寿命不容乐观,天然气开采寿命远高于世界平均水平。2012 年,世界石油、天然气储产比分别为 52.9 和 55.7。因为世界石油和天然气产量大幅增加,储产比相较之前年份都处于下降趋势,而全球探明储量略有上升。中南美洲的石油储产比超越了中东,跃居世界第一(图 4 - 3 - 10);非洲石油的产量保持着每年 4% 左右的增长速度,2012 年石油储产比为 37.7,低于世界平均水平。非洲天然气的储产比为 67.1,排在世界各大洲第一。2012 年利比亚的天然气储产比高于 100,远远高于世界平均水平(表 4 - 3 - 5)。

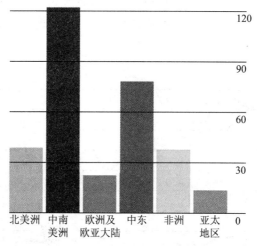

图 4 - 3 - 10　2012 年世界分区域石油储产比[1]

表 4 - 3 - 5　2012 年非洲主要国家石油、天然气储产比[2]

国家(地区)	石油储产比	天然气储产比
阿尔及利亚	20	55.3
安哥拉	19.4	
乍得	40.7	

① 图片来自 2013 年《BP 世界能源统计年鉴》。

② 资料来源:2013 年《BP 世界能源统计年鉴》。

续　表

国家（地区）	石油储产比	天然气储产比
刚果（布）	14.8	
埃及	16.1	33.5
赤道几内亚	16.5	
加蓬	22.3	
利比亚	86.9	>100
尼日利亚	42.1	>100
苏丹	50.0	
南苏丹	>100	
突尼斯	17.9	
其他非洲国家	43.0	68.1
非洲总计	37.7	67.1

第二节　非洲石油开采的形成和发展

非洲作为世界上重要的能源供应基地出现,是 20 世纪 50 年代起大规模地发现石油以后才开始的。石油开采业的迅速发展,成为 20 世纪 60 年代以后非洲经济发展最引人注目的现象之一。采油业的崛起,不仅改变了非洲主要产油国昔日贫穷落后的经济面貌,而且也使非洲的工业布局发生了很大的变化。

一、非洲石油资源开发的历史轨迹[①]

非洲石油工业的发展,按探明储量、开采量及其发展特点的不同,可以区分为以下四个阶段。

1. 石油工业起步阶段(1955 年以前)

早在 19 世纪 80 年代,埃及成为最先找油并首先开采原油的国家。1884 年,以壳牌和不列颠两家公司为主要股东的英埃石油公司在苏伊士打出第一口油井。1909 年,埃及在杰姆塞的第一口油井投产,开始了埃及生产石油的新时期。但其产量有限,长期处于十几万吨到二十几万吨之间。1938 年在苏伊士湾西岸发现了腊斯加里卜油田,1945 年又发现了西奈的苏德尔油田,大大提高了埃及的石油产量,1953

---

① 关增森、李剑编著:《非洲油气资源与勘探》,北京:石油工业出版社,2007 年,第 4 - 6 页。

年石油产量达到 270 万吨,成为非洲的主要石油生产国。

阿尔及利亚早在 1914 年即已开始产油,但数量微不足道。

总体而言,本阶段美、欧、亚三大洲大规模勘探和开采石油之际,非洲石油业默默无闻,还只是一个农产品资源和其他矿产品资源的供给地区。

2. 石油工业大发展阶段(1956—1980 年)

这是非洲石油工业发展的黄金阶段,继 20 世纪 30 年代起中东地区发现了一系列油田之后,毗邻中东的非洲经过长期勘测,也呈现出油田大量涌现的新形势。油田的开发迅猛开展,产油国由 1956 年的 5 个增加到 1980 年的 13 个,石油产量由 1956 年的 188 万吨增加到 1980 年的 30055 万吨,增长了近 160 倍。在整个 60 年代,原油生产以跳跃式速度上升,10 年中陡升 20 倍,成为世界石油生产的奇迹。1970 年非洲原油出口量高达 2.83 亿吨。非洲一跃成为世界石油市场的主要供应源地,仅次于中东的石油输出区。

3. 石油工业深化发展阶段(1981—2000 年)

20 世纪 70 年代的两次石油冲击,激起了整个世界经济的巨大动荡,"能源危机"之说一时甚嚣尘上,石油公司竞相找油和采油,石油消费国则纷纷采取节能措施,调整经济结构,研究替代能源,以降低石油消耗。20 世纪 80 年代初,西方石油日消费量明显减少,"求过于供"的行情成为"供过于求"。进入 20 世纪 90 年代,非洲石油工业进入到快速发展阶段。伴随世界经济的快速发展及对石油能源的依赖,非洲石油的探明储量、产量均进入快速增长期。石油开采量由 3.2 亿吨增长到 2000 年的 3.7 亿吨,成为世界重要的能源基地。[①]

4. 石油工业本土化发展阶段(2000 年以后)

进入 21 世纪,非洲石油开采业延续了 20 世纪 90 年代以来蓬勃发展的态势。2000—2010 年的 10 年间,非洲石油开采量也由 3.7 亿吨增长到 4.8 亿吨,已经成为全世界一个很有前途的石油地区。非洲石油工业快速发展的同时,非洲石油开始致力于减轻非洲石油国家对西方科技的严重依赖,解决原油收入依赖西方程度过重的宿弊等"去西方化"的觉醒。

在石油工业本土化发展战略中,各国将对原油出口做出新的评估,但这并非指对石油出口进行限制,而是进一步完善非洲石油工业产业链条,致力于石油附加产业的发展,更多地将石油产出效益留在非洲。同时,致力于基础设施建设投资,并通过教育、培训和技能发展的方式提升本地工人技能和民众生活水平。[②]

---

① 张同铸主编:《非洲石油地理》,北京:科学出版社,1991 年,第 39-42 页。

② 资料来源:石油经济网,http://www.petroecon.com.cn/。

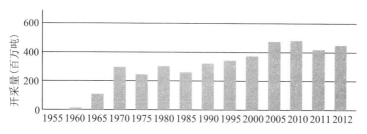

图 4 - 3 - 11　1955—2012 年非洲石油开采量变化图①

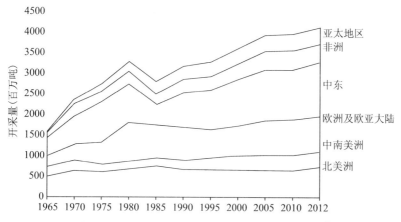

图 4 - 3 - 12　1965—2012 年世界石油开采分布图②

二、非洲石油开采的发展特点③

表 4 - 3 - 6　1965—2012 年非洲国家原油产量④　　　　　　单位：百万吨

国家（地区）	1965年	1970年	1975年	1980年	1985年	1990年	1995年	2000年	2005年	2010年	2011年	2012年
阿尔及利亚	26.5	48.2	45.8	51.8	50	57.5	56.6	66.8	86.4	77.7	74.3	73
安哥拉	0.7	5.1	7.8	7.4	11.5	23.4	31.2	36.9	69	90.7	85.2	86.9
乍得	—	—	—	—	—	—	—	—	9.1	6.4	6	5.3
刚果（布）	0.1	—	1.8	3.2	5.9	8	9.3	13.1	12.6	15.1	15.2	15.3
埃及	6.5	16.4	11.7	29.8	45.1	45.5	46.6	38.8	33.9	35	35.2	35.4
赤道几内亚	—	—	—	—	—	0.3	4.5	17.7	13.6	12.5	13.2

---

① 资料来源：《BP 世界能源统计年鉴》，2013 年。
② 资料来源：据 2013 年《BP 世界能源统计年鉴》数据编制。
③ 姜忠尽：《非洲的石油开采业》，载《世界石油经济》，1989 年第 4 期。
④ 资料来源：《BP 世界能源统计年鉴》，2013 年。

国家(地区)	1965年	1970年	1975年	1980年	1985年	1990年	1995年	2000年	2005年	2010年	2011年	2012年
加蓬	1.3	5.4	11.3	8.9	8.6	13.5	17.8	16.4	11.7	12.2	12.2	12.3
利比亚	58	159.5	71.5	88.3	48.4	67.2	67.9	69.5	81.9	77.5	22.4	71.1
尼日利亚	13.5	53.4	87.9	101.7	73.8	91.6	97.5	105.4	122.1	115.2	117.4	116.2
苏丹	—	—	—	—	—	—	0.1	8.6	15	23.9	22.3	4.1
南苏丹	—	—	—	—	—	—	—	—	—	—	—	1.5
突尼斯	—	4.2	4.6	5.6	5.4	4.5	4.2	3.7	3.4	3.8	3.7	3.1
其他	0.1	—	—	3.9	12.2	9.6	7.8	7.2	7.7	7.1	10.9	11.6
非洲	106.5	292.3	242.5	300.6	260.9	320.9	339.3	370.9	470.7	478.2	417.4	449

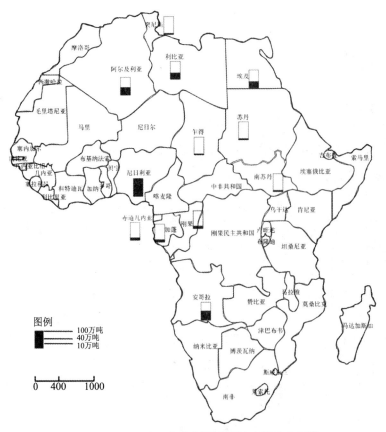

图 4-3-13　2012 年非洲国家原油产量分布图①

① 根据 2013 年《BP 世界能源统计年鉴》制作。

1. 非洲石油生产范围逐步扩大、南移

随着石油资源的发现和石油开采业的发展,非洲石油生产的空间分布也在不断变化。从全洲范围来看,石油开采业开始于北非,直至 1955 年,埃及、阿尔及利亚和摩洛哥三国生产了非洲的全部原油。20 世纪 50 年代中期以后,北非的石油生产范围急剧扩大,另又出现了新的西非采油区,与北非采油区形成互为犄角之势。值得注意的是,西非产油国不断增加,以尼日尔河三角洲为中心,陆续向南、向西扩展,构成以几内亚湾为中心的大西洋沿岸的条带状分布。1955—1965 年的 10 年间,非洲石油生产国增加到 8 个,其中北非和西非各占 4 个。此时几内亚湾地区的石油生产能力尚小,非洲石油生产的重心仍在北非,其原油产量占非洲的 85%。1975 年,非洲石油生产国增至 10 个,北非和中、西非各半。由于中、西非地区的原油生产能力逐步提高,原油产量在全洲的比重已上升到 47.0%。北非原油产量绝对数量虽继续增长,但在全洲的相对地位则在下降。截至 1988 年,非洲原油生产国已增至 14 个,其中中、西非地区占有 9 个,但除尼日利亚外,各产油国生产规模较小,不能与北非比拟。

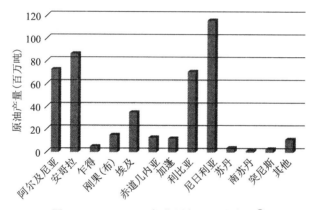

图 4 - 3 - 14　2012 年非洲各国原油产量[①]

从地区内部来看,石油生产范围的扩展变化有着不同的情况。在北非,生产区域由沿海向内陆撒哈拉地区延伸,早期开发的阿特拉斯采油区日趋衰微。阿特拉斯采油区包括摩洛哥、阿尔及利亚和突尼斯北部沿海的阿特拉斯山两侧地带的油田。其油田含油层埋藏浅,干井率低,交通和水源条件好,因而石油开发较早。但这里主要是小油田,久经开发,资源枯竭,现在原油产量很少,已不能构成一个主要采油区。相反,包括三叠盆地、伊利兹盆地和锡尔特盆地在内的撒哈拉采油区,由于储量巨大,油田众多,自 20 世纪 50 年代后期一旦开发就迅速兴起为全非最主要的采油区。

在埃及苏伊士湾地区,石油开采则逐步由两侧陆地向湾内海上发展。苏伊士湾

[①]　资料来源:2013 年《BP 世界能源统计年鉴》。

两侧陆上油田在 20 世纪 50 年代以前曾是非洲绝大部分石油的出产地,60 年代中期以后,由于在湾内不断发现并开采新油田;使海上石油产量迅速上升,陆上石油的地位相对下降,苏伊士湾已成为非洲主要的海洋采油区之一。

在西非几内亚湾地带,以尼日利亚为中心,石油生产区也逐渐向西、向南延展,在西起科特迪瓦、南至安哥拉的几内亚湾沿岸的 11 个国家中已有 9 个石油生产国,它们在地域上接连成片,而且已由陆上向海上发展。早期的一些陆上油田地位已不再重要,如安哥拉的奔菲卡、刚果(布)的印第安角、加蓬的克莱雷特角等,海上油田则成为本地区开发的主要对象。

2. 非洲海上采油日益重要

世界石油开采由陆上向海上发展的趋势正在加强,非洲的海上石油开采区取得较快的进展,现已成为世界主要的海上采油区之一。

非洲海上石油开采开始较早,但直到 20 世纪 60 年代中期以前,一直发展缓慢,海上油田产量在非洲原油总产量中的比重只有 3%。尔后,随着海上油田的不断发现和开采,海上原油产量增加很快,1970 年达到 3285 万吨,占非洲原油总产量的11.2%。20 世纪 70 年代,由于埃及和尼日利亚以及西非其他产油国海上采油业的大发展,非洲海上原油产量翻了一番,达到 7097 万吨,并使 1980 年其占非洲原油开采量的比重提高到 23.1%。这一时期,海上原油产量的增长速度为 8%,高于同期非洲原油产量的增长速度。特别是当 20 世纪 80 年代非洲原油产量呈负增长时,其海上原油开采量仍保持着增长的态势。

目前,在非洲的产油国中,埃及、尼日利亚、加蓬、刚果(布)、安哥拉是非洲主要的海上采油国。非洲海上油田的规模不如陆上大油田,但海上油田的产量与世界其他产油地区相比,其地位很突出。1980 年,世界年产原油超过 100 万吨的海上油田约有 100 个,其中非洲占 1/4;1985 年,世界海上原油年产超过 1000 万吨的 15 个国家中,埃及居于第 8 位,尼日利亚居第 10 位。20 世纪 90 年代以后,西非几内亚湾海上油田数量增加,例如,安哥拉的卡宾达地区拥有海上油田 21 个,刚果河三角洲的70 个油田中有海上油田 63 个。塔库拉油田是卡宾达地区的大型海上油田,其石油产量占安哥拉石油总量的 1/3 以上,为安哥拉最重要的石油生产基地。[1]

3. 非洲石油开采高度集中在两大油区

目前非洲有 21 个石油生产国、5 个产气国(只产气不产油),其中传统产油国 12个,新兴产油国 9 个[赤道几内亚、圣多美和普林西比、刚果(金)、毛里求斯、塞拉利昂、加纳、苏丹、乍得、乌干达],相对集中分布在北非油区(撒哈拉油区、苏伊士湾油区)、西非几内亚湾油区两大采油区。

---

① 关增淼、李剑编著:《非洲油气资源与勘探》,北京:石油工业出版社,2007 年,第 175 - 179 页。

北非油区拥有阿尔及利亚、利比亚、埃及三大采油国,西非几内亚湾油区拥有尼日利亚、安哥拉、刚果(布)、赤道几内亚、加蓬等产油国。2000 年以前,北非油区产量超过非洲原油总产量的 50%,此后原油产量逐步被西非几内亚湾油区超越。在现有采油国中,只有尼日利亚原油产量超过 1 亿吨。尼日利亚、安哥拉、阿尔及利亚和利比亚为非洲四大产油国,2010 年四国原油开采量占非洲总产量的 75.5%。

表 4-3-7 1965—2012 年非洲采油区原油产量表

年份	非洲原油总产量(万吨)	北非地区		西非几内亚湾地区	
		产量(万吨)	占非洲比重(%)	产量(万吨)	占非洲比重(%)
1965 年	10709.9	9157.3	85.5	1552.6	14.5
1970 年	29332.3	22861.4	77.9	6470.9	22.1
1975 年	24582.0	13667.4	55.6	10914.6	44.4
1980 年	30757.1	17849.3	58.1	12907.8	41.9
1985 年	24200.0	13491	55.8	10703.0	44.2
1988 年	24841.1	13170	53	11671.0	47.0
1990 年	32090	17470	54.9	13600	42.5
1995 年	33930	17540	51.7	15610	46.0
2000 年	37090	17880	48.2	17630	47.5
2005 年	47070	20560	43.7	23310	49.5
2010 年	47820	19400	40.6	24860	51.6
2011 年	41740	13560	32.5	24250	58.1
2012 年	44900	18670	41.6	24390	54.3

注:1990—2012 年据《BP 世界能源统计年鉴》非洲主要产油国数据计算。

(1)北非油区石油开采

① 撒哈拉油区

撒哈拉地区的石油开采主要集中在阿尔及利亚的三叠盆地和伊利兹益地、利比亚的锡尔特盆地以及埃及的西部沙漠地区,其中以锡尔特盆地最为重要。该油区的石油开采崛起于 20 世纪 60 年代,1970 年原油产量达到 2 亿多吨,占非洲原油总产量的 75%,为 1960 年产量的 24 倍;1980 年减少到 1.4 亿吨,占非洲的 46.6%;1988 年又下降到 8400 万吨,占非洲原油产量的 33.8%。但从全非各采油区的总体来看,撒哈拉油区的原油产量一直位居各采油区之首。

② 苏伊士湾油区

苏伊士湾盆地油区位于埃及。截止到 2012 年,埃及已探明石油储量为 6 亿吨,待发现储量31.18亿桶,整个石油开发潜力为67.18亿桶,约10亿吨。苏伊士盆地是埃及最早开发原油的地区,也是埃及的石油工业基地。

(2) 西非几内亚湾大西洋沿岸油区石油开采

西非几内亚湾大西洋沿岸地带是非洲第二大石油开采区,也是非洲主要的海洋油田开发区。其主要包括尼日尔三角洲盆地、加蓬盆地、下刚果盆地和宽扎盆地等。1960年,该区原油产量仅占非洲的12.7%,1970年上升到22.1%,1974年再升至49.3%,产量在1.3亿吨以上,与北非原油产量几乎相当。此后,原油产量时有升降,1986年回升到1.17亿吨,其比重也随之回升到47.0%。21世纪以来,该油区开采量迅速上升,超过北非油区,成为非洲最大采油区。2012年,石油开采量达24390万吨,占非洲的54.3%。

从开发条件上看,本区与北非诸油区不同,属于广阔的海岸沉积盆地,因此有比较有利的开发条件。

首先,油田地质情况良好。油田埋藏较北非油田浅,但规模和分布远不如北非油田那样大而集中,呈现大分散小集中的态势。油田自喷率则远高于北非油田,如尼日利亚油井全部自喷,且大体上能够保持不衰。

其次,是石油集输和外运方便。这里油田大部分分布在海岸附近的陆上和近海海域,一般离岸距离仅十几至几十公里,油管运输距离极短。同时这里地处大西洋航线要冲。原油无论从陆上油港,抑或从海上"油码头"外运都很方便。

最后,自然地理环境对油田开发既有有利的一面,也有不利的一面。这里油田海域水浅,多数油田水深在100米以内,加之风小浪低,与风大(时速200公里)浪高(30米)、离岸远的北海油田相比,开发条件要优越得多。例如,加蓬海上油田钻井成本比北海要便宜1/4。但是,它也有相当不利的条件:陆上沼泽油田,丛林密布,雨季时降水集中,洪水泛滥,一般沼泽地水深六七米,为钻井、勘探、铺设油管带来很大困难,造成投资增加;海岸附近油田,生长着稠密的红树林,在赤道季风作用下,受到猛烈的碎浪冲击。准大陆架油田水深不大,井深也不算深(1300~3600米),开采反比前面两种较为方便。由于上述原因,几内亚湾一带油田的采油成本比海湾地区要高出2~6倍。

三、非洲主要产油国石油开采[1][2]

1. 尼日利亚

尼日利亚是撒哈拉以南非洲地区第一大石油生产国,也是美国和西欧主要的石

---

① 关增森、李剑编著:《非洲油气资源与勘探》,北京:石油工业出版社,2007年,第193-223页。

② 姜忠尽、殷会良:《非洲石油——世界工业强国战略争夺的新宠》,载《国际经济合作》,2006年第11期,第13-16页。

油供应国。

尼日利亚原油开采起步于 20 世纪 50 年代中期,之后产量稳步上升,1970 年产量超过 5000 万吨,1973 年迅速超过 1 亿吨;80 年代产量下降;2000 年以后,产量稳步增长;2012 年产量达 11620 万吨,占非洲的 25.9%。

尼日利亚作为非洲最大的石油生产国,主要产油区在尼日尔三角洲(图 4 - 3 - 15),以中、小油田为主,大型油田数量有限。

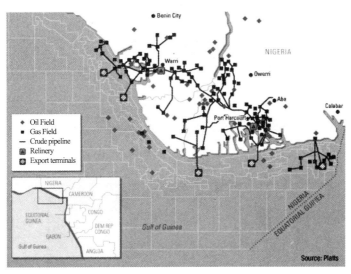

图 4 - 3 - 15 尼日利亚油气田分布图

早期的尼日利亚石油工业完全被外国石油公司垄断。1969 年,尼日利亚政府颁布石油法,规定政府与外国公司享有同等参与权,以后不断提高参股比例,逐步收回石油资源主权,扭转了石油工业受控于外国资本的局面。尼日利亚国家石油公司掌握 55% 的陆上石油开采股份。20 世纪末,尼日利亚与外国公司合作建立生产线,大大提高了生产能力。近年来,中国的石油公司也积极参与尼日利亚的石油招标工作,中国石化河南油田获得参与石油工程市场竞争的资格。

尼日利亚石油是优质的低硫原油,并且其地处西非沿海,地理位置较海湾石油产区优越,对美国和西欧来说,海运方便、距离短,海上运输通道安全,因此近年来尼日利亚在国际上的重要性日益增加。其油田大多分布在尼日尔三角洲和近海海域,主要油田由英、荷、美、法、意等外国石油公司与尼日利亚国家石油公司联合开采。

尼日尔三角洲是西非最大的采油区。油田开发开始于 1957 年,在尼日利亚境内,原油产量迅速上升,1966 年达 2100 万吨,成为非洲第三产油大国。正在生产的油田,基本上全部是自喷并。该国至今仍以陆上采油为主,产量占 2/3。陆上油田主要集中在贝宁—奥韦里—卡拉巴尔三点连线以南、宽约 90～200 公里的尼日尔三角洲地带。主要油田有福卡多斯/约克里、内姆贝溪、奥巴吉、考松渠、伊莫河、埃库拉马、奥班、琼斯溪、马卡腊巴等,合计产量占尼日利亚总产量的1/4。其余油田年产量均不超过100万吨。海上油田油层较陆上油田浅,开发条件较陆上好。原油采出后经管道汇集到一艘储油能力为24万吨的大型油轮上,经处理后的原油再装船运走。

2. 安哥拉[①]

安哥拉石油开采仅次于尼日利亚,是非洲后崛起的原油开采大国,尤其是2000年以后,其原油开采在非洲的地位日益重要,2005年产量6900万吨,居尼日利亚、阿尔及利亚、利比亚之后,2012年产量上升到8690万吨,居非洲第二位,占全非总产量的19.4%。从20世纪70年代初期开始,安哥拉石油生产由宽扎盆地向北转移到下刚果盆地,特别是卡宾达地区的海上,此后因政治因素,石油产量有所波动,但总体上仍呈上升趋势。

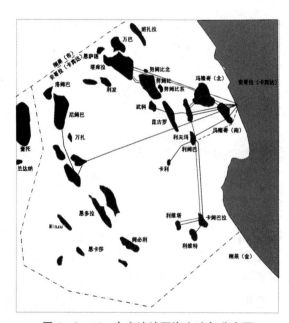

图4-3-16 卡宾达地区海上油气分布图

安哥拉投入开发的油田主要分布在下刚果盆地的卡宾达地区(海上油田21个)和刚果河三角洲地区(陆上油田7个、海上油田63个)。此外,在宽扎盆地的罗安达地区发现陆上油田6个。

安哥拉石油工业的下游工程较为薄弱,目前只有两座小型炼油厂,日加工总能力约为6600吨。安哥拉只有一条输油管线,由托比亚斯至罗安达。卡宾达是安哥拉

---

① 关增森、李剑编著:《非洲油气资源与勘探》,北京:石油工业出版社,2007年,第177-178页。

的重要港口,设有石油码头,安哥拉的大部分石油均由此出口,其中 80% 出口到美国。2003 年,安哥拉境内铺设了一条长 100 公里的输油管道,连接从本格拉省到卡宾达省内的油田。

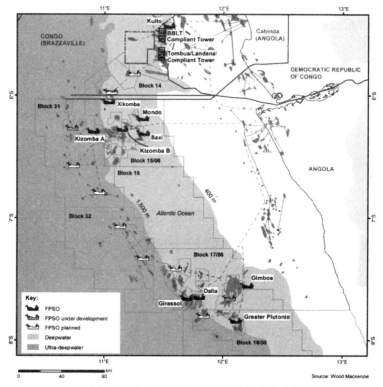

图 4-3-17 刚果河三角洲海上油气分布图

安哥拉在 1978 年颁布了石油法,在石油工业发展中实行对外开放和充分利用外资的政策。近年来,安哥拉强调海上勘探,采取直接协商的方式,努力吸引外国石油公司到深海区域进行勘探。近期安哥拉近海钻井活动非常活跃,且英国石油公司、道达尔公司和埃克森公司分别在超深水的 31、32、33 区块有所发现,钻井成功率达 38%。

下刚果盆地从加蓬南部的马永巴向南延伸,经刚果(布)、卡宾达(安哥拉)、刚果(金)至安哥拉的北部,是非洲重要的海上采油区之一。油田开发主要集中在安哥拉的卡宾达地区和刚果(布)的海域,有卡宾达、刚果(布)、刚果河三角洲三大采油区。

安哥拉卡宾达地区是这个盆地最重要的采油区,1985 年原油产量达 800 多万吨,占该盆地采油量的一半和安哥拉原油产量的 70%。该地的马龙戈和塔库拉海上油田是两个最重要的油田。

刚果(布)是下刚果盆地第二大采油区,现已开发了 9 个油田,其中有 6 个海上油田。1988 年原油产量达 674 万吨,其中海上原油产量占 99% 以上。

刚果河三角洲是下刚果盆地第三大采油区,原油产量约为450万吨,占该盆地原油产量的1/4。已开发的油田主要分布在陆上和距河口不远的海域,以陆上开采为主。已开发的油田分属于安哥拉和刚果(金)两国。安哥拉境内的刚果河三角洲地区的原油产量约为300万吨,主要油田有埃松戈、昆基拉、北松博、孔富凯纳等。刚果(金)境内的三角洲地区的油田开发较晚,原油产量比较少,仅150万吨左右。

3. 阿尔及利亚

阿尔及利亚是非洲第二大石油生产国,是世界上最优质原油的开采国之一,也是非洲最早开采原油的国家之一。产量比较稳定,大致在5000万~8000万吨,2012年产量7300万吨,占全非总产量的16.3%。主要产油区为三叠盆地和伊利兹盆地两大产油区。油气产品大部分出口,天然气与石油出口收入占国家外汇收入的90%以上。近90%的原油出口到西欧,其中意大利为其原油主要的接收国,其次为德国和法国。

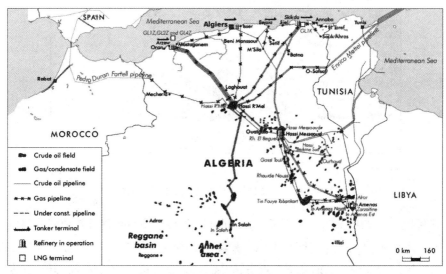

图 4-3-18　阿尔及利亚油气田分布

三叠盆地是阿尔及利亚最大的采油区,原油产量一向占阿尔及利亚总产量的60%以上。石油开采主要集中在哈西梅萨乌德、加西阿格卜、鲁尔德巴格勒、加西图维勒和鲁尔德努斯-哈姆拉油气聚集带,已先后形成一些大型采油中心,其中尤以哈西梅萨乌德最大。哈西梅萨乌德油田距地中海560公里,油田面积1300多平方公里,1957年投产。生产井数量多、自喷率高、平均单井日产量高(300~850吨/日,个别地段高达1000吨/日以上),是该油田的突出特点。哈西梅萨乌德油田的原油产量一般占该盆地采油区的70%以上。

伊利兹盆地采油区是阿尔及利亚第二大采油区,油田相对集中于盆地的南半部,距地中海海岸较远(1200 公里以上)。1956 年,首先开发了阿利边界的埃杰累油田,随后又开发了扎尔扎廷地区的油田。在油田开发的同时,1961 年首先铺设了艾因阿梅纳斯—斯希腊 (突尼斯)输油管,大大促进了本油区的开发。随着油田开发规模的扩大,1961 年又铺设了奥哈内特—哈西梅萨乌德输油管,将两大采油区连接起来,从而使本地原油又能顺利假道其西北输油管北上至地中海海岸,保证了本区原油的大规模开发。艾因阿梅纳斯是本采油区的石油基地,又是行政中心和兵营。已开发的主要油田有扎尔扎廷、斯塔赫、梅雷克森、廷富耶、奥哈内特、埃杰累等。

4. 利比亚

利比亚与欧洲隔地中海相望,是非洲第四大石油生产国。1970 年原油开采达到历史最高产量 1.596 亿吨。此后产量趋于下降,大致波动在 5000 万～8000 万吨。2012 年产量 7110 万吨。主要采油区为锡尔特盆地采油区。利比亚石油质量好,接近欧洲市场,运输方便。

锡尔特盆地采油区是撒哈拉地区石油开采业的后起之秀。除石油资源丰富、分布集中、有利于组织大规模开发外,还有许多其他有利条件。一是该盆地油区比较靠近海岸,如纳赛尔油田离海岸 170 公里,最远的萨里尔油田距海岸也只有 420 公里,其他一般在 200～300 公里左右,因而这里原油输出与开发设备运入都较方便,可以大大节约开发成本。二是锡尔特盆地油田储油层埋藏较浅,如贾洛油田为 670～1950 米,纳赛尔油田为 1520～2320 米,萨里尔油田为 2700 米,这也使油田开发成本

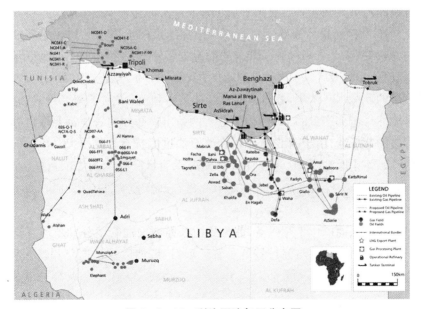

图 4-3-19　利比亚油气田分布图

相对减少。

在锡尔特盆地已开发的油田中,以萨里尔、纳赛尔、贾洛、因提萨尔、阿马勒、纳福赖等最为重要。采油区油管集输系统完善而集中。区内各油田之间干线纵贯、支线交错,形成稠密的输油管网。几个采油中心萨里尔、因提萨尔、阿马勒、纳赛尔、贾洛等铺有 5 条输油管干线通至地中海沿岸的油港和加工中心马萨哈里加、祖埃提纳、拉斯拉努夫、卜雷加、锡德尔等。输油管总长近 4000 公里,年输油能力 2 亿多吨,保证该油区的原油能及时输送至各加工中心和出口油港。

5. 埃及

埃及是非洲最早开采原油的国家,但石油工业迅速发展则是 20 世纪 70 年代中期以后的事。1980 年,原油产量近 3000 万吨,占全非总产量的近 10%。1986 年原油开采量达到历史最高水平,日产 92.2 万桶,占非洲原油总产量的比重上升到 14%。此后,原油趋于下降,从 2000 年的 3800 万吨减少到 2005 年的 3390 万吨,2012 年又回升到 3540万吨,占非洲原油总产量的比重从 10.5% 下降到 7.9%,位居非洲第五位。

埃及油气资源开采的分布高度集中在苏伊士湾,并以海上油田为主,少量分布在西部沙漠区。采油区由苏伊士湾海上油田及东西两岸的陆上油田组成,是非洲最早的石油开采区。已开发的海上油田中,最重要的有贝拉伊姆(海上)、十月、摩根、七月、拉马丹、宰特湾、布德兰等油田,海上原油产量占苏伊士采油区总产量的 80%以上,自喷率和单井的产量均高于陆上油田。

6. 苏丹与南苏丹

苏丹是非洲重要的新兴石油国家,1998 年首次成为原油出口国,此后原油产量增长迅速。2000 年产量为 860 万吨。苏丹南部的黑格里格油田和尤尼蒂油田的可采储量约为 $(0.9 \sim 1.65) \times 10^8$ 吨。开采的油田主要分布在今南苏丹。2005 年原油产量迅速上升到 1500 万吨,2010 年迅速增加到 2390 万吨,曾是非洲第六大产油国,占全非总产量的 5%。2011 年,苏丹南部地区从苏丹独立,成立了南苏丹共和国,其石油产量占原苏丹全部产量的 75%,但南苏丹两条出口石油的管道都要取道苏丹运往位于红海边的苏丹港,由于南北苏丹在管道原油过境费上存在分歧,南苏丹从 2012年 1 月份开始停止原油生产。停产前,南苏丹原油日产量约为 35 万桶。2013 年 3月,南苏丹宣布恢复石油生产。[①] 2012 年苏丹石油产量为 410 万吨,南苏丹为 150万吨。

苏丹的主要炼油厂位于苏丹港,苏丹的两条原油输油管线分别从苏丹港通达喀土穆和卡萨拉。中国石油与苏丹签署了管道项目、炼油厂扩建项目和物探项目共 3项石油合作协议。

---

① 资料来源:中国石油新闻中心。

7. 刚果(布)

刚果(布)已发现油田 19 个,全部位于下刚果盆地,其中 3 个油田位于陆上,其余油田全部在海上。投入开发的油田有 14 个。自 20 世纪 90 年代以后,石油开采发展迅速,原油产量从 1990 年的 800 万吨迅速增加到 2000 年的 1310 万吨,2012 年又上升到 1530 万吨,居非洲产油国第七位。

刚果(布)有一座炼厂,日处理能力为 2900 吨。境内只有一条输油管线,由埃梅劳德油田至黑角炼厂,黑角海港建有石油码头,设有可停靠的泊位,同时设有卸油装置和大型储油罐。

刚果(布)的石油开采业很大程度上还处在法国、意大利和美国等西方资本的控制下,石油工业缺少本国的技术人员,管理不甚妥善,这些问题虽已被认识,但难以解决。

8. 赤道几内亚[②]

赤道几内亚濒临大西洋,大部分石油开采都在海上,Zafiro 是其主要的油田,日产超过 8 万桶。其他的油田主要有 Jade,Topacio,Amatista,Rubi 和 Serpentine。[③]赤道几内亚是一个新兴的产油国,1993 年才开始开采石油,2005 年原油产量高达 1779 万吨,2012 年上升至 1320 万吨。

赤道几内亚的油气田主要分布在北部尼日尔三角洲盆地的比奥科坳陷中,在南部的利奥穆尼盆地海域也发现了油田,而中部地区也发现了油田。目前已投入开发的油气田为阿鲁巴气田和扎菲罗油田。

赤道几内亚油气勘探开发业务进展较快,但下游工程发展相对落后,目前尚无炼厂及输油管线,只有一家石油下游企业。

9. 加蓬

加蓬于 1957 年开始采油,1966 年前石油年产量低于 100×10^4 吨,此后产量逐年增长,1989 年拉比油田投产后,产量迅速上升。至 1992 年,加蓬投入开发的油田共有 43 个,石油年开采量达 1490×10^4 吨。2000 年达 1640 万吨,2010 年下降至 1220 万吨,2012 年达 1230 万吨。

加蓬主要含油气盆地为加蓬海滨盆地,一半以上的油气田规模较小,最大的油田——拉比油田位于加蓬陆上,盆地中的两个含油气系统被阿普特阶区隔开。加蓬海滨盆地具有良好的勘探潜力,据美国地质调查所的评价结果,海上石油资源量为 10×10^8 吨,陆上石油资源量为 1.2×10^8 吨。

整个加蓬盆地已开发的油田约有 26 个,其中 19 个为海上油田,相对集中分布在

---

① 关增森、李剑编著:《非洲油气资源与勘探》,北京:石油工业出版社,2007 年,第 210 页。

② 关增森、李剑编著:《非洲油气资源与勘探》,北京:石油工业出版社,2007 年,第 212 页。

③ Equatorial Guinea:Oil and Gas Industry, *Mbendi*, www.mbendi.co.za.

让蒂尔港以南的近海水域,一般水深在 30～60 米,如安圭勒油田水深只有 30 米,芒达罗斯油田水深 45 米,格龙丁和巴比埃油田水深均为 60 米。开采条件也好。目前海上油田产量约占总产量的 80％以上。

加蓬有两条输油管线,陆上为曼贾输油管线,南部拉比油田 58％的石油由此管线输至洛佩斯角。海上拉比输油管线系统将海上油田生产的石油输至洛佩斯角。

10. 乍得

乍得为内陆国家,是 2003 年开始开采原油的新兴石油国家。目前的油田主要有多巴盆地内的 Bolobo、Komé 和 Miandoun。2012 年原油开采量为 530 万吨。

11. 突尼斯

突尼斯于 20 世纪 60 年代中期开始开采原油,产量曾超过 600 万吨。由于一直没有发现新的油田,石油日产量自 1987 年以来一直处在不断下降的过程中,从 2000 年起突尼斯 20 多年来首次成为了石油净进口国。2012 年原油产量 310 万吨。突尼斯最大的油田是博尔马油田,临近与阿尔及利亚的交界处。突尼斯另一估计储量超过 1 亿桶的油田是阿什塔待油田。几乎 75％的突尼斯石油产量均来自于这两大油田。剩余的石油产量主要来自 Sidi El Kilani 油田和 Al Manzah 油田。而突尼斯前三大油田的石油产量近年来呈现出稳步下降的趋势,只有 Al Manzah 油田是于 2000 年 10 月开始投产的,当前的产量稳定在 4000 桶/天的水平。

12. 圣多美和普林西比

圣多美和普林西比是西非的一个岛国,地处几内亚湾。2002 年与尼日利亚达成协议,共同开发两国重叠海域内的石油资源。该国是一个新兴产油国,估计原油储量为 40 亿桶。但该国政局一直不稳,2003 年寻求美国在其境内建立军事基地。[①]

第三节　非洲天然气资源开采

一、非洲天然气开采的历史进程与特点

1. 起步阶段(20 世纪 70 年代以前)

突尼斯和摩洛哥是 20 世纪 50 年代初非洲开采天然气最早的国家,50 年代后加蓬也开始采气。非洲初期的天然气开发能力不大,到 1959 年总产量只有 1700 万立方米。

20 世纪 60 年代以后,北非撒哈拉和西非尼日尔河三角洲地带大批气田和油田伴生气的喜人发现,以及天然气液化和船运液化气技术的发展,为非洲天然气资源的扩大开发提供了有利条件。阿尔及利亚、尼日利亚、埃及和利比亚等国为发展民

---

① Simon Robinson, Black Gold, *Time Europe*, 28 October, 2002.

族经济,在重视石油开采的同时,也开始注意本国天然气资源的开发利用,开采规模
有了长足的发展。非洲天然气 1969 年总产量已达 32 亿立方米以上。20 世纪 60 年
代中期,阿尔及利亚开始出口天然气,揭开了非洲出口天然气的序幕。

2. 大发展阶段(20 世纪 70—80 年代)

该阶段,在世界石油价格日益上涨的形势下,重视石油以外的能源的开发利用
已是国际能源发展的重要趋势。天然气高能洁净,开采和储运方便,成本低廉,作为
替代能源首先得到了重视。

能源利用形势的这一变化,为合理利用天然气资源,增加出口和满足城镇、工矿
及石油化工日益增长的需要,不少非洲国家相继扩大了天然气的投资比例。同时西
方经济发达国家迫于经济发展、能源不足的需要,对扩大进口非洲天然气也十分迫
切,重视在非洲的天然气开发投资。由于上述原因,非洲天然气开采业发展很快,产
量扶摇直上,1980 年和 1987 年先后增长到 245 亿立方米和 573 亿立方米,同 1970
年的产量相比,分别增长了 6.3 倍和 15.9 倍,比同期世界天然气总产量增长速度
(49% 和 85%)快得多,反映了非洲天然气生产蓬勃发展的良好形势。

表 4 - 3 - 8　1970—2012 年非洲国家天然气开采量变化[①]　单位:10 亿立方米

国家(地区)	1970 年	1975 年	1980 年	1985 年	1990 年	1995 年	2000 年	2005 年	2010 年	2012 年
阿尔及利亚	2.5	6.4	14.2	34.3	49.3	58.7	84.4	88.2	80.4	81.5
埃及	0.1	0	2.2	4.9	8.1	12.5	21	42.5	61.3	60.9
利比亚	0	4.6	5.2	4.6	6.2	6.3	5.9	11.3	15.8	12.2
尼日利亚	0.1	0.4	1.7	2.6	4	4.8	12.5	22.4	33.6	43.2
其他	0.1	0.5	0.9	1	1.2	2.9	6.5	9.9	17.8	18.4
总计	2.8	11.9	24	47.5	68.8	85.3	130.3	174.3	209	216.2

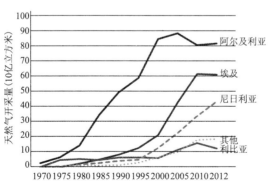

图 4 - 3 - 20　1970—2012 年非洲国家天然气开采量[②]

① 数据来源:2013 年《BP 世界能源统计年鉴》。
② 数据来源:2013 年《BP 世界能源统计年鉴》。

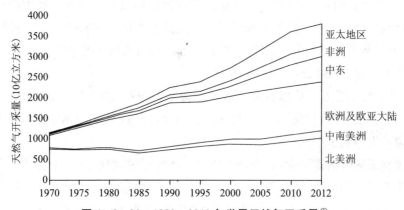

图 4 - 3 - 21　1970—2012 年世界天然气开采量①

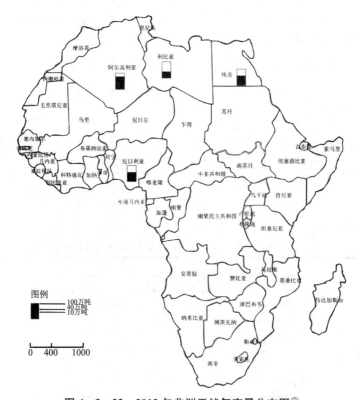

图 4 - 3 - 22　2012 年非洲天然气产量分布图②

---

①　根据 2013 年《BP 世界能源统计年鉴》制作。
②　根据 2013 年《BP 世界能源统计年鉴》制作。

666

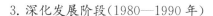

3. 深化发展阶段(1980—1990 年)

20 世纪 80 年代至 90 年代,非洲很多国家加大了对天然气资源的探明及开采力度。该时期,尼日利亚、埃及等一些国家的探明量有了较快的增长,而阿尔及利亚作为非洲主要的矿藏资源国,在该阶段的探明量有所下降,但其开采量保持持续的增长速度,可见阿尔及利亚政府非常重视天然气资源的开采利用,天然气已经成为其经济发展的重要战略资源。非洲其他国家在该阶段也纷纷开始重视天然气资源的开发利用,意识到天然气比石油更具长远的经济意义。

4. 本土化发展阶段(2000 年至今)

进入 21 世纪以来,非洲众多国家的天然气探明量的变化进入一个平缓期,自 2000 年来,阿尔及利亚、利比亚、尼日利亚等国家的探明量保持恒定,埃及的探明量相对其他国家有所上升,主要原因在于 20 世纪 90 年代中期以来埃及经济强势增长,勘探能力相比之前有了明显增强。同时,储量的大幅增加主要还因为在地中海海上和尼罗河三角洲地区发现了大气田,在西部沙漠也勘测到一些气田的存在。同时期,埃及、利比亚、尼日利亚及非洲其他一些国家的天然气开采量呈现持续快速增长的趋势,特别是埃及、利比亚的开采量在 2000—2005 年翻了一番有余,这在一定程度上表明国家对天然气的需求量增加,已经逐步由燃油消耗向天然气消耗转变。在阿尔及利亚,天然气是其化石能源总产量的 48%,作为天然气开采大国,2000 年其开采量为 84.4 亿立方米,占全非开采量的 64.8%,至 2011 年其开采量为 78 亿立方米,呈下降趋势,但仍占非洲开采量的 38.5%。

非洲天然气生产的特点如下:

非洲的天然气生产虽然发展很快,但它的开发水平很低,已开发利用的天然气资源大都是资源藏量大、开发条件好、靠近城镇和工矿企业的大气田。而且由于基础差,开发起步晚,所以天然气的产量规模还不及世界的 3%。

非洲的油田伴生气虽然藏量可观,但由于多数国家经济发展水平低,天然气利用能力差;外国石油公司又长期轻视天然气资源的利用,故而天然气的加工设备少、加工能力低。20 世纪 70 年代以前,由所谓"天灯"烧掉的天然气占了非洲天然气产量的 70%以上;70 年代后,两次石油冲击所造成的能源紧张形势,使天然气资源顿时身价十倍。工业上和家庭中以天然气代替石油产品的实用价值增强了天然气的吸引力,许多非洲国家意识到资源浪费太可惜,相继采取措施以图结束这种盲目浪费的状况,如在天然气开采区陆续兴建了一些天然气加工厂,向油田不断增加天然气回注量。由此,非洲天然气的利用率有了明显的提高,1985 年已从 1970 年的 30%上升到接近 85%,阿尔及利亚和利比亚的利用率甚至高达 90%以上。但是,西非地区的尼日利亚、刚果(布)和北非地区的突尼斯的天然气利用率仍然很低,除"天灯"烧掉的天然气迄今仍然十分可观,同整个世界相比,非洲天然气利用率仍然较低。

二、非洲天然气生产国

目前,非洲共有 9 个天然气生产国,分布于北非、西非几内亚湾和大西洋沿岸地带。从产量看,阿尔及利亚、利比亚、埃及和尼日利亚四国最多,1987 年合计约有 566 亿立方米,占全非总产量的 98.8%,2000 年合计产量增加到 1303 亿立方米,2010 年持续增加到 2090 亿立方米,但由于非洲其他国家天然气产量的增加,上述四国的合计产量占非洲总产量的比重趋于下降,从 2000 年的 95% 下降到目前的 90%。突尼斯、安哥拉、加蓬、摩洛哥和刚果(布)等国家的产量虽有所增加,在全非所占比重仍然很少。

1. 北非地中海沿岸国家

北非是最重要的天然气开采区,开发历史早,资源丰富;城市和工矿业发达,且接近欧美消费市场。因此,这里的天然气开采技术比较先进,开采能力强,产量高(1987 年大约集中了全非 94.9% 的产量),利用能力也较强,并有大规模的出口,继续开发的潜力比较大。目前,北非天然气开采主要集中在阿尔及利亚、埃及和利比亚三国,2010 年合计产量 1575 亿立方米,占非洲总产量的 75.4%。

(1)阿尔及利亚是北非也是非洲最大的天然气生产国。1961 年开始商业性采气,当年采气 2 亿立方米。20 世纪 60 年代中期之后,在天然气出口不断扩大的情形的带动下,产量增长很快;70 年代末,产量接近 100 亿立方米;80 年代后,产量大幅度增长,1987 年达 416 亿立方米,大约集中了全非总产量的 70% 以上。此后,开采量持续增长,2005 年产量高达 882 亿立方米,独占非洲总产量的 50.6%。目前产量约 80 亿立方米,比重下降 38.5%。现在阿尔及利亚国内已形成了一个从开采到液化化工生产到产品输出的天然气工业体系,其发展水平不仅在非洲独步一时,在发展中国家中也是少见的。2012 年天然气产量 815 亿立方米,占非洲总产量的 37.7%。

哈西勒梅勒是非洲开采规模最大的气田,集中了阿尔及利亚大部分的天然气产量。因气田规模大,资源诱人,所以一经发现,法、英、美等国的石油垄断集团就竞相争夺,但由于气田位居内地,那里又是寸草不生、渺无人烟的戈壁沙漠,同欧洲又有地中海相隔,开采和输送的困难,使它的产量规模一直不大。只是在天然气液化和船运液化气技术问世后,气田开发才蓬勃发展。在气田区建有 4 座天然气加工厂,从生产井采出的天然气和石油气经加工厂处理,而后通过多条管道输送到地中海沿岸的阿尔泽和斯基克达液化厂,大部分装船运往欧美国家。他们还将加工分离出的很大部分干气,通过注气重新注入气田,以保持气田稳压保产。而且,经过天然气加工厂处理的天然气凝析液,占全国总产量(1983 年为 1420 万吨)的大部分,其中又有大部分向国外出口。

哈西勒梅勒气田天然气生产的现代化程度很高,大量使用自动化设备,各生产井、注气井、压缩站和气体加工厂的运转自动化,车间里的阀门启闭、压力增减、温度调节以及管道转换等复杂操作均由工作人员用按钮发布指令从而进行遥控。

在重点开采哈西勒梅勒气田的同时,阿尔及利亚还很注重哈西梅萨乌德大油田伴生气的回收利用。近年来阿尔及利亚还同美国和加拿大等国的一些石油公司签订了开发阿腊尔气田和鲁尔德努斯气田的协议。

天然气是阿尔及利亚的主要矿藏资源,蕴藏量比石油丰富,仅已发现的储量就已相当于石油实际蕴藏量的2.5倍。因此,从资源的角度看,天然气比石油更具有长远的经济意义。在天然气开发拥有比较广阔的前景的今天,阿尔及利亚已将重点开发对象从石油逐渐转向了天然气。天然气成了阿尔及利亚经济发展最重要的战略资源。所以,早在20世纪70年代,阿尔及利亚政府已拟定了一个雄心勃勃的发展碳化氢工业的长期规划(1976—2005年),将投资的重点置于天然气工业的发展上。多年以来,阿尔及利亚一直把积极扩大天然气的国内消费和向国外的输出作为其能源开发利用的主要方向。

(2)埃及的天然气开采始于20世纪60年代中期,是阿拉伯国家中最早开发利用天然气能源的国家之一。在最初的10年中,埃及主要采收摩根等油田的伴生气,年产量一直低于1亿立方米。70年代中期之后,随着阿布加腊迪克、阿布马迪、阿布基尔等气田的开发和天然气加工能力的增强,产量有了明显的增长,成为仅次于阿尔及利亚的第二大天然气开采国,2012年的产量达609亿立方米,占非洲总产量的28.2%。

埃及的天然气开发主要集中在尼罗河三角洲和西部沙漠油区,其中阿布马迪、阿布基尔和阿布加腊迪克三大气田的开采规模最大,1984年三个气田的产量占了埃及天然气总产量的83%。

阿布马迪是埃及最大的气田,位于开罗以北180公里,1967年发现,1974年10月开始采矿,1977年2月一座天然气加工厂建成。从气田有一条输气管通向坦塔。气田主要向亚历山大地区的一些工业部门、电厂和化肥厂等企业部门供气。

阿布基尔气田位于亚历山大东北24公里的滨海,1965年发现,1977年投产,所产天然气送至亚历山大附近的天然气加工厂加工。大部分产品用作附近电厂的燃料和化肥厂的原料。

阿布加腊迪克气田位于西部沙漠,1969年发现,同年4月投产。气田由270公里的输气管与达舒尔天然气集输系统相连,向赫勒万的工业企业和开罗的居民区等供气。

过去,埃及的油田伴生气几乎全部被放空烧掉。1983年以后相继在苏伊士湾西岸的舒海尔和巴克尔油田建成集输和加工中心,年加工能力为8.3亿立方米。第二期工程的加工能力将扩大1倍。

埃及是非洲经济比较发达的国家之一,对能源的需求量大,考虑出口天然气又受储、产量的限制,所以,埃及的能源利用多年来一直采取鼓励以气代油和扩大石油出口的战略。

(3) 利比亚是非洲仅次于阿尔及利亚、埃及的天然气生产国。20 世纪 70 年代以前,它的油田伴生气几乎全部被放空烧掉。之后,利比亚开始重视天然气资源的开发利用,采取了建立国营天然气工业企业的方针,制定了到 2000 年综合发展天然气的总体规划。70 年代初,一座大型天然气液化厂建成,为泽勒坦和腊古巴等油田的油田伴生气回收、液化和出口创造了必要的条件。同时,在油田区先后兴建了 7 座天然加工厂,年总加工能力达 190 多亿立方米;还装置了天然气回注设备,使天然气利用率大大提高,一般高达 80%～90%,其利用率之高,居非洲的前列。哈提巴大气田虽发现很早,但直到 1977 年才建成投产,所产天然气主要送往卜雷加液化厂及附近的石油化工企业,供给量每年大约 25 亿立方米。1970 年利比亚的天然气产量约 3 亿立方米,1979 年上升到 50 亿立方米。80 年代后,由于天然气出口的不利影响,在特别侧重油田开发的形势下,它的天然气开发变得缓慢,多年停滞在 40 亿立方米左右的产量水平上,直到 1987 年才上升到 67 亿立方米。2000 年以后,随着开采力度的加大,开采量迅速增加,到 2012 年已上升到 122 亿立方米,占非洲总开采量的5.6%,居非洲第四位。其开发利用已从多年以输出为主的外向型向以国内消费为主的方向转变,现在,它的天然气产量的 70% 以上用于国内消费。

(4) 突尼斯和摩洛哥都是非洲最早的天然气生产国,但是它们的天然气产量一直很低。20 世纪 70 年代后,年产量有所增长,但最高也只有 5 亿立方米,大部分是来自博尔马油田的伴生气。突尼斯的天然气资源比摩洛哥丰富,1975 年在加贝斯湾发现米斯卡等三个气田后,其资源优势更为突出,仍有诱人的发展前景。1977 年以后,突尼斯政府已着手于开采米斯卡气田,每年可采 25 亿立方米,主要为突尼斯南部工业区服务。

2. 西非几内亚湾国家

以尼日尔河三角洲为中心,绵延西非几内亚湾沿岸一带的区域是非洲第二大产气区。资源开采浪费大、利用率低是西非天然气开发利用的薄弱之处。例如,1977 年西非采出的天然气为 229 亿立方米,占全非开采量(504 亿立方米)的 45.4%,可是实际回收利用的不到 5 亿立方米,利用率只有 2%,其余几乎全部放空烧掉,盏盏"天灯",熊熊火炬,遍及几内亚湾沿岸,自空中俯瞰,犹如一片火海。西非产气国虽然提高了天然气资源的利用率,但浪费现象仍十分严重。因此,合理利用伴生气资源,提高其利用率,对西非今后天然气资源的开发具有特殊的意义。

(1) 尼日利亚的天然气开采始于 1963 年,其商业产量一直很低,20 世纪 70 年代以前,平均每年只有 1 亿多立方米。70 年代后,随着自主开发油气资源能力的增强和天然气在国内能源利用中的地位逐步上升,天然气的商业产量有了明显增加,1987 年为 28 亿立方米,但这个产量还不如储量比它低的利比亚和埃及,这同它的资源地位很不相称。

实际上,尼日利亚每年从油气田采出的天然气通常达 200 亿立方米以上,但利用率很低,20 世纪 80 年代以前大都低于 5%,80 年代后虽有所提高,仍有 80%左右的天然气被放空烧掉,1984 年放空烧掉的天然气约占全非浪费总量的一半。从天然气资源储量上看,尼日利亚的储量还是相当丰富的。但是它与北非的国家不同,其天然气出口离欧洲主要消费市场较远,出口外运的地理位置差一些,而且它的油田伴生气分布分散,气田规模又小,因此开发利用设备投资大。综上,在长期拥有大量石油资源保障的情况下,加上外国石油公司不予支持,尼日利亚政府对天然气资源的合理开发利用一直不甚重视。21 世纪以来,尼日利亚对天然气的开发利用日益重视,其天然气开采量不断上升,1990 年产量仅 40 亿立方米,2000 年迅速上升到 125 亿立方米,2012 年又进一步上升到 432 亿立方米,占非洲的 20%,成为非洲第三大产气国。

(2) 喀麦隆的天然气资源也比较丰富,主要是油田伴生气。在 20 世纪 80 年代国内展开较大规模的油田开发后,随石油采出的伴生气一直未加利用。对此,喀麦隆政府已同外资协商兴建天然气加工厂和天然气液化厂,为天然气资源的合理利用做准备,但产量一直不大。此外,加蓬、刚果(布)、安哥拉等国的天然气资源有限,开发利用率很低。

第四节　非洲铀矿和煤炭资源开发

一、非洲铀矿资源开发

1. 铀矿资源空间分布[①]

铀是一种极其重要的战略资源,是原子能工业不可缺少的原料,世界各国对铀矿资源的勘探和开采工作都极为重视。非洲是世界铀矿资源的重要蕴藏地,也是铀的重要开采地和输出地。

非洲很早就发现了铀矿资源。1913 年,刚果(金)在沙巴地区相继发现了铀矿脉。1923 年,南非在含金砾岩中发现晶质铀。由于当时铀的用途尚不够广泛,这些发现未能受到足够重视,在很长一段时间里,仅对刚果(金)的铀矿资源进行了勘探和开采。第二次世界大战以后,随着原子能工业的发展,对铀的需求日益增长,非洲

---

① 唐发华:《非洲的铀矿资源及其开发利用》,载《西亚非洲》,1984 年第 5 期。

铀矿资源的勘探工作随之进一步开展。

非洲的铀矿资源至今还远远没有查清,据专家估计,撒哈拉沙漠可能是世界上铀矿蕴藏最丰富的地区,有进一步发展的潜力。

目前世界上已发现铀矿资源的国家有 30 余个,其中非洲占 10 余个。据截至 2011 年 1 月 1 日的统计,世界已知常规铀可靠资源回收成本≤130 美元/千克,铀的可回收资源量约为 345.55 万吨,超过 10 万吨的有 10 个国家,合计占世界铀资源量的 91.5%,其中非洲尼日尔、纳米比亚、南非三国就合占世界的 20.8%,可见非洲是世界重要的铀资源储藏地,仅次于澳大利亚(115.8 万),居世界第二位。非洲铀矿资源主要分布在南部非洲,其次是西部非洲和中部非洲,北非和东非地区探明储量较少。

表 4 - 3 - 9 世界可靠铀资源量(截至 2011 年 1 月)

国家或地区	回收成本范围		
	≤40 美元/千克(铀)	≤80 美元/千克(铀)	≤130 美元/千克(铀)
世界合计	493900	2014800	3455500
南非	0	96400	144600
尼日尔	5500	5500	339000
纳米比亚	0	5900	234900
中非	0	0	12000
马拉维	0	0	100000
坦桑尼亚	0	0	28700
加蓬	0	0	4800
津巴布韦	0	0	NA
刚果(金)	0	0	NA

资料来源:国土资源部信息中心编著:《世界矿产资源年评(2011—2012)》,北京:地质出版社,2012 年,第 71 - 72 页。

(1)南部非洲

南部非洲的铀矿资源占全洲探明储量的 50.4%,主要分布在纳米比亚、南非、马拉维。

南非铀储量为 14.46 万吨(≤130 美元/千克),占非洲的 18.7%,次于尼日尔和纳米比亚,居非洲第三位;占世界的 4.2%,居世界第七位。

南非的铀矿床主要分布在约翰内斯堡北面的维特沃特斯兰岩系的含金铀砾岩层,多达 200 余层,主矿层约 10 余层,矿层厚度在 0.1 米至 4 米不等,矿脉宽达 110 千米,延展 290 余千米。同时,南非的卡鲁煤层、帕拉博鲁瓦铜矿等都含有铀。铀产

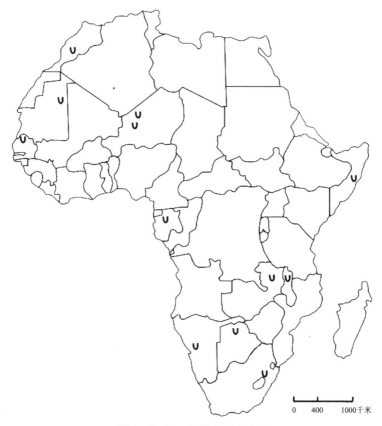

图 4 - 3 - 23　非洲铀矿分布图

于太古代的含金古砾岩中,属沉积古砾岩型铀矿床,此外,尚有砂岩型、碳酸盐型和表生型铀矿床。

纳米比亚是非洲新兴的产铀国,已探明铀储量为 22.49 万吨,占非洲的 30.4%,仅次于尼日尔,居非洲第二位;占世界的 6.8%,位居世界第八位。纳米比亚铀矿资源分布在濒大西洋岸的纳米布沙漠边缘的汗河盆地,与花岗岩侵入有关,为热液型铀矿床。已探明的铀矿资源集中在离大西洋沿岸斯瓦科普蒙德以东不远的罗辛矿,概略储量 5018 万吨铀,证实储量 7650 吨铀。[①]

在马拉维,早在 20 世纪 80 年代英国就已对其铀矿资源进行了详细的勘探。2007 年国际氧化铀的价格一度暴涨到 136 美元/磅,在暴利驱动下,一批外国公司蜂拥至马拉维抢占铀资源。澳大利亚的帕拉丁公司抢先在马拉维北部的卡耶勒克拉发现铀矿,储量 240 万吨,等级 0.15%U_{308}。

① 姜忠尽:《中非合作能源安全战略研究》,南京:南京大学出版社,2013 年,第 224 页。

此外,博茨瓦纳、莫桑比克、赞比亚等国都已发现铀矿。

(2)西部非洲

尼日尔是非洲第一大产铀国,在世界名列第四。尼日尔铀矿床主要分布在该国西北部,产于石炭系、二叠系、白垩系砂岩和红层中,主要为砂岩型铀矿床。

西部非洲只有尼日尔发现了铀矿,探明储量为33.9万吨(≤130美元/千克),约占非洲的43.8%,是非洲第一大铀矿蕴藏国;占世界的9.8%,是仅次于澳大利亚的第二大铀藏国。法国原子能委员会从1956年开始在尼日尔组织勘探,约经过十年的时间,终于在阿尔利地区发现了丰富的铀矿。矿区位于撒哈拉沙漠的南缘,地处非洲大陆的中心,是一个岩石裸露的砂质高原的一部分,在这里发现了多处铀矿脉,该铀矿脉还向外延伸扩展到邻国马里、阿尔及利亚、利比亚和乍得等国境内,在非洲中部形成了一个大的铀矿带。多家外国公司在几内亚、毛里塔尼亚和马里进行勘探,特别是马里,有望找到铀矿。

(3)中部非洲

中部非洲已探明的铀矿资源约占非洲的22%,主要分布在中非、加蓬和刚果(金)。第二次世界大战以后,法国原子能委员会即在加蓬组织勘探,于1956年在弗朗斯维尔附近的穆纳纳发现了铀矿。该矿脉还延伸到博瓦扬德兹和奥库洛,形成了一个沿拉斯图尔与弗朗斯维尔公路分布的铀矿带。中非的铀矿是在1965年发现的,分布在巴科马地区,有帕马、帕图、帕图尼西亚三个矿脉,由于开采困难,处理矿石的技术要求较高,至今仍未开发。刚果(金)是非洲最早发现铀矿资源的国家,沙巴地区的信科洛布韦曾一度是世界上最大的铀矿,经多年开采,资源已经枯竭,仅在斯旺波和卡隆佛有少量的铀储量。

(4)北部非洲

北非已探明的铀矿资源,主要分布在阿尔及利亚,在国境南部和与尼日尔毗邻的哈加尔山地已发现铀矿,此矿脉可能是尼日尔铀矿脉的延续;北部含磷岩系中的磷块岩矿石普遍含铀。此外,摩洛哥、突尼斯、埃及的铀富集在磷块岩中。摩洛哥、突尼斯磷灰石储量丰富,不仅在非洲,在世界上也有重要地位,由此可以推及其铀矿资源数量一定较多。

(5)东部非洲

东非地区已发现的铀矿资源数量不多。坦桑尼亚铀储量为2.87万吨(≤130美元/千克),占非洲的3.67%,是非洲第四大铀储藏国。另据报道,坦桑尼亚Mkuju河项目的最新数据显示探明资源量增加了39%,达到了5530万磅U_{308}(21271 tU),控制资源增加了28%,达到3800万磅(14617 tU)。这两个数据的品位下限都是100 ppmU_{308}。推断资源数量由于转变为控制资源和探明资源而减少,目前为2610万磅U_{308}(10039 tU)。

2. 铀矿资源开发

非洲铀矿于 1922 年始采于刚果(金)。第二次世界大战后,原子武器的发展推动了非洲铀矿的勘探和开发,非洲因此成为世界重要的铀矿开采地区。尤其是 20 世纪 60 年代,世界核能的发展大大推动了非洲铀矿的开采。1970 年非洲铀的开采量为 3567 吨,1980 年猛增到 1.55 万吨,占世界总开采量的 35% 左右。但是在 90 年代末期以后,非洲各国铀矿产量逐渐下降。2003 年非洲铀矿总产量从 1998 年的 0.82 亿吨下降到 0.64 万吨,约占世界总产量的 18.7%,其中变化最为明显的是加蓬,1998 年产量为 0.07 亿吨,2000 年后期再无生产。分析认为是由于该国铀矿经济储量枯竭。尼日尔、纳米比亚、马拉维、南非是非洲四大铀矿开采国。从 2010 年的数据看,纳米比亚是仅次于哈萨克斯坦、加拿大和澳大利亚的世界第四大产铀国,达到世界前十国总产量的8.4%,尼日尔紧随其后,达到世界前十国总产量的 7.8%,居世界第五位。2012 年四国的铀产量合计占世界总产量的 18.5%。其中尼日尔和纳米比亚是仅次于哈萨克斯坦、加拿大与澳大利亚的世界第四、第五大产铀国。

表 4 - 3 - 10　世界铀开采量　　　　　　　　　单位:吨

国家	2005 年	2006 年	2007 年	2008 年	2009 年	2010 年	2011 年	2012 年
哈萨克斯坦	4357	5279	6637	8521	14020	17803	19451	21317
加拿大	11628	9862	9476	9000	10173	9783	9145	8999
澳大利亚	9516	7593	8611	8430	7982	5900	5983	6991
尼日尔	3093	3434	3153	3032	3243	4198	4351	4667
纳米比亚	3147	3067	2879	4366	4626	4496	3258	4495
俄罗斯	3431	3262	3413	3521	3564	3562	2993	2872
乌兹别克斯坦	2300	2260	2320	2338	2429	2400	2500	2400
美国	1039	1672	1654	1430	1453	1660	1537	1596
中国	750	750	712	769	750	827	885	1500
马拉维					104	670	846	1101
乌克兰	800	800	846	800	840	850	890	960
南非	674	534	539	655	563	583	582	465
世界总计	41719	39444	41282	43764	50772	53671	53493	58394

数据来源:*World Nuclear Association*,2012 年。

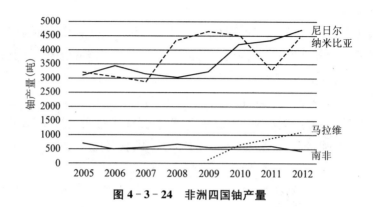

图 4‑3‑24　非洲四国铀产量

图 4‑3‑25　2012 年世界铀产量分布图

　　还需看到,非洲的铀产品主要用于输出。目前除南非有一座核电站正在建设,埃及计划建设两座核电站以外,洲内的铀的消费量极少。因此,非洲的铀产品主要投放国际市场,对一些西方工业发达国家的原子能工业影响极大。法国因国内铀的生产量少而不能满足本国工业的需要,长期从非洲的加蓬、尼日尔等国输入铀产品。加蓬以前生产的铀几乎全部供应法国。1981 年,尼日尔出售给法国的铀约占其生产量的一半。英国原子能工业所需要的铀主要来自南非和纳米比亚。此外,日本、德国、意大利等国家都从非洲输入铀,非洲成为西方工业国家的原料供应基地。

　　(1) 尼日尔

　　尼日尔自 1971 年开始生产铀以后,产量持续稳定增长,1980 年达 4505 吨,占非洲铀产量的 28.8%,仅次于纳米比亚,居全洲第二位。此后产量波动趋降,2006 年产量上升至 3434 吨,超过纳米比亚,升居非洲首位,占世界总产量的 8.7%,居世界第四位。此后 3 年产量有所降低,2010 年迅速上升至 4198 吨,2012 年进一步上升至

4667吨,为非洲第一大产铀国,占世界总产量的8.0%。尼日尔有阿尔利特和奥库塔两个铀矿区,前者有两座开发中的矿山,一是阿尔利特矿,一是阿尼埃泽矿。阿尔利特矿于1971年开始生产,阿尼埃泽矿于1978年投产。阿尔利特矿区的铀矿层总厚度在15~25米,埋深约35~50米,为露天机械化开采。奥库塔矿区于1978年建成投产,矿层总厚度在1~15米,矿石品位达0.2~0.6。除含铀外,矿石中还含钼,可以作为提炼铀的副产品从中回收。奥库塔矿区的矿层埋深达250米,地下矿井每小时能喷出250立方米水温达32℃的地下水,可作铀加工厂的用水。对气候干燥,地表水缺乏的尼日尔来说,可以部分解决水资源不足的问题。奥库塔矿虽然投产较晚,但产量增长较快,1982年铀产量已达2300吨,超过阿尔利矿区,占全国铀产量的53%。尼日尔正在建设第三个矿区,即唐萨—恩塔拉尔矿区,不久即将投产。

尼日尔的铀矿由艾尔矿业公司和奥库塔矿业公司经营。艾尔矿业公司中,尼日尔国家资本占33%,其余为法国和其他四家外国公司所拥有。奥库塔矿业公司中,尼日尔政府拥有31%的股份,法国公司拥有34%,日本公司拥有25%。

（2）纳米比亚

纳米比亚是非洲后起的产铀国,于1976年才加入铀生产国行列,虽然起步较晚,发展却很迅捷,产量急剧增长,有些年份已超过尼日尔,大有后来居上之势。1980年铀产量为4033吨,占非洲铀产量的25.8%,居第三位。2008年产量达到4366吨,占世界总产量43764吨的10%,超过尼日尔,居非洲第一位。此后,其产量波动起伏,2012年上升到4495吨,占世界总产量58394万吨的7.8%,退居尼日尔之后,居非洲第二位、世界第五位。主要开采中心在罗辛,铀的勘探、开采和提炼,从资金、技术到设备,都依赖外国公司,从生产到销售多受外资控制。2010年罗辛矿铀产量为3077吨,为世界第三大铀矿山,该矿产能为4000吨铀。朗杰海因里希为第二座生产矿山,位于罗辛矿东南50千米处,2006年投产,生产能力为1000吨/年,2010年产量为1419吨铀,2010年3期投产后,产能可达2000吨铀,预计2014年4期投产后,产量将达3850吨。[1]预计其他铀矿也将相继开采。

（3）马拉维

马拉维的卡耶勒克拉铀矿于2009年投产,铀产量为104吨,2010年全面投产,产量大大上升到670万吨,2012年进一步上升到1101吨,成为非洲第三大产铀国。该矿设计能力年产氧化铀约1500吨,矿山寿命10年。预计随着铀矿资源的发现和开采,铀矿生产将会有相当大的发展。

（4）南非

南非很早就在含金砾岩中发现了铀。在制定了有效的回收铀的工艺流程以后,

---

①　国土资源部信息中心编著:《世界矿产资源年评(2011-2012)》,北京:地质出版社,2012年,第74页。

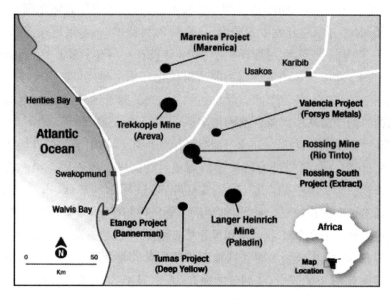

图 4‑3‑26 纳米比亚铀矿分布

资料来源：Marenica Energy, Namibia Marenica Uranium Project, http://www.marenicaenergy.com.au/projects/namibia_marenica.html。

1952 年从 116120 吨处理的矿石中回收了 40.2 吨铀，从此开始了铀的生产。南非的铀产量在 20 世纪 50 年代增长较快，1960 年超过 5800 吨，60 年代有所下降，70 年后期又有所恢复和发展，1980 年铀产量达 6100 吨，占非洲铀产量的 39%，居非洲首位，次于美国、加拿大，居于世界第三位。南非铀矿生产十多年来趋于下降，2005 年产量只有 674 吨，屈居非洲第四位，在世界已不占重要地位。2012 年产量已下降到 465 吨，仅占世界总产量的 0.8%。南非一直在开采维特沃特斯兰岩系的金矿的同时，将铀作为副产品来回收。2009 年 5 月盎格鲁黄金公司宣布在科潘昂建造回收铀的处理厂，曾预计产量达 900 吨铀。[①] 但铀的产量往往受采金业的影响而有所波动。1978 年在奥兰治自由邦开始建设贝萨铀矿，是南非第一座以采铀为主的矿山。此外，南非还从帕拉博鲁瓦铜矿中回收铀。随着金价和铀价的上涨，准备对以前废弃的矿石进行第二次加工，从中回收金、铀以及黄铁矿。铀的生产中心主要有克鲁斯多普、克勒克斯多普和达戈丰坦等。

（5）加蓬

加蓬铀矿的开采始于 1961 年，最高年产量曾达 1600 吨，1980 年产量为 1000 吨，占非洲铀产量的 6.4%，居第四位。最早开采的是穆纳纳矿，1970 年奥库洛矿投产，1980 年又增加了博瓦扬德兹矿。穆纳纳矿和博瓦扬德兹矿为露天开采，奥库洛

---

① 国土资源部信息中心编著：《世界矿产资源年评（2011－2012）》，北京：地质出版社，2012 年，第 74 页。

矿已由最初的露天作业转入地下开采。加蓬所生产的铀矿砂多年以来一直假道刚果(布)从黑角港输出,多有不便。目前正在建设的加蓬大铁道将延伸到佛朗斯维尔,通车后铀矿的运输条件将大为改善。近年加蓬因基础设施等问题,已暂停铀矿开采。

3. 非洲铀资源勘探与开发前景

非洲开发铀的历史已有 60 余年,但较大规模地开采还是近 10～20 年的事。随着铀在新能源中的地位日益上升,非洲铀矿资源开发利用的趋势无疑将有较快的发展。

非洲大陆是铀矿资源丰富的大陆,不少国家都已发现了铀矿资源。按照目前的开采速度,已探明的储量尚可开采 50 年。更为重要的是,非洲大陆地域辽阔,过去铀矿勘探工作做得很少,许多国家和地区尚未进行找矿工作。就是已发现铀矿资源的一些国家,亦有不少地区尚待勘探。今后随着勘探工作的进一步开展,必将有新的发现。对一些国家已发现的铀征兆,进一步做好资源评价工作以后,探明储量和远景储量将会有新的增长。由此可见,非洲铀矿资源增长潜力较大,后继资源丰富,这是非洲铀矿开采业发展最有利的因素。

由于受到技术经济条件的限制,目前非洲绝大部分国家尚无利用铀产品的计划,至少在今后一段时间内铀的消费量不会太大。非洲铀产品的洲内市场十分狭小,主要面向世界市场,对世界市场的依赖很大,世界市场供求状况的变化将直接影响非洲铀生产的发展。总的看来,世界市场对铀的需要量,将伴随着铀用途的日趋广泛,特别是在新能源中地位的上升而不断增大。1983 年,全世界共有 24 个国家和地区的约 293 座核电站在运转,发电量约占世界总发电量的 10%。目前有 200 多座核电站在建设之中。

非洲铀对生产国的影响,既有经济方面的,又有政治方面的。对尼日尔和纳米比亚来说,铀是重要的外贸产品,铀带来的巨大收益,促进了民族经济的发展。尼日尔,这个地处撒哈拉沙漠南缘、位于萨赫勒地区的落后的农牧业国家,自 20 世纪 70 年代开始开发铀以后,铀产品逐步代替了花生和牲畜成为主要的出口物资,占全国出口贸易总额的 70% 以上。随着铀产量的增加和铀价的上涨,财政收入也大幅度增长。国家预算连年增加,外贸出现了顺差,外汇储量有所增加,经济形势明显好转。尼日尔铀矿的输出成为筹措建设资金的重要来源,不仅重视现有矿山的生产,而且花费大量投资建设新矿山,今后铀的生产将会有进一步的发展。对南非来说,铀不仅是重要的输出产品之一,而且利用核能的计划正在实施之中,其生产必将在可能条件下保持增长的趋势。

此外,已有几个国家正在组织开发铀矿资源。摩洛哥和突尼斯均有从磷灰石中回收铀的计划,其中摩洛哥已在萨布建立了铀回收工厂,到 20 世纪末产量约达 2000

吨。阿尔及利亚和法国公司合组的开发公司,正在为积木高银矿和阿尔班科尔矿的工业开发做准备工作,预计产量可达 1000 吨。中非 1969 年就成立了巴科马铀矿公司,由于技术上的原因而尚未开发,一旦从泥硅质磷块岩中回收铀的技术获得进展,随时都有投入生产的可能。

综上所述,非洲铀矿资源的开发前景无疑是乐观的。

二、非洲煤炭资源空间分布与开采

1. 煤炭资源空间分布

世界煤炭资源的地理分布遍及各大洲的许多地区,但又是不均衡的,总的来说,北半球多于南半球。主要分布区域以两条巨大的聚煤带最为突出,一条横亘欧亚大陆,西起英国,向东延伸至我国华北地区;另一条呈东西向绵延于北美洲的中部。南半球的煤炭资源主要分布在温带地区,比较丰富的有澳大利亚、南非和博茨瓦纳。

与油、气资源相比,非洲的煤炭资源在世界上居于较次要的地位(表 4-3-11)。非洲煤层主要形成于二叠纪卡卢系岩层中,属于大陆相表面沉积,煤层埋藏浅,其受地球内部的热力与地球表面的压力都不强,故其炭化程度较差,因而非洲的煤炭多为含灰量较高、热值较低的烟煤,无烟煤储量较少,炼焦煤更加不足,不利于钢铁工业的发展。但非洲硬煤比重较大(90%以上),是其优点。

表 4-3-11 2012 年世界煤炭探明储量　　　　单位:百万吨,%

地区	无烟煤和烟煤	亚烟煤和褐煤	总计	占世界比重
北美洲	112835	132253	245088	28.5
中南美洲	6890	5618	12508	1.5
欧亚大陆	92990	211614	304604	35.4
中东和非洲	32721	174	32895	3.8
亚太地区	159326	106517	265843	30.9
世界合计	404762	456176	860938	100.0

资料来源:*BP Statistical Review of World Energy 2013*(Source of reserves data: Survey of Energy Resources 2010, World Energy Council)。

非洲煤炭资源的地理分布,其最大特点是集中分布在赞比亚河以南的南部非洲。2012 年可采的硬煤探明储量为 315.18 亿吨,其中南非为 301.56 亿吨(表 4-3-12),占全非的 95.7%,津巴布韦为 5.02 亿吨,占全非的 1.6%。博茨瓦纳的煤炭资源也较为丰富,其中 Morupule 的煤炭总储量超过 50 亿吨,已探明储量为 1.5 亿吨。这种煤炭分布集中的状况与油气资源集中分布于北非和西非的状况,形成了明显的对比。[①]

表 4-3-12　2012 年世界煤炭探明储量前九位国家　　单位:百万吨

排序	国家	探明储量	比重	储采比
1	美国	237295	27.6%	257
2	俄罗斯	157010	18.2%	443
3	中国	114500	13.3%	31
4	澳大利亚	76400	8.9%	177
5	印度	60600	7.0%	100
6	德国	40699	4.7%	207
7	乌克兰	33873	3.9%	384
8	哈萨克斯坦	33600	3.9%	289
9	南非	30156	3.5%	116
10	世界	860938	100.00	51

资料来源:*BP Statistical Review of World Energy 2013*(Source of reserves data:Survey of Energy Resources 2010,World Energy Council)。

除上述三国外,其他拥有煤炭资源的非洲国家还有赞比亚、莫桑比克、尼日利亚、摩洛哥、阿尔及利亚、坦桑尼亚、马达加斯加等,但储量有限。

2.煤炭资源开采

表 4-3-13　2012 年世界七国煤炭产量　　单位:百万吨油当量,%

国　　　家	产　　　量	占世界比重
中　　国	1825.0	47.5
美　　国	515.9	13.4
澳大利亚	241.1	6.3
印度尼西亚	237.4	6.2
印　　度	228.8	6.0
俄 罗 斯	168.1	4.4
南　　非	146.6	3.8
世　　界	3845.3	100.0

资料来源:*BP Statistical Review of World Energy* 2013。

①　姜忠尽:《中非合作能源安全战略研究》,南京:南京大学出版社,2013 年,第 41 页。

2012 年世界前七大煤炭生产国占世界的份额分别为中国 47.5％、美国 13.4％、澳大利亚 6.3％、印度尼西亚 6.2％、印度 6.0％、俄罗斯 4.4％、南非 3.8％（表 4－3－13）。

南非煤藏主要分布于德兰士瓦省（占 85％）、奥兰治自由邦（占 9％）和纳塔尔省（占 6％）的环形地带中,拥有著名的威特班克等一系列煤田,煤层离地表很浅,一般在 200 米深度以内,往往有露头出现,开采方便。南非煤矿所在地正好处于工业发达、人口集中地带,且与其他金属矿接近,这为大规模的矿山开发和工业建设提供了有利的燃料动力条件。三大煤田（沃特堡、维特班克和哈维得）占据全部可采储量的 70％。普玛兰加和北部省的煤炭储备一般为烟煤,煤层较厚;夸祖鲁-纳塔尔省有无烟煤,煤层相对较薄。南非含煤地层属二叠纪。冰川对成煤地层起重要作用。东部煤田煤炭的变质程度较西部煤田高,西部煤田的煤炭水分与挥发分比东部煤田大,东部地区边缘主要煤种是无烟煤。局部地区的煤层有火成岩侵入,煤的变质程度较其他地区高,特别是在德兰士瓦东部煤田、乌特勒支煤田、克利普河谷煤田、弗勒海特煤田,火成岩侵入现象很普遍,许多煤层由于火成岩侵入,发育成无烟煤;也有相当一部分煤炭资源因火成岩侵入而被彻底破坏,或者变成贫煤。北部省地区的煤层中,混有大量泥岩:煤层和炭质泥岩密密相间,形成煤与夹石互层,或薄或厚,极不规则,开采难度很大。但煤中镜质组分较高,发育较好,是很好的炼焦配煤。南非已开采的煤田,大多是近水平煤层或缓倾斜煤层,断层比较少,最大落差在 200 米左右。比勒陀利亚北部的斯普林博克—弗赖茨煤田极其平缓,有的地方倾角在 1°左右,再往北至苏特潘斯伯克煤田,倾角约 10°～12°。多数煤田煤层赋存较浅,90％以上埋深在 200 米以内,围岩不稳定,易破碎。

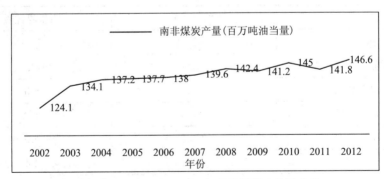

图 4－3－27　2002—2012 年南非煤炭生产量变化

南非 2012 年的煤炭生产量达到 1.47 亿吨油当量,独占非洲产量的 98.7％。南非主要矿区集中分布于德兰士瓦省东南部和纳塔尔省北部,拥有一系列大矿区,多优质动力煤和一些焦煤,但相对于钢铁工业的需要而言,焦煤显得不足。南非的煤炭主要用作燃料、电力生产(电力生产的 95％以煤炭为燃料)和化工原料。1974 年南非在莫德丰顿建设了世界上最大的利用煤炭生产氮气的工厂。另一座大型转化厂生产塑料、烧碱和氯气。这两个厂的化工产品几乎用于所有的工业中,产品主要有氨水、聚氯乙烯、尿素、硝酸铵、甲醇、硝酸等。同石油一样,煤炭产量虽然不是很多,但出口量很大,这就加强了非洲能源在世界市场上的地位。①

南非油气资源极其短缺,但煤炭资源很丰富,国内能源消费完全依靠国内煤炭资源。南非煤炭资源除了满足国内消费外,还有一定量的出口。

除南非外,非洲的煤炭生产国主要还有博茨瓦纳、津巴布韦、莫桑比克、赞比亚、马达加斯加、尼日利亚、刚果(金)。此外,在阿尔及利亚、摩洛哥、坦桑尼亚、埃及、安哥拉、纳米比亚等国也有少量生产。莫桑比克的太特地下拥有全球最大的优质煤炭储藏之一。专家们表示,这是自 20 世纪 60 年代开采澳大利亚昆士兰博文盆地以来,世界上发现的最具价值的煤炭储藏。太特有数十亿吨热能煤(用于电厂)和更硬、更昂贵的焦煤——可以与铁矿石混合起来炼钢。煤炭就在地表下 30 米深处,开采成本相对较低,然而由于交通运输、电力、电信、供水、港口等基础设施十分落后,生产尚未开始。

---

① 姜忠尽:《中非合作能源安全战略研究》,南京:南京大学出版社,2013 年,第 73 页。

第四章

非洲水力资源与水电利用

第一节　非洲水力资源禀赋与分布

非洲水力资源十分丰富,在世界各大洲中仅次于亚洲,居第二位。水力资源作为一种能提供大量动力的可再生能源,广泛分布于非洲许多国家,可谓得天独厚。从发挥能源优势来看,这是非洲能源的最大优势。开发和利用非洲的水力资源,在非洲的能源经济中,具有重要的战略意义和历史意义。

非洲不仅有丰富的水力资源,还有十分丰富的矿产资源,利用本地廉价的水电,进行矿产开采、冶炼、加工,可以大大提高矿产资源的经济价值,促进民族经济的迅速发展。至今以大耗电为主要服务对象的非洲水电工业,在一些国家中的经济杠杆作用显得甚为重要。但是,非洲的水电工业目前仍然处于初级阶段,再加上面临着政治动乱、资金不足、市场狭小和自然灾害等一系列困难,至今对外依赖十分严重。因此,对非洲水电开发的潜力、趋势和效益的研究,在国内外非洲问题研究领域亦凸显出其必要性。

一、非洲水力资源禀赋

非洲拥有尼罗河、刚果河等径流丰富的大河,加之地势起伏,因而蕴藏着丰富的水电资源。非洲水力资源理论蕴藏量约为 11.55 亿千瓦(另据其他著作为 4.0 万亿度[1]),其中可能开发的水力资源为 4.37 亿千瓦,每年可提供 2.02 万亿度电力,均约占世界总数的 20%。[2] 按人口计算,非洲平均每人占有可开发水电能 4430 度[3],可开发容量 0.96 千瓦,比世界平均水平高出 80% 有余。但按面积计算,非洲每平方公里

---

① 姜忠尽:《中非合作能源安全战略研究》,南京:南京大学出版社,2013 年,第 44 页。
② 虞沈冠:《非洲的水力资源及其开发利用》,载《非洲地理》,1983 年第 26 期,第 2 页。
③ 电力工业部科学技术情报研究所:《可能开发的水能资源》,载《国外电力统计手册》,1978 年第 3 期,第 3 页。

拥有可开发电能6.71万度/年,可开发容量14.5千瓦,均略低于世界平均水平(分别为7.26万度/年和16.7千瓦)。[1]从技术可开发和经济可开发水力资源计算,分别为1.75万亿度和1.0万亿度,经济可开发比重为12.37%[2],均占世界16%以上,仅次于亚洲和拉丁美洲[3]。国际权威机构的统计数据表明,非洲每年可开发的水电资源约为20亿度,仅次于亚洲的30.5亿度和拉美的28.25亿度,远远高于欧洲的16.7亿度和北美的7.75亿度。[4]

非洲撒哈拉沙漠以南有两大区域拥有特别丰富的水电资源,一是从肯尼亚到赞比亚的周围地区,二是沿大西洋海岸线从几内亚到安哥拉。这两个地域拥有将近非洲总水电资源的60%,这些区域中大约49%的水电资源被确认为技术上可开发,非洲的技术可开发的水电资源大约是相应世界总量的59.13%。根据国际水电协会(IHA)资料,目前非洲水电资源的开发只占技术可开发资源的7%。截至2001年,在世界水电的发电量中非洲只占3%。水电占非洲电力供应的16%。在许多非洲国家,如安哥拉、布隆迪、喀麦隆、刚果(布)、埃塞俄比亚、莫桑比克、纳米比亚、卢旺达和乌干达等国,水电已经是主要的电力来源。非洲在2001年的水电装机总容量大约是20.3 GW,只有0.3 GW来自小型水力发电(少于10 MW的标准),占非洲水电装机总容量的1.5%,而在全世界,小型水电装机总容量是水电装机总容量的5%～6%。非洲许多农村地区具有充足的水资源,小水电是一个有竞争力的能源,其开发成本不断降低。因此,非洲需要为小型水力发电的开发做出进一步的研究和努力。

表4-4-1　非洲各地区电力分配[5]

地区	装机容量			发电量		
	总量(GW)	水电(%)	火电(%)	总量(BkWh)	水电(%)	火电(%)
中非	4.3	91	9	10.8	95	5
东非	2.8	64	34	10.4	78	17
北非	33.0	12	88	111.6	12	88
南部非洲	43.8	15	81	217.6	7	87
西非	9.6	48	52	24.8	52	48
总量	93.5	22	76	375.2	16	81

非洲水力发电潜力较大的国家主要有刚果(金)、喀麦隆和埃塞俄比亚。在这些

① 虞沈冠:《非洲的水力资源及其开发利用》,载《非洲地理》,1983年第26期,第2页。

② 资料来源:英国《国际水力发电与坝工建设》季刊出版的《2000年水电地图集》。

③ 姜忠尽:《中非合作能源安全战略研究》,南京:南京大学出版社,2013年,第44页。

④ 中国电力新闻网,http://www.sina.com.cn,2006年11月14日。

⑤ 古夫、李明:《非洲电力发展障碍和小水电发展前景分析》,载《中国农村水利水电》,2009年第5期。

国家,大约有 73 个大型水利项目、20 GW 的水力发电设备正在运行中,还有 4020 MW的水电站在建设中。非洲有潜力巨大的可开发的水力资源,特别是在撒哈拉沙漠以南[撒哈拉沙漠以南地区是指北非地区以外的国家(除了南非);北非地区又叫做白非洲,包括埃及、阿尔及利亚、摩洛哥、利比亚、突尼斯、西撒哈拉]的国家共拥有世界 12% 的水力资源,但已被利用的只有 17.6%。多数的非洲大陆贫民分散在农村贫民区,而国家电网输电线路传送和分布到这些贫民区的费用很高昂。尽管非洲水力发电量巨大,但是仍有三分之一的人口没有生活用电。世界自然基金会(WWF)报告称,非洲缺少生活用电的人口还将从现在的 5.4 亿上升到 2030 年的5.9 亿。[①]

二、非洲水力资源空间分布

1. 非洲水力资源空间特征

由于非洲各自然地带分布的特点和规律性,降水的地区分布和季节分配明显不同,加上地上的影响,使得地表水资源再分配和河网的分布极不平衡,地区差异很大。由于赤道横贯非洲中部,在沿着西非、中非到东非的广阔热带非洲地带内,集中了全洲95%的水力资源,仅雨量最为丰沛的南北纬10°之间,河网密度大,水量丰富而有保障,蕴藏有非洲70%的水力资源。例如,刚果河流经赤道两侧,降水丰沛,水文特征年内变化小,流量大而且分布较均匀,河口多年平均流量为 4.1 万 m^3/s,最大流量达 8 万 m^3/s,98%保证率的枯水流量亦达到 2.64 万 m^3/s。全流域有 43 处瀑布和数以百计的急流险滩,水力资源理论蕴藏量约 3.9 亿千瓦,居世界大河之首,可开发的水力资源量约 1.56 亿千瓦,年发电量 9640 亿千瓦时,约占全洲总数的 1/3。因此,刚果河是非洲水力资源最丰富的河流,特别是在河流入海前的 200 km 河段,流量近 4 万 m^3/s,落差约 300 m,可发电 4000 万千瓦,是世界上水力资源最集中的河段。从金沙萨向下游至玛塔迪 217 m 的河段,总落差 270 m,有 32 级瀑布,落差巨大,十分适宜梯级开发。[②] 热带雨林带南北两侧广阔的热带稀树草原带,由于雨量远逊于热带雨林带并有明显的雨季和干季,河水流量年际、年内变化较大,洪枯变化明显。例如,赞比西河河口的多年平均流量为 7080 m^3/s,但莫西奥图尼亚瀑布附近的洪枯流量相差竟达 70 倍之多;尼日尔河河口平均流量为 6300 m^3/s,最大流量可达 3 万 m^3/s,最小流量只有 1200 m^3/s。尽管如此,由于这些河流流经不同的地区,形成一系列峡谷、急滩和瀑布(赞比西河有瀑布 72 处,尼日尔河上游多急流险滩),仍然能提供十分充足的水力资源。至于南北回归线附近的热带荒漠地区,降水稀少,蒸

[①] 古夫、李明:《非洲电力发展障碍和小水电发展前景分析》,载《中国农村水利水电》,2009 年第 5 期。
[②] 资料来源:http://23771060.blog.163.com/blog/static/121435712011823440189/。

发强烈,不能形成河流,唯有尼罗河发源于东非高原和埃塞俄比亚高原,穿越的地区受地中海气候影响,水量丰富而稳定,中下游有很多瀑布(大的有 6 处),也属于水力资源丰富的地区。

非洲水力资源一半分布在中部非洲国家,主要是刚果(金),占本地区水力资源总量的 50.6%(表 4 - 4 - 2)。喀麦隆和加蓬的较小河流以及流入乍得湖的河流也拥有丰富的水力资源。东非有水力资源 6673 亿度/年,约占全洲的 33.0%,相当于西、北、南欧水力资源的总和,主要分布在马达加斯加、坦桑尼亚、乌干达、埃塞俄比亚、肯尼亚和莫桑比克等国。西非有水力资源 2228 亿度/年,约占全洲的 11%,主要分布在南部几内亚湾沿岸国家以及布基纳法索等地。北非有水力资源 809 亿度/年,约占全洲的 4.1%,主要分布在埃及和苏丹的尼罗河以及摩洛哥、阿尔及利亚和突尼斯的发源于阿特拉斯山脉的较小河流上。南部非洲的水力资源只有 265 亿度/年,仅占全洲的 1.3%,主要分布在奥兰治河以及注入印度洋的短小河流上。

表 4 - 4 - 2　非洲水力资源分布①

地区	按平均流量计算的 年电能(亿度/年)	占全洲水力 资源的比重(%)	占世界水力 资源的比重(%)
中非	10224	50.6	10.4
东非	6673	33.0	6.8
西非	2228	11.0	2.3
北非	809	4.1	0.8
南部非洲	265	1.3	0.3
总量	20199	100.0	20.6

根据非洲水力资源分布的不平衡性,依据理论水力资源绝对数值大小和单位面积上拥有理论水力资源的多少,将非洲的大河流域及流域组合按等级区划为四区(见图 4 - 4 - 1,图 4 - 4 - 2)。

(1)水力资源极丰富的地区

刚果河流域,拥有世界水能的 1/15 和非洲水能的 1/3,其单位面积上的理论水力资源为全非洲平均数(38.2 kW/km²)的 2.7 倍。

(2)水力资源较丰富的地区

赞比西河流域、尼罗河流域、尼日尔河流域、东非(是指除马达加斯加诸岛、赞比西河流域、尼罗河流域以外的东非地区)、马达加斯加、上几内亚(是指除尼日尔河以外的西非地区)、下几内亚[主要包括喀麦隆、加蓬、赤道几内亚和刚果(布)等国的部

①　资料来源:水利电力部科技情报所.国外水利水电消息.世界动力会议调查统计资料 1974.

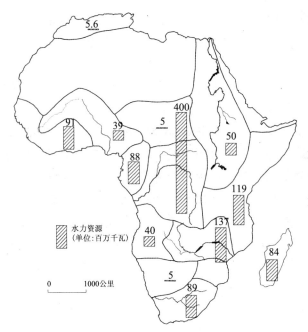

图4-4-1 非洲大河流域水力资源分布图

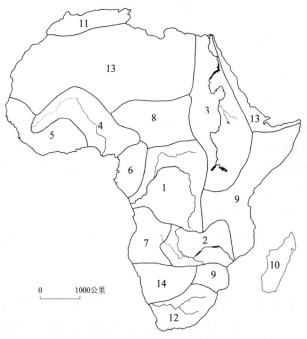

（1.刚果河流域；2.赞比西河流域；3.尼罗河流域；4.尼日尔河流域；5.上几内亚；6.下几内亚；7.安哥拉西部；8.乍得湖流域；9.东非；10.马达加斯加；11.阿特拉斯地区；12.南部非洲；13.撒哈拉；14.纳米布—卡拉哈里）

图4-4-2 非洲的大河流域及流域组合国家

分地区〕、安哥拉西部和乍得湖流域,这九大流域或流域组合的理论水力资源总和为5.40 亿千瓦,约占全洲总数的 47%,而单位面积上的水力资源相当于全洲平均水平。

(3) 水力资源较贫乏的地区

南部非洲(是指除赞比西河流域以外的非洲南部地区,由于原资料数字偏高,而据 Black Power 一文记载仅有 300 万千瓦,数据相差很大,因而估算时比较困难)和阿特拉斯地区,这两大流域组合单位面积上拥有的水力资源的平均数字低于全非洲平均数。

(4) 水力资源最贫乏的地区

撒哈拉和纳米布—卡拉哈里,有理论水力资源的数值极小,所以无法估算。

从大的地区来看,则以中部非洲水力资源最多,东非、西非次之,北非、南非最少。

2. 非洲主要流域水利水电特征

(1) 刚果河流域

刚果河及其支流构成了非洲最稠密的水道网,它是非洲也是世界上水力资源最为丰富的一条大河。刚果河的水力资源主要集中在上游及下游。上游河段基桑加尼瀑布的水能蕴藏量为 120 万~220 万千瓦,在100 km 长的河段上,分布有 7 级跌水阶梯,总落差达 60 m 有余,是建设大型水电站的优良坝址。刚果民主共和国全国可开发装机容量为 1.2 亿千瓦,年发电量为 7740 亿度。下游段(金沙萨至河口)河流穿过结晶

图 4-4-3　刚果河瀑布①

岩组成的高地,河道窄、水流急,从海拔 270 m 的金沙萨到马塔迪之间 217 km 的河段上,共有 32 个瀑布和急流,最大水深达 150 m,总落差达到 280 m,且水流变化很有规律,对开发水电极为有利,这就是著名的利文斯敦瀑布群,是非洲水能资源最集中的地段,全部开发后,可装机容量为 4000 万千瓦,是非洲刚果河重点开发的地区。但是该地区的英加电站远离东南部的工矿区沙巴省,需要建设远距离的超高压输电线,由于要穿越热带雨林地区,这就增加了工程的投资和难度。这一河段共规划了 3 级大型水电站,第 1 级为皮奥卡水电站,位于刚果(金)和刚果(布)的边界;第 2 级英加和第 3 级马塔迪都在刚果(金)境内。皮奥卡水电站利用水头 80 m,计划装机 30台,总容量 2200 万千瓦,年发电量 1770 亿度,刚果(金)和刚果(布)各得一半。马塔迪水电站利用水头 50 m,计划装机 36 台,总容量 1200 万千瓦,年发电量 870 亿度。其中英加急滩段在 25 km 内落差 100 m,是世界上水能资源最集中的河段。

---

① 图片来源:百度百科。

刚果河的许多支流上也蕴藏了十分丰富的水力资源,例如开赛河上的卡迪鲁瓦急流与坎佩内急流、宽果河上的弗朗索瓦·约瑟夫瀑布、阿鲁维密河上的潘加瀑布、博穆河上的佐班吉急流、乌班吉河上的坦加急流、卢阿普拉河上的蒙博图塔瀑布和约翰斯顿瀑布等。但由于这些水少资源地处人烟稀少的边远地区,远离消费市场,至今尚未开发利用。此外,刚果河流域还有中小型水电站坝址,由于它们靠近消费市场,因而在开发上既经济又便利,也是刚果(布)等国家重点开发的地段。人们估计刚果河的水力发电潜力可达已知世界资源的 1/6,但是这种潜力中只有一小部分已被利用。单单马塔迪上游的英加(Inga)一地,其电力潜力估计超过 30000 MW,称作英加Ⅰ和英加Ⅱ的两个水力发电工程已于 20 世纪 70 年代刚果(金)独立后完工,分别位于英加河湾上游右岸的恩科科洛河谷和英加河湾下游刚果河右岸岸坡上。英加Ⅰ号电站于 1972 年投入运行,正常水头 50 m,引用流量 140 m³/s,装机 6 台,容量 35 万千瓦,保证出力 30 万千瓦,发电量 24 亿度;英加Ⅱ号电站于 1981 年投产,水轮机平均水头 56.2 m,最大水头 62.5 m,引用流量 315 m³/s,电站装机容量 140 万千瓦,保证出力 110 万千瓦,发电量 96 亿度。

鉴于落差集中,又有可利用的废弃老河床,因此电力工程可以逐步开发下游英加地区的全部水能资源。在开发水电的同时,也可使中非航道与大西洋连接起来,发展水运。

刚果(金)在刚果河各支流上修建了 20 余座中、小型水电站,共计装机容量 101 万千瓦。刚果(布)在刚果河流域内可开发的装机容量约 1800 万千瓦,年发电量 1100 亿度。赞比亚、坦桑尼亚、布

图 4-4-4　刚果河上的英加水电站大坝[1]

隆迪、卢旺达、中非、喀麦隆、安哥拉等国,都有部分国土位于刚果河流域,估计共有可开发水电装机容量约 1800 万千瓦,年发电量 800 亿度,如今开发得很少。[2]

(2)赞比西河流域

赞比西河是南部非洲的最大河流,平均坡降较大,约为 0.4‰,大部分河段流经海拔 500~1500 米的南非高原,穿越一系列峡谷地段,形成许多瀑布、急流,瀑布多达 72 处,其中莫西奥图尼亚大瀑布(维多利亚瀑布)是世界第一大瀑布——世界最伟大的自然奇迹之一,是干流深切坚硬的玄武岩而形成的,总落差 122 米,宽 1800 米,洪

① 资料来源:http://zhuanti.tianjinwe.com/hotnews/content/2009-04/01/content_737708_5.htm。

② 资料来源:http://baike.baidu.com/view/5920.htm。

水期水量达 5620 立方米/秒；还有卡里巴水坝和卡布拉巴萨水坝，它们都位列非洲最大的水力发电工程。赞比西河是非洲水力资源最丰富的河流之一，总水能资源达1300 亿度。

赞比西河流域两岸的支流呈不对称发育，南部的支流大多数是间歇性河流，那里雨量小而变率大；而北部的支流（如卡富埃河、卢安瓜河和希雷河）流量较大且稳定，有很大的落差，峡谷急流断续相连，水力资源较为丰富。但是这里是旅游胜地，水电开发前景不大。事实上正是为了保护这里的风景，才出现了下游的卡里巴人工湖及两岸电站。卡富埃盆地的东口卡富埃峡谷有很大的落差，卢安瓜河及其支流上峡谷急流断续相连，还有希雷河上的恩库拉和泰扎西瀑布等，这些都是水力发电大有前途的地方。此外，赞比西河及其支流上的许多优良坝址，也大都远离消费市场，因而开发利用必须架设远距离超高压输电线路。

赞比西河干流上现有 4 座大型水电站，从上到下依次为：① 维多利亚瀑布水站，位于赞比亚境内，利用瀑布的天然水头发电，装机容量 10.8 万千瓦。② 巴托卡水电站，位于维多利亚瀑布下游约 32 km 处的巴托卡峡谷内，由赞比亚和津巴布韦两国共同兴建。混凝土拱坝最大坝高 196 m，最大库容 20 亿 m^3，电站装机容量 160万千瓦。③ 卡里巴水电站，位于赞比亚和津巴布韦两国交界处赞比西河中游的卡里巴峡谷内，枢纽包括一座混凝土双曲拱坝、溢洪道、地下厂房等。大坝最大坝高128 m，水库总库容达 1840 亿 m^3，是世界上蓄水量最大的水库之一。地下厂房现有装机容量 126 万千瓦，66.6 万千瓦位于津巴布韦，60 万千瓦位于赞比亚，年发电量可达 80 亿度，另外还准备提高现有设备的功率并安装新的机组，电站总装机容量可能增至 195 万千瓦。④ 卡布拉巴萨水电站，位于莫桑比克境内赞比西河下游，电站具有发电、灌溉、航运、防洪等多种功能。枢纽主体建筑物包括一座双曲拱坝和左、右岸的各一座地下厂房。混凝土双曲拱坝最大坝高 163.5 m，水库总库容 630 亿 m^3，可进行年调节。电站装机容量 415 万千瓦，1988 年全部投产发电。

在赞比西河干流上计划开发的工程有：① 卡通博拉水库，位于维多利亚瀑布上游约 60 km 处，工程主要目的是调节径流量；② 扩建维多利亚瀑布水电站，计划在南岸（津巴布韦一侧）装机 39 万千瓦；③ 在卡里巴水电站上游兴建德弗尔水电站，计划装机容量 120 万千瓦；④ 在卡里巴水电站和卡博拉巴萨水电站之间建穆帕塔峡水电站，计划装机容量为 64 万～120 万千瓦；⑤ 在卡博拉巴萨水电站下游 64 km、106 km和 914 km 处分别建梅潘达安夸、博罗马和卢帕塔 3 座水电站，计划装机容量分别为178 万、44.4 万和 65.4 万千瓦。

赞比西河支流开发的主要是卡富埃河与希雷河。卡富埃河的水能蕴藏量约为110 度，建有卡富埃峡谷处的卡富埃峡水电站和调节流量的伊太齐太齐蓄水坝，电站的堆石坝最大坝高 50 m，最终装机容量 90 万千瓦，工程利用了卡富埃峡处约 2/3 的水头,在工程下游不远处另建一座装机容量为 45 万千瓦的水电站,使剩余水头得以充分利用。伊太齐太齐水电站位于卢萨卡以西约 840 km 处,大坝最大坝高 67 m,电站装机容量 8 万千瓦,于 1978 年建成。

图 4-4-5　赞比西河莫西奥图尼亚瀑布

图 4-4-6　赞比西河卡里巴水电站

希雷河从马拉维湖流出,其水能蕴藏量是较为可观的,不仅可满足马拉维 2000 年的工农业发展需要,还可向邻国出口电力。上希雷河从马拉维湖到马托佩长 132 km,落差只有 7 m。同样,下希雷河自奇夸瓦以下落差也很小。只有中希雷河段,84 km 长的河道,落差达 383 m,形成一系列瀑布,蕴藏丰富的水能资源。位于上希雷河利翁代处的卡穆佐土坝,坝高 15 m,库容 130 万 m³,主要用于供水,1965 年建成。该坝可以控制马拉维湖的水位,以确保希雷河具有足够的发电流量。在中希雷河段有 6 个优良的水力发电坝址,建成后可以开发利用希雷河绝大部分的水能资源,目前已在恩库拉瀑布和泰扎西瀑布处建了装机容量分别仅为 6 万千瓦和 4 万千瓦的水电站。

（3）尼罗河流域

尼罗河流域的水力资源主要分布在河源—苏丹的朱巴以及喀土穆—阿斯旺坝这两大河段上。前者全长 1870 km,比降 1∶1216,具有山地河流的特征,多急流瀑布。特别是尼罗河从维多利亚湖出口处的欧文瀑布和进入蒙博托湖之前的卡巴雷加瀑布(即默奇逊瀑布),蕴藏着较丰富的水力资源,且河段流量相对稳定,有许多便于开发的条件。后者全长 1930 km,比降 1∶6440,由于青尼罗河和阿特巴拉河的汇入以及河床基岩的软硬不同,形成六处瀑布。这一河段的流量变化十分明显,开发利用上尚有许多不利因素,除第一、第二瀑布以外,其余的至今还未开发利用。

尼罗河作为一条“客河”穿过干燥地区,为沿岸农业提供了充足的灌溉用水,其意义超过水电开发,因此综合开发具有特殊意义。

东非高原丰水区全年降雨比较丰富,径流变化较小,而这一地区河床比降大,沿途多瀑布急流,有鲁苏木、欧文、卡巴雷加和富拉等瀑布,水能资源最为丰富。仅埃塞俄比亚境内青尼罗河流域水能蕴藏量就达 1720 亿度,经济上可开发的水能资源为

380 亿度,而卡巴雷加瀑布的潜在水能资源就达 50 亿度。青尼罗河全长 680 km,流程内河床下降 1320 m,比降达 1∶650,沿途多瀑布急流。青尼罗河穿过塔纳湖,然后急转直下,形成一泻千里的水流,这就是非洲著名的第二大瀑布——梯斯塞特瀑布。它位于塔纳湖南岸巴哈尔达尔下游约 30 km 处,跌水高差达 45.8 m。该瀑布以上约 3 km 处还有阿腊法米瀑布,落差约 6 m。在喀土穆至阿斯旺河段,河流下切很深,有六处瀑布,水能资源较为丰富。[①]

图 4-4-7　尼罗河欧文瀑布水坝

1902 年埃及在阿斯旺建成尼罗河上的第一座水坝——阿斯旺老坝,库容 10 亿 m³,灌溉面积 16.8 万 hm²,这是尼罗河最早出现的现代化蓄水工程,其左岸有一座水电站。这一时期的功能主要是通航和灌溉,也有一定的发电效益。1970 年阿斯旺高坝建成,以修建阿斯旺高坝为标志,逐步注重河流的综合利用。阿斯旺高坝建在老坝上游 7 km 处的萨德埃阿利河谷,在开罗以南 800 km,最大坝高 111 m,水库总库容 1689 亿 m³,有效库容 900 亿 m³。高坝建成非洲大型水力发电站,水电站装机 12 台,总装机容量 210 万千瓦,年发电量 100 亿度。

图 4-4-8　阿斯旺高坝水电站[②]　　　**图 4-4-9　苏丹尼罗河上的麦洛维大坝**[③]

---

①　资料来源:http://baike.soso.com/v34092.htm。

②　资料来源:http://info.cm.hc360.com/2013/05/201019487713-4.shtml。

③　傅国华:《中国水电集团承建苏丹麦洛维工程发电》,2009 年 3 月 4 日,http://7j.sinohydro.com/Article _Show.asp?ArticleID=9280。

地处季节丰水区上游的埃塞俄比亚则继续开发着青尼罗河的水力资源。1973年在沃累加省青尼罗河支流建成芬恰坝,装机容量10万千瓦,最大年发电量5.32亿度。此外,位于东非高原全年丰水区的坦桑尼亚于1978年在维多利亚湖南岸姆万扎地区建成尼卡卡达水电站,发电能力1.8万千瓦。到目前为止,尼罗河流域已有大型水闸7座,大坝10座,水电装机容量290.1万千瓦,全流域灌溉面积454.8万 hm^2,其中尼罗河水所灌溉的耕地面积达446.8万 hm^2。[①]

图4-4-10　塔纳湖青尼罗河瀑布　　　　图4-4-11　埃塞俄比亚电站

据了解,埃塞俄比亚在靠近与苏丹边境的青尼罗河上拟建复兴大坝,是该国未来25年、120亿美元水电开发计划的一部分,建成后发电能力约6000 MW,将成为非洲最大的水力发电设施。但因为可能影响下游国家对尼罗河水资源的利用,该计划一经提出便遭到了埃及等国的强烈反对。埃塞俄比亚、埃及、苏丹以及一些国际水资源专家曾于2012年5月成立"三方委员会",以评估修建复兴大坝对尼罗河流域国家的影响。2013年6月初,"三方委员会"向埃方提交调查报告后,埃及与埃塞俄比亚双方之间围绕大坝修建的争议再趋激化。尽管埃塞俄比亚官方宣称修建大坝并不会减少埃及享有的尼罗河水资源份额,但埃及称埃塞俄比亚方面并未详细陈述修建大坝的利弊,并认为该计划一旦落实,埃及每年从尼罗河获得的水资源将减少100亿 m^3,阿斯旺大坝的发电量将减少18%左右。[②]

(4) 尼日尔河流域

总的来说,尼日尔河流域地势平坦,河流落差小,水流流速慢。上下游地段雨量丰沛,支流发达;中游流经干燥地区,缺乏支流。上中游在穿过台地边缘地区时,产生许多急流和瀑布,蕴藏较丰富的水力资源。它的支流大都发源于地势较高或雨量较丰的山地地区,也分布有一定的水力资源。尼日尔河水力蕴藏量约3000万千瓦,

① 资料来源:http://baike. baidu. com/link? url = ov9f4I3ApzS _ v4e1cCYWVunF9rvBATwNEDnsGGi8HDx7BRN09Og8cFDBkNA69cNmJQDZFmzTqvtPasf3wspeDEwYNTG9GfyVXtnW2ru2RZXVxpi7Ao8bC_nXOsVoZsEv。

② 资料来源:http://news.ifeng.com/world/detail_2013_06/17/26490978_0.shtml。

以尼日利亚卡因吉水电站为尼日尔河上最大的水利工程,1968 年建成,坝高 66 m,总库容 150 亿 m³,电站装机 96 万千瓦;尼日利亚的杰巴水电站 1984 年建成,位于卡因吉下游 100 km 处,主坝高 42 m,水电站装机容量 56 万千瓦;在尼日尔河支流卡杜纳河上的希罗罗水电站于 1984 年建成,最大坝高 125 m,总库容 70 亿 m³,电站装机 60 万千瓦。另外在马里境内还有塞林盖工程、马尔卡拉水电站及索土巴水电站。塞林盖水电站位于尼日尔河支流散卡腊尼河上,首都巴马科以南 150 km 处,1982 年建成,坝高 23 m,库容量 21.7 亿 m³,电站装机容量 4.4 万千瓦。在喀麦隆境内另有拉格都水电站,位于尼日尔河支流贝努埃河上加鲁阿市上游40 km的拉格都峡谷,1984 年建成,电站装机容量 7.2 万千瓦,年发电量 3.22 亿度,最大坝高 40 m,总库容 77 亿 m³。[①]

由于近年来萨赫勒地区周期性干旱和沙漠化严重,尼日尔河流域的部分河流流量明显减少,对水电的开发利用十分不利。

（5）上几内亚

上几内亚是指除尼日尔河流域外的西非地区,该地区的水力资源大都集中在沿海国家以及布基纳法索。

塞内加尔河是本区最长的河流,在凯斯以上,多急流和瀑布,其中最主要的是格维纳和费庐瀑布。凯斯以下坡降平缓,气候干燥。水力发电的坝址多分布在马里境内,而且马里和塞内加尔的矿产资源（铁矿和铝土矿）相当可观,距离这些坝址较近,可以利用塞内加尔河上的水电来提炼加工。

总的说来,上几内亚的水力资源并不特别丰富,河流除少数以外,都受水量季节性极端涨落的限制,地形特征也决定了适宜建坝的坝址为数不多,而且有些坝址距离市场太远,加上架设远距离输电线路花费成本太大,所以至今还有许多河流尚未开发利用。同时,该地区有较丰富的油气资源和一定的地热资源,因而对水电的依赖相对小些。尽管如此,随着能源消费的增长,以及各国保护油气资源的政策,该地区水力资源的地位也在日益上升。

（6）下几内亚

下几内亚包括喀麦隆、加蓬及赤道几内亚,位处南纬 40°到北纬 14°,大部分地区属热带多雨气候带,加上喀麦隆山地的巨大隆起,水力资源尤其丰富,也是非洲水力资源最集中的地区之一。

喀麦隆同时也是非洲主要的铝土矿生产国,北部省的恩冈德雷和西南山地的章格的铝土矿储量都十分丰富,而且都很容易利用当地的水力资源进行开采和提炼。

（7）安哥拉西部

安哥拉西部的河流大都发源于中部高原,上中游地段穿过多级阶梯,形成许多

---

①　资料来源:http://www.waterpub.com.cn/jhdb/DetailRiver.asp? ID＝99。

急流和瀑布。各河的流量均有明显的季节变化。北部的宽扎河、南部的库内内河，其水力蕴藏量都很丰富，但均以建中小型水电站为宜。这些坝址有靠近消费市场之利，开发利用也十分方便。

（8）乍得湖流域

乍得湖流域河流都发源于盆地边缘高地，南部地区的河流为常流河，中部地区的为雨季有水、旱季断流的间歇河，北部地区的是象征性间歇河。水力资源都集中在南部地区的河流上，其中又以沙里河的支流洛贡河为主。洛贡河上游流经山地，且源自多雨地区，因而水力资源较为丰富。

由于周期性干旱，乍得湖流域地区河流的流量得不到保障，水力发电的可能性仅限于南部地区的河流上，而且以修建中小型电站为宜。

（9）东非

东非高原是三个水系的源头所在，即向北流的尼罗河、向西流的刚果河以及许多向东流注入印度洋的河流。东非北部降雨少，往南雨量逐渐增多，水力资源主要集中在雨量充沛、地形起伏的莫桑比克、坦桑尼亚等国。

东非的河流除少数外，大都流程较短、落差较小，而且流量的季节变化也很明显。莫桑比克的河流平均落差都在 $1\sim3$ m/km 左右，最大的达 5 m/km。坦桑尼亚的鲁菲季河的最小流量与最大流量之比为 $1:800$ 左右（最小流量仅 7.2 m^3/s）。东非裂谷带的河流大都注入内陆湖，水电意义均不大，只有在少数落差大的河流上才宜建高水头水电站，在河流外流的地方，宜建一些中小型水电站。如布隆迪的水能蕴藏量为 50 万千瓦，适宜 1 万千瓦以上的坝址只有 $9\sim13$ 个，而 1 万以下的却有 $200\sim325$ 个。总之，本区范围内的大型坝址是极其罕见的。

肯尼亚的塔纳河、莫桑比克的林波波河、坦桑尼亚的鲁菲季河是本区水力资源较为丰富的河流，而且流域范围内农业较发达，对电力和供水等方面的需要日益增长，在河流综合开发上前景较大。

总的说来，本区经济落后，市场狭小，水电开发困难重重。但矿物能源十分缺乏，许多石油进口国家已开始重视水电开发，重新估价本区的水力资源能源，以期早日得到开发利用。

（10）马达加斯加

马达加斯加地处东南信风带范围内，由于湿润的信风给岛屿的中部高原及山地带来丰富的降水，加上地形上的起伏，水力资源也十分丰富。

马达加斯加岛的河流均发源于中部高原，流向四方，呈辐射状水系。全境各河均以源短、流急、水量小、季节变化大为其特点，大部分河流上游切割基岩，形成瀑布、急流和峡谷，但以建中小型水电站为宜。

（11）阿特拉斯地区

阿特拉斯地区（包括摩洛哥、阿尔及利亚和突尼斯）位于非洲西北部的地中海沿岸。山地的北部边缘地形起伏较大，形成许多阶地和狭窄的沿海平原。因而发源于阿特拉斯山的许多河流大都短小流急，蕴藏着一定的水力资源。

阿特拉斯地区属地中海气候，基本上都是冬雨区，每逢夏季，多数河流干枯见底，这是本区河流的共同特征，对水电开发是极为不利的。

本区地处非洲西北角，面积分别占摩洛哥、阿尔及利亚和突尼斯的 3/4、1/8 和 1/2，而人口却占三国总数的 90%，是人口稠密区，且经济发达，采矿业和加工工业的规模仅次于南非，这就为水电工业的发展提供了广阔的市场。虽然本区的油气资源极为丰富，但产量大都供出口，因而水力资源仍是十分重要的能源，对摩洛哥来说更是如此。

（12）南部非洲

奥兰治河是南部非洲最大的河流，流量很不稳定，水量很小，冬季下游常干枯见底，水力资源主要集中在上游地段。该河河道狭窄，并多陡岸，有许多适宜开发的中小型坝址，但都因流量不足，水电开发的意义不大。又因为南非发达的经济，工业用水、灌溉用水和生活用水需要量大，致使该河的供水问题相当突出。因此需要开源节流，一方面在该河上筑坝蓄水，另一方面兴建沟通东南部印度洋水系的河流与该河的跨流域工程，在此基础上进行水电开发较为适宜。

本区域东南沿海地带，由于地形雨的影响，发育着许多短小的河流，它们有比降较大的河床，经常穿越坚硬的岩石露头而形成急流和瀑布，水力资源还算丰富。

东北部的林波波河和因科马蒂河的流量也显得十分不足。这一地区的降水时间短而强度大，同时蒸发强烈，因此径流变化大，土壤侵蚀严重，筑坝拦洪具有重要意义，水电开发是综合效益的一部分。

总之，本区的水力资源并不丰富。而南非地区多煤，另外也是非洲最大的石油进口国，动力方面对水电依赖较小，特别是近年来从莫桑比克的卡布拉巴萨进口水电，因而本区各河的开发侧重于为城市和工矿区供水以及为农田提供灌溉用水，水电居于次要的地位。

（13）撒哈拉

撒哈拉地区气候极端干燥，沙漠和戈壁广布，常年水道稀少，水能潜力极低。

（14）纳米布—卡拉哈里

该区与撒哈拉地区相似，水能潜力极低。北部边缘有一些常流河，如欧科范果河、宽多河等，但流进该区时，水量全部消耗于蒸发和渗漏。区内偶有一些间歇河，只有雨季时才有水，其他时间干枯见底，一般都不能用来发电。[1]

3. 非洲水力资源区域自然条件

非洲水力资源的空间分布，深受地质、地形和气候等因素的影响。

(1) 非洲大陆是一个完整的高原大陆，整个高原面呈阶梯状向低地过渡。既没有高大的山脉作为分水岭，也没有像南北美洲和欧亚大陆大褶皱山系那种高度急剧的变化，而且高原的边缘很接近海滨——平均只有 40 km 左右。因此内陆诸大河流在入海时，穿过高原的边缘而级级下降，产生许多急流和瀑布，形成非洲丰富而集中的水力资源。

(2) 非洲的山脉多与海岸平行，迎风坡多雨，加之地形起伏，从而使这些山地的水力资源相对较丰富。例如，马达加斯加和喀麦隆都是水力资源最丰富的国家（年电量均在 1000 亿度以上），埃塞俄比亚和几内亚高原分别有"西非水塔"和"东非水塔"之称，水电蕴藏量都较大。

(3) 非洲气候带成南北对称分布，因而对降水的时空分布乃至水力资源的地理分布具有决定性的影响。以几内亚湾沿岸和刚果盆地为中心，分别向非洲南北两端递变。自然带递变规律大致是最湿润地带（刚果盆地、几内亚湾沿岸的热带雨林地区）—湿润地带（热带稀树林地区）—半湿润地带（苏丹草原区）—半干旱地带（萨赫勒地区）—干旱地带（撒哈拉沙漠地带）—半湿润地带（地中海沿岸地区）。各地带对水系的分布和河川水文要素有着不同的影响。刚果河、赞比西河和奥兰治河分别是非洲热带雨林气候、热带草原气候和热带沙漠气候带河流的典型代表。从地形上来看，它们都有一定的相似之处。各河在大陆西部有一个海拔 300 m 的宽浅盆地，向东都递变为海拔 1200～2400 m 的巨大台地，排水都通过一条干流，在干流入海前，又都切穿高原的边缘形成明显的峡谷，提供了巨大的落差。但各个盆地的降水量及水系各异。刚果盆地丰沛的雨量和奥兰治河中下游的沙漠形成鲜明的对比，刚果河干流有错综复杂的支流汇入，而奥兰治河下游 800 km 连一条支流都没有，在遇暴雨才有水的哈特比斯河汇口之下，该河上的奥赫拉比斯瀑布虽然下跌 130 多米，但由于水量不足和不稳，其水能蕴藏量极其有限，跟刚果河上的利文斯顿瀑布群和赞比西河上的莫西奥图尼亚大瀑布比较，相差悬殊。这三条河流的理论水力资源分别为 3.9 亿千瓦、1.37 亿千瓦和 0.31 亿千瓦（相当于 13∶4∶1）。由此可见，气候因素对水力资源的分布影响甚大。

一般说来，水力资源的蕴藏量取决于流量和落差。从水力资源的角度看，非洲的尼罗河和尼日尔河跨越两个或三个气候带，因而各河段的流量相差很大，但是由于河流在经过不同的地形区域遇到软硬不同的岩层时，河段上会出现许多急流和瀑

---

[1] 虞沈冠：《非洲的水力资源及其开发利用》，载《非洲地理》，1983 年第 26 期，第 7 页。

图 4 - 4 - 12　非洲主要瀑布急流分布图

布,仍然提供了十分丰富的水力资源。因此,急流瀑布区的分布呈现明显的地带性,因而水力资源也呈现集中分布的特征(见图 4 - 4 - 12),即如前所述水力资源极丰富区、较丰富区、较贫乏区和贫乏区四个分区的特征。

第二节　非洲水电开发

一、非洲水电开发的经济条件

1. 电力消费水平

电力消费水平是非洲水电市场需求容量,由于人口分布和生产分布的地域差异,导致电力消费水平的地区差异。电力消费水平高的地区,也就是电力需求量大的地区。大河流域往往是人类的发祥地,也是今天人类聚居的地方。因此,河流的开发与人口因素关系密切,而且人口密度也是反映电力消费方面的重要因素。

非洲的人口分布很不平衡,因而对电力需求的地区差异也很大。[①]　如果按大河

①　由于非洲的撒哈拉沙漠和纳米布—卡拉哈里沙漠人烟稀少,水力资源又极其贫乏,因而讨论水电开发意义不大,文中略。

流域及流域组合国家①来划分,则人口密度最高的是尼日尔河流域和东非,每平方公里达 57 人;人口密度较高的有尼罗河流域、上几内亚、下几内亚、南部非洲和马达加斯加,其人口密度均接近或超过全洲平均数;人口密度中等的有安哥拉西部、阿特拉斯地区、赞比西河流域和刚果河流域;最低的是乍得湖流域,其人口密度均在全洲平均数之下。而人口密度相对高的地区,也是电力需求量相对较大的地区。长期以来,受西方殖民主义的影响,迁入非洲的欧洲白种人主要集中在南部非洲的几个国家里,他们的用电比例却远远超过这个数字。而非洲的电力生产目的是服务于欧洲白种人的生活及其经营的企业,因此,白种人聚居的地方,用电水平普遍较高。直到今天,这种殖民主义遗留下来的痕迹还未完全消除。

生产的分布与人口的分布是密切相关的。人口分布仅仅是反映居民生活用电的地域差异,而生产分布却反映了生产部门用电的地域差异。一般说来,生产部门耗电要比居民生活用电高得多,这在经济不发达的非洲更是如此。同时各生产部门耗电量的大小,相差也是悬殊的。对非洲来说,耗电量最大的是工矿业,其次是农田灌溉,而林业、渔业和交通运输业等部门耗电量极为有限。

具体说来,南非的工矿业是耗电量最大的用户,其次还有赞比亚、刚果(金)的炼铜业,几内亚、加纳、喀麦隆的炼铝业,津巴布韦的机械工业,埃及的冶金业和轻工业,尼日利亚、阿尔及利亚和摩洛哥的矿冶工业以及利比里亚、安哥拉等国的铁矿开采业等。所有这些工矿企业消费全洲电力的 60% 以上,成为非洲电力的最大市场。

从电力灌溉来看,尼罗河流域的灌溉面积最大,约占全洲灌溉面积的 50%～60%,而且电气化程度较高。其次是南部非洲、阿特拉斯地区、上几内亚和东非地区,赞比西河和尼日尔河流域的灌溉面积也都很可观。由于各地区农业生产水平的高低以及农业电气化程度的差异,还不可能完全用灌溉面积的多少来反映农业耗电量的大小,而只能从灌溉面积粗略地估计电力消费市场的规模和范围。全洲 14 个大的河流流域及流域组合国家 2008 年的人均用电量见表 4-4-3。我们分别以人均用电量达 100 度、500 度为划分指标,将 12 个大河流域和流域组合分成以下几组。

(1) 用电水平最高的地区(人均用电量 4759 度):南部非洲。

(2) 用电水平较高的地区(人均用电量 500 度以上):赞比西河流域、下几内亚、

---

① 大河流域及流域组合国家:南部非洲包括南非、莱索托、斯威士兰和博茨瓦纳;赞比西河流域包括赞比亚、津巴布韦和马拉维;刚果河流域包括刚果(金)、刚果(布);尼日尔河流域包括马里、尼日尔、尼日利亚、贝宁和布基纳法索;上几内亚包括塞内加尔、毛里塔尼亚、冈比亚、塞拉利昂、几内亚、几内亚比绍、科特迪瓦、加纳、多哥;下几内亚包括喀麦隆、加蓬、赤道几内亚;东非包括卢旺达、布隆迪、肯尼亚、坦桑尼亚、索马里和莫桑比克;尼罗河流域包括埃塞俄比亚、苏丹、埃及和乌干达;阿特拉斯地区包括摩洛哥、阿尔及利亚和突尼斯;乍得湖流域主要为乍得和中非。由于有许多国家跨越两个或三个流域,因此上述划分根据该国的经济中心所属何流域以及该流域对本国经济所起的作用而定。部分国家数据暂缺。

阿特拉斯地区。

(3) 用电水平中等的地区(人均用电量 100~500 度):尼罗河流域、东非、上几内亚、刚果河流域、安哥拉。

(4) 用电水平较低的地区(人均用电量 100 度以下):尼日尔河流域、马达加斯加、乍得湖流域。

表 4 - 4 - 3 　非洲各大河流域及流域组合国家的电力消费水平[①]

流域及流域 组合国家	面积 (万 km²)	2009 年人口数 (百万)	人口密度 (人/km²)	人均用电量 (度)	用电 水平
刚果河流域	330.5	69.7	21.1	122.5	中等
赞比西河流域	204.3	40.7	19.9	541.3	较高
尼罗河流域	497.4	245.9	49.4	312.6	中等
尼日尔河流域	339.1	192.4	56.7	50.5	较低
上几内亚	270.9	87.1	32.2	177.8	中等
下几内亚	74.2	21	28.3	710.5	较高
安哥拉	124.7	18.5	14.8	189	中等
乍得湖流域	128.4	15.6	12.1	…	最低
东非	221.5	125.5	56.6	233.3	中等
马达加斯加	59	19.6	33.2	…	较低
阿特拉斯地区	299.7	42.4	14.1	1017	较高
南部非洲	179.2	49.3	27.5	4759	最高
合计	2728.9	927.7	34.0		

2. 地区能源平衡

地区能源平衡反映对水电的依赖程度。从能源平衡的角度找出各地区的优势能源,联系能源生产、进出口等现实情况,结合各地的水电产量及水电比重进行对比衡量。

非洲的能源种类分布,总的说来具有均衡配合的特征。石油和天然气主要富集于北非和西非,中部非洲也有大量油气显示;煤炭主要集中在赞比西河以南的南部非洲;而水力资源分布相当广泛,但以热带非洲最为丰富;东非和西非的地热资源以及南非和尼日尔的铀矿资源也都相当丰富。因此,各地区都有它的优势能源,因而在能源利用上的侧重点有所不同。

但是,这种能源种类分布上的天然配合并不能掩盖非洲能源问题的严重性。实

---

① 世界银行:《2011 年世界发展指标》,北京:中国财政经济出版社,2011 年。

际上,非洲的一次能源产品绝大部分输往国外,而且浪费严重,有效利用率低;而可再生能源(包括水力资源在内)虽然丰富,但利用率很低,因此造成经济发展能源需要增加而供应不相适应的严重矛盾。南非是非洲最主要的煤炭生产和出口国,然而由于南非工业的高度发展,也使它成为非洲最大的石油进口国,此外,它还从莫桑比克进口大量的水电,反映了它对水力资源有一定的依赖。缺能少电现象最为严重的是东非地区,该区域国家由于依赖石油进口而造成财政困难,开发水力资源又缺乏必需的资金。中非地区的情况略微好些,一方面大量的水力资源正在或即将被利用,另一方面沿海国家的石油勘探和开采工作已初见成效。条件比较优越的西非地区既有较丰富的油气资源(尤其尼日利亚),又有大量的水力资源相配合。上述这些地区的能源平衡情况,反映出对水电的依赖程度各不相同(表4-4-4,图4-4-13)。

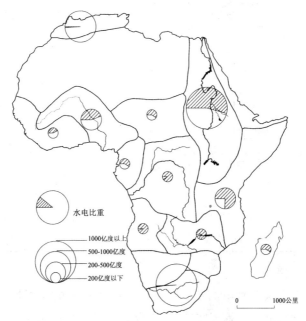

图4-4-13 非洲各大河流域及流域组合国家的水电比重

表4-4-4 非洲各大河流域及流域组合国家的水电占比①

流域及流域组合区域	水电占总电量的百分比(%)	流域组合国家	2008年水电发电量(亿度)	水电占总电量的百分比(%)
刚果河流域	90.4	刚果(金)	74.6	99.4
		刚果(布)	4.1	81.3

---

① 表中数据根据世界银行《2011年世界发展指标》编制而成(注:＊数据系估算)。

续　表

流域及流域组合区域	水电占总电量的百分比(%)	流域组合国家	2008年水电发电量(亿度)	水电占总电量的百分比(%)
赞比西河流域	81	赞比亚	96.7	99.7
		津巴布韦	42.7	53.4
		马拉维		90*
尼罗河流域	55.2	埃塞俄比亚	33.2	87.3
		(南北)苏丹	14.6	32.4
		埃及	146.7	11.2
		乌干达		90*
尼日尔河流域	43.6	马里		60*
		尼日尔		…
		尼日利亚	57.2	27.1
上几内亚	41.8	塞内加尔	2.3	9.5
		毛里塔尼亚		…
		冈比亚		…
		塞拉利昂		…
		几内亚		60*
		几内亚比绍		…
		科特迪瓦	19.0	32.7
		加纳	62.3	74.1
		多哥	0.8	74
		贝宁	0.01	0.7
		布基纳法索		…
下几内亚	60	喀麦隆	42.7	76.2
		加蓬	8.8	43.8
		赤道几内亚		……
安哥拉	96.3	安哥拉	38.5	96.3
乍得湖流域	60	乍得		…
		中非		60*

流域及流域组合区域	水电占总电量的百分比(%)	流域组合国家	2008年水电发电量(亿度)	水电占总电量的百分比(%)
东非	76	卢旺达		90*
		布隆迪		90*
		肯尼亚	28.7	40.4
		坦桑尼亚	26.4	60.1
		索马里		...
		莫桑比克	150.8	99.9
马达加斯加	60	马达加斯加		60*
阿特拉斯地区	1.8	摩洛哥	9.4	4.5
		阿尔及利亚	2.8	0.7
		突尼斯	0.3	0.2
南部非洲	0.5	南非	12.8	0.5
		莱索托		...
		斯威士兰		60*
		博茨瓦纳		0

3. 经济发展水平

经济发展水平反映非洲水电开发的经济实力,同时反映各地区水电开发的可能程度,是水电工业的基础条件。

国民经济发展水平既可以用来作为衡量电力消费水平的一个重要标志(即市场容量)。又可以反映各国水电开发的可能程度和潜力大小。一般说来,在同样有水力资源条件的前提下,经济发展水平较高的国家或地区,无论是从市场容量还是从资金条件来考虑,其水电工业的发展就要比经济落后的国家或地区顺利得多,就可能处于领先的地位。而在非洲的现实情况下,经济发展水平只能作为各国水电开发的重要基础条件,而不是水电开发的决定性因素。这是因为非洲许多发展中国家的经济发展水平仍旧十分低下,不但落后于世界上其他发展中地区,更无法跟世界上许多发达国家相提并论。在此,选用国民收入及其人均值作为依据,来反映非洲经济发展水平的地域差异(见表 4-4-5,以 2009 年联合国公布的数字为依据)。

表 4-4-5　非洲各大河流域及流域组合国家的国民总收入及人均值①

流域及流域组合国家	2009 年人口数（百万）	2009 年国民总收入 GNI(亿美元)	人均 GNI(美元)	经济水平
刚果河流域	69.7	183	262.6	最低
赞比西河流域	40.7	215	528.3	较低
尼罗河流域	245.9	2676	1088.2	中等
尼日尔河流域	192.4	2083	1082.6	中等
上几内亚	87.1	748	858.8	较低
下几内亚	21	341	1623.8	中等
安哥拉	18.5	694	3751.4	较高
乍得湖流域	15.6	87	557.7	较低
东非	125.5	666	530.7	较低
马达加斯加	19.6	85	433.7	较低
阿特拉斯地区	42.4	1288	3037.7	较高
南部非洲	49.3	2843	5766.7	最高

从上表可看出,南部非洲是经济发展水平最高的地区,国民收入的人均值在5760 美元以上;其次较高的是安哥拉和阿特拉斯地区,国民收入人均值在非洲平均水平之上(3000～5300 美元);尼日尔河流域、下几内亚和尼罗河流域为经济发展水平中等的地区(1000～3000 美元);而上几内亚、赞比西河流域、马达加斯加、刚果河流域、东非和乍得湖流域都是经济发展水平较低的地区,国民收入的人均值在 1000美元以下。

4. 综合分析

综上所述,综合各地区水电开发上的有利条件和不利因素,可以划分出如下几种类型区:(1) 开发条件优越,水电工业发达的地区;(2) 开发条件良好,水电工业发展较顺利的地区;(3) 开发条件较差,水电工业发展缓慢或前景不大的地区。这对于分析非洲水电工业地理分布具有一定的意义。

表 4-4-6　非洲水电开发条件的综合分析表

流域及流域组合国家	水能潜力大小	电力消费水平	对水电依赖程度	经济发展水平	水电开发条件
刚果河流域	最大	中等	最高	最低	良

---

①　世界银行:《2011 年世界发展指标》,北京:中国财政经济出版社,2011 年。

流域及流域组合国家	水能潜力大小	电力消费水平	对水电依赖程度	经济发展水平	水电开发条件
赞比西河流域	较大	较高	较高	较低	优
尼罗河流域	较大	中等	较高	中等	优
尼日尔河流域	较大	较低	中等	中等	良
上几内亚	中等	中等	较高	较低	良
下几内亚	中等	较高	较高	中等	良
安哥拉	中等	中等	较高	较高	良
乍得湖流域	中等	最低	中等	较低	劣
东非	中等	中等	中等	较低	劣
马达加斯加	中等	较低	中等	较低	中
阿特拉斯地区	较小	较高	较低	较高	中
南部非洲	较小	最高	较低	最高	中

由表4-4-6可知:赞比西河流域和尼罗河流域属于第一类地区,开发条件优越;刚果河流域、尼日尔河流域、上几内亚、下几内亚和安哥拉属于第二类地区,开发条件良好;而其余流域及流域组合均属于第三类地区,其中东非、马达加斯加和乍得湖流域的开发条件较差,而阿特拉斯和南非则是前景不大的地区。

因此,具有大量水能潜力的热带非洲地区同时也是经济很不发达地区,市场狭小,资金缺乏,水电开发极为不利;而工业化程度较高的非洲南北两端地区水力资源贫乏,且电力需求量极高(特别南部非洲电力消费占全洲的一半以上),虽然都有较丰富的矿物能源,并且大量生产和出口,但都满足不了日益增长的电力需求,因而能源和电力问题相当严重。从而,就必然导致如下两个结果:

① 热带非洲地区的电力工业以水电为主,火电为辅,而非洲南北两端地区一般以火电为主、水电为辅,并且尽量先开发水电。

② 非洲在水电开发上的区域性合作和在动力线上的联系比世界上任何大洲都要广泛和密切,其中最主要的特征是把电力输到南非去。

二、非洲水电开发特点

由于历史的、政治的、经济的、地理的多种原因,非洲水电工业至今仍处于初创阶段,不仅开发水平极其低下,而且地区差异非常显著。总的说来,具有如下几个基本特点:

1. 水电开发较早而发展缓慢

非洲水电开发开始于20世纪30年代。欧洲殖民主义者此时就在摩洛哥、赞比亚、埃及等国的河流上兴建小型水电站,以用于矿山开采和农田灌溉。但是,一直到20世纪60年代非洲独立,非洲的水电装机容量仍不及世界的2%,进展缓慢。非洲国家独立后,民族经济的发展虽然刺激了电力工业的发展,但是水电开发依然缓步慢行,低于世界平均增长水平。目前,非洲水电装机容量不及世界的3%,仍然是世界水电发展最落后的大洲。因而非洲水电开发具有"起点低,起步慢"的特征,但一旦具备条件,就会以很高的速度和很大的势头向前发展。

表 4-4-7　1955—2010 年非洲水电装机容量和水力发电量占世界的比重[1]

年份	1955 年	1965 年	1975 年	1978—1980 年	2006 年	2010 年	年均增长率
非洲水电装机容量(万千瓦)	107.9	354	947.5	1280(1980 年)	2312.4	2910	6.2%
世界水电装机容量(万千瓦)	6761.1	21346.5	35813.5	44137(1980 年)	77700	97000	4.96%
非洲水电装机容量占世界的比例(%)	1.6	1.7	2.6	2.9(1980 年)	2.7	3.0	1.1%
非洲水力发电量(亿度)	32.0	135.6	3756.1	496.6(1978 年)	1169.2	1028.3	6.5%
世界水力发电量(亿度)	4728.9	9158.9	14676.7	15579.8(1978 年)	29980	34277.2	3.7%
非洲水力发电量占世界总数的比例(%)	0.4	1.5	2.6	3.2(1978 年)	3.9	3.0	3.7%

从表 4-4-7 可以看出,1960—2010 年非洲的水电装机容量和水力发电量的年平均增长率均高于世界平均水平。然而上述两项数字的绝对值却很低,均占世界总数的3%。1978 年全非共有 33 个国家建有水电站,其中水电装机容量超过 100 万千瓦的国家只有埃及(244.5 万千瓦)、赞比亚(143.8 万千瓦)、刚果(金)(115.9 万千瓦)和莫桑比克(111.7 万千瓦)四国,合占全洲总数的 53.9%。其余 24 个国家除加纳和津巴布韦外,水电发电能力均不超过 50 万千瓦,并且有 14 个国家的发电能力在 10万千瓦以下,由此可见非洲水电工业之落后。[2]

---

① 资料来源:联合国《世界能源供应》,1950—1979 年;http://zh.wikipedia.org/wiki/%E6%B0%B4%E5%8A%9B%E7%99%BC%E9%9B%BB;http://wenku.baidu.com/link? url=0Bns-nNHLgtDrOkwZ4htxo-elGsY-CTbXYg6nj03_UyUEK40xwyTCSc3WJbat9XinXInTMHljFH1AFvNI5sAKuMSsvy7nMTapY4JmFuEk3u。

② 资料来源:联合国《世界能源供应》,1950-1979 年。

2. 水能开发利用率低,发展潜力很大

目前,非洲水电开发利用率只占技术可开发水能资源的7%,远远落后于发达国家(50%)(英国、法国、德国、意大利等国高达90%)。非洲是世界水电开发率最低的一个洲。同时,非洲水电开发利用率的地区差异很大,南北非两端开发率较高,分别达到20.9%和17%,超过或接近世界平均水平,而水力资源最丰富的中部非洲,可以利用的水力资源占全洲的一半,开发率仅为0.6%,开发程度低于5%。而占全洲三分之一水力资源的东非地区,开发率也只有2.5%。就各大河流来看,亦即如此,如刚果河开发利用率仍不足2%。所以非洲水电开发的潜力很大,主要集中在热带非洲地区,该地区也是世界上水电工业发展潜力最大的地区之一。

3. 电力生产结构中水电比重各国差别很大

非洲水电在总发电中的比重为16.2%,平于世界平均水平,除低于南美洲的73%外,高于其他各大洲。但由于非洲各国开发自己的优势能源,水电在能源结构中呈现出很大的差别。矿物能源缺乏或拥有丰富水能资源的国家,大都重视水能资源开发,水电比重较高。在有统计资料的50个国家和地区中,水电比重超过90%的有8个国家,约占总数的20%,它们均位于大河流域,如赞比西河流域的莫桑比克、赞比亚、马拉维;刚果河流域的刚果(金);尼罗河上游的埃塞俄比亚、乌干达、卢旺达、布隆迪。水电比重在60%~90%的14个国家均为小水电丰富的国家,包括刚果(布)、埃塞俄比亚、加纳、多哥、喀麦隆、坦桑尼亚、马里、几内亚、加蓬、中非、坦桑尼亚、肯尼亚、津巴布韦、马达加斯加等。水电比重在50%以上的国家有20个左右,约占总数的40%;其余国家水电比重都在50%以下。水电比重在20%以上的有26个,已超过全洲国家数的一半(见表4-4-4、图4-4-14)。而非洲发展中国家正处在工业化的初期,一般水电比重都较高,且处于上升趋势。

4. 小型水电站居多,电网系统不发达

从非洲水电站的规模来看,少数为大中型的,多数是小型的。非洲现有水电站多数为不足2万千瓦的小型水电站,特别是在河流短小、水力资源颇丰的山区国家,更具有水电站多、装机容量小的特点。例如尼日尔河发源地——号称"水缸国家"的几内亚,其水电站大都为装机容量不足2万千瓦的小水电站。1974年以前,全洲坝高15 m以上的大坝共483座,约占世界大坝总数的1.8%。到1978年,大坝数已增加到520座左右,其中装有水轮发电机的水电站有213座,按单站发电能力计算,平均每个水电站的发电能力为5.36万千瓦。全洲装机容量200万千瓦以上的水电站有2座,一座为埃及于1970年运营的尼罗河阿斯旺水电站,装机容量210万千瓦,另一座是莫桑比克于1988年建成的赞比西河卡特拉巴萨水电站,装机容量415万千

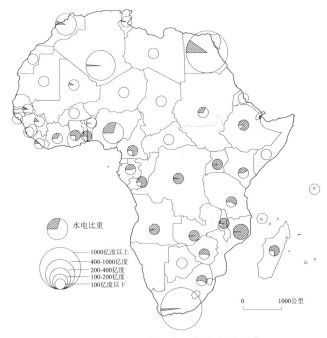

图 4-4-14 非洲各国的水电比重①

瓦。装机容量超过 100 万千瓦的有 3 座,分别为刚果(金)于 1981 年建成的刚果河英加 Ⅱ 水电站,装机容量 140 万千瓦;赞比西河莫西奥图尼亚瀑布下游 32 km 处的巴托卡水电站,装机容量 160 万千瓦;2010 年 4 月在喀什穆以北 400 km 处的尼罗河上建成的麦洛维水电站,装机容量 125 万千瓦。装机容量在 50 万~100 万千瓦的有 7 座,分别是赞比西河的卡里巴南岸水电站(属津巴布韦)和北岸水电站(属赞比亚),装机容量分别为 66.6 万千瓦和 60 万千瓦;赞比西河支流卡富埃河上的卡富埃水电站,装机容量为 90 万千瓦;尼日尔河上于 1968 年建成的装机容量为 96 万千瓦的卡因吉水电站,于 1984 年建成的装机容量为 56 万千瓦的杰巴水电站以及装机容量为 60 万千瓦的卡杜纳河上的希罗罗水电站;沃尔特河上的加纳阿科松博水电站,装机容量 80 万千瓦。装机容量为 20 万~50 万千瓦的有 5 座,其余均为中小型水电站(见图 4-4-15)。

在非洲,虽然有许多适宜建设大型电站的坝址,尤其是在几条大河流域,而且从发电经济角度来看,少量的大坝比大量的小坝生产出来的电更便宜。但是由于这些大型坝址大都远离市场,开发上也有许多困难,所以至今大型电站甚少。而河流短小、水力资源颇富的山区国家,开发中小型水电是最为适宜的。因为中小型水电站

---

① 图中苏丹的数据为南北苏丹之和。

图 4-4-15 非洲主要水电站分布图

的建设可以靠近消费市场,因地制宜,就地取材,就地供电,不需架设代价昂贵的远距离超高压输电线,运行效率较高,从而受到非洲发展中国家的普遍欢迎,就连刚果(金)这样一个有许多大型电站坝址的国家至今也仍以中小型电站为主。由于中小型电站大都建有各自的供电系统,而各电站之间很少相互联系,使得至今非洲电网系统仍不发达。

5. 在电力消费中,工矿业用电比重较高

非洲大型水电站大都因耗电量大的矿冶工业之需而建。尤其是有色冶金工业更是大耗电部门,电力供应保证程度对这些部门的生存和发展起着决定性作用。例如刚果(金)、赞比亚的炼铜,几内亚、加纳和喀麦隆的炼铝,一般都消耗本国总发电量的 70%~90%,而用于农业灌溉、居民生活等方面的电力比重甚低。南非虽然是水电比重很小的国家,但也大量消耗从莫桑比克进口来的水电(表 4-4-8 为主要工矿业国家的工业用电比重)。

表 4-4-8 非洲一些国家的工业用电比重

国 家	工业部门	用电比例(%)
南非	采矿、冶金业	67
埃及	冶金、轻工业	56

国　家	工业部门	用电比例（%）
赞比亚	炼铜业	80
刚果（金）	炼铜业	96
加纳	炼铝业	64
几内亚	炼铝业	75
喀麦隆	炼铝业	90

6. 缺乏资金和技术，对外依赖严重

非洲除南非等少数国家外，其余绝大多数国家基本上均无独自开发水电的能力。最大内因就是资金和技术的缺乏，而外因是西方发达国家持续对非洲的矿产资源进行掠夺性开采，影响非洲的水电开发，造成非洲严重的对外依赖。长期以来，非洲的采矿业一直是仅次于农业的第二大经济部门，出口总值约占 60%，而世界银行和跨国公司通过外援的渠道，仍在相当程度上掌握着非洲采矿业和水电工业的命运。例如，近年来，由于西方国家经济衰退，市场萧条，铜铝等产品供过于求，也使非洲的采矿业和冶炼业遭受巨大的损失，从而使非洲的水电业产生连锁反应，导致一些国家的水电业呈锯齿形状态徘徊不前，破坏了非洲的水电开发计划。

7. 水电开发的地区性合作趋于广泛

非洲国家间的经济合作，近年来有所发展与加强，这不仅反映在热带非洲国家之中，就是在南部非洲，这种趋向也十分明显。这种经济合作和经济联系也必然体现在能源利用和水电开发方面。为了解决能源问题，摆脱依赖进口石油的困境，建立地区性的水电站，是许多国家的共同愿望。

非洲国家较多，一条大河往往经过若干国家，河流相关国家为了在河流流域范围内共同开发水力资源，齐筹资金、互助合作、互利共赢是势所必然的。例如，加纳的水电输送到多哥与贝宁，莫桑比克的电力出售给南非等。南部非洲的水电开发上的紧密联系不仅有其政治上及历史上的原因，也有其经济上的意义，一方面，莫桑比克、纳米比亚、莱索托等国的资金、技术和市场容量极为有限；另一方面，发达的南非工业又急需这些国家的水电，导致南部非洲在动力关系的联系比非洲其他地区更为广泛和紧密。又如卡格腊河水电工程由坦桑尼亚、布隆迪、卢旺达等国家合作开发利用；马诺河水电站由利比里亚、塞拉利昂合作开发利用；阿斯旺水电站由埃及、苏丹合作开发利用。水电将成为非洲内部地区性经济合作的纽带，进一步促进非洲国家经济和社会的发展。

三、非洲水电开发的等级类型

由于非洲各地区的水能潜力大小不同以及社会经济条件的复杂多样,非洲水电工业的发展在速度、规模和水平上呈现明显的地域差异,形成了地域等级类型。非洲许多国家共同的战略措施是优先发展电力工业,在水电开发方面也有着许多共同的地域特征。为了揭示非洲水电工业的地域差异性和基本特征,以非洲资源地域特征为依据,综合考虑可供利用的水能潜力、市场容量、水电建设规模水平、经济效益四个指标,以水电建设的规模水平作为主要指标,把非洲水电工业划分为三个一级类型,又根据利用方向不同,划分出 A 和 B 两种二级类型(表 4-4-9)。

表 4-4-9　非洲水电工业类型①

序号	一级类型		二级类型	
	类型	相关国家	类型	相关国家
Ⅰ	可供开发的水力资源最丰富,市场容量最大,大型电站起主导作用,水电经济效益最高的类型	刚果(金)、津巴布韦、赞比亚、尼日利亚、莫桑比克、加纳、埃及	A 型:水电工业主要为工矿业服务的国家和地区	刚果(金)、津巴布韦、赞比亚、加纳、莫桑比克
			B 型:水电工业主要为城乡居民或农业灌溉服务的国家和地区	尼日利亚、埃及
Ⅱ	可供开发的水力资源较丰富,市场容量较大,以中型电站为主,且已初见成效的类型	阿尔及利亚、苏丹、摩洛哥、刚果(布)、几内亚、马拉维、科特迪瓦、乌干达、利比里亚、肯尼亚、喀麦隆、坦桑尼亚、安哥拉、埃塞俄比亚、南非	A 型:水电工业主要为工矿业服务的国家和地区	阿尔及利亚、利比里亚、摩洛哥、几内亚、南非、喀麦隆
			B 型:水电工业主要为城乡居民或农业灌溉服务的国家和地区	本类其余国家
Ⅲ	可供开发的水力资源尚丰富,市场容量小,水电工业基础薄弱,规模较小,或者正处在计划之中的类型	中非、赤道几内亚、多哥、乍得、圣多美和普林西比、尼日尔、贝宁、毛里求斯、马里、马达加斯加、斯威士兰、布基纳法索、莱索托、卢旺达、加蓬、布隆迪、留尼汪、突尼斯、塞拉利昂、索马里	A 型:水电工业主要为工矿业服务的国家和地区	马里、马达加斯加、加蓬
			B 型:水电工业主要为城乡居民或农业灌溉服务的国家和地区	本类其余国家

1. 一级类型 Ⅰ

(1) 水电站的规模大、水平高、速度快。

---

① 虞沈冠:《非洲的水力资源及其开发利用》,载《非洲地理》,1983 年第 26 期,第 25 页。

属于该类型的国家大都位于非洲的大河流域,可供开发的水力蕴藏量极其丰富,并且市场广阔,经济基础也较雄厚,尤其是工矿业和农业都有相当的水平,因而水电建设的规模、水平、速度和经济效益都在非洲的前列(表4-4-10)。

表4-4-10 一级类型Ⅰ部分国家的水力发电量

国家	1978年水力发电量(亿度)	2008年水力发电量(亿度)	年平均增长率(%)
埃及	92	146.7	1.57
赞比亚	85.5	96.7	0.41
刚果(金)	40.2	74.6	2.08
莫桑比克	67.5	150.8	2.72
津巴布韦	34.6	42.7	0.70
加纳	42.6	62.3	1.28
尼日利亚	26.3	57.2	2.62
总计	388.5	631.0	1.63

该类型七个国家的水力发电量总和从1978年的388.5亿度增加到2008年的631亿度,年平均增长率为1.63%。2008年这七国的水力发电量总和约占全洲总量的70%。可见,这七国是非洲水电工业最发达的国家。

(2)距离坝址较远,需架设远距离超高压输电线,因而电网系统比较发达和完善。

七国大型水电工业,都是适应国内外消费市场的需要而发展的。这些国家为消费廉价而多余的电力,需要架设连接水电站和负荷之间的输电线路,主要输电线路见表4-4-11。

表4-4-11 非洲主要的超高压输电线路

国家	输电线起讫点	距离(km)	电压(千伏)
刚果(金)	英加电站—沙巴铜矿区	1700	500
莫桑比克	卡博拉巴萨电站—南非比勒陀利亚	1414	266
埃及	阿斯旺电站—开罗、亚历山大港	788	500
加纳	阿科松博电站—多哥、贝宁、科特迪瓦		
尼日利亚	凯因吉电站—尼日尔		
赞比亚	卡里巴北岸电站—北部铜矿带		

这六条输电线路代表非洲最先进、最完善的电网系统。其中刚果河的英加电站—沙巴铜矿区和莫桑比克的卡博拉巴萨电站—南非比勒陀利亚这两条输电线路

不仅位居非洲前列,而且也是具有国际水平的输电线路。

(3) 水电市场容量大,发展前景广阔。

这七国的水电工业有着十分巨大的发展潜力。例如刚果(金)的大英加水电站,最终发电能力达 3900 万千瓦,年发电量可达 2400 亿度;埃及的卡塔腊盆地抽水蓄能电站为 860 万千瓦;莫桑比克的卡博拉巴萨电站达 360 万千瓦;尼日利亚的洛科贾电站为 200 万千瓦等。

然而,非洲这些适宜建造大型电站的坝址大都集中在四条大河的流域内,而要建设一个大型电站需花费巨大的人力、物力和财力,而且电站建成后,电力市场又往往兼顾国内外。因此,大型电站的建设,不仅要由国内外条件来决定,而且还要有许多国际因素相配合,特别是发达国家的经济和技术援助。反过来说,大型水电站的建成,也涉及世界能源市场、矿产品市场,从而对世界经济形势产生一定的连锁反应。

莫桑比克是落后的农业国,电力消费水平很低,而从卡博拉巴萨进口水电的南非,其电力消费水平比莫桑比克高出 26 倍多,所以南非不仅是全洲电力消费水平最高的国家,也是全洲电力最便宜的国家。埃及和尼日利亚两国的阿斯旺与凯因吉两个电站的电力市场主要是面向农业及居民生活,工矿业对水电的依赖程度也相对较小。

2. 一级类型 Ⅱ

(1) 开发条件有利,经济利用合理。

本类型各国的中型电站大多坐落在大中型河流上,流量保证率较高,而且一般都接近消费市场,加上各国都具备一定的经济实力,因而水电开发难度较小,也易见效。同时河流开发后还便于发挥灌溉、渔业、航行等综合效益,而且水库的淹没损失较大型水库为小,这对于非洲许多有一定工农业基础的国家说来具有普遍意义。

(2) 水电的经济效益高,对促进经济发展意义较大。

本类型的许多国家根据国内的实际需要,大力兴建以中型电站为主的水电工业,既解决了国内能源问题,又发展了工农业生产,同时也改善了人民生活。例如科特迪瓦由于水电业的发展,国内输电线路总长度已达 5027 km,使全国 30% 的居民用上了电,肯尼亚对能源的需求大多是靠石油来满足的,由于近些年塔纳河上水电工业的发展,不仅减少了从乌干达的电力进口,而且也减轻了石油危机对本国经济的冲击。马拉维矿物能源缺乏,但水力资源较丰富,政府扬长避短,大力发展水电工业,既实现了电力自给,又可以把多余电力卖给莫桑比克,因而在近几年的世界性能源危机中受影响较小。

由于水电的经济效益较高,推动了各国经济的迅速发展。尤其是对利用水电发展矿冶工业的 A 型国家来说,更是如此。事实上,有些 A 型国家(例如喀麦隆)的炼铝业的发展,其原料并非全部来自国内,而是利用水电站近海位置的优越性,进口别国的铝土矿来发展炼铝业。由此看来,这些国家利用本国丰富的水力资源以及近海的坝址条件来发展炼铝业,从而大大提高了工业化水平,使民族经济获得迅速发展。这是个值得借鉴的成功经验。

南非、摩洛哥和阿尔及利亚等国的电力消费很大,但水能潜力较小。其余各国的水电开发潜力都很大,其中安哥拉、刚果(布)、乌干达和埃塞俄比亚等国的水电开发前景尤其远大,有可能在将来转变为类型Ⅰ国家。

3. 一级类型Ⅲ

(1) 经济发展缓慢,建设困难很大。

本类型除毛里求斯外各国都是经济欠发达国家,大部分是农业国,电力市场十分狭小,经济基础也相当薄弱,因而水电工业的发展十分缓慢。但这类型国家大都对水电开发比较重视,一旦解决资金、技术等问题,水电工业便会迅速发展。有些国家(如马达加斯加、中非、卢旺达、毛里求斯、加蓬和斯威士兰等国)已有一定的基础,只要资金来源得到解决,还很有可能向类型Ⅱ发展。

(2) 水电规模小,水电比重较低,电力消费水平低下。

本类型19个国家的水力发电量和水电比重均很低。从电力消费水平看,本类型各国基本上都是非洲或世界最低的,按人均用电量在世界上的位次均在100名之后,并且有6个国家全为火电,水电开发还在计划之中。

第三节　非洲水电开发前景

水电是世界第一大清洁能源,提供了全世界20％的电力。开发水电对于提高综合效益、改善能源结构、保护生态环境以及保障能源安全、促进农村经济发展,具有十分重要的意义。世界各国都把开发水电作为能源发展的优先领域。可以断言,水电将成为后石油时代持续利用的替代能源。

水能资源是非洲最大的能源优势,水电发展潜力巨大,世界自然基金会的报告称,非洲大约有2900万千瓦的水力发电潜力,但目前只开发了不到10％。非洲大河流域完全具备建设大型水电站的条件。非洲水力发电潜力较大的国家主要有刚果(金)、喀麦隆和埃塞俄比亚。这些国家目前正在运营的水电站的装机容量约为200万千瓦,正在建设中的水电站的装机容量为402万千瓦。[①] 非洲通过修建水电站,增加了对城市和工业地区的可供电力,并刺激了这些地区的经济增长。例如刚果河除运营英加Ⅰ和英加Ⅱ两期发电能力为170万千瓦的水电站外,已计划建设英加Ⅲ水

---

① 资料来源:http://news.qq.com/a/20061130/002320.htm。

电站,根据用电增长情况分别建设英加Ⅲ电站的 A、B、C 三个电站,装机容量分别为
130 万、90 万、130 万千瓦,工程建成后将使非洲的发电量翻一番,工程将于 2015 年
10 月在刚果(金)启动,发电潜能约 4400 万千瓦。在赞比西河下游计划建设装机容
量超过 100 万千瓦的水电站。赞比亚装机容量 750 MW 的下卡富埃峡独立电力工
程已经开始实施,这是赞比亚规划兴建的最大电力工程之一,建成后其发电量将占
该国电力供应的 25%。赞比亚目前所需的总装机容量约为 1600 MW,预计未来 5～
7 年将达到 2500 MW。乌干达是将水电作为解决其能源需求方案的另一个非洲国
家。该国只有 5%左右的人口能用上电,电力需求已经超出了已建电站的容量。虽
然布贾加利项目已计划多年,但来自环保团体的反对以及资金筹措困难阻碍了其实
施。而正在形成的东非电网将为乌干达境内尼罗河上游的布贾加利水电站的发电
量提供市场。乌干达和肯尼亚之间已经存在跨国电网,在肯尼亚首都内罗毕和坦桑
尼亚北部城市阿鲁沙之间新建一条输电线路可使乌干达的水电工程为东非共同体
(EAC)成员国的 9000 余万人提供电力。乌干达已在维多利亚湖和苏丹边境之间的
尼罗河段上修建了两座水电站:180 MW 的纳鲁巴莱工程(前称欧文瀑布)和
120 MW 的基拉工程(1999 年投运)。一旦并网发电,预计将使乌干达的发电量翻
一番,促进经济增长。布贾加利水电工程是乌干达开发可靠、可行电力战略的重要
组成部分,而这一战略对该国的经济增长和发展至关重要。[①]

　　2010 年在埃塞俄比亚召开的"非盟"峰会上,重申了"2020 水电工程"水电建设
项目的重要性,并提出加快这一工程的实施,从而提高非洲电力供应能力,促进非洲
社会经济的发展。开发水能必须重视河流流域国家间的协作,合作开发,共同受益。
欧盟已计划为这一项目提供 1000 万欧元的资金支持,非盟多个成员国已着手进行国
内水电建设可行性研究。近年来,非洲国家非常重视区域之间的电力合作,已经成
立或酝酿成立的能源联营体有南部非洲电力联营集团、中部非洲能源联营体、西非
能源联营体和东非能源联营体等。例如,安哥拉和纳米比亚计划在两国边境上的库
内内河建一座爱普帕水电站,设计装机容量 40 万千瓦,造价 70 亿美元,2010 年已开
工。无疑,区域能源合作在调节国家间的能源供应余缺、保证成员国的能源供应上
将提供重要的保障。可以设想,全非洲可以开发的水能资源如果全部利用起来,则
相当于 2.5 亿吨标准煤,这是非洲的能源优势。

　　水电建设不可避免地会产生生态环境的负作用,还有移民问题等。例如,赞比
西河大型水电站建设,减少鱼类资源经济成本估计每年为 1000 万～2000 万美元。
目前发展大型水电站建设的呼声有增无减,使水电事业面临一系列挑战,必须努力
开发在技术上可行、在经济和环境上亦可行的水电工程。为此,许多水电专家都在

---

① [德] N. A.毕晓普:《非洲水电开发现状及展望》,载《水利水电快报》,2009 年第 30 卷第 10 期。

致力于研究水电建设的新途径,力求在水电建设的同时,协调好水电开发与生态环境保护的关系,尽可能减少水电开发过程中对生态环境的不利影响,同时解决好移民问题,这样才能保证建设的工程是成功的。

非洲开发水电最棘手的问题是资金和实力。非洲小国居多,经济落后,实力有限,开发水电应从实际出发,优先重点发展中小水电。小水电投资小、见效快,可因地制宜分散开发和就地供电,对环境影响较小,因而受到世界各国的重视。在非洲,尤其是农村大都不通电。例如,撒哈拉以南非洲地区农村通电率只有 7.5%;在莫桑比克,全国只有 15% 的人能用上电,且大部分是城市居民,几乎所有的农村地区都不通电。因此,非洲各国对开发小水电以促进经济发展的要求非常强烈,联合国开发计划署也把向非洲农村地区供电当作一项优先发展的战略计划,已于 2005 年正式启动撒哈拉以南非洲地区农村微/小型水电发展与投资项目,每个项目至少能使 3000 居民受益。[①]

在小水电建设方面,中国是经验最丰富的国家,十分重视亚非小水电合作,并在非洲 23 个国家开展了小水电咨询、规划和项目示范等活动。中国企业发展小水电的经验因地制宜地实践于非洲可以有所作为。

非洲水电建设的另一个问题是非洲水电的市场容量仍然有些小,主要原因是非洲国家的工业基础还相当薄弱,电力消费水平十分低下,电力的需求增长缓慢。但随着非洲地区人口的高速增长和经济的缓慢起步,以及各国工业化、城市化的进展,许多国家对水电的需求亦会增长,可以形成非洲水电工业极其广阔的市场,成为水电工业迅速发展的推动力。更有人提出过大胆的设想,如果这些动力在不久的将来可以送到更远的地方,那么,由非洲输送一些剩余电能到西欧去是可能的,因为那里有更为广阔的市场,关键是要解决一系列经济上和技术上的困难。可以说,这个设想一旦实现,非洲水电工业的布局将会大为改观,热带非洲地区将成为新的能源工业区(即水电工业区),其前景比人们通常预料的远大得多。

随着世界能源形势的紧张,非洲一些产油国(如尼日利亚、埃及等国)大力开发国内的水力资源,就会替换国内的石油消耗,将使国内更多的油气用于出口。同样的,对一些石油进口国来说(如肯尼亚、坦桑尼亚等国),由于水电的开发,对国际市场上石油的依赖也减小了。从上述这种意义上来说,水电则成为一种替换因素而间接地进入国际能源市场。刚果(金)早些年就设想,为了开拓英加水电站的电力市场,准备建设同位素分解工厂,通过电解水生产燃料用氢用于出口,这样就可以把水能转换成能源产物以间接形式出口。刚果(金)的这种设想在热带非洲水电开发利用上独创新路,也展现了更加美好而广阔的前景。而今许多非洲国家因为进口石油

---

① 姜忠尽:《非洲水能资源居全球第二位》,载《中国能源报》,2014 年 4 月 28 日,第 22 版。

已造成了沉重的财政负担,为了寻求解决能源危机和财政危机的根本途径,开发水电已成为许多非洲国家长远的战略方针。

目前,水电工业作为非洲国家国民经济的先导部门,对其他部门的杠杆作用显得越来越重要了。通过发展水电,不仅可以把非洲大耗电的矿冶工业带动起来,而且可以把非洲的农业带动起来。这些水库及水电站,可以收到发电、供水、养鱼、航运、旅游等综合经济效益。现在人们一提起埃及的农业,必然联系到阿斯旺高坝;一讲到加纳的经济进步,立即联想到沃尔特河水电工程(即阿科松博水电站)。所以把水电工业的经济意义提高到国民经济的支柱作用上来认识,便可以展现出非洲水电工业更加美好的愿景。

总之,非洲水电工业的前景是十分广阔的,在相当长的一段时期内,它都是非洲大陆实现工业化的基础。待到非洲各国的经济条件日趋成熟,加上许多国际因素的配合,热带非洲地区的刚果(金)、安哥拉、刚果(布)、莫桑比克、尼日利亚、赞比亚等国的水电工业都将有飞跃的发展,甚至可与拉美一些国家相媲美。同时,非洲三种水电工业类型可以产生转变,第二类国家中的埃塞俄比亚、苏丹、肯尼亚、科特迪瓦、坦桑尼亚等国可能转化为第一类,而第三类中的国家也将相应地转化为第二类,也使非洲水电工业的地理分布大为改观。同时,在利用方向上也将会增加一些新的内容,如专门从事商品性生产的二级水电工业类型。

图 4 - 4 - 16 非洲水资源挑战

第五章

非洲采矿业

　　非洲矿产资源不仅种类和储量在世界占有突出优势,而且具有矿体规模大、分布集中、矿层厚、埋藏浅、品位高等优点,有利于矿山大规模开发和建立综合性工业基地。长期以来,非洲矿产一直是世界工业强国持续争夺的战略资源,尤其是有色金属在世界上占有突出的战略地位。非洲单一矿业经济的畸形发展是西方殖民主义长期掠夺开发的结果。独立后,非洲国家着手改造单一矿业经济的殖民地性经济结构,经济多样化的战略对策已显成效,但采矿部门仍然结构单一、加工能力低下、外向性突出。建立合理的采矿、冶金、制造工业体系任重而道远。

　　非洲很多国家的采矿业是在殖民主义掠夺性开采的基础上迅速发展起来的。20世纪60年代以来,非洲国家相继获得了政治上的独立,采矿业也进入了新的发展时期,取得了一定的成就。但是,由于原宗主国和外国垄断资本集团继续采取新的方式控制非洲经济,而非洲国家政治不稳,又无经济实力和技术水平自主有效地经营现代化的工矿企业,依然不得不与他们继续保持密切的联系,因此至今矿业部门仍然具有明显的依赖性。初级矿产品仍然是主要的出口商品,远没有建立起完整的冶金工业体系。可以断言,非洲过去是,现在仍然是工业发达国家冶金工业和尖端工业所赖以生存的重要战略矿产供应地之一。

第一节　非洲矿业经济形成的资源优势

　　非洲国家发展采矿业具有十分有利的资源条件。非洲的矿产资源颇为丰富,尤其是具有战略意义的有色金属、稀有金属,其矿种之多、储量之大、分布之集中,早为世界所瞩目。

一、矿产资源在世界上占有重要的战略地位

　　非洲已探明的矿产资源中有36种为世界意义的矿物。它们都是现代经济得以发展的重要物质基础,某些矿产还是尖端工业不可缺少且尚无替代的战略性原料。

非洲拥有的钴、金、铂、钽、锗、铬、锰、金刚石、磷灰石这 9 种矿产的数量占世界储量的半数以上,在世界矿产中占优势。北美和澳大利亚虽然是西方发达世界中的矿产资源地区,但与非洲占有优势的 18 种矿产相比,除铀、锆、铯、蛭石外,其余的资源潜力都远逊于非洲。西欧矿产资源相对贫乏,日本更无重要矿产资源可言。因此,西方世界没有哪一个地区或国家可以替代非洲来满足世界现代经济发展尤其是尖端工业发展之需。美国虽然是矿产资源大国,但随着新技术、新工艺尤其是尖端科学技术的迅速发展,对多种稀有金属的需求量大大增加,特别是国内缺少的战略性矿产,如金刚石、铀、钴、锰、铂、锑、铜、金、钒等矿产,主要甚至全部来自非洲。西欧各国一向把非洲作为金属矿产如铀、铬、锰、钴、铜等原料的供应地。非洲矿产资源的开采主要不是为了满足自身发展工业的需要,而是向西方发达国家供应矿产原料。

二、矿产资源在种类和储量上占有突出优势,且分布集中

目前,世界上已经开发利用的矿物约 100 多种,其中大约 50 多种经济价值较大,非洲几乎蕴藏有全部重要的矿产资源,具有矿种多、品种齐全、储量大等优势。

非洲有 25 种有色金属矿具有世界意义,其中钴、铝、铂、钛、锗、镓 6 种矿产的储量均占世界第一位。有色金属由于其原料和产品的多样性以及若干特殊的性能而被广泛地用于现代工业和尖端科学技术,因而是现代经济部门不可缺少的重要原料。

表 4 - 5 - 1　2012 年非洲主要矿产资源分布在世界的位次[①]

矿种		主要国家	单位	产量	储量		
					储量	在世界的位次	占世界的比例(%)
常用有色金属	铜	赞比亚	千吨	675	20000	第九	2.94
		刚果(金)	千吨	580	20000	第九	2.94
	钴	刚果(布)	万吨	6	340	第一	45.33
	铝土矿	几内亚	亿吨	0.19	74	第一	26.4
贵金属	金	南非	吨	170	6000	第二	11.54
		加纳	吨	89	1600	第十一	3.07
	铂族金属	南非	吨	200	63000	第一	95.45
		津巴布韦	吨	20.4	—		

---

① 数据来源:根据 *Mineral commodity summaries 2013* 整理而成。

续 表

矿种	主要国家	单位	产量	储量		
				储量	在世界的位次	占世界的比例(%)
稀有金属	钛	南非和莫桑比克（钛铁矿）	千吨	1030	63000	第四	9.69
		南非和莫桑比克（金红石）	千吨	131	8300	第二	19.76
	铀	南非①	万吨	0.0563	29.56	第六	—
		纳米比亚	万吨	0.4626	28.42	第七	—
		尼日尔	万吨	0.3243	27.55	第九	—
黑色金属	铬铁矿	南非	千吨	11000	200000	第二	43.7
	锰矿	南非	千吨	3500	150000	第一	23.8
		加蓬	千吨	2000	27000	第七	4.29
非金属	钒	南非	吨	22000	3500000	第二	25
	金刚石	刚果（金）	百万克拉	22	150	第一	25
		博茨瓦纳	百万克拉	7	130	第二	21.7
		南非	百万克拉	5	70	第四	11.67
	磷灰石	摩洛哥②	亿吨	0.22	578	第一	75

1. 有色金属

在有色金属中，非洲以铜、铅、锌、钴、锡、锑、汞、镉 8 种最为重要，根据美国地质调查局 2012 年的数据，钴的储量为 369 万吨，占世界的 49.2%，居世界第一位。铜钴高度富集于"铜矿带"，品位高，矿体大，有利于大规模开采。轻有色金属矿中铝土矿最为重要。几内亚的铝土矿储量为 74 亿吨，占全球铝土矿总储量的 26.4%，为世界第一大铝土矿资源国，铝土矿主要分布在该国西部和中部地区。金和铂族是非洲重要的贵金属，其储量分别约为 9600 吨和 6.34 万吨，分别约占世界的 18.5%③和 96.06%，均居世界之首。非洲稀有金属品种较多，具有世界意义的有镓、钒、钽、锆、锗、铟、锂、铍、钛、金红石、铯、铀共 12 种，其中镓、钒、钽、锗的储量分别为 4.5 万吨、780 万吨、4.5 万吨、2400 吨，分别占世界总储量的 40.5%、49.4%、69.4% 和 54.5%，均居世界首位。

---

① 伍浩松：《非洲的铀资源》，载《国外核新闻》，2011 年第 2 期。
② 资料来源：萨菲海港，http://info.jctrans.com/hangyun/gkcx/fz/2005921138059.shtml。
③ 金的世界储量为 5.2 万吨。

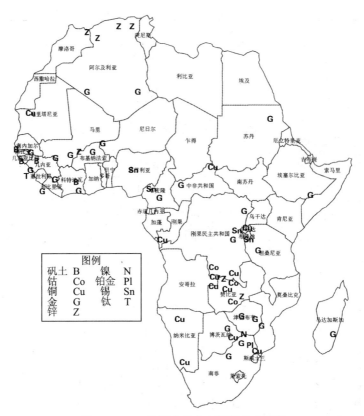

图 4-5-1　非洲有色金属资源分布图[1]

2. 黑色金属

非洲黑色金属矿的资源优势集中在锰和铬上,其储量各占世界的 32.6% 和 52.6%。[2]

锰矿主要分布在南非和加蓬,加纳、摩洛哥、安哥拉、刚果(金)、纳米比亚等国也有分布。据 2008 年数据显示,南非的锰矿储量为 9500 万吨,占世界储量的 19%,基础储量[3]占世界总储量的 76.9%,位居乌克兰之后,在世界排名第二位。加蓬的锰矿储量为 5200 万吨,占世界的 10.4%。铬在非洲主要集中分布在南非和津巴布韦,两者的储量分别为 0.77 亿吨和 1.4 亿吨。[4] 津巴布韦的铬铁矿主要分布在该国中部南

---

① 资料来源:*Mineral in Africa*:*1990 International Review*,Washington, DC:Bureau of Mines, 1992。

② Thomas R. Yager, Philip M. Mobbs, Omayra Bermudez-Lugo, et al, *Wilburm*:*The Mineral Industries of Africa*, 2003.

③ 基础储量是指这种储量是从经济角度可开采的储量,这种储量只包含可开采的矿产量,所以它仅仅可以代表资源的丰度,而不能纳入精确的计算体系。

④ 南非的数据来自 USGS,2009 年;津巴布韦的数据来自个人图书馆 360.doc,http://www.360doc.com/content/090130/13/19147_2418827.html。

北走向的世界著名的基性、超基性大岩墙(南北长 480 公里,平均宽 5.8 公里)中,部分产在基性杂岩体中,储量 14000 万吨。据 2008 年数据显示,铁矿主要分布在南非和毛里塔尼亚,其储量分别占世界的 0.89% 和 0.55%,利比里亚、几内亚、利比亚、塞拉利昂、科特迪瓦也有较多分布。

图 4 - 5 - 2　非洲黑色金属资源分布图[1]

3. 非金属

非洲的非金属矿以金刚石、碳(鳞状石墨)、萤石、磷灰石、蛭石、石棉最为重要,前四种矿的储量均居世界第一位。南部非洲是世界最重要的金刚石富集区,南非、博茨瓦纳、刚果(金)是非洲三大金刚石储藏国,三者的金刚石储量占世界的 60.3%。非洲是世界三大磷灰石分布地区之一,储量约占世界的一半以上。摩洛哥和西撒哈拉地区境内的磷灰石储量十分丰富,已探明的储量合达 57 亿吨,占世界储量的 38%[2],居世界第一位。萤石、蛭石和石棉主要分布在南非。蛭石储量占世界的

① 　资料来源:*Mineral in Africa:1990 International Review*,Washington,DC:Bureau of Mines,1992。

② 　资料来源:USGS,2009 年。

40％,开采量占 45％,出口量占世界总出口量的 95％。[1]

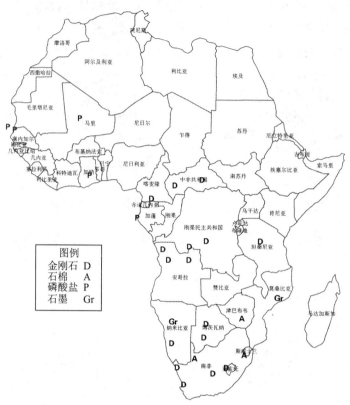

图 4-5-3 非洲非金属资源分布图[2]

三、具有矿体规模大、矿层厚度厚、埋藏深度浅、品位高等优势,有利于矿山大规模开发和建立综合工业基地

非洲矿产,尤其是有色金属的矿床延伸范围广大,其中以南非的"兰德金弧"和中非的"铜矿带"(图 4-5-4)最为典型。前者为世界著名的金砾岩矿床,伴生有丰富的铀、银等,在长达 250 千米的椭圆形区域内,集中了世界一半的黄金探明储量,矿层厚处达 8 千米。"铜矿带"全长约 800 千米,宽约 60~100 千米,矿层厚度大、埋藏浅,多在地表下 50 米内,浅者仅 2~3 米,便于露天开采;铜矿品位为 3.5％~6％,高者达 16％,伴生矿物极为丰富,有钴、铅、锌、银、镉、锡、镉、钽、铌、锗、铀、硒等。此外,还有几内亚博克铝土矿,其品位高达 60％。摩洛哥的胡里卜加是世界大型磷灰石矿之一,磷酸钙含量高达 80％左右。

① 资料来源:Chamber of Mines,South Africa(2002)。
② 资料来源:*Mineral in Africa:1990 International Review*,Washington,DC:Bureau of Mines,1992。

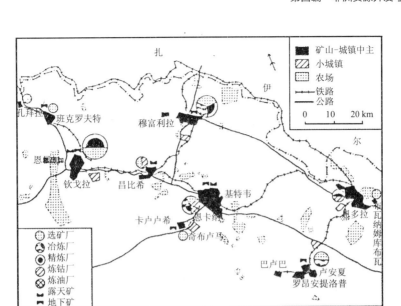

图 4-5-4　赞比亚"铜带"矿山-城镇群①

表 4-5-2　南非主要矿产的储量、产量占世界比重②

	矿种	单位	产量	储量	在世界的位置	占世界的比例(%)
贵金属	金	吨	170	6000	第二	11.54
	铂族金属	吨	200	63000	第一	95.45
稀有金属	钛铁矿	千吨	1030	63000	第四	9.69
	金红石	千吨	131	8300	第二	19.76
	铀	万吨	0.0563	29.56	第六	—
黑色金属	铬铁矿	千吨	11000	200000	第二	43.7
	锰矿	千吨	3500	150000	第一	23.8
非金属	钒	吨	22000	3500000	第二	25
	金刚石	百万克拉	5	70	第四	11.67

四、矿产资源空间分布不平衡性突出

把全非作为一个整体来看,矿产资源是极其丰富的,发展冶金工业所需的各种原料可以说是应有尽有,但从矿产资源的区域分布上看,不均衡的特点突出。油气

---

① 姜忠尽:《非洲"铜带"铜钴工业地域综合体初步研究》,载《热带地理》,1998 年第 1 期。

② 数据来源:*Mineral commodity summaries 2013*。

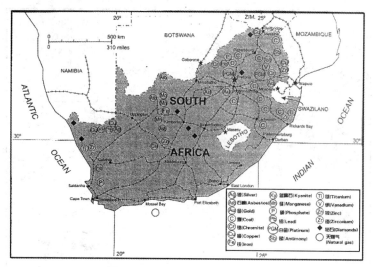

图 4-5-5 南非矿产资源分布

资源集中在北非撒哈拉沙漠北部和西非几内亚湾—大西洋沿岸地带。矿产资源集中在中南部非洲,尤其是南非和刚果(金)。但如果具体到每个国家来看,矿产资源的丰富度在国家之间有天壤之别。非洲小国众多,国土面积在 5 万平方千米以下的小国就有 12 个。这使得矿产分布的极端不平衡性更加突出,少数国家往往仅拥有一两种优势矿产资源,而不少国家甚至缺乏矿产资源。小国拥有的工、矿资源量,往往不足以建立大、中型的工矿企业。各国工业可能具有各自的特色,却给建立综合性的工业地域体系造成很大困难,成为工业发展的一大不利因素。

第二节 非洲采矿业形成的历史进程

非洲单一采矿业的发展,经历了漫长、曲折的发展过程,大致可以划分为特点不同的三个时期。

一、前殖民时期原始的传统采矿业(19 世纪中期以前)

在欧洲殖民者入侵之前,非洲的原始矿业和传统手工业曾达到相当高的水平。北非地区早在公元前 3000—前 200 年就已掌握了青铜的冶炼和制作工具的技术,早在公元前 700 年,铁制工具和武器已盛行于北非地区。例如埃及在那时已普遍地使用铁器生产工具。苏丹境内的麦罗埃是当时的一个重要冶铁业中心,并且向非洲内地传播铁器制造技术。撒哈拉以南非洲同北非大不相同,除个别地区外,大部分没有经历由青铜时代向铁器时代的过渡,而是从石器时代直接进入铁器时代的。在西非,当地人先使用铁,然后才使用铜,是最早掌握炼铁技术的地区。西非至少在公元前400年就已普遍使用炼铁和铸铁技术。到5世纪时,冶铁术已广泛传播至整个非洲大陆。东非和南非进入铁器时代稍晚。在东非湖区的乌干达和卢旺达以及印度洋沿岸的肯尼亚和坦桑尼亚,发现了2—5世纪的铁器生产遗址。在南部非洲的赞比亚、南非、斯威士兰及中非的刚果(金),也陆续发现了3—5世纪的铁器时代遗址。从赤道以南地区的铁器制作技术来看,8世纪后有了很大发展,当地班图人已经掌握了铁器的焊接和打制成薄片的技术。奴隶贸易之前,非洲许多民族采铁和炼铁的技术已相当纯熟,能铸造和打制各种工具、武器及装饰品等。12—16世纪,铁一直是非洲对外出口的大宗产品之一。铁器工具的制造和使用,极大地推动着非洲的社会生产力的发展。

撒哈拉以南非洲的铜矿开采和冶炼活动晚于铁。在中非"铜矿带",到500年前后才出现采铜活动。9—10世纪,"铜矿带"的开发发展到相当的规模,如赞比亚"铜矿带"的布瓦纳姆库布瓦古铜矿坑就长达1600米。赞比亚人将铜矿砂制成铜锭和铜条,利用铜锭加工成装饰品、铜丝、子弹、锄头,铜条用作流通货币。

在非洲各地出土的装饰品中有耳环、手镯、脚镯等,一般是用铜绿长石、赤铁矿石、玉髓石、骨和象牙等做成的,制作精巧。

二、近代采矿业的兴起和发展(19世纪中叶以后至第二次世界大战)

19世纪末至20世纪初,西方资本主义进入垄断资本主义阶段,展开了对世界原料产地和销售市场的激烈争夺。更有甚者,各殖民地宗主国以经济技术上的优势,迫使各殖民地变为他们的原料供应基地和商品倾销市场,非洲首当其冲,其矿产品的开采和出口随之迅速发展起来。帝国主义通过直接占领或瓜分非洲的手段,开始大规模地开发非洲的矿产。黄金、钻石、铜、铁、煤、锌成了主要的开发掠夺对象。随着1868—1871年南非奥兰治河冲积矿和金伯利地区岩筒金刚石的相继发现,欧洲殖民者趋之若鹜,争相开采,开始了非洲现代采矿业的兴起时期。如新的矿业城金伯利在矿区出现,其人口迅速增长到5万。到20世纪初,仅格里夸兰地区的金刚石年产量就逾300万克拉。继"金刚石"之后,南非又出现了"黄金热"。莱登堡和巴伯顿先后在1872年和1875年发现了可供开采的金矿。尤其是1866年沃特瓦特斯兰德黄金富矿的发现,迅速掀起了一场空前的"黄金热",大批淘金者涌向金城约翰内斯堡。到1910年,南非的黄金年产量已达234吨,占世界总产量的34.2%,超过美国和澳大利亚而跃居世界第一。在兰德方丹和莫德方丹之间,形成了约80千米长的金矿区。

南非采矿业的兴起进一步刺激了欧洲殖民者对非洲矿产资源的掠夺,欧洲列强把非洲纳入欧洲经济圈,修建铁路和公路、开发矿山。例如,19世纪末,英国和比利时殖民者开始入侵赞比亚和刚果(金),在赞—刚边境的"铜矿带"先后勘查并开采铜矿。德国和葡萄牙分别在纳米比亚和安哥拉开采金刚石矿。

从19世纪末至第一次世界大战期间,殖民者主要掠夺的目标是黄金、钻石、锡、锰、铜、铁、镁、锌等矿藏,以单一矿砂或初加工矿产品的形式出口至西方工业国家,非洲单一采矿业开始逐步形成。这一时期黄金主产南非、津巴布韦、加纳、刚果(金)、马达加斯加和坦桑尼亚,1913年其合计产量为310.8公吨,其中南非一国独占88%。钻石主产南非、纳米比亚和安哥拉,1913年南非和纳米比亚的钻石产量分别达到600万克拉和150万克拉。安哥拉1916年的钻石产量达到60万克拉,钻石成为该国首要出口物资。尼日利亚当时是锡的重要产地,1911年锡的出口量超过了1000吨。赞比亚和刚果(金)均在20世纪开始采用近代技术开采铜矿并出口。非洲的采矿业完全控制在欧洲垄断资本手中。例如,英国垄断资本不仅控制着南非的钻石和黄金生产,还参与刚果(金)和赞比亚的采矿业。

第一次大战结束后,帝国主义者进一步调查非洲的矿产资源,相继在西非的几内亚、塞拉利昂和毛里塔尼亚发现了丰富的铁矿和锰矿;在加纳发现了金刚石矿;在东非地区发现了煤矿、铁矿、金刚石矿;在维多利亚湖区发现了金矿;在南非又发现了铂矿和锰矿;在"铜矿带"进一步发现了著名的大型铜矿。富饶的矿产资源和大量廉价的黑人劳动力,向外国垄断资本展示了极大的魅力,使得他们大规模投资开发矿产资源。据1938年统计,非洲开采的钻石、钴、黄金、铬、锰、铜、锡等矿产,在资本主义世界均占有重要地位。其中,钻石、黄金、铜三种矿产分别占资本主义世界总消耗量的98%、46%和21%。

第二次世界大战期间,资本主义黄金掠夺主要集中在南非、津巴布韦和加纳,此外还开采刚果(金)、赞比亚、几内亚、塞拉利昂等国的金矿。金刚石集中在南非、纳米比亚、刚果(金)、加纳、塞拉利昂、安哥拉等国。铜矿开采以刚果(金)和赞比亚两国为主。到1936年,刚果(金)的铜产量从1919年的2.3万吨增加到9.75万吨。赞比亚1938年的铜产量达到21.6万吨。外国垄断资本由此赚取了超额利润,而非洲的近代矿业也同时迅速扩展,进入畸形发展阶段。

三、战略矿产资源的开发与冶金工业的起步(第二次世界大战开始至20世纪60年代非洲民族国家独立)

第二次世界大战期间,非洲是反法西斯的国家获取矿产原料的重要来源地。军需工业的迫切需求,为非洲战略矿产资源的开发提供了动力,而科学技术的进步又使新矿种的开发利用成为可能。这导致非洲又步入一个新的发展阶段。例如,当时运往美国的战略资源主要有金刚石、锡、铬、锰、铂、钴、钽、铌、铀等矿石。战时,英国军队进入刚果(金),1940年获取了1071吨铀矿石。美国和英国还联合成立南非铀矿开采委员会,专门负责向美国输出矿石以进行提炼。1940 年和 1944 年美国从非洲进口的金刚石占其进口总量的 85.9%。英国除从非洲进口铬、锰、铁矿石、铜外,还大量进口制造军火的原料。例如,1943 年它从赞比亚进口的钴矿石相当于 1938 年的 15 倍,从南非进口的钒矿石比战前多 50% 以上。1945 年英国从津巴布韦、南非、安哥拉、加纳、塞拉利昂等国获得的金刚石,相当于战前的 10 倍多。

第二次世界大战后,帝国主义为扩充军备,加紧对非洲战略矿产资源进行掠夺,开采矿种不断增加,开发规模不断扩大,使一些非洲国家的经济结构更加畸形,少数几种矿产成为国家的主要出口物资和外汇来源。军工需求的刺激,加速了石棉、铜、钴、铀、铂、锂、锑等矿物的开发。例如,南非和津巴布韦的石棉产量迅速跃居世界前列。1959 年南非产铀 5840 吨,成为西方核燃料的主要供应者。再者,英、美资本战后迅速恢复了赞比亚"铜矿带"的生产,使其成为世界第三大产铜国。独立前,赞比亚的铜工业产值占到国内生产总值的一半和国家出口总值的 90% 以上,成为典型的单一矿业经济。矿产资源的掠夺性开采,使外国垄断资本从非洲获取高额利润。仅据南部非洲的统计,在战后的十年里,外国资本掠走的矿产品价值高达 200 亿美元。

在欧洲殖民者入侵非洲之后,非洲冶金工业虽也有了一些发展,但殖民统治者的主要兴趣是把殖民地的经济纳入宗主国的经济体系,使其成为宗主国工业的原料供应地和制成品的倾销市场,所建立的只是一些为出口服务的矿产加工企业。宗主国制成品对殖民地的倾销扼杀了非洲原有传统金属冶炼,并排挤了现代冶金工业的正常发展和民族资本的形成。因此,当 20 世纪 60 年代非洲国家独立时,其国内整个工业的产值平均不超过国内生产总值的 1/5,制造工业更为弱小,不超过 1/100。而且,大多数非洲国家可以说没有像样的冶金工业可言。

第三节　非洲采矿业的特点和布局

一、采矿业的基本特点

非洲国家获得独立后,采矿业进入了新的发展阶段。但应看到,一方面,原宗主国和外国垄断资本集团为维护自身的既得利益而不断采取新的形式继续控制采矿业的种种权力;另一方面,新独立国家尚无经济实力和技术水平完全独立地经营采矿业,不得不与他们继续保持着密切的联系,采矿业部门仍然具有殖民地性质。

1. 单一采矿业的生产体系没有发生根本性改变

独立后,不少非洲国家着手对原有经济结构进行调整,但难以在短期内根本改变单一采矿业经济的状况,采矿业仍然是一些非洲国家重要的经济部门和主要的外汇收入来源;另一方面少数国家从一种单一农产品为主的单一农产品经济转向另一种以矿产品为主的单一经济或表现出这种新的倾向。尼日利亚、利比亚可说比较典型。尼日利亚独立前,在国际市场上是颇负盛名的花生、油棕、可可等农产品生产和出口大国。世界进入石油时代以后,尼日利亚大力开发尼日尔河三角洲丰富的石油资源,吸引了大量农业劳动力转向石油工业,迅速成为非洲原油开采和出口大国,而农业受到忽视和冷落而迅速衰退,从粮食自给国变成粮食净进口国。农业在尼日利亚国民生产总值中所占的比例由 1960 年的 64% 下降到 2005 年的 23.3%(2000 年为 26.3%)[①]。

非洲仍有相当数量的国家采矿业依然占据国民经济的重要地位。其中有些国家如安哥拉、博茨瓦纳、刚果(布)、几内亚、利比里亚、利比亚、毛里塔尼亚、尼日利亚、加蓬 9 国,采矿业产值占工业总产值的 80% 以上,采矿业几乎是其唯一的工业部门。

应指出的是,非洲国家为改变单一经济状况,采取了经济多样性的发展政策,取得了不同程度的进展。但由于种种原因,有些国家的单一采矿业至今没有得到根本性的改变,有的采矿业在国民经济中所占的比例甚至更高了。例如,石油、天然气、铝土、铜、铁矿石、铀、镍等仍占出口很大比重,而其制成品的生产能力低,以内销为主,出口有限。

2. 采矿业部门结构单一,加工能力低

外国垄断资本集团的掠夺性开采,使非洲国家采矿业部门结构单一,加工能力极低,产品多以矿砂或初级品的形式输出至发达国家的状况没有发生根本性的改变。这是非洲国家采矿业仍然存在的突出特点。例如利比亚、阿尔及利亚和尼日利亚的石油、利比里亚和毛里塔里亚的铁矿、赞比亚的铜矿、刚果(金)的铜钴、几内亚的铝土矿、尼日尔的铀矿等,几乎是各自采矿业的唯一部门。

由于外国垄断资本集团长期把非洲矿产原料作为主要掠夺对象而片面发展单一的矿物开采,加工部门得不到应有的发展。独立后,随着民族经济的发展,矿产加工工业部门有了一定的发展,但由于受国家经济实力、科学技术水平和人才的限制,矿产资源利用的广度和深度远远比不上工业发达国家,尤其是稀有金属的提炼受到极大的限制,不得不直接输往西方工业发达国家进行加工。例如,几内亚的铝土矿、尼日尔的铀、刚果(金)的铜以及一些稀有金属,均主要以原料或初级品的形式输出。这一矿业部门的纵向组合格局短期内不可能发生根本性改变。

3. 采矿业的外向性十分突出

非洲的采矿业是适应西方发达国家经济发展需要而发展起来的,生产的方向几乎完全是为了出口,本身消费量极为有限。产油大国尼日利亚、利比亚、安哥拉和阿尔及利亚的原油大部分出口至西欧和北美。赞比亚和刚果(金)是非洲的两大产铜、钴的国家,国内对铜的消费量很低,几乎全部提供出口,钴全部出口。几内亚的铝

---

① 资料来源:世界银行网站,http://devdata.worldbank.org。

土、尼日尔的铀矿均以原材料的形式出口。2010 年几内亚是非洲最大的产铝国,开采量在 1510 万吨左右,绝大部分供出口。[①] 在出口结构中农产品出口值所占比重急剧下降,而能源和燃料的出口则呈相反走向,取代了昔日农产品的地位,导致整个国民经济发生了经济结构性的变化。非洲 11 个石油出口国经济总量占非洲总量的49%。[②] 其中石油的出口成为国民经济的支柱,尤其是北部非洲,其燃料出口值占到了总出口值的 69%,大大高于高收入国家的比例 5%。

4. 冶金工业基础薄弱、生产规模小,尤其是有色金属冶炼与其发达的采矿业形成鲜明的对照

全非除少数国家建有比较发达的冶金工业外,有些国家几乎无冶金工业可言,有些国家虽有发达的采矿业,但冶金工业规模小,产量有限,远不能与其采掘能力相匹配,不得不大量输出矿砂。稀有金属受到技术经济条件的极大限制,也不得不以矿砂的形式直接输往西方国家进行提炼加工。

非洲有色金属的冶炼,主要有铝、铜、铅、锌、锡等。几内亚的弗里亚、加纳的特马、喀麦隆的埃代阿,是非洲重要的炼铝中心。"铜矿带"是非洲重要的炼铜基地,赞比亚的恩多拉、穆富利拉、罗卡纳和刚果(金)的利卡西、卢本巴希、科卢韦奇是重要的炼铜中心。赞比亚以精铜炼制为主,刚果(金)以粗铜炼制为主,两国铜材绝大部分供出口,钴是炼铜的副产品。刚果(金)和赞比亚是世界最大的两个炼钴国和钴出口国。刚果(金)、尼日利亚、南非是非洲三大产锡国,均建有炼锡工业。

非洲的黑色冶金工业一般是冶炼生铁和粗钢。采矿和炼铁业虽有悠久的历史,但发展极为缓慢,现代钢铁工业既年轻又落后,资源条件远未得到应有的利用。例如,刚果(金)拥有发展钢铁工业的优越资源条件,但由于比利时殖民统治,一直没有建立起现代钢铁工业。从整个非洲来看,钢铁工业的大发展始于 20 世纪 60 年代的国家独立时期,经过 20 多年的努力,至今建有不同规模钢铁工业的国家已有近 30个,但在总体上生产规模和水平仍然是世界最落后的一个大洲,在发展中的第三世界也算是最落后的地区之一。2005 年非洲仅有阿尔及利亚、埃及、利比亚和南非的钢产量超过 100 万吨,其他国家的炼钢厂的规模一般很小,设备加工能力低,炼钢和轧钢能力多在 50 万吨以下,其中近半数能力在 10 万吨以下。从钢铁工业的分布来看,除西非的尼日利亚在迅速发展中外,主要集中分布在南部非洲和北非少数国家。

二、采矿业的生产布局

1. 有色金属开采品种多,生产规模在世界上占有优势

非洲是世界有色金属的重要产地,其中以金、铂族、铝、铜、锆、锑的开采规模较

---

①　资料来源:U.S. Geological Survey, *Mineral commodity summaries 2012*。

②　资料来源:中国网,http://www.china.com.cn。

大,在世界上占有重要地位。

表 4-5-3　2010 年非洲主要国家矿石年产量[①]　　　　　　单位:千吨

国家	贵金属		常用有色金属			稀有金属		黑色金属			非金属	
	金(千克)	铂(吨)	铝合物(万吨)	铜(千吨)	钴(吨)	钛铁矿(吨)	铀(吨)	锰(千吨)	铬铁矿(千吨)	铁(千吨)	金刚石(千克拉)	磷灰石(千吨)
阿尔及利亚	723	—	—	—	—			—	—	1469		1525
博茨瓦纳	1800	—	—	28	—						21000	
布基纳法索	24104	—	—	—	—			18				2.4
布隆迪	750	—	—	—	—			—				
喀麦隆	1800	—	—	—	—			—				12
中非共和国	60	—	—	—	—			—			302	
乍得	100	—	—	—	—			—				
刚果(布)	150	—	—	—	—			—			381	
刚果(金)	3500	—	—	440	61000			—			16800	
科特迪瓦	5310	—	—	—	—			76				
埃及	4607	—	—	—	—	11000	5	—		256		3021
赤道几内亚	200	—	—	—	—			—				
厄立特里亚	35	—	—	—	—			—				
埃塞俄比亚	5936	—	—	—	—			—				
加蓬	300	—	—	—	—			1500				
加纳	76332	—	512	—	—			420			334	
几内亚	15217	—	15100	—	—						374	
肯尼亚	2000	—	—	—	—			—		—6		
利比里亚	800	—	—	—	—			—			25	
马达加斯加	70	—	—	—	700	273000		—	90			
马里	36344	—	—	—	—							
毛里塔尼亚	8300	—	—	37	—			—		11500		
西撒哈拉	650	32461	—	14	3130			40		45		
莫桑比克	80	—	11	—	—	678400		—				
纳米比亚	2683	10140	—	—	—		4500	12			1693	
尼日尔	1900	—	—	—	—		4198	—				
卢旺达	20	—	—	—	—			—				

① 资料来源:U.S. Geological Survey, *Mineral commodity summaries 2012*。

续　表

国家	贵金属		常用有色金属			稀有金属		黑色金属			非金属	
	金(千克)	铂(吨)	铝合物(万吨)	铜(千吨)	钴(吨)	钛铁矿(吨)	铀(吨)	锰(千吨)	铬铁矿(千吨)	铁(千吨)	金刚石(千克拉)	磷灰石(千吨)
塞内加尔	4381	—	—	—	—		—			—		976
塞拉利昂	270	—	1090			18206					438	
南非	188701	50625	—	103	400	1200000	583	2900	10871	58709	8868	2493
苏丹	26317	—	—	—				186	57			
坦桑尼亚	39448	—	130	5	—			—			80	17.2
多哥	13000											695
突尼斯	—									150		8148
赞比亚	3400	—		820	5700			40				
津巴布韦	9100	—		5	60			—	510	—	8435	56.7
摩洛哥												26603
小计	479000	93200	16800	1450	71000	2180606	9281	5200	11500	72200	71800	43537
占世界百分比	19%	2%	8%	9%	70%	21%	17%	36%	48%	3%	56%	24%
世界产量	2560000	4170000	216000	15800	101000	10400000	53400	14600	24000	2600000	129200	182000

表4-5-4　非洲主要国家矿石的产量与预测产量①

	国家	2000年	2005年	2010年	2013年	2015年	2017年
贵金属	**金(千克)**						
	南非	430800	294671	188701	221000	228000	223000
	加纳	72080	66852	76332	87800	103000	106000
	坦桑尼亚	15060	47270	39448	48600	51600	56300
	马里	28717	44230	36344	49500	49700	45600
	苏丹	5774	3625	26317	31600	32500	29700
	布基纳法索	625	1397	24104	36500	46900	51800
	铂(千克)						
	南非	114459	163711	147790	174000	188000	193000
	津巴布韦	505	4834	8800	11000	12000	13000

---

① 数据来源:U.S. Geological Survey, *Mineral commodity summaries 2012*,2000年、2005年、2010年数据为实际产量,2013年、2015年、2017年数据为预测产量。

续　表

		国家	2000 年	2005 年	2010 年	2013 年	2015 年	2017 年
常用有色金属	铝土矿（千吨）	几内亚	15700	14600	15100	15000	27000	37000
		塞拉利昂	—	—	1090	1100	6100	11100
		加纳	504	727	512	1500	1500	1500
		坦桑尼亚	—	2	130	130	130	130
		莫桑比克	8	10	11	11	11	11
	铜（千吨）	赞比亚	249	447	820	900	1000	1600
		刚果（金）	31	97	440	777	947	991
		南非	137	89	103	106	106	106
		博茨瓦纳	35	31	28	28	30	30
		摩洛奇	7	4	14	14	14	14
	钴（吨）	刚果（金）	10000	24500	61000	95700	105000	116000
		赞比亚	4600	9300	5700	7000	7000	7000
		摩洛哥	1300	1600	3130	3200	3200	3200
		马达加斯加	—	—	700	4900	5600	5600
		南非	580	620	400	1000	1000	1000
		津巴布韦	79	281	60	200	200	200
稀有金属	锂（吨）	津巴布韦	1100	1100	700	800	800	800
黑色金属	铁矿（千吨）	南非	21570	24900	36900	46700	48900	49500
		毛里塔尼亚	7500	7000	7500	8500	10000	10000
		安哥拉	820	800	735	1500	1500	1500
		埃及	1045	880	141	1000	1000	1000
非金属	金刚石（千克拉）	博茨瓦纳	24635	31890	21000	28000	28000	28000
		刚果（金）	16006	35207	16800	19500	19500	19500
		安哥拉	4313	7079	13000	10000	10000	10000
		南非	10790	15776	8868	8200	8500	9100
		津巴布韦	23	251	8435	10000	11000	10000
	磷灰石（千吨）	摩洛哥	10487	28788	26603	—	—	—

（1）贵金属

贵金属中以金和铂族金属矿开采最为重要，主要分布在布基纳法索、加纳、马里、南非、津巴布韦和坦桑尼亚。[①] 南非和加纳是非洲重要的产金国。南非是继中国之后的第二大产金国，2010 年金的生产量为 188.71 吨[②]，金矿的开采高度集中在兰德金矿带和奥兰治自由邦的韦尔科姆金矿带。

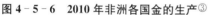

图 4-5-6　2010 年非洲各国金的生产[③]

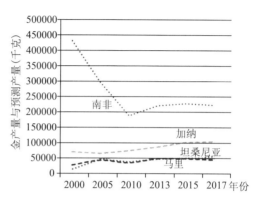

图 4-5-7　非洲国家金的产量与预测产量[④]

南非是世界上第一大铂族金属矿生产国，2010 年开采量为 147 吨[⑤]，占世界总产量的 76.5%，主要开采中心在吕斯滕堡地区。此外，铂族金属在中非，尤其是刚果（金）、埃塞俄比亚和津巴布韦也有分布。

（2）常用有色金属

常用有色金属矿的开采以铝、铜、钴、铅、锌、锑为主。非洲是世界重要的铝土矿开采地区，而几内亚是非洲重要的铝矿开采基地。几内亚、塞拉利昂、加纳、津巴布韦为非洲四大铝土矿开采国，其中几内亚是仅次于澳大利亚的世界第二大产铝国，2010 年铝土矿开采量为 1.5 亿吨，约占非洲的89.88%和世界的 7%。位于几内亚西部的博克、弗里亚和金迪亚是三大采铝中心，其中以博克矿区最为重要，开采量占全国的 70%以上。

"铜带"是非洲也是世界重要的铜钴产地，开采主要集中于中非铜矿带，它也是世界重要的铜产地和最大的钴产地。在赞比亚境内，铜钴的开采集中在钦戈拉、穆富利拉、罗卡纳、卢安席亚、孔科拉、昌比希、奇布卢马和布瓦纳姆库瓦布八大矿区，2010 年铜、钴开采量分别是 82 万吨和 7800 吨。

[①]　资料来源：U.S. Geological Survey, *Nonfuel Mineral Exploration 2004*。

[②]　资料来源：U.S. Geological Survey, *Mineral commodity summaries 2012*。

[③]　资料来源：根据表 4-5-3 绘制。

[④]　资料来源：根据表 4-5-4 绘制。

[⑤]　资料来源：U.S. Geological Survey, *Mineral commodity summaries 2012*。

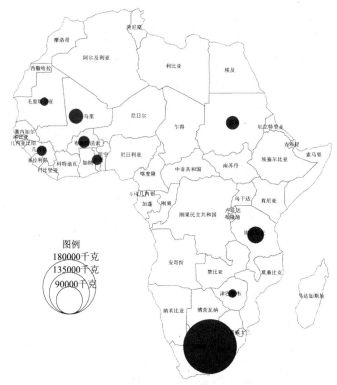

图 4 - 5 - 8 2010 年非洲金年产量空间分布①

非洲也是重要的产锑区,南非和摩洛哥为非洲两大产锑国。南非现在是次于中国和玻利维亚的世界第三大产锑国,2008 年产锑 3000 吨,占世界总产量的 1.8%,开采中心在德兰瓦省的穆奇森矿带。

图 4 - 5 - 9 2010 年非洲铝土矿产量②

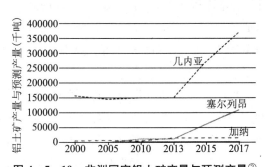

图 4 - 5 - 10 非洲国家铝土矿产量与预测产量③

---

① 资料来源:根据表 4 - 5 - 4 绘制。

② 资料来源:根据表 4 - 5 - 3 绘制。

③ 资料来源:根据表 4 - 5 - 4 绘制。

图4-5-11 2010年非洲铝年产量空间分布①

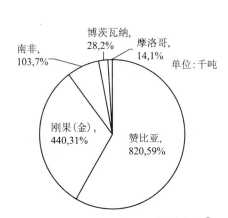

图4-5-12 2010年非洲铜矿产量②

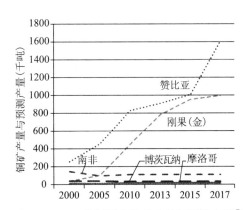

图4-5-13 非洲国家铜矿产量与预测产量③

① 资料来源:根据表4-5-4绘制。
② 资料来源:根据表4-5-3绘制。
③ 资料来源:根据表4-5-4绘制。

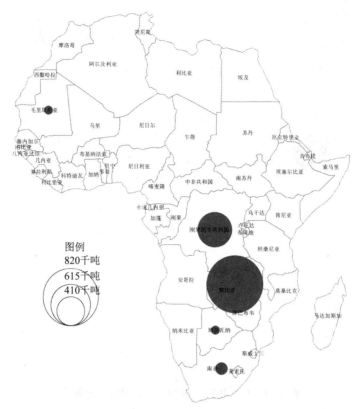

图 4-5-14 2010 年非洲铜的年产量的空间分布①

（3）稀有金属

非洲稀有金属储量虽然丰富,但由于矿物分离技术要求高,本身消费量又极为有限,开采规模不大,资源潜力远未充分开发利用。迄今非洲稀有金属的生产主要集中在锂、钛、钒、钽、铌、锆、镉、锗等矿种上。南部非洲是最重要的稀有金属矿产区,其中以津巴布韦、南非、纳米比亚、莫桑比克、赞比亚、刚果（金）最为重要。其中2010 年南非和莫桑比克钛铁矿石产量分别为 1200 千吨和 678.4 千吨,分别占全非产量的 55％和 31％,占世界的 6.5％和 11.5％。此外,铀矿也是非洲重要的稀有金属开发矿种,其中 2010 年纳米比亚和尼日尔的产量分别为 4500 吨和 4198 吨,分别占非洲产量的 48.4％和 45.2％,占世界的 8.4％和 7.9％。

2.非洲黑色金属矿的开采以铁、锰、铬矿为主

（1）铁

南非、利比里亚、毛里塔尼亚是非洲三大铁矿开采国。南非的铁矿石产量大部

_____

① 资料来源:根据表 4-5-4 绘制。

分用来满足国内钢铁工业需要,其余部分直接出口,利比亚和毛里塔尼亚的铁矿石几乎全部输出。2010 年南非铁矿产量 3690 万吨,毛里塔尼亚 750 万吨,分别占全非产量的 81% 和 17%(表 4 - 5 - 4)。

（2）锰

南非和加蓬是非洲也是世界重要的锰矿开采国。南非 2010 年锰矿开采量 300 万吨,开着省东北部的库鲁曼地区是世界最大的锰矿产区;加蓬 2010 年锰矿开采量为 160 万吨。

（3）铬

南非和津巴布韦的铬铁矿石产量分别居世界第一位(742.9 万吨)和第四位(70 万吨),两国铬铁矿产量占世界的 44.3%。[1]

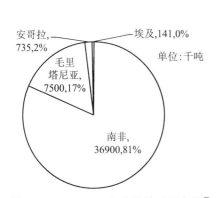

图 4 - 5 - 15　2010 年非洲铁矿石产量[2]

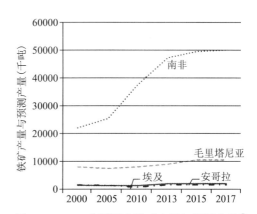

图 4 - 5 - 16　非洲国家铁矿产量与预测产量[3]

3. 非金属开采品种虽少,但均为世界重要产地

金刚石、石棉、磷灰石是非洲具有世界意义的非金属矿,开采规模较大。

（1）金刚石

金刚石的开采有百余年的历史,目前已有 15 个国家进行开采。博茨瓦纳是非洲乃至世界最大的金刚石开采国,2010 年产量 0.21 亿克拉,占全非总产量的 29%,刚果(金)是第二大金刚石开采国,2010 年产量 0.17 亿克拉,最大的开采中心为姆布吉—马伊。南非是非洲最早发现和开采金刚石的国家,2010 年产量为 886.8 万克拉。其他重要的金刚石开采国是加纳、塞拉利昂、纳米比亚、安哥拉等。

---

① 资料来源:U.S Geological Survey. *Mineral Yearbook 2006*。

② 资料来源:根据表 4 - 5 - 4 绘制。

③ 资料来源:根据表 4 - 5 - 4 绘制。

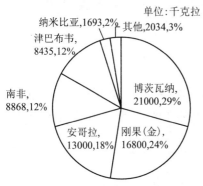

图 4-5-17　2010 年非洲金刚石产量①

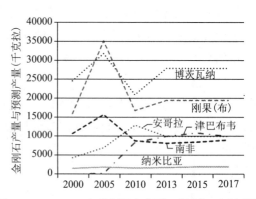

图 4-5-18　2010 年非洲国家金刚石产量与预测产量②

图 4-5-19　2010 年非洲金刚石产量空间分布③

---

① 资料来源:根据表 4-5-3 绘制。
② 资料来源:根据表 4-5-4 绘制。
③ 资料来源:根据表 4-5-4 绘制。

（2）磷灰石

非洲是世界三大磷灰石开采地区之一,产量占世界的近1/3;出口量较大,约占世界出口总量的一半以上。摩洛哥是非洲最大的磷灰石开采区,2010年产量为 2660 万吨,占世界总开采量的 14.6%,仅次于中国,位居世界第二位。其余磷灰石开采国有突尼斯(815 万吨)、南非(249 万吨)、多哥(70 万吨)、塞内加尔(98 万吨)等。

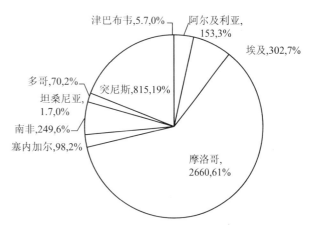

图 4 - 5 - 20　2010 年非洲磷灰石产量①

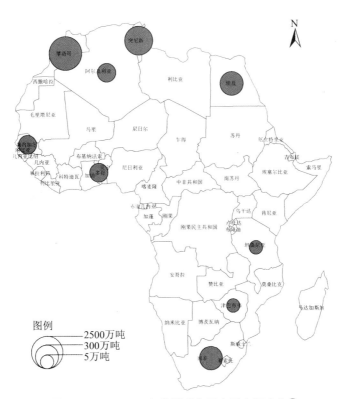

图 4 - 5 - 21　2010 年非洲磷灰石产量空间分布②

---

① 资料来源:根据表 4 - 5 - 3 绘制。
② 资料来源:根据表 4 - 5 - 4 绘制。

（3）石棉

石棉的开采主要集中在南部非洲的津巴布韦、南非和斯威士兰，其中津巴布韦 2008 年石棉开采量为 10 万吨，占世界的 4.6％。南非的蓝石棉和铁石棉因其特性而具有特殊的战略意义。

第四节　非洲采矿业的战略调整与发展趋势

一、战略调整

非洲经济是殖民地时期形成的单一经济结构体系。独立后，各国立即着手改造这种不合理的经济体系，并一直强调调整单一经济结构，以实现经济的多样化。非洲统一组织于 1980 年 4 月制定的《拉各斯行动计划》中指出："非洲几乎完全依靠出口原料的状况必须改变。不仅如此，非洲的发展和增长必须建立在它的丰富自然资源与它的经营、管理和技术资源以及它的市场（重新组织和扩大了的）相结合的基础之上，以服务于人民。"其基本战略思想，就是坚持集体自力更生和从根本上改革畸形的经济结构，逐步减小和摆脱对国际市场的严重依赖，争取获得独立自主的经济地位。1985 年非洲统一组织通过的《1986—1990 年非洲经济复兴优先计划》指出："非洲地区经济的持续衰退与非洲经济愈益外向的不平衡结构有关。这些问题的持久解决所依靠的……是对经济实行结构性改革。"1986 年的《关于非洲经济和社会危机提交特别联大的报告》中也指出："非洲危机的核心问题是未能实现使大陆摆脱它所承袭的殖民经济结构所必需的结构改革和经济多样化。"1989 年 4 月联合国非洲经济委员会发表了《替代结构调整计划的非洲方案：改革和复苏的框架》，强调经济结构改革与经济调整结合起来，实行经济多样化，减小对单一产品出口的依赖性。调整单一经济结构，是改造殖民地性经济的根本对策性措施，是符合非洲人民的根本利益的。2001 年非洲统一组织首脑会议通过了宗旨是促进非洲社会协调发展、实现非洲经济的全面振兴的、符合非洲自身条件和利益的发展战略——《非洲发展新伙伴计划》（NEPAD）。该计划实施以来，非洲国家间的资源配置和生产发展得到了优化，内部贸易通过"贸易创造"和"贸易转向"得到了扩大，地区经济活力得到增强。

非洲国家独立后，不少国家不同程度地对采矿业实行了国有化，有些国家在推进国有化的进程中忽视了本国生产力发展水平，步子过大，进程过急，以致打击和限制了外资与人才的积极性，甚至断绝了外资来源和人才来路。有关政府对此已有较清醒的认识，对采矿业发展战略和政策给予了适当的调整，修订或重新制定了矿产资源勘探、开发、加工、经营管理等方面的优惠政策，以吸引外资和技术，采矿业的恢复和发展有了起色。但是非洲调整单一矿业经济结构的目标远未达到，依靠单一矿种的局面还将持续相当长的一段时期。从开采矿产的种类结构来看：金矿的开采量占全非开采矿产总量的 54％，金刚石开采量占 14％，铂族金属占 11％，非贵金属仅占 11％。[①] 这样的矿产种类结构在一定程度上依然反映着殖民历史对非洲采矿业的影响。事实说明，改造殖民地性经济结构绝非易事，这是一个长期而艰巨的调整和完善的过程，不可能期望一蹴而就。

上述单一矿业经济结构的形成和长期存在有其深刻的历史因素和内外部条件。从内在因素来看，非洲矿产资源上的优势为单一采矿业的形成提供了客观可能性。在长期的殖民地掠夺性开采下，采矿业发展成为一些非洲国家重要经济部门甚至主体经济部门，并建立了强大的地域性生产体系。经济结构调整必然要牵涉到整个国民经济各部门之间及其本部门体系的大变动。在改造旧的经济体系基础上建立起来的新的经济体系，有个不断完善的过程，也是一个漫长的过程。在调整过程不可避免地会直接影响到经济的正常运行和人民的正常生活，因此，改造单一矿业应该循序渐进，不可操之过急。

从外部因素看，不合理的国际经济秩序仍有顽强生命力。非洲单一的矿业经济是在旧的经济秩序条件下形成的，是殖民帝国主义在非洲推行殖民地经济政策的结果，是一种强加在非洲人民头上的不合理的国际劳动地域分工。非洲国家独立后，在殖民地经济体系基础上建立起来的民族经济，还很弱小，无力改变旧的国际地域分工格局。西方仍然控制着国际市场，左右着矿产品的市场价格，通过不等价交换和种种不合理手段，继续剥削非洲国家，致使非洲国家的采矿业继续处于不利的从属性地位。在这一不合理的国际经济环境下，20 世纪 80 年代到 90 年代后期，国际市场上的矿产原料和初级品的价格，虽时有波动，但总的趋势是下跌，这使得外汇收入主要依赖出口矿产品的国家，在国际贸易条件十分恶劣的条件下蒙受重大的经济损失。2005 年以来，随着发展中国家经济发展对能源需求量的增加，矿产资源尤其是石油的国际市场价格呈现上浮趋势。但是总体上看，国际市场价格与发达国家的国内政治、经济状况紧密相关。非洲国家对西方发达国家的依附性，使其发展不得不受制于发达国家。

对非洲经济发展战略，从工业发展角度来看，非洲各国基本按照典型的进口替代战略，可以分为以下四种类型：(1) 优先发展重工业类型。这类国家以产油国为代表，典型的有阿尔及利亚、尼日利亚和利比亚等国家。他们在理论上受到苏联工业发展的道路与理论的深刻影响，认为要自力更生，就必须建立本国的独立完整的工业体系。从客观可能来讲，这些国家国内市场的规模相对较大，而巨额的石油收入则为兴建大型基础工业项目提供资金条件。(2) 发展轻工业类型。非洲大多数国家

---

①　资料来源：U.S. Geological Survey, *Nonfuel Mineral Exploration 2004*。

属于这类型。其经济依靠一种或者多种农矿低级产品出口获得外汇,所以工业发展非常困难,国内市场规模非常狭小,以至于不得不着重发展纤维纺织、食品加工、家电制造等轻工业与民生日用工业,以图实现进口替代,减轻日益拮据的外汇压力。(3)依靠出口资源发展资本密集制造业类型。这类国家以刚果(金)为代表。刚果(金)虽然也是石油出口国,但是产油量很少,主要还是以世界著名的产铜国等矿物资源。非洲一些经济发展落后的国家基本上仍是农业国,由于非石油资源十分丰富,因此他们的经济依赖于矿物的开采,并在基础上力图发展资本密集型的进口替代制造业。这种制造业包括重工业,也包括轻工业。(4)进口替代为主,同时争取面向出口型。这类型国家仅有科特迪瓦、肯尼亚和喀麦隆等个别国家,其中以科特迪瓦最为突出。其工业化特点在于:首先力争农产品出口多样化,在此基础上利用本国资源的农产品加工工业,满足国内日益增长的物质需要,也大力面向出口争取外汇。①

现在西方国家已将原油价格作为调控国内经济的重要手段,因此西方国家的宏观调控政策将对非洲国家的国民经济造成一定的影响。美国一向是矿产资源的消耗大国,但是随着其国内储油量的增加,对国际石油消耗量的减少,国际市场石油价格必将发生一定的变化,加上贸易保护主义,非洲国家将继续处于不利地位。当然,西方为自身的经济利益,千方百计使非洲国家继续充当原料供应地和商品倾销市场。在依然强大的旧的国际经济秩序下,非洲国家难以解脱单一矿产所处的不利地位。为了挣得所必需的外汇,不得不继续生产和出口矿产品,对国际市场的严重依赖性,使得非洲国家难以摆脱旧的国际经济秩序所造成的恶性循环。

从非洲国家调整经济结构的经验来看,改造单一经济是一项综合性很强的经济治理工程,不能忽视单一矿产经济在某些非洲国家经济中的双重性,应坚持改造和利用并重的对策,继续利用矿产资源优势,发挥矿业的经济杠杆作用,逐步实现经济多样化。因为,矿产品的出口至今仍是许多非洲国家重要的外汇收入来源。所以,努力开发矿产资源,增加外汇收入,对非洲国家经济的振兴,仍具有重要的现实意义。不少非洲国家工业化的路子,基本上是沿着采矿业——制造工业的方向发展的,这是根据具体国情作出的决策,发挥了资源基础的作用。但在具体调整单一矿业经济过程中,对待经济赖以生存的采矿业应持慎重而客观的态度,从目前和长远利益考虑,制定一个既符合国情又基本适应新产业革命形势的发展战略,继续发挥采矿业的经济杠杆作用来振兴和发展民族经济,可能是比较切合实际的,考虑到以下几个方面也是有益的:① 矿产加工工业地点的选择,要考虑投资环境和社会经济效益;② 加强矿区的基础设施和其他服务性设施的建设和使用,选择有利的加工系

---

① 朱华友:《当代非洲工矿业》,杭州:浙江人民出版社,2011年,第165-166页。

统,形成有效合理的生产地域体系;③ 建立自己的技术队伍,建立技术培训中心,培养自己的专业人才;④ 对矿产品的加工深度应根据国家实力和外部条件,逐步加以改造,从初级加工向生产中间产品和深度加工产品过渡。生产要紧密联系国际市场,以市场供求为转移,适时调整矿产品产量和加工品种。

石油是非洲最重要的矿产资源,石油的开采和加工将在未来一定时期内继续占据国民经济的重要地位。因此,改善投资环境,吸引外资进入石油领域,加快石油工业的发展将是非洲产油国经济稳步增长的必经之路。非洲很多国家采取了改变对外合作方式的对策,在促进经济发展方面收效明显。尼日利亚放弃了过去一直坚持的外国公司只能以合资方式进入石油领域的做法,开始引入产量分成合同方式进行对外合作。喀麦隆重新修订了与外国公司联合开采油气的有关条款,允许外国合作伙伴享有高达 40% 的产量在国外销售,并把所得的收益保留在国外。赤道几内亚实施新的石油开采法,以原油偿还外商投资。上述各种优惠政策吸引了众多的外国石油公司前来投资。在 2004 年南非举办的世界石油大会上,各跨国石油公司纷纷承诺在西非几内亚湾上游石油产业投入巨资,埃克森美孚宣布计划投资 300 亿美元,谢夫隆——德士古许诺在未来 5 年投资 200 亿美元[①]。

二、发展趋势

非洲采矿业的发展,虽然面临种种困难,但在相当长的一段时期内,将继续是西方发达国家矿产品的供应地。众所周知,兴起于发达国家的新技术革命,使新的生产部门不断形成,包括采矿业在内的传统工业部门被视为"夕阳工业"而转向发展中国家,殖民帝国时期形成的发展中国家向发达国家提供矿产原料,而发达国家向发展中国家倾销制成品的纵向劳动地域分工的格局,将以新的形式出现并趋于复杂化,非洲采矿业面临新的挑战。

从市场对矿产品的需求和矿产资源潜力来看,非洲采矿业发展的前景仍然是令人乐观的。从国际市场条件看,矿产品的主要消费市场是工业发达国家,由于矿产资源在品种和矿量上的限制和发达的现代工业部门,对矿产品继续保持着大量需求,因而在相当长时期不可能摆脱对非洲供应市场的依赖,尤其是在稀有金属和贵金属方面更是如此。同时,发展中国家现代经济的迅速发展也扩大了矿产品的需求。从矿产资源储采比可以看出,非洲在许多重要矿种上高于世界平均水平。这就为非洲采矿业继续保持优势提供了坚实的物质基础。从非洲矿产开采基础和开采能力来看,采矿业均已形成了较大的生产能力,可以在相当长时期内继续保持生产能力。

---

① 资料来源:中国经济,http://www.Economy of china.com。

从上述情况看,非洲采矿业面向世界市场为主要生产方向的局面将继续存在下去。基础矿产和稀有金属矿产的开采规模,将会随着世界经济的发展不断扩大。但历史的经验值得重视,非洲国家采矿业的兴衰与整个世界经济尤其是工业发达国家的经济密切相关。每当资本主义世界陷入经济危机时,非洲的采矿业就深受转嫁危机之害,并株连其他经济部门。

从非洲各国采矿业发展的大势来看,其发展方向主要反映在以下几个方面。

第一是继续调整单一矿业经济结构,调整内容包括整个经济部门结构和矿业本身内部结构的调整,目的在于逐步改变国民经济严重依赖矿业和严重依赖单一矿种开采和出口的局面。由于矿产品仍然是国家对外贸易的基础,短期内不可能出现可替代的出口产品,有必要把采矿业放在重点地位。有些国家为了达到通过矿业的发展来带动经济发展的目的,继续发展矿业作为主导部门来带动区域经济发展,开拓其他经济部门,以保证矿物枯竭时区域经济仍能继续保持生机开拓多矿种的开发领域,是调整采矿业"单打一"格局的重要对策。例如,坦桑尼亚政府将脱贫作为政府工作重点,执行以经济结构调整为中心的经济改革政策,2005年以来的经济增长率达6.9%。几内亚、加纳等国实行务实的自由经济政策,强调多种经济成分共同发展[1]。在矿产本身内部结构方面,赞比亚在大力开采"铜矿带"铜钴的同时,已注意开发其他伴生矿物如金、银、铀等。

第二是利用新技术加速采矿业部门的改造和发展,大力发展矿物的深度加工以提高资源的综合利用程度,最终达到提高经济和社会效益的目的,并改变单纯低价出口原料和高价购进制成品的不合理状况。例如,博茨瓦纳所制定的以矿权国有、合作开采、发展加工工业、出口多样化为核心的十项矿业政策,根本目的就在于此。产油大国的阿尔及利亚、利比亚、埃及、尼日利亚,为改变单纯出口原油购进油品的局面,大力发展石油工业的下游部门,在沿海地带大力兴建油气加工和石油化工生产基地。阿尔及利亚的阿尔泽和斯基克达,利比亚的拉斯拉努夫和埃及的亚历山大,均是规模庞大的油气加工和石油化工基地,它们与采油气区之间建有强大的输油气管网系统,组合成独立石油工业地域体系。2003年3月津巴布韦政府宣布了"国家经济复苏计划(The National Economic Revival Program)",计划内容包括禁止出口所有铝或铜的废旧物资,将这些物资留给本国的铸造厂,有效地降低了矿产加工产品的生产成本,是复苏经济的重要决策。纳米比亚则采取积极利用外资,建立出口加工区,并加强对国有企业的管理,提高公共服务水平的方式实现经济的快速增长。

第三,有些国家在探采新矿的同时,积极探索老矿新生的路子,利用先进的设

---

① 资料来源:中国经济,http://www.Economy of china.com。

备和技术,对老矿进行改造,提高资源利用率和利用深度,以延长矿山寿命和开拓产品领域。为了挖掘老矿的资源潜力、延缓矿产的枯竭期,不少国家都在研究和实施新的对策。例如,赞比亚"铜矿带"罗卡纳选矿厂发明的"托尔科"法早已闻名于世,采用这样选矿方法可以富集氧化矿浮选的低品位(3%~6%)矿,生产出高品(45%~55%)精矿。同时,还采用世界先进技术从矿渣和低级氧化矿中提取铜和其他矿物。

第五编　非洲交通运输与通信

　　交通运输业在国民经济中占有非常重要的地位。它不仅制约着各国各地区的资源开发和经济发展,促进地区的物资交流,而且是加强国内外经济联系必不可少的条件。非洲国家独立后,开始致力于改变交通运输的落后状况,一些国家先后将铁路、公路、内河航运和海上运输的权益收归国有,在内地和自然条件复杂的地区开始修建公路或铁路,使交通运输有了较快的发展。但同其他大洲相比,非洲仍然是世界上交通运输比较落后的一个洲,交通运输远不能满足区域资源开发和区域经济发展的需要。进入 21 世纪,非洲政治格局基本稳定,经济发展迅速,为交通运输业的发展创造了良好机遇,交通基础设施也日渐改善,现代交通运输走上了健康发展的道路,为非洲现代经济社会的发展发挥着日益重要的作用。但从非洲现代交通的整体规模和水平来看,还远不能适应国家发展的需要,现代综合交通道路网络还在形成之中,任重而道远。总体而言,非洲交通运输表现出以下基本特征:

　　1. 交通运输业整体上发展缓慢,各种运输方式运输能力不足

　　首先,非洲的交通运输以公路为主。公路建设从第二次世界大战后到 20 世纪 70 年代中期发展较快,线路长度由 70 万千米增至 153 万千米。但从 1976 年至 1986 年的 10 年间,仅新增 1 万余千米。90 年代随着经济社会快速发展,公路运输有了较快的发展。截至 2006 年,非洲的各等级公路总里程约 200 万千米,但公路系统网络还不健全,总里程偏短,密度较低,仅为 6.84 千米/百平方千米。其次,非洲是世界上铁路最少的大洲之一。从二战后初期到 20 世纪 80 年代末近半个世纪内,铁路才由 7 万千米增加到 8.6 万千米,年增长率仅 0.15%。至 1992 年铁路仅增加了 2000 千米,达到 8.8 万千米。到 2006 年,非洲铁路总里程超过 10.7 万千米,14 年间每年平均也只增加 1357 多千米。非洲铁路不仅发展缓慢,技术标准和营运水平也十分低下,每千米线路承担的货运周转量不及世界平均水平的 1/3。再次,港口吞吐能力也很有限。货物积压严重,出现周期性阻滞,加重了滞港费和整个海上运费,致使不少港口经营亏损。同样,火车机车、汽车、船舶、飞机等运输工具及设备缺乏,运输能力更加不足。对客货运输意义更大的货车和公共汽车数量增加十分有限,运输能力更

趋紧张。

2. 运输结构和线路分布不合理,自成体系,未形成综合的交通运输体系

非洲国家各种运输方式、线路和港站之间互相分割,自成体系,难以形成各种运输方式的有机配合联运并发挥其综合运输功能。国家之间、地区之间相互隔绝的现象相当普遍,远未形成完整有效的全洲性交通运输体系,严重影响国家和地区资源的开发利用。非洲的现代交通运输业是为满足殖民者掠夺资源的需求而发展起来的,因此,具有显著的殖民地性。大多数铁路线由沿海港口伸向内地,彼此相互孤立,线路数量少,密度低,各港口设施、技术标准零乱而落后,国内地区之间以及洲内各国之间交通很不便利。大宗农矿初级产品从内地流向沿海港口,工业制成品和生产、生活资料则从沿海流向内地。

这种物流格局是殖民地时期形成的,是交通线路分布不平衡和不合理的后果。虽然独立后的交通运输有很大发展,但交通线网格局并未发生根本性改变,绝大部分交通线路仍然相对集中地分布在沿海地带,广大内陆尤其是中非地区交通线路稀少。例如,卡拉哈迪以及热带森林等地区存在着许多没有现代交通运输线路的大片空白区。这种线路分布的畸形造成了运输业发展的不平衡。在沿海,尤其是大城市及其周围地区,交通运输业已日趋先进,开始出现高速公路、立体交通等,而在内陆的一些偏远地带,却仍然保持着牲畜驮运、头顶背负的传统运输方式。非洲各种交通运输方式的空间分布格局和结构的不合理性及相对单一性,使得运输方式之间的优势互补难以实现,不利于充分发挥各自的运输能力,从而影响区域资源有效开发和经济社会的全面发展。

3. 交通线路质量低下,运输设施技术装备落后,影响运输能力的提高

非洲铁路互不连贯,轨距多达 11 种,甚至在一个国家存在多种轨距,轨距不一是造成国家或地区间铁路联系的严重障碍。路基质量较差,沿海地带铁路大都穿越高原山区,线路曲折起伏,道路曲度半径小,加之路基窄、路薄、极不稳定,严重影响线路的运输能力和速度,造成交通事故多发。公路路况差,全天候公路只占 1/3 左右,加之运输车辆严重不足、使用过度、超载、维修保养不善,造成故障率高、运力差。远洋船舶、飞机等设备老化陈旧、零配件缺乏,多为外国公司经营,加之人员素质差、经营管理水平低、维修保养技术落后,直接影响运输效率的提高。

4. 政局不稳,国家贫困,资金不足,政府重视不够,运输业发展步履艰难

本世纪以来,非洲的内战规模减小,区域化和跨国界的冲突以及资源型冲突日益突出。有些国家之间往往因冲突关闭边界,阻碍国家间交通运输的正常运行,被迫只得绕行第三国,人为地增加了运输费用和困难。非洲国家大多贫困,资金匮乏,债务累累,严重制约国家基础建设,无力投资交通运输业,甚至使某些计划中的交通运输项目难以按计划实施。交通的滞后严重制约着区域资源的开发和区域经济社

会的正常发展。

在充满竞争、经济迅猛发展的今天,在越来越多的非洲国家实行改革开放的形势下,交通运输的"咽喉"作用日益明显。资源要开发,经济要发展,交通运输必须先行。然而长期以来,一些非洲国家优先发展工业,忽视了对具有长远效益的交通运输部门的投资。这不仅阻碍国内交通运输业的发展,而且难以建立起国家间、地区间的交通运输网络,造成各国之间的交通严重阻割,尤其是深入内陆的中部非洲国家,难以缓解闭关锁国状态、与时俱进地跟上非洲快速发展的步伐,走上可持续发展之路更加艰难。

5. 现代与传统交通运输方式并存

非洲国家独立后的几十年,现代交通运输有了较大的发展,但仍然存在着传统的交通运输方式和区域交通运输的不平衡性。沿海地带交通发达,广大的农村地区和深处内陆国家交通运输很不发达,有些地区至今不通公路,仍然依靠牲畜和人力作为交通工具。

非洲政治已基本趋于稳定,具备了良好的发展环境,交通运输业发展潜力巨大。联合国非洲经济委员会、非洲开发银行、非洲联盟会同区域性国际组织共同制定了穿越非洲的公路网计划。近十多年来,经济发展较快的非洲国家,如南非、尼日利亚、肯尼亚等十分重视交通基础设施建设,兴建了一批高等级公路。随着世界各国对石油和矿产资源的需求加大,一些资源丰富的非洲国家加大了铁路建设力度,铁路里程在明显增加。海运和空运也进一步发展起来,形成了一定规模。由此可见,非洲的交通运输发展前景广阔,交通运输状况将会得到进一步的改善。

但非洲交通运输还远不能适应资源开发和经济发展的需要。构建与时俱进的综合交通运输网络仍是非洲国家面临的一项长期的战略任务,任重而道远。

第一章

非洲铁路运输

第一节　非洲铁路运输发展的历史轨迹

百年坎坷的殖民史,给非洲留下了殖民主义运行的深刻轨迹和浓厚的血泪辛酸。非洲的铁路建设史就是始于那段艰辛的殖民统治时期。从 1852 年非洲修建第一条铁路开始,迄今已经历了一个半世纪的兴衰。从历史发展轨迹看,非洲铁路建设可以划分为两个重要时期。

一、殖民时期的铁路发展

这一时期欧洲殖民者已经初步完成对非洲大陆的瓜分,为了加速军事占领,巩固殖民统治,加强对丰富矿产资源和多种农产品原料的掠夺,开始在非洲修建铁路,至殖民统治结束时非洲铁路经历了四个阶段。

1. 缓慢发展阶段(1852—1885 年)

英国以其工业革命策源地的先进技术和优势的军事、政治、经济力量,首先于1852—1856 年在埃及建成了非洲首条铁路开罗—亚历山大港铁路,揭开了殖民帝国在非洲发展铁路运输的序幕。到 20 世纪 50 年代初期,英国在印度修建铁路后,于1860 年修建完成南部非洲第一条铁路——阿扎尼亚(今南非)纳塔尔德班港铁路。两年后,开普敦—达累斯特河铁路完工,接着逐渐向内陆殖民地区延伸。此后英国又在埃及、阿扎尼亚境内,陆续修建了一些铁路。

法国于 1862 年在阿尔及利亚修建阿尔及尔—卜利达铁路,1864 年建成安纳巴—艾因迈凯拉铁路,1870 年君士坦丁—斯基克达铁路通车,之后又陆续修建了阿尔及尔—瓦赫兰以及其他联接沿海港口和内地城市的铁路。1882—1885 年,修建完成西非第一条铁路——塞内加尔的达喀尔—圣路易铁路。与此同时,葡萄牙也于

1883年,在莫桑比克修建马普托港铁路,3年后又在安哥拉开始修建罗安达铁路。①

由于处于初期发展阶段,大部分殖民地宗主国如法国,本身工业发展还比较落后,对殖民地的原料需求较少,同时由于铁路运输在当时还是一种新型的运输方式,在其利益尚未揭晓之前,以攫取超额利润为目的的资本主义国家对修建铁路大多持观望状态,不敢轻易投资,导致了这一时期铁路发展缓慢。

与此同时,虽然这一时期铁路建设里程短、建设量少,主要由很少的几个资本主义国家投资建设,但是点缀在非洲大陆上的几条铁路,已经开始连接从海港通往内陆的交通,成为殖民主义者在非洲大肆掠夺原料和财富的吸血管。此时正在修建和建成的铁路已经开始向处于观望状态的殖民主义者证明,在非洲大陆修建铁路具有战略和经济的双重意义。而这一切也为非洲大量资源和财富的流失埋下了祸根,给处于资本主义和殖民主义双重压榨下的非洲人民带来了更加深重的灾难。

2. 快速发展阶段(1885—1913年)

19世纪后半叶,世界主要资本主义国家已进入帝国主义阶段,为攫取高额利润,变得更加贪婪与凶残。此时,各资本主义国家在非洲的殖民统治逐渐得到巩固,黄金、钻石、铜、银、锡、铝、锌、铀、铟、镭等矿产资源不断被查明。特别是看到,位于美国西部和太平洋东岸的美国第一条横贯北美东西、连接大西洋与太平洋的大铁路,通车几年便带来了巨大利益,以及日益显见的修建铁路的战略和经济双重意义,给瓜分非洲的欧洲列强以启示:对非洲大陆的开发和投资,也可以通过修建铁路来带动。为了便于抢先夺得非洲土地和资源,镇压非洲人民的反抗,欧洲列强开始在非洲各地区大规模修建铁路,把内陆资源开发区与沿海港口联接起来,以适应掠夺资源的需要,掀起了这一时期在非洲大陆投资兴建铁路的热潮。

当时的头号帝国主义国家英国,野心最大,为尽快实现打通非洲南北,制订了把英属殖民地紧密联系起来的狂妄计划,并加快了其修建铁路的步伐。1904—1909年,大力修建阿扎尼亚铁路,并往北伸展到博茨瓦纳、津巴布韦,直至赞比亚北部边境,这为大规模开发赞比亚"铜矿带"的铜矿准备了条件。1896—1931年,又修建了蒙巴萨(肯尼亚)—坎帕拉(乌干达)和弗里敦(塞拉利昂)—彭登铁路(1899—1908)。1895年开始在尼日利亚修建125英里长的拉各斯铁路,1901—1927年修建了拉各斯—卡诺—恩格里铁路,1913—1927年修建了哈格特港—桌斯铁路。在加纳修建了塞康第—库玛西铁路(1901—1903)和阿克拉—库马西铁路(1903—1923)。1908年,在马拉维修建的布兰泰尔—萨里马铁路通车。②

① 沈汝生:《非洲铁路运输地理》,载《非洲地理专利》,1979年12月第4号。
② 沈汝生:《非洲铁路运输地理》,载《非洲地理专利》,1979年12月第4号。

　　法国、德国及葡萄牙也不甘落后,开始在其殖民地上大刀阔斧地修建数十条分布非洲各地的铁路。法国在阿尔及利亚、突尼斯、摩洛哥修建了地中海沿岸铁路,在塞内加尔和马里修建了达喀尔—巴马科(马里)—库利科罗(马里)铁路(1923年通车),1899—1914年在几内亚修建了科纳克里—康康铁路,1904—1934年在象牙海岸(今科特迪瓦)和上沃尔特(今布基纳法索)修建阿比让—博博迪乌拉索铁路,1901—1913年在马达加斯加修建塔那那利佛—塔马塔夫铁路,1921—1934年在刚果修建布拉维尔—黑角铁路。[1]

　　与此同时,比利时也积极在刚果(金)修建铁路,1898年金沙萨—马塔迪铁路通车。1910—1928年,修建了卢本巴希—伊莱博铁路。1931年,卢本巴希—迪洛洛铁路与安哥拉铁路接轨。这为非洲"铜矿带"的矿产资源开发提供了必不可少的出口运输通道。与其同时,葡萄牙也积极在其两大殖民地安哥拉和莫桑比克大修铁路,1886—1909年修建了罗安达铁路。1903年—1931年,修建了本格拉铁路。[2] 1909—1923年,修建了木萨姆米迪什铁路。1893—1897年,在莫桑比克修建了贝拉铁路。[3] 但总的看来,这一时期英国仍然是在非洲修建铁路的最大投资方。

　　这一时期,由于各殖民帝国竞修铁路,非洲铁路通车里程增长很快。1865年,欧洲人在非洲投资修建的铁路只有760千米,主要在非洲北部地中海沿岸。20年后,1885年非洲铁路长度已达7030千米,增加了8.3倍。而又过了28年后的1913年,非洲铁路里程达到44309千米,比1885年再增加5.3倍。由此可见,这一时期铁路的修建已成为欧洲诸国向非洲输出资本的最重要项目之一。[4] 一方面,铁路修建所需器材为欧洲各国钢铁厂提供了利润丰厚的订货;另一方面,铁路的修建也有效地把非洲各个地区卷入了世界资本主义的流通范围,便于输出非洲向世界市场提供的各种原料。

表 5-1-1　1913 年欧洲列强在非洲修建铁路总里程[5]

国　　家	铁路里程(千米)
英国	27364
法国	9600

---

① 沈汝生:《非洲铁路运输地理》,载《非洲地理专利》,1979年12月第4号。
② 沈汝生:《非洲铁路运输地理》,载《非洲地理专利》,1979年12月第4号。
③ 沈汝生:《非洲铁路运输地理》,载《非洲地理专利》,1979年12月第4号。
④ 郑家鑫:《殖民主义史(非洲卷)》,北京:北京大学出版社,2000年;列宁:《关于帝国主义的笔记》,载《列宁全集》,2011年第39卷,北京:人民出版社。
⑤ 郑家鑫:《殖民主义史(非洲卷)》,北京:北京大学出版社,2000年;列宁:《关于帝国主义的笔记》,载《列宁全集》,2011年第39卷,北京:人民出版社。

国　家	铁路里程（千米）
德国	4176
意大利	155
葡萄牙	1624
比利时	1390

3. 减速发展阶段（1914—1938 年）

1914—1918 年，由于第一次世界大战的爆发，各主要资本主义国家忙于战争，被迫暂时放松了在非洲大陆的铁路建设，正在修建的铁路也一度停滞下来。一战结束后各国元气大伤，战争带来的巨大损失，以及 1923—1933 年的资本主义经济危机的影响，迫使欧洲列强纷纷将非洲作为他们的国外金库和重要备战基地之一。除了战争刚结束时，战败的德国在战后被迫退出非洲的筑路活动，停止了在坦噶尼喀（今坦桑尼亚的大陆部分）、纳米比亚、喀麦隆和多哈的铁路修建，其他各国又开始新一轮的竞修铁路，再一次掀起了在非洲大陆的瓜分狂潮，也加快了铁路的修建速度，引来了又一个在非洲兴建铁路的小高潮。仅第一次世界大战后的 20 年间，法国在它统治下的西非和赤道非洲殖民地修建了 2000 多千米的铁路，其中包括 1922 年开始修建、历时 13 年、耗资 9.4 亿法郎、从布拉柴维尔到黑角的铁路。葡萄牙在其殖民地安哥拉修建了耗资 1300 万英镑的本格拉铁路。即使是战败的德国，也在多哥的洛美修建了两条铁路。[1]

4. 停滞发展阶段（1939—1955 年）

1939—1945 年，德、意、日三国发动了第二次世界大战，英、法等国先后卷入激烈的战争，无暇也无力顾及非洲铁路的建设。许多拟建中的线路被取消，不少修建中的铁路停工。更严重的是，一些已经通车的线路也因战争波及非洲而遭到破坏，例如埃塞俄比亚的亚的斯亚贝巴—吉布提铁路，因英意之战而被拆毁，坦噶尼喀的铁路，也因英德交战而濒于瘫痪。据统计，1938—1945 年的 8 年内，非洲铁路的通车里程不仅没有增加，反而有所减少。

第二次世界大战的胜利，使帝国主义殖民体系开始崩溃。战败的德国、意大利，在非洲原本就不多的铁路被全部接管，而英国和法国虽然是战胜国，对非洲的铁路运输发展也心有余而力不足。这也在很大程度上导致了战后非洲铁路里程数的停滞不前，尽管在某些国家和地区也修建了一些新的铁路线，但微不足道。据统计，在 1938—1955 年的 18 年内，非洲修建了 1400 千米铁路，平均年修仅 78 千

---

[1]　葛佶主编：《简明非洲（撒哈拉以南）百科全书》，北京：中国社会科学出版社，2000 年，第 350 页。

米,这一阶段是非洲铁路发展缓慢的阶段[①]。但从非洲铁路发展来看,至 1945 年第二次世界大战结束时,非洲铁路里程已达到 7 万千米。第二次世界大战期间,非洲成为英国、法国等殖民主义国家的战争原料供应地,尤其是战略矿产原料铜、钴、铀等。例如,英国 1943 年从其殖民地北罗德西亚(今赞比亚)进口的钴矿石几乎为 1988 年的 15 倍,在为战争需求而输出非洲矿产的运输中,铁路发挥了更为重要的作用。

综观上述,可以看出非洲铁路运输的兴衰发展过程是与殖民地宗主国的战略利益息息相关的。铁路建设是为了服务殖民统治者在非洲的暴力掠夺和瓜分统治。因此,在建设过程中,殖民者只考虑自身的利益,选择线路走向和采用不同轨距;为了减少投资成本牟取暴利,因陋就简、抢工图快以致工程标准一降再降,导致线路质量低下;列强各国只顾在自己殖民地内投资建设,为了掠夺非洲农业和矿藏资源的需要,历来侧重于资源富集区到沿海港口的交通建设,因而交通线路多分布在沿海和经济发达的地区,广大的内陆地区特别是中部非洲交通极端落后,造成非洲铁路布局分散、地区分布极不均衡,因此,殖民时期非洲铁路运输网络的形成与发展带有典型的殖民地特性。可以说,殖民统治在揭开了非洲建设铁路序幕的同时,也给非洲后来的铁路网改建留下了很大的困难。

表 5 - 1 - 2 19 世纪末至二战前夕主要西方国家非洲修建铁路情况一览表

英国	1896—1930 年在苏丹修建喀土穆—瓦迪哈勒法—奥贝德—红海港铁路; 1896—1931 年在肯尼亚、乌干达修建蒙巴萨—坎帕拉铁路; 1899—1908 年在加纳塞拉利昂修建弗里敦—彭登铁路; 1901—1903 年在加纳修建塞康第—库马西铁路; 1901—1927 年在尼日利亚修建拉各斯—卡诺—恩古鲁铁路; 1904—1909 年修建阿扎尼亚铁路; 1908 年马拉维修建的布兰太尔—萨里马铁路通车; 1909—1923 年在加纳修建阿拉克—库马西铁路; 1913—1927 年在尼日利亚修建哈尔科特—卓斯铁路。
法国	在阿尔及利亚、突尼斯、摩洛哥修建地中海沿岸铁路; 1898 年金沙萨—马塔迪铁路通车; 1899—1914 年在几内亚修建科纳克里—康康铁路; 1901—1913 年在马达加斯加修建塔那那利佛—塔马塔夫铁路;在贝宁修建科托努—帕拉铁路; 1904—1934 年在象牙海岸修和上沃尔特修建阿比让—博博迪乌拉索铁路。

---

① 沈汝生:《非洲铁路运输地理》,载《非洲地理专利》,1979 年 12 月第 4 号。

德国	一战前修建坦噶尼喀、纳米比亚、喀麦隆、多哥铁路,战后被迫推出修建非洲铁路活动。
葡萄牙	1886—1909 年在安哥拉修建罗安迪铁路; 1893—1897 年在莫桑比克修建贝拉铁路; 1903—1931 年在安哥拉修建本格拉铁路; 1909—1923 年在安哥拉修建木萨米迪什铁路。
比利时	积极经营扎伊尔铁路; 1898 年金沙萨—马塔迪铁路通车; 1910—1928 年修建卢本巴希—伊莱博铁路。
意大利	1896—1917 年在埃塞俄比亚、吉布提修建亚的斯亚贝巴—吉布提港铁路; 1899—1932 年修建阿斯马拉—阿戈达特铁路; 在利比亚修建黎波里、班加西铁路。

二、宣告独立后的铁路发展

1956 年是非洲铁路运输发展获得新生最重要的一年。此时,非洲面积最大、铁路较多的苏丹,铁路运输较发达的摩洛哥和铁路密度较高的突尼斯宣告独立。在此后仅仅 20 余年,又有 40 多个非洲国家相继宣告独立。从此,深受殖民统治的非洲国家开始陆续走上寻求发展民族经济的道路。这一空前巨变,为非洲铁路运输发展揭开了新的篇章。

刚走上独立道路的非洲国家,为了开发本国资源、发展民族经济,都很重视本国交通运输发展,尤其是对铁路的管理和发展。独立之初,由于铁路的所有权仍掌握在部分资本主义国家手中,为了维护民族独立和国家主权,许多新独立的国家,大都采取了没收、无条件接管、价让、投股、分期赎买等多种措施,陆续收回了各自的铁路所有权,建立了新的铁路管理机构,给铁路运输带来了质的变化。但由于非洲大部分铁路建于殖民统治时期,线路质量低下,设备因陋就简,兼以年久失修,路况不佳,运输效率低下。为保证正常使用,各国都把改善旧线、更新装备,作为发展铁路运输的当务之急。例如,几内亚、埃塞俄比亚分别改建了科纳克里—康康、亚的斯亚贝巴—吉布提铁路;埃及把部分窄轨铁路拆换为非洲标准轨(1.067 米)和国际标准轨(1.435 米);苏丹加固了铁路的全部路基和部分桥梁;肯尼亚、坦桑尼亚等也都在不同程度上改进了线路的质量,特别是大部分国家先后采用了内燃牵引,大大提高了线路通过能力[①]。各国尽可能地使这些殖民时期遗留下的铁路线路,为独立国家的

---

① 沈汝生:《非洲铁路运输地理》,载《非洲地理专利》,1979 年 12 月第 4 号。

交通运输和经济发展发挥作用。

与此同时,为了恢复发展民族经济和开发新的地区,许多非洲国家在改善铁路旧线,提高运力的同时,大力修建铁路新线。例如,苏丹建成了散纳尔—鲁塞里斯、腊哈德—尼亚拉和巴班努萨—瓦乌等铁路;乌干达修建了坎帕拉—卡塞塞和索罗提—帕夸奇—阿鲁阿铁路;毛里塔尼亚修建了努瓦迪布—弗得立克铁路;几内亚修建了科纳克里—弗里亚铁路[①],这一时期铁路里程得到了较快的增长。到 1976 年年底非洲铁路已达 89642 千米。此时,非洲铁路分布出现了新的变化。值得一提的是 1975 年 9 月由中国援建的坦赞铁路通车,连接了赞比亚"铜矿带"与坦桑尼亚的达累斯萨拉姆港,全长 1860 千米,不仅保证了赞比亚铜矿的出口运输,加强了两国的经济联系,也促进了坦桑尼亚铁路沿线地区的开发。同时,这条铁路与东非、南非的铁路网相连,为促进东非和南部非洲经济社会的发展发挥了重要作用。随着铁路新线的建设,原来没有铁路的毛里塔尼亚、利比里亚等国开始有了铁路,而苏丹、尼日利亚、坦桑尼亚等国的地区铁路网在初步形成中。到 1988 年,非洲拥有铁路 8.6 万千米,比 1950 年增加了 20%。五年后的 1993 年,非洲已拥有铁路 8.9 万千米,比二次世界大战结束时的 7 万千米增加了 25%。[②]

总的来说,独立后非洲铁路运输得到了一定的发展,但过程并非一帆风顺。独立后的非洲国家虽然为了振兴国家,对铁路系统进行了大刀阔斧的改革,也兴建了许多铁路,但是却很难从根本上改变殖民时期形成的路网格局,也解决不了铁路运输过程中的众多问题,铁路网的发展依然步履维艰。1985 年后,非洲经济曾陷入多年困境,各国运输线路和运输设施建设的停滞不前,也严重影响了铁路总的发展。1985 年时,非洲铁路里程占世界的比重仅为 6.6%,区域线路密度很低。殖民时期留下的铁路标准低劣,设备简陋,轨道絮乱复杂,线路孤立分散和各区分布极不平衡的基本特征依然没有发生根本性的改变。一方面,非洲连年持续不断的战乱和冲突,以及相对恶劣的地理条件和匮乏的投资,致使非洲的交通运输基础设施建设,尤其是铁道线路的状况仍然非常落后,大部分设施陈旧、年久失修,有的已经使用了六七十年,无力更新换代。另一方面,非洲的铁路大都属国有企业,由于经济困难,财政拨款减少,加上铁路运营管理水平低下,人员知识老化和技术落后等因素,严重影响到铁路建设和维护,有些铁路路段濒临报废,使非洲铁路的运营水平持低不高,且一直没有形成运输网络化。在世界银行、非洲发展银行和国际货币基金组织(IMF)等国际机构的要求下,许多非洲国家通过特许经营的方式将其铁路私有化,对铁路开始实施商业化管理,提高铁路运输管理和服务水平,增加对铁路的投入,减少政府的

① 沈汝生:《非洲铁路运输地理》,载《非洲地理专利》,1979 年 12 月第 4 号。
② 葛佶主编:《简明非洲(撒哈拉以南)百科全书》,北京:中国社会科学出版社,2000 年,第 350–351 页。

参与和支配权力。从 1993 年起,非洲已经有 13 个国家进行特许经营,另外 7 个正在计划进行特许经营。此外,还有加纳、肯尼亚、乌干达、坦桑尼亚、埃塞俄比亚、刚果等国家计划进行特许经营。

纵观上述非洲国家独立后近半个世纪的发展,铁路建设仍很缓慢,地区分布也不平衡,加之公路运输的较快发展,铁路运输的地位趋于下降,在某些国家如尼日利亚等国,公路运输有取代铁路运输之势。种种不利因素也阻碍了铁路运输的健康发展。至今,非洲仅有两条横贯东西的铁路,没有一条纵贯大陆南北的铁路,使南北向大宗物资交流受到极大局限,建立非洲大陆四通八达的铁路大动脉网十分必要和迫切。

第二节　非洲铁路运输与区域经济发展

一、非洲铁路运输基本特征

非洲铁路运输兴起于西方殖民统治,为适应掠夺非洲丰富的农矿资源的需求,其兴衰史是以宗主国的殖民利益为转移的。非洲铁路运输虽经独立后近半个世纪的建设有所发展,但未根本改变殖民时期形成的基本格局,具体说来,有以下基本特征:

表 5 - 1 - 3　非洲国家铁路网一览表①

分区	国家	总里程 (千米)	面积 (万平方千米)	密度 (千米/万平方千米)	轨距 (毫米)
东北区	埃及	5083	100.15	50.75	1435
	埃塞俄比亚	681	110.43	6.17	1000
	厄立特里亚	306	11.76	26.02	950
	南苏丹	236	64.43	3.66	—
	吉布提	100	2.32	43.10	1000
	苏丹	5979	186.15	32.11	1067,600
	东北区合计	12384	475.24	26.06	

---

①　资料来源:根据"The World Factbook"整理编制,https://www.cia.gov/library/publications/the-world-factbook/,2014 年 3 月。

分区	国家	总里程 （千米）	面积 （万平方千米）	密度 （千米/万平方千米）	轨距 （毫米）
西北区	阿尔及利亚	3973	238.17	16.68	1435,1055
	突尼斯	2165	16.36	132.33	1435,1000
	摩洛哥	2067	44.66	46.28	1435
	西北区合计	8205	299.19	27.42	
中西区	喀麦隆	1245	47.54	26.19	1000
	尼日利亚	3505	92.38	37.94	1067
	塞内加尔	906	19.67	46.06	1000
	加纳	947	23.85	39.71	1067
	几内亚	1185	24.59	48.19	1435,100
	贝宁	438	11.26	38.90	1000
	马里	593	124.02	4.78	1000
	毛里塔尼亚	728	103.07	7.06	1435
	科特迪瓦	660	32.25	20.47	1000
	布基纳法索	622	27.42	22.68	1000
	多哥	568	5.68	100.00	1000
	利比里亚	429	11.14	38.51	1435,1067
	中西区合计	11826	522.87	22.62	
中南区	安哥拉	2764	124.67	22.17	1067,600
	赞比亚	2157	75.26	28.66	1067
	刚果（金）	4007	234.48	17.09	1067,1000
	加蓬	649	26.77	24.24	1435
	刚果（布）	886	34.2	25.91	1067
	坦桑尼亚	3689	94.73	38.94	1067,100
	肯尼亚	2066	58.04	35.60	1000
	乌干达	1244	24.1	51.62	1000
	中南区合计	17462	672.25	25.98	

分区	国家	总里程 （千米）	面积 （万平方千米）	密度 （千米/万平方千米）	轨距 （毫米）
南部区	南非	20192	121.91	165.63	1065,750,610
	津巴布韦	3427	39.08	87.69	1067
	莫桑比克	4787	79.94	59.88	1067
	纳米比亚	2626	82.43	31.86	1067
	博茨瓦纳	888	58.17	15.27	1067
	马拉维	797	11.85	67.26	1067
	斯威士兰	301	1.74	172.99	1067
	南部区合计	33018	395.12	83.56	
岛区	马达加斯加	854	58.7	14.55	1000
	非洲总计	83209	2423.37	34.34	

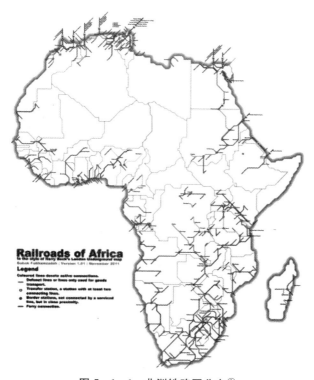

图 5-1-1　非洲铁路网分布①

___

① 图片来源：http://babakfakhamzadeh.com/article/railroads-of-africa.

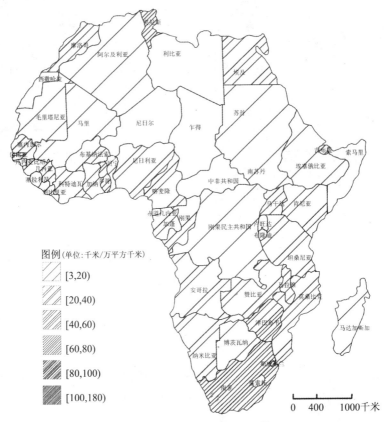

图例(单位:千米/万平方千米)

[3,20)
[20,40)
[40,60)
[60,80)
[80,100)
[100,180)

0 400 1000千米

图 5 - 1 - 2　非洲铁路密度①

1. 铁路线路里程短,密度低且分布极不平衡

非洲铁路里程短,密度稀。据统计,非洲铁路总里程 83209 多千米,建有铁路国家的平均密度为每万平方千米 34.34 千米,远低于铁路里程最长的北美和欧洲,是世界铁路密度最低的一个洲。虽然二战后,复线铁路在世界各洲铁路网组成中比例不断升高,但非洲铁路仍是单线居多,双线铁路少且大多分布在南非,非洲也是世界复线铁路最少的一个洲。

铁路分布不均,呈现沿海多,内陆少的格局。铁路走向大多从沿海港口和消费中心城市通往内陆农矿区,支线少且互不通连。铁路不仅里程短,密度低,而且分布很不均衡,最突出的是线路偏集在沿海地带,内陆很少。据统计,全非铁路约有 80% 左右的线路集中在距海岸 800 千米以内的沿海地带,而广大的内陆地区仅占 20% 左右,有些地区甚至没有铁路。南部沿海和北部地中海沿岸地带都是铁路稠密地带,

---

① 根据"The World Factbook"整理绘制,资料来源:https://www.cia.gov/library/publications/the-world-factbook/,2014 年 3 月。

而撒哈拉沙漠、乍得湖流域、非洲之角和卡拉哈迪盆地都是铁路稀疏地带,尤其是撒哈拉沙漠,至今仍是一个铁路空白区。从非洲铁路走向的空间分布上看,内陆铁路多为出口服务的农矿产区联接海港,分支很少(参见图5-1-1非洲铁路网分布)。例如,联接非洲"铜矿带"与安哥拉洛比托港的本格拉铁路和联接维多利亚湖姆万扎至达累斯萨拉姆港的坦桑尼亚中央铁路都具有一定代表性。从全洲铁路的空间分布格局上看,远未形成全洲统一的铁路运输网。

与上述铁路空间分布大多基本相一致的是非洲铁路的国别分布也极不平衡,铁路线路里程较长、密度较大的都是沿海国家,反之都是内陆国,具体反映在如下两点:

(1)从线路里程上看,南非最长,20192万千米,独占全非洲铁路总长的24.27%。其次是苏丹、埃及、莫桑比克、刚果(金)四国,铁路长均在4000千米以上。再次是阿尔及利亚、坦桑尼亚、尼日利亚、津巴布韦,线路长在3000千米以上。铁路线最短的国家是吉布提和莱索托,分别仅有100千米和2.6千米,迄今尚有16个国家没有铁路,给经济社会发展造成很大困难。

(2)从铁路密度上看,按国土面积计算,以斯威士兰和南非两国最密,密度分别为每万平方千米165.63千米和172.99千米,突尼斯、多哥、津巴布韦3国次之,密度分别为每万平方千米132.33千米、100.0千米、87.69千米。密度在10千米/万平方千米以下的国家有毛里塔尼亚、埃塞俄比亚、马里、南苏丹4国,它们密度最小。

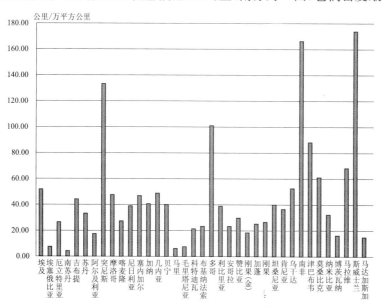

图5-1-3　非洲国家铁路密度①

---

① 根据表5-1-3数据制作。

非洲铁路线路分布不平衡和线路密度分布的地区差异,除由上述西方殖民侵略和掠夺资源的历史过程造成外,与一些国家在独立后对铁路建设的认识和重视程度不足有着直接的关系。客观上,高非洲的裂谷高原、赤道雨林和撒哈拉沙漠的不利地理环境,也是造成非洲大陆铁路运输网难以建成的重要地理因素。

2. 铁路线路走向孤立分散,支线稀少,全洲性铁路运输网远未形成

在殖民主义瓜分非洲、实施长期的殖民统治下,各殖民地铁路建设各自为政,缺少整体联系。铁路线多单一从沿海港口伸向内陆的农矿区,少有支线,尽管许多非洲国家独立后大力修建铁路新线,扩大线路的分布区域,并先后出现了一些地区性线网,但至今全洲性铁路运输网仍未形成,不少线路孤立分散,有干无支,表现在地图上宛如一条条残丝断线,互不连贯。更有甚者,线路形式相连,实则因轨距不同,不能过轨畅通,即使轨距相同,也常因各有所属,自由规章,不能互通。迄今,非洲这种单独不能互通的线路行车系统多分布在刚果(金)、安哥拉、莫桑比克等国。由于非洲国家间和国内地区间的铁路交通联系十分薄弱,大宗农矿初级产品的运输和出口制成品输入的货流单向性仍然突出,输出量远远大于输入量。矿产品的输出在货运中仍然占首位,有些铁路实质上为矿物出口铁路专用线。[①]

3. 轨距不一,紊乱繁杂

非洲铁路的轨距有 11 种之多,这成为铁路相互通连的严重障碍。不同的国家,甚至同一国家内铁路的轨距也不相同,这在一定程度上限制了全洲性铁路网络的形成。在殖民统治时期,殖民者大都只考虑自身利益,有目的地采取不同的轨距。独立后的非洲则因各国实际情况不同,虽力求轨距统一,但仍根据其需要保留了一些原有的轨距,因此难以改变非洲铁路轨距繁杂的状况。每个区域所采用的轨距各有不同,全非洲采用最多的轨距是 1067 mm(即非洲标准轨),其线路里程约占非洲铁路的一半以上,常见于非洲南部各国。只有北非和几内湾沿岸少数国家采用国际标准轨 1435 mm。其次是 1000 mm 轨距,常见于东非各国、西非原法属诸国、马达加斯加、喀麦隆、突尼斯等国,其余均为"米距"以下窄轨。另有一些分散的矿场的铁路轨距也采用国际标准轨。非洲铁路轨距的繁杂情况,不仅反映在国与国之间,还反映在一国之内,有的国家存在 2、3 种,甚至 4 种不同轨距。其中,喀麦隆较为突出,昔日曾受德、英、法 3 国统治,3 国各自修建了不同轨距的铁路,彼此不接轨,各自经营。总之非洲铁路轨距不同,在全非洲缺乏相互联通的铁路干线,运行系统不一致,加之各铁路与其他运输业之间没有相应的业务联系,构成了非洲国家和地区间铁路联系的严重障碍。[②]

---

① 沈汝生:《非洲铁路运输地理》,载《非洲地理专利》,1979 年 12 月第 4 号。

② 埃里克·吉尔伯特等:《非洲史》,黄磷译,海南:海南出版社,2007 年,第 291 页。

4. 线路质量低下,设施陈旧而标准混杂,技术装备水平落后

非洲大陆基本上是一个波状起伏的大高原,海拔 200～2000 米的台地和高原面积占非洲总面积的 26.6%,远高于其他各大洲而居首位,而平原和低地的百分比远小于其他各大洲。[①] 非洲东南半部多为海拔 1000 米以上的高原(称高非洲),东非大裂谷纵贯高非洲南北,地表高差悬殊。非洲西北半部多为平均海拔 500 米左右的低高原和台地(称低非洲),西北端为阿特拉斯山脉,西非几内亚湾沿岸有喀麦隆火山。非洲大陆的这一地形特征不利于铁路建设,高非洲线路难免迂回曲折,起伏较大,加之铁路大部分为殖民者所建,施工因陋就简、技术标准低下,弯道曲度半径一般仅 100 米,甚至小至 50～80 米,纵剖面限制坡度一般大致 24%～30%,个别线路上有达 42%的。为省工减料,路基窄、道砟薄,有的甚至直接在沙质地面上铺轨,极不稳定,严重影响线路的运输能力和车速,比其他各洲同级线路低。[②]

非洲铁路运输经过多年的努力,技术装备有所改进和提高,例如,先进的通信设备、不同轨距间的车辆过轨设备、集装箱运输等,在机车牵引动力方面,大量增加内燃机车、采用电力牵引等。但这些装备与其他各洲相比,还是比较简陋的。例如,现有的铁路技术标准和实际质量,影响着轴重的增加,从而限制着内燃机车功率的进一步提高。非洲国家没有自己的机车和线路设备的制造工业,机车和设备主要来自法国、英国、美国、比利时等国家,车辆型号不同,机件、附件、零件等千差万别,加之没有自己的车辆修理和生产配件的工厂,给维修和增补带来了很大困难。尽管铁路运输存在种种困难,非洲国家在尽力采取积极措施,已经制定并在实施着铁路改造计划。

5. 铁路运量不足,货运平均运程和货运密度较低,货种组成和流向单一且不合理

铁路运量不足是非洲国家铁路运输比较普遍的问题。例如坦赞铁路运量一直严重不足,从未达到过 200 万吨/年的设计运量,大多维持在 60 万～70 万吨/年的水平。运量不足是多方面因素造成的,铁路运输面临公路运输发展速度的挑战,公路运输成为运量争夺的主要对手。从管理上看,管理体制不顺和经营机制不活是难以解决的深层次原因。这些也是造成货物平均运程和货运密度低的客观原因。

货种单一和流向不合理是殖民地经济遗留下来的根源性后果的表现之一。货流以农矿原料或初级产品为主,尤其是矿产品占比例优势,农产品主要为木材、咖啡、可可、棉花、花生、剑麻等,以致不少铁路实际上为单一货种的专用线和似专线。

① 苏世荣:《非洲自然地理》,北京:商务印书馆,1983 年,第 15－18 页。
② 沈汝生:《非洲铁路运输地理》,载《非洲地理专利》,1979 年 12 月第 4 号,第 6－7 页。

例如,毛里塔尼亚、利比里亚的铁路是较典型的铁路专用线。塞内加尔和马里的铁路,类同花生专用线。苏丹中部的铁路类同棉花专用线。货运流向的不合理主要表现为出口农矿产品和进口制造品。这一贸易特点影响着线路的货运流向为沿海到内陆的下行方向负担很轻,而从内陆到沿海的上行方向负担很重,以致上下行流向很不平衡,车辆回空量大,运力浪费严重。此外,货运中农产品占有重要地位的铁路,因农业的季节性出现明显的旺季和淡季,造成运输时间的不平衡,很不利于均衡运输和影响运输效益。[①]

二、非洲铁路建设与区域经济发展

丰富矿产资源和农业资源在非洲国家国民经济中占据重要地位,是大多数国家的经济支柱。丰富的资源是非洲工农业发展的基础,同时经济的发展也需要一个较为发达的交通运输系统支撑。

殖民时期,西方资本主义国家以掠夺非洲丰富的自然资源为目的而大力兴建铁路,铁路成为西方列强用以掠夺非洲资源的工具,仅铁路的修建也为后来非洲铁路运输业的发展奠定了基础。非洲各国独立后,陆续兴建了许多新的铁路,并不同程度地改造原有的铁路用以推动经济发展。铁路运输在漫长的发展过程中在非洲区域经济发展、地区经济合作及对外经济联系等方面发挥了十分重要的作用。

目前,非洲不少国家仍以单一的能源、矿产和经济作物的生产作为经济支柱和对外出口的主要货物。尽管非洲的公路运输系统比铁路运输系统发达得多,但运量大、运距远的铁路仍是非洲货运的重要组成部分。铁路对非洲区域资源开发、经济社会发展和区域经济合作起着非常重要的推动作用,尤其是对以采矿业为基础的重工业区域的形成和发展较其他交通方式发挥着不可替代的作用。

(一)铁路与矿山开发

矿业在非洲许多国家的经济发展中占有重要地位,甚至成为一些国家经济发展的支柱。在非洲,有不少国家矿业出口份额超过全国出口总额的 50%,如赞比亚(68%)、刚果(金)(75%),一些国家甚至高达 90% 以上,如尼日利亚、利比亚的石油出口等。非洲有不少铁路是围绕矿山开发而建,特别是殖民主义时期,为加速对非洲资源的掠夺,连通矿区修建的铁路随处可见。如苏丹为开发矿山而修建的铁路以及中国援助修建的坦赞铁路等都是为矿山经济而修建。

1. 铁路建设与铜矿开发

非洲铜矿带是世界著名的大型铜钴蕴藏地,主要集中分布在赞比亚、刚果

---

① 沈汝生:《非洲铁路运输地理》,载《非洲地理专利》,1979 年 12 月第 4 号,第 6—7 页。

（金）交界地带。铜的储量占非洲总储量的 80％以上。铁路建设是铜矿带资源
开发的先行条件。1893—1897 年间，在莫桑比克修建的贝拉铁路为刚果（金）—
赞比亚铜矿带铜钴资源开发提供了出口通道。铜钴矿业的发展推动了当地经济
的发展。随着铜、钴生产规模的日益扩大，强大的矿业成为两国的经济支柱，形
成了铜矿带矿山城市群，赞比亚铜矿带集中了赞比亚 60％的城市人口，成为赞
比亚的经济重心。

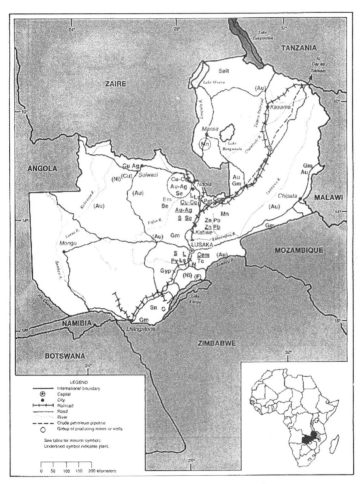

图 5-1-4　赞比亚矿山和铁路①

　　早在英国殖民主义时期，英属南非公司为大规模开发铜矿带，于 1906 年将开普
敦—卡布韦（赞比亚）的铁路向北延伸至铜矿带东部的炼铜中心恩多拉，随后的四年

---

　　①　图片来源：USGS Minerals yearbook—volume Ⅲ area reports：Africa and the Middle East（年份没有标
注）。

又向西北延伸至刚果(金)铜矿带重要的采铜中心卢本巴希。1903年葡萄牙殖民主义在安哥拉修建本格拉铁路,1931年建成通车,同年,赞比亚铁路又与通至安哥拉海港洛比托的本格拉铁路接轨。此后,连接莫桑比克的出口门户纳卡拉港、贝拉港、马普托港的铁路相继建成,这为赞比亚铜矿提供了多向出海通道。赞比亚独立后,为摆脱对受制于南非白人种族主义政权的南部出海通道的依赖,加之本格拉铁路因安哥拉内战遭破坏出海通道受阻,迫切需要寻求出海通道。1975年,坦赞铁路的建成

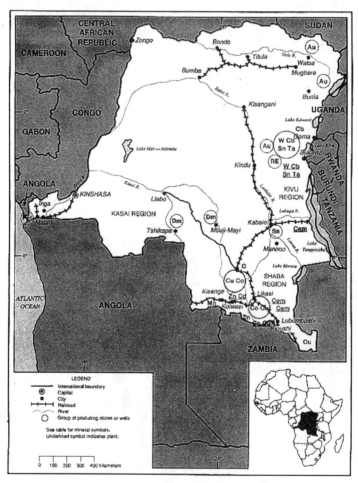

图5-1-5 刚果(金)矿山和铁路[①]

通车,为赞比亚铜的出口提供了一条新而可靠的出海通道,同时,这条铁路运输干线也促进了坦、赞两国经济的发展和城乡物资交流,对沿线地区的经济发展和区域合

---

① 图片来源:USGS Minerals yearbook—volume Ⅲ area reports:Africa and the Middle East(网站中年份没有标注)。

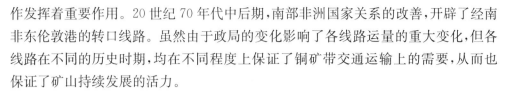

作发挥着重要作用。20世纪70年代中后期,南部非洲国家关系的改善,开辟了经南非东伦敦港的转口线路。虽然由于政局的变化影响了各线路运量的重大变化,但各线路在不同的历史时期,均在不同程度上保证了铜矿带交通运输上的需要,从而也保证了矿山持续发展的活力。

2. 铁路建设与金刚石的开发

非洲是世界上最大的金刚石开采地和国际市场上天然金刚石的主要供应地。金刚石开采是非洲最早兴起的采矿业之一。南非是非洲金刚石产值最高的国家。金刚石带来的巨大利益促使西方列强大规模修建铁路,于是,南非成了非洲最早修建铁路的国家之一。铁路的建设带动了采矿业的发展。

刚果(金)是非洲金刚石产量最多的国家。殖民主义者为掠夺"中非宝石",修建了贝拉铁路。几十年后,在姆布吉—马伊发现了新的金伯利岩岩筒群,这无疑给刚果(金)带来了巨大商机。金沙萨至伊莱博为刚果河重要支流开赛河,可通内河货运,铁水联运大大方便了金刚石的运输。金沙萨是内地所有公路、铁路、内河航运汇聚的咽喉地带,也是中非地区最大的水陆交通枢纽和货物集散中心,商机多。铁水联运又与马塔迪—金沙萨铁路相汇聚,交通十分方便,辐射面广,便于农矿产品的贸易交易。铁路的发展有力地带动了沿线地区经济的开发。

金刚石业是博茨瓦纳的支柱产业,长达900千米的铁路跨越弗朗西斯敦、哈博罗内和洛巴策,连接南非和津巴布韦,其间穿过丰富的金刚石矿产区,方便金刚石的运输。

3. 铁路与铁矿开发

非洲铁矿资源主要分布在南非、刚果(金)、加蓬、毛里塔尼亚、津巴布韦、埃及、几内亚、利比里亚、坦桑尼亚、安哥拉等国。南非是非洲最大的铁矿资源国。在非洲,围绕铁矿资源修建的铁路有不少,一些铁路干线成为了运输铁矿的专线或拟专线,如在几内亚修建的科纳克里—康康线、毛里塔尼亚—努阿迪布干线,利比里亚、塞拉利昂铁矿专线,以及安哥拉南部木萨米迪什—梅农盖铁矿拟专线、南非西境的锡申—萨尔达尼亚港铁矿专用线等。

4. 铁路与其他矿山开发

非洲在围绕矿山修建的铁路中,有不少是专线,如刚果的黑角—蒙宾达的锰矿石铁路专线,提供铝土矿出口的喀麦隆铁路等。产油量最大的尼日利亚围绕本国石油、矿产资源修建了不少铁路,如恩吉鲁—拉各斯铁路、卡杜纳—哈科特港铁路。

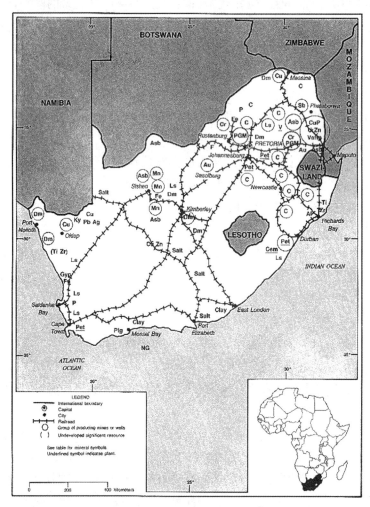

图 5-1-6　南非矿山与铁路[①]

(二) 铁路与出口作物的发展与分布

非洲出口作物种植业的发展始于 19 世纪末,最初完全是为了满足西方列强掠夺非洲农业原料的需要。虽然这种发展充满殖民主义色彩,但在一定程度上促进了非洲商品经济的发展。西方殖民者侵占了非洲大量肥沃的土地,用于种植各种出口作物,瓦解了非洲农村原有的自然经济生产结构,建立起畸形的单一经济结构,使非洲的商品经济在短期内迅速发展。独立后,许多国家对原西方殖民者垄断的种植园经

---

① 图片来源:USGS Minerals Information:Minerals Yearbook,2013.

济采取了进口替代的工业化政策、征购股份或国有化等措施,力图改变单一的经济体制。但由于各种政治和经济的因素,诸如管理不善、技术落后、设备陈旧、资金不足等,收效甚微,甚至影响到国民经济的稳定与发展。虽尽管如此,非洲出口作物在非洲经济中乃至世界市场上,仍然占据着重要地位,在生产与分布上仍然未改变昔日形成的与铁路网密切结合的地域生产体系的空间分布格局。

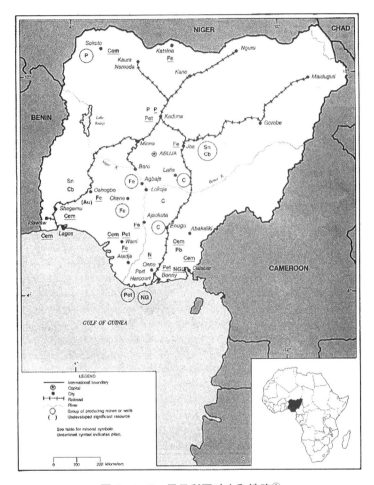

图 5 - 1 - 7 尼日利亚矿山和铁路①

出口作物的种植和初步加工需要大量的劳动力,因此,种植园主要分布在人口稠密的地区,如维多利亚湖周围地区、几内亚湾沿岸等。由于出口经济作物的种植是一种大规模的商品经济,面向海外,因此便利的交通条件是发展的关键。所以,许

---

① 图片来源:USGS Minerals yearbook—volume Ⅲ area reports:Africa and the Middle East(年份没有标注)。

多种植园除分布在上述地区外,还分布在沿海地区以及铁路沿线地带。这种铁路线路走向与出口作物分布密切相关的地域生产体系在非洲非常普遍,尤其在东非高原和西非几内亚湾沿岸国家表现极为突出。

东非的交通运输网中,公路运输体系网络分布相对较密,但铁路网也是东非交通体系中重要的组成部分,它是港口与腹地、腹地与腹地之间联系的又一重要交通工具。东非的重要铁路在坦桑尼亚境内有达累斯萨拉姆至基戈马铁路,在肯尼亚、乌干达境内有蒙巴萨至帕夸奇铁路,还有著名的坦赞铁路。东非规模较大、功能较全的港口数量有限,主要有蒙巴萨、达累斯萨拉姆、桑给巴尔和坦噶,出口大多以农产品为主。交通运输是商品生产必不可少的条件,它不仅影响土地资源开发利用的速度和规模,而且也影响农业商品化的速度,在东非铁路网分布格局中这一特点体现的较为明显。铁路最密集的地区分布于维多利亚湖和东部沿海的出口作物地带,铁路线将作物产地与东非大港口直接相连。另外,有些作物种植的区位选址也沿交通线路分布,剑麻的分布明显体现这一特征。①

1. 铁路建设与东非高原剑麻咖啡的种植

历史上,西方殖民者为了掠夺坦桑尼亚丰富的农业资源,兴建了由沿海通向内陆的坦葛至莫希的北方铁路干线及其支线,开辟了梅鲁山区的剑麻和咖啡产区。此后修建的达累斯萨拉姆向坦噶尼喀湖港基戈马的中央铁路及其支线向北通至维多利亚湖畔姆万扎的苏库马地区,这里是重要的产棉区。坦桑尼亚独立后将中央线与北方线联接起来,畅通了东、西、北地区的重要出口作物产区,因此,在广大地区的铁路沿线出现了大面积的剑麻、咖啡种植园,铁路促进了区际的物资交流,加强了与邻国的交通联系,便利了出口作物的出口运输。东非另一条主要运输线肯尼亚—乌干达铁路,不仅直接为乌干达西部的基伦贝铜矿和托罗茶叶—咖啡产区服务,同时也有力地促进了人口稠密的维多利亚湖地区以及肯尼亚高地的经济发展②。

2. 铁路建设与西非几内亚湾沿岸地带可可、咖啡、油棕、花生、棉花等的种植

多种出口作物生产布局在铁路集中的几内亚湾沿岸地区,其中加纳和尼日利亚建有深入内陆的铁路。尼日利亚因英国殖民者为掠夺内陆资源于19世纪末就已开始修建铁路专线,从东北部的迈杜古里向南至哈尔科特港的铁路,保障了沿线的花生、棉花、剑麻、棕油、可可的出口运输。西线从卡诺向南至港市拉各斯,促进了西部

---

① 王婵婵:《东非高原农业现代化之路》,载《走非洲,求非洲论文集》,四川人民出版社,2008年,第51-52页。

② 葛佶主编:《简明非洲(撒哈拉以南)百科全书》,北京:中国社会科学出版社,2000年。

地区经济发展和物资交流。卡杜纳至卡凡钱将东西两大干线联通,将尼日利亚铁路网构成"H"型格局,形成内陆地区便利的交通网络,有力地促进内陆资源的开发和经济发展。[①]

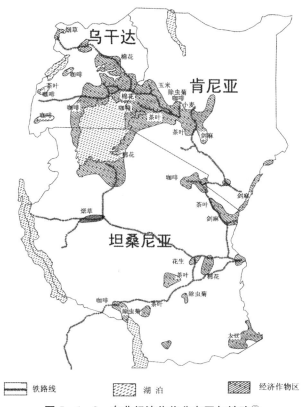

图 5-1-8　东非经济作物分布区与铁路[②]

由于可可比较容易种植,可个体经营,每户小农都可种植。殖民时期,欧洲列强允许加纳保持当地的小农业经济并加以控制,通过不等价交换掠夺加纳的可可。加纳是沿海国家,又被称为"黄金海岸",西方列强很容易通过港口运出掠夺的物资,再通过铁路深入内陆。也因为交通方便,在英国的长期殖民统治下,加纳逐渐变为其原料产地,主要掠夺物可可的出口占经济作物出口的 2/3。

科特迪瓦可可的生产和出口之所以能占世界第一位,出口收入占全国出口总额的一半,便捷的交通运输是其重要因素之一。科特迪瓦进出口贸易的 98% 以上是通过海运,港口的设备较为完善,且深入内陆的铁路干线较为发达,连接各海港,方便

①　张同铸主编:《非洲经济社会发展战略问题研究》,第 327－379 页。
②　王婵婵:《东非高原农业现代化之路》,载《走非洲,求非洲论文集》,四川人民出版社,2008 年,第 51－52 页。

可可的运出。科特迪瓦在不断提升经济作物的附加值,发展民族工业[1]。

综上所述,非洲的铁路运输与丰富的矿产、农业资源有着密切的关系。不管是殖民统治时期,还是独立后的非洲,铁路运输对于各个国家和地区的经济发展都起到了推动的作用。铁路干线有效地将各国的资源运输出去,实现了资源的流通,促进了贸易的发展,同时也吸引了更多的投资者,而随着投资的深入,新的铁路运输线路也不断建成,改善了投资环境,一定程度上促进了当地经济的发展。

第三节　非洲铁路运输分区概述

非洲铁路线路建设因大陆土地辽阔、小国众多、地理条件千差万别、加之殖民地经济社会历史较长等原因,铁路运输空间布局很不平衡。至今,全洲性铁路网尚未形成,还没有一条贯通全大陆的全洲性铁路,尽管有些铁路很重要,但仍属地区性线路,仅具局部意义。面对非洲铁路运输的现实,很难用统一的标准对非洲铁路运输网进行科学的分区。现根据线路系统、吸引范围、经营管理、传统经济社会联系、不打破国界等原则和条件,对非洲铁路运输网进行粗略的划分,大致上可分为东北、西北、中西、中南、南部和马岛(马达加斯加)等 6 个区:[2]

一、东北区

东北区位于尼罗河中下游地区和非洲东角地区,包括埃及、利比亚、苏丹、南苏丹、埃塞俄比亚、厄立特里亚、吉布提、索马里等 8 国,面积 714.84 万平方千米,尼罗河谷地纵贯,历史上是南北非交通要道大北路的最北段,经济联系比较密切。本区由 3 个地方性铁路网组成,分别是埃及、苏丹和埃塞俄比亚各自独立的铁路网,互不相接,远未形成一个整体。

全区现有铁路 12384 千米,占全非铁路总长的 14.88%,与面积占全洲的 23.58%相比,铁路密度不高,线路分布很不平衡,埃及铁路总长 5083 千米,已建立起较完善的铁路运输系统,路网四通八达,尤其是尼罗河三角洲,是全非铁路最密集地带,亚历山大—开罗—阿斯旺铁路是纵贯南北的铁路网骨干。非洲之角仅有两条铁路,偏集在埃塞俄比亚东北部和吉普提,索马里迄今还没有一条铁路。利比亚两条短距离铁路 20 世纪 60 年代关闭。埃塞俄比亚和苏丹计划共同修建一条连接两国的铁路,

---

[1]　葛佶主编:《简明非洲(撒哈拉以南)百科全书》,北京:中国社会科学出版社,2000 年,第 351 页。

[2]　根据 schiller institute 的资料整理绘制,资料来源:http://www.schillerinstitute.org/economy/maps/maps.html.

以促进两国的经济合作和物资交流。

图 5-1-9　非洲铁路分区图[①]

　　铁路线路规格比较复杂,轨距多至 5 种,其中国际标准轨全部集中在埃及,非洲标准轨集中在苏丹,其他还有 1000、950、600 轨,散见于埃及以外国家,线路质量相差大,埃及拥有非洲最好的铁路,而埃塞俄比亚则相反。埃塞俄比亚正采取措施改造现有铁路,包括路基加固、桥梁改造、更新机车车辆以及装备现代化通信信号系统等,以促进铁路运输的现代化。苏丹铁路运输网分布范围较广,铁路线总长 5978 千米,尼亚拉—喀土穆—苏丹港铁路是路网系统主干线。巴巴努萨—瓦乌支线是沟通南北苏丹两国的捷径。

　　铁路货运的货物组成中,农产品占有重要地位,工业制成品、半制成品和原料居次,而矿产品则不多。埃及、苏丹有些铁路,类同棉花专用线;苏丹西部铁路,畜产品占有较大比重;油料和咖啡是埃塞俄比亚铁路的主要运输货物。货运流向的季节分配有较明显的淡旺季。

①　沈汝生:《非洲铁路运输地理》,载《非洲地理专利》,1979(12),第 7-14 页。

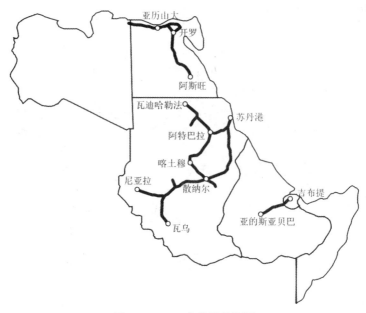

图 5-1-10　东北区铁路网

图片 5-1-1　埃及的火车站

本区主要铁路运输干线：

1. 亚历山大—开罗—阿斯旺铁路

东北区北部地区的交通动脉，埃及铁路网的骨干。铁路纵贯尼罗河谷地，全长约 1200 千米，等级高，质量好，通过能力强。尽管与尼罗河航道相平行，但沿线是埃及经济繁荣地区，特别是北段，城市密集，火车站点密集，工农业发达，货运量负担过重，为分散货流减轻货流负担，从开罗、坦塔等地出发，修建有一系列通海路线，其中最重要的有开罗—苏伊士港线、本哈—伊斯梅利亚线，坦塔—杜姆亚特线，达曼胡尔—赖希德港线。这些线路，自南向东北呈扇形辐射通往沿海组成地域性扇形线网。

从这一干线分出 3 条重要支线，分别为上埃及的费尔舒特—哈里杰绿洲线、赫勒万—拜哈里耶绿洲铁矿专用线、亚历山大—塞卢姆线。

2. 尼亚拉—喀土穆—苏丹港铁路

图片 5-1-2　苏丹火车站

图片 5-1-3　苏丹铁路修建中

苏丹铁路系统的主干，西起达尔富尔省首府尼亚拉，向东经首都喀土穆再折向东北至红海出海口苏丹港，全长 2000 余千米，因从内地经重要城市和工农业区通往沿海，有极其重要的经济意义。虽然沿海经济不甚发达，货运量不算太大，但全国只有一处海港，货流比较集中，特别是喀土穆—苏丹港段，负担愈来愈重，此外，在全国交通运输中发挥重要作用的有几条支线。阿特巴拉—瓦迪哈勒法线是苏丹最早的铁路，北部地区的运输动脉。海亚站—卡萨拉—散纳尔线和散纳尔—鲁萨里斯线是东部地区的交通要道。巴努萨—瓦乌线是通往南苏丹的捷径。腊哈德—乌拜伊德线仅具局部意义。

3. 亚的斯亚贝巴—吉布提（吉布提）铁路

埃塞俄比亚的对外交通要道和两国经济社会联系的重要通道，线路全长 782 千米，从中部高原沿着裂谷陡落沿海平原，高差悬殊，线路多径高坡、急弯桥隧等，质量不高，路途艰难，虽历经改造重建，路况有所改善，但为"米距"窄轨铁路，运力有限，设备老化,长期亏损。此外,阿戈达特—阿斯马拉—阿萨瓦铁路是厄立特里亚的唯一的通海路线,长仅 306 千米,950 毫米轨距,小火车运行,没有时刻表,运行时间也不固定,仅限观光旅游。

二、西北区

区界范围和传统上的西北非一致,包括突尼斯、阿尔及利亚、摩洛哥 3 国和西撒哈拉地区。历史上是马格里布(除西撒哈拉)范围,自然条件有共同之处,沿地中海为带状平原和阿特拉斯山脉,南部为撒哈拉大沙漠,经济社会联系密切。全区面积325.79 万平方千米,占全洲的 10.75%。铁路通车里程 8205 千米,占全洲的 9.86%,因此,线路密度接近全洲平均数,但线路分布极不平衡,北部沿海线路集中,突尼斯是非洲按面积计铁路密度最高国家之一,每万平方千米 132.33 千米,仅低于南非和斯威士兰两国。摩洛哥也远在全洲平均数以上,而广大南部沙漠地区,基本上还是一个铁路空白区。铁路线路系统完整,铁路干线东西横贯北部沿海地带,支线呈侧支状,一个不对称锯齿形全区性线网已逐步形成。线路技术标准高,质量好。摩洛哥铁路为宽轨(1435 毫米),技术装备先进,基本上已实现现代化,电气化线路已占50.0%,建有复线 370 千米。阿尔及利亚铁路总长 3973 千米,其中标准轨 3000 余千米,复线 345 千米,电气化铁路 300 千米,计划到 2025 年线路全部实现电气化。[1]突尼斯铁路总长 2067 千米,其中 3/4 线路为"米距"。本区线路通过能力大,线路运行情况也较良好,干线国际联运正常,长距直达列车畅通。

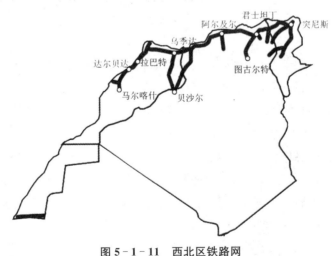

图 5-1-11　西北区铁路网

---

① 罗福建等:《当代非洲交通》,北京:世界知识出版社,2010 年,第 151 页。

铁路货运的货种组成比较多样,其中以磷灰石、铁矿石等矿产品居首,其次是工矿器材、工业制成品和农产品。由于主要干线与海岸平行,建有一系列南北向支线通往内地和海港,因此,货流比较分散,货运的区段负担和流向也较均衡。

本区铁路运输主要干线:

达尔达贝—阿尔及尔-突尼斯城国际铁路

非洲唯一的和海岸相平行的干线铁路,自西往东,长达 2400 千米,联系着 3 个国家的首都、海岸、重要工商业中心和农业区,是全区铁路网的骨干、最重要的运输动脉。尽管线路轨距不同,东、西两段为国际标准轨,中段为宽轨,但借助于先进的过轨设备、车辆得以畅通。这一干线沿线是北非经济发达地区,货源充足,运量巨大,是非洲运输最繁忙的干线铁路之一。从这一干线向两侧分出众多条支线和一般干线,其中大多是通达内地的矿用专线和似专线。如乌季达(摩洛哥)—贝沙尔(阿尔及利亚)线、穆罕米迪耶—贝沙尔线是两条铁矿专用线,摩洛哥的达尔贝达—马拉喀什线是磷矿为主的似专线,阿尔及利亚的君士坦丁—图古尔特是油田物资和给养的重要供应线。通海线路不多,以摩洛哥的西迪卡塞姆—丹吉尔和阿尔及利亚的君士坦丁—斯基克达两线较重要,前者还是一条有名的客运线。

图片 5-1-4　阿尔及利亚铁路复线修建中

图片 5-1-5　阿尔及利亚奥兰火车站

三、中西区

本区范围习惯上指非洲地理分区的西非全部,包括毛里塔尼亚、塞内加尔、冈比亚、几内亚比绍、几内亚、塞拉利昂、利比里亚、科特迪瓦、马里、布基纳法索、加纳、多哥、贝宁、尼日尔、尼日利亚 15 国和中非北部的乍得、中非、喀麦隆、赤道几内亚 4 国。中非北部 4 国和西非经济社会联系向来密切,特别是物资交流通道主要西出几内亚湾沿岸各港口,因此将中非北部 4 国与西非合为一区。

全区面积占全洲的 28.2%,人口约占 1/3,均居全洲之首,而铁路长度 11826 千米,仅占全洲铁路总长的 14.21%,因此,相形之下,铁路密度显得很稀,平均每万平方千米仅为 22.62 千米,是非洲大陆上铁路密度最低的一个区。线路分布上,沿海和内陆形成明显的对比,绝大部分线路在离海岸不超过800千米的地带,而位处内地的广大地区铁路很少,西非北部的撒哈拉沙漠被称为"铁路的禁区",尼日尔、乍得、中非3国迄今无铁路,西非的两个沿海小国几内亚比绍和冈比亚也是铁路空白区,因此,本区是全洲迄今尚无铁路的国家最多的一个区。

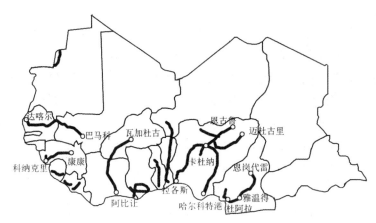

图 5-1-12　中西区铁路网

全区共有近20条干线铁路,除尼日利亚地域性"H"型线网初步形成外,其余所有线路,大部分互不联系,不成系统。而且它们都从海港伸向内陆,距离短,分支少,甚至无分支,典型的孤单断头铁路,是非洲铁路分布最分散的地区。西非沿海港口条件良好,是世界主要的海运航线大西洋航线的重要组成部分,与西欧、北美主要海港有着密切的联系,这一海运带和港口分布格局便于本区海铁联运的开展。线路规格不同,质量高低不等,轨距宽窄不一,"米距"轨占近一半,见于前法国殖民地各国,非洲标准轨占近40.0%,见于前英属的尼日利亚和加纳,毛里塔尼亚和利比里亚铁路采用国际标准轨。

由于地区发展水平不同,国家间贫富不均,加之线路短而分散,吸引范围较小,因此大部分铁路货运量不大,负担偏轻,城市和矿区分布很不集中,但出口作物广布,因此,货种组成较多样。线路负担差距明显,不少为专用线和似专线,铁矿石、铝矾土等矿产品为主要货种,其次是咖啡、可可、花生、木材、橡胶等农产品,都是大宗出口物资,而工矿器材、工业制品、半制品等则不多,主要是输入,因此,造成货物流向很不平衡。铁路运输因为设施陈旧,经营管理不善,加之公路运输的竞争,各国铁路运输能力较差,有的已停运。塞拉利昂除1067毫米轨距还有762毫米的窄轨铁路,因1985年马兰帕铁路铁矿业停产后,铁路全部停止使用,何时修复运营尚在考虑之中。①

---

① 罗福建等:《当代非洲交通》,北京:世界知识出版社,2010年,第157页。

本区主要铁路干线：

1. 拉各斯—恩古鲁线和哈尔科特—迈杜古里线

尼日利亚"H"型铁路网的两条主干，长均约 1300 千米，线路为非洲标准轨距 1067 毫米的单轨线。均西南—东北向纵贯国境，从沿海港口通往内地，把全国重要海港、城市、工矿区、出口作物产区联成一体，它们是全国也是本区最重要的 2 条铁路，负担着全国和邻国乍得、尼日尔部分外贸物资的运输。

图片 5 - 1 - 6　尼日利亚的火车站

2. 杜阿拉—雅温得—恩冈德迪线

喀麦隆铁路系统的主干线，全长 925 千米，为"米距"轨，斜贯国境中部，

对密切首都和各国间的联系，开发沿线资源，发展多种经济，加强南北物资交流，均具有重要意义。现为全国最重要的外贸通道并负担着邻国中非、乍得部分进出口货物的转运任务。

3. 阿比让（科特迪瓦）—瓦加杜古（布基纳法索）线

一条国际线路，自南而北，长 1147 千米，"米距"轨，是科特迪瓦东部地区的交通要道和邻国布基纳法索的通海线路。

4. 达喀尔（塞内加尔）—巴马科（马里）线

该铁路自西而东，长 1247 千米的"米距"轨，塞内加尔境内 646 千米，马里境内 641 千米，是塞内加尔的运输动脉、马里的出海捷径。其他较重要的线路，还有几内亚的铝矿专用线，毛里塔尼亚、利比里亚的铁矿专用线，加纳、多哥、贝宁的几条可可用为主的似专线。

四、中南区

本区包括中部非洲的刚果（金）、刚果、加蓬，东非的坦桑尼亚、肯尼亚、乌干达、卢旺达、布隆迪和南部非洲的赞比亚、安哥拉，共 10 国。北部赤道横贯，西北部为刚果盆地，东部和南部为高原，自然景观为热带雨林和热带草原，自然基础具有一定的共同性，经济联系历来比较密切，特别是坦赞铁路通车后，外贸通道方向多元化。

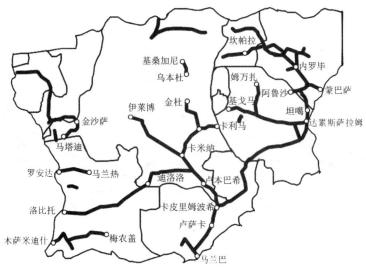

图 5 - 1 - 13　中南区铁路网

全区有铁路 17462 千米,占全洲铁路总长的 20.89%,面积占全洲的 22.37%,人口占 21.0% 以上,因此,线路密度与全洲平均数相接近。线路地区分布也较均匀,除加蓬、布隆迪、卢旺达线路尚未通达外,其他各国都有不同数量的铁路通到国境的大部分地区。尽管少数线路显得孤立,但一个以加丹加铜矿带为中心的全区性辐射状线网轮廓,已经基本定型,达累斯萨拉姆—基戈马铁路借助于坦噶尼喀湖火车轮渡与刚果(金)铁路相联系,沟通了东西向物资交流。本区铁路规格复杂,质量高低不等。共有 5 种轨距,非洲标准轨占一半以上,"米距"轨占 1/3,前者主要分布在南部和中部,后者集中在东北部。技术装备参差不等,内燃牵引为主。刚果(金)有电气化线路 858 千米,主要分布在矿区,是非洲第一个采用电力牵引的国家。非洲铜矿带区铁路网的"结点"——铁路枢纽地带,许多铁路从此辐射而出通向四方。铁路货运中,铜、钴、铝、锌、铁、锰、锡等矿产品是主要货种,木材、棕油、咖啡等农产品仍占较大比重,矿建器材、原材料和工业制品等亦不在少。

本区主要铁路干线:

1. 卢本巴希—马兰巴(赞比亚)铁路

原为"南非铁路网"骨干的最北段,现为赞比亚铁路系统的重要干线。线路全长约 1000 千米,纵贯国境中部,沿线经济发达,货流集中,北段更甚,经铜矿带东南部的炼铜中心恩多拉,向西北穿过赞比亚矿区,城镇群延伸至刚果(金)铜矿带的采矿区域中心卢本巴希,是赞刚两国物资交通重要通道。

图片 5 - 1 - 7　刚果(金)火车老化

图片 5 - 1 - 8　刚果(金)—赞比亚铁路

2. 卢本巴希—迪洛洛—洛比托(安哥拉)线

铜矿带又一西出大西洋最近的直通路线,全长 2193 千米,负担赞、刚果(金)两国大部分外贸物资特别是铜的运转任务,该线的安哥拉段为本格拉铁路,长 1350 千米,因多年战乱只有部分路段运营,现已全线改造,贯通运营。本格拉铁路计划与赞比亚铁路联通,成为南部非洲一条重要的铁路运输线。

图片 5 - 1 - 9　安哥拉罗安达通车

图片 5 - 1 - 10　安哥拉洛比托火车站

图片 5 - 1 - 11　安哥拉本格拉铁路

3. 滕克—伊莱博—金沙萨—马塔迪铁路

铜矿带又一西出大西洋的线路,全长 2600 千米,线路均在刚果(金)境内,通过全国经济最发达地区,密切和加强了首都和加丹加工业区的联系。但伊莱博—金沙萨段,尚在修建,借开赛河—刚果河干流航运,进行铁水联运,造成二次货物倒装,增加运输费用,延长运输时间,很不经济。因此,加快修建这段铁路,力争提前全线通车,刻不容缓。

4. 蒙巴萨—内罗毕(肯尼亚)至(乌干达)—卡赛赛坎帕拉线和达累斯萨拉姆—基戈马(坦桑尼亚)线

原"东非共同体"铁路系统的两大干线,长分别为 1660 千米和 1254 千米,从两大海港蒙巴萨和达累斯萨拉姆深入内陆,是东非高原 3 国的两条出海线路。两段间还有支线和维多利亚湖湖运相接,后者并借坦噶尼喀湖水运和刚果(金)卡莱米—卡巴洛铁路相联系,曾是铜矿带东出印度洋的一条辅助通道。

5. 坦赞铁路

全区辐射状铁路线网中我国援建的东出印度洋的坦赞铁路更为重要。线路西起赞比亚铁路卡皮里姆波希车站,东迄坦桑尼亚的达累斯萨拉姆港,全长 1860 千米,坦桑尼亚境内 974 千米,赞比亚境内 886 千米,沿线自然条件极为复杂,工程十分艰巨,于 1975 年建成通车,对开发赞比亚铜矿带以及沿线资源,促进两国政治、经济、文化交流,特别是为赞比亚提供一条方便、高质量的通海要道,有极其重要意义。

图片 5-1-12　坦赞铁路达累斯萨拉姆站　　图片 5-1-13　坦赞铁路赞比亚卡皮里姆波希站

图片 5-1-14　坦赞铁路火车在行进中

其他较重要线路还有刚果南部运输动脉布拉柴维尔—黑角线,安哥拉北部通海要道罗安达—马兰线、南部穆萨米迪什—梅农盖铁矿似专用线,赞比亚马拉巴—卡塔巴木材专用线和乌干达北部的托罗罗—阿鲁阿线,以及坦桑尼亚达累斯萨拉姆—坦噶—阿鲁沙线等。

五、南部区

本区包括南部非洲的博茨瓦纳、马拉维、莫桑比克、津巴布韦、斯威士兰、莱索托、南非、纳米比亚8个国家,位处非洲最南部。自然地理上是一个整体,南非高原除狭窄的海岸地带外,地表平均海拔超过1000米。与其他各区相比,本区拥有最发达的铁路运输网,通车里程33018千米,占全洲的39.68%,而面积仅占13.4%,人口约占12.0%。铁路密度相对显得很高,每万平方千米有83.56千米,是非洲铁路分布最密的一个区。尽管所有国家都有铁路,但区内差异仍较明显,约有3/4的铁路集中在东半部,中部的博茨瓦纳西北隅,线路较少,卡拉哈迪沙漠区还是一个铁路空白区。全区铁路线路交错,联系密切,尤其是南非铁路运输网已经相当完整,是非洲铁路里程最长的和密度最大的国家。一国的铁路里程20192千米,独占本区铁路里程的61.15%和非洲铁路里程的24.27%。

图 5-1-14　南部区铁路网

本区线路规格基本统一,1067毫米复线铁路约占全区2/3,线路质量也较好,技术装备不断更新,是非洲电气化线路最长的一个区。各国铁路通达性和联通性较好。同时,本区铁路与中南区铁路有较好的连通性。

货种组成多种多样,其中以铁、煤、磷灰石、钒、石灰石等矿产品居首位,工矿器材、建筑材料、工业制品和半制品等居次,还有粮食、肉类、皮革、水果、蔬菜等农畜产品。货运的线路分配有偏倚现象,东部诸线负担很重,特别是东南部通海各线。尤其为促进非洲南部铁路货物列车运行一体化,8国铁路公司经理共同研究实施联运。1994年8月全面实施快运业务。中南区的刚果(金)和赞比亚也加入了本区货运一体化。坦赞铁路也已加入了这一货运一体化,其货车由达累斯萨拉姆可直达南部区国家的铁路各站。[①]

主要铁路干线:

1. 开普敦—加博罗内(博茨瓦纳)—布拉瓦约(津巴布韦)—维多利亚瀑布镇(赞比亚)铁路

"非"字铁路网的左轴,全长2500千米,自南而北,纵贯中部,从沿海通往内地,非洲最早的铁路之一,原为"南非铁路网"骨干的南段,南部非洲运输动脉。与其相反,与它相平行的"非"字形铁路网右轴的伊丽莎白—比勒陀利亚—鲁塍加—索尔兹伯里铁路,因津巴布韦境内的鲁塍加—拜特布里奇段建成通车和经济联系的全部向南,地位显得愈来愈重要了,该线全长约2300千米,通过津巴布韦、南非人口最密集、经济最发达的地带,距海近,出海便,有利于海外联系,是全区运输最繁忙的线路。[②]

2. 在上述两大干线之间的多条联络路线

呈西—东向并行,组成"非"字型线网的"梯"型核心。从两大干线分出10多线路往西通向内陆,往东通连沿海港口,其中重要的有斯普林方丹—东伦敦港线、约翰内斯堡—德班港线、比勒陀利亚—马普托港(莫桑比克)线、鲁塍加—马普托港线、索尔兹伯里—贝拉港线、金伯利—霍塔泽尔线、哈钦森—卡尔维尼亚线、德阿尔—阿平赖线等,前五线都是东向通海路线。

3. 马拉维—莫桑比克北部铁路系统

由萨里马—贝拉港和姆平贝—纳卡拉港两条通海路线所组成,在南端与索尔兹伯里—贝拉港通海线相接。

4. 纳米比亚铁路系统

以温特和克—泽海姆干线为骨干,包括温特和克—沃尔维斯港、泽海姆—吕得里次港两条通海线和一些矿用专线,在东南边境和南非铁路相连接。

其他重要线路,还有南非境内的线路,开普敦—伯特方丹、开普敦—伊丽莎白—东伦敦、德班谢普斯通港,德班—理查兹贝等与海岸相平行的海港联络,以及新近建成的南非西境的锡申—萨尔达尼亚港铁矿专用线等。

---

① 罗福建等:《当代非洲交通》,北京:世界知识出版社,2010年,第158页。

② 沈汝生:《非洲铁路运输地理》,载《非洲地理专利》,1979年12月第4号。

图片 5‐1‐15　莫桑比克铁路桥

图片 5‐1‐16　莫桑比克贝拉火车站

六、马(马达加斯加)岛区

在非洲所有岛国(地区)中,只有马达加斯加、毛里求斯、留尼汪有铁路,但后二者均因路况不良、营业亏损而停运,马达加斯加是非洲目前唯一有铁路运输的岛屿国家。全境只有 4 条短距铁路,合计长仅 854 千米,与面积、人口相比,线路密度低于全洲平均数,只有 14.55 米/万平方千米。

全国共有 4 条单轨铁路,线路质量低,都是"米距"窄轨铁路,分布偏集在岛的中东部,这里是地形、地质条件复杂的高原、山地和断层区,线路以高坡、急湾、桥梁、坠道等工程艰巨著称于非洲。内燃机车,运力、运速有较大提高。货运组成中,咖啡、稻米、肉类、食糖等农畜产品占首位,矿建器材、工业制品和半制品、石油产品等居次,还有石墨、铬等矿产品。

塔那那利佛—塔马塔夫铁路,长 360 千米,联系首都和第一大海港,是中部高原东出印度洋的重要通道。穆拉蛮加—安德雷巴是其支线,北通全国有名的阿劳特劳湖农垦区和安德里亚梅纳格矿区;塔那那利佛—安齐拉贝线是它的延长线,自北向南,把高原第三大城和首都直接相联系。菲亚纳兰楚阿—马纳卡腊线位于国境东南部,线路孤立,有干无支,是中部高原又一条通海路线。①

第四节　非洲铁路运输网优化

一、非洲铁路大通道网建设——非洲一体化战略需要的选择

交通发展程度与一个国家(地区)的经济水平、能源状况、科技水平以及人民生活水平息息相关。交通的发展能够促进经济、文化的发展,特别是现代化交通的发展,将大大改变人们的时间、空间观念,为全球发展提供更广阔的空间。铁路运输是

---

① 沈汝生:《非洲铁路运输地理》,载《非洲地理专利》,1979 年 12 月第 4 号。

现代最重要的运输方式之一,相对于其他运输方式,具有运量大、运距长、运速高、运费低、运行准、运输范围广和稳定安全等技术经济特点上的优势,一直是陆上运输的重要交通方式。在第二次世界大战之后,尽管其他运输方式,例如内河运输、海洋运输、公路运输、航空运输,以及管道运输发展迅速,铁路的运输地位有所下降,但从长远利益和综合效益来看,铁路依然是促进经济和社会发展的最具战略意义的工具,世界上许多国家把铁路作为运输网的骨干和干线,铁路对经济发展发挥着巨大的推动作用,承担着工农业各领域最主要的运输任务。同时,在工农业生产飞跃发展的今天,也要求铁路运输的发展速度与之相适应。因此,铁路运输的发展程度与工农业生产存在着相互依存、相互促进的密切关系。随着先进技术的广泛应用,客运高速、货运重载运输的日新月异,使铁路又有了新的吸引力。可以说铁路运输发达与否,成为工农业生产和一个国家或地区经济发展水平的重要标志之一。[①]

非洲是世界交通运输业比较落后的一个洲,至今还没有形成完整的交通运输体系。根据运输技术经济特点,内河运输与铁路运输有某些相似之处,如运量大、运距长、运费低等,在运输网中,水运常被采用作为重要干线,如长江便是。但非洲内河如尼罗河、刚果河、赞比西河,均为世界著名大河,但由于急流瀑布多,只能分段通航,加之有些河道不稳定,河深、河宽变化大,影响船舶的正常通行,通航价值大减。这一内河水运的限制,客观上对发展铁水联运提出了现实要求。

对于资源丰富的非洲大陆来说,铁路运输应是最经济的运输方式。恶劣的热带气候常导致公路维护难,易被洪水切断,空运量小而价格高,导致很多货物积压在港口,内陆国家丰富的农矿原料由于运输难而无法大量的开采。相对来说,铁路受恶劣气候的影响则较小一些,如果能建成高速可靠的铁路运输网络,非洲国家就能大幅降低进出口商品的运输成本,推动整个非洲经济的发展。意识到交通运输基础设施对其经济发展的重要性,非洲国家已经把铁路建设列为发展运输的优先领域。一些非洲国家,尤其是西非国家,正在创造良好的内部环境,吸引海外投资者和海外建设队伍,来发展本国铁路产业。在铁路交通等基础设施建设方面,非洲各国打破传统铁路项目建设的理念,从自筹资金发展转向为吸引外资、低息贷款、他国捐赠、特许经营等方式发展铁路运输。在未来的发展中,相信在非洲各国人民团结下定能尽快实现非洲铁路运输的大发展。当然要从根本上改变非洲交通运输的落后状况,建立起适合经济发展需要的、完善的交通运输网络,非洲国家还需要付出不懈的努力,建设纵横整个大陆的全洲性铁路的通道网。

近些年来,进一步发展铁路运输,已受到众多非洲国家的重视,各国纷纷将其纳入国家经济发展计划。建立全洲性的铁路大通道网,已逐渐成为非洲各国的共识。

---

① 沈汝生:《非洲铁路运输地理》,载《非洲地理专利》,1979 年 12 月第 4 号。

回顾非洲艰难的铁路发展史可以看出,早在 19 世纪殖民统治时期,帝国主义为了满足掠夺非洲资源、攫取高额利润需要,就曾设想在非洲修建连接殖民地横贯非洲的铁路干线。20 世纪 70 年代,在看到美国第一条横贯北美东西、从大西洋到太平洋的大铁路,通车几年带来的巨大利益后,法国人曾首先提出规划,拟在阿尔及利亚修建一条穿越撒哈拉沙漠到尼日尔河流域的铁路,将西非内陆地区同地中海沿岸连接起来,以开发内陆贸易实现其殖民目的。处于对法国那条尚在纸上谈兵的铁路的担心,80 年代末,英国金融巨头谢西尔·罗德斯提出了一项更大规模的计划,拟修建纵贯非洲大陆的、从开普敦到开罗的“二 C 计划”。[①] 不管殖民者制订的计划处于什么样的目的、有没有成功,它们设想兴建这类铁路,对开发整个非洲的思路是一种进步。

对于整个非洲而言,没有一条连接整个大陆,使各国得到互通的铁路,将继续严重阻碍非洲各国以及整个非洲的发展。非洲铁路建设,首先是立足现实,着手改造铁路布局,逐步建立起全洲性铁路网,把各国各地区原有分散、孤立的铁路,通过修建新线联接起来,组成有机整体。建成全洲性铁路网,其中最重要的是修建多条全洲性干线铁路。非洲各国已经意识到建立全洲性铁路大通道干线网的必要性,但主要的困难不仅仅只是资金不足、技术落后以及反对非洲内部一体化过程的新殖民主义政策等的阻挠,还有许多重要现实问题,诸如,不可避免地要涉及许多旧线的改造和杂乱轨距的统一问题。铁路改造主要是提高线路规格和质量问题。新建线路以非洲标准轨(1067 毫米)为准修建,但旧线改造统一轨距难以实施,只能按实际需要而行,难以强求。全洲性铁路网建设中不仅仅是扩大线路问题,还有线路装备特别是牵引动力的现代化问题,铁路电气化是长期的发展目标。此外,发展铁路运输还应包括铁路运营和管理问题,应打破行政界线,各国、各线应充分协作,改进规章制度和建立合理机制,以保证多数国家、主要线路畅通无阻,以逐步改变铁路各自为政、分散经营的不利局面。

1972 年 9 月,联合国非洲经济委员会在埃塞俄比亚首都亚的斯亚贝巴召开了非洲各国铁路代表会议,决定成立非洲铁路联盟,其宗旨是加强各国铁路的国际合作,有 29 个成员国,下设铁路、信号和通信、材料和设备、供应、文献、信息处理 5 个技术委员会。非洲铁路面临的任务是,将非洲大陆的铁路与各种运输业有效结合起来的互相协调的系统,由各国政府按照统一政策合理分配投资和运营,调整国际运输,采取合理运行、简化行车和货物作业方式。[②]

1981 年 11 月在马拉维召开的第二届非洲铁路联盟会议,着重讨论了《非洲各国边界畅通的权限》,提出了《非洲铁路网联络方案》。该方案计划修建 26442 千米铁

---

① 郑家鑫:《殖民主义史(非洲卷)》,北京:北京大学出版社,2000 年。
② 《非洲铁路联盟》,载《中国铁路》,1977 年第 14 期,第 13 - 17 页。

路,主要涉及贝宁、尼日尔、马里等十几个国家。横贯铁路设想,通过乍得联接尼日利亚和苏丹的铁路,把达喀尔与苏丹港连通起来,形成一套横贯非洲北部的最大通道,解决了深处内陆的乍得和中非的出口通道。①

因此,无论是非洲辽阔纵深的大陆、众多的人口和丰富多样的自然资源,或是因自然条件带来的内河运输落后面貌,还是当前非洲政治、经济形势发展的需要,铁路运输应该是最经济的运输方式,非洲应有一个比较发达的铁路运输网。

二、非洲一体化的先行者——铁路大通道网建设

进入 21 世纪以来,非洲建设大铁路网的需要日益迫切,势在必行。

随着铁路现代先进技术的广泛应用,非洲国家开始修建高速铁路,并筹划修建穿越非洲大陆的大干线,构建非洲大陆的铁路大通道网,制订非洲铁路规划,并为此召开了一系列会议。2004 年,非洲铁路联盟第 29 届大会的主题为"提高铁路的效率,为非洲的发展和经济一体化服务"。就非洲铁路运输的调整和发展,以及当时非洲大陆铁路总长仅 8 万至 9 万千米的现状,非盟指出应该充分考虑内陆国的需要,增加对铁路的投资,并制定合理的投资政策;加速非洲铁路设施的现代化和标准化进程,提高其效率和竞争力,为非洲铁路的一体化打下基础;打破铁路的垄断性,使其逐步走向市场化,为实现地区性合作和一体化服务;充分利用现有的培训机构,加强对职工有针对性的技术培训;加强非洲铁路联盟的职能。2004 年 4 月 13—14 日,非洲统一联盟在刚果首都布拉柴维尔召开了第一次非洲国家负责铁路运输的部长会议,号召非洲国家要努力工作,争取更多的支持,用铁路将非洲大陆连接起来,会议通过了《2006—2008 年非洲铁路发展规划》。2004 年 10 月,非洲铁路联盟在利比亚首都的黎波里举办的第二次会议上就曾提出建设十大铁路通道的建议,并列出了十大铁路通道清单。如果这十条铁路通道计划的建议能实施,那么非洲经济将迎来全新的面貌。

表 5-1-4　非洲十大铁路通道清单表②

	铁路通道	途经国家
一	北非—中非—南非通道	利比亚至尼日尔、乍得、中非、刚果(布)、安哥拉、纳米比亚和南非
二	西非—中非通道	塞内加尔至马里、布基纳法索、尼日尔、尼日利亚和乍得,科特迪瓦至加纳、多哥至贝宁、尼日利亚及喀麦隆

① 罗福建等:《当代非洲交通》,北京:世界知识出版社,2010 年,第 147-148 页。
② 资料来源:The Guardian:《尼日利亚等 14 个非洲国家筹划横穿非洲大铁路》,http://chinca.mofcom.gov.cn/aarticle/xuehuidongtai/200506/20050600124999.html/.

	铁路通道	途经国家
三	东北非通道	苏丹至埃塞俄比亚、肯尼亚、坦桑尼亚、乌干达
四	东北非—西非通道	苏丹至乍得、尼日利亚
五	东非—中非—南非通道	坦桑尼亚至卢旺达、刚果(布)、乌干达、达累斯萨拉姆至戈基马、布隆迪
六	中非—东非通道	苏丹至中非、喀麦隆
七	北非通道	摩洛哥至阿尔及利亚、突尼斯、利比亚、埃及、毛里塔尼亚
八	东非—南非通道	坦赞尼亚至赞比亚、津巴布韦、莫桑比克、南非
九	中非通道	喀麦隆至加蓬、刚果
十	北非—西非通道	塞内加尔至毛里塔尼亚、摩洛哥

1 北非通道
2 东非—南非通道
3 北非—中非—南非通道
4 东北非通道
5 西非—中非通道
6 东北非—西非通道
7 北非—西非通道
8 中非—东非通道
9 东非—中非—南非通道
10 中非通道

图 5 - 1 - 15　非洲铁路十大通道①

　　2005 年 5 月,为振兴非洲,取得更大的经济和社会效益,非洲大陆 14 个国家在拉各斯集会,根据非洲发展新伙伴关系的精神,调整其综合铁路运输服务计划,将其

---

　　①　根据 http://shakara.wordpress.com/2007/11/30/fun-with-maps-trade-and-roads/整理绘制(虽然在这个外国网站找到了这张图,但是这个网站很奇怪,是个外国地图猜谜网站)。

作为开放非洲大陆计划的一部分。来自南非、加纳、利比亚、塞内加尔、刚果、刚果(金)、贝宁、多哥、布基纳法索、科特迪瓦、安哥拉和尼日利亚国家的铁路主管人员在尼日利亚铁路公司总部召开了主题为"交通运输大通道"的铁路大会。会上工作组向第 32 届成员国大会提交了实施十大交通通道的建议,并优先安排 3 或 4 项工程将非洲发展新伙伴关系框架内的非洲国家连接起来。[1]

由此可以看出,进一步发展铁路运输已受到非洲许多国家的重视。同时我们也看到,目前非洲的现代铁路运输业仍带有殖民地性痕迹。各类设施技术标准零乱而落后,线路一般均自农矿区伸至海港,国内各地区之间及非洲各国之间的交通联系一般都很薄弱,大宗初级产品的输出造成货流的单向性,运出量远远超过运入量。而非洲的基础设施薄弱突出的表现,依然体现在各成员国之间缺少现代化的运输和通信联系。约 1/4 路线集中在南非,其次是北非和西非沿海地区。全洲尚未形成统一的铁路网,营运水平很低。铁路货运仍以矿产和农业产品为主。许多新线虽然正在施工中,但到目前为止,非洲仍无一条贯穿全大陆的铁路。

建设十大铁路通道的建议若能实施,非洲经济将迎来全新的面貌,有利于整个非洲民族的融合与团结共进,并对非洲经济一体化的实现有着特殊的意义,因此,兴建贯通非洲的全洲性铁路更具有新的经济和政治意义。

近年来,非洲国家整体政局趋向稳定,经济稳步增长,一体化步伐加快。2012年,非洲 GDP 增长 5%,远高于全球增长率的 2.2%,而且高于发展中国家整体经济发展建设,因此,非洲的经济发展速度高出世界平均水平的一倍多。[2] 非洲各国纷纷出台交通基础设施规划,以加快非洲交通基础设施的步伐,尤其是非洲大铁路网建设规划已落实到实处,这将有助于非洲一体化建设。建设非洲南北贯通的道路项目是非洲基础设施建设非洲计划(PIDA)中的优先领域之一。2009 年,在赞比亚首都卢萨卡融资会议上,非洲开发银行承诺提供 6 亿美元以及外部合作伙伴提供 12 亿美元用于公路、铁路、港口、能源等建设。[3]

2012 年 3 月,在南非开普敦非洲战略发展论坛上,南非推出了一项庞大的非洲跨国铁路建设规划,这仅是非洲掀起铁路建设高潮、提速非洲交通一体化的一个缩影。目前非洲国家纷纷出台铁路基础设施建设规划,促进非洲国家内部经贸往来[4],推动非洲大陆经济发展。根据论坛公布的资料,非洲跨国铁路建设规划第一步是建设一条连接南非、斯威士兰和莫桑比克的铁路,第二步是重新恢复早已停止使用的连接南非和刚果(金)的铁路。此外,南非铁路局正在与有关国家磋商,以建设一条

---

① 罗福建等:《当代非洲交通》,北京:世界知识出版社,2010 年,第 149 页。

② UNECA. Annual Report 2013, http://www.uneca.org/cfm.

③ African Development Bank, all Africa.com, April 8, 2009.

④ 喜来:《非洲的高速铁路》,载《交通与运输》,2012 年第 28 卷第 2 期。

被称为"非洲南北经济走廊"的铁路,将博茨瓦纳、刚果(金)、南非、赞比亚和津巴布韦通过交通干线连接起来,再由南非的德班港从海上与世界沟通。非洲大陆交通一体化建设正在提速。南部非洲国家正在投入数千亿美元新建和翻修铁路,希望促进本地区进出口和创建共同市场。南部非洲发展共同体 15 国正在规划一个地区交通蓝图,在中国公司的领导下,完成南部非洲交通一体化建设。其中最受瞩目的项目是建设经博茨瓦纳卡拉哈迪沙漠连接纳米比亚和南非的铁路。目前南非已经规划投资 170 亿美元开通一条通往苏伊士兰货运铁路。博茨瓦纳也期望建设经过津巴布韦连接莫桑比克港口的铁路。东非地区正在规划修建一条连接坦桑尼亚、肯尼亚、乌干达,并延伸到卢旺达、布隆迪,最终到达南苏丹和埃塞俄比亚甚至其他地区的铁路,由东非共同体基础设施部管理和实施。去年东非共同体专门召开铁路战略规划会议,提出未来将投资 9000 亿美元修建东非地区铁路基础设施。西部非洲地区正在规划修建一条连接塞内加尔、马里、科特迪瓦、布基纳法索、贝宁和多哥的铁路,由于加纳和尼日利亚准备采用标准轨距,两国正在考虑是否加入这一铁路规划。矿产和原材料出口不断扩大是推动非洲铁路建设提速的主要因素,铁路货运便宜、效率又高。南非公共企业部长吉加巴表示,南非铁路等基础设施比较发达,但非洲其他国家铁路网基本都是殖民时代修建,铁路设计从矿产丰富地区向沿海延伸,各个线路之间彼此分割、互不相连,布局非常不合理,这已经远远不能满足非洲经济发展的现状,因此过去几年,全球商品价格上升和矿产部门扩张,催生了非洲铁路部门的复兴。南非公共企业部顾问吉尔森表示,修建铁路促进非洲交通一体化有着巨大的经济社会利益,不仅促进区域经济整合,还有利于地区人员流动,政治、社会和文化交流与沟通。吉尔森表示,目前非洲规划和修建的铁路网可以改变殖民时代的印记,不仅自成体系,而且各个地区互联互通,将有力促进非洲大陆交通一体化。

三、非洲铁路运输的高速化

交通运输的高速化是当代交通运输发展的必然战略选择和趋势。随着非洲经济的快速发展,非洲国家意识到交通运输基础设施建设必须与时俱进,公路和铁路运输的高速化已成为非洲国家追求的战略目标。有些经济较为发达的非洲国家已把铁路建设列为发展运输业的优先领域,其中高速铁路建设业已起步。南非 2010 年高速铁路建成通车揭开了非洲铁路高速化的序幕。

1. 南非豪登高速铁路

豪登铁路(Qautrain)是非洲第一条高速铁路,它是在 2010 年足球世界杯开幕前的 6 月 8 日正式投入运营。但是,投入运营的仅仅是其从坦博国际机场至约翰内斯堡市杉藤区的一段,为足球世界杯提供高效便利的通道。从世界各地涌入南非的球迷,通过这条高速铁路从奥利弗•雷金纳德•坦博国际机场方便快捷地前往约翰内斯堡市内各比赛场地。这条被命名为豪登铁路的高速铁路,全长 80 千米,设计最高时速为 160 千米,按国际上的标准,时速超过 200 千米才能称之为高速铁路。它是撒哈拉沙漠以南的非洲第一条城际快速铁路,从机场至约翰内斯堡市内,开车需要 1 小时左右,而乘坐高铁列车仅需 15 分钟左右,十分方便快捷,也算是非洲铁路的一大进步。豪登铁路连接了豪登省两个主要城市——约翰内斯堡和比勒陀利亚,是南非的重点建设工程之一,对南非经济的带动作用是多方面的。比如,每一个城铁站都将通过 30 余辆专用巴士升级成为城市之间及城市内部的交通中转枢纽,带动周边地区的经济发展。据保守估计,"豪铁"每年将推动豪登省(南非主要经济区)的国内生产总值增加 1 个百分点。

图片 5-1-17　南非高铁

豪登省是南非的经济中心,全省 GDP 占全国的 1/3,人口占全国的 1/5。南非政府期望通过高速铁路来提高当地的短途运输能力,刺激当地经济增长和创造就业机会。同时,高铁还将有效缓解当地高速公路的拥挤状况,并减少汽车的碳排放量。南非政府计划在几个大城市之间都建设城际铁路联系,以缓解公路交通的压力,尤其是缓解南非两大货物港口德班、伊丽莎白的交通压力。[①]

2010 年,南非政府计划投入 18 亿美元投资铁路客车,该国目前拥有 489 辆快速铁路车辆,其中 256 辆要大修、233 辆需升级。同时,为了解决本国矿业运输难问题,南非计划在未来 5 年内加大铁矿专用铁路运输基础设施建设。2010 年,中国与南非正式签署了南非铁路网升级的协议备忘录,中国成为南非铁路重建和升级的全球性战略伙伴之一。

2. 摩洛哥丹吉尔—卡萨布兰卡高铁

2011 年 9 月 29 日开工修建的丹吉尔—卡萨布兰卡高速铁路,全长 308 千米,连

---

① 韦东泽:《南非期待"豪铁"推动经济发展》,载《人民日报》,2011 年 8 月 3 日。

接全国人口聚集区和地中海沿岸的丹吉尔与摩洛哥最大的城市和商业中心阿尔贝达,通车后行程时间将由 4 小时 45 分缩短到 2 小时 10 分。投资总额 26.1 亿美元,设计能力每年运送旅客 800 万人次。一期工程 200 千米,丹吉尔—肯尼特拉,设计运营时速为 320 千米,采用 25 千瓦交流供电模式,预计 2013 年通车。第二期工程,高铁延伸至阿尔贝达,计划未来 20 年间兴建 1500 千米高铁,总投资 120 亿美元。于 2030 年左右建成两条高速铁路干线:丹吉尔—卡萨布兰卡—阿加迪尔线;拉巴特—乌吉达线。

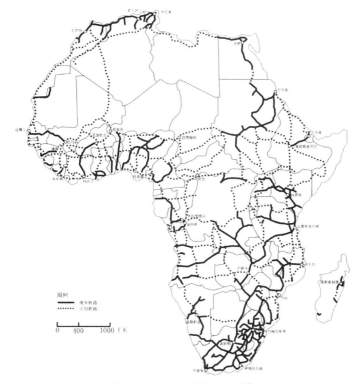

图 5-1-16　非洲铁路网①

2007 年摩洛哥与西班牙联合向欧盟委员会提出了直布罗陀海峡贯通方案,计划于 2015 年建成 40 千米长的直布罗陀海底隧道,通过高铁快速连接,缩短北非至欧洲的空间距离。②

---

①　根据 schiller institute 的资料整理绘制,资料来源:http://www.schillerinstitute.org/economy/maps/maps.html.

②　张玉剑译:《摩洛哥高速铁路及轻轨建设项目取得新进展》,载《世界轨道交通》,2008 年第 10 卷;李勤译:*Rly Gaz.Ietern*,2011 年。

第二章

非洲公路运输

　　公路运输系指各类机动车辆通过公路线路实现客货物流的空间位移,它是在 19 世纪末期随着汽车的诞生而兴起的,现代交通运输的重要方式之一。在所有的交通方式中,公路运输占据着绝对的优势,有数据表明,公路运输承担了 80%~90% 的城市和国家间的货物运输。[①] 尤其是在一些没有铁路或铁路网小的国家和地区,公路运输仍是大量货物流动和运输的主要手段。因此公路作为交通运输基础设施的代表,对于非洲交通运输的发展起着至关重要的作用。然而非洲的公路交通,比其他各大洲远远落后,严重滞后于现代非洲较快的经济发展,已成为制约非洲大多数国家经济社会正常发展的瓶颈。

第一节　非洲公路运输的历史与现实

　　早在 20 世纪 60 年代,非洲国家召开过一系列有关发展路网的地区性会议。与会者认为首先必须发展具有国际意义的干线,而且,先着手兴建公路干线。在联合国非洲经济委员会的支持下,数十个委员会和许多规划机构为研究扩建公路网的可行性进行了大量工作。决定开始兴建横贯非洲的公路干线,然后,公路网与之相联接。规划经批准并着手建设的全洲性公路干线有 3 条:纵贯撒哈拉连接阿尔及利亚、马里、尼日尔的干线——横贯拉各斯(尼日利亚)—蒙巴萨(肯尼亚)干线、横贯西非的南北两大干线达喀尔(塞内加尔)—拉密堡(乍得)的北干线、达喀尔—拉各斯的南干线。为了使各条干线能通行各类型号、外形和不同载量的汽车,决定用统一规格进行修建,还计划在公路沿途配建汽油供应中心站、技术服务站和司机、旅客服务站。[②]

---

　　① 汪恒、石京:《非洲公路现状及公路建设市场参入前景分析》,载《铁道工程学报》,2008 年。

　　② 董文娟摘译自苏联《今日亚非》横贯非洲公路干线,1977 年;南京大学地理系非洲经济地理研究室:《非洲地理资料》,1978 年,第 63 页。

① 纵贯撒哈拉公路干线突显必要和重要,这是因为大沙漠的阻隔使北非诸国与沙漠南缘的国家间交通联系十分不便,长期依赖骆驼商队和地中海、大西洋、红海、印度洋上的海上交通来维持南北向的联系。撒哈拉公路干线总长 2900 千米,其中阿尔及利亚境内 1427 千米、马里境内 675 千米、尼日尔境内 357 千米。干线的支线为 3 国内部和通往摩洛哥和突尼斯的支线。这条干线的建设对非洲国家具有重要的经济和政治意义,可为尼日尔和马里两大内陆国家提供出海通道,并可保证阿尔及利亚的石油制品运销他国,同时可将南部的牲畜、皮革、椰枣、花生等物品运至北部,加强南北物资交流,促进区域经济发展。为开发沙漠和绿洲资源,开始沿这条干线公路修建旅馆、帐篷宿营地,如在阿德拉尔和塞吉建造饭店、有凉台的平房、游泳池的游览村。

② 横贯东西向的拉各斯—蒙巴萨公路干线,总长 6561 千米。这条干线于 20 世纪 60 年代末拟定规划,许多国家要求把自己国家的道路网与之相联接。因此,联接 17 个非洲国家的统一道路系统开始实施建设。

③ 横贯西非的两大干线公路是 1967 年西非国家地区性会议提出建设的陆上交通线,一条为西非与中非两大地区联接起来的达喀尔—拉各斯干线,途径冈比亚、几内亚、塞拉利昂、利比里亚、科特迪瓦、加纳、多哥、贝宁和尼日利亚,总长 4245 千米。在拉各斯西非公路干线与东西向拉各斯—蒙巴萨干线相交会。另一条为达喀尔—拉米堡干线,总长 4841 千米,途径塞内加尔、马里、布基纳法索、尼日尔、尼日利亚、喀麦隆、乍得 7 国。毛里塔尼亚、几内亚、科特迪瓦、多哥、贝宁的公路和喀麦隆的公路网将与其相联接。这条干线还可与横贯撒哈拉西部的干线联接。

上述非洲国家规划建设的规模宏大的公路网于 20 世纪 70 年代开始分期分批动工修建和完善,曾计划于 20 世纪 80 年代上半期完成。上述公路网所覆盖的范围蕴藏有丰富的能源和矿产资源,如石油、铁、铝土、磷等,以及大量的农业原料资源,如珍贵木材和热带出口作物咖啡、可可、花生、棉花等。此外,1976 年 7 月,有些非洲国家首脑还通过了建设一条东非公路干线的决定:开罗—喀土穆—内罗毕—卢萨卡—加博罗内,全长 1.05 万千米。①

非洲国家独立以后,积极新建或改造扩建公路线网,努力推动各地区经济发展。例如博茨瓦纳,刚独立时全国仅有 5 千米沥青公路,为了改变这种落后状态,大力加强公路建设。到 1987 年末,其公路总里程已达到 13500 千米,其中柏油公路就有 2025 千米。主要两条公路干线:纵贯国境东部地区的洛巴策—弗朗西斯敦线;奥拉帕—弗朗西斯敦—卡宗古拉—赞比亚的博赞线。这两条公路干线对博茨瓦纳钻石

---

① 董文娟摘译自苏联《今日亚非》横贯非洲公路干线,1977 年;南京大学地理系非洲经济地理研究室:《非洲地理资料》,1978 年,第 63 - 64 页。

业、养牛业的发展和扩大对外贸易具有重要意义。

对于缺少铁路的中部非洲国家来说,公路就是其生命线。如深处内陆的乍得,进出口物资的运输主要由公路承担。全国公路通车里程4万余千米,但可全年通车的仅占20%,恩贾梅纳—萨尔赫线、恩贾梅纳—多巴线,改建后成为本国出口农产品的两条干线公路,同时也是与其邻国联系的国际干道。同样,中非公路通车里程2万余千米,其中全年通车的6千余千米,线路多偏集于西部地区。新修干线班吉—蒙杜(乍得)线、班吉—萨尔赫(乍得)线,承担中非西北部地区的物资交流与乍得部分外贸物资的转运。

非洲公路的建设从二战后到20世纪70年代中期发展较快,线路长度由70万千米快速增至1988年的153万千米。非洲一些国家及非洲统一组织和联合国国际开发协会等机构为发展贸易,联合修建了一条穿越撒哈拉沙漠的柏油公路干线,其全长为8266千米。它把阿尔及利亚与马里、尼日利亚、尼日尔等国家联接在一起。这条公路的建成连接了非洲的南北交通,使得一些拥有丰富矿产资源的地区得到有效开发。与此同时,另外一条横贯非洲大陆、全长5000千米的公路干线也成功修建,它东起印度洋沿岸肯尼亚的海港城市蒙巴萨,西到大西洋几内亚湾沿岸的尼日利亚海港拉各斯,中途经过乌干达、卢旺达、布隆迪、刚果(金)、刚果、加蓬、赤道几内亚、喀麦隆、中非、苏丹和乍得等国家。这一巨大工程也是由沿途各国分段修建的。它对于贯通这些过境国家和非洲中部地区的贸易和矿产、农产品的运输起到了极其重要的作用。[1]

在非洲公路中,硬质路面公路约38万千米,约占公路总长的1/4。公路区域平均密度为5.06千米/百平方千米,人口线路平均密度为25.18千米/万人。在非洲,公路是分布密度较大的一种交通运输方式,但与欧美发达国家相比,公路密度是极低的。从全非公路地区分布来看,公路密度较大的是南部非洲的东南部、几内亚湾沿岸地区、西北非的马格里布地区以及东非的维多利亚湖周围地区。撒哈拉沙漠、中非内陆地区、刚果盆地赤道雨林地区和南部非洲卡拉哈迪地区,由于社会经济发展水平低和不利地理条件的影响,公路稀疏,密度仅为1~3千米/百平方千米,远远低于全洲平均水平。1988年,非洲共有机动车1180万辆(其中卡车和公共汽车400万辆、轿车780万辆),平均每一千人拥有19.47辆。比例最高的是留尼汪岛,每千人拥有汽车318辆;其次为经济发展水平较高的南非,每千人拥有146辆;埃塞俄比亚经济发展水平较低,每千人拥有汽车仅为1.2辆。[2]

独立前,非洲各国各地区之间交通联系十分落后,全洲无一条跨地区公路。20

---

① 张同铸:《非洲经济社会发展战略问题研究》,北京:人民出版社,1992年,第380-381页。
② 张同铸:《非洲经济社会发展战略问题研究》,北京:人民出版社,1992年,第380-381页。

世纪 60 年代以后至 80 年代,非洲各国制订了一系列发展交通网的地区性计划,开始修建纵贯、横贯非洲的公路干线,使各国的公路与各干线相联并网,逐步形成统一的全非公路网。对非洲地区经济开发意义最大的有如下几条干线。[①]

1. 纵贯撒哈拉公路

全长 4765 千米,始于阿尔及利亚地中海沿岸的阿尔及尔,往南穿越撒哈拉沙漠,在阿尔及利亚南部的塔曼拉萨特分为两支。一支向西直通马里的首都巴马科,此线在加奥分出连接尼亚美的短支线,另一支向南通过尼日尔的阿加德兹到尼日利亚沿海城市拉各斯。这条干线重要的经济和政治意义在于:为尼日尔和马里两内陆国提供出海通道;保证阿尔及利亚的石油制品运送到其他石油进口国;为铺设通往大陆中心地区的石油和天然气管道建设提供方便;南部农牧区的牲畜、皮革、椰枣、花生等农产品可运到北部;有利于开发撒哈拉沙漠的旅游资源。

2. 横跨非洲公路

该线东起印度洋沿岸的肯尼亚港口蒙巴萨,西至大西洋沿岸的尼日利亚港口拉各斯,主干线全长 6375 千米。沿线的肯尼亚、乌干达、刚果(金)、中非、喀麦隆、尼日利亚等国家的钴、金刚石、锰、石油、铀等矿产资源丰富,林业和热带经济作物种植规模较大。公路的贯通,对于这些国家的区域经济开发和贸易往来具有深远的意义。同时该线是非洲第一条贯穿东西的干线公路,其横向联系的意义不言而喻。

3. 苏丹草原公路

主干线分为东西两段:东线从埃塞俄比亚北部沿海的米齐瓦经库斯提到乍得首都恩贾梅纳;西线从恩贾梅纳经卡诺、尼亚美、瓦加杜古、巴马科到达喀尔。这实际上是一条横跨萨赫勒地区的东西向干线,它使塞内加尔、马里、布基纳法索、尼日尔、尼日利亚、喀麦隆、乍得、苏丹、埃塞俄比亚等国的交通运输网连成一体,促进这些地区的经济发展和贸易往来,特别是对于那些没有出海通道、亟待发展对外经济联系的沿线内陆国家意义尤为重大。

4. 西非沿海公路

全长 4800 千米,从毛里塔尼亚首都努瓦克肖特到尼日利亚的拉各斯,穿越塞内加尔、冈比亚、利比里亚、多哥、贝宁等西非 12 国。该地区内部差异较大:南部自然条件优越,资源丰富,经济发展水平较高;北部自然条件较差,资源较贫乏,经济发展相对落后。西非沿海公路的修建,对协调南北关系,促进共同繁荣,加强各国之间的政治经济联系,加强各国的经济交往和内陆地区的开发将起到积极的作用。西非沿海公路在拉各斯与横跨非洲公路相连,构成全非统一公路网中十分重要的一环。

在非洲各国的呼吁下,联合国大会于 1977 年发起了一项非洲公路建设计划,作

① 张同铸:《非洲经济社会发展战略问题研究》,北京:人民出版社,1992 年,第 382 - 383 页。

为促进国际经济新秩序政策的一部分,并开始向世界银行、发展援助基金以及其他多边机构筹集资金。[①] 同时也有一些西方国家为了刺激自己萧条的建筑业,参与非洲的公路建设。非洲公路网主要由九条高速公路组成并联接支线构成一个系统。其中不少线路是利用原有公路加以翻修和扩建。非洲公路网最终将把非洲各港口、大城市与贸易中心联接起来,将非洲的农业与制造中心同潜在的国内市场联接起来,提供向欧、亚出口的直接通道,与欧亚大陆相连将使非洲各国摆脱地理上的隔绝感。为了增强在限制性日益增强的国际出口市场中竞争力,独立的非洲必须建设与地区合作事业成败攸关的运输线,利用有限的资金、技术及原料资源,进行合作投资,以便进一步得以发展,促进地区合作和洲际交流。随着非洲公路网的建设,非洲的经济发展将呈现出更为广阔的发展前景。

联合国非洲经济委员会、非洲开发银行、非洲联盟会同区域性国际组织共同制定了穿越非洲的公路网计划,9 条"穿越非洲公路"总里程 56683 千米。近十年来,经济发展较快的非洲国家,如南非、尼日利亚、肯尼亚等十分重视交通基础设施建设,兴建了一批高等级公路。

第二节 建设中的非洲公路运输网

一、非洲公路运输的基本特征

由于历史的、地理的、政治的和经济社会的多种原因,非洲公路运输迄今还相当落后,尤其是广大的农村地区,公路量少质差,严重制约着非洲国家经济社会的发展。综观非洲公路运输全局,非洲还没有形成完整的交通运输体系。大多数交通线路从沿海港口伸向内地,彼此互相孤立。尽管如此,非洲公路交通系统在交通运输中一直发挥着重要的作用。具体说来,非洲公路运输表现出如下基本特征:

1. 公路线路里程短,密度低,分布不均衡、不合理,线路网不健全

截至 2006 年,非洲的各等级公路总里程大约是 206.5 万千米,公路密度约为每百平方千米 6.84 千米,仅及拉丁美洲(12 千米/百平方千米)的一半,亚洲(18 千米/百平方公里)的 1/3,与发达国家相比差距更大。从区域分布上看,若以全洲人口计算公路密度,平均每万人 27 千米以上,远低于世界其他各大洲,是世界公路密度最低的一个洲。[②]

---

① 陈凤丽:《建设中的非洲高速公路网》,载《中外公路》,1985 年第 3 期,第 8 页。
② 杨雪松:《中国参与非洲公路建设的现状与前景》,世界知识出版社,2010 年,第 110 页。

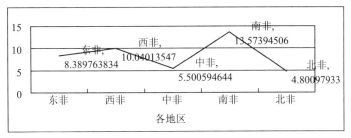

图 5-2-1　非洲各地区公路网密度①

表 5-2-1　非洲不同地区的道路情况表②

地区	面积/km²	人口/10⁶	道路里程/km	铺装道路里程/km	未铺装道路里程/km	道路密度/(km/100 km²)	铺装道路百分比/%
中部	3021180	29.65	115677	18531	97146	3.83	16.02
东部	6755902	233.87	445018	103600	341418	6.59	23.28
北部	9301385	165.07	292790	161825	130965	3.15	55.27
南部	6005240	108.77	801751	235154	566597	13.35	29.33
西部	5112060	223.24	409377	91660	317717	8.01	22.38
总计	30195767	760.60	2064613	610770	1453843	6.84	29.58

　　非洲公路运输不仅线路里程短、密度低,且分布很不平衡。非洲公路系统分布的不合理和不健全,造成了供求的不合理,非洲的中部、东部、北部、南部、西部 5 个不同地域之间,道路密度存在着极大的差距,最大值的南部非洲(每百平方千米 13.57 千米),大约是最小值北部非洲(百平方千米 4.8 千米)的 2.8 倍。从各国公路密度来看,按面积计算,以岛国塞舌尔和毛里求斯两国公路密度最大,分别为每百平方千米 111.6 千米和 105.3 千米,大陆上的国家公路密度没有超过 50 千米的,超过 45 千米的只有卢旺达、布隆迪和加纳,分别为 49.7 千米、48.9 千米和 45.9 千米。26 个国家公路密度在 10 千米以下,其余 24 个国家在 10~45 千米之间。按人口计算,几内亚、纳米比亚和利比亚三国密度最高,分别为每万人 386.5 千米、291.1 千米和 160.7 千米,博茨瓦纳(83.1 千米)、南非(75.3 千米)、加蓬(62.8 千米)、津巴布韦(61.7 千米)、塞舌尔(55.4 千米)、赤道几内亚(54.7 千米)、马里(54.7 千米)7 国居次,在 10 千米以下的赞比亚、布基纳法索、埃塞俄比亚、南苏丹、塞内加尔 5 国,其余 38 个国家在 10~40 千米之间,但各国之间公路密度亦有较大差别。

---

　　① 资料来源:根据 2011—2012 世界知识年鉴各国概况编制,世界知识出版社。

　　② 资料来源:http://www. africa-union. org/loot/AU/Conferences/2007/october/IE/SA/Concept_Note_%20Road_Transport.doc/.

从上述按面积和人口分别计算的公路密度看,密度值的大小与各国的经济实力、经济发展水平及其所处的自然地理环境条件密切相关。

与上述公路空间分布态势基本一致,公路运输的国别分布、线路里程长短、密度大小差别比较明显,线路里程较长、密度较大的都是沿海国家。大部分国家与世界上发展中国家公路网密度差距亦较大,例如截止到 2010 年,中国的公路网密度41.75 km/百平方千米,巴西 20.58 km/百平方千米。更不能和发达国家相比,如2008 年美国公路网密度约为 70 km/百平方千米。非洲有约有 66% 的国家公路网密度低于 20 km/百平方千米,约有 91% 国家公路网密度低于 40 km/百平方千米。

2. 全洲性公路运输网在形成完善之中,仍有一些跨国公路线路尚待连通

非洲全洲性公路系统在形成中,至今仍存在许多互不接头的"断头路"。这一线网格局客观上与非洲许多地区的自然地理条件密切相关,如热带雨林地区的刚果河及其支流区域,雨季常形成地表积水或洪水,造成筑路困难,道路维护难而实用年限短,洪水毁坏路基时有发生。再如,高原山区地形复杂,路基工程量大而艰难,洪水塌方同样限制了公路建设和维护。

表 5－2－2　非洲国家公路网一览表①

年度	国家	有铺装路面(高速)/千米	无铺装路面(千米)	总里程(千米)	总面积(千米²)	密度(千米/万千米²)	总人口(人)	密度(千米/百万人)
2010	阿尔及利亚	87605(645)	26050	113655	2381741	477.19	38813722	2928.22
*	安哥拉	18000	—	73000	1246700	585.55	19088106	3824.37
*	贝宁	1400(27)	—	31000	122622	2528.09	10160556	3051.01
2011	博茨瓦纳	6116	11800	17916	581730	307.98	2155784	8310.67
2010	布基纳法索	2300*	—	15272	274200	556.97	18365123	831.58
*	布隆迪	1286	—	13600	27830	4886.81	10395391	1308.27
2011	喀麦隆	4108	47242	51350	475440	1080.05	23130708	2219.99
2013	佛德角	932	418	1350	4033	3347.38	538535	2506.80
2010	中非共和国	—	—	20278	622984	325.50	5277959	3842.02
2011	乍得	206	39794	40000	1284000	311.53	11412107	3505.05
*	科摩罗	673	207	880	2235	3937.36	766865	1147.53
*	刚果(金)	58129	—	145000	2344858	618.37	77433744	1872.57

① 资料来源:the world factbook, https://www.cia.gov/library/publications/the-world-factbook/,2014年4月;口号栏数据采自《2012/2013 世界知识年鉴》,世界知识出版社。

年度	国家	有铺装路面（高速）/千米	无铺装路面（千米）	总里程（千米）	总面积（千米²）	密度（千米/万千米²）	总人口（人）	密度（千米/百万人）
*	刚果	1200	—	20000	342000	584.80	4662446	4289.59
*	科特迪瓦	6500	—	83000	322463	2573.94	22848945	3632.55
*	吉布提	415	—	3067	23200	1321.98	810719	3783.06
2010	埃及	126742(838)	10688	137430	1001450	1372.31	86895099	1581.56
*	赤道几内亚	400		3952	28051	1408.86	722254	5471.76
*	厄立特里亚	874		15000	117600	1275.51	6380803	2350.80
2007	埃塞俄比亚	6064	38295	44359	1104300	401.69	96633458	459.04
*	加蓬	1155	—	10500	267667	392.28	1672597	6277.66
2011	冈比亚	711	3029	3740	11295	3311.20	1925527	1942.33
2009	加纳	13787	95728	109515	238533	4591.19	25758108	4251.67
2003	几内亚	4342	40006	44348	245857	1803.81	1147438	38649.58
*	几内亚比绍	550	—	4400	36125	1217.99	1693398	2598.33
2013	肯尼亚	11189	149689	160878	580367	2772.00	45010056	3574.27
*	莱索托	1189		7436	30355	2449.68	1942008	3829.03
*	利比里亚	739	—	11000	111369	987.71	4092310	2687.97
*	利比亚	57000		100000	1759540	568.33	6224174	16066.39
*	马达加斯加	5781	—	49387	587041	841.29	23201926	2128.57
*	马拉维	4073		24900	118484	2101.55	17377468	1432.89
*	马里	3375	—	90000	1240192	725.69	16455903	5469.16
2010	毛里塔尼亚	3158	7470	10628	1030700	103.11	3516806	3022.06
2012	毛里求斯	2149(75)	0	2149	2040	10534.31	1331155	1614.39
*	摩洛哥	41116(1080)		64452	446550	1443.33	32987206	1953.85
*	莫桑比克	5497	—	31700	799380	396.56	24692144	1283.81
*	纳米比亚	5000		64000	824292	776.42	2198406	29112.00
2010	尼日尔	3912	15037	18949	1267000	149.56	17466172	1084.90
*	尼日利亚	60068		194394	923768	2104.36	177155754	1097.31
*	卢旺达	1100		13100	26338	4973.80	12337138	1061.83
*	圣多美和普林西比	250		380	964	3941.91	190428	5.25
*	塞内加尔	4805	—	14825	196722	753.60	13635927	1087.20
2010	塞舌尔	490	18	508	455	11164.84	91650	5542.83
*	塞拉利昂	904	10396	11300	71740	1575.13	5743725	1967.36
*	索马里	2608	19492	22100	637657	346.58	10428043	2119.29

续　表

年度	国家	有铺装路面（高速)/千米	无铺装面（千米)	总里程（千米)	总面积（千米²)	密度(千米/万千米²)	总人口（人)	密度（千米/百万人)
2002	南非	62995(254)	301136	364131	1219090	2986.91	48375645	7527.16
2012	南苏丹	—		7000	644329	108.64	11562695	605.40
＊	苏丹	4320	—	37000	1861484	198.77	35482233	1042.78
＊	斯威士兰	1500		3800	17364	2188.44	1419623	2676.77
2010	坦桑尼亚	7092	79380	86472	947300	912.83	49639138	1742.01
＊	多哥	1650	—	12040	56785	2120.28	7351374	1637.79
2010	突尼斯	14756(357)	4662	19418	163610	1186.85	10937521	1775.36
＊	乌干达	3098		25632	241038	1063.40	35918915	713.61
＊	赞比亚	7000		37300	725618	495.60	14638505	2548.07
＊	津巴布韦	1500		85000	390757	2175.26	13771721	6172.07

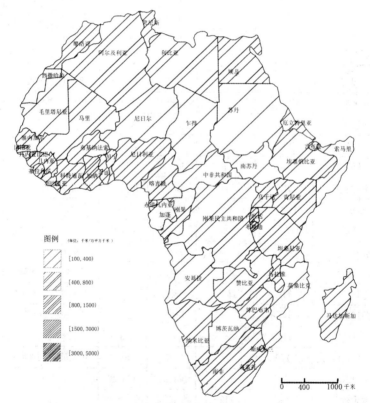

图 5 - 2 - 2　非洲公路网密度图(按面积计算)①

---

①　根据表 5 - 2 - 2 数据绘制。

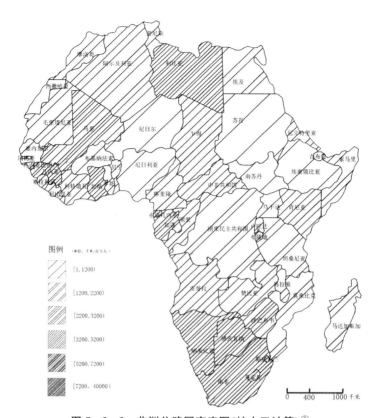

图 5－2－3　非洲公路网密度图(按人口计算)①

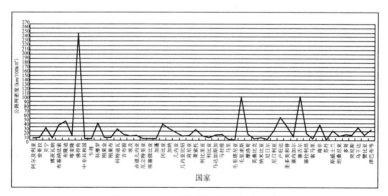

图 5－2－4　非洲公路网密度图②

---

① 根据表 5－2－2 数据绘制。

② 资料来源:根据 2011—2012 世界知识年鉴各国概况编制,世界知识出版社。

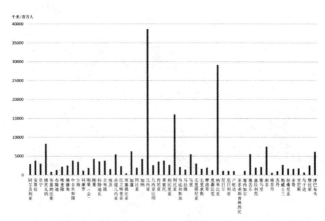

图 5－2－5　非洲国家公路网密度图（按人口计算）①

3. 公路线路等级低,质量差,管理服务水平低

非洲的公路平均等级低,管理水平低和道路通畅性差。首先,非洲公路平均等级低,低等级道路数量多,高等级道路数量少。路面铺装的道路仅占到29.73％,大约610770公里。其次路面铺装道路里程的比例,地区之间差别较大。全洲道路密度最低的北非,路面铺装道路比重却是最高的地区,达55.27％;道路密度最高的南部非洲,铺装道路的比重只有29.3％;中部地区路网密度比重仅稍高于北非,每百平方千米只有3.8 km,铺装道路的比重是全非洲最低的,仅占16.0％。第三,若对比分析各国铺装道路占总道路里程比重,各国差别悬殊。沿海狭小岛国铺装道路占比高,毛里求斯和塞舌尔两国的这一占比分别为100.0％和96.5％,是非洲两个占比重最高的国家。圣多美和普林西比、佛得角、科摩罗 3 国占比分别为 65.8％、69.4％和76.5％,分布于大陆上的国家中,较高占比的国家全部为北非 5 国埃及、利比亚、突尼斯、阿尔及利亚、摩洛哥,其中埃及占比高达82.2％。铺装道路占比在 10％以下的国家多达 18 国。热带雨林地区低等级公路往往是晴通雨阻,严重影响地区经济的发展。其次,非洲的公路道路老化和破坏情况严重,年久失修,公路状况相对较好的南非,有铺装的公路中,也只有 56％处于较好的状况。非洲的道路普遍缺乏较好的管理,维护资金严重不足。如西非共同体,用于道路维护的资金只能满足 30％道路的需要,南部非洲发展共同体最多也只能满足一半的需求。非洲公路的通畅性受到道路障碍的严重影响。② 由于缺乏对道路的维护,雨季交通经常中断,重大交通事故频频发生。

---

① 根据表 5－2－2 数据绘制。

② 罗福建等:《当代非洲交通》,北京:世界知识出版社,2010 年。

4. 公路运输成本高

在非洲,公路承担了非洲 80%～90% 的城市间和国家间的货物运输。但是,由于公路运输系统落后,经营管理不善,造成物流成本一直居高不下。世界银行的一个研究表明,非洲的 16 个内陆国家的平均物流成本占总成本的 42%。深处内陆的马拉维和乍得,运输成本占出口商品价值的比例高达 56% 和 52%,而发达国家这一比例仅占 9%。[①] 联合国贸易与发展会议(UNCTAD United Nations Conference on Trade and Development)的一个研究报告也表明,物流成本占总成本的比例在西部非洲为 27.5%,在东部非洲为 23.6%[②],而发达国家平均只有 4%。总之,物流成本高已经成为经济发展的一大障碍。

此外,非洲各个国家的交通规则不一样,有的是靠左行驶,有的是靠右行驶,这严重阻碍了交通事业的发展。当你从纳米比亚开往索马里,中途经过安哥拉、刚果、乌干达、肯尼亚,每经过一个国家都要改变行驶规则。即使在同一个国家其交通规则也是不一样的,例如索马里其北部索马里兰靠左,而大部分地区靠右。这主要与非洲的历史背景有关,非洲曾被欧洲多个国家瓜分,而这些国家的交通规则又不一样。这种一国多制的交通规则必然给司机带来很大的麻烦。

二、建设中的全洲性干线公路网

2003 年 8 月,由非洲经委会、非洲开发银行、非洲联盟会同区域性国际组织共同制定了"穿越非洲公路网",目标是通过发展非洲公路基础设施和加强以公路为基础的贸易走廊的建设与管理,来促进非洲贸易和减轻贫困。穿越非洲公路网有 9 条线路,总里程 56683 千米,即:穿越非洲公路①(开罗—达喀尔公路)、穿越非洲公路②(阿尔及尔—拉各斯公路)、穿越非洲公路③(的黎波里—开普敦公路)、穿越非洲公路④(开罗—开普敦公路)、穿越非洲公路⑤(达喀尔—恩贾梅纳公路)、穿越非洲公路⑥(恩贾梅纳—吉布提公路)、穿越非洲公路⑦(达喀尔—拉各斯公路或努瓦克肖特—拉各斯公路)、穿越非洲公路⑧(拉各斯—蒙巴萨公路)、穿越非洲公路⑨(贝拉—洛比托公路)。[③]

1. 穿越非洲公路①:开罗(Cairo,埃及)—达喀尔(dakar)

公路①全长 8636 千米,已全线通车,从开罗沿地中海沿岸西行经的黎波里(Trippli,利比亚)与穿越非洲公路③交会,向西经突尼斯(Turlis,突尼斯)至阿尔及

---

① 汪恒、石京:《非洲公路现状及公路建设市场参入前景分析》,载《铁道工程学报》,2008 年第 3 期,第 97 页;资料来源:http://www.africa-union.org/loot/AU/Conferences/2007/october/IE/SA/Concept_Note_%20Road_Transport.doc/.

② 罗福建等:《当代非洲交通》,北京:世界知识出版社,2010 年,第 134 页。

③ Trans-African Highway Network, http://en.wikipedia.org/wiki/.

利亚(Aldiera,阿尔及利亚)与穿越非洲公路②交会,继续西行经拉巴特(Rabaf,摩洛哥)折向西南沿大西洋沿岸经努瓦迪布(Namadhban,毛里)至努瓦克肖特(Namakchnh,毛里塔尼亚)。

2. 穿越非洲公路②:阿尔及利亚—拉各斯(Lados,尼日利亚)

公路②全长 4504 千米,亦称纵贯撒哈拉公路,跨越阿尔及利亚、尼日尔、尼日利亚 3 国,重在改善和加强早已开通的纵穿撒哈拉大沙漠南北的跨国贸易通道,这条公路是非洲最早和最重要的跨国公路之一,20 世纪 70 年代开始建设,已基本全线通车。因 3 国的自然环境条件和国情不同,各国路段的路况和服务设施存在较大差别,安全环境也有不同。中间路段途径沙漠恶劣的自然环境和气候,需特种车辆通行。

3. 穿越非洲公路③:的黎波里—开普敦(Cqpetolom,南非)

公路③全长 10808 千米,是非洲最长的纵穿非洲大陆南北的跨国干线公路,途经利比亚、乍得、喀麦隆、中非、刚果、刚果(金)、安哥拉、纳米比亚、南非 9 国。由于公路穿越国境多,国情差异较大,断头路多,需要新建路段多,全线贯通比较困难。例如,利比亚—乍得段,由于沙漠环境恶劣和政局不稳,线路建成通车恐需耗时多年。喀麦隆—安哥拉北部路段,是畅通西非和南部非洲一条重要的桥梁,打通断头路对贯通南北非常重要,一可刺激地区资源开发和物资交流,二可部分摆脱对海上和空中运输的依赖。公路③与公路⑤、公路⑥在乍得首都恩雷梅纳(Ndjamana)交会。公路⑤和公路⑥是横贯非洲大陆北半部达喀尔—恩雷梅纳—吉布提(Djiboitl)的干线公路。

4. 穿越非洲公路④:开罗—开普敦

公路④全长 10228 千米,是一条纵贯非洲大陆南北的跨国干线公路,途经东部非洲的埃及、苏丹、埃塞俄比亚、肯尼亚、坦桑尼亚、赞比亚、津巴布韦、博茨瓦纳、南非 9 国。除北段的苏丹北部、埃塞俄比亚西北部、肯尼亚北部、坦桑尼亚中部等若干路段,因各种原因尚未完全建成通车外,南半部路段基本建成通车。这条干线公路与公路③不同的是南北穿越高非洲的三大高原埃塞俄比亚高原、东非高原和南非高原,地形平均海拔在 1000 米以上,高原山区线路基工程量大,道路起伏蜿蜒,行车速度和安全受到一定的限制。

5. 穿越非洲公路⑤:丹吉尔—恩雷梅纳

公路⑤全长 4496 千米,实际上为苏丹草原公路的西线、萨赫勒地区东西向干线公路,从塞内加尔,经马里、布基纳法索、尼日尔、喀麦隆,至乍得。这条干线公路已全线通车,对没有出海通道的几个内陆国家发展对外经济联系意义重大。

6. 穿越非洲公路⑥:恩贾梅纳

公路⑥全长 4219 千米,实际上为苏丹草原公路的东线,西从萨赫勒地区东行经苏丹、埃塞俄比亚、吉布提,出印度洋吉布提港。乍得与苏丹西部边境路段建设因安全形势而停滞,埃塞俄比亚高原山区地形复杂公路建设困难重重。公路⑥全线建成畅通尚存时日。

7.穿越非洲公路⑦:达喀尔—拉各斯

公路⑦全长 4010 千米[①],为非洲大西洋沿岸重要的沿海干线公路,途经西非塞内加尔、冈比亚、几内亚比绍、几内亚、塞拉利昂、利比里亚、科特迪瓦、加纳、多哥、贝宁、尼日利亚 11 个国家。11 国均为沿海国家,但各国自然条件和经济发展水平差别较大。几内亚湾沿岸各国自然和资源条件较好,其西的几个国家自然条件较差,资源相对贫乏,经济发展水平较之为差。若干路段重新改建和新建。

全线畅通对沿海各国的经济社会交往和促进西非一体化进程发挥重要作用。公路⑦与公路②和贯穿非洲中央的公路⑧在拉各斯交会,在达喀尔与公路①交会成了环绕地中海西非大西洋沿岸的重要沿海干线公路,对沿海地带的物资交流和社会往来将发挥重要的作用。

图 5-2-6 穿越非洲公路干线网[②]

———————————

① 西非共同体公路⑦应为毛里塔尼亚努瓦克肖特至拉各斯,全长为 4560 千米。

② 资料来源:Trans-African Highway Network,http://en.wikipedia.org/wiki/ Trans-African_Highway_Network/.

8. 穿越非洲公路⑧：拉各斯—蒙巴萨（Mdmbqsa，肯尼亚）

公路⑧全长 6259 千米，西与公路⑦连通，形成横穿东、西非的干线公路，东西向横穿肯尼亚、乌干达、刚果（金）、中非、喀麦隆、尼日利亚等国。公路⑧西线穿越刚果河流域北部，属热带雨林地区，刚果（金）境内暴雨洪灾频繁，道路受损严重，难以承担东西公路运输重担。公路⑧在内罗毕与公路④交会，与公路③在喀麦隆和中非交会。全线贯通对深处内陆的乌干达和中非两国的对外经济社会交流深具重要意义。

9. 穿越非洲公路⑨：贝拉（Beirq，莫桑比克）—洛比托（Lobito，安哥拉）

公路⑨全长 3523 千米，是横贯非洲南部东西向的重要通道，东端分别为印度洋沿岸的重要海港贝拉港，西端为大西洋沿岸的重要海港洛比托港，过境横穿非洲铜矿带矿区，成为矿产品重要的出口运输通道，对沿线区域经济发展发挥着重要作用。

这些公路干线网的建成和运营，通过改变地区运输的可达性和资源的可开发性而改善其区域经济地理位置，区位优势明显。区域可达性的提高往往意味着该地区对外联系的运输条件变好，使运距缩短，运时减少，运费降低，便捷度提高。同时，加快了区际的物资流、人力资源流、资金流、信息流，所有这些必然会使地区经济增长加快，这对于交通运输落后的非洲各国的资源开发极为重要。在非洲发展各种交通方式相比之下，非洲内河水运资源不多；民航建设耗资大和覆盖面小；地形地貌复杂多变，铺设铁路耗资巨大且花费时间太长，实际困难较多。因此在国家的经济能力和技术能力有限的情况下，因地制宜，修建公路，尤其是高等级公路，实为上策，这对于非洲各国各地区的经济开发具有重要的现实意义。

第三节　非洲公路运输发展前景

自 20 世纪 90 年代起，非洲经济发展走上了快速发展的道路，非洲国家纷纷寻求经济上的崛起，同时非洲各国对基础设施的需求也与日俱增。近些年来，一系列的交通、能源、通信等基础设施建设项目在非洲大陆上展开。但非洲当前的公路交通还处于较低水平，成为制约经济发展的瓶颈。相对于非洲公路系统的供给不足，非洲对于公路的需求却与日俱增。在经济发展和全球化的今天，大力发展公路运输越来越迫切。这是因为城乡经济的发展需要完善的交通系统来支撑，公路运输尤显重要，基础设施，尤其是道路基础设施是地方资源开发和区域经济发展的前提条件，彼此相辅相成。

从整个非洲交通系统，尤其是公路交通系统来看，落后的公路运输已经成为经济发展和吸引外来投资的重大障碍。非洲国家对此已经有了充分认识，并已着手解决这些问题。非洲联盟 2000—2004 年的"Linking Africa"的研究以及 2007 年 10 月于南非德班召开的"首届非洲联盟关于公路交通的部长级会议",都对公路交通对于经济发展的重要作用做了充分的讨论和说明。非洲各国都在尽力建设和改善自身的公路系统。

非洲国家在金融危机造成投资困难的情况下,从长远发展的角度出发,为基础设施建设积极筹集资金。2009 年 4 月初,东南非洲为"非洲南北经济发展走廊"基础设施升级项目筹得 12 亿美元,希望在未来 5 到 10 年内彻底改善该地区的交通要道,节省地区贸易货物运输时间和费用。这将进一步开发该地区国家的发展潜力,增加地区内贸易并提升对外贸易竞争力。除此之外,东非共同体国家肯尼亚和坦桑尼亚也已启动耗资 1.56 亿美元的公路建设项目。这些基础设施建设项目将进一步促进地区内商品、服务和人员的流动。另外,安哥拉公共工程部长卡尔内罗日前宣布,未来两年,政府在公路建设上将投资大约 30 亿美元。安哥拉全国公路网规划大约 7.3 万千米,长度为非洲之最,全部建成需要更大投资。

非洲消费增长的瓶颈仍然是基础设施,如果刺激计划能够用在非洲的基础设施建设上,非洲的商品需求将会增长。事实证明一条公路往往能带动一片经济活动,中国目前在非洲最主要的投资项目之一就是公路建设,中国公司的投资在很大程度上减缓了金融危机下外来资金减少的趋势,利用充裕的资金和专业知识在非洲大陆开展了多个重要的项目。中国水利水电建设集团签署了几个重要的项目,包括在 2009 年 3 月赢得的苏丹总长 486 千米的公路建设项目。

可以断言,未来很长的一段时间内,非洲对公路建设的需求潜力巨大。据估算,如果非洲的公路网密度要达到亚洲现在的水平,需要新建 400 万千米的公路,另外还有大量的旧有公路需要改造升级。全面发展非洲公路运输,不仅仅是扩大公路线网问题,还包括公路等级、质量、经营管理等问题,各国、各线可以充分协作,打破国界、管理,改进和完善规章制度,保障跨境国家、主要线路车辆畅通,改变各自为政的落后经营管理面貌。全面发展公路运输,涉及方面很多,头绪纷繁,目标宏伟,任重道远,但基于非洲人民的共同利益,各国应协同作战,共建美好未来。

一、有利因素分析

非洲的道路建设有以下几个方面的有利因素[①]:

(1)非洲是世界上经济最为落后的一个大洲,经济上的落后使得政府的财政收入十分有限,非洲国家负债情况十分严重。2006 年,所有非洲国家的外债总额为 245.6 亿美元,约为该年非洲 GDP 的 26.7%。而道路设施的建设需要大量的资金支持,况且非洲所需要的公路数量十分巨大。面对如此巨大的工程数量和资金数量,

---

① 罗福建等:《当代非洲交通》,北京:世界知识出版社,2010 年,第 135 页。

非洲各国政府基本上是不可能靠自己的能力实现的。较为可行的途径是吸引国外的资金来进行建设。这就给中国企业进入非洲道路建设市场提供了客观上的可行性。[①]

(2)非洲国家意识到吸引外资的重要性,在政策制定方面纷纷出台了利于外资进入基础设施建设,尤其是公路交通基础设施建设领域的相关政策。连通非洲"Linking Africa"的相关成果反映出了非洲国家的这种意识,而"首届非洲联盟关于公路交通的部长级会议"的精神加强了这种意识。2009年2月,来自非盟50多个国家的元首、政府首脑或其代表,在亚的斯亚贝巴举行非盟第12届首脑会议,其主题是"非洲基础设施建设"。非洲国家希望外资进入,这为中国企业进入这个大市场提供了政策上的可行性。

二、不利因素分析

1. 风险

国际工程项目往往存在着大量的风险,虽然采用 BOT/PPP(pnbi: c-priyqtheyte-paytneyshim)模式可以有效地管理和控制风险,但是仍然存在着一些不可控或难以控制的风险,比如政治风险(如政权变更,政府腐败等)、战争风险、文化差异风险、自然风险,等等。

2. 竞争

非洲公路建设市场是非常巨大的市场,各国企业必然要面对企业间的激烈竞争。

3. 成本

非洲是一个高原大陆和热带大陆,尤其是在高原山区和热带雨林地带,山区地形复杂,雨林地带气候条件恶劣,道路施工和维护成本较高。加之非洲当地教育水平低下,科学技术不发达,劳动力素质低,缺少各个方面的人才,这也间接地加剧了非洲投资的成本。

总之,非洲公路建设市场有2个特点[②]:公路建设市场容量大,政府无力独自承担公路建设费用,欢迎外来投资;公路建设所需资金数量大,而公路本身是公共设施,普通公路无法直接回收投资,即使采用收费还贷的方式,资金的回收期也比较长。

具体到非洲的实际情况,利用 BOT/PPP 模式还具有以下3个优势:① 在政策上,非洲许多国家都制定了吸引 BOT/PPP 方式投资的相关优惠政策。② BOT/PPP 方式成熟的风险管理框架,可以有效地管理和降低企业所担负的风险,大大提高企业进入非洲公路建设市场的成功率。③ 带动衍生业务。公路的新建会带动沿

---

① 罗福建等:《当代非洲交通》,北京:世界知识出版社,2010年,第136页。
② 罗福建等:《当代非洲交通》,北京:世界知识出版社,2010年,第136-137页。

线地区商业等的发展。采用 BOT/PPP 方式建设公路,企业可以通过 BOT/PPP 合同获取与 BOT 项目有关的其他项目的开发和经营权,如高速公路沿线的商业、饮食服务业、广告业和房地产经营、运输货物的仓储业务等,从这些项目的开发和经营中,可以涉足更多的投资领域,获取更多的利益。

　　未来非洲的公路建设将以全面开花的形式发展。在东部非洲联接 32 个泊位的深水港、南苏丹首都朱巴、埃塞俄比亚首都斯亚贝巴的高速公路已于 2012 年 3 月 2 日动工。由南部非洲发展共同体 15 国规划的地区一体化交通正在实施,而且 400 亿的建设资金已经到位。在西部非洲建设里程达 9000 千米的西非高速公路网已经建成 80%。在中部非洲,刚果总统萨苏正式宣布启动一项跨国公路建设项目,项目全长 312 千米,不仅把喀麦隆和刚果联系在一起,而且还经过加蓬、中非和乍得。①

---

　　①　杨宗鸣:《非洲交通运输现状及前景》,载《现代国际关系》,1988 年第 3 期,第 57 - 58 页。

第三章

非洲水路运输

　　水路运输是指利用船舶等浮运工具在江、河、湖、海及人工水道上实现客货运输的交通方式，具有运量大、运输成本低、运距长等特点。水运交通系统复杂，涵盖了航道、港口、船舶及大量相关的硬件和软件设施，通常分为内河航运和海洋运输。

　　非洲是世界第二大洲，北临地中海，西濒大西洋，东为红海和印度洋，东北面和北面有两个狭窄地段——苏伊士地峡和直布罗陀海峡与欧亚大陆分开。北对欧洲，东毗亚洲、西望美洲，非洲正好位于东西方联系的交通线上，成为世界上唯一的被重要航线包围的大洲。[①] 从非洲大陆来看，水资源依然十分丰富，河流水量大、流域广，湖区降雨量充沛。非洲悠久的历史和丰富的资源为水运发展奠定了良好的基础，尤其是海港，在公元前就得到了发展。

第一节　非洲内河航运

　　内河航运是内陆国家货物出口的重要运输方式，有些国家依靠内河将本国货物运至港口。例如布隆迪运输货物的水上通道是由坦噶尼喀湖南下经坦桑尼亚基戈马港，转铁路抵达累斯萨拉姆港出海。

一、内河航运自然条件

　　非洲的外流区域约占全洲面积的 68.2%。大西洋外流水系多为源远流长的大河，如 6671 千米、世界上最长的河流尼罗河，流域面积和流量仅次于亚马孙河、位居世界第二位的刚果河，其他有尼日尔河、塞内加尔河、沃尔特河、奥兰治河等，此外还有印度洋外流水系包括赞比西河、林波波河、朱巴河及非洲东海岸的短小河流等。[②] 但是洲内河系健全的仅有乍得湖流域，而且有些地区无法建立内河水运，例如撒哈

---

① 冯德显：《非洲海港形成发展及其在非洲经济发展中的作用》，南京大学，1986 年。
② 世界地理频道，http://www.21page.net/world_geography/africa.asp。

拉,马格里布,阿比西尼高原的大部分山地,大陆的南缘和西南缘,东非和西非的大部分地区。这些地区大多数由于地形原因不存在可以利用的水系,另外还有很多重要的河流和湖泊在天然状况下无法通航,例如小河流和小湖泊往往不具备河运的水资源条件,而有大瀑布的河流和浅水河流和湖泊是无法通航的。

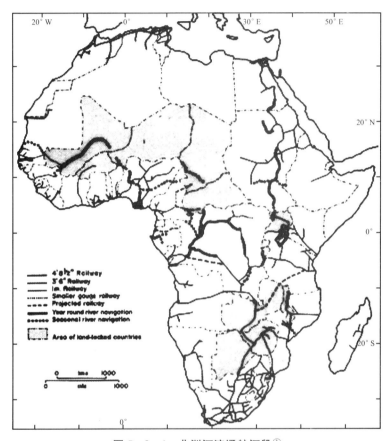

图 5 - 3 - 1　非洲河流通航河段①

可以通航的河流和湖泊在水运潜力方面各不相同,主要原因是:① 地形因素,急滩和瀑布是造成河流天然深航段通航困难的症结,许多河流主干上只限于个别区段可以通航(刚果河及其一系列支流、尼日尔河、上尼罗河、苏丹北部和埃及南部的尼罗河、赞比西河)。② 水系因素,非洲多数地区的特点是河流网由于季节性补给而水量变化较大,导致很多河流年内通航条件出现季节性的显著变化。随着夏秋季节雨量的增大,水运潜力也有所增强。③ 植被因素,非洲的河流不存在冻结现象,但是河流中广布的植物会阻碍内河水运。虽然理论上清除植物可行,但是就资金和技术方

① 　John L. C Larke:*An Advanced Geography of Africa*,Hulton Educational Publication,1975,p.441.

面考虑,实行起来问题较多。

二、内河航运

非洲内河通航里程为 5.2 万千米,内河运输只在尼罗河中下游、尼日尔河的断续航段、刚果河中上游河段及东非大湖区有经济价值。

1. 尼罗河

埃及尼罗河早在公元前就开始通航,作为下游河段、它的可通航水道约为 3000 千米,是非洲境内最大的天然河道。尼罗河的流域面积约为 335 万平方千米,占非洲大陆面积的 1/9,纵横非洲大陆东北部,主要由青、白尼罗河与阿特巴拉河汇集而成,流经布隆迪、卢旺达、坦桑尼亚、乌干达、肯尼亚、扎伊尔、苏丹和埃及 9 国,由南向北流经撒哈拉沙漠,最后注入地中海[①]。

从石器时代开始尼罗河就已经是古埃及文明的命脉。埃及大多数居民和所有城市均位于阿斯旺以北的尼罗河畔。公元前 8000 年以前由于气候变化或者对干燥草原的过分畜牧利用导致尼罗河沿岸沙漠化,迫使人类越来越集中在河谷两岸生活,导致了一个高度中央集权的农业经济社会的形成。

围绕"神授王权"概念建立起来的政治思想意识与农业财富以及尼罗河水路交通便利相结合,把古埃及打造成为世界历史上寿命最长的国家。依着尼罗河、傍着地中海和红海的埃及先民早在埃及前王朝时期,就制造了航行在尼罗河上的纸莎草船[②]。古埃及人不仅依靠尼罗河这天然航道运送建造金字塔的大块石材,而且还经常出海航行,与地中海沿岸国家进行贸易。哈特谢普苏特女法老派遣船队大规模远洋航行蓬特,比郑和和哥伦布早了 3000 年。

15、16 世纪,欧洲人开始了对尼罗河的探索,相继发现青尼罗河源、尼罗河源头。现在,埃及 90% 以上的人口分布在尼罗河沿岸平原和三角洲地区。但由于瀑布的阻碍、苏丹境内沼泽地对航行的障碍,使得埃及曾经试图挖运河来促进积水的流动。今天尼罗河依然在大多数流程中被用来运输货物,但也在部分河段作旅游之用,阿斯旺以北就是传统的旅游胜地。在这里有游艇、传统的木帆船,还有旅馆式的游船,这些游船在乐蜀和阿斯旺之间航行,一般在埃德夫和康翁波停靠。过去这些游船从开罗一直开到这里,但是出于安全起见多年来只在北部航行了。

前不久新加坡海皇东方集团与其麾下美国总统轮船公司联合调查报告中预言尼罗河航运产业在可以预见的未来将迅速发展,促使埃及全国经济贸易市场发生翻天覆地的变化。但由于存在瓶颈,至今尼罗河航道货物运输量仅仅占埃及全国货物

---

① 资料来源:http://www.56885.net/new_view.asp? id=74274/.

② 吴琪等:《非洲交通发展的历史演变》,载《中国商界》,2010 年,第 392 页。

运输年均总量的 1%①。

2. 刚果河

刚果河也称扎伊尔河,位于非洲中部,全长 4640 千米,为非洲第二长河,在世界河流中居第九位。它发源于加丹加高原,沿高原斜坡由南向北流向刚果盆地,然后转向西和西南,穿过下几内亚高原,注入大西洋。该河支流众多,流域面积 370 万平方千米,居非洲各河之首,在世界上也是仅次于亚马孙河,位居第二。刚果河自博约马瀑布以下可部分通航,加上众多支流,构成总长约 16000 千米的航运水道系统。

刚果河在 3 个时期——非洲王国时期、探险时期、殖民时期中充当的作用各不相同。早在公元前后,班图人就在刚果河下游聚居,逐渐发展成为中南部非洲的主要势力,征服并排挤科伊桑人和俾格米人。13 世纪末至 14 世纪初,下游地区出现刚果王国,控制了河口地区,刚果河因此得名。1482 年,葡萄牙人迪亚哥·加奥首次到达刚果河入海口。在葡萄牙传教士的努力下,刚果王国接受了天主教,定都于圣萨尔瓦多,逐渐成为葡萄牙的保护国。

自 1482 年葡萄牙航海家康(Diogo Cao)发现刚果河口以来,欧洲探险家们对刚果河起源问题颇为踌躇。其实相当肯定的是,在威尔斯探险家史坦利于 1877 年到达之前,17 世纪的某些嘉布遣会传教士就已到达过马莱博湖岸。1816 年,英国的一支探险队沿着刚果河最远上达基桑加尼。美国记者、英国人亨利·斯坦利是第一个沿河走完全程的西方人,他在比利时国王利奥波德二世的资助下,于 1879 年到 1884 年对刚果河全流域进行考察,发现卢阿拉巴河并不是尼罗河的源头。斯坦利并且以"国际非洲协会"的名义,同许多当地酋长签署了保护协议,最终使得大部分刚果河流域成为利奥波德的私人采邑。甚至在 1858 年英国探险家柏顿和斯皮克发现坦干伊喀湖,苏格兰探险家李文斯顿于 1867 年发现卢阿拉巴河和 1868 年发现班韦乌卢(Bangweulu)湖之后,关于河的走向仍然未能确定。

一直到 1890 年左右,对乌班吉河上游走向的探测才告完成,地图上最后的空白处才被填上。随着斯坦利的探险,刚果河流域被法国、德国、比利时和葡萄牙瓜分,直到民族独立②。自 1898 年联接两个城市的铁路修筑完成起,刚果河上下游之间、非洲内陆生产的货物在利奥波德城集中后,再以人力挑运的方式,沿着刚果河岸运送到下游的马塔迪,装运上船继续运送的传统运输方式改变,使得运输效率大幅提升。

3. 尼日河

尼日河于西非河运交通占重要地位,有 75% 的航道可供通航,河口至奥尼查河

---

① 资料来源:http://finance.stockstar.com/JL2010111000001971_1.shtml.

② 资料来源:http://baike.baidu.com/view/5920.htm.

段可全年通航,长约350公里;奥尼查至洛科贾则于6月至隔年3月可供航行;洛科贾至杰巴仅10月至11月中旬可通航;杰巴以上河段只能通行小船。[①]

于18世纪前,尼日河仅为当地人所认识,然而世界其他地方的人民对其认知仍相当少,古罗马的老普林尼认为邻近廷巴克图的河流为尼罗河的一部分,伊本·巴图塔也有相近的看法;而早期的欧洲探险家则认为其向西流注入塞内加尔河。

至18世纪末,欧洲人才开始有系统地探索,寻找尼日河的源头、流向和河口,探索初期并非十分成功。非洲协会于1788年进行第一次探索,1795年苏格兰探险家蒙戈·帕克由甘比亚沿陆路达尼日河畔的塞古,至1796年7月,确认河是向东流的,其被认为是第一个探索尼日河的欧洲人。[②] 至1805年受英国政府之托,组建探险队再次探查尼日河,但探险队于布萨(Bussa,现被卡因吉湖所覆盖)因湍流而溺死。苏格兰探险家莱恩(Alexander Gordon Laing)于1822年确定了河的源头,但因当地土人阻挠而未能抵源头。1830年,英国探险家理查德(Richard Lemon Lander)和兰德(John Lander)乘小筏子从姚里(Yauri,现也被卡因吉湖所覆盖)沿尼日河而下,经农河至大西洋,确定了尼日河下游。两位德国探险家巴尔特(Heinrich Barth)和弗莱格尔(Eduard Robert Flegel)于19世纪下半叶在各自的航行中,确定了贝努埃河为尼日河的支流。[③]

2009年9月,尼日利亚政府进行巴罗至瓦里河段的清淤,以利于大西洋的船只可深入尼日河运输货品[④],清淤工程经历约6至8个月可完成,但距政府首次提出清淤计划已有43年之久[⑤]。

4. 赞比西河

非洲大陆上流入印度洋的最长河流,但流经高原山地,多急流、瀑布,加之流量季节变化大,只有下游约1000千米的干河道有通航意义。

5. 苏伊士运河——最伟大的人工河

苏伊士运河位于埃及境内,1859年开凿,1869年竣工,是控制欧、亚、非三洲的交通要道,是世界使用最频繁的航线之一。它沟通红海与地中海,连接大西洋、地中海与印度洋,提供从欧洲至印度洋和西太平洋附近土地的最近的航线。[⑥] 从1882年起,英国在运河地区建立了海外最大的军事基地,驻扎了将近10万军队。第二次世

① 凌美华:《中国大百科全书》。
② de Gramonte, Sanche:*The Strong Brown God—Story of the Niger River*,*Houghton Mifflin*,1991.
③ 非洲第三大河——尼日尔河.www.km8844.cn/news/volume/sahara/niger.htm.
④ *Nigeria Begins Vast River Dredge*. BBC. 2009 - 09 - 10 [2009 - 09 - 11].
⑤ Wole Ayodele;*Yar'Adua Flags off Dredging of River Niger*. This Day Online,2009 - 09 - 09 [2009 - 09 - 11].www.thisdayonline.com/cgi-sys/suspended page.cgi? id=154161.
⑥ 罗福建等:《当代非洲交通》,北京:世界知识出版社,2010年,第95页。

界大战后,埃及人民坚决要求收回苏伊士运河的主权,并为此进行了不懈的斗争。1954 年 10 月,英国被迫同意把它的占领军在 1956 年 6 月 13 日以前完全撤离埃及领土。1956 年 7 月 26 日,埃及政府宣布将苏伊士运河公司收归国有。10 月 29 日,英国伙同法国,并和以色列相勾结,发动对埃及的侵略战争,战争结局以埃及获胜而告终。[1]

1976 年 1 月,埃及政府开始着手进行运河的扩建工程。第一阶段工程于 1980 年完成,运河的航行水域由 1800 平方米扩大到 3600 平方米(即运河横切面适于航行的部分);通航船只吃水深度由 12.47 米增加到 17.90 米,可通行 15 万吨满载的货轮。第二阶段工程于 1983 年完成,航行水域扩大到 5000 平方米,通航船只的吃水深度增至 21.98 米,将能使载重量 25 万吨的货轮通过。[2] 到 21 世纪,随着非洲经济的发展,各国港口间竞争的加剧,埃及政府在苏伊士运河两端新建了塞得东港和苏赫奈港两个港口。2004 年 6 月,占地超过 5 万平方米的埃及塞得港苏伊士运河集装箱码头(SCCT)竣工,其目标是提高装卸速度,缩短包括集装箱船舶留港时间在内的船期,充分利用塞得港在地中海东部和苏伊士运河出口处的地理优势,扩大干线船和支线船提供集装箱转运服务的范围。最大股东是总部设在丹麦哥本哈根的 A.P.莫勒—马士基集团[3]。

第二节　非洲海洋航运

海运和内河运输是非洲水运的两大重要组成部分。海运依托的是海岸和港口的自然和人工设施等条件,内河运输则决定于通航的河流、湖泊或人工水域的水情。

一、非洲的海岸类型对港口建设的影响

海岸是形成海港的基础,总体来看,非洲大多数地区属于砂质海岸,还有部分地区属于淤泥质海岸,仅有少数地区是基岩质海岸,建立优良海港的自然条件相对比较匮乏。

1. 砂质海岸

非洲大部分地区由于断层崖濒临海岸,在外力作用下,沿海形成了一条断续分布的、由疏松的沉积物组成的狭窄平原,由它们组成的砂质或淤泥质海岸在非洲分

---

①　资料来源:http://www.xici.net/d126017723.htm.

②　资料来源:http://www.xici.net/d126017723.htm.

③　罗福建等:《当代非洲交通》,北京:世界知识出版社,2010 年,第 96 页。

布最广泛[1]。海岸质地决定了非洲海岸线较为平直的形态,非洲海岸曲折度1.58,为各大洲最低水平,欧洲为3.49[2],这也使得非洲难以形成天然良港。从海岸的类型分布来看,疏松的砂质海岸在非洲分布最为普遍,几乎占到海岸线总长的一半。它主要分布在3个区域:① 非洲撒哈拉沙漠和纳米布沙漠的边缘。这里气候极为干旱,而且多风,砂质易于流动,岸线很不稳定。② 几内亚湾地区附近。东北信风、加那利寒流,以及来自大西洋开阔洋面的巨浪和沿岸漂流的联合效应,形成了背靠沙丘的移动沙岸。由于此类型海岸建造的海港通常地基不牢、又无防波堤保护,因此易遭风浪冲毁。努瓦克肖特港(毛里塔尼亚)就曾于1972年2月受风浪侵袭,造成附近海岸崩坍后退38米。[3] ③ 东非部分断层崖附近。这里海岸线平直,海水冲刷较强,同时这里建港还受到陆域狭小、供淡水困难及与内地联系不方便的限制。

2. 淤泥质海岸

这种海岸的形成与冲积平原密不可分,它一般出现在非洲的大河河口地区,例如尼罗河三角洲地区的海岸、刚果河河口和莫桑比克南部沿岸冲积平原边缘等。这些地区地质构造上大多属于沉降凹陷地带,沿岸有较发达的河网水系,长期接受大量的淤泥沉积,有些地区发育成典型的三角洲,有的发育为三角港。这种类型的港口通常有两个制约其发展的自然条件,一是在三角洲外围淤泥的沉积现象明显,会使港口由于淤塞严重而失去功能;二是淤泥和有利的水文气象条件使得这些地区沿岸广泛地分布着红树林,形成了难以通行的林墙。

3. 基岩海岸

基岩海岸在非洲仅占33.6%。[4] 此类海岸比较曲折,水深较大,具备形成天然海港的条件。非洲的这类海港大致可细分为:

(1) 沉积岩海岸

在非洲南北两端,受两条褶皱山脉的影响,形成了比较典型的横向、斜交和纵向海岸。在北非突尼斯东岸,分布着加贝斯、突尼斯等天然良港;在南部非洲,由于海岸线相比较为平直,天然良港稀少,构筑了大量人工港口。

(2) 断层海岸

这些港口受断层的影响较大,它们往往是悬崖峭壁,直逼海岸,只有少数岸边出现少量的砂质沉积物,建港条件较差,难以形成优良天然海港。

---

① 冯德显:《非洲海港形成发展及其在非洲经济发展中的作用》,南京大学,1986年。

② 应定华:《关于海岸曲折程度表示方法的商榷》,载《世界地理集刊》(六),1984年。

③ 黄昶:《西非海港的形成与发展》,南京大学非洲研究所,1982年。

④ B.S.Hoyle & P.A.Pinder: *Cityport Industrialization and Regional Development*, Oxford:Pergamon Press, 1981.

（3）结晶岩、火山岩

结晶岩出露面积占全洲总面积的 1/3，但是由于沉积物的覆盖，形成的海岸线并不长。这种类型的海岸较为分散，主要在摩洛哥西南部海岸、科特迪瓦西南部蒙罗维亚港和布坎南港附近、南非南部开普敦港附近以及亚丁湾附近。[1] 这些地区的海水作用比较强烈，水深较大，难以形成淤积，对港口的形成较为有利。火山岩相对分布较少，它主要分布在喀麦隆附近的杜阿拉港附近、纳米比亚西南部海岸、东非索马里东部的哈丰角附近，其他较多的分布在马达加斯加的西北和东南部海岸。

二、非洲的海洋水文对海港的影响

1. 潮汐影响

潮汐运动对海平面的升降变化有很深影响，影响的幅度通常外海大于内海、曲折海岸大于平直海岸，尤其以海湾顶部和海峡地区最大。从总体来看，非洲海岸线平直、潮汐变化不大，但是从区域细分来看，地中海沿岸和几内亚湾地区的潮差较小，沿岸潮差在 1 米以下，港湾内潮差在 2 米以下，埃及的亚历山大港几乎不受潮汐的影响。而在南部非洲和东非，潮差对海港的影响则较大，拉穆港（肯尼亚）大潮潮差达到 3.04 米，马达加斯加平均大潮潮差 4.88 米，平均小潮潮差也达到 3.66 米。西非在几内亚湾附近受地理位置的影响也有较大的潮差，例如西非舍布洛岛（塞拉利昂）潮差 3 米，东非桑给巴尔（坦桑尼亚）潮差 3.05 米。

2. 风浪和泥沙运动的影响

风浪是影响海港又一重要因素，优良海港必须要具备风平浪静的条件，否则会给船舶的停靠、货物的装卸、港口设施、码头的构筑和维护带来诸多困难。总的来看，风浪较强区域主要分布在：① 达喀尔以北的大西洋沿岸。例如摩洛哥很多港口季节浪高常在 3 米以上。② 几内亚湾到安哥拉以北海岸。几内亚湾由于盛行西南风，风向垂直海岸，而使得季风对海岸的影响非常明显。③ 南非南部海域。这里风力很强，特别是冬季，伊丽莎白等位于好望角的港口风速在 30 米/秒以上。④ 东非季风海岸带。这里风力虽然不大，但是对装卸货物造成很多限制，摩加迪沙港（索马里）强浪季节时的装卸量仅是弱浪时的 70% 左右。

第三节　非洲水运的兴起与发展历程

水运的发展与历史有密切的联系。纵观非洲水运的兴起和发展过程，不难发

---

[1]　World ocean atlas.vol2 1938，pergamen press.

现,不同的自然和历史条件对不同区域的水运有着不同的影响。物产富饶的北部非洲最先开始开通海港和河港,进行水上贸易。北非地中海沿岸建立了许多通用海港,埃及尼罗河的内河通航业在公元前就已经得到发展;随后印度洋贸易带的发展引起了东非海港的兴盛;在中世纪欧洲殖民者对非洲地区长达三百多年的奴隶贸易和一百多年的殖民统治历史中,西非海港充当了他们掠夺财富的基地和货物转运站,也由此兴起。而在这几百年的历史当中,内河航运受技术和自然条件的制约,发展非常缓慢。19—20世纪,伴随着南部非洲矿产资源被开发和掠夺,南部非洲的海港城市兴起。19世纪下半叶,非洲内河航运也有了重大的进展,开始了机械化水运的历程。

非洲河流和湖泊是旅行者深入内陆地区的重要途径,但独立之前大多充当着殖民者渗透非洲国家的通道,海港则成为掠夺货物时的转运站。直到20世纪60年代左右,非洲国家先后独立,两者作为承载国家民族经济发展的重要交通方式,设施条件有了较大改善。现在让我们具体看一下海运发展史。

非洲海运的发展较早也较快,可以沿着海港的足迹追溯历史轨迹。

一、北非海港

北非是非洲,也是世界上形成海港最早的地区之一。尼罗河孕育了北非的文明,约在公元前6000年—公元前5000年,北非地区就有早期居民在尼罗河下游谷地安居下来,并开始了农业活动。[①] 从公元前3200年开始,尼罗河沿岸发达的灌溉农业经济就使它在世界政治经济发展中占据了重要的地位。随着两河流域古文明的兴起和发展,古希腊、罗马帝国在经济和政治上逐渐强大,地中海地区成为世界重要的政治、经济和商业贸易中心,海运业兴起,沿海港口由此形成和发展。[②] 在古王国时期(公元前2686年到公元前2181年),埃及的政治、经济和文化得到了很大的发展。新王朝时期(第十八至二十王朝,约公元前1567年—公元前1085年),埃及社会生产力有了很大发展,建筑术、造船术和航海术有了长足的进步,埃及商船已经可以运航到非洲、欧洲和亚洲的许多地方。大约于公元前332年[③],亚历山大港建立并迅速发展成为世界大都市和东西方最繁忙的港市。粮食、织物、纸、玻璃、丝绸、黄金、象牙是当时的主要交换产品。[④] 与此同时,北非西海岸也陆续出现了其他港口,位于今突尼斯附近的迦太基港,就是当时重要的奴隶贸易集散地。公元7世纪开始阿拉伯人对利比亚以西地区开始侵略,到11世纪才结束,使北非的阿拉伯—伊斯兰化过

---

① 陆庭恩、宁骚、赵淑惠:《非洲的过去和现在》,北京:北京师范大学出版社,1989年,第18-20页。
② 冯德显:《非洲海港形成发展及其与经济发展关系研究》,载《西亚非洲》,1989年第6期。
③ 亚历山大港的建立时间存在争议,还有不同观点是建立于公元前334年。
④ 冯德显:《非洲海港形成发展及其与经济发展关系研究》,载《西亚非洲》,1989年第6期。

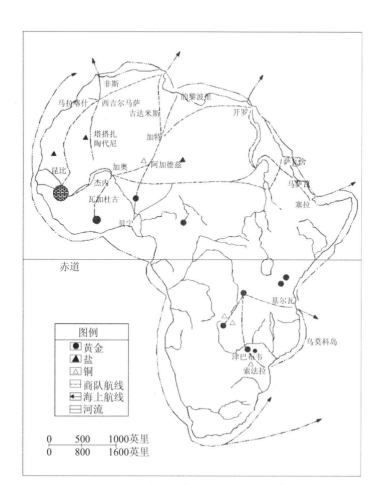

图 5 - 3 - 2　16 世纪非洲贸易路线图

程持续了 500 年。在这一过程中，阿拉伯人控制了地中海贸易，并通过贸易活动将内陆货物通过海上运出非洲，马赫迪、阿尔及尔、奥兰、加贝斯等海港逐步形成，最兴盛的是开罗和亚历山大港。16 世纪前，远洋贸易在非洲经济中起到了重大的作用，大量物资进出口，带动了生产力的发展。然而在 1500—1600 年之间，港口和城镇逐步衰落，劫掠性经济制约了北非经济的发展。[①] 16 世纪，伊始海运业不景气，马格里布与北非港口主要靠海上掠夺以及贡献与关税为生，而不是靠贸易或者新的行业。17 世纪，在地中海沿岸，土耳其海盗代替了中世纪的商人阶级，由于从塞拉（摩洛哥）、阿尔及尔、突尼斯和的黎波里等港口进出的船只受到私掠船舰队的保护，所以这几个港口相对起到了一定的作用。[②] 直到 20 世纪 50 年代左右，国家经济有了巨大的

---

① 《十六世纪到十八世纪的非洲》，载《非洲通史》（第五卷），第 26 页。
② 《十六世纪到十八世纪的非洲》，载《非洲通史》（第五卷），第 29 页。

改变,石油工业有很大发展,港口才又逐步恢复生机。

二、东非海港

公元 3 世纪后,随着印度经济文化的发展,印度洋贸易活动逐渐频繁起来。公元 7 世纪后,阿拉伯人控制了印度洋贸易带,沿岸经济得到迅速发展。东非沿岸渔村、商点、小港口先后发展成为较大的港口城市。正是在与阿拉伯、波斯、印度、中国和地中海国家的接触中,他们形成了真正的城市商业文明的框架与雏形。公元 1400 年,蒙巴萨、马林迪、摩加迪沙等港口得到迅速发展,大量黄金、象牙、织物、粮食从此出口。1505 年,葡萄牙殖民者洗劫了基内瓦和蒙巴萨,他们禁止这些城镇之间的一切贸易,商人们被迫向马林迪和科摩罗迁移。[①] 之后葡萄牙殖民者又继续向南侵略扩张,1525 年占领索法拉(莫桑比克),抢劫了 5 万以上多布拉[②]黄金,其中 2 万多布拉立即被轻帆运送回国。[③]

17 世纪后期到 18 世纪,殖民者的掠夺活动更加猖獗。他们在这里进行残酷的掠夺性贸易,大多数港口多次遭受破坏,印度洋贸易受到严重干扰,造成大批港口日益衰退甚至消失。18 世纪后,在奴隶贸易的推动下,加上桑给巴尔岛丁香出口,海运活动才有所恢复。但是由于港口贸易的单一性,在奴隶贸易结束后,很多港口失去了效用,日渐衰落。到 19 世纪末期,只有几个大港口发挥作用,殖民者通过这种联系加强对内陆的控制和对资源的掠夺,桑给巴尔就成为当时德国占领坦噶尼喀后的殖民据点[④],现在东非仍是非洲港口分布最少的地区。

三、西非海港

西非海运史具有较深的殖民主义烙印。纵观历史,主要经历了 3 个历史阶段。[⑤]

1. 第一阶段(15 世纪中叶—19 世纪中叶)

这一阶段主要是欧洲殖民者在沿海建立早期商站和大西洋奴隶贸易时期。15 世纪以前,非洲大西洋岸几乎没有什么经济活动,直至 1414 年,葡萄牙国王若奥一世带领一支舰队,越过直布罗陀海峡,侵入摩洛哥,占领休达,还留守了 3000 名士兵,将这里变成了一个贩卖丝绸、香料、玻璃、宝石和黄金的重要市场。[⑥] 1441 年,葡萄牙人

---

① 《十六世纪到十八世纪的非洲》,载《非洲通史》(第五卷),第 30 页。
② 多布拉:圣多美和普林西比流通铸币。币值换算 1 多布拉=10 分。
③ 陆庭恩、艾周昌:《非洲史教程》,上海:华东师范大学出版社,1990 年,第 158 页。
④ 资料来源于中国大百科全书,达累斯萨拉姆的介绍。
⑤ 黄昶:《西非海港的形成与发展》,南京大学非洲研究所,1982 年。
⑥ 陆庭恩、艾周昌:《非洲史教程》,上海:华东师范大学出版社,1990 年,第 148 页。

绕过布朗角进入了西非海岸,并在布朗角附近建立了葡萄牙在西非最早的贸易据点,开始了货栈经济。但是他们掠夺的远比收购的多,他们用当地和地区产品来交换黄金、奴隶、皮革、树胶、象牙、琥珀、黄灵猫香、贝壳、棉花和盐[1],他们的经济活动主要集中在几内亚湾地区。紧接着还有英国人、荷兰人和西班牙人等在安科布拉河和沃尔特河之间修建了各自的城堡。他们在这里主要从事象牙、黄金、胡椒和少量的奴隶贸易。[2]这一时期兴起的海港有圣地亚哥(佛得角)、埃尔米纳(加纳)、圣多美、罗安达等。[3]16 到 18 世纪期间,欧洲侵略者竞相在西非沿海建立、争夺商站和奴隶堡,17 到 18 世纪达到鼎盛时期,阿克拉(加纳)、拉各斯(尼日利亚)、弗里敦、达喀尔和圣路易(塞拉利昂)都是这一时期进行奴隶贸易的主要港口,"胡椒海岸"、"象牙海岸"、"黄金海岸"、"奴隶海岸"就是在这一时期得名的。据不同资料数据统计,当时出口的奴隶数目或在非洲奴隶贸易中牺牲者的数目从 2500 万到 2 亿不等。[4]

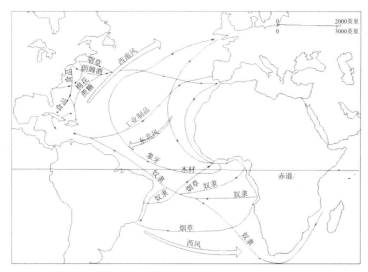

图 5 - 3 - 3　18—19 世纪早期大西洋贸易路线图

2. 第二阶段(19 世纪中叶—20 世纪 50 年代)

奴隶贸易的衰退使那些将其作为主要贸易的西非海港一落千丈,港口数量降到不足 40 个。而同时完成了工业革命的大部分欧洲殖民主义国家进入了资本主义阶段,为掠夺工业原料和农产品,他们加紧了对西非的掠夺。英国殖民者在班珠尔(冈比亚)建立了军事要塞,后期又将此港发展为殖民据点和农产品的转运站。

① 《十六世纪到十八世纪的非洲》,载《非洲通史》(第五卷),第 30 页。
② 黄昶:《西非海港的形成与发展》,南京大学非洲研究所,1982 年。
③ 陆庭恩、艾周昌:《非洲史教程》,上海:华东师范大学出版社,1990 年,第 161 页。
④ 《十六世纪到十八世纪的非洲》,载《非洲通史》(第五卷),第 30 页。

3. 第三阶段(20 世纪 50 年代—现在)

二战后尤其是 20 世纪 60 年代左右,西非国家纷纷取得了独立,各国收回了港口的所有权,尼日利亚、科特迪瓦、加纳等国还建立了本国的港口管理机构,还组织了航运公司和舰队。与此同时,政府也在努力发展民族经济和国家建设,石油和农产品产量大幅增加,采矿业的发展也呈现欣欣向荣的景象,港口作为国家经济发展的重要工具得到了迅速发展。

四、南部非洲海港

南部非洲历史是从 16 世纪开始写起的。16 世纪伊始,欧洲殖民者开始了对这里的侵略和掠夺,奴隶贸易也曾盛行一时。始建于 1576 年的安哥拉港口罗安达,就曾是欧洲殖民者贩卖奴隶的出口港,与此同时,也有部分港口充当着侵略的据点和商埠,如贝拉港(莫桑比克)。到 17 世纪初,在苏伊士运河通航前,开普敦(南非)和路易斯港(毛里求斯)是当时欧亚间绕好望角航线的必经之路,因此两港发展为荷兰人在印度洋航行的停泊所和给养供应站。1743 年,开普敦首建停泊处,成为西欧殖民者在南部非洲的第一个扩张据点,也成为南非最古老的港口。[①] 南非丰富的矿产和农业资源是奴隶贸易结束后殖民者最关注的物资,南非港口的兴起也主要是在 19 世纪产业革命完成以后。殖民者为了掠夺世界农矿产资源、销售市场和争夺投资场所,在非洲采用了以港口为基地向内地渗透和扩张的做法,港口就成为了非洲掠夺的重要支撑点。殖民者先在非洲种植棉花、水果和养牛,并通过伊丽莎白、东伦敦、德班及莫塞尔贝等港输出;随金刚石、黄金、铜矿等资源的发现和开采,经济急剧膨胀,南非矿物进出口总量也急剧上升。以黄金为例,20 世纪 30 年代南非的黄金开采一直处于高涨阶段,著名的兰德矿区 1938 年出口的黄金价值达到 7160 万英镑。另据 1938 年统计,非洲开采的金矿石占资本主义世界总产量的 98%,钴占 75%,黄金占 46%,铬占 40%,锰占 38%,铜占 21%,锡占 13%。[②]

同时这一时期,港口与内陆腹地的关系也更加紧密。19 世纪初,英国兴建了通往威特沃特斯兰德的铁路,为开普敦成为南非吞吐量最大的港口奠定了基础。19 世纪末,贝拉港(莫桑比克)通津巴布韦的铁路修通,随后修通了通太特和邻国马拉维的铁路和公路。20 世纪,又有很多港口因为铁路和公路的建成而得到发展,本格拉铁路的兴建就在洛比托港(安哥拉)兴盛中起了很大的作用。同时有些大港口开始向现代化迈进,建设了以矿区为主要腹地的后方运输交通线,吞吐量日益上升。据统计,到 1938 年,6 个港口的吞吐量达到近 800 万吨,成为非洲沿岸发展最快、规模

---

① 《中国大百科全书》,关于南非开普敦的介绍。
② 陆庭恩、艾周昌:《非洲史教程》,上海:华东师范大学出版社,1990 年,第 366 页。

最大、现代化程度最高的港口群。[1] 两次世界大战期间的 20 年时间里,列强新建了数十个港口,其中以吉布提、苏丹港、黑角、杜阿拉、科纳克里、塔科腊迪等最为著名。[2]

第四节　非洲海运的特点

一、海运货物量年内变化幅度较大,受自然条件制约严重

影响一年当中的海运货物量的因素主要有以下几个方面:(1)对外贸易政策。海运货物量与国家对外贸易政策和海港条件有关,所以港口货物吞吐量在其他自然条件不变的条件下,也会随着国际间贸易合作形势而发生一定的变化。而部分内河航运是内陆国将本国产品运往海港的重要方式,因此对外贸易政策的改变,对内河水运货物量也有一定的影响。(2)港口设备。非洲目前无论是海港还是内河港口,除了少数大港设备有所改善,大多数港口依然设备陈旧,而且由于港口数量多,国内和国际港口之间的竞争也成为普遍现象,这些都是影响港口吞吐量的重要因素。(3)非洲港口的发展与腹地资源有着密切的联系。非洲有相当数量的港口以出口腹地的农矿产品为主要业务,产量、开采量的高低对港口的出口量就有一定的决定作用。(4)货运业务受季节的影响也很大。在海港区域:当雨季来临时,矿石输送带因打滑而不能正常运转,使装船速度减慢。而且矿石水分含量高,会使市场价格下降。为了降低矿石的水分含量,装船业务不得不暂时中断。雨季对农产品出口也有很大的影响,粮食、纺织品等受潮很容易发霉。因此,雨季时港口吞吐量较小。当旱季到来,港口的各项业务开始繁忙起来,货运量大,收获的农产品需抓紧装船,以避开雨季。有数据统计,雨季时港口的吞吐量只有旱季时的 60%~70%。虽然随着工业发展,已有很多农产品可以加工成罐头再出口,但是吞吐量的季节性仍然没有得到根本上的改变。内河受季节水量变化的影响更为严重。尼日河的河口至奥尼查,长350 千米,全年通海船;奥尼查至洛科贾,6 月至翌年 3 月通海船;洛科贾至杰巴,只有10—11 月中旬可通航;杰巴以上只通小船。从总体上看,上述因素对海运的影响更甚。这一方面是由于海运量占水运总量的绝大比重,另一方面由于有些因素是通过对海运的影响,从而影响了内河运输货物量。

二、海上货运出口大于进口,进出口货物品种单一

非洲海港的出口量大多超过进口量,在出口货物中,石油及其制品、矿石、农产

---

① 冯德显:《非洲海港形成发展及其与经济发展关系研究》,载《西亚非洲》,1989 年第 6 期。

② 陆庭恩、艾周昌:《非洲史教程》,上海:华东师范大学出版社,1990 年,第 367 页。

品占到绝大比重。自1960年后,对石油进行了大规模的开采,出口量激增,在总出口量中的比重不断增加。经济的发展促使世界各国对石油的需求量日益增加,非洲成为重要的能源供应基地。据资料显示,目前非洲已经探明石油储量950多亿桶,占世界总量的7.3%,全球石油产量增幅的1/4来自非洲[①],这决定了非洲将来"世界能源供应站"的地位。此外,农产品也在出口货物量中占到很大的比重。非洲长期受到殖民统治的影响,种植的农作物大多为经济作物,由于经验的积累,作物产量比较高。但是由于不同地区气候和光热条件相近,作物种类较少,决定了出口的品种较为单一。出口的产品中活畜产品、蔬菜和咖啡等也占到一定的比重。尽管非洲部分国家的农业生产力水平已大大提高,但是由于殖民时期耕作结构遭到严重破坏,非洲很多国家粮食仍然依靠进口。此外,工业品、燃料、机械、交通器材等也是进口的主要货物种类。值得一提的是,随着纺织业的发展,非洲国家在对外贸易结构中调整了棉花的比例,棉花已由六七十年代的出口,转变为现在部分需要进口的局面。

例如非洲海运最发达的南非,2006年海港总出口量较进口量多7547.1万吨,其中理查兹贝港超出7392.5万吨,伊丽莎白港超出217.9万吨,莎尔达尼港超2559.4万吨。

三、海港数量多,规模较小、设备较为落后

目前,非洲海岸线长30500千米,共有海港310个,平均每98千米就有一个港口。

从表5-3-1部分重要港口的泊位数来看,大多数港口的泊位数不超过30个,并且有相当数量的港口泊位数在10个左右。

表5-3-1 非洲部分重要海港泊位数统计表[②]

区域	港口名	泊位数	区域	港口名	泊位数	区域	港口名	泊位数
南非	德班	60	西非	科托奴	13	西非	弗里敦	7
南非	开普敦	40	东非	吉布提	12	南非	蒂斯格勒特斯	7
西非	拉各斯	31	东非	达累斯萨拉姆	11	西非	考拉克	6
西非	达喀尔	≥30	北非	苏丹港	10	东非	摩加迪沙	6
北非	阿尔及尔	18	东非	蒙巴萨	10	北非	班加西	4
南非	路易斯港	16	西非	科纳克里	10	东非	博博拉	3
中非	黑角	15	西非	蒙罗维亚	10	西非	普腊亚港	3
中非	杜阿拉	14	南非	沃尔维斯港	8	中非	马拉博	2

---

① 来源于航运在线,http://www.sol.com.cn/.

② 数据来源:世贸人才网,www.wtojob.com.

港口的设施虽然经过不断改建和扩建,已经有较大的发展,但是很多港口设备仍然不齐全,主要体现在:① 很多港口码头岸线较短,多在 3000 米以下,接船能力有限,加上现有的港口泊位数量有限,常造成积压。② 装卸机械、自动化和电子化设备非常少,现代化程度高的设备常因技术问题而不能有效发挥作用。使得很多装卸还需要人工完成,装卸效率很低。③ 很多港口没有干船坞、修船、拖拽等服务设施,很多大港的设备也不齐全,例如吕德里茨(纳米比亚)、坦噶和桑给巴尔(坦桑尼亚)等。④ 有相当港口缺少仓储和冷冻设备,造成货物难以存放。⑤ 非洲的海岸线比较平直单调,缺乏枝节变化,很多地方没有适合建立避风良港的条件。例如西非多哥的港口克佩梅只有一个锚泊出,油轮泊位可停靠 33000 载重吨船只,有浪时只可停靠吃水 9.45 米的船只。与此同时,由于国家没有那么多资金对海港进行建设,所以港口的人工建设跟不上,加重了港口利用的困难。

四、海港分布不均,发展情况亦存在差异

非洲 310 个港口中,北非有海港 90 个,南部非洲 82 个,西非 74 个,中非 43 个,东非 21 个。造成现在港口数量分布不均的主要原因有以下几个方面:(1)历史原因。北非是非洲港口发展最早的地区,港口一直是地中海沿岸与外界进行贸易沟通的窗口。尼罗河充足的水源丰富了这里的物产。在奴隶贸易之后,港口继续发挥着作用,将腹地的矿石和纺织品运输出口。南非历史上经历了短暂的奴隶贸易时期,后期由于其丰富的矿产资源备受世界的瞩目,港口因此而发展。而西非处于大西洋沿岸,成为非洲通往欧亚各国的重要通道。相比之下,东非的贸易活动在奴隶贸易终止后没有活跃起来,只有几个大的港口还在发挥着作用。(2)资源储量和种类原因。不同区域港口的吞吐量与不同地区的禀赋差异有密切的关系。相比其他港口密集的地区,东非更重要的是农产品资源,而且产区集中,所以一定程度上影响了港口的数量。桑给巴尔和坦噶(坦桑尼亚)是世界最大的丁香和剑麻的出口港,发展较快,而其他港口相对发展较为缓慢。(3)国家经济发展水平。港口的兴建维护以及运营需要大量资金,在国内其他设施尚未完善而国家可以利用的资金又有限的时候,港口的发展就被延迟了。

第五节　港口与区域发展

一、非洲港口与区域发展互动依存关系

港口—腹地区域实质上是一个具有内在必然联系的特殊的经济地域系统,其运营

发展的具体时空从客观上要求港口与腹地要有高度的协同性、整合度和一体化程度。[①]

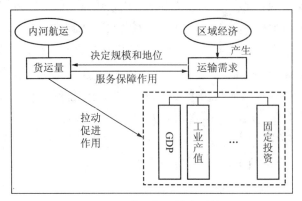

图 5-3-4　港口与区域发展关系图

港口发展可以带动区域发展。在"港""腹"协同运动过程中,港口是腹地对外联系的窗口,是港口—腹地经济地域经济发展的中心与龙头。港口的龙头作用和中心作用主要体现在:① 港口是重要的交通枢纽,是地域内外两种资源和两种市场的契合点,是要素、人才、资金、信息等集中的地区,通常也是港口—腹地经济地域的经济中心和发展中心;② 港口地区可通过招商引资、引进外部资源与产品、出口贸易以促使经济快速增长,然后以梯度方式向腹地地区推进[②]。在这个过程中,港口资源得到补充,产业的集聚效益得到提高,通过完善的交通条件、先进的信息传播手段和高自由度的人员流动性,港口经济对外界的辐射能力也逐步体现。[③]

表 5-3-2　非洲部分内陆国家出口途径汇总表

国家	出 口 途 径		
乍得	1. 经中非共和国的班吉转乌班吉河,刚果河出马塔迪港	2. 经喀麦隆的雅温得转铁路出杜阿拉港	3. 经尼日利亚转铁路出哈科特港
卢旺达	1. 从基加利导布隆迪的布琼布拉然后由水路经坦桑尼亚的基戈马转铁路抵达达累斯萨拉姆港	2. 由公路过布隆迪,经坦喀尼喀湖接铁路至坦桑尼亚的达累斯萨拉姆或者扎伊尔的马塔迪港	3. 经基加利经乌干达至肯尼亚的蒙巴萨港
布隆迪	1. 货物自首都布琼布拉经坦喀尼喀湖运至坦桑尼亚的基戈马,再转铁路出达累斯萨拉姆通印度洋	2. 经扎伊尔的卡莱米,转铁路出马塔迪港通大西洋	

① 刘继生、张文奎、张文忠:《区位论》,南京:江苏教育出版社,1994 年,第 154-167 页。
② 郎宇、黎鹏:《论港口与腹地经济一体化的几个理论问题》,载《经济地理》,2005 年第 11 期。
③ 朱泽华:《港城邻近区域发展研究》,载《商业现代化》,2005 年。

续　表

国家	出　口　途　径		
赞比亚	1. 货物通过坦赞铁路或公路运往坦桑尼亚、安哥拉、马拉维、莫桑比克等国港口	2. 主要路线是马兰巴—恩多拉铁路（连接铜带的 4 条支线和南方直通煤矿和林区的 2 条专用线）	
津巴布韦	1. 海外运输需要通过邻国，东通莫桑比克的贝拉和马普托的铁路为货物的进出口主要通道	2. 承运赞比亚的部分过境物资；由铁路经博茨瓦纳出南非诸港也是通海途径之一	3. 1974 年又从布拉瓦约—马普托铁路线上的鲁滕加支线至拜特布里奇，直接同南非铁路系统衔接，国内所需要的石油由贝拉至穆塔雷的输油管输送
博茨瓦纳	开普敦—布拉瓦约国际铁路纵贯过境东部，通南非和津巴布韦，与公路共同连接全国主要城镇和矿区		
斯威士兰	铁路通往南非和莫桑比克		
莱索托	经过马塞卢转运		
马拉维	铁路主干线贯穿南部，与莫桑比克铁路线相连，主要承担进出口运输任务		

腹地地区也为港口的发展提供了前提和保障。腹地地区是港口地区工业产品的销售市场、各种原燃料资源与人力资源的储备地和供应地、农副产品的供应地以及外贸商品的供应地，同时也是港口—腹地经济地域进一步开发和发展的主要空间。港口与腹地地区无论是在主要功能、资源赋存、人才科技、产业结构，还是在综合发展条件与发展进程等方面都存在很强的互补性。[1]

港口与区域发展之间要有交通网络做必要衔接，哈里斯·乌克曼曾提出交通线将交通城市与广大的区域联接起来，因此它们的发展得到了区域的广大支持。[2] 港口本质上是一种交通城市，它对内陆城市来说是门户功能的集合体。[3] 而针对非洲国家交通发展模型，有学者提出，主要应包含：① 港口彼此孤立发展；② 干线联接主要港口和内陆中心；③ 支线发展；④ 相互联系产生；⑤ 相互联系完善；⑥ 主要公路联接专业化港口与内陆中心 6 个发展阶段。现在的非洲国家处在第二个阶段，主要通过干线进行联系。这样的联系方式对大港口的发展来说是远远不足的，而且这种方式会造成港口无法摆脱对资源矿产的依赖性，依靠出口初级产品的港口发展路径不会由此改变。因此，要发展非洲海港，不仅需要的是对港口的投入，更是对港口周

---

① 郎宇、黎鹏：《论港口与腹地经济一体化的几个理论问题》，载《经济地理》，2005 年第 11 期。

② Ullman E L. and Harris C D：*The nature of cities*，Annals of the American Academy of Political and Social Science，1945，p.7－17.

③ Bird J H：*Seaports as a subset of gateways for regions—a research survey*，Geographical Review.1963，p.505－529.

边交通体系的建设,增加港口的通达度,以此增加港口的生机和活力。

二、非洲主要海港

非洲港口历史悠久,数量众多,但是在航线中具有重要位置的港口数量有限,下面以重要商港和专用港为例阐述:

(一) 重要商港

1. 亚历山大港

亚历山大港,又名埃尔伊斯坎达里亚,是埃及最大海港和重要商港。它位于尼罗河三角洲西侧,濒临地中海东南侧。该港始建于公元前332年,是古代欧洲与东方贸易的中心和文化交流的枢纽。第二次世界大战后亚历山大港发展迅速,现已成为世界著名的棉花市场,也是埃及重要的纺织工业基地。此外,港市造船、化肥、炼油等工业亦很发达。

图片 5 - 3 - 1　亚历山大港口(右为卫星图)

资料来源:http://zh.wikipedia.org/wiki/,google 地图。

亚历山大港分东、西两港,港外有两道防波堤和狭长的法罗斯岛作屏障。西港为深水良港;东港水较浅,主要为渔港和旅游区。全港面积达 6 平方千米以上。港区主要码头有 60 个,岸线长 10143 m,最大水深为 10.6 m,包括煤炭、粮食、木材及石油等专用码头。装卸设备有各种岸吊、浮吊、抓斗吊、集装箱龙门吊、运输车及拖船等,其中浮吊最大起重能力达 200 吨,拖船最大功率为 880 kW。港区仓库的容量 3 万吨。码头最大可靠泊 4 万载重吨的船舶。装卸效率:铁矿石每小时 1000 吨,煤炭每时 900 吨。大船锚地在外港区,最大水深达 19.8 m。

该港自由工业区始建于 1974 年,面积达 600 万平方千米。1992 年,集装箱吞吐量为 23.6 万 TEU,年货物吞吐能力约 3000 万吨。主要出口货物为棉花、纺织品、稻米、蔬菜和水果等,进口货物主要有粮食、木材、矿产品、机械和工业品等。

该港有高速公路和铁路通往开罗,并通埃及各地,埃及每年有 80%～90% 的外贸货物都经该港中转。①

2. 达尔贝达港

摩洛哥商港，又名卡萨布兰卡，位于摩洛哥西北部大西洋岸，是非洲最大的人工港之一。达尔贝达是座具有 1500 年历史的古城，同时又是摩洛哥的"经济首都"、最大城市、最大商港、最大工业基地和世界最大的磷酸盐输出港。公元 7 世纪，柏柏尔人最先来到这里建立了城市，起名为"安法"。15 世纪，西班牙航海者发现这个白色的城市，给它更名，从此西方人开始称之为"卡萨布兰卡"。后来葡萄牙人入侵，城市遭到了严重破坏。1770 年，摩洛哥在废墟上重建新城，命名为"达尔贝达"，到 19 世纪末发展为海上的贸易中心。1907 年，被法国军队占领，兴建了达尔贝达港。②

图片 5-3-2 达尔贝达港口（右为卫星图）
资料来源：http://zh.wikipedia.org/wiki/，google 地图。

达尔贝达港平均水深 12 米，码头长约 6 千米。港口西北有 3200 米长堤从陆岸伸向东北，以阻挡风波。港外锚地的西南方向均为避风地区，但有时西方风浪也会进入到海湾内。如果遇到来自西方或西南方向的大风浪，锚地就存在危险。③ 港内突堤码头由陆岸伸向西北，自西向东发展，东突堤亦兼防波堤，现有 4 个突堤启用，码头有铁路通达。第一突堤之西是渔港、船厂和游艇港区，其东侧西北端共有 5 个泊位，水深 6.2 米，用于沿海船。第二、三突堤是远洋船商业码头，周边有 20 多个泊位，水深在 9.4 米左右，用于杂货、集装箱船，也作谷物进出口，码头上配有多台起重机。第四码头的西侧有磷灰石、矿石出口和煤炭进口，泊位各 2 个，磷灰石装船能力每小时 5000 吨。在各突堤间的顺岸和防波堤内侧还分布有油船泊位。目前全港码头线总长 5 千多米，总计泊位 30 多个，摩洛哥全国 70% 货物经此港进出口，输出磷灰石、柑橘、鱼品、铅锌砂石等，输入石油、煤、工业品等。

---

① 《中国大百科全书——世界地理》，北京：中国大百科全书出版社，1980 年，第 678 页。

② 非洲旅游网，http://aftour.1736.cn/art/1440/.

③ 锦程物流网，http://cms.jctrans.com.

达尔贝达已经发展成为全国经济及交通的中心,拥有全国约 4/5 的现代工业,工业产值约占全国总产值的 2/3。主要工业有炼油、炼铁、化工、纺织、鱼类加工、水泥、烟草、汽车制造、橡胶、罐头及木材加工等。[①] 对外联系方面,有铁路和公路通往马拉喀什、非斯,梅克内斯等城市以及磷灰石矿区,有国际航空站。

3. 蒙巴萨

肯尼亚重要商港,位于肯尼亚东南印度洋近岸的蒙巴萨岛上。有铁路桥和海堤与大陆相连,是东非的最大港口,素有"东非门户"之称。早在 3000 多年前,这里就是重要的通商口岸,阿拉伯人多来进行贸易,中国明代的郑和也曾到过[②]。公元前 500 年即与埃及有航海来往。但是后来一直处于海上列强的争夺之中,15 世纪末葡萄牙人来到蒙巴萨,并在此建立他们向东征服的航海基地。在之后的两个世纪里,阿拉伯人不断与葡萄牙人争夺东非沿海霸权,蒙巴萨也几经易手。直到葡萄牙人在印度洋败于其他欧洲海上强国,才在 1720 年撤出蒙巴萨。1822 年,蒙巴萨被宣布为英国保护地。从此,蒙巴萨成为英国的领地,直至 1963 年。[③] 现在该港已经发展成为东非的工商业中心。

图片 5-3-3　蒙巴萨港口(右为卫星图)

资料来源:http://zh.wikipedia.org/wiki/,google 地图。

蒙巴萨港的条件在东非诸多港口中首屈一指。该港有优良的深水港,港区包括西南面的岛基木林迪,有各类万吨级以上泊位 21 个,港口吃水 9.45 米以上,24 小时通航,其中 16、17 和 18 号泊位是集装箱专用泊位,码头吃水 10.45 米,有 40 吨集装箱桥吊 4 台。专用泊位紧张时,邻近的 14 号散杂货泊位也用来装卸集装箱。设备先进,装卸设备较为齐全,有各种岸吊、可移式吊、龙门吊、集装箱吊、抓斗吊、轮胎移动吊及滚装设施等,其中集装箱最大起重能力为 40 吨。港区有转运货棚面积 9.2 万平

① 百度百科,http://baike.baidu.com.
② 亿通网,http://www.easipass.com.
③ 百度百科,http://baike.baidu.com.

方米,另有冷库及货场等。码头最大可靠泊 6.5 万载重吨的船舶。据不完全统计,蒙巴萨港每年集装箱进出口约 15 万~20 万 TEU,大约是邻近港口进出口量的 3~4 倍[1]。港口设备先进,主要出口货物为象牙、皮张、纤维、棉花、茶叶、椰干、咖啡、木材、糖浆、肉类及奶制品等,进口货物主要有机械、车辆、纺织品、粮食、建材、食品、糖及工业品等。此港除了输出本国及邻国乌干达、坦桑尼亚、布隆迪、卢旺达、肯尼亚物资之外,扎伊尔东部、苏丹南部的一部分货物均由此中转。

该港对外联系非常紧密,是蒙巴萨—乌干达国际铁路的起点,港口腹地广阔,物资集散覆盖肯尼亚大部分地区和周围邻国。港口有高速公路及输油管道通内罗毕,公路北通马林迪等重要港市,南通坦桑尼亚。集装箱港区前沿堆场,有专用铁路直通肯尼亚首都内罗毕、肯尼亚第三大城市克苏木和乌干达首都堪培拉,每天都有集装箱专列发往内罗毕。蒙巴萨港务局在内罗毕、克苏木和堪培拉都设有 CFS 堆场。此外,从蒙巴萨到卢旺达、布隆还有"门到门"公路联运服务。

4. 达累斯萨拉姆

达累斯萨拉姆港在斯瓦希里语意为"平安之港"。此港是坦桑尼亚的重要港口,同时也是赞比亚、布隆迪、马拉维、乌干达、津巴布韦和刚果民主共和国东部地区对外出口的门户。

图片 5-3-4　达累斯萨拉姆港口(右为卫星图)

资料来源:http://zh.wikipedia.org/wiki/,google 地图。

该港市过去为小渔村,1862 年建城。1887 年德国的东非公司在此建立锚地,1891—1916 年成为德属东非首都,是德、英殖民统治和掠夺的据点。1961—1964 年为坦噶尼喀首都,独立后成为坦桑尼亚首都,是全国政治、经济和文化中心,工业产值占全国一半以上。其中工业主要以轻纺工业为主,有大型纺织厂和卷烟、食品、制革、腰果加工、炼油、机车修理、农机具修造和水泥等企业。

该港是天然优良港湾,仓库、修船、装卸设备齐全。出口货物主要有棉花、咖啡、

---

[1]　亿通网,http://www.easipass.com.

剑麻及其他农矿产品。有输油管道通赞比亚恩多拉,市郊建有国际机场。

5. 拉各斯港

拉各斯港位于几内亚湾北部尼日利亚西南海岸的拉各斯泻湖口,西临大西洋,又有河流和贝宁的水道相连,是尼日利亚最大的港口,担负着国内每年进出口货物运输量的 70%～80%,同时它也是西非最重要的商港之一。拉各斯最早的居民是约鲁巴人,后来又移来一部分贝宁人,他们给拉各斯起名为"尤扣"(指农园)。15 世纪,葡萄牙人将这里开辟为港口,将这里更名为"拉各斯"(咸水湖)。

图片 5-3-5　拉各斯港口(右为卫星图)

资料来源:http://zh.wikipedia.org/wiki/,google 地图。

这座港口目前有两个大型的深水码头,约有 30 个泊位。该港由阿帕帕港区、伊多港区和阿特拉斯湾码头等码头组成。其中阿帕帕港区共有 19 个杂货泊位、2 个散货和谷物泊位、6 个集装箱泊位、7 个石油等油料泊位;阿特拉斯湾码头有 2 个泊位和 9 个系泊浮筒。全港码头线总长 7600 余米。

该港装卸和运输设备基本实现了现代化,有各种岸吊、可移式吊、集装箱吊、浮吊、皮带机、集装箱跨运车、叉车、拖船及滚装设施等,其中集装箱门吊最大起重能力达 40 吨,可移式吊为 50 吨,浮吊达 250 吨,拖船的功率最大为 1324 kW,另外,港区有库场面积达 24 万平方米。

该港同周围地区组成的全国最大的工业地带,其产值约占全国的一半。主要有榨油、纺织、可可加工、汽车装配、机械、造纸、橡胶、造船、金属加工及炼油等工业,并拥有大型榨油厂。该港出口的货物主要有花生、可可、橡胶、木材、棕榈果、棉花、皮张、锌等,进口货物主要有纺织品、盐、面粉、机械、水泥、钢铁等。

该港对外联系有便利的交通网络,铁路可通西北部的恩古鲁,并经卡杜纳直达哈科特港,公路可与国内各地联网。

6. 达喀尔

达喀尔港是塞内加尔最大的港口,也是西非最重要的海港之一。港口位于佛得角半岛顶端,非洲大陆最西部,濒临大西洋。该港地理位置重要,是欧洲至南美、南部非洲至北美间来往船舶的重要中途站,充当大西洋航线要冲及西非重要门户。

图片 5‐3‐6 达喀尔港口(右为卫星图)
资料来源:http://zh.wikipedia.org/wiki/,google 地图。

17 世纪初达喀尔地区成为法国东印度公司船只停靠地和奴隶贸易中心,1855 年西非第一条铁路(圣路易—达喀尔)建成,给港口发展带来契机。1857 年达喀尔地区被法国占领后,兴建了码头和防波堤,1861 年达喀尔港建成。经过 40 多年的建设,1914 年达喀尔已成为设备良好的港口和布局适宜的城镇。第二次世界大战中,建造了飞机场,增修了码头,并开始生产卷烟、纺织品、鞋、软饮料等供应法属西非市场。战后城市迅速扩建,在城市北部建立许多新区,使城市面积增加 1 倍多。

港口装卸设备较为齐全,有各种岸吊、可移式吊、浮吊、汽车吊、铲车及拖船等,其中可移式吊最大起重能力为 100 吨,拖船的功率最大为 1470 kW,还有直径为 150~300 mm 的输油管供装卸使用。装卸速率可达到化肥每天 7000 吨,磷酸盐每小时 900 吨,散粮每天装 4000 吨。港口主要出口花生、花生油、鱼类、磷酸盐、纸张、水泥、皮鞋、布匹、火柴及面粉等,出口的花生、花生油、鱼及磷酸盐全部运往法国,花生出口值约占出口总值的 52%;进口货物主要有纺织品、机器、大米、煤、糖、棉花、木材、石油及金属制品等。

港口设有国际机场,此机场不仅是国内、也是西非的航空枢纽,而且与欧洲、北美、南美以及非洲各地都有航空联系。

7. 德班港

德班港,又名纳塔尔,世界第九大海港[2],南非最大的集装箱港。该港位于南非

---

① 亿通网,http://www.easipass.com;百度百科,http://baike.baidu.com.
② 南非旅游网,http://africatour.gogocn.com/74/sight_715.htm.

东部印度洋德班湾的北侧岸,居印度洋和大西洋间海运要冲,威特沃特斯兰德工矿区通海重要口岸。1497 年 12 月 25 日发现好望角的魏斯寇·达·卡马在此停泊,命名纳塔尔(Natal——圣诞节)。在布尔战争期间,港口得到快速的发展,19 世纪后南非内陆工矿业的发展和铁路通车加速了港口发展的进程,1935 年设市。

图片 5-3-7　德班港

德班港是天然良港,有防波堤围护,岸线长 9230 m,水域面积达 16 平方千米,最大水深 12.8 m,全港共计泊位 60 个[①],年吞吐量 6907.4 万吨[②],主要泊位 43 个,绝大部分为深水泊位,集装箱泊位已有 7 个,为非洲最现代化的深水港之一。

港口有较为现代化的装备,有各种岸吊、可移式吊、集装箱吊、浮吊、汽车吊、皮带输送机及滚装设施等,其中岸吊最大起重能力为 80 吨,浮吊达 200 吨,还有直径为 203.2~254 mm 的输油管供装卸使用。装卸效率:谷物每小时装 1290 吨,每小时卸 1250 吨,锰矿每小时装 400 吨,煤每小时装 1100 吨,糖每小时装 700 吨。该港油船海上单点系浮最大可泊 30 万载重吨的超级油船。港区有露天堆场可存 20 万吨货物,糖库容量达 52 万吨,集装箱堆场面积达 102 万平方米。主要出口货物为锰矿、钢材、黄金、煤炭、铁矿、糖、花生、玉米、羊毛、皮张、柑桔及生铁等;进口货物主要有小麦、机械、化肥、原油、交通设备、纺织品、木材、纸张、茶叶及化工产品等。德班港是南非重要的工业中心之一和造船中心,主要有化学、纺织、炼油、船舶修造、橡胶、制糖食品及汽车装配等,并拥有大型炼油厂、制糖厂及汽车修配厂等,海洋渔业、旅游业发达。该港是铁路枢纽,有国际航空站。

(二)重要专用港

1. 坦噶港

坦噶港位于坦桑尼亚东北印度洋坦噶湾内,濒临奔巴海峡的西侧,是坦桑尼亚

---

①　港口和海运,http://www.ports.co.za/durban-harbour.php.

②　港口和海运,http://www.ports.co.za/durban-harbour.php.

的第二大港和驳运港,是最大的剑麻加工中心,同时也是世界重要的剑麻输出港[①]。铁路南通首都达累斯萨拉姆,北通莫希和阿鲁沙。

港内设有转口区,始建于 1967 年。港区岸线长 692 m,有库场面积约 3 万平方米,最大水深为 17 m,主要码头泊位有 3 个。装卸设备较齐全,有各种岸吊、可移式吊、汽车吊、门吊、驳船及拖船等,其中可移式吊最大起重能力为 40 吨。主要出口货物为剑麻、木材、茶叶、金鸡纳树皮、兽皮、木丝绵及咖啡;进口货物主要有食品、机械、石油、金属制品、饮料等。

2. 利伯维尔

由于利伯维尔港码头水深只有 5 米,大船不能靠泊,仅能在锚地作业,因此港区 84 米长的岸线仅有 1 个泊位,其他 3 个泊位分布在 1976 年建成的深水港奥文多。港口的装卸设备有各种岸吊、汽车吊、装矿机、驳船、拖船等。主要出口货物除矿石外,还有木材及可可等,进口货物主要有粮食、食品、日用工业品等。

铁路和公路是港口与内陆地区联系的主要方式,一条横贯加蓬东西的铁路干线,自港区直达东南部的弗朗斯维尔,全程达 683 千米,莫安达的锰矿也可由此线直达港区。主要工业有木材加工、炼棕榈油、纺织及酿造等。

3. 布鲁图港

布鲁图港位于尼日利亚河三角洲西侧,是尼日利亚重要的石油输出港,1979 年的吞吐量为 2000 万～3000 万吨。该区自然条件优良,潮差较小,盛行西南风。港区对面的江中有良好的抛锚区,可锚泊 3 艘远洋轮,低潮时水深 4.3 米。港口服务设施与博尼等同区域石油专用港相比较为齐全,医疗、修船、淡水等服务设施都能提供。

第六节　非洲海港发展战略与前景

一、国家投资扩建大型海港,改善设施条件

独立以来的几十年来,缺少投资一直困扰着非洲国家海港的发展。资金需求量大主要表现在:① 非洲海岸线平直单调,大多地区并不具备建立优良自然海港的条件,海港需要大量资金建防波堤等设施。② 非洲海港数量多、分布集中,港口的运营和维护费用高昂。但是国家投资较少,海港对新技术的引进能力相当有限。然而外

[①]　注:坦桑尼亚年产剑麻 20 万吨,约占世界总产量的 61%,居世界首位。剑麻主要产地在东部沿海和中央铁路沿线一带,是重要的战略物资。剑麻的主要用途是制作船缆、纸张、酒精、果胶及农药等的原料。非洲投资网,http://www.invest.net.cn。

界环境正在发生着改变,面对激烈的竞争,非洲港口不得不提升其规格,以增强市场竞争力。据联合国对非洲港口行业的评估显示,非洲的运输费用在进口货物总成本中占了12.65%,这比全球平均水平的2倍还多,而在许多非洲内陆国家,这个比例甚至达到了20.69%①。针对这种现状,有条件的国家应当有针对性地对国内港口进行投资。对国家发展来说,虽然有些大港口已经有很长的历史,设备也有些陈旧,但是正是这些"窗口"对非洲大陆的经济发展发挥了重要的作用,并已成为关系国家发展的生命线。同时,大港口大多分布在重要航线上,承担着国家进出口门户的重要任务,发展大港口有利于增加对外贸易,引进新的技术和设备。因此在国家资金有限、分配到各港口的资金对港口建设来说可谓杯水车薪的情况下,将有限的资金用到大港口的建设上是确保国家经济快速平稳运行的有效途径。有些国家已经开始了这种尝试,加纳投资1700万美元为特马港增设了7台移动式起重机,并于2005年年底更新了该港的计算机管理系统,以提高办理结关手续的效率②。

二、吸纳私人资本建设中小型海港,与大港口统一协调发展

大型港口通常承担的货物种类多、吞吐量大。在使用过程中有不可避免的不足之处,例如在繁忙季节出现的由于泊位不足而造成的货物积压、管理混乱等,但由于改善、扩建资金需求量大,国家对大港建设的阶段性投资仍不能根本缓解港口设施条件落后、功能不完善引发的问题。为缓解这种状况,有些国家已考虑将私人资本引入港口的经营。肯尼亚港务局花大力气投资新的货物装卸设备,目前已经取得了一些进步,但要求也在不断提高。有人预测在将来私人企业极有可能入主港口。尼日利亚港口现有的基建设施仍归国家所有,政府有计划将港口或港口基建设施的经营权向私人公司和财团招标,经营期限从10~25年不等③。值得注意的是,当大港口与中小港口共同发展,而且分属于不同主体的时候,应适当考虑先对港口的发展进行规划,协调中小港口与国家经营的大型港口之间的关系,避免不良竞争。从理论上讲,实施的途径可以考虑在港口功能上进行合理分工,疏散过于集中的货物,以改善大港口的环境,缓解泊位不足的局面。

三、发挥港口优势,建立"工业园区"

发展中国家港口工业区的建立对发挥港口功能、发展区域经济有着积极意义,这个特定的区域可以使内陆地区的产品和市场、内陆和海外直接联系起来,以发挥

---

① 国航论坛,http://www.guohang.org/bbs.
② 非洲国家加大港口建设力度,[2014--]http://www.xinhuanet.com.
③ 国航论坛,http://www.guohang.org/bbs.

港口的便利性和有效性。[①] 非洲国家相对缺乏先进的技术和设备,其经济发展和对外贸易对资本主义国家的依赖性很强,特别是在独立以前,他们基本没有自己的工业,殖民地一方面输出农产品和矿业原料,另一方面却从国外进口这些原料的制成品。如一些国家输出铁矿砂,却输入铁器生产工具;输出铝矾土,却输入铝制器皿;输出棉花,却输入纺织品[②]。这种经济模式使国家经济发展受到严重抑制,虽然这种状况在非洲独立以后有了一些改观,但是依然存在。要打破港口发展的瓶颈,在港口建立工业园区是种有效的途径。临海工业开发区对区域发展的重要作用主要体现在:① 吸引相关产业,容易形成产业链;② 货物来源充足,促进工业区内、区际相互协调发展;③ 产业相互融合,产生自增长(self-generating)效应;④ 直接或间接吸引劳动力;⑤ 工业区发展促使交通网的形成,吸引人口迁入,增强其自增长效应[③]。因此发展港口"工业园区"有利于带动区域经济发展。

有些国家已经开始尝试利用"增长极工业"[④]来带动港口区域发展,例如阿尔及利亚的北部港市斯基克达(旧名菲利普维尔),已建成为国内新兴工业中心。20 世纪70 年代以来又陆续建成现代化炼油厂、天然气液化厂和石油化工等联合企业,炼油厂年加工能力 1615 万吨。科特迪瓦的阿比让也建成了集中全国 85% 的工业就业人口和 2/3 的工业产值的重要工业基地。少数几个有实力的港口建立了工业园区,例如亚历山大港,它是非洲著名的棉花市场,同时也是埃及重要的纺织工业基地,此外,造船、化肥、炼油等工业亦很发达,1974 年它建立了自由工业区,成为建立"工业园区"的典范[⑤]。南非的 Coega 工业区也已在建设中,该工业区紧邻伊丽莎白港[⑥]。其他还有很多大型港口都有自己的工业加工中心,例如奥兰(阿尔及利亚)、罗安达(安哥拉)、蒙巴萨(肯尼亚)、德班港(南非)、达喀尔(塞内加尔)等。

四、转变港口职能,加快港口发展

世界港口的发展大体经历了三代:第一代港口为纯粹的"运输中心",主要提供船舶停靠、货物装卸、中转和仓储等;第二代港口定位为"运输中心＋服务中心",除了提供货物的中转等,还增加了工业和商业活动,使港口具有了货物的增值功能;第三代港口功能定位为"国际物流中心",除了强大的集散功能外,还具有对商品、技

---

① B.S.Hoyle: seaports and development, the experience of Kenya and Tanzania[M].Gordon and Breach science publishers New York London Paris.

② 陆庭恩、艾周昌:《非洲史教程》,上海:华东师范大学出版社,1990 年,第 371 页。

③ Hoyle B S and Hilling D: (*Eds.*) *Seaport Systems and Spatial Change—Technology*, *Industry and Development Strategies*, 1984, p.1 - 215.

④ 徐永健、阎小培、许学强:《西方现代港口与城市、区域发展研究述评》,载《人口地理》,2001 年。

⑤ 百度,http://baike.baidu.com.

⑥ 中国航贸网,http://www.snet.com.cn.

术、资本、信息等资源进行配置的物流功能。[1] 上海港职能转变可资借鉴。20 世纪 30 年代,上海港由"运输中心"向"运输中心＋服务中心"转变,这种功能的转变影响到了港口所在城市和区域的发展。现在非洲一些有实力的港口已经建立起了自己的海港服务体系,但是还有相当数量海港服务设施严重缺乏。据此现状,可考虑健全服务体系,逐步让港口服务体系与城市的商业、金融、制造业等产业衔接起来,形成"以港兴城"、"以城带港"之间的良性互动。

五、通过建立交通网加强港口与内陆腹地之间的联系

港口是腹地对外联系的窗口,亦是腹地经济、地域经济发展的中心和龙头,其窗口作用主要体现在引进国际或域外资源、产品、技术和信息,以及由此"链接"或通向国际或其他域外市场[2]等方面。但是在非洲,由于交通网络稀疏,港口发展缓慢。非洲仅有少数几个港口与内地的运输线路比较便捷,而这些港口本身也是铁路线、公路线的重要站点,例如洛美(多哥)、达尔贝达和拉巴特(摩洛哥)、贝拉港(莫桑比克)、拉各斯(尼日利亚)等,其他还有很多港口与内陆联系甚为疏远,仅能依靠港口附近的资源得以维持,例如凯伊博(尼日利亚)、佩佩尔(塞拉利昂)、卜雷加港(利比亚)等。由于交通体系的不健全,海港与内陆腹地之间的联系被阻隔,海港发展也受到阻碍。世界银行有统计数字显示,虽然每集装箱货物从美国的巴尔的摩运至德班或达累斯萨拉姆的费用在 1000～2000 美元之间,但再从达累斯萨拉姆运至布隆迪的布琼布拉或者从德班运至斯威士兰的墨巴本的费用则高达 10000～12000 美元[3]。

---

① 王列辉:《港口城市与区域发展——上海、宁波两港比较的视野》,载《郑州大学学报(哲学社会科学版)》,2006 年。

② 郎宇、黎鹏:《论港口与腹地经济一体化的几个理论问题》,载《经济地理》,2005 年。

③ 中国航贸网,http://www.snet.com.cn。

第四章

非洲航空运输

　　航空运输具有安全性高、运输速度快等特点,适用于中长距离、小型高精密仪器和体积小而昂贵的商品运输,是现代化运输业中主要的运输方式之一。非洲的航空运输在全球几大洲中发展相对较晚,并不健全。有时在非洲从一国到邻国甚至需要先到欧洲转机,导致三四个小时的航程往往要花上三四天时间。可见在非洲急需发展国际航空线网和建立完善航空管理机制,以加强国际航空公司之间的合作,促进非洲航空业的发展。

第一节　非洲航空运输的兴起与发展

　　非洲的航空运输起步于20世纪30年代,以欧洲人为主,尤其是殖民地宗主国的欧洲人为主。非洲航空运输线网主要建在各个殖民主义强国的殖民地,把各殖民地与宗主国贯联起来。第二次世界大战期间,不少国家发展了飞机场网,其中包括为军事的而建成的第一批大型飞机场,出现了一些新航线,非洲逐渐变成世界性航空枢纽之一。战后特别在非洲国家纷纷独立后,空中交通迅速发展,出现了国内和国际的定期班机航线,扩大了旅客和邮件的输送量。在某些地区,特别在南部非洲地区的国际航空中运输劳动力的意义增大,空运开始为劳动力的迁移服务。在货运方面,特别是运送体积小而昂贵的货物如黄金、钻石等作用更显突出。

　　早在殖民地时期,非洲出现了一些当地的航空公司(殖民帝国航空公司的子公司),后来其中有一些公司如东非航空公司变成为国家航空公司。许多独立后的非洲国家纷纷设立国家航空公司如"马里航空公司"、"埃塞俄比亚航空公司"、"苏丹航空公司"等,这些公司的飞机主要为本国和非洲国家间的运输服务,但仍与原宗主国和其他航空公司保持密切联系。通经非洲的最重要的一些国际航空线则主要由欧美的航空公司垄断经营,最大的飞机场的业务主要为经非洲航空港的国际航线的飞机服务。这些主要的国际性航空公司有"英国海外航空公司"、"法国航空公司"、"比利时航空公司"、"荷兰皇家航空公司"、"斯堪的纳维亚航空公司"、"泛美航空公司"、还有"印度国际航空公司"。

在国际航空港的布局上,实际上每个非洲国家至少有一个大小不等的国际航空港,而且主要布局在首都城市或主要的经济中心。因此,从国际航空港的空间分布上看,非洲国际航空港的布局比较均衡。除较大的航空港外,非洲国家还有许多为国内航线服务、运送大量非洲旅客的小型飞机场和飞机降落场。在许多非洲国家独立后,这些小型飞机场和飞机降落场对于国家运输的作用增大了。

从航空运输的各个指标看来,南非一直高居非洲首位。1970 年,南非占非洲空运里程的 17％、客运量的 29％、货运量的 22％和邮运量的 33％。南非、埃及、埃塞俄比亚、刚果(金)、阿尔及利亚 5 国占非洲空运总里程的 42％和客运量的 54％。南非、埃塞俄比亚、埃及、刚果(金)4 国占非洲空运量的 40％。南非、利比亚、埃塞俄比亚、刚果(金)、尼日利亚 5 国占非洲空运邮运量的 54％左右[①]。可见,除南非外,埃及、埃塞俄比亚、刚果(金)这一时期的空运在非洲最为发达。到 1988 年,南非空运的客、货运量占非洲的比重仍分别高达 25％和 19.5％。[②] 除南非外,其他空运量大的还有埃及、埃塞俄比亚、赞比亚、刚果(金)、喀麦隆、坦桑尼亚、科特迪瓦、加纳、肯尼亚、摩洛哥等国。

纵观非洲航空运输业的全局,可以看出这一时期由于地理环境条件、经济社会发展的地区差异性,航空线网布局的区域不平衡性突显出来,从非洲大陆的南北向上看,由于北部撒哈拉大沙漠的阻隔,陆上交通十分不便,因此从北非地中海沿岸各大城市,向南通达西非几内亚湾沿岸、中非地区、东非和南非各大城市的航空线网显得格外重要。东西向航空线网除内罗毕—金沙萨,亚的斯亚贝巴—杜阿拉、金沙萨,喀土穆—拉各斯,以及北非地中海沿岸国家间等一些重要的航空线网外,其他非洲国家和地区,东西向之间的空运联系仍十分薄弱。经过非洲国家独立后二三十年的努力至 20 世纪 90 年代,非洲已建成定期航班的机场超过 500 个,其中国际机场 70 多个。最重要的有北非的开罗、阿尔及尔、达尔贝达、拉斯帕玛斯,西非的达喀尔、拉各斯,中非的金沙萨,东非的亚的斯亚贝巴和内罗毕,南部非洲的约翰内斯堡。几乎所有非洲国家都建立了自己的机场和航空公司,有不少机场已经成为现代化大型国际航空枢纽,如开罗和亚的斯亚贝巴是通往亚洲和中东的门户;内罗毕是衔接东非、南非及印度洋岛屿航线网的中枢;约翰内斯堡是南部非洲与南美洲、马达加斯加,及印度洋诸岛联系的枢纽;达喀尔、拉斯帕尔马斯是通往美洲的要冲;达尔贝达和阿尔及尔是联接西欧和赤道非洲的纽带。[③] 从空运量上看,运输量较大的撒哈拉以南的

① 南京大学地理系非洲经济地理研究室:《非洲地理资料》,1978 年,第 48－49 页。
② 张同铸主编:《非洲经济和社会发展战略问题研究》,北京:人民出版社,1992 年,第 390 页。
③ 张同铸主编:《非洲经济和社会发展战略问题研究》,北京:人民出版社,1992 年,第 390－391 页。

非洲国家有南非、赞比亚、刚果（金）、喀麦隆、坦桑尼亚、科特迪瓦、加纳、肯尼亚、尼日利亚等。这些国家的航空运输业都是近几十年发展起来的,且已具备一批先进机种和现代化导航设备。尽管它们与欧洲之间的航线占了非洲航空运输的大部分,但是与北美、中东和亚洲之间只有少量直飞航班。非洲国家主要经营国内航线和少量国际航线,其中南北航线从北非地中海沿岸向南通往几内亚湾沿岸、非洲中部、东部和南部的各大中城市;东西航线有内罗毕—金沙萨,亚的斯亚贝巴—杜阿沙、金沙萨,喀土穆—拉各斯,以及北非地中海沿岸几国间的航线等①比较重要。

2008 年 5 月 21 日,在达喀尔举行的"2008 年非洲地区航线论坛"第三次会议上,世界航空交通业内人士认为非洲大陆航空市场前景较好,近年来非洲航空运输增长率将达到 5.8%。非洲大陆航空运输增长方面具有广阔的前景和优势。非洲国家的机场每年接纳 1.25 亿乘客,尤其是南非和埃及机场,预计 20 年内,非洲国家的机场的客流量将翻 3 倍达到 3.77 亿人。预计非洲航空运输增长速度要比世界平均水平快。②

2010 年后,整个状况已在恢复。非洲货运和物流联盟总裁(UkataChri stian)注意到:2010 年非洲航空货运每季度增长 5%,这可能不是最快的复苏速度,但是这代表了它稳健的增长。

不同货运运营商的数据表明:2010 年运输量高于 2009 年。位于内罗毕的运营商 Astral 航空公司 2009 年非洲区域内运输了 5132 吨货物,2010 年增长了 35%,达到 6844 吨。当然非洲依然面临着油价上升和目的站机场高收费的挑战。尽管在经济衰退期间收益普遍下滑,但一些运营商成功渡过难关。维珍航空公司货运部门在 2010 年非洲航线上货运吨位量同比增长了 36%。

2010 年阿联酋航空公司开辟了飞往达喀尔航线。内罗毕是主要的门户机场。从乔莫·肯雅塔(Jomo Kenyatta)国际机场出口的货运量要比进口多。按照肯尼亚机场管理局的数据,2010 年出口 19.6 万吨,占总吞吐量的 86%,进口 3.28 万吨。鲜活易腐产品,特别是鲜切花占据了出口货物的 85% 的比例。欧洲依然是其最大的市场,承接了肯尼亚 68% 的出口产品,14% 的产品运输至中东。Maximus Air Cargo 公司运营包机和 ACMI 协议(飞机、机组、维修及保险租赁),正在准备拓展肯尼亚市场,但是问题在于进口货源比较短缺。

总体而言,绝大多数代理人、航空公司和 GSA 都表示业绩数据有改善,但是也需要解决发展中的问题。比如部分国家的货运安保就是问题。Thominet 表示:非

---

① 罗福建等:《当代非洲交通》,北京:世界知识出版社,2010 年,第 179 页。
② 《非洲航空运输增长 5.8%》.http://ao.mofcom.gov.cn/aarticle/sqfb/200805/20080505565725.html.

洲依然是无法精确预测的市场,各种政治因素都会影响,进口需求全年都在波动。[①]
2011 年初,非洲已成为航空航运界瞩目的焦点,行业领袖聚集内罗毕召开了第一届
非洲航空货运峰会。全球经济衰退,如今已经处于复苏之中,非洲尤为明显。当全
球市场在 2009 年发展放缓,非洲由于航空运力有限,收益依然较高。一些承运人随
后增加运力,推使航空货运价格下滑,降低了收益,导致一些航空公司最终退出市场。

图 5 - 4 - 1 非洲主要航空公司到各大洲的空运路线

第二节 非洲航空运输的特点

非洲的航空运输业虽然近年来有了很大的发展,但仍面临设备老化、飞机陈旧、
零配件缺乏等问题。这些问题不仅限制了非洲航空运输业的现代化快速发展,而且
已成为非洲各国引进外资和发展旅游业的"瓶颈"。其发展特点反映在下列几个
方面。

1. 非洲航空缺少直达航班

非洲国家不仅缺少与世界各大洲的直航,而且很多非洲国家相互之间也没有直
航。如从塞内加尔首都达喀尔到埃塞俄比亚的斯亚贝巴,因无直航只得舍近求远绕
飞到欧洲的巴黎或法兰克福去转机。从刚果(金)首都金沙萨至马里首都巴马科无
直航航班,需赴加蓬首都利伯维尔搭乘马里航空公司的航班至巴马科。中国赴西非
国家也往往取道西欧国际机场才能抵达目的地。肯尼亚航空公司 2009 年 9 月宣布
恢复开通肯尼亚首都内罗毕至博茨瓦纳首都哈博罗内的航班,此前曾因不能带来商
业利润于 20 世纪 90 年代停飞。

---

① 谊南编译:《非洲:那片神奇的土地》,载《空运商务》,2011 年第 13 期,第 37 - 38 页。

2. 飞机陈旧,设备老化,安全性差,事故发生率高

非洲国家大多经济实力薄弱,只有南非等少数国家拥有现代化的机场和成规模效益的航空公司。不少国家的国有航空公司仅有寥寥数架从发达国家购来的二手飞机,航空运输业技术人才、管理服务人才匮乏,空管、地勤等服务也比较落后。一些非洲航空公司并没有根据国际通行的标准对这些老式飞机进行定期的维修与保养,给飞行安全留下了巨大的隐患。据统计,2005 年非洲大陆至少发生 13 起坠机事故,其中 10 起坠机事故出在安东诺夫飞机和俄罗斯制造的伊栖辛飞机上。据南非空中交通和导航服务公司统计,2006 年上半年,有 67 架次的老式俄制飞机降落在约翰内斯堡国际机场。[①]

非洲航空飞行安全问题是其面临的最大挑战。根据国际航运协会的统计显示,非洲航空只占世界市场份额的 3%,但航空事故却占全球的 27%。如 2003 年 7 月 8 日,一架苏丹航空公司的波音 - 737 客机因机械故障坠毁,机上 105 名乘客和 11 名机组成员悉数遇难。2007 年 5 月 5 日,一架客机自科特迪瓦首都阿比让经停杜阿拉飞往肯尼亚首都内罗毕时发生空难,机上共有包括 5 名中国乘客在内的 114 人遇难。机场管理不善、航空公司购买廉价旧飞机、飞机缺乏及时检修以及飞行员培训不力等,是造成非洲航空安全记录不佳的主要原因。

据国际航空运输协会统计,2005 年非洲大陆在全球航空运输的市场份额只有4.5%,但发生的致命空难却占全球的 34%。[②] 由于机场监控和管理不善、航空公司购买廉价旧飞机、机械缺乏及时维修和飞行员培训不力等,导致开放市场、加大运量后给空中交通指挥等造成更大压力,给飞行安全带来隐患。据统计,发生在安哥拉、刚果(金)、利比里亚、苏丹、埃塞俄比亚、尼日利亚和加蓬等非洲国家的空难事故都有所上升,其中刚果(金)是非洲发生空难事故最多的国家。[③]

国际航空运输协会和非洲航空公司协会将非洲地区空难频发的原因归结为经济基础薄弱、贫困和腐败,国际航空运输协会的负责人比西尼亚尼认为非洲地区的航空安全隐患是因为贫困和不发达的经济使非洲国家无力发展机场基础设施,整个非洲大陆的问题是缺乏基础设施。非洲航空公司协会认为,所有这些非洲国家都被贫困问题困扰。由于财政问题,这些国家无法建立健全有效的空中管制体系,而腐败又使问题雪上加霜。一些非洲国家无法摆脱政治因素的影响,严格地进行航空管理。研究调查显示,除非这些国家采取措施使其经济稳步发展,否则旅行者的人身安全就没有保障。[④]

---

① 罗福建等:《当代非洲交通》,北京:世界知识出版社,2010 年,第 180 - 182 页。
② http://mall.cnki.net/magazine/Article/XYFZ200303004.htm.
③ 罗福建等:《当代非洲交通》,北京:世界知识出版社,2010 年,第 180 - 182 页。
④ 罗福建等:《当代非洲交通》,北京:世界知识出版社,2010 年,第 180 - 182 页。

此外,非洲不少机场虽然设备先进,但设备利用率低,机场办事效率低,飞机起飞准点率低。例如阿尔及利亚的胡阿里·布迈丁机场拥有设备先进的航站楼和候机大厅,但是由于机场的行李分检系统不完善,等候行李可能会花上一个小时甚至更长的时间,而登机等候时间更长。还有不少非洲国家机场小,飞机老旧,狭小拥挤,航班延误频发、取消甚至空难。

3.地方保护主义严重

非洲国家为了保护国内的航空业,对外来的航空业竞争均采取了限制性措施.多数国家的双边航空协议都对有权经营特定航线的航空公司数量有明确规定,对这类航线每周的飞行频率和载客量也有限制。例如,南非和安哥拉双边航空协议规定,两国只允许各自的国营航空公司经营约翰内斯堡—罗安达的跨国航线,每周只有 3 个航班,造成机票紧张,价格居高不下。这虽保护了国内航空业,但却造成航空业低效率和经营落后,致使航空市场长期徘徊在高票价、低客流量、航班紧张的被动局面。为实现航空服务领域的开放,非洲各国的航空和运输部长们于 1988 年在科特迪瓦亚穆苏克罗达成了《亚穆苏克罗协议》,旨在加强各国航空运输业合作与自由化。为了建立非洲大陆安全可靠、低成本、高效率的运营体系,协议规定任何航班都可以从所属国飞往另一国家,另一国家有义务准许其进入;飞机从目的国转飞第三国也不必先返回所属国,可以直飞。但至今,《亚穆苏克罗协议》仍没有实施,主要原因是一些国家担心航空业开放市场会给国内航空公司的经营造成冲击,甚至是灭顶之灾,因此至今仍拒绝开放航空服务领域,也就造成在非洲境内旅行的乘客只好绕道欧洲[①]。

随着本世纪经济的快速发展,非洲大陆对投资需求持续增加,旅游业日益兴旺等,都意味着非洲航空运输业的市场潜力巨大,空运需求与目前的服务能力形成了明显差距。南非交通部官员科伦·姆西比曾经说过,面对众多难题,非洲航空运输业别无他法,只有加强合作,整合并共享人财物资源,通过竞争使有实力的航空公司脱颖而出,从而带动非洲航空运输业整体腾飞。[②]

第三节　非洲主要的国际航空港

2003 年,非洲航空公司协会根据客流量排出了非洲前八大机场的位次依次为,

---

① 韩秀申:《非洲航空运输市场看好》,(2003 - 06 - 29).http://gn.mofcom.gov.cn/aarticle/ztdy/200306/20030600104335.html.

② 韩秀申:《非洲航空运输市场看好》,(2003 - 06 - 29).http://gn.mofcom.gov.cn/aarticle/ztdy/200306/20030600104335.html.

南非约翰内斯堡的奥利弗·雷金纳德·坦博国际机场、埃及开罗国际机场、摩洛哥卡萨布兰卡机场、阿尔及利亚阿尔及尔机场、突尼斯的突尼斯迦太基国际机场、肯尼亚内罗毕乔默·肯雅塔国际机场、尼日利亚拉各斯穆尔塔拉·穆罕默德国际机场和塞内加尔达喀尔列奥波尔德·塞达·桑戈尔机场。非洲航空公司协会还对非洲实力最强的航空公司做了排名,其中前五强依次是:南非航空公司、埃及航空公司、摩洛哥皇家航空公司、毛里求斯航空公司和埃塞俄比亚航空公司。[①]

1. 南非奥利弗·雷金纳德·坦博国际机场

奥利弗·雷金纳德·坦博国际机场(OR Tambo International Airport,IATA 代码:JNB,ICAO 代码:FAJS),位于南非约翰内斯堡东北约 25 千米处,是南非最大的国际机场、国内机场和主要的航空枢纽,是整个非洲地区的航空枢纽和最繁忙的机场。[②]

图片 5-4-1 奥利弗·雷金纳德·坦博国际机场[③]

该机场于 1952 年启用,1996 年超过开罗国际机场成为非洲最繁忙机场。据统计,2008 年客运量为 1850 万人次。2003 年,机场新建国内出港大楼。大楼内设有饭店、商铺和各种服务设施,甚至有 24 小时的诊所,彼此电梯相连通。2004 年,A 和 B 航站楼之间新建了一个旅客转运通道,旅客在国内和国际之间换乘就无需出站了。2010 年因南非承办世界杯足球赛的需要,南非机场集团(Airports Company South Africa,ACSA)扩建了机场国际区、停车场和登机口,国际登机口增至 8 个,增加与之配套的国际候机和登机设施。另外,在航站楼 A 和 B 之间建一个中心处理大楼,设有候机厅、登机口和大面积购物区、餐饮区,使处理能力提升 1 倍。

---

① 詹世明:《非洲八大机场排名》,载《西亚非洲》,2003 年第 3 期,第 23 页。

② 罗福建等:《当代非洲交通》,北京:世界知识出版社,2010 年,第 180-182 页。

③ 图片来源:www. bohainet. com. cn％2Fzqsjb％2Fjjnfsjb％2Frelatedpage_157144. shtml ＆W500＆H333＆T10163＆S44＆TPjpg.

该机场在南非交通体系里处于领导地位,往返欧洲的远程航班 6 时到 10 时出发前往阿姆斯特丹、雅典、法兰克福、伦敦、马德里、巴黎、苏黎世,甚至美国的亚特兰大和纽约,18 时 30 分至 23 时返航。白天还有发往亚洲(香港地区、吉隆坡、新加坡)、澳大利亚(珀斯、悉尼)和南美(布宜诺斯艾利斯、圣保罗)的航班。国内航班分为早晨、中午和傍晚。

2. 埃及开罗国际机场

开罗国际机场(Cario International Airport,IATA 代码:CAI,ICAO 代码:HE-CA),位于开罗东北 15 千米处,是埃及航空重要的枢纽和最繁忙的机场,是非洲仅次于南非的奥利弗·雷金纳德·坦博国际机场的第二大繁忙的机场。

图片 5-4-2　埃及开罗国际机场[①]

2008 年,该机场的旅客吞吐量 1436 万人次和超过飞机起降次数 13.8 万次,为全球增长率最高。有 9 家货运航空公司和超过 65 家航空公司使用开罗机场(包括包机航空公司)。

机场有三座航站楼,1 号航站楼是开罗国际机场最早启用的航站楼,目前仅提供埃及航空公司的国内外航班起降。2 号航站楼于 1986 年正式启用,全部承接国际航空公司的航班,主要服务于欧洲、波斯湾地区以及非洲撒哈拉以南地区飞来的航班。由于客运量的不断增长和 2 号航站楼游客吞吐量有限仅有 7 个登机口,2004 年开始建设 3 号航站楼,现已经正式启用,每年能为 1100 万乘客提供服务。

3. 摩洛哥穆罕默德五世国际机场

穆罕默德五世国际机场(Mohammed V International Airport,IATA 代码:CMN,ICAO 代码:GMMN)位于卡萨布兰卡东南 30 千米处的努瓦塞郊区,是摩洛哥最繁忙的机场和主要的国际入口处。

---

① 图片来源:http://tupian.hudong.com/s/%E5%BC%80%E7%BD%97%E5%9B%BD%E9%99%85%E6%9C%BA%E5%9C%BA/xgtupian/2/4? target=a2_83_73_013000000988561216 31737848256.jpg.

机场始建于 1943 年初,原名拜莱希德机场(Berrechid Airfield),是作为卡萨布兰卡安法机场(Anfa Airport,IATA:CAS,ICAO:GMMC)的辅助,用于短暂停留军用运输机。

该机场有 48 个登记手续办理柜台、12 个登机口、9 个登机栈桥、10 个行李传送带、15 个临时停车位和 144 个固定停车位。最短转机时间:国际航班之间是 50 分钟,国内和国际航班之间是 30 分钟,国内航班之间是 30 分钟。2008 年的客运量为 620 万人次。

表 5-4-1　穆罕默德五世国际机场运输情况(2004—2008)①

年　度	2004	2005	2006	2007	2008
飞机起降次数	52336	59621	65111	70088	68362
乘客(人次)	3803479	4456639	5071411	5858192	6209711
货运(吨次)	47152	50285	55673	60682	56919

2007 年 9 月,机场 2 号航站楼正式投入使用,年接待能力达 600 万人次。新航站楼可同时容纳 8 至 10 架飞机停靠,并配有先进的现代化安全设备。飞往欧美地区的航班在 3 号航站登机。随着新航站楼投入使用,机场服务得到进一步改善。②

2009 年 4 月,非洲发展银行执行董事会批准了一项总额为 2.4 亿欧元的贷款,以帮助摩洛哥皇家国际机场办公室(Office National Des Aeroports,ONDA)改善全国机场效能,升级该国最繁忙的 5 家机场,首先就是穆罕默德五世国际机场,升级工作包括航站楼扩建、停机坪升级、空管设备的安装、保安和安全设备安装,并对全国航空导航和通信系统进行整合,建设太阳能动力厂和风能发电厂,以便为机场航站楼提供电力等。③

4. 阿尔及利亚胡阿里·布迈丁机场

胡阿里·布迈丁机场(Houari Boumediene Airport,IATA 代码:ALG,ICAO 代码:DAAG)是阿尔及利亚航空公司总部所在地,位于首都阿尔及尔市东南 20 千米处。

机场 1 号航站楼建成于 2006 年 7 月,每年可接待 600 万旅客,为国际航班停靠服务。2 号航站楼于 2007 年重新整修,是国内航班的候机楼,每年可接待 250 万旅客。设有 20 个登记柜台、7 个登机口,还有餐厅、茶室、药店、香水店、美发室、钟表店、箱包店、游戏室、玩具店、烟草店、报亭以及 900 个车位、的士站等,为旅客提供了

---

① 资料来源:"Mohanmmed-v-International-Airport",http://en. wikipedia. org/wiki/Mohammed-v-International-Airport/.

② http://ma.mofcom.gov.cn/aarticle/jmxw/200712/20071205276008.html.

③ 张景银编译:《非洲发展尝试航空推动》,载《空运商务》,2009 年第 19 期,第 37-38 页。

舒适和安全的环境。2008年旅客吞吐量420万人次。[1]

5. 突尼斯迦太基国际机场

迦太基国际机场(Tunis Carhage International Airport,IATA 代码:TUN,ICAO 代码:DTTA),位于突尼斯市中心东北约7千米处,是突尼斯的枢纽机场和为首都突尼斯城服务的国际机场。

图片 5-4-3 突尼斯迦太基国际机场[2]

机场设有64个登记手续办理柜台、15个登机口、1个行李提取传输带,还有邮局、银行、货币自动兑换机、餐厅、酒吧、贵宾休息室、免税店、书报店、烟酒店、化妆品店、礼品店、旅行社、旅游服务台等。

2008年,突尼斯全国9个国际机场年客运量共计1400万人次,其中突尼斯迦太基国际机场承担500万的客运量,79%国际定期航班。[3]

6. 肯尼亚乔莫·肯雅塔国际机场

乔莫·肯雅塔国际机场(Jomo Kenyatta International Airport,IATA:NBO,ICAO:HKJK),建成于1958年,是肯尼亚最大的航空机场,也是东非最大和最繁忙的机场,距离内罗毕市中心24千米。按照客运和货运量计算,该国际机场排名世界第85位和非洲第2位。

该机场设计能力为年旅客吞吐量250万人次,但2007年实际处理旅客量超过480万人次,因此机场拥挤和航班延误成了长期"老大难"问题。随着旅客数量和货运量持续增长,机场的基础设施面临更大压力。机场的扩建工程已于2006年开始。第一阶段扩建耗资4020万美元,完全由肯尼亚机场出资,业已完成。第一阶段扩建了停机坪规模,从占地20万平方米,仅23个机位增加到占地30万平方米、拥有37

---

① 资料来源:http://algiersairport.free.fr/contents4.html/.

② 图片来源:http://image.baidu.com/.

③ http://www.mofcom.gov.cn/aarticle/i/jyjl/k/200910/20091006569561.html.

个机位的规模。与此同时,还增加了两条滑行道和连接道。第二阶段扩建计划预计耗资 2.045 亿美元,投资方为肯尼亚机场和世界银行。机场扩建目标是不仅要满足日益增长的客运和货运交通需求,而且要建成非洲的主要航空枢纽。[1] 2008 年客运量 492 万人次。

图片 5-4-4　乔莫·肯雅塔国际机场[2]

7. 尼日利亚穆尔塔拉·穆罕默德国际机场

穆尔塔拉·穆罕默德国际机场(Murtala Muhammed International Airport, IATA 代码:LOS,ICAO 代码:DNMM),是位于拉各斯的国际机场和该国最繁忙的机场,也是尼日利亚的航空枢纽,位于拉各斯北约 10 千米处。

机场建成于 1979 年 3 月 15 日,原名拉格斯国际机场(Lagos International Airport)。所有非洲主要的航空公司和国际航空公司,都在该机场设有航班。机场提供 750 个临时停车位。维珍尼日利亚航空公司是全国性公司,有完善的国内航线,还有飞往英国的航班。现在,穆尔塔拉·穆罕默德国际机场的服务水平正在逐步改善。2008 年客运量 510 万人次。

表 5-4-2　穆尔塔拉·穆罕默德国际机场运输情况(2003—2008)[3]

年　度	2003	2004	2005	2006	2007	2008
飞机起降次数	62493	67208	70839	74650	—	—
乘客(人次)	3362464	3576189	3817338	3848757	4162424	5136697
货运(吨次)	51826	89496	63807	83598	—	—

① 　张景银编译:《非洲发展尝试航空推动》,载《空运商务》,2009 年第 19 期,第 37-38 页。

② 　图片来源:％3A％2F％2Ffenxiang. umiwi. com％2F2011％2F1124％2F50038_12. shtml&W800& H500&T9288&S228&TPjpg.

③ 　资料来源:"Murtala-mohammed-International-Airport",http://en. wikipedia.org/ Murtala-mohammed-International-Airport.

8. 塞内加尔列奥波尔德·塞达·桑戈尔国际机场

列奥波尔德·塞达·桑戈尔国际机场(Leopold Sedar Senghor International Airport,IATA 代码:DKR,ICAO 代码:GOOY),是塞内加尔首都达喀尔的国际机场,也是地区重要的交通枢纽和航空中转站,年均客运量 129 万人次,货运量超过 3 万吨。该机场承接法航、英航、葡航等国际航班起降,提供外汇兑换、餐厅、免税店、旅游服务台,还有提供出租车服务的公司。

该机场存在前往西非地区的旅游者们难以回避的大问题,是办理入境手续有时需要排上 3 个多小时的队。2007 年,机场曾被评为全球五大最差机场之一。2008 年塞内加尔政府已经开始建设一个新机场布莱茨·迪亚涅国际机场,初定于 2010 年启用。新机场位于距达喀尔 50 千米处,占地面积 2000 公顷,将建设两条长 4000 米、宽 45 米的起降跑道,年客流量可达 300 万人次。塞内加尔 2006 年初建立了迪亚涅国际机场有限公司,新机场建成后将委托德国法兰克福机场 DAPORT 公司负责运营和管理,运送能力将增加 1 倍。

9. 南非开普敦国际机场

开普敦国际机场(Cape Town International Airport,IATA 代码:CPT,ICAO 代码:FACT),位于开普敦市中心以东 20 千米处,是南非第二大机场、南非的航空枢纽和旅游交通通道,也是非洲的主要门户。目前有公共停机位 5000 个,年发送旅客量是 850 万人次。

该机场于 1954 年向公众开放,为当地的经济发展做出了很大贡献,特别是为商业和地产的蓬勃发展提供了机遇。自 2000 年起,该机场已经连续 7 年赢得了机场运行的世界旅游奖。随着西开普敦的快速发展,客运量预计将从 2008 年的 807 万增长到 2015 年 1400 万。[1]

此外,加蓬、坦桑尼亚、布基纳法索等国的航空运输业也比较发达。如加蓬建有利伯维尔、让蒂尔港和弗朗斯维尔 3 个国际机场;坦桑尼亚建有大小机场 104 个,其中达累斯萨拉姆、乞力马扎罗和桑给巴尔 3 个为国际机场;布基纳法索建有瓦加杜古和博博—迪乌拉索 2 个可起降大型飞机的国际机场。至今,非洲所有的国家都已建有国内机场。

---

① 开普敦国际机场网站,http://www.airports.co.za/home.asp? pid=229/.

第四节 非洲航空运输发展前景

　　相对于其他交通方式,非洲的航空交通虽然起步较晚,但因速度快、机动性大、舒适安全和建设周期短等优点而得到迅速的发展。航空在客运方面可以适应人们在长距离旅行时对时间、舒适性的要求,以及高价值、货物快速运输的需求,在货运方面尤其是运送体积小、价值高的贵重货物可满足快速运达的需求,因此仍是当代非洲正在迅速发展的一种交通方式,潜力巨大,前景令人乐观。

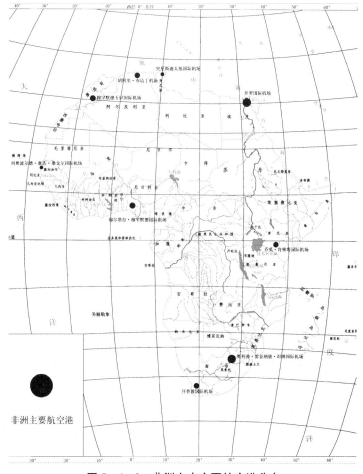

图 5－4－2 非洲九大主要航空港分布

　　纵观非洲航空交通的发展历史和现状,可以看到:非洲航空运输业虽然各国发展不平衡,但正在迅速发展成为世界性航空枢纽之一。非洲大陆内部的航空运输网络已经相当发达,可以为大部分的航空出行节省时间。非洲航空业近年不断发展,与欧洲之间的航线占欧洲航空运输的大部分,埃塞俄比亚、肯尼亚和埃及等航空公司已经开通了至北京、广州、香港等的航线。以肯尼亚首都内罗毕的肯雅塔国际机场为例,自2004年以来,在该机场起降的飞机架次持续增加,来自世界各国的包机数量也在不断增长。第一期扩建工程包括4号航站楼停机坪、滑行道、停车场和附属设施的建设。2009年12月,安哥拉交通部长托马斯披露,罗安达国际机场改扩建面积达37543平方米(原有12325平方米),年出入港旅客由180万增加到360万人。机场新建和扩建3座停车场,共有车位856个,实行自动化管理。[①]

为适应非洲的快速发展和加快融入经济全球化进程,非洲国家大都重视大力发展航空运输,采取各种对策积极开拓航空市场,提高空运管理水平,整合国际航业资源以促进非洲航空业的发展,使其有效地服务于非洲经济社会现代化的需求。非洲航空运输业正在以一个新的姿态闪耀于世界航空运输业中,尽管面临油价高、企业运营成本增加、飞行安全和航空企业竞争等挑战,但非洲廉价航空市场仍然拥有巨大的增长空间和竞争力,非洲航空面临的其他挑战还有航空公司规模小、基础设施与设备整体落后、安全标准较低及航线不足等。航空公司合并以及成立行业联盟有助于非洲航空公司走出困境。就非洲航空运输业近年来的发展走势看,业务不断扩大,增长势头已超过世界平均水平。据美国波音公司预测,2005—2024年,非洲国家将购买425架新喷气客机,价值340亿美元。空中客车公司更为看好非洲民航市场,预测非洲国家2004—2023年间将购买641架、价值600亿美元的新喷气客机,以替换公司老旧的客机,满足非洲国家民航业发展的需要。

一、加强开拓非洲航空市场

尽管面临油价高、运营成本增加等挑战,非洲廉价航空市场仍然拥有巨大的增长空间。自20世纪90年代以来,非洲航空发展迅猛,部分航空公司已从最初仅有少量国内航线发展成多航线、跨国家的地区性航空公司,能够与一些传统的大型航空公司展开竞争。小型航空公司通过推出电子机票、减少空乘人员以及提供有偿餐饮服务等诸多方式有效地降低了成本,从而吸引了越来越多的旅客。面对高油价的冲击,小型航空公司正在采取诸如停靠小型机场等手段进一步挖掘成本潜力,显示出了不同于大型航空公司的活力。很多廉价航空公司看好非洲市场,纷纷购买新飞机以便进一步占领市场。

非洲航空公司已经开始加强开拓本地区航空市场,以抵挡外来的竞争压力。例

---

① 安哥拉耗资1.53亿美元改造罗安达国际机场,(2009 - 12 - 29).http://www.mofcom.gov.cn/aarticle/i/jyjl/k/ 200912 /20091206707448.html.

如,肯尼亚航空公司增加在非洲大陆内部的航线,并把新购置的客机用于满足非洲内部航线的需求;维珍尼日利亚航空公司计划开辟拉各斯至金沙萨、班珠尔至弗里敦的航线;马拉维航空公司也将飞往达累斯萨拉姆和约翰内斯堡的航班架次分别增加至每周3班和7班,以满足市场需要。尽管由于担心国有航空公司面临竞争而破产,许多非洲国家还没有完全开放航空市场,但当地民营航空公司已开始缓慢起步。

二、强化飞行安全措施

国际民用航空组织秘书长塔伊布·谢里夫在2007年非洲民用航空会议上敦促非洲各国政府采取措施,切实改善航空安全,指出,航空安全得到改善不仅将推动航空业自身的发展,还将降低非洲大陆的商业经营成本,从而对经济增长产生促进作用。与会各国代表表示将采取措施尽快改善非洲航空安全问题。这些措施包括,2008年前各国必须公开飞行安全状况;必须立即按照国际民用航空组织的标准对机场进行检查;一旦境内发生安全事故,各国必须通知国际民用航空组织和非洲民用航空委员会,并与独立调查委员会合作,尽快公布事故调查结果。此外,非洲民用航空委员会新任主席克里斯库托表示,非洲还应培养更多高素质的飞行员和乘务人员,并加大对非洲航空业的投入。

2007年9月17日,国际民航组织"非洲航空安全全面地区实施计划"高级别会议在加拿大蒙特利尔举行。它是国际民航组织为促进非洲航空安全而制定的计划,旨在实现国际民航组织加强全球民用航空安全、提高航空运行效率的战略目标。中国民航将在2008—2010年向该计划捐款40万美元,用以帮助非洲国家提高民航安全水平,每年邀请100名非洲国家航空人员来华接受培训,帮助非洲国家增强民航能力建设。[①]

三、整合国内外航空企业资源,加强合作

国际航空企业的介入使得非洲航空企业在本地区的市场份额在减少。统计显示,非洲共有38家外籍航空公司占据了75%的洲际客运服务。外籍公司的业务中,欧洲公司占66.5%,中东公司占15.7%,北美和亚洲公司占14%和3.8%。外国公司的比例还在增加。非洲航空业正以更快的速度走向合并或合作,期望从规模经营中实现效益最大化,扩大航空网络,节约成本,以应付全球日益激烈的行业竞争。[②]

非洲航空业人士认为,只有组建联盟、加强合作、整合资源、降低成本才能挽回

---

① 《中国民航将捐款40万美元资助非洲航空安全计划》,载《中国新闻网》,2007年9月19日,http://news.qq.com/a/20070919/002886.htm.

② 《应对金融安泰:非洲航空业加强联盟》,http://www.mofcom.gov.cn/aarticle/i/jyjl/k/200906/20090606355//2.html/.

窘迫局面。在建立合作关系方面,非洲一些航空公司已经开始尝试,但还未能就组建全大陆范围的大联盟达成共识。埃塞俄比亚航空公司已开通了飞往非洲 33 个国家的 53 个城市之间的航线。摩洛哥皇家航空公司与塞内加尔国际航空公司正计划共同拓展在西部和中部非洲的业务,开通更多非洲地区内部航线。埃塞俄比亚航空公司与南非航空公司、安哥拉航空公司建立了合作伙伴关系,通过这些合作,肯尼亚航空公司与毛里求斯航空公司、卢旺达航空公司也建立了合作伙伴关系,并与坦桑尼亚航空公司组家了一个合资公司。埃及航空公司已拥有 18 个合作伙伴,其中 3 个为南非航空公司、摩洛哥皇家航空公司和突尼斯航空公司。根据预测,如果非洲航空公司联合起来组建联盟,每年可节省数十亿美元的运营费用,打开偏远地区市场,增加航班架次,减少因交通不便造成的非洲个地区之间的隔绝。2010 年 1 月,中部非洲国家经济与货币共同体(CEMAC)第十届首脑会议就各成员国统一使用 CEMAC 护照、组建 CEMAC 航空公司等议题展开研讨,希望通过加大在道路和航空基础设施领域投资,以便利共同体内的人员和物资的自由流通。①

---

① 《第十届中部非洲国家经济货币共同体首脑峰会在班吉召开》,http://www.mofcom.gov.cn/aarticle/i/jyjl/k/201001/20100106750303.html/.

第五章

非洲电信

电信发展水平在很大程度上取决于地区的经济发展水平。2011 年联合国公布的 48 个最不发达国家中有 33 个在非洲。非洲的经济总量不到世界的 2%，贸易额仅占世界总贸易额的 1.5%，每年外资流入量不及世界总量的 1%。薄弱的经济基础决定了非洲电信业发展落后于世界其他地区。电信等高科技产业更是远远滞后于世界水平，电信业投资仅占全球电信业总投资的 2%。但是一方面非洲总人口超过10 亿，是全球人口增长最快的地区之一，具有宽广的市场空间；另一方面最近几年来非洲在其通信业方面已敞开大门欢迎各国企业前来开展合作，所以非洲也是全球电信市场增长最快的地区之一。其中移动通信发展尤其迅猛，目前已经约有 3.9 亿手机用户。而且由于渗透率不足 45%（非洲移动预付费用户占绝大多数，存在大量一人多卡现象，所以实际的渗透率可能还要低于上述数字），所以非洲电信市场拥有巨大的发展潜力。

第一节　非洲通信产业近期发展状况

非洲拥有 12% 的世界人口，然而非洲电信普及率却非常低。据 Wireless Intelligence2008 年第三季度给出的数据：非洲总体移动服务普及率为 37%，其中埃塞俄比亚普及率最低，仅有 1%。津巴布韦的普及率为 8%，马拉维为 13%，突尼斯为 84%，阿尔及利亚达到 88%，而南非达到了 92%。

一、电信业近期发展特点

1. 电信业发展总体落后，地区间不平衡（见表 5 - 5 - 1）

非洲固定电话网、移动、互联网及个人电脑普及率远低于其他地区及世界平均水平。2007 年底，非洲电信市场渗透率为 28%，是全球渗透率最低的大陆。非洲的宽带、互联网、移动和固定电话用户远远低于人口占全球的比例。非洲电信发展在地区间分布很不平衡，地处非洲北部和南部的埃及、阿尔及利亚、突尼斯、摩洛哥和南非五国的电信用户占整个非洲的60%以上。但是,非洲电信市场却是全球发展最快的市场,2007年增速达35.2%,高于世界其他地区。①

表5-5-1　电信普及率地区间比较②　　　　（单位:每百人用户数）

	固话	移动	互联网	电脑	宽带
中部非洲	0.27	9.74	0.80	0.77	0.03
东部非洲	0.87	8.17	2.37	1.09	0.14
北部非洲	8.98	36.82	10.17	4.17	4.22
南部非洲	9.43	66.49	9.87	8.24	3.09
西部非洲	1.19	19.24	4.16	0.95	0.19
非洲	3.10	20.97	4.76	2.17	1.18
美洲	32.42	61.95	37.02	35.35	89.30
亚洲	15.80	29.28	11.57	6.42	27.10
欧洲	39.70	94.29	35.73	30.69	110.20
大洋洲	36.55	72.57	57.16	50.46	136.90
世界平均	19.38	40.91	17.39	13.42	43.00

2. 非洲固网发展缓慢,移动通信发展迅速

固网在非洲发展至今时间很短,几乎和无线通信同时起步。非洲部分地区局势不稳,对有线线路影响较大。因此,非洲移动通信发展速度和规模明显超过固网。根据联合国千年发展指标,比较北部非洲、南部非洲、东部非洲、西部非洲和中部非洲的固定电话线路数、移动电话用户数,固定电话线路主要分布在北部非洲和南部非洲。2000—2008年,非洲大陆普遍出现固定电话线路数负增长现象。过去3年中,非洲手机用户增速保持世界最高水平。2007年,非洲手机用户新增7000万,增长33%,手机普及率已达27%,其中,南非和埃及的手机普及率已接近欧洲国家,分别达80%和90%。在整个非洲市场,移动用户数是固网的6倍。这主要由气候对电话线铺设的影响、成本、网络稳定程度等原因造成的,换句话说,移动电话技术在非洲运用的更快,因此市场更广阔、投资潜力巨大。尽管高增长率发生在移动上,但是普及率在地区和国家之间仍存在较大差异。从固定电话线路数和移动电话用户数两个指标,也体现了埃及、南非在非洲的发展核心地位。

3. 电信消费平均资费高

由于非洲电信基础设施铺设、维护成本较高,电信市场缺乏充分竞争,非洲电信

---

① 水清木华研究中心:《2005年非洲电信市场研究报告》,2005年6月。
② Source:ITU World Telecommunications;ICT Indicators Database 2007(1).

消费资费普遍较高。以南非为例,南非电信月度消费支出占人均国内生产总值的比例为 0.16%,南非主要运营商的平均每个用户月通话时常低于 100 分钟。南非固定本地通话网内忙时每分钟 0.83 兰特(1 美元约等于 7 兰特),闲时每分钟 0.43 兰特;网外通话忙时每分钟 1.89 兰特,闲时每分钟 1.17 兰特;移动本地忙时每分钟 2.39 兰特,闲时每分钟 1.35 兰特;非洲大陆缺少宽带和互联网交换点,非洲国家互联网通信有 70%需要通过非洲以外地区中转,导致非洲国家互联网使用费用极其昂贵,非洲月均网络使用费近 50 美元,接近人均收入的 70%。

4. 互联网发展迅速,但起点太低

2000—2008 年期间,就互联网用户数而言,不再存在只有几百名、几千名互联网用户的国家,普遍达到万级水平,北部非洲多于撒哈拉以南非洲,埃及、苏丹的用户数分别达到了 13572995、4200000。南部非洲以南非为代表,西部非洲以塞内加尔为代表,已经达到百万名用户,分别为 4187000、1020000。个人电脑数普遍低于各国自己的互联网用户数,说明个人电脑的市场空间较大,具有发展潜力。目前,达到百万个人电脑数的国家有北部非洲的埃及、苏丹,南部非洲的南非,分别是 3197036、3250000、3966000,因此,从互联网技术应用来看,非洲仍然以埃及、南非为核心。从每百人用户数和每百人个人电脑数这两个指标来看,电脑的普及率不高,有些国家还非常低,这一方面是由于非洲人口增长速度拉低了普及率,另一方面是由于非洲互联网基础薄弱,要想达到世界平均水平还需付出更多的努力。

近些年随着世界各发达国家对非洲国家开发力度的加大,非洲电信业也随之迎来了飞速发展的蓬勃之机。目前非洲电信业仍有着巨大的潜在发展空间,并且非洲各国人民对通信的需要和技术的进步也表现出了极大的热情。

二、电信产业

在非洲,电信产业一直存在缺乏资金,基础设施落后,无统一标准,结构单一,整体规划不平衡,缺少电信专业人员,移动通信超过固定通信等问题。非洲移动通信发展速度和规模明显超过固网。过去 3 年中,非洲手机用户增速保持世界最高水平。非洲大陆现有 2.82 亿手机用户,非洲手机覆盖率已达 66%。埃及、肯尼亚、卢旺达和乌干达等国,手机覆盖率已达 90%。非洲国家和地区中,有 43 个国家移动通话比率高于固话比率。非洲 70%的通信工具为移动电话。在整个非洲市场,移动用户数是固网的 6 倍。[①]

1. 固定电话

固网在非洲发展时间很短,几乎和无线通信同时起步。非洲地广人稀,多沙漠

---

①　全球移动通信系统协会(GSMA)统计数据。

地区,且天气炎热,有线线路的架设、维护成本较高。非洲部分地区局势不稳,对有线线路影响较大。南非拥有最大型的电话网络和最好的电话普及率,岛国毛里求斯和塞舌尔拥有着最高的电话密度,紧接着是纳米比亚、博茨瓦纳和斯威士兰。在其他的国家中,电话密度都低于10%。事实上,在占人口大约80%的乡村,却只有20%的电话安装数量。非洲固定电话的发展现状可以概括为总体发展水平低和发展速度缓慢。到2003年,非洲固定电话总用户数约为2500万,每百人中固定电话用户数平均仅有3.0,其中绝大部分为城市中的少数有钱人,农村地区和城市中的穷人很难享受电话服务。公用电话在非洲发展水平同样很低,据ITU2002年报显示,全球约有35万部公用电话,其中仅有7.5万部分布在非洲,大约8500人才有一部公用电话。而实际平均水平是每500人即有一部。非洲固定电话发展缓慢,从1995年到2003年的8年时间里,每百人中的固定电话用户数仅从1.9上升到3.0,增长幅度很小。[1] 非洲地区的电话设施仍然十分缺乏,普及率很低,有很大的发展空间。

近年来,非洲固定电话变化不大,一般呈现用户数缓慢下降的趋势。截至2007年9月底,非洲2843.5万固定电话用户中,有75%的用户目前集中在6个非洲国家。南非、埃及、阿尔及利亚、摩洛哥和突尼斯5国电信用户的总和,占到整个非洲的60%以上。比如,埃及的固定电话用户数是尼日利亚的9倍。

2. 广播电视

非洲广播电视诞生较晚。第二次世界大战以前,非洲地区只有南非、埃及等极少数国家办有广播。战后随着民族解放运动的发展,各国都很重视兴办广播,因为非洲文盲多,交通又不方便,广播的传播效果远比报刊好。目前各国都有广播,绝大部分还办了电视。一般都是国有国营体制,经费靠国家拨款、收听收视费和广告。

但是非洲广播电视的发展也面临诸多困难,主要是资金不足、专业和技术人员缺乏、制作力量薄弱,另外,居民收入水平低,许多地区缺乏电源,这又影响了接受工具的普及。目前全非洲收音机数字只占世界总数的6.5%,电视机数字只占世界的2.7%,而人口却占世界的1/8。地区和国家之间也不平衡,北非地区要比撒哈拉沙漠以南发达一些。收音机千人拥有数最高的是只有八万人口的岛国塞舌尔(560台),最低的是布基纳法索(34台);电视机千人拥有数最高的是加蓬(251台),最低的是乍得(1.4台)。[2]

3. 因特网

1993以前,在非洲几乎找不到因特网。到了1997年,在几乎全部的非洲国家首都,都有提供因特网服务的地方了。到1999年3月,非洲的Internet用户数为114

① 沈火林:《非洲电信业发展现状分析》,载《世界电信》,2004年第7期,第11页。
② 张允若:《外国新闻事业史》,北京:人民日报出版社,2004年。

万,其中 90 万(80％)在南非。而目前全世界的 Internet 用户已达 1.59 亿,其中北美就占了 55％,非洲的用户数只占全球的 0.7％。南非、津巴布韦和埃塞俄比亚的电信公司是他们各自国家的主要因特网提供商。在别的国家,私有公司单独运营着这项业务。

非洲互联网处于起步阶段。截至 2007 年年底,非洲约有 5000 万互联网用户,普及率约为 1/20。一半以上互联网用户位于北非国家和南非。在撒哈拉沙漠以南非洲地区,只有 3％人口上网。非洲宽带普及率很低,截至 2007 年年底,只有约 200 万固定宽带用户,宽带普及率不到 1％,只有五个非洲国家宽带普及率超过 1％。

4. 移动电话

移动电话进入非洲是从 20 世纪 80 年代中期开始的,并且在南非、刚果(金)和毛里求斯国家缓慢发展。到 1997 年,只有 6 个国家没有移动电话的网络。大多数移动网络的类型基于 GSM。由于地理和文化原因非洲的移动通信已经超过了固定通信的数量,呈逐年上涨的趋势。到 1998 年 6 月底,非洲的蜂窝移动通信用户总数为 246 万,比 1997 年 6 月底的 141 万增加了 75％,高于当年全球的 51％的增长率。但 1998 年 6 月全球的蜂窝移动通信用户已达到 2.48 亿,非洲所占比例不足 1％;而在非洲的蜂窝移动通信用户总数中,南非一国就占了 75％。就普及而言,全非洲为 0.5％,只有南非达到了相当于世界平均水平的 4.8％。[①]

2000 年后,移动电话用户数在非洲迅速增长,远远超过了固定电话用户数量的发展。但是移动通信的普及率在非洲还是有着巨大差异的。南非移动电话普及率高达 90.6％,埃及、博兹瓦纳、纳米比亚、加纳、加蓬、刚果(金)也远远超过了 25％～30％的社会正常运行的电话普及率标准。[②]

在移动电话的使用中"全球移动通信(GSM)"是主流技术。因为非洲国家独立前,多属于欧洲国家的殖民地。欧洲国家一直推行"全球移动通信"技术,所以非洲国家运营商大多采用此项技术。"全球移动通信"用户占了移动用户的 93％以上。

三、电信企业

非洲电信企业主要包括电信运营商和设备供应商两大类。

1. 主要电信运营商

非洲目前主要存在 3 类电信运营商:国有运营商、私有运营商和政府专网。国有运营商目前主要集中在利比亚、阿尔及利亚、摩洛哥、苏丹等政府实力比较强的国

---

①　艾恕:《非洲电信市场的现状、问题与潜力》,载《世界电信》,1999 年第 10 期,第 37 页。
②　翟青等:《非洲信息通信技术应用的地理格局差异研究及对策》,载《世界地理研究》,2011 年第 9 期,第 119 页。

家。这些运营商自身实力不断增强,今后将稳步发展。但对整个非洲电信业来说,它们已经不是主流。私有运营商主要是一些跨国运营商的子公司,它们普遍资金实力雄厚,运营经验丰富,品牌统一,经营模式灵活,能为客户提供更多增值业务,代表非洲电信业主流。政府专网是国家经济发展的必然产物,是为维护政权和公共安全、提高政府运行效率的需要而成立的。

随着时间的推移,运营商不断互相整合,运营商竞争将经历一个“少—多—少”的演变过程。目前占非洲市场绝大部分份额的主流运营商包括南非电信公司(MTN)、南非最大移动商(Voda-com 公司)、非洲第一大移动运营商(乌干达 Celtel 公司)、法国第一大移动运营商(Orange 公司)、沃达丰(Vodafone)等。非洲通信市场逐步被主流运营商控制,非洲最大的 6 个跨国运营商(南非电信、南非 Vodacom 公司、科威特 MTC 公司、法国 Orange 公司、沃达丰、埃及 ORASCOM 公司等)占据了非洲 65％的市场份额。南部非洲 8 个主流运营商(南非电信、南非 Vodacom 公司、乌干达 Celtel 公司、尼日利亚 Globalcom 公司、法国 Orange 公司、加纳 Milicom 公司、肯尼亚 Safaricom 公司、Telkom 电信等)占据了南部非洲 70％的市场份额。其中,前 3 个公司已成为南部非洲领先的运营商,占据绝对主流地位。

2. 主要设备供应商

非洲电信市场主要设备供应商可以分为 3 类:领导者、挑战者和没落者。领导者主要包括爱立信、阿尔卡特-朗讯、诺基亚-西门子(Nokia Siemens Networks)等大型跨国供应商。其战略重点放在业务重组、服务转型、产业联盟、加强防守和寻求政治支持上。挑战者主要包括中兴、华为、三星等新兴供应商,其战略重点为持续扩张、低成本定制、强力进攻和寻求政治支持,已日益威胁到领导者位置。没落者主要包括北方电信(Nortel)、摩托罗拉(Motorola)、日本电气(NEC)、富士通(Fujitsu)等供应商。此类供应商目前主要进行业务收缩,专注于某核心业务,未来将逐步全面退出非洲市场。

第二节　非洲通信发展的区域差异与发展前景

一、区域差异

(一)整体水平低

非洲电信业整体水平不高,各个地区之间发展很不平衡。南非电信业在非洲大陆最发达。拥有 4000 万人口、122 万平方千米国土的南非,大约有 530 万部电话机和 490 万条电话线,占全非洲电话线路的 39％。南非也是非洲移动通信用户最多的国家,现在约有 2200 多万手机用户。除南非之外,非洲大陆电信业较发达的还有埃

及。据国际电联统计,到 1997 年年末,埃及电话主线数为 345.27 万线,普及率为
5.57%,比上一年增长 14.1%。在移动通信用户数量上,埃及也达到了 906 万部。

(二)发展差距大

部分非洲国家手机普及率已达到较高水平,如突尼斯为 84%,阿尔及利亚为
88%,南非为 92%;与此形成强烈对比,埃塞俄比亚仅为 1%,津巴布韦仅为 8%,马
拉维仅为 13%。在互联网渗透率方面,非洲仅为 5.4%,与全球 21.9%的平均水平差
距明显。非洲网络用户只占全球的 1.7%。

在非洲内部,东非和中非地区移动通信业务发展速度将超过其他地区。根据著
名电信行业咨询公司 Information Telecoms Media 的预测,东非和中非地区手机用
户数将从 2006 年年底的 3000 万增加到 2011 年年底的 6700 万,东非和中非占非洲
移动通信市场的份额将从 16%上升至 20%;到 2011 年年底,该地区的肯尼亚的手机
用户数量将比 2006 年增长 87%,坦桑尼亚将增长 109%,刚果(金)将增长 200%,均
远超非洲整体 72%的预期增速。此外,非洲电信行业已逐渐成为参与者众多且竞争
激烈的领域,更多国际电信运营商的加入将加剧这一状况。在金融危机迫使信贷条
件提高、非洲小型电信公司急于融资以拓展电信网络的情况下,大型电信运营商利
用收购资产缩水的小型公司拓展业务的有利时机已经到来,非洲电信行业面临新一
轮的并购风潮。

(三)地区发展不平衡

1. 国家之间发展不平衡

非洲国家和地区之间发展水平差异很大。以电话普及率来看,萨赫勒地区和非
洲中部情况最糟糕,例如马里、尼日尔、刚果和乍得,每 200~500 人才有 1 部电话。
非洲北部和南部情况要好一些,平均每 13 人就有 1 部电话,仅有少数国家电话普及
率超过每 50 人 1 部。西部和东部沿海国家电话普及率介于两者之间,大约每 50~
100 人有 1 部电话。

2. 城市农村之间发展不平衡

非洲的城市人口仅占 40%,而固定电话和移动电话的比例却分别高达 83%和
82%。电信基础设施大都聚集在首都和主要城市,导致农村地区电信用户很少。整
个非洲有 50%以上的电话线路集中在首都地区。更有甚者像科特迪瓦、加纳和乌干
达等国家,至少有 70%的电话线路分布在首都地区,其余约 20%以上的电话线路分
布在其他大城市,农村地区不足 10%。城乡之间电信业发展极不平衡在非洲国家是
一种普遍现象。在西非,布基纳法索城市人口仅占全国总人口的 24%,而电话用户
则占到全国电话用户总数的 87%;加纳城市人口为 36%,电话用户高达 91%;塞内
加尔情况稍有改善,城市人口约为 45%,电话用户占 97%。中南部的赞比亚城市人
口约 44%,电话用户占 82%;南部的马拉维城乡差异最大,城市人口仅 10%,电话则

占88%,全国平均每200人才拥有一部电话,如果除掉4个大城市的电话数,则只有8000线供1000万人使用,这样乡村电话普及率是每1250人才有1部电话。由此可见,非洲城乡之间存在巨大的数字鸿沟。

二、展望

非洲的通信行业还远未成熟,有着巨大的潜在的发展空间。非洲的市场容量不可忽视,非洲各国对通信的需要和技术的进步都表现出了极大的热情。在未来几年,非洲的通信业会有高速的发展。非洲为了实现电信业的快速发展,制定了具体的目标规划及其实施纲要。

1996年,非洲提出了信息社会计划口号:"我们已经错过了工业革命,我们不能再错过信息技术革命"。2000年9月,联合国在《千年宣言》中确立了"千年发展目标",其中涉及信息与通信技术(ICT)——"普及新技术,特别是信息和通信技术"。鉴于非洲信息和通信技术进展缓慢,可能难以实现"千年发展目标",2007年非洲国家提出了"连通非洲"的目标,主要包括:2015年之前,信息和通信技术的宽带基础设施将联接非洲国家所有首都和主要城市;2012年之前,完成50%的首都和主要城市联接;2015年之前,至少要有60%的村庄能享受到互联网业务,在需要的地方部署公共接入设施,如社区电信中心,农村公用电话等;在每个国家实施透明有效的电信管制措施,确保2015年之前宽带信息与通信技术业务价格降低50%;对知识经济所需的信息与通信技术技能进行大规模开发,通过在非洲的每个子区域建立信息与通信技术卓越中心,确保2015年之前在非洲实现一个培训中心网络;2012年之前,每个国家实施至少一个电子政务业务,采用当地国家语言和有效接入技术实施电子教育、电子商务和电子健康服务等业务;2015年之前,多个电子政务业务和电子服务在非洲广泛使用。[①]

非洲电信业改革继续进行,市场逐步开放。经济社会发展凸显了信息技术的重要性,非洲各国都在努力跟上信息时代发展的步伐,推进电信业的发展。为了规范行业发展,积极引进国外投资,非洲各国相继制定了适合本国国情的电信管制法规和条例,并成立了电信运营管制机构,加大通信行业开放力度。2000年前后,非洲国家在国际货币基金组织、世界银行等国外机构和发达国家的强烈要求下,先后开始了国营企业私有化改革。电信产业作为私有化改革的重点行业,首当其冲地受到私有化浪潮的冲击。目前,受电信业垄断和管制的非洲国家不足1/3。到2006年,45个国家已经引进电信管制者和移动市场的竞争,35个国家使国有运营商部分或全部

---

① 中国进出口银行非洲电信课题组:《非洲电信市场现状与发展趋势》,载《西亚非洲》,2009年第6期,第62页。

地实行了私有化。目前,非洲电信业改革还未完成,电信市场离充分竞争市场和成熟发展型市场还有很长的改革路要走。

非洲的电信月度消费支出额将下降。非洲 2007 年平均电信月度消费支出额为 13.43 美元,低于世界平均值 20.16 美元。随着电信用户的增多及竞争加剧,电信月度消费支出额将下降。据预测,到 2012 年,世界平均月度消费支出额将降至 17.10 美元,非洲这一数值也将降至 11.99 美元。

非洲电信投资保持增长。首先,非洲经济仍将保持增长。根据世界银行预测,在 2015 年之前,非洲经济将保持平均 3.5％的年均增长率。其次,电信基础设施投资将加大。世界银行估计,在 2005—2009 年间,非洲每年用于无线通信基础设施方面的资金将超过 32 亿美元。非洲各国计划在 2010 年将固话和互联网普及率提高到 10％。为了实现这一目标,非洲大陆需要每年 110 亿美元的投资。全球移动通信系统协会计划在未来 5 年中在非洲投资 500 多亿美元,用于提高撒哈拉沙漠以南非洲国家覆盖率,将该地区国家手机覆盖率提升到 90％。为实现到 2015 年加强整个非洲大陆信息与通信技术的连接和服务,2007 年 10 月召开的"连通非洲"峰会,宣布了总额为 550 亿美元的投资计划。

数据业务将成为重要增长来源。非洲经济基础薄弱、固网普及率低、铜线资源匮乏、电脑普及率低等原因,导致目前非洲电信收入主要来源于语音业务,数据业务收入占总收入比例很低。数据业务收入主要来自短信,最高的数据收入比例为南非两大通信商(MTN、VODACOM)仅为 10％。无线宽带数据接入是未来主要发展趋势。随着个人电脑的普及,管制机构允许运营商提供更多的业务,数据业务将是一个新的增长点。

相信非洲电信市场依赖于非洲各国经济状况的好转以及电信行业的开放,将继续保持高速增长。

第六编　非洲对外经济关系

第一章

非洲对外贸易地理

第一节　非洲对外贸易基本特点

  1990 年纳米比亚的独立和 1994 年南非种族主义统治的垮台,标志着非洲大陆长达近 500 年之久的殖民掠夺和种族歧视的历史最终结束,非洲人民迈入了一个以振兴民族经济、促进社会发展为主要任务的崭新历史阶段。非洲的对外贸易在这一历史进程中,也呈现出自身的特点。

  1. 非洲商品货物贸易发展虽一波三折,但总趋势良好,尤其是 2003 年以后,进入加速发展时期

表 6 - 1 - 1　1990—2010 年非洲商品贸易额及其增长率[①]　　（单位:亿美元;%）

年份	出口额	进口额	进出口总额	出口增长率	进口增长率	进出口增长率
1990	979	961	1940			
1995	1060	1250	2310	13.5	21.0	17.4
2000	1460	1360	2820	27.0	5.4	15.6
2005	2960	2480	5440	29.8	19.8	25.1
2010	5000	4630	9630	31.9	15.8	23.6

注:1990 年的出口额和进口额为推算值。

  非洲国家独立后,随着民族经济的发展,非洲的对外贸易日益展现出良好的发展势头。据国际货币基金组织的统计,1970 年非洲进出口贸易总额仅为 322 亿美元,到 1980 年增至 2150 亿美元,十年间增长 5.7 倍;但 1989 年冷战结束,西方大国经济结构进入调整期,引发经济衰退,所以,1990 年,非洲进出口贸易总额降至 1871 亿美元,比 1980 年下降 13%。1991 年以后,随着西方国家经济由衰退走向复苏,非

[①]　数据来源:《世界经济年鉴》,1993 年卷至 2011—2012 年卷。

洲对外贸易也开始恢复增长,但非洲的出口贸易下降一直持续到 1993 年。据《贸易与发展报告 2004》,1990—2000 年,非洲出口贸易增长率 3.4%,进口贸易增长率为 4.2%。1995 年,非洲进出口贸易总额达 2310 亿美元,比 1980 年增长 7.5%。其中,出口为 1060 亿美元,进口为 1250 亿美元,分别比 1994 年增长 13.5% 和 21.0%。1996 年,非洲对外贸易额为 2634 亿美元,比 1995 年增长 13.6%,其中出口 1296.7 亿美元,比上年增长 18.4%,进口 1336.9 亿美元,比上年增长 3.9%。1997 年,非洲国家进出口总额增长 10% 左右,出口增长超过 10%。但由于深受东南亚金融危机的影响,1998 年的非洲对外贸易下降明显。从 1999 年开始,非洲对外贸易实现恢复性增长,尤其是 2003 年以后,非洲对外贸易进入快速增长时期。据世界贸易组织《世界贸易报告 2005 年》,2004 年非洲货物贸易进出口总额 4350 亿美元,其中出口额 2280 亿美元,进口额 2070 亿美元。出口贸易增长率 2003 年为 24.5%,2004 年为 31.8%;进口贸易增长率 2003 年为 24.1%,2004 年为 25.5%。2008 年,非洲对外贸易额突破 1 万亿美元,达到 10270 亿美元,其中出口额 5610 亿美元,进口额 4660 亿美元。但 2009 年在国际金融危机和西方世界经济危机的冲击下,非洲对外贸易受到重创,非洲进出口贸易额与 2008 年相比,下降 24.1%,其中出口下降 32.4%。在新兴经济体的需求拉动下,原油和初级产品价格的大幅度上升,2010 年的世界商品贸易额大幅提升,非洲的对外贸易迅速恢复,进出口贸易实现 23.6% 的增长,其中出口增长率达 31.9%。详见表 6-1-1、图 6-1-1 和图 6-1-2。在分析非洲对外贸易发展时,应注意到,非洲的石油出口国和非石油出口国的对外贸易发展的差别。一般来说,石油出口国的对外贸易增长速度快于非石油出口国。如 2005 年,南非和其他非石油出口国的商品出口增长了 12%,而石油出口国的出口增长率达到 45%,创下出口盈余超过 1000 亿美元的纪录。但非洲石油进口国的商品贸易则有 400 亿美元的赤字。

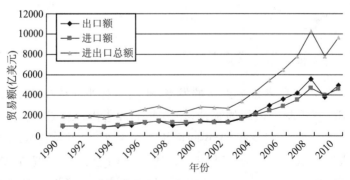

图 6-1-1　1990—2010 年非洲商品贸易额变化折线图

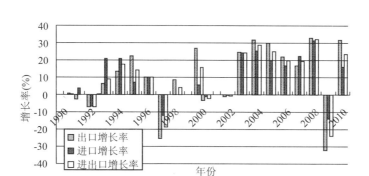

图 6-1-2 1990—2010 年非洲商品贸易增长率变化柱状图

2. 新世纪以来,非洲服务贸易逐步走入国际社会的视野,进入快速发展通道

长期以来,非洲的服务贸易不被国际社会重视,但 20 世纪 90 年代以后,随着非洲战事的逐步平息,非洲开始重新进入国际社会的视线。国际资本的涌入,推动非洲经济社会发展,非洲的服务贸易也获得长足发展。2000 年,非洲的服务贸易总额就达到 680 亿美元,经历短短几年的徘徊,2003 年以后,非洲的服务贸易也迎来快速发展的春天,并实现多年的两位数增长。如 2003 年,非洲服务贸易进出口增长率达到 18.8%,其中服务出口贸易增长 24.1%;2004 年,非洲服务贸易进出口增长率达到 23.2%,其中服务出口贸易增长 30.6%;2007 年,服务进出口贸易增长率更高达 25.7%,其中,服务出口增长 31.3%,服务进口增长 21.3%。但由于西方世界的金融危机和经济危机的影响,2008 年非洲服务贸易增长明显放慢,尤其是 2009 年,3 项指标皆负增长。到 2010 年,非洲服务贸易增长又呈现强劲势头,再度实现两位数增长,2010 年的非洲服务贸易总额达到 2270 亿美元。详见表 6-1-2、图 6-1-3 和图 6-1-4。

表 6-1-2 2000—2010 年非洲服务贸易额及其增长率①（单位:亿美元;%）

年份	出口额	进口额	进出口总额	出口增长率	进口增长率	进出口增长率
2000	300	380	680			
2005	570	660	1230	21.3	22.2	21.8
2010	860	1410	2270	10.3	20.5	16.4

---

① 数据来源:《世界经济年鉴》,2001 年卷至 2011—2012 年卷。

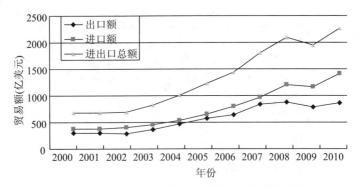

图 6-1-3　2000—2010 年非洲服务贸易额变化折线图

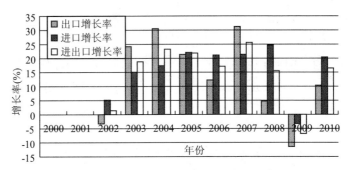

图 6-1-4　2000—2010 年非洲服务贸易增长率变化柱状图

3. 非洲进出口贸易总量呈逐年增长趋势,但其占世界贸易总量的比重却一直徘徊在低水平,在国际贸易格局中的边缘化地位没有根本改变。非洲的商品货物贸易和服务贸易皆是如此。详见表 6-1-3 和图 6-1-5

表 6-1-3　1990—2010 年世界商品贸易额与非洲商品贸易额①　　（单位:亿美元;%）

年份	世界			非洲			非洲贸易总额/世界贸易总额
	出口额	进口额	贸易总额	出口额	进口额	贸易总额	
1990	34553	35424	69977	979	961	1940	2.8
1995	51620	52790	104410	1119	1269	2388	2.3
2000	64460	67050	131510	1469	1297	2766	2.1
2005	101210	104810	206020	2960	2480	5440	2.6
2010	148550	150500	299050	5000	4630	9630	3.2

注:1990 年数据系根据 GATT《新闻公报》(1993 年 3 月 29 日)中的相关数据推算出来的。

① 资料来源:1992 年的数据来自 GATT《新闻公报》1993 年 3 月 29 日;1993—2003 年数据来自世界贸易组织《国际贸易统计 2004》;2004—2010 年数据来自《世界经济年鉴》,2004—2005 年卷至 2011—2012 年卷。

非洲的商品贸易额从 1993 年的 1919 亿美元增长到顶峰 2008 年的 10270 亿美元,增长了 5.35 倍。略高于同期世界商品贸易增长的速度。1993 年,非洲商品贸易额占世界商品贸易额的比重仅 2.5%。这一比率,从 1994 年到 2004 年基本上是下降的,2005 年开始有所上升,最高的比例也只有 3.2%。从图 6－1－5 中可以清楚地看出这一点。

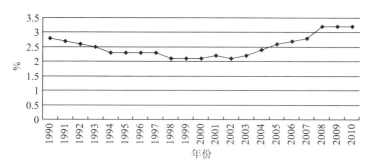

图 6－1－5　1990—2010 年非洲贸易额占世界贸易额的比重变化折线图

新世纪以来,非洲服务贸易虽然增长迅速,由 2000 年的 680 亿美元增长到 2010 年的 2270 亿美元,增长 3.34 倍。但非洲贸易总额占世界贸易总额的比重,2000 年为 2.4%,到 2010 年也还只有 3.2%。总体上看,总趋势呈上升态势,但变化不显著,边缘化状况没有根本改变。详见表 6－1－4 和图 6－1－6。

表 6－1－4　2000—2010 年非洲服务贸易额和世界服务贸易额[①]

（单位:亿美元;%）

年份	非洲			世界			非洲贸易总额/世界贸易总额
	出口额	进口额	贸易总额	出口额	进口额	贸易总额	
2000	300	380	680	14150	14000	28150	2.4
2005	570	660	1230	24150	23610	47760	2.6
2010	860	1410	2270	36650	35050	71700	3.2

4. 少数非洲国家的对外贸易占非洲对外贸易总量的绝大部分

非洲的商品贸易主要集中在为数不多的几个国家。从表 6－1－5 可以清楚看出,非洲主要国(南非和石油出口国)的商品出口额占非洲商品出口的比重,2000 年为 61.0%,最高的 2008 年为 76.3%,2009 年受经济危机的影响,也有 70.4%。其中,南非商品出口额占非洲商品出口总额的比重,2000 年达 20.5%,最低的 2008 年也有 14.4%。

---

① 资料来源:世界贸易组织《世界贸易报告》2001 年至 2011 年。

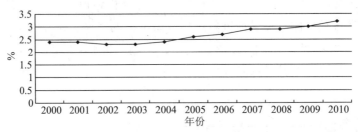

图 6-1-6　2000—2010 年非洲服务贸易额占世界服务贸易额比重的变化折线图

表 6-1-5　非洲部分国家的商品出口额及其出口额占非洲商品出口总额的比重[①]

(单位:亿美元;%)

年份	南非出口额	石油出口国出口额	南非和石油出口国出口总额	非洲出口总额	南非和石油出口国出口额/非洲出口总额	南非出口额/非洲出口总额
2000	300	590[(1)]	890	1460	61.0	20.5
2006	580	2120[(2)]	2700	3610	74.8	16.1
2007	700	2470[(3)]	3170	4220	75.1	16.6
2008	810	3470[(4)]	4280	5610	76.3	14.4
2009	630	2040[(5)]	2670	3790	70.4	16.6
2010	820			5000		16.4

注:(1) 主要石油出口国包括安哥拉、阿尔及利亚、刚过共和国、加蓬、利比亚和尼日利亚。
(2)(3)(4)(5)阿尔及利亚、安哥拉、喀麦隆、乍得、刚果、赤道几内亚、加蓬、利比亚、尼日利亚、苏丹。

从表 6-1-6 中可以看出,非洲主要国家(南非和石油出口国)的商品进口额占非洲商品进口总额的比重,2000 年为 48.5%,其他年份皆在 50% 以上,其中 2006 年达到 54.5%,2009 年尽管深受全球经济危机影响,仍占 50.3%。而仅南非的商品出口额占非洲商品出口总额的比重除 2009 年为 18.0% 外,其他年份都在 20% 以上,其中 2006 年为 26.6%。

表 6-1-6　非洲部分国家的商品进口额及其进口额占非洲商品进口总额的比重[②]

(单位:亿美元;%)

年份	南非进口额	石油出口国进口额	南非和石油出口国进口总额	非洲进口总额	南非和石油出口国进口额/非洲进口总额	南非进口额/非洲进口总额
2000	300	360[(1)]	660	1360	48.5	22.1

①　资料来源:根据世界贸易组织《世界贸易报告》2001 年至 2011 年整理。
②　资料来源:根据世界贸易组织《世界贸易报告》2001 年至 2011 年整理。

年份	南非 进口额	石油出口国 进口额	南非和石油 出口国 进口总额	非洲 进口总额	南非和石油出口 国进口额/ 非洲进口总额	南非进口额/ 非洲进口总额
2006	770	810(2)	1580	2900	54.5	26.6
2007	910	970(3)	1880	3550	53.0	25.6
2008	990	1370(4)	2360	4660	50.6	21.2
2009	720	1290(5)	2010	4000	50.3	18.0
2010	940			4600		20.4

注:(1) 主要石油出口国包括安哥拉、阿尔及利亚、刚过共和国、加蓬、利比亚和尼日利亚。
(2)(3)(4)(5)阿尔及利亚、安哥拉、喀麦隆、乍得、刚果、赤道几内亚、加蓬、利比亚、尼日利亚、苏丹。

非洲服务贸易也主要集中在少数国家,即埃及、南非和摩洛哥等国。表6-1-7说明埃及和南非两国服务贸易出口额和进口额占非洲服务贸易出口总额和进口总额的比重。

表6-1-7　埃及和南非服务贸易出口额和进口额及其分别占
非洲服务贸易出口总额和进口总额的比重①　　　（单位:亿美元;%）

年份	埃及		南非		埃及和南非		非洲		埃及和南非出 口额/非洲 出口总额	埃及和南非进 口额/非洲 进口总额
	出口	进口	出口	进口	出口 总额	进口 总额	出口 总额	进口 总额		
2006	160	100	120	140	280	240	640	800	43.8	30.0
2007	180	120	130	160	310	280	840	970	36.9	28.9
2008	250	160	130	170	380	330	880	1210	43.2	27.3
2009	210	140	110	140	320	280	780	1170	41.0	23.9
2010	240	130	140	180	380	310	860	1410	44.2	22.0

5.非洲区域贸易一体化蓬勃发展

随着世界经济区域化、集团化的深入发展,非洲国家清醒地认识到:只有团结与合作,共同开发区域内资源,才能增强自身实力,才能获得赶上国际经济发展潮流的机会。南部、西部、东部非洲显示出极强的区域经贸合作的活力。南部非洲发展共同体由14个国家组成,其目标是推动地区经济合作与一体化,尽快实现生产要素、货物和服务在各国间的自由流动。目前共同体提出发展项目400多个,签署了关于实行地区贸易自由化的协议,根据该协议,共同体成员国将在8年内分阶段逐步取消进

① 资料来源:根据世界贸易组织《世界贸易报告》2007年至2011年整理。

出口货物和服务贸易关税,最终实行贸易自由化。西非的尼日利亚、加纳、塞内加尔、科特迪瓦 4 个地区经济大国实行的"西非贸易自由化方案",西非经济货币联盟 7 国中的贝宁、科特迪瓦、尼日尔等国决定在联盟内部免除原料和初级产品进出口关税,并实施区域联合投资法规,于 1998 年初正式结成"西非法郎区关税同盟"。由 16 个成员国组成的西非国家经济共同体是非洲国家最大的区域性经济合作组织。1995 年,西非经济共同体成员国间的贸易额占其对外贸易总额的 10%。肯尼亚、乌干达、坦桑尼亚结成的东非共同体,实行包括货币自由兑换、统一护照在内的一系列措施。内部经贸合作的加强促进了非洲内部贸易的发展和竞争力的提高。

6. 非洲一些沿海国家的转口贸易十分活跃

非洲有不少沿海国家,由于它们的港口设施完善,交通运输便利,处于内陆的国家需要从沿海向内地转运物资,特别是西部和南部非洲,转口生意兴旺。例如西非的多哥,长期实行对外开放政策,贸易环境宽松,一般商品不需要进口许可证,转口费用又较低,在洛美港还设有保税仓库,因此洛美就成了西非一个较大的商品集散地。据统计,多哥的转口贸易额占其进口总额的 80%左右。再如南非,港口设施齐全,又有铁路、公路与周围邻国相连,加之它与博茨瓦纳、莱索托、纳米比亚和斯威士兰同属一个关税同盟,盟内商品可免税自由流通,因此南非就成为南部非洲各国商品进出口的中心。世界各国商人都将南非视为进入南部非洲的桥头堡,纷纷在那里投资设点,从事转口贸易活动。

第二节　非洲进出口商品的结构

非洲是世界上物产资源极为丰富的大洲。目前世界上最重要的 50 多种矿产中,非洲至少 17 种矿产的蕴藏量居世界第一。值得一提的是,非洲还是世界八大产油区之一,非洲石油储量仅次于中东和南美洲,有"第二个海湾地区"之称。非洲天然气资源也异常丰富。非洲还是当今世界最典型的农业地区,非洲的植物至少有 40000 种以上。非洲的森林资源丰富。非洲四面环海,渔业资源丰富。非洲物产资源丰富,但经济发展水平总体落后,这就使非洲的进出口商品结构呈现出与之相适应的特点。

一、非洲出口产品呈现以矿产品和农畜等初级产品为主的特征

1. 非洲的单一经济及其影响

单一经济是指生产和出口某几种甚至一种农产品或矿业原料作为国家收入主要来源的经济形式。非洲单一经济的形成固然与某些国家特定的自然环境和自然

资源有关,但从根本上说是欧洲殖民主义的产物。非洲国家在独立以前是欧洲国家的殖民地。在殖民统治时期,宗主国根据自己的需要和殖民地的自然状况,强迫殖民地种植某种农作物,或是开采某种矿物,出口到宗主国以换取当地所需的其他生活用品,形成殖民地的经济依附于宗主国,离不开宗主国,从而实现宗主国对殖民地的政治、经济、外交等全面控制。例如在加纳,英国殖民当局利用黄金海岸(1957年3月6日独立前加纳的名称)的优越自然条件发展可可种植业,一方面可可豆可以直接销往宗主国,使黄金海岸成为宗主国的原料产地;另一方面可可业又能排挤黄金海岸传统的农作物,使它不得不从宗主国进口粮食及其他农产品,殖民地又成了宗主国的商品销售市场。正是基于以上原因,英国当局在政策上全面扶持黄金海岸发展可可种植业,使黄金海岸的可可种植迅猛发展,很快就成了以生产和出口可可为主的单一经济国家。英国当局在加纳创造的这种单一经济,"把加纳纳入了世界资本主义体系,并以此廉价地扼杀了其追求自治的潜力[1]"。

由于深受西方殖民政策的影响,即使在非洲独立后的很长时间里,这种单一经济状况也没有根本改变。主要表现为非洲国家的出口商品主要是农矿初级产品,如棉花、咖啡、可可、花生、石油和金属矿产品。非洲出口收入的80%以上来自石油、咖啡、可可、茶叶、棉花、铜、铁矿石、铝矾土、镍和天然气等10种主要农矿产品,其中石油一项占了60%左右。非洲有些初级农产品占世界出口贸易的比重很大,比如,占世界同类商品出口量40%以上的有棕仁(尼日利亚、安哥拉)、棕油(扎伊尔、尼日利亚、贝宁)、剑麻(坦桑尼亚、安哥拉)、橄榄油(突尼斯、摩洛哥)、可可豆(加纳等),以及花生油(塞内加尔等)。全大陆中,矿产品出口独占出口总值50%以上的约有20个国家。自1984年起,非洲在世界十大出口初级产品中所占份额上升30%。

非洲大多数国家至今高度依赖一两种农矿产品出口换汇。据联合国对非洲40个国家的统计,其中出口一两种原料产品并占该国出口总值的80%～100%的有11个,50%～79%的有29个,30%～49%有的10个。这40个国家为这一两种出口商品的生产所占去的耕地面积、所投入的劳动力以及消耗的电力等都是相当可观的,如加纳全国耕地60%种植可可,塞内加尔全国农业人口80%种植花生;尼日利亚和安哥拉的石油出口占出口总值的90%以上,布隆迪的咖啡占90%,加纳的可可占70%,糖在毛里求斯占出口总值65%,金刚石和铜的出口分别占博茨瓦纳、赞比亚出口总值的76%和90%。与之相比,制成品出口1988年在非洲出口额中仅占14.5%。在2008年的非洲出口商品中,燃料和矿产品占70.6%,农产品占6.8%,制成品占17.9%,其他占4.7%。[2]

---

① D.Pellow and N.Chazan:*Ghana:Cope with Uncertainty*, Westview Press,1986,p.165－166.

② 资料来源:世界贸易组织,《国际贸易统计2009》,第42页。

2. 一些非洲国家出口贸易严重依赖单纯的矿产品出口①

(1) 石油、天然气、煤炭等能源出口是非洲一些国家的重要收入来源。

目前,非洲的石油生产国主要有尼日利亚、安哥拉、阿尔及利亚、利比亚、埃及、赤道几内亚、加蓬、刚果共和国、乍得、南苏丹、苏丹和突尼斯等。除埃及外,其他非洲产油国生产的石油绝大部分以原油形式出口,例如,2012 年,北非出口石油 129.1 百万吨,其中原油 106.8 百万吨,占北非石油出口总量的 82.7%;西非出口石油 227.3 百万吨,其中原油 216.1 百万吨,占西非石油出口总量的 95.0%。在表 6-1-8 中可以看出,从 2002 年到 2012 年,非洲石油出口量占其总产量比重的变化总趋势是下降的,但各年份的这一比重皆在 60%以上。石油出口是非洲主要产油国的出口贸易的主体。阿尔及利亚 2008 年生产石油 0.856 亿吨,其中 83.64%用于出口,2012 年生产石油 0.73 亿吨,其中 77.12%用于出口。而尼日利亚、安哥拉和利比亚生产的石油 90%以上供出口。尼日利亚对外贸易以石油为主导,石油占其出口的 95%左右;刚果(布)石油收入占其出口总收入的 95%以上;加蓬的石油出口占其出口总额的 85.25%。

表 6-1-8　2002—2012 年非洲石油产量、消费量、出口量及出口量占总产量的比重②

(单位:百万吨;%)

年份	年产量	年消费量	年出口量	出口量占产量比重
2002	376.8	122.1	254.7	67.60
2005	471.1	138.5	332.6	70.60
2010	480.6	163.6	317.0	65.96
2011	415.7	158.0	257.7	61.99
2012	449.0	166.5	282.5	62.92

从 2002 年到 2012 年,非洲天然气的产量从 124.4 百万吨油当量,逐年增长到 2012 年的 194.6 百万吨油当量。非洲天然气的出口量经历了一个先递增后递减的过程,2002 年出口量 61.8 百万吨油当量,增长到 2008 年 100.2 百万吨油当量,其后逐年减少,到 2012 年减少到 87.4 百万吨油当量。非洲天然气出口量占其产量的比重在 2006 年达到最大的 53.52%,随后逐年递减,2012 年降到 49.69%,增幅或减幅都比较平稳。详见表 6-1-9。非洲天然气主要生产国有阿尔及利亚、埃及、尼日利亚和利比亚,其中阿尔及利亚产量最大,埃及次之。阿尔及利亚生产的天然气主要供出口,2011 年,其生产天然气 74.4 百万吨油当量,其中出口量占 66.26%。2012

---

①　资料来源:《世界经济年鉴》,世界经济年鉴编辑委员会。

②　资料来源:《BP 世界能源统计年鉴 2013 年》。

年,生产天然气73.4百万吨油当量,其中出口量占62.13%。而埃及生产的天然气主要供国内消费,也有部分出口。2009年,埃及生产天然气56.4百万吨油当量,其中出口32.10%。2012年埃及生产天然气54.8百万吨油当量,其中出口13.69%。

表6-1-9　2002—2012年非洲天然气产量、消费量、出口量及出口量占总产量的比重[1]

（单位:百万吨油当量;%）

年份	年产量	年消费量	年出口量	出口量占产量比重
2002	124.4	62.6	61.8	49.68
2005	159.3	77.1	82.2	51.60
2010	192.8	97.0	95.8	49.69
2011	190.0	102.6	87.4	46.00
2012	194.6	110.5	84.1	43.22

非洲煤炭的年出口量和年产量、年消费量一样,总体比较平稳,无显著变化。2002年非洲煤炭出口42.9百万吨油当量,到2012年该数据为51.8百万吨油当量,增幅不大。非洲煤炭出口量占其总产量的比重基本在35%以下。这说明非洲的煤炭生产以自销为主。详见表6-1-10。南非是非洲煤炭的主要生产国和消费国,南非的煤炭产量、消费量和出口量在各年份总体变化不大。2012年,南非煤炭产量146.6百万吨油当量,消费量89.8百万吨油当量,出口量占南非煤炭总产量的比重为38.74%。

表6-1-10　2002—2012年非洲煤炭产量、消费量、出口量及出口量占总产量的比重[2]

（单位:百万吨油当量;%）

年份	年产量	年消费量	年出口量	出口量占产量比重
2002	128.0	85.1	42.9	33.52
2005	141.1	93.5	47.6	33.73
2010	147.8	97.4	50.4	34.10
2011	144.5	96.7	47.8	33.08
2012	149.3	97.5	51.8	34.70

（2）非洲的诸多金属矿产品出口在国际市场占据重要地位。

最新国际矿业统计资料表明,非洲的铂、锰、铬、钌、铱等矿藏的蕴藏量占世界总储量的80%以上;钻石、黄金、锗等矿藏占世界50%以上;铀、铝矾土等矿藏占世界

---

① 资料来源:《BP世界能源统计年鉴2013年》。

② 资料来源:《BP世界能源统计年鉴2013年》。

30%以上。一些金属矿产品出口是很多国家的重要经济来源。例如,铝矾石及氧化铝的出口值占几内亚出口总值的 97%,是外汇收入的主要来源;赞比亚外汇收入的 80%都来自铜出口;莫桑比克是仅次于南非的非洲第二大原铝生产国,铝产品出口收入占该国出口总收入的 58%(2003 年);铝矾土和氧化铝占几内亚出口收入的 60%~70%,黄金出口占几内亚出口收入的 20%~25%。

(3) 非金属矿产品出口是一些国家出口创汇的重要来源。

例如,摩洛哥是仅次于美国和俄罗斯的第三大磷酸盐生产国,是世界第一大出口国,磷酸盐矿占世界市场的 27%,磷酸盐占世界市场的 38%。2011 年,摩洛哥磷酸盐产品出口约 70 亿美元。在安哥拉,钻石出口占其出口总额的 10.54%;在博茨瓦纳,钻石出口约占其政府收入的 50%和国内生产总值的 33%;在几内亚,钻石出口占其出口总收入的 20%~25%。磷酸盐出口是塞内加尔的四大传统创汇产业之一。加纳是世界最大的锰矿出口国之一。

总之,矿产资源丰富的非洲国家,其出口贸易主要依赖一种或少数几种矿产品以原料形式出口。即使像南非这样非洲经济最发达的国家,除向其他非洲国家出口的商品以制成品为主(占 70%左右)外,向非洲大陆以外的国家出口的商品仍以矿产品和农产品为主,矿产品出口约占其出口收入的 50%。在刚果(金),矿业出口值占出口总值的 2/3 以上,最高曾达 90%。

3. 农牧林产品出口在一些非洲国家的出口贸易中占举足轻重的地位[①]

(1) 非洲的农作物产品出口,主要有咖啡、可可、茶叶、丁香、棉花、花生、芝麻等。

咖啡出口占布隆迪出口总额的 80%~90%;在卢旺达,咖啡、茶叶、除虫菊和奎宁的出口占其出口总额的 75%~80%;在埃塞俄比亚,咖啡占其出口总收入的 35%~50%;在肯尼亚,茶叶、咖啡、花卉、剑麻、除虫菊等农产品的出口占出口总额的 70%左右,茶叶、咖啡和花卉是肯尼亚农业三大创汇项目。在乌干达,农牧业出口额占其出口总额的 95%。在乍得石油业发展之前,棉花生产是乍得的主要产业,棉花出口占了该国出口总额的 80%,随后棉花每年出口占外汇总收入的 35%~50%。津巴布韦有南部非洲"粮仓"的美誉,是非洲主要粮食出口国、世界第三大烟草出口国和欧洲鲜花市场的第四大供应商,农产品出口约占全国出口收入的 1/3。坦桑尼亚的出口以初级农产品为主,其中棉花、剑麻、腰果、咖啡、烟草、茶叶、丁香出口占外汇收入的 80%。马达加斯加出口以农产品为主,约占出口总额的 80%。在马拉维,烟草、茶叶、蔗糖、咖啡等农产品出口占其出口总值的 90%,其中,烟草、茶叶、蔗糖 3 项占出口值的 85%左右。花生是塞内加尔的四大传统创汇产业之一。加纳是世界上最大的可可出口国之一。蔗糖曾经是毛里求斯的主要出口产品,20 世纪 80 年代

---

① 资料来源:《世界经济年鉴》,世界经济年鉴编辑委员会。

初,蔗糖出口额占毛里求斯出口总额的 60%。随着出口加工区的发展,制造业产品的出口迅猛增加,出口额已超过蔗糖。2012 年,服装继续保持第一大出口商品地位,占出口总额 36%,蔗糖出口 2.62 亿美元,占毛里求斯出口总额的比重仅为 10.21%。

(2) 非洲出口的林产品主要有热带名贵木材等。

非洲森林面积占非洲总面积的 21%,森林资源丰富。加蓬素有"森林之国"之称,刚果(布)有"木材之国"之称。非洲盛产乌木、红木、花梨木、紫檀木、白檀木、黑檀木、黄漆木、桃花心木等名贵木材。天然橡胶一直是利比里亚第一大出口产品,其出口总额在 2007 年达到 1.84 亿美元,占利比里亚出口比重的 90% 以上。2008 年,橡胶出口收入约为 2.07 亿美元。在加蓬,木材产量为 210 万立方米,是仅次于石油的第二大出口创汇产品。

(3) 非洲出口的畜产品主要有活畜(主要是牛、羊)、皮张、肉类。

非洲的草原面积占非洲总面积的 27%,居各洲首位,牧场占世界牧场 26%;牛群占世界牛群总数 13%,绵羊和山羊占世界总数 18%。例如索马里是世界饲养骆驼最多的国家,畜牧业是索马里的主要经济支柱,主要养殖牛、羊、骆驼等,其产值约占国内生产总值的 40%。2000 年畜牧产品出口占出口总额的 65%。

(4) 非洲水产品出口,主要有有沙丁鱼、金枪鱼、非洲黄鱼和虾类。

在毛里塔尼亚,渔业是重要经济部门,渔业产品全部出口。渔业是塞内加尔经济主要支柱之一,是其第一大创汇产业。全国就业人口中约有 15% 从事捕鱼业,是第二大就业产业。

从以上分析可以看出,非洲国家的单一经济痕迹十分明显。正是西方列强曾经对非洲经济发展的刻意安排,致使非洲有了今天的所谓的"花生之国"、"棉花之国"、"咖啡之国"、"铜矿之国"、"黄金之国"等。致使像刚果(金)这样的国家,制造业极不发达,乃至到 2002 年,刚果(金)的制造业增加值仅 2.2 亿美元,在国内生产总值中所占的比重微乎其微。这种单一经济造成单一经济国家的经济早期依附于某一特定大国,后来发展为受制于发达国家控制的国际市场。这使得单一经济国家的经济十分脆弱,国际市场价格的波动会直接影响到这些国家经济稳定,即单一的出口商品结构使非洲的经济贸易极易受国际市场初级产品价格的影响,存在着贸易额和外汇收入随初级产品和石油价格的涨跌而变化的趋势。2008—2009 年度世界可可豆总产量为 356 万吨,其中 248.8 万吨出自撒哈拉以南非洲地区。[①] 世界五大可可生产国中有 4 个在非洲,分别为科特迪瓦、加纳、尼日利亚、喀麦隆。非洲可可豆产量占全球总产量的 70%,消费量却只占全球总消费量的 3%,非洲在世界可可行业中处于利润

---

① 国际可可组织数据。

最低的环节。[①] 单一经济国家要想真正摆脱目前的这种贫穷、落后的局面,进而改变目前的这种不利的国际贸易格局,就必须改造单一经济结构,实行经济多元化和工业化以增强国家的经济应变能力。但这种转变的任务本身会非常艰巨,其中往往包含着巨大的"阵痛"。

二、非洲进口商品结构,总体上是以工业制成品为主,但也有很多国家严重依赖对粮食等初级产品的进口

在非洲国家的进口中,大宗货物是工业制成品,占 70% 左右。此外,石油燃料和粮食也是很多国家的重要进口品。具体来讲,南非主要进口机器设备、汽车部件和附件、化工产品(包括药用和工业用)、原油和服装纺织品等 5 类产品。埃及进口商品主要集中在机械设备、电器设备以及钢材、木材车辆等方面。摩洛哥主要进口商品涉及制成品、机械设备、电子产品、半成品、中间产品、能源和石油、粮、食品(糖、奶制品)、饮料(茶)、食油和烟草等。阿尔及利亚主要进口商品有生产设备、食品、半制成品、消费品和原材料等。利比亚进口商品中机械设备和交通工具所占比重最大;其次分别为各类工业制成品、原材料等;此外,近一半的粮食和畜牧产品也依赖进口。津巴布韦主要进口商品为机械、交通设备、制成品、化工产品和燃料、电力等。莫桑比克主要进口产品有机械设备及零配件、运输工具、消费品、钢材、原油及其制品、粮食、原材料、纺织品等。埃塞俄比亚进口机械、汽车、石油产品、化肥、化学品、纺织品和药品等。突尼斯主要进口商品有食品、机械和电子产品等。尼日利亚多数工业制品依赖进口;每年需进口大量粮食和渔产品。苏丹主要进口商品有布匹、轻工家电、车辆、机械设备、运输工具等。布隆迪进口商品主要有:用于食品加工业与建筑业的原材料或中间产品,占布隆迪进口总额的 30%~40%;资本货物(大都用于外援的发展项目),其中有新建咖啡加工厂和水电站的设备和材料,其他生产资料包括采矿、冶金、纺织等方面的机械、电机、汽车、燃料等,约占进口总额的 30%~35%;消费品;石油,占进口总额不足 20%。毛里塔尼亚进口以石油产品、食品、机械装备、建筑原料、车辆及配件为主。加纳工业基础薄弱,原材料依赖进口。科特迪瓦进口品种主要是粮食类、日用消费品、建筑材料和机械设备类商品。马里主要进口商品是石油化工产品、机械设备、交通工具(汽车、摩托车)、医药、建材,约占进口总额的 70%,另外进口商品还有农机、化肥、电器、茶叶等。利比里亚的日用消费品和生活生产资料绝大部分依赖进口。2002 年大米和燃料二者进口费用分别为 3810 万美元和 6050 万美元,超过商品进口总额的 51%。2003 年,粮食进口仍在上涨,但燃料进口显著减少,不到 2002 年进口额的一半。佛得角 80% 以上的日常生活用品及全部机械设备

---

① 来源:新华网,2010-03-28,14:26:44.

和建筑材料、燃料都依靠进口。赤道几内亚的进口产品主要是食品和日用轻工业品,但随着石油工业的发展,用于该行业的生产资料进口大幅度上升。加蓬主要进口食品、轻工产品、机械设备等。乍得主要进口石油、化工、机电产品、建筑材料、汽车、纺织品、食品、药材等。中非共和国进口商品主要是食品、机械、运输设备、化学制品、石油产品和纺织品。刚果(金)的主要进口商品有食品、日用消费品、机械设备、运输设备、电器设备和零配件、能源产品、工业原料和半成品。刚果(布)主要进口产品有成品油、运输设备、钻井设备、机电、仪器、金属制品、建材、纺织原料和食品。赞比亚主要进口商品有石油、机械设备、化工产品和医药类产品等。安哥拉的进口商品主要有日用消费品、原材料和机械设备、汽车及零配件等。博茨瓦纳主要进口产品是:食品、饮料、烟草;机械和电器产品;车辆和交通设备;金属、化工和橡胶制品;石油及其产品等。纳米比亚经济对进口依赖性强,绝大部分生产、生活资料需要进口,进口种类繁多,主要包括燃料、消费品、食品、机械运输设备、化学药品、纺织品等。目前纳米比亚70%的粮食依靠进口,主要来自南非。2011年出口总额45.68亿美元,进口总额53.45亿美元,逆差7.77亿美元。1991—1995年期间,进口总额增长72%,其中粮食和饮料是最大宗的进口商品。

第三节　非洲进出口贸易商品的地理方向

一、欧洲尤其是欧盟国家是非洲国家出口商品的主要销售市场,也是非洲国家进口商品的主要来源地[①]

由于西欧列强对非洲有过几百年的殖民统治,这一历史原因使非洲一直是欧洲国家的传统市场。即使非洲国家独立以后,一些西欧国家利用原为宗主国的有利条件,或以附有政治条件的经济援助,企图左右非洲国家的政治取向,继续控制非洲的资源和市场。例如,法国90%以上的铀、钴、锰,76%的铝矾土,50%以上的铬,30%的铁矿石都来自非洲。据法国官方统计,近年来,法国每年向非洲出口总值在130亿美元以上,主要是向非洲国家输出各类工业品和生活消费品。而进口额在100亿美元左右,从非洲输入各类原材料和石油[②]。据统计,1995年欧盟各国在撒哈拉以南非洲市场上的占有率仍高达40%。

历史上,非洲主要贸易国家与欧洲(主要是欧盟)的贸易关系紧密,但近些年,这

[①]　如无特别说明,数据主要来自《世界经济年鉴》,世界经济年鉴编辑委员会;世界发展报告,清华大学出版社或中国财政经济出版社。

[②]　法语非洲:《法国在非洲的影响》,文国网,2008－01－28. http://fr. veduchina.com/html/article/200801/20952.shtml.

种关系正在发生变化。例如,南非出口商品中的29.4%是出口到欧盟国家,进口商品中的42.7%是来自欧盟国家(见表6-1-11)。英国、德国、荷兰、法国、意大利、西班牙等一直是南非的重要贸易伙伴。德国长期是南非的第一大商品进口来源国,2009年南非进口德国商品总额达79.2亿美元。2011年,德国变为南非第二大进口来源国和第四大出口目的地国。尼日利亚出口商品中的26.0%是出口到欧盟国家,进口商品中的45.7%是来自欧盟国家(见表6-1-11)。英国和法国是尼日利亚的重要贸易伙伴。2003年,尼日利亚进口商品的9.3%来自英国、8.0%来自法国。2010年,美国是尼日利亚最大的贸易伙伴,对美出口占尼日利亚出口总额的40%。2011年尼对英出口13亿英镑,英成为尼第二大出口国。2011年尼法双边贸易额为73亿美元。尼是德国在非洲的第二大贸易伙伴和主要石油供应国之一,德是尼第六大贸易伙伴。阿尔及利亚的主要贸易伙伴是欧盟国家,阿尔及利亚出口商品中的65.0%是出口到欧盟国家,进口商品中的57.2%是来自欧盟国家(见表6-1-11)。欧盟是阿尔及利亚最大的天然气购买国,阿尔及利亚天然气出口量的90%都输往欧盟。阿尔及利亚是法国在非洲第一大贸易伙伴、重要的能源供应国和商品出口目的地。2003年,阿尔及利亚对意大利、法国、西班牙这3国出口分别占阿出口商品额的19.67%、11.34%和11.16%。阿尔及利亚进口商品的24.50%、9.37%和6.51%分别来自法国、意大利和德国。2008年,阿尔及利亚与欧盟的双边贸易额352.7亿美元,其中阿尔及利亚从欧盟进口占其进口总额的53.2%。其次是美国和加拿大,2008年双边贸易额124.9亿美元,从美国和加拿大的进口占阿尔及利亚进口总额的18.2%。自2005年起,中国一直是阿尔及利亚第三大进口来源国。从中国进口占阿尔及利亚进口总额的比重由2000年的2.4%上升到了2008年的8.6%。阿尔及利亚从中国进口的产品主要有不锈钢、工程机械、汽车散件、机械零配件等。利比亚出口商品中的86.5%是出口到欧盟国家,进口商品中的57.2%是来自欧盟国家(见表6-1-11)。2001年意大利、德国、西班牙、土耳其(亚洲国家,非欧盟国家)和法国这5个国家占利比亚出口总额的81%,其中意大利占39.5%,是利比亚商品的最大进口国。主要进口供应国为意大利(2001年占29.2%,是利比亚最大的进口供应国)、德国、英国、法国等。2011年,利前三大出口目的地国为意大利、德国、法国。前三大进口来源国为埃及、突尼斯、土耳其。欧盟国家中意大利与利关系最为密切,是利石油主要进口国。摩洛哥出口商品中的61.6%是出口到欧盟国家,进口商品中的62.4%是来自欧盟国家(见表6-1-11)。2003年摩洛哥的主要贸易国有法国(33.9%)、西班牙(17.8)、英国(7.5%)、意大利(5.1%)、德国(3.5%)。2011年摩洛哥主要出口贸易伙伴:西班牙(18.6%)、法国(16.9%)、巴西(6.0%);进口:法国(15.4%)、西班牙(14.4%)、中国(7.7%)。突尼斯的主要贸易伙伴是欧盟,其中法国、意大利、德国是与突尼斯贸易名列前三名的国家,2011年在突尼斯出口贸易中法国占28.5%,意大利占20.7%,德国占6.9%;在突尼斯进口贸易中法国占18.5%,意大利占17.2%,德国占7.0%。①埃及出口商品中的42.8%是出口到欧盟国家,进口商品中的36.2%是来自欧盟国家(见表6-1-11),其中法国、德国、意大利、英国等是埃及的最大贸易伙伴。津巴布韦出口商品中的32.9%是出口到欧盟国家,进口商品中的58.0%是来自欧盟国家(见表6-1-11),其中德国和英国是津巴布韦重要贸易伙伴。肯尼亚出口商品中的29.1%是出口到欧盟国家,进口商品中的29.1%是来自欧盟国家(见表6-1-11)。欧盟(主要是英国、德国、荷兰)是肯尼亚第二大商品出口地区和最大的商品进口地区。喀麦隆出口商品中的53.9%是出口到欧盟国家,进口商品中的53.9%是来自欧盟国家(见表6-1-11)。2002年,喀麦隆的出口贸易总额中,意大利占16.5%、西班牙占15.9%、法国占12.6%;进口总额中,法国占28.4%、德国占5.8%。2011年喀麦隆主要出口对象国为西班牙、中国、荷兰、意大利等;主要进口来源国为中国、法国、比利时、意大利等。布隆迪的咖啡出口主要销往欧洲,工业制成品进口主要来自欧洲。目前法国占吉布提进口额的30%和出口额的50%。塞内加尔主要贸易伙伴是法国(系塞最大贸易伙伴,2011年分别占塞进、出口总额的18.1%和4.7%)、马里、印度、尼日利亚、中国、瑞士、荷兰等。加纳的最大的出口市场是荷兰,其次是英国。欧盟是纳米比亚最大的出口市场,纳米比亚出口收入的70%来自欧盟。马里现同100多个国家和地区有贸易关系。2011年,马里主要向以下国家出口:中国31.0%,韩国14.5%,印度尼西亚12.2%,泰国6.3%,孟加拉国5.0%;主要从以下国家进口:塞内加尔19.7%,法国15.4%,中国10.8%,科特迪瓦8.4%,南非4.0%。2002年,加蓬的进口贸易中,法国占51%,是加蓬最大的进口来源地。加蓬2011年主要出口对象国为美国、澳大利亚、马来西亚和日本;主要进口来源国为法国、中国、美国和比利时。法国还是刚果(布)最大的进口商品供应国。法国出口到刚果(布)的主要产品是机械设备、钢铁、船舶设备、电力设备、仪器、汽车、自行车辆和药品等。在刚果(布)出口总额中,法国占78%,主要商品是石油。2002年,安哥拉的出口贸易中,法国约占6.8%、比利时-卢森堡约占5.3%;进口贸易中,葡萄牙约占15.0%、法国约占5.0%。2011年,安哥拉进口产品主要来自葡萄牙(占安当年进口总额的20.3%)。2003年,莫桑比克出口贸易中,比利时占30.3%、意大利占11.6%和西班牙占11.3%;进口贸易中,葡萄牙占5.0%。

---

① 资料来源:中华人民共和国外交部网站,http://www.fmprc.gov.cn/mfa_chn/gjhdq_603914/gj_603916/fz_605026/1206_606308/。

表 6 - 1 - 11　非洲主要贸易国家的主要贸易伙伴①

进出口对象国(1)	进口对象国(占进口总额%)					出口对象国(占出口总额%)				
	发展中国家	发达国家	欧盟国家	美国	日本	发展中国家	发达国家	欧盟国家	美国	日本
南非	28.3	69.4	42.7	12.5	7.3	24.7	51.0	29.4	11.6	7.1
尼日利亚	32.2	65.2	45.7	9.7	3.5	8.8	76.7	26.0	47.6	1.1
阿尔及利亚	11.2	88.2	78.8	2.2	0.1	15.5	82.8	65.0	16.7	0.2
利比亚	36.0	63.6	57.2	0.8	2.2	11.3	88.4	86.5	0	0.1
摩洛哥	15.1	73.4	62.4	6.0	1.2	17.9	72.9	61.6	5.9	3.5
突尼斯	15.0	81.8	72.1	4.1	1.6	16.4	77.8	25.6	1.0	0.3
埃及	24.3	67.9	36.2	18.4	3.8	22.7	65.0	42.8	15.4	2.4
津巴布韦	16.4	72.9	58.0	2.9	2.5	33.8	61.7	32.9	5.8	7.7
肯尼亚	42.9	55.3	29.1	9.4	4.4	42.9	54.0	29.1	9.2	4.4
喀麦隆	31.9	64.8	53.9	5.4	1.4	31.9	63.4	53.9	5.4	2.4

注:(1) 按联合国贸发会议的统计分类,前苏联各成员国以及东欧国家此表中未予列入。

　　欧盟一直是非洲最大的贸易伙伴,到 2009 年,非洲对欧盟 25 国的出口增加到 821.08 亿元,其所占的比重为 36.39%。从以上分析中可以看出,欧盟国家在非洲主要贸易国家的无论进口还是出口贸易份额中,都占有绝对优势,这说明,非洲曾经作为欧洲国家的殖民地,即使在独立后的很长时间里,依然没能摆脱对原宗主国的经济依赖。

　　二、美国和日本作为非洲大陆的后来者,在非洲国家进出口商品市场中的地位正在加强

　　例如,南非的出口商品中,销往美国和日本的分别占 11.6% 和 7.1%;进口商品中,来自美国和日本的分别占 12.5% 和 7.3%(见表 6 - 1 - 11)。1998 年,南非出口到美国的商品价值 29 亿美元,从美国进口的商品价值 29.42 亿美元;南非出口到日本的商品价值 21.44 亿美元,从日本进口的商品价值 10.37 亿美元。2008 年,南非出口到美国的商品总额达 101.3 亿美元,位居第一。2009 年,南非对美国出口额为 59.7 亿美元,位列中国之后,排名第二。2009 年,日本和美国分别是南非第二和第三大出口目的地国家;美国和日本分别是南非第三和第七大进口来源地国家。2011 年,日本是南非的第四大进口来源国和第三大出口目的地国,美国是南非的第三大进口来源国和第二大出口目的地国。尼日利亚出口商品中,销往美国和日本的分别占 47.6% 和1.1%;进口商品中,来自美国和日本的分别占 9.7% 和 3.5%(见表 6 - 1 - 11)。

---

① 　资料来源:UNCTD of Statistics Geneva,2001。

2003 年,尼日利亚对美国出口占其出口总额的 40.2%,进口的 7.8%来自美国。2011 年,尼美进出口贸易总额为 385 亿美元,其中尼向美出口 337 亿美元,占尼日利亚出口总额的32.5%。目前美是阿尔及利亚最大的贸易伙伴,阿原油出口一半以上销往美国。阿尔及利亚出口商品中,销往美国和日本的分别占 16.7%和 0.2%;进口商品中,来自美国和日本的分别占 2.2%和 0.1%(见表 6-1-11)。2003 年,对美出口占阿出口贸易总额的 17.78%,进口商品的 5.19%来自美国。美国是阿尔及利亚进口粮食的主要供给国之一。摩洛哥出口商品中,销往美国和日本的分别占 5.9%和 3.5%;进口商品中,来自美国和日本的分别占 6.0%和 1.2%(见表 6-1-11)。埃及出口商品中,销往美国和日本的分别占 15.4%和 2.4%;进口商品中,来自美国和日本的分别占 18.4%和 3.8%(见表 6-1-11)。津巴布韦出口商品中,销往美国和日本的分别占 5.8%和 7.7%;进口商品中,来自美国和日本的分别占 2.9%和 2.5%(见表 6-1-11)。肯尼亚出口商品中,销往美国和日本的分别占 9.2%和 4.4%;进口商品中,来自美国和日本的分别占 9.4%和 4.4%(见表 6-1-11)。喀麦隆出口商品中,销往美国和日本的分别占 5.4%和2.4%;进口商品中,来自美国和日本的分别占 5.4%和 1.4%(见表 6-1-11)。2002 年,喀麦隆的出口贸易中,美国占 8.3%;进口贸易中,美国占 8%。2011 年,喀麦隆主要出口对象国为西班牙、中国、荷兰、意大利等;主要进口来源国为中国、法国、比利时、意大利等。2003 年,苏丹出口贸易中,日本占 6.8%(位列第二)。2004 年,苏丹出口贸易中,日本占 10.7%(位列第二);进口贸易中,日本占 4%(位列第八)。① 布隆迪的汽车进口主要来自日本。日本还是吉布提的主要贸易伙伴。2002 年,加蓬的出口贸易中,美国占 45%,是加蓬最大的出口目的国。目前,安哥拉是美国在撒哈拉以南非洲地区三大主要合作伙伴之一、在非洲第二大出口目的地国和第三大进口来源国,是美国在非洲重要的石油供应国。2011年,安哥拉的出口贸易中,美国约占 21%,日本约占 4.2%;进口贸易中,美国约占 9.5%。2012 年安哥拉和美国双边贸易额 113.14 亿美元,同比下降 25.07%,其中美国向安哥拉出口 14.90 亿美元、下降 0.8%,自安哥拉进口 98.24 亿美元、下降 27.75%。

美国作为非洲的第二大出口目的地,1997 年非洲国家的进出口总额中,美国占 11.3%,仅次于法国(12%),超过德国(7.1%)和英国(5.5%);日本占 4.4%。而在非洲的进口贸易中,美国占 7.4%,仅次于法国(16%)。2009 年,非洲对美国出口所占的比重为 13.81%,非洲从美国的进口占其进口总额的比重为 5.69%。新世纪以来,美国在非洲市场的影响力大大增强,尤其是在非洲石油市场上。2000 年美国从西非地区进口的石油每天多达 139.8 万桶,从北非进口的石油每天也有 22.9 万桶。2005年,美国从西非地区每天进口的石油增长到 194.3 万桶,从北非地区每天进口的石油

---

① 资料来源:苏丹银行。

也增长到 54.7 万桶。2006 年尼日利亚成为美国第五大石油供应国,每天供应原油 104.3 万桶;安哥拉位列第七位,每天供应原油 51.3 万桶;阿尔及利亚位居第八位,每天供应原油 35.7 万桶;乍得供应 9.5 万桶。在刚果(布),尽管法国石油公司仍占上风,美国公司也挤占了一定的市场份额,该国现已成为美国第十八大石油进口国;加蓬所产石油的 46% 出口美国;西非石油 45% 出口到美国。2008 年美国与撒哈拉以南非洲的贸易额增长 28%,达到 1040 亿美元。双方贸易额的增长主要得益于石油价格的上升,石油在美国从非洲的进口总额中占到了 80% 以上。

三、发展中国家在非洲进出口商品市场中的地位日益提升

广大发展中国家在非洲对外贸易额中占到 33.3%。近些年,以中国、印度、巴西等为代表的发展中国家经济迅速发展,发展中国家在非洲对外贸易额的比重正在迅速增长。其中,中国与非洲的贸易增长最为迅速。2008 年中国与非洲的贸易额增至 10 年前的 10 倍,达到 1070 亿美元,稍稍超过非洲与美国的贸易规模,成非洲最大贸易伙伴。2011 年,中非贸易突破 1500 亿美元,达到 1663 亿美元,同比增长 31%。

在非洲的主要贸易国家中,例如,南非进口贸易中,来自发展中国家的比重占 28.3%,出口商品中的 24.7% 是销往发展中国家(见表 6-1-11)。2009 年,中国成为南非第一大出口目的地,南非对中国的出口额达 86.9 亿美元;而从中国进口的商品总额 73.7 亿美元,中国成为南非的第二大商品进口来源国,位列德国之后。2011 年中国和南非的双边贸易总量同比增长 77%,中国成为南非的最大贸易伙伴。近年来,南非与亚洲、中东等地区的贸易不断增长。2011 年,在南非前十大出口目的地国家中,中国、印度和津巴布韦分别位列第一、第六和第九;在南非前十大进口来源国中,中国、印度和韩国分别位列第一、第五和第九。尼日利亚进口贸易中,来自发展中国家的比重占 32.2%,出口商品中的 8.8% 是销往发展中国家(见表 6-1-11)。近年来,尼日利亚来自亚洲的进口额有所增长。2003 年,尼日利亚的进口来源国中,中国位列第一,占其进口总额的 13.6%。2011 年中尼贸易额首次突破 100 亿美元,达107.88亿美元,其中中方出口 92.07 亿美元。2012 年 1 月—10 月双边贸易额 86.81 亿美元,其中中方出口 75.19 亿美元。阿尔及利亚进口贸易中,来自发展中国家的比重为 11.2%,出口商品中的 15.5% 是销往发展中国家(见表 6-1-11)。2006 年 1 月—9 月,阿尔及利亚从中国的进口贸易额达到 11.6 亿美元,位列法国(32.4 亿美元)、意大利(13.9 亿美元)之后,美国(11.5 亿美元)和德国(10.9 亿美元)之前。利比亚进口贸易中,来自发展中国家的比重占 36.0%,出口商品中的 11.3% 是销往发展中国家(见表 6-1-11)。摩洛哥进口贸易中,来自发展中国家的比重占 15.1%,出口商品中的17.9% 是销往发展中国家(见表 6-1-11)。突尼斯进口贸易中,来自发展中国家的比重占 15.0%,出口商品中的 16.4% 是销往发展中国家(见表 6-1-

11)。埃及进口贸易中,来自发展中国家的比重占 24.3%,出口商品中的 22.7%是销往发展中国家(见表 6-1-11)。津巴布韦进口贸易中,来自发展中国家的比重占16.4%,出口商品中的 33.8%是销往发展中国家(见表 6-1-11)。南非是津巴布韦最大贸易伙伴。近些年,津巴布韦与中国贸易发展迅速。2002 年,津巴布韦对中国和南非的出口分别占其出口总额的 5.8%和 5.6%,位列第一和第二;在进口贸易中,南非占 47.7%,民主刚果占 5.7%,莫桑比克占 5.3%,位列前三名。[①] 2003 年,津巴布韦对中国的出口贸易额 1.6708 亿美元,从中国的进口贸易额为 0.3027 亿美元。[②]2009 年,津巴布韦对中国的出口贸易额占 7.9%,从中国的进口贸易额占 5.7%。肯尼亚进口贸易中,来自发展中国家的比重占 42.9%,出口商品中的 42.9%是销往发展中国家(见表 6-1-11)。喀麦隆进口贸易中,来自发展中国家的比重占 31.9%,出口商品中的 31.9%是销往发展中国家(见表 6-1-11)。2002 年,在喀麦隆的进口贸易中,尼日利亚占 12.9%,位列法国(28.4%)之后,美国(8.0%)和德国(5.8%)之前。2003 年,苏丹出口贸易中,中国占其出口额的 67.2%(位列第一),沙特占 4.9%(第三),阿联酋占 3.5%(第四);进口贸易中,沙特占 25.1%(位列第一),中国占 7.9%(第二),阿联酋占 6.2%(第三)。2004 年,苏丹出口贸易中,中国占 66.9%(第一),沙特占 4.4%(第三);进口贸易中,中国占 13.0%,沙特占 11.5%,阿联酋占 5.9%,埃及占 5.1%,印度占 4.8%。[③] 目前布隆迪的消费品进口主要来自中国,石油进口绝大部分来自伊朗。近年来,中国是卢旺达的第一大出口对象国,肯尼亚是卢旺达的第一大进口来源国。沙特阿拉伯、也门、阿拉伯联合酋长国、吉布提、肯尼亚等国是索马里主要贸易伙伴,其中沙特为索马里最大的出口市场,吉布提和肯尼亚是索进口货物的主要来源国。2004 年中国成为贝宁最大贸易伙伴。目前冈比亚的进口主要来自中国、塞内加尔、科特迪瓦、巴西、荷兰等。2000 年马里的出口贸易中,巴西占12.1%;进口贸易中,西非国家经济共同体占 22.1%,科特迪瓦占 17.4%,塞内加尔占4.1%。[④] 2003 年,几内亚比绍的出口贸易中,印度占 62.6%,乌拉圭占 23.7%;进口贸易中,塞内加尔占 18.1%,印度占 14.4%,中国占 9.5%。2002 年,安哥拉的出口贸易中,中国约占 11.4%;进口贸易中,南非约占 9.2%、巴西约占 4.3%。2004 年,安哥拉进口贸易中,南非占 12.6%、巴西占 7.6%、中国占 6.5%。2011 年,安哥拉产品出口到中国(占安当年出口总额的 37.7%)、印度(9.5%);进口产品主要来自中国(17.6%)、巴西(6.8%)。2012 年,中安贸易额 375 亿美元,同比增长 35.6%,其中中方出口额 40 亿美元,同比增长 45.1%,进口额 335 亿美元,同比增长 34.6%。中国主

---

①　资料来源:EIU. Country Report:Zimbabwe[R]. 2004:5.

②　资料来源:中华人民共和国商务部网上数据。

③　资料来源:苏丹银行。

④　资料来源:2003 年度经济季评。

要从安哥拉进口原油,向安哥拉出口运输工具、钢材、电器及电子产品等。2003 年,莫桑比克出口贸易中,南非占 17.3%;进口贸易中,南非占 34.5%。2010 年,中、莫两国贸易额为 6.97 亿美元。2012 年,中莫双边贸易额为 13.4 亿美元,同比增长 40.4%,其中中方出口 9.4 亿美元,进口 4 亿美元,同比分别增长 34.4% 和 56.6%。中方向莫主要出口机械及运输设备、纺织品、鞋类、谷物及其制品、金属制品、医药品等,从莫主要进口木材、铁矿砂及其精矿、芝麻。纳米比亚独立后,纳米比亚与南非双边贸易额占纳米比亚对外贸易总额的 2/3。南非是斯威士兰最主要的贸易伙伴,2002 年出口额的 65% 和进口额的 84% 以南非为对象,2008 年分别占斯进、出口总额的 91.8% 和 64.7%。

综上分析,可以看出,非洲以外的发展中国家,尤其是中国、印度和巴西等新兴经济体正日益重视非洲市场。同时非洲国家也日益重视发展同其他大洲的发展中国家之间的贸易关系。南非在南部非洲国家的对外贸易中的重要性正在加强,中东地区国家对非洲一些国家的对外贸易的影响也在扩大。

四、北非出口石油主要流向欧洲市场,西非出口石油基本被北美、欧洲和亚太三分天下;非洲出口天然气主要流向欧洲和亚太地区[①]

2012 年,北非出口石油 129.1 百万吨,其中,流向北美 24.3 百万吨(美国 16.8 百万吨、加拿大 7.5 百万吨)(18.82%);流向欧洲 78.3 百万吨(60.65%);流向亚太地区 20.2 百万吨(中国 11.0 百万吨、印度 4.5 百万吨、日本 0.9 百万吨、新加坡 0.4 百万吨、亚太其他国家和地区 3.4 百万吨)(15.65%);流向中美洲 4.3 百万吨(3.33%);流向澳大拉西亚 1.3 百万吨(1.01%);流向世界其他国家和地区 0.8 百万吨(0.62%)(参见图 6-1-7)。

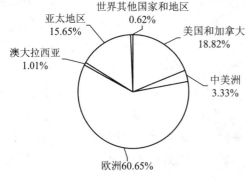

图 6-1-7 2012 年北非石油出口流向

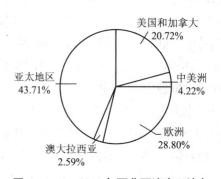

图 6-1-8 2012 年西非石油出口流向

————————

① 数据来源:BP 世界能源统计年鉴 2013 年。

2012 年西非石油出口 227.4 百万吨,其中,流向北美 47.1 百万吨(美国 42.9 百万吨、加拿大 4.2 百万吨)(20.72％);流向欧洲 65.5 百万吨(28.80％);流向亚太 99.4 百万吨(中国 51.6 百万吨、印度 27.3 百万吨、日本 4.9 百万吨、新加坡 0.1 百万吨、亚太其他国家和地区 15.5 百万吨)(43.71％);流向中美洲 9.6 百万吨(4.22％);流向澳大拉西亚 5.9 百万吨(2.59％)(参见图 6-1-8)。

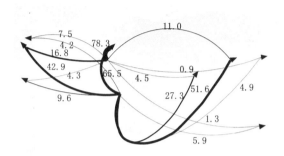

图 6-1-9　2012 年非洲石油出口流向地理分布

非洲的天然气出口主要集中在阿尔及利亚、利比亚、埃及、赤道几内亚和尼日利亚等少数国家。2012 年非洲出口管道天然气 458 亿立方米。2012 年利比亚出口管道天然气 65 亿立方米,全部出口到意大利。2012 年阿尔及利亚的管道天然气出口总量 348 亿立方米,其中出口到欧洲 328 亿立方米,出口到其他非洲国家 20 亿立方米,前者占阿管道天然气出口总量的 94.25％,后者占阿管道天然气出口总量的 5.75％。在出口到欧洲的管道天然气中,出口到意大利 206 亿立方米,出口到西班牙 102 亿立方米,前者占阿管道天然气出口总量的 59.20％,后者占阿管道天然气出口总量的 29.31％(参见图 6-1-10)。

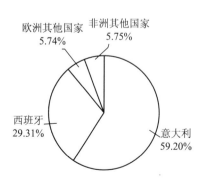

图 6-1-10　2012 年阿尔及利亚管道天然气出口流向分布

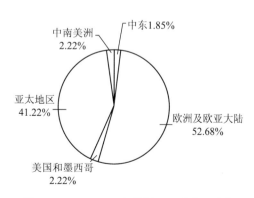

图 6-1-11　2012 年非洲四国液化天然气出口流向

非洲液化天然气主要销往欧洲,其次是亚太地区。2012 年,非洲的阿尔及利亚、埃及、赤道几内亚和尼日利亚 4 个国家,出口液化天然气 541 亿立方米,其中,出口到欧洲及欧亚大陆 285 亿立方米(52.68%),出口到亚太地区(中国、印度、日本、韩国、中国台湾、泰国)223 亿立方米(41.22%),出口到北美洲 12 亿立方米(2.22%),出口到中南美洲 12 亿立方米(2.22%),出口到中东 10 亿立方米(1.85%)(参见图 6-1-11)。从具体国家来看,2012 年,阿尔及利亚的液化天然气出口量 153 亿立方米,其中出口到欧洲 144 亿立方米,出口到亚太地区(中国、印度、日本)9 亿立方米,前者占阿液化天然气出口总量的 94.12%,后者占阿液化天然气出口总量的 5.88%。埃及的液化天然气出口总量 67 亿立方米,其中出口到欧洲 24 亿立方米,出口到亚太地区(中国、印度、日本、韩国、中国台湾)38 亿立方米,前者占埃及液化天然气出口总量的 35.82%,后者占埃及液化天然气出口总量的 56.72%。赤道几内亚液化天然气出口总量 49 亿立方米,其中出口到欧洲 1 亿立方米,出口到亚太地区(日本、韩国、中国台湾)45 亿立方米,后者占赤道几内亚液化天然气出口总量的 91.84%。尼日利亚液化天然气出口总量 272 亿立方米,其中出口到欧洲 116 亿立方米,出口到亚太地区(中国、印度、日本、韩国、中国台湾、泰国)131 亿立方米,前者占尼日利亚液化天然气出口总量的 42.65%,后者占尼日利亚液化天然气出口总量的 48.16%。

第二章

中国与非洲的贸易发展

中国与非洲经贸关系也具有悠久的历史。新中国成立和非洲国家独立开创了中非经贸关系的新纪元,中国政府在"平等互利、讲求实效、形式多样、共同发展"四项原则的基础上,积极推动同非洲国家的经济技术合作。随着改革开放的不断深入,非洲已成为中国实施"市场多元化"战略和"走出去"战略的重点地区。进入新世纪,在中非合作论坛的框架下,中非关系快速发展,逐步发展为新型战略伙伴关系,为中非贸易的进一步发展打开了新局面。

第一节 中非贸易发展的四个阶段

当代的中非贸易往来始于 1950 年,在随后的半个多世纪里,中非贸易规模逐步扩大,由最初的 0.12 亿美元增长到 700 多亿美元,贸易伙伴由一两个增加到 50 多个,所涉及的领域也由原材料等初级产品发展到纺织、机电等劳动、资本密集型工业制品,进出口商品结构日趋优化。在支付方式上,中非贸易也经历了记账贸易、易货贸易、现汇双轨制贸易,直至当前以现汇贸易为主的几个阶段。

一、初步发展阶段(1949—1978 年)

1949 年新中国成立时,非洲大多数国家尚未取得政治独立或经济独立,仅有极少数非洲国家与中国有经贸往来,且以民间贸易方式进行。1950 年,与中国有贸易往来的只有摩洛哥和埃及,贸易额仅为 1214 万美元,占当时中国对外贸易总额的 1‰;1951 至 1955 年,中非贸易额稳步增长,由 663 万美元增加至 3474 万美元,翻了两番多。1955 年,召开的万隆会议促进了亚非国家的团结合作,并推动了非洲的民族解放运动。以 1956 年中埃建交为起点,独立后的非洲各国纷纷与中国建立正式的外交关系,并签订双边贸易协定和贸易支付协议,中非间的贸易方式也由民间贸易发展到官方贸易,贸易规模快速扩张。到 1959 年,已有 19 个非洲国家和地区同中国建立了贸易关系①,中非贸易额也增长至 9087 万美元,但这一时期,中国在非洲的贸易伙伴仍几乎全部集中在北部地区。除个别年份外,20 世纪 50 年代,中国对非洲的贸易基本上处于逆差状态,中国从非洲进口棉花、磷酸盐等农矿产品,向非洲出口茶叶、粮油产品、轻工产品、钢材和机械产品等。②

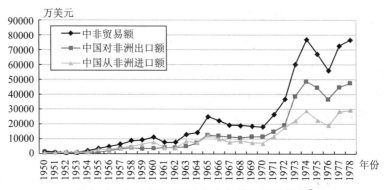

图 6-2-1　1950—1978 年中非进口贸易状况③

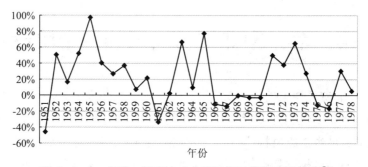

图 6-2-2　1950—1978 年中非进口贸易额年度增长率④

　　1960 年,中非贸易额首次突破 1 亿美元,但随后受中苏关系和中国国内自然灾害的影响,在 1961 和 1962 年大幅下降,1963 年得到恢复并超过 1960 年增长至 1.27 亿美元。到 1965 年,中非贸易额已增至 2.47 亿美元,进口和出口额均首次过亿美元,达到整个 60 年代的巅峰。而其后由于中国国内"文化大革命"的影响,中非贸易额出现连续的小幅下降,到 1969 年已降至 1.82 亿美元,但贸易平衡状态逐渐由逆差转向顺差。20 世纪 60 年代,中国对非洲的贸易也一改以往以逆差为主的状态,开始

　　①　于培伟:《中非贸易前途无量——中非贸易半个多世纪的发展回顾与展望》,载《经济研究参考》,2006年第 96 期。
　　②　沈觉人:《当代中国对外贸易》,北京:当代中国出版社,1992 年,第 351 页。
　　③　资料来源:根据《中国对外经济贸易年鉴 1984》相关数据整理计算所得。
　　④　资料来源:根据《中国对外经济贸易年鉴 1984》相关数据整理计算所得。

转向顺差,中国从非洲的进口仍以棉花、磷酸盐以及手工艺品为主,而出口商品中,纺织和服装等轻工产品逐步取代茶叶①、粮油等农产品成为中国对非洲出口的主要商品,机械、五金矿产和化工产品的出口也有所增加。② 20 世纪 60 年代,中国积极发展非洲的贸易伙伴,在巩固北非贸易的同时开展同撒哈拉以南非洲地区的贸易,到中非贸易巅峰的 1965 年,中国已同 38 个非洲国家和地区建立了贸易关系,同 12 个国家签订了政府间的贸易支付协定③,中国同北非各国的贸易额占对非洲贸易总额的 60.95%,同撒哈拉以南非洲地区的贸易额占比达到 39.05%。这一时期,由于外汇短缺、资金不足等问题,中非贸易往来主要采用易货贸易方式,以记账支付结算,在促进贸易发展的同时也扩大了贸易品种。

1971 年,中国恢复了在联合国的合法席位,这进一步推动了中非关系,特别是中非贸易的发展,当年中非贸易额达到 2.64 亿美元,一举超过了 20 世纪 60 年代最高的 2.47 亿美元,随后几年更是节节攀升,到 1974 年时已增至 7.70 亿美元,达到中国改革开放前中非贸易的最好成绩。随着中国粮油食品以及物美价廉的纺织品大量销往非洲,整个 20 世纪 70 年代的中非贸易始终保持着中国顺差的局面,且在 1973 年后顺差额均超过 1 亿美元。同时,随着非洲各国工农业生产的不断发展,中国从非洲进口商品的种类也增加到 30 多种,并一改以往几乎全部进口初级产品的情况,工业制成品和半制成品的比重达到 40% 左右。到 20 世纪 70 年代末,与中国建立贸易关系的非洲国家和地区达到 47 个,与中国签署贸易协定的非洲国家也达到 30 个④,主要采用现汇贸易与记账贸易并行的方式进行支付。

二、徘徊前进阶段(1979—1989 年)

1978 年以后,中国制定了以经济建设为中心,对内改革、对外开放的基本国策,外贸体制和对非贸易政策都进行了初步的改革与调整,对中非贸易发展造成了一定影响;同时,非洲经济在这一阶段陷入严重困难,总体贸易出现负增长,对中国的出口也有所减少,使得中非贸易在 20 世纪 80 年代处于徘徊前行的状态。1985 年,非洲统一组织通过了《1986—1990 年非洲经济复兴优先计划》,第 13 届特别联大专门审议非洲经济问题,并通过《联合国 1986—1990 年非洲经济复兴和发展行动纲领》,标志着非洲经济开始进入全面调整阶段并逐步走向复兴。

---

①　资料来源:根据《中国对外经济贸易年鉴 1984》相关数据整理计算所得。

②　于培伟:《中非贸易前途无量——中非贸易半个多世纪的发展回顾与展望》,载《经济研究参考》,2006 年第 96 期。

③　于培伟:《中非贸易前途无量——中非贸易半个多世纪的发展回顾与展望》,载《经济研究参考》,2006 年第 96 期。

④　于培伟:《中非贸易前途无量——中非贸易半个多世纪的发展回顾与展望》,载《经济研究参考》,2006 年第 96 期。

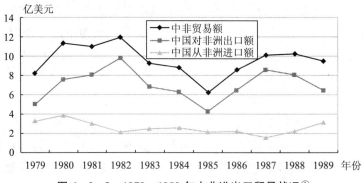

图 6-2-3　1979—1989 年中非进出口贸易状况①

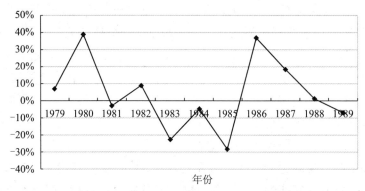

图 6-2-4　1979—1989 年中非贸易额增长率②

　　1979 年为改革开放后的第一年,中非贸易延续了 1976 年"文化大革命"结束后的恢复势头,并超过改革开放前的最好成绩,达到 8.17 亿美元。在随后的 1980 年,中非贸易额首次突破了 10 亿美元大关,达到 11.31 亿美元,上了一个新的台阶。20世纪 80 年代初,在对非洲出口不断增加的推动下,中非贸易额连续 3 年超过 10 亿美元,但随后一度陷入困境,到 1985 年已降至 6.27 亿美元,为整个 20 世纪 80 年代的最低点。20 世纪 80 年代后半期,中非贸易开始逐步回升,逐渐接近 20 世纪 80 年代初期的水平。这一时期,由于非洲对中国出口的减少,中国在对非贸易中一直处于顺差,出口金额较大的商品有轻工业品、纺织品、茶叶、化工原料、文体用品、机电产品、工农具等③,从非洲进口的主要是棉花、磷酸二胺、三料过磷酸钙、磷酸盐、尿素等③。到 20 世纪 80 年代末,同中国建立贸易关系的非洲国家和地区已达到 50 多个,同中国签订政府间贸易协定的非洲国家也增加到 40 个④,中国与摩洛哥的双边

---

① 资料来源:根据 1984—1990 年《中国对外经济贸易年鉴》相关数据整理计算所得。
② 资料来源:根据 1984—1990 年《中国对外经济贸易年鉴》相关数据整理计算所得。
③ 资料来源:根据 1990 年《中国对外经济贸易年鉴》相关数据整理计算所得。
④ 资料来源:根据 1990 年《中国对外经济贸易年鉴》相关数据整理计算所得。

贸易额超过了 1 亿美元,与另外 5 个非洲国家双边贸易额超过 5000 万美元。从区域分布看,中国北非的贸易伙伴包揽了近一半的贸易份额,在另一半中,中西非地区占比超过 40%,而东南非地区仅占 10% 左右。

表 6-2-1　1989 年中国在非洲主要贸易伙伴[①]　　　（单位:万美元;%）

国　家	进出口		进口		出口	
	金额	占比	金额	占比	金额	占比
埃及	7390	7.77	6661	10.48	729	2.31
利比亚	5518	5.80	4251	6.69	1267	4.02
摩洛哥	13823	14.54	7075	11.14	6748	21.40
苏丹	6594	6.94	2133	3.36	4461	14.15
扎伊尔	9971	10.49	9971	15.70	0	0.00
津巴布韦	9279	9.76	1690	2.66	7589	24.07
合　计	52575	55.31	31781	50.03	20794	65.95

由于这一时期非洲国家发生经济困难,外汇短缺等情况,中非之间在进行现汇贸易的同时,根据非洲国家的不同情况,还采取易货贸易、对销贸易等灵活的方法,并通过开展转口贸易、派驻贸易小组、举办展销会等多种形式,使中国同非洲国家的贸易进入全面发展时期。同时,中国还与阿尔及利亚、利比亚、摩洛哥、突尼斯等 22 个国家先后成立了经济、贸易和技术混合委员会,并坚持定期和不定期地举行会议,签订并执行双方达成的会议纪要,有力地促进了双边贸易的发展。[②] 为进一步开拓国际市场、扩大对非贸易,中国有关外贸专业总公司和地区外贸公司在非洲设立了150 多个贸易中心或办事处,以及 200 多个贸易公司和分拨中心,初步形成了在非洲地区的销售网络,对中非贸易的发展起到了一定的推动作用。[③] 此外,中国还利用自身改革开放以及经济建设的经验,并结合非洲国家工业发展的情况,在当地建立独资或合资企业,从中国进口半成品和零部件,开展加工装配,积极利用投资带动贸易发展。

三、稳定增长阶段(1990—1999 年)

20 世纪 90 年代,随着非洲民族解放事业的完成,非洲国家开始致力于经济建

---

① 资料来源:根据 1990 年《中国对外经济贸易年鉴》相关数据整理计算所得。
② 沈觉人:《当代中国对外贸易》,北京:当代中国出版社,1992 年,第 351 页。
③ 于培伟:《中非贸易前途无量——中非贸易半个多世纪的发展回顾与展望》,载《经济研究参考》,2006年第 96 期。

设,调整经济结构,制定促进经济发展的各项措施,提高了非洲整体对外贸易的水平。1990年7月,第26届非洲统一组织首脑会议决定将非洲国家工作重点转向经济方面,努力加强经济合作和实现经济一体化。中国在经过十几年改革开放的摸索后,积累了一定的经验,为了进一步打开国际市场,自1991年起实施市场多元化战略,并将非洲列为重点开拓的市场之一。

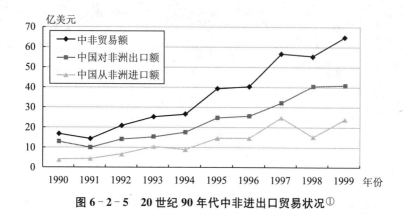

图 6-2-5   20 世纪 90 年代中非进出口贸易状况①

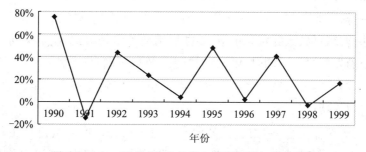

图 6-2-6   20 世纪 90 年代中非贸易额年增长率②

　　1991年,中非贸易额为14.26亿美元,其中出口不足10亿美元,为20世纪90年代的最低点,其后,中非贸易额除1998年外均保持上升态势,至1999年已增至64.84亿美元,是1991年的4.55倍。由于中国经济的快速发展,20世纪90年代,中国对非洲出口商品结构日趋优化,由初期以纺织品和轻工产品等劳动密集型产品为主转变为以技术含量和附加值较高的机电产品和高新技术产品为主。1999年,中国对非洲出口机电产品14.84亿美元,占出口总额的36.1%,位于出口榜首,其次为纺织品和服装,出口额为10.28亿美元,占出口总额的25%,其他还有轻工业产品、鞋类、粮油食品、茶叶等;而中国从非洲进口的产品则以原油、原木、矿产品、钻石、液化石油气、

①　资料来源:根据 1991—2000 年《中国对外经济贸易年鉴》相关数据整理计算所得。
②　资料来源:根据 1991—2000 年《中国对外经济贸易年鉴》相关数据整理计算所得。

肥料等原料性产品为主,其中进口原油 725 万吨,金额为 8.76 亿美元,占中国从非洲进口总额的 36.9%。[①]

这一时期,中国进一步扩大非洲的贸易伙伴,到 20 世纪 90 年代末,同中国签订贸易协定的非洲国家达到 39 个,与中国有贸易关系的国家和地区已扩展到整个非洲。特别是 1998 年,中国同非洲经济最发达的南非建立正式外交关系,促进了两国经济贸易的发展,当年南非即成为中国在非洲最大的贸易伙伴,双边贸易额达到 15.58 亿美元,占中非贸易总额的 28.15%,大大加速了中国与南部非洲地区的贸易往来。1990 年,中国对非贸易额超过 1 亿美元的仅有苏丹 1 个国家,到 1999 年已增至包括南非、埃及、尼日利亚、安哥拉等在内的 14 个国家。

表 6 - 2 - 2　1999 年中国过亿美元的非洲贸易伙伴[②]　　（单位:亿美元;%）

国家	进出口		进口		出口	
	金额	占比	金额	占比	金额	占比
南非	17.22	26.56	8.61	20.96	8.61	36.25
埃及	7.50	11.57	7.16	17.43	0.34	1.43
尼日利亚	5.78	8.91	3.96	9.64	1.82	7.66
安哥拉	3.72	5.74	0.16	0.39	3.56	14.99
摩洛哥	3.09	4.77	2.54	6.18	0.55	2.32
加蓬	2.86	4.41	0.07	0.17	2.79	11.75
苏丹	2.83	4.36	2.29	5.57	0.53	2.23
阿尔及利亚	2.22	3.42	1.6	3.89	0.62	2.61
科特迪瓦	2.06	3.18	1.98	4.82	0.08	0.34
赤道几内亚	1.70	2.62	0.03	0.07	1.67	7.03
贝宁	1.62	2.50	1.59	3.87	0.02	0.08
突尼斯	1.26	1.94	0.97	2.36	0.28	1.18
加纳	1.14	1.76	1.10	2.68	0.05	0.21
肯尼亚	1.06	1.63	1.01	2.46	0.05	0.21
合计	54.06	83.37	33.07	80.50	20.97	88.29

为了进一步扩大中非贸易,20 世纪 90 年代,中国与非洲国家经贸代表团互访频繁,并在访问期间举行经济、贸易和技术混合委员会会谈,商讨双边经贸关系的发展

---

① 参见《1999 年中国与非洲国家的经贸关系》,对外贸易经济合作部西亚非洲司协调处,《中国对外经济贸易年鉴 1999/2000》,第 460 页。

② 资料来源:根据 2000 年《中国对外经济贸易年鉴》相关数据整理计算所得。

问题。越来越多的中国企业通过举办展览会、进行现货销售等方式开展对非贸易，使得越来越多物美价廉的中国商品进入非洲市场。随着中国"大经贸"战略的实施，中国对非洲的贸易不再是局限于"为贸易而贸易"的单一形式，而是通过对外援助、承包工程、直接投资等多种途径促进贸易的发展，如中国对非洲国家的优惠贴息贷款援助项目和互利合作项目扩大了技术和成套设备的出口，并在非洲国家建立各种各样的加工企业，开展境外加工贸易，不仅促进了当地产业结构的升级和向第三国的出口，而且也带动了中国国产设备及零部件的出口。在实施以质取胜的战略过程中，为了提高中国产品在非洲市场的信誉和售后服务水平，中国还在一些非洲国家建立出口汽车、摩托车、自行车、缝纫机等机电产品的维修服务网点，推动了中国商品对非洲的出口。

四、快速发展阶段（2000 年至今）

为了进一步加强中非之间的合作与交流，共同应对经济全球化挑战，2000 年 10 月，中非双方共同创立了"中非合作论坛"，并在中国北京召开了第一次会议，开启了中非合作的新纪元。这一论坛的成立，极大地推动了在新形势下中非长期、稳定、全面发展的伙伴关系，加强了中国与广大非洲国家的经贸联系，并为双方友好合作关系的持续发展奠定了良好的基础。2003 年，中非合作论坛在埃塞俄比亚召开了第二次会议，在双边贸易、能源合作等方面达成了多项共识。2006 年，中非合作论坛北京峰会暨第三届部长级会议在北京举行，时任中国国家主席胡锦涛在开幕式上宣布了中国加强对非务实合作、支持非洲发展的 8 项政策措施。2009 年，中非合作论坛第四届部长级会议在埃及沙姆沙伊赫举行，时任中国国务院总理温家宝在会议开幕式上发表了《全面推进中非新型战略伙伴关系》的讲话，代表中国政府宣布了对非合作 8 项新举措。2012 年 8 月，中非合作论坛第五届部长级会议再次在北京召开，时任中国国家主席胡锦涛在开幕式上宣布，今后 3 年，中国政府将采取措施在 5 个重点领域支持非洲和平与发展事业，推进中非新型战略伙伴关系。

进入 21 世纪后，随着中非合作论坛历届部长级会议的成功召开，以及各项推进中非合作的举措的不断落实，中国与非洲国家的进出口商品贸易增长更加迅速。2000 年至 2011 年，中非贸易保持了年均 28％的强劲增长势头，先后跨越了 4 个重要台阶：2000 年突破 100 亿美元，2006 年突破 500 亿美元，2008 年突破 1000 亿美元，2011 年达到了创纪录的 1663 亿美元。中国自 2009 年超过美国成为非洲第一大贸易伙伴国，之后连续多年保持这一地位。

近年来，中国不断加大对非洲商品的市场开放力度。为促进非洲产品对华出口，中国自 2005 年起，给予建交的非洲最不发达国家部分输华商品零关税待遇，并不断扩大受惠商品范围。截至 2012 年 1 月 1 日，与中国建交的 30 个非洲最不发达国家均已开始享受 60% 商品对华出口零关税政策。这些国家对中国出口受惠商品快速增加。截至 2011 年年底,中国从非洲进口零关税项下商品货值共计 730 多亿美元,主要包括农产品、矿产品、皮革、石材、纺织服装、机械零部件、贱金属、木制品等。

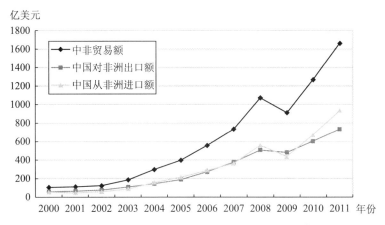

图 6 - 2 - 7　2000 年以来中非贸易发展情况①

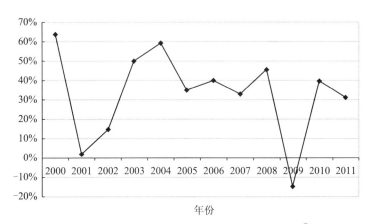

图 6 - 2 - 8　2000 年以来中非贸易额年增长率②

　　随着中非贸易规模的扩大,中国对非洲出口商品结构更加优化,机电和高新技术产品出口进一步增加,占到了中国对非出口总额的一半以上,中国从非洲的进口仍以原料性商品为主。中国在非洲的贸易伙伴已遍布非洲各个角落。2011 年,中国对非洲出口超 10 亿美元的国家达 14 个,中国从非洲进口超 10 亿美元的国家达 12

　　① 资料来源:根据 2001—2003 年《中国对外经济贸易年鉴》、2004—2012 年《中国商务年鉴》,以及商务部进出口统计相关数据整理计算所得。
　　② 资料来源:根据 2001—2003 年《中国对外经济贸易年鉴》、2004—2012 年《中国商务年鉴》,以及商务部进出口统计相关数据整理计算所得。

个,进出口市场相对集中,前十大贸易伙伴合计分别占据了中非贸易总额、进口总额和出口总额的 77.2%、85.8%和 66.2%。

表 6-2-3　2011 年中国在非洲主要贸易伙伴①　　　（单位:亿美元;%)

国家	进出口		进口		出口	
	金额	占比	金额	占比	金额	占比
南非	454.3	27.3	320.7	34.4	133.6	18.3
安哥拉	277.1	16.7	249.2	26.7	27.8	3.8
苏丹	115.3	6.9	95.4	10.2	19.9	2.72
尼日利亚	107.9	6.5	15.8	1.69	92.1	12.6
埃及	88.0	5.3	15.2	1.63	72.8	9.96
阿尔及利亚	64.2	3.9	19.5	2.09	44.7	6.11
刚果(布)	51.6	3.1	46.7	5.01	4.9	0.67
利比里亚	50.1	3.0	0.4	0.04	49.7	6.8
刚果(金)	39.9	2.4	31.7	3.4	8.3	1.14
摩洛哥	35.2	2.1	4.8	0.5	30.4	4.16
合计	1283.6	77.2	799.4	85.8	484.2	66.2

第二节　近年来中非贸易发展的新特点

进入 21 世纪,中国经济继续高速增长,特别是 2001 年中国加入 WTO 以后,对外开放的程度达到了更高的层次,对外贸易也在国际上占据了更为重要的位置。而非洲国家为应对经济全球化的冲击,也开始致力于区域化建设,非洲各国联合起来共同发展经济。2002 年非洲联盟的成立使非洲国家间的团结合作进一步加强,并以更加独立和积极的姿态参与国际经济合作。与此同时,随着中非合作论坛历届部长级会议的成功召开,以及各项推进中非合作的举措不断落实,中国与非洲国家的进出口商品贸易增长更加迅速。特别是自 2008 年下半年以来,在金融危机席卷全球、世界经济复苏乏力、欧洲主权债务危机持续恶化的情况下,中国与非洲国家之间的经贸合作依然取得不俗成绩。当前,中非贸易展现出一些新的特点。

---

① 资料来源:根据商务部西亚非洲司贸易统计相关数据整理计算所得。

一、贸易规模迅速扩大

2000 年以来,中非贸易发展最显著的特点就是规模迅速扩大,增速大幅加快。20 世纪 50 年代,中非贸易额由 0.12 亿美元增长到 0.91 亿美元,由于基数较小,虽始终未过亿美元,但年均增幅达到 25.06%;60 年代,中非贸易额由首次过亿的 1.12 亿美元增长到 1.82 亿美元,年均增幅为 5.71%;到了 70 年代,中非贸易额由 1.77 亿美元增长到 8.17 亿美元,翻了两番多,年均增幅达到 17.53%;80 年代,中非贸易出现波折,由 11.31 亿美元回落至 9.51 亿美元;90 年代,中非贸易迅速回升,由 16.65 亿美元增长到 64.84 亿美元,又翻了近两番,年均增幅达到 16.31%;而到了 21 世纪,中非贸易额在原有的基础上迅速扩张,由 105.98 亿美元增长到 2011 年的 1663.19 亿美元,增加了 14 倍多,年均增幅 28.44%,比 20 世纪增速最快的 50 年代还要高出 3 个百分点。2009 年,中国首次超过美国成为非洲最大的贸易伙伴国,此后连续多年保持这一地位。

二、贸易商品结构有所改善

在中非贸易发展的过程中,进出口商品结构日趋多样化,结构不断改善。由于历史原因,许多非洲国家经济结构相对单一,工业基础比较薄弱,中非贸易发展之初,非洲国家出口的商品主要是农矿产品,而从中国进口的商品也以茶叶和粮油等农产品为主。随着中非经济的发展,非洲进口的商品转变为以制成品为主,其次是食品和燃料,而出口的商品以燃料为主,其次为制成品和食品;与非洲国家不同,中国的进出口商品结构主要以工业制成品为主,初级产品的比重很低。中国与非洲的进出口商品结构长期存在较强的互补性,中国需要进口非洲的石油、木材、铜、铬等各种初级产品,也需要非洲庞大的市场;非洲国家需要中国价廉物美的轻工、机电、农机和日用生活产品,需要中国的技术和投资,特别需要中国不附加任何政治条件的援助和各种经济技术友好合作,中非贸易发展的动力十分强劲。

进入 21 世纪,中国对非洲出口商品的领域进一步拓宽、结构进一步优化,由劳动密集型产品转向资本技术密集型产品,其中技术含量和附加值较高的机电产品和高新技术产品已占据出口总额的半壁江山,家电、手机、汽车等产品逐渐进入非洲国家,大量非洲经济发展需要的机械设备及零部件等产品源源不断地出口到非洲国家。中国自非洲进口商品主要包括原油、铁、铜等矿产品和农产品。2011 年,中国从非洲进口原油占中国从非洲进口总额的 50.5%,占中国当年原油进口总量的 23.9%。近年来,中国自非洲进口上述产品的金额的增长率几乎都大于数量的增长率。这说明,随着资源能源类产品价格的升高,非洲国家开始从中非贸易中得到更多的好处。同时也应看到,中国自非洲进口产品以能矿产品居多,也是由非洲的出口结构决定的,世界各主要国家与非洲的贸易都呈现出类似的特点。

表 6-2-4　2011 年中国对非洲进出口商品结构①

中国对非洲出口		中国从非洲进口	
主要商品	占比	主要商品	占比
机电产品	47.90	原油	50.50
纺织品	12.00	铁矿砂及其精矿	7.82
高新技术产品	9.21	未锻造的铜及铜材	4.46
服装	6.63	农产品	2.41
合计	75.7	合计	65.20

三、贸易方式多样化

改革开放以来,中国经济蓬勃发展,随着"大经贸"战略和"走出去"战略的实施,越来越多的国营、民营和三资企业走出国门,积极利用国内外两个市场、两种资源谋求更快更好的发展。近年来,非洲总体政局趋于稳定,大多数国家都将经济发展置于各项工作的首位,实行对外开放政策,而中国的生产技术水平与产业结构同非洲国家相比具有一定的比较优势,非洲已成为中国企业重点开拓的市场之一。中非贸易也不仅仅局限于一般贸易,而是发展为一般贸易与对外投资、承包工程、对外援助等多种经济合作方式相结合的贸易方式,投资带贸易、工程带贸易的特点十分突出。截至 2011 年年底,中国对非直接投资存量达 162.44 亿美元,投资项目分布在包括南苏丹在内的 51 个国家,涉及贸易、生产加工、资源开发、交通运输、农业及农产品综合开发等多个领域。在工程承包领域,2011 年,中国在非洲完成承包工程营业额 361.2 亿美元,涉及房屋建筑、石化、电力、交通运输、通信、水利等各个领域,非洲已成为中国第二大海外承包工程市场,占到中国对外承包工程完成营业额的 3 成。中国通过鼓励和组织实力强、能够发挥比较优势的各类企业到非洲投资建厂、开展项目合作,将成熟的技术和设备作为实物投资,帮助非洲企业充分利用当地资源优势和外来技术支持,以实现非洲贸易的稳定增长,既提高了非洲国家自主建设的能力,又促进了中国的技术、设备及工业半成品的输出,形成互惠互利的合作形式。

四、贸易促进平台和政策日益丰富

近年来,中国不断加大对非洲商品的市场开放力度,促使中非贸易向更深更广领域推进,促进区域市场的协调发展。截至 2011 年年底,中国已经与非洲 51 个国家建立了双边经贸混(联)委会机制,同 34 个非洲国家签署了《双边促进和保护投资协定》。

---

① 资料来源:根据商务部西亚非洲司贸易统计相关数据整理计算所得。

此外,为促进非洲商品进口,中国还在浙江省义乌市国际商贸城设立非洲商品展销中心。展销中心于 2011 年 5 月正式开业,目前已汇集了津巴布韦、突尼斯、埃及等 20 多个国家的 2000 余种商品,包括葡萄酒、民间古董乌木雕刻、咖啡、纺织品等特色商品。目前,毛里塔尼亚、多哥、摩洛哥等国家的贸易商正探讨申请入驻事宜。

近年来,非洲区域一体化组织在推进非洲经济社会发展、维护地区和平与稳定方面扮演着越来越重要的角色,特别是非盟以及西共体、南共体、东南非共同市场等地区组织的影响力日益凸显。中国也日益重视与非洲区域及次区域组织的经贸及其他领域合作。2011 年,中国与东非共同体(东共体)签署《经贸合作框架协定》,这标志着中国与东共体正式建立经贸合作机制,这也是中国与非洲次区域组织建立的首个经贸合作机制。2012 年非盟委员会加入中非合作论坛,2012 年 10 月,中国又与西非经济共同体(西共体)签订了经贸合作框架协定。此外,中国还向非洲地区组织提供了一定资金援助,以支持其制度建设和维和行动。

第三节　中非贸易面临的问题与挑战

一、占中国对外贸易总额的比重仍然较小

中非贸易虽经历了半个多世纪的发展,但其所占双方对外贸易总额的比重一直

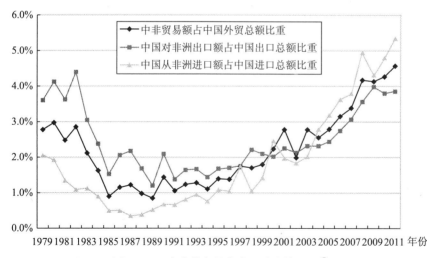

图 6-2-9　中非贸易占中国外贸的比重①

———————————

① 资料来源:根据历年《中国对外经济贸易年鉴》《中国商务年鉴》,以及商务部进出口统计相关数据整理计算所得。

相对较小。对于中国而言,20 世纪中非贸易额占中国对外贸易总额的比重始终在 1‰至 3‰之间,近年来,中非贸易额虽大幅提高,但到 2011 年,中非贸易额也仅占中国对外贸易总额的 5.35%,远远低于亚洲其他国家、欧洲和北美洲所占比重,也低于拉丁美洲,仅高于大洋洲 1 个百分点。中非贸易的比重较小决定了其对中国经济发展的拉动作用还颇为有限。

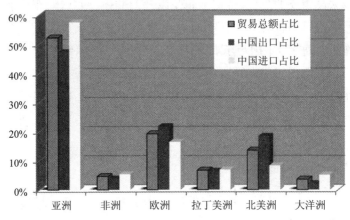

图 6 - 2 - 10　2011 年中国与各大洲贸易在中国外贸中的地位①

二、贸易不平衡

20 世纪 60 年代中期以来,中国在中非贸易中始终保持顺差地位,而且顺差额随着中非贸易规模的扩大逐渐增加。1965 年,中国对非贸易顺差额仅为 225 万美元,占当年中非贸易额的 0.91%。1973 年,贸易顺差首次过亿美元,达到 1.63 亿美元,占当年中非贸易额的 26.99%。20 世纪 80 年代,由于非洲出现经济困难,出口规模大幅缩减,中国对非贸易顺差尤为严重,顺差额占中非贸易总额的比重始终在 30% 以上,1987 年甚至达到 69.36%,为历史最高。20 世纪 90 年代,由于中国经济的快速增长,出口规模迅速扩大,到 1998 年中国对非贸易顺差达 25.83 亿美元,占当年中非贸易额的 46.66%。进入 21 世纪,为了履行第一届中非合作论坛期间所做出的承诺,中国积极制定关税优惠等各项政策,促进从非洲国家的进口。2004 年,中国在对非贸易中出现 40 年来的首次逆差,逆差额为 18.30 亿美元,随后的两年,中国虽一直处于逆差地位,但逆差主要来源于一些资源大国,对多数非洲国家仍保持较大的顺差。到了 2007 年,中国对非贸易再次出现顺差,但仅占当年中非贸易额的 1.37%,说明中国多项促进从非洲进口的政策取得一定成果。此后,除在全球金融危机发生的 2009

---

①　资料来源:根据历年《中国对外经济贸易年鉴》《中国商务年鉴》,以及商务部进出口统计相关数据整理计算所得。

年外,其他年份中非贸易基本呈现出逆差不断扩大的趋势。特别是 2011 年,中非贸易逆差额达到 201.22 亿美元,占当年中非贸易额的 12%。

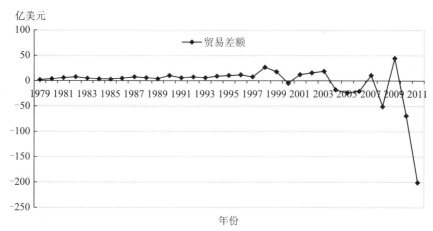

图 6 - 2 - 11　中国与非洲进出口贸易差额情况①

三、商品质量和品牌形象尚需提高

近年来,中非贸易额虽大幅增长,中国出口非洲的商品结构也日趋优化,但非洲市场,尤其是高档产品进口市场仍被欧美国家占据。而中国出口非洲的商品主要是纺织品、服装、五金等中低档日用品,以劳动和材料密集型产品为主,附加值较低,产品种类虽多,但档次和质量不高,更缺少知名品牌,这导致在很多非洲国家和地区将中国商品与"廉价"、"低档"联系起来。此外其中掺杂的一些有质量问题的走私产品,也影响了中国商品的信誉和整体形象。同时,从经营业态来看,欧美国家在非洲主要经营超市、高档商品经销店和连锁商店等,而中国则多数是物资批发和零售兼顾的"华人街"、"中国城"等综合性实体,不利于中非贸易结构的进一步提升。

四、面临贸易摩擦和舆论压力

由于部分非洲国家的产业结构与中国具有一定的趋同性,近年来,随着中国具有竞争优势的产品大量进入非洲市场,对其相关产业造成一定的冲击,由此被提起反倾销调查;而且,部分国家出口资源和物产比较单一,与中国存在的巨额贸易逆差也导致中非国家间贸易摩擦增加。这类摩擦目前涉及的国家不多(主要是南非和埃及)、金额也较小,但案件数量较多,并且有向多个领域延伸的态势。究其原因,主要

---

① 资料来源:根据历年《中国对外经济贸易年鉴》、《中国商务年鉴》,以及商务部进出口统计相关数据整理计算所得。

是中非产业结构趋同、部分非洲国家进口商的不规范行为以及中国出口商的恶性低价竞争导致出口商品质量低劣等。为提升对非洲出口商品的质量,从 2010 年 12 月到 2011 年 3 月,中国商务部等九部委联合开展打击对非洲出口假冒伪劣和侵犯知识产权商品的专项治理行动,并取得了较好成效。

此外,中非贸易还面临着日益严峻的舆论环境。近年来,随着世界经济发展对能源、原材料和市场需求的不断扩大,非洲的国际地位日渐提高,西方国家对非洲的关注也与日俱增。在非洲竞争程度的加剧,再加上中西文化和价值观等方面的差异,中非贸易活动动辄被冠以"掠夺资源"、"倾销商品"等指责,这些问题需要未来在政府支持下,通过规范企业行为、引导企业注重社会责任,并通过大力宣传和沟通,从而逐步澄清舆论、解决纷争。

第四节 中国与非洲主要贸易伙伴的贸易关系

在非洲 54 个国家当中,中国与南非、安哥拉、苏丹、尼日利亚和埃及等国家的贸易往来最为密切,主要原因一方面是伙伴国经济发展程度较高、对生活必需品和基础设施建设的市场需求旺盛、发展潜力较大;另一方面,中国还通过"石油换基础设施"等灵活多样的方式,与安哥拉等国开展了一揽子经贸合作。

一、中国—南非双边贸易发展

1998 年 1 月 1 日,中南正式建立外交关系后,两国经贸关系发展较快,相继签订了投资保护协定、经贸联委会协定、贸易经济和技术合作协定、科学技术合作协定、动植物检疫检验合作协定、避免双重征税协定、航空协定、海运协定等经贸合作协议。2004 年,南非宣布承认中国市场经济地位。2006 年 6 月,温家宝总理对南非进行正式访问,双方签署《关于深化战略伙伴关系的合作纲要》,鼓励扩大双边贸易,以实现平衡、互利的贸易关系,两国将鼓励各自企业寻求发掘贸易潜力的机会。2007年,在努卡副总统访华期间,两国召开了经贸联委会第三次会议。2010 年,南非总统访华期间,两国签署《关于建立全面战略伙伴关系的北京宣言》,中南合作关系进一步加深。

南非是中国在非洲的最大贸易伙伴。2011 年,双边贸易额达到 454.28 亿美元,同比增长 76.7%,占中国与非洲国家贸易总额的 27.3%。其中,中国向南非出口 133.63 亿美元,同比增长 23.7%;自南非进口 320.65 亿美元,同比增长 115.2%。中南双边贸易中,中方由原先的少量顺差变为现在大量逆差的状态。

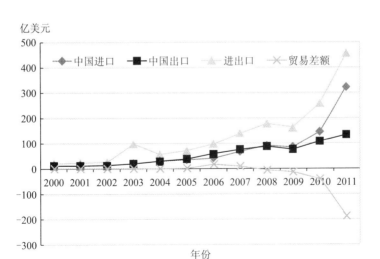

图6-2-12　近年来中国与南非贸易发展情况[①]

表6-2-5　中国与南非主要贸易产品结构[②]

		金额(亿美元)						占比(%)					
		2006	2007	2008	2009	2010	2011	2006	2007	2008	2009	2010	2011
出口	85	8.45	11.5	16.2	12.6	19.38	22.21	14.65	15.48	18.85	17.1	17.94	16.62
	84	7.94	11.3	13.4	11.7	17.02	20.23	13.77	15.21	15.59	15.9	15.75	15.14
	61	6.67	8.38	4.87	5.19	8.69	9.66	11.56	11.28	5.667	7.05	8.044	7.229
	62	5.71	4.11	4.72	5.04	6.81	8.28	9.9	5.532	5.493	6.84	6.304	6.196
	64	2.93	3.44	4.1	4.45	5.69	7.07	5.08	4.631	4.771	6.04	5.267	5.291
	小计	31.7	38.73	43.29	38.98	57.59	67.45	54.96	52.13	50.38	52.9	53.31	50.48
进口	26	12.6	19.3	40.3	40.25	60.1	88.22	30.82	29.18	43.66	46.3	40.48	27.51
	71	11.86	13.4	17	17.07	23.42	33.04	29.01	20.26	18.42	19.6	15.78	10.3
	72	2.99	8.3	9	10.17	10.86	13.81	7.314	12.55	9.75	11.7	7.315	4.307
	27	1.9	10.9	1.56	0.7	7.11	11.76	4.648	16.48	1.69	0.81	4.789	3.668
	小计	29.35	51.9	67.86	68.19	101.49	146.83	71.8	78.48	73.51	78.4	68.36	45.79

中国对南非出口的主要商品为第85章和84章(机电、音像设备及其零附件)、第61章和62章(服装及衣着附件),以及64章(鞋靴等);出口金额由2006年31.7亿美元增加到2011年67.45亿美元,2011年主要商品出口额占中国对南非出口总额的

① 数据来源:UNCOMTRADE 数据库。
② 数据来源:根据 UNCOMTRADE 数据库相关数据计算。

913

50.48%。从南非主要进口第 26 章（矿砂等）、第 71 章（珠宝、贵金属及制品）、第 72 章（钢铁）、和第 27 章（矿物燃料）等，但这几类产品占我国自南非总进口的比例有所下降，2011 年占自南非总进口的 45.79%。

二、中国—安哥拉双边贸易发展

安哥拉是非洲重要的石油大国和钻石原料供应国。1983 年 1 月，中国和安哥拉建交。1984 年 6 月，两国签订贸易协定。1988 年 10 月两国成立经贸混委会，并于 1989 年 12 月在北京、2001 年 5 月在罗安达、2007 年 3 月在北京、2009 年 3 月在罗安达召开了 4 届会议。2010 年，两国发表《关于建立战略伙伴关系的联合声明》。

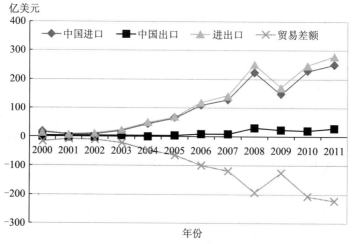

图 6-2-13　近年来中国与安哥拉贸易发展情况①

1999 年以前，中安贸易一直徘徊在 4 亿美元以内，进入新世纪以后，中、安两国贸易发展较快，安哥拉也迅速发展成为我国在非洲的主要贸易伙伴国之一。2011 年，中安双边贸易额高达 277.06 亿美元，同比增长 11.6%，占中国与非洲贸易总额的 16.6%。其中，中国对安哥拉出口 27.8 亿美元，同比增长 39%；自安哥拉进口 249.2 亿美元，同比增长 9.2%。近年来，双边贸易一直持中方大量逆差，双边贸易极不平衡。

①　数据来源：UNCOMTRADE 数据库。

表 6 - 2 - 6　中国与安哥拉主要贸易产品结构[1]

		金额（亿美元）						占比（%）					
		2006	2007	2008	2009	2010	2011	2006	2007	2008	2009	2010	2011
出口	85	1.77	2.00	4.15	3.38	3.34	4.67	19.8	16.25	14.16	14.17	16.67	16.8
	73	0.67	1.05	3.27	2.98	1.44	2.96	7.494	8.53	11.16	12.49	7.186	10.6
	84	1.40	1.69	4.85	3.29	2.22	2.74	15.66	13.73	16.55	13.79	11.08	9.84
	87	1.72	2.4	5.73	3.21	2.15	2.42	19.24	19.50	19.56	13.45	10.73	8.69
	72	0.63	0.46	2.53	1.53	1.14	1.8	7.047	3.737	8.635	6.412	5.689	6.47
	小计	6.19	7.60	20.53	14.39	10.29	14.59	69.24	61.74	70.07	60.31	51.35	52.40
进口	27	109.30	128.80	223.59	146.18	227.96	248.10	99.97	99.16	99.90	99.60	99.93	99.60

从贸易产品类别来看,中安双边贸易基本遵循了比较优势的原则。我国对安哥拉出口的主要商品为第 85 章(电气设备及音像制品)、73 章(钢铁制品)、84 章(机械器具及零部件)、87 章(车辆及零部件)和第 72 章(钢铁)等,出口金额由 2006 年 6.19 亿美元增加到 2011 年 14.59 亿美元,占中国对安哥拉出口总额的 52.4%;从安哥拉进口基本全部是第 27 章(矿物燃料及矿物油等)产品,主要是石油及石油制品,占我国自安哥拉进口的 99%以上。

三、中国—苏丹双边贸易发展

苏丹共和国成立于 1956 年 1 月 1 日,1959 年 2 月 4 日同我国建交。苏丹位于非洲的东北部,东北濒临红海,面积 250.5813 万平方公里,是非洲最大的国家。近年来,我国与苏丹的双边贸易呈快速增长趋势,并且互为重要的贸易伙伴。中苏政府间成立有经贸混委会,迄今召开过 9 届会议。

从总体贸易情况来看,20 世纪 90 年代以来,中苏双边贸易一直徘徊在 5 亿美元以内,且波动较大。进入新世纪后,双边贸易额由 1999 年 2.83 亿美元跃升至 2000 年 8.9 亿美元,之后一直呈快速增长态势,2011 年双边贸易额已经达到 115.2 亿美元,同比增长 34%。其中,我国对苏丹出口 20 亿美元,同比增长 2.3%;自苏丹进口 95.2 亿美元,同比增长 42.9%。我国与苏丹的双边贸易呈逆差状态,且逆差迅速扩大,2011 年已高达 75.44 亿美元。目前苏丹是我国在非洲的第三大贸易伙伴。

从贸易产品类别来看,双边贸易基本上是按照比较优势的原则进行的,呈现互补态势,出口各自具有传统比较优势的产品,进口自身不具备比较优势的产品。具

---

[1]　数据来源:根据 UNCOMTRADE 数据库相关数据计算。

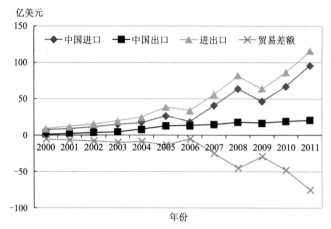

图 6 - 2 - 14　近年来中国与苏丹贸易发展情况①

体而言,我国向苏丹出口的产品主要为第 73 章(钢铁制品)、84 章(机械器具及零部件)、85 章(电气设备及音像制品)、87 章(车辆及零部件)产品;自苏丹进口产品基本全部是第 27 章(矿物燃料及矿物油等)产品,主要是石油及石油制品。

四、中国—尼日利亚双边贸易发展

尼日利亚是非洲人口最多的国家,也是非洲第一大石油生产国。中国和尼日利亚自 1971 年 2 月 10 日建交以来,双方在经贸、油气开发、农业等领域的合作发展迅速,成果显著。

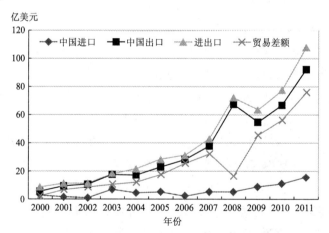

图 6 - 2 - 15　近年来中国与尼日利亚贸易发展情况②

---

① 数据来源:UNCOMTRADE 数据库。
② 数据来源:UNCOMTRADE 数据库。

目前,尼日利亚是我国第四大贸易伙伴国。2011 年,中尼双边贸易额达 107.88 亿美元,同比增长 38.9%。其中,中国对尼出口 92.07 亿美元,同比增长 37.5%;自尼进口 15.81 亿美元,同比增长 47.5%。中尼双边贸易中,我国一直保持顺差状态,且顺差持续扩大,2011 年,中方顺差已经高达 76.26 亿美元。

表 6-2-7　中国与尼日利亚主要贸易产品结构①

		金额(亿美元)						比例(%)					
		2006	2007	2008	2009	2010	2011	2006	2007	2008	2009	2010	2011
出口	85	5.76	8.53	18.32	11.8	15.00	20.1	20.2	22.5	27.1	21.5	22.4	21.8
	84	4.64	5.55	9.29	8.67	9.88	10.9	16.3	14.6	13.7	15.8	14.8	11.8
	87	5.07	6.02	8.70	6.14	7.43	10.9	17.8	15.9	12.9	11.2	11.1	11.8
	76	0.56	1.72	3.16	2.28	3.41	5.20	1.96	4.53	4.68	4.16	5.09	5.65
	73	1.06	1.52	2.86	3.21	4.02	4.42	3.72	4.00	4.23	5.86	6.00	4.80
	小计	17.09	23.34	42.33	32.10	39.74	51.52	59.9	61.5	62.6	58.6	59.3	56.0
进口	27	2.42	4.89	4.32	8.33	9.28	13.81	87.1	91.1	84.8	93.0	86.7	87.3

从贸易产品结构看,我国对尼日利亚主要出口产品为第 85 章(电气设备及音像制品)、84 章(机械器具及零部件)、87 章(车辆及零部件)、76 章(铝及其制品)和 73 章(钢铁制品)等,出口金额由 2006 年 17.09 亿美元增加到 2011 年 51.52 亿美元,占我国对尼日利亚总出口的 56%;自尼进口产品基本全部是第 27 章(矿物燃料及矿物油等)产品,主要是石油及石油制品,约占我国自尼总进口的 87%。

五、中国—埃及双边贸易发展

埃及是非洲第一个同新中国建交的国家。1955 年中、埃两国签订了第一个政府间贸易协定。1956 年初,我国首先在开罗设立了商务代表处,同年 5 月两国正式建交。1995 年 3 月,两国签订了经济贸易协定。2006 年 11 月,埃及宣布承认中国完全市场经济地位。近年来,两国政府积极推动双方企业扩大经贸合作,双边贸易额持续保持增长态势。

目前,埃及是我国第五大贸易伙伴国。2011 年,中埃贸易出现了新的增长势头,双边贸易额达到 88.02 亿美元,同比增长 26.5%。其中,中方出口 72.83 亿美元,同比增长 20.6%;进口 15.18 亿美元,同比增长 65.4%。近年来,中、埃双边贸易顺差呈不断扩大的趋势,2011 年,我国对埃及贸易顺差高达 57.65 亿美元。

---

① 数据来源:根据 UNCOMTRADE 数据库相关数据计算。

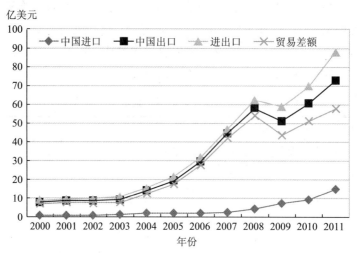

图 6‑2‑16　近年来中国与埃及贸易发展情况①

表 6‑2‑8　中国与埃及主要贸易产品结构②

		金额(亿美元)						比例(%)					
		2006	2007	2008	2009	2010	2011	2006	2007	2008	2009	2010	2011
出口	84	4.88	6.18	9.84	8.00	8.75	9.03	16.4	13.9	16.9	15.7	14.5	12.4
	85	3.78	5.67	8.55	7.97	9.02	7.92	12.7	12.8	14.7	15.6	14.9	10.9
	61	2.05	5.44	3.41	3.98	5.10	7.63	6.89	12.30	5.87	7.79	8.44	10.50
	87	2.22	4.01	5.45	3.69	4.24	4.33	7.46	9.05	9.38	7.23	7.02	5.95
	89	0.005	0.004	0.007	0.007	0.230	3.240	0.02	0.01	0.01	0.01	0.38	4.45
	73	0.99	1.73	2.89	1.88	2.77	3.09	3.33	3.90	4.97	3.68	4.58	4.24
	小计	13.925	23.034	30.147	25.527	30.110	35.240	46.8	52.0	51.9	50.0	49.8	48.4
进口	27	0.26	0.35	1.80	4.72	5.50	10.33	12.0	14.6	42.1	62.7	59.9	68.1
	25	1.03	1.21	1.30	1.29	1.79	2.07	47.5	50.4	30.4	17.1	19.5	13.6
	小计	1.29	1.56	3.10	6.01	7.29	12.40	59.4	65.0	72.4	79.8	79.4	81.7

　　我国向埃及出口主要商品为第 84 章(机械器具及零部件)、85 章(电气设备及音像制品)、61 章(服装及衣着附件)、87 章(车辆及零部件)、89 章(船舶)和 73 章(钢铁制品)等,出口金额由 2006 年 13.93 亿美元增加到 2011 年 35.24 亿美元,2011 年占

①　数据来源:UNCOMTRADE 数据库。
②　数据来源:根据 UNCOMTRADE 数据库相关数据计算。

中国对埃及出口总额的 48.4%；自埃及进口主要为第 25 章和 27 章（矿产品），其占比成逐年上升态势，2011 年进口占我国自埃及总进口的比例高达 81.7%。

第五节 中非贸易的发展潜力

一、中非经济发展前景向好，为双边贸易奠定坚实基础

当前世界，经济衰退阴霾仍未消散。美国财政悬崖、欧洲主权债务危机，以及日本经济持续的衰退对世界经济的影响持续发酵；粮食安全、能源问题、气候变化等全球性问题日益突出。世界经济发展的不稳定、不确定因素明显增多。在此背景下，中非双方的共同利益和相互需求进一步增多，双边贸易在面临挑战的同时，更加拥有加快发展的难得机遇。

2012 年，中国经济运行缓中企稳，在全球经济复苏态势疲软的背景下，全年经济增长率达 7.8%，未来几年，在前期调控政策效果的支撑下，中国经济增速将继续温和回升。在经历了过去几年国际金融危机的考验之后，非洲经济抵御外部风险的能力明显增强。受内需强劲、国际粮食市场价格下滑、气候条件改善等影响，非洲国家，特别是低收入国家的经济得以明显增长。同时，近年来非洲区域经济一体化进程加速，非洲国家内部普遍实施宽松的财政政策，并加大对基础设施建设投入的力度，这些因素均有利于推动非洲经济的发展。据 IMF 的世界经济展望预测，2013年，中国与撒哈拉以南非洲的经济增长率将分别达到 8.2% 和 5.7%。

二、中非经济互补性强，为双边贸易发展提供良好基础

中国是世界上最大的发展中国家，非洲是世界上最不发达国家集中的大陆，双方经济发展的互补性很强。对中国而言，非洲国家拥有中国经济持续发展所需要的资源和市场优势。中国虽然地大物博，人均资源却相当匮乏，资源短缺已经成为中国经济可持续发展的严重瓶颈。然而，非洲大陆却素有"世界资源宝库"之称。据统计资料表明，目前全球最重要的 50 多种矿产中，非洲有 17 种矿产蕴藏量居世界第一位。非洲还拥有丰富的动植物资源，且地理分布相对集中，如安哥拉的原油、赞比亚的铜矿、南非的铁矿石、津巴布韦的铂金和刚果（布）的热带林木等。此外，非洲是拥有 53 个国家 8 亿多人口的大市场，并且随着非洲各国经济改革进程的加快，非洲经济发展出现可喜的局面，逐渐显现出巨大的市场潜力。

尽管非洲国家拥有非常丰富的矿产资源和农林资源，然而长期遭受的殖民统治使大多数国家经济发展水平相当落后，迫切希望通过开发资源积累资金，促进自身经济发展。而中国不仅拥有适合非洲国家经济发展的商品、技术和管理优势，而且

长期以来一直向非洲提供力所能及的经济援助,中国不断增长的对非投资对促进非洲国家发展、解决资金短缺问题发挥日益重要的作用。更为重要的是,西方发达国家与非洲国家的经贸关系常常附有政治条件,而我国与非洲国家经贸关系是建立在平等的、不附加任何条件的基础上的,这无疑对非洲国家具有特殊的魅力。

因此,中非经贸合作可以充分地将我国的适用技术、管理经验和人力资源优势等与非洲的自然资源优势相结合,通过贸易、工程承包、投资等多种手段,谋求众多领域的合作与开发,促进非洲各国经济和对外贸易的发展。

三、中国鼓励开展多层次经贸合作,为双边贸易发展注入动力

中国政府鼓励金融机构和企业以多种方式参与非洲的农业、矿业、制造业以及基础设施建设。未来,中国将促进具有比较优势的产业向非洲转移,延长非洲制造的增值链,提升中国和非洲经济在全球产业链中的地位。支持中非双方在资源产品深加工、农业开发和制造业领域的合作,拓展金融、商贸、物流、航空等领域的合作,使各产业之间形成联动和支撑。

同时,中国鼓励金融机构和企业以多种方式参与非洲的电力、交通、电信等基础设施建设,并推动合作向前期规划设计和后期运营管理发展。随着一体化进程的加快,非洲国家纷纷出台基础设施建设规划,促进非洲国家内部经贸往来,并希望包括中国在内的其他国家积极参与其中。中国对此持积极态度,鼓励本国企业参与非洲互联互通项目,帮助促进非洲的区域一体化进程。

随着中国企业"走出去"步伐不断加快,中国对非洲投资的规模将不断扩大,这必将大大带动中非贸易的不断发展。

四、中非合作论坛为中非贸易发展创造无限商机

2000年10月,中非共同创立了"中非合作论坛",开启了中非友好合作的新纪元,极大地推动了新形势下长期稳定的中非政治友好关系,也推动了中非经贸合作进入快速发展阶段。它已经成为中非进行集体对话与多边合作的有效机制,构筑了建立中非之间长期稳定、平等互利的新型战略伙伴关系的重要框架和平台,有力推动了中非在众多领域的合作与发展。我国政府借助这一平台,积极发展与非洲国家的经贸联系,为企业开拓非洲市场创造商机。

截至目前,中非合作论坛已经召开5届部长级会议,北京峰会上提出的8项举措以及第四届部长级会议上提出的新8项举措均已如期落实,这促进了中非经济的全面发展。2012年7月,中非合作论坛第五届部长级会议顺利举行,这是论坛进入第二个十年后召开的首届部长级会议,具有承前启后的重要意义。中非双方将加强磋商协调,推动中非新型战略伙伴关系取得更大发展。

综上所述,在互惠互利、共同发展的基础上,在中非双方共同努力下,未来中非贸易将呈现出更加诱人的前景,贸易规模将不断扩大,贸易结构也日趋合理,中非贸易将成为加快双方经济发展、密切双方经贸合作的重要纽带。

第三章

非洲经济开发区

第一节　非洲国家自由经济区历史沿革

自由经济区是指一国为了发展经济、扩大对外贸易,在国内适当地区专门划出一定范围,实行豁免海关管制、减免税收等特殊优惠政策的地区。自由经济区一般设在口岸或国际机场附近的一片地域,进入该地域的外国生产资料、原材料可以不办理任何海关手续,进口产品可以在该地区内进行加工后复出口,海关对此不加以任何干预。自由经济区可以成为世界经济的据点,绕过关税壁垒,推动国际贸易的发展。同时,自由经济区也是国际物流中多功能的综合物流节点,可以利用关税及其他税收、土地使用、人工等各方面的优惠政策为国际贸易提供各种综合物流服务。

世界自由经济区是随着商品经济的发展、资本主义的发展、国际贸易的发展而产生和发展起来的,欧洲是世界自由经济区最早的发源地。20世纪以来,世界各国自由经济区的形式越来越多,特别是二战以后,广大的发展中国家涌现了大批不同类型的自由经济区,主要有工业自由区、出口加工区、自由贸易区、自由港、自由过境区、金融自由区、自由保险区、自由关税区、仓库、企业区、工业科学园区等。自由经济区的数量已由二次世界大战前的75个猛增到900多个,它们已成为广大发展中国家对外开放的重要组成部分。近二三十年来,各类自由经济区在全球范围内发展很快,它们在国际经济中的作用越来越显著。据统计,现在各类自由经济区贸易额的总和已占世界贸易总额的20%,它们在本国民族经济发展中的积极意义也日益受到广泛重视。

在经济全球化浪潮中,非洲国家依托非盟和次区域组织,通过区域经济合作壮大竞争实力,努力摆脱经济边缘化的落后状况,在实现经济可持续发展的道路上已取得一定的进展。非洲的各类自由经济区发展独具特色,对区域经济发展起了相当大的促进作用。非洲国家自由经济区的建设在世界各国中起步较晚,于第一次世界大战后,才与拉丁美洲、中东和东南亚地区相继建立了自由港和自由贸易区。据不完全统计,非洲现已有 20 多个国家创办了 130 多个不同类型的经济自由区,其中以出口加工区居多[①]。

一、非洲国家自由经济区的形成

19 世纪末 20 世纪初,自由资本主义向帝国主义过渡,西方列强展开了对世界原材料产地和销售市场的激烈争夺,非洲首当其冲。列强通过直接军事占领和瓜分,在非洲大规模开办出口作物种植园、开发矿山,使非洲国家成为西方殖民帝国农矿原料供应地和商品倾销市场。他们以沿海为殖民据点,建立为殖民宗主国利益服务的海港,作为进出口物资的集散地[②],大量的农矿原料运出去,大批工业品运进来。例如,坐落在直布罗陀海峡两岸的摩洛哥港口市丹吉尔和位于亚丁湾西岸的吉布提,就是早期建立的自由港和自由贸易区。此外,非洲 53 个国家中有 14 个深处内陆、没有出海口,其进出口货物均需借道邻国港口中转。沿海国家为内陆国的货物中转设立特区,实行关税优惠的自由过境区为数不少。

二、非洲国家自由经济区的现状及特点

一些非洲国家为了更有效地引进和利用外资,把发达国家劳动密集型产品的加工和装配环节吸引到本国来,促进对外贸易发展,加速工业化和现代化进程,在 20 世纪 70 年代初以来陆续建立了不同类型的经济自由区。除个别情况外,非洲经济自由区都发挥了积极的作用。非洲不同类型经济自由区具有以下几个特点:一是起步迟,发展较迅速,总体规模较小;二是经济自由区中以出口加工区和自由过境区居多;三是经济自由区发展层次差异较大,高层次经济自由区少;四是经济自由区大都分布在北非地中海沿岸和西非大西洋沿岸,与欧美联系密切。

(一)经济特区

非洲国家的经济特区具有几大优势,一是地理位置的优势,经济特区大都位于海陆交通枢纽附近,发展出口加工业等业态区位优势突出,对欧美国家出口产品十分便捷;二是侨乡的优势,侨居海外的非洲人众多,侨汇成为非洲侨乡的重要外汇来源,海内与海外的非洲人携手,加快非洲经济特区的资金、技术、人才的引进;三是政策的优势,非洲国家办特区采取国际惯例,出台了一系列招商引资的优惠政策,使非洲的资源优势和劳动力优势得到了充分发挥。

例如,加纳 1995 年颁布自由贸易区法,成立自由贸易区委员会,并设立经济特区——特马自由贸易区。特马位于加纳首都阿克拉市以东 29 千米,有高速公路联

---

① 姜忠尽:《非洲出口加工区的形成与进一步发展的思考》,载《南京大学学报》,1995 年。

② 蔡志云:《非洲国家的经济自由区》,载《世界经济研究》,1986 年第 6 期,第 67 - 71 页。

接,行程约 20 分钟,人口约 32 万①。特马港是加纳最大的港口,年吞吐量达 500 万吨,创办十多年来,招商引资取得了明显成效,加纳最大的钢厂、铝厂、炼油厂、水泥厂、可可加工厂、海鱼加工厂等均建在这里。外国公司在特马经济特区内投资,享有种种减免税收的优惠待遇。

关税——对在自由贸易区生产和从自由贸易区出口所需要的一切进口,完全免征直接税、间接税和各种捐税;

税收——自公司营业之日起 10 年内免交所得税;10 后所得税最高不超过 8%,其他税,如投资税等免收;国际双重征税负担减免;

海关——没有进口许可证要求,海关手续简便;

自主权——外国或本国投资者均可发行股票,无国别和区域限制;

资本/利润的汇出——无条件限制;

外汇管理——自由贸易区投资者可以在加纳开办银行;

当地市场销售——每年可将不超过 30% 的本公司产品在当地市场销售;

投资保障——不受民族主义和政治风险的影响,区内投资不会被没收和实行国有。

(二) 免税区(自由过境区)

非洲国家通过免税区促进外向型经济发展,通过免税贸易增强非洲国家出口商品的国际竞争力。过境的货物在特区内可储存、包装、加工、运输等,均无需纳税,只收取储存、运输、加工费用,但货物不得在过境国内销售,否则按章纳税。建立这类自由区的国家主要有坦桑尼亚、莫桑比克、吉布提、塞内加尔、科特迪瓦和安哥拉。

1. 布隆迪免税区

布隆迪免税区内的各类免税企业十年内免除利润税,从第十一年开始以 15% 计征利润税(商业企业例外),如企业雇佣 100 名当地工人,利润税可按 10% 计征,如将其利润的 25% 以上再投资,则在其应征额上再减 10%;商业类免税企业从设立之日起征收 1% 的营业税,如雇佣 20 名当地人,营业税可按 0.8% 计征;所有企业的股东红利免征税收;所有企业免征各种直接税和注册印花税,包括交易税、公司资本转移和登记税等。

2. 多哥加工出口免税区

多哥免税区于 1989 年成立,旨在促进出口加工和服务业务的发展。目前在册运营的企业有 60 余家,包括制塑、制药、粮农、铝业、木业、服装、假发、化妆品及首饰等企业。这些企业分别来自 13 个国家,包括中国企业 4 家。正在办注册手续的有 30 多家。由《英国经济智慧》杂志发起的外国直接投资调研报告称,多哥出口加工免税

---

① http://www.people.com.cn/GB/channel2/19/20000829/206508.html.

区是世界上最佳免税区之一,并在 25 个"2010—2011 年度未来经济开发区"中排名第 17 位。该调研报告评估的标准包括:经济潜力、质量/价格、基础设施、交通便利、税务优惠、宣传推广、机场港口便利等。

出口加工免税区作为多哥工业发展和吸引投资的重要窗口,政府致力于不断改善区内商业环境,免税区管理公司向企业提供协助服务。企业想要取得免税区企业资格,需要做到三点,一是从事加工型或服务型经营活动,二是确保企业产品或服务用于出口,三是优先使用多哥劳动力。据 2009 年税务调整,进入免税区的企业享受优惠税收政策等情况如下:

在税务方面,头 10 年免除企业设立和运营所需物品及服务的增值税(TVA);公司税,头 5 年征收利润的 5%,从第 6 年至第 10 年征收 10%,从第 11 年至第 20 年征收 20%,满 20 年后按统一税率即 30%征收等。

在关税方面,在企业存续期间,用于经营的设施和设备、原材料和耗材的进口及出口均免除海关关税,实用(非游览用)车辆进口关税减半。

经济和财政方面,在水、电、电话、港口服务等社会公用事业方面提供优惠税率;符合西共体条件者可设立外汇账户,资本自由转移。

免税区管理公司还向企业免费提供科研资料、协办注册手续;组织区内企业经验交流、协助联系当地主管机关等服务。

(三)自由港

非洲国家实行自由港政策,旨在结合港口经济优势,将港口建成商贸中心、交通枢纽、通信枢纽,以带动腹地的经济开发。

1. 吉布提国际自由港

吉布提自 1949 年就开始实行自由港政策,1977 年独立后仍保留自由港地位。它是埃塞俄比亚的重要转运港,还是一个加油站及供应站。以港口为基础的服务业收入在国家经济中居首位[1]。吉布提位居红海口,交通位置显要,过往船只多,经济活跃,是东部非洲最大的自由港。该国自由贸易区与自由过境区相结合,除武器等禁销商品外,其余各类商品均可在区内出售,并免缴所有直接税和间接税,仅按规定支付一定的港口手续费和保险费。

2. 桑给巴尔自由港

桑给巴尔自由港是地区贸易的创始者,拥有着坚实的传统地位,在东非地区有着悠久的贸易中心和货物集散地的历史[2]。150 多年来,来自世界各地的商品在此卸

---

[1]　http://baike.baidu.com/link? url = IPJCW2zMh8u2qvvBq7Rf1Kc6wMUoTOCNRXSeRF6FJqGKVx Xg9I328−NWvus1OaYm.

[2]　http://ccn.mofcom.gov.cn/spbg/show.php? id=5512.

货,并在此通过当地传统的三角小帆船分送到整个非洲海岸。

由于思想前卫,桑给巴尔是东非地区第一个接受和采纳新技术和新贸易概念的地区。1892年2月1日,桑给巴尔成为自由港,同时宣称停止并取消除军火、弹药和酒之外的来自世界各地的进口货物的进口关税。107年后,桑给巴尔决心修建一个吞吐更大和吃水更深的新港口,使桑给巴尔成为贸易和转口贸易配送的中心,为进出口贸易提供便利设施。

桑给巴尔具有独特的经济优势和条件,有自由贸易的良好记载,还有强有力的稳定政府支持现代贸易和商业的发展。桑给巴尔自由港管理局已经开始其发展进程并将现有设施进行改造和扩建,以符合标准要求。这些设施能提供24小时保安服务、充足的人力资源、货物运送系统。在货物存放处理方面,现共有39000平方米的货物存放处理面积,其中有能容纳3000吨货物的室内货仓4个。

另外,桑给巴尔自由港距桑给巴尔港不到5千米。桑给巴尔自由港管理局另在稍远一点的地方,建设一个为空运货物服务的场所。该地将为办理空运业务提供所有需要的设施。为避免将来出现拥挤,桑给巴尔有关当局计划修建一个新的专用自由港口。这个新的港口将配备所有现代化设施设备,以满足所有客户需求。

自由港的业务包括仓储,标签、包装和再包装,分类、分级、清洗和配送,简单安装,小规模加工,翻新,海空出口运输及各种供应等等。

桑给巴尔自由港通过立法为区内各公司和商号提供自由、多元化的打包优惠政策,包括所有再出口的商品免交进口关税,免交增值税以及其他进口税;对自由港内生产的所有出口产品免征地方税;免征20年的公司税,而且可以延长20年;自由港内不受海关法规限制;自由港内货物仓储时间不受限制;业主100%支配自己所得利润;允许100%外资独资;无外汇管制;对企业汇回利润不收费等等。

(四)出口加工区

从世界范围看,出口加工区是于20世纪60年代兴起的一种特殊经济形式,它是在一国特定区域建立起来的专门从事制造、加工和装配出口商品的经济特区。非洲国家出口加工区的出现是政治上获得独立以后的事情,从1971年毛里求斯首创出口加工区开始,发展较为迅速。突尼斯和埃及相继于1972年和1974年着手创办出口加工区。20世纪80年代,随着非洲国家经济结构的改革和调整,各国陆续实行对外开放的政策,西非的利比里亚、多哥、喀麦隆、尼日利亚,以及东非的坦桑尼亚和马达加斯加也先后创办出口加工区。纳米比亚独立后紧紧跟上,于1992年创办出口加工区。津巴布韦也于1996年开始实施出口加工区计划。

发挥当地的资源优势和劳动力优势、引进资金和技术、发展出口加工区,是广大非洲国家的经济发展战略重点之一。以工业为主、以出口创汇为主,是非洲国家出口加工区的发展特色。近年来非洲出口加工区发展迅速,主要集中在毛里求斯、马达加斯加、埃及、突尼斯、塞内加尔、多哥、纳米比亚、津巴布韦等国。

1. 喀麦隆自由工业区

自 1960 年独立后,喀麦隆推行"有计划自由主义"、"自立自主平衡发展"和"绿色革命"等政策,经济发展较快。特别是 1982 年比亚执政后,他强调优先发展农业和中小企业,大力引进外资,合理开发和利用本国资源,经济获得持续增长。20 世纪 80年代初期,喀麦隆国民生产总值增长较快。在经历 1987 年的国际局势巨变和多党民主化浪潮的冲击后,1990 年起,为了进一步鼓励出口,喀麦隆实行经济自由化,于1990 年 1 月颁布了"喀麦隆自由区制度",同年 11 月又颁布了"喀麦隆自由工业区制度实施细则",创办自由工业区,并成立了国家自由工业区管理局;取消进口许可证和基础产品出口审批,废除国家大部分垄断价格。1994 年后,喀麦隆经济连续 3 年增长。喀麦隆自由工业区的优惠政策中主要包括[①]:

——进出口无须许可证,也不受配额限制;

——产品价格和利润不受监督;

——头十年免除直接和间接税;

——从第十一年开始,除交纳 15% 的工商税外,继续享受上述优惠;

——在前十年免税期内的亏损,可以结转到以后的会计年度,冲销其利润;

——除进入自由区的客车和汽油不享受免税外,其他商品进出口免除关税,对自由工业区内的工厂企业,实行水、电、通信等优惠价格;

——企业利润汇出喀麦隆,也不受中央银行或政府其他部门的约束,可以在当地银行开设外汇账户等。

按计划,港口附近整治了 27 公顷土地准备建厂 40 个,创造 4000 至 8000 个就业机会。但是到目前为止,此片经过整治的土地仍未被用于建厂。相反,为了减少运费,降低成本,在接近原料产地的地区却建了一些"自由工业点":如姆巴尔马尤的两个木材加工厂、西部省的四季豆加工厂、SIC－CACAAOS S.A.可可油生产厂、CAMTOR 磨制咖啡生产厂、NOTACAM S.A. 皮革加工厂等。由于产品主要用于出口,所以这些"自由工业点"与自由工业区内的工厂企业一样,享受同等的优惠政策。

2. 肯尼亚出口加工区

作为东南非共同市场成员,肯尼亚享受成员国之间工业制成品 2% 的优惠关税。肯尼亚是"洛美协议"受惠国之一,所有工业制成品及大部分农产品免税进入欧盟市场,且没有配额限制。肯尼亚是普惠制受惠国之一,其制成品在美国、日本、加拿大、瑞士、挪威、瑞典、芬兰、澳大利亚、新西兰及欧洲大多数国家享受优惠关税待遇。另

---

① 　http://www.cnnsr.com.cn/jtym/swk/20080919/2008091913564825283.shtml.

外,目前适用普惠制的 3000 多种产品出口没有数量限制。肯尼亚还是"非洲发展与机会法案"(AGOA,美国对非洲部分国家优惠政策)受益国,4000 多种商品对美出口免关税并不受配额限制。

肯尼亚于 1990 年通过出口加工区法,开始实施出口加工区计划。该计划由出口加工区管理会负责实施,旨在限定区域内发展出口型工业项目。出口加工区投资者可享受到税收优惠以及手续简化。肯尼亚出口加工区内基础设施比较完备,加工区管理局可为新入住企业提供便利化服务和工厂投产的后续服务。

肯尼亚目前有超过 40 个出口加工区,雇员约 4 万人,对出口贡献率达 10.7%,区内 70% 以上的产品通过 AGOA 协议出口美国市场[①]。其中 21 个已有企业入驻,4 个已建成、可入驻企业,6 个在建,4 个已划拨土地等待开发。这些出口加工区主要分布在内罗毕、蒙巴萨、阿西里弗、基利菲、马林迪、沃伊、马泽拉斯、基姆沃勒 8 个城市,其中只有阿西里弗和在建的蒙巴萨出口加工区为国有,其他均为私营。

2012 年,加工区出口额有望突破 430 亿肯先令(约 5.1 亿美元),同比增 7.5%。受政府中小企业促进和鼓励政策刺激,加工区内茶叶、肉等农产品加工及服装制造等产业发展迅速,2012 年新吸收投资达 380 亿肯先令(约 4.5 亿美元)。

大多数出口加工区为工业园,目前在册的各类企业近 80 家,主要从事的行业有:纺纱、鲜花储存、果蔬加工、印刷、计算机组装、电池及电珠加工、宝石、茶叶、服装以及塑料制品加工与生产等。投资来源主要包括:丹麦、美国、比利时、南非、印度、巴基斯坦、中国、德国、英国、中国台湾、中国香港等国家和地区。

出口加工区仅为入驻企业提供税收减免和程序简化服务。特别经济区作为商业园区可为企业提供更综合性服务,包括交通、教育和医疗等,入驻企业还可将产品出口至东非共同体市场,从而在区内贸易市场获益。

3. 毛里求斯出口加工区

毛里求斯国土面积较小,资源贫乏,资金不足,技术缺乏。20 世纪 60—70 年代,毛以种植甘蔗为主,蔗糖出口占出口总额的 80% 以上。为了改变单一经济结构,毛开始实行出口导向发展战略和农业多样化政策,于 1971 年开始创办出口加工区。在创办之初,全国只有 9 家小型出口加工企业,职工人数只有 644 人。之后,毛出口加工区从无到有,从小到大,发展十分迅速。1976 年,企业数猛增到 85 家,就业人数增加到 1.74 万人。1988 年,出口加工企业增加到 600 多家,就业人数近 10 万人。如此高速的发展,在毛里求斯的经济发展史上未曾出现过。从毛里求斯出口加工区的产业结构来看,服装业是其主要部门。出口加工区服装业的发展使毛里求斯成为世界重要的毛织品供应国。这对一个不产羊毛的岛国来说,不能不说是抓住"两头在外"

---

① http://www.mofcom.gov.cn/aarticle/i/jyjl/k/201210/20121008398545.html.

来发展外向型经济的一大奇迹。除服装业外,还有纺织、皮革、制鞋、木器、家具、纸制品、首饰加工、钟表装配、玩具、渔具、工艺品、电器、光学仪器、眼镜等加工企业。外资主要来自中国香港、印度、法国、南非、德国等。

为了吸引外资,毛里求斯采取了不断改善投资环境的措施。政府制订的《出口加工区法》已几经修改,从税收、银行贷款、利润汇出等方面对外资做出优惠规定。由于毛是世贸组织、洛美协定、普惠制和英联邦优惠协定等的签字国,产品向欧盟、英联邦国家和其他工业发达国家出口时可免税或享受其他优惠。一些想把产品打入西欧市场、英联邦国家的外商都纷纷来毛投资。来毛投资设厂的国家和地区主要有中国香港、中国台湾、印度、巴基斯坦等。

2007年1—8月,毛里求斯出口加工区(EPZ)出口额达11.6亿美元,较去年同期增长了18.2%。区内的纺织服装业和其他产品均呈强劲增长势头。根据毛官方发布的最新数据,T恤、长裤、上衣等服装类产品出口8800万件,较去年同期增加了200万件。海产品加工业的出口额也从去年同期的9457万卢比增长到1.1亿卢比。出口加工区的发展,使毛里求斯的经济和贸易发生了结构性的变化。

4. 津巴布韦出口加工区

津巴布韦从1996年开始实施出口加工区计划,该项计划的法律框架是《出口加工区法》。津为实施出口加工区计划专门设立了出口加工区管理局,由其负责出口加工区的批准立项和执行有关的法律政策①。出口加工区的目的是为了在津发展具有较高附加值的出口导向型经济。目前投资领域包括:农产品加工、园艺业、制造业、皮革制鞋、服务业、木材加工、家具制造、纺织服装、化工等。

津出口加工区计划自实施至今,共批准了233个项目,吸引投资1.37亿美元。其中126个已经投入全面运营,29个处于不同的发展阶段。截至2002年年底,出口加工区各企业总共创汇5.68亿美元。2002年是出口加工区计划实施以来批准、投产项目最多的一年,共批准55个项目,其中44个项目投产。

除上述4国外,多哥于1989年9月设立出口加工区后,已有52家欧美企业投资办厂,其中10家为法国企业,另外还有十几家企业在申办中。马达加斯加政府于1989年决定,准备与中国及中国香港地区联合建立马、中合作的工业区,总投资8亿美元,主要兴建电子、轻工、仪器、矿产品加工等企业。

---

① http://www.chinesetax.com.cn/guojimaoyi/quanqiumaoyi/feizhou/200605/428958.html.

第二节 中非境外经贸合作区

一、赞比亚中国经贸合作区

赞比亚有色金属丰富,形成以铜钴开采为基础,以铜钴冶炼为核心的有色金属矿冶产业群。赞比亚经济发展势头良好,投资环境日趋完善。中国政府鼓励和支持有实力的中国企业到合作区投资兴业,为赞比亚经济建设和社会进步做出贡献。2007年2月4日,到访的胡主席同赞比亚总统姆瓦纳瓦萨一起为赞比亚中国经济贸易合作区揭牌,宣告了中国在非洲第一个经贸合作区正式建立。

赞比亚中国经济贸易合作区位于赞比亚铜带省,由中国有色矿业集团与中色非洲矿业公司共建。据悉,合作区面积为8.56平方千米,建成后将形成年产20万吨铜加工及配套生产能力。合作区内已建成一批铜矿采选、冶炼等项目,在建和拟建的重点项目有温法炼铜厂、粗铜冶炼厂、温法炼钴厂等,其他产业如型材、电线电缆加工、铜钴副产品开发及以服装、食品、家电等为主的轻工业产业也是园区拟促进招商的产业[①]。截至2007年年底,赞比亚中国经贸合作区已经有8家企业落户,合作区销售收入总额达1.9亿美元,为赞比亚创造新增就业岗位3200个。其中,2007年,在经贸合作区新开工的谦比希铜冶炼项目投资总额达2.5亿美元,谦比希铜矿西矿体开发项目投资总额达1亿美元,变电站项目投资总额达2700万美元。合作区建设将带动赞比亚机械、轻工、建材、家电、服装、制药、食品等行业发展,扩大赞比亚出口,提供大量就业机会,增加当地民众收入,受到赞比亚政府和人民的高度重视和真诚欢迎。

在努力追求投资收益的同时,赞比亚中国经贸合作区的各家企业积极参与当地的社会公益事业,累计出资100多万美元,资助了艾滋病、疟疾和小儿麻痹症等重大疾病的预防项目,妇女就业促进项目,儿童教育促进项目,社区设施修建项目等。

赞中经贸合作区的中期发展目标是,至2011年引进50余家中国企业,吸引投资超过8亿美元,累计实现工业产值100亿元人民币;一次性带动国内设备、原材料出口4亿美元;向赞比亚转移粗铜冶炼能力约20万吨/年,每年为国家节省综合能耗15万吨标准煤,为国内解决紧缺的铜原料含铜20万吨;每年为赞比亚增加出口6亿多美元,解决当地就业岗位6000个,全面提升当地采矿、选矿、冶炼、加工的技术水平和管理水平[②]。

---

① http://finance.ifeng.com/stock/roll/20121128/7358566.shtml.
② http://fec.mofcom.gov.cn/article/ztpd/jwyq/zhyyq/200908/969212_1.html.

二、尼日利亚莱基自由贸易区

尼日利亚是世界第六大石油输出国,是非洲人口最多的国家,人力资源丰富,劳动力成本低。然而,由于国民经济长期以来一直依赖石油产业,其他的民族产业几乎是一片空白。据估计,其日常化工用品 70%～80% 要依靠进口,拥有巨大的国内市场[①]。

尼日利亚莱基自贸区是中国南京江宁经济技术开发区和南京北亚集团联合投资兴建的境外经贸合作区,位于拉各斯州东南部,南临大西洋,北接莱基湖,距拉各斯市中心约 60 千米,距拟新建的国际机场仅 8 千米,是一个正在发展中的新兴卫星城市,也是尼日利亚发展最快的都市新区之一。莱基自贸区于 2007 年 9 月开工兴建,总规划面积 165 平方千米,计划用 15 年建成,一期首先开发 10 平方千米。在莱基自贸区开发公司中,中方占有公司 60% 的股份,公司的经营管理也以中方为主。

投资莱基自由贸易区,可以享有以下优惠政策[②]:区内企业生产用的原材料、制成品、机器和设备、消费品及其他与投资项目有关的物品,均免征进口关税,不受配额限制;区内企业生产加工的所有产品进入尼日利亚市场,其关税按原材料价格和零部件价格计算,不按成品价计算;外资投资股本及其赢利可随时撤出;外资所得利润和红利可自由汇出等。同时,由于尼日利亚属于洛美协定签署国,区内企业产品销往欧盟和美国无配额限制,关税低。另外,自贸区属于"境内关外",可以实现最快捷、最简便的通关模式。

虽然仍在建设初期,莱基自贸区已经与来自十几个国家的 120 多家企业签订了投资意向协议,涉及的行业包括制造业、服务业、房地产等,其中既有来自中国的企业,也有法国道达尔、美国雪弗龙、荷兰壳牌、尼日利亚 OBAT 石油公司等世界五百强及国际知名企业。自贸区目标是发展成为基础设施健全、企业集群、产能突出、经贸繁荣、服务周到、安全有序、辐射带动能力强的现代产业集聚区。

三、尼日利亚广东经贸合作区

尼日利亚人口众多,市场容量大,资源丰富,劳动力充裕,经济实力相对雄厚。建立该经贸合作区,能帮助地方有实力、有条件、资信好的企业走出去,跻身国际市场,在参与国际竞争中调整自身的产业结构。

尼日利亚广东经贸合作区是中国商务部批准的第一批八个境外经贸合作区之一,位于尼日利亚奥贡州,紧靠尼日利亚经济商务中心拉各斯,交通便利。合作区包括加工园区、工业园区和科技园区,总面积 100 平方千米。第一期于 2007 年 7 月启

---

① http://news.cntv.cn/special/xhgmjnbnzl/nrlylj/.

② http://fangtan.cntv.cn/special/ljzmq/20110118/105900.shtml.

动,占地 2.5 平方千米,资金投入约 2 亿美元。该项目是中尼合作的最新典范,得到中尼两国政府众多优惠政策及强大的支持,由广东新广国际集团等公司负责建设①。

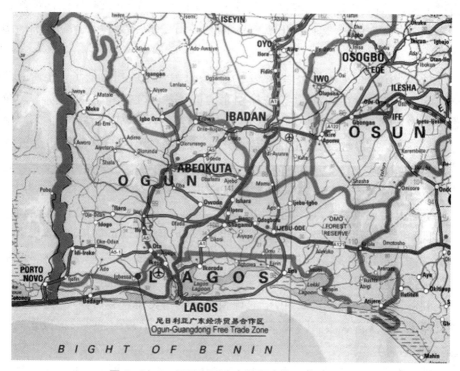

图 6-3-1　尼日利亚广东经贸合作区地理位置

合作区将根据尼国政府法律和奥贡州政府承诺,为入园企业提供一系列优惠政策,包括:对合作区的相关税收均予以免除;投资项目有关的物品、原材料、制成品、机器设备等均免进口关税,且不受配额限制;外资投资股东可随时撤出,利润和红利可自由汇出,区内企业对欧盟和美国出口不受配额限制;合作区享有 99 年土地所有权及自主管理权;入区企业建设期内免收土地金;为入区企业提供"一站式服务"等。

合作区采用统一规划、组团推动、滚动开发的建设模式。目前面向全国招商的重点招商行业有:建材陶瓷、五金建材、轻工家具、木材加工、小家电、仓储物流、计算机、机械、电光源、纸业等。合作区发展目标是:5 年后吸引 139 家中国企业入区经营,10 年后吸引 700~800 家中国企业入区经营;5 年后吸引投资额 5.98 亿美元,10 年后吸引投资额 39.5 亿美元;5 年后区内企业年销售额为 12.06 亿美元;5 年后区内企业每年出口额 9.64 亿美元。

---

① http://money.163.com/07/0924/23/3P6MCT6D002524SJ.html.

四、埃及苏伊士经贸合作区

2007 年 10 月,中国和埃及达成协议,中国将在埃及建立海外工业区。埃及苏伊士经贸合作区是中国政府批准的国家级境外经贸合作区,由中国天津泰达投资控股有限公司在埃及设立的埃及泰达投资公司负责开发、建设和运营①。

合作区位于埃及东北部,地处苏伊士运河南端,距开罗 120 千米,距苏伊士城 40 千米,交通便利、辐射能力强。合作区对入驻的企业实行"一站式"服务,目前已有一批中资企业入驻,取得了良好的经济效益。

埃及国内政策方针和金融稳定,经济秩序良好,劳动力充足,工资水平低,而且产品出口欧美、东南部非洲(增值 45%)和阿拉伯国家全部免除进口关税。因此,在合作区内投资生产的产品将拥有广阔的市场潜力。此外,在合作区投资可享受诸多优惠政策。例如:进口用于投资项目的机电设备、仪器征收 5% 关税,免交海关手续费,10 年内免交 10% 的销售税;产品销售税(增值税)税率为 10%,产品可在国内销售,无外销比例,出口产品可享受出口退税;为生产出口产品而进口原材料,可执行海关临时放行制度;投资者可以向埃及政府购买土地所有权,并可无限期拥有所购土地;投资项目进口机电设备、原材料等免除关税、销售税和其他一切税率,在自由区的投资项目按照销售税(出口额)的 1% 纳税,免除其他税率,从自由区销往国内的产品则视为进口。依法征税,自由区设立的投资项目所生产的产品出口要达到 80% 以上,投资者只能租用土地②。

五、毛里求斯天利经贸合作区

毛里求斯地处南大西洋和印度洋之间航线要冲,位于亚洲、非洲和澳洲这三大发展中大洲的中间。毛里求斯政局稳定,法律体系健全、法律透明度高,为投资者提供良好的法律保护。此外,毛里求斯是世贸组织、非加太—欧洲联盟组织、洛美协定(科托努协定)、南部非洲发展共同体、东南非洲共同市场、印度洋沿岸国家区域合作组织、印度洋委员会、非洲法案等成员国或受惠国,享有优惠的自由贸易条件,可以免税、免配额进入欧、美、非将近 16 亿人口的市场。日本、澳洲、瑞士和挪威等国家也给予毛里求斯普惠制和优惠关税待遇,为在毛投资企业拓展国际市场提供了良好的基础。

毛里求斯天利经贸合作区是中国商务部批准的首批境外经贸合作区之一,由山西天利实业集团投资建设,2007 年 6 月 1 日开始全面建设施工③。合作区位于毛里

① http://www.setc-zone.com/portal/index.

② http://www.setc-zone.com/portal/hzqjj.

③ http://wenku.baidu.com/link? url=Zo9tpypfJI0MZRgsCz2i-nVQV_6A633OGpqBhk6wzlz7YyTDaNaW2xf3OIucT265I1UG_O-1S5RoY42KHTCmHPwG6cXp9KrzRcuBYnrZtl_.

求斯西北部 RECHE TERRE(中文译:富裕的地区),依山临海、环境优美,距首都路易港仅8千米,交通便利。合作区总体规划面积10平方千米,并且天利已与毛政府签订了在毛建设经贸合作区的框架协议和3165亩土地的租赁协议,土地租期99年,投资规模40亿元人民币,分五年建成。

合作区定位为自由港,实行自由港优惠政策,具备"境内关外"特性,所有入区企业为自由港公司,享受免关税、免增值税待遇,所得税15%,入区企业雇佣外籍工人不受比例和年限限制,入区企业可享受"一站式"服务。到毛里求斯天利经贸合作区投资的企业除了享受在毛里求斯投资无外汇管制外,可独资设立公司、自由汇出资金和利润。2008年6月30日之前,投资经营纺纱、织布、印染、针织等行业的企业,可享受免征公司所得税的优惠政策;毛里求斯天利经贸合作区作自由港区,入区企业进出港区的货物免征增值税、关税,企业所得税征收15%;入区企业可享受毛里求斯《2006所得税法案(修改案)》规定的资本补贴政策;入区企业雇佣外籍劳工将不受比例和年限限制[①]。

目前,已有14家企业签订入园意向协议,行业涉及制药、服装、建材、电子、机械等,其中2家已在毛里求斯注册,未来将面向全国地区,对轻工、纺织服装、医药保健、机电、食品加工和高新产业企业等进行大面积招商。

六、埃塞俄比亚东方工业园

埃塞俄比亚号称"东非水塔",水资源非常丰富,还是地热资源最丰富国家之一,已探明的矿产资源有石油、天然气、煤、金、铂、铜、钾盐、锌、铁、镍等。目前,埃塞正在一张白纸上开始大规模的改革开放和建设,已成为非洲最具投资潜力的国家之一,其资源、产业和市场与我国互补性很强,发展空间巨大。埃塞商品通过东南非共同市场可自由进入23个非洲国家,另外根据美国的《非洲增长和机遇法案》以及欧盟等的相关法规,其产品可以不受配额限制地低关税或免关税进入欧美市场。中国企业投资埃塞不仅可拥有该国巨大的消费市场并辐射众多的周边国家,还可以绕过欧美等国的贸易壁垒直接进入欧美市场。

埃塞政府1991年以来,一贯坚持实行对外开放,不断放宽投资政策,改善投资环境,加强投资服务和管理,鼓励外国投资者到埃塞投资。鼓励投资的优惠政策体现在以下几个方面:不断降低外商投资最低投资限额,取消了当地投资者合资股份不得少于27%的限制;实行减免税优惠,用于制造出口产品原材料的进口关税和进口货物税收可得返还;根据投资领域、地理位置和出口产品多少,投资者可享受免除1

---

① http://wenku.baidu.com/link? url=Zo9tpypfJI0MZRgsCz2i−nVQV_6A633OGpqBhk6wzlz7YyTDaNaW2xf3OIucT265I1UG_O−1S5RoY42KHTCmHPwG6cXp9KrzRcuBYnrZtl_.

至 7 年所得税的优惠,如免税期间发生亏损,期满后可顺延免税优惠;除咖啡外所有
出口产品和服务均免征出口关税和出口货物税收;为保护外国投资者,埃塞政府已
加入世界银行附属的多边投资担保机构(MIGA)及《国际投资纠纷解决公约》
(ICSID),承诺对货币转移、征用和国有化、战争和社会动乱、毁约等有关的政治和非
商业风险提供法律保护。

图片 6-3-1　埃塞俄比亚东方工业园入口

东方工业园由中国江苏省两家民营企业——张家港永钢集团和其元集团投资,
选址靠近埃塞首都亚的斯亚贝巴的主干道,地理位置有利于同非洲、中东、亚洲和欧
洲进行国际贸易。东方工业园将按“总体规划、分步实施、小块起步、滚动发展”的原
则进行。工业园计划 5 年分 3 期将园区建成 5 平方千米工业区,引进项目 80 个,工
业投入 5 亿美元。该区先从江苏其元集团选定的 25 个项目入手,带动产业链延伸,
一个一个项目滚动,5 年后初步形成投资集聚区,其中包括仓储物流中心、中国商品
展示中心、带料加工贸易中心、建材制造中心、机械制造中心、纺织服装生产中心、五
金产品制造中心和文化服务中心等,形成以资源需求型、劳动密集型和市场开拓型
为主的产业群和中国产品的流转中心[①]。建成后,该区将成为集工科贸为一体、以加
工贸易为主的综合经济区域。

七、阿尔及利亚中国江铃经济贸易合作区

阿尔及利亚面积约 238.17 万平方千米,海岸线长约 1200 千米。石油与天然气

---

　①　http://www.e-eiz.com/about.asp? id=1&pagetitle=%E5%9B%AD%E5%8C%BA%E6%A6%82%82%E5%86%B5.

是阿国民经济的支柱产业,粮食与日用品则主要依赖进口。此外,阿还拥有约367万公顷的森林资源,软木产量居世界第三位。

阿尔及利亚中国江铃经济贸易合作区由中国江西省江铃汽车集团公司和江西省煤炭集团公司承建,规划面积为5平方千米。规划建设汽车工业城,从全国招商,引进汽车及相关配套企业,以及建筑材料及相关企业100家,预计总投资额为38亿元人民币。经贸合作区的运作方式将在政府主导下,由江铃集团按照市场机制协商确定。近年来,江西企业在开拓阿尔及利亚市场方面取得显著成效。目前,江铃汽车在阿尔及利亚已设立41个经销点,占据其1/3的汽车市场份额。

八、中国博茨瓦纳经贸合作区

博茨瓦纳政治稳定,在非洲属于高收入国家,经济自由化程度高,没有外汇管制,外汇储备充足,通货膨胀率低,同时地处南部非洲的中心,腹地经济可观。博茨瓦纳是世界上最大的钻石生产国之一,经济总量的60%以上来自钻石,制造业不到GDP的5%。博对产业多元化的渴求为中国企业的成长提供了空间。

2006年11月北京举行的中非峰会上,博茨瓦纳总统莫哈埃建议达亨控股集团扩大在博茨瓦纳的投资,从工厂向工业园区发展。经过半年多的调研和论证,达亨控股集团和达之路国际控股集团决定在博茨瓦纳设立"中国—博茨瓦纳经济贸易合作区"。2007年8月,该项目获得博茨瓦纳总统的亲笔批示。2008年2月,又获得中国发改委、商务部等部门的批准。2008年3月3日,在上海举行的中非投资论坛上,中国—博茨瓦纳经贸合作区项目宣告正式启动。

合作区总投资5180万美元、占地5平方千米,将集聚全球资源,在博茨瓦纳打造南部非洲现代制造业基地、国际物流中心和自由贸易区[①]。合作区拥有综合配套区、纺织工业园、综合产业区、高新园区、展览与贸易区和物流园区。合作区欢迎中国和全球的投资者去设立工厂、研发中心、贸易公司和办事机构,企业可以自主建设,购买厂房或租用厂房,自由便捷地在那里从事投资和贸易。按照双方的规划,纺织服装、小家电、小型汽车制造、高新技术将成为中国博茨瓦纳经济贸易合作区重点发展的产业。

第三节 中国在非洲建立经贸合作区 存在的问题及未来走向

境外经贸合作区是新生事物,没有现成的经验可以借鉴,随着合作区的建成和

---

① http://www.shandongbusiness.gov.cn/index/content/sid/34031.html.

投入运行,一些问题也逐渐显现。例如,尽管非洲存在着目前世界范围内最为巨大的潜在市场,但目前中国在非洲投资量仍不是很大,且多为民营中小型企业投资。要加入合作区,中小型企业往往面临着资金不足的问题。2007年6月正式亮相的中非基金,其初期规模为10亿美元,主要对中国企业在非洲投资的企业和项目进行投资参股,帮助企业解决资本金不足的问题。然而,该基金申请条件严格,实际上对需要基金援助的中小企业门槛过高,离境外经贸合作区带动中国企业集群式投资的目标仍有相当大的距离。

此外,境外经贸合作区定位为企业行为,一般由中国企业和所在国政府签订具体的合作协议,可以说是"企业对政府"的模式。这有利于提高企业的自主能力,真正成为市场的主体。但同时,企业在争取优惠政策时往往需要自行接触、个体解决,无形中增加了难度和成本。并且大部分合作区建设主要依靠企业自身的力量,企业在财务、法律、公关、本地化等方面的国际经验不足,也影响了企业在当地的投资和发展。此外,一些经贸合作区东道国的优惠政策大都停留在纸面上,落实速度很慢,再加上目前我国境外经贸合作区大多分布在欠发达地区,对高级人才的吸引力普遍不足,而且尚未制定必要的配套政策,不利于境外经贸合作区引进国际化人才。

因此,境外经贸合作区未来的发展应由政府和企业共同努力,把合作区建设成为能够充分发挥自身资金技术优势和东道国资源市场优势、积累中国企业海外投资经验和培养竞争优势的企业集群式海外投资平台,使合作区的建立切实有利于中国经济发展全局。

对于政府而言,政府需要利用外交资源推动企业与当地政府的合作,尽快落实配套政策;积极拓展信息渠道,加强对投资企业和合作区的引导;建立制度体系完善对企业的监管等。

对于企业而言,首先应精确定位。中国企业在海外投资是没有先例的试验和创新,因此,在开始时,企业不能把摊子铺得过大,专注做细做好市场的每一个方面,在政策衔接、园区定位、国内招商等方面,需要切实做细做好工作。其次,目前中国企业海外投资的最大风险是单兵作战,缺乏产业集群和产业体系的支持,很容易失败,因此,企业应在政府的支持下,以境外经贸合作区为依托,形成海外产业集群,通过抱团出击海外市场,以增加竞争优势。最后,还要争取东道国政府的支持。东道国的投资环境、产业政策等和国内大不相同,通过了解、融入和学习,来适应东道国环境,并形成针对国内企业的竞争优势,这是入园企业经营成功的前提。

第四章

非洲旅游地理

第一节　非洲旅游资源评价

　　旅游资源评价是以旅游资源为主体,包括整个开发利用条件在内的全方位评价。[①] 其评价内容主要包括两个方面:一是对旅游资源自身的评价;二是对旅游资源开发条件的评价[②]。非洲山河壮丽,自然景观奇特,名胜古迹众多,民俗风情丰富多彩,具有发展旅游业的资源、环境优势和开发条件。

一、非洲旅游资源的自身评价

　　非洲千姿百态的地形地貌造就了丰富多彩的自然旅游资源,众多的民族和悠久的历史文化孕育了色彩斑斓的人文旅游资源。从自然和历史的角度看,非洲的旅游资源得天独厚,构成了世界少有的观赏画面。

(一)奇特而原始的自然景观

　　非洲有许多闻名世界的奇特自然景观。

　　1.地质地貌景观

　　非洲山地突兀在起伏平缓的高原之上,相对高差大,显得高峻、雄伟而奇特。非洲主要的山脉有乞力马扎罗山、肯尼亚山和鲁文佐里山等,它们坐落在东非高原之上、赤道附近,均因垂直景观变化剧烈、赤道雪峰胜景奇特,成为颇具特色的山地旅游景观。特别是有"非洲屋脊"之称的乞力马扎罗山,海拔5950米,主峰山顶为直径1800米的火山口,平时山顶云雾笼罩,神秘莫测,遇有云开雾散之时,晶莹闪光的雪峰在赤道骄阳照射之下,格外妖娆。

　　东非大裂谷以雄伟、险峻而著称,裂谷带内由一系列块状断裂形成的南北走向

---

① 孙文昌、郭伟:《现代旅游学》,青岛:青岛出版社,1997年,第95页。
② 陶犁主编《旅游地理学》,北京:科学出版社,2007年,第52-53页。

的裂谷和湖盆组成,地势高差悬殊,两侧悬崖绝壁,犹如高墙壁立;谷底林木叠翠,深不可测,一连串的湖泊犹如晶莹的蓝宝石散落其间;附近山峦起伏,山顶白雪皑皑,气象万千,高山深谷景观特点鲜明,堪称"地球上最美丽的伤疤"。这里也是非洲野生动物集中分布的地区之一,现已开辟为数量众多的野生动物保护区[①],被称为"野生动物的天堂"。

非洲热带沙漠风光独具特色。撒哈拉沙漠是非洲最具吸引力的旅游区。奇特的沙漠景观、神秘浩瀚的沙海、恬静优美的沙漠绿洲、独特的沙漠风情,每年都吸引着无数的旅游者前来探险、猎奇。埃及、突尼斯、阿尔及利亚等国开展的形式多样的沙漠旅游,方兴未艾,尤以突尼斯的国际沙漠联欢节最为著名。节日里,人们不仅可一睹沙漠奇景,还可欣赏到骆驼比赛和丰富多彩的民间歌舞,在摩洛哥还可看到神秘的沙漠"海市蜃楼"。

2. 水域风光

非洲主要的河流尼罗河、刚果河、尼日尔河、赞比西河等,流经许多阶地、陡崖,通过软硬不同的岩层,穿越一些高原、山地,沿途形成大量的急流飞瀑,跌宕起伏,美不胜收。如尼罗河仅在喀土穆到阿斯旺之间就有 6 个大瀑布;刚果河上的大瀑布则多达 43 处,其中以"利文斯敦"瀑布群最负盛名;瀑布数量最多的当属赞比西河,共有 72 个,最著名的是被誉为"世界七大自然景观之一"的莫西奥图尼亚瀑布,其主瀑宽约 1800 米,落差 120 米左右,犹如万顷银涛从峭壁上跌入深谷,雪浪翻滚,急流澎湃,白色水雾如云似烟,声音惊天动地,远及数十千米,成为人间奇观。维多利亚湖、坦噶尼喀湖、马拉维湖等世界著名大湖,湖阔水深,湖滨青山云蒸霞蔚、空气清新、环境幽静,是度假疗养的良好场所。

非洲的海洋和海滨旅游资源别具魅力。地中海沿岸、红海之滨的阳光海滩,充满了神话般迷人的风情,是非洲最亮丽的一道自然风景线。亚历山大、马特鲁、突尼斯城、苏萨、拉巴特等地中海沿岸城市,都是独具魅力的海滩度假胜地,这里不仅气候宜人,风光秀丽,而且邻近欧洲,交通便利,已成为海滨旅游和冬季疗养的胜地。在埃及的苏伊士湾及红海沿岸,海湾度假和海底观光旅游十分兴旺,每年的旅游旺季,来此避寒度假、垂钓、观光者络绎不绝。坦桑尼亚和莫桑比克海滨,为典型的热带珊瑚礁海岸,平静、碧澄的海水,洁白的沙滩,闪烁耀眼的阳光别具一格。在好望角,波涛汹涌的海水则又构成了另外一处奇特的旅游景观。好望角航线现已辟为好望角自然保护区,是一处独特的探险观光地。此外,塞舌尔、毛里求斯、科摩罗、圣多美和普林西比等岛国,"3S"旅游资源也十分丰富,为世界著名的旅游胜地。

---

① A.T.Grove.0. Africa(Third Edition)[M].Oxford:Oxford University Press,1978:23 - 31.

3. 生物景观

非洲有茂密的热带雨林和广阔的热带稀树草原,野生动植物资源极其丰富,天然动物园广布,是世界上天然动物园数量最多、面积最大的一个洲。其中规模较大、比较著名的天然动物园有 70 多处,总面积达 41 万平方公里,如肯尼亚的察沃国家公园、坦桑尼亚的塞伦盖蒂国家公园、乌干达的卡巴雷加瀑布公园、赞比亚的卡富埃国家公园,以及南非和博茨瓦纳的卡拉哈迪国家公园等。它们都是享誉世界的天然动物园,园中不乏珍禽异兽、奇花异草,如非洲象、鸵鸟、长颈鹿、犀牛、角马等。此外,赞比亚的红毛羚羊、肯尼亚的红鹤、利比亚的矮河马、马达加斯加岛上的狐猴等更是世间稀有的奇特动物。植物中有形态奇特的"旅行家树",世界闻名的波巴布树(猴面包树),还有特殊功能的笑树、刷牙树,以及津巴布韦的嘉兰、黄花树,马达加斯加的凤凰树,塞舌尔的瓶子草、海椰子树等,它们均以奇特的色、形等引人注目。[①]

(二)古老而闻名的历史遗迹

非洲作为孕育世界古代文明的摇篮和人类文明的重要发祥地,在历史发展的长河中给世人留下了极为璀璨的古代文化瑰宝和众多的名胜古迹。如埃及的吉萨金字塔、亚历山大庞贝柱、底比斯古城遗址及其神庙、石质帝王陵墓群,突尼斯的迦太基城遗址,南非的旺德韦克山洞,埃塞俄比亚的拉利贝拉岩洞教堂,津巴布韦的"石头城"遗址等,都是非洲古代文明的象征、人民智慧的结晶。此外,塞内加尔的戈雷岛、加纳的海岸角、肯尼亚的耶稣堡、坦桑尼亚巴加莫约等地的奴隶堡,则是当年欧洲殖民者从事奴隶贸易时用来关押被捕捉和诱骗的黑人的据点,是非洲腥风血雨岁月的见证。现在,这些名胜古迹大多已被列入世界文化和自然遗产名录,受到重点保护。截至 2013 年 6 月的第 37 届世界遗产年会,全世界共有世界遗产 981 处(文化遗产 759 处,自然遗产 193 处,文化与自然双重遗产 29 处)。其中,非洲的 33 个国家共拥有 134 项世界遗产(文化遗产 85 项,自然遗产 44 项,文化与自然双重遗产 5项),而在突尼斯,这个只有十几万平方千米的国家,世界文化遗产就有 8 项。此外,作为人类发源地之一的肯尼亚西北部的史前人类遗址(目前世界上已发现的最早的石器时代聚居地之一),既具有重大的科研意义,又具有很高的观赏价值。举世闻名的苏伊士运河,素有"世界航运十字路口"之称,其繁忙的景象、沿海城镇的风光、中东战争遗址等都是不可多得的旅游胜地。

(三)神秘而多彩的民俗文化

非洲人口众多,地域辽阔,民族(部族)构成复杂,区域差异较大。各民族受自然、历史、宗教和传统习俗等的影响,形成了绚丽多彩的民俗风情。如被誉为"非洲威尼斯"的贝宁冈维埃水上村庄等富有特色的民居建筑,马赛人、图阿雷格人等的奇

---

① 周明、刘万青、宋德明主编:《世界旅游资源概论》,西安:陕西旅游出版社,1997 年,第 205 页。

特服饰装束,"森林儿子"俾格米人和"沙漠之子"桑人等原始民族的生活习俗,以及古老的酋长制遗风、高昂激越的音乐、粗犷刚健的舞蹈、扣人心弦的体育竞技、制作精巧的手工艺品等,对异国他乡的游客都有着巨大的吸引力。在黑人文化诞生地尼日尔河流域,非洲人曾创造的以雕刻艺术为代表的诺克文化、贝宁文化、伊费文化,以及栩栩如生的撒哈拉沙漠史前岩画,令人叹为观止。作为非洲极具魅力的人文旅游资源之一的传统民间节日和习俗,如撒哈拉联欢节、柏柏尔人的求婚盛会——穆塞姆节、体现豪萨人浓郁传统民族气息的风俗习惯等等,也都别开生面、充满情趣。

图片 6-4-1　马赛人的服饰及用牛粪和树枝搭建的房子

图片 6-4-2　戴面纱的图阿雷格男子

综上所述,从资源本身吸引力来看,非洲旅游资源不仅类型多、层次繁复,而且内涵丰富、立体感强。从资源的质量与丰度,容量与特色,美学与艺术价值,科学考察与历史文化价值,以及娱乐价值等多方面衡量,非洲旅游资源均具有很强的竞争力。

二、非洲旅游资源的开发条件评价

(一)区位条件

区位条件即旅游资源所处的地理位置及交通条件,它决定了旅游资源所在区域的可进入性,进而影响到旅游资源开发的时间、规模、层次、市场指向、旅游线路的组织及接待设施建设的规模和档次。

非洲区位优越,但内陆交通落后。非洲距离当今世界最大的旅游客源产生地——欧洲和美洲很近,客观上为这两个地区的游客来非洲旅游提供了地理之便。然而,从交通运输条件上看,非洲又是世界交通运输业比较落后的一个洲,至今仍未形成完整的交通运输体系。大多数交通线路从沿海港口伸向内地,彼此互相孤立。同一种交通线路的联接、各种旅游交通方式的衔接很差,致使国家之间、地区之间联系不便,甚至撒哈拉、卡拉哈迪等地区是没有现代交通运输线路的空白区。同时,非洲交通线路等级低、设备老化、规格不一,离"便利、高效、快速、安全、舒适和经济"的要求相距甚远,亟待改善和提高。可见,较为落后的交通基础设施,已成为非洲经济发展和旅游资源开发的瓶颈。

(二)区域经济发展背景条件

区域经济发展背景条件包括旅游资源所在区域的经济发展水平、工农业生产、商业及饮食、基础设施、城镇发展、人员素质等多方面的因素,它直接决定了该区域旅游资源开发的资金、物质、人力等条件,同时也影响到旅游市场需求。

非洲有着发展经济的良好条件。但各种原因,特别是长达几百年的殖民统治,使非洲的经济过于单一,成为世界上最贫困落后的大陆。[①] 落后的经济发展水平,使非洲的旅游业起步晚,基础差,发展缓慢。各种旅游服务设施和基础设施的建设相对滞后。

以住宿设施为例,非洲拥有的住宿设施在世界上所占份额很小。1998 年,非洲地区各类客房达 42.8 万间,占世界总数的 2.8%,在各大旅游区中名列第四位;1995—1998 年非洲客房年均增长 2.0%,在各大旅游区中排名第五。目前,欧洲和美洲仍然是世界酒店业最为发达的地区,其中,欧洲酒店客房数占 45%,美洲酒店客房数占 36%,东亚及太平洋地区酒店客房数占 14%,而中亚、南亚、非洲合计共占 5%。[②] 非洲现有的国际连锁酒店主要集中在尼日利亚、埃及、摩洛哥、阿尔及利亚、突尼斯、加纳、南非等国家,其他大部分国家旅游饭店星级低,床位数量少。[③]

表 6-4-1 非洲国际连锁酒店业发展情况[④]

地 区	2010		2011		2012	
	酒店数	房间数	酒店数	房间数	酒店数	房间数
北非地区	72	16909	75	17038	79	17449
撒哈拉沙漠以南非洲地区	80	15223	84	14521	129	20625
合计	152	32132	159	31559	208	38074

表 6-4-2 2012 年非洲国家连锁酒店业发展排名前十位的国家(按房间数)[⑤]

排名	国家	酒店数	房间数
1	尼日利亚	43	6808
2	埃及	19	5923
3	摩洛哥	35	5809

---

① 非洲经济概况,http://fec.mofcom.gov.cn/aarticle/duzpb/cf/ap/200612/20061203978841.html.
② 吴军林:《以中国人的名义创造世界酒店行业平台》,载《企业家日报》,2013 年 9 月 20 日,第 7 版。
③ 唐发华、仇奔波:《世界旅游地理》,南京:江苏教育出版社,1996 年,第 427 页。
④ *Tourism Report*,Africa investor,2012(MAY - JUNE),p.1.
⑤ *Tourism Report*,Africa investor,2012(MAY-JUNE),p.3.

续　表

排名	国家	酒店数	房间数
4	阿尔及利亚	14	2537
5	突尼斯	8	2096
6	加纳	11	1752
7	加蓬	8	1260
8	利比亚	3	1084
9	南非	8	990
10	科特迪瓦	3	858

图 6-4-1　雅高酒店品牌在非洲的分布①

（截至 2012 年 10 月,共拥有 109 家酒店,分布在 18 个国家）

　　基础设施直接影响到各国对旅游者的吸引力。就总体而言,非洲基础设施薄弱,难以适应蓬勃发展的旅游业的需要。非洲的交通运输业中公路占绝对优势,但与世界其他地区相比,公路密度显然很低,而且地区分布很不平衡。公路密度较大的是南部非洲的东南部、几内亚湾沿岸地区、西北非地区和东非的维多利亚湖地区,而中非内陆地区、刚果盆地赤道雨林区、南非卡拉哈迪地区和撒哈拉沙漠的公路则极其稀疏;铁路主要集中在沿海地区,即南非、西北非、西非几内亚湾沿岸以及东非

---

① Communication EMOA,2012-10-02.

和东北非的一些国家和地区,全洲尚无一条纵贯南北的铁路,辽阔的内陆地区或经济发展水平很低的国家,至今还没有一寸铁路。① 非洲薄弱的基础设施还表现在通信设施、供水供电设施以及其他公共服务设施的严重短缺。非洲开发银行数据显示,非洲只有 65% 的人口可以使用干净的水源,整体通电人口不足 40%,在农村地区,通电率则更低,平均仅为 12%;非洲国家的总发电能力仅相当于德国一国的发电量,为 114 万兆瓦;只有不到 40% 的人口具有使用先进医疗设施的条件,互联网普及程度为 8%,远低于世界平均水平。② 渣打银行 2012 年初的一份报告显示,非洲基础设施建设每年约需 1000 亿美元,而各国政府只能提供 530 亿美元,缺口高达 470 亿美元。③

落后的经济发展水平也直接导致了非洲地区人们整体上的意识与知识的落后。就微观而言,较低的人口文化素质和知识水平带来的文化上的极大反差,虽然能够引起旅游者的旅游兴趣,但过大的文化差距和较低的知识水平,又足以阻碍当地居民与外来旅游者的交流沟通,从而构成当地旅游业大规模发展的不利因素。特别是非洲作为世界上人口种族最复杂、语言种类最多的地区,也客观上增加了旅游服务的难度。而从宏观上来说,虽然不少非洲国家的政府对旅游开发的重要意义已经有了越来越清楚的认识,然而旅游业就其本身而言是一个新兴产业,加之非洲经济基础薄弱,人们的市场观念和市场意识都有待进一步形成和发展,因而在对旅游开发的一系列问题上,如科学规划、系统管理、市场营销、产品推介、接待服务等方面,非洲地区尚缺乏专业的人才储备和知识理念,部分国家和地区的旅游开发仍停留在游客请向导、找翻译、投宿居民家中或露营等散乱无序的原始状态。④

(三)环境条件

1. 非洲的旅游社会环境

旅游社会环境是指旅游资源所在区域的政治局势、社会治安等条件。一个地区的政治局势和社会治安稳定与否,直接影响旅游者的出游决策。政局不稳、战争频发、社会治安差的地方,即使有丰富而高品位的旅游资源,游客出于人身和财产安全的考虑,也会望而却步。

非洲地缘政治矛盾复杂,安全问题由来已久,它不仅与时代的发展有着密不可分的关系,而且会成为有碍非洲地区旅游业发展的关键因素。由于旅游业是一种外向性很强的产业,容易受到外部环境因素的影响,如自然灾害、疾病、恐怖活动、政局

---

① 罗福建等:《当代非洲交通》,北京:世界知识出版社,2010 年,第 144 - 145 页。
② http://wenku.baidu.com/view/ec599707bed5b9f3f90f1c4f.html.
③ http://wenku.baidu.com/view/ec599707bed5b9f3f90f1c4f.html.
④ 李巍、张树夫:《浅析非洲的国际旅游开发》,载周光宏、姜忠尽主编《"走非洲,求发展"论文集》,成都:四川人民出版社,2008 年,第 311 页。

动荡等都会对旅游业产生严重影响甚至致命打击。非洲国家从独立至今大都经历过不同形式、持续时间长短不一的战乱或政局动荡,这些战乱和政局动荡可以说是非洲区域旅游业发展的头号杀手。由于这些战乱和政局动荡一般都存在比较复杂的历史、民族、宗教和文化等因素,而这些因素在短时间内又很难彻底消除①。特别是非洲高频率的军事政变导致的政治动荡,给非洲旅游地形象造成诸多负面影响②。负面的旅游地形象成为了非洲旅游业发展的制约因素之一。③ 加之,非洲贫富差距较大,10%的富人占据了 65%的国民收入,因此抢劫、盗窃问题在部分区域比较严重④。如 1990 年的海湾战争给埃及、突尼斯等国的旅游业造成了严重影响,使其旅游业收入大幅度下降,且其影响一直延续至今。还有一些非洲国家由于内乱、自然灾害等原因,造成旅游业大滑坡。如赞比亚,1981 年接待游客 14.7 万人次,收入4700 万美元,而到 1987 年则降为 12 万人次,收入只有大约 560 万美元,而且从 1987年起就一直没有复苏⑤。此外,2002 年肯尼亚遭受的恐怖袭击事件,使当年到东非旅游胜地肯尼亚和坦桑尼亚旅游的游客数量一度锐减。⑥ 当然,随着人类社会步入 21世纪,和平与发展已成为世界的主题,一些长期困扰非洲的冲突、动荡等问题有的已经结束或者正在降温。

2. 非洲的旅游生态环境

旅游生态环境是指由自然环境中的空气、水、地貌、植被等共同组成的自然生态系统,它与自然旅游资源密切联系。在过去的 30 多年里,由于人口增长、战争、沉重的债务、自然灾害和疾病等因素,非洲的旅游生态环境遭到了极大的破坏。

过快的人口增长,使得非洲城市化的进程不断加快。在城市化进程中,汽车数量将有增无减,由于贫困,有更多的人使用不符合标准的燃油造成大气污染;二氧化碳的过量排放导了了气候变暖,降水大量减少,非洲大陆的自然灾害也频繁发生。据统计,非洲大陆目前的二氧化碳排放量是 1950 年的 8 倍。⑦ 另据有关资料显示,自 1968 年以来,非洲大陆的降水一直在逐年减少,有些国家如博茨瓦纳、布基纳法索、乍得、埃塞俄比亚、莫桑比克等旱灾频仍。而全球气候变暖导致的海平面上升又

---

① 崔峰:《非洲区域旅游一体化开发研究》,载周光宏、姜忠尽主编《"走非洲,求发展"论文集》,成都:四川人民出版社,2008 年,第 345－346 页。

② Victor B:*Teye. Coupsdetat and African Tourism:A Study of Ghana*,Annals of Tourism Research,1988,p.329－356.

③ Paul Kwame Ankomah,John L. Crompton:*Unrealized Tourism Potential:The Case of Sub-Saharan Africa*,Tourism Management,1990.p.11－28.

④ http://www.topo100.com/e/DoPrint/? classid=387&id=15955.

⑤ 贺清云:《非洲旅游业的发展、问题及对策》,http://iwaas.cass.cn/index.asp.

⑥ 《社会治安问题与非洲旅游投资》,http://www.topo100.com/e/DoPrint/? classid=387&id=15955.

⑦ 《非洲环保任重道远　可持续发展将为中非合作首要项目》,http://news.xinhuanet.com/world/2011－04/10/c_121287366.htm,2011－04－10.

使得几内亚湾沿岸国家几内亚、塞内加尔、冈比亚,以及印度洋西岸的一些非洲国家受到了海水侵袭的威胁。降水的减少、空气和饮用水的大面积污染、生态平衡的破坏、偷猎行为以及野生动植物保护法的极度不健全还将导致大部分野生物种的灭绝。据报道,降水减少将导致大羚羊和斑马等非洲野生动物的灭绝。目前,有126种野生动物正逐渐从非洲大陆消失,与此同时,大约有2000种野生动物也濒临灭绝的危险。全球35个物种最丰富但同时受威胁也最严重的热点地区中,有9个在非洲。[1] 另外,由于气候变暖,疾病的传播也将更加迅速。携带有疟原虫的蚊子将从炎热的非洲中部地区飞往原来气候比较凉爽的南部非洲国家纳米比亚和南非,在这片目前还没有疟疾的净土上繁殖,并传播疾病。[2] 目前撒哈拉沙漠以南的非洲地区仍是艾滋病的重灾区。据《2012世界艾滋病日报告》显示,2011年,全球成年人中艾滋病感染者占总人口的0.778%,而在非洲,这一比例达到4.85%。目前,撒哈拉以南非洲共有近2350万名艾滋病感染者,占世界感染者总数的69%[3]。另外,非洲也是疟疾多发的地区。可见,艾滋病等疾病的流行也是非洲国家旅游业发展过程中面临的严峻挑战。生态环境的破坏,不仅会阻碍非洲经济的可持续发展,同时也将严重影响非洲旅游业的发展。因此,积极采取有效措施保护非洲生态环境乃属当务之急。

3. 非洲的旅游投资环境

旅游资源的开发需要大量的资金,需要吸引国内外的投资。要吸引国内外的投资,需要有良好的旅游投资环境。旅游投资环境包括国家(地区)经济发展战略和政策、政府给予的投资优惠条件等。

近年来,非洲国家越来越重视旅游业的发展[4],许多国家利用资源优势,制定了有利于旅游业发展的优惠政策,包括免税、减税、低税甚至财政补贴等,以吸引外国投资者。不少国家花费巨大的人力与财力修建和整治机场、公路、水电设备,改善旅游配套设施,吸引与利用外资修建旅游饭店和度假村。

例如,摩洛哥决定于2007—2012年的5年时间内投资12.4亿美元建设两项大型旅游和房地产项目。其中5.3亿美元用于建造一个具有国际标准、占地50公顷的动物园及其配套旅游设施,6.8亿美元用于开发距首都拉巴特15千米的国家海滨,

---

① 《非洲环保任重道远 可持续发展将为中非合作首要项目》,http://news.xinhuanet.com/world/2011-04/10/c_121287366.htm,2011-04-10。

② 《非洲环保形势严峻》,法制日报,2002年7月13日。

③ 《非洲艾滋病防治成效显著 防治形势依然严峻》,http://news.daynews.com.cn/gjxw/1676449.html。

④ D. Omotayo Brown: *In Search of an Appropriate Form of Tourism for Africa: Lessons from the Past and Suggestions for the Future*, Tourism Management, 1998. p. 237-245.

包括新建住宅、饭店、游港及占地 450 公顷的 18 洞高尔夫球场。①

坦桑尼亚正采取各种措施大力发展旅游业。一是努力改善基础设施,重点修复了通往阿鲁沙及各国家公园的公路干线,并投资 3500 多万美元修缮和扩大了国有旅馆和电讯网;二是推动旅游业非国有化,允许私人和外国资本向旅游业投资,吸引外国公司参与国有饭店、机场管理,提高管理技术和服务水平;三是积极扩大对外宣传,在欧美和亚洲设立了办事处,并与设在丹麦的非洲旅游协会签署合作协定,重点开拓欧美市场,同时积极参加在欧美、中东及亚洲等地区举行的大型国际旅游博览会,极力推销坦桑尼亚的旅游资源;四是出台各种优惠政策吸引外资投入旅游开发。② 目前,旅游业已成为坦桑尼亚发展最快的行业,年均增速达 6.5%,在国民经济中的比重超过 15%。到 2010 年初,全国共开发了 160 余个旅游项目,吸引了 4 亿多美元的境内外投资,占坦桑尼亚项目总投资额的 87%③。

旅游业在埃及经济中占有重要地位,是埃及外汇收入的第一大来源,也是解决国内就业问题的关键行业。穆尔西总统就任以来,十分重视旅游业的发展,出台多项举措,包括:与土耳其签订新航线合约,开辟来往于伊斯坦布尔和埃及红海旅游胜地沙姆沙伊赫、赫尔格达两个城市之间的航线;推出法老岛、卡夫拉金字塔等旅游新资源;研究减免旅游业投资税收的方案等。根据埃及旅游部的计划,在 2020 年之前其年入境游客将增长到 3000 万人次,旅游外汇收入将达 250 亿美元。④

为使旅游收入获得高增长,肯尼亚旅游局采取瞄准高回报市场的战略,并注重旅游业的长期可持续发展,把工作重点从追求数量转向追求价值,开发适合的产品以吸引高端游客。为此,2007 年,肯尼亚旅游业发展委员会决定投资 66 亿先令,对包括主要酒店和高尔夫球场在内的硬件进行修缮,同时,肯尼亚信托基金还启动了一个改善肯尼亚旅游基础设施的合作计划,用于建立螃蟹农场、野生动物论坛、手工艺品制作、自然保护区及森林庇护所等⑤。2009 年,肯尼亚政府确定了该国自独立以来首个综合性旅游产业发展规划,明确了肯尼亚旅游业及相关产业的发展方向。2012 年,肯尼亚开通了和中东、中国、印度的直航航班,显著促进了该国旅游业的发展。

---

①　《非洲国家大力发展旅游业》,http://travel.people.com.cn/GB/41636/41641/5292522.html,2007 -01 -17.

②　《非洲国家大力发展旅游业》,http://travel.people.com.cn/GB/41636/41641/5292522.html,2007 -01 -17.

③　《坦桑尼亚鼓励旅游业投资》,http://bj.yeex.cn/d/news - 36089,2010 - 01 - 01.

④　《埃及旅游业持续复苏》,http://www.wfnews.com.cn/news/2012 - 11/07/content_1158945.htm,2012 -11- 07.

⑤　《非洲国家大力发展旅游业》,http://travel.people.com.cn/GB/41636/41641/5292522.html,2007 -01 -17.

　　纳米比亚也高度重视旅游业的发展,并采取了一系列吸引游客的积极措施。第一,纳米比亚旅游部门每年都拨出专款用于旅游宣传,重点介绍各个著名景点,以提高景点在世界范围内的知名度。第二,大力改、扩建宾馆饭店,努力提高旅游基础设施水平。第三,改善金融服务条件。无论使用兰特现金还是信用卡都可以在纳米比亚结算,省去了货币兑换带来的诸多不便。与此同时,纳米比亚旅游部门还在各景点设立了银行或设置了美元自动取款机,实行 24 小时服务,以为游客提供便利。第四,积极吸引欧美国家的游客。当地的经济学家乐观地估计,纳米比亚旅游业很可能在未来若干年内取代矿业在国民经济中的地位,成为最大的支柱产业[①]。

　　事实上,长期以来,非洲作为传统意义上的高风险地区,只能吸引少量的外国投资。但近年来非洲投资环境有所改善,投资风险正在下降。非洲银行所进行的复杂的国家内部风险评级显示,大部分非洲国家的国家风险处于中等(B 级),而只有少数国家处于风险较高的 2B 级或 3B 级[②]。另外,WORTH 杂志曾经向美国最具远见和最成功的国际投资家罗杰斯出过一道测试题:"给你 100 万美元,你往哪里投资?"罗杰斯的答案是:"把这 100 万美元送给侄女,但她必须离开美国,到国外去投资。她可以投资非洲的旅游业。"可见,"以一种长期发展的眼光来看,这个大陆必将医治饱受蹂躏的创伤而走向繁荣"。[③]

(四)客源市场条件

　　客源是旅游资源开发的重要保证。客源数量过少,风景资源再好也不能达到很好的开发利用。因此,要对旅游资源所在区域的客源市场指向和结构、旅游资源辐射范围、吸引层次特点等问题进行评价。

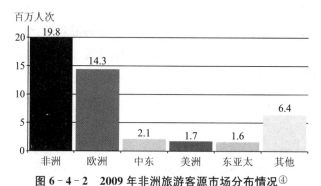

图 6 - 4 - 2　2009 年非洲旅游客源市场分布情况[④]

　　① 《非洲国家大力发展旅游业》,http://travel.people.com.cn/GB/41636/41641/5292522.html,2007 - 01 - 17.

　　② 非行官员:《投资非洲的风险正逐步降低》,http://www.caijing.com.cn/2007 - 05 - 15/100019657.html,2008 - 05 - 15.

　　③ 沈秀涛:《挑战身心教程　独醒于世》,成都:四川大学出版社,2000 年,第 184 页。

　　④ 资料来源:世界旅游组织(UNWTO).

从总体上看,2000 年以来,非洲地区接待的入境旅游者呈增长趋势,但客源市场①分布并不均衡,主要来自洲内和欧洲,来自其他地区的旅游者较少。如 2009 年,除洲内旅游者外,在所有赴非洲的区域外旅游者中,欧洲地区可谓一枝独秀,达 1400 多万人次,而中东、美洲及东亚太地区的旅游者合计仅为 540 万人次。如从客源国来看,则以美国游客最多。之所以如此,不仅由于当代国际旅游流主要产生于欧美地区,而且还与历史和地理等诸多方面的原因有关②。

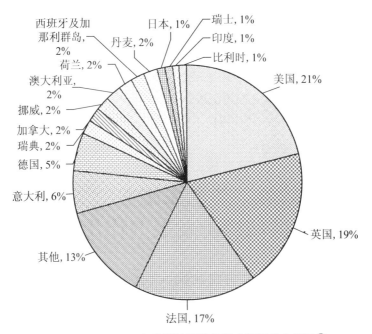

图 6-4-3　2012 年非洲地区的旅游客源国分布情况③

就历史因素而言,非洲国家曾为欧洲列强的殖民地,独立以后,和宗主国仍然有着千丝万缕的联系,特别是经济、文化方面的联系仍很密切,商贸、文化、会议等旅游频繁。同时,由于血缘上的关系,美洲等地许多黑人纷纷踏上非洲大陆寻根问祖、探亲访友。

从地理因素的影响来看,第一,非洲和欧洲紧邻,特别是北非地区和欧洲仅一海之隔,近在咫尺,欧洲许多出国旅游者选择距离较近、旅游交通联系方便的非洲作为旅游目的地。第二,非洲被称为"无冬大陆",大部分地区终年温暖,阳光明媚,风景秀丽,适于观光、度假和疗养旅游,对偏爱阳光、喜欢温暖的西欧、北欧和北美国家的

---

① 由于统计资料的限制,下面关于客源市场的分类方案并不完全一致,但不影响问题的说明。

② 唐发华、仇奔波主编《世界旅游地理》,南京:江苏教育出版社,1996 年,第 426 页。

③ 资料来源:Expedia, Inc.

出国旅游者有着很大的吸引力。第三,由珍禽异兽所构成的天然动物园,是非洲旅游资源的独特优势,为世界其他地区所少见。天然动物园观光的奇特性、惊险性和趣味性,是喜爱冒险、猎奇、刺激的欧美旅游者向往的乐园。

而就所有旅游者而言,伴随全球旅游业不断发展的同时,他们的需求特点也在变化之中。一方面,随着世界各国中等收入阶层人数的扩大,使得加入旅游者队伍的人数日益增多,而大多数旅游者往往集中拥向为数不多的热门旅游目的地。另一方面,致力于寻求遥远的或尚未开发的旅游目的地的旅游者人数也日益增多。越来越多的旅游者渴望游览新的景点,见识新鲜事物,聆听新奇的声音。他们开始到世界上过去曾经是遥不可及的地方去旅游,到达目的地后,他们也不再满足于在海滩上晒太阳,而是想要进行文化或者自然旅游,参观考古发掘地点,登山爬坡,乃至寻找失散已久的亲友或者寻访祖先的遗迹。于是前往东部非洲野生动物园等新奇旅游目的地的旅游者人数不断增加,到乌干达追踪大猩猩等更富刺激性的特种旅游项目,成为越来越多游客追求的目标。[1]

第二节　非洲旅游业发展对区域经济发展的作用

1991 年以来,世界旅游及旅行理事会(WTTC)一直在测算旅游业对全世界、各个地区以及经济合作与发展组织成员国的经济影响。1992 年,该理事会发表了第一份评估报告,报告指出,旅游业已成为世界上规模最大的产业之一,它提供了大量高品质的就业岗位。此后,该理事会继续开展这方面的测算工作[2]。表 6 - 4 - 4 是 WTTC 对 2002 年撒哈拉以南非洲地区旅游发展状况的评估以及对 2012 年发展情况的预测。从中可以看出,2002 年撒哈拉以南非洲地区旅游业实现收入 197 亿美元,所创造的就业岗位超过 1000 万个(包括直接旅游就业和间接旅游就业)。而到 2012 年,撒哈拉以南非洲地区旅游业的收入将增至 521 亿美元,并创造 1602 万个就业岗位。旅游业已成为非洲经济发展的一支重要力量,具体体现在如下几个方面:

---

① 世界经济及文化年鉴编辑委员会编:《世界经济文化年鉴(1997—1998)》,北京:人民出版社,1998 年,第 481 页。

② Charles R. Goeldner, J.R. Brent Ritchie:《旅游学(第 10 版)》,李天元、徐虹、黄晶译,北京:中国人民大学出版社,2008 年,第 21 - 22 页。

表 6 - 4 - 3　旅游对撒哈拉以南非洲地区经济的影响:评估与预测①

	2002 年			2012 年		
	金额总计 (10 亿美元)	占总量 (%)	增长率ᵃ (%)	金额总计 (10 亿美元)	占总量 (%)	增长率ᵇ (%)
私人旅游	12.0	5.2	2.5	32.9	6.5	5.9
商务旅游	2.2		−11.7	6.6		6.8
政府支出	0.8	1.8	3.3	1.8	1.9	4.3
资本投资	5.1	8.8	5.1	12.3	9.2	4.5
旅游出口	8.5	7.4	2.7	23.2	7.9	6.2
其他出口	4.2	3.7	−0.8	10.9	3.7	6.0
旅游业需求	32.9		1.3	87.6		5.7
旅游业 GDP	7.5	2.4	−1.0	20.6	2.9	6.0
旅游经济 GDP	19.7	6.2	0.2	52.1	7.3	5.6
旅游业就业岗位(千个)	4017.3	2.9	−3.3	6062.8	3.4	4.2
旅游经济就业岗位(千个)	10485.0	7.4	−5.9	16021.0	9.0	4.3

注:a为考虑通货膨胀后 2001 年的实际增长率;b为考虑通货膨胀后 2002—2012 年的实际年增长率。

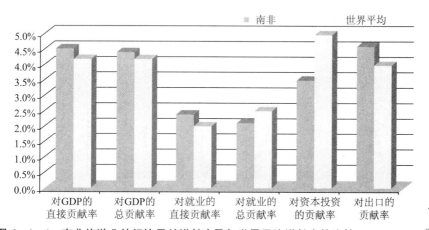

图 6 - 4 - 4　南非旅游业的经济贡献增长率及与世界平均增长率的比较(2013—2023)②

一、增加外汇收入,平衡国际收支

作为非贸易外汇创收的组成部分,旅游创汇具有传统商品出口所不具备的很多优点③:① 旅游业提供的主要是服务产品,不需要付出很多物质产品,不消耗很多资

---

①　资料来源:世界旅游及旅行理事会(WTTC).

②　资料来源:GHN market report—South Africa 2013.

③　邹树梅:《现代旅游经济学》,青岛:青岛出版社,1998 年,第 250 页。

源即可创汇;②旅游商品和服务的价格由本国控制,旅游目的地可以通过价格调整来刺激旅游者;③旅游收入是现汇收入,资金可以马上投入周转使用;④可免受进口国关税壁垒的影响,是"就地出口";⑤换汇成本低,获利高。

与其他地区(尤其是发达地区)相比,非洲地区收入水平低,失业和待业程度高,工业发展水平低,极大地依赖初级产品出口换汇。在当前世界关税壁垒重重、贸易保护主义盛行和竞争激烈的背景下,初级产品的价格受国际市场价格和外贸条件的控制,出口产品集中在有限的品种上,出口市场不稳定,因而外汇收入也不稳定。初级产品出口过多,会加速资源破坏,加剧国内市场短缺,而且会导致很高的进口机械产品的倾向。可见,通过出口初级产品,并不能满足非洲国家从传统农业经济向工业经济转化所需的大量外汇。

从全球来看,非洲地区拥有丰富的旅游资源,旅游业已迅速成为非洲赚取外汇的一个重要来源。非洲国际旅游收入从1950年的1亿美元增长到1980年的34亿美元,1990年的64亿美元,2010年的316亿美元。2012年更高达340亿美元,其中从每一位游客身上获得的收入为654美元,尽管这个数目只相当于每位游客在美国平均花费(1884美元)的1/3强,但它仍然是非洲各国经济的一个重要收入来源。

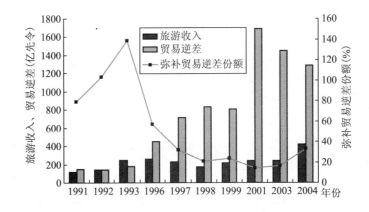

图6-4-5 肯尼亚主要年份旅游收入及其弥补贸易逆差情况
注:1美元约合68肯尼亚先令。

同时,旅游收入的增长在一定程度上弥补了非洲国家的商品贸易逆差,平衡了财政收支。以肯尼亚为例,独立以来,肯尼亚商品贸易逆差增长很快,2004年比1968增长了112.85倍,而同期其旅游收入的增长也较快,2004年较1968年增长了121.67倍。旅游收入的增加在一定程度上减少了贸易逆差对肯尼亚经济造成的影响,特别是1992和1993年(图6-4-5),旅游收入超过了贸易逆差,使得肯尼亚经济出现了少有的盈余。需要说明的是,由于肯尼亚经济发展水平落后,多个部门在国际贸易中都处于不利的地位,连年的巨大有形贸易逆差单靠旅游业是无法弥补的,而且旅游业在弥补有形贸易逆差的能力上也不能与一些发达国家相比,但尽管如此,在肯尼亚,旅游业弥补贸易逆差的能力却是其他任何行业都不能比拟的[①]。

二、增加目的地经济收入,促进地区经济发展

无论是发展国际入境旅游还是发展国内旅游,旅游者在目的地的消费对接待地来说都构成一种外来经济的“注入”,都可使旅游接待地区的财富或经济收入得以增加。20 世纪 90 年代以来,国际旅游业对非洲经济发展的促进作用逐渐增强。旅游对非洲国家经济影响的衡量方法是考察旅游收入占出口收入的比例。有些国家旅游收入占出口收入的比重较高,如毛里求斯、坦桑尼亚、摩洛哥,2003 年占比分别为29.8％、28.1％和 26.7％。[②][③]

衡量旅游业对一个国家或地区经济贡献的另一种方法是观察旅游收入在国民收入总值中所占的比例。一般认为,旅游收入在国民收入总值中所占的比例达到5％即表示旅游在国民经济中的地位很重要[④]。有些非洲国家的旅游收入占 GDP 比例很高,如 2005 年,喀麦隆、刚果、加蓬、冈比亚、加纳、莱索托、马拉维、尼日利亚、塞拉利昂、南非和乌干达,分别占 5.0％、7.9％、12.7％、23.2％、10.8％、7.5％、7.3％、7.7％、5.7％、9.0％和 9.2％[⑤]。而在塞舌尔、毛里求斯,其旅游收入占 GDP 的比重则高达 44％和 16％[⑥],后者旅游业对 GDP 的贡献率已经超过传统的农业(种植业、狩猎业、林业和渔业)和建筑业对 GDP 的贡献率。2012 年,塞舌尔大约 50％的 GDP 来自旅游业,而佛得角、毛里求斯、冈比亚在 10％~30％之间[⑦],从而显示出旅游业在这些国家或地区国民经济中的地位非常重要。当然,就非洲不同区域旅游业对 GDP的贡献率而言,仅东非地区高于 5％,显示出区域之间的不平衡(表 6-4-4),但就非洲与世界其他大洲旅游业对 GDP 的直接贡献率的增长情况进行比较来看,其增速却是最快的,远高于欧、美以及世界的平均水平(图 6-4-6)。

---

①　张慧杰:《肯尼亚旅游业发展史研究》,上海师范大学,2007 年,第 25-26 页。

②　Jonathan Mitchell, Caroline Ashley:*Can Tourism Help Reduce Poverty in Africa?*, ODI Briefing Paper,2006,p.2.

③　资料来源:世界银行《2005 世界发展报告》(有改动)。

④　李昕:《旅游管理学》,北京:中国旅游出版社,2006 年,第 112 页。

⑤　Chien-Chiang Lee, Chun-Ping Chang:*Tourism Development and Economic Growth: A Closer Look at Panels*, Tourism Management, 2008,p.180-192.

⑥　http://www.zawya.com/story/Tourism_is_Africas_next_job_creator-ZAWYA20131007111022/.

⑦　《赴非旅游中国游客人数大增　成非洲国家“宠儿”》,http://www.chinanews.com/hr/2013/09-04/5242127.shtml,2013-09-04.

表 6-4-4 2011 年非洲不同区域旅游业对 GDP 的贡献率[①]

地 区	游客到访量（人次）	长距离游客到访量（人次）	旅游收入（百万美元）	旅游收入对 GDP的贡献率（%）
南部非洲	10626127	2509893	8599	3.4
东非	11905651	3944858	6332	5.5
西非	4419061	1748555	2676	2.0
中非	1075408	654168	631	1.7
总计	28026247	8857474	18238	2.6

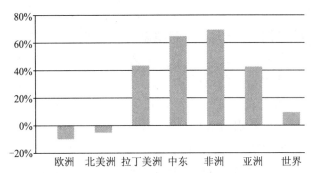

图 6-4-6 2000—2010 年非洲不同区域旅游业对 GDP 直接贡献的增长情况[②]

20 世纪 90 年代世界不同地区旅游收入和花费的关系,可以进一步揭示旅游对世界不同地区的净影响。1991—1995 年期间,欧洲一直表现良好,其旅游账户上的旅游收入大于支出,但这种顺差的数量在 1995 年出现大幅波动,比 1993 年减少了一半;东亚太平洋地区在总体上呈现旅游逆差;而包括非洲在内的其他地区的旅游收支平衡则在不断增加。[③]

三、调整产业结构,带动相关产业发展

当代旅游业的飞速发展对世界产业结构的变化发挥着越来越大的影响,在优化产业结构中占有一定的重要地位。世界经济发展的过程表明,合理的产业结构变化方向是第三产业在国民经济总产值中的比例大幅度上升,而第一产业和第二产业的比例逐年下降[④]。非洲作为目前世界上经济发展水平最低的洲,尽管其产业结构总

① FDI and tourism: *The Development Dimension*(*East and Southern Africa*), United Nations,2008.

② 资料来源:Travel & Tourism 2011(WTTC).

③ Chris Coopor 等编著:《旅游学——原理与实践(第二版)》,张俐俐、蔡利平主译,北京:高等教育出版社,2004 年,第 144 - 145 页。

④ 孙文昌、郭伟:《现代旅游学》,青岛:青岛出版社,1997 年,第 147 页。

体上符合"三、二、一"的结构特征,但与全世界相比,大部分国家仍以农业和牧业为主,农业和采掘业占产业很高的比例。尤其是撒哈拉以南非洲地区,其农业占 GDP 的比重明显高于全球水平,而服务业的比重又明显低于全球水平,产业结构与全球相比存在很大差别。即使一些工业化国家也主要是依赖原料出口,产业结构整体水平不高[①]。这不仅影响了各个国家产业的发展,也关系到整个非洲产业经济的发展。

而旅游业作为第三产业中最具发展活力的行业之一,其关联性强,对相邻产业具有很强的先导带动功能,有依赖和促进其他经济部门发展与改善国民经济结构的作用。如毛里求斯作为一个国土面积小、资源少的国家,长期以来其经济发展一直依赖单一的糖业加工出口。近年来,毛积极、稳妥地根据本国实际情况制订了大力发展旅游业、扶持金融业发展的经济发展道路,并以此为主干,带动纺织业等其他行业的发展。2012 年,毛里求斯人均国民收入已达 8570 美元(现价)[②],贫富差距较小,经济增长呈现明显优势。再如,拥有丰富旅游资源的南非已经把旅游业列为振兴本国经济的支柱产业,其旅游业产值占国内生产总值的 9%,直接和间接地为 120 万人创造了就业岗位(2012 年)。[③] 埃塞俄比亚、安哥拉、莫桑比克等也将旅游业作为重建经济的一大支柱性产业。安哥拉政府 2006 年正式宣布把旅游业作为"国家重点"产业。产油大国加蓬则把发展旅游业作为经济转型的重点,力争用 5 年时间将旅游业在国民经济中所占的比重由不足 1%提高到 10%[④]。

部分非洲国家旅游收入占主要出口产品收入的比重不断升高,在调整产业结构方面发挥了重要的作用。例如,肯尼亚的旅游收入占出口总值的比重从 2000 年的 16%上升到 2004 年的 18%,而茶叶和咖啡的出口比重年年下降,已分别从 26%和 9%下降到 17%和 3%。[⑤]

四、提供就业机会,吸纳剩余劳动力

就业问题作为国民经济中的一个重要问题,不仅关系到每个劳动者的生存和发展,而且关系到整个社会秩序的稳定。从 1990—2010 年非洲部分国家的失业率情况来看,非洲地区的失业率居高不下,且在各大洲中是最高的,有的国家如纳米比亚,

---

① 席广亮、甄峰、周敏等:《非洲国家产业结构特征及形成原因》,载周光宏、姜忠尽主编《走非洲,求发展"论文集》,成都:四川人民出版社,2008 年,第 206 - 207 页。

② http://data.worldbank.org.cn/country/mauritius.

③ 金砖国家德班峰会:《非洲发展的新机遇》,http://www.cctb.net/llyj/lldt/qqzl/201310/t20131022_295435.htm,2013 - 10 - 22.

④ 晓鸣:《展望非洲——困难与机遇并存》,载《世界机电经贸信息》,2002 年第 2 期,第 38 - 41 页。

⑤ 资料来源:世界旅游组织(UNWTO).

其失业率更高达 40% 左右,且女性高于男性。[1] 另据有关资料显示,2010 年非洲的失业率为 10.3%,仍高于世界平均水平的 6%。[2] 因此,如何减少失业和增加就业是非洲各国政府面临的一个重要而又棘手的问题。

国家如何解决国民失业问题,可有多种途径[3]:第一,消减劳动力价格,实行低工资。第二,发展制造业,通过生产技术上有竞争力的产品来扩大市场,增加产量,从而扩大生产队伍,提供更多的就业机会。第三,通过发展第三产业来增加就业机会,这是有效解决就业问题的重要途径。旅游业作为第三产业的重要组成部分,在提供就业机会和解决就业问题方面具有其他产业不可比拟的诸多优势。

(1)能提供大量的直接就业机会。《世界住宿业》杂志(*Worldwide Lodging Industry*)曾对分布在世界各地的 400 多家不同规模、不同类型、不同等级、不同经营方式的饭店的人员配备情况进行过调查统计,结果表明(图 6-4-7):在欧美等高工资成本地区的饭店,为了减少营业支出中的工资成本,往往比较注意采用能够节省人工的技术设备和经营方法,因而这些地区的饭店中平均客房员工数较低。与之相比,非洲作为世界饭店业中平均工资成本最低的地区之一,其饭店平均客房员工数则高达 1.92,而由此带动的就业人数则相当可观。

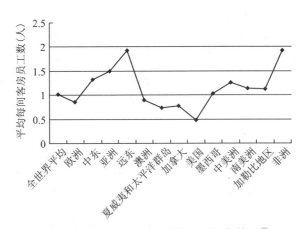

图 6-4-7　世界各地区饭店人员配备情况[4]

(2)就业层次较多,就业门槛较低。旅游业的就业岗位一方面需要高素质的管理与技术人才,另一方面同制造业等就业相比,旅游业的很多工作,如旅游交通、旅

①　资料来源:《World Development Indicators 2012》(世界银行)。

②　《非洲失业问题》,http://www.mofcom.gov.cn/aarticle/i/jyjl/k/201010/20101007195579.html,2010 - 10 - 20.

③　李天元:《旅游学》(第二版),北京:高等教育出版社,2006 年,第 283 - 285 页。

④　S. Medlik:*The Business of Hotels*,A Butterworth-Heinemann Title,1980,p.87.

游餐饮、旅游商品、旅游景区等并不需要很高的技术,就业门槛较低,有的只需短期培训即可很快胜任,同时对年龄的要求也不十分苛刻。据一些发达国家的统计,旅游业安排就业的平均成本要比其他经济部门低 36.3%[①]。

(3) 能给相关行业提供就业机会。旅游业是个关联带动功能较强的行业,不仅自己可以直接提供就业机会,而且能够为其他行业带来就业机会。根据世界旅游组织专家的测算,发达国家旅游业每增加 3 万美元的收入,将增加 1 个直接就业机会和 2.5 个间接就业机会;对于旅游资源丰富的发展中国家,旅游业每增加 3 万美元的收入,将增加 2 个直接就业机会和 5 个间接就业机会。而且旅游业每增加 1 个直接就业人数,还可增加 5 个与之相关联的间接就业机会[②]。

(4) 受经济衰退的影响较小。由于旅游业具有广泛性和多样化的特点,在经济不景气时,旅游业比物质生产行业更稳定,就业弹性更大[③]。

总之,世界旅游业的发展历程业已表明,促进就业始终是发展旅游业的一个主要目标。发展中国家尤其注重旅游业对促进就业的特殊作用。世界旅游组织把旅游对就业的贡献列为旅游对经济社会发展最重要的作用之一,1997 年《马尼拉宣言》、2000 年《海南宣言》、2001 年《大阪宣言》都强调发展旅游对促进就业的突出贡献,提出"旅游业是 21 世纪创造就业与保护环境的引导产业",要求各个国家制定有利于吸收当地劳动力资源的旅游业发展长期计划。世界旅游理事会 1993 年提出:"全世界范围内,旅游作为一个整体已经成为世界上创造新增就业机会最多的行业"。世界旅游理事会的报告指出,1999 年,全球旅游就业人数为 1.92 亿人,占全球总就业人数的 8%[④];2012 年,全球旅游就业人数达 2.61 亿人,有 8.7% 的社会就业依赖于旅游业[⑤]。对非洲而言,其旅游业对就业的直接贡献率不仅高于世界平均水平,而且在各大洲中是最高的,很显然,旅游业已成为非洲地区吸纳劳动力的重要部门之一[⑥](图 6 - 4 - 8、图 6 - 4 - 9),尤其在某些国家,旅游业的这一作用表现得则更为明显。如塞舌尔作为一个非洲小国,陆地面积仅 450 多平方千米,人口 8.7 万多人,但到这个"世界上最纯净的地方"度假的外国游客却有 20 万之多,旅游业每年创造的外汇收入达 3 亿多美元,并直接和间接提供了该国 60% 以上的就业岗位(2012 年)(表 6 - 4 - 16)。

---

① 《旅游业的经济影响》,2010 - 4 - 23,http://www.fosu.edu.cn/hjtmjz/lsly/dzkj.

② 《旅游业的经济影响》,2010 - 4 - 23,http://www.fosu.edu.cn/hjtmjz/lsly/dzkj.

③ 《旅游业的经济影响》,2010 - 4 - 23,http://www.fosu.edu.cn/hjtmjz/lsly/dzkj.

④ 邵琪伟:《在全国发展旅游促进就业工作会议上的讲话》,http://www.cnta.gov.cn/html/2008-6/2008-6-2-18-20-17-716_1.html,2007 - 9 - 13.

⑤ *Travel & Tourism Economic Impact* 2013 *World*,WTTC,http://www.wttc.org.

⑥ 中国国际贸易促进委员会宣传出版部编:《中国展览年鉴》(2002),北京:航空工业出版社,2002 年,第 326 页。

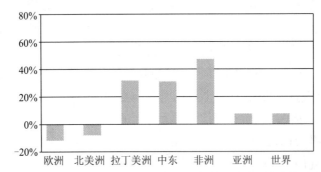

图 6 - 4 - 8 2000—2010 年世界及各区域旅游业对就业的直接贡献率①

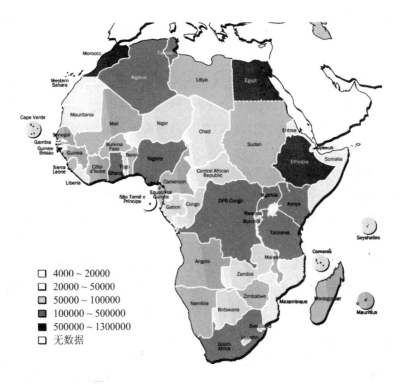

图 6 - 4 - 9 非洲国家旅游就业(全职工作)情况(2006)②③

---

① 资料来源:Travel & Tourism 2011(WTTC).

② http://www.grida.no/graphicslib/detail/employment-in-the-travel-and-tourism-industry-in-africa_9e58.

③ 资料来源:世界旅游及旅行理事会(WTTC).

表6-4-5 非洲部分国家旅游就业占总就业的比重(2012)[1]

国 家	直接旅游就业		总旅游就业	
	占总就业人数的比重(%)	直接就业人数	占总就业人数的比重(%)	总就业人数*
塞舌尔	26.3	11000	62.9	26500
佛得角	13.6	29000	39.3	84500
毛里求斯	12.1	69500	26.4	151000
摩洛哥	7.6	829000	16.7	1811000
突尼斯	6.6	217000	13.7	454000

*包括直接、间接和引致影响。

五、改变落后面貌,促进扶贫减困

在21世纪非洲经济发展前景趋好的同时,人们也应看到,克服和摆脱不发达、消除贫困,仍是非洲各国面临的长期任务。目前非洲集中了世界上最多的贫苦国家和最大规模的贫困人口。全世界48个最不发达国家中,有33个集中在非洲。据FAO统计,2011年全世界共有70个低收入缺粮国家,其中39个在非洲[2]。目前,非洲有一半人生活在每天不足一美元的贫困线下(表6-4-6)。贫困已成为非洲经济发展的羁绊,减轻贫困是21世纪非洲发展面临的主要挑战。

表6-4-6 选定地区就业穷人在总就业中所占比例[3]　　　　　　　　(单位:%)

地 区	每天收入1美元的贫困人口比例				每天收入2美元的贫困人口比例			
	1980年	1990年	2003年[1]	2015年[2]	1980年	1990年	2003年[1]	2015年[2]
东亚	71.7	35.9	17.0	6.5	92.0	79.1	49.2	25.8
东南亚	37.6	19.9	11.3	7.3	73.4	69.1	58.8	47.4
南亚	64.7	53.0	38.1	19.3	95.5	93.1	87.5	77.4
中东和北非	5.0	3.9	2.9	2.3	40.3	33.9	30.4	24.9
撒哈拉以南非洲	53.4	55.8	55.8	54.0	85.5	89.1	89.0	87.6
全世界	40.3	27.5	19.7	13.1	59.8	57.2	49.7	40.8

注:收入低于每天1(2)美元的人口比例是以1993年国际价格计算生活费低于每天1.08(2.16)美元的人口百分比。每天收入1(2)美元贫困线是指人均消费或收入,包括取自自身的生产和实物收入的消费。它以购买力平价(PPP)为基础,表示人们用一定数量的货币可在任何国家购买到相同数量的商品。也就是说,这种比较是以标准美元应在所有国家购买同等数量商品这一概念为基础的。

[1]估计数,[2]预测数。

---

① 资料来源:世界旅游及旅行理事会(WTTC).
② 《富国应履行援助承诺》(关注非洲(Ⅱ)),人民网。
③ 资料来源:Kapsos,S.:《对减少工作中贫困的增长条件估计:全世界到2015年能将贫困减半吗?(日内瓦,国际劳工组织)》,《世界就业报告(2004—2005年)》的背景文件,就业战略文件2004/14号,2004年。

对于许多非洲国家来说,因地制宜地选择旅游扶贫是一个值得尝试的发展战略。2012 年,旅游业相当于非洲出口的 7%,多数国家占 20%～30%;非洲的国民生产总值仅占世界的 2% 左右,而国际游客量却占世界的 5.1%。因此,总体而言,旅游业是非洲的比较优势产业,对当地经济贡献颇多,潜力巨大,非洲国家完全有可能利用该产业水平分工的细化,实现某些突破,并以此为新的经济增长点,促进扶贫减困。

六、改善投资环境,扩大国际间合作

旅游业的发展可从多方面改善投资环境,吸引外资,扩大出口,加深国际间的经济交流和合作。具体表现在如下三个方面:

(1) 旅游业本身投资少、风险小、见效快,对外商投资吸引力大。目前,非洲除石油产业、各种矿产资源开采业之外,以旅游业、电信业为主的服务业也是非洲 FDI 流入的重要领域,而制造业领域的投资则比较少且主要集中在南非、埃及等国。据联合国贸发会议《世界投资报告》统计,1996—2000 年间,非洲 FDI 存量的 55% 投向初级产业,25% 投向服务业;英国《非洲商业》杂志 2004 年的一项统计也显示,流入非洲的 FDI 约有 37% 进入矿产资源开采领域,36% 进入服务领域[1]。近年来,非洲以采掘业为代表的自然资源项目 FDI 投入比重继续下降,而服务业和基础设施项目 FDI 投入比重不断上升。其中,采掘业项目和资金比重分别从 2007 年的 8% 和 26% 降至 2012 年的 2% 和 12%;服务业项目比重从 2007 年的 45% 升至 2012 年的 70%;制造业资金比重从 2007 年的 22% 上升至 2012 年的 43%[2]。如肯尼亚,其旅游业已成为 FDI 投入的重要部门(行业)之一,共占外资投入比重的 10.7%[3]。此外,据世界旅游组织非洲委员会的一项调查,2008—2010 年,非洲地区在旅游业领域的投资年均增长 15.8%,其中有 12 个国家的年均增幅达 20% 以上[4]。埃及,2011—2021 年旅游业对资本投资的贡献年均增长率可达 7.8%,是世界增速最快的 10 个国家之一。[5]

(2) 旅游业提供了开展经济合作的必要物质条件。发展旅游业必定会加快通信、交通、电力等市政基础设施和饭店、公寓、写字楼、娱乐场所等旅游设施的建设,这为外商投资、经商、谈判、考察等提供了食、住、行等多方面的良好条件。

(3) 非洲作为世界上最需要各种资金援助的地区,FDI 在非洲经济发展进程中

① 中国国际贸易促进委员会宣传出版部编:《中国展览年鉴(2002)》,北京:航空工业出版社,2002 年,第 326 页。

② 《非洲外国直接投资结构发生变化》,http://intl.ce.cn/specials/zxxx/201306/06/t20130606_24453943.shtml,2013 - 06 - 06.

③ 资料来源:UNCTAD,2005.

④ 《非洲旅游崛起迅速》,(2011 - 08 - 24),http://lw.zaizhiboshi.com/article/html/49560.html.

⑤ 资料来源:世界旅游及旅行理事会(WTTC).

发挥着相当重要的作用。由于流入非洲的 FDI 在非洲的各种外部资金流入净额中总体呈上升趋势(图 6 - 4 - 10),因此导致有些非洲国家的资本形成有时甚至主要依靠 FDI[①]。而国际入境旅游则创造了境外客商来非的社会前提,许多境外客人,尤其是商务客人通过旅游来了解非洲,通过广泛的接触逐渐理解非洲的社会状况及有关经济、政治政策,摸清非洲市场行情,从而坚定与非洲国家进行经济合作的信心,不仅增加对非投资,而且扩大非洲出口。

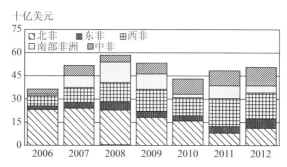

图 6 - 4 - 10　2006—2012 年非洲各地区 FDI 流入情况[②]

第三节　非洲旅游区划[③]

从旅游区划角度可将非洲大致划分为低非洲旅游区、高非洲旅游区及海岛旅游区三部分。

一、低非洲旅游区

(一)旅游区概况

该旅游区包括北非、西非和中非的大部分国家和地区。其中,北非包括埃及、苏丹、利比亚、突尼斯、阿尔及利亚、摩洛哥、亚速尔群岛、马德拉群岛等国家和地区;西非主要包括毛里塔尼亚、西撒哈拉、塞内加尔、冈比亚、马里、布基纳法索、几内亚、几内亚比绍、佛得角、塞拉里昂、科特迪瓦、利比里亚、贝宁、加纳、多哥、尼日尔、尼日利亚和加那利群岛等国家和地区;中非包括乍得、中非、喀麦隆、赤道几内亚、加蓬、刚果、刚果(金)、圣多美和普林西比等国家。该旅游区具有濒临大西洋、

①　李智彪:《非洲 FDI 流入的现状与特点》,载《海外投资与出口信贷》,2006 年第 6 期。

②　资料来源:World investment report 2013(Global value chains: investment and trade for development).

③　该部分引用了罗明义《国际旅游发展导论》(南开大学出版社,2002)及丁登山、刘奕频《环球风光旅游——外国旅游地理》(高等教育出版社,1996)部分章节的有关内容,特致谢忱!

地中海和毗邻欧洲的区位优势,拥有地中海式的气候条件和众多历史名胜古迹等旅游资源条件,以及良好的旅游接待设施,从而成为非洲旅游业最发达、发展水平最高的地区。

(二) 旅游资源特点

1. 古老的文化

尼日利亚素有"非洲黑人文化诞生地"之称,举世闻名的诺克文化、伊费文化和贝宁文化均诞生于此,这些古代文化在非洲乃至全世界都独树一帜。

诺克文化起源于约公元前 10 世纪,兴盛于公元前 5 世纪到公元 1 世纪之间。1943 年,在尼日利亚中部乔斯高原边缘的一个名叫诺克的小村庄,人们挖掘出一个赤陶人头像。之后,在中部北抵扎里亚、南至阿布贾、西达卡杜纳河、东接卡齐纳河的大约 8 万多平方千米的范围内,相继发现了 160 多件风格相同的陶器、陶塑、青铜雕塑、象牙雕刻、铁制品、木雕、石器,以及人、动物塑像等。这些雕像的发现,使考古学家和文化史学家相信,在古代,这一地区曾存在过一种重要的文化,他们把这种文化命名为诺克文化。诺克文化的产生和兴盛标志着非洲已从石器时代进入铁器时代。

伊费是尼日利亚西南部的一个城镇,也是宗教中心。历史上这里曾是强大的伊费土邦所在地。1938—1939 年,在伊费出土大量做工精细、形象逼真、栩栩如生的铜制品和陶器,其中大多数是公元 8 至 18 世纪的产品,尤以 8 世纪的制品最为生动。伊费出土的工艺品可以说是黑非洲绝无仅有的艺术佳品,再现了铜雕艺术发展的一个高峰,在世界上也属优秀作品之列。经考古学家测定,伊费文物已有 1000~2000 年的历史,有力地粉碎了殖民主义者所散布的"非洲文化系西方人带来"的谬论。

贝宁王国作为中世纪的一个非洲人王国,在它存在的 800 年中,一直是非洲的文化中心之一,在世界文化史上也享有很高的地位。代表贝宁文化的青铜器雕铸造型完美、生动逼真,"足以和意大利文艺复兴时期最伟大的青铜工艺美术家西利尼媲美"(德国民族学院专家玛·卢尚)。

2. 悠久的历史文物古迹

该旅游区作为人类发祥地和古代文明摇篮之一,很早就开始了以宗教、商业和访古览胜为内容的旅行活动。大约在公元前 3000 年,古埃及的法老们就兴建了规模宏大的金字塔和神庙,这些雄伟的建筑吸引了当时欧洲、亚洲和非洲的许多王公贵族前来拜谒,进行狩猎和游览活动;公元前 7 世纪,腓尼基人以突尼斯为中心,在地中海沿岸开始了以商贸为内容的海上旅行活动;公元前 6 世纪至公元前 2 世纪,北非迦太基崛起并统一了北非,一度成为地中海的重要商业中心和旅行地;之后,在漫长的历史发展中,西北非旅游区遗留下大量的历史古迹,如埃及的吉萨金字塔、亚历山大的庞贝柱、底比斯古城遗址及其神庙、石质帝王陵墓群、突尼斯的迦太基城遗址等,它们都是非洲古代人民智慧的结晶和文明的象征,每年都吸引了大量的国际旅游者。

3. 旖旎的海滨风光

该旅游区的大部分地区终年温暖、阳光明媚、风景秀丽,适于观光、度假和疗养旅游,尤其对于偏爱阳光、喜欢温暖的西欧、北欧和北美国家的国际旅游者具有很大的吸引力。其中埃及、突尼斯、摩洛哥、塞内加尔等国家都是知名度很高的国际旅游目的地,每年接待观光、度假的国际旅游者占整个非洲的 50% 以上。埃及开罗的历史古迹、吉萨金字塔、尼罗河风光、亚历山大海滨浴场等吸引着世界各地的游人,每年接待国际旅游者超过 300 万人次,成为非洲最大的国际旅游接待国;突尼斯濒临地中海,东北端与意大利仅隔 140 海里,突尼斯海峡紧锁地中海窄腰,有"欧洲的钥匙"之称,著名的苏塞古城有"地中海的花园港"之美誉,每年旅游外汇收入 10 多亿美元,是该国外汇收入的第一大来源;摩洛哥风光绮丽,自然奇观、文物古迹众多,素有"北非公园"之称,20 世纪 80 年代以来该国旅游业发展较快,接待的国际游人数以年均超过 10% 的速度增长,旅游业已成为该国创汇的第二大产业;塞内加尔是西非地区的国际旅游接待大国,以其丰富的旅游资源、便捷的交通条件以及多样化的旅游产品,每年接待 30 多万国际旅游者。

4. 独特的沙漠风光

撒哈拉沙漠是非洲最具有吸引力的旅游区。奇特的沙漠景观、神秘浩瀚的沙海、沙漠中恬静优美的绿洲,吸引着世界各国的旅游者。埃及、突尼斯、阿尔及利亚等撒哈拉沙漠周边国家均开展了各种形式多样的沙漠旅游,尤以突尼斯的国际沙漠联欢节最具特色。随着国际旅游者年龄结构的年轻化和旅游活动内容的个性化,以探胜览奇为特点的沙漠探险旅游、沙漠绿洲旅游将会吸引更多的国际旅游者。

图片 6 - 4 - 3　撒哈拉沙漠景观

5. 典型的热带雨林与热带稀树草原景观

刚果盆地覆盖有非洲最大的赤道雨林带,连绵不断的森林面积约 2 亿多公顷,从空中鸟瞰,宛如一片无边无际的绿色海洋。这里几乎拥有热带非洲所有的动物种类,其中以各种各样的猿猴——黑猩猩、大猩猩、长尾猿、狒狒最多,如在东部维隆加火山坡上的森林中,分布有世界上体躯最大的类人猿——山地大猩猩,此外,还有白鼻猴、鬼狒、猕猴、狐猴、小狐猴等。从南、北纬4°往南、往北,常绿的赤道雨林逐渐转变为热带稀树草原,单株或成丛生长着一些低矮的树木,树形独特,代表性树种有伞形金合欢树,还有形状奇特的波巴布树(由于猴子和阿拉伯狗面狒狒都喜欢吃它的果实,所以人们也称它为"猴面包树"),其树高可达45米。与热带雨林不同,热带稀树草原还分布着众多食草动物,如象、羚羊、斑马、长颈鹿、角马、野猪、野驴等,也出现了多种猛兽,主要有狮、豹、猎豹、胡狼、山犬、斑鬣狗等,双角犀牛为世界珍兽,是仅次于象的大型哺乳动物,多样的动物使本区呈现出一派生机勃勃、世界少有的热带稀树草原风光。

图片6-4-4 非洲热带稀树草原景观

6. 迥异的民族风情

本区为非洲阿拉伯民族、柏柏尔民族和黑人的主要分布区。其中,阿拉伯民族绝大部分从事农业,耕地用骆驼或马、驴,少数地区用水牛或瘤牛,许多地区开始采用现代农业技术。一部分阿拉伯人仍过游牧或半游牧生活。半游牧民主要饲养山羊和绵羊,兼营农耕。

游牧的阿拉伯人亦称"贝都因人",主要饲养骆驼,仍保留部落制度,盛行嫡堂婚姻。传统住宅一般为泥土房、四合院,游牧民多住羊毛或帆布四角帐篷。传统服装为白长衫、粗毛呢斗篷、黑色灯笼裤,戴白布或方格布的盖头或缠头。大部分地区的妇女外出戴面纱。妇女喜戴戒指、项链和鼻环等首饰;有的还在前额、脖颈、双唇、双颊、胸部、脚掌黥染蓝色花纹。

柏柏尔民族主要分布在摩洛哥、阿尔及利亚、利比亚和突尼斯等国。在历史发展过程中,柏柏尔人主要为以农业为主的定居民和以畜牧业为主的游牧民及半游牧民。定居民主要种植小麦、大麦、黑麦、葡萄、豆类、蔬菜和油橄榄;游牧民主要饲养牛、羊、驴、马、骡和骆驼。传统手工业有制陶和编织等,能烧制各种储粮盛酒的大型容器,以及各种小巧玲珑的杯盘、灯盏、烛台等,编织各种地毯、帐幕以及裾裤等用品。定居的柏柏尔人以村庄为居住单位。每个村庄选举德高望重的长者组成长老会,管理日常事务。所有柏柏尔人都实行父系大家族制。婚姻实行一夫一妻制,妇女主持家务,外出不戴面纱,行动较自由。柏柏尔人作为非洲较古老的民族,经过十几个世纪的发展变化,大都接受了伊斯兰教和阿拉伯文化,而成为穆斯林民族之一,仅有少部分山区和沙漠绿洲地带的柏柏尔人仍保持原有的语言和风俗习惯。他们在公元前就建立过毛里塔尼亚和努米底亚两个王国,遗留下大批岩画艺术品。

黑人民族由于所处地理环境、气候条件和物产的差异,形成了与其他民族不同的获取生活资料的方式和经济结构,进而表现出不同的民族风情和生活习惯。如,在饮食方面,黑人农耕民族以玉米、大米、小米和薯类为主,黑人狩猎民族则以野生食物为生;在居住形式上,其最典型的民居是茅屋。当然,同属黑种人,不同族系在非洲南、北部地区的分布也不尽相同。北部地区主要为苏丹族系,而南部地区主要为班图族系。其中归入班图族系的卑格米人与其他黑人的区别就较大,这种区别不仅体现在体质特征上,而且体现在生活习俗与文化艺术等方面。

(三)主要的旅游国家及旅游资源

1. 埃及

埃及位于非洲东北部,地处欧、亚、非三大陆之结合点,自古以来即为亚非间陆上交通要道。苏伊士运河沟通大西洋和印度洋,在战略上和经济上具有重要地位。作为举世闻名的"四大文明古国"之一,埃及历史悠久、文化灿烂,素有"世界名胜古迹博物馆"之称,加之地理位置优越,因而埃及成为世界上旅游业相当发达的国家之一。其旅游点集中于法老的纪念地、陵墓、神庙及一些居民点,这些著名的考古学遗址主要分布在内陆地区,从开罗沿尼罗河一直延伸到阿斯旺高坝上游地区。

开罗是埃及首都,为非洲最大城市,它位于尼罗河三角洲顶点以南14千米的尼罗河畔,历史悠久,是西亚、北非地区的文化中心,享有"千年古都"之称。该市有包括著名的开罗大学、爱资哈尔大学、爱因沙姆斯大学、美国大学和赫勒万大学在内的上千所学校。埃及的旅游地众多,著名埃及博物馆是收藏埃及5000年文明历史文物的宝库。开罗分新城和旧城两部分,旧城区位于该市东部和东南部,富阿拉伯色彩,街巷狭窄而曲折,有王宫、城堡等古代建筑,清真寺多达1000多座,如拜巴尔一世清真寺、爱资哈尔清真寺、穆罕默德·阿里清真寺等。清真寺高耸的尖塔随处可见,故该城又有"千塔城"之称。新城区主要在旧城和尼罗河之间,具现代化风貌,沿尼罗河延伸着科尼奇大街,沿街多高大建筑物,标志性建筑物是高约187米的开罗塔,由此塔可俯瞰全市风貌。在新、旧城区之间,则分布着欧式石筑建筑物,如著名的国家图书馆和伊斯兰艺术博物馆等。

图片 6-4-5　美丽的尼罗河一景

图片 6-4-6　埃及夜幕下的爱资哈尔清真寺

然而,开罗最吸引旅游者的还是被誉为世界七大奇迹之一的金字塔。金字塔作为古埃及国王的陵墓,是埃及的象征。埃及计有金字塔 70 余座,分布于开罗西南的孟菲斯一带,最著名的是开罗西南郊的吉萨金字塔。吉萨有 3 座金字塔,以胡夫金字塔即大金字塔最大,其底部呈正方形,边长 230 多米,高 138 米,由 10 万人花了约 20年时间用 230 万块巨石砌成,塔内有 5 层地上墓室和 1 层地下墓室。该金字塔旁为著名的古埃及文明代表性遗迹——斯芬克斯狮身人面像,它建于 4500 年前,高 22米,长约 50 多米,是在一块大岩石上雕刻而成,堪称人类建筑史上的奇迹,也是埃及人民辛勤劳动和卓越智慧的丰碑。

图片 6-4-7　埃及金字塔与狮身人面像

图片 6-4-8　埃及卢克索神庙

卢克索,位于埃及中东部,在开罗以南 700 多千米处,建于公元前 27 世纪,系古埃及帝国中世纪和新王朝时代(约公元前 2040 至 1085 年)的首都底比斯古城的一部分。卢克索地区计有古墓 500 多座,其中最著名的为卢克索神庙和卡尔纳克神庙。卢克索神庙位于市中心、尼罗河东岸,于公元前 14 世纪孟德霍特普三世在位期间建成,神庙宽 50 米,深 26 米,是该城最大的古迹。巨大的淡褐色石柱林立于庙前,尼罗河水面上时常映出石柱的倒影。每逢埃历新年,均在这里举行盛大的宗教活动,奉祀所崇信的太阳神阿蒙和神妃玛特。卡尔纳克神庙始建于公元前 1870 年,是由法老献给太阳神、自然神和月亮神的巨大建筑群构成的庙宇,为古埃及最大的神庙所在地。由卡尔纳克神庙乘船可达著名的帝王谷,帝王谷也叫"王陵谷",这里有公元前1550年至公元前1200年间古埃及第18、19、20三朝历代法老的陵墓64座,其中最大、最华丽的是埃及第19王朝第三代皇帝塞蒂一世墓。

阿斯旺,位于埃及南部尼罗河上,是著名的冬季旅游胜地,这里有世界最大、最高的水坝之一——阿斯旺高坝。高坝为拱形,高111米,长3830米,上游形成长500千米、平均宽10千米、面积5000平方千米、蓄水1640亿立方米的世界最大人工湖——纳赛尔湖,景色宜人。阿斯旺著名的旅游点还有埃勒凡提岛、阿斯旺博物馆、异国风情花园及雄伟的菲莱神庙和阿布辛贝勒神庙。

亚历山大为埃及第二大城市、非洲地中海岸的重要港口。堪称"古代世界七大建筑奇迹之一"的亚历山大灯塔就位于亚历山大港对面的法罗斯岛上,因此亚历山大灯塔也叫"法罗斯岛灯塔"。灯塔约在公元前280年至公元前278年由小亚细亚建筑师索斯特拉特设计;公元前332年,希腊马其顿亚历山大大帝,在东征途中占领埃及,他在前往埃及西部锡瓦绿洲朝拜阿蒙神时,途经地中海滨的拉库台通村,看中了这儿的地理位置,便下令以他的名字在此建立一座城市;到托勒密一世(公元前305年至公元前283年)时,这座小村一跃成为繁华的大都市、东西方贸易的集散地、地中海最大的海港。由于对外商品交换发达、船只往来频繁,迫切需要有一座灯塔来指引船只夜间航行,于是这一古代奇迹应运而生。灯塔的塔身由上、中、下3部分组成:下层塔身底部呈方形,有300余个房间和洞孔,供人员住宿、存放器物,塔身随着高度上升逐渐收缩,高约71米,底部每一边长为高度的一半,上面四个角各安置一尊海神波赛敦的儿子口吹海螺号角的铸像,以此来表示风向方位;中层呈八角形,高约34米,相当于下层高度的一半;上层呈圆柱形,高约9米。上层塔身之上为一圆形塔顶,其中一个巨大的火炬不分昼夜地冒着火焰。塔顶之上铸着一尊高约7米的海神波赛敦青铜立像。灯塔的3层塔身共高114米,加上塔顶和塔顶之上的青铜立像,高度约135米。据说,在距离它60千米的海面上就能看到它的巨大"身影"。而由凹面金属镜反射出来的耀眼的火炬火光,使夜航船只在航行到距它

图片6-4-9　埃及亚历山大灯塔

56千米的地点就能找到开往亚历山大港的航向。经数次地震,灯塔于公元1435年被全部毁坏(1480年在原址用其石块修筑了以国王卡特巴的名字命名的城堡,1966年改为埃及航海博物馆)。现在离亚历山大城48千米处的阿布—西拉,有一个缩小的灯塔复制品,可供游人观赏凭吊。

2. 摩洛哥

摩洛哥是非洲仅次于埃及的第二大旅游国,其旅游业是该国国民经济发展的支柱产业,旅游收入是其主要外汇来源。

摩洛哥作为北非最西侧的国家,北邻湛蓝的地中海,西濒清澈的大西洋,处处是金色或银色的沙滩,绵亘数百千米的大、中、小阿特拉斯山脉从国土中部穿过,不仅阻隔了撒哈拉沙漠的热风与沙尘,更形成了3道气候、风光、植被、民俗迥异的山区景致。东部和南部则是浩瀚无垠的撒哈拉沙漠,向游人展示出大漠的雄浑和绿洲的纤秀。摩洛哥幅员辽阔、地貌复杂、风光旖旎、历史悠久,旅游资源十分丰富。境内并存着法式的新市街及称为麦地那的阿拉伯式旧市街,酝酿出特有的神秘风情。休闲旅游是摩洛哥旅游的基本特色,这里的田园风光、原始生态、充沛的阳光和清新的空气,吸引了大量游客。

拉巴特为摩洛哥首都,是一座四季常青的城市,该城始建于公元12世纪穆瓦希德王朝。现存老城为18世纪所建,称为阿拉伯区。新城于1912年摩洛哥成为法国保护国后兴建。拉巴特濒临大西洋,有不少海滨浴场,是旅游、消夏的好地方。拉巴特王宫、穆罕默德五世墓、乌达雅城堡和舍拉废墟等均为重要名胜。其中,拉巴特王宫始建于1785年,是典型的阿拉伯宫殿建筑,宫殿式样各异,尤以雅德宫最为宏伟壮丽;乌达雅城堡是重要的军事要塞遗址,其城墙、主殿已不复存在,但城门、瞭望岗楼仍屹立如故,城堡中间是一花园,为伊斯梅尔国王于17世纪所建,小巧玲珑,优雅精致,花木繁盛,具有安达鲁西亚园林建筑的典型风格,附近的加斯巴,是当年陈兵的地方;舍拉废墟位于新城东南,传说是穆瓦希德王朝时期建造的皇陵,周围建有城堡,现在废墟上还保存着门楼、墓碑、清真寺、放生池、花园等。

图片6-4-10　摩洛哥拉巴特王宫

古都非斯是摩洛哥第一个王朝的开国之都,以精湛的伊斯兰建筑艺术闻名于世,城内古老的王宫和麦地那老城堪称阿拉伯世界的奇迹,被联合国教科文组织列为"世界文化遗产"。有1100多年历史的卡鲁因清真寺也位于非斯城内,与众不同的是,这座宏伟的清真寺同时也是一所著名的大学——卡鲁因大学。这所伊斯兰高等学府,其历史比英国牛津大学还要悠久几百年,堪称世界上最古老的大学,这里藏有非洲珍贵的古籍——珍本、善本和手抄本的经典。

马拉喀什,为摩洛哥第三大城市及南部地区的政治中心,虽地处沙漠边缘,但气候温和、林木葱郁、花果繁茂,以众多的名胜古迹和幽静的园林驰名于世,被誉为"摩洛哥南部明珠"。在马拉喀什众多的名胜古迹中,最吸引游客的首推库图比亚清真寺,该清真寺建于 1195 年,是当年建造拉巴特的哈桑塔建筑师雅库布·埃勒·曼苏尔主持修造,以纪念击败西班牙人的胜利。清真寺的尖塔高 67 米,外表富丽堂皇,是北非最优美的建筑之一。同其他清真寺相比,库图比亚清真寺的独到之处在于,当年修建尖塔时,在黏合石块的泥浆中拌入了近万袋名贵香料,使清真寺散发出浓郁的芳香,迄今依然香味扑鼻,因而又有"香塔"之称。

图片 6-4-11　摩洛哥"香塔"(库图比亚清真寺)　图片 6-4-12　摩洛哥白色经典之城——卡萨布兰卡海滨风光

此外,"白色城堡"卡萨布兰卡、美丽的海滨城市阿加迪尔和北部港口丹吉尔等都是令游客向往的旅游胜地。

3. 突尼斯

突尼斯地处非洲大陆最北端,其自然资源极其丰富,是世界上少有的集海滩、沙漠、山林和古文明于一体的国家,素有"地中海玫瑰"的美誉。因其比邻欧洲国家,多数旅游资源都充满了多元化的风格,如让人毕生难忘的撒哈拉沙漠、地中海风光等,所以整个突尼斯都是欧洲人的旅游度假胜地,并且,由于其良好的气候环境,许多国际会议都选择在此召开,因而成就了"一半是海水,一半是火焰"的突尼斯。

突尼斯市是突尼斯的首都,濒临地中海南岸的突尼斯湾,是全国最大的城市、工商业中心和重要的游览胜地。气候属地中海类型,夏季阳光充足,但并不炎热,冬季雨量丰富,草木一片葱绿。该市以东有风光秀丽的海滨胜地,柑橘、橄榄和葡萄园分布其间。由于风景秀丽,气候宜人,且与欧洲相距不远,故该市也是著名的国际会议中心之一,阿拉伯联盟总部于 1979 年迁址于此。在突尼斯市城北 17 千米处有突尼斯最为著名的古迹——迦太基古城遗址,该遗址残存的罗马时代遗迹较多,如圆形剧场和椭圆竞技场等。现在,在迦太基遗址上已建起一座雄伟的博物馆,博物馆内陈列有历代文物,充分展示了迦太基作为地中海古代文明橱窗的面貌。1979年迦太基古城遗址被联合国教科文组织列入《世界遗产名录》。

突尼斯旅游业最发达的地区当属萨赫勒("萨赫勒"是阿拉伯语,意思是边缘、海边)海岸,它从本马赛卡角向南一直延伸到斯法克斯。其中在哈马梅特湾和斯法克斯一带共有三处海滨胜地,海滩面积很大,且均为平坦沙滩,其内陆部位的乡村地区常可见一片片森林、耕地和牧场。20世纪80年代,莫纳斯提尔与斯法克斯之间的海岸为发展旅游而兴建了大量的旅馆,其速度之快在突尼斯名列前茅。

加贝斯湾为突尼斯东部的地中海南岸海湾,长宽各约96千米,湾头深凹,形同内海,水深20~40米。其南有突尼斯最大的岛屿杰尔巴岛,夏季平均气温(8月)在25℃以上,冬季(1月)平均气温约为11℃。岛上拥有广阔的沙质海滩,水深适度,石质地段很少。该岛东岸有长达20千米的良好海滨浴场。岛上普遍种植橄榄树、棕榈树,环境幽雅,人称"花园岛"。每年8月,岛上都要举行文化、旅游联欢节。

4. 阿尔及利亚

阿尔及利亚位于非洲北部,是非洲面积最大的国家,面积近240万平方千米,其中80%的居民为阿拉伯人。由于其石油和天然气资源十分丰富,故拥有"北非油库"的美称。

阿尔及利亚的旅游资源极其丰富,全国有7处自然、文化景点被联合国教科文组织列为世界遗产,如非洲圣母院、古罗马遗址等。

图片6-4-13　阿尔及利亚非洲圣母院

首都阿尔及尔绿树成荫,风光秀丽,是该国主要旅游城市和最大港口。气候优良,属地中海类型,1月和8月平均气温分别为12℃和25℃。市区依山临海,迂回起伏,延伸20余千米。旧城建在山坡上,街道狭窄而曲折,富有阿拉伯民族特色。有著名的卡斯巴古城堡;新城沿海边伸展,多欧式建筑和街心公园。该市有建于1879年的阿尔及尔大学、巴尔多史前人类博物馆、穆斯林艺术博物馆、美术馆、动物园和植物园,以及许多教堂和清真寺。城市附近有众多古罗马时代古迹。阿尔及尔湾风光极佳,尤其夜间景色最为美丽。距城东南20千米处有著名的达尔贝达国际机场。

从阿尔及尔向西可至旅游城提帕萨。该城环境优美,有罗马时期重要古迹。阿尔及尔西南60多千米的阿特拉斯山上有著名的启阿旅游胜地。附近有齐发峡谷和芒齐斯河,在此可见许多驴在山上漫步的景象。

位于阿尔及尔以东的卡必利亚是人为破坏极少、风景如画的山村,山村尤以无花果和橄榄树多而著名。东阿尔及利亚的首府君士坦丁是北非历史名城,它位于受卢美尔河切割的峡谷石质高原顶部,有许多罗马时代和中世纪的古迹,城西道路宽阔笔直,有教堂及市政厅、法院等机构,城东与城西对比鲜明,为富有东方色彩的小街小巷。君士坦丁市内有建于19世纪的哈吉·阿赫迈德宫、国家博物馆、13世纪的大清真寺和1961年创办的君士坦丁大学,城西不远处的塞提夫有北非古罗马遗址吉梅拉。

奥兰位于阿尔及尔以西,为西阿尔及利亚首府、该国第二大城市和重要海港,富西班牙特色。站在姆的阿吉欧山的16世纪圣克鲁兹城堡,可俯瞰全市。市内有18世纪的帕沙清真寺和藏有史前展品的迈特博物馆,还有文艺复兴时代风格的建筑——市政大厦以及具古典意大利风格的剧场。二次大战盟军在北非登陆后曾在此驻扎。

5. 塞内加尔

塞内加尔位于非洲西部凸出部位的最西端,海岸线长约500千米。首都达喀尔,位于大西洋岸佛得角半岛顶端,为全国最大的海港和旅游城市。该市原为一小渔村,法国殖民者入侵后开始建城,20世纪初成为“法属西非洲”首府,至20世纪50年代,发展成为一个豪华大城市,有“小巴黎”之称。该市景色秀丽,建筑物和名胜众多,如位于东海岸的西非国家中央银行办公楼、城区东部宏伟的总统府、城区北部的独立广场和独立纪念碑、坐落在海滨地带的达喀尔大学及市中心的非洲艺术博物馆等。海滨有美丽的金色沙滩,可供游泳和度假。离达喀尔约3千米的海上有景色美丽的戈雷岛,1444年以来,葡萄牙、荷兰、英国、法国殖民者先后入侵该岛,在岛上建“奴隶堡”,向美洲贩运奴隶达数千万人。奴隶堡为两层建筑,上层为奴隶贩子居所,条件良好;下层阴湿,是奴隶被关押处;最下为地下室,奴隶即由此被驱赶上船。

图片 6-4-14　塞内加尔戈雷岛及岛上的“奴隶堡”

圣路易,为塞内加尔古城,地处塞内加尔河口圣路易岛,法国殖民总督府曾设于此,古城现仍保留一个多世纪前的风貌。现商业发达,为塞内加尔贸易和出口中心,也是西非重要的渔港。每日清晨,可见海上渔帆点点,景色如画。这里还有用渔网环绕的渔民公墓和繁忙的市场。

尼奥科洛科巴自然保护区,位于塞内加尔东部,面积达8544平方千米,是西非面积最大的自然保护区之一。保护区内林草丰茂,花团锦簇,春秋两季景色尤佳。有大象、狮、鳄鱼、水牛、河马、羚羊及白鹭、犀鸟等多种野生动物。1981年该保护区被联合国教科文组织列入世界遗产名录,2007年被列为濒危世界遗产名录。

除上述旅游点和旅游区外,塞内加尔还有朱吉尔水禽国家公园、六井林牧保护区和恩贾埃勒动物保护区,以及曼纽尔角(manuel)壮观的玄武岩断崖、海恩(Hann)林草丰茂与环境幽美的公园和动物园、非洲最西的艾尔马迪斯角(Almadies)等。

二、高非洲旅游区

(一)旅游区概况

高非洲旅游区主要包括东非的埃塞俄比亚、厄立特里亚、索马里、吉布提、肯尼亚、坦桑尼亚、乌干达、卢旺达、布隆迪、塞舌尔和南部非洲的赞比亚、安哥拉、津巴布韦、马拉维、莫桑比克、博茨瓦纳、纳米比亚、南非、斯威士兰、莱索托等国家。旅游业发展水平总体上看不如低非洲地区,但南非、肯尼亚、科特迪瓦、坦桑尼亚等国家旅游业则较发达。

(二)旅游资源特点

1. 绚丽的高原自然风光

旅游区山地突儿起伏、裂谷鬼斧神工、大河源远流长、湖泊星罗棋布,自然风光十分壮美。该旅游区分布有非洲著名的三大高原——埃塞俄比亚高原、东非高原、南非高原和被誉为"地球上最美丽伤疤"的东非大裂谷带。埃塞俄比亚高原是一个平均海拔2500~3000米、在古老地层上覆盖广大玄武岩的波状高原,高原上耸立着一座座海拔超过4000米的火山山峰,显得十分宏伟壮丽,为非洲地势最高处。东非高原是非洲湖泊最集中的地区,有非洲最大的湖泊维多利亚湖以及坦噶尼喀湖、马拉维湖等世界著名大湖,湖阔水深,湖滨青山翠谷、云蒸雾绕、林木葱郁、空气清新、环境幽静,具有发展疗养旅游的良好条件,因此,东非高原又有"湖泊高原"之称。东非大裂谷带分为东支和西支裂谷带,东支南起希雷河河口,经马拉维湖而向北纵贯东非高原中部和埃塞俄比亚高原中部,经红海至死海北部,长约6400千米;西支南起马拉维湖西北端,经坦噶尼喀湖、基伍湖、爱德华湖、艾伯特湖,至艾伯特尼罗河河谷,长约1700千米。整个裂谷带一般深达1000~2000米,宽几十千米到300千米,地势高差悬殊,高山深谷景观特点鲜明。如非洲第一高峰乞力马扎罗火山(海拔

5895米)、第二高峰肯尼亚火山(海拔5199米)就坐落在裂谷带东侧、赤道附近,山顶白雪皑皑,形成罕见的"赤道雪山"奇特景观。刚果河、赞比西河等大河流经许多阶地、陡崖,形成大量湍流瀑布,飞流跌宕,美不胜收。其中位于赞比西河上的莫西奥图尼亚瀑布的主瀑布宽约1800米,落差120米左右,犹如万顷银涛从峭壁上跌入深谷,白色水雾如云似烟在空中缭绕,声似万雷轰鸣,惊天动地,远及十余千米,成为人间奇观。作为非洲最大的高原,南非高原的地貌景观变化多端,好望角是闻名世界的旅游胜地。

2. 数量众多的野生动物园

东非高原打破了非洲自然景观带的纬向分布规律,呈现出较为独特的高原气候特点,热带稀树草原广布,为动物的生存、繁衍提供了理想的生态环境。野生动物资源极其丰富,主要有羚羊、斑马、长颈鹿、大象、河马、犀牛,以及狮、豹等哺乳动物和大猩猩、黑猩猩等灵长类动物,另有海龟等特有海洋动物及火烈鸟、秀驾、巨暖鸟、白棋等400多种鸟类,均极富观赏和科研价值。众多的珍禽异兽使非洲享有"动物世界"之美誉,天然动物园遍布,使非洲成为世界上天然动物园数量最多、面积最大的一个洲。其中规模较大、比较著名的天然动物园就有70多处,且特色鲜明,如肯尼亚的察沃国家公园以巨象成群、猛狮出没闻名于世;坦桑尼亚的塞伦盖蒂国家公园以羚羊、角马和长颈鹿数量繁多著称;乌干达卡巴雷加瀑布公园以大象、河马和鳄鱼众多为特色;赞比亚卡富埃国家公园以丰富的鸟类和稀有红毛羚羊引人入胜;而南非和博茨瓦纳的卡拉哈迪羚羊国家公园则以羚羊富集为特点。

3. 人类文明的起源地

非洲历史悠久,是人类文明的发祥地之一。19世纪以来,考古学者在非洲陆续发现了许多上古人类化石。1959年,肯尼亚籍英国著名人类学家、考古学家路易斯·利基和他的妻子于坦桑尼亚的奥杜韦峡谷发现了距今175万年的著名的"东非人"头骨化石。这一发现,将人类在地球生存的历史往前上溯了几十万年,不仅填补了史前考古的发展序列,也由此揭开了东非地区一系列重要发现的序幕。之后,在奥杜韦峡谷还陆续出土了一些考古遗物,路易斯·利基将之称为"奥杜韦文化",该文化以砾石砍斫器为主要特征,在地质时代上属早更新世,是迄今所知世界上最早的旧石器文化之一。此外,于1974年在肯尼亚与埃塞俄比亚交界地区发现的距今320万年的女性猿人化石(美国自然历史博物馆科学家多纳尔德·约翰森将其取名为"露西"),被认为是世界上第一个走出热带森林、开始直立行走的女人遗骸,该遗骸化石的发现被看作人类起源研究领域中里程碑式的发现。后来一些人类学者利用遗传学技术对人类的基因进行研究,认为全世界的民族共同起源于4万~20万年前的一个非洲原始部落。① 总之,丰富的古人类遗迹,不仅极具考古和科学研究价值,而且具有很高的旅游开发价值,完全可以在该地区旅游业发展中扮演重要角色。

(三)主要旅游国家及旅游资源

1. 埃塞俄比亚

埃塞俄比亚位于非洲东北部,为非洲内陆国家。境内中部地势隆起,最高峰达尚峰海拔4620米,有非洲"屋脊"之称。东非大裂谷斜贯全境,两岸陡峭。有30多条大河发源于中部高原,故有非洲"水塔"之称。著名的自然旅游胜地有青尼罗河源头纳塔湖瀑布、瑟门山、裂谷湖、阿瓦什国家公园等。

埃塞俄比亚具有3000多年的古老文化,是非洲文明古国之一。阿克苏姆的石头尖碑文化远近闻名,不仅代表古代埃塞俄比亚的生产力发展水平、建筑艺术水平,也是该国文化高度发展的反映。阿克苏姆位于提格雷州,公元1至3世纪强大的阿克苏姆帝国首都,一度是东非政治、经济、文化中心。古埃塞俄比亚人为纪念和祭祀祖先,在阿克苏姆周围利用当地褐色岩石,先后雕出130余座大小不同的巨型尖碑,每座都用整块巨石刻成,

图片 6-4-15 埃塞俄比亚阿克苏姆方尖碑

其中最高的一座高37米,已被毁。现存最高的一座高21米,周围有几座小塔碑相伴,它由一块巨石雕成,其底座有14个台阶,中央碑身分9层,呈扁平方塔形,塔顶出弧尖,故称方尖碑。尖碑9层的每层,都雕出4个方龛,方龛上雕有对称的建筑图案,为当时帝王宫殿的缩影,1979年被列入世界遗产名录。

亚的斯亚贝巴为埃塞俄比亚首都,位于埃塞俄比亚高原海拔2360多米的盆地之中,是全国政治、经济、文化和交通中心。该市年平均气温为15℃~16℃,面积238平方千米,人口300万。市区依山势起伏而建,自然形成上半城和下半城,二者高低相差130~160米。上半城建有皇宫、大教堂、亚的斯亚贝巴大学、政府部门和繁华的商业区。位于南部的下半城,开发较晚,建有"非洲大厦"等许多高层建筑。市内分别以7个广场为中心,各成一区。近郊有安托托山、火山湖和阿瓦什谷地等名胜。

贡德尔为埃塞俄比亚著名古城和旅游胜地,位于中北部海拔2121米的山地上。

---

① 《非洲历史》,非洲投资网,2010-06-15. http://www.invest.net.cn/News/ShowInfogk.aspx? ID=28847.

17 世纪上半叶法西利德斯皇帝迁都于此。此后,贡德尔经历代皇帝整修和扩建,成为全国重要旅游城市。市区内存有王城、法西利德斯皇帝浴场和圣堂等古建筑,市区附近还有梅兹雅布女王所建的库斯库阿阿姆城。

拉利贝拉旧称罗哈,为扎格王朝(12—13 世纪)古都。这里古迹较多又独具特色。公元 13 世纪,国王拉利贝拉在坚硬的岩石上开凿了 12 个独石教堂,这些教堂颜色、大小、风格各有不同,但 12 座教堂都有古老的阿克苏姆式的石碑尖顶、门窗和象征性的桥梁,各教堂之间有地下过道和岩洞互通。其中梅德哈尼阿莱姆教堂开凿在红色岩石上,长 33 米,宽 23.7 米,高 11.5 米,有 28 根石柱支撑,是规模最大的一座。玛利亚教堂的天花板和拱门上绘有各种颜色的几何图案和动物形象,是最美丽的一座。戈尔戈塔—米凯尔教堂里埋葬着拉利贝拉国王,内有他的遗物,从圣乔治教堂上面看,它犹如一个巨大的十字架放在地上,是造型最为奇特的一座。1978 年,拉利贝拉岩石教堂被列为世界文化遗产。

图片 6‑4‑16 埃塞俄比亚拉利贝拉岩石教堂

2. 肯尼亚

肯尼亚位于非洲东部,赤道横贯中部,东非大裂谷纵贯,东南濒印度洋,南北有漫长的海岸线,且沿海美景风光秀丽,珊瑚礁美轮美奂,水上公园风格迥异,旅游资源享誉全球,拥有非洲第二高山——肯尼亚山、辽阔浩渺的世界第二大淡水湖——维多利亚湖和"东非大裂谷"等。首都内罗毕坐落在海拔 1700 多米的中南部高原上,气候温和宜人,四季鲜花怒放,被誉为"阳光下的花城"。港口城市蒙巴萨尽显热带风情,每年有数十万计的外国游客在这里享受椰林海风、白沙细浪和明媚阳光。众多的河湖为肯尼亚从事扬帆、游泳、垂钓、冲浪等水上活动提供了有利条件。更重要的是肯尼亚拥有占其国土总面积的 11% 的 60 个国家天然野生动物园和自然保护区,素有"鸟兽乐园"和"狂野伊甸园"的美誉,在全球各地热播的各类《动物世界》节目,多数取景于此,真可谓是"动物天堂"。[①]

---

① 高晋元:《列国志·肯尼亚》,北京:社会科学文献出版社,2004 年,第 151‑157 页。

图片6‑4‑17　维多利亚湖

　　马赛马拉国家公园横跨肯尼亚和坦桑尼亚两个国家,被认为是世界上最著名的野生动物保护区,总面积达4000平方千米。其中肯尼亚境内有1500平方千米,另有2500平方千米在坦桑尼亚境内,由开阔的草原、林地和河岸森林组成,是世界上最大的野生哺育动物家园,拥有95种哺育动物和450种鸟类,是动物最集中的栖息地和最多色彩的荒原。每年9、10月份,几十万头角马和成群的斑马、大象和犀牛等食草动物,都踏着满山翠色,从坦桑尼亚北部的塞伦盖蒂大草原,自由自在地"漫步"到肯尼亚西南的马赛马拉,而紧随其后的则是狮子、猎豹等食肉动物,这形成了当今地球上少有的"野生动物大移民"的壮观景象。

图片6‑4‑18　马赛马拉国家公园野生动物迁徙景观

　　察沃国家公园是肯尼亚最大的野生动物园,也是非洲最大的野生动物园之一。它位于首都内罗毕东南160千米,绵延在内罗毕—蒙巴萨公路中段的两侧地区,占地2.072万平方千米。园中地形复杂,高山、平原、岩石、沙壤、热带草原、灌木林,莫不齐备。园内有1000多种植物。在一望无际的荒野上,常可听到狮子的吼叫,可碰到狮子、犀牛、羚羊、长颈鹿、斑马等兽类和数万只鸟禽。据估计园中共有大象2万头,堪称世界最大的野象集中地。在加拉纳河的卢加德瀑布附近,则可看到鳄鱼。为便于管理,以公路为线,动物园分为东西两部分。西察沃公园内荒原莽莽,有熔岩、峻岭,有著名的姆齐马涌泉,泉水来自远山,在地底潜流 48 千米,然后在这里的干燥熔岩地区中喷薄而出,每日水量达 22 亿升,蔚为奇观。公园辟有专门的狩猎场,设有许多旅馆,其中的沃伊旅馆依山傍水,大厅前面有一排安着铁栏的窗口,人们可坐在栏内木椅上,观看近在咫尺的鸟兽饮水嬉戏。在公园的一棵大树上还建有树上酒店,可供游客住宿及居高临下观看动物的夜间生活。

内罗毕国家公园,位于内罗毕市郊,距市中心约 8 千米,面积 120 平方千米。园内草原广阔,植被茂盛,有狒狒、鸵鸟、长颈鹿、犀牛、河马、野猪、斑马、狮及各种羚羊等动物。

安博塞利国家公园,地处内罗毕南乞力马扎罗山麓平原丘陵地带,面积 3260 平方千米,野生动物种类繁多,有大象、野牛、狮、豹、长颈鹿、斑马、水牛、多种羚羊,尤以犀牛多而闻名,旅游者可乘车在园内游览。除野生动物外,还有大湖和赤道雪山的湖光山色之美。

纳库鲁湖国家公园,在纳库鲁市南部,是非洲历史悠久、以保护鸟类为主要目的的国家公园,包括纳库鲁湖和附近地区,面积约 200 平方千米,其中湖泊面积 52 平方千米。园内有珍禽 400 多种,如火烈鸟、长冠鹰、杜鹃、翠鸟、欧椋鸟、太阳鸟等,有“鸟类乐园”之誉。湖泊附近一带还有多种野生兽类。

阿伯德尔国家公园,在内罗毕以北 95 千米处,包括整个阿伯德尔山区,面积 810 平方千米。园中植被茂密,种类繁多,沟壑纵横,急流奔腾,有多条瀑布,山地景色优美。野生动物众多,如野牛、羚羊等,尤以红鹤驰名世界。

肯尼亚山国家公园。肯尼亚山主峰海拔 5199 米,山顶终年积雪,并发育多条冰川,面积 588 平方千米。园内有大象、斑马、豹、羚羊等野生动物。山脚和山腰有旅馆和休息场所,既可步行登山,也可骑马而上。

肯尼亚主要的海滨胜地分布于蒙巴萨、迪阿尼和近海生长珊瑚的马林迪。其中,马林迪湾的海滨和“银沙”最适于旅游者游泳和进行冲浪运动。在海滨胜地,旅游者还可参加滑水、潜水、竞帆和深水钓鱼等项运动或活动。蒙巴萨为肯尼亚最大的港口和第二大城市,建在与大陆一线相连的蒙巴萨岛上,这里优良的海滩,以及古老与现代建筑之间的强烈反差吸引着众多游客,每年有近 40 万外国旅游者前来观光。在蒙巴萨岛的东南角有著名的耶稣堡,古堡于 1589 年由奥斯曼土耳其帝国派远征军占领蒙巴萨后修筑,1593 年,葡萄牙人攻占了蒙巴萨,并在港湾岬角处修建更大的城堡以俯视和控制港口。由于葡萄牙传教士也随着商船四处布道,这座新城堡就被命名为耶稣堡。古堡呈“大”字形,长 100 多米,宽约 80 米,城墙建在珊瑚岩上,高 15 米,厚 2.4 米,大门上布满约 10 厘米长的尖钉,以防大象的冲撞,1958 年,古城堡改为博物馆,展示东非与新航路的历史图片和文物。

图片 6-4-19 肯尼亚蒙巴萨及耶稣堡

3. 坦桑尼亚

坦桑尼亚的旅游资源相当丰富,以野生动物和自然风光为主,有非洲的"旅游王国"之称,尤以野生动物著名。兽类有象、野牛、羚羊、长颈鹿、斑马、犀牛、河马、狮、豹等,鸟类有鸵鸟、红鹤、几内亚珠鸡、鹧鸪、鸨、野鸭等。全国有 11 个国家公园、10 个野生动物保护区、50 多个野生动物控制区,总面积约占国土面积的 1/4。坦桑尼亚拥有非洲最高的乞力马扎罗山,非洲最深最长的淡水湖——坦噶尼喀湖,世界最大的禁猎区——塞卢斯动物保留地和长达 800 千米、基本不受污染的白色洁净的沙滩,还有历史古城桑给巴尔、基尔瓦等。

达累斯萨拉姆为坦桑尼亚首都,该名称起源于阿拉伯语,意思是"和平之港"。市内有现代化办公大楼和老式的德国木屋,还有阿拉伯清真寺和富有阿拉伯色彩的狭窄而曲折的街道。著名的国家博物馆藏有 175 万年以前的古人类头盖骨,以及非洲、阿拉伯、波斯和中国艺术品与手工艺品。此外还有一个"乡村博物馆",实为颇具特色的传统非洲村落。阿鲁沙,是坦桑尼亚北部的行政中心,虽地处赤道附近,但因海拔在 1400 米以上,气候凉爽宜人,成为重要避暑胜地和非洲国际性会议的经常举办地,著名的阿鲁沙宣言即发表于此地。

乞力马扎罗山位于阿鲁沙城东北 80 千米处,是名副其实的"非洲屋脊",景色瑰丽,气势雄伟,是世界著名的旅游点,在此可进行登山活动,晚上可下榻于山舍之中,别有情趣。恩戈罗恩戈罗火山口,距阿鲁沙约 180 千米,其直径 16 千米,深 600 米,是世界最大火山口之一,附近可见成群的斑马、狮、象、野牛、犀牛,总数在 4 万头以上,现已以火山口为中心建立了自然保护区,面积达 8.1 万平方千米。位于阿鲁沙镇东北,约 45 分钟可抵达阿鲁沙国家公园,公园面积 270 平方千米,内有种类繁多珍禽异兽。此外,在阿鲁沙西南 100 千米处还有马尼亚拉湖国家公园,该公园面积约 900 平方千米,内有 350 种鸟类,还有野牛、象、狮等大型动物,马尼亚拉湖附近林木苍翠,有火烈鸟、埃及鹅等鸟类,有"飞禽乐园"之称。

位于坦桑尼亚东南部鲁菲季河流域地区的塞卢斯动物保留地,占地 5.6 万平方千米,是世界最大的禁猎地,也是蜚声世界的著名旅游胜地。该禁猎地内大部地区为原始森林,内有许多珍稀植物,飞禽走兽数量和种类之多世所罕见。1982 年,被联合国教科文组织列入《世界文化与自然遗产保护名录》。

塞伦盖蒂国家公园,距乞力马扎罗国际机场 350 千米,面积 9900 平方千米,园内野生动物种类繁多,兽类达 170 余种,总数达 300 多万头,其中仅角马就有 150 万头,鸟类有 1500 种。角马一年一度的大迁徙历时一个月,行程 500 千米,景象十分壮观。

巴加莫约是坦桑尼亚印度洋沿岸一座风采独具的古城,北距首都达累斯萨拉姆 70 多千米,面积只有七八平方千米,人口 3 万。巴加莫约原称卡奥莱,是一个小集市。大约在 13 世纪前后,阿拉伯人和波斯人开始移居这里,随后又有印度人前来,他们以这里为据点,贩来东方的布匹、丝绸、珠宝、瓷器,运走东非的象牙、犀角、黄金、香料。久而久之,这里发展成为东非一

图片 6 - 4 - 20　坦桑尼亚巴加莫约"囚奴堡"

个较大的商贸中心。约 18 世纪末,又有大批阿拉伯人从阿曼涌向这里,他们在经营象牙、树胶等普通商品贸易的同时,也经营起一种盈利极高的特殊商品贸易——贩卖黑人奴隶。现在,这种罪恶贸易的许多佐证犹在。其中,最引人注目的是一座囚奴堡。囚奴堡由一座阿拉伯民房加固建成。从内地捕捉的奴隶一押运过来,就被关押在堡内低矮、阴暗、潮湿的地穴里。为防止奴隶逃跑,每个奴隶都被强制戴上镣铐,并用铁索拴在埋得很深的石桩上。地穴与一条长约 200 米的暗道相通。贩奴船一靠岸,就通过暗道把奴隶偷偷装进船舱。这样,巴加莫约很快就由一个普通的土特产品集散地变成一个兴旺的奴隶转运站。

风光迷人的桑给巴尔岛,气候湿热,植被繁茂,以盛产丁香著称于世,是著名的"丁香之岛",丁香产量占世界总产量的 60% 左右。每年 7—12 月丁香开花季节,全岛香气飘溢,沁人心脾,是"世界最香之地",游人络绎不绝。桑给巴尔岛历史上曾一度为阿拉伯人和波斯人的重要贸易场所,16 至 17 世纪为葡萄牙人统治,后又被阿拉伯人占领。岛上不论是阿拉伯风格的建筑物,还是苏丹国王的王宫、古老的城堡和城墙以及狭窄的小街深巷,均以年代久远的石头建造为特色,故桑给巴尔岛也有"石头城"之称。该岛的标志性旅游点,一是国家博物馆和王宫博物馆,二是奴隶市场遗址。

图片 6-4-21　桑给巴尔石头城一景

图片 6-4-22　桑给巴尔岛海滨风光

4. 津巴布韦

津巴布韦地处非洲南部,是一个典型的内陆国家。境内拥有丰富的自然资源与旅游资源,其中维多利亚瀑布闻名世界,野生动物保护区具浓郁的非洲色彩。近年来该国旅游业受到了政府的极大重视,已成为国民经济的战略性产业之一。

首都哈拉雷,地形上属于南非高原的北部边缘,但在东部伸展着南北向的山地,40%的国土海拔 900～1500 米,其余在海拔 900 米以下。全境位处南回归线以北,属热带气候,气温年较差小,较低的高原年均温 23～27℃,较高的高原 18～19℃,东部山地全年凉爽,约 16℃左右。降水量偏少,年降水量在 400～1000 毫米之间,由东向西减少,干湿季明显,11 月至次年 3 月为雨季,其他时间为干季。在这种气候条件下,主要分布着稀树草原和灌丛草原,向西过渡到荒漠化稀树草原,只有东部山地有森林。居民以班图语系的非洲人占绝大部分,此外为白种人和亚洲人。官方语言为英语。大多数人信奉原始宗教,少数人信奉天主教和基督教。该国有悠久的文明史,在距今约 2000 年前,当地居民就掌握了炼铁和制作家具的技术。津巴布韦的旅游资源除野生动物外,还有一些十分著名的旅游点,如莫西奥图尼亚瀑布、津巴布韦遗址,尤以后者闻名于世。

津巴布韦遗址,也叫"大津巴布韦遗址"或"石头城遗址",位于津巴布韦东南部、维多利亚堡东南 27 千米处,占地 725 公顷,于 1867 年被发现。遗址为一片相互联系的建筑群,包括大围场、"卫城"和中间谷地("遗址之谷"),全部用花岗岩石块垒成,曾出土众多古代文物,最著名的是一种雕刻在皂石上的石鸟——津巴布韦鸟。津巴布韦有数百处这种石头城遗址,但该处遗址是规模最大和建筑水平最高的。1981年,在此建立了大津巴布韦遗址博物馆。

此外,在哈拉雷西北 120 千米的起伏丘陵地区还有著名的古人类穴居遗址——锡诺亚洞。该遗址于 1887 年被发现,包括一个明洞、一个暗洞及两洞间的深潭,洞壁上有类似文字的符号和壁画的残迹,游客可沿专门修建的石级走进洞内参观。

5. 南非

南非位于非洲大陆的最南端,以黄金和钻石而闻名,是非洲最发达的国家,素有"彩虹之国"的美称。它拥有各种肤色的人种、众多的民族、不同的宗教信仰、绚丽多彩的民族文化。中部翠绿的草原、西部金黄的沙漠、沿海洁白的海滩、三面蓝色无垠的大海,将南非 122 万平方千米的国土装扮得分外绚丽多姿,使南非以其极为丰富的自然和人文旅游资源成为令人神往的胜地,是世界最负盛名的度假旅游胜地之一。此外,西方社会和非洲大陆的万种风情在这里也得到了集中的体现,城市古建筑集隆重、华丽、古典于一身,可以说,世界上没有哪个国家能将现代文明与原始自然美结合得如此天衣无缝。从原始部落歌舞到充满欧陆风情的小镇,从古老的黄金城到现代化的大都会,这里应有尽有,因此南非也有"旅游一国等于旅游全世界"和"非洲中的欧洲"之称。南非有着遍及全国并拥有 3000 千米海岸线的自然保护区、绮丽优良的港口、四通八达的高速公路、纯美憩静的葡萄酒乡,每年都吸引着大量的海外游客。[1]

开普敦、约翰内斯堡、花园大道、黄金矿脉城等都是不可不去的著名旅游点。其中,开普敦是南非召开共和国会议的立法首都,为重要港口和南非第二大城市,仅次于约翰内斯堡。开普敦始建于 1652 年,是南非的发源地,许多人称她为"母城"。开普敦濒临大西洋特布尔湾,其宁静美丽可与旧金山相媲美。这里属于地中海气候,雨量充沛,空气湿润,绿草遍地,市郊是重要的葡萄酒产地。市内多殖民地时代的古老建筑,有着不属于非洲特色的异域风情。从莫塞尔港到斯托姆河连续 255 千米的一级海滨公路被称为花园大道,花园大道与湖泊、山脉、黄金海滩、悬崖峭壁、茂密原始森林丛生的海岸线平行,沿途可见清澈的河流自欧坦尼科与齐齐卡马山脉流入蔚蓝的大海。开普敦知名的地标有印度洋和大西洋的交汇点——好望角以及被誉为"上帝之餐桌"的桌山。好望角为一条细长的岩石岬角,像一把利剑直插海底。在好望角凭栏而望,既可见远方的海天一色,也可见脚下的浪花飞溅,可谓气象万千。好望角作为非洲的一个标志,是每一个前往非洲的旅游爱好者必到的地方,向有"到南非不到开普敦,等于没来过南非;到开普敦不到好望角,等于没到开普敦"之说。桌山位于开普敦城区西部,意为"海角之城",因其状如平桌,故名"桌山",虽仅有 1067米,却因贴近开普敦市而被该市政府选为"南非之美"的宣传路标。在开普敦,无论站在任何地方,放眼望去,桌山就在你眼前,群峰绵延,景色壮观,尤其是夕阳西坠之时,群山笼罩着白丝条般的云彩,涂上一层晚霞,宛如鲜艳夺目的彩缎装饰着碧蓝的天空,映衬出这座城市青山绿水的自然风光。2011 年 11 月 12 日,总部设在瑞士的"世界新七大奇迹基金会"通过其官网公布了"世界新七大自然奇观"的评选结果,南

---

[1]　李存修、刘思敏:《南非之旅》,广州:广东旅游出版社,2004 年,第 48 - 51 页。

非桌山与亚马逊雨林、越南下龙湾、巴西和阿根廷交界的伊瓜苏瀑布、韩国济州岛、印度尼西亚科莫多国家公园,以及菲律宾普林塞萨地下河国家公园均榜上有名。此外,在开普敦东海岸的西蒙镇,还有个被称为"漂砾"的小海湾,这里是企鹅的家园。1982年,当地渔民在此发现了最初的两对企鹅,经过20多年的繁衍,目前企鹅的数量已超过3000只,因为它们的叫声像驴子,也叫驴企鹅,也是唯一一种生活在非洲大陆的企鹅,它们的毛比南极企鹅的毛要短,身高也只有50厘米,特有品种为斑点企鹅。

图片 6-4-23   南非桌山

图片 6-4-24   南非企鹅岛及岛上的斑点企鹅

三、海岛旅游区

(一)海岛旅游区概况

非洲大陆海岸线全长30500千米,海岸比较平直,缺少海湾与半岛,岛屿总面积约62万平方千米,占全洲总面积不到3%,是世界大洲中岛屿数量最少的一洲,除马达加斯加(世界第四大岛)外,其余多为小岛。其中,印度洋和大西洋中的岛国塞舌尔、毛里求斯、科摩罗、圣多美和普林西比等,以其海洋岛国的优美环境、丰富多样的热带海洋生物和海滨、沙滩、阳光优势,发展了以度假旅游为中心的旅游活动,成为世界著名的海岛旅游胜地。如享有"印度洋明珠"的塞舌尔岛国,每年接待的国际旅游者人数超过10万人次,旅游收入占该国外汇收入的80%,是非洲最为著名的海岛旅游胜地之一。

（二）主要的旅游国家及旅游资源

1. 马达加斯加

马达加斯加地处印度洋西部,面积约为 59 万平方千米,全岛主要由火山岩构成,是非洲第一、世界第四大岛屿。

图片 6－4－25　马达加斯加岛上的猴面包树

图片 6－4－26　旅人蕉

马达加斯加的旅游资源主要为热带风光和海滨胜地。首都塔那那利佛为全国的政治、经济、交通、文化中心和最大城市;是旅游者观光的主要地区。市内有天文台、艺术和考古博物馆、体育场及伊默里纳王国时代的宫殿等古建筑。最著名的是津巴扎扎公园,它位于王宫山麓的津巴扎扎湖畔,也称"津巴扎扎动植物园"。该公园历史相当悠久,1925 年即建成植物园,1936 年扩建,增加动物园,园内植物繁多,汇集全国各种名贵植物,特别是稀有罕见的旅人蕉。旅人蕉十分奇特,高 10 余米,其叶柄基部储有清洁的水分,可供饮用。园内动物种类也很多,如灵长类珍奇动物狐猴,该动物狐面猴身,性情温顺,其中一种叫阿耶—阿耶的狐猴,全国仅有几十只,属濒危动物种。园内还有一座马达加斯加科学院博物馆,内有无数种动物标本。

2. 塞舌尔

塞舌尔是印度洋西部的岛国,西距非洲大陆 1500 多千米,地处非洲和亚洲两洲海上交通要冲,由 35 个花岗岩岛和 78 个珊瑚岛构成,面积 444 平方千米,首都维多利亚。该国属热带海洋性气候,5—10 月凉爽少雨,12—3 月高温多雨,其余时间为过渡期,年平均气温为 27℃,最高气温 32℃,最低气温 22℃,年降水量 2000～4000 毫米。塞 1756 年被法国侵占,1794 年由英国取代,1976 年独立。居民主要是班图黑人和欧、亚移民后裔,大部分人信奉天主教,少数人信奉基督教。多数居民讲克里奥尔语和法语,官方语言是英语。

塞舌尔最主要的旅游区是马埃岛,它是该国人口最多、面积最大的岛。岛屿大部分为珊瑚礁环绕,蓝色温暖的海水适宜于游泳和划船,有些地方还可进行冲浪和

图片 6－4－27 塞舌尔"国宝"海椰子树的雄花及果实

滑水运动。乘车在岛上游览,可以观赏到世界上最美、最激动人心的海岸景色。特别有趣的是从维多利亚驱车越过丘陵到古南多安塞,浏览沿海岸迷人的风光。普拉兰为塞舌尔第二大岛,在该岛中心的瓦莱代美,可以看到一种椰子树——海椰子(普拉兰岛的一种特有棕榈,属雌雄异株植物),其果实重达 40 磅,是世界最大的坚果,其树高 20～30 米,树叶呈扇形,宽 2 米,长可达 7 米,最大的叶子面积可达 27 平方米,活像大象的两只大耳,所以也被称为"树中之象"。海椰子的雄花似男性生殖器,果实似女子的骨盆,因此,海椰子被传为"世界上最具催情效果的果实",塞舌尔当地居民一直将海椰子当作繁殖后代的象征,寓意"多子"。

3. 毛里求斯

毛里求斯是世界著名的旅游胜地,景色秀丽,气候宜人,年均温 20℃,有"印度洋珍珠"之美誉。岛上有长达 55 千米的白色洁净沙滩以及不少重要的旅游点和旅游区。

路易港,位于毛里求斯岛西北海岸,不仅是全国的政治、文化和经济中心,同时也是最大海港。该地热带风光绮丽,居民构成复杂,有非洲人、欧洲人、阿拉伯人、巴基斯坦人、印度人和华人,城市颇具东方色彩,有许多历史遗址,如英国殖民者的炮台、城堡、炮楼等。著名的自然博物馆内存有一副多多鸟的骸骨及模型,该鸟独产于毛里求斯,形似火鸡,躯体大,两翼小,不能起飞,性格温和,现已灭绝。目前这种鸟是该国的象征,在毛里求斯的国徽及一些商标上都有多多鸟的图案。

小黑河山,该国著名山峰,位于西南部。该山峰峦葱郁,景色壮丽,尤以水流湍急的溪涧著名。在一陡坡上,有面积 0.5 平方千米的彩色山地,令人瞩目,人称"五色土",据称可能是火山喷出的熔岩经复杂变化而成,每年 8 月,印度族人在此欢聚,跳舞狂欢直到深夜。

庞普勒穆斯植物园,位于毛里求斯庞普勒穆斯岛上,有 200 多年历史,园内有热带参天大树、奇花异卉。

图片 6-4-28　毛里求斯风光

4. 科摩罗

科摩罗地处印度洋西部,是非洲东南部的一个岛国,拥有"月亮之国"、"香料之国"的美称。科摩罗主要由大科摩罗、昂儒昂、莫埃利、马约特四岛组成,面积为 2236 平方千米,人口约 80 万。

图片 6-4-29　科摩罗首都莫罗尼

科摩罗的旅游资源以热带海岛的美丽风光为主,主要的旅游点有:

大科摩罗岛,为一火山岛,位处莫桑比克海峡北口,首都莫罗尼即位于该岛西岸。市内花草繁茂,香气袭人,有伊斯兰教清真寺、充满热带风情的拉蒂迈鱼旅馆和"鹰爪兰"四星级旅馆。此外还有洁白的海滩、预言者洞穴及火山形成的盐湖。特别引人注目的是科摩罗最高峰卡尔塔拉火山,白天山上烟雾缭绕,晚间可见火山口冲出巨大火柱,景色十分壮丽。

昂儒岛,该国第二大岛,因风光秀丽,有"科摩罗珍珠"之称。该岛海岸地带有清洁美丽的沙滩,潜水渔业颇具特色。

莫埃利岛,位于大科摩罗岛东南方,以恬静幽雅的渔村风光和古代波斯人墓地著称。

第四节 非洲入境旅游市场及旅游行为

一、非洲入境旅游市场现状

20 世纪 60 年代,非洲各国相继独立以后,旅游业逐步开始发展。20 世纪 90 年代中期以来,旅游业已逐渐发展成为非洲的一个新兴产业[①]。近年来,非洲的旅游业发展相当迅速,明显超过世界旅游业发展的平均水平,在国民经济中的地位也逐步提高。

(一)入境旅游的发展规模

根据 UNWTO1997—2010 年的统计数据,非洲的入境旅游人数与入境旅游收入以较快的速度增长(表 6 - 4 - 7、图 6 - 4 - 11)。从接待游客人次来看,1997 年非洲接待国际游客 2330 万人次;2003 年突破 3000 万人次,达到 3140 万人次;2004 年以后增长速度较快,由 2004 年的 3420 万人次增长到 2010 年的 4940 万人次,增长了 44.4%。从入境旅游收入来看,非洲入境旅游收入增长分为 2 个阶段:1997—2001 年,为增速相对平稳阶段,入境旅游收入由 1997 年的 87 亿美元增长为 2002 年的 117 亿美元,6 年间增长了 35.6%;2002—2010 年,为快速增长阶段,入境旅游收入由 118 亿美元增长到 2010 年的 317 亿美元,增长了 168.4%;从总的增长速度来看,除 2009 年受国际金融危机的冲击稍有下降外,非洲入境旅游收入增长较快,尤其是近年来增长趋势迅猛,在全球旅游业中的表现日益突出。

表 6 - 4 - 7 1997—2010 年非洲入境旅游人数及入境旅游收入[②]

年　份	入境旅游人数(万人次)	入境旅游收入(亿美元)
1997	2330	87
2000	2760	107
2005	3730	216
2010	4940	317

就空间范围而言,北部非洲与撒哈拉以南非洲地区无论在入境旅游人数还是在入境旅游收入方面均有较大差异(图 6 - 4 - 13、图 6 - 4 - 14)。从入境旅游人数来看,北部非洲远落后于撒哈拉以南非洲地区,但北部非洲入境旅游人数的平均增长

---

① 刘红梅:《非洲旅游业的发展及存在的问题》,载《西亚非洲》,2009 年第 8 期,第 50 - 55 页。

② 数据来源:根据 Tourism Market Trends—Africa(2001 - 2003),Tourism Highlights(2000,2006,2008—2011)整理所得。

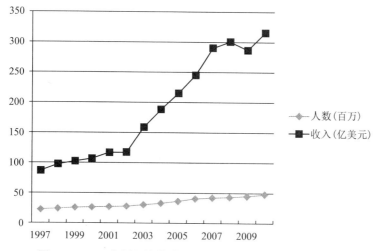

图 6 - 4 - 11　非洲入境旅游人数与入境旅游收入变化趋势图

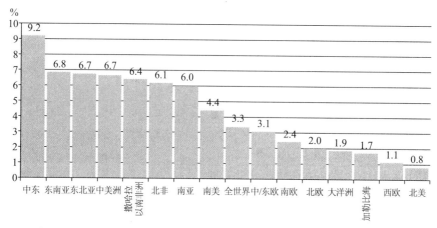

图 6 - 4 - 12　全球各地区入境旅游人数平均增长率比较(2000—2010)[①]

率却高于撒哈拉以南非洲地区,前者为 9.4％,后者为 7.3％。从入境旅游收入来看,北部非洲亦落后于撒哈拉以南非洲地区,且表现大体相同波动状态:1997—2001 年为其入境旅游收入的快速增长阶段,其中,北部非洲的年均增长率为 10％,撒哈拉以南非洲地区为 5.4％;2002 年以后,北部非洲与撒哈拉以南非洲地区的入境旅游收入均进入快速增长阶段,其中北部非洲地区在 2002—2008 年的年均增长率达 26.3％,2009 年由于全球金融危机的影响,其入境旅游收入出现了负增长,目前正处于恢复阶段,但尚未达到正常水平;2002—2010 年,撒哈拉以南非洲地区的入境旅游收入年均增长率为 18.9％,尽管其 2009 年的入境旅游收入也出现了负增长,但次年由于南

① John,G.C.Kester：*The Tourism Market in Africa*,2011.

非世界杯足球赛的举办对旅游需求的拉动,其入境旅游收入表现出强劲的增长势头。

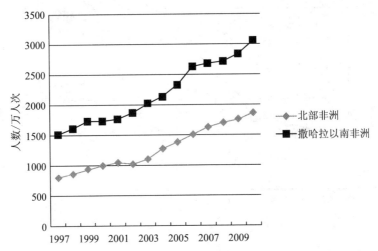

图 6-4-13　北部非洲与撒哈拉以南非洲地区入境旅游人数变化趋势

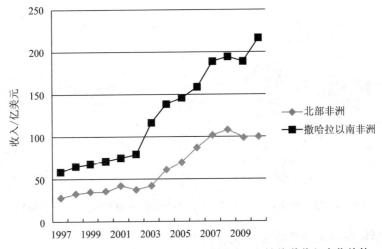

图 6-4-14　北部非洲与撒哈拉以南非洲地区入境旅游收入变化趋势

(二) 入境旅游的市场结构

　　根据世界旅游组织的统计,非洲入境旅游市场主要可分为洲内市场及洲外的欧洲、北美洲、中东与亚太等市场。其中,非洲洲内客源是非洲最主要的入境旅游市场,约占非洲全部入境旅游市场 43%的份额;其次为欧洲市场,约占 31%;而中东、美洲、亚太地区分别只占 5%、4%和 3%的比例,其他地区合计共占 13%。欧洲之所以能成为非洲入境旅游的主要洲外客源市场主要有以下两个原因:首先,非洲绝大多数国家在 20 世纪 60 年代之前为欧洲的殖民地,独立以后仍然与这些欧洲国家在经济、文化等方面保持着非常密切的联系,商务、会议、文化等方面的旅游频繁;其次,非洲与欧洲之间的交通相对便捷,欧洲旅游者往往把非洲作为择近出游的主要目的地之一。

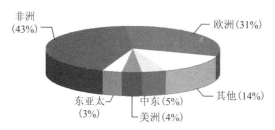

图 6 - 4 - 15　非洲入境旅游客源市场结构(2009)①

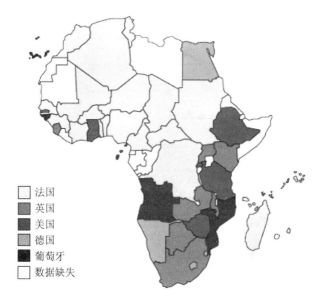

图 6 - 4 - 16　非洲各国最大的洲外入境旅游客源市场分布(2009)②

二、非洲入境旅游市场规模预测

　　旅游规模分析与预测是旅游市场开发的最重要依据之一③。旅游客源市场的发展变化受多种因素的影响,除自身条件的限制外,还受到社会、经济、军事、文化、风俗习惯等多种因子的影响,可以说客源市场的变化是上述诸多因子的综合函数④。

---

　　①　资料来源:The Tourism Market in Africa(John G.C. Kester, 2011).

　　②　资料来源:Tourism in Africa: Harnessing tourism for growth and improved livelihoods (The world bank).

　　③　于洋、王尔大、刘爱琴:《入境旅游市场规模预测及拓展策略研究——以大连市为例》,载《旅游论坛》,2010 年第 3 卷第 1 期,第 100 - 105 页。

　　④　刘宇峰、孙虎、原志华:《山西省入境旅游客源市场分析及规模预测》,载《干旱区资源与环境》,2008 年第 1 期,第 113 - 117 页。

由于这些因素对旅游市场的发展表现出明显的灰色性,因此,可以将旅游市场作为一个灰色系统进行研究。

根据预测模型和相应的检验方法,对非洲 2011—2015 年的入境旅游人数进行预测,模型预测结果表明,未来 5 年非洲入境旅游人次数量继续呈稳定、快速的增长态势(图 6-4-17),从 2011 年的 5277 万人次增长至 2015 年的 6698 万人次。

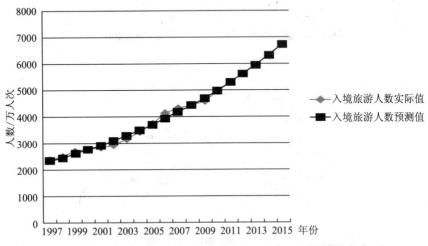

图 6-4-17　非洲入境旅游人数的实际值与预测值的拟合度

三、非洲入境游客的旅游行为

旅游行为是指旅游者对旅游目的地、旅游季节、旅游目的和旅游方式等的选择特征,以及与之紧密相关的旅游意识、旅游效应和旅游需求特征[1]。由于资料所限,下面主要从游客的旅游动机、出游方式、旅游交通方式选择及旅游目的地选择等方面分析赴非旅游者的旅游行为。

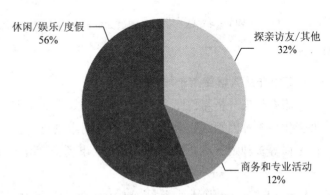

图 6-4-18　赴非旅游者的入境旅游目的(2009)[2]

---

[1]　吴必虎:《区域旅游规划原理》,北京:中国旅游出版社,2001 年,第 95 页。
[2]　保继刚:《楚义芳.旅游地理学》,北京:高等教育出版社,1999 年,第 28 页。

（一）旅游动机

旅游动机是游客出游的原始驱动力,反映出游客的消费水平与目的。日本学者田中喜一将旅游动机划分为心情的动机、身体的动机、精神的动机与经济的动机四大类,每一种动机反映了不同的需求①。根据世界旅游组织对非洲入境游客出游动机的统计分析来看,休闲/娱乐/度假目的类型比例最高,约为56%;第二是探亲访友及其他,约占32%;居第三位的是商务和专业活动,约占12%。

（二）出游方式

从出游方式来看,赴非的旅游者中,中国和日本等亚洲游客仍以团队为主,欧美等地的游客则采用团队、散客并重的出游方式。根据世界旅游组织对非洲入境旅游团队的调查:日本游客团队中,7~20人的中等规模团队占55%,20人以上的大规模团队与1~6人的小规模团队各占20%;美国、欧洲等国家的游客则喜好1~6人的小规模团队,占66%的比例,而中等规模团队占27%,大规模团队则仅占7%。

（三）出游时间

非洲的入境旅游者主要选择5—9月间前往非洲,其中7月份是旅游者前往非洲最集中的一个时段,其次为6月份和8月份,而其他月份旅游者前往非洲的数量则基本相当。

（四）旅游交通方式选择

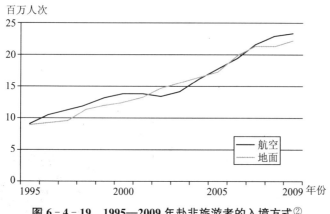

图 6‑4‑19　1995—2009 年赴非旅游者的入境方式②

根据UNWTO的统计,非洲入境游客的主要交通方式为航空与陆路,其中有48%的游客乘坐飞机抵达非洲,有45%的游客通过陆路到达非洲,而只有7%的游客通过水路前往非洲。总体来看,赴非旅游者中采用空中交通和地面交通(包括陆路

---

① 资料来源:The Tourism Market in Africa(John G.C. Kester,2011).

② 资料来源:The Tourism Market in Africa(John G.C. Kester,2011).

和水路)的人数基本持平。随着交通运输业的进一步发展,尤其是航空运输业的发展,非洲将吸引更多的国际旅游者,而公路、铁路、水路等基础设施的完善,则为非洲区域内的入境旅游者提供更多便利。

(五)旅游目的地选择

北部非洲和南部非洲是入境旅游者最喜欢的旅游目的地,二者分别占赴非游客总量的 57% 和 21%,其中游客最多的国家是摩洛哥,其次为南非、埃及和突尼斯;前往东非的入境旅游者占赴非游客总量的 12%;而中部非洲与西部非洲在游客的目的地选择中则处于最低的位置,二者合计共占赴非游客总量 10% 的比例。旅游者前往的主要城市为马拉喀什、开普敦、约翰内斯堡、沙姆沙伊赫、开罗、卡萨布兰卡、阿加迪尔、哈马马特、桑给巴尔、突尼斯、赫尔加达、阿克拉、亚的斯亚贝巴、德班等。

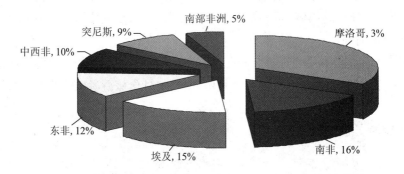

图 6-4-20 非洲主要旅游目的地国家和地区游客接待情况(2012)①

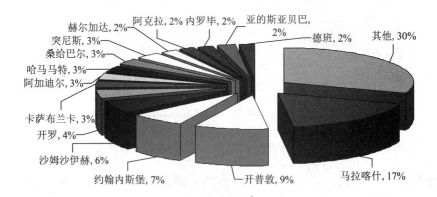

图 6-4-21 非洲主要城市入境旅游者接待情况(2012)②

① 资料来源:Africa Tourism Monitor(Volume 1)(African Development Bank Group, etc., 2013).
② 资料来源:Africa Tourism Monitor(Volume 1)(African Development Bank Group, etc., 2013).

近年来,中国在推动非洲旅游业发展方面也起到了积极作用。目前中国赴非游客人数每年超过 100 万人次,其中前往数量最多的国家为埃及、南非、埃塞俄比亚、阿尔及利亚和肯尼亚。2012 年,中国游客分别前往该五国的数量为 17.2 万、14.6 万、12.9 万、8.3 万和 4.4 万人次。

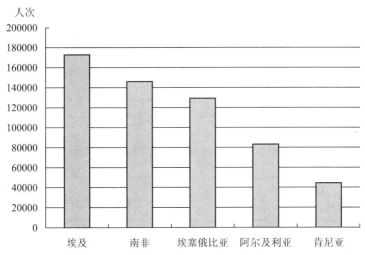

图 6‑4‑22　接待中国旅游者数量最多的五个非洲国家(2012 年)①

第五节　非洲国家公园旅游发展

按照世界自然保护联盟(IUCN,1994)的定义,国家公园是指在保护区域内生态系统完整的前提下,经过适度开发,为民众提供精神的、科学的、教育的、娱乐的和游览的场所。其主要功能包括:为游客提供保护性自然资源;保护生物多样性;供国民游憩、旅游参观,繁荣地方经济;为科学研究、国民环境教育和爱国主义教育提供课堂。② 非洲国家公园众多,几乎覆盖了从山地到海岸、从雨林到荒漠的所有景观类型,担负着保护自然与发展旅游的双重责任。

---

①　资料来源:Africa Tourism Monitor(Volume 1)(African Development Bank Group,etc.,2013).
②　王丽:《国外公共旅游资源管理经验对我国风景名胜区的启示——以美国国家公园为例》,载《无锡商业职业技术学院学报》,2013 年,第 30‑33、58 页。

表 6-4-8　国家公园的目标结构①

	国家公园的总体目标	国家公园自然旅游的发展目标
主要目标	保护生物多样性及其生态结构和环境过程,促进非消费性教育与游憩	Ⅰ:非消费性自然环境保护与教育 Ⅱ:非消费性自然旅游与游憩
次级目标	尽量保持自然状态的永续性,地理区域、生物群落、基因资源和未受破坏的自然过程的代表性	Ⅲ:自然状态的永续性 Ⅳ:自然资源和自然过程的代表性
	维护当地种群与生态功能群体在足以长期维持生态系统完整性和弹性的密度状态下的生存能力	Ⅴ:局域生态系统的完整性和持续性
	保护广域种、区域生态过程和迁移路线	Ⅵ:广域生态过程的完整性和持续性
	在不引起自然资源、重要的生物或生态恶化的情况下,以激励、教育等目标管理旅游者	Ⅶ:基于生态维护原则的游客管理
	考虑原住民的需求,避免违背最初的管理目标	Ⅷ:社区服务导向的自然旅游与游憩

一、非洲国家公园的类型与分布

(一)非洲国家公园的类型

堪称"动物的世界"、"世界的天然动物园"的非洲,长期以来,特别是殖民主义者侵入非洲以来,对野生动物大肆捕杀,动物资源遭到严重破坏,珍贵禽兽日益减少,有的正在濒临灭绝。与此同时,人口的增长和经济活动范围的扩大,以及由此造成的植被破坏等,都缩小了野生动物的栖息地,破坏了自然界的生态平衡和动物界的食物链,从而也使非洲的动物不断减少。在野生动物急剧减少、珍贵禽兽濒临灭绝的情况下,许多非洲国家为了保护、繁殖和发展稀有珍贵动物,建立了许多野生动物保护区、禁猎区、狩猎控制区等,对这些地区予以封闭,进行管理,使各种动物自然繁殖、生长、发育。许多动物的数量已经开始增加,某些地区的自然环境得到保护。此外,许多非洲国家为了利用本国有利的自然条件特别是丰富的动物资源,发展旅游事业,开辟了一些天然动物园,起到了动物保护区的作用。

(二)非洲国家公园的分布规律

1. 呈岛状分布并大致对称于赤道

由于非洲的自然带和气候带有明显的纬度地带性并南北对称分布,因此非洲国家公园分布也具有强烈的纬度地带性。

---

① 张海霞、汪宇明:《可持续自然旅游发展的国家公园模式及其启示——以优胜美地国家公园和科里国家公园为例》,载《经济地理》,2010年,第158页。(有改动)

2. 沿河分布或分布于湖周围,靠近水源

水是生命之源,有水源的地方才有植物的生长,从而有动物的生存。在撒哈拉沙漠地区没有大量生物存在,尚未建立野生动物保护区。

(三)非洲国家公园分布区域

非洲国家公园众多,主要分布在阿拉斯加山区、撒哈拉沙漠区、上几内亚—苏丹区、刚果盆地区、东非裂谷高原区、南部非洲高原区等六大区域。

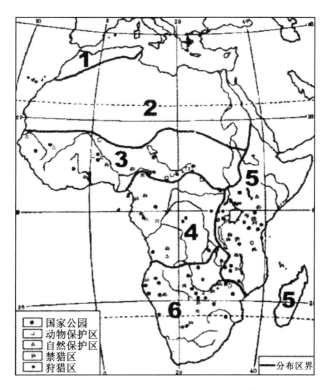

图 6－4－23　非洲国家公园分布区[①]

1. 阿拉斯加山区;2. 撒哈拉沙漠区;3. 上几内亚—苏丹区;4. 刚果盆地区;5. 东非裂谷高原区;6. 南部非洲高原区。

1. 阿特拉斯山区

阿特拉斯山区位于非洲北端,西邻大西洋,北、东为地中海,南连撒哈拉沙漠,属亚热带地中海气候。植被以亚热带常绿硬叶林、灌丛为主。

动物群种类主要有哺乳类的兔、蝙蝠、跳鼠、狐狸、伶鼬、水獭、地中海家兔、林鼠、睡鼠、柏柏尔种鹿、突尼斯水牛、野猪、猿猴、土狼、豹、阿非利加羚羊等;鸟类有鸹鸟、雨燕、枭鸟、野雁、草原鸽、云雀、鹳鸟、苍鹭、鹬鸟鸳鹰、苍鹰、山雀、啄水鸟、乌鸦、

---

① 苏世荣:《非洲自然地理》,北京:商务印书馆,1983年,第214、224页。

麻雀等;爬虫类和两栖类有蜥蜴、蛇、乌龟、湖蛙等;节肢动物有沿海及内地各种水域中的虾、蟹等;另外还有避日(一种毒蜘蛛)、蝎子、普通蜘蛛、蜈蚣、蝗虫、葡萄根瘤蚜、胭脂虫等各种危害农作物及人类健康的害虫。长期以来大量的捕杀与植被(尤其是森林)的破坏,使动物群无论是数量还是种类都大大减少,有的动物目前正面临灭绝的危险[①]。

2. 撒哈拉沙漠区

撒哈拉沙漠位于阿特拉斯山地和地中海以南,约北纬 14°以北;西起大西洋海岸,东到红海之滨。气候干燥,地面起伏不大,覆盖大片沙丘,植物贫乏,动物稀少。

撒哈拉沙漠中植物种类相当贫乏,且绝大部分为旱生植物和短生植物,其中40%为荒漠植物。植物具有旱生特征,根系发达、叶小、有针刺,分布不连续,仅绿洲有大片枣椰林。

动物不仅种类贫乏,总数量也很少。动物具有适应荒漠生态环境的耐渴、耐饥、视觉和听觉发达、奔跑迅速等特点。动物主要聚居在干谷、绿洲、湖泊、水塘附近水草丰盛的地方。主要有爬行动物、鼠类、羚羊、蝙蝠、猬和狐,最典型的动物是"沙漠之舟"——骆驼。沙漠北部主要有瞪羚和鸭,还有羚羊和鬃毛绵羊(摩弗伦羊),但数量很少。在沙漠边缘可见到长颈鹿和鸵鸟。提贝斯提高原有猴和珍珠鸡,恩内迪高地可见到鹦鹉。沙漠内地能见到蝗虫、蜻蜓、蛾、蚁、爬行动物等,啮齿类的沙鼠、跳鼠广泛分布。爬行动物中主要有可长达 1 米的巨蜥。[②]

3. 上几内亚—苏丹区

上几内亚—苏丹区位于非洲大陆中北部,东起埃塞俄比亚高原西界,往西一直延展到大西洋岸,并包括海上诸岛的广大地区。

本区自然植被与气候联系密切,具有明显的地带性和过渡性,从赤道雨林向热带荒漠过渡,依次为热带季雨林、几内亚热带草原林地、热带稀树草原和热带干草原。

本区主要动物包括:灵长类动物有狒狒、绿猴、白腹长尾猴、白鼻猴、白眉猴、疣猴、大猩猩、黑猩猩等;蹄类动物有各种羚羊、转角牛羚、河马、疣猪、非洲水牛、长颈鹿、大河猪、河马、矮种河马、野牛等;食肉动物有野狗、豹、狮子、土豚、斑鬣狗、薮猫、狞猫、猎豹等;鸟类有犀鸟、鹦鹉、猫头鹰、苍鹭、鸭、珩科鸟、鹧鸪鸟、杜鹃鸟、伯劳鸟、珍珠鸡、秃鹫、鱼鹰、战雕、苍鹰、海滨鸟、流苏鹬、黑尾塍鹬、火烈鸟、鹈鹕、尖翅雁、紫鹭、夜鹭、各种白鹭、非洲白琵鹭、非洲镖鲈、鸬鹚、濒临灭绝的鸟类苏丹大鸨等;爬行动物有鳄鱼、陆地龟、蜥蜴、变色龙、蛇等;还有世界珍稀保护动物,黑色犀牛、非洲大象、印度豹、豺狗、鲸头鹳、驼鹿、红棕额羚羊、猎豹、四趾鼹狗、大穿山甲、尼罗鳄(湾

① 苏世荣:《非洲自然地理》,北京:商务印书馆,1983年,第 257 页。
② 南京大学地理系非洲经济地理研究室译:《撒哈拉》,西安:陕西人民出版社,1981 年,第 57-58 页。

鳄)、长尾猴、金丝猫、蹄兔等。[1] 本区已建立 19 个国家公园。

4. 刚果盆地区

刚果盆地区位于非洲大陆的西部。非洲最稠密的刚果河等水系和常绿的赤道雨林是本区最突出的自然地理特点。

赤道雨林是本区最重要的植被类型,集中分布在南、北纬 4°之间。从南、北纬 4°往南往北,年内旱、雨季逐渐明显,常绿的赤道雨林逐渐转变为热带稀树草原。赤道雨林植物种类异常丰富,层次繁多,高大的乔木占绝对优势,树干高 30～40 米,有的高达 50～60 米。中层较矮乔木平均高 15～20 米。下层为幼树和芨木,高度 15 米以下。藤本植物茂密。林中生长有各种名贵经济林木,如黑檀木、乌木、红木、檀香木、花梨木、林巴树等。

本区动物资源丰富多样,栖息着各种各样的猿猴,以黑猩猩、大猩猩、长尾猿、狒狒最多。有世界上体躯最大的类人猿——山地大猩猩,但山地大猩猩现遗存的数量很少,受到严格的保护。此外,还有白鼻猴、鬼狒、猕猴、狐猴、小狐猴等。大型哺乳类动物以野象、犀牛、野牛等较常见。热带稀树草原分布着众多的食草动物,有羚羊、斑马、长颈鹿、非洲象、角马、野猪、野驴等,双角犀牛为世界珍兽,是仅次于象的大型哺乳动物。由于多种食草动物的繁殖,也出现了多种猛兽,主要有狮、豹、胡狼、山犬、斑鬣狗等。

在河湖沼泽里有河马、鳄鱼。蜥蜴种类很多,有守宫和石龙子(变色龙)等。本区多蟒蛇,毒蛇有非洲蛙蛇、蝰蛇等。

鸟类多种多样。热带森林里有啄木鸟、鹦鹉、戴胜、食蕉鸟、孔雀等;河湖上有白鹭、鹳、朱鹭、秃鹳、鹈鹕、火烈鸟、水鸭等;稀树草原上有鸵鸟、食鸵鸟、球鸡、野雁、鹌鹑等。[2]

5. 东非裂谷高原区

东非裂谷高原区是非洲最东部的一个自然地理区,东非大裂谷纵贯南北,成为非洲一大自然奇观。

在本区高原地形和热带气候环境下,发育着多种植被类型,地区差异较为明显。最典型的植被是热带稀树草原,它把南北两半球的热带稀树草原带连成非洲大陆上巨大的马蹄形热带稀树草原带,使其成为世界上最大的热带稀树草原分布区。散生分布的波巴布树和金合欢树是草原上代表性的植物。[3]

---

[1] http://www.beibaoke.com.cn/n6673c41.aspx,http://www.beibaoke.com.cn/n6691c41.aspx;http://www.beibaoke.com.cn/n6671c41.aspx,http://www.beibaoke.com.cn/n6688c41.aspx.

[2] 苏世荣:《非洲自然地理》,北京:商务印书馆,1983 年,第 321－324 页。

[3] 吉林师范大学等地理系:《世界自然地理》(下册),北京:人民教育出版社,1980 年,第 33 页。

本区位于非洲三大动物区的交汇地带,动物种类十分繁多,动物资源极为丰富,几乎拥有非洲所有的动物种类,但食草动物在这里得到了大量的发展。有蹄类是热带稀树草原的景观动物,主要有多种羚羊、斑马、犀牛、河马、长颈鹿等。大量的食草动物给食肉动物提供了良好的生活条件,因此,食肉动物的种类和数量也非常丰富,典型的有狮子、猎豹、豹、鬣狗。稀树草原地区的鸟类主要有响密䴕、巨翅夜鹰、红嘴狄奥鸟、鸵鸟、蛇鹫、珠鸡等。此外,这里还有大量的啮齿类和昆虫类动物。

6. 南部非洲高原区

南部非洲高原区位于非洲大陆南部,东临印度洋,西濒大西洋,是一个次大陆性质的面积巨大的半岛。自然景观以热带亚热带高原稀树草原为主,但植被具有多种类型,主要有硬叶植被、荒漠植被、草地、萨王纳和森林。由于气候偏于干旱少雨,森林面积很小,旱生性的植被面积占绝对优势,特别是稀树草原分布面积广大,植被类型较多。

从前,南部非洲高原的野生动物相当丰富,在稀树草原中有大群的羚羊、水牛、斑马和其他各种食草动物。但由于人们的狩猎活动使野生动物的数量大为减少,犀牛、水牛已不多见,但还有一些羚羊和斑马等食草动物,以及狮、豹等食肉动物,沼泽中有大量鸟类。已建立 28 个国家公园。

二、非洲国家公园旅游发展的问题[①]

利用野生动物和自然资源发展旅游已经成为一种常见的生态保护和经济发展模式,除了经济上的意义,旅游业还可以增强环境保护意识。在非洲贫穷的发展中国家里,旅游业的经济收益能有效地解决自然环境保护资金不足的问题。但近年来,旅游业的发展也带来了很多传统的旅游发展问题。

(一)旅游对野生动物生存的直接威胁

旅游对野生动物生存的威胁是多种多样的,其中最直接的威胁是车辆意外事故造成野生动物的死亡。旅游还会严重地威胁灵长动物的健康,因为这些动物对人类的一些疾病没有抵抗力,其中最敏感的就是山地大猩猩。目前在乌干达、卢旺达和刚果(金)偏远地区生活的大猩猩只有约 650 只。旅游者与野生动物的近距离观赏、戏逗、喂食以及旅游活动产生的火光、噪音、交通和其他对野生动物的骚扰会导致动物生活习性的改变。有些敏感动物因旅游者而放弃原先的筑巢地或觅食地,提高了这些动物的死亡率,危害了动物的健康,造成动物数量的减少。逃跑中的野生动物可能会伤到自己或其他动物,而刚降生的小动物会被遗弃致死。动物的迁移导致动

---

① 本节内容主要引自张凌云《非洲国家公园发展旅游业的几个问题》,北京第二外国语学院学报,2005 年,第55-60 页。

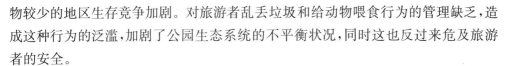

物较少的地区生存竞争加剧。对旅游者乱丢垃圾和给动物喂食行为的管理缺乏,造成这种行为的泛滥,加剧了公园生态系统的不平衡状况,同时这也反过来危及旅游者的安全。

（二）旅游对野生动物的间接影响

在非洲广袤的土地上,人们使用火、养家畜、打猎、农耕、围栏和水上开发等活动已经对野生动物造成了很大的影响,而旅游活动对野生动物生活习性的改变影响更为严重。例如,大量车辆的碾压会造成地表植被的破坏,草料质量的下降。人类活动的增加必然会导致用火量的增加,同时也增加了异地动植物物种侵入的可能性,这对野生动物的影响范围更大、更严重。

公路和饮水系统等旅游设施和相关基础设施的建设和经营也造成了野生动物生活习性的改变。在埃塞俄比亚的阿瓦什国家公园,这种开发已经对羚羊、瞪羚等野生动物的栖息造成了负面影响,瑟门山地国家公园也面临着同样的问题。污水、垃圾、闪光灯造成的光污染和车辆的尾气也会对野生山羊和狒狒造成不同程度的影响。

（三）自然保护的收益和代价的分配很不均衡

国家公园给社会带来了很多好处,包括环境保护和生态旅游带来的收入。发展中国家已经越来越意识到野生动物和国家公园在经济上的重要意义。但是国家公园在带来收益的同时也会造成一些经济和社会上的成本代价。经济成本包括公园的开办费和管理费,同时也存在机会成本,因为公园保护起来的土地往往都非常肥沃,社会成本就更巨大了。很多非洲国家公园都是在强制当地居民搬迁的基础上建立起来的。国家公园的圈定往往就意味着当地居民流离失所。在肯尼亚,国家将公园的土地使用权从社区收归国有,这引起了失去土地的当地居民的怨恨。离开原居地就要走更远的路去采药、砍柴和寻找野生食物。关于禁止打猎和诱捕动物方面的法律使很多迫于生计的村民一夜之间从猎人变成偷猎者。①

自然保护的收益和代价的分配是很不均衡的,保护区带来的利益会惠及广义的社区、全球和下一代人,而当地的村落则是保护区代价的承担者,而这些当地村民是最无力支付这种代价的群体。这些当地社区必须承担的代价如果不能从生态旅游收益中得到补偿,保护区将失去当地社区的支持从而动摇保护区存在的基础。

（四）野生动物对人民生命财产的威胁日渐严重

旅游者与野生动物不断频繁的接触,造成这些动物不再害怕人类,使野生动物的活动范围有所扩大和转移,它们的活动空间会超越公园的界限,破坏公园周围的

① Akama, J. S.: *Western Environmental Values, and Nature-Based Tourism in Kenya*, Tourism Management, 1996, p.567 - 574.

庄稼、偷食粮果或伤及村民,同时也增加了被偷猎者捕获的可能性。野生动物侵犯当地村民的利益会造成村民对公园管理者产生敌意。而且生活在保护区附近的当地居民遭狮子、水牛和大象袭击致死的人数也在上升。

旅游对于野生动物园来说是一把双刃剑,一方面对于非洲这些较为贫困的国家来说,如果没有旅游业的收入,这些野生动物和它们的生活环境是不可能得到保护的,所以旅游等于保护了这些野生动物及其野生环境。但另一方面,这些野生动物生活环境的生态系统一般都比较脆弱,大量游客的进入难免对环境造成一定程度的影响,或促使公园管理者做出一些违反自然规律的行为。所以要积极采取措施,缓解存在的矛盾,尽量达到双赢的效果。

三、非洲国家公园旅游发展对策

(一) 限制入园游客数量

控制游客人数能使野生动物多方面获益,控制的方法有很多种:(1)规定入园许可条例;(2)坚持先到先享受服务的原则;(3)可设定限额;(4)实施抽奖法;(5)规定最高门票价格。很多公园近年来都纷纷提高了门票价格,一方面减少游客数量,另一方面提高门票收入。由于很多当地旅游者的消费能力有限,因此很多公园实施门票双轨制。有些公园还对游客有其他要求,如要求游客必须是某些相关学科的研究人员,或是有执照的司机。这些措施都不同程度地减少了游客人数。[①]

(二) 改善公园设施

改善公园设施可提高游客的满意度,同时也能提高环境质量。例如,对现有设施进行翻新以满足节能的需要。采取节水措施,对干旱环境来说尤其重要。此外,还有环保污水处理设施等。新设施的布局和设计应符合这些环保要求。一些热点观赏区的土地已经被踩硬,很多公园采取的办法是修建更多更完善的步行和车行道路系统,在道路两侧设围栏以防止游客或车辆进入道路两边的地区。此外,修建新设施以方便和鼓励游人到访一些新景区和新景点,从而减轻一些热点地区的人流压力。在乌干达基贝尔国家公园内,当地社区修建了一条很宽的步行街以便游客去发现和了解湿地生态系统,收取一定的进入费或提供付费导游服务,使当地人直接从旅游者手中获得收入。[②]

(三) 有效保护野生动物及其栖息地

改善动物的栖息环境和保护野生动物是促进动物保护和旅游发展的两个重要方面,很多公园都加强了巡逻以控制偷猎行为,以免野生动物的数量进一步减少。目前,

---

① 张凌云:《非洲国家公园发展旅游业的几个问题》,载《北京第二外国语学院学报》,2005 年第 5 期,第 58 页。
② 张凌云:《非洲国家公园发展旅游业的几个问题》,载《北京第二外国语学院学报》,2005 年第 5 期,第 59 页。

除了巡逻,很多公园还制定了监控计划,不断评估公园的野生动物和其他资源的现状。栖息地环境的改善能增加野生动物的数量,从而使公园更有旅游观赏价值。另外,公园电网的使用虽然仍存在争议,但它在控制野生动物的迁移范围、提高景观质量、防止动物踩踏庄稼、改善与当地村民的关系等方面确实起了一定的积极作用。[①]

(四) 开展健康的生态旅游

20 世纪 80 年代以后,生态旅游作为可持续旅游开发的方式之一,以每年 30% 的速度在世界范围内迅速发展。然而,生态旅游并非万无一失,如果开发利用不当,对环境造成的威胁甚至大于传统的大众旅游。而如何维系当地人民生活,兼顾当地居民的利益,则是生态旅游成功的关键。从肯尼亚生态旅游的成功实践中发现,社区参与旅游业有 4 个突出优点:(1) 从经济方面看,社区的参与可使居民从旅游业中直接受益,在一些贫困地区称为"旅游扶贫";(2) 从旅游本身看,社区居民参与到旅游服务中,渲染原汁原味的文化氛围,增加了吸引力;(3) 从社会发展方面看,发展旅游促进当地社会的发展;(4) 从环境保护方面看,社区参与为保护提供了强大动力。为此,要让居民(社区)参与生态旅游的规划与开发,让居民(社区)参与生态旅游的经营与管理,让居民(社区)成为环境保护的主体。[②] 只有这样,才能保证生态旅游的健康发展。

(五) 完善环保体制,实行专业化管理

在南非,星罗棋布的野生动物保护区,自然景观丰富优美,在仅有的 122 万平方千米的土地上,已知的生物种类排名世界第二。为了保护自然环境,南非建立了一套较为完整的环保体制,成立了环保法庭,出台了有限制塑料包装法案等。[③]

纳米比亚十分重视环境和自然资源的保护,将可持续利用野生资源写入宪法。1999 年,环境与旅游部成立"纳米比亚野生动物娱乐有限公司",对所有国家公园和自然保护区实行企业化管理,以更好地开发、利用和保护野生资源。作为纳米比亚最著名的旅游胜地之一的埃托沙公园,政府一直对该园实行专业化管理,采取各种措施保护园内动物和环境,并严格控制园内旅馆的数量和规模,因而使公园至今仍保持着原始风貌[④]。

(六) 申请列入联合国《世界遗产名录》

国家公园争取列入《世界遗产名录》可以引起世界的重视,从而获得更多的保护资金,同时能够吸引更多的游客,增加国家公园的收入,以更好地促进国家公园的发展。

---

① 张凌云:《非洲国家公园发展旅游业的几个问题》,载《北京第二外国语学院学报》,2005 年第 6 期,第 59 页。

② 张建萍:《生态旅游与当地居民利益——肯尼亚生态旅游成功经验分析》,载《旅游学刊》,2003 年第 18 卷第 1 期,第 60－63 页。

③ 《南非的世界遗产》,载《世界环境》,2004 年第 6 期,第 36 页。

④ 朱水飞:《动物乐园——纳米比亚埃托沙国家公园散记》,载《当代世界》,2003 年第 2 期,第 41 页。

第七编　相知无远近　万里尚为邻

—— 中非关系的历史演进

第一章

古代和近代的中非交往

　　中非关系源远流长①,至今已有两千多年的历史。1933 年,河南洛阳出土了公元前三、四世纪埃及亚历山大里亚(Alexandria)的玻璃珠和玻璃瓶②,证明最晚至战国末期,中国和非洲已经有了某种形式上的物资来往。贸易往来是古代中非交往的主要内容,并经历了一个从间接贸易到直接贸易的过程。而随着贸易的进行,从唐代开始,中非之间也开始有了使节往来,逐步建立了官方关系。中非人员来往也从古代个别的游历者,发展到了近现代大规模的人员来往。在这种密切的交往中,中非人民逐渐增进了彼此的了解,并在了解中不断加深友谊,推动了中非友好关系的发展。

第一节　中非之间最初的交往和
间接贸易时期:两汉至唐

　　中国和埃及从汉代开始已有所交往。张骞通西域后,曾派副使甘英出使安息等地。而安息国也遣使回访,并"献大鸟卵及黎轩善眩人于汉"③。"黎轩善眩人"经考证,是来自亚历山大里亚的杂技师④,也是有史可考的第一个到达中国的非洲人。

　　丝绸是沟通中国—埃及之间的最初桥梁。丝绸之路开通后,中国的丝织品开始大量出口。其中,部分丝织品经中亚和印度的中转,最终运送到了埃及。公元前 1 世

---

　　① 对于中非关系的开始,学界一直存在着争论,主要有春秋战国、汉代等说法:陆庭恩等人认为两汉时期中国与埃及等已经开始了间接贸易;张象认为波斯帝国兴起后,中国和埃及可能通过大夏开展了间接贸易,因此主张将开端定为前六世纪;而沈福伟则从古籍中火浣布、绿宝石等记载入手,也认为开始于公元前六世纪。参见陆庭恩:《非洲问题研究》,世界知识出版社,2000 年;张象:《古代非洲研究的几个问题》,载《西亚非洲》,1993 年第 5 期;沈福伟:《中国与非洲——中非关系二千年》,中华书局,1990 年,第 11 - 18 页。
　　② 田明:《汉代中国与托勒密埃及的点滴交往》,载《内蒙古民族大学学报》,2004 年第 6 期。
　　③ 司马迁:《史记·大宛列传》,北京:中华书局,2000 年。
　　④ "黎轩"所在何处一直存在着争论。近年来,学者通过音译、居延汉简中对于黎轩人的描述认为《史记》中的黎轩既是埃及的亚历山大里亚。而魔术也正是托勒密王朝时期亚历山大里亚著名技艺。

纪,丝绸已经在埃及流行起来,相传克里奥佩特拉七世(Cleopatra Ⅶ)曾穿中国丝绸出席宴会,而埃及也通过丝绸对中国有了初步的了解。1 世纪中叶,一位旅居埃及的希腊商人撰写了《厄立特里亚海航行记》一书①,提到东方的"秦尼"盛产丝织品,并叙述了丝织品经由大夏转运到印度的路线。② 而同时期埃及地理学家托勒密(Ptolemy)的《地理志》中,将中国错分为"秦尼"和"塞理斯"两国,并认为埃及有通向这里的商道。

罗马帝国自公元前 1 世纪兴起后,试图与中国进行直接外交接触,以扩大贸易往来,罗马治下的埃及便成了两者之间的中转站。《后汉书》中记载的公元 166 年大秦安敦王使者即是从埃及的红海港口乘船至中国。③ 随着贸易往来的逐渐增多,中国对埃及也开始有所了解。鱼豢的《魏略》写于公元 3 世纪,其中在《西戎传》条下有对当时大秦(罗马帝国)的描述。该书详细介绍了大秦的重要城市——海西"迟散城"的地理位置和概况,而"迟散"即为亚历山大里亚的异译。④ 在书中列举的大秦属国中,泽散、于罗、贤督等经考证也是当时非洲的城市。⑤ 此外,《西戎传》中也列举了 60多种大秦物产,其中的玉石、火浣布、玻璃即出自埃及等地。

公元纪年前后的中国—埃及贸易中,绿宝石、毛织物、玻璃制品通过印度的陆上中转输入到了中国,其中玻璃是重要的输出品。3 世纪初,埃及的玻璃制法曾传入广州和交州,这在葛洪《抱朴子·内篇》中有所记载⑥,但此后此法由于销路等原因逐渐失传。

在非洲之角,3 世纪以来,随着阿克苏姆(Aksum)王国的兴盛,阿杜利(Adulis)成为了红海沿岸重要的贸易输出港口。东非所产的香药、象牙、犀角以及宝石等物品自阿杜利输入到了中国,开始了中国与东非之间的贸易往来。然而,4 世纪中叶后,中国陷入南北朝的动乱之中;而在非洲,则是罗马帝国的衰亡以及阿克苏姆王国的衰落时期,因此中国与非洲的交往陷入低潮。

到了 6 世纪,随着中国统一稳定局面的重新建立,尤其是唐王朝的兴起和对外交往的加强,为中非贸易的恢复提供了条件。7 世纪后,阿拉伯帝国兴起并将势力扩展

---

① 也有人认为是亚历山大里亚的商人,见张铁生:《中非交通史初探》,北京:生活·读书·新知三联书店,1965 年,第 76 页。

② W.H. Schoff: *The periplus of the Erythraean Sea*, New York, 1912, p.64. 转引自沈福伟:《中国与非洲——中非交往二千年》,北京:中华书局,1990 年,第 61 页。

③ 沈福伟:《中国与非洲——中非交往二千年》,北京:中华书局,1990 年,第 76 - 77 页。

④ 全称为"乌迟散丹"(a-idei-san-tan),即亚历山大里亚。余太山:《魏略·西戎传.要注》,载《中国边疆史地》,2006 年第 2 期。

⑤ 沈福伟:《中国与非洲——中非交往二千年》,北京:中华书局,1990 年,第 87 - 91 页。沈福伟认为泽散为阿杜利(余太山注中作"亚历山大"),氾复为希拉波利城,于罗为海诺科拉。

⑥ 沈福伟:《中国与非洲——中非交往二千年》,北京:中华书局,1990 年,第 170 页。

至北非和中亚,也成为了中国和非洲之间交往的重要媒介。而此时航海技术的发展也有助于中国与非洲之间交往。

　　唐代中国到非洲的线路主要分为海陆两条,记载在贾耽的《古今郡国县道四夷述》①一书中。陆上线路收录在"安西入西域道"条下,是从安西到中亚怛逻斯(Talas)的路线;而自怛逻斯又可以通过伊朗进入两河流域,进而沿着二三世纪已开辟的道路到达北非。而海上道路则收入"广州通海夷道"中,以波斯湾为界分为两段:前一段从广州沿越南南下,经马六甲海峡到达印度,进而沿印度西海岸到达波斯湾;后一段从波斯湾沿阿拉伯半岛南部航行,进而到达东非海岸。这条航线利用了印度洋上的季风,节省了贸易的时间和成本。其中,后一段航程的终点是位于大海之西、属大食国的"三兰"地区,在东非沿岸的桑给巴尔地区[(Zanzibar),指索马里以南至索法拉(Sofala)的沿海地区,意为"黑人的土地"]。② 这说明唐代已有中国船只航行到了非洲东海岸③,实现了中非直接交往。

　　随着陆上和海上交通的发展,中国与非洲从唐代起开始有了官方交往。《唐会要》卷九十八中曾记载贞观二年(628)十月殊奈遣使来朝。殊奈在亚丁湾附近,为东非桑给人居住的国家。④ 殊奈使者自海路来华,标志着唐代中非交通的重开和中非官方交往的开始。此外,《唐会要》、《新唐书》、《资治通鉴》均记载了贞观十年(636),位于大海之南的甘棠同疏勒等国一同来朝。甘棠即是马苏第(Masudi)在《黄金草原》中记述的甘巴罗岛,在今天的奔巴岛(Pemba Island)或桑给巴尔岛⑤,是中国当时所知的一个最西的昆仑国家。

　　在非洲使者来到中国的同时,中国人也在唐代到达了非洲。唐人杜环在怛逻斯之战(751年)中被俘后来到大食,并在751—762年间游历了大食治下的西亚北非部分国家。回国后,杜环将其经历写成《经行记》一书(现已亡佚,部分内容散见于《通典》),有对北非大秦和摩邻两国的描写,是第一个到达非洲并留下文字记载的中国人。"大秦"即唐对埃及地区的称呼。杜环在《经行记》中称赞了"大秦"医生高明的医术:"其大秦,善医眼及痢,或未病先见,或开脑出虫。"⑥《经行记》中提到的"大食摩

　　① 成书于德宗时期,部分收入《新唐书》卷四十三《地理志》中。
　　② 对于三兰国的位置,张星烺认为在非洲东海岸,岑仲勉认为是达累斯萨拉姆,陈公元、沈福伟认为在红海沿岸的泽拉,而许永璋根据对音、航程风俗等方面考订,认为三兰在古桑给巴尔。见许永璋:《三兰国考》,载《西亚非洲》,1992年第1期。
　　③ 东非沿岸大量唐瓷的出土也说明当时中国航船可能已到了东非。见马文宽、孟凡人:《中国古瓷在非洲的发现》,北京:紫禁城出版社,1987年,第93-97页。
　　④ 沈福伟:《中国与非洲——中非交往二千年》,北京:中华书局,1990年,第213-214页。
　　⑤ 沈福伟:《中国与非洲——中非交往二千年》,北京:中华书局,1990年,第223-224页。
　　⑥ 杜佑:《通典·边防典·大秦条》,北京:中华书局,1984年。

邻国"则在北非马格里布地区(Maghrib)①,显然唐代中国对北非的其他地区也有所了解。

埃及是唐代中国在非洲的主要贸易对象,中国自埃及输入的物品仍是绿宝石、玻璃、毛织物等物。丝织品是中国出口至埃及的重要物品;但自中唐以来中国陶瓷大量出口后,陶瓷也成为了中埃间贸易的大宗物品。开罗南郊福斯塔特(Fustat)古城出土的大量陶片中,有许多是唐代的青瓷、白瓷和三彩,仅唐代越窑的青瓷片就达600多片。② 中国的陶瓷制法也在唐代传入了埃及,在阿赫默德·本·杜伦(Ahmad ibn Tulun)(868—905)执政时期,埃及已经开始模仿中国自制陶器。③ 而通过阿拉伯人的中转,造纸术在唐后期也传入了埃及等地。随后中国纸逐渐取代了当地的苇纸,成为埃及主要的书写用纸。

赖于航海技术的进步,中国商船在唐代已能航行到东非地区;而阿拉伯商船这时也在中国与东非之间频繁来往,东非与中国交往也由此有所加强。段成式的《酉阳杂俎》一书成书于9世纪中叶,对东非部分国家的风俗物产及与中国之间的贸易有所记述。索马里是《酉阳杂俎》着重介绍的地区。书中将索马里北部称为"拔拔力国",并详细介绍了当地的政治、经济、物产和风俗,而且特别提到该国出产阿末香(即龙涎香)和象牙。象牙和香料也正是非洲之角出口到中国的重要物品。自唐以来,随着象牙需求的加大,中国逐渐成为象牙的重要输入国。而非洲象牙大且纹理细密,适于雕刻,是中国重要的进口对象。由于象牙贸易的繁盛,索马里泽拉(Seylac)和摩加迪沙(Mogadishu)成了当时非洲的最大输出港。④ 此外,索马里海岸也是乳香、没药、血竭和龙涎香等香药的重要产地,唐代进口的此类香药多来自于此。除了索马里北部外,《酉阳杂俎》中也提到了孝亿和仍建两国,经考证分别在索马里南部和肯尼亚北部沿海。⑤

唐代中国与东非交往的一个特殊方面是东非黑人的来华。唐代小说和史料中多次提到王侯家蓄养的黑奴,如《太平广记·昆仑奴传》;当时的壁画、石窟中也塑造了许多黑人形象。黑人奴隶在唐代被称作"昆仑奴",善于潜水,主要由大食和南洋商人贩卖而来。阿拉伯帝国势力扩展至东非后,曾将大量东非黑人掳去作为奴隶,并将一部分黑奴当做商品输入到中国,这是昆仑奴的来源之一。⑥ 不过,唐代文献记

---

① 艾周昌、沐涛:《中非关系史》,上海:华东师范大学出版社,1995年,第44页。
② 童光侠:《宋元以前的陶瓷输出与世界文化交流》,载《景德镇高专学报》第3期,2003年。
③ 沈福伟:《中国与非洲——中非交往二千年》,北京:中华书局,1990年,第203页。
④ 沈福伟:《中国与非洲——中非交往二千年》,北京:中华书局,1990年,第324页。
⑤ 沈福伟:《中国与非洲——中非交往二千年》,北京:中华书局,1990年,第234-236页。
⑥ 李季平:《唐代昆仑奴考》,载中国唐史研究会编《唐史研究会论文集》,西安:陕西人民出版社,1980年。

载中的昆仑奴多身材矮小,信奉佛教,大多来自于东南亚等地。非洲黑人仅占昆仑奴的一小部分,只有部分被称作是"僧祇"(即桑给的异译)的昆仑奴是来自东非的。

唐代兴盛的中非贸易和频繁的人员往来构成了中非关系史上的高潮。然而,从9世纪开始,阿拉伯帝国陷入了分裂和混乱之中,无法继续承担贸易中间商的角色;中国在五代十国的动荡时期也无暇进行对外交往和贸易,中非交往再度陷入低潮。[①]

第二节　使节和贸易往来的繁盛时期:两宋至元

宋元时期中国海外贸易有了飞速发展,中非之间也在贸易频繁往来的基础上进一步加深了关系。而元帝国势力扩展到阿拉伯地区后,也从地域上与非洲更加靠近。此外,10世纪开始,阿拉伯人开始大量移民到东非从事贸易活动,促进了东非沿海地区的开发。阿拉伯人在东非建立的商站和城邦,便成了中国在非洲官方交往和贸易的重要对象。

宋元时期中非使节来往有所加强,而埃及是来往最为密切的地区。宋元时期,埃及先后处于法蒂玛王朝(Fatimiyyah)、艾优卜王朝(Ayyubiyya)和马木鲁克(Mamluk)王朝的统治之下,是当时中东的中心。法蒂玛王朝控制阿拉伯世界后,中国史籍中所称的大食多指法蒂玛王朝。《宋会要》记载中,1008、1011、1018、1073年的四次大食使者都是自埃及的杜米亚特港派出。1008年也是中国与法蒂玛王朝正式建交的一年,宋朝向法蒂玛哈里发哈基姆(Hakim)赠送了礼品,并表示极大地敬意。[②] 马木鲁克王朝在1250年建立后,试图与蒙古大汗取得联系,以抵御伊利汗国。而元帝国此时也想通过加强与埃及等非洲国家的官方交往,获取更大的贸易利益。埃及在《元史》中被称作阿鲁乾伯国,1282年元派使者阿耽出使阿鲁乾伯国,并带去丝绸等礼品。此后,双方之间使节来往频繁。

由于香料贸易的繁盛,索马里地区与中国继续有着官方往来。索马里在宋代官方记载中被称作三麻兰,《宋会要》中曾记载大中祥符四年(1011),"三麻兰国舶主聚兰"曾至开封朝贺,并献上等乳香等物。[③] 元代索马里也与中国有着使节来往,1285年马答(摩加迪沙)曾派使者到大都觐见忽必烈。

肯尼亚地区自宋开始与中国有了官方交往。庞元英曾在《文昌杂录》中提到来

---

① 张象:《古代中非关系研究中的几个问题》,载《西亚非洲》,1993年第5期。

② 沈福伟:《中国与非洲——中非交往二千年》,北京:中华书局,1990年,第253页。

③ 徐松:《宋会要辑稿·蕃夷七·历代朝贡编》,北京:中华书局,1957年。

自南海大食、"目深体黑"的"俞卢和地国"使者。俞卢和地国即是肯尼亚沿海的基卢普和格迪(即基卢普-格迪,Kilpwa-Gedi),具体位置在今马林迪附近。[①] 在元代,肯尼亚沿海被称为"黑暗回回",1286年印度洋十国来华时,就包括来自"黑暗回回"的马兰丹(即马林迪,Malindi)和那旺(肯尼亚北部沿海地区)使者。

中国与东非交往的又一重要地区是桑给巴尔。《宋史·外国传》中曾提到位于南海旁的"层檀国"。层檀历史悠久,物产丰饶,主要出产犀、象、木香、血竭、没药、鹏砂、阿魏、熏陆、真珠、珠璃[②]等,这些都是中国在非洲的重要进口物。而层檀,即是贾耽笔下的"三兰",在东非沿海的桑给巴尔地区。[③] 据《宋史》及《宋会要》中记载,层檀国曾于熙宁四年、元丰四年[④]、元丰六年三次遣使来华,并进献乳香、玻璃、龙涎香等物;北宋政府也赐使者层伽尼"保将顺郎"的称号。[⑤] 元代桑给巴尔地区被称作"蘸八",曾于大德四年(1300)和爪哇等国的使者一同到北京进谒元成宗。

贸易往来是宋元时期中非关系的重要内容。宋朝国力贫弱,因此自开国初期即鼓励海外贸易以增加财政收入。元代承接两宋,继续奖励海外贸易。此外,元政府也在1285—1322年间推行官本船制度,与民间资本争夺海外贸易的利益。中非贸易在这种背景下逐渐恢复兴盛起来。此外,造船业的发达也为海外贸易的发展起了推动作用。宋太宗时仅官造漕船就达3300多艘;到哲宗时,温州、明州每年已能造海船600艘。在技术和规模上,中国海船船体大,抗风能力较强,且使用指南针导航[⑥],处于世界领先水平,推动了远洋贸易的进行。

阿拉伯商人在宋元时期仍是中非贸易的重要中间商。尽管在航海技术上已处于世界领先水平,但大部分中国船只行驶至印度南部后即返航,而由阿拉伯人将货物转运到非洲。但也有部分中国船只直航非洲进行贸易,打破了阿拉伯人的贸易垄断。中非航线也随着双方贸易进行而发展起来。

宋王朝偏居东南,无法通过陆上与非洲进行贸易,海上丝绸之路便成了中国通向非洲的主要途径。宋代到非洲的商船一般是从广州或泉州出发,沿着传统的南海航线,先到达苏门答腊岛北端的蓝里(即亚齐Aceh),再前往非洲。主要航线从蓝里开始大致分为以下三条:一条是从蓝里出发,到达印度南部的奎隆(Kollam),并沿海

---

① 沈福伟:《中国与非洲——中非交往二千年》,北京:中华书局,1990年,第275-277页。

② 脱脱等:《宋史》,北京:中华书局,1977年,卷180,《食货志》下二;卷490,《外国六·层檀国传》。

③ 许永璋:《层檀国试探》,载《世界历史》,1993年第5期。

④ 这次访华《宋史》中没有记载,很多学者也将此次访华与元丰六年的访华认为是同一次。许永璋认为,层檀国使者是在元丰四年访华回国后,于元丰六年再次来华。许永璋:《关于层檀国使者访华次数问题》,载《海交史研究》,1994年第2期。

⑤ 徐松:《蕃夷七·历代朝贡篇》,载《宋会要辑稿》,北京:中华书局,1957年;脱脱等:《外国六·层檀国传》,载《宋史》,卷490,北京:中华书局,1977年。

⑥ 许永璋:《宋代中国对非贸易探讨》,载《黄河科技大学学报》,2011年第2期。

岸线航行到阿拉伯半岛,再到达北非;也可以从奎隆越印度洋,直达阿拉伯半岛,然后经过亚丁(Aden)穿越红海,到达埃及,或是自亚丁直接南下到达东非沿岸。第二条航线是从蓝里出发到马尔代夫群岛,然后横渡印度洋,到达亚丁,进而渡红海前往勿斯里(即埃及)。第三条航线是从蓝里出发,经过马尔代夫,穿越印度洋直航东非海岸的摩加迪沙,并南下到桑给巴尔。[①] 第三条航线是宋代新开辟的航线,利用了印度洋上的季风来横渡大洋,又被称为摩加迪沙航线,这也是元代中国到非洲的主要航线。

元代在摩加迪沙航线上有所扩展。船只到达摩加迪沙后,可以北上到达吉达港,进而通往埃及等地;或是南下到达索法拉地区的新兴港口基尔瓦(Kilwa),而基尔瓦也是元代中国所知的非洲最南地区。此外,元代又开辟了一条新的印度洋航线,这在汪大渊的《岛夷志略》中有所记载:这条航线是自苏门答腊北部出发,经斯里兰卡横渡印度洋,到达肯尼亚沿岸的格迪古城。[②] 尽管元代推行官本贸易,屡禁商人私自出海,然而印度洋上仍有相当数量的中国商船前往亚丁湾和东非沿海经商。而1322年,阿拉伯半岛吉达(Jiddan)与中国通使后,元朝海禁正式撤销,私人出海完全合法化,这两条印度洋航线也因此更加繁盛起来。中国和非洲海上交通见图7-1-1。

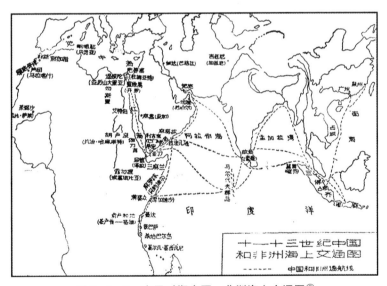

图7-1-1　宋元时期中国—非洲海上交通图[③]

---

① 许永璋:《宋代中国对非贸易探讨》,载《黄河科技大学学报》,2011年第2期。

② 沈福伟:《十四至十五世纪中国帆船的非洲航程》,载《历史研究》,2005年第6期;沈福伟:《中国与非洲——中非交往二千年》,北京:中华书局,1990年,第365—369页。

③ 沈福伟:《中国与非洲——中非交往二千年》,北京:中华书局,1990年,第596页。

宋元时期中国从非洲进口的有香料、象牙、犀角、绿宝石、珊瑚等物品,其中象牙和香料是主要进口品。中国从北宋开始,大量进口香料用于医学和日常生活,仅1077 年广州一地就进口乳香 348637 斤。[①]而索马里地区是中国所需的乳香、没药、血竭、龙涎香等香药的主产地。索马里出口到中国的香料一般先集中在阿拉伯半岛的佐法尔(Dhofar)或亚丁,再由华船运回广州;或是由阿拉伯船送往苏门答腊,进而转运来华。

象牙是中世纪中国和非洲经济往来中的重要商品。宋代官员多佩象牙笏、带,使得象牙的进口从 12 世纪开始急速增长,而非洲是当时中国象牙的主要来源。宋赵汝适《诸蕃志》曾对非洲人捕象的景象做了生动的描写,并指出"象牙……大食诸国惟麻啰抹(即索马里贝纳迪尔地区,Banadir)最多"。由于象牙贸易繁盛,泽拉和摩加迪沙了成了当时非洲重要的外贸港口,而北宋时期的中国也是索马里象牙最大的主顾。而后,象牙贸易随着东非海上交通的开发,逐步向南扩展。坦桑尼亚南部和索法拉(Sofala)等地由于阿拉伯人的大量迁入,也成了象牙的重要输出地,作为中间商的阿拉伯人也因非洲象牙贸易保持了对华贸易的有利地位。[②]

宋元时期中国出口到非洲的物品主要是丝绸和瓷器。10 世纪以后,瓷器跃居中国出口货物的第一位,同时也是出口到非洲的重要物品。埃及是中国瓷器在非洲最大的买主。埃及的福斯塔特遗址是中国瓷器在非洲出土最多的地方,曾出土了宋初的瓷片和元龙泉青瓷、白瓷、青白瓷和早期的青花瓷,以及广东出产的褐釉瓷。[③]埃及的其他港口,如亚历山大里亚、哈伊达姆和艾特伯港也有南宋时期的青瓷出土,而元代的瓷器则主要出土在库塞尔和库斯等沿海港口。中国瓷器大量输入到埃及,也使埃及成了中国瓷器传向欧洲的门户。此外,苏丹、摩洛哥、埃塞俄比亚、索马里、肯尼亚、坦桑尼亚、津巴布韦、马达加斯加等地也有宋元时期的瓷器出土(见图7-1-2)。[④]

宋元时期中非贸易中的一个特殊的现象是钱币的输出,这主要体现在北宋时期。北宋时期对外贸易发展迅速,因此铜钱大量外流。在非洲出土的中国钱币中,以北宋的数量为最多,达 100 余枚,集中出土在东非的索马里、肯尼亚和坦桑尼亚,而尤其以桑给巴尔岛最多。这在一定程度上反映了北宋的铜钱外流现象,也说明了东非在北宋时期与中国有着密切的商业往来和经济联系。此外,东非大量出土北宋钱

① 许永璋:《宋代中国对非贸易探讨》,载《黄河科技大学学报》,2011 年第 2 期。
② 沈福伟:《中国与非洲——中非交往二千年》,北京:中华书局,1990 年,第 325 - 326 页。
③ 童光侠:《宋元以前的陶瓷输出与世界文化交流》,载《景德镇高专学报》,2003 年第 3 期;沈福伟:《中国与非洲——中非交往二千年》,北京:中华书局,1990 年,第 352 页。
④ 马文宽、孟凡人:《中国古瓷在非洲的发现》,北京:紫禁城出版社,1987 年,第 3 - 35 页。

币也为宋船直航东非提供了佐证。唐代中国船只已到达过东非海岸,而中国商船抵达东非进行直接贸易,则开始于北宋时期。由于铜钱是宋代外贸的重要支付方式,宋船到达东非后,与当地居民用铜钱交换商品,因此留下了大量钱币。[1]

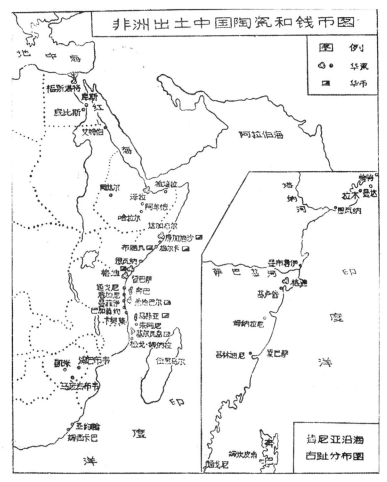

图7-1-2　非洲出土中国陶瓷和钱币分布图[2]

由于官方往来和贸易的繁盛,中国在宋元时期进一步加深了对非洲的了解,主要反映在《岭外代答》、《诸蕃志》和《岛夷志略》三本书中。周去非的《岭外代答》成书于1178年,其中大食诸国数条,收录了包括北非地区在内的一些阿拉伯国家的记述。《岭外代答》称埃及为勿斯离,并指出该地出产甘露、火浣布和珊瑚。《岭外代答》也对非洲的其他地区风俗物产有所记述:如默伽猎(马格里布)、木兰皮(摩洛哥)和昆

①　许永璋:《北宋钱币在非洲的发现及相关问题》,载《中原文物》,1993年第2期。
②　沈福伟:《中国与非洲——中非交往二千年》,北京:中华书局,1990年,第597页。

仑层期(桑给巴尔地区)等。

赵汝适的《诸蕃志》成书于 1125 年,收集了当时中国商人水手出海的回忆以及当时在泉州的外侨的传闻,描述了北非和东非部分地区的风土人情。埃及是《诸蕃志》中重点介绍的国家,被称作"勿斯里",尼罗河每年有两次泛滥。而勿斯里的国都"蜜徐离"(即开罗)在赵汝适笔下也是一个"市肆喧哗"、富丽繁荣的大都会。《诸蕃志》也详细介绍了与中国香料贸易频繁的索马里地区,其中有出产象牙犀角等的"弼琶啰国"(索马里北部)以及"有山与弼琶啰国隔界……出血竭、芦荟……玳瑁、龙涎……乳香"的中理国(索马里的南部沿海)①,和出产象牙的"麻啰抹"(贝纳迪尔地区)。《诸蕃志》列举了中国进口的 47 种外国物品,其中有 22 种产自非洲。

元代中国对非洲的记述主要收于汪大渊的《岛夷志略》一书。1327 年,汪大渊自泉州出发,开始了游历东南亚和印度洋的旅程。其中在第二次航程(1332—1337)中,汪大渊到了北非的埃及摩洛哥等地,后又南下至东非游历索马里、肯尼亚、桑给巴尔等地区②,最南到达基尔瓦港,是为近代以前中国足迹最广的旅行家。汪大渊回国后,将两次旅行的经历写成《岛夷志略》一书,其中就有对北非和东非民俗商业等方面的描述。马木鲁克王朝治下的埃及被称作"马鲁涧",是一个国境广阔、贸易兴盛的大国;特番里(杜米亚特港)所在的尼罗河三角洲物产丰饶,有"乐土"的美称。③而汪大渊的非洲终点、东非重要的港口基尔瓦,在他笔下是一个环境优美、贸易兴盛的城市。此外,汪大渊也对地处"极西"的丹吉尔(在摩洛哥),索马里的哩咖塔(索马里的纳卡塔)、班达里(贝纳迪尔),肯尼亚的层摇罗(马林迪)、千里马(格迪)、曼陀郎(姆纳拉尼,Munalani)、加里那(基林迪尼,Kilindini)等地的物产风俗进行了介绍。

在汪大渊访问非洲的同时,摩洛哥的著名旅行家伊本·白图泰(Ibn Battuta)也开始了他游历世界的行程。白图泰在 1346 年 6 月至 12 月间在中国游历,到达过南方的广州泉州等地。在他的笔下,中国是一个物产丰饶、航运发达、法制严明的国度。④ 随着双方游历者的增多,中国也加深了对非洲地理知识的了解。在元代学者朱思本绘制的非洲地图中,整个非洲呈倒三角形,尖端直指南方,是当时世界上最为精确的非洲地图。

中非文化交流在宋元时期也十分频繁,火药和火器即是在这一时期传入埃及的。10 世纪左右,硝从阿拉伯地区传入埃及,称作"中国雪",被用于医学和玻璃制作中。12 世纪下半叶,焰硝(巴鲁德)传入艾优卜王朝治下的埃及。蒙古入侵中东地区时,蒙古大军的火器在战场上发挥了很大威力,促使埃及等国开始仿造火器。14 世

---

① 沈福伟:《中国与非洲——中非交往二千年》,北京:中华书局,1990 年,第 269 页。
② 许永璋:《汪大渊生平考辨三题》,载《海交史研究》,1997 年第 2 期。
③ 沈福伟:《中国与非洲——中非交往二千年》,北京:中华书局,1990 年,第 395 – 397 页。
④ 许永璋:《伊本·白图泰访华若干问题探讨》,载《黄河科技大学学报》,2003 年第 2 期。

纪上半叶,马木鲁克王朝已经开始在战场上使用火器(马达发)。而后火器自埃及传向埃塞俄比亚和北非,又通过摩洛哥与欧洲人的战争中传入了欧洲。[①] 罗盘也在 12 世纪前后传入了埃及,并应用于航海上。

埃及在元代传入中国的技术有制糖法和天文算学。唐代,中国从印度学习了熬糖法制糖,但白砂糖仍需大量进口。到了元代,随着食糖需求量的增加,南方甘蔗产地开始试图自制蔗糖。13 世纪,福建产蔗区在开罗技师的指导下取得了熬制上等白糖的经验,这对于提高产蔗区白砂糖的产量有着深远的意义。[②] 此外,埃及的天文历法水平在中世纪一直处于领先地位。埃及的天文算学在元代了传入中国,推动了郭守敬等人对中国历法的改进。

第三节　中非古代交往的高潮:郑和下西洋

洪武初年,出于巩固国内政治的需要,明朝实行了消极的海禁政策,此时中非之间的贸易只能通过走私活动来进行。明成祖掌权后,随着政治的稳定和经济的发展,明朝的对外政策开始发生改变。明朝开始主动开展对外交往,并积极推行官方贸易,其中标志性的事件即为郑和下西洋。

1405 年郑和率领庞大的宝船队从太仓刘家港出发,开始了在印度洋的远航。至 1433 年最后一次出航返回刘家港为止,共计有 7 次出海,航线遍布南海和印度洋沿岸地区,是中国古代史上最伟大的航海活动。其中,从第三次远航开始,郑和船队每次出航都对非洲地区进行了访问。

郑和第三次下西洋自 1409 年 12 月起航,到 1411 年 6 月返回中国,到访了东南亚、南亚和西亚的沿海地区,其中部将侯显率领的宝船分遣队访问了东非的沿岸港口木骨都束(摩加迪沙)、竹巴(朱巴,Juba)和布剌瓦(布腊瓦,Brava)。第四次下西洋(1413.12—1415.7)期间,宝船队到达埃及沿海港口,并再度访问东非摩加迪沙等地。第五次航行(1417.12—1419.7)时,郑和奉命送科泽科特、马尔代夫、摩加迪沙、布腊瓦等国的使节回国,再次来到东非。第六次出航中(1421.2—1422.8),郑和奉命送印度洋 16 国使节回国,其中一支分遣队到达摩加迪沙和布腊瓦。第七次远航(1421. 12—1433.7)是在宣德年间出访,船队再次到达了东非沿海的摩加迪沙、布腊瓦和朱巴[③]。

---

① 沈福伟:《中国与非洲——中非交往二千年》,北京:中华书局,1990 年,第 532 - 538 页。

② 沈福伟:《中国与非洲——中非交往二千年》,北京:中华书局,1990 年,第 355 页。

③ 沈福伟:《中国与非洲——中非交往二千年》,北京:中华书局,1990 年,第 454 - 455 页。

在这四次出访中,船队的航线基本延续了传统的摩加迪沙航线,是自印度南部的奎隆或马尔代夫群岛横渡印度洋抵达摩加迪沙,进而南下或是北上。这条季风航线也是明代中非之间的主航线。此外,明代也有沿近海航行,自阿拉伯半岛到达东北非的航线。季风是宝船远航的主要动力,由于桑给巴尔岛以南的东非沿海季风较弱,因此宝船主船队到达布腊瓦后即开始返航,只有分遣队的部分船只到达蒙巴萨等地。郑和下西洋航线,见图7-1-3。

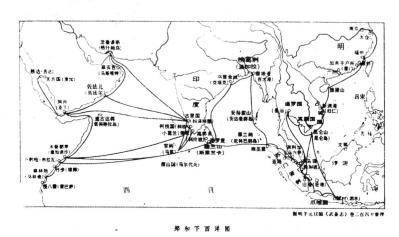

郑 和 下 西 洋 图

图7-1-3 郑和下西洋航线图①

郑和宝船队对非洲的访问大大推动了中非政治关系的发展。宝船到达非洲后,吸引了大批使节随船回访或单独遣使来华。据《明实录》记载,郑和第四次下西洋后,东非沿海的麻林(马林迪)于1415年遣使回访,并进献长颈鹿等珍稀动物。长颈鹿与中国传说中的麒麟长相相似,被认为是祥瑞之兆,在当时引起了很大轰动。1416年,麻林、摩加迪沙、布腊瓦和印度洋其他国家的使者一同到中国朝觐,并进献香料、象牙等特产。此后,摩加迪沙和布腊瓦也于1419、1421、1423年再次遣使来华,频繁的使节来往书写了古代中非交往的华章。而中非也自此从以民间交往为主,上升到定期的官方往来。

郑和宝船的出访也推动了明代中国与非洲的贸易。扩大贸易是宝船出访非洲的重要目的,宝船队用所带的物资与沿岸居民进行物品交换,有金银、色缎、檀香、米谷、瓷器、色绢等物品。② 其中瓷器是最受欢迎的物品,船队沿途进行陶瓷贸易的市场达数十处之多。③ 通过郑和船队的介绍,瓷器成了东非和北非沿海地区的重要生活用品。永乐、宣德和成化年间中国瓷器继续大量向非洲出口。福斯塔特遗址有许

① 沈福伟:《中国与非洲——中非交往二千年》,北京:中华书局,1990年,第599页。
② 李安山:《论郑和远航在中非关系史上的意义》,载《东南亚研究》,2005年第2期。
③ 童光侠:《明清时期的陶瓷输出与世界文化交流》,载《景德镇高专学报》,2004年第1期。

多永乐、宣德年间的瓷片出土,而东非沿海的主要贸易港口也出土了大量明代瓷器。那时摩加迪沙居民大量使用中国瓷器用作日用器皿,是东非出土瓷片最丰富的地区;而肯尼亚的格迪在15世纪达到对外贸易的鼎盛时期,也有青花瓷碗等物品出土。此外,宝船队到达东非后,也从非洲当地直接换取中国所需的黄金、象牙、香料等物品。这种直接贸易降低了产品进价,并大大增加了中国进口数量,间接推动了整个印度洋贸易的进行。由此,宝船队以规模宏大的官方贸易,在东非各地的对外贸易中取得了优势地位。[①]

郑和船队出访非洲也增进了中非之间的了解,开阔了中国人的眼界。随船的费信、马欢和巩珍等人回国后,分别写下了《星槎胜览》、《瀛涯胜览》和《西洋番国志》等书,对索马里、肯尼亚等地的航程、风土、物产和制度、文化做了记录,是研究当时非洲沿海政治经济等方面的重要资料。在非洲使节进献的新奇物品中,有些是当地特有的动物,如"驼鸡"(鸵鸟)、花福鹿(斑马)、麒麟(长颈鹿)、马哈兽(大羚羊)等[②],也开阔了当时中国人的眼界。此外,航海经历的增多使得中国对于印度洋西岸的航海知识也得到了进一步的积累,这在《郑和航海图》对非洲沿海的详细记录中可以反映出来。

1433年郑和结束第七次远航回到中国,下西洋至此结束。郑和七次下西洋虽然在中外关系史上意义深远、影响巨大,但也耗费了明王朝大量的国力。由于中国从此类活动中获取的实际经济利益很少,使得后世因此缺乏继续进行远航的动力。此后,古代中国再也没有进行如此大规模的远洋航行。而使节往来也逐渐稀少,1441年埃及使者从陆路入华,是中国古代史上与非洲的最后一次官方交往。

16世纪后,随着新航路的开辟,西方殖民者控制了传统印度洋商路的沿岸地区,对贸易和航路形成了垄断。而中国也从明朝后期开始实行海禁,中非之间交往逐渐萎缩。但是,双方之间的交往并没有因此中断,而是由殖民者作为中间商进行间接贸易。从16世纪起,已有一些东非黑人被葡萄牙人带至澳门,东南亚华人也在这一时期来到了非洲。中国的瓷器出口也没有停止,而是由西方人转运到了非洲,这可以从东非等地出土的清前期瓷器中得到证明。然而,中非之间的直接交往自此基本绝迹。直到近代民族国家兴起后,中非之间才开始了交往的新篇章。

---

① 沈福伟:《中国与非洲——中非交往二千年》,北京:中华书局,1990年,第454-455页。
② 张箭:《下西洋与非洲动物的引进》,载《西亚非洲》,2005年第2期。

第四节　近代民族国家建立中的
中非交往：晚清至民国

1840 年鸦片战争爆发,中国历史进入了近代史阶段。与此同时,非洲的大部分地区也处于殖民统治之下,无法与中国直接交往。中非之间只能通过中国与欧洲殖民当局的交往来进行。中非关系的性质也因此发生了变化,进入了近代交往的时期。

中国和非洲在晚清建立了近代外交关系,官方关系有所发展。1885 年刚果自由邦成立,刚果外交大臣随即照会中国要求建立外交关系。此后,清政府正式承认刚果的独立,并订立简明条约两条,建立了事实上的外交关系。1898 年,中刚签订了《刚果专约》,便利了刚果招募华工修建铁路。刚果与中国在晚清的外交关系一直延续到 1908 年比利时政府正式接管刚果为止,持续了 23 年。①

1904 年,中英两国签订有关南非招募华工的《保工章程》。该章程规定清政府有权向南非派驻领事,以处理华工问题。为此,清外交部在 1905 年设立了南非领事馆,并任命刘玉麟为领事,是中国在非洲正式建立近代外交关系的开始。刘玉麟于 1905 年 3 月到任后,即开始与英方和南非矿务当局谈判,着手解决华工权益问题,在一定程度上维护了华工的权益。刘玉麟也积极联合南非当地华侨,筹建南非中华总会馆,促进了南非华侨社区的发展。② 此外,在刘玉麟的建议下,清政府于 1905 年委派德商费里士窝傅为驻葡属莫桑比克的副领事,以解决当地华侨问题,这是中国与莫桑比克建立近代外交关系的开始。③

民国时期,中国与非洲也有一定的外交接触。1928 年南京民国政府成立后,外交活动十分活跃。阿尔及利亚、毛里求斯、马达加斯加与中国在民国时期开始建立了领事级外交关系。而随着埃及的独立,南京民国政府也从 1928 年开始与埃及磋商建交问题。1935 年,中埃双方建立了领事级外交关系。1942 年,中国与埃及的外交关系上升到公使级外交关系,并任命了驻埃及公使。中国与埃及建立正式外交关系后,中国得以于 1943 年与美英共同在埃及召开开罗会议,推动了世界反法西斯战争的胜利。

在官方交往频繁的同时,同为殖民地和半殖民地的非洲国家和中国也对对方的民族解放运动予以同情和支持。1908 年摩洛哥反抗法国入侵运动进入高潮时,孙中

① 沈福伟:《中国与非洲——中非交往二千年》,北京:中华书局,1990 年,第 501 页。
② 王颖丽、孙红旗、张文德:《刘玉麟与晚清侨务在南非的发展》,载《潍坊教育学院学报》,2007 年第 1 期。
③ 艾周昌:《近代时期的中国与非洲》,载《西亚非洲》,1984 年第 1 期。

山曾高度赞扬摩洛哥人民的英勇精神。[1] 中国人民对埃及人民争取独立的华夫脱革命予以热情声援,而埃及 1922 年的独立也鼓舞了中国国内的民主运动。

第二次世界大战中,中国和非洲也相互支持。抗日战争爆发后,埃及曾举行了声援中国抗日战争的集会。埃及国王在接见中国公使时,对中国人民的抗日斗争精神"极表钦佩"。在南非,约翰内斯堡市民组织了"南非非洲人援华会",并举办了几次"援华周"活动,筹集款项支援中国人民的斗争。[2]

1935 年意大利入侵阿比西尼亚(埃塞俄比亚)后,中国各界对阿比西尼亚人民不屈的斗争予以了广泛声援。中国红军在长征途中即发表《致亚国国民信》,支持阿比西尼亚人民的抗争。国内期刊报纸也大量刊登埃塞俄比亚军民英勇抗敌的消息,并抨击意大利法西斯罪行。在国联出台对意大利经济制裁的决议后,国民政府也于 1935 年 12 月颁布"对意制裁办法",实行对意大利的禁运,在外交上支持了埃塞俄比亚人民的斗争。抗意斗争进入游击战后,处于抗战相持阶段的中国军民从埃塞俄比亚人民的斗争中吸取了经验教训,坚定了抗战必胜的决心。最终中国人民与埃塞俄比亚人民一道,共同赢得了世界反法西斯战争的胜利。[3]

中非贸易在近代也有所发展。由于海上交通线被殖民者垄断,中非贸易主要通过间接贸易来完成,并附属于欧洲宗主国与中国之间的贸易。大英帝国是近代中国的主要贸易对象,而非洲的英属殖民地与中国也因此有着密切的贸易关系,双方之间的贸易仍主要是传统的丝绸、香料等初级产品。19 世纪末苏伊士运河开通后,中非之间的交通更加便利,而贸易的规模和种类因此也有所扩大,茶叶成为了近代中非之间的重要贸易物品。20 世纪初,中国茶叶陆续丧失了英美俄三大主体市场,转而向北非出口大量茶叶以弥补损失。1924—1933 年,中国向北非年输入茶叶均在 10 万担以上。到了 30 年代后期,中国茶已占北非茶叶销量的 40% 左右。北非也成为了中国茶叶在 20 世纪 20 年代末到 30 年代末之间最大的销售地。抗日战争结束后,北非市场的茶叶销量也有所回升,每年自中国仍进口茶叶 10 万余担。[4]

华工输出和华侨移民是近代中非交往的重要内容。早在 17 世纪,已经有部分华工来到非洲。南非是输入华工最早和人数最多的地区。荷兰东印度公司建立开普殖民地后,需要大量劳动力从事种植园劳动,便将荷属印尼等地的犯人流放到南非,其中包括少量华人。而非洲的其他荷属殖民地,如毛里求斯等,也有少数类似的华

① 艾周昌:《近代时期的中国与非洲》,载《西亚非洲》,1984 年第 1 期。
② 孙红旗:《近代世界体系的确立与中非关系的根本转变》,载《历史档案》,2007 年第 4 期。
③ 张忠祥:《现代中非关系史上光辉的一页——中国人民声援埃塞俄比亚人民抗意斗争》,载《西亚非洲》,1993 年第 2 期。
④ 陶德臣:《清至民国时期中国茶叶海外市场分析》,载《安徽史学》,2009 年第 6 期。

工输入。[1] 此后到了 19 世纪初,随着西方殖民活动在非洲的扩展,殖民者急需大量劳动力进行开发。由于大西洋奴隶贸易此时已不再合法,殖民者开始将目光转向吃苦耐劳的华人。1799 年荷兰东印度公司解散后,英国成为了华工的主要贩卖者。19世纪上半叶,英国从东南亚和广东等地搜罗了少量华工到开普殖民地和英属毛里求斯等地从事建筑和种植园劳动,这些华工即是被称作"猪仔"的契约工人。但由于当时清政府实行海禁,并禁止华工出国,这一时期的华工主要来自东南亚的新加坡、印尼等地;来自广东的华工是由英国人非法搜罗而来,总体数量也不多,并没有在当地形成华人社群。

华工出国和华人大批移民是在 1860 年以后。第二次鸦片战争结束后,中英签订了《北京条约》,其中第五款规定:"以凡有华民情甘出口,或在英国所属各处,或在外洋别地乘工,均准与英民立约为凭,无论单身或愿携带家属一并赴通商各口,下英国船只,毫无禁阻。"而中法《北京条约》也有相同的内容。[2] 由此,中国的华工输出得以合法化,英、法等国也借此招募了大量华工前往非洲。此外,这项规定也为中国人向海外移民提供了机会,因此有少数中国人开始移民到非洲。

《北京条约》签订后,大批来自广东和福建的中国人成为契约华工,来到非洲殖民地进行劳作。毛里求斯、留尼汪和马达加斯加的种植园是这一批华工最先到达的地区,单毛里求斯一地每年就招募了数百名契约华工。[3] 而后,华工也进入了采矿等行业,德属坦噶尼喀、比属刚果、法属塞内加尔、法属刚果和英属黄金海岸也有华工从事修路开矿等工作。在南非,自从 18 世纪 60 年代末金刚石矿和 80 年代初德兰士瓦大金矿发现后,经济飞速发展,需要大量的廉价劳动力进行开矿建厂修路等工作,许多华人因此自毛里求斯进入南非。[4] 由于华工在 19 世纪下半叶大量出国,清政府也开始试图维护华工的利益。1865 年,中、英、法三国曾商议制定了招工章程 22 款。但这项章程并没有得到英、法政府批准,只是由清政府在 1868 年单方面宣布。

在华工大量输出的同时,华侨也从 19 世末开始大量移民到非洲,从事零售业等商业活动。凭借吃苦耐劳的精神和灵活的销售手段,华人逐渐占据了毛里求斯、南非当地一部分的零售业市场,有了一定的经济影响力。此后,随着契约华工和自由移民的增多,19 世纪下半叶毛里求斯、留尼汪、马达加斯加和南非等地纷纷自发成立了华人社团。清末非洲的华人社团是一个多功能社团:除了提供救济和商业互助外,也从事一定的宗教和文化教育活动,同时华人社团也是华人与当地政府沟通的

---

① 许永璋:《毛里求斯的华工和华侨》,载《河南大学学报》,1993 年第 1 期。
② 王铁崖编:《中外旧约章汇编(第一册)》,北京:生活·读书·新知三联书店,1982 年,第 145、148 页。
③ 许永璋:《毛里求斯的华工和华侨》,载《河南大学学报》,1993 年第 1 期。
④ 郑家馨:《中国与南非的早期关系》,载《中国与非洲》,北京:北京大学出版社,2000 年。

工具,维护了华人在当地的利益。[1]

20 世纪初期,非洲迎来了近代史上最大的一次华工潮,这次华工的主要目的地是南非。1903 年英布战争结束,德兰士瓦等地的经济受到了重创,急需大量廉价劳动力来恢复金矿生产,而吃苦耐劳的华工成了殖民当局的首选。1903 年 11 月,英国开始与清政府进行招工谈判,最终于 1904 年 5 月 13 日在伦敦签订了《保工章程》。该章程虽然便利了英国大举进口华工,但也在一定程度上保护了华工的利益。

1904 年 5 月,第一批华工从香港出发,于 6 月到达南非。随后几年内华工陆续分批到达。与以往不同的是,这次华工的主要来源是直隶山东。德兰士瓦金矿将招工重点放在了天津和烟台等地,招募了大批受日俄战争影响、滞留华北的闯关东农民,也开创了外国人到北方大规模招工的先河。至 1906 年年底招工合同中止为止,南非金矿共招募华工 63811 名,最终来到南非的华工有 62960 人[2],远远超过数百年来生活在南非的中国人的总数。华工来到南非后即在金矿中从事繁重的体力劳动,很快恢复了金矿生产。到 1905 年,德兰士瓦金矿年产量就已达到了战前水平。而金矿的恢复和发展又为当地的白人创造了大量工作岗位,带动了经济社会的整体发展。在某种程度上,可以说德兰士瓦在 1904 年后的飞速发展主要得益于华工的劳作。

然而,这批华工在南非的境遇却十分悲惨。英方并没有遵守《保工章程》的规定,而是通过《德兰士瓦劳工法案》和《管理条例》对华工施以严苛的限制。华工拿着极低的薪水,却从事最为繁重的劳动,生活条件也极端恶劣。同时,华工也和其他有色人种一样在南非受到了各方面的种族隔离待遇。恶劣的待遇使得华工开始陆续逃亡,最后演变为大规模的华工运动,华工们时常举行集体罢工与金矿当局进行对抗。虽然这些华工运动均以失败而告终,却在国际上赢得了广泛的舆论同情。中国驻南非领事刘玉麟自 1905 年上任后,也就华工问题与英国进行了多方交涉。在英国国内,南非华工问题也成了在野党抨击保守党当局重要议题,致使保守党于 1905 年 12 月被迫下台。自由党上台后,英国政府开始着手停止华工招募,南非的华工招募在 1906 年年底最终结束。1907 年,华工开始陆续回国。1910 年 4 月 13 日,最后一批南非华工抵达秦皇岛港,中国近代史上最大的一次非洲华工潮就此结束。

到 1910 年南非华工回国为止,近代中国到非洲的契约华工总数约为 14.2 万人。[3] 19 世纪非洲内陆的很多地区尚未得到开发,而这些华工来到非洲后便深入内

---

① 李安山:《论清末非洲华侨的社区生活》,载《华人华侨历史研究》,1999 年第 3 期。

② 宛焕乔:《清末政府向南非输出劳务概论》,载《中国联合大学学报》,2006 年第 1 期;彭家礼:《清末英国为南非金矿招募华工始末》,载《历史研究》,1983 年第 3 期。

③ 李安山:《非洲华侨华人史》,北京:中国华侨出版社,2000 年,第 124 页。

地开矿建路,极大地促进了内陆地区的开发。毛里求斯等地的种植园经济也因华工的劳动而发展兴盛起来。华人移民则带去了甘蔗、稻米、蔬菜种植技术和制糖工艺,推动了非洲文明的发展,相传毛里求斯的榨蔗制糖技术即由华人所传授。① 此外,部分华工契约期满后继续留在当地经商和从事服务业,与自由华人移民一起促进了近代非洲底层社会的建设。

近代非洲的华人华侨也对祖国的事业做出了巨大贡献。辛亥革命的胜利与海外华侨的大力支持是分不开的,其中就包括南非、毛里求斯、马达加斯加等地华侨的参与和支持。19世纪末,毛里求斯华侨就开始支持孙中山的革命活动。南非的华侨青年也参加了1911年黄花岗起义。② 而后,非洲华人华侨更是大力支持中国人民的抗日战争。

九一八事变后,南非、留尼汪等地的华人华侨就开始抵制日货,并开展募捐以支援国内。1937年卢沟桥事变后,非洲华侨纷纷成立抗日救国组织。这些救国团体通过多种形式的募捐,将中国所需的资金和物品寄回了国内,从经济方面支援抗战。仅南非一地,华人华侨在整个抗战时期的捐款就达70万英镑以上(其中50万英镑为"爱国储蓄券")。而在非洲的华人华侨妇女更是募捐的主力,德兰士瓦妇女协会曾发起募捐54次,募得捐款3万余英镑。一部分华人青年也回国参加抗战,仅抗战开始的头半年内,就有44名非洲华侨回国服务。③ 毛里求斯的华侨也在当地成立了"华人保家大队",抵御日本对毛里求斯的入侵。华人华侨也不断进行抗日宣传,从舆论上支持抗战。南非的《侨声报》、毛里求斯的《中华日报》等华人华侨报纸,均大力进行抗战宣传,在动员华人华侨方面起到了重要作用。此外,华人华侨还通过义演和集会演讲等方式制造舆论,以争取非洲人民对中国抗战的支持。

非洲和中国也进一步加深了文化交流。华侨社区在非洲建立后,开始兴办报纸和文化教育,将中华文化在社区内推行起来,这使得非洲通过华人的文化活动对中华文化开始有所了解和认识。同时,通过西方学者的介绍,中国对非洲也有了更深一步的了解。魏源的《海国图志》、林则徐的《四洲志》和徐继畲的《瀛环志略》等书均对非洲有详细的介绍。书中除了介绍传统交往关系的北非、东非地区外,也有对南部非洲、中非和西非国家的介绍。而当时发生的一些重要事件,如穆罕默德·阿里在埃及的改革,也在林则徐等人的书中均有介绍和分析。④

在民国时期,远赴埃及的回民留学生加深了中非之间的文化交流。埃及的爱资哈尔大学是当时伊斯兰世界的最高学府,中埃建立外交关系后,云南回教俱进会、上

---

① 许永璋:《毛里求斯的华工和华侨》,载《河南大学学报》,1993年第1期。
② 张象:《论中非关系的演变:历史、经验和意义》,载《西亚非洲》,2009年第5期。
③ 李安山:《试论抗日战争中华侨的贡献》,载《世界历史》,2000年第3期。
④ 艾周昌、沐涛:《穆罕默德·阿里改革在中国的反响》,载《阿拉伯世界》,1987年第1期。

海伊斯兰师范学校等机构开始选拔回族青年到爱资哈尔大学进行留学深造。从1931年云南回教俱进会选拔的马坚、纳忠等人赴埃及开始,到1938年北平成达师范学校的法鲁克留埃学生团为止,共计6届33名学生,是民国时期最大规模的中非文化交流。这些学生到爱资哈尔大学后,不仅刻苦学习伊斯兰教义教理,也将非洲的文化介绍到了中国[1],促进了中非文化交流。如马坚在埃及留学期间,已将埃及宗教学家穆罕默德·阿卜杜的著作《教义学大纲》和《伊斯兰教》两书译成中文在中国出版。回国后,马坚于1946年担任了北京大学东方语言文学系教授,继续从事中埃文化交流工作。在中国学者前往埃及求经问学的同时,埃及也派遣教师来华授课,1933年爱资哈尔大学的两名教师代表埃及政府向北平达成师范赠送了大批阿文书籍,并在该校讲授阿拉伯语。这些文化交流活动从根本上加强了中国和非洲之间的深层理解。[2]

从先秦时期到民国,中非关系走过了2000多年的历史。古代中非之间频繁的贸易往来促进了东西双方的物资交流,丰富了人民的生活。中国的四大发明也是通过非洲的中转,传向西欧等地,促进了世界文明的进步。近代在非洲的华人华侨,则为非洲当地的开发做出了贡献。最难得的是,在长达数千年的交往中,中非双方一直保持着友好的关系,从未发生过纷争。在这种友好关系中,中非人民不断相互了解,相互支持,双方的友谊也随之加深。这种长期的友谊也为当代中非之间的友好关系奠定了基础。

[1]　姚继德:《中国留埃回族学生派遣始末》,载《回族研究》,1999年第1期。
[2]　孙红旗:《近代世界体系的确立与中非关系的根本转变》,载《历史档案》,2007年第4期。

第二章

当代中国与非洲的关系演进

　　1949 年中华人民共和国成立,以崭新的姿态屹立于世界的东方。当时,中国虽然贫穷、落后,但是由于人口众多、幅员辽阔、历史悠久,作为一个天然的大国,很快就在战后国际舞台上留下了自己独特的印记。源远流长的中非关系也由此迈入了一个全新的时代。

第一节　　当代中国与中非关系的初建

　　中华人民共和国成立时,以苏联为首的苏东集团和以美国为首的西方集团之间相互对立的冷战格局已经形成,美、苏为扩大自己的势力范围和争夺全球影响力,在世界各地展开了激烈的角逐。同时,第二次世界大战唤醒了长期遭受西方殖民统治的殖民地人民,激发起他们摆脱殖民压迫、实现民族独立的斗志,由此掀起了遍及全球的民族独立运动的浪潮。长期遭受欧洲殖民统治的非洲大陆更不例外。一同遭受西方殖民侵略与统治的历史记忆和争取民族解放、国家独立以及独立后不愿受大国冷战的影响、谋求自立发展的强烈愿望将中华人民共和国与非洲大陆的各族民众紧密地联系在一起,并对冷战时期的中非关系产生深刻的影响。

　　中华人民共和国诞生之时,广袤的非洲大陆上只有埃及、埃塞俄比亚、南非和利比里亚这 4 个屈指可数的独立国家,绝大多数正处于争取民族独立解放斗争的过程中。即便如此,上述四国也并非都真正独立,埃及的法鲁克王朝深受英埃条约的控制,南非是一个地道的白人种族主义政权,利比里亚这个由美国自由黑人建立的国家一直处于美国的强大影响下,在 1980 年之前一直由美国黑人移民及其后裔统治,是美国在非洲的铁杆盟友,尚未完成政权的族群本土化。尽管四国并没有立即承认新中国,但得知新中国成立的消息后,一些非洲国家正在寻求民族独立的政治组织主动向北京发来贺电。如 1949 年 10 月 9 日,阿尔及尔共产党中央委员会就致电毛泽东主席表示中国人民的胜利对所有反对帝国主义压迫人民的斗争,是一个可赞扬的例子。同年 10 月 15 日,突尼斯和摩洛哥共产党中央委员会分别致函毛泽东,热烈祝贺新中国的成立,函电说中国人民的这一胜利对突尼斯、摩洛哥人民争取民族解放的斗争是一个有力的、宝贵的鼓励。

初生的新中国尽管很弱小,面临的困难和挑战又异常艰巨,但并没有忽视对非洲大陆政治发展和非洲人民福祉的关注。1950 年 7 月 26 日毛泽东电复南非德兰士瓦州印度人大会主席达杜(Yusuf Mohamed Dadoo)博士,支持他们反对南非政府的"种族隔离法案"。同年 9 月 13 日,毛泽东代表中国人民电复南非杜邦城南非印度人大会联合书记梅尔(A.I. Meer),表示完全支持他们反对南非白人当局种族压迫的斗争。1952 年 1 月 19 日周恩来总理给南非印度人大会加查里亚(Yusuf Cachalia)、密丝特里(D. Mistry)发去电报:"站起来了的中国人民完全理解并深切同情南非的非白色人民以及一切被压迫民族的苦难,相信他们一定能够在持久不渝的斗争中求得自由幸福与解放。"①1952 年 1 月中旬,突尼斯人民为反抗法国殖民者的屠杀和压迫、争取民族独立,举行了总罢工和大示威。同月 29 日,中华全国总工会致电突尼斯工会联合会:中国工人阶级向突尼斯各地为反对法国殖民当局的野蛮镇压而进行的全国总罢工的工人和职员致以衷心的敬意与热烈的支援,并祝他们在这次反对法帝国主义统治争取民族解放的斗争中获得更大的胜利。② 1952 年 8 月,中华全国总工会致电南非非洲人国民大会与南非印度人大会全国行动委员会,对南非人民正在进行的反对种族歧视法令、争取基本权利的斗争给予完全的支持与支援。

彼时,正在寻求民族独立的非洲国家和地区的工会、青年、妇女等社会组织也纷纷前往中国访问或与中国相关组织建立友好关系。如几内亚民主党领导的工会组织,赤道非洲、西非、马达加斯加和阿尔及利亚等地区的妇女来北京参加亚洲妇女代表会议。1950 年 9 月非洲民主青年大会代表、阿尔及利亚民主青年联盟总书记克拉巴(Hamou Kraba)来北京访问。1952 年 10 月阿尔及利亚和平委员会代表穆罕默德赛拉一行来北京访问。1953 年阿尔及利亚、法属赤道非洲、喀麦隆、法属西非地区工会代表团应邀访华。同年南非非洲人国民大会前书记华尔特·西苏鲁(Walter Sisulu)和前青年联盟书记杜玛·洛克韦(Duma Nokwe)来华访问,与中国共产党建立了密切联系并获得了中国政府对其反对南非白人种族主义斗争的坚定支持。

在其他国际场合,中非人民之间也有一定的交往。1951 年民主德国在柏林举行的第三届世界青年学生和平联欢节和 1953 年 3 月奥地利维亚纳举行的世界保卫青年权利大会期间,中国青年代表团与来自埃及、阿尔及利亚、突尼斯、摩洛哥等非洲国家和地区的青年代表一起参加了活动,增进了相互间了解。

　　①　周恩来总理支持南非非白色人民反对种族歧视的正义斗争《致南非印度人大会的复电》(一九五二年一月十九日),载《中华人民共和国对外关系文件集(1951—1953)》(第二集),北京:世界知识出版社,1958 年,第 56 页。
　　②　《我全国总工会声援突尼斯总罢工》,载《人民日报》,1952 年 2 月 2 日,第 4 版。

在中华人民共和国成立初期,非洲仅有的 4 个独立国家埃及、埃塞俄比亚以及南非和利比里亚,由于意识形态的差异和冷战的国际背景,他们在发展对华关系上都极为谨慎,甚至走到了中国的对立面。如埃塞俄比亚的海尔·塞拉西皇帝(Haile Selassie Ⅰ)为了巩固自己的统治,在外交上完全倒向美国,并且在 1953 年与美国签订了《共同防御条约》及 10 多个军事和经济协定,成为美国在非洲的最重要盟友和非洲的反共桥头堡,美国对非军事援助费用的一半都用在埃塞俄比亚。埃及于 1942 年与中华民国建立外交关系,新中国成立后埃及并未立即承认新中国,中国政府最初也将纳塞尔 1952 年的"七月革命"视作美国帝国主义扶持的一个产物。[1]纳吉布(Muhammad Naguib)领导的政府曾经做出过承认新中国的决定,但因受到美国的压力而搁浅。[2] 1954 年 4 月纳赛尔出任埃及总理后,奉行和平中立政策,拒绝参加巴格达条约组织。纳赛尔遵循反帝反殖、维护民族独立的政策,使中国对埃及政府的看法发生了根本改变。1954 年 10 月,毛泽东主席在一次同亚非客人的谈话中说,埃及属于被压迫民族,他们的国家是由爱国的政党和团体领导的。同年,埃及通过印度试探向中国派出总领事的可能性,周恩来总理明确表示不能接受这种事实上的承认"两个中国"的做法。在坚持原则性的同时,周恩来同意考虑给予埃及常驻北京的驻华贸易代表半官方身份。当然,客观上,中国政府在独立初期采取的"一边倒"的外交政策以及 1950 年骤然爆发的朝鲜战争也在一定程度上迟滞了中国与非洲国家间关系发展的进程。在朝鲜战场上,参加联合国军的一个埃塞俄比亚营及两个南非空军中队与中国人民志愿军兵戎相见。这场冷战中的热战不可能不对中非相互间的理性认知产生影响。尽管如此,中国仍在不断进行推动发展与非洲独立国家双边关系的努力。1954 年 9 月周恩来总理在第一届全国人民代表大会第一次工作会议上所做的政府工作报告中明确提出,希望同非洲国家"发展事务性关系,以增加互相的接触和了解,并创造建立正常关系的有利条件"[3]。

随着亚非民族独立运动的深入,赢得独立的亚非国家迅速增多。到了 20 世纪 50 年代中期,亚非两大洲已涌现出 30 个独立国家,这是几百年来国际关系史上一个空前未有的变化。

同时,战后美、苏之间日益加剧的冷战对峙局势,严重威胁着亚非国家的独立与安全,他们对中间地带的争夺与民族独立运动相互交织使亚非地区成为世界各种矛盾和冲突集中的地区。为了维护政治独立,发展民族经济,实行自主独立的外交政

---

① 亦安:《埃及的"改变"》,载《世界知识》,1952 年第 31 期;亦安:《纳吉布的后台老板》,载《世界知识》,1952 年第 45 期。

② 安惠侯:《埃及与新中国建交始末》,载《阿拉伯世界研究》,2008 年第 6 期。

③ 周恩来:《政府工作报告》(1954 年 5 月 23 日在中华人民共和国第一届全国人民代表大会第一次会议),http://www.gov.cn/test/2006-02/23/content_208673.htm。

策,亚非国家意识到应该加强国际合作,共同应对挑战。在印度尼西亚等国的倡议下,1955 年 4 月第一次亚非会议在印度尼西亚的万隆隆重举行,代表着占世界面积将近 1/4(3100 多万平方公里)和世界人口约 2/3(14.4 亿人)的 29 个亚非国家,共计 340 名代表出席了会议,还有 5 个国家派代表团列席了会议。亚非会议是一个历史性的伟大创举,正如印尼总统苏加诺所指出的,这是人类有史以来第一次有色人种的洲际会议,是世界历史的新的起点。本次会议的目的就"是为了促进亚非各国间的亲善和合作,探讨和促进它们相互的和共同的利益,并建立和增进友好和睦关系"。就中非关系而言,这次会议是一座里程碑,它的意义在于为中国与非洲国家的领导人"提供了难得的相互接触的机会",这种直接的、面对面的接触,使中国同非洲国家之间"建立了初步的相互了解"。①

出席此次会议的非洲国家有埃及、埃塞俄比亚、黄金海岸(加纳)、利比里亚、利比亚和苏丹 6 个国家。应印度总理尼赫鲁和印尼总统苏加诺等人的盛情邀请,周恩来总理率领中国代表团参加了本次会议。本着"争取扩大世界和平统一战线,促进民族独立运动,为建立和加强中国同若干亚非国家的事务和外交关系创造条件"②的方针,中国政府代表团积极主动地与来自非洲大陆的有关国家代表团保持接触和交往。在万隆会议之前,周恩来主持起草了《参加亚非会议的方案(草案)》中,中国方面根据与会国的政治立场进行分析,认为与会的 6 个非洲国家中,埃及、苏丹和加纳属于乙类国家,即接近和平中立的国家,而利比亚、利比里亚和埃塞俄比亚被判断为丙类国家,即接近反对和平中立的国家。根据这一分析,中国政府高层就参加亚非会议的国家提出相关方案,将乙类国家和丙类国家分别列为是中方争取和影响的对象。方案强调在非洲国家中,要重点做埃及的工作,争取"建交或建立事务关系(例如互设商业机构)"。③ 中方确定以埃及作为打开中非关系的突破口。因为参加万隆会议的埃及总理纳赛尔是阿拉伯国家的重要领袖人物之一,1953 年 6 月宣布独立后,埃及的政治倾向接近和平中立国家。为做好埃及的工作,周恩来总理在先期赴缅甸仰光与缅甸总理吴努、印度总理尼赫鲁以及埃及总理纳赛尔共同商讨如何开好仰光会议时,周恩来赶在尼赫鲁和纳赛尔到达仰光前到达缅甸,并亲自到仰光机场迎接他们。④ 这个细致入微的举动让纳赛尔感受到新中国的诚意及对非洲国家的尊重和重视,为会议上相互配合奠定了重要基础。在会议开幕当天,纳赛尔首先建议选举持和平中立立场的印度尼西亚总理阿里·沙斯特罗阿米佐约为会议主席,周恩

---

① 周恩来在一届全国人大常委会第 15 次扩大会议上所做的《关于亚非会议的报告》,载《人民日报》,1955 年 5 月 17 日,第 1 版。

② 裴坚章:《中华人民共和国外交史 1949—1956》,北京:世界知识出版社,1994 年,第 239 页。

③ 《周恩来年谱(1949—1976)》(上卷),北京:中央文献出版社,1997 年,第 460 页。

④ 《周恩来年谱(1949—1976)》(上卷),北京:中央文献出版社,1997 年,第 464 页。

来立即予以附议。纳赛尔同周恩来一起参加了政治委员会与世界和平和合作问题小组,共同努力使会议通过了《关于促进世界和平和合作的宣言》(即亚非会议宣言)文件,而被写进《亚非会议最后公报》的"十项原则"是亚非宣言的最重要内容。鲜为人知的是这"十项原则"起草委员会主席就是纳赛尔。参与起草这"十项原则"的周恩来对其给予了高度评价:"亚非会议宣言十项原则是和平共处五项原则的延伸和发展。这十项原则又一次替愿意和平相处的国家指出了努力的方向。"①

由于冷战和西方大国的恶意宣传,很多与新中国没有接触过的发展中国家对中国带有一定的偏见。对此周恩来利用会上会下,积极与包括非洲国家代表在内的参会者进行接触,阐述中国立场,彼此间交换意见,强调求同存异。周恩来明确表示"我们应该承认,在亚非国家中是存在有不同的思想意识和社会制度的,但这不妨碍我们求同和团结";"五项原则(指互相尊重领土主权、互不侵犯、互不干涉内政、平等互惠和和平共处原则)完全可以成为我们中间建立友好合作和亲善睦邻关系的基础";"我们共产党人从不讳言我们相信共产主义和认为社会主义制度是好的";"但是,在这个会议上用不着来宣传个人的思想意识和各国的政治制度";"中国代表团是来求同而不是来立异的";"我们之间的共同之处,就是我们都曾经受过、并且现在仍在受着殖民主义所造成的灾难和痛苦。因此,我们很容易互相了解和尊重、互相同情和支持,而不是互相疑虑和恐惧、互相排斥和对立"。中国人民"经历了近三十年的艰难困苦","最后才选择了这个国家制度和现在的政府"。"我们反对外来干涉,为什么我们会去干涉别人内政呢?"考虑到具有宗教意识的国家和地区对持无神论观点的中国共产党人的误解,中国政府代表团还包括有达蒲生大阿訇。周恩来在会上强调"中国是有宗教信仰自由的国家","我们共产党人是无神论者,但是我们尊重有宗教信仰的人,我们希望有宗教信仰的人也应该尊重无宗教信仰的人"。②周恩来在发言中还提出:"中国俗语说'百闻不如一见'。我们欢迎所有到会的各国代表到中国去参观,你们什么时候去都可以。"③这种解决争议问题的理念、处事的胸怀和说理的态度,使与会国家充分意识到中国政府的诚意和愿望。纳赛尔对记者明确表示"我喜欢他的演说","他答复了我们昨天所说的关于他的问题"。④此外,在会上,中国代表团对突尼斯、摩洛哥和阿尔及利亚人民争取独立,以及南非人民反对种族歧视和压迫的斗争都表示了深深的关切和支持,并且还专门会见并宴请了包括埃及在

① 《周恩来在一届全国人大常委会第15次扩大会议上的报告》,载《人民日报》,1955年5月17日,第1版。

② 中华人民共和国外交部、中共中央文献研究室编《周恩来外交文选》,北京:中央文献出版社,1990年,第122-123页。

③ 中华人民共和国外交部、中共中央文献研究室编《周恩来外交文选》,北京:中央文献出版社,1990年,第124-125页。

④ 安惠侯:《埃及与新中国建交始末》,载《阿拉伯世界研究》,2008年第6期。

内的非洲6国的代表。中国积极支持埃及反对军事同盟、坚持民族独立和中立的政策。周恩来同纳赛尔(Gamal Abdel Nasser)进行了多次会谈,出席了埃及代表团的宴会。期间他们不仅相互介绍了各自国家的情况与对外政策,而且还就共同关心的国际问题交换意见,这消除了纳赛尔心中存有的因受西方媒体恶意诬蔑而对红色中国产生的误解和疑虑。从此,两人建立了终身友谊。对于中埃建交问题,中方明确表示理解埃及在同"台湾当局"断绝外交关系问题上存在的困难;双方达成了从两国贸易开始,互派商务机构,逐步使两国关系正常化的原则协议。纳赛尔后来曾说过,万隆会议为加强埃及和中华人民共和国之间的关系奠定了基础,它使我们团结起来并确定了我们的目标。[1]

　　万隆会议有效地增进了中非之间的相互理解,万隆会议前非洲国家"只是从美国报章杂志上了解中国"[2],通过万隆会议他们对中国有了更多新的认识。此后,中非之间的经济文化往来迅速增加,由此也带来了中国和非洲之间的第一个建交高潮。由于埃及总理纳赛尔与中国总理周恩来在万隆会议上接触最多最深入,埃中两国关系的发展也最为迅速。回国后的纳赛尔于1955年5月20日在首都开罗宣布:埃及"不向任何形式的外国压力屈服","执行独立的外交政策"。[3] 他们拒绝了美国政府关于"埃及不要把战略物资(包括农产品)卖给共产主义国家"的要求,指出"履行这些条件会使得埃及的经济完全从属于美国",埃及认为"中国是埃及最好的顾客"。[4] 1955年5月应周恩来的邀请,埃及宗教事务部长巴库里(Ahmed Hasan Al-Bakuri)率政府代表团首次来华访问,双方就政治、贸易、文化、宗教、军事等各个领域的关系全面交换了意见,达成了一项贸易意向协定,签署了文化合作会谈纪要。同年8月,由埃及工商部长努赛尔(Mohammed Abou Nosseir)率领的埃及贸易代表团访华,与中国方面签订了埃中贸易协定书和第一个年度贸易协议书。1956年2月,全国政协副主席、中国伊斯兰教协会主席鲍尔汗率领中国文化艺术代表团访埃,受到埃及政府和人民的热烈欢迎。这次访问将20世纪50年代中埃文化交流推向了一个高潮:纳赛尔总统亲自接见了代表团成员并观看了在开罗的最后一次公演,中埃两国还签订了文化交流协定,埃及甚至建议阿拉伯联盟承认中华人民共和国。[5] 1956年5月埃及政府正式通知中国,埃及决定撤销对台湾的承认,转而承认中华人民共和国政府,并愿意建立外交关系,互换使节。此举得到中方热烈回应。5月30日,中埃

---

①　斐坚章:《中华人民共和国外交史1949—1956》,北京:世界知识出版社,1994年,第277页。

②　周恩来同阿联总统纳赛尔会谈记录,1963年12月19日,转引自廖心文:《周恩来的历史贡献:开启和发展中非关系的两个里程碑》,载《党的文献》,2013年第2期。

③　《埃及总统纳赛尔谈埃及执行独立的外交政策》,载《人民日报》,1955年5月21日,第4版。

④　《埃及工商部长谈埃及对外贸易的新方针》,载《人民日报》,1955年9月18日,第1版。

⑤　David H. Shinn, Joshua Eisenman:*China and Africa : A Century of Engagement*, Philadelphia:University of Pennsylvania Press, 2012, p.229.

两国政府发表建交联合公报,宣布正式建立外交关系。埃及由此成为非洲大陆上第一个与中华人民共和国建交的国家。埃及承认中华人民共和国之举受到阿拉伯国家政界领袖和舆论的广泛欢迎,他们认为:"承认人民中国不只是正义的和合法的,而且是一定得这样办的。"[1]

中埃建交书写了中非关系史上的新篇章。中埃建交不久,埃及政府宣布收回苏伊士运河,心有不甘的英、法两国,很快发动了苏伊士运河战争。在苏伊士运河危机和苏伊士运河战争期间,中国政府和人民一直在道义上和物质上给埃及最大的支持。1956 年 11 月 3 日中国政府发表声明,强烈谴责英国和法国的侵略行为,认为这是一次"历史上最野蛮、最可耻的侵略行为","是对联合国宪章的粗暴破坏,是对亚非各国人民的公然挑战,是对世界和平的严重威胁",要求英、法两国立即停止对埃及的武装进攻,撤出埃及。[2] 中国各界迅速成立了中国人民支援埃及反抗侵略委员会。在西方国家冻结埃及的存款和管制与埃及的贸易时,中国政府不仅继续履行原有合同,而且还继续与埃及签订新的商务合同。在战争的关键时刻,中国政府将大量埃及急需的物资装上轮船运往埃及,其中包括 6000 吨豆类、1000 多吨冻牛羊肉,以及大批钢材、粮食、矿石等物资。同月中国政府还向埃及政府提供了 2000 万瑞士法郎的现汇援助。埃及政府非常感激,1957 年 6 月埃及驻华大使哈桑·拉加卜(Hassan Ragab)在北京举行的埃及共和国成立 4 周年招待会上说:"埃及人民永远不会忘记,中国人民在埃及最危急时所给予的道义和物质支持……这种在物质和道义上的支持是促使埃及获得胜利的重要原因。"[3] 1958 年新华社在埃及开办了其在非洲的第一个分支机构,后来这个机构很快发展成为了新华社的中东北非区域总部。

埃及是中东、北非地区极富影响力的大国,中埃建交打开了中国在中东、北非地区的外交局面,沉重打击了美国孤立中国的企图。自 1950 年 4 月到 1956 年中埃建交这段长达 6 年的时间内,除了中国与尼泊尔建交外,没有别的国家承认中国。但在埃及的影响下,一些非洲国家陆续承认中国并与中国建交。中国设在开罗的大使馆成了北京开展与中东及非洲国家的战地指挥部。[4]其中与中国建交的非洲国家有摩洛哥、苏丹、阿尔及利亚、几内亚、加纳、马里、索马里、坦桑尼亚、乌干达、肯尼亚和布隆迪等。中国同几内亚、加纳签订了友好条约,并同许多非洲国家签订了经济技术合作协定、文化合作协定、贸易支付协定等,促进了中国同非洲各国的经济和文化交流。与此同时,中非政府间和民间的各种友好合作和友好往来也日益发展。

① 《阿拉伯国家政界领袖和舆论广泛欢迎埃及承认中国》,载《人民日报》,1956 年 5 月 20 日,第 4 版。
② 伊崇敬主编:《中东问题 100 年》,北京:新华出版社,1999 年,第 468-469 页。
③ 沐涛:《50 年代中叶中国与埃及的贸易往来及其影响》,载《阿拉伯世界》,1994 年第 4 期。
④ David H. Shinn, Joshua Eisenman: *China and Africa*: *A Century of Engagement*, Philadelphia: University of Pennsylvania Press,2012,p.230.

1958 年几内亚在法兰西联邦内率先独立,对此中国政府立即予以外交承认,并向其提供 5000 吨大米的援助。1960 年 9 月,几内亚总统塞古·杜尔(Sekou Toure)应中国国家主席刘少奇的邀请访问中国,塞古·杜尔也是第一位访问中国的非洲国家元首。中国政府以极为隆重的礼节接待这位非洲贵宾,彼时东西长安街上张灯结彩,首都北京各机关、部队、厂矿、企业、学校、人民团体一律悬挂国旗。在几内亚国宾下飞机后,50 多万群众分立于从东郊机场到迎宾馆将近 40 公里的公路上夹道欢迎。[①]无数的鲜花和气球被抛向空中,天安门广场更成了万众欢乐的海洋。《人民日报》也发表了热情洋溢的文章,表达对塞古·杜尔总统的敬意并称颂中国与几内亚及非洲人民的友谊。[②] 杜尔访华期间两国共同缔结了中国与非洲国家之间的第一个友好条约,同时签订了 3 个具体合作协定,即文化合作协定、经济技术合作协定和贸易支付协定,对中国发展同非洲国家的关系起到了良好的示范作用。1961 年 8 月,加纳总统克瓦米·恩克鲁玛(Kwame Nkrumah)来华访问也受到了中国政府的高规格礼遇。期间,恩克鲁玛与毛泽东、刘少奇、周恩来等中国领导人进行了深入的交谈,并签订了中国、加纳友好条约以及诸多经济和文化协定。除此之外,中国与非洲有关国家政府间部长级的互访和民间的贸易、文化、科学、新闻和宗教等各方面人士的友好交往更是日趋频繁。据不完全统计,1949—1960 年,非洲 41 个国家和地区有 1000 多人曾经来华访问,中国方面则有 400 多人访问了非洲 13 个国家和地区。这一切大大增进了中国同非洲国家和人民之间的相互了解、友好合作和传统友谊,也有力地推动了中非国家关系的建立和发展。

此时,中国对非洲国家的关系,突出表现在中国对非洲人民反对殖民主义和争取民族独立运动的支持上。从万隆会议到 1963 年间,正是非洲大陆民族国家独立与非殖民化运动最为激荡的时代,期间共有 29 个非洲国家获得独立,其中仅在 1960 年就有 17 个非洲国家实现独立,以至于国际社会称该年为"非洲独立年"。中国政府和人民在各个场合对非洲人民的民族独立运动与独立斗争都表示了深切的同情与支持。1958 年 4 月,周恩来总理致电加纳总理恩克鲁玛转非洲独立国家会议,热烈祝贺会议在反对殖民主义、争取非洲国家的民族独立、反对种族歧视、增进非洲各国人民友好合作和维护世界和平的事业等议题上取得成功。1960 年 2 月廖承志率领中国代表团出席在几内亚科纳克里举行的第二届亚非人民团结大会并发表讲话。同年 7 月 3 日,北京举行盛大集会,向获得独立的非洲国家和人民表示热烈祝贺。中国亚非团结委员会主席廖承志在大会上指出:"中国人民过去、现在、将来始终是非洲人民最可靠的朋友。"一些非洲国家的代表也出席会议并讲了话。1961 年 1 月,周恩

① 《热烈地欢迎您,塞古·杜尔总统》,载《人民日报》,1960 年 9 月 10 日,第 2 版。
② 《热烈地欢迎您,塞古·杜尔总统》,载《人民日报》,1960 年 9 月 10 日,第 1 版。

来总理打电报给非洲国家首脑会议,祝贺会议对刚果(利)、阿尔及利亚和非洲其他国家人民的爱国斗争以及促进非洲各国人民的团结所做出的贡献。

为了支援非洲人民的独立斗争,1960 年 4 月由 17 个全国性人民团体发起在北京成立了中国非洲人民友好协会。其宗旨就是促进中国与非洲人民之间的友好关系,组织中国人民支持非洲人民的争取民族独立维护国家主权的斗争。1962 年 4 月 14 日中国亚非团结委员会致电全非人民代表大会秘书长阿卜杜拉·迪亚洛(Abdoulaye Diallo)就"非洲自由日(African Liberation Day)"(4 月 15 日)向非洲人民为争取独立而进行的英勇斗争表示敬意。中国共产党中央机关报《人民日报》也就此发表题为《团结的非洲必将赢得胜利》的社论,文章指出"非洲自由日不仅是属于非洲大陆的纪念日,而且已成为非洲、亚洲、拉丁美洲各国人民和全体进步人类的一个共同的纪念日","今天的非洲,已经不再是政治上落后的非洲了,它已经以新的战斗姿态进入了政治上先进的、人民革命觉悟高涨的世界进步力量的行列","中国人民坚定不移地相信,非洲的大地终将为非洲人民所有,一个独立、自由、幸福和繁荣的新非洲,终将如旭日东升,大放光明"。[1] 1963 年 12 月 1 日,中国亚非团结委员会就"帝国主义滚出非洲日"发表声明:"代表中国人民,向为反对帝国主义和新老殖民主义、为争取和维护民族独立而英勇斗争的非洲人民,表示崇高的敬意,并重申六亿五千万中国人民对非洲各国兄弟的革命斗争的深切同情和坚决支持",并"坚信非洲人民坚持团结、坚持斗争,必将不断击败新老殖民主义的各种侵略和破坏阴谋,取得反帝和民族独立解放事业的新胜利。帝国主义和新老殖民主义终将被干净、彻底地驱逐出非洲大陆,最后的胜利一定属于战斗的非洲人民"。[2] 1963 年 8 月 8 日,毛泽东主席接见在北京访问的以巴苏陀兰大会党(Basutoland Congress Party)总书记古德弗利·科利桑(G. M. Kolisang)为首的巴苏陀兰大会党代表团及其他非洲朋友时,明确表示:"整个非洲现在都处在反对帝国主义和反对殖民主义的浪潮中。不管已经获得独立的国家,或者还没有获得独立的国家,总有一天是要获得完全彻底的独立和解放的。整个中国人民都是支持你们的。"同时毛主席还强调,已经获得胜利的国家,"援助争取解放的人民的斗争,是我们的国际主义的义务"[3]。毛主席讲话在非洲朋友中引起了热烈回应,并在非洲人民中激起了很大的反响。

1963 年 9 月底,为了支持葡萄牙非洲殖民地人民的独立斗争,中华全国学生联合会邀请葡属黑非洲学生总联合会代表团前来中国访问。10 月 16 日双方发表联合声明,一致认为:"在整个非洲大陆,争取民族独立的革命斗争不断发展。非洲人民

---

[1] 《团结的非洲必将赢得胜利》(社论),载《人民日报》,1962 年 4 月 15 日,第 1 版。

[2] 《中国亚非团结委员会就"帝国主义滚出非洲日"发表声明》,载《人民日报》,1963 年 12 月 1 日,第 1 版。

[3] 《毛主席接见非洲朋友发表支持美国黑人斗争的声明》,载《人民日报》,1963 年 8 月 9 日,第 1 版。

不顾帝国主义和新老殖民主义势力的罪恶阴谋,决心为赢得真正的民族独立奋斗到底。特别令人兴奋的是,被殖民主义者素称为'沉默地带'的葡属黑非洲也燃遍了争取民族独立的烽火。在安哥拉,安哥拉人民不顾葡萄牙殖民军队的野蛮镇压,仍然手握武器进行英勇的斗争。在葡属几内亚,人民武装斗争正在日益发展和壮大,不断取得胜利。在莫桑比克、佛得角、圣多美岛和普林西比岛等地,争取民族独立的斗争也在不断高涨。以美国为首的帝国主义集团所给予葡萄牙殖民者的支持,也无法阻挡葡属殖民地人民争取民族独立斗争的发展。双方深信,帝国主义任意摆布非洲人民命运的日子已经一去不复返了。在世界各国人民的支援下,非洲人民和学生依靠自己的团结和斗争,一定会赢得民族解放的最后胜利,葡属非洲殖民地各国人民民族独立的日子一定会到来。"声明还指出:"中华全国学联赞扬葡属黑非洲学生总联合会在团结葡属黑非洲学生反对帝国主义和新老殖民主义、争取民族独立、维护学生切身权利方面所进行的英勇斗争。中华全国学联代表全中国学生重申,坚决支持团结在葡属黑非洲学生总联合会周围的葡属黑非洲学生的正义斗争。"[1]同年10月5日,中非人民友好协会举行酒会,热烈欢迎前来中国访问的阿尔及利亚、喀麦隆、埃塞俄比亚、索马里、加纳、几内亚、葡属几内亚、马里、毛里求斯、尼日利亚、西南非、肯尼亚、坦噶尼喀、桑给巴尔等14个非洲国家和地区的朋友。时任中非友协会长刘长胜在会上致词说:他代表中非友协向非洲人民的友好使者表示最热烈的欢迎,并且通过他们向2.5亿非洲兄弟姊妹们致以崇高的敬意。在反对帝国主义和新老殖民主义、争取和维护民族独立的共同斗争中,中国人民和非洲各国人民结成了牢不可破的战斗友谊。他说:"非洲人民和全世界被压迫民族争取自由和解放的伟大斗争,是推动人类历史前进的巨大力量,是全世界人民保卫世界和平斗争的一个重要部分。中国人民把支持各国人民的反帝斗争作为自己最光荣的国际义务。中国人民过去是、现在是、将来永远是非洲人民最忠实最可靠的朋友。"酒会上,来自阿尔及利亚军事代表团的一位团员热情地朗诵了他的一首赞美新中国的诗作,诗中写道:"中国啊! 我在你的身旁,你跟我在一起,我感到分外亲切;北京啊! 你的雄伟、庄严和伟大,在我的心灵深处永远不可磨灭!"[2]充分反映了中国与非洲人民之间的友好感情。

---

① 《中华全国学生联合会葡属黑非学生总联合会在京签订联合声明》,载《人民日报》,1963年10月16日,第4版。

② 《中非友协会长刘长胜举行酒会,欢迎来华访问的非洲朋友》,载《人民日报》,1963年10月4日,第2版。

第二节　周恩来访问非洲与中非关系的拓展

非洲国家的民族独立运动和非殖民化运动经过10多年的发展,到20世纪60年代呈现出由量变到质变的飞跃。1960年非洲大陆民族独立运动达到高潮,仅这一年就有17个非洲国家获得独立。由于此时非洲的独立国家已经达到26个,其面积约占非洲总面积的2/3,人口约占非洲总人口的3/4,于是人们就将1960年称为"非洲独立年",以纪念风起云涌的非洲反殖民族独立运动。到1963年非洲统一组织成立时,非洲独立国家的总数进一步增加到34个。"非洲取得独立的国家需要在政治上能够更完整的独立,摆脱殖民主义对他们各方面的控制,所以它需要外界的帮助。没有取得独立的国家,也都积极开展各种形式的斗争,包括通过合并方式,武装斗争方式,也是希望尽快取得独立。"[1]由于中国政府大力支持非洲人民反对帝国主义和殖民主义的斗争,积极开展非洲地区的外交工作,同非洲国家之间的关系有了很大的发展,到1963年年底12个非洲国家已经与中国建立了外交关系。然而,中国虽然在非洲有了很大影响,但是因为距离远,双方交往很有限。非洲只有几内亚的塞古·杜尔总统、加纳的恩克鲁玛总统和索马里的舍马克总理访问过中国,而中国领导人直到此时还没有踏上非洲这片大陆。非洲国家早就希望中国领导人前去访问或者回访。而就中国面临的国际环境而言,当时美国、苏联以"经济援助"、"技术合作"为名,加紧对非洲国家进行政治、经济和军事渗透,并挑拨这些国家同中国的关系。而因为边境问题于1962年与中国发生短暂冲突的印度也在竭力诋毁中国的形象。[2] 由于印度是第二次世界大战后最早独立的大国,在亚非国家有着较大的影响力,又是反对殖民主义斗争的旗手和领袖。尼赫鲁本人又是民族主义战士,中立、不结盟运动的奠基者,在亚非国家具有极高的声望。中印边界战争中一些亚非国家对中国的做法表示极不理解,同时中国较为激进的意识形态为中心的外交政策使得中国所面临的国际环境较为恶劣。中国政府认为非洲民族独立运动在继续高涨,是直接打击帝国主义和新老殖民主义的一条重要战线。在错综复杂、激烈动荡的国际形势面前,作为中国政府总理的周恩来出访非洲国家,不仅将有助于增进与非洲国家的友好关系和相互理解,而且对非洲人民反对帝国主义和反对殖民主义的斗争也是

① 《外交档案解密之周总理亚非14国行,中国前驻亚丁、桑吉巴尔总领事陈伴年网络访谈录》,(2008-12-24),http://webcast.china.com.cn/webcast/created/2800/44_1_0101_desc.htm.

② 外交部关于周恩来总理、陈毅副总理出访亚非14国礼宾工作的电报:《告"赵钱孙李"出国访问》,1963-11-30,档案号203-00317-04,中国网,2009-01-05,http://www.china.com.cn/fangtan/zhuanti/2009-01/05/content_17056765.htm.

有力的支持,同时也有助于打破美国、苏联、印度等国企图孤立中国的图谋。由此,在 1963 年 12 月到 1965 年 6 月间周恩来总理对非洲大陆先后进行了 3 次正式访问。这对推动中非关系的发展具有非常重要的历史意义。

1963 年 12 月 14 日至 1964 年 2 月 10 日间周恩来总理在副总理兼外交部长陈毅的陪同下,率领中国代表团首次出访非洲 10 国,这是周恩来亚非 14 国之行的重要的内容。此次访问的国家有北非 4 国,即埃及、阿尔及利亚、摩洛哥、突尼斯,西非 3 国,即加纳、马里、几内亚,东非 3 国,即埃塞俄比亚、苏丹、索马里。这 10 个国家中包括 6 个阿拉伯国家和 4 个黑非洲国家,大部分是伊斯兰国家或有伊斯兰背景的国家。当然,周恩来计划访问的还有 5 个非洲国家,即布隆迪、肯尼亚、乌干达、坦噶尼喀和桑给巴尔。由于出访前,这些国家出现政治动荡才未能成行。周总理将他此次对非洲 10 国之旅称为"寻求友谊、增进了解、互相学习"之旅。这次非洲之行,不仅是对访问中国的非洲国家领导人答谢和回访,更带来了中国人民对非洲人民的友好情谊。

在周恩来总理对非洲国家的出访中,受到了非洲国家空前热烈的欢迎和极其隆重的接待。由于长期受殖民主义的压迫压榨,一些非洲国家经济上很困难,但几乎所有国家都全力以赴地接待中国贵宾,并且给予了高规格的礼遇,而非外交上通行的对等接待,超过了接待国家元首的规格。①周恩来总理一行抵达的时候,许多非洲国家元首都亲自到机场迎接,陪总理去他的驻地,在机场有仪仗队,有摩托车开道队,而且仪仗队的人数和车队的人数都超过了接待国家元首的规格。参加宴会,去外地参观,都是国家元首接待;在会见的时候,非洲国家领导人往往带着他们的夫人和子女来与中国客人见面、照相,这是一种很亲切的、很隆重的做法。再如,所有非洲国家对周恩来一行的访问都安排群众夹道欢迎。从机场到中国客人下榻的宾馆,车队经过的道路两边,群众载歌载舞,挥舞着两国国旗,热烈欢迎中国客人。特别值得注意的是,周恩来访问非洲期间,正值伊斯兰斋月,周恩来访问的许多非洲国家都是信奉伊斯兰教的。按照伊斯兰教的规定,斋月期间,除了老人、儿童、病人等特殊人群以外,其他的人从太阳升起到落下都是不吃不喝。而这个时间,正是天气特别热的时候,热天不吃不喝很难受,但是当地群众还是热情非常高,在马路两边等着欢迎中国客人。这种极为纯朴的欢迎仪式让人真切地感受到非洲人民对中国人民的友谊,对周恩来总理来访的欢迎。在周恩来总理下榻之处,非洲国家考虑得也极为周到,要么在总督府,要么在总统府,要么在接待外国元首的宾馆,并且还考虑到中国人的生活习惯,特别添置了一些中国特色的物品,如茶叶、暖水瓶等。

周恩来访问非洲的第一站是埃及,在访问期间周恩来总理高度赞扬埃及人民在

---

① 《外交档案解密之周恩来 14 国行,中国前驻亚丁、桑给巴尔等地总领事陈伴年网络访谈录》,(2008 - 12 -24),http://webcast.china.com.cn/webcast/created/2800/44_1_0101_desc.htm。

纳赛尔总统的领导下不畏强权、收复苏伊士运河的壮举,同时祝贺埃及人民在发展民族经济和民族文化、建设自己国家的事业中取得的巨大成就。在与纳赛尔进行会晤时,周恩来总理根据和平共处五项原则和万隆会议十项原则,提出了中国与非洲及阿拉伯国家关系的五项原则即:(1)支持非洲和阿拉伯各国人民反对帝国主义和新老殖民主义、争取和维护民族独立的斗争;(2)支持非洲和阿拉伯各国奉行和平独立的不结盟政策;(3)支持非洲和阿拉伯各国人民用自己选择的方式实现统一和团结的愿望;(4)支持非洲和阿拉伯国家通过和平协商解决彼此之间的争端;(5)主张非洲国家和阿拉伯国家的主权应当得到一切其他国家的尊重,反对来自任何方面的侵犯和干涉。这五项原则,得到纳赛尔总统的高度赞赏,并写进了两国联合公报。①几天后,这五项原则又写进了中国与阿尔及利亚的联合公报。在接下来的行程中,周恩来不断宣传这五项原则,并得到相关国家的普遍支持。此后,这五项原则一直是中国与非洲及阿拉伯国家发展关系的基础。

在与周恩来的会谈中,纳赛尔总统还提出愿意为中美、中印之间做促进、沟通工作。纳赛尔在阿联第九届科学节大会上称赞周恩来为"亚洲杰出战士"、"伟大的中国人民的活生生的象征"。在结束访问阿拉伯联合共和国前夕,周恩来总理举行了一次记者招待会,在回答记者提问时,周恩来说:"我们访问非洲国家的目的,是寻求友谊,寻求合作,多了解一些东西,多学习一些东西。"周恩来强调中国"对外政策的主要内容之一,就是积极支持亚洲、非洲、拉丁美洲的民族解放运动"。②

由于阿尔及利亚人民在独立解放斗争期间,中国政府给予了积极的物质上和道义上的支持,是最早承认阿尔及利亚临时政府的国家之一,并在他们独立后又从经济上支持他们医治战争创伤,发展民族经济。在周恩来总理访问阿尔及利亚时,本·贝拉(Ahmed Ben Bella)总统带领30万阿尔及利业人民在机场迎候中国总理。在盛大的欢迎仪式上,本·贝拉总统热情地拥抱了周恩来,称他为"阿尔及利亚最好的朋友"。为了表达对中国的友好情谊,阿尔及利亚政府专门将首都阿尔及尔的一条大街命名为北京大街。访问期间,两国领导人之间的毫不见外的平等亲密的互动更堪称两国友好关系典范。

摩洛哥国王哈桑二世(Hassan Ⅱ of Morocco)对中国贵宾的来访做了极具匠心的安排,国王将"和平宫"让给中国贵宾居住,宴会上又以摩洛哥传统美食而非通常规格的西餐招待中国贵宾,很多破例之举让很多外国记者都深感意外。在双方会谈中,中国方面增进了对摩洛哥的了解,同时向主人强调中方同包括美国在内的所有

---

① 《中华人民共和国政府和阿拉伯联合共和国政府联合公报》,载《中华人民共和国国务院公报》,1963年第24号(总第288号),第446页。

② 童小鹏:《我随周恩来访问亚非14国》,中华人民共和国国史网,2010年12月14日,http://www.hprc.org.cn/gsgl/gsys/201012/t20101214_116273.html。

国家谈判解决争端的立场,有力地回应了中国"好战"的谣言。对于哈桑二世征询周恩来对于君主制的看法时,周总理以幽默的方式化解了对方的问题,从侧面阐明中方尊重摩洛哥方面选择自己制度的立场。由于双方坦诚相待,两国友好关系得到极大地加强。在阿尔及利亚访问期间时,周总理会见了突尼斯驻阿尔及利亚的大使并表达了访问突尼斯意愿,此时突尼斯尚未与中国建交,在国际问题上较为亲美,并不认同中国的激进外交政策。但周恩来访问突尼斯的意愿得到了突尼斯总统布尔吉巴(Habib Bourguiba)的积极回应。于是,周总理在结束对摩洛哥王国的访问后便立即出访本不在原定行程中的突尼斯共和国。在为中国贵宾举行的欢迎晚宴上,布尔吉巴在欢迎辞中对中国外交政策提出了直言不讳的批评。周总理并没有回避矛盾,而是加以巧妙地化解,"诚如阁下所说,我们两国不是在所有的问题上都是一致的","但是,我们相信,通过两国领导人的接触和交换意见,我们总是可以增进相互了解,求同存异,并且为我们共同目标而加强努力的","在我们双方的共同努力下,中突两国的友好合作关系,是有着广阔的发展前途的"。[①]宾主双方在会谈中,周恩来总理始终体谅对方的误解和疑虑,反复强调国家关系中应求同存异的宗旨,最终赢得到布尔吉巴总统的认同,布尔吉巴总统最终明确表示:"我同意周恩来总理求同存异的方针,我们还是要反帝反殖,突尼斯需要伟大的友谊,并一定要同中国建立外交关系。"[②]结果在访问期间,中、突两国迅速达成了建交协议,并发表了建交公报。

周恩来总理在这次访问中还与非洲一些国家的领导人及著名政治家建立了良好的友谊。如原本列在周恩来总理访非行程中的加纳,1964年1月2日在总统府院内突然发生了一次负责执勤的警察针对恩克鲁玛总统的刺杀未遂行动,行凶者背后有西方大国情报机关的支持。由此恩克鲁玛将总统府院内的警察全部替换为军人,并对所有警察进行审查,引起加纳国内军队与警察集团之间严重冲突,一时政局动荡。这种形势客观上不宜再按既定计划继续加纳的行程。然而,考虑到恩克鲁玛是一位很著名的非洲民族主义政治家,他不仅领导了加纳的独立斗争,而且在独立后对外支持反帝反殖的斗争,支持非洲团结统一,支持非洲民族解放运动;对内发展民族经济和民族文化,维护国家主权,同中国保持密切友好的关系。他对中国领导人毛泽东、刘少奇、周恩来等人都非常敬仰,他对中国友好的政策对非洲其他国家有很大的影响,一些西方大国自认为自身利益受到伤害,因此买通刺客刺杀他。基于政治大局考虑,同时出于对恩克鲁玛博士的尊重和支持,周恩来总理毅然决定不惧风险按原定行程访问加纳,同时建议主人一切外交礼仪从简,取消机场欢迎仪式,恩克

---

① 《在为周恩来总理举行的宴会上,布尔吉巴总统和周恩来总理的讲话》,载《人民日报》,1964年1月12日,第3版。

② 黄镇:《把友谊之路铺向觉醒的非洲》,载聂荣臻等著《不尽的思念》,北京:中央文献出版社,1987年,第369-370页。

鲁玛不到机场迎接,中国代表团访问加纳期间不安排外出参观,多进行会谈,并且将会谈与宴会地点都安排在恩克鲁玛居住的奥苏城堡(Osu Castle)。除了刘少奇主席给恩克鲁玛发慰问电外,毛泽东主席也给恩克鲁玛发了慰问电。恩克鲁玛对中国朋友在他身处困境时为他着想、给他最大关心和支持的做法非常感激。在这次会谈结束时,恩克鲁玛对周恩来表示,周恩来总理的来访是"(所有外国领导人)对加纳访问的最好的一次"。①周总理这一决定也让很多的非洲国家特别赞赏和感慨,很多尚未建交的非洲国家都因此向周恩来总理发出访问邀请。

就在1964年1月15日在加纳首都阿克拉回答加纳通信社记者提问时,周恩来代表中国政府提出了中国对于一切新兴国家的友好援助的理念,即根据社会主义和尊重各国主权的原则,决不采取输出资本、直接投资、谋取利润的方式,而是向这些国家的政府提供经济技术援助,帮助这些国家发展自己的独立的民族经济。中国政府在提供对外经济技术援助的时候,严格遵守以下八项原则即:(1) 中国政府一贯根据平等互利的原则对外提供援助,从来不把这种援助看作是单方面的赐予,而认为援助是相互的;(2) 中国政府在对外援助的时候,严格尊重受援国的主权,绝不附加任何条件,绝不要求任何特权;(3) 中国政府以无息或低息贷款的方式提供经济援助,在需要的时候延长还款期限,以尽量减少受援国的负担;(4) 中国政府对外提供援助的目的,不是造成受援国对中国的依赖,而是帮助受援国逐步走上自力更生,经济上独立发展的道路;(5) 中国政府帮助受援国建设的项目,力求投资少,收效快,使受援国政府能够增加收入,积累资金;(6) 中国政府提供自己所能生产的质量最好的设备和物资,并且根据国际市场的价格议价,如果所提供的设备和物资不符合商定的规格和质量,中国政府保证退换;(7) 中国政府对外提供任何一项援助的时候,保证做到使受援国的人员充分掌握这种技术;(8) 中国政府派到受援国帮助进行建设的专家,同受援国自己的专家享受同样的物质待遇,不容许有任何特殊要求和享受。② 八项原则的核心是平等互利、尊重主权、不搞特权。八项原则通过加纳记者迅速传遍全世界。在访问非洲期间,周恩来总理领导的中国代表团对非洲的贫困与落后有了更进一步了解,并且更深切地理解非洲人民渴望获得外界帮助实现独立与发展的愿望。然而,时值冷战期间,以意识形态为中心的东西方对立导致新生的非洲国家在获取援助上困难重重。以美国和苏联为首的两大集团在援助非洲国家时,根本不是以非洲国家的需要为出发点,而是以这些国家是否在国际政治舞台上站在他们一边为唯一的衡量标准。因此,非洲国家在寻求援助时要么遭遇东方集团的敌

---

① 童小鹏:《我随周恩来访问亚非欧十四国》,中华人民共和国国史网,2010 年 12 月 14 日,http://www.hprc.org.cn/gsgl/gsys/201012/t20101214_116273_3.html.

② 《中华人民共和国总理周恩来1月15日在阿克拉答加纳通信社记者问》,载《中华人民共和国国务院公报》,1964 年第 2 号(总第 290 号),第 27 - 28 页。

视，要么遭遇西方集团的排斥。而身为原非洲国家的宗主国，如英、法等国，则力图实施新殖民主义政策，保持对前殖民地的本质上的控制，即通过让予政治独立的方式，对新独立国家实施政治与经济上的间接统治。新中国是一个贫穷落后的国家，在接受外来援助时也曾被迫接受种种不合理的条件限制，这种痛切心扉的历史体验使中国领导人在向非洲国家提供援助时，有了自己的明确立场。这八项原则充分体现了中国同非洲国家间平等相待、真诚合作的立场与意愿。这些体现真诚无私、平等互利、不附加任何条件的原则自然受到了第三世界许多国家的欢迎并产生了深远的影响。

　　1964 年 1 月 21 日，周恩来访问马里共和国，马里总统凯塔（Modibo Keïta）当天晚上举行了一场有 1000 多人参加的盛大招待会。中国代表团与马里政府举行了 6 次会谈，为本次访问之最。在会谈中凯塔和周恩来总理就走社会主义道路以及国家建设问题进行了深入的交流。事后凯塔向他的部长们表示：“像周恩来总理这样坦率地同我们谈社会主义问题，是我接触过的政府首脑中唯一的一位。”① 由于马里是同中国建交较早的国家之一，中国派到马里的专家也比较多。周恩来与凯塔总统谈得最多的是对马里和非洲的经济援助问题。② 在与马里政府发表的联合公报中，正式写进了中国政府对外经济技术援助的八项原则。③ 在结束对马里访问后在马里机场周恩来对马里电台记者的讲话中，在谈到中国的援助时，他再次强调中国对外援助的相互的平等互利的特点：“我们认为援助从来就是相互的，而不是单方面的。马里人民发展民族经济，增强自己的力量，就是加强全世界人民共同反对帝国主义力量，就是对中国人民的巨大支援”，“我们亚非国家有着相同的历史际遇，有着共同的斗争任务。我们亚非国家的相互援助，是穷朋友的同舟同济，而绝不是大凌小、强欺弱。这种援助是可靠的、平等互利的，切合实际的，真正有助于亚非各国独立发展的”。④ 在几内亚和苏丹的访问中，两国政府都以极大地热情和恢宏的场面接待中国总理，坐敞篷车，当地群众夹道欢迎，举行了盛大的群众大会。塞古·杜尔总统别具一格地盛邀周恩来坐直升机从金迪亚市（Kindia）返回首都科纳克里（Conakry）。在访问苏丹期间，周恩来严厉批评随行人员基于安全考虑改变苏丹方面安排的做法，强调“客随主便，主随客便”的原则，并在结束对苏丹访问前往机场时主动进行弥补，与苏丹武装部队最高委员会主席易卜拉欣·阿布德（Ibrahim Abboud）将军一同乘

---

①　陆苗耕：《周恩来与非洲领导人的深情》，载《党史纵横》，2008 年第 2 期。

②　黄镇：《把友谊之路铺向觉醒的非洲》，载聂荣臻等著《不尽的思念》，北京：中央文献出版社，1987 年，第 336 页。

③　《中国和马里联合公报》，载《中华人民共和国国务院公报》，1964 年第 2 号（总第 290 号），第 30 - 31 页。

④　《中华人民共和国国务院总理周恩来 1 月 21 日在巴马科机场对马里电台记者的讲话》，载《中华人民共和国国务院公报》，1964 年第 2 号（总第 290 号），第 32 页。

坐敞篷吉普车去机场。①

在访非期间,周恩来总理处处从中非关系大局出发,既不拘泥于细枝末节,又能以恢宏的气度与非洲朋友坦诚地交换意见。如埃塞俄比亚皇帝海尔·塞拉西(Haile SelassieI)邀请周恩来访问该国时,埃塞俄比亚还未与中国建交。在冷战初期,两国分属东西方不同阵营。埃塞俄比亚是美国在非洲的最重要的盟友,第二次世界大战后美国将触手伸向独立的埃塞俄比亚,意图将其打造成其干涉非洲事务的桥头堡。美国曾与海尔·塞拉西签订了包括"共同安全协定"、"友好通商条约"在内的 10 余个经济和军事协定。从 1953 年至 1970 年美国给予埃塞俄比亚的"军援"高达 1.59 亿美元,相当于美国给整个非洲"军援"的一半。埃塞俄比亚向美国出口的咖啡占其对外出口总量的 70%。在美国的支持下,埃塞俄比亚军队实力大增,在东非甚至整个非洲都屈指可数。在朝鲜战争期间,埃塞俄比亚参加美国领导的联合国军,与中国人民志愿军在上甘岭上兵戎相见,结果上甘岭成了埃塞军队的"伤心岭"。此后,埃塞俄比亚国内开始重新审视对中国的政策。万隆会议推动了中国与埃塞俄比亚之间的接近。会议期间,周恩来总理与埃塞俄比亚代表团就双边关系进行了会谈并相互交换礼物。1956 年,两国开始民间文化代表团的首次友好交往。1958 年之后,埃塞俄比亚的独立外交倾向更加明显,对中国的态度发生了变化。如在 1958 年以前埃塞俄比亚一直追随美国反对中国加入联合国,但到 1960 年则在此问题上投弃权票,在 1960 年之后则明确支持中国在联合国的合法席位。一方面,海尔·塞拉西认识到中国在国际舞台上将发挥越来越大的作用,认为中国"在形成世界的发展方面有重大的作用可以发挥"②;另一方面,埃塞俄比亚与索马里有着激烈的领土争端,为此双方都在争取国际支持。由于中国于 1960 年与索马里建交并向其提供了大量经济援助,埃塞俄比亚政府也希望与中国建立联系,以此来平衡或淡化中索关系。③埃塞俄比亚当然也希望通过承认台湾为中国的一个省来换取中国承认其境内厄立特里亚和欧加登分离主义运动的同样属性。④当周恩来总理开始他的欧亚非 14 国之行时,埃塞俄比亚并不在他原来的访问行程中,原来的行程是访问肯尼亚、乌干达和坦桑尼亚。但就在周恩来出访非洲期间,1964 年 1 月 12 日发生了桑给巴尔革命,这场革命随即在坦噶尼喀、乌干达和肯尼亚三国引发一系列军队叛乱等重大政治事件,由此导致周恩来总理无法继续原定行程。于是海尔·塞拉西皇帝主动向中

---

① 吴建民:《客随主便 主随客便——周总理留下的宝贵遗产》,载《今日中国》(中文版),2010 年第 9 期。

② 人民出版社编辑:《亚非人民反帝大团结万岁》,载《我国领导人访问亚非十三国文件集》,北京:人民出版社,1964 年,第 230 页。

③ 凯提马·达迪,张永蓬:《中国与埃塞比亚建交及关系演变(1949—1970)》,载《西亚非洲》,2009 年第 5 期。

④ Ali A:*Mazrui and Seifudein Adem. Afrasia*,*A Tale of Two Continent*,Maryland,1992,p.47.

国代表团伸出了"橄榄枝",邀请周恩来访问埃塞俄比亚。①此前,1963年海尔·塞拉西对美国的访问让其认识到卫星技术的进步已使得埃塞俄比亚作为美国窃听站的地位下降了,美国总统约翰逊也没有将其作为美国最好的朋友看待。因此,埃塞俄比亚也有利用与中国接近获得美国更多关注的考虑。例如,1963年,海尔塞拉西访问美国时,就向美国要求更多的经济军事援助,并对美国对埃塞俄比亚的关注度下降表示不安。他甚至告诉美国官员,如果他无法从美国获得足够的军事援助,他将被迫转向东方。②因此,埃塞俄比亚一方面邀请周恩来来访,一方面又仅安排周恩来访问埃塞俄比亚的陪都阿斯马拉(Asmara,今厄立特里亚首都),当时中方负责接洽的外交官员认为埃塞此举有失外交礼仪,难以接受。但是周恩来考虑到埃塞俄比亚是非洲国家首脑会议的发起国和它在地区及非洲大陆的影响力、同蒋介石集团没有外交关系、与美国之间的关系对于埃塞俄比亚的重要性等因素,同意只去阿斯马拉。周恩来的灵活应对做法赢得了埃塞俄比亚方面的高度尊敬,海尔·塞拉西皇帝主动安排周恩来总理下榻阿斯马拉的皇宫。在双方会谈时,海尔·塞拉西谈到埃塞俄比亚与索马里和肯尼亚的民族争执问题,提醒中国方面应考虑援助索马里的方式。周恩来表示"这对我们是一个新问题",并且明示中国对非洲国家间的争端"采取不介入立场"。中国"支持非洲各国和平解决彼此间的争端"。③尽管中方希望在会谈结束后能够发表建交公报,但是埃塞俄比亚政府不愿这样做,因为他们"不能不考虑同美国的关系",如果同美国关系搞僵,"美国会停止援助,甚至连一个小零件都不给"。④最终中方体谅埃塞俄比亚方面的困难,只发表联合公报而非建交公报,对此埃塞方面非常满意。尽管双方没有立即建交,但是中国与埃塞俄比亚之间的实质关系却发生了重大变化。在结束访问的告别宴会上,海尔·塞拉西皇帝表示中国与埃塞俄比亚的友谊并不是新建立的,而是有悠久历史的。"我们的友谊不仅在和平时期存在,而且在艰难的时刻也存在";对于中国在联合国的席位问题,海尔·塞拉西皇帝明确表示:"我们一向支持恢复中国在联合国的合法地位,这不仅是因为我们对中国的友谊,而且还因为联合国中有中国就将对世界和平作出贡献。"⑤在中埃两国发表的会谈公报中,双方协议采取措施加强两国之间的关系,包括在最近的将来使两国的关

① Ali A;*Mazrui and Seifudein Adem. Afrasia*,*A Tale of Two Continent*,Maryland,1992,45.

② Theodore M; Vestal. *The lion of Judha*: *Emperor Haile Selassie of Ethiopia and the shaping of America's attitudes toward Africa*,California,2011,p.140.

③ 《周恩来同埃塞俄比亚皇帝海尔塞拉西会谈记录》(1964年1月30日),转引自廖心文《开启和发展中非关系的两个里程碑——兼谈周恩来的历史贡献》,载《党的文献》,2013年第2期(总第152期)。

④ 《周恩来同埃塞俄比亚皇帝海尔塞拉西会谈记录》(1964年1月30日),转引自廖心文《开启和发展中非关系的两个里程碑——兼谈周恩来的历史贡献》,载《党的文献》,2013年第2期(总第152期)。

⑤ 《周总理在埃塞俄比亚举行告别宴会》,载《杭州日报》,1964年2月2日,第4版。

系正常化。①

在访问非洲期间,周恩来就国家独立后如何建设国家问题与非洲国家广泛交换意见,并积极阐明中方的观点。所有同周恩来交谈过的非洲国家领导人,都将周恩来视为非洲人民的真诚朋友。在非洲之行的最后一站索马里,周恩来根据他对非洲形势的判断,在摩加迪沙的群众大会上发表书面讲话,表示非洲大陆今天正在经历着翻天覆地的伟大变革。"三十几个非洲国家获得了独立,还处在殖民压迫和分割下的非洲各国人民正在为争取独立和自由而进行着英勇的斗争",进而提出"整个非洲大陆是一片大好的革命形势"的著名论断。②这一论断在全世界引起强烈反响。同时,他还指出非洲已经不是 19 世纪或 20 世纪初的非洲了,非洲"已经成为了一个觉醒的、战斗的、先进的大陆",并且深信"一个独立自主、繁荣富强的新非洲一定要出现"。对于中非关系,周恩来总理表示"中国和非洲国家之间是最容易彼此了解的,我们的感情是交流在一起的",他向非洲人民承诺"中国人民永远是非洲人民最可信赖的朋友"。③

周恩来总理的这次访问,是新中国成立以来时间最长、规模最大的出访活动。这在第二次世界大战后各国领导人的外交活动中也是非常罕见的,其国际影响意义深远。不久,1965 年 3 月周恩来对非洲进行了第二次访问,出访对象国是埃及和阿尔及利亚,主要目的是为了推动召开原定于 1965 年 6 月在阿尔及利亚举行的第二次亚非会议。由于会议前夕阿尔及利亚国内发生军事政变,国防部长布迈丁(Houari Boumedienne)成立革命委员会并逮捕了本·贝拉总统,还指控后者是叛徒、民族败类。新政府宣布会议将如期举行。中国政府起初认为政变是阿尔及利亚内部事务,应如期开会,周恩来在开罗发表了公开讲话并做了积极推动,然而作用有限。因为很多亚非国家领导人对阿尔及利亚的军事政变表示强烈不满。在坦桑尼亚总统尼雷尔的倡议下,正在参加英联邦会议的亚非 13 国领导人一致决议,要求会议延期并保护本·贝拉的人身安全。尼雷尔博士在接见中国驻英代办时表示:他认为本·贝拉总统是阿尔及利亚人民公认的民族英雄,也是非洲公认的反帝反殖的英雄。作为与本·贝拉共同战斗过多年的战友,他认为布迈丁政府对于本·贝拉总统的指控无论从情感上和理智上都无法接受。布迈丁是怎样的人、为何在亚非会议召开前发动政变以及政变后能否稳定局势都不清楚,此时开会客观上是支持布迈丁,反对本·

---

① 《中国和埃塞俄比亚联合公报》,载《中华人民共和国国务院公报》,1964 年第 4 号(总第 292 号),第 64 页。

② 《在索马里首都摩加迪沙群众欢迎大会上,周恩来总理畅谈非洲的大好革命形势》,载《人民日报》,1964 年 2 月 6 日,第 1 版。

③ 《在索马里首都摩加迪沙群众欢迎大会上,周恩来总理畅谈非洲的大好革命形势》,载《人民日报》,1964 年 2 月 6 日,第 1 版。

贝拉,干涉阿尔及利亚内政。况且亚非会议的目的首先是促进亚非国家的团结,在此情况下召开第二次亚非会议只会适得其反。他对布迈丁并不抱成见,但是可以有一段时间对他进行观察和了解,如果他能稳定局势并得到多数支持,而且对非洲国家持友好态度,亚非会议仍可继续在阿尔及利亚召开。尼雷尔还善意提醒中国政府在会议如期召开的态度上中方的坚决态度和中方所进行的积极活动,超过了布迈丁政权,这已经引起了一些人的惊奇、怀疑甚至不满,有损于中国和周总理本人的崇高声誉。①周总理在得到有关尼雷尔关于第二次亚非会议谈话报告后立即上报中央并建议延期开会,得到中央的复电同意。在此事的善后上周总理又接受了巴基斯坦外长布托(Zulfikar Ali Bhutto)的建议,与纳赛尔商量,并邀请万隆会议的东道主印度尼西亚总统苏加诺和巴基斯坦总统阿尤布汗一道发表共同声明,宣布第二次亚非会议延期,维护了亚非国家的团结。事后,周恩来让中国驻坦桑尼亚大使何英告诉尼雷尔,完全同意他与中国驻英代办关于亚非会议的谈话,对他的周密考虑表示钦佩,对他的正确主张表示敬意,并对他提出的批评表示接受和感谢,并请他以后多提宝贵意见。②正是周恩来这种光明磊落的态度才让尼雷尔博士认定周恩来是他最钦佩的政治家。同年6月,周恩来对非洲进行了第三次访问,出访国家是坦桑尼亚与埃及。在访问坦桑尼亚期间,周总理与尼雷尔进行五次会谈,就进一步发展坦中友好合作关系和重大国际问题广泛交换意见。同时,周总理代表中方进一步明确了帮助修建坦赞铁路的态度。③

周恩来总理访非以后,中国打开了与非洲国家发展友好关系的新局面。中非之间迎来了第二个建交高潮。由此,中国先后同刚果(布)、贝宁、赞比亚、毛里塔尼亚、埃塞俄比亚、赤道几内亚等国建立了外交关系。到1965年年底已有18个非洲国家承认中华人民共和国,尽管双边关系冷热不等。④ 中非之间的高层往来也因为双边关系的发展而不断增加。1964年10月中华人民共和国举行15周年国庆活动时,除马里总统凯塔(Modibo Keïta)和刚果(布)总统阿方斯·马桑巴－代巴(Alphonse Massamba-Débat)前来中国参加国庆活动外,还有10多个非洲国家的20多个代表团来华观礼,其中包括摩洛哥国王哈桑二世(King Hassan II)的代表摩洛哥亲王阿卜杜拉(Abdellah)。同年11月马里总统凯塔再次来华访问。1964年以后非洲国家的元首和政府首脑来华访问的人数和次数迅速增加。如1965年2月坦桑尼亚总统

① 熊向晖:《从第二次亚非会议搁浅看周恩来光明磊落的外交风格》,载外交部《新中国外交风云》编委会编《新中国外交风云》(第4辑),1996年,第168页。
② 熊向晖:《从第二次亚非会议搁浅看周恩来光明磊落的外交风格》,载外交部《新中国外交风云》编委会编《新中国外交风云》(第4辑),1996年,第168页。
③ 武建华:《我随周总理首次访问坦桑尼亚》,载《党史博览》,2006年第7期。
④ Alaba Ogunsanwo:*China's Policy in Africa*,1958－71, New York:Cambridge University Press,1974.

朱利叶斯·尼雷尔（Julius Kambarage Nyerere）、7月乌干达总统奥博特（Apollo Milton Obote）和索马里总统欧斯曼（Aden Abdullah Osman Daar）先后来华访问。1967年10月毛里塔尼亚总统达达赫（Moktar Ould Daddah）和刚果（布）总理努马扎莱（Ambroise Noumazalaye）分别率领各自的政府代表团访华并参加中国的国庆活动。此外，还有许多国家的副总统、议长等率重要代表团访华。

同中国签订友好条约的非洲国家也在不断增加。继1960年8月和1960年9月中国分别同几内亚及加纳签订友好条约后，1964年10月、11月和1965年2月，中国又先后同刚果（布）、马里及坦桑尼亚签订了友好条约。此外，中国还同10多个非洲国家签订了经济技术合作协定、贸易协定、财政援助协定、文化合作协定和广播合作协定等。根据同非洲有关国家签订的协议，中国还向阿尔及利亚、坦桑尼亚、索马里、刚果（布）、马里、几内亚等国派出医疗队，缓解当地人民缺医少药的困境。中国同非洲国家在政治、经济、文化、卫生等展开了全面广泛的合作。

当然，此时中非关系中也并非没有问题，在对待美苏争霸、中苏分裂后的对抗、中国一些激进的外交政策上，非洲国家基于自身利益，表现谨慎。为了政治上少受或不受外来干涉，为了在经济上获得更多的外援，他们在处理与美国、苏联的关系上，更多地表现出一种温和妥协的态度，与中国政府对美国、苏联的激进政策有相当的距离。在赫鲁晓夫执政并推动美苏关系缓和后，非洲国家的反美声音与亚洲诸多民族国家一样，普遍降低了很多。在周恩来和陈毅提交中共中央并毛泽东的报告中就曾提到许多非洲国家"只提反对殖民主义，不大愿意提反对新殖民主义，避免影射美国。"[1] 非洲国家主张"现在不能马上突出反对新殖民主义，不马上在两线作战"[2]，对中国推动的反帝、反殖运动上，非洲国家更多的是支持反对殖民主义，而不愿与苏联和美国发生对立。因此，周恩来意识到"我们（中国）的行动口号要照顾大多数，也就是照顾中间分子"，"在非洲大家庭中，如果口号提得太高，落后的会反对，中间的也会感到害怕和忧虑"。[3]一些非洲的朋友甚至对中国的激进做法也提出了直言不讳的批评，如突尼斯总统布尔吉巴在为周恩来一行举行的欢迎晚宴上就表示中国政府的"激烈"的言辞提出了善意忠告，"你们想让我们与西方为敌，你们却与印度发生冲突，你们谴责了铁托，又谴责赫鲁晓夫……别人不会对你们说真心话。可我

---

① 《周恩来、陈毅致中共中央并报毛泽东的报告》（1964年1月10日），转引自廖心文《开启和发展中非关系的两个里程碑——兼谈周恩来的历史贡献》，载《党的文献》，2013年第2期（总152期）。

② 《周恩来同几内亚总统本贝拉会谈记录》（1964年12月23日），转引自廖心文《开启和发展中非关系的两个里程碑——兼谈周恩来的历史贡献》，载《党的文献》，2013年第2期（总第152期）。

③ 《周恩来同加纳总统恩克鲁玛会谈记录》（1964年1月14日），转引自廖心文《开启和发展中非关系的两个里程碑——兼谈周恩来的历史贡献》，载《党的文献》，2013年第2期（总第152期）。

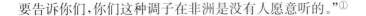

要告诉你们,你们这种调子在非洲是没有人愿意听的。"①

第三节　"文化大革命"期间的中非关系: 短暂挫折后的继续发展

　　1966 年中国国内爆发了"文化大革命",这场给中华民族带来巨大浩劫的政治动乱对中国的外交产生了很大的负面影响,这其中自然也包括一度较为热络的中非关系。中国"文化大革命"发生在中苏关系破裂之后,中国共产党与苏联共产党在世界革命的理论与路线上的尖锐分歧最终演变为对世界革命领导权的争夺,彼时毛泽东和部分中共领导人认为,中国应该取代苏联,北京应该是世界革命的中心,毛泽东才是世界革命的领袖。此前,中国共产党还做出了"世界革命高潮已经到来"的判断,于是用输出毛泽东思想来推动世界革命高潮,就成为中国政府对外工作的主要任务。1965 年 8 月,中国政府以中共中央副主席国防部长林彪的名义发表了《人民战争胜利万岁》一文,号召亚非拉国家人民进行中国式的人民战争,而"社会主义国家理应把支持亚洲、非洲、拉丁美洲的人民革命斗争当成自己的共产主义责任"。②该文的基本观点很快成为中共"输出革命"的路线方针。

　　1966 年 5 月 21 日,周恩来在中共中央政治局扩大会议上发表讲话:"通过'文化大革命'的活动,我们要更好的宣传毛主席的领袖作用,不仅在中国,而且要在全世界宣传毛主席的领袖作用,要谦虚谨慎,还要当仁不让。"为推动世界革命高潮,全力输出"文化大革命"意识形态,中共中央进一步明确了宣传方针,打破了宣传界限,甚至取消了外交业务和宣传工作之间的分工。1966 年 10 月,中共中央批准把宣传毛泽东思想和"文化大革命"作为驻外使领馆的主要任务。为了贯彻这一精神,中宣部随即"批准"向海外出口毛泽东语录。根据新华社统计,从 1966 年 10 月下发两个"批准"到 1967 年 11 月,共有 25 种外文版毛著计 460 万册发行到世界 148 个国家和地区,新华社称这一宣传攻势"将使毛泽东思想越来越深入人心,从而唤起世界广大劳动群众,组成一支浩浩荡荡的革命大军,向旧世界发动声势凌厉的总攻击,争取无产阶级世界革命的彻底胜利"。③为掀起"世界革命高潮",中国政府逾越了国际关系的基本准则,以及国与国之间普遍性的行为规范,而着力向外输出革命和毛泽东思想,这在许多国家引起严重的政治危机并成为输入国家执政党和政府头上的"达摩克利

---

① 王俊彦:《周恩来与非洲怪人布尔吉巴》,载《文史精华》,1998 年第 7 期。
② 林彪:《人民战争胜利万岁》,载《人民日报》,1965 年 9 月 3 日,第 1 版。
③ 徐达森主编:《中华人民共和国实录》第 2 卷(下),长春:吉林人民出版社,1994 年,第 291 页。

斯之剑".①

自1966年10月到1969年,中国政府的外事工作部门在贯彻宣传毛泽东思想和"文化大革命"这一主要任务中,其工作形式五花八门,可以说无所不用其极。② 根据国内指示所有驻外使馆人员都要回国参加"文化大革命"运动,加上外交部被夺权,外交工作陷于一片混乱。在1967年年初到1969年中共九大这两年多时间内,中国只有驻埃及的黄华大使在任,其余驻其他国家大使全部不在位,这是世界外交史上绝无仅有的荒唐事。由于极"左"的外交行为,在1967年前后一年里,在同中国有外交关系的48个国家中,有将近30个由于中国宣传"文化大革命"而同中国发生外交纠纷。结果,中国驻外领事馆由14个减少到5个,外国驻华领事馆由30多个减少到6个。

由于中国政府认为亚非拉是帝国主义影响的薄弱地带,因此,中国在非洲的革命宣传使中国的非洲外交和中非关系也受到很大影响。中国驻非洲国家许多使馆的外交官员,干涉驻在国内部事务,引起这些国家的严重不满,其中不少国家对中国采取了戒备措施,有的关闭其驻华使馆,有的干脆中断了与中国的外交关系。

这样,在1965年到1967年间先后有布隆迪、达荷美(今贝宁)、加纳、突尼斯和肯尼亚等5个非洲国家与中国中断外交关系。1965年1月29日布隆迪政府首先单方面宣布中断与中国的外交关系。布隆迪新总理宣布这样做是因为中国破坏了布隆迪自1964年9月会议以来国家内部寻求团结的努力。③ 1966年2月加纳军人发动"2·24"政变,推翻恩克鲁玛总统,这本是加纳内部事务,但中国政府对加纳新政权坚决不予承认,加纳军人政府便很快撕毁中加两国政府签订的经济技术合作协定,要求中国专家组全部离开并限制中国驻加纳使馆人数。同年10月加纳军政府宣布中止与中国的外交关系。1963年12月肯尼亚独立后中肯两国很快建交,但是肯尼亚执政党肯尼亚非洲民族联盟内部在对外政策上的分歧很快影响到中肯关系。亲西方的肯尼亚非洲民族联盟主席肯雅塔(Jomo Kenyata)并不认同周恩来在索马里所做的"非洲形势一片大好"的结论,并且怀疑中国政府与1965年年初以来的非洲独立国家的数起政变有联系。1965年7月肯尼亚执政党肯尼亚民族联盟(the Kenya African National Union)宣称中国驻肯使馆已经成了颠覆活动的中心,建议政府中断与中国的外交关系。肯尼亚政府虽未采纳,但还是取消了周恩来原定于1966年对

---

① 黄丽萍:《中国革命的现代性输出及其检视》,载《云南行政学院学报》,2013年第1期。

② 程映虹:《向世界输出革命——"文化大革命"在亚非拉的影响初探》,载《当代中国研究》,2006年第3期(总第94期),http://www.modernchinastudies.org/us/issues/past-issues/93－mcs－2006－issue－3/972－2012－01－05－15－35－10.html.

③ Alaba Ogunsanwo:*China's Policy in Africa*,1958－71,New York:Cambridge University Press,1974,p.119.

内罗毕的访问安排。1966 年 3 月中国驻肯尼亚使馆的三秘因为抗议肯尼亚参议院提出批评周总理非洲"革命形势已经成熟"的论断而被肯尼亚政府以有颠覆嫌疑被驱逐出境。1966 年 4 月肯尼亚政府又撤销了对中国态度友好的奥金加·奥廷加（Jaramogi Oginga Odinga）的副总统职务。1966 年 8 月,北京的"红卫兵"在肯尼亚驻北京使馆门前示威并且张贴大字报抗议肯尼亚的"反动政治",并打碎肯尼亚使馆的一些玻璃。①肯尼亚政府向内罗毕的中国使馆提出抗议照会,但未能得到满意答复,于是将驻中国大使召回。作为对北京"红卫兵"行动的回应,肯尼亚非洲民族联盟的青年也在中国驻肯使馆门前举行示威,并砸坏了中国使馆的一些玻璃。肯尼亚政府也批评中国驻肯尼亚大使馆向过往的当地群众发放《毛主席语录》和《毛泽东军事文选》等行为是在肯尼亚搞颠覆活动。1967 年 6 月 29 日,肯尼亚以中国代办干涉肯尼亚内政为由宣布其为不受欢迎的人并限令其 48 小时离境。由于中国大使馆在国内参加"文化大革命"未回,中国驻肯使馆高级外交官因此缺失。同月中国对肯尼亚驻京代办采取同样的行动,这样两国驻对方使馆都没有了现职高级外交官。1969 年,肯尼亚政府又单方面宣布将两国关系降为代办级,并禁止毛泽东著作在肯发行。周恩来得知此事后,要求外交部派人与肯尼亚驻华大使会晤,尽量把这件事对两国关系的负面影响降至最低。②

　　尽管 1964 年周恩来访问突尼斯使两国突然建交,但两国关系并不稳定。对于中国 20 世纪 50 年代末以来实行的激进外交政策,突尼斯总统布尔吉巴一直持有异议。在 1965 年他更多次批评中国在亚非搞颠覆渗透活动,谴责中国的"狂妄野心"。1967 年 2 月,突尼斯外交部长、布尔吉巴总统之子小布尔吉巴（Harbib Burguiba Jr.）宣称应该面对现实承认有"两个中国"。接着突尼斯向台湾派出一个经济代表团,并与台当局达成了一份农业经济合作协定,这意味着"中华民国"农业专家将进入突尼斯。③突尼斯政府的"两个中国"政策遭到中国政府的坚决反对。1967 年 6 月,第三次阿以战争失败后,包括突尼斯在内的许多阿拉伯国家城镇都发生了反对美英支持以色列的抗议活动。突尼斯政府更宣称发现抗议活动中有中国共产主义者介入。④1967 年 8 月,突尼斯政府又拘留了中国在突尼斯的专家并限制使馆人员的活动。9 月 14 日,中国向突尼斯发出强烈抗议,照会使用了"更有甚者,布尔吉巴总统竟于八月二十三日亲自跳出来进行反华叫嚣,污蔑中国人民和世界人民伟大的领袖毛泽东主席,狷

　　① Jennifer G. Cooke：*U.S. and Chinese Engagement in Africa*：*Prospects for Improving U.S.-China - Africa Cooperation*，CSIS，The CSIS Press,2008，p.16.

　　② 李肇星：《说不尽的外交——我的快乐记忆》,北京：中信出版社,2013 年,第 152 页。

　　③ Alaba Ogunsanwo：*China's Policy in Africa*，1958－71，New York：Cambridge University Press，1974，p.190.

　　④ Alaba Ogunsanwo：*China's Policy in Africa*，1958－71，New York：Cambridge University Press，1974，p.190.

狂到了极点"等有违外交风范的言语。①突尼斯政府拒绝中国使馆的抗议,要求中方限期收回照会并道歉,否则将宣布整个中国使馆为不受欢迎的人,遭到中方拒绝。1967年9月,中方宣布中国关闭驻突尼斯大使馆,并召回所有外交官和工作人员。②

即使没有与中国断交的非洲国家与中国关系也变得相当紧张,不少非洲国家要么采取行动驱逐中国外交官,要么采取措施,把两国关系降温、降级,中国在非洲苦心经营的国际形象严重受损。中国的非洲朋友对中国领导人提出了善意的批评和忠告。赞比亚总统卡翁达(Kenneth David Kaunda)在1967年11月就直截了当地批评中国在赞比亚特别是在那里的学校宣传毛泽东思想,反对把非洲国家卷入中苏争端。在坦桑尼亚,当时中方援建坦桑尼亚最大项目坦桑尼亚印染纺织厂的上海"造反派"纺织组在工地上竖起毛泽东的画像和语录牌,播放毛泽东的语录歌和"文化大革命"歌曲,组织"毛泽东思想宣传队"。他们还到坦桑尼亚工人中搞串联,宣传"造反有理",煽动他们不要听上面的话。当坦桑尼亚民众在政府组织下成立"绿卫兵"以动员民众贯彻政府的政策时,中方"造反派"却表示要用中国"红卫兵"的名义和坦桑尼亚的"绿卫兵"串联,向他们介绍"红卫兵"的"造反"经验。③中方使馆对外发放的《毛主席语录》等在坦桑尼亚也引起对方不安。当时坦桑尼亚也有学生写信给"红卫兵"的报纸称在得到并阅读了《毛主席语录》后,他便立即跑到当地图书馆要求当地图书馆将《毛主席语录》列为馆藏图书。桑给巴尔的一位学生写信给一个"红卫兵"出版部门告诉中国学生"在非洲,毛主席著作正在成为革命人民的精神食粮"④。在中国学艺的坦桑尼亚杂技团回国后内部也很快闹起派性,动不动就"造反",以"革命"的名义争权夺利,最后不得不解散,中国外交官也不得不承认这是受了中国"文化大革命""极左思潮和无政府主义泛滥"的影响。这个在坦桑尼亚总统尼雷尔亲自推动下的技术上极为成功的中坦文化交流项目就这样被糟蹋了。中国人在坦桑尼亚宣传"文化大革命"的行动引起尼雷尔总统的疑虑。1968年6月他到北京访问,当面要毛泽东和周恩来解释一些中国的援外工人和专家在坦桑尼亚煽动坦桑尼亚工人向政府"造反"的情况。尼雷尔在与毛泽东的会谈中一开始由于对"文化大革命"的观点分歧双方闹得很不愉快。最后毛泽东不得不表示不允许造反派在国外活动。由此,周恩来在与尼雷尔的会晤中,明确表示中共绝不允许援外人员把无政府主义

---

① 《我外交部强烈抗议突尼斯政府新的严重反华事件》,载《人民日报》,1967年9月17日,第6版。

② 《中华人民共和国外交部关于关闭中国驻突尼斯共和国大使馆的声明》,载《人民日报》,1967年9月27日,第6版。

③ 周伯萍:《非常时期的外交生涯》,北京:世界知识出版社,2003年,第22-24页。

④ Samantha Christiansen, Zachary A. Scarlett: *The Third World In The Global* 1960s, Berghahn Books, 2013, p.49.

带到国外,更不允许他们在国外"造反"。①

不过,"文化大革命"初期中国在某些方面的努力和做法在一定程度上挽救了中国在非洲的形象。例如,尽管中国官员在坦桑尼亚和赞比亚的"极左"行为引起两国强烈不满,但通过尼雷尔和卡翁达对中国的访问期间与毛泽东的直接沟通,中方当面承诺不干涉对方内部事务,让他们感到放心。特别是中国在西方大国和苏联都拒绝坦赞两国的援助请求后,出人意料地、主动地慷慨承诺援建坦赞铁路的做法,尽管让自己付出了巨大的经济代价,却也增进了中国与坦、赞两国间的关系,并因此扩大了中国在非洲的影响力。坦赞铁路具有巨大的政治意义,此前尼雷尔曾先后求助于世界银行以及向西德、英国、美国、苏联等国,然而结果令他大失所望。世界银行的回答是"南部(坦桑尼亚)没有什么可开发的,修了铁路没有用处,不给贷款",西德的回答是"南部无交通,(矿产)开了也没用"。② 英国因实力不济,迟迟没有给予答复。美国以"从经济角度考察是不值得修建的。至于从政治方面的考虑,同经济方面相似,也是没有必要的"为由,拒绝了其请求。③尼雷尔在苏联向勃列日涅夫面陈坦赞铁路的政治经济意义、希望苏联施以援手时,也被苏联以埃及阿斯旺大坝分散自身太多资源为由而婉拒。坦赞铁路建设不仅有助于赞比亚摆脱葡萄牙殖民者限制、为赞比亚矿业出口提供一个新的出海口,促进坦桑尼亚南部经济的发展,更可以让已独立的非洲国家帮助正在争取葡属非洲殖民地(安哥拉、莫桑比克)解放的人民以及南部非洲反对白人种族主义统治的民族独立斗争,在全非洲都具有重大的政治意义。然而,坦赞铁路长达 1860 公里,不仅工程难度大,周期长,而且耗资巨大,超出了当时中国国力所能。尽管如此,1965 年 8 月坦桑尼亚总统尼雷尔来中国访问期间,中国政府仍毫不犹豫地答应了尼雷尔的请求。其后,中国领导人又不断消除尼雷尔和赞比亚总统卡翁达对中国能力的顾虑,1967 年 9 月双方最终达成协定,中方向坦赞两国提供为期 30 年的无息贷款,由中国承建这条铁路。

中国在国际上继续支持非洲国家反帝反殖、争取民族独立的斗争,也因此赢得了非洲国家的赞誉。如 1967 年第三次中东战争期间,中国积极声援埃及人民反对以色列军事侵略扩张的行为:"中国人民坚决同阿拉伯人民站在一起,坚决支持阿拉伯人民的反侵略战争。"④周恩来两次接见阿拉伯联合共和国驻华大使时明确表示中国

① 程映红:《向世界输出革命——"文化大革命"在亚非拉的影响初探》,载《当代中国研究》,2006 年第 3 期,http://www.modernchinastudies.org/us/issues/past-issues/93-mcs-2006-issue-3/972-2012-01-05-15-35-10.html.

② 《刘少奇、周恩来、陈毅等同坦桑尼亚联合共和国总统尼雷尔第一次会谈记录(节录)》(1965 年 2 月 18 日),转引自《关于中国政府援助修建非洲坦赞铁路的文献选载》(1965.2—1970.7),http://www.wxyjs.org.cn/wxdayjd_579/201207/t20120707_16509.htm.

③ [英] W.E.史密斯:《尼雷尔》,《国际问题资料》编辑组编译,上海:上海人民出版社,1975 年,第 257 页。

④ 《坚决支持阿拉伯人民的反侵略战争》,载《人民日报》,1967 年 6 月 6 日,第 1 版。

对他们的坚定支持。中国政府还应对方的请求,向他们提供了 15 万吨小麦和 1000 万美元的现汇援助。中国对于埃及等国的援助增强了阿拉伯国家的信心,纳赛尔在致周恩来的电报中称:"你们对于我们为维护自由和独立而进行的斗争所给予的支持,加强了我们对自己正义事业的信心。"①据非统组织解放委员会公布的统计数字,1971 年至 1972 年,在非洲民族解放运动自非洲以外获得的武器援助中,中国占 75%。中国政府还以非洲"前线国家"赞比亚和坦桑尼亚为基地,全力支持莫桑比克、津巴布韦以及安哥拉的民族解放运动,并继续支持南非人民反对白人种族主义统治的斗争。在支持莫桑比克解放运动上,1963 年包括爱德华多·蒙德拉纳(Eduardo Mondlane)在内的 5 位莫桑比克解放阵线(FRELIMO)领导人访问中国,得到中国领导人的热情接待和支持承诺。由于思想分歧,1965 年、1966 先后从该组织中分裂出两个新组织,即莫桑比克革命委员会(COREMO)和莫桑比克人民党(PAPAMO)。中国政府对这三个民族解放运动组织都给予了支持,并衷心希望他们能团结一致。中国政府对奉行马克思主义、实行人民解放战争和建立根据地战略的莫桑比克解放阵线提供的支持最多、时间也最长。中国对它的军事援助包括军事人才培养、武器装备供给、财政外汇支持,中国军事专家曾在坦桑尼亚营地为莫桑比克培训了近万名自由战士。同时中国在外交上、道义上坚定支持莫桑比克解放运动,在国内不断报道他们的消息。莫桑比克解放阵线领导人萨莫拉(Samora Machel)曾于 1968 年和 1971 年两次访问中国。对于中国的支持,萨莫拉曾明确表示:"只有苏联和中国是真心帮助我们的……他们拥有丰富的作战经验,而其中只要对莫桑比克有益的,我们都要学习。"②

事实证明"文化大革命"以后的激进外交已经让中国对外关系遭遇严重的挫败,这本质上不符合中国的国家利益。在严峻的事实面前,中国最高领导人意识到必须有所改变。从 1968 年春天开始,中国政府开始采取措施逐步纠正过去一段时期里所实施的荒诞的外交政策。同年,毛泽东在一些涉外请示报告中连续批示凡事"不要强加于人",如不应在援外物资包装上印上"文化大革命"标语、"文化大革命"口号要内外有别等。1968 年 5 月 16 日毛泽东也曾批评"世界革命的中心——北京"的提法,认为这是以中国为中心的错误思想。③1968 年 5 月 29 日毛泽东在外交部上报的一份报告中批示:"第一,要注意不要强加于人;第二,不要宣传外国人的人民运动是由中国影响的,这样的宣传容易被反对派所利用,而不利于人民运动。"④1968 年 7

---

①　江淳、郭应德:《中阿关系史》,北京:经济日报出版社,2001 年,第 351 页。

②　Brig. Michael Calvert: *Counter-Insurgency in Mozambique*, *Journal of the Royal United Services Institute*, 1973.

③　马继森:《外交部"文化大革命"纪实》,香港:香港中文大学出版社,2003 年,第 282 页。

④　马继森:《外交部"文化大革命"纪实》,香港:香港中文大学出版社,2003 年,第 282 页。

月周恩来在《关于改革对外宣传工作的指示》中也加上了"反对形式主义和强加于人的宣传"等词句。[①]在对非关系上,周恩来要求外交人员和援外人员在行为举止方面尊重非洲国家。如1968年11年19日,周恩来就摩洛哥政府禁止悬挂毛主席语录的中国"无锡"号轮船进港,中国驻摩使馆向对方抗议一事作出内部批示:"无锡"轮去摩洛哥挂毛主席标语的做法不对。1969年6月初,针对"文化大革命"以后滥送毛泽东像章和语录等情况,周恩来指示外交部要善于做对外宣传,慎之又慎。对于因中方"极左"行为导致的两国关系紧张的事件,中方主动地在公开场合或私下里做出解释、主动示好或表示道歉并承担相关责任。中国政府也对外交队伍开始进行纪律整顿,从1969年5月起重新向所有建交国派出驻外使节。至1969年10月中国派往非洲13国的大使也全部到位履职。为了表示中国对发展与各国关系的重视,1970年5月1日毛泽东主席在天安门城楼上接见了包括非洲国家在内的40个国家的驻华使节和代表团。

中国对非关系也因中国政府的政策调整逐步重回正轨。1969年9月刚果(布)总理阿尔弗雷德·拉乌尔(Alfred Raoul)少校应邀访华,周恩来在同他举行会谈时坦承:"我们现在对非洲的了解,比1963、1964、1965年生疏多了。"[②]1971年6月5日,周恩来在接见索马里访华代表团时就向客人表示,如果中国援索医疗队人员有大国沙文主义和不好好为当地人民服务的行为,就请向中国使馆提出,把他们调回国内。在1971年6月周恩来在处理外交部提交的《关于向坦方交涉为我专家免税的检查》上批示:"一切服从坦桑法律。"[③]

另外,值得一提的是,中国虽然出现了"文化大革命"内乱,但是在"自力更生,艰苦奋斗"思想指导下的中国政府,仍然在经济和军事上仍取得了一系列标志性成就。如交通上,1968年12月中国自行设计建造的南京长江大桥顺利通车,1970年7月在世界公认的"筑路禁区"建成了长达1000多公里的成昆铁路,创造了世界交通史上的奇迹。在军事上,继1964年10月中国自行试爆了一颗原子弹后,1967年6月中国又成功试爆了第一颗氢弹。在航天领域,1970年4月中国第一颗人造卫星"东方红"顺利上天,成为世界上继苏联、美国、法国和日本之后第五个完全依靠自己的力量成功发射人造卫星的国家。作为一个贫穷落后的发展中国家,中国政府能够在短期内成功实施"两弹一星"工程不仅在广大发展中国家引起了强烈的反响,而且也提升了中国的国际地位。1970年10月,在外交上长期追随美国的加拿大不顾中美敌对的现状宣布与中国建交,引起美国和其他资本主义国家的极大震惊,同年11月西欧大

---

① 马继森:《外交部"文化大革命"纪实》,香港:香港中文大学出版社,2003年,第280页。
② 马继森:《外交部"文化大革命"纪实》,香港:香港中文大学出版社,2003年,第287页。
③ 马继森:《外交部"文化大革命"纪实》,香港:香港中文大学出版社,2003年,第287页。

国意大利也与中国建交。冷战期间长期对抗的中美两国,也为了共同对抗苏联开始冰释前嫌,从 1970 年起相互接近,这也让原先紧跟美国而对中华人民共和国持敌对态度的国家纷纷改变对中国的政策,由此出现了中国外交史上的第三次建交高潮。据统计 1970 年到 1976 年间与中国新建交的国家有 60 个,而这其中非洲国家就有21 个。①

在"文化大革命"初期一度与中国中断外交关系的突尼斯(1971)、加纳(1972)、扎伊尔(刚果民主共和国)、布隆迪(1971)、达荷美(今贝宁,1972)和中非共和国(1976)也先后与中国恢复了外交关系。而一度将两国关系降为代办级的肯尼亚也在 1974 年恢复了与中国的大使级外交关系。其中,就中国与突尼斯关系而言,1967年 9 月中国驻突尼斯使馆被关闭后,中突两国关系进入冻结期,这不符合中、突两国人民的利益。为了恢复两国外交关系,周恩来总理在 1971 年 5 月 9 日在北京接见参加巴勒斯坦国际周活动的阿拉伯国家新闻工作者时,特地与突尼斯《晨报》(Assabah)副总编辑阿卜杜勒杰利勒·达马克(Abdeljelil Damak)进行交谈,询问布尔吉巴总统的情况并请他转达对布尔吉巴总统的问候。达马克在回国后立即向突尼斯外交部进行了汇报,突尼斯政府极为重视。布尔吉巴总统在听取了达马克的当面报告后,非常高兴,立即指示在一周内恢复与中华人民共和国的外交关系。②当年10 月 8 日中国政府也宣布恢复中国驻突尼斯使馆的工作,并向突尼斯派出大使。

由于中国与非洲国家的大量建交,20 世纪 70 年代也是非洲国家领导频繁造访中国的时期。绝大多数同中国建交的非洲国家的领导人都曾来华访问,有些国家领导人还曾多次来访。据不完全统计,这一时期访华的非洲国家领导人有:埃塞俄比亚皇帝海尔·塞拉西(1971 年 10 月),毛里求斯总理西沃萨古尔·拉姆古兰(Seewoosagur Ramgoolam,1972 年 4 月),索马里总统穆罕默德·西亚德·巴雷(Mohamed Siad Barre,1972 年 5 月、1978 年 4 月),扎伊尔总统蒙博托(Mobutu,1973 年1 月、1974 年 12 月),喀麦隆总统哈吉·阿赫杜·阿希乔(Haji Ahmadou Ahidjo,1973 年 3 月、1977 年 10 月),马里国家元首兼总理穆萨·特拉奥雷(Moussa Traore,1973 年 6 月),刚果总统马里安·恩古瓦比(Marien Ngouabi,1973 年 7 月),萨苏·恩格索(Denis Sassou-Nguesso,1980 年 7 月),塞拉利昂总统西亚卡·史蒂文斯(Siaka Stevens,1973 年 11 月),赞比亚总统肯尼思·戴维·卡翁达(1974 年 2 月),阿尔及利亚革命委员会主席、政府总理胡阿里·布迈丁(Houari Boumediène,1974 年 2月),坦桑尼亚总统朱利叶斯·尼雷尔(1974 年 3 月),塞内加尔总统列奥波德·赛达

---

① 1970 年与中国建交的国家有赤道几内亚,1971 年有尼日利亚、喀麦隆、塞拉利昂、卢旺达、塞内加尔,1972 年有毛里求斯、多哥、马达加斯加和乍得,1973 年有布基纳法索,1974 年有几内亚比绍、加蓬、尼日尔和冈比亚,1975 年有博茨瓦纳、莫桑比克、圣多美和普林西比,1976 年有佛得角和塞舌尔。

② 谢邦定:《中国与突尼斯建交的前前后后》,载《百年潮》,2006 年第 11 期。

尔·桑戈尔（Léopold Sédar Senghor,1974 年 5 月），多哥总统纳辛贝·埃亚德马（Gnassingbé Eyadéma,1974 年 9 月），尼日利亚联邦军政府首脑雅库布·戈翁（Yakubu Gowon,1974 年 9 月），毛里塔尼亚总统莫克塔·乌尔德·达达赫（Moktar Ould Daddah,1974 年 9 月、1977 年 4 月），加蓬总统哈吉·奥马尔·邦戈（el Hadj Omar Bongo,1974 年 10 月、1975 年 6 月），突尼斯总理赫迪·努伊拉（Hedi Nouira,1975 年 4 月），冈比亚总统达乌达·凯拉巴·贾瓦拉（Dawda Kairaba Jawara,1975 年 6 月），圣多美和普林西比总统努埃尔·平托·达科斯塔（Manuel Pinto da Costa,1975 年 12 月），马达加斯加总统迪迪埃·拉齐拉卡（Didier Ratsiraka,1976 年 6 月），博茨瓦纳总统塞雷茨·卡马（Seretse Khama,1976 年 7 月）。

一般来说，非洲国家领导人来华访问时都会与中国政府签订各种合作协定，同时中国政府向非洲国家提供各种援助，如埃塞俄比亚皇帝海尔·塞拉西于 1971 年 10 月访问中国时，就与中国政府签署了经济技术合作协定，中国向埃塞俄比亚提供长期无息贷款。双方约定还款日期从贷款期起 10 年后还款，直到 1991 年 12 月 31 日还清，如果双方达成协议，偿还期还可以延长。双边协定中不仅贷款条件对埃塞俄比亚十分慷慨，而且还规定还款方式以埃塞俄比亚向中国出口货物来加以偿还。在贸易方面中国承诺给予埃塞俄比亚最惠国待遇。中国还慷慨地同意将根据埃塞俄比亚提出的需求向埃塞俄比亚派遣技术人员。埃塞俄比亚的报纸在高兴地评论这一协定时，表示：“对于像我们这样的发展中国家来说，中国是给予人们巨大希望和鼓舞的源泉。来自朋友的援助是好的，但归根结蒂，只有利用援助来自助的人才能取得任何有意义的成果。我们从中国学到了作为民族解放的最终手段的自力更生精神。我们在向勤劳的中国人民表示感谢的同时，还向他们的巨大成就致敬。可作为典范的埃塞俄比亚和中国在民族努力各方面的合作将有着光辉的前途。”[1]海尔·塞拉西结束在中国的访问后，在伊朗访问期间，谈及他对中国访问的感受时，表示对中国的访问感到很高兴，他还要求其他国家效法埃塞俄比亚扩大同中国的关系，并重申埃塞俄比亚支持一个中国：“各国越是认识到扩大同中国的关系的好处就越好”，“各国越是这样做，就越将能有利于国际和平和安全”。他在同美国副总统阿格纽（Spiro Theodore Agnew）进行会谈时拒绝美国的要求，明确表示不支持在联合国采取两个中国的政策，他对记者公开表示“我们不支持使得另外一个中国进入联合国的政策”。[2] 突尼斯外长马斯穆迪（Muhammad Masmoudi）1972 年 8 月率突尼斯政府代表团访华期间，中突两国政府签订了第一个经济技术合作协定。中国政

---

① 《埃塞俄比亚先驱报》发表社论评塞拉西访华《有成果的访问》，载《参考消息》,1971 年 10 月 16 日。

② 《塞拉西在伊朗谈他对中国的访问重申埃塞俄比亚支持一个中国的政策》，载《参考消息》,1971 年 10 月 18 日。

府先后于 1972 年和 1977 年向突尼斯政府分别提供了 4000 万美元和 5700 万美元的贷款,全部用于帮助建设该国的麦杰尔达崩角水渠(Medjordah-Cap-Bon Canal)工程,帮助其实现"西水东调"的愿望。①

中国领导人与这些非洲国家领导人交往中相互尊重、非常坦诚,由此赢得了彼此的友谊。例如,在中国与刚果民主共和国关系的处理上就很典型。1960 年 6 月,卢蒙巴(Patrice Émery Lumumba)领导刚果政府宣布独立时,中国总理周恩来和外长陈毅立即致电表示祝贺并予以承认。然而,不久刚果总统卡萨武布(Joseph Kasa-Vubu)与总理卢蒙巴因政策分歧发生严重对立,地方分离主义势力也趁势而起。原刚果军队参谋长蒙博托发动政变,囚禁卢蒙巴后又将其交冲伯(Moise Kapenda Tshombe)集团。中国政府曾为此发表了谴责蒙博托绑架卢蒙巴的声明,抨击蒙博托是美帝国主义的代理人。②卢蒙巴被捕后刚果国内迅速形成了卡萨武布和蒙博托集团领导的中央政府、卢蒙巴(基赞加 Antoine Gizenga)集团、加丹加冲伯集团以及开赛省卡隆吉(Albert Kalonji)政府四派政治力量。卢蒙巴被囚禁后,基赞加宣布建立中央政府,并举起社会主义的旗帜,很快得到了 21 个亚洲、非洲及东欧国家的承认。1961 年 2 月中国与基赞加政府建立外交关系,并互派使节。中国还为基赞加政权的军队提供了武器装备和军事援助。但过了不久,基赞加就加入了与"中华民国"建立外交关系的阿杜拉(Cyrille Adoula)中央政府(1961 年 8 月成立)。于是,在 1961 年 9 月中国政府召回驻刚果大使,此后两国关系中断了 10 年。在联合国军队的直接干预下,刚果中央政府一度重新实现了国家的统一。1964 年,曾在中国受过训练的原卢蒙巴政府的教育部长缪勒尔(Pierre Mulele)起兵领导反抗刚果中央政府的辛巴(狮子)运动(Simba Rebellion),并举起毛泽东思想的旗帜。缪勒尔得到了中国、古巴、阿尔及利亚和埃及等国的支持。辛巴运动曾一度声势号大,控制了全国 2/3 的国土。当时刚果总理冲伯领导下的政府不得不引入雇佣军镇压这一运动,缪勒尔兵败逃往国外。③在缪勒尔领导辛巴运动期间,1964 年 11 月 28 日毛泽东发表了声明,支持"刚果人民的正义斗争"。1965 年在美国中情局的支持下,蒙博托利用冲伯与卡萨武布总统之间的矛盾再次发动政变,宣布实施紧急状态,禁止政党活动,并且严厉打击地方势力和反叛势力,缪勒尔被诱归国后遭酷刑处死。经过 5 年艰苦作战,蒙博托基本实现了国家的统一,成为国家统一的缔造者。在国际上,蒙博托得到

---

① 谢邦定:《中国与突尼斯建交的前前后后》,载《百年潮》,2006 年第 11 期。

② 《中华人民共和国政府关于美帝国主义及其代理人蒙博托集团绑架刚果共和国总理卢蒙巴的声明》,载《中华人民共和国国务院公报》,1960 年第 34 期。

③ 辛巴运动的少量残余在洛朗·德西雷·卡比拉领导下(Laurent-Desire Kabila)于 1967 年成立人民革命党,在坦噶尼喀湖畔建立自己的政权,继续进行反对蒙博托的战争,古巴革命志士切·格瓦拉也曾一度进入刚果与卡比拉的军队一起战斗。1997 年卡比拉率军攻入金沙萨,推翻了蒙博托的统治,并将国名由扎伊尔改回刚果民主共和国。

欧美资本主义国家的支持,成为西方世界反对共产主义的榜样人物。蒙博托统治初期经济政策也有一定效果,通货膨胀下降,货币稳定,经济产出增长,政府负债也很低。蒙博托成功地实施了铜矿业国有化,这为刚果政府带来了巨大收入。加之政府制定的有吸引力的投资政策,外资大量涌入刚果,刚果经济一度非常繁荣。同时他的民族主义思想也进一步增强,1968 年还提出了"真正的扎伊尔民族主义"的口号。1971 年 10 月 27 日,他改国名为扎伊尔共和国,并多次宣称扎伊尔不是西方国家的附庸。由于中国一直支持反政府的刚果社会主义力量,蒙博托对中国一直非常反感。但是,随着中美接近和中国在非洲影响力的扩大,加之非洲著名的政治家卡翁达、尼雷尔、海尔·塞拉西和尼迈里等观点各异的非洲风云人物纷纷访华,蒙博托意识到应该改善并发展与中国的关系。为此,他先后托请罗马尼亚总统齐奥塞斯库和几内亚总统塞古·杜尔向中方转达他的愿望。经过双方不断磋商,1972 年 11 月中扎两国关系实现了正常化。1973 年 1 月蒙博托出访中国,毛泽东同他进行了友好的会谈,毛泽东坦承中国曾支持过卢蒙巴、基赞加、缪勒尔等人,并且给他们钱和武器,"就是不支持你","就是他们不会打,打不赢啊,那我有啥办法啊!"。当蒙博托表示"过去使我们分裂的事情一笔勾销"时,毛泽东表示:"不至于一笔勾销,历史还是历史啊! 现在两国要合作了,你讲和平共处,我也没有法子反对了。"这段简短的举重若轻、实事求是的对话,就这样化解了两国间长达 10 年的政治嫌隙。蒙博托在会见结束后明确表示:"我很欣赏毛主席讲老实话,喜欢毛主席坦率的性格。"[①]从此中国与扎伊尔的关系迈入了新的台阶。终其一生,蒙博托一直在推进中、扎两国的友好关系的发展。

毛泽东著名的"三个世界理论"也是他在 1974 年 2 月 22 日与来华访问的赞比亚总统卡翁达会谈时明确提出的:"我看美国和苏联是第一世界。中间派,日本,欧洲、澳大利亚、加拿大是第二世界。咱们是第三世界。""第三世界人口很多……亚洲除了日本都是第三世界。整个非洲都是第三世界,拉丁美洲也是第三世界。"[②]这些非洲国家领导人基本上都是非洲各国政坛的中坚人物,许多人还长期执掌国家政权,他们对华访问并与中国领导人深层次的政治交往,为以后中非关系的全面发展起打下了深厚的互信基础。

正是由于 1969 年以后中国基本务实的对非外交政策,才使得中国得到众多非洲国家的信任与支持。当时中国在非洲的主要利益诉求是政治利益,这其中主要有两个,其一是相关国家承认中华人民共和国为中国唯一合法的政府,不承认台湾和"两

① 张树军主编:《图文共和国年轮(1970－1979)第三卷》,石家庄:河北人民出版社,2009 年,第 1386 页。

② 中华人民共和国外交部、中国中央文献研究室编:《毛泽东外交文选》,北京:中央文献出版社,1994 年,第 600－601 页。

个中国",其二是争取中华人民共和国取代蒋介石的"中华民国"获得在联合国的席位。非洲国家在与中华人民共和国建交时一般都明确承认中华人民共和国为中国唯一合法的政府,不承认"两个中国"。对于在美国压力下不便明确地在建交公报中不再承认"中华民国"的非洲国家,中国政府本着原则性与灵活性相统一的方式处理这一问题。而恢复中华人民共和国在联合国席位的问题,与中华人民共和国建交的国家均支持中国重返联合国取代"中华民国"的席位。甚至一些尚未与中国建交的国家也支持恢复中国在联合国的席位。例如,海尔·塞拉西统治下的埃塞俄比亚,在 1958 年以前一直支持"中华民国"拥有在联合国的席位,但是在 1959 年它投了弃权票,1960 年起就一直支持中国人民共和国获得联合国的席位,尽管该国在 1970 年才与中国建交。在 1971 年 10 月 25 日,恢复中华人民共和国在联合国的席位表决中,当时非洲大陆的 42 个国家中有 26 个投票赞成恢复中华人民共和国在联合国的席位,占 78 张全部赞成票 1/3 以上。在关于此问题的决议通过后,坦桑尼亚驻联合国代表萨利姆(Salim Ahmed Salim)大使带头跳起非洲舞,更被传为外交佳话。[①]

在中非经济关系方面,"文化大革命"期间由于中国陷入内乱状态,中国经济发展缓慢,而非洲国家刚独立不久,经济发展有限,因此,中非经济关系没有大的起色。这里有数据为证:1960 年中非贸易刚达 1.1 亿美元,1970 年为 1.77 亿美元。而"文化大革命"后随着中国经济的恢复,双边贸易也迅速上升。1978 年中非贸易就上升到了 7.65 亿美元,1979 年又上升为 8.17 亿美元。

在中国对非援助方面,由于毛泽东在 1964 年严厉批评中国外交中的所谓"三和一少"、1967 年进一步升级批判为"三降一灭"的外交,而要积极实行"三斗一多"的外交路线[②],因此,尽管中国经济发展水平较低,国力极为有限,但对包括非洲国家在内的援助力度却非常大。从 1970 年起,基于中国政府有关部门对非洲革命形势的判断是好的,但非洲的形势同时也不断受到美、苏两大势力的渗透,因此非洲的民族民主革命将是"长期复杂并曲折地发展"的[③],周恩来强调中国必须对非洲采取行动,打开国际局面[④],并提出"守住重点,适当发展"策略,即继续发展 20 世纪 60 年代就与中国建立并保持良好关系的坦桑尼亚、赞比亚、几内亚和刚果(布)等国友好关系,同时与一些未曾建交或断交的非洲国家发展一般外交。基于此,周恩来在接见埃塞俄

---

① 付吉军:《尼雷尔及其遗产》,载《西亚非洲》,2001 年第 3 期。

② 所谓"三和一少",即对帝国主义和气一点,对反动派和气一点,对修正主义和气一点,对亚非拉人民斗争的援助少一点。所谓"三降一灭",即投降苏修、美帝和各国反动派,扑灭民族解放运动和人民革命。所谓"三斗一多",即对帝国主义要斗,对修正主义要斗,对各国反动派要斗,要多援助反对帝国主义的、革命的和马列主义的派别。

③ 《1970 年的非洲形势》,载外交部编印《外事动态》,1971 年第 18 期。

④ 周恩来在全国外事会议上的第一次讲话,1971 年 5 月 30 日,转引自蒋华杰《农技援非(1971—1983)中国援非模式与成效的个案研究》,载《外交评论(外交学院学报)》,2013 年第 1 期。

比亚新闻工作者代表团时表示除了越南和印度支那外,中国要将非洲作为"第二位"的援助对象。[①]事实上中国对非洲的援助甚至与当时最大的对外援助国美国相比在某些方面也不逊色,到 1975 年接受中国援助项目的非洲国家的数量比美国还要多。[②]中国对非洲援助中最著名的项目莫过于坦赞铁路。它是在苏联和美国、西欧大国以及世界银行都不愿接手的情况下,中国领导人主动提出援建的项目。坦赞铁路于 1970 年 10 月开始施工,1975 年 10 月试运营,1976 年 7 月全面建成并移交由坦桑尼亚、赞比亚两国组建的坦赞铁路局共管。为了修建这条长达 1860.5 千米的铁路,中国政府共计派出 5.6 万人次的工程设计和施工人员。高峰时,在现场的中国工人多达 1.6 万人。在铁路修建和后来的技术合作中先后有 66 位中方援建人员为此付出了宝贵的生命。在修建这条铁路时,中国向坦、赞两国提供无息的、不附带任何条件的贷款达 9.88 亿元人民币。然而,坦赞铁路的实际建设费用远高于此数。此后,为了保障这条铁路的正常运营,中方继续向坦、赞两国提供无息贷款和技术合作援助,派出专家和技术人员参与管理或提供咨询,直到今天都没有中断过。

非洲民族独立运动是第二次世界大战后非洲国家政治发展史上的重要事件。中国对非洲民族独立运动的援助是不遗余力的。除了前述对埃及、阿尔及利亚、莫桑比克的援助外,中国还对安哥拉民族解放事业提供了大量援助。安哥拉民族解放阵线的领导人罗伯特曾高兴地宣布:"我们的士兵是由中国人训练的。"[③]中国政府还在刚果和坦桑尼亚设立训练营,为安哥拉培训游击战士。

在中国对非洲的援助中,中国对非洲的医疗援助也是非常重要的内容。在中国与非洲国家建交后,中国或主动或应非洲国家要求,往往向非洲国家派出医疗队。中国医生以精湛的技术,赢得了非洲人民的普遍尊重。

第四节　改革年代中非关系的稳步前行

1976 年中国"文化大革命"结束,长达 10 年的政治内乱终告谢幕。1978 年党的十一届三中全会召开标志着中国告别以阶级斗争为纲的革命年代而走向以经济建设为中心的改革时代。中国的外交由毛泽东时代的反对帝国主义、殖民主义、霸权

---

①　《周恩来会见埃塞俄比亚新闻工作者代表团谈话摘录》,1971 年 11 月 20 日,甘肃省档,档号 151 - 2 - 1,第 18 页,转引自薛琳:《对改革开放前中国援助非洲的战略反思》,载《当代世界社会主义问题》,2013 年第 1 期。

②　Robert I: Rotberg（ed.）, *China into Africa Trade Aid and Influence*, Brookings Institution Press, 2008, p.198.

③　Peter Calvocoressi: *Independent Africa and the World*, London: Longman, 1986, p.130.

主义和支持被压迫民族争取独立解放的民族革命的主题开始转变为和平与发展。这一转变为中非关系的正常发展提供了更为良好的政治氛围,并增添了新的内容。

一、中非政治关系得到有效深化

"文化大革命"结束后,中国对非政策变得积极主动,与过去相比,突出表现在中国领导人对非访问迅速增加,这在很大程度上改变了"文化大革命"时期多为非洲国家领导人单方面访华、中国领导人却极少出访非洲的不正常现象。从1978年7月到1980年8月间,陈慕华、耿飚、乌兰夫、姬鹏飞和李先念等中国领导人几乎不间断地先后对非洲33个国家进行了友好访问。其规模远超过20世纪60年代周恩来总理对非洲的三次访问,在非洲及国际社会都产生了极大反响。塞拉利昂执政党全国人民大会党机关报《人民报》在欢迎姬鹏飞副委员长访问时发表的题为《有意义的一次访问》的社论中就说:"塞、中友谊碑已经建成,这主要是由于中国政府和人民有同我们一起分享经验和技术的愿望……并且认识到,好处是双方的。""我们需要中国,中国需要我们。"塞拉利昂《每日邮报》发表社论,强调这次访问的重要性。它在列举了一些中国援建工程以后说:"中国还要援建其他一些工程","我们重视我们同这样一些朋友们的关系,他们尊重我们的友谊,他们愿意帮助我们跳出使人讨厌的依赖别人的泥坑"。尼日利亚广播公司就耿飚副总理访问非洲播出的新闻节目里说:"当尼日利亚大力推行争取自力更生政策,大力强调发展农业和工业革命的时候,她需要同中国——一个同尼日利亚有同样经历的国家,建立更密切的关系。"电台还说:"中国对非洲的发展所怀有的善意是非常清楚的。"

当李先念副总理访问非洲回国时,非洲舆论纷纷赞扬中国与非洲各国的良好关系。坦桑尼亚《自由报》发表社论说:"长期以来,坦中两国一直在政治、文化和经济领域内进行合作。两国最重要成就之一是中国援建的坦赞铁路。"这家报纸还强调说:"最重要的是中国支持解放运动,支持解放非洲大陆。中国站在全世界反对种族主义斗争的前列。"赞比亚《每日邮报》发表文章说:"当我们决定请求中国人民来修建坦赞铁路时,西方国家警告说,我们是在请求中国把我们变为殖民地。使一些西方国家感到羞耻的是,他们发现,修建坦赞铁路期间,在大街上没有看到一个中国人。""当他们的任务完成后,他们没有制造任何借口再在这个国家多逗留一时半刻。他们在我国人民接受了如何管理坦赞铁路的训练之后就离开了。"莫桑比克《新闻报》发表文章说:"中华人民共和国是莫桑比克民族解放武装斗争可靠的后方",在重建国家的现阶段她又是"继续支持我国的社会主义国家之一"。1979年,南非《中肯》周刊和一些西方报刊也发表了评述文章。《中肯》周刊的评论说:"1970年代,中国所承担的经援义务总的来说已经超过了苏联。在中国今年上半年签订的44项经援协议中,有23项是与非洲国家签订的。"在国际舞台上,中国继续支持非洲国家发挥更大的作用。例如非洲统一组织推荐的坦桑尼亚驻联合国代表萨利姆·艾哈迈德·萨利姆竞选联合国秘书长一职时,美国反对萨利姆当选,连续投了 16 次反对票,而中国认为萨利姆是非洲年轻而有才干的著名政治家,又是中国人民的好朋友,他的参选得到了非洲统一组织提名,并得到阿拉伯国家和不结盟运动国家的支持,因此代表了整个非洲和广大发展中国家要求和愿望,中国坚决支持萨利姆参选,并为此不惜对美国支持的候选人连续行使了 16 次否决权,中国的立场赢得了非洲和广大第三世界国家的高度赞誉。①

20 世纪 80 年代的非洲发生了巨大的变化。除了纳米比亚和南非人民还在进行反对殖民主义统治和种族主义的斗争外,非洲各国基本上完成了民族独立的伟大历史任务。此时,广大非洲国家都在致力于发展民族经济,争取经济独立,以巩固得来不易的政治独立。同过去一样,中国支持非洲国家巩固政治独立、维护国家主权和经济权益的正义斗争,进一步加强同非洲国家的友好关系,继续发展同非洲国家的经济合作关系,继续支持南部非洲人民反对种族主义的斗争。这一时期中国对国际局势的判断逐步发生根本变化,最终认定战争特别是世界大战短期内打不起来,和平与发展才是时代的主旋律。同时,中国国内的战略重点也发生了根本变化,由以阶级斗争为纲彻底转为以经济建设为中心。

中国对国际形势的准确把握以及由此进行的国内、国外政策的调整必然对中非关系产生影响。中国对非洲的政治关系开始由过去的以意识形态为重心转向更加广泛的国家利益,中国对非洲国家的态度也不再以非洲国家与美苏关系的性质划界。1982 年 9 月,党的十二大明确提出中国的对外政策方向,即中国坚持独立自主的外交政策,决不从属于任何大国或国家集团。中国与包括社会主义国家在内的所有国家在和平共处五项原则的基础上发展国家关系,同时强调危害世界和平的主要力量是帝国主义、霸权主义和殖民主义,这是世界不稳定与动荡的根源。这是中国斗争的对象,无论其是在朝鲜半岛、巴勒斯坦还是南非。这也是世界人民(即第三世界)反对的对象。中国是第三世界的一员,与亚非拉人民一起进行反对帝国主义、霸权主义和殖民主义的斗争,并且同样面临保卫民族独立和国家主权、发展民族经济的任务。中国领导人在接见非洲贵宾时非常强调中非之间政治合作的重要意义。在"中国永远属于第三世界"战略思想指导下,中国政府强调同包括非洲国家在内的第三世界的团结与合作永远是中国外交政策的立足点。

为了向非洲国家阐明新时期中国的外交政策,1982 年 9 月党的十二大结束后不久,时任国务院总理赵紫阳即在 1982 年 12 月至 1983 年 1 月间对包括埃及在内的 11 个非洲国家进行了正式友好访问。这也是继 1963—1964 年周恩来总理访非之后中

---

① 凌青:《中美在第五任联合国秘书长人选上的对峙》,载《湘潮》,2009 年第 9 期。

国总理第二次踏上非洲大陆。赵紫阳总理在出访前会见非洲国家驻华使节时表示这是"中国政府采取的一个重要外交行动"。他重申"加强同第三世界国家的团结和合作是中国外交政策的基本点",他访问非洲的目的是为了向非洲国家和人民学习,加强了解、加强友谊、加强合作,并期待与非洲国家领导人就发展友好合作关系和共同关心的问题交换意见。①赵紫阳坦承,许多非洲国家领导人和政府首脑多次访问中国,而中国领导人对非洲的回访却很少,"我们欠账太多了","如果按我个人的愿望,我愿意在非洲待上两年时间进行访问"。②《人民日报》也同时发表社论强调赵紫阳总理首先出访非洲国家是中国与非洲关系史上的一件大事,深信"这次访问必将使中国同非洲国家的友好合作关系得到进一步发展,中国人民同非洲人民的友谊将像春日的鲜花一样,更加繁茂和鲜艳"。③

国际舆论也普遍认为这次访问将使中国同第三世界特别是非洲的关系得到加强。例如,南通社认为,赵总理访非是自周总理 1963 年访非以来"中国总理对非洲的一次最重要的访问",它表明"中国非常重视同发展中国家在平等互利的基础上发展相互合作",而这种合作是加强这些国家经济独立的途径,是它们政治独立的前提。④

在这次访问中,赵紫阳向非洲国家阐明了我国政府一贯奉行的外交政策,明确表示赞赏阿拉伯国家为解决中东问题所做的努力,"中国对于一切有利于中东问题的公平、合理解决的各种倡议和努力都给予赞赏和支持"。"至于具体采取什么方案,中国尊重阿拉伯国家和巴勒斯坦解放组织所作出的抉择。"对于阿拉伯首脑在"非斯会议"上提出的解决方案,他重申中国支持这一方案,认为它是"合理的、求实的,是全面地、公正地解决中东问题的基础"。⑤ 赵紫阳在与时任埃及总统穆巴拉克会晤时重申了中国政府一以贯之的外交政策的两个基点:第一,反对霸权主义,维护世界和平;第二,坚定地同广大的第三世界国家团结和合作。⑥他表示:"非洲已经生机勃勃地站起来了,成为第三世界的一支强大力量","中非人民之间的了解、友谊、团结、合作不仅对建设我们各自国家有着重要的意义,而且也有利于维护世界和平的事

① 新华社:《赵紫阳总理将访问非洲十国》,载《人民日报》,1982 年 12 月 5 日,第 5 版。
② 新华社:《赵紫阳启程前对中外记者谈此次访问非洲十国目的,增进了解和友谊,加强团结和合作》,载《人民日报》,1982 年 12 月 21 日,第 4 版。
③ 《中国同非洲关系史上的重大事件》,载《人民日报》,1982 年 12 月 20 日,第 1 版。
④ 《埃及政府和舆论高度评价赵总理访问,南通社和西方舆论说中国将进一步加强同第三世界关系》,载《人民日报》,1982 年 12 月 20 日,第 6 版。
⑤ 《赵总理在开罗重申支持阿拉伯国家为解决中东问题的努力》,载《人民日报》,1982 年 12 月 22 日,第 6 版。
⑥ 《赵总理阐明我国对外政策:指出基本点是反对霸权主义,维护世界和平;坚定地同广大第三世界国家团结和合作》,载《人民日报》,1982 年 12 月 22 日,第 6 版。

业"。①他重申坚持遵守 20 世纪 60 年代周恩来总理访问非洲时提出的中国同非洲和阿拉伯国家相互关系的五项原则，受到非洲国家的称赞。穆巴拉克称赞中国一贯"遵守诺言，诚挚友好"，"坚定地恪守原则和信义"，"不愧于代表崇高的东方哲学"。②在纳米比亚人民争取独立、南非人民反对白人种族主义统治的问题上，赵紫阳总理在多个场合都表示中国坚决支持纳米比亚人民争取独立的斗争，支持西南非洲人民组织，反对南非当局的种族主义政策，支持南非人民反对种族歧视和种族隔离的斗争，中国决不同南非政权发生任何政治、经济和贸易关系，支持非洲国家要求对南非进行全面的、强制性的制裁的正义立场。③

　　赵紫阳总理访问非洲时，非洲政治格局已经发生了根本变化。第二次世界大战后，非洲只有 4 个独立国家，而此时，非洲独立国家已达到 50 个。独立后的非洲国家面临的共同挑战是如何通过经济发展巩固政治独立。中方认为在这种形势下，进一步开展包括中国和非洲国家在内的南南合作，对于加强第三世界自力更生、改革旧的国际经济关系、建立公平合理的国际经济新秩序具有重大的战略意义，并有广阔的发展前途。"加强同第三世界国家的团结与合作，是中国政府对外政策的根本立足点。"④在对摩洛哥广播电台记者发表讲话时，赵紫阳提出中国"将把南南合作作为自己的重要任务"，在建立新的国际经济秩序方面，首先发展中国家要团结一致，推动发达国家在联合国范围内展开全球谈判，其次，发展中国家自己要加强自己的合作，增强集体的自力更生的能力。中国重视同第三世界国家，同非洲国家发展经济技术合作。⑤ 在访问非洲的第一站埃及时，赵紫阳总理就提出中国将根据平等互利、讲求实效、形式多样、共同发展的原则与埃及进一步发展经济合作关系，并愿意进一步探讨两国合作的新领域、新途径。⑥在以后的访问中他在几内亚、加蓬和扎伊尔等国时都提到了这四项原则。在几内亚，赵紫阳提出："为了使（中国与非洲国家的）这种良好的关系更加充实，我们愿意根据团结友好、平等互利的原则同非洲国家进一步在经济技术方面进行合作。这种合作应是严格尊重主权和不干涉内政、不附带任何政治条件的。这种合作应从双方的实际需要和可能条件出发，发挥各自的长处和

---

① 《赵总理说中埃友好合作领域日益扩大，非洲已成为第三世界一支强大力量》，载《人民日报》，1982 年 12 月 23 日，第 6 版。
② 《穆巴拉克总统在欢迎赵总理宴会上强调：第三世界的作用和团结十分重要，埃中两国人民之间的团结有着坚如磐石的基础》，载《人民日报》，1982 年 12 月 23 日，第 6 版。
③ 《赵总理和杜尔总统举行两次会谈》，载《人民日报》，1983 年 1 月 2 日，第 6 版。
④ 《几内亚三万人盛会热烈欢迎赵总理，杜尔总统和赵总理共赞几中两国友好关系的发展》，载《人民日报》，1983 年 1 月 1 日，第 3 版。
⑤ 《赵总理对摩洛哥广播电视台记者谈话》，载《人民日报》，1982 年 12 月 31 日，第 6 版。
⑥ 《赵紫阳同穆巴拉克举行两轮会谈，双方赞扬中埃互相同情、支持和友好始终如一》，载《人民日报》，1982 年 12 月 22 日，第 1 版。

潜力,因地制宜,采取多种多样的方式,以取得良好的经济效益。这种合作不是为了任何别的目的,而是为了取长补短,互相帮助,以利于增强双方自力更生的能力,促进各自民族经济的发展。"①1983年1月13日,赵紫阳在出访坦桑尼亚期间举行的记者招待会上,进一步完整地提出了中国同非洲国家开展经济技术合作的四项原则即:(1)遵循团结友好、平等互利的原则,尊重对方主权,不干涉对方的内政,不附带任何政治条件,不要求任何特权;(2)从双方的实际需要和可能条件出发,发挥各自的长处和潜力,力求投资少、工期短、收效快,并能取得良好的经济效益;(3)方式可以多种多样,因地制宜,包括提供技术服务、培训技术和管理人员、进行科学技术交流、承建工程、合作生产、合资经营等等,中国方面对所承担的合作项目负责,守约、保质、重义,中国方面派出的专家和技术人员不要求特殊的待遇;(4)中国同非洲国家进行经济技术合作,目的在于取长补短,互相帮助,以利于增强双方自力更生的能力和促进各自民族经济的发展。② 中非经济技术合作的四项原则可以概括为平等互利、形式多样、讲求实效、共同发展。这四项原则完全符合中国和非洲国家的共同利益,有助于进一步开拓中非经济技术合作的新领域。

赵紫阳在1982年年底到1983年年初对非洲11国的访问为进入改革年代以后中国同非洲关系的发展指明了方向。通过访问,中国领导人与非洲国家就双边问题与国际问题交换了意见,并在一系列问题上有了共同语言,其中包括:(1)大家都反对帝国主义、殖民主义、种族主义;(2)都反对大国主宰小国,反对强权政治;(3)都主张维护世界和平;(4)都主张加强第三世界国家之间的团结;(5)都主张改革不公正、不合理的国际经济旧秩序;(6)都主张采取实际步骤开展南南合作;(7)都愿意积极发展彼此间的双边关系。这些语言是今后中非双边进一步协调行动的基础。③这些共同语言后来又被赵紫阳写入向第五届全国人大常委会第二十次会议所做的报告中。④ 赵紫阳的访问实现了出访前党中央、国务院研究确定的了解、友谊、团结、合作和学习的宗旨。赵紫阳认为分析非洲形势要从非洲的独立、团结和发展着眼。而对于中非关系,他认为中国在非洲的形象非常好,非洲朋友认为他们"与中国是患难之交,中国是靠得住的朋友,'全天候'朋友,真朋友"。同时赵紫阳强调:"中国同志也要记住:非洲是中国的好朋友。他们是一直同情和支持我们的。……二三十年来,国际上风云变幻,尽管有人想孤立我们,但非洲朋友总是和我们团结在一起。"

---

① 《几内亚三万人盛会热烈欢迎赵总理,杜尔总统和赵总理共赞几中两国友好关系的发展》,载《人民日报》,1983年1月1日,第3版。

② 《赵总理宣布中非经济技术合作四项原则》,载《人民日报》,1983年1月15日,第6版。

③ 《赵总理对中国记者说访问非洲富有成果加深了友谊和了解》,载《人民日报》,1983年1月17日,第1版。

④ 《国务院总理赵紫阳向第五届全国人民代表大会常务委员会第二十六次会议作关于访问非洲十一国的报告》,http://www.npc.gov.cn/wxzl/gongbao/1983-02/28/content_1480973.htm。

"他们对我们的友谊同我们对他们的友谊一样,都是经得起考验的。""非洲朋友对我们这样好,这样信任,说明毛主席、周总理制定的中非友好的方针是正确的,在非洲是非常得人心的。"因此"非洲国家要独立,我们支持他们独立。非洲国家要发展民族经济,我们同他们积极合作。非洲各国要团结,我们努力做有利于非洲团结的事情。超级大国想插手非洲,我们同非洲国家一起,坚持非洲的事务必须由非洲人解决,反对一切外来干涉。""我们坚持中非友谊,就要始终不渝地坚持中非友好的方针,并且在新的条件下更好地执行这个方针。"[1]在向全国人大所做的报告中他也明确提出:"应当坚定不移地坚持毛主席、周总理为我们制定的中非友好的方针,并在新的历史条件下更好地贯彻执行这一正确的方针。一切中国公民,都要以中非友谊为重,要教育我们的后代,使中非友好事业一代一代地继承下去。"[2]对于中非合作问题,赵紫阳也提出访问期间宣布的中非经济合作的四项原则是真的,是要做的。中国正在调整经济,也有自己的困难,需要搞经济技术合作。他认为中非经济技术合作"不仅有可能而且大有可为",因为"发展中国家经济上各有特点,尽管都有短处,但也都有长处,互相取长补短,就能做到互利,就能持久"。同时他强调:"中非合作的摊子不可能一下子铺开大干,朋友需要什么,我们能为朋友做些什么,都要好好调查研究。所以应当积极探讨,积累经验,稳步前进。超过我们国力的事情,不要勉强去做,朋友们也不希望我们做这种事。但是办得到的事,有实效的事,如果朋友们要我们做,我们就必须采取积极态度,把它做好。""要讲效率,讲质量,讲经济效益,务必对朋友有所裨益,对我们自己有所促进。"他强调:"我们要把国内建设工作做好,这个是基础,没有这个基础,自己没有长处,什么都谈不上。要在这个基础之上,把对外的经济技术合作工作做好。"[3]

非洲国家舆论对赵紫阳的访问也给予了极高的评价,普遍认为这是一次成功的访问,是中国和非洲合作道路上的新的里程碑。如加蓬广播电视台在新闻公报中指出,赵总理的访问又一次体现了长期的、有成果的友谊和合作。扎伊尔《埃利马报》说,赵总理访问扎伊尔在两国有成效的关系的道路上立下新的里程碑。《赞比亚时报》则在评论中称赞中国是真正的朋友:"当你顺利时,中国支持你,当你身处逆境时,中国仍旧支持你。"[4]塞内加尔《太阳报》认为,赵总理的非洲之行有助于发展中国

①《赵总理对中国记者说访问非洲富有成果加深了友谊和了解》,载《人民日报》,1983 年 1 月 17 日,第 1 版。

②《国务院总理赵紫阳向第五届全国人民代表大会常务委员会第二十六次会议作于访问非洲十一国的报告》,http://www.npc.gov.cn/wxzl/gongbao/1983 - 02/28/content_1480973.htm.

③《赵总理对中国记者说访问非洲富有成果加深了友谊和了解》,载《人民日报》,1983 年 1 月 17 日,第 1 版。

④《非洲舆论盛赞赵总理访非成功,中非友好合作的新里程碑》,载《人民日报》,1983 年 1 月 18 日,第 6 版。

同第三世界、特别是非洲国家的关系,有助于反对超级大国霸权主义,有助于建立公正的和合理的国际经济关系。非洲舆论对赵总理这次访问对促进中国和非洲国家之间的经济合作给予了高度评价。如刚果《星报》指出:"多年以来,我们已经有证据证明中华人民共和国同第三世界伙伴的合作是堪称典型的,是卓有成效的。"[①]中国和非洲国家的合作具有广阔的前景,赵总理的访问必将推动这种合作,使它得到进一步加强。同时,他们高度赞扬中国对非洲所提供的援助。如《乌干达时报》曾发表题为《中国是患难之交》的社论,说:"中国人怀着慷慨态度来到非洲,援助解放运动,却不像超级大国那样附加条件,中国帮助非洲国家发展农业、交通、体育和技术,而从来不大肆张扬。"《赞比亚每日邮报》说:"中国人民的友谊不是像人们在国际讲坛上那样空喊口号。这种友谊是通过合作和工程项目而凝结起来的。"坦桑尼亚《每日新闻》认为,中国在非洲的经济援助是值得赞扬的,坦桑尼亚人民一直为中国援外人员的"组织能力和纪律性及献身精神所感动,为同我国人民肩并肩工作的中国专家所表现出来的非常节约俭朴的精神所感动"。这家报纸指出,坦赞铁路是"中国同非洲国家合作的典范"。[②]

在赵紫阳出访非洲后,中国领导人访问非洲的次数明显增多。就北非而言,1984年4月国务委员兼外交部长吴学谦访问突尼斯,同月中共中央政治局委员习仲勋率团访问阿尔及利亚,5月李鹏副总理访问了苏丹、利比亚和毛里塔尼亚。1985年10月至11月间国务院副总理田纪云访问阿尔及利亚、突尼斯、摩洛哥和利比亚四国,12月国务委员吴学谦访问埃及。1986年3月时任国家主席李先念访问了埃及、索马里和马达加斯加。10月李鹏副总理访问埃及,并考察了埃及的阿斯旺水坝。1987年国务委员兼外长吴学谦访问了阿尔及利亚。1989年12月杨尚昆主席出访埃及。需要强调的是李先念主席对非洲的访问也是中国国家元首首次踏上非洲大陆。埃及总统穆巴拉克在欢迎李主席的宴会上盛赞中国是"肝胆相照的朋友,情同手足的兄弟和忠实真诚的战友",并"真诚地希望加深我们两个国家、两个古老民族之间的友谊与合作"。[③]李先念主席在对埃及电视台发表的讲话中明确表示对双方建立在相互尊重、相互信任和相互支持基础之上的中埃友谊合作关系十分满意,自己访问埃及的重要使命就是进一步加强双方之间的了解和友谊,增进团结和合作。在中埃经济技术合作上,李主席特别强调中国是一个发展中国家,尤其重视同其他发展中

① 《非洲舆论盛赞赵总理访非成功,中非友好合作的新里程碑》,载《人民日报》,1983年1月18日,第6版。

② 《非洲舆论盛赞赵总理访非成功,中非友好合作的新里程碑》,载《人民日报》,1983年1月18日,第6版。

③ 《穆巴拉克总统在欢迎李主席宴会上发表讲话,埃中两国人民是肝胆相照的朋友》,载《人民日报》,1986年3月19日,第6版。

国家进行经济技术合作,中、埃两国间的经济技术合作有着广阔的发展前景。① 中方愿意"在平等互利、讲求实效、形式多样、共同发展的原则基础上,为进一步发展中埃之间的友好合作做出努力"②。在中国与包括非洲在内的广大第三世界国家的关系上,李主席在对埃及人民议会和协商会议联席会议上所做的演讲中,强调"中国是第三世界的一员,中国人民对第三世界有着特殊的感情。中国政府和人民始终不渝地站在第三世界一边,把加强同第三世界国家的团结和合作放在自己对外工作的首要地位"。他表示中国"坚持不渝地支持第三世界国家反对殖民主义、帝国主义、种族主义、霸权主义的正义斗争,支持它们维护民族独立、振兴本国经济、建设自己国家的努力。我们支持不结盟运动的宗旨和原则。我们在同其他第三世界国家以及世界上所有国家的关系中严格遵守和平共处五项原则,决不干涉其他国家的内部事务。我们积极支持第三世界国家谋求改革国际经济旧秩序的要求⋯⋯中国不仅现在属于第三世界,即使今后发展起来,也仍然属于第三世界。中国反对一切霸权主义,中国自己也绝不称霸。永远同广大第三世界国家站在一起,是中国政府和人民坚定不移的信念和立场"③。对于南部非洲人民反对殖民主义和种族主义的斗争,李先念在马达加斯加总统拉齐拉卡(Didier Ratsiraka)为他举行的宴会上发表讲话时表示,中国政府坚决支持南部非洲人民的斗争,并且深信在一切主持正义的国家和人民的支持下,非洲人民终将实现民族独立、消除种族主义,实现整个非洲大陆的彻底解放。对于非洲大陆的发展问题,李主席也表示非洲幅员辽阔,人口众多,资源丰富,发展潜力很大。尽管遭受了殖民主义的长期统治和掠夺,以及不公正不合理的国际秩序的严重损害,非洲大陆多数国家尚未摆脱贫困落后的状态,但是非洲国家正在根据本国情况,制定正确的发展政策,致力于振兴经济,自强不息的非洲人民一定能够克服一切艰难险阻,不断开拓前进,实现非洲经济的繁荣。而中国作为一个发展中国家,充分理解并坚决支持非洲国家在这方面做出的各种努力。④

从"文化大革命"结束到 1989 年,前来中国访问的非洲国家的领导人也有很大增加。据统计:"1977—1980 年,17 位非洲国家元首访问了中国。1980—1989 年,应邀访华的非洲国家元首和政府首脑达到了 55 位。"⑤在同来访的非洲国家领导人交谈

---

① 《李主席对埃及电视台发表讲话说,中埃两国对友好合作关系十分满意》,载《人民日报》,1986 年 3 月 20 日,第 6 版。

② 《李主席穆巴拉克总统为国际会议中心奠基,双方认为这项工程是中埃友好合作的又一成果》,载《人民日报》,1986 年 3 月 20 日,第 6 版。

③ 《第三世界是维护世界和平促进共同发展的主要力量,李先念主席在埃及人民议会和协商会议上讲话》(1986 年 3 月 19 日),载《人民日报》,1986 年 3 月 20 日,第 4 版。

④ 《李主席在拉齐拉卡总统举行的欢迎宴会上发表讲话,非洲人民定将克服困难实现经济繁荣》,载《人民日报》,1986 年 3 月 26 日,第 6 版。

⑤ 刘青建:《中国三代领导人与中非关系的发展》,载《亚非纵横》,2000 年第 4 期。

时,中非领导人之间坦诚相待,就经济建设和相互合作以及共同关心的国际问题深入全面地交换彼此的看法,促进了中非关系全面发展。例如,1978 年 5 月 7 日,邓小平在会见马达加斯加政府经贸代表团时强调,作为一个社会主义国家,中国永远属于第三世界,永远不能称霸。他还说:"如果将来中国翘起尾巴来了,在世界上称王称霸,指手画脚,那就会把自己开除出第三世界的界籍。"① 1984 年 10 月 26 日,邓小平同马尔代夫总统加尧姆(Maumoon Abdul Gayoom)交谈时,当加尧姆表示中国在国际事务中与第三世界站在一起,在联合国和国际论坛上影响很大时,邓小平表示:"联合国安理会常任理事国中国算一个。中国这一票是第三世界的,是名副其实地属于第三世界不发达国家的。"邓小平还表示:"中国永远属于第三世界。我们曾多次讲过,将来我们发展起来了,还是属于第三世界,永远不做超级大国。"② 1987 年 2 月邓小平与第六次来访的加蓬总统邦戈的会谈中重申中国继续发展和非洲及第三世界的密切关系以及援助他们的意愿。国家主席李先念也向来访的加蓬朋友保证中国坚持对非洲和世界关系上的"开放政策"。邦戈来访及其与邓小平、李先念的会谈表明了中国继续发展与非洲国家和人民政治关系的意愿。邦戈在他第六次访华时也说过:"访问北京之所以令人兴趣盎然,这无疑是因为我们可以在这里讨论问题,能够同许多杰出的人士进行接触,而且还能够怀着高兴的心情再次探索贵国丰富的文化艺术宝库。"③

除了发展与非洲国家之间的关系外,在对外政策中,"文化大革命"结束后中国共产党也注意淡化意识形态因素,积极发展与非洲国家的各个政党之间的关系。在此之前,中非政党间也有往来,如中华人民共和国成立不久,20 世纪 50 年代初中国共产党就与南非人国大党、南非共产党、留尼汪共产党等政党有一定联系,但总体而言中非政党交往规模小、交往对象少。交往的目的主要是支持他们反对殖民主义、争取民族独立和取消族隔离制度的斗争。交往方式也极简单,只有非洲政党团体来中国,中国共产党却没有去非洲。1977 年年底中国共产党决定以党的名义同非洲国家执政党即民族主义政党开展往来,改变过去只与非洲共产党打交道的做法。在中共十二大上还确立了党际交往四原则,即独立自主、完全平等、互相尊重、互不干涉内部事务。据此,在 1978 年到 1990 年间,仅在撒哈拉南部非洲地区,中国共产党就"与黑非洲 30 多个国家的执政党、1 个参政党和 1 个反对党(均为民族主义政党)建立了关系"④。同时中国共产党还与南非共产党和留尼汪共产党恢复了因为中苏论

---

① 邓小平:《实现四化,永不称霸》,载《邓小平文选(第 2 卷)》,北京:人民出版社,1994 年,第 111-112 页。
② 《邓小平会见加尧姆时说,五年中我们取得的成就超过预想》,载《人民日报》,1984 年 10 月 27 日,第 1 版。
③ 《邓小平会见邦戈》,载《人民日报》,1987 年 2 月 19 日,第 1 版。
④ 李力清:《中国与黑非洲政党交往的历史与现状》,载《西亚非洲》,2006 年第 3 期。

战而中断的党际关系。党际高层交往成了增进中非相互信任、相互支持的重要手段。中国共产党努力采取多种方式与非洲国家政党加强交流，丰富交往内涵，如互派代表团访问、互致贺电、互派考察团、出席对方党代会等。在党际交往中，中方注意对非洲各国政党不分大小、平等对待，任何时候都不把自己的想法强加于人。支持非洲国家政党维护国家主权、发展民族经济文化以及反对南非种族主义的斗争。注意不干涉对方内部事务，在介绍治国经验时注意强调根据本国国情出发。对于非洲政党有疑问的问题，坦诚交换意见，以建构双方的理解与信任。在这 13 年中中国共产党共接待非洲国家政党和向非洲派出团组共 300 余批。①当然，在冷战环境下，中非政党关系的深入发展有一定的局限性。如非洲各国共产党都不是执政党，而执政的都是非洲民族主义政党，如果与非洲各国共产党关系过于密切，就有可能影响国家间关系；而不信奉共产主义的非洲政党由于意识形态上的问题与中国共产党也都保持一定的距离；还有一些搞社会主义的非洲政党批评中国共产党的改革开放政策是走资本主义道路，因此与中国关系也并不亲近。总体而言，政党外交有效填补了政府外交的不足，对推动中非双边关系的全面发展起到了相当积极的作用。

二、中非经济合作取得了良好的效果

发展经济合作是改革时代中非关系的一个重要内容。中国政府过去就曾表示过中非合作具有重要意义，但是很长一段时期内非洲国家主要进行的是争取民族独立的政治斗争，而新中国成立后的很长时期内也主要以阶级斗争为纲，在中非关系上更多地表现为中国对非洲国家民族独立运动的支持，帮助他们培训武装干部、向他们提供武器装备和经济援助。双方之间正常的经济交往十分有限。以中非双边贸易为例，1950 年中非贸易额为 1214 万美元，10 年后到 1960 年才达 1 亿美元，到 1980 年中非双边贸易额也仅为 11.3 亿美元，同年中国对外贸易总额为 546 亿美元②，中非贸易在其中仅占 2%。党的十一届三中全会后，党和政府的工作重心由以阶级斗争为纲转向经济建设，而同时非洲国家到 20 世纪 80 年代初除西南非洲外，几乎完全实现独立。独立后非洲国家的主要任务也全面转向了以经济发展、巩固政治独立的时期，客观上说中非都面临发展的任务。这为中非之间深化经济往来提供了内在的动力。然而，由于西方发达国家主导的不公正不合理的国际经济秩序又使得中国与非洲大陆国家作为发展中世界的成员，有必要联合起来，寻求公正合理的国际经济新秩序，与此同时，发展中国家紧密合作有助于团结一致，夺得更大的国际经济话语权。除了赵紫阳对非访问期间强调南南合作的意义外，其他中国领导人也在

---

① 李力清：《中国与黑非洲政党交往的历史与现状》，载《西亚非洲》，2006 年第 3 期。
② 沈觉人：《1981 年中国对外贸易展望和当前的外贸体制改革》，载《国际贸易问题》，1981 年第 1 期。

不同场合同样强调南南合作的重要性。如 1982 年 1 月 1 日邓小平在会见阿尔及利亚政府代表团时就曾说:"我们第三世界国家要发展自己是需要战斗的。帝国主义、霸权主义、新老殖民主义是不希望我们取得发展的。因此,第三世界国家应该加强它们之间的友好关系,开辟更广阔的合作领域。"①对于发展中国家之间的南南合作,邓小平表示:"过去提出南北对话,'南南合作'是新提法,这个提法好,应该给发明者一枚勋章。""不仅仅有'南北'、'东西'问题,还有'南南'合作问题。'南南'合作是国际关系中一个重要问题,是历史发展的方向。第三世界国家资源丰富,能互通有无,相互合作,可以解决许多问题,前景是很好的。第三世界国家根本利益是一致的,穷帮穷,南南合作有坚实的政治基础。"邓小平强调"要采取新途径加强南南之间的合作"。同时他还指出:"南南合作也可以推动南北合作。"②1986 年时任国家主席李先念对埃及、索马里和马达加斯加三国的访问中,也表示中国与非洲国家都是发展中国家,尽快摆脱和改变不发达状态是历史赋予中非人民的共同任务。加强第三世界国家之间的合作,即南南合作具有重要意义。

1984 年,邓小平在会见苏丹总统尼迈里(Gaafar Mohamed Nimeri)时,阐述了他的和平与发展是当今世界两大主题的思想:"现在世界上的问题可以概括为两大问题,就是东西问题和南北问题。东西问题也就是和平问题。南北问题对第三世界国家是个非常现实的问题,南方国家首先要摆脱贫困,发达国家要继续发展。"③团结是第三世界力量的源泉,合作是第三世界发展的必由之路。邓小平在与非洲贵宾交谈时,强调非洲国家要注意利用和平的国际环境发展自己。20 世纪 80 年代中后期,邓小平更是多次向国际社会阐述他对战争危险性问题的新的看法和判断。1986 年,邓小平在会见扎伊尔客人时指出:"发展与和平是相互关联的。第三世界国家越发展,和平就越有希望。同时,也只有在和平的国际环境中,第三世界国家才能得到发展。"④1987 年 5 月他告诉来访的罗马尼亚客人:"我们对世界战争危险性问题的看法已经改变,在本世纪和下一世纪相当一段时间里,仗打不起来。""要利用这二十年、三十年、四十年的和平时间好好发展自己。"⑤基于这一判断,邓小平希望非洲国

---

① 《邓小平会见阿尔及利亚政府代表团时说第三世界国家要发展自己是需要战斗的》,载《人民日报》,1982 年 1 月 2 日,第 1 版。

② 中共中央文献研究室编:《邓小平年谱(1975—1997)》(下册),北京:中央文献出版社,2004 年,第 795 - 796 页。

③ 中共中央文献研究室编:《邓小平年谱(1975—1997)》(下册),北京:中央文献出版社,2004 年,第 1017 - 1018 页。

④ 中共中央文献研究室编:《邓小平年谱(1975—1997)》(下册),北京:中央文献出版社,2004 年,第 1120 页。

⑤ 中共中央文献研究室编:《邓小平年谱(1975—1997)》(下册),北京:中央文献出版社,2004 年,第 1184 - 1185 页。

家也能好好利用和平的际遇,大力发展自己。1988 年 3 月他在会见赞比亚总统卡翁达时指出:"现在世界上最大的两个问题,一个是和平问题,一个是发展问题。和平是我们的共同问题,发展也是我们的共同问题。中国的发展对世界来说意义十分重大。"①同年 6 月 22 日他在会见埃塞俄比亚总统门格斯图(Mengistu Haile Mariam)时也说:"现在国际形势看来会有个比较长期的和平环境,即不爆发第三次世界大战的环境。我们都是第三世界国家,要紧紧抓住经济建设这个中心,不要错失时机。"②1989 年 3 月 23 日,邓小平对来访的乌干达总统穆塞韦尼(Yoweri Kaguta Museveni)表示:"我们非常关注非洲的发展与繁荣。我们高兴地看到,二次世界大战后,许多非洲国家都独立了,这为发展创造了最好的条件。经过多年奋斗,现在国际形势趋向缓和,世界大战可以避免,非洲国家要利用这一有利的国际和平环境来发展自己。"③

在中非高层交往中,中方积极鼓励非洲国家自力更生并寻找适合自己的发展战略。邓小平在会见非洲领导人时多次指出一个国家的建设必须坚持自力更生为主的方针,"我们向第三世界朋友介绍的首要经验就是自力更生",发展中国家经济建设"必须在自力更生的基础上争取外援,主要依靠自己的艰苦奋斗","要发展经济,还是要靠自力更生、量力而行这个原则"。④1982 年 7 月 12 日,邓小平在会见几内亚外长时,指出:"从历史经验看,第三世界国家必须靠自力更生,靠自己的力量,使自己发展起来,才能受到人家的尊重。"⑤中国领导人特别注意鼓励非洲国家探索适合自身发展的模式。20 世纪 70 年代中期以后,非洲国家特别是撒哈拉以南非洲国家经济发展普遍出现停滞、倒退,甚至恶化的局面,国家财政入不敷出,政府债台高筑,引起国际社会的强烈关注。为走出经济困境,非统组织先后于 1979 年和 1980 年提出《蒙罗维亚战略》和《拉各斯行动计划》。非统组织的观点认为非洲经济的困境是西方殖民统治的后遗症和现行国际经济旧秩序的结果,因此强调在独立自主和自力更生基础上发展非洲经济。而世界银行和国际货币基金组织则认为非洲经济危机的根源主要在于非洲国家经济发展上的决策失误,并提出了应对经济危机的结构调整方案。按照世界银行和国际基金组织的思路设计,结构调整的"核心是让非洲国家走上市场经济的轨道,其标准是西方国家的经济运作模式"。⑥由于西方国家的支

①　中共中央文献研究室编:《邓小平年谱(1975—1997)》(下册),北京:中央文献出版社,2004 年,第 1225 页。

②　邓小平:《保持艰苦奋斗的传统》,载《邓小平文选》(第 3 卷),北京:人民出版社,1993 年,第 290 页。

③　邓小平:《保持艰苦奋斗的传统》,载《邓小平文选》(第 3 卷),北京:人民出版社,1993 年,第 289 - 290 页。

④　邓小平:《我国经济建设的历史经验》,载《邓小平文选》(第 2 卷),北京:人民出版社,1994 年,第 406 - 407 页。

⑤　中共中央文献研究室编:《邓小平年谱 1975—1997》(下册),北京:中央文献出版社,2004 年,第 830 页。

⑥　舒运国:《评 1980 年代以来非洲国家的经济结构调整》,载《苏州科技学院学报(社会科学版)》,2004 年第 21 卷第 2 期。

持以及世界银行和国际货币基金组织以援助为工具所施加的巨大压力,有30多个非洲国家被迫采用了世界银行和国际货币基金组织的方案。然而结构性调整方案中的一些政策和措施不适合非洲国家的国情,结果不但没有促进非洲国家经济结构的真正变化,反而产生了一些严重的经济和社会后果。20世纪80年代非洲国民经济平均年增长率仅为1.4%,不仅远低于70年代的3.8%,而且低于80年代非洲人口增长率的3%,相形之下,非洲人均收入平均每年下降2.6%。①因此,如何发展经济成为中国领导人与非洲领导人会晤时一个必谈的话题。非洲国家对中国改革开放所取得的经济成就十分钦羡,迫切希望了解和借鉴。在他们访问中国时,中国领导人总是毫无保留地向他们介绍中国的经验和教训,努力"授人以渔",邓小平认为这是对非洲国家最大的帮助。他真切希望非洲国家集中力量抓经济建设,并强调非洲要根据本国情况制定发展战略和政策。1983年5月22日,邓小平在与毛里求斯代表团讨论中国经济建设的经验时,除了具体介绍中国的做法外,更特别指出,中国最根本的一条经验是"一切从实际出发",任何国家、任何地区都有自己的特点,每个国家应该根据自己的特点制定本国的方针、政策、目标和计划,但是很遗憾"过去,我们没有这样做,犯错误就犯在这里;这几年成功,原因也在这里"。他反复强调说:"别人的经验可以借鉴,但必须根据自己的实际情况来决定自己的事情。制定一个国家的路线和政策,只能根据本国的实际,别国的经验只能作参考。路要靠自己走出来。"②邓小平明确表示:"如果说中国有什么适用的经验,恐怕就是按照自己国家的实际情况制定自己的政策和计划,在前进过程中及时总结经验。好的坚持、贯彻下去,不好的不大对头的就及时纠正,恐怕这一经验比较普遍适用。"③邓小平告诉来访的非洲国家领导人,中国经济发展的主要原则是改革开放,即对内改革和对外开放——"对外开放非常必要,因为任何一个国家要发展,孤立起来,闭关自守是不可能的,不加强国际交往,不引进发达国家的先进经验、先进科学技术和资金,是不可能的;对内改革是全面的改革,不仅经济、政治,还包括科技、教育等各行各业。"④对于如何实施改革开放政策,邓小平提出"胆子要大,步子要稳"。1985年4月他在会见坦桑尼亚副总统姆维尼(Ali Hassan Mwinyi)时还对这句话做了如下解释:胆子要大就是看准了的就必须"坚定不移地搞下去",步子要稳是"发现问题赶快改"。⑤同年6月他与阿尔

---

① 唐宇华:《非洲经济发展面临的挑战及其对策》,载《西亚非洲》,1992年。

② 中共中央文献研究室:《邓小平思想年谱1975—1997》(上册),北京:中央文献出版社,1998年,第255页。

③ 中共中央文献研究室:《邓小平思想年谱1975—1997》(下册),北京:中央文献出版,2004年,第1080页。

④ 中共中央文献研究室:《邓小平思想年谱1975—1997》(上册),北京:中央文献出版社,1998年,第314—315页。

⑤ 邓小平:《邓小平文选》(第3卷),北京:人民出版社,1994年,第118期。

及利亚民族解放阵线党代表团会谈时表示,"改革需要有勇气,胆子要大,步子要稳。这是我们党和国家当前压倒一切的最艰巨的任务。"①在当年 9 月邓小平就加纳国家元首罗林斯(Jerry John Rawlings)提出的改革开放政策的风险问题作答时,表示:"我们清醒地意识到,我们宏伟的发展规划是有风险的,难免会犯错误。但我们确定了一条方针,就是胆子要大,步子要稳,走一步,总结一步的经验,对的就贯彻下去,不妥当的就改。这样就可以不犯大的错误,我们就是这样做的。"②

作为中国改革开放的总设计师,邓小平也很希望中国的改革开放能为包括非洲在内的发展中国家提供更多的经验。在 1987 年 2 月乍得总统邦戈(EL Haji Omar Bongo)第六次对中国的访问中,邓小平告诉邦戈中国希望在第三世界中获得新的发展水平,并且展示出一个发展中国家是如何实现现代化的。但是邓小平同时拒绝他国对中国经验的盲目模仿,相反他认为非洲应该把中国的经验作为一个借鉴,只吸收那些对自己有用的部分。例如,对于非洲国家不顾实际,一窝蜂地搞社会主义的问题,邓小平就坦诚地表达了自己的不同看法。1983 年 5 月 15 日,他在会见来访问的莱索托首相乔纳森(Leabua Jonathan)时就说:"我们是朋友,我们跟你们说实话,我们要搞社会主义,但是你们莱索托不要搞。你们在南非的肚子里,搞社会主义是搞不了的。"③1988 年 5 月邓小平在会见莫桑比克总统希萨诺(Joaquim Alberto Chissano)时也说:"有一个问题,你们根据自己的条件,可以考虑现在不要急于搞社会主义……要讲社会主义只能是莫桑比克实际情况的社会主义。"④1989 年 3 月邓小平在会见乌干达总统穆塞韦尼时,对乌干达政府的务实做法就表示赞赏,他说:"要根据本国的条件制定发展战略和政策,搞好民族团结,通过全体人民的共同努力,使经济得到发展。我很赞成你们在革命胜利后,不是一下子就搞社会主义。我和许多非洲朋友谈到不要急于搞社会主义,也不要搞封闭政策,那样搞不会获得发展。在这方面,你们做对了。"⑤中国领导人的坦诚拉近了中非领导人之间的距离,乔纳森首相就曾对邓小平的坦诚表示高度的敬意:"一个领导中国走社会主义道路的领袖,建议我们不要搞社会主义,而是走自己的发展道路,这是一种怎样的情怀! 中国替我们着想,是我们真正的朋友。"⑥

在发展中非经济关系中,中方牢记"平等互利、讲求实效、形式多样、共同发展"的四项原则。与以往以经济援助换取非洲国家的政治支持的"互利"模式相比,中国

---

①　邓小平:《改革开放是很大的试验》,载《邓小平文选》(第 3 卷),北京:人民出版社,1993 年,第 130 页。

②　中共中央文献研究室编:《邓小平年谱 1975—1997》(下册),北京:中央文献出版社,2004 年,第 1080 页。

③　李肇星:《说不尽的外交》,北京:中信出版社,2014 年,第 166 页。

④　邓小平:《解放思想,独立思考》,载《邓小平文选》(第 3 卷),北京:人民出版社,1993 年,第 261 期。

⑤　中共中央文献研究室编:《邓小平思想年谱》(1975—1997),北京:中央文献出版社,1998 年,第 423 页。

⑥　李肇星:《说不尽的外交》,北京:中信出版社,2014 年,第 166 页。

方面开始更注重经济方面的利益,也就是更注重经济上的互利合作。"中国不再单方面强调非洲国家的发展,发展的聚焦点也不再局限于政治上的解放,转而强调中国和非洲双方经济和社会的共同进步和发展。"①在中非经济交往中,无论是"取长补短",还是"互相帮助",均以承认和认可非洲发展中所具有的优势和长处为前提,这些既是非洲未来发展的基础,也是中非在合作中有效互动、成功实现共同发展的关键因素所在。②

中非经济合作中,中方强调合作形式的多样性,逐步由以提供援助为主转变为承包工程、劳务合作和投资等多种形式,合作领域逐步拓展。1982 年前,中非经济技术合作主要是贸易往来、提供经援、派遣农业技术小组等。1982 年后,在四项原则的指导下,合作的内容越来越广泛,合作领域已涉及工、农、林、渔、建筑、水电、饮食、服务和商业等部门;合作的形式也日趋多样,有合资企业、承包工程、劳务合作和管理合作等新形式。这些合作都能做到平等互利,讲究实效,有较好的经济效益,所以深受非洲国家的欢迎。例如,仅 1986 年中国就在近 40 个非洲国家(地区)共签订承包工程和劳务合作项目 200 多个,合同金额达 4 亿多美元。③

在 1982 年后,中非间还出现了合资企业,它是由中国和非洲国家的政府或个人联合出资建设的项目,由双方共同管理。这一合作形式将双方的利益密切地结合在一起。对中国来说,可以有效地利用国外资源,带动商品和劳务出口,开拓国际市场,增加外汇收入;对非洲国家来说,可以利用本国的资源和劳动力,生产当地所需的产品,减少进口、增加收入,培养和锻炼本国技术人员和经营管理人员,促进民族经济的发展。因此,它是南南合作的好形式。而从新中国成立初期到改革开放前,中国对非洲的直接投资几乎为零,少数合资企业也只是为执行特定政府项目而开办的,如中坦联合航运公司。改革开放后由于中非合作的发展,中国对非洲投资开始逐步发展起来。但由于中国本身缺乏向海外进行投资的资本,因此对非洲投资极为有限,到 1989 年,中国在非洲共兴办了 33 个生产性合资企业。据统计,自 1979 到1990 年年底,中国对非洲投资共达 102 个项目,总投资额为 5119 万美元,项目平均投资额约 50 万美元。④而另有研究称,到 1990 年中国对非洲累计投资仅为 4900 万美元。⑤与此同时,非洲国家也开始在中国投资建立合资企业,其中值得一提的是,在

① 胡美、刘鸿武:《中国援非五十年与中国南南合作理念的成长》,载《国际问题研究》,2012 年第 11 期。

② 胡美、刘鸿武:《中国援非五十年与中国南南合作理念的成长》,载《国际问题研究》,2012 年第 1 期。

③ 刘维楚:《中国与非洲国家友好合作关系的回顾与展望》,载《湘潭大学学报(社会科学版)》,1990 年第 2期。

④ 刘乃亚:《中国对非洲投资格局的形成——中国对非洲投资 50 年回顾》(上),http://www.sinosure.com.cn/sinosure/xwzx/rdzt/tzyhz/dwtzxs/87012.html.

⑤ David H. Shinn, Joshua Eisenman: *China and Africa: A Century of Engagement*, Philadelphia: University of Pennsylvania Press, 2012, p.132.

邓小平的亲自推动下,中国、突尼斯和科威特三国共同实施了现代复合肥料合作项目,1985年2月中国—阿拉伯化肥有限公司在秦皇岛诞生,建设总投资达5800万美元,是当时中国与第三世界发展中国家间最大的经济合作项目,被邓小平誉为"南南合作的典范"。

到20世纪80年代末中国国内一些地区和部门在非洲设立了150多个贸易中心或办事处、200多个贸易公司及分拨中心。同中国签订政府间贸易协定的非洲国家增加到40个,同中国建立贸易关系的非洲国家或地区达55个,几乎遍及全非洲,这极大地增进了中国企业对非洲国家的了解,为以后中非贸易的大发展奠定了良好的基础。"中非贸易商品的品种和结构也有了明显变化,中国从非洲进口的商品从50年代的几个品种增加到30多种,进口工业制成品和半制成品的比重已占40％左右。"①中方在贸易中持续保持贸易顺差地位,并逐步增加。以1987年为例,当年中非贸易总额为10亿美元,其中中方出口8.5亿美元,进口1.5亿美元,顺差达7亿美元,与1970年的4679万美元的顺差相比,增长近14倍。②

然而,由于中国和非洲国家都是经济发展较为落后国家,经济发展水平相差无几,经济互补性较差,此时专注于引进外国资本与技术的中国,在某种程度上与非洲国家事实上构成一定的竞争关系,在对外经济技术合作中难免底气不足。政治上,因为改革开放产生的各种新思潮新思想与旧思潮旧思想相互激荡,高层内部的政策取向不时出现矛盾现象并表现为高层人事更迭,客观上导致一些非洲国家对中国发展前景的疑虑。而由于20世纪70年代的国际石油危机导致非洲非能源生产国能源开支激增,西方国家为转嫁危机又大量减少非洲国家初级农矿产品的进口并竭力压低其价格,从而加重了非洲国家的经济损失。在80年代国际经济进一步衰退后,国际市场原材料价格更直线下跌,而进口工业品和消费品的价格却持续上涨。加之非洲国家在农矿产品市场上,由于对这些产品的出口创汇前景过于乐观,所借的大量外债此时难以归还,重视工业发展忽视农业发展等国内经济发展政策上的严重失误,政治上非洲国家内部矛盾和国家间矛盾增加,并不时出现严重的冲突,诸如此类的因素导致非洲经济发展几乎处于停滞状态。10年间,非洲国内生产总值年均增长率仅为2.1％,大大低于非洲人口3.1％的年均增长率。③因此,非洲20世纪80年代的10年被世人解读为非洲"失去的10年"或"悲惨的10年",而在1981—1990年间中国的经济增长速度年平均虽达到了9.3％这一引人注目的数字④,但这只是相对于

①　汪勤梅:《中非关系巨大发展的20年》,载《世界政治与经济》,1998年第10期。
②　刘维楚:《中国与非洲国家友好合作关系的回顾与展望》,载《湘潭大学学报(社会科学版)》,1990年第2期。
③　贺文萍:《美国在非洲的人权外交》,载《西亚非洲》,2001年第4期。
④　姚景源:《中国经济近十年的特点》,载《经济》,2011年第10期。

70 年代混乱的中国经济的一种恢复性增长,对世界经济增长的贡献率极为有限。中国经济的发展特点与非洲社会发展的停滞状况对中非经济关系不能不产生不利影响。因此,与热络的中非政治关系相比,双边经济关系却存在巨大的落差。整个 80 年代,中非贸易一直在 8 亿至 12 亿美元之间徘徊,1989 年双边贸易额仅为 11.7 亿美元,与 1980 年的 11.3 亿美元相比,几乎没有什么变化。[①] 而同期中国对外贸易额已由 381.4 亿美元上升至 1116.8 亿美元,中非贸易在中国对外贸易中的份额几乎可以忽略不计。

承包工程和劳务合作,也是中国采取的对非洲经济技术合作的新形式。1983 年中国企业获得了刚果英布鲁(Imboulou)水电站项目建设总合同。[②] 1980 年中国在阿尔及利亚承包了 26 项工程。1984 年起中国在埃及先后承包开罗卫星城"10 月 6 日城"、亚历山大城和阿斯旺三座城市的数千套住宅项目,以及西努伯利亚农田改造项目。1985 年 11 月中国与阿尔及利亚签署了由中国公司承建包括大会堂、国民议会大厦和国家图书馆等三大建筑在内的阿尔及利亚首都阿尔及尔哈玛(Hamma)行政中心工程的意向书。此外,还有阿尔及利亚的核能一期、二期工程,突尼斯天然气管道工程,利比亚塞哈卜工学院、锡尔特住宅项目等。由于中国在承包工程中认真贯彻"守约、保质、薄利、重义"的原则,因而在非洲国家中树立了良好的信誉。20 世纪 80 年代非洲是中国劳务承包的重要市场。据统计 1978—1990 年间,中国在非洲劳务承包合同额达 3.5859 亿美元,占中国对外劳务合同承包总额(15.4202 亿美元)的 23.27%。主要国别包括阿尔及利亚、利比亚、埃及、突尼斯以及马里、肯尼亚、乌干达、津巴布韦,其中北非是最主要的市场。[③] 到 1989 年,合计有 33 个中国公司在非洲承包工程和进行劳务合作。"截至 80 年代末,中国同 40 多个非洲国家共签订了承包工程和劳动合同 2000 多项,参加承包劳务人员达 8000 余人,对促进非洲的经济发展起了良好作用。中国公司也获得一定效益。"[④]

管理合作也是我国由传统的单向援助逐步转为以互利为基础的合作方式的一种有益尝试。[⑤] 这种合作的具体做法是,由中国派出技术人员、管理人员,与相关非洲国家合作,主要参与中国援建企业的生产、技术、经营方面的决策管理。中国与马里、卢旺达、塞拉利昂、坦桑尼亚、扎伊尔和赞比亚等国实行这种合作后,很快显示出良好的效果。不少原来亏损严重、濒临破产倒闭的企业得以起死回生,经营状况日

---

① 1980 年中非贸易额为 11.3 亿美元,中方出口 7.47 亿美元,进口 3.84 亿美元。

② 由于此时刚果政府财政困难,中方完成该项目的勘探设计工程并按合同规定获得刚果方面支付的费用后即暂停了。

③ 许丹松、金锐:《中国在非洲市场承包劳务的现状》,载《跨国经营》,1998 年第 2 期。

④ 汪勤梅:《中非关系巨大发展的 20 年》,载《世界政治与经济》,1998 年第 10 期。

⑤ 金言文:《巩固经援项目,加强南南合作的尝试——中马管理合作成效简述》,载《国际经济合作》,1988 年第 12 期。

趋改善,经济效益有所增加。例如,坦赞铁路自1976年建成移交后,由于存在管理等方面的问题曾连年亏损。1983年中国专家组参与经营管理后,曾连续三年转亏为盈,至1987年6月累计盈利达2700万美元。中国与马里的管理合作,也很有成效。中国在20世纪60年代中期到70年代初曾帮助马里建成12个生产性企业,这些企业如糖厂、纺织印染厂、皮革厂、卷烟厂、火柴厂、制药厂等成为马里国营经济的骨干,对马里经济的发展起到了很大作用。多年来中国一直向马里提供技术专家进行技术指导、设备大修并提供相关零部件,尽力使上述企业保持正常的运转。然而,由于企业管理不善,缺乏竞争力,部分企业甚至长年亏损,濒临倒闭。面对国营企业的巨额亏损,马里政府束手无策。1981年马里总统穆萨·特拉奥雷(Moussa Traore)在访华期间向赵紫阳总理提出,希望中方派遣专家帮助马里管理中国援建的和非中国援建的马里企业,以巩固两国合作成果。中国政府答应了马里方面的请求,派出专家组进行考察调查后,从1984年10月起对中国援建的糖厂、药厂、皮革厂、纺织厂和茶厂等五个项目实施管理合作。中方还应马里方面的要求,对马里国营药房实施以中方为主的管理合作。这6个企业的职工达5190人,占马里职工总数的1/4。中方接手管理后,经过几年努力,都取得了较好的成效,除茶厂以外的5个企业都实现扭亏为赢。如中国援建的马里制药厂,1984年10月中国派总经理等27名专家赴该厂实行管理合作,3年后,年均产值11.65亿西非法郎,比1984年的5.46亿西非法郎增长了113.4%。马里皮革厂在合作生产前亏损严重,濒于破产,被世界银行确定为关闭企业。"1985年与中方合作生产后,营业额达3567万西非法郎,比1984年增长656%,上缴政府各种税收1065万西非法郎,实现微利。1986年管理合作后,营业额又增长了24.31%,上缴各种税收也比1985年增长了171.55%,实现利润5144万西非法郎。1987营业额又增长了11.77%,利润增长65.24%。"[1]马里人民药房在中方接管后平均营业额提高了14.9%。新的合作方式给双方带来了可观的经济效益。马里政府对这些工厂不再补贴,还增加了税收和外汇收入。1987年,除茶厂外,中方管理的其他5个企业累计向马里政府交纳税收23.67亿西非法郎。此外,企业也有了相当的资本可以进行技术改造,提升了自我发展的能力,不仅员工的工资福利得到了很好的保障,而且还增加了新的就业机会。马里总统把这种合作誉为"马里国营企业改革的样板"。一些国际组织为使援助马里的资金能更好地发挥实效,也主动表示愿意同中国进行某些合作。[2]其他非洲国家也赞扬这种合作是中国对非洲"第二种形式的援助"。

---

[1] 《管理合作使马里皮革厂起死回生》,载《国际经济合作》,1988年第12期。

[2] 金言文:《巩固经援项目,加强南南合作的尝试——中马管理合作成效简述》,载《国际经济合作》,1988年第12期。

此外,中国政府还很注重与非洲国家进行经济技术方面的合作路径创新。例如,1985 年中国加入非洲开发银行,参与非洲国家间的合作和多边援助。1986 年,中国提出了一个包括中国、发达国家相关机构及国际组织在内的三边合作计划,为非洲国家培训农业、技术和管理人才,其中中方提供技术援助,另外两方提供资金和物质援助,非洲国家则提供土地和人力资源,共同推动非洲的粮食生产和农业发展。

三、中国对非援助的增长与援助方式的改革

随着中国与世界各国特别是西方发达国家关系的改善,中国对外交往的广度与深度进一步加强。中国在国际上扮演了既是受援国又是援助国的双重角色。中国需要借助发达国家的援助来摆脱贫困,实现经济增长。从 1979 年起,中国大量接受多边援助,并于同年起还接受日本、德国等发达国家的双边援助,并一度成为世界上最大的受援国。[①]同时,这并不意味着中国不应向包括非洲在内的发展中国家提供力所能及的援助。这种援助对中国仍有重要的战略意义。基于毛泽东的"已经获得革命胜利的人民,应该援助争取解放的人民的斗争,这是我们的国际主义义务"[②]这一战略思想,中国自 20 世纪 50 年代援助埃及起,就开启了援助非洲国家的历史。在 1950 年到 1976 年间中国共向 38 个非洲国家提供了约 217.36 亿美元的援助[③],这些援助对非洲国家争取和巩固民族独立,发展民族经济起到了很大的作用。随着中国的改革开放与中国经济的发展,中国承诺向非洲国家继续提供力所能及的援助。1978 年 5 月 7 日邓小平对来访的马达加斯加政府经贸代表团说:"我们现在还很穷,在无产阶级国际主义义务方面,还不可能做的很多,贡献还很小。到实现了四个现代化,国民经济发展了,我们对人类特别是第三世界的贡献可能会多一点。"[④]同年 6 月 10 日,在与到访的卢旺达总统朱韦纳尔·哈比亚利马纳(Juvenal Habyarimana)会谈时他坦诚现阶段中国经济力量有限,"要在国际上尽我们应尽的责任,特别是对第三世界的责任,还存在一些困难"。"但是,我们作为一个真正的社会主义国家,是不会只顾自己的……我们相信,经过一段努力,我们自己发展后,可以更多地尽到我们的国际主义义务。"[⑤]在 1979 年 7 月 7 日召开的第五次驻外使节会议上,邓小平也

---

① Davies Penny:*China and the End of Poverty in Africa-towards Mutual Benefits*? Sundbyberg:Sweden Diakonia,2007,p.33.

② 《毛主席接见非洲朋友发表支持美国黑人斗争的声明》,载《人民日报》,1963 年 8 月 9 日,第 1 版。

③ Wolfgang Bartke:*The Economic Aid of the PR China to Developing and Socialist Countries*,New York:K.G.Saur,1989,p.8-9.转引自薛林:《对改革开放前中国援助非洲的战略反思》,载《当代社会主义问题》,2013 年第 1 期。

④ 邓小平:《实现四化,永不称霸》,载《邓小平文选》(第 2 卷),北京:人民出版社,1994 年,第 112 页。

⑤ 中共中央文献研究室:《邓小平年谱 1975—1997》(上册),北京:中央文献出版社,2004 年,第 325 页。

表示:"我们国家经济困难,但还得拿出必要的财力援助第三世界。"①对于这一立场,中国高层领导一直奉行不变。1982年12月20日即将出访非洲的赵紫阳总理在回答路透社记者问起中国对援助非洲国家的态度时,他明确表示:"我们将会就新形势下加强彼此间的经济技术合作进行探讨。中国将会像在五十年代和六十年代支援非洲各国的民族独立运动那样继续支持非洲国家的经济建设。"②1986年6月21日,邓小平在与到访的马里总统穆萨·特拉奥雷会谈时,也说中国"即使发展起来了,还是要把自己看成是第三世界,不要忘记第三世界所有的穷朋友,要帮助第三世界穷朋友摆脱贫困"③。1989年2月22日,邓小平会见布隆迪总统布约亚(Pierre Buyoya)时,也把"我们不忘穷朋友"作为谈话主题。当布约亚总统对中国的援助表示感谢时,邓小平恳切地说:"中国的帮助是有限的,因为我们的条件还差,也许再过10年、20年,中国情况更好些,能为第三世界的穷朋友做更大贡献。"④这是他作为中国领导人对布隆迪和广大非洲"穷朋友"做出的重要承诺。

面对援越(南)援阿(尔巴尼亚)等国的现实教训,中国国内确实存在着对中国对外援助的诸多质疑。对此,邓小平明确指出援助具有重要的战略意义:"第三世界尽管穷,但在国际政治中的份量已经大大增加。这是任何人不能忽视的。"⑤在1979年7月的第五次驻外使节会议上,邓小平一方面明确表示"应当肯定,我们过去援助第三世界是正确的。我们国家经济困难,但我们还得拿出必要数量的援外资金。从战略上讲,我们真正发展起来了,要用相当数量来援助。中国发展以后不要忘记这一点。"1982年1月14日时任中共中央总书记胡耀邦也在中央书记处会议上表示:"支援第三世界各国人民保卫民族独立、发展民族经济和反对帝国主义、霸权主义、殖民主义的正义斗争,是我们不可推卸的国际义务……支援第三世界国家是一个带有战略性质的问题,切不可掉以轻心。"⑥

在中国承诺对非洲大陆继续援助的同时,中国政府也认真总结了以往对外援助中的经验教训,在援外方式上进行了大幅调整。中国是个贫穷落后的发展中国家,由于新中国成立后在国家发展战略上走了很长一段弯路,经济发展相对缓慢。1980年中国人均收入仅居世界第94名,比1960年时的世界排名还倒退了16名。在对外援助方面,新中国成立后相当长时间内,中国领导人虽然口中讲要量力而行,然而在

①　中共中央文献研究室:《邓小平年谱1975—1997》(上册),北京:中央文献出版社,2004年,第532-533页。
②　《赵紫阳启程前对中外记者谈此次访问非洲十国目的:增进了解和友谊,加强团结和合作》,载《人民日报》,1982年12月21日,第4版。
③　中共中央文献研究室:《邓小平年谱(1975—1997)》(上册),北京:中央文献出版社,2004年,第223页。
④　王建邦:《我们不忘穷朋友——忆邓小平同志会见布隆迪总统的谈话》,载《世界知识》,2001年第13期。
⑤　邓小平:《中国的对外政策》,载《邓小平文选》(第2卷),北京:人民出版社,1993年,第416页。
⑥　胡耀邦:《关于对外经济关系问题》,http://news.xinhuanet.com/ziliao/2005-02/03/content_2543041.htm.

实际工作中却没能始终坚持这一原则,甚至一度脸打肿了充胖子。[①]"文化大革命"时期在毛泽东的对"三和一少"的严厉指责下,更达到极为荒唐的地步,1973 年中国对外援助高达中国政府财政支出的 7.2%[②],世所罕有。过多的对外援助影响了中国国民经济的健康发展。1975 年,邓小平主持制定了《中共中央国务院关于合理安排对外援助的决定》提出以压缩规模为核心的援外工作的十条措施。1977 年,中共中央又发布《关于进一步做好援外工作的报告》,指出:"建议今后如无特殊情况,援外支出占财政支出的比例不超过 4%为宜……每年对外新承担的援款宜控制在十亿元左右。"[③]中国对非洲国家的援助款项也因此从 1975 年的 1.8 亿美元下降到 1977 年的 6700 万美元。[④]此后,在肯定中国对外援助总体方向正确的同时,提出了援助方式方法的改进问题。同样在 1979 年的第五次驻外使节会议上,邓小平明确提出:"应对第三世界的援助,要着眼于对受援国确有益处,不要让它躺在援助国的身上。比如可以把援助改成低息贷款,这有益处,它自己有个经济核算,会把钱用得更好些……在援助问题上,方针要坚持,基本上援助的原则还是那个八条,具体办法要修改,真正使受援国得到益处。"[⑤]1979 年,中国援外金额占财政支出的比率从 1973 年 7.2%骤降至 0.7%。1980 年 3 月,对外经济联络部召开全国外经工作会议,提出了坚持国际主义,坚持援外"八项原则"、广泛开展国际经济技术合作、有出有进、平等互利等主张。1980 年 5 月 17 日,国务院在批转对外经济联络部相关文件时明确对外援助工作既要促进受援国的经济发展,也要服务于中国的经济建设,这表明经济因素与政治、安全因素一样成为中国对外援助中的重要考量。1980 年 11 月,国务院发布了《关于认真做好对外援助工作的几点意见》,在强调对外援助"效果是显著的,意义是重大的,影响是深远的"同时,也提到对外援助工作中的缺点与不足,如"提供援助没有坚持量力而行的方针,特别是对一些重点国家承担的任务过重,不注意经济规律,浪费比较严重。"[⑥]1982 年时任中共中央总书记胡耀邦也讲过免费援助"不符合任何一方的利益"。[⑦]

这样,在强调援助第三世界是中国这个社会主义大国的重要义务并对中国国家

---

①　何方:《周恩来张闻天外交风格异同》,载《炎黄春秋》,2011 年第 5 期。

②　舒云:《纠正与国力不符的对外援助——中国外援往事》,载《同舟共进》,2009 年第 1 期。

③　房维中主编:《中华人民共和国经济大事记(1949—1980 年)》,北京:中国社会科学出版社,1984 年,第 587 页。

④　于子桥:《坦赞铁路——中国对非经济援助个案研究》,载陆庭恩主编:《中国与非洲》,北京:北京大学出版社,2000 年,第 301 页。

⑤　石林主编:《当代中国的对外经济合作》,北京:中国社会科学出版社,1989 年,第 70 - 72 页。

⑥　《中共中央、国务院关于认真做好对外援助工作的几点意见》,1980 年 11 月 8 日,载中共中央文献研究室编:《三中全会以来重要文献选编》(上),北京:人民出版社,1982 年版,第 727 页。

⑦　中共中央文献研究室:《三中全会以来重要文献选编》(第 2 册),北京:人民出版社,1982 年,第 1127 - 1128 页。

利益具有战略意义的同时,中国政府开始强调对外援助的经济双赢,即:既要促进受援国的经济发展又要使之服务于本国的经济建设和改革开放。在实践中注意"量力而行,尽力而为",既要有诚意,又要注意自身经济能力。由此,中国对非洲的援助呈现出与中国经济实力变化同步的特征。1978—1980 年,由于中国政府为了尽早消除"文化大革命"带来的经济恶果,重点转向经济建设,各方面投入迅速加大,国家财政出现严重赤字。因此,1977 年后的几年主要是履行已答应援助而尚未拨付的 174 亿元援款,对外援助支出中的新签援款受到严格控制,对非援助同样如此。1983 年以后,随着中国经济的逐步向好,中国对非援助开始出现较大的增长。例如 1984 年中国对非洲的援助承诺就达 2.589 亿美元,是当年非洲的第六大援助者,超过挪威、日本、瑞典和英国。[①] 1984 年至 1988 年期间,中国向 34 个最不发达国家新提供的援款和实际交付额,比 1979—1983 年期间分别增加 63% 和 46%,这些最不发达国家大部分是非洲国家。同时,接受中国援助的非洲国家也在增多,到 1987 年年底增至 46 个国家。中国给非洲的援助大部分是成套项目援助和技术援助。至 1987 年年底,已为非洲国家建成了 388 个成套项目,累计援助总额达 108 亿元人民币。同时,援助方式和项目都变得多样化,内容更加丰富,如无偿赠送、无息贷款、贴息贷款、技术援助、项目建设、直接建厂、专家指导、劳务服务、人才培养和技术培训等。

当然,中国对非援助政策的改变,也曾引起一些非洲国家的不满。这种不满一方面是中方援助项目减少,部分援助项目上马完工不及时,或管理不善、经济效益差成为受援国的一大负担。另一方面,也是由于中非经济往来中,中方长期处于顺差地位造成的。布隆迪的劳动部长曾说,中国以前向布隆迪提供经济援助,他们很感谢。现在中国搞赢利性的承包,他们难以理解和接受。中非贸易中中方贸易顺差的长期存在,导致一些非洲国家抱怨"现在中国注意开展承包业务,赚外汇,对经济援助是不太关心了"。[②]但是更多的国家对中国的做法还是表示理解的,并且实际上 20世纪 80 年代中国对非洲的援助总额相比以前不仅没有减少,而且是增加的,中国平均每年向非洲提供约 2 亿美元的援助。[③]

向非洲国家派遣医疗队和帮助修建医院也是中国援助非洲的一个重要方面。1963 年 3 月,第一支中国医疗队抵达阿尔及利亚,这是中国医疗援非之始。对非洲医疗援助的任务由中央交与各省执行,20 世纪 70 年代即使中国的经济发展相对落后的省份如贵州、宁夏和甘肃都参加了这一行动。中国医疗队直到 1978 年仍完全免

① Deborah Brautigam: *China's Foreign Aid in Africa*, *What do we know*? Robert I. Rotberg (ed.): *China into Africa*, *Trade aid and influence*, Brookings Institute Press, 2008, p.204.

② 阎学通:《进一步发展中国非洲友好关系》,载《世界经济与政治内参》,1987 年第 9 期。

③ Gerald Segal: *China and Africa*, *Annals of the American Academy of Political and Social Science*, Vol. 519, Jan., 1992.

费提供服务和部分材料。其后随着中国对外援助政策的变化,中国对非洲的医疗援助方式方法也发生了一定的变化。1978 年到 1983 年间,中国在非洲的医疗服务站和医疗队人数降至最低。在 1979 年到 1980 年间,中国政府一度中止向外派遣医疗队。[1] 到 1980 年以后,中国政府又恢复了向非洲国家派遣医疗队的做法。其间中方先后向博茨瓦纳、吉布提、阿联酋、卢旺达、津巴布韦、乌干达、利比亚、佛得角、利比里亚、马耳他、萨摩亚、布隆迪、塞舌尔等国派出了医疗队。1988 年到 1995 年间,由于非洲政局动荡,中国没有向其增派医疗队。与以前相比,中方提供的免费服务不再是医疗卫生援助的主要模式。有些受援国被要求负担医疗队的生活费和国际机票。在 20 世纪 80 年代初期,27 个接受中国医疗队的非洲国家中,只有 4 个仍旧接受免费的医疗援助。[2]尽管有些学者认为,对那些需要负担全部费用的国家,医疗队已不能算是中国对外援助的一部分。[3]但是,中国医疗队员的吃苦奉献是不能简单地用金钱来衡量的。由于政治观念和制度体系差异,在非洲的中国医生待遇和福利都很差,工作和生活条件相当艰苦。特别需要强调的是中国援助医疗中强调医疗卫生的公平性、普遍性以及预防性。所以,大部分中国医疗队都被派到当地人民有困难或无法得到医疗照顾的偏远地区。中国医疗队来到非洲后,克服了各种生活上的、工作上的种种困难,为非洲人民治病、防病、接生……并毫无保留地把自己的医术传授给非洲人民。许多非洲医务人员学会了中国的针灸疗法,并使这一中医传统疗法很快在非洲得到推广。同时,中国政府还为非洲国家援建了一些医疗设施。如中国单独援建了毛里塔尼亚国家卫生中心,为刚果建立了七三一综合医院,为索马里建立了贝纳迪尔妇产儿童医院等医疗机构。此外,在 20 世纪 80 年代,中国在援非医疗过程中,还注重国际合作。如中国和联合国计划生育协会合作在冈比亚建立妇产科医院。[4]

除了常规援助外,中国人民还不时向非洲有关国家提供紧急人道主义援助。进入 20 世纪 80 年代后,非洲大陆一度遭受大面积干旱,旱灾波及非洲 34 个国家,占非洲国家总数 2/3,其中 24 个国家为重灾国,有 1.5 亿人受到饥饿威胁。这引起中国人民普遍同情与关切。从 1983 年起,中国红十字会就向 20 多个非洲国家提供救灾物资和现金。1984 年,中国政府向埃塞俄比亚、乍得、马里、毛里塔尼亚、尼日尔和苏丹

① 李安山:《论中国对非政策的调适与转变》,发表于香港科技大学中非联系研讨会(China-Africa Links Workshop),2006 年 11 月 11—12 日,http://www.cctr.ust.hk/materials/conference/chinaafrica/papers/Li,Anshan-Chin.pdf.

② 周鉴平:《我国对外援助医疗队有关问题探讨》,载《中国卫生经济》,1984 年第 3 期。

③ Deborah Bräutigam:*The Dragon's Gift*,*the Real Story of China in Africa*,Oxford University Press,2009,p.65.

④ Deborah Bräutigam:*The Dragon's Gift*,*the Real Story of China in Africa*,Oxford University Press,2009,p.65.

等 32 个非洲国家提供了 12 万吨粮食援助,中国政府还对非洲国家提供了 5.6 亿多元人民币的双边经济援助。1985 年,中国政府再次向非洲国家捐赠 5 万吨粮食紧急援助。为帮助非洲人民生产自救,中国还提供了一定数量的农具、药品等救灾物资。1985 年 4 月,北京市红十字会为支援非洲灾民还发起了募捐活动。此后全国 20 多个省市和自治区的大、中城市相继举行各种形式的募捐活动,成为新中国成立以来规模最大的募捐活动之一。所捐款项 1380 多万元由中国红十字会用于购买粮食、生活用品和农具等支援非洲灾民。1985 年非洲大陆部分地区发生严重蝗灾后,中国政府当年先后两次向冈比亚、马里、埃塞俄比亚、坦桑尼亚等受灾国捐助了 50 吨灭蝗农药。次年又向毛里塔尼亚、贝宁、布基纳法索、塞内加尔和喀麦隆等国家提供 100 吨灭蝗农药。中国政府还派出专家前往这些国家进行灭蝗技术指导。1986 年 7 月,北京、上海和天津等地许多大中学生还发起联合倡议,将暑期劳动所得捐给非洲兄弟姐妹,得到了全国百万青少年的响应。

第五节　后冷战时代中非关系的全面深化

1989 年 12 月,美国总统里根(Ronald Wilson Reagan)与苏联总统戈尔巴乔夫(Mikhail Sergeyevich Gorbachev)在地中海小岛马耳他举行会晤,标志着持续了 40多年的以意识形态为主轴的、美苏两极对抗的格局终于不复存在。随后发生的一切,进一步重构了世界政治的版图。冷战的长期压力和治理不善导致东欧国家和苏联迅即瓦解,1991 年 12 月苏联解体后,显赫一时的苏联、东欧社会主义集团不复存在。美国是冷战的最大赢家,并意图挟冷战结束之势,推动建立以美国为首的单极世界。而正在成长中的欧共体和日本则力图建立美、日、欧为首的三极世界。这样世界进入了美国一极独大、多极趋势并存的时代。

由于中国是冷战后仅存的少数几个社会主义国家之一,基于意识形态的考量和传统的大国政治心理,美国与一些西方国家以 1989 年北京"政治风波"为借口在多方面对中国实施制裁与各种打压。"中国崩溃论"和"中国威胁论"在西方不断交替出现。中国与以美国为首的西方国家在许多问题上发生矛盾,甚至出现严重的冲突。在外压之下,中国领导人提出并实施韬光养晦,有所作为的战略。坚持改革开放不动摇,坚持发展是硬道理。中国经济稳步发展,国力日升,并在较短时间内成为仅次于美国的世界第二大经济体。随着经济实力的增强,中国综合国力也得到较大提升,中国在全球的影响力进一步扩大。开放性经济路径选择也使得中国经济全面融入世界经济体系之中,并且导致中国经济联系的全球化。由于中国长期未能统一,海峡两岸的政治对立与冷战后国际格局的变化也对大陆的"一个中国"的政治寻求构成了新的挑战。

冷战的终结也对非洲国家也产生了很大的影响。政治上,以多党制为特征的民主化浪潮席卷非洲,同时以联合自强为目标的泛非主义再度兴起,民主主义和泛非主义逐步成为主导非洲大陆政治发展思想的主要因素。①据统计 1990 年在非洲 52个独立国家(含南非)中,30 个国家实行一党制,13 个实行多党制,8 个国家禁止政党活动。但到 1994 年年底,几乎所有非洲国家已经或者宣布准备实行多党制,采取了西方政治思想体制的非洲国家在政治思想上对中国有所疏远。由于对非洲的社会生态不够了解,匆忙实施多党制一度给非洲国家带来了普遍的政治动荡,部族主义恶性膨胀、武装冲突不时出现,大约 2/3 的非洲国家曾经陷于冲突与混乱中。从 90年代中期起非洲政治家开始注意让民主制度适应非洲社会现实,承认民主制度的普遍原则的同时,强调"良政",强调非洲国家应为自己的落后承担部分责任。在发展道路的选择上,绝大多数原先模仿苏联、东欧走社会主义道路的非洲国家随着苏联解体、东欧剧变而选择了资本主义道路。在华盛顿共识的影响下,非洲国家接受了自由主义经济理论,普遍走上了市场经济的道路,然而这条道路并不顺畅。②由此在世界经济版图中,非洲的边缘化趋势异常明显。非洲需要适合自己的政治经济模式,而非外界强加于其身上的固定模式。在中非政治关系中,中国一向尊重非洲国家的主权和自我发展选择。就像 1995 年中国外交部长钱其琛与尼日利亚外长举行会谈时所明确表示的那样,"加强与非洲国家的合作是中国外交政策的重要组成部分。中国尊重非洲人民根据本国情况选择自己的政治体制和发展模式,不干涉非洲国家的内部事务,非洲的问题应该由非洲人民自己解决"③。而在重建国际政治经济新秩序以及联合国改革等事涉非洲国家利益的重大问题上,中国与非洲也有很多共同语言,中国是非洲国家可以借助的重要力量。良好的中非关系对于双方应对新挑战具有非常重要的战略意义。

在政治上,冷战后中非之间政治关系进一步密切,政府间领导人及政党和社会团体之间往来的级别和频率进一步增加。1989 年北京"政治风波"后,西方国家对中国进行了严厉制裁并暂停高层往来后,大部分非洲国家仍然坚持继续与中国发展友好关系。前来中国访问的非洲领导人从未间断。布基纳法索国家元首、政府首脑孔波雷(Blaise Compaore)是北京"政治风波"之后第一位来华访问的外国国家元首,加纳部长会议主席奥斌(P. V. Obeng)则是第一位来访问的外国政府首脑。1989 年 12

---

① 徐伟忠:《冷战后的非洲政治思潮》,中国网,http://www.china.com.cn/chinese/zhuanti/zf/461778.htm.

② Sanusi Lamido Sanusi,Washington vs Beijing Consensus : Which Way for Africa? http://www.africanexecutive.com/modules/magazine/articles.php? article=6646.

③ 熊明山:《钱其琛与尼日利亚外长会谈》,载《人民日报》,1995 年 1 月 26 日,第 6 版。

月,杨尚昆主席对埃及等亚非 4 国进行访问,也是北京"政治风波"后中国国家元首的首次出访,在国际社会引起强烈反响。它宣示北京"政治风波"后中国国内局势稳定,国家生活和社会秩序正常,同时"也表明发展和加强第三世界的团结与合作仍是中国外交政策的基本点,在和平共处五项原则的基础上发展与各国友好关系的愿望没有变"①。杨尚昆主席对非洲的访问也是继李先念之后,中国国家主席第二次踏上非洲大陆。埃及总统穆巴拉克在接待杨主席时主动提起北京"政治风波",他认为主要是由于中国不像埃及那样有对付学生闹事的经验,未能在开始时就采取果断措施,以致事情闹大了。西方国家对中国经济制裁是错误的,因为这是中国内政,他国无权干涉。埃及对中国政府采取的措施表示理解和支持。②穆巴拉克还主动告知杨主席,有人向埃及施压,不要同意杨主席访埃,但埃方是主权独立的国家,有自己的判断,顶住了压力。这个人实际上就是美国。访问期间中、埃"两位领导人超越常规先后接触达九次之多"。③ 作为非洲地区有影响力的大国领导人和非洲统一组织的主席,穆巴拉克不仅拒绝美国的施压、高规格的接待杨主席,而且又愉快地接受杨主席的邀请,于 1990 年 5 月对中国进行国事访问,这是"在当时的国际形势下对我国的有力支持,具有特殊的意义"。④

由于"发展同非洲国家和发展中国家的团结合作是中国对外政策的立足点"⑤,因此中国领导人在 20 世纪 90 年代都非常重视对非洲国家的访问。在访问中,非洲国家领导人与中国领导人都同意中国和非洲国家之间没有利害冲突,他们过去有共同的遭遇,今天面临共同的发展任务,都有加强友好合作的愿望,双边关系发展有着广阔的前景。中国强调:"忽视非洲发展是短视的,干涉非洲国家的内部事务是错误的。因为非洲贫穷就谈不上世界富裕,非洲局势的不稳定也直接影响世界的和平。"⑥从 1990 年起,每年年初中国外交部长首次出访的目的地都选择非洲国家,而且访问的国家数量都比较多。如在 1990 年到 1995 年 1 月这 6 年间,钱其琛外长先后访问了 36 个非洲国家,占非洲国家总数的 2/3 以上。⑦ 1991 年 7 月初李鹏总理出访埃及。1992 年 6 月 28 日到 7 月 11 日,中国国家主席杨尚昆出访摩洛哥、突尼斯

　① 周慈朴:《又一次重要出访——评杨尚昆主席访亚非四国》,载《瞭望》,1989 年第 52 期。

　② 刘宝莱:《杨尚昆主席访问埃及》,载《阿拉伯世界》,2005 年第 1 期。

　③ 詹世亮:《充满友好情谊的聚会——记 1990 年邓小平同志会见穆巴拉克总统》,载《阿拉伯世界》,2005 年第 1 期。

　④ 詹世亮:《充满友好情谊的聚会——记 1990 年邓小平同志会见穆巴拉克总统》,载《阿拉伯世界》,2005 年第 1 期。

　⑤ 刘水明、顾玉清:《钱其琛在阿比让记者招待会上说杨主席非洲之行富有成果,指出发展同非洲国家和发展中国家的团结合作是中国对外政策的立足点》,载《人民日报》,1992 年 7 月 12 日,第 6 版。

　⑥ 《相知无远近,中非情谊深》,载《人民日报》,1995 年 1 月 27 日,第 6 版。

　⑦ 《相知无远近,中非情谊深》,载《人民日报》,1995 年 1 月 27 日,第 6 版。

和科特迪瓦。杨尚昆对科特迪瓦的访问则是中国国家主席首次踏上撒哈拉以南非洲国家土地。在同科特迪瓦总统博瓦尼会谈时,杨尚昆强调中国支持非洲的发展,不管国际形势如何变化,中国同非洲国家团结合作的立场不会改变。他表示非洲国家面临的问题应该得到妥善解决,中国主张建立一个公正合理、平等互利的国际新秩序。①杨尚昆主席在科特迪瓦的首都阿比让(Abidjan)对科特迪瓦电视台记者发表讲话:"非洲是富饶的大陆,非洲人民是勤劳勇敢、富有光荣传统的人民。万水千山挡不住中非人民之间的友好交往。过去中国人民与非洲人民有着受到帝国主义、殖民主义剥削压迫的共同遭遇。当前维护世界和平和发展经济的共同任务又把我们密切地联系在一起","中国重视同非洲国家的关系,在当前新的国际形势下,愿意继续加强这种关系",他还阐述了新的国际形势下中国同非洲国家关系的六项原则,即(1)中国支持非洲各国为维护国家主权、民族独立、反对外来干涉和发展经济所作的努力;(2)中国尊重非洲各国根据自己国情选择政治制度和发展道路;(3)中国支持非洲国家加强团结合作,联合自强,通过和平协商解决国与国之间的争端;(4)中国支持非洲统一组织为谋求非洲大陆的和平稳定发展以及实现经济一体化所做的努力;(5)中国支持非洲国家作为国际社会平等的成员,积极参与国际事务和为建立公正合理的国际政治和经济新秩序而进行的努力;(6)中国愿意在互相尊重主权和领土完整、互不侵犯、互不干涉内政、平等互利、和平共处等五项原则的基础上,发展同非洲各国的友好往来和形式多样的经济合作。②这些原则是已故中国领导人毛泽东、周恩来生前制定的中非友好正确方针的继承和发展,完全符合中国和广大非洲国家的根本利益。

1995年7、8月间,朱镕基副总理对坦桑尼亚、毛里求斯、津巴布韦、博茨瓦纳、纳米比亚和赞比亚进行了友好访问,相关各国领导人都盛赞中非关系,并希望这种关系能得到进一步加强。纳米比亚总理根哥布(Hage Geingob)称赞中国同非洲关系的历史就是中国支持非洲国家争取独立、尊重国家主权和领土完整并帮助他们重建家园的历史,包括纳米比亚在内的非洲国家对此铭记不忘。在台湾问题上,根哥布强调,纳米比亚政府坚持"一个中国"的政策,支持中国的统一事业,反对台湾当局企图用金钱收买联合国席位的图谋。③1995年7月25日,朱镕基在哈拉雷向津巴布韦工商界发表演讲,提出了进一步发展中非关系的三点主张,即(1)扩大相互支持,创

① 《杨尚昆主席同博瓦尼总统会谈,指出中国同非洲国家团结合作的立场不会改变》,载《人民日报》,1992年7月9日,第1版。
② 刘水明、顾玉清:《杨主席对科特迪瓦电视台记者发表谈话,阐述我国同非洲国家关系的原则》,载《人民日报》,1992年7月11日,第1版。
③ 刘也刚:《改善合作方式扩大经贸合作朱镕基与纳米比亚总理举行会谈》,载《人民日报》,1995年8月1日,第6版。

造和平与稳定的国际大气候;(2)加强友好磋商,促进国际经贸环境的改善;(3)推动互利合作,谋求共同发展和繁荣。①同年 10 月,应摩洛哥总理菲拉利(Abdellatif Filali)首相的邀请,李鹏总理对摩洛哥王国进行了为期 3 天的访问。

1996 年 5 月,时任国家主席江泽民对肯尼亚、埃及、埃塞俄比亚、马里、纳米比亚、津巴布韦等 6 国的访问是当代中非关系史中又一个重要里程碑,这次访问也"是中国最高领导人一次面向整个非洲的访问"。②江泽民此行受到 6 个国家政府和人民的热烈欢迎和隆重、友好的接待。访问期间,江主席同 6 个国家元首、政府首脑、议会领导人等就国际形势、非洲形势、双边关系及经贸合作等问题交换了意见,并达成广泛的共识。在访问埃塞俄比亚期间,江泽民主席应邀在非洲统一组织总部发表了《为中非友好创立新的历史丰碑》的主旨演讲,认为冷战后国际形势巨变对非洲的影响已经基本过去,多数国家政局稳定。新南非的诞生标志着非洲政治解放的使命已经完成。多数国家正在探索适合本国国情的政治模式和发展道路。非洲的区域合作得到发展,联合自强的要求和趋势在增长。非洲正迈入一个求和平、求稳定求发展的时期。他高度肯定非洲在世界的作用,"世界的和平离不开非洲和平稳定,世界的繁荣离不开非洲的发展",他坦诚访问非洲的目的:"一是向非洲人民学习,增进了解,加深友谊;二是向非洲各国政府和人民表明,同广大非洲国家世代友好是中国政府始终如一的基本方针和中国人民永久的心愿;三是在新形势下同非洲朋友们探讨共同关心的问题,进一步发展中非的传统友谊和合作关系。"③他郑重地代表中国政府和人民宣布:"中国愿在和平共处五项原则的基础上,巩固和发展同非洲各国面向21 世纪的长期稳定、全面合作的国家关系",并就此提出五点意见和建议,即(1)真诚友好,彼此成为可以信赖的全天候朋友;(2)平等相待,相互尊重主权,互不干涉内政;(3)互利互惠,谋求共同发展;(4)加强磋商,在国际事务中密切合作;(5)面向未来,创造一个更加美好的世界。关于中非经贸合作关系,江主席宣布:"中国坚定不移地支持非洲国家发展经济的努力,继续提供力所能及的不附加任何政治条件的政府援助;双方积极配合,通过合资、合作等方式振兴中国提供的传统援助项目;鼓励双方企业间的合作,特别要推动有一定实力的中国企业、公司到非洲开展不同规模、领域广泛、形式多样的互利合作,在合作中坚持守约、保质、重义等原则;拓宽贸易渠

①　黄思贤:《朱镕基在津巴布韦发表演讲强调进一步巩固发展中非友好合作关系》,载《人民日报》,1995年 7 月 26 日,第 6 版。

②　《江泽民主席非洲六国之行》,http://www.fmprc.gov.cn/mfa_chn/ziliao_611306/wjs_611318/2159_611322/t8969.shtml.

③　江泽民:《为中非友好创立新的历史丰碑——在非洲统一组织的演讲》,载《人民日报》,1996 年 5 月 14日,第 6 版。

道,增加从非洲的进口,以促进中非贸易均衡,迅速发展。"①江主席的演讲不仅是对过去中非友好关系的总结,也指明了未来中非关系发展的方向,他的建议得到了非洲有关国家的热烈回应。

1997年5月,李鹏总理又应邀访问了塞舌尔、赞比亚、莫桑比克、加蓬、喀麦隆、尼日利亚和坦桑尼亚等7国,"这是继1996年江泽民主席对非洲历史性访问后中国外交的又一重大行动"②。李鹏总理同各国领导人就非洲和国际形势、双边关系特别是新形势下如何发展中非传统友谊、扩大互利合作等问题深入交换了意见,双方就在新形势下继续发展中非传统友谊,扩大中非间平等互利的经贸合作以及加强中非在国际事务中的团结与合作达成了一致意见,期间中国政府还同非洲7国签订了20个多份合作文件。

1999年1、2月间,胡锦涛副主席对马达加斯加、加纳、科特迪瓦、南非4国进行国事访问。这是继江泽民、李鹏、朱镕基等领导人访非后,中国领导人对非洲的又一次重要访问。这次世纪之交的访问再次向世人表明,中国重视非洲,愿意加强同非洲国家的团结合作。2月3日,胡锦涛在南非工商界和非亚协会发表演讲时表示:"中国珍视同非洲的传统友谊,尽管国际形势发生了巨大变化,但中非友好的基础没有变,中国加强同非洲团结合作的基本政策没有变,也不会变。中国将一如既往地坚持和平共处五项原则,尊重非洲国家根据本国国情自主选择政治制度和发展道路;支持非洲国家维护国家独立、主权和领土完整的正义斗争;支持非洲国家为保持国内稳定、振兴民族经济、改善人民生活所作的努力;支持非洲各国加强团结合作,排除外来干涉,通过和平协商方式解决彼此间的分歧和争端;支持非统及次地区组织为谋求非洲大陆的和平、稳定和发展,促进非洲团结,实现经济一体化所采取的积极措施。"他呼吁:"国际社会特别是发达国家更加关心和重视非洲的和平与发展问题,采取切实措施,促进非洲的稳定,帮助非洲发展经济,缩小非洲与世界其他地区的发展差距。"他表示中国"愿进一步加强同非洲国家的政治交往和各领域不同层次的人员交流,增加相互了解和友谊,继续向非洲国家提供力所能及的和不附加任何政治条件的政府援助,并本着互利互惠、优势互补的原则同非洲国家积极开展领域广泛形式多样的经贸合作,支持非洲国家平等参与国际事务并发挥积极作用,加强同他们的协调和磋商,共同维护发展中国家的正当权益,争取早日建立公正、合理的国际政治经济新秩序,共同把一个健康稳定、充满活力的中非关系带入21世纪"③。

---

① 江泽民:《为中非友好创立新的历史丰碑——在非洲统一组织的演讲》,载《人民日报》,1996年5月14日,第6版。

② 钟非:《加强中非友谊与合作的重要访问——李鹏总理访非取得圆满成功》,载《西亚非洲》,1997年第4期。

③ 杨国强、赵毅、尚绪谦:《在南非工商界和非亚协会举办的晚餐会上胡锦涛发表演讲》,载《人民日报》,1999年2月5日,第1版。

　　紧接着,1999年10月江泽民主席访问了位于北非的摩洛哥、阿尔及利亚两国。在与阿尔及利亚总统布特弗利卡(Abdelaziz Bouteflika)进行会谈时,江主席还就中非关系和中国对非政策阐明中方观点,强调:"在新形势下,中国将遵循'真诚友好、平等相待、团结合作、共同发展、面向未来'的对非关系基本原则,与非洲国家共建面向21世纪的长期稳定、全面合作的中非新型伙伴关系。"布特弗利卡感谢中国对广大发展中国家,特别是对非洲的支持和援助,他表示:"中国是一个在国际舞台上有着重要影响的国家,阿尔及利亚以及其他发展中国家尤其应同中国加强联系与合作。"①当年11月李鹏委员长访问毛里求斯、南非和肯尼亚3国,李鹏在南非发表的《谱写中非友谊的新篇章》演讲中,就中南关系、国际形势、经济全球化及其影响、非洲发展及中非关系等方面表明了中国政府的见解。中方认为非洲正在"自尊、自强、自立"精神的指引下,正以集体的力量迎接各种挑战。非统首脑会议向世人表明非洲有能力解决自身问题,有能力在国际事务中发挥应有的作用。非洲始终是促进世界和平与发展的积极因素,是国际舞台上一支不可忽视的重要力量。在冷战后"中非关系得到了全面和深入的发展。中国和非洲各国同属发展中国家,过去有着相似的历史遭遇,今天有着相同的发展任务。广泛的共同利益将中非双方联系在一起。中方衷心希望一个和平稳定、繁荣富强的非洲屹立于世界"②。中方对非洲的积极乐观的看法与西方媒体当时强烈唱衰非洲的声音形成了鲜明的对比:2000年5月13日英国《经济学人》(*The Economist*)封面上赫然写着非洲"一个没有希望的大陆"。

　　与中国领导人积极发展对非关系,中国党和国家领导人的足迹几乎遍及非洲大陆的同时,大多数非洲国家也普遍较为重视发展对华关系,关注中国的改革开放事业。20个世纪90年代非洲国家领导人对华访问量也有极大的增长。据统计,仅在1990—1997年间,就有42个非洲国家的43位总统、14位总理以及相当大数量非洲政治活动家访华。此后,这种政府领导人与高级别官员对华访问人数和频次就更多。仅以撒哈拉以南非洲地区为例,1998年该地区除有5位总统、2位副总统访华外,还有包括南非议长在内的近30名部长级以上官员来华访问。1999年,非洲又有7位总统、1位国王、1位总理、1位副总理和5位外长访华。可以肯定几乎所有与中国有外交关系的非洲国家领导人都来中国访问过。有些国家的领导人,如坦桑尼亚前总统尼雷尔、埃及总统穆巴拉克、苏丹总统巴希尔、加纳总统罗林斯(Jerry John Rawlings)、津巴布韦总统穆加贝等均是多次访华。此外,还有大量各层次的非洲国家政府官员和民间组织来华访问,并得到中方热情接待。正是这种密切的交往使得

---

　　① 王芳、吴文斌:《江泽民主席与阿尔及利亚总统布特弗利卡会谈》,载《人民日报》,1999年10月31日,第1版。

　　② 李鹏:《谱写中非友谊的新篇章——在南非国民议会和省级事务委员会欢迎大会上的演讲》,载《人民日报》,1999年11月19日,第6版。

中非之间的政治关系经受住了冷战的冲击,并得到了有效的巩固。部分与中国中断外交往来的国家,其精英人士也不断要求本国政府改变错误做法,恢复与中国的外交关系。在 20 世纪 90 年代中国对外的外交战略中,中国领导人提出与非洲大陆建立起"长期稳定、全面合作的新型伙伴关系"。与中国关系密切的非洲国家,与中国的关系更有进一步提升。如 1999 年 4 月埃及总统穆巴拉克访华,随后中、埃两国政府宣布建立面向 21 世纪的战略合作伙伴关系。①中国与非洲国家领导人就共同关心的国际问题如南南合作、南北对话、反对强权政治、建立国际政治经济新秩序方面达成了广泛共识。

在国际舞台上,中国与非洲国家之间相互支持,有效地维护了自身的权益。例如,在 20 世纪 90 年代美国为首的西方国家在联合国人权大会内针对中国的连续多次的发难上,非洲国家给予中国巨大的支持。在 1990 年开始的就人权问题对中国提出的"不采取行动"动议的 10 次投票中,非洲支持中国的票数共 106 张,亚洲是 84 张,拉美是 20 张。非洲组反对中国的票数总共 9 票,包括亚洲组、拉美组、东欧组和西方组这 4 组反对中国的有 166 票。②非洲国家还普遍支持中国政府"一个中国"的立场,沉重打击了台湾当局分裂中国的企图,为维护中国统一做出了贡献。而中国同样积极支持非洲国家的利益诉求,在联合国等国际组织中主持公道、伸张正义,捍卫和支持非洲国家的正当权益和合理要求,反对西方国家干涉非洲事务。作为安理会常任理事国,1991 年中国坚定支持埃及资深外交家布特罗斯·加利(Boutros Boutros-Ghali)出任联合国秘书长,帮助非洲朋友"实现了 40 年的非洲之梦"。③ 在加利当选后,时任中国国家主席杨尚昆和国务院总理李鹏一起代表中国政府同时向埃及总统穆巴拉克和时任非洲统一组织主席的尼日利亚总统易卜拉欣·巴班吉达(Ibrahim Babangida)发去贺电,称这是"非洲国家在国际事务中的作用和影响日益提高的体现,值得非洲组织和非洲全体国家以及所有发展中国家庆贺"。④ 1996 年,加利连任之路被美国堵死之后,中国又支持非统组织推荐的加纳外交家科菲·安南(Kofi Atta Annan)出任联合国秘书长,使得由非洲人连续担任两任秘书长的愿望得以实现。2000 年 9 月,江泽民主席在联合国安理会首脑会议上,特别提到非洲问题,他指出非洲是世界大家庭的重要成员。没有非洲的稳定和发展,就谈不上全世界的和平与繁荣。联合国和安理会应该更加重视非洲问题,加大对非洲的投入。并且,

---

① 《中华人民共和国和阿拉伯埃及共和国关于建立战略合作关系的联合公报》,中华人民共和国外交部网站,http://www.fmprc.gov.cn/mfa_chn/ziliao_611306/1179_611310/t6228.shtml.

② 肖文黎:《中美人权较量中非洲对中国的支持》,载《亚非论坛》,2002 年第 2 期。

③ 秦华孙:《回忆加利的入选和连任落选》,载《世界知识》,2002 年第 9 期。

④ 《杨尚昆、李鹏致电祝贺加利当选联合国秘书长》,载《中华人民共和国国务院公报》,1991 年第 45 期,第 1578 页。

在处理非洲面临的问题时,应充分尊重非洲各国的主权,充分听取非洲国家和非统等地区组织的意见。他表示中国愿与联合国其他会员国一道,推动安理会加大对非洲的支持力度。①

20 世纪 90 年代的中非经贸关系因中国经济的快速增长和国际经济战略的调整得到了较大发展。由于对世界市场和国际资源的需求量的增加,中国政府适时提出了利用国际国内两个市场的方针。1997 年 12 月底江泽民主席又明确提出了"走出去"战略②,鼓励中国企业走出国门,顺应经济全球化的浪潮,为中国经济增长做贡献。非洲丰富的资源和巨大的市场潜力也吸引了中国企业的目光。而 20 世纪 90 年代中期以后非洲经济的恢复性增长又为中非合作提供了新的机遇。1994 年到 1999 年,非洲国家年均经济增长率接近 4%,高于 1990 年的 2.7%。1999 年,有 12 个非洲国家的经济增长率超过了 5%,还有 30 个国家保持了正增长。而 20 世纪 90 年代中期中国援外政策的调整也有助于中国企业进入非洲市场并促进中非间的经济交往。在 20 世纪 90 年代初,中国就开始尝试将对非洲的援助转化为双边企业间的合资合作。1995 年,中国政府改革援外方式,将中非合作的主体从政府转向企业,实行援外方式和资金的多样化。中国积极帮助受援国建立生产项目以获得经济发展动力,将援外与直接投资、工程承包、劳务合作、外贸出口紧密结合起来,由此中非贸易迅速增长。1990 年,中非贸易总额为 16.7 亿美元,到 1999 年已增至 64.8 亿美元,年均增速达 16%。③中国对非出口一直逐年递增,进口也大致呈上升趋势,中国基本保持了顺差地位。1995 年至 1999 年年底,中国政府还与 23 个非洲国家签订了政府间有关贷款框架协议,从资金方面帮助中国公司和企业到非洲投资。中国企业只要在这些非洲国家找到了合适项目,便可申请有关贷款。此外,中国政府在 1995 年至 1997 年间在埃及、几内亚、马里、科特迪瓦、尼日利亚、喀麦隆、加蓬、坦桑尼亚、赞比亚和莫桑比克设立了 11 个"中国投资开发贸易促进中心",专门为中国企业到非洲开展经贸业务提供具体服务及安全保障等。1998 年,国家计划委员会(即现在的国家发展改革委员会)确定对非投资规划方案,第一次对非投资领域、规模及投资目标进行量化分析,并提出相关指导意见。这标志着中国对非投资工作开始孕育面向新世纪的战略转变,即由贸易型投资逐渐向生产加工和资源开发型投资转变。得益于经济发展与政策支持,中国对非投资也有所增加。1996 年、1997 年、1998 年和 1999 年 4 年,

---

① 江泽民在安理会首脑会议上阐述中国关于安理会作用等问题的立场,http://202.84.17.73/world/htm/20000908/105241.htm.

② 江泽民:《江泽民文选》(第 2 卷),北京:人民出版社,2006 年,第 92 页。

③ 于培伟:《中非贸易回顾与展望》,www.eximbank.gov.cn/topic/hwtz/2006/1_18.doc.

中国对非投资分别为0.56亿美元、0.82亿美元、0.88亿美元、0.65亿美元。[①]与20世纪90年代以前相比,不仅投资额大增,而且单个项目的投资额有的高达上千万美元。其中中国与赞比亚合作运营的谦比西(Chambishi)铜矿项目,总投资更高达1.5亿美元。[②]截至1999年年底,中国对非累计投资达4.66亿美元,设立企业442家。[③]根据世界银行《2000/2001年世界发展报告——与贫困作斗争》所载该年中国人均GDP仅780美元,许多非洲国家的人均GDP都比中国高。中国国内资本严重不足,自然也没有多少剩余资本可投向国外。因此,同样截至1999年,非洲国家的对华累计投资额为5.2亿美元,投资项目622个[④],比中国对非洲投资多,涉及石油化工、交通通信、机械电子、轻工家电、纺织服装等多个行业。中非之间的相互投资促进了相互间的经济往来,为中非关系的发展也注入了新的活力。

在对非援助方面,江泽民同志指出:"我们不仅要同情非洲,而且要诚心诚意帮助和支持非洲。"[⑤]由于1995年以后中国实施援外方式改革,实施优惠贷款和援外合资合作等方式援助非洲,截至1999年,中国与24个非洲国家签订了39笔优惠贷款框架协议,创办了46个合资合作项目。此外中国还为非洲国家培养了大量人才。自1985年至1999年年底中国累计为非洲46个国家培训了905名技术人员。[⑥]

第六节 21世纪以来的中非关系并肩前行

进入21世纪以来,随着中国经济的迅猛发展,中国经济实力得到迅速提高,国民生产总值在世界排名由2000年的第6位上升到2010年的第2位。由于中国的外向型经济战略和经济规模的扩大,中国与非洲之间经济交往的规模空前增加。非洲丰富的资源禀赋以及广阔的市场空间成了中国企业竞争与合作的对象。以能源为例,非洲已迅速成为中国仅次于中东的最大石油进口来源地。与此同时,非洲国家正自立自强,向世界开放其市场,一些非洲国家更提出"向东看"战略,将目光转向快速发展的亚太地区,希望赶上亚太经济腾飞的快车,实现本国经济的发展。中非经济的

---

① 朴英姬:《中国对非洲直接投资的发展历程与未来趋势》,www.eximbank.gov.cn/topic/hwtz/2006/1_19.doc.

② 《中赞合作——矿业合作》,非洲投资网,zm.mofcom.gov.cn/article/sqfb/200506/20050600126139.shtml.

③ 吉佩定主编:《中非友好合作五十年》,北京:世界知识出版社,2000年,第99页.

④ 吉佩定主编:《中非友好合作五十年》,北京:世界知识出版社,2000年,第99页.

⑤ 中共中央文献研究室编:《江泽民论有中国特色的社会主义(专题摘编)》,北京:中央文献出版社,2002年,第551页.

⑥ 吉佩定主编:《中非友好合作五十年》,北京:世界知识出版社,2000年,第99页.

互补性使得中非之间的经济交往规模达到前所未有的水平。同时,作为"负责任"的大国,中国新一代领导人积极履行老一代政治家做出的承诺,在各方面加大了对非洲的帮扶力度。由于中国对非洲的巨大资源进口以及援助与投资,中国对非洲经济增长的贡献率超过20%。[①]特别是中国经济发展的方式更吸引了非洲国家的极大的注意力。相比冷战后西方国家在非洲强推的"华盛顿共识","北京共识"更让非洲国家心动。作为非洲的老朋友,中国政府也愿意与非洲国家分享其政治经济成功的经验。这样以发展为核心的中非关系在新世纪得到了进一步全面的发展。

一、中非关系的机制化发展

机制化是新时期中非关系的最引人注目的特点。受到日本举办的东京非洲发展国际会议、欧盟非洲首脑峰会,美国非洲经济增长和机会的伙伴关系等机制的影响,中国政府经过深思熟虑并全面考虑非洲朋友的建议后,1999年10月江泽民主席亲自致信与中国有外交关系的非洲国家元首及非统秘书长萨利姆(Salim Ahmed Salim),正式发出召开中非合作论坛——北京2000年部长级会议的倡议,并得到了非洲各国领导人的热情回应。经过中非双方一年多的努力,2000年10月中非合作论坛第一届部长级会议在北京举行,来自40多个非洲国家的近80名部长及有关国际和地区组织的代表与会。会议以平等磋商、扩大共识、增进了解、加强友谊、促进合作为宗旨,就推动建立公正合理的国际政治经济新秩序,进一步加强和扩大中非在各个领域的实质性合作两大议题进行了规模空前、富有成效的对话。江泽民主席、胡锦涛副主席、朱镕基总理等中方最高领导都出席了本次论坛。中国国家主席江泽民在开幕式上发表的讲话中还提出为建立公正合理的国际政治经济新秩序,中非应加强团结积极推动南南合作,促进对话,努力改善南北关系;积极进取,平等参与国际事务,面向未来,建立长期稳定、平等互利的新型伙伴关系。[②]中方的这些主张得到了非洲国家的广泛认同。参加论坛的中非双方就教育、科技与卫生合作,中国与非洲国家改革的主要经验教训,中非投资与贸易,消除贫困和农业可持续发展等议题进行专门研讨。会上通过了《中非合作论坛北京宣言》和《中非经济和社会发展合作纲领》。前者集中反映了中非双方对重大国际政治问题,特别是关于建立国际政治经济新秩序的共识以及加强中非友好合作关系的共同愿望。后者主要阐述了中非在经贸领域合作的具体设想和措施。这两份文件共同构成了中非进一步发展友好合作关系、推动全方位和各领域合作的指南。通过本次论坛,中非双方建

---

① 外交部:《中非合作对非洲经济增长贡献率超过20%》,中国新闻网.http://www.chinanews.com/gn/2013/04-19/4747440.shtml.

② 《中非携手合作 共迎新的世纪——江泽民在中非合作论坛开幕式上的讲话》,新华网,http://news.xinhuanet.com/ziliao/2003-11/24/content_1195633.htm.

立了定期磋商的集体对话机制，并给中非关系进行了定位。中非双方同意以后每两年举行一次高官会，每三年举行一次部长级会议。双方还在上述两份文件中表示，决心进一步巩固中非在多层次、各领域的合作，在南南合作的框架内建立长期稳定、平等互利的新型伙伴关系。双方系统地阐述了对建立国际政治经济新秩序的有关主张，并为实现这一目标提出了努力的方向，从整体上壮大发展中国家在建立国际新秩序这一共同追求上的声势。双方重申，和平共处五项原则、联合国宪章的宗旨和原则、非统宪章的原则和精神，以及其他公认的国际法准则，应成为国际新秩序的基础。建立国际新秩序，应保障各国享有主权平等、内政不受干涉的权利，应保障各个民族和各种文明共同发展的权利。在中非论坛部长级会议之后，中方根据会议设定的中非合作论坛后续机制安排，在 2001 年与非洲国家确定了《中非合作论坛后续机制程序》并于 2002 年生效。双方确定中非合作论坛三个级别的后续机制，即部长级会议每三年举行一届、高官级后续会议，以及为部长级会议做准备的高官预备会分别在部长级会议前一年及前数日各举行一次，非洲驻华使节与中方后续行动委员会秘书处每年至少举行两次会议。

2003 年以后，在胡锦涛领导的新一届政府的大力推动下，中非合作论坛迅速实现了机制化。胡主席在任内对中非关系异常重视，因此在国际上享有"非洲人"的美誉。[①] 2003 年 12 月，中非合作论坛第二届部长级会议在亚的斯亚贝巴举行，中国和 44 个非洲国家的 70 多名部长及部分国际和地区组织的代表参加会议。中国国务院总理温家宝、埃塞俄比亚总理梅莱斯（Meles Zenawi）和多位非洲国家政府首脑，以及非洲联盟委员会主席科纳雷（Alpha Oumar Konaré）、联合国秘书长代表出席开幕式。以务实合作、面向行动为主题的这次会议通过了《中非合作论坛——亚的斯亚贝巴行动计划（2004 至 2006 年）》。

2006 年 1 月，在庆祝中国与非洲国家开启友好关系 50 周年之际，为了向国际社会全面阐明中国的非洲政策，中国政府发表了《中国对非洲政策文件》白皮书，"全面阐述了中国在新形势下继承中非传统友谊、致力于发展中非新型战略伙伴关系的明确目标和坚定信念"。[②] 这也是中国政府制定的首份面向一个洲域的政策文件。白皮书高度重视非洲的地位和作用，提出中非建立和发展政治上平等互信、经济上合作共赢和文化上交流互鉴的新型战略伙伴关系；白皮书认为"真诚友好，平等互利、团结合作、共同发展是中非交往与合作的原则，也是中非关系长久不衰的动力"。白皮书提出了新时期中国对非政策的总体原则和目标，即真诚友好、平等相待，互利互

---

① Matthew McDonald: *China-Africa Relations in 2012-Harmony is Quite a Task in the Auspicious Year of the Dragon*, China Monitor,（2012-1-20），http://www.ccs.org.za/? p=5046.

② 胡锦涛:《为发展中非新型战略伙伴关系而共同努力——在尼日利亚国民议会的演讲》，人民网，http://politics.people.com.cn/GB/1024/4337036.htmlhttp://politics.people.com.cn/GB/1024/4337036.html.

惠、共同繁荣,相互支持、密切配合,相互学习、共同发展。在此基础上,中国加强与非洲在包括政治、经济、和平与安全及科教文卫和社会发展等方面的全方位合作。①

为推动中非友好合作在更大范围、更广领域、更高层次上全面发展,2006 年 11 月以友谊、和平、合作与发展为主题的中非合作论坛第三届部长论坛及北京峰会在北京隆重举行。国家主席胡锦涛和来自非洲的 35 位国家元首、6 位政府首脑、1 位副总统、6 位高级代表以及非洲联盟委员会主席共同出席了本次峰会。期间中国国务院总理温家宝与 33 位非洲国家领导人共同出席了与中非工商界代表高层对话会。24 个国际和地区组织派观察员列席峰会有关活动。胡锦涛在发言中强调:"建立中非新型战略伙伴关系是中非合作的内在需要,也是促进世界和平与发展的必然要求。中非关系不断发展,不仅有利于中国和非洲的发展进步,而且有利于促进发展中国家的团结合作,有利于推动建立公正合理的国际政治经济新秩序。"②会议通过了《中非合作论坛北京宣言》和《中非合作论坛——北京行动计划(2007——2009年)》,其中北京宣言郑重宣誓中非建立政治上平等互信、经济上合作共赢、文化上交流互鉴的新型战略伙伴关系③,并为此进行各方面的努力。北京行动计划则本着互惠互利、共同发展的合作精神,详细描述了 2007 年到 2009 年间在政治、经济、社会发展和国际事务中合作的规划与内容。④

2009 年 11 月,中非合作论坛第四届部长级会议在埃及沙姆沙伊赫(Sharm el Sheikh)举行,深化中非新型战略伙伴关系,谋求可持续发展成为本次会议的主题。中国总理温家宝出席会议并提出中国对非合作 8 项新举措。⑤会议通过了《中非合作论坛沙姆沙伊赫宣言》和《中非合作论坛沙姆沙伊赫行动计划(2010 至 2012 年)》。2012 年 7 月第五届中非合作论坛部长会议在北京举行。中国国家主席胡锦涛发表了题为《开创中非新型战略伙伴关系新局面》的讲话。他在讲话中指出,同 6 年前相比,国际形势又发生了很大变化。非洲和平发展事业取得了令人瞩目的成就。同时,非洲在发展振兴道路上依然面临严峻挑战。国际社会应该继续加大对非洲和平与发展问题的关注和投入,帮助非洲尽早实现联合国千年发展目标。胡锦涛强调,

---

① 《中国对非洲政策文件》,新华网,http://news.xinhuanet.com/politics/2006-01/12/content_4042317_1.htm.

② 《胡锦涛主席在中非合作论坛北京峰会开幕式上的讲话》,新华网,http://news.xinhuanet.com/world/2006-11/04/content_5289040.htm.

③ 《中非合作论坛非常峰会宣言》,新华网,http://news.xinhuanet.com/world/2006-11/05/content_5293014.htm.

④ 《中非合作论坛——北京行动计划(2007 至 2009 年)》,http://durban.china-consulate.org/chn/zt/znzfgx/t389940.htm.

⑤ 《温家宝总理在中非合作论坛第四届部长级会议开幕式上的讲话》,http://news.xinhuanet.com/world/2009-11/09/content_12413101.htm.

中国同非洲的命运紧紧相连,中非人民始终真诚友好、平等相待、相互支持、共同发展。不管国际风云如何变幻,我们支持非洲和平、稳定、发展、团结的决心不会改变,永远做非洲人民的好朋友、好伙伴、好兄弟。中非应该增强政治互信,拓展务实合作,扩大人文交流,密切在国际事务中的协调和配合,加强合作论坛建设,努力开创中非新型战略伙伴关系新局面。胡锦涛最后强调,共同推动建设持久和平、共同繁荣的和谐世界,是我们共同的目标和责任。[①]会议期间,与会者就"继往开来,开创中非新型战略伙伴关系"这一主题进行坦诚深入地交流,并就中非团结互助和共同发展达成共识。会议通过了《中非合作论坛第五届部长级会议——北京宣言》和《中非合作论坛——北京行动计划》(2013 至 2015 年)。经过 10 多年的发展,如今中非合作部长论坛已经成了中国与非洲友好国家间集体对话与合作的重要平台。联合国秘书长潘基文高度称赞中非合作论坛,称它是"南南合作的重要典范"。[②]

二、中非政治关系的战略化

与此同时,中非高层政治关系更为紧密,中国领导人对非洲访问的频率和层级一直保持在最高水平。胡锦涛在担任国家副主席时,就曾先后于 1999 年和 2001 年两度出访非洲。在担任国家主席后,又先后于 2004 年、2006 年、2007 年、2009 年四次访问非洲。他在每次访问中都会就中非关系重要问题发表演讲,不断阐明中国政府对中非关系的立场和推动中非关系的切实措施。如 2004 年他在访问埃及、阿尔及利亚和加蓬期间,在加蓬议会发表演讲,提出了"坚持传统友好,推动中非关系新发展;坚持互助互利,促进中非共同繁荣;坚持密切合作,维护发展中国家的权益"等三项倡议。2006 年,他在访问摩洛哥、尼日利亚和肯尼亚 3 国期间,在与相关国家领导人进行深入交换意见的同时,在尼日利亚的国民议会发表演讲,全面阐述了中非关系和中国对非政策,并提出政治上增强相互信任、经济上扩大互利共赢、文化上注意互相借鉴、安全上加强互相合作、国际上密切相互配合等五点建议,以促进中非新型战略伙伴关系的发展。[③]2007 年 11 月底至 2 月初,胡锦涛主席又对喀麦隆、苏丹、纳米比亚、赞比亚、利比里亚、南非、莫桑比克和塞舌尔等非洲 8 个国家进行了国事访问,这是 2006 年中非合作论坛北京峰会之后,中非关系中的又一件大事。这次访问

---

① 胡锦涛:《开创中非新型战略伙伴关系新局面——在中非合作论坛第五届部长级会议开幕式上的讲话》,人民网,http://politics.people.com.cn/n/2012/0720/c1024 - 18556613.html.

② 《"中非合作论坛是南南合作的典范"——访联合国秘书长潘基文》,新华网,http://news.xinhuanet.com/world/2012 - 07/16/c_112443394.htm.

③ 《胡锦涛为发展中非新型战略伙伴关系而共同努力——在尼日利亚国民议会的演讲》,人民网,http://politics.people.com.cn/GB/1024/4337036.html.

同时也是中国领导人进行的一次"面向全非洲的友谊之旅、合作之旅"。①因为这8个国家地处非洲大陆不同区域,国家大小、发展水平各异,充分体现了中非关系的全面性和多样性。同时这8个国家中有6个国家是我国家元首首次到访。在为期12天的出访中,胡锦涛主席行程38000千米,不仅与20多位非洲国家领导人进行会谈、会见,而且还接触了数百位非洲各界高层人士,并与数千名非洲民众及我驻非人员交流互动,出席各种活动90余场,发表30多篇重要讲话。为进一步扩大和夯实中非关系基础,落实中非发展3年计划,2009年胡锦涛主席又对马里、坦桑尼亚、塞内加尔和毛里求斯进行国事访问,这4国都算不上非洲的经济和资源重地。就像2006年胡主席对没有能源资源的相关非洲国家的访问一样,它清楚地向世界表明中国希望与非洲所有国家交往,即使是小国和没有石油及矿藏资源的国家亦是如此。②胡锦涛在坦桑尼亚达累斯萨拉姆发表的《共同谱写中非友谊新篇章》的演讲中,再次重申:"过去、现在、将来,中国人民都珍视同非洲的传统友谊,始终视非洲人民为完全可以信赖和依靠的全天候朋友,同非洲人民永做好兄弟、好伙伴!"③同时,此访还向全世界表明即使面对日益严重的全球金融危机,中国政府也不会违背承诺、抛弃朋友。

2013年,在实现新一届领导层新老交替之后,习近平主席继续推动中非关系的良性健康发展。习近平在担任国家主席之前,就已经在不同的工作岗位上,先后5次出访非洲,对中非关系有着较为深刻的理解。2010年11月,他作为国家副主席在南非举办的中非合作论坛10周年研讨会开幕式上发表的《共创中非新型战略伙伴关系的美好未来》的演讲中,明确指出中非关系的精髓在于平等相待、互利共赢。2012年7月,他在苏州出席第二届中非民间论坛上所发表的题为《推进中非新型战略伙伴关系新发展》的主旨演讲中总结了中非关系历经时势变化而不断深化,并且成为南南合作的典范的原因,即"四个坚持":"中非始终坚持相互尊重,平等相待;始终坚持相互信任,相互支持;始终坚持互利共赢,共同发展;始终坚持人民友好,并肩同行。"此外,他更就中非关系未来发展提出五个坚持,即"坚持继往开来,维护共同利益;坚持与时俱进,不断开拓创新;坚持务实合作,促进互利共赢。坚持团结合作,共建和谐世界;坚持全方位合作,推动中非关系立体化发展"。④

习近平就任国家主席后,非洲国家与俄罗斯一道被纳入到他的首次外访日程

---

① 《胡锦涛出访非洲八国:成功的友谊之旅合作之旅——外交部长李肇星谈胡锦涛主席出访非洲八国》,人民网,http://politics.people.com.cn/GB/8198/77604/5389525.html.

② 《国际社会高度赞誉胡锦涛主席第六次访非之旅》,新华网,http://news.xinhuanet.com/world/2009-02/18/content_10839764.htm.

③ 胡锦涛:《共同谱写中非友谊新篇章——在达累斯萨拉姆各界欢迎大会上的演讲》,新华网,http://news.xinhuanet.com/newscenter/2009-02/17/content_10830165.htm.

④ 《习近平在第二届中非民间论坛开幕式上的主旨讲话》,http://gb.cri.cn/27824/2012/07/10/3365s3763570.htm,国际在线.

中。2013 年 4 月，他作为国家元首先后访问了坦桑尼亚、南非和刚果共和国，并在德班金砖国家领导人会议期间与埃及、埃塞俄比亚等多个非洲国家和非盟领导人进行了广泛交流和沟通。习近平在坦桑尼亚访问期间所做的演讲中强调中非"从来都是命运共同体"，中国支持非洲国家"探索适合本国国情的发展道路"。中非要永远做可靠朋友和真诚伙伴，在中非关系中做到"真"、"实"、"亲"、"诚"，即对待非洲朋友要真，"真朋友最可贵"；对待中非合作，要"实"，"中国致力于把自身发展同非洲发展紧密联系起来，把中国人民利益同非洲人民利益紧密结合起来，把中国发展机遇同非洲发展机遇紧密融合起来，真诚希望非洲国家发展得更快一些，非洲人民日子过得更好一些。中国在谋求自身发展的同时，始终向非洲朋友提供力所能及的支持和帮助"。"随着中国经济实力和综合国力不断提高，中国将继续为非洲发展提供应有的、不附加任何政治条件的帮助"；对中非友好，讲究"亲"，人生乐在相知心，中非之间"要通过深入对话和实际行动获得心与心的共鸣"。习近平强调，中非关系的根基和血脉在人民，"只要不断加强人民之间的交流，中非人民的友谊就一定能根深叶茂"；至于中非合作中存在的问题，中方讲究"诚"，即中方会坦诚面对中非关系中面临的新情况和新问题，对于这些问题中方并不回避，而是认为应该通过相互尊重、合作共赢的精神加以妥善解决。中方相信人民团结合作、相互帮助不仅有助于实现中华民族伟大复兴的中国梦和非洲人民联合自强、发展振兴的非洲梦，而且可以为和平与共同繁荣的世界梦做出更大的贡献。① 他在南非德班与非洲国家领导人举行的早餐会上，再次表示中非是休戚与共的命运共同体，无论国际风云如何变幻，中国都将坚定奉行对非友好政策，永远做非洲国家的可靠朋友和真诚伙伴、永远做非洲和平的坚定维护者、永远做非洲繁荣的坚定促进者、永远做非洲联合自强的坚定支持者、永远做非洲参与国际事务的坚定推动者，"中非关系发展没有完成时，只有进行时"。② 中方愿同非洲国家一道努力，推动中非关系向更高层次、更广领域发展。在金砖国家领导人第五次会晤期间所做的主旨演讲中，习近平还呼吁金砖国家所有成员"共同支持非洲在谋求增长、加快一体化、实现工业化方面作出的努力，促进非洲成为世界经济的新亮点"③。习近平此访，进一步向世界表明，中国与非洲之间的关系，绝非西方所声称的仅仅是中方寻求非洲资源与市场那样短视，而是基于世代友好、全面健康的、相互尊重的、互惠互利的良性互动的双边关系。就如前中国非洲事

---

① 《习近平在坦桑尼亚尼雷尔国际会议中心的演讲》(全文)，新华网 http://news.xinhuanet.com/world/2013-03/25/c_124501703.htm.

② 习近平：《中非关系发展没有完成时只有进行时》，http://cpc.people.com.cn/n/2013/0329/c64094-20957285.html.

③ 《习近平在金砖国家领导人第五次会晤时的主旨讲话》，中华人民共和国政府网，http://www.gov.cn/ldhd/2013-03/27/content_2364182.htm

务特别代表刘贵今所言,此访是"一次友谊传承之旅、一次扩大合作之旅、一次谋划未来之旅"。^①2013 年 5 月,非洲统一组织成立 50 周年非盟特别峰会期间,国务院副总理汪洋作为习近平主席的特别代表在会上宣读了他的贺词,向非盟非洲国家人民致以热烈的祝贺。^②

在中非关系日益机制化的背景下,非洲国家更注重发展与中国的政治关系。非洲国家领导人来华访问次数更多。以 2006 年中非首脑峰会期间来华参会的非洲国家首脑和政府首脑为例,在此次会议上有 35 位国家元首、6 位政府首脑、1 位副总统与会。虽然以后还有比中国更发达的国家如日本和韩国都主办过与非洲国家的首脑峰会,然而同时到他们国家的非洲国家高级领导人总数从未超过这一规模。再以 2013 年为例,继习近平访非之后,人大委员长张德江、副总理刘延东、汪洋等国家领导人也相继访非。非洲领导人方面,尼日利亚总统乔纳森(Goodluck Jonathan)、肯尼亚总统乌胡鲁·肯雅塔(Uhuru Muigai Kenyatta)、赞比亚总统萨塔(Michael Chilufya Sata)、埃塞俄比亚总理海尔·马里亚姆(Mengistu Haile Mariam)等陆续访华。通过高层互访,中非双方的传统友谊得以巩固、政治互信得到进一步增强。赞比亚、坦桑尼亚、纳米比亚、埃及、肯尼亚、埃塞俄比亚、马里、津巴布韦等许多非洲国家都将中国称作全天候的朋友。中国一如既往的在国际事务中同非洲国家站在一起,维护非洲国家的利益,推动建立公正合理的国际新秩序。在重大国际场合和事关非洲国家利益问题上,中国一如既往地支持非洲国家。例如,在 2005 年联合国成立 60 周年安理会首脑会议上,胡锦涛主席在其《维护安理会权威　加强集体安全机制》的讲话中明确提出要重视非洲关系,加大安理会投入。他强调此次安理会首脑会议应重申对非洲的承诺,推动安理会进一步加大对非洲的投入,注意倾听非洲国家的关切和主张,充分照顾非洲国家要和平、求发展、谋合作的强烈意愿,让亿万非洲人民切实感受到国际大家庭的关心和支持。^③而在联合国大会上拒绝涉台提案、中国申请主办奥运会、世博会、世界卫生组织总干事的中国人选等大事上,中国也同样得到了非洲国家的鼎力支持。特别需要提到的,我们常常讲中国向非洲提供的援助,却忽视了在中国遭遇严重自然灾害时,非洲朋友兄弟向中国伸出的温暖之手,尽管他们自己经济上都非常困难。2013 年,习近平在坦桑尼亚国际会议中心演讲时特别提到在汶川特大地震中,有个非洲国家人口不到 200 万,却向中国灾区捐款 200 万欧元,相

---

① 《习近平访问俄罗斯和非洲三国并出席金砖国家领导人会晤前瞻》,新华网,http://news.xinhuanet.com/world/2013 - 03/18/c_115067812.htm。

② 《庆祝非洲统一组织成立 50 周年非盟特别峰会召开 习近平主席致贺词》,中国共产党新闻网,http://cpc.people.com.cn/n/2013/0526/c64094 - 21615873.html。

③ 《胡锦涛出席联合国安理会首脑会议并发表重要讲话》,新华网,http://news.xinhuanet.com/world/2005 - 09/15/content_3492032.htm。

当于人均 1 欧元,这份情谊让中国人民倍感温暖。[①]

除了进一步密切同非洲绝大多数国家的关系外,中国同包括埃及在内传统友好伙伴的关系更上升到了战略层面。在北非,中国与埃及在 1999 年就建立了面向 21 世纪的战略合作关系,2006 年双方又签订了深化战略合作关系的实施纲要,继续致力于充实和深化中埃战略合作关系。阿尔及利亚也在 2004 年胡锦涛到访时宣布中阿两国建立战略合作关系。东非的坦桑尼亚与中国则"堪称全天候的朋友"[②],坦桑尼亚是国际上较早与中国签订友好条约的国家之一。由尼雷尔和周恩来等老一辈政治家建立起来的友好关系一直得到有效的继承和发展,两国在政治、经济、军事等方面一直保持极为密切的关系。中国与西非大国尼日利亚在 2006 年就建立战略伙伴关系达成了共识,2009 年两国首次进行战略对话。在中国与南非国家关系方面,在南非实现种族和解之前,中国政府一直支持南非人民反对种族隔离主义的斗争,不与南非种族主义政权发生任何形式的来往。在纳尔逊·曼德拉 1992 年以非国大总书记身份访华时,中方以国家元首的规格给予接待,时任国家主席杨尚昆、中共中央总书记江泽民和国务院总理李鹏都与他进行了会晤。虽然两国 1998 年 1 月才正式建交,但双边关系发展极为迅速,双方高层领导人之间的年度互访以及在国际场合举行的会晤从未间断。胡锦涛、温家宝、吴邦国、贾庆林、习近平等中国最高领导层都访问过南非,而曼德拉(Nelson Rolihlahla Mandela)、姆贝基(Thabo Mbeki)和祖马(Jacob Gedleyihlekisa Zuma)等南非历任总统也都到访过中国。中国共产党还与南非非国大和南非共产党等政党建立了密切的党际联系。2000 年,中南两国之间成立了高级别的国家双边委员会,目前不仅已经举行了数次全体会议,而且还多次举行外交、经贸、科技、防务、教育、能源、矿产合作等分委会会议。2004 年双方确立了平等互利、共同发展的战略伙伴关系,2007 年在胡锦涛主席对南非进行国事访问后,两国关系得到进一步深化。2008 年起两国建立了战略对话机制。2010 年南非总统祖马访华期间,中南两国元首共同签署了《北京宣言》,宣布将双边关系提升为全面战略伙伴关系。据此,中南双方将在包括政治、经济、军事、文化教育、社会发展等方面的双边事务以及国际和地区事务方面进行全方位的合作。

中国还与非洲最有影响力的区域合作组织非洲联盟保持密切关系,自 2002 年首次非盟首脑会议以来,中国每次都派出高级别代表作为中国政府特使出席会议。中国是非洲大陆外首批向非盟派遣兼驻代表的区外国家之一。2011 年,非盟正式加入

---

① 《习近平称汶川地震有非洲国家人均捐 1 欧元》,http://news.ifeng.com/mainland/special/xjpshoufang/content-3/detail_2013_03/25/23496234_0.shtml?_from_ralated.

② 《习近平开始访问坦桑尼亚 称两国堪称全天候朋友》,中国新闻网,http://www.chinanews.com/gn/2013/03-25/4670962.shtml.

中非合作论坛,确立了自身在中非合作中的独特地位。2012年,中国国家领导人还首次出席了非盟国家元首和政府首脑会议。2008年以来,中国与非盟定期举行战略对话,就中非关系的发展和涉及双方利益的重大国际问题交换意见,中国与非盟关系的机制化和制度化框架已基本确立,双方合作的内容也由过去的政治互助发展为全方位、多层次、多领域的合作。

中非关系之所以得到如此全面深化和发展,就是因为中非之间能够真诚相待,互利共赢,正如一家非洲报纸所言,"因为许多非洲人认为,中国人平等待人,而西方只把他们看成先前的臣民。"①同时,随着时代的变化,合作内容的与时俱进则是中非之间的关系能够持续发展的原动力。

三、高歌猛进的中非经济合作

在政治关系上全面深入发展的同时,中非经济关系也呈现出突飞猛进的态势,并且在某种程度上比中非政治关系的发展更加引人注目。随着2000年10月中非合作论坛部长会议的召开,中非经贸合作走上了机制化的道路。第一届中非合作论坛通过的《中非经济与社会合作发展纲领》强调要在21世纪实现可持续发展,建立中非新型战略伙伴关系。中非在未来发展中要遵循平等互利、形式和内容多样化、注重实效、实现共同发展、以友好方式消除分歧的原则。中非经贸合作得到了中非双方政府的强大的推动。2000年当年中非贸易额突破百亿美元大关,达106亿美元。2003年中非贸易额达185.45亿美元,比2002年增长49.7%,比2000年增长约75%。其中非洲对华出口大幅增长,对华贸易逆差缩小。在中非投资合作上,中国与20多个非洲国家签订了双边投资保护协定,在11个国家设立"中国投资开发贸易促进中心",在非洲新建投资企业117家。2003年12月第二届中非合作论坛部长会议在埃塞俄比亚的亚的斯亚贝巴召开,会议主题为务实合作、面向行动。在论坛通过的《亚的斯亚贝巴行动计划》中,中方表示对非洲联盟通过的"非洲发展新伙伴计划"的实施和区域合作所取得的进展感到高兴,表示将支持和帮助非洲国家实现非洲大陆和平与发展的目标,中国将在中非合作论坛框架下,采取具体措施,在基础设施建设,传染病防治,人力资源开发,以及农业发展等非洲发展新伙伴计划确定的优先领域,加强与非洲国家以及非洲区域及次区域组织的合作。在经济合作领域,中方意识到农业发展是实现非洲粮食安全、消除贫困和提高人民生活水平的有效途径。加强双方农业合作,有利于交流发展经验,推动非洲经济发展,是充实中非合作论坛后续行动、发展农业以加强非洲粮食安全、增加非洲向中国及其他市场出口的

---

① 任春艳编译:《中国人民真诚支持非洲和平与发展事业——国际舆论评胡锦涛出访非洲八国综述》,载《对外大传播》,2007年第3期。

重要举措。中非将制订中非农业合作计划推动农业领域多方面合作。中方还将继续通过金融等优惠政策,支持和鼓励有实力的中国企业在非洲开展农业合作项目。在非洲的基础设施建设上,中非双方认为基础设施落后是制约非洲经济发展的不利因素,非洲国家将基础设施建设继续作为非洲发展新伙伴计划的优先领域。中非双方一致同意继续将基础设施建设作为双方合作的重点领域,并积极探讨多种形式的合作。在这方面,中国将对有助于缓解无出海口内陆国家困境的基础设施项目给予特别支持。中方鼓励中国企业积极参与非洲基础设施建设项目,扩大在交通、通信、能源、供水、电力等领域的合作。非洲国家对此表示欢迎,愿意本着友好协商、量力而行的原则确定优先项目,特别是在公路、建筑、电信、电力供应等领域,鼓励双方企业开展互利合作。

在贸易方面,中非双方认识到有必要推动扩大双方之间的平衡的双向贸易。中方承诺对非洲部分最不发达国家部分商品进入中国市场给予免关税待遇。中方从2004年开始,与有关国家就免关税的商品清单及原产地规则进行双边谈判。

在投资方面,中非双方都认为在中非合作论坛期间举行的中非企业家大会,有助于中非企业家相互了解并能促进投资与合作。双方决心采取切实措施,促进双向投资。中方进一步鼓励有实力的中方各类企业赴非洲投资,通过举办旨在推动技术转让、创造非洲国家就业的中非合资企业。双方同意采取投资便利措施,重点是简化对有意到非洲投资的中国企业的审批程序,鼓励非洲各国同中方签署双边投资保护协定和避免双重征税协定。中非双方还一致同意积极推动成立"中国-非洲工商联合会"。由于历史原因,非洲国家债务负担沉重,中方愿意在自身大幅削减非洲国家债务的同时,与非洲国家一道,推动国际社会重视和早日解决非洲债务问题,推动国际社会特别是发达国家尽快实施"重债穷国减债倡议方案",帮助没有资格入选重债穷国减债倡议的中低收入国家的新措施,为非洲的经济发展和振兴减轻负担。自然资源和能源合作是中非经济关系的重要方面,中非双方都认为在可持续开发和利用自然资源促进社会经济繁荣和人类发展上的立场是一致的,双方同意进行这方面的磋商,确定实现资源、能源合作目标的具体方式。中方愿意本着互惠互利和可持续发展的原则,以积极姿态参与非洲国家资源开发项目,推动双方企业根据国际商业规则和惯例开展有效合作。

中非双方认为发展旅游业是促进国民经济发展的有效措施,因此中非将拓展旅游合作,中方增列埃塞俄比亚、肯尼亚、坦桑尼亚、赞比亚、毛里求斯、塞舌尔、津巴布韦、突尼斯8个非洲国家为"中国公民自费出国旅游目的地"。

在2006年北京峰会暨第三届中非论坛通过的《北京行动计划2007—2009》中,双方的经济合作得到进一步深化。在农业方面,双方同意进一步加强农业合作,并推动农业合作的新形式、新途径的落实。中国政府支持农业企业投资非洲农业,进一步参与非洲农业基础设施建设、农机生产和农产品加工业。中方将加强与非洲国家在联合国粮农组织"粮食安全特别计划"框架内进行合作。在投资和企业合作方面,中非双方承诺支持和鼓励相互投资,积极探讨扩大投资合作的新领域和新方式,并采取切实措施促进其健康发展。双方一致同意推动商签并落实双边促进和保护投资协定、避免双重征税协定,营造良好的投资合作环境,保护双方投资者的合法权益。承诺对双方的投资企业在许可手续、物品通关、人员出入境等方面给予必要的便利。双方约定推动中小企业合作,推动非洲工业发展,增强生产和出口能力。为了表示对中非经济合作的诚意,中方还表示将成立中非发展基金,基金规模将逐步达到 50 亿美元,用于鼓励和支持有实力有信誉的中国企业到非洲投资,举办有利于提高非洲国家技术水平、增加就业和促进当地社会经济可持续发展的项目。中方还承诺支持有实力的企业在此后 3 年内在非洲建立 3～5 个境外经济贸易合作区。在贸易方面,中非双方决定继续致力于为中非贸易创造良好的条件,促进中非贸易向平衡方向发展。中方承诺进一步向非洲国家开放市场,将同中国有外交关系的非洲最不发达国家输华商品零关税待遇由 190 个税目扩大至 440 个税目,并尽快与有关国家进行磋商,早日签署协议并付诸实施。加强双方在海关、税务和检验检疫领域进行合作,促进中非贸易健康有序发展。对于中非贸易中出现的分歧和摩擦,双方将本着互谅互让的原则,通过双边和多边友好协商加以妥善解决。双方还决定逐步完善"中国-非洲联合工商会"机制,充分发挥其沟通、协调和促进作用。

在基础设施建设方面,由于中国有适合非洲的相关技术和发展经验,双方合作潜力巨大,因此双方同意继续将基础设施建设,特别是交通、通信、水利、电力等设施作为双方合作的重点领域。而中国政府将继续鼓励中国企业参与非洲基础设施建设,同时注重加强与非洲国家在技术和管理方面的合作,帮助非洲国家提高自主发展能力。非洲方面承诺继续加大在该领域的开放度,欢迎中国企业参与非洲基础设施建设,并为此提供必要的协助和便利。在能源资源领域,本次论坛同样注意到中非在能源、资源领域有很强的互补性,加强在该领域的信息交流与务实合作,符合双方的长远利益,决定根据互惠互利、共同发展的原则,采取多样化的合作方式,鼓励和支持双方企业共同开发和合理利用双方的能源、资源。而中方郑重承诺在合作中帮助非洲国家将能源、资源优势转变为发展优势,保护当地生态环境,促进当地社会经济的可持续发展。

在金融领域,中非双方决定继续推动中国有关金融机构与非洲相关银行的合作,支持双方商业银行开展业务往来,充实中非经济合作的内容。中国鼓励中国金融机构在非洲设立更多的分支机构,非洲方面则愿意提供必要的协助。双方还决定在科技、信息、金融、航运、质检等领域展开有效的合作。

在旅游领域,中方在中非论坛第二届部长级会议后增加了乌干达、马达加斯加、博茨瓦纳、莱索托、纳米比亚和加纳为中国公民组团出境旅游目的地国的基础上,决定新增阿尔及利亚、佛得角、喀麦隆、加蓬、卢旺达、马里、莫桑比克、贝宁、尼日利亚9国为中国公民组团出境旅游目的地国家,使中国在非洲批准的旅游目的地国家增至26个。中国政府还承诺将来根据非方的要求,给予更多具备条件的非洲国家中国公民组团出境旅游目的地国地位。

2009年中非合作论坛《沙姆沙伊赫行动计划2009—2012年》中,中非双方也列出了经济合作的主要领域。首先是农业合作,由于非洲国家面临的粮食安全极为突出,农业发展对保障非洲粮食安全至关重要,是非洲消除贫困、保障人民生活和实现经济发展的基本要素。因此,双方决定将农业和粮食安全作为合作的优先领域。在投资与企业合作方面,非方欢迎中方投资,认为这对于促进当地经济增长和可持续发展具有重要作用。双方将继续推动商签和落实双边促进和保护投资协定,营造良好的投资环境,加大相互投资力度。中国和非洲国家政府鼓励和支持更多有实力的本国企业赴对方国家投资,提高合作水平和质量,实现互利共赢。为支持中国企业赴非投资,中方决定将中非发展基金的规模增加到30亿美元。中方将继续建设好在非洲设立的境外经贸合作区,加强招商引资力度,积极推动更多中国企业入区投资,并为非洲中小企业入区发展提供便利。双方将进一步鼓励双方企业界的合作。在基础设施建设方面,非方同意将基础设施建设继续作为中非合作的优先领域,基于此,非方希望中方支持促进非洲地区一体化的发展项目。中方也注意到非洲在发展基础设施方面的迫切需要,为促进非洲社会的经济发展,愿意为非洲大型基础设施建设提供支持。为此,中国方面将通过向非洲国家提供贷款或无偿援助、鼓励中国企业投资等不同方式,加大对非洲基础设施建设的投资与参与力度。中方承诺在《沙姆沙伊赫行动计划》实施的3年内,为非洲国家提供100亿美元的优惠性质的贷款,主要用于基础设施项目和社会发展项目。在贸易方面,继续推动中非贸易发展,并注重把经贸合作方式从以货物贸易为主,转向货物贸易、投资、服务贸易、技术、项目承包等多种方式并重的方向发展。双方将致力于进一步改善中非贸易结构,促进贸易平衡。中国承诺将进一步向非洲国家开放市场,决定逐步给予与中国有外交关系的非洲最不发达国家95%的产品免关税待遇,2010年年内先对60%的产品实施免关税。为推动中非贸易的健康发展,双方将进一步加强在海关、税务、检验检疫等领域的合作,商签和落实有关合作协定。中国愿与非洲各国建立进出口产品监管合作机制,加强进出口产品质量、食品安全监管,维护消费者权益。在中国设立"非洲产品展销中心",对入驻的非洲企业给予减免费用等优惠政策,促进非洲商品对华出口。为帮助非洲国家改善商业条件,中方将在非洲国家建设3~5个物流中心。在中非贸易分歧和摩擦问题上,中非双方仍一如既往的强调以互谅互让的原则,通过友好协商来解决问题。双方还同意,在解决中非企业合同纠纷时,鼓励利用各国或地区性仲裁机构。在金融和银行业方面,继续加强中国有关金融机构与非洲金融机构的合作,支持非洲地区经济一体化建设,鼓励双方商业银行在平等互利的基础上,扩大业务往来和互设分支机构,为中非重大经贸合作项目提供融资支持,为中非经贸合作创造良好的金融环境。此外,中国政府决定由中国金融机构设立总额为10亿美元的非洲中小企业发展专项贷款,帮助非洲的中小企业发展。在能源资源合作方面,中方将遵循互利互惠和可持续发展的原则与非方展开合作,并注重提高非洲国家能源资源产品附加值,提高其深加工能力。在信息通信方面,支持和鼓励优秀的中国通信企业参与非洲通信基础设施建设,与非洲企业开展互利合作。双方还将加强服务业、交通业、旅游等方面的合作。《沙姆沙伊赫行动计划》是在国际金融危机的背景下制订的,尽管危机给中非经济都造成了严重冲击,但是中方对非洲合作的承诺力度不仅没有因此减少,反而进一步增加。

在2012年中非合作论坛第五届部长会议磋商通过的《中非合作论坛北京行动计划》中,中非双方提出进行农业与粮食安全、投资与企业合作、基础设施建设、贸易、金融与银行业、能源资源合作、信息通信、交通和旅游9个方面的合作。在农业和粮食安全方面,双方决定农业和粮食安全仍为双方合作的优先领域,中方承诺支持"非洲农业全面发展计划",开展多层次、多渠道、多形式的农业合作与交流。其中包括鼓励中国金融机构支持中非企业开展农业种植、农产品加工、畜牧业养殖、渔业捕捞和养殖等领域的合作和促进非洲农产品进入中国市场。在投资与企业合作方面,双方承诺继续鼓励和支持相互投资,积极探讨扩大投资合作的新领域、新方式。继续推动商签和落实双边促进和保护投资协定,营造良好投资环境,保护双方投资者的合法权益。中国政府继续支持和鼓励有实力有信誉的中国企业到非洲投资、继续引导中国企业在非洲建立加工和制造业基地,提高非洲出口产品的附加值,加大在商贸服务、交通运输及咨询管理等服务行业的合作,提升合作层次与质量。中方将继续发挥中非发展基金的作用,将中非发展基金逐步扩大到50亿美元。中方将继续为在非洲设立境外贸易合作区建设提供支持,为中非企业入区投资提供便利,并支持遵循合作区战略重点,促进经贸合作区更快投入使用,为非洲加快实现工业化和经济结构调整做出贡献。鼓励入驻经贸合作区的企业与当地企业和社区加强联系,在生产一线加强技术与经济交流,促进技术转让和创造就业。双方还注意到中非企业家大会的作用,将进一步鼓励双方企业界加强合作。在基础设施建设方面,双方同意继续将其作为双边合作的优先领域,加强在交通、通信、广播电视、水利、电力、能源等基础设施领域的合作。为支持非洲互联互通和一体化,使非洲拥有更多的一体化基础设施,中国将同非盟在"非洲基础设施发展规划"和"总统支持基础设施倡议"项目的设计、考察、融资和管理等方面建立合作伙伴关系,并加强相关对话与交流,为项目规划和可行性研究提供支持。中国政府将继续鼓励有实力的中国企业和金融机构参与非洲跨国区域基础设施建设,继续提供优惠性质贷款支持非洲基础设施建设。在贸易方面,中非贸易发展迅速,有力地促进了双方的经济增长。但中非贸易具有相当的不平衡性,所以行动计划强调促进中非贸易平衡发展的重要性。中方决定实施"对非贸易专项计划",适时派出赴非投资贸易促进团,扩大非洲产品进口,支持举办非洲商品展,为非洲国家推介优势商品对华出口提供便利。中方还将与非洲一道加强对非出口产品品牌和营销渠道建设,优化对非出口商品结构,保护知识产权,促进对非出口产品质量的提升。中方将积极向非洲国家提供促贸援助,为非洲农产品和工业原料的深加工提供技术支持,鼓励中国企业以投资方式提高非洲初级产品附加值,帮助非洲增加高附加值产品出口,加大同非洲国家在贸易和工业政策规划方面的交流。为了帮助非洲国家经济发展,促进非洲商品进入中国市场,中方承诺进一步向非洲国家开放市场,决定在南南合作框架下,逐步给予非洲最不发达国家97%的税目的产品零关税待遇。为保证零关税待遇的有效实施,中方愿与非洲国家建立零关税原产地磋商机制并完善零关税实施合作机制。双方还同意进一步加强在海关、税务、检验检疫、标准和认证认可等领域的合作,商签和落实有关合作协定。中国愿意与非洲国家建立进出口产品检验检疫监督合作机制,加强进出口产品质量安全、动植物卫生和食品安全监督,在维护双方消费者权益的前提下,积极促进双方农产品进入对方市场。中方将帮助非洲国家改善海关、商检设施条件,为非洲国家贸易便利化提供支持,推动非洲区内贸易增长。双方还同意增加贸易互访团,处理相互间的贸易关切。在金融和银行业方面,中国将扩大同非洲在投资和融资领域的合作,为非洲可持续发展提供助力,中方将向非洲国家提供200亿美元的贷款额度,重点支持非洲基础设施建设、农业、制造业和中小企业的发展。双方将推动中非金融机构的合作和磋商。中方还将加强与非洲开发银行及次区域金融组织的合作,支持非洲地区经济一体化建设和非洲国家能力建设。鼓励双方金融机构为中非能源、矿产开发、农业、加工制造、电信、铁路、公路、港口等基础设施合作提供融资支持。中方对与非洲国家中央银行开展本币互换合作持开放态度,鼓励双方企业自由选择使用本币结算双边贸易,开展直接投资。中方支持中国金融机构向非方提供人民币贷款,对有条件的非洲国家中央银行投资中国银行间债券市场,并将人民币纳为外汇储备货币持开放态度。中国鼓励中国金融机构继续为非洲中小企业发展提供融资支持。在能源资源领域,本届论坛提出研究在中非合作论坛框架内建设中非能源论坛,促进中非能源领域的交流和合作。中方将重视在合作中提高非洲国家能源资源产品的深加工能力,增加产品附加值,帮助非洲国家将能源资源优势转化为发展优势,保护当地生态环境,促进当地经济社会的可持续发展。中方还将向非洲水资源和能源发展提供资金和技术支持,并推动中方企业参与相关活动。在信息通信方面,中国将进一步加强与非洲相关部门的合作,积极支持和鼓励有实力的中国信息通信和广播电视企业参与非洲信息基础设施建设。在交通方面,继续鼓励和支持双方空运、海运企业建立更多的连接中国与非洲的航线,并鼓励有实力的企业投资非洲地区的港口、机场和航空公司。中方将发挥铁路领域技术等方面的优势,支持非洲加强铁路网建设和现代化改造,促进非洲大陆实现经济高效的交通与贸易流通。在旅游方面,非洲已成为中国公民新兴的旅游目的地,双方将加强旅游交流与合作。

在中非合作论坛机制推动下,得益于中国经济的高速发展以及非洲对于自立发展的追求,中非经济关系有了本质的变化。就贸易规模而言,2000 年中非贸易额首次突破百亿美元,达 106 亿美元。此后,中非贸易连续 8 年年均增长达 30%以上,到 2008 年中非贸易额首次突破千亿美元,达 1068 亿美元。2009 年由于国际金融危机的影响,中非贸易一度回落,但到 2010 年中非贸易迅速止跌回升至 1269 亿美元,创历史新高。此后 2011 年、2012 年和 2013 年又连续高速增长,2013 年中非贸易额突破 2000 亿美元,达 2102.4 亿美元。无论是中非贸易总额、中国对非洲出口总额和自非洲进口总额均创历史新高。英国渣打银行预测到 2015 年中非贸易总额将达 3250 亿美元。[①]良好的贸易关系也导致双方在对方的贸易关系中地位的提升。2000 年,中非贸易额占中国对外贸易的比重仅为 2.23%,到 2012 年,这一数字上升为 5.13%,增长了一倍多。尽管与亚洲、欧洲等中国传统贸易伙伴相比,非洲所占份额仍然偏小,但其增长速度却是较快的。虽然目前还没有一个非洲国家或地区经济组织进入中国 10 大贸易伙伴之列,但就总额而言,中国与非洲贸易总额已超过巴西、俄罗斯及澳大利亚和中国台湾地区,而略次于韩国。同时,就中国与非洲各个国家的双边贸易而言,中国已迅速成为多个非洲国家的最重要贸易伙伴之一。以中国在非洲的最大贸易伙伴南非为例,1998 年中国与南非建交时,中国是南非的第八大贸易出口国,当时双边贸易额仅 15 亿美元。2012 年南非与中国的双边贸易额已达到 599.5 亿美元。15 年间增长 40 倍。[②] 2013 年又增长了 8.6%,达 651.5 亿美元。中国已经连续 5 年成为南非第一大贸易伙伴国、第一大出口市场和第一大进口来源地。中非贸易在非洲大陆对外贸易中的比重也在增加。根据联合国贸发会议对全球商品贸易的统计,2000 年中国在非洲对外贸易总额中的比重仅为 3.82%,到 2012 年这一数字已猛增至 16.13%。[③] 2009 年,中国跃升为非洲第一大贸易伙伴,几年来中国除了继续保持

---

① 《渣打银行预测 2015 年中非贸易额将达到 3250 亿美元》,中华人民共和国商务部网,http://www.mofcom.gov.cn/article/i/jyjl/k/201304/20130400089335.shtml.

② 《2012 年中国南非两国双边贸易额近 600 亿,15 年增 40 倍》,人民网,http://finance.people.com.cn/n/2013/0928/c1004-23064832.html.

③ 中国国务院新闻办公室:《中国与非洲的经贸合作(2013)白皮书》,新华网,http://news.xinhuanet.com/politics/2013-08/29/c_117140993.htm.

这一地位外,还将其他非洲主要贸易伙伴远远地甩在后面。在日益增大的中非贸易中,非洲大陆获益良多。2003年之前中国一直保持小幅顺差,但此后,除了2007年和2009年中方有小幅顺差外,其余年份中国都有大幅入超。根据有关报道"2000年上半年—2011年上半年,中国对非贸易逆差的年均增长率达到103.34%"①。以2013年为例,当年中非贸易额2102.4亿美元,中方逆差达246.2亿美元。大量美元通过贸易流入非洲国家,极大地促进了非洲国家的经济发展。

贸易的发展也促进了中非之间的相互投资。据相关统计,2000年时,中国累计对非洲的协议投资额仅6.8亿美元,中国在非企业仅400多家。此后,在中非合作论坛的推动下,中国对非投资得到非洲国家的积极呼应,中国对非投资有了极大增长。截至2012年年底中国对非投资存量已达到213.3亿美元②,与2000年相比增长了30多倍。

四、中国与非洲的发展援助合作

在新世纪以来的中国与非洲关系中,中国对非发展援助合作是一个重要内容。根据2011年4月中国国务院新闻办公室发布的《中国的对外援助》显示,截至2009年底,中国累计提供对外援助金额为2562.9亿元,其中非洲占了45.7%,高居中国对外援助首位。中非合作论坛的召开以及中国对非政策白皮书发表,更使得中国对非援助进入到机制化、战略化层面。中国对非援助的领域迅速扩大,涵盖了债务减免、农业、基础设施、医疗卫生、教育、人力资源开发、清洁能源、环境保护等各个领域。

1. 中国政府积极努力,践行减免非洲债务承诺,并与非洲国家合作推动国际社会减免非洲债务

由于种种原因,独立后非洲国家外债迅速增加,并成为非洲国家经济社会健康发展的巨大障碍。据非洲开发银行《2000年非洲发展报告》,1999年非洲国家外债总额高达3360亿美元,相当于非洲国家国民生产值的80%,非洲国家出口总值的25%用于偿还外债。另据联合国贸易与发展会议2004年9月发布的报告《可持续性债务:沙漠绿洲还是海市蜃楼?》,从1970年到2002年非洲共获得约5400亿美元的贷款。同一时期非洲偿还了5500亿美元的贷款本金和利息,到2002年年底仍背负着2950亿美元的外债。巨额债务使撒哈拉以南非洲国家更成为国际上重债穷国的富集地。非洲国家大量还本付息还导致负债国向债权国的不合理的资源反向转移。为实现联合国非洲发展千年目标,避免非洲经济的进一步边缘化,包括非盟和联合

---

① 曲晓丽:《会展:中非经贸的强力助推器》,国际商报网,http://jz.shangbao.net.cn/d/f/66885.html。
② 中国国务院新闻办公室:《中国与非洲的经贸合作(2013)白皮书》,新华网,http://news.xinhuanet.com/politics/2013-08/29/c_117140993.htm。

国以及世界贸易组织在内的国际社会多次呼吁减免非洲债务。

中国作为负责任的大国为减免非洲债务做出了积极的努力。在 2000 年第一届中非论坛通过的《中非经济和社会发展合作纲领》中,中国政府明确表示非洲欠中国的债务虽然并不构成非洲总债务的主体,中国自身也是发展中国家和净债务国,但中方仍表示愿意帮助非洲国家减轻债务。中方承诺两年内减免非洲重债穷国和最不发达国家 100 亿元人民币债务。此后中方在承诺的时间内,提前同非洲 31 个最不发达国家和重债国签署了免债议定书,减免到期债务 156 笔,共计 105 亿人民币。2006 年,中国国家主席胡锦涛在中非合作论坛北京峰会开幕式上,又宣布中国政府决定免除同中国有外交关系的非洲重债穷国和最不发达国家截至 2005 年年底到期的政府无息贷款债务。在 2009 年《沙姆沙伊赫行动计划》中,中国政府再次免除非洲所有与中国有外交关系的重债穷国和最不发达国家截至 2009 年年底对华到期未还的政府无息贷款债务。根据 2010 年 12 月中国政府发布的《中国与非洲的经贸合作(2010)白皮书》,从 2000 年到 2009 年中国共免除了 35 个非洲国家的 312 笔债务,共计189.6亿元人民币。根据 2013 年《中国与非洲的经贸合作(2013)》白皮书,在 2010 年到 2012 年间又免除了马里、赤道几内亚、喀麦隆、贝宁、多哥、科特迪瓦等国 16 笔债务,进一步减轻了非洲国家的债务负担,让非洲国家体会到了中国对他们的真情实意,并在国际社会减免非洲债务问题上做出了表率。

中国作为联合国安理会的常任理事国和发展中大国,积极呼吁国际社会在减免非洲国家债务上发挥更大作用,并积极参与国际多边框架下的对非减债行动。在 2003 年第二次中非合作论坛《亚的斯亚贝巴行动计划》中,中国方面明确承诺与非洲国家一道努力,推动国际社会更加重视并早日解决非洲债务问题,在国际场合与非洲国家协调立场,呼吁国际社会,特别是发达国家采取切实行动,加快实施"重债穷国减债倡议"方案,包括针对没有资格入选重债穷国减债倡议的中低收入国家的新措施,为非洲经济发展和振兴减轻负担。

2. 在医疗卫生领域向非洲派出医疗队,帮助非洲培养医护人才和改善医疗设施

中国是长期向非洲派遣医疗队的大国之一。"援外医疗队也是中非合作中时间最长、涉及国家最多、成效最显著、影响最广泛的项目。"[①]中国政府愿意考虑非洲国家的要求并且允诺继续向非洲国家提供医疗器械、设备和药品,加强对当地医务人员的培训,促进双方在传统医药运用上的合作,以使医疗合作更有成效。2000 年北京部长论坛会议后的三年中,中国继续向非洲派遣医疗队,续签 53 个派遣医疗队议定书,2002 年双方召开了中非传统医药论坛会议并通过《中非传统医药发展与合作

---

① 李安山:《中国援外医疗队的历史、规模及其影响》,载《外交评论》,2009 年第 1 期。

行动纲领》。在《亚的斯亚贝巴行动计划》中,双方同意有必要加强公共卫生应急机制方面的合作,大力开展卫生和医学领域的交流。中国将继续做好向非洲派遣医疗队工作,在目前援外医疗队规模的基础上,根据中国自身能力及非洲国家的需要,中国将考虑对非洲国家新派、复派和增派医疗队的请求,尽量满足非洲国家有关医疗队构成方面的要求,继续向非洲国家无偿提供部分药品,医疗器械和医用材料,加强培训非洲受援国医务人员的工作。非洲国家承诺向中国派遣的医疗队提供合适的工作及生活条件。双方还决定扩展新的医疗合作领域,特别是在防治艾滋病、疟疾、肺结核、非典型肺炎及埃博拉等传染病方面,加强传统医药的研制合作与经验技术交流,将培养医疗卫生专门人才作为人力资源开发合作的重点。亚的斯亚贝巴峰会后,中国政府在防治疟疾、艾滋病、禽流感等方面采取了切实措施及时给予非洲国家必要的帮助。2006 年北京峰会后,中非双方决定在艾滋病、疟疾、肺结核、埃博拉(Ebola)、基孔肯雅热(Chikungunya fever)及禽流感等传染病的防治、卫生检疫以及公共卫生应急机制方面的交流与合作。在 2006 年中非北京峰会上,中国政府决定 3年内为非洲国家援助 30 所医院,并提供 3 亿人民币用于向非洲国家提供防疟药品和设立 30 个抗疟中心。在 3 年内,将根据自身能力及非洲国家需要,续派、新派和增派医疗队,并与非洲国家积极探索派遣医疗队的新方式。继续向非洲国家提供所需的药品及医疗物资援助,帮助非洲国家建立和改善医疗设施,培训医务人员。在《沙姆沙伊赫行动计划》中,中方承诺将出资 150 万美元,支持“非洲发展新伙伴计划”在非洲实施护士和助产士培训项目。同时中国政府还决定在以后 3 年为援非 30 所医院和 30 个抗疟中心提供价值 5 亿美元的医疗设备和抗疟物资,并邀请在援非疟疾防治中心工作的受援国专业技术人员来华培训,使之成为可持续发展项目。中方继续为有关非洲国家培训医生、护士和管理人员,以后 3 年达到 3000 名;继续做好向非洲派遣援外医疗队的工作。在《北京行动计划(2012—2015 年)》中,中非双方决定加强卫生领域的高层交流,适时举办中非高级别卫生发展研讨会;扩大双方在艾滋病、疟疾、结核等重大传染性疾病防治与口岸防控、卫生人员培训、妇幼保健、卫生体系建设和公共卫生政策等方面的交流与合作。中方将继续为中国援助的医疗设施提供支持,保证项目的可持续发展,提高医院和实验室的现代化水平;继续帮助非洲国家培训医生、护士、公共卫生人员和管理人员;中方将在非洲开展“光明行”活动,为白内障患者提供免费治疗;中方将继续做好向非洲派遣医疗队的工作,在 3 年内向非洲派遣 1500 名医疗队员。截至 2013 年 10 月,中国累计向非洲 47 个国家派出 647 批医疗队,总派遣人数约 1.7 万人次,并为当地培养了数以万计的医护人员。中国目前仍一如既往地向非洲多国持续派出医疗队,加上对非洲国家医疗设施及器材的援助和医护人员的培养,对于促进非洲国家医疗水平的提高和医疗条件的改善起到了积极的作用。

3. 注重智力援非，加强中非教育交流，帮助非洲国家培养人才

在中非合作论坛前，中非文化交流中已存在着这方面的内容，如吸纳非洲国家留学生、向非洲国家派遣教师等，但是规模相对有限。在中非合作论坛成立后，中非之间在这方面的合作得到了有效的加强。在第一届中非合作论坛中，中方承诺继续增加非洲来华留学人员奖学金名额，继续派遣教师，帮助当地的高等学府加强学科和专业建设，建立大学间研究中国和非洲文明的联系渠道。中方设立非洲人力资源开发基金，逐步增加奖金投入，帮助非洲国家培训各类专业人才。中非双方同意通过适当途径制订国别培训计划，研究具体合作项目并为之提供便利。中国在中非合作论坛北京 2000 年部长会议后设立了"非洲人力资源开发基金"，专门用于对非人才培训。此后，中国举办了多种形式的对非人才培训班。而非洲国家也非常重视与中国在人力资源开发方面的合作，积极提出合作计划，为具体培训和项目合作提供后勤支持。在亚的斯亚贝巴行动计划中，中非双方一致表示都充分意识到人才培养和能力建设对非洲实现可持续发展至关重要，一致认为在人力资源合作开发方面有很大的合作潜力。双方决心采取切实措施努力加强双方在人力资源开发方面的合作，提高合作成效。中方承诺在该行动计划实施的三年中，将在现有的非洲人力资源开发基金规模基础上进一步增加资金投入，培养、培训非洲各类人员力争达 1 万人。非洲国家则承诺将与中方积极配合，包括提供必要的后勤支持与便利，推选本国适当人员参与培训计划。双方同意继续加强双方的教育合作，互派教师和相互给予奖学金名额，建立高等院校与技能和职业培训学校间交流渠道，中国仍将继续帮助非洲高等院校和技能和职业教育培训学校加强学科和专业的建设。中非双方还将在中非合作论坛下加强科技交流与合作，以促进经济发展和社会进步。在北京峰会上，中国政府又承诺将根据非洲国家的不同需要，继续有针对性的帮助培养各类专业管理人才，完善后续跟踪机制，增强培训效果，在北京峰会后的 3 年内在非洲人力资源开发基金基础上加大投入，为非洲国家提供各类培训 1.5 万人次。非洲方面承诺在推选参训人员以及后勤等方面提供必要的支持和保障。为推动非中文化交流，加强中非文明交流和文化互鉴，中方专门设立了《非洲文化人士访问计划》。由于意识到教育是实现经济社会可持续发展的基础和关键，双方还决定扩大中非教育合作。2005 年 11 月，中非举办了教育部长论坛，推动双方教育领域的合作与对话，鼓励双方高等院校开展交流与合作，采取切实措施提高互派留学生合作的实际效果，积极商讨签订中国与非洲国家间的学历认证协议。中国政府决定在北京峰会后的 3 年内，为非洲国家援助 100 所农村学校，在 2009 年之前，向非洲国家提供的中国政府奖学金名额由目前的每年 2000 人增加到 4000 人次。中国政府还将每年为非洲国家培训一定数量的教育行政官员、大中小学及职业教育学校校长和骨干教师。根据非洲国家的需要和要求，在非洲设立孔子学院，帮助非洲国家开展汉语教学，鼓励中国有

关院校开展非洲语言教学。在沙姆沙伊赫行动计划中,中国政府承诺根据非方需要,继续为非洲培训各类人才,并注重提高培训质量。在该行动计划期间,中方将为非洲国家培训的各类人才总计达 2 万名。在教育领域,中方决定在 3 年内为非洲国家援助 50 所中非友好学校。中方还倡议实施中非高校 20+20 合作计划,选择中方 20 所大学(或职业教育学院)与非洲国家的 20 所大学(或职业教育学院)建立"一对一"校际合作新模式。在 3 年内招收 200 名非洲中高级行政管理人员来华攻读公共管理硕士学位。中国将继续增加中国政府奖学金名额,到 2012 年将向非洲提供的奖学金名额增至 5500 名。中方还将加大为非洲国家中小学、职业院校培训师资的力度,在 3 年内为非洲国家培训 1500 名校长和教师。中国将继续推进孔子学院的发展,增加汉语教师来华学习奖学金名额,加大非洲本土汉语师资培养的力度。2012 年,第五届中非合作论坛北京行动计划中,中方继续承诺扩大对非人力资源开发的援助。中国政府承诺将实施"非洲人才计划",在此后三年为非洲培训各类人才 3 万名,提供政府奖学金名额 18000 个,并注重优化培训内容,提高培训质量。中方将继续为非洲援助职业技术培训设施,为非洲国家培训职业技术人才,尤其是帮助非洲青年和妇女提高就业技能。在中非双方的努力下,中方提供的奖学金项目和举办的各类培训项目,涵盖农业、工业、卫生、教育、通信、媒体、科技、防灾、减灾和行政管理等多个领域,为非洲的人力资源开发做出了积极贡献。

4. 促进对非农业援助,帮助非洲解决粮食安全问题

充足的粮食供应是消除非洲贫困、保障人们生活和实现经济发展的基本要素。尽管非洲具有丰富的农业资源,然而长期以来非洲都未能摘去"食物短缺"的标签。尽管有 70% 的非洲人都在从事农业生产,但还是有将近 1/4 的人口营养不良。撒哈拉以南的非洲有 1/3 的人口长期处于饥饿状态。没有农业的发展就没有非洲的现代化。进入新世纪后,非洲国家明确将促进农业发展作为实现其千年发展目标的主要内容之一。作为传统农业技术较为发达的国家,中国对非洲的农业援助从 20 世纪 60 年代初就开始了,并且也取得了一定的成效。中国对非洲农业援助的范围包括开展技术合作、兴办加工项目、建设农业基础设施、进行人员培训等方面的内容。在 1959 年到 20 世纪 70 年代末中国在非洲实施了近 180 个农业项目,包括农业技术试验站、农业技术推广站以及一些规模较大的农场和农产品加工项目。[①]此后中国政府改革援外政策,尽管对非洲国家的农业合作仍然是以无偿援助方式进行的,但是在管理上实行经援项目承包制,实现了责权利的结合,注重项目的经济效益和双方共同受益。在 1995 年进一步明确互利合作的对外援助方针后,一批中国企业利用中国政府的援外资金、优惠贷款在非洲投资了一批新的农业项目,并改造振兴了一批老

---

① 李嘉莉:《对加强中非农业合作的若干思考》,载《世界农业》,2005 年第 5 期(总第 313 期)。

的援非农业项目,如赞比亚农场、加蓬木薯加工和农业发展项目、坦桑尼亚剑麻加工、几内亚农业合作开发、加纳可可豆加工、尼日尔棉花种植等,实现了中非双方的互利共赢。同时,中方继续加强与非洲的农业交流,帮助实现非洲农业进步。

在中非合作论坛将农业合作列为中非合作的重要内容之后,中非农业合作也开始大步走向机制化。2006 年,中非合作论坛北京峰会上,在胡锦涛主席宣布的中国对非援助的八项政策措施中,涉及农业合作的内容包括"今后 3 年内为非洲培训培养 15000 名各类人才,向非洲派遣 100 名高级农业技术专家。在非洲建立 10 个有特色的农业技术示范中心,为非洲援助 100 所农村学校"等。在《沙姆沙伊赫行动计划》中,中非双方承诺将继续将农业和粮食安全作为中国对非合作的优先领域;将农业基础设施建设、粮食生产、养殖业、农业实用技术交流和转让、农产品加工和储运等领域的合作作为重点。中国政府宣布该计划实施的 3 年中,向非洲派遣 50 个农业技术组,为非洲国家培训 2000 名农业技术人员,同期为非洲国家援建的农业示范中心数量增至 20 个。中方还将继续办好已经建立的援非农业示范中心,各个示范中心将陆续开展农作物品种的选育和栽培以及养殖业等各项试验、示范和培训工作。中方在加强中非双边合作的同时,还与第三方合作支持非洲的农业发展。在《沙姆沙伊赫行动计划》中,中方就有落实好向联合国粮农组织捐款 3000 万美元设立信托基金的工作,积极利用上述信托基金支持中国在联合国粮农组织"粮食安全特别计划"框架下与非洲国家开展南南合作等内容。

5. 积极向非洲国家提供发展援助,帮助非洲国家经济建设

在《亚的斯亚贝巴行动计划》中,中国方面明确表示在自身还是受援国的情况下,为支持非洲国家的发展计划,中国同意将根据自身财力和发展状况,继续向非洲国家提供不附加任何政治条件的援助,并适当增加无偿援助,用于双方商定的项目。非洲国家承诺本着南南合作和量力而行原则,提出并同中国商定优先建设项目,并努力保证援助项目的实施。在北京峰会上,中国政府再次重申了这一承诺。中方表示到 2009 年将对非洲国家的援助规模在 2006 年的基础上增加 1 倍。在《北京行动计划》实施的三年内,向非洲国家提供 30 亿美元的优惠贷款和 20 亿美元的优惠出口买方信贷,贷款条件进一步优惠,特别是对重债穷国和最不发达国家更加优惠。中国政府还表示将积极参加非洲战后重建、人道主义救援、减贫等方面的对非双边和多边援助计划。减贫合作是中非发展合作的一个重要内容,作为最早提前实现联合国千年发展目标中使"贫困人口比例减半"的发展中国家,在 30 多年的减贫事业中积累了丰富的经验。中国乐意与非洲国家分享多年累积起来的丰富的减贫经验,"针对非洲国家的情况与需求,实现中国减贫经验在非洲的本土化"。[1]中非双方在《沙姆

---

[1] 《中国经验助力非洲减贫》,http://news.xinhuanet.com/world/2013 - 07/10/c_116476584.htm.

沙伊赫行动计划》中一致表示认识到消除贫困是双方面临的艰巨任务,特别是非洲对加快减贫进程的迫切需要,双方将扩大在减贫领域的合作与交流。中方将继续通过举办研讨会、培训班等方式,与非洲国家交流减贫经验,共同提升发展能力和扶贫成效。在《北京行动计划》(2013—2015 年)中双方共同决定继续这方面的合作。由中国政府与联合国开发计划署合作建立的中国国际扶贫中心在中非减贫合作上做了大量工作,并通过召开中非减贫与发展会议,在推动减贫与发展方面的成效受到国际社会的肯定。

6. 促进中非文化科技交流和非洲的文化科技进步是中非发展合作的又一重要方面

中国领导人邓小平曾讲过科技是第一生产力,科技的进步对于经济社会发展的重要性无论如何强调都不过分。在《沙姆沙伊赫行动计划》中,中非双方一致同意将适时召开中非合作论坛科技论坛,倡议启动中非科技伙伴计划,帮助非洲国家提高自身科技能力。该计划还进一步提出在 3 年内中方将实施 100 个联合研究所示范项目,接收 100 名非洲博士后来华进行科研工作,对所有非洲在华完成长期合作研究任务后回国服务的科研人员捐助科研仪器。中方注意到技术转让对非洲国家能力建设具有的重要作用,表示将在各领域合作中鼓励和推动对非洲国家的技术转让,重点包括对非洲经济社会发展有重大影响的饮用水、农业、清洁能源、卫生等领域的先进适用技术。2009 年 11 月,中非科技伙伴计划正式启动。为加强和支持民生科技领域的中非合作,2011 年 12 月中方决定启动"非洲民生科技行动"。在《北京行动计划》(2013—2015 年)中,中方宣布将推动开展"非洲民生科技行动",在涉及非洲国家民生的科技领域加强与非洲的交流与合作。中方将继续实施联合研究示范项目。而非洲方面则欢迎中国访问科学家赴非洲国家研究机构从事高水平的教学与研究活动。中方将继续鼓励和推动与非洲国家的知识共享和先进适用技术转让,举办适用技术及科技管理培训班,开展科技园区发展经验交流,提升非洲国家科技创新能力。在推动非洲文化建设上,中国政府在北京峰会上承诺将重点协助非洲国家培训广播电视人员。在《沙姆沙伊赫行动计划》中,中国表示继续加强与非洲各国政府新闻主管部门的合作,支持每年举办非洲国家政府官员新闻研讨班。在新闻出版与媒体方面,中方在《北京行动计划》中,进一步承诺与非洲国家和非盟委员会分享广播电视数字化方面的发展成果与经验,并在人员培训、技术应用方面提供支持。

此外,在对非文化援助中,2006 年北京峰会后,中国政府还决定逐步扩大中国青年志愿者非洲服务计划,在 2006 年到 2009 年 3 年内派遣 300 名青年志愿者赴非洲国家从事医疗、卫生、体育、农业、教育等志愿服务活动。在《北京行动计划》(2012—2015 年)中,中方决定继续向非洲派遣青年志愿者,鼓励并支持志愿者在社区建设、社会公益及文化科技和卫生服务等方面发挥积极作用。

值得注意的是,中国的对非发展援助合作是在中国对外援助政策的指导下进行的,也就是坚持帮助受援国提高自主发展的能力。坚持不附带任何政治条件,尊重受援国自主选择发展道路和模式的权利,绝不把援助视作干涉他国内政,谋求政治特权的手段,坚持平等互利,共同发展,而非单方面的赐予。在援助规模和方式上,中国从自身国情出发,依据国力提供力所能及的援助。注重充分发挥比较优势,最大限度地结合受援国的实际需要。[①]中方特别注意对非援助中平等对待援助对象,这一点不仅在援助行动中得以体现,而且在中非合作文件的措辞中都非常明显。例如,在中非合作论坛五个行动计划的文本中,多用双方"合作"一词,而不使用或极少用"中国"作主体词。同时中国对非援助的大幅度增加是中国经济快速增长、综合国力不断提高的结果。同时基于量力而行、尽力而为的原则,中国的援助并非像外界所描绘的那样大。美国智库全球发展中心(Center for Global Development)的援助数据统计项目发布的报告认为中国在 2000 年到 2011 年在 51 个非洲国家开展的中国支持的项目为 1673 个,总额达 750 亿美元。[②]许多媒体将这个数据作为中国对非洲的官方发展援助数据显然是不正确的,这其中很大一部分是中国在非洲的投资,而不属于援助的范畴。

　　最后,中国对非洲和平与安全的深度参与也是本世纪以来中国对非洲援助的一个重要方面。冲突与战争是非洲国家实现经济和社会发展的主要障碍之一。根据乐施会 2007 年 10 月发表的一份报告,在 1990 年到 2005 年间,非洲国家因战乱导致的经济损失高达 2840 亿美元,接近同期国际社会援助非洲的资金总和。这 16 年间非洲国家共发生各类冲突达 23 起。因战争导致的高额军费支出,外国援助减少,通货膨胀激增以及用于战争伤残者的医疗费用,使非洲年均承受经济损失接近 180 亿美元。而如果将战乱对周边国家造成的军事影响以及高额军费支出给经济带来的长期不利因素考虑在内,实际损失可能比这一数字更大。[③]非洲国家早已认识到冲突对非洲大陆和平与发展造成的严重危害。2002 年 7 月,非盟第一届国家元首和政府首脑会议上就决定效仿联合国安理会架构,组建和平安全理事会,取代原非统组织的"预防、处理和解决冲突机制"。在 2003 年 7 月的非洲联盟第二届国家元首与政府首脑会议上,如何消除长期困扰非洲大陆的局部冲突被列为首要议题。2004 年 5 月非洲联盟和平与安全理事会正式成立。该理事会有权向停火协议已经签署的冲突

　　①　国务院新闻办公室:《中国的对外援助白皮书》,2011 年 4 月 21 日. http://www.gov.cn/gzdt/2011 - 04/21/content_1849712.htm.

　　②　Austin Strange, etc.: *China's Development Finance to Africa: A Media-Based Approach to Data Collection -Working Paper 323*.

　　③　IANSA: *Africa's Missing Billions: International Arms Flows and the Cost of Conflict*, Oxfam and the Saferworld, October 2007, p. 107, http://www.oxfam.org/sites/www.oxfam.org/files/africas missing bils.pdf.

地区派遣维和部队,有权召开非盟首脑会议,并且在种族灭绝、实施战争罪行和针对人道主义犯罪发生时可以强制部署维和部队。根据非盟《非洲共同防务与安全政策》文件,非洲安全理事会还将拥有一支规模为 1.5 万人的常备维和部队。尽管如此,非洲大陆依靠自身微薄的集体力量仍无法保障非洲大陆的和平。一方面非盟解决地区冲突的机制仍有待加强,另一方面,由于非洲国家经济社会发展普遍较为落后,维和能力建设严重欠缺。因此,非盟和平与安全理事会的经费包括预警、维和、能力建设(包括技术支持等项目)开支主要依靠外部支持。

在非洲国家自身维和能力不足和主要西方大国直接参与较为有限的情况下,作为一个负责任的大国,中国的深度参与可以为非洲大陆的冲突解决提供新的动力。同时正如法国总统外交顾问燕保罗(Paul Jean-Ortiz)所言,中国是一个具有全球影响力的大国,必须参与到这些问题的解决之中,因为"非洲当前的问题不是哪一个国家自己的问题,也不是哪一个国家单方面就能解决的问题,非洲真正需要的是多方参与的国际合作"。①随着中国经济实力的增强和国际地位的提高,非洲国家对中国的期望也相应地大大提升,它们普遍希望中国能够发挥更大的作用。作为联合国安理会常任理事国,中国很早就关注非洲的和平事业,并且在 1989 年后直接介入其中,尽管其幅度不大。进入新世纪后,中国对非洲的和平与安全方面的援助开始增强,主要表现在以下几个方面。

1. 中非双方在中非合作论坛机制上达成中国和平与安全上援助非洲的共识

在 2000 年北京论坛上,非洲对中国参加非洲维和行动表示了感谢。在关于武器控制的合作中,双方对大量轻小型武器流入非洲冲突地区均表示严重关切,认为这是对非洲大陆和平、稳定、安全与发展构成严重威胁。"部长们承诺在国际讲坛通力合作,防止轻小型武器的非法扩散,流通和贩卖。"②在第二届部长会议论坛中,非洲伙伴同时希望中国能考虑加大对非洲维和行动的力度。非洲国家希望中国在维和后勤方面对其提供支持。中国承诺将继续积极参与非洲的维和行动和扫雷进程,并在力所能及的范围内,向非洲联盟和平与安全理事会提供资金、物资援助及相关培训。同时双方将继续加强合作,共同努力,支持联合国以及非洲其他次区域组织在预防、调解和解决非洲冲突方面发挥更大作用,关注非洲难民和流离失所的人群问题。在威胁国际和地区和平与稳定的非传统安全议题方面,中非双方也将通力合作,并协调采取共同行动。③在 2006 年中非北京峰会宣言中,中方高度评价了非洲在

---

① 陈小茹:《中非两国应扩大在非洲的合作》,载《中国青年报》,2013 年 12 月 14 日。

② 中非合作论坛:《中非经济与社会发展合作纲领》,http://www.focac.org/chn/ltda/dyjbzjhy/hywj12009/t155561.htm.

③ 《中非合作论坛——亚的斯亚贝巴行动计划(2004 至 2006 年)》,http://www.focac.org/chn/ltda/dejbzjhy/hywj22009/.

维持和平、促进合作、加快经济与社会发展方面的努力,赞赏非洲国家和非洲联盟为此进行的不懈努力。中非双方一致呼吁国际社会鼓励和支持非洲国家谋求和平与发展的努力,为非洲国家和平解决冲突和进行战后重建提供更大帮助。[①]在同年中国政府发表的《中国对非洲政策》白皮书中,中方承诺密切双方高层军队往来,积极开展军事技术交流与合作。中国将继续协助非洲国家培训军事人员,支持非洲国家加强国防与军队建设,维护自身安全。同时中国支持非盟等地区组织及相关国家为解决地区冲突所做的努力,并承诺提供力所能及的援助;积极推动联合国关注并帮助解决非洲地区冲突问题,并继续支持联合国在非洲的维和行动。[②]同年在中非合作论坛通过的《北京行动计划》(2007—2009 年)中,中方承诺继续加强同非洲联盟及非洲次区域组织和机构的合作,支持非洲联盟在解决非洲问题上的主导作用,积极参与联合国在非洲的维和行动。中国推动国际社会关注并切实帮助解决非洲地区冲突,在联合国安理会中维护非洲的根本利益。中国愿与非洲加强在预防、控制和解决地区冲突上的合作。双方还同意在以互信、互利、平等、协作为核心的新安全观指导下,加强双方在非传统安全领域的交流与合作。双方认为在这一方面,加强情报交流,探索非传统安全领域合作的有效途径,共同应对非传统安全的威胁。[③]在《沙姆沙伊赫行动计划》中,中国政府明确表示支持"由非洲人以非洲方式解决非洲问题"的理念和实践,将继续积极支持非盟等地区组织及相关国家为解决地区冲突所做的努力,并在维和理论研究,开展维和培训和交流,支持非洲维和能力建设方面加强与非洲国家的合作。中国政府继续支持联合国安理会在非洲地区冲突问题上发挥建设性作用,继续支持联合国在非洲的维和行动;加强与有关国家在联合国建设和平委员会的合作,支持有关国家战后重建进程。非洲对中国根据联合国决议在亚丁湾和索马里海域打击海盗的努力表示欢迎。2012 年第五届中非合作论坛后续行动计划中,中非安全合作的内容更加全面。中非双方强调在平等和相互尊重的基础上,加强在政策协调、能力建设、预防性外交、维和行动、冲突后重建等方面的合作,共同维护非洲的和平与稳定。中方将继续支持非洲国家打击轻小武器非法贸易和流通的努力。中方一如既往地赞赏非洲国家和地区组织在解决地区问题上的主导作用,重申支持其自主解决地区冲突、加强民主和良政建设所做的努力,反对外部势力出于自身利益干预非洲内部事务。中非双方认同加强联合国与非盟在非洲和平与安全领域的交流具有重要意义。中国作为安理会常任理事国,继续支持联合国在解决非洲地区冲突问题上发挥建设性作用;积极参与联合国非洲维和行动,加强中非双方

---

① 《中非合作论坛北京峰会宣言》,http://www.focac.org/chn/ltda/bjfhbzjhy/hywj32009/t584776.htm.
② 中国国务院新闻办公室:《中国对非洲政策白皮书》,2006 年。
③ 《中非合作论坛北京行动计划(2007—2009 年)》,http://www.focac.org/chn/ltda/bjfhbzjhy/hywj32009/t584788.htm.

在联合国安理会的沟通和协调。非方再次赞赏中方在亚丁湾与索马里海域进行打击海盗的努力,并希望中方扩大在该方面的努力,中国则承诺愿在这一问题上与索马里、非盟和相关次区域组织继续进行合作。在这次行动计划中最引人注目的是中方在促进中非和平与安全合作机制上的创新,即中方将发起"中非和平安全合作伙伴倡议"。这一机制构想首先由胡锦涛在中非合作论坛第五届部长会议开幕式上的讲话中提出的①,其目的是为了深化同非盟和非洲国家在非洲和平安全领域的合作,帮助非洲国家建立和平稳定的发展环境,在力所能及的范围内对非盟的维和行动、"非洲和平与安全框架"建设、和平与安全领域的交流与培训,非洲预防冲突的管理与解决,以及冲突后重建与发展提供资金和技术支持。而"中非和平安全合作伙伴倡议"的实施必将进一步深化中国同非盟和非洲国家在非洲和平安全领域的合作,帮助非洲国家提升维护自身安全环境的能力,并且将"惠及整个中非关系"。②

2. 中国积极参与联合国的非洲维和行动

1989 年 5 月中国政府首次派出 20 名文职军官参加联合国纳米比亚过渡时期援助团(UNTAG),这也是中国首次参加非洲维和行动。其后,中国相继派出军事观察员参加联合国西撒哈拉公民投票特派团(MINURSO,1991 年起)、联合国莫桑比克综合维和行动(ONUMOZ,1992—1994 年)、联合国利比里亚军事观察团(UNOMIL,1993—1997 年)、联合国塞拉利昂观察团(UNOMSIL,1998—1999 年)、联合国塞拉内昂特派团(UNAMSIL,1999—2005 年)、联合国埃塞俄比亚和厄立特里亚特派团(UNMZZ,2000—2008 年)。由于 20 世纪 90 年代中国在联合国维和行动和行使表决权方面较为谨慎,中国在非洲的维和行动主要以派观察员为主,介入深度有限。中国不愿意支持维和人员在维和时使用武力或援引联合国宪章第七章的规定。尽管这一原则立场是完全正确的,然而 20 世纪 90 年代非洲大陆发生的后果严重的冲突表明需要国际社会采取有力的行动而不是谨慎克制。卢旺达大屠杀的悲剧招致人们对联合国的强烈批评。③中国在非洲的维和经历也使中国对非洲的冲突状况有了更加深入的了解。2001 年以后,在非洲国家的要求下,中国开始加大参与联合国非洲维和行动的力度。2003 年在联合国利比里亚特派团(UNMIL)中,中国政府派出了由运输分队、医疗分队和工程兵分队组成的维和部队。这支由 558 人的组成的维和部队,是迄今为止中国参加联合国维和行动规模最大、人数最多的

---

① 胡锦涛:《开创中非新型战略伙伴关系新局面——在中非合作论坛第五届部长级会议开幕式上的讲话》,2012 年 7 月 19 日,http://www.focac.org/chn/ltda/dwjbzzjh/zyjh/t953168.htm.

② 刘友法:《"中非和平安全合作伙伴倡议"是一手妙棋》,载《大公报》,2012 年 7 月 26 日。

③ Invgar Carlsson, Han Sung-Jo, Rufus M. Kupolati: *Report of the Independent Inquiry into the Actions of the United Nations during the 1994 Genocide in Rwanda*, S/1999/1257, December 15, 1999, http://daccess-dds-ny.un.org/doc/UNDOC/GEN/N99/395/47/IMG/N9939547.pdf? OpenElement.

一次。这也是中国第一次派遣成建制部队去非洲执行维和行动。截至 2013 年 12 月,中国驻利比里亚维和部队已完成了 14 次轮换,共有 8370 人次参加了该国的维和行动。①值得注意的是 2013 年 10 月,应利比里亚的请求,中国向其派出了一支 140 人的维和警察防暴队,这也是中国第一次向非洲派遣成建制的维和警察防暴队。在 2003 年联合国刚果(金)特派团(MONUCO)中,中国向刚果(金)战区派遣了由一个工兵连和一个医疗分队组成的共计 218 人的维和部队。截至 2013 年 8 月,中国驻刚果(金)的维和部队已完成 15 次轮换交接,其中有 3300 多名官兵获得联合国维和勋章。2004 年,中国派观察员参加联合国布隆迪行动(ONUB,2004—2006 年)。同年,中国向科特迪瓦派出了军事观察员参加联合国驻科特迪瓦行动团的科特迪瓦维和行动(UNOCI)。2005 年,中国为执行非洲联盟——联合国达尔富尔混合行动(UNAMID),向苏丹达尔富尔地区派出一支由工兵分队、运输分队和医疗分队组成的维和部队,截至 2013 年 12 月底中国维和部队已完成了 8 次轮换。根据 2011 年 7 月联合国安理会设立南苏丹共和国特派团(UNMISS)的决定,当年 11 月中国又向南苏丹派出一支维和警察部队,执行巩固南苏丹的和平与安全的任务。2013 年 4 月,为了协助马里走出内战后的混乱,恢复马里法制和秩序,中国政府向联合国马里多层面稳定特派团(MINUSMA)派出了成建制的安全维和部队。这是中国首次向海外派出作战部队,是中国非洲维和和海外维和史上的一个重大突破,同时表明胡锦涛在中非合作论坛第五届部长会议上增加对非洲和平与安全的承诺正在变为现实。截至 2013 年 12 月底,联合国在非洲实行的 8 项维和行动中,每一个维和行动都有中国的参与。除了非洲大陆的维和行动外,根据联合国安理会相关决议授权以及应索马里过渡政府的邀请,中国政府还于 2008 年 12 月派出了海军舰只前往索马里海域执行护航任务,对维护非洲亚丁湾和索马里海域的海上通行安全做出了重要贡献。中国的护航行动得到了索马里政府的大力支持,索马里驻华大使穆罕默德·艾哈迈德·阿威尔(H.E. Mr. Mohamed Ahmed Awil)曾表示对中国派往索马里海域的护航行动没有限制,因为他认为中国是最为可信的和平力量,他还代表索马里政府表示愿意向中国提供一切可能的帮助。②至 2013 年 12 月,已有 16 批中国海军护航编队在索马里海域执行护航任务。同时,中国还积极参与或主持协调会议、加入多边机制、开展双边合作等治理索马里海盗的国际安全合作活动。

　　除直接参与维和行动外,2007 年中国政府特别设立中国非洲事务特别代表一职,处理中国与非洲国家地区间的关系,这其中很大一部分就是参与非洲的和平行

---

① 《中国赴利比里亚维和部队完成第 14 次轮换》,人民网,http://military.people.com.cn/n/2013/0725/c1011 - 22326123.html.

② 《索马里驻华大使称对中国派遣军舰数量没有限制》,http://mil.news.sina.com.cn/2008 - 12 - 19/1329535632.html.

动。在达尔富尔、马里等非洲重要热点地区都可以看到中国非洲事务特别代表忙碌的身影,作为各方可信赖的朋友,为非洲地区的和平、合作与发展,四处奔波。为了非洲的和平与发展,中国对坚持不干涉他国主权和内政的原则进行了灵活地运用①,以朋友的身份积极介入其中,鼓励相关方面达成妥协。例如,中国政府在任命刘贵今为首位中国非洲事务特别代表时,还同时任命其为达尔富尔事务中国政府代表。再如,2013 年为调解南苏丹内部的矛盾,中国驻非洲事务特别代表钟建华大使积极参与南苏丹政府代表与苏丹前副总统里克·马沙尔(Riek Machar)领导的反政府武装之间的和谈,写下了中国对非政策的"新篇章"。②

3. 基于支持"非洲人以非洲方式解决非洲问题"的理念,中国向包括非盟在内的非洲组织以及相关非洲国家积极提供力所能及的经济支持

由于非盟是维持非洲和平的领军组织,因此中国向非盟及其组织的维和行动提供了大量资金与物资支持。自 2000 年起,中国政府每年向非盟提供 30 万美元的援助,用于非盟组织构建。2005 年和 2006 年,中国向非盟分别提供了 40 万美元的特别捐赠,帮助非盟在达尔富尔执行维和行动。同年中国国家主席胡锦涛宣布援助非盟 2 亿美元用于建设非盟会议中心,这也是中国对非无偿援助规模最大的项目。2008 年,中国向非盟捐赠 30 万美元用于索马里维和行动,捐赠 50 万美元用于达尔富尔维和行动。2009 年,中国先后两次向非盟在索马里维和行动提供共计 70 万美元资助,并为非盟能力建设捐赠了 40 万美元。同年 8 月,中国向非盟驻索马里特派团的两个主要出兵国乌干达和布隆迪分别提供了 500 万人民币的后勤援助。2010 年 12 月,中国驻埃塞俄比亚大使兼驻非盟代表顾小杰与非盟和平与安全事务委员签署了中方向非盟在索马里维和行动提供物资援助的协定。2012 年是中国与非盟关系取得重大进展的一年,该年 1 月全国政协主席贾庆林在会见非盟主席让·平(Jean Ping)时宣布中国在此后的 3 年内向非盟无偿捐赠 6 亿元人民币用于双方商定的项目。而此前中方每年向非盟提供的捐赠均在 100 万美元左右。③另外,在马里的和平重建中,2013 年 1 月中国外交部明确表示中方除向马里提供人道主义物资援助外,还将积极考虑在"中非和平安全合作伙伴倡议"框架下,向非洲领导的驻马里国际支持特派团(AFISMA)提供支持和援助。④除了直接向非盟捐款外,中国还根据联合国

---

① 《前中国非洲事务特别代表刘贵今大使来我院做中非关系讲座》,http://fzzx.cfau.edu.cn/art/2013/12/18/art_45_4648.html.

② 德报:《中国在南苏丹的"外交脚印"》,http://news.xinhuanet.com/world/2014 - 02/17/c_126143225.htm.

③ 张忠祥:《中国与非盟的合作进入快车道》,http://www.chinafrica.cn/chinese/gd/txt/2013 - 06/05/content_547341.htm.

④ 《中方将出席马里问题捐助方会议 提供人道物资援助》,http://www.chinadaily.com.cn/hqzx/2013 - 01/29/content_16185390.htm.

缴费支付能力原则向联合国维和行动缴纳摊款,如今摊派到中国的份额已达到 4%左右,而联合国维和费用很大一部分是用在非洲的。另外,中国还向联合国为非洲问题设立的专门基金进行了捐款。如 2008 年 3 月,中国向联合国达尔富尔问题政治进程信托基金捐款 50 万美元。

4. 中国积极参与遏制非洲的轻小武器扩散与非法贸易活动

由于社会动荡和不断内战,轻小型武器在许多非洲国家已经泛滥成灾。据估计仅在西非各国的民间和各种地方势力手中就有大约 1000 万件轻小武器。[①]轻小武器的泛滥在社会、经济方面对非洲国家安全与社会稳定造成严重威胁。非洲发达的"军事政变文化"与轻小型武器泛滥有着密不可分的关系。持续的内战导致非洲战乱,国家政权均缺乏政治权威,大量轻小武器流入民间使得政府对社会的控制力降低,有组织的武装派别能够在局部形成与政府抗衡的能力。轻小武器的泛滥也使走私、抢劫、贩毒等犯罪行为更容易发生,由此衍生出来的暴力文化已经成为非洲许多地区的一个严重的社会问题,它所造成的影响是深远的而且更难以消除。因此,如何防止轻小武器在非洲的扩散并从源头上控制其进入非洲的通道极为重要。作为非洲的伙伴、负责任的大国和联合国安理会常任理事国,中国坚定支持非洲国家管控轻小武器的努力。2006 年,中国支持联合国通过关于轻小武器非法交易的解决方案,并认真落实 2002 年签署的联合国《防止、打击和消除小武器和轻武器非法贸易行动纲领》与《识别和追查非法轻小武器国际文书》,并制定实施了轻小武器标志细则,高度重视打击轻小武器的非法贸易。2013 年 9 月,联合国安理会轻小武器高级别会议上,中国常驻联合国代表投票赞成安理会就防止小武器和轻武器非法转让、滥用、积累等问题通过的决议。他表示轻小武器非法贸易及过度积累和扩散是国际社会面临的重大挑战。复杂多变的安全形势使轻小武器贸易呈现不少新特点,给许多国家,特别是非洲和拉丁美洲发展中国家带来新的挑战。他强调安理会应继续发挥积极作用,进一步推动国际社会加强打击轻小武器非法贸易的努力;打击轻小武器非法贸易应标本兼治,综合治理;应加强维和与战后重建的努力,切实帮助有关国家实现经济发展和社会稳定,消除战乱、冲突、恐怖主义和有组织犯罪根源,为根本解决轻小武器问题创造条件。他表示中国政府一贯坚决反对轻小武器非法贸易,深切理解同情有关国家和地区的关切。"建设和平、繁荣、远离枪支暴力的世界,是中国人民和各国人民的共同梦想。中国愿与国际社会一道,继续为推动解决轻小武器非法贸易问题做出不懈努力。"[②]中国对非洲国家的武器出口符合联合国的相关规章,并

---

①　*The Role of ECOWAS in Achieving the Economic Integration of West Africa*, http://wilsoncenter.org/ondemand/index.cfm? fuseaction=media.play&mediaid=6A0479AD-B7B8-61B6-1FE623540F504CA8.

②　中国代表:《打击轻小武器非法贸易应标本兼治》,http://www.gov.cn/jrzg/2013-09/27/content_2496253.htm.

且决不向受联合国武器禁运的非洲国家出售武器。此外,中国政府也正在考虑签署2013年4月联合国大会通过的、旨在为合法而正当的常规武器贸易确立共同标准,并要求所有缔约国根据这些标准调整本国的管控力度的《武器贸易条约》。中国还积极参与推动国际合作帮助解决非洲轻小武器泛滥问题,如中国参加的2012年由欧盟支持的非洲—中国—欧盟常规武器问题合作项目,其中一个重要的研究内容就是中欧如何合作推动非洲轻小型武器的控制问题。

5. 中国在非洲"建设和平"中的积极作用

根据2000年联合国《卜拉希米报告》(Brahimi Report),"建设和平"是指冲突后进行的活动,目的是重新建立起和平的基础,以提供一些手段,让人们能在那些基础上建立起和平与正常的生活与工作环境。[1]建设和平包括但不限于让前武装人员重返平民社会,加强法制(例如通过训练和重构当地的警察、司法和刑事改革),通过监督、教育和对过去和现存的弊端进行调查等方式推进对人权的尊重,为民主发展提供技术支持(包括对选举提供帮助以及对自由媒体的支持),以及推进冲突解决和和解的技巧等。中国十分重视非洲国家冲突战争后的和平重建。2001年,中国代表在联合国发言表示,维和行动、冲突预防和建设和平活动已经日益缠绕在一起。2005年,胡锦涛主席在联合国安理会首脑会议上更提出:"安理会既要具备迅速反应能力,也要注意标本兼治,制定从预防到恢复和平、从维和到冲突结束后重建的全面战略。"[2]在2009年的中非合作论坛《沙姆沙伊赫行动计划》中,中国政府明确表示中国将加强与有关国家在联合国和平建设委员会的合作,支持有关国家战后重建进程。[3]2007年以来,中国已经向联合国和平建设委员会和平基金捐赠了600万美元[4],后又正式签署了多年期捐赠协议。[5]同时,中国代表还呼吁更多国家向建设和平基金捐款。由于中国和广大发展中国家与发达国家在建设和平问题上有不同的理解,所以中方主张联合国应该克制,不要强加预设治理模式,而是要尊重当事国的自主权。中国政府认为贫穷导致非洲的不稳定,所以建设和平的更长远目标在于冲突后国家和地区消除贫穷、发展经济以及为人民创造和平与富足的生活。因此,中国的和平

---

① Report of the Panel on United Nations Peace Operations, http://www. unrol. org/files/brahimi% 20report%20peacekeeping.pdf.

② 《胡锦涛在联合国安理会首脑会议上的讲话》(全文),http://politics. people. com. cn/GB/1024/ 3696503.html.

③ 《中非合作论坛——沙姆沙伊赫行动计划》,http://www. focac. org/chn/ltda/dsjbzjhy/bzhyhywj/ t626385.htm.

④ 《王民大使在联大联合审议建设和平委员会报告及秘书长关于建设和平基金报告时的发言》,http:// www.china-un.org/chn/dbtxx/fdbwmds/zyhd/t808288.htm.

⑤ 《潘基文报告肯定中国对联合国事业又一重要贡献》,http://world.people.cn/n/2013/0328/c1002 -20941580.html.

建设政策的中心是将工作重点放在当事国自身能力建设上。由于非洲国家一半以上的内战都是冲突后的再爆发,支持这些国家的和平建设具有重大意义。中国维和部队为非洲当地恢复或建设公路、桥梁和其他基础设施工程,提供医疗服务或扫雷等事实上也是在当地推进和平建设。中国驻利比里亚的维和部队在完成好本职任务的同时,官兵们还利用业余时间支援当地市政建设,为当地居民讲解农具使用方法和水稻、蔬菜种植技术。①中国驻南苏丹的维和部队帮助马杜安尼部落修建的穿越沼泽的通向北加扎勒河州(Northern Bahrel Ghazal State)州府阿维尔市(Aweil)的红土路②,在瓦乌建设的圣玛丽护士学院新校区、南苏丹DDR(弃武、复原、安置)培训中心、瓦乌市(Wau)至珠尔河(Jur)县城际道路、拉加机场跑道、瓦乌市汽车站、苏丹人民解放军第五农场、瓦乌县格瑞拉路修缮、教当地居民种菜、帮助培训医护人员③等援助工作既是维和也是在建设和平。正如苏丹总统基尔(Salva Kiir Mayardit)出席马普尔DDR中心启用仪式时盛赞中国维和部队时所讲的:"这次马普尔DDR项目建成与使用,对推进南苏丹武装部队规模调整、促进地区和平具有划时代的里程碑意义。"④中国政府派往利比里亚的警察防暴队在利比里亚的任务中也包括帮助组建和训练当地警察的任务⑤,这些举措最终都有助于当地法律和秩序的恢复。随着中非和平与安全合作伙伴倡议的实施,中国同非盟和非洲国家在非洲和平安全领域的合作将得到进一步深化,中国将会为非盟在非洲开展维和行动、常备军建设等提供更多资金支持,为非盟培训和平安全事务官员和维和人员数量也会大量增加,人们有理由相信中国在非洲的建设和平中的作用将更加突出。

通过在非洲的维和行动,中国已经向国际社会表明其作为维护世界和平的一支主要力量。许多非洲冲突国家具有良好的资源禀赋和极大的经济发展潜力,非洲和平的实现将为其经济发展创造良好的条件。通过维和行动和建设和平行动,中国加深了与非洲国家的相互了解和政治互信,这也将有利于双方今后的经济和贸易合作的发展。

---

① 《中国维和部队为利比里亚和平进程架起生命补给线》,http://lr.china-embassy.org/chn/sbgx/wh11/t383420.htm.

② 《沼泽地上的"中国奇迹"》(第一现场),http://world.people.com.cn/n/2013/1217/c1002-23868523.html.

③ 《中国赴南苏丹维和工兵部队完成当地建设任务》,http://www.chinanews.com/mil/2012/09-17/4188780.shtml.

④ 吴文斌、郭如生:《我驻南苏丹维和部队用真诚建设和平》,http://world.people.com.cn/n/2013/1016/c1002-23226688.html.

⑤ 《中国首支赴利比里亚维和警察防暴队启程赴任务区》,http://www.chinanews.com/gn/2013/10-22/5406887.shtml.

索 引

附录一

非洲的世界遗产分布和代表性野生动物

附表 1　非洲的世界遗产分布情况

缔约国	文化遗产	自然遗产	文化自然双重遗产
贝宁	阿波美王宫(1985)		
喀麦隆		贾河动物保护区(1987) 桑加跨三国保护区(2012) (与中非、刚果共和国共有)	
阿尔及利亚	贝尼·哈玛德的卡拉城 (1980) 杰米拉(1982) 姆扎卜山谷(1982) 提姆加德(1982) 提帕萨(1982) 阿尔及尔城堡(1992)		阿杰尔的塔西利 (1982)
博茨瓦纳	措迪洛山(2001)		
布基纳法索	洛罗派尼遗址(2009)		
佛得角	旧城：大里贝拉历史中心 (2009)		
中非共和国		马诺沃—贡达圣佛洛里斯国 家公园(1988) 桑加跨三国保护区(2012) (与喀麦隆、刚果共和国共 有)	
乍得		乌尼昂加湖泊群(2012)	
科特迪瓦	大巴萨姆的历史城镇(2012)	宁巴山自然保护区(1982) (与几内亚共有) 塔伊国家公园(1982) 科莫埃国家公园(1983)	

缔约国	文化遗产	自然遗产	文化自然双重遗产
埃及	阿布米那基督教遗址(1979) 底比斯古城及其墓地(1979) 开罗古城(1979) 孟菲斯及其墓地金字塔 (1979) 阿布辛拜勒至菲莱的努比亚 遗址(1979) 圣卡特琳娜地区(2002)	鲸鱼峡谷(2005)	
埃塞俄比亚	拉利贝拉的岩洞教堂(1978) 贡德尔地区的法西尔盖比城 堡及古建筑(1979) 阿克苏姆考古遗址(1980) 阿瓦什低谷(1980) 奥莫低谷(1980) 蒂亚(1980) 历史要塞城市哈勒尔(2006) 孔索文化景观(2011)	塞米恩国家公园(1978)	
加蓬			洛佩—奥坎德生态 系统与文化遗迹景 观(2007)
冈比亚	詹姆斯岛及附近区域(2003) 塞内冈比亚石圈(2006)(与 塞内加尔共有)		
加纳	沃尔特大阿克拉中西部地区 的要塞和城堡(1979年) 阿散蒂传统建筑(1980)		
几内亚		宁巴山自然保护区(1981) (与科特迪瓦共有)	
津巴布韦	大津巴布韦国家纪念地 (1986) 卡米国家遗址纪念地(1986) 马托博山(2003)	马纳波尔斯国家公园、萨皮 和切沃雷自然保护区(1984) 莫西奥图尼亚瀑布(维多利 亚瀑布)(1989)(与赞比亚共 有)	

续　表

缔约国	文化遗产	自然遗产	文化自然双重遗产
肯尼亚	拉穆古城(2001) 米吉肯达卡亚圣林(2008) 蒙巴萨的耶稣堡(2011)	图尔卡纳湖国家公园(1997,2001) 肯尼亚山国家公园及自然森林(1997) 肯尼亚东非大裂谷的湖泊系统(2011)	
莱索托			马罗提—德拉肯斯堡(2013)(与南非共有)
利比亚	昔兰尼考古遗址(1982) 莱波蒂斯考古遗址(1982) 萨布拉塔考古遗址(1982) 塔德拉尔特·阿卡库斯石窟(1985) 加达梅斯古镇(1986)		
马达加斯加	安布希曼加的皇家蓝山行宫(2001)	黥基·德·贝马拉哈自然保护区(1990) 阿钦安阿纳雨林(2007)	
马拉维	琼戈尼岩石艺术区(2006)	马拉维湖国家公园(1984)	
马里	杰内古城(1988) 廷巴克图(1988) 阿斯基亚陵(2004)		邦贾加拉悬崖(多贡人地区)(1989)
毛里塔尼亚	瓦丹、欣盖提、提希特和瓦拉塔古镇(1996)	阿尔金岩石礁国家公园(1989)	
毛里求斯	阿普拉瓦西·加特地区(2006) 莫纳山文化景观(2008)		
摩洛哥	非斯的阿拉伯人聚居区(1981) 马拉喀什的阿拉伯人聚居区(1985) 阿伊特·本·哈杜筑垒村(1987) 梅克内斯古城(1996) 瓦卢比利斯考古遗址(1997) 缔头万城(1997) 索维拉城(原摩加多尔)(2001) 马扎甘的葡萄牙城(2004) 拉巴特现代都市与历史古城(2012)		

缔约国	文化遗产	自然遗产	文化自然双重遗产
莫桑比克	莫桑比克岛(1991)		
纳米比亚	推菲尔泉岩画(2007)	纳米布沙海(2013)	
尼日尔	阿加德兹历史城区(2013)	阿德尔—泰内雷自然保护区(1991) W 国家公园(1996)	
塞内加尔	戈雷岛(1978) 圣路易岛(2000) 塞内冈比亚石圈(2006)(与冈比亚共有) 萨卢姆三角洲(2011) 巴萨里乡村:巴萨里与贝迪克文化景观(2012)	朱贾国家鸟类保护区(1981) 尼奥科罗—科巴国家公园(1981)	
塞舌尔		阿尔达布拉环礁(1982) 玛依谷自然保护区(1983)	
南非	斯泰克方丹、斯瓦特科兰斯、科罗姆德拉伊和维罗恩斯的化石遗址(1999,2005) 罗本岛(1999) 马蓬古布韦文化景观(2003) 理查德斯维德文化植物景观(2007)	大圣卢西亚湿地公园(1999) 弗洛勒尔角(2004) 弗里德堡陨石坑(2005)	夸特兰巴山脉/德拉肯斯堡山公园(2000)
苏丹	博尔戈尔山和纳巴塔地区(2003) 麦罗埃岛考古遗址(2011)		
多哥	古帕玛库景观(2004)		
突尼斯	杰姆的圆形竞技场(1979) 突尼斯的阿拉伯人聚居区(1979) 迦太基遗址(1979) 科克瓦尼布尼城及其陵园(1985,1986) 凯鲁万(1988) 苏塞的阿拉伯人聚居区(1988) 沙格镇(1997)	伊其克乌尔国家公园(1980)	
乌干达	巴干达国王们的卡苏比陵(2001)	布恩迪国家公园(1994) 鲁文佐里山国家公园(1994)	

续　表

缔约国	文化遗产	自然遗产	文化自然双重遗产
坦桑尼亚	基尔瓦基斯瓦尼遗址和松戈马拉遗址(1981) 桑给巴尔石头城(2000) 孔多阿岩画遗址(2006)	恩戈罗恩戈罗保护区(1979) 塞伦盖蒂国家公园(1981) 塞卢斯禁猎区(1982) 乞力马扎罗国家公园(1987)	
赞比亚		莫西奥图尼亚瀑布(维多利亚瀑布)(1989)(与津巴布韦共有)	
尼日利亚	宿库卢文化景观(1999) 奥孙—奥索博神树林(2005)		
刚果(布)		桑加跨三国保护区（2012）（与中非、喀麦隆共有)	
刚果(金)		维龙加国家公园(1979) 加兰巴国家公园(1980) 卡胡兹—别加国家公园(1980) 萨隆加国家公园(1984) 俄卡皮鹿野生动物保护区(1996)	

注:括号中的数字为列入世界遗产名录的时间。
资料来源:根据世界文化遗产网(http://www.wchol.com/html/whycml.html)相关资料整理。

附表 2　非洲国家公园代表性野生动物①

分布区	主要国家公园	代表动物
1 阿特拉斯山区		哺乳类:兔、蝙蝠、跳鼠、狐狸、伶鼬、水獭、地中海家兔、林鼠、睡鼠、柏柏尔种鹿、突尼斯水牛、野猪、猿猴、土狼、豹、阿非利加羚羊等;鸟类:鸫鸟、雨燕、枭鸟、野雁、草原鸡、云雀、鹳鸟、苍鹭、鹬鸟鸷鹰、苍鹰、山雀、啄水鸟、乌鸦、麻雀等;爬虫类和两栖类:蜥蜴、蛇、乌龟、湖蛙等;节肢动物:沿海及内地各种水域中的虾、蟹等;另外还有避日、蝎子、普通蜘蛛、蜈蚣、蝗虫、葡萄根瘤蚜、胭脂虫等各种危害农作物及人类健康的害虫。

---

①　根据《非洲自然地理》(苏世荣等编,商务印书馆,1983 年)和《新版各国概况 非洲》(王成家主编,世界知识出版社,2002 年),结合 Google 软件综合分类编制。

分布区	主要国家公园	代表动物
2 撒哈拉沙漠区		主要有蝗虫、蜻蜓、蛾、蚁、爬行动物、鼠类、羚羊、蝙蝠、猬狐和骆驼,还有猴、珍珠鸡、鹦鹉。在一些水塘中有鱼类、蟾蜍和青蛙。北部主要有瞪羚、鸭、羚羊和鬃毛绵羊(摩弗伦羊);南部有长颈鹿和鸵鸟。
3 上几内亚—苏丹区	尼奥科洛巴国家公园、朱尔吉水禽国家公园、觉乌德基鸟类国家公园、科莫埃国家公园、马拉维国家公园、佩科山国家公园、邦科国家公园、塔伊国家公园、阿尔利国家公园、尼日尔河 W 段国家公园、彭贾里国家公园、巴乌莱河湾国家公园、丁德尔国家公园、扎库马国家公园、圣弗洛里斯国家公园、巴明吉—班戈兰国家公园、瓦扎国家公园、贝努埃国家公园等 18 个国家公园	灵长类动物有狒狒、绿猴、白腹长尾猴、白鼻猴、白眉猴、疣猴、大猩猩、黑猩猩等。蹄类动物有各种羚羊、转角牛羚、河马、疣猪、非洲水牛、长颈鹿、大河猪、河马、矮种河马、野牛等。食肉动物有野狗、豹、狮子、土豚、斑鬣狗、薮猫、猞猁、猎豹等。鸟类有犀鸟、鹦鹉、猫头鹰、苍鹭、鸭、珩科鸟、鹬鸻鸟、杜鹃鸟、伯劳鸟、珍珠鸡、秃鹫、鱼鹰、战雕、苍鹰、海滨鸟、流苏鹬、黑尾塍鹬、火烈鸟、鹈鹕、尖翅雁、紫鹭、夜鹭、各种白鹭、非洲白琵鹭、非洲镖鲈、鸬鹚等。爬行动物有鳄鱼、陆地龟、蜥蜴、变色龙、蛇等。
4 刚果盆地区	加兰巴国家公园、维龙加国家公园、马伊科国家公园、卢彭巴国家公园、萨隆加国家公园、奥扎拉国家公园、奥砍达国家公园、小卢安果国家公园、基萨马国家公园、姆韦鲁万蒂帕国家公园、松布国家公园等 11 个国家公园	热带森林——黑猩猩、大猩猩、长尾猿、狒狒、白鼻猴、鬼狒、猕猴、狐猴、小狐猴等。鸟类有啄木鸟、鹦鹉、戴胜、食蕉鸟、孔雀等。河湖上有白鹭、鹳、朱鹭、秃鹳、鹈鹕、火烈鸟、水鸭等。 热带稀树草原——食草动物有羚羊、斑马、长颈鹿、非洲象、角马、野猪、野驴等;食肉动物有狮、豹、胡狼、山犬、斑鬣狗等。鸟类有鸵鸟、食鸵鸟、球鸡、野雁、鹌鹑等。河湖沼泽里有河马、鳄鱼。蜥蜴种类很多,多蟒蛇,毒蛇有非洲蛙蛇、蝰蛇等。昆虫种类繁多。萃萃蝇分布广泛,白蚁众多。

续　表

分布区	主要国家公园	代表动物
5 东非裂谷高原区	塞米恩国家公园、阿瓦什国家公园、基代波河谷国家公园、卡巴雷加瀑布国家公园、鲁文佐里国家公园、肯尼亚山国家公园、内罗毕国家公园、察沃国家公园、阿伯德尔国家公园、安波塞利国家公园、塞伦盖蒂国家公园、鲁阿哈国家公园、米库米国家公园、马尼亚拉湖国家公园、姆科马齐国家公园、培兰吉国家公园、阿鲁沙国家公园、卡盖腊国家公园、尼卡国家公园、利翁代国家公园、北卢安瓜国家公园、南卢安瓜国家公园、拉武希曼达国家公园、卡桑卡国家公园、卢库苏齐国家公园等 25 个国家公园	湖群高原西部的热带雨林中,栖息着以大猩猩和黑猩猩为代表的各种猿猴类。热带森林中的有蹄类动物主要有森林羚羊、野猪、水牛、河马和长颈鹿等。食肉目有狮子、豹、各种灵猫等。大型动物有非洲象和犀牛。森林中的鸟类十分丰富,典型的种类有鹦鹉、孔雀、犀鸟、巨嘴鸟、太阳鸟等。热带稀树草原上,有蹄类有多种羚羊、斑马、犀牛、河马、长颈鹿等。典型的食肉动物有狮子、猎豹、豹、鬣狗。鸟类主要有响密鹜、巨翅夜鹰、红嘴狄奥鸟、鸵鸟、蛇鹫、珠鸡等。此外,这里还有大量的啮齿类和昆虫类动物。
6 南部非洲高原区	克鲁格国家公园、卡拉哈迪大羚羊国家公园、法尔水库国家公园、维多利亚瀑布国家公园、万基国家公园、恩盖齐国家公园、罗得斯伊尼扬加国家公园、姆塔拉齐瀑布国家公园、奇曼尼曼国家公园、罗得斯马托波斯国家公园、穆尚迪凯国家公园、麦基尔韦恩湖国家公园、塞巴奎国家公园、乔贝国家公园、恩达伊盐沼国家公园、纳米布沙漠国家公园、埃托沙国家公园、轮廓海岸国家公园、菲什干河峡谷国家公园、瓦特山柏拉图国家公园、戈龙戈萨国家公园、穆帕国家公园、比夸尔国家公园、柳瓦平原国家公园、卡富埃国家公园、洛钦瓦尔国家公园、锡奥马恩圭齐国家公园等 27 个国家公园	由于人们的狩猎活动使野生动物的数量大为减少,犀牛、水牛已不多见,但还有一些羚羊和斑马等食草动物以及狮、豹等食肉动物,沼泽中有大量鸟类。

附录二

附图目录

附录三

附表目录

附录四

姜忠尽教授主要著作名录

[1] 姜忠尽主编.现代非洲人文地理(上、下册).南京:南京大学出版社,2014.

[2] 姜忠尽等编著.非洲农业与农村发展——非洲九国野外实地考察研究.南京:南京大学出版社,2014.

[3] 姜忠尽,刘立涛编著.中非合作能源安全战略研究.南京:南京大学出版社,2014.

[4] 姜忠尽主编.非洲农业图志.南京:南京大学出版社,2012.

[5] 姜忠尽主编.第二届"走非洲,求发展"论坛论文集.南京:南京大学出版社,2011.

[6] 周光宏,姜忠尽主编."走非洲,求发展"论文集.成都:四川人民出版社,2008.

[7] 姜忠尽等著.中非三国——从部落跃向现代.成都:四川人民出版社,2005.

[8] 姜忠尽编著.世界文化地理.南京:江苏教育出版社,1997.

[9] 姜忠尽著.非洲之旅.南昌:21世纪出版社,1993.

[10] 张同铸主编(姜忠尽主要作者).非洲经济社会发展战略问题研究.北京:人民出版社,1992.

[11] 张同铸(主编),姜忠尽(副主编).非洲石油地理.北京:科学出版社,1991.